NCS | 직무수행능력평가

고시넷
공기업

코레일 한국철도공사
경영학 기본서

동영상강의
www.gosinet.co.kr

빈출 테마 중심의
필수 이론 학습

최신 출제경향
완벽 반영

(주)고시넷

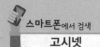

정오표 확인 방법

고시넷은 오류 없는 책을 만들기 위해 최선을 다합니다. 그러나 편집에서 미처 잡지 못한 실수가 뒤늦게 나오는 경우가 있습니다. 고시넷은 이런 잘못을 바로잡기 위해 정오표를 실시간으로 제공합니다. 감사하는 마음으로 끝까지 책임을 다하겠습니다.

| 고시넷 홈페이지 접속 | > | 고시넷 출판-커뮤니티 | > | 정오표 |

🌐 www.gosinet.co.kr

모바일폰에서 QR코드로 실시간 정오표를 확인할 수 있습니다.

학습 질의 안내

학습과 교재선택 관련 문의를 받습니다. 적절한 교재선택에 관한 조언이나 고시넷 교재 학습 중 의문 사항은 아래 주소로 메일을 주시면 성실히 답변드리겠습니다.

이메일주소 ✉ qna@gosinet.co.kr

차례

파트 5 생산관리

테마 유형 학습

파트 6 마케팅관리

테마 유형 학습

부록 실전모의고사

책속의 책_정답과 해설

구성과 활용

1 코레일 소개 & 채용 절차

코레일의 미션, 비전, 핵심가치, 인재상, 전략목표 등을 수록하였으며 최근 채용 현황 및 채용 절차 등을 쉽고 빠르게 확인할 수 있도록 구성하였습니다.

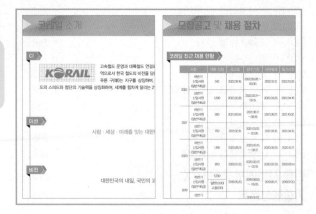

2 최신 기출문제 2회분

2022년 상반기, 2021년 하반기 기출문제와 기출분석을 수록하여 최근 코레일 경영학 시험 경향을 파악할 수 있도록 하였습니다.

3 테마 유형 학습

코레일 경영학 필기시험에 대비하기 위해 경영학에서 주로 다뤄지는 내용을 테마별로 수록하여 핵심이론을 빠르게 학습할 수 있도록 하였습니다.

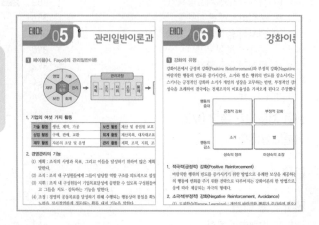

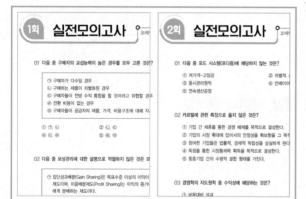

4 빈출 지문에서 뽑은 O/X 및 기출예상문제

테마별로 빈출되는 내용을 바탕으로 정리한
O/X 문제를 통해 핵심이론에 대한 반복학습이
가능하도록 하였으며 기출예상문제를 수록하여
이론이 완벽하게 숙지될 수 있도록 구성하였습니다.

5 실전모의고사 2회분

실전모의고사 2회분을 각각 25문항씩 수록하여
코레일 경영학 필기시험에 효율적으로 대비할 수
있도록 하였습니다.

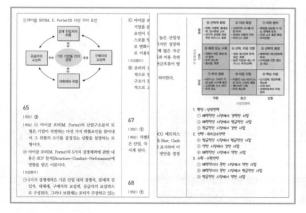

6 상세한 해설과 오답풀이가 수록된 정답과 해설

기출예상문제 및 실전모의고사, 기출문제의 상세한
해설을 수록하였고 오답풀이 및 보충 사항들을
수록하여 문제풀이 과정에서의 학습의 효과가
극대화될 수 있도록 구성하였습니다.

CI

고속철도 운영과 대륙철도 연결로 21C 철도 르네상스 시대를 열어 나갈 주역으로서 한국 철도의 비전을 담은 새로운 철도 이미지를 구현하였습니다. 푸른 구(球)는 지구를 상징하며, 구를 가로지르는 힘찬 선(LINE)은 고속철도의 스피드와 첨단의 기술력을 상징화하여, 세계를 힘차게 달리는 21C 한국 철도의 이미지를 표현하였습니다.

미션

사람 · 세상 · 미래를 잇는 대한민국 철도

비전

대한민국의 내일, 국민의 코레일

핵심가치

안전(국민안전 | 안전역량), 고객(고객만족 | 직원행복), 소통(미래창조 | 혁신성장)

전략목표

Best Safety 글로벌 최고 수준의 **철도안전**	Efficient Management 고객가치 기반의 **재무개선**	Special Value 기업가치 제고로 **미래성장**	Trust Management 소통과 공감의 **신뢰경영**
글로벌 TOP 철도안전	부채비율 100%대	지속성장사업 매출 0.6조 원	종합청렴도 1등급

전략과제

최적의 철도안전·방역체계 정립	고품질 철도서비스 확대	미래 핵심기술 내재화	디지털 기반의 열린경영 실현
철도 안전운행 인프라 구축	내부자원 생산성 향상	남북철도 및 지속성장사업 확대	상호존중의 조직문화 구축

ESG 경영

공공 안전서비스	친환경 서비스 강화	사회적가치 실현	윤리경영 강화

인재상

인재상	사람지향 소통인	고객지향 전문인	미래지향 혁신인
	사람 중심의 사고와 행동을 하는 인성, 열린 마인드로 주변과 소통하고 협력하는 인재	내외부 고객만족을 위해 지속적으로 학습하고 노력하는 인재	한국철도의 글로벌 경쟁력을 높이고 미래의 발전을 끊임없이 추구하는 인재
HRD 미션	KORAIL 핵심가치를 실현하기 위한 차세대 리더의 체계적 육성		
HRD 비전	통섭형 인재양성을 통해 국민의 코레일 실현		
HRD 전략	HRD 조직발전	미래성장동력 확보	성과창출형 HRD	공감/소통의 조직문화 조성

모집공고 및 채용 절차

코레일 최근 채용 현황

(단위 : 명)

구분		채용 인원	공고일	접수기간	서류발표	필기시험	필기발표	면접시험	최종발표
2022	하반기 신입사원 (일반직6급)	342	2022.09.16.	2022.09.28.~ 09.30.	2022.10.12.	2022.10.29.	2022.11.18.	2022.11.28.	2022.12.14. (*이후 철도적성검사 및 신체검사)
	상반기 신입사원 (일반직6급)	1,290	2022.02.28.	2022.03.11~ 03.15.	2022.03.25.	2022.04.16.	2022.05.06.	2022.05.06~ 05.25.	2022.06.10. (*이후 철도적성검사 및 신체검사)
2021	하반기 신입사원 (일반직6급)	260	2021.08.04.	2021.08.17. ~08.19.	2021.08.27.	2021.10.02.	2021.10.26.	2021.11.15. ~11.19.	2021.12.02. (*이후 철도적성검사 및 신체검사)
	상반기 신입사원 (일반직6급)	750	2021.02.19.	2021.03.02. ~03.05.	2021.03.16.	2021.04.10.	2021.05.04.	2021.05.24. ~05.28.	2021.06.10. (*이후 철도적성검사 및 신체검사)
2020	하반기 신입사원 (일반직6급)	1,180	2020.08.31.	2020.09.15. ~09.17.	2020.09.25.	2020.10.17.	2020.10.30.	2020.11.16. ~11.27.	2020.12.09. (*이후 철도적성검사 및 신체검사)
	상반기 신입사원 (일반직6급)	850	2020.01.23.	2020.02.07. ~02.10.	2020.02.20.	2020.06.14.	2020.06.24.	2020.07.06. ~07.09.	2020.07.17. (*이후 철도적성검사 및 신체검사)
2019	하반기 신입사원 (일반직6급) 1,230 일반(1,000) 고졸(230)		2019.05.20.	2019.06.03. ~06.05.	2019.06.17.	2019.07.20.	2019.07.30.	2019.08.19. ~08.23.	2019.09.05. (*이후 철도적성검사 및 신체검사)
	상반기 신입사원 (일반직6급)	1,275	2018.12.24.	2019.01.07. ~01.09.	2019.01.18.	2019.02.16.	2019.02.26.	2019.03.18. ~03.22.	2019.04.03. (*이후 철도적성검사 및 신체검사)

채용 절차

채용공고
입사지원 〉 서류검증 〉 필기시험 〉 면접시험
(인성검사 포함) 〉 철도적성검사
채용신체검사 〉 정규직
채용

- 각 전형별 합격자에 한하여 다음 단계 지원 자격을 부여함.
- 사무영업(수송), 일반공채_토목(일반), 고졸전형_토목분야에 한해 필기시험 이후 면접시험 이전에 실기시험 시행

입사지원서 접수

- 온라인 접수(방문접수 불가)

서류검증

- 직무능력기반 자기소개서 불성실 기재자, 중복지원자 등은 서류검증에서 불합격 처리

필기시험

채용분야	평가 과목	문항 수	시험시간
일반공채	직무수행능력평가(전공시험) NCS직업기초능력평가(의사소통능력, 수리능력, 문제해결능력)	50문항 (전공 25문항+ 직업기초 25문항)	60분 (과목 간 시간 구분 없음)
고졸전형 보훈추천 장애인	NCS직업기초능력평가(의사소통능력, 수리능력, 문제해결능력)	50문항	60분

- 합격자는 증빙서류 검증이 완료된 자 중 필기시험 결과 과목별 40% 이상 득점자 중에서 두 과목의 합산점수와 가점을 합한 고득점자 순으로 2배수 선발
- 필기시험 결과는 면접시험 등에 영향이 없음.

면접시험 등

- 면접시험 : 신입사원의 자세, 열정 및 마인드, 직무능력 등을 종합평가
  ※ 면접시험에는 경험면접 및 직무 상황면접 포함
- 인성검사 : 인성, 성격적 특성에 대한 검사로 적격 · 부적격 판정(면접 당일 시행)
  ※ 부적격 판정자는 면접시험 결과와 상관없이 불합격 처리
- ⇨ 면접시험 고득점 순으로 합격자 결정. 단, 실기시험 시행 분야는 면접시험(50%), 실기시험(50%)을 종합하여 고득점 순으로 최종합격자 결정

철도적성검사 및 채용신체검사

- 사무영업, 운전 및 토목_장비분야에 한해 철도안전법에 따라 철도적성검사 시행
- 채용신체검사 불합격 기준

(시행방법) 한국철도 협약병원에서 개인별 시행하고 결과 제출	
채용직무	신체검사 판정 기준
사무영업, 운전.토목_장비	철도안전법시행규칙 "별표2"의 신체검사 항목 및 불합격 기준 준용
차량, 토목, 건축, 전기통신	한국철도 채용시행세칙 "별표7"에 따른 신체검사 불합격판정기준 준용

- 철도적성검사 및 채용신체검사에 불합격한 경우 최종 불합격 처리

>> 2022 상반기 기출 유형분석

작년 시험의 반동, 평이하다면 완벽하게!

2021년의 독보적인 난이도로 출제된 경영학의 반동으로 2022년의 코레일 경영학의 출제경향은 다시 2020년의 빈출 유형 다수, 계산 문제 하나, 낯선 개념의 문제로 변별력을 확보하는 모습으로 되돌아갔다. 이와 함께 평이하게 출제된 직업기초능력과 합쳐져 2022년 상반기 사무영역의 가점 포함 합격선이 거의 모든 지역에서 93점을 초과했다. NCS와 경영학, 모두가 완벽해야 했던 시험이었다.

경영학에서는 인간관계론, 기업결합, 마이클 포터의 시장전략, 동기요인, 직무분석, 지각과정의 오류, 성과급제도, JIT, 제품수명주기, 다각화 전략 등 평소 경영학을 대비해 오던 수험생들에게 낯익은 개념들을 정확히 이해하고 있는지를 측정하였다.

2022년 코레일 경영학 시험의 변별력을 담당하는 '낯선 개념'의 역할은 국제경영이 맡았다. 킨들버거가 제시한 국제기업의 정의과 국제기관의 창립목적 등에 관하여 심도 깊은 문제를 출제하여 난이도를 높이고 변별력을 확보하고자 하는 모습을 보였다.

>> 2022 상반기 경영학 키워드 체크

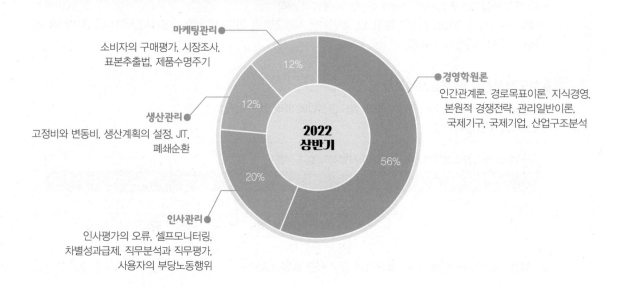

≫ 2021 상·하반기 기출 유형분석

시간을 쓰게 만드는 문제들에 대비하자!

경영학을 시험과목으로 채택하고 있는 공기업 필기시험들의 문제 난이도가 전반적으로 상승하고 있는 추세임을 감안해도, 2021년 상반기 코레일 경영학 필기시험의 난이도는 독보적이었다. 그에 비해 하반기는 문제의 난이도는 다소 하향되었으나 선택형 문제나 사례해석과 같이 문제풀이에 많은 시간을 필요로 하는 유형의 비중이 크게 올라갔다는 점이 눈에 띄었다.

여타 공기업 필기시험에 잘 출제되지 않는 하우 리의 불확실성 프레임워크, 카이제곱 검정통계량, 애쉬의 인상형성 이론 등의 내용이 출제되는 한편, 대화 내용을 통해 경영이론을 도출하는 문제와 같이 기계적으로 정답을 도출하는 것이 아닌 지문을 읽고 해석하는 과정을 반드시 거쳐야 하는 유형의 문제들이 출제되었다.

이후의 출제기조가 크게 바뀌지 않는 한, 경영학 전공과목에서 시간을 단축하고 절약한 시간을 직업기초능력평가에 사용하는 수험전략을 계획하는 수험생들은 경영학에서 시간을 많이 소비하게 하는 형식의 문제유형에 반드시 익숙해질 필요가 있다.

≫ 2021 상·하반기 경영학 키워드 체크

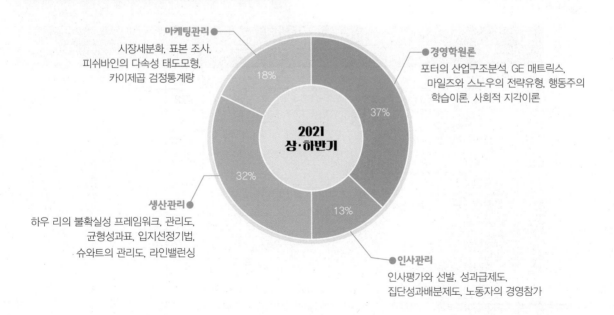

마케팅관리
시장세분화, 표본 조사,
피쉬바인의 다속성 태도모형,
카이제곱 검정통계량

18%

경영학원론
포터의 산업구조분석, GE 매트릭스,
마일즈와 스노우의 전략유형, 행동주의
학습이론, 사회적 지각이론

37%

2021 상·하반기

13%

인사관리
인사평가와 선발, 성과급제도,
집단성과배분제도, 노동자의 경영참가

32%

생산관리
하우 리의 불확실성 프레임워크, 관리도,
균형성과표, 입지선정기법,
슈와트의 관리도, 라인밸런싱

2022 상반기

(단위 : 점수)

구분		사무영업					운전		차량		토목	건축		전기통신
		일반	수송	관제	IT	사업개발	일반	전동차	기계	전기	일반	일반	설비	일반
권역별	수도권	93.4	84.58	54.49	75.63	–	–	60.82			48.11	59.19	46.76	64.84
	강원권	–									48.34	59.13		55.8
	충청권	93.42	84.73			72.71	62.37		–	–	52.51	62.3		64.8
	호남권	93.75	88.05				65.79				45.22	–		63.38
	대구경북권	–	–				60.75				53.31	58.4		64.88
	부산경남권	97.56	91.08				63.58				–	64.86		70.46
	거주지 제한	65.42	–								–	–		–
차량분야	수도권								80.86	84.63				
	중부권	–	–	–	–	–	–	–	74.2	74.76	–	–	–	–
	충청권								78.71	80.69				
	호남권								79.81	83.89				
	영남권								87.68	86.86				

※ 거주지제한 : 영월정선

2021 하반기

(단위 : 점수)

구분		사무영업		운전		차량		토목		건축		전기통신
		일반	수송	일반	전동차	기계	전기	일반	장비	일반	설비	
	전국권	–	–	–	–	–	–	–	–	80.93	70.9	–
권역별	수도권	80.72	75.13	–	65.4			73.2				72.98
	강원권	–	75.28	72.92				–				–
	충청권	78.48	72.85		–	–	–	65.73	–	–	–	70.48
	호남권	79.95	72.43					65.03				70.57
	대구경북권	–	–					66.98				72.87
	부산경남권	79.2	75.23					77.47				70.62
차량분야	수도권					89.22	82.4					
	중부권	–	–	–	–	84.32	74.9	–	–	–	–	–
	충청권					89.17	79.45					
	호남권					91.7	80.98					
	영남권					89.03	81.13					

2021 상반기

(단위 : 점수)

구분		사무영업		운전	차량		토목		건축		전기통신
		일반	수송	(전동차)	기계	전기	일반	장비	일반	설비	
전국권		–	–	–	–	–	–	85.59	68.67	66.82	–
권역별	수도권	–	67.87	64.49	–	–	55.9	–	–	–	59.82
	강원권		58.38				–				46.03
	충청권	69.32	62.55				42.8				57.05
	호남권	67.32	60.7	–			48.8				50.3
	대구경북권	–	–				46.05				53.2
	부산경남권	69.23	61.03				58.65				55.72
차량분야	수도권정비단	–	–	–	82.75	67.27	–	–	–	–	–
	대전정비단				81.68	64.93					
	호남정비단				81.52	63.72					
	부산정비단				84.63	68.53					

2020 하반기

(단위 : 점수)

구분	사무영업			운전	차량		토목	건축		전기통신
	일반	수송	IT		기계	전기		일반	설비	
수도권	81.15	78.82	–	61.67	77.47	69.36	56.97	83.07	–	57.16
중부권	83.48	74.55		–	–	65.31	41.99	–	47	49.7
충청권	81.30	77.49		70.25		64.95	43.61	65	–	48.30
영남권	81.48	76.22		71.99	79.35	69.03	52.35	–		55.7
호남권	–	75.56		68.55	71.87	–	45.15			43.38

2020 상반기

(단위 : 점수)

구분	사무영업			운전	차량		토목	건축		전기통신
	일반	수송	IT		기계	전기		일반	설비	
수도권	79.47	78.48	81.17	55.73	81.39	67.61	66.23	83.07	62.63	66.75
중부권	–	75.34	–	60.79	77.08	60.7	49.65	–	–	56.82
충청권	77.59	76.83		65.5	77.08	66.7	–			66.59
영남권	77.53	78.11		67.12	83.3	71.01				68.98
호남권	75.9	79.8		61.95	78.8	66.8	54.67			68.98

유형별 출제비중

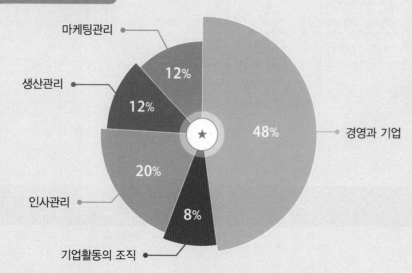

- 마케팅관리 12%
- 생산관리 12%
- 인사관리 20%
- 기업활동의 조직 8%
- 경영과 기업 48%

출제분석

2021년의 코레일 경영학은 문제 해석에 시간을 투자하고 모든 보기를 이해해야 정답을 선택할 수 있는 유형의 문제들이 출제된 반면, 2022년의 코레일 경영학은 경영학 기본 개념을 내용으로 하는 단답형 문제 위주로 출제되었다. 난해한 문제들이 출제될 경우에는 문제를 접했을 때의 충격에 침착하게 대응하는 마인드와 문제풀이의 기술을 활용하고, 평이하게 출제될 경우에는 수험생 본인의 기량에 대한 믿음과 함께, 실수로 틀리지 않도록 하는 약간의 신중함을 가질 수 있음에 당락이 결정될 것이다.

2022년 04월 16일 시행 기출문제분석

문번	소재	소분류	대분류
1	인간관계론	경영이론	경영과 기업
2	기업결합	기업구조	경영과 기업
3	경영자의 역할과 기능	경영이론	경영과 기업
4	테일러의 과학적 관리론	경영이론	경영과 기업
5	허즈버그의 2요인이론	조직이론	기업활동의 조직
6	하우스의 경로목표이론	조직이론	기업활동의 조직
7	전략적 경영	경영전략	경영과 기업
8	지식경영	경영전략	경영과 기업
9	포터의 본원적 경쟁전략	경영전략	경영과 기업
10	포터의 산업구조분석	경영전략	경영과 기업
11	페이욜의 관리일반이론	경영이론	경영과 기업
12	제품수명주기에 따른 경영계획	마케팅계획	마케팅관리
13	국제기구	국제경영	경영과 기업
14	국제기업	국제경영	경영과 기업
15	인사평가의 오류	인사관리론	인사관리
16	셀프모니터링	인사관리론	인사관리
17	사용자의 부당노동행위	노사관계론	인사관리
18	차별성과급제	임금체계	인사관리
19	직무분석과 직무평가	인사관리론	인사관리
20	소비자의 구매평가	마케팅계획	마케팅관리
21	시장표본조사	마케팅조사	마케팅관리
22	고정비와 변동비	생산계획	생산관리
23	기업의 다각화 전략	경영전략	경영과 기업
24	생산계획의 설정	생산계획	생산관리
25	JIT(Just In Time)	생산관리	생산관리

2021년 10월 02일 시행 기출문제분석

문번	소재	소분류	대분류
1	경영자의 역할과 기능	경영이론	경영과 기업
2	테일러의 과학적 관리론	경영이론	경영과 기업
3	적대적 M&A의 방어방법	경영이론	경영과 기업
4	소비자의 인지부조화	마케팅계획	마케팅관리
5	시스템이론	기업구조	경영과 기업
6	기업결합	기업구조	경영과 기업
7	인력선발도구의 합리성	인사관리론	인사관리
8	조직의 유형	조직이론	기업활동의 조직
9	사회적 지각이론	의사결정	기업활동의 조직
10	욕구단계이론과 ERG이론	조직이론	기업활동의 조직
11	브레인스토밍	의사결정	기업활동의 조직
12	마일즈와 스노우의 전략유형	조직이론	기업활동의 조직
13	카이제곱 검정통계량	마케팅조사	마케팅관리
14	피쉬바인의 다속성 태도모형	마케팅계획	마케팅관리
15	제품의 수명주기	마케팅계획	마케팅관리
16	시장세분화	마케팅조사	마케팅관리
17	생산설비의 배치	생산구조	생산관리
18	행동주의 마케팅	마케팅조사	마케팅관리
19	거래비용이론과 시장실패	가격설정	마케팅관리
20	라인밸런싱	생산계획	생산관리
21	소비자의 구매평가	마케팅계획	마케팅관리
22	단속생산방식와 연속생산방식	생산계획	생산관리
23	슈와트의 관리도	생산관리	생산관리
24	시계열분석기법	생산계획	생산관리
25	경제적 주문량(EOQ)	재고관리	생산관리

NCS 직무수행능력평가

코레일
경영학

문항수 | 25문항

2022.04.16.

1 기출문제

▶ 정답과 해설 2쪽

01 메이요의 호손 실험과 인간관계론에 대한 설명으로 옳지 않은 것은?

① 호손 실험에서 업무시설의 개선은 생산성의 향상에 큰 영향을 주지 못했다.

② 비공식적 조직은 공식 조직 내에 자연스럽게 형성되나, 그 관습과 규범이 공식 조직의 생산 활동에 영향을 주지는 않는다.

③ 종업원들의 불편을 표시할 수 있는 기회는 그 자체로도 생산력의 상승으로 이어진다.

④ 종업원의 생산성을 결정하는 데 있어 측정할 수 없는 비경제적 요인이 작용한다는 점에서 과학적 관리론을 비판하는 논거가 되었다.

⑤ 호손 실험에서 종업원들은 자신이 어느 실험의 대상이 되고 있다는 사실을 인식하는 것으로 생산량의 변동이 발생하였다.

02 다음 중 경제적 독립성을 상실한 기업결합의 형태로 바르게 묶인 것은?

① 카르텔, 콘체른   ② 카르텔, 트러스트   ③ 콘체른, 트러스트

④ 콘체른, 콤비나트   ⑤ 트러스트, 콤비나트

03 카츠의 경영자 능력 이론에서 상위경영자에서 하위경영자(일선경영자)로 갈수록 중요도가 강조되는 경영자의 능력은?

① 정보적 능력   ② 대인관계 능력   ③ 개념화 능력

④ 인간적 능력   ⑤ 기술적 능력

04 테일러의 생산관리법에 대한 설명으로 옳지 않은 것은?

① 제품 생산을 위한 시간연구와 동작연구를 통해 표준생산량을 산출하였다.

② 생산작업의 방법을 표준화하고 이를 기록한 작업지시서를 따르도록 하였다.

③ 제품과 제품 생산에 필요한 부품을 규격화하여 소품목 대량생산을 구현하였다.

④ 생산부서와 생산계획을 담당하는 부서를 분리하여 생산구조를 관리하였다.

⑤ 과학적으로 분석된 직무에 따라 적합한 근로자를 선발하는 기능별 직무제도를 도입하였다.

05 다음 중 종업원의 업무동기부여에 관한 허즈버그의 2요인이론에서 동기요인에 해당하는 것은?

① 안정적인 직위　　　　② 급여　　　　③ 성취감

④ 깨끗한 사무실　　　　⑤ 회사의 정책

06 다음 중 하우스의 경로목표이론에서 부하들이 업무를 수행하기 위한 능력과 의지를 모두 갖추고 있을 때 발휘해야 하는 리더십의 유형에 해당하는 것은?

① 지시적 리더십　　　　② 후원적 리더십　　　　③ 참여적 리더십

④ 성취지향적 리더십　　⑤ 거래적 리더십

07 다음 중 전략적 경영과 관련이 없는 내용은?

① 전략적 경영은 기업의 목적을 달성하기 위한 계획과 실행에 의해 생겨난 행동과 의사결정을 의미한다.

② 전략적 계획은 기업의 비전을 분명히 하고 조직이 경쟁적 이점을 얻을 수 있는 기회와 연결하는 과정이다.

③ 기업의 비전에는 기업의 목적과 기업철학, 목표에 대한 성명 등의 개념을 포함한다.

④ 전략적 경영을 위해서는 회사가 직면한 경쟁상황과 환경요인을 파악하고 이를 평가하는 과정을 거쳐야 한다.

⑤ 전략적 계획은 조직의 목표 달성과 이를 위한 조직 관리에 있어서 특히 하위 경영층들이 설정하고 수행한다.

경영과 기업

기업활동의 조직

인사관리

생산관리

마케팅관리

실전모의고사

08 노나카의 지식경영이론에서 조직을 통해 전수받은 개인의 지식을 책 등의 물질적 형태로 만드는 것을 무엇이라고 하는가?

① 사회화(Socialization) ② 외재화(Externalization) ③ 결합(Combination)

④ 내재화(Internalization) ⑤ 분리(Separation)

09 마이클 포터의 본원적 경쟁전략에 대한 설명으로 옳지 않은 것은?

① 본원적 경쟁전략에서는 기업이 어느 방식으로 경쟁우위를 가질지, 어느 시장 영역에서 활동할지에 따른 경영전략을 설정한다.

② 원가우위 전략은 경쟁기업과 비슷한 품질의 제품에서 가격우위를 가지는 경영전략이다.

③ 원가우위 전략은 시장 내 지배적 위치에 있는 대기업이 규모의 경제를 통해 실행한다.

④ 차별화 전략은 브랜드 충성도가 높은 제품에 적합한 경영전략이다.

⑤ 집중화 전략은 모든 시장을 대상으로 진행하는 경영전략이다.

10 다음 중 포터의 산업구조분석에 관한 설명으로 옳지 않은 것은?

① 규모의 경제의 실현은 잠재적 진입자의 체감하는 진입장벽을 낮추는 원인이 된다.

② 구매자의 집단화는 기업의 수익성을 낮추는 원인이 된다.

③ 제품의 기업 간 차별성이 약한 시장에서는 구매자의 교섭력이 강하다.

④ 경쟁기업이 해당 시장에서 철수하고 다른 시장으로 전환하는 데 드는 비용이 높을수록 기존 기업의 수익성은 낮아진다.

⑤ 공급자의 전방 통합 시도는 공급자의 교섭력을 강화한다.

11 다음 중 페이욜이 주장한 관리활동의 5요소에 해당하지 않는 것은?

① 계획 ② 조직 ③ 생산

④ 조정 ⑤ 통제

12 다음 중 제품수명주기(PLC)에 따른 경영계획의 설정으로 옳지 않은 것은?

① 도입기에는 체계적인 경영계획을 마련하는 것이 필요하다.
② 성장기에는 포괄적인 경영계획보다는 구체적인 경영계획이 적절하다.
③ 성숙기에는 포괄적인 경영계획보다는 구체적인 경영계획이 적절하다.
④ 성숙기에는 장기적인 경영계획을 세우는 것이 필요하다.
⑤ 쇠퇴기에는 단기지침적 경영계획을 세우는 것이 필요하다.

13 다음에 나타난 국제기구의 설립 목적으로 옳은 것은?

> 2021년 7월 바베이도스에서 개최된 UN의 정부간 협의체인 UNCTAD(United Nations Conference on Trade and Development, 유엔무역개발회의) 총회에서 무역개발이사회는 UNCTAD의 국가 분류에서 대한민국의 지위를 그룹 A(아시아 · 아프리카)에서 그룹 B(선진국)로 변경하는 안건을 만장일치로 가결하였다. 이는 1964년 UNCTAD 설치 이래로 개발도상국에서 선진국으로 지위가 변경된 첫 사례이다. 이에 대해 외교부는 "무역을 통한 개발을 주목적으로 하는 유엔 기구에서 모든 회원국이 대한민국을 선진국 그룹으로 이동하는 것에 만장일치로 합의했다는 것은 우리나라가 국제사회에서 직접 증명해 온 무역과 투자를 통한 성장의 모범적 사례임을 확인하는 의미"라고 설명했다.

① 개발도상국의 경제 및 사회적 발전을 위한 자금 및 기술원조 관련 프로젝트의 추진 및 관리와 이를 위한 조사를 위한 기관으로 소득향상, 민주적인 정치, 환경문제, 에너지 등 개발에 관한 전방위적 프로젝트를 진행한다.
② 무역을 통한 개도국의 경제개발 촉진과 남북 문제의 무역 불균형을 시정하고 관세장벽의 철폐, 1차 상품의 가격과 수급안정, 선진국의 적극적인 원조 방안을 제시한다.
③ 개발도상국의 대부금을 제공하는 국제금융기관으로, 제2차 세계대전 후 전재복구를 도모하고 개발도상국의 경제개발 지원을 목적으로 설립되었다.
④ 가입국과의 무역관계와 협정을 관리 및 감독하기 위해 설립된 기구로, 무역장벽을 낮추고 무역협상의 기반을 제공하여 원활하고 자유로운 무역을 지원하며, 회원국들 간의 무역 분쟁을 조정하는 역할을 수행한다.
⑤ 국제 통화 협력과 환율안정, 경제성장을 목적으로 환율과 국제 수지 등 국제금융체계를 감독하고, 세계 각국에서 출자하여 조성한 기금을 통해 회원국에 대한 기술 및 금융지원을 제공한다.

14 다음 중 킨들버거가 주장한 국제기업(International Cooperation)의 정의와 그 특징에 대한 설명으로 옳지 않은 것은?

① 국제기업은 어느 한 국가에 소속된 상태로 해외활동을 전개하는 기업을 의미한다.
② 국제기업의 해외 진출은 주로 기업의 해외활동을 전담하는 기업 내 특정 부서를 통해 이루어진다.
③ 국제기업은 자국 외에서는 '외국기업'으로 인식된다.
④ 국제기업의 소유자는 특정 국가의 국민에 한정되어 있다.
⑤ 국제기업은 다국적기업에 비해 외부활동률이 높다.

15 다음에서 설명하는 인사평가 지각과정에서의 오류는?

> • 젊으면 일을 빨리 배울 거니, 신입사원은 나이가 한 살이라도 어린 쪽을 뽑는다.
> • 영업실적이 좋은 사람은 이해력이 높을 것이다.
> • 업무를 성실하게 처리하는 사람은 업무에 대한 책임감이 높을 것이다.

① 주관의 객관화   ② 논리적 오류   ③ 상동적 태도
④ 관대화 경향   ⑤ 극단화 오류

16 셀프모니터링(Self-monitering)에 대한 설명으로 옳지 않은 것은?

① 셀프모니터링의 정도가 낮을수록 일관적인 행동패턴을 보인다.
② 셀프모니터링의 정도가 낮을수록 타인의 평가에 의존하는 행동을 보인다.
③ 셀프모니터링의 정도가 높을수록 사교적이고 갈등상황에 대한 대처능력이 높다.
④ 셀프모니터링의 정도가 높을수록 자기회의에 따른 피로감을 크게 느낀다.
⑤ 셀프모니터링의 정도가 높을수록 자신의 감정을 통제하는 능력이 뛰어나다.

17 다음 중 사용자의 부당노동행위에 해당하는 것은?

① 중재   ② 조정   ③ 준법투쟁

④ 직장폐쇄   ⑤ 황견계약

18 다음 중 테일러의 차별성과급제에 해당하는 설명은?

① 노동시간과 생산량을 기준으로 하는 기본 생산성 비율로 산출한 표준노동시간과 실제노동시간의 차이를 계산하여 절약된 노동시간을 기준으로 성과급을 산정하는 제도이다.

② 일일 과업량을 과학적으로 설정하고 이를 기준으로 높은 임금과 낮은 임금을 구분하여 제공한다.

③ 근로자를 위한 목표치를 따로 설정하여 임금단계를 4단계로 구분하여 지급하는 방법이다.

④ 생산가치를 기준으로 계산된 노무비 절감분을 배분하는 제도와 제안제도를 중심으로 성과를 배분한다.

⑤ 표준작업시간을 설정한 후 절약임금의 $\frac{1}{2}$ 혹은 $\frac{1}{3}$을 해당 종업원에게 추가로 지급하는 방법이다.

19 다음 중 직무분석과 직무평가에 대한 설명으로 옳지 않은 것은?

① 서열법은 평가 전 등급을 미리 설정한 후 이를 기준으로 직무를 배치하는 방법이다.

② 면접법으로 정보를 획득하는 방법의 경우 면접자가 직무담당자와의 면접을 통해 직무에 대한 정보를 수집한다.

③ 직무분석을 통해 직무수행에 필요한 지식, 능력, 경험 등을 파악할 수 있다면 인사고과에서 지원자가 해당 직무수행요건을 갖추고 있는지 확인하여 판단할 수 있다.

④ 직무평가방법 중 중요사건서술법은 많은 직무행동 중에서 조직의 목표 달성과 관련된 중요사건에 관하여 초점을 맞추어 분석하는 방법이다.

⑤ 직무분석의 1차적 결과물은 직무기술서와 직무명세서이다.

20 다음 제시문에서 A가 구매대안을 평가하는 비보완적 방식의 유형은?

> A가 레토르트 제품의 선택 시 가장 우선시 여기는 속성은 가격이다. 그런데 마트에서 A가 찾는 가장 저렴한 가격인 제품이 두 가지였고, 이 둘은 각각 다른 상표이면서 가격이 동일했다. A가 다음으로 우선시 여기는 속성이 용량이었는데, 두 제품의 용량은 10g의 차이가 있었다. A는 둘 중 용량이 더 많은 제품을 선택할 수 있었다.

① 결합식 모형
② 사전편집식 모형
③ 분할식 모형
④ 다속성태도모형
⑤ 순차적 제거 모형

21 다음 표본조사의 방법 중 모집단 내에서 분류한 동질적 집단들인 소집단들 중에서 무작위로 선택하여 이들을 모두 조사하는 확률적 표본추출법은?

① 단순임의표본추출
② 층화표본추출
③ 군집표본추출
④ 사전편집식
⑤ 체계적 추출

22 가방을 자체 생산하여 판매하는 어느 공업소의 비용구조가 다음과 같을 때 한 달에 가방을 50개 판매한 월 수익이 50만 원이 되기 위해 설정해야 할 가방의 개당 가격은?

> • 공업소의 한 달 고정비용 : 100만 원
> • 가방 1개 생산에 필요한 변동비용 : 2만 원

① 1만 원
② 2만 원
③ 3만 원
④ 5만 원
⑤ 10만 원

23 제과 사업을 주로 하던 기업이 세탁세제 시장에 진출하는 것과 같은 사업성장 전략을 무엇이라고 하는가?

① 시장개발 전략　　　② 시장침투 전략　　　③ 제품개발 전략

④ 후방통합 전략　　　⑤ 비관련다각화 전략

24 일정계획 통제기법 중 일정의 계획 및 통제에 보이는 기법으로 계획된 작업량과 실제 달성한 작업량을 동일한 표에 표시하여 계획과 진도를 한 번에 파악할 수 있게 만든 도표에 의한 통제기법은?

① LOB　　　　　　② 간트 차트　　　③ 단기간 일정법

④ 생산계획도표　　　⑤ 목표도표

25 JIT에서 품질을 관리하기 위한 제도에 해당되지 않는 것은?

① 카이젠　　　　　② 품질관리분임조　　③ 라인-스톱 제도

④ 폐쇄순환　　　　⑤ 포카요케 제도

경영과 기업

기업활동의 조직

인사관리

생산관리

마케팅관리

실전모의고사

▶ 정답과 해설 9쪽

2021.10.02.

2 **기출문제**

01 민츠버그(Mintzberg)의 경영자의 역할과 기능에 대한 설명으로 가장 적절하지 않은 것은?

① 경영자는 대외적으로 기업을 대표하는 대표자(Figure Head) 역할을 수행한다.

② 경영자는 기업의 경영목표를 달성하기 위해 종업원을 직접 채용하고 훈련하며, 종업원들의 동기를 부여하는 기업가(Entrepreneur) 역할을 수행한다.

③ 경영자는 수집한 정보를 기업 내부에 전파하는 정보보급자(Disseminator)의 역할을 수행한다.

④ 경영자는 기업 내외의 위기를 극복하는 문제해결자(Disturbance Handler)의 역할을 수행한다.

⑤ 경영자는 조직의 이익을 위하여 조직을 대표하여 외부와의 협상을 진행하는 협상가(Negotiator)의 역할을 수행한다.

02 테일러의 과학적 관리론에 대한 설명으로 가장 적절하지 않은 것은?

① 생산활동에 필요한 동작과 그에 필요한 시간 분석을 획일화된 적용을 위한 작업도구와 작업과정의 표준화를 지향하였다.

② 과학적인 지표를 근거로 적성에 맞는 노동자를 고용하고 훈련할 것을 주문하였다.

③ 과학적으로 설정된 작업방식에 근거한 작업지시서를 작성하여 노동자 개개인이 작업계획을 자율적으로 설정하고 이를 따르도록 하였다.

④ 작업목표는 과학적으로 계산되고 합리적으로 설정된 것이므로 이에 미달한 생산에 대한 책임을 노동자에게 있다고 보았다.

⑤ 생산의 효율성을 위해서는 노사간의 협동관계와 신뢰관계가 구축되어야 한다고 보고 이를 위한 물적 유인으로 종업원의 동기부여를 위한 인센티브 제도를 도입하였다.

03 제시된 설명은 적대적 M&A의 방어방법 중 무엇에 해당하는가?

> A 기업과 B 기업이 공동전선을 구축해 C 기업의 경영권을 노리자, C 기업이 A 기업의 주식 10% 이상을 취득하여 경영권을 방어하는 경우이다. 이와 같이 적대적 인수기업이 공개매수를 할 경우 피인수기업이 오히려 인수기업의 주식을 공개매수하여 공격자의 의결권을 무력화시키는 방어기법을 뜻한다.
>
> (상법에 따르면 한 회사가 다른 회사의 지분을 10% 이상 상호 확보할 경우 그 지분에 대해 의결권이 제한됨)

① 포이즌 필   ② 황금 낙하산   ③ 차등의결권
④ 역공개매수   ⑤ 차입매수

04 소비자가 제품을 구매했을 때 발생하는 인지부조화에 대한 설명으로 가장 적절하지 않은 것은?

① 구매 후의 인지부조화는 소비자가 자신의 구매선택을 취소할 수 없고 그에 대해 본인이 책임을 져야 함을 의식할 때 크게 나타난다.

② 소비자가 제품을 구매를 하기 위한 과정 그 자체에 가치를 인식하게 하는 마케팅 전략은 인지부조화의 감소에 영향을 줄 수 있다.

③ 구매한 제품을 반품하는 데 드는 비용을 소비자에게 부과하는 방법은 소비자가 구매를 합리화하게 하여 인지부조화를 감소하도록 유도하는 기능을 수행한다.

④ 제품에 대한 사후처리를 통한 인지부조화의 감소는 실제로 제품에 대한 사후처리를 받게 되는 상황에 이르렀을 때 비로소 그 효력을 발휘한다.

⑤ 소비자들은 제품을 구매한 후 다른 제품들과의 비교정보를 받아들이는 것을 차단하는 행동을 통해 인지부조화의 발생이라는 불편한 경험을 스스로 억제하기도 한다.

05 다음은 시스템 이론에서 시스템의 특징 중 하나를 설명한 것이다. 제시문의 밑줄 친 빈칸에 들어갈 내용으로 가장 적절한 것은?

> 개발부서에서는 향상된 제품기술을 도입하여, 제품가격이 높아지더라도 더욱 고품질의 제품을 개발하고 싶어 하지만, 판매부서에서는 판매시장을 확대하고자 제품의 가격을 낮추기 위해 지나친 고품질의 기술이 도입된 제품의 개발을 원치 않아 한다. 이 경우 유기적인 시스템 하에서는 _____

① 기업의 수익 증대와 직접적인 관련이 있는 조직의 의견이 수렴되는 방향이 가장 바람직하다.

② 각 조직들의 이해관계가 상충하지 않는 외부의 다른 시스템과의 교류와 상호작용을 도모한다.

③ 상반된 입장을 가진 각 시스템 구성요소들의 독립성을 인정하고 개별적인 정책을 추구하도록 할 수 있다.

④ 시스템 구성요소들 간의 경쟁을 독려하여 각각의 상반된 입장을 스스로 관철할 수 있도록 내부적 힘을 기르도록 한다.

⑤ 기업 전체의 목표가 최적화되는 방향으로 부분들의 의사결정을 조정하여 전체 목표를 달성하는 방향으로 진행될 수 있을 것이다.

경영과 기업

기업활동의 조직

인사관리

생산관리

마케팅관리

실전모의고사

06 다음 협의 내용을 통해 유추할 수 있는 경영 전략의 내용으로 가장 적절하지 않은 것은?

> A사 : 저희 사업시장의 시장점유율을 확대하고 불필요한 경쟁을 줄이기 위한 사업 협정 방법을 모색하려고 합니다. 협력 기업들의 제품들을 판매하는 전문업체를 설립하는 방법은 어떨까요?
>
> B사 : 괜찮은 방법인 것 같습니다. 판매업체에게 저희 제품들에 대한 독점판매권을 부여하면 더욱 좋을 것 같습니다.
>
> C사 : 저희 회사는 이미 유통업체인 D사와 공급협약을 맺고 있어서 참여가 곤란합니다.
>
> A사 : 저희 회사와 C사는 콤비나트 형태의 생산협약을 맺는 방안을 검토하는 것도 좋을 것 같습니다.
>
> B사 : 저희 회사가 A사를 인수하고 완전히 새로운 기업을 설립하는 방법은 어떨까요?
>
> A사 : 그 방법은 저희 회사 주식에 경쟁사인 E사의 지분이 상당 부분 있어서 해당 주주들과의 마찰이 불가피할 것 같습니다.
>
> C사 : 모회사를 설립하고 협력 기업들끼리의 기업결합을 추진하는 방법도 있습니다.

① A사는 B사에 신디케이트(Syndicate)로 결합한 카르텔(Kartel)을 제시하였다.

② A사의 제조공장은 C사와 인접한 지역에 있을 것이다.

③ 만일 C사가 유통업체인 D사를 인수할 경우는 이는 수직적 통합에 해당한다.

④ A사는 B사가 제시한 트러스트(Trust) 방식은 곤란하다는 의사를 밝혔다.

⑤ C사는 두 회사에게 조인트벤처(Joint Venture) 형태의 기업결합 방법을 제시하였다.

07 선발활동이 적절히 수행되기 위해서 고려되어야 할 선발도구의 합리성에 대한 설명 중 가장 적절하지 않은 것은?

① 구성타당성은 설명하기 어려운 추상적인 개념이나 속성을 측정도구가 얼마나 적절하게 측정하였는가를 나타내는 것이다.

② 성과급을 평가하는 평가도구가 직원의 연간 성과를 얼마나 정확하게 대표할 수 있는가에 따라 평가자가 충분히 대표하고 있다고 판단한다면 내용타당성이 높다고 할 수 있다.

③ 내적 일관성은 검사의 신뢰도를 주장하는 방법으로 부분검사 및 검사문항들 사이에서 피보험자가 보인 반응의 일관성을 분석하는 방법이다.

④ 현직 종업원에게 입직 시험을 보게 한 후 현직 종업원의 시험성적과 그 종업원의 직무성과를 비교하여 선발도구의 타당성을 측정하는 것은 동시타당성에 해당한다.

⑤ 실험을 현실과 유사한 조건에서 설계하여 수행하면 내적 타당성은 높아지나 외생변수의 통제가 잘 이루어지지 않거나 표본의 무작위화가 제대로 되지 않아 외적 타당성이 낮아진다.

08 다음 대화에서 A ~ C가 속한 조직유형의 특징을 이해한 것으로 적절하지 않은 것은?

> A : 내가 다니는 곳과 같은 스타트업 회사는 해야 하는 업무에 비해 인력은 부족해서, 부서 구분 없이 한 사람이 할 수 있는 일대로 여러 가지 일을 하는 경우가 많아. 그래서 일하다 보면 내가 무슨 일을 하는 사람인가 하는 생각이 들기도 해.
>
> B : 우리 회사는 부서별로 업무가 확실하게 정해져 있어. 나는 총무부에서 이런 일을 하는 것이 주 업무다 이렇게 정확하게 명시가 되어 있지.
>
> C : 우리 회사도 B처럼 부서별로 업무가 정해져 있긴 한데, 사업팀도 있어. 그러니까, 한 사람이 기능부랑 사업부에 동시에 소속되어 있어.
>
> B : C는 부서 회의도 하고 사업팀 회의도 하겠네. 난 부서 회의 하나 준비도 힘든데...
>
> A : 우리 회사는 회의 준비라고 그렇게 딱딱하고 어렵게 돌아가지는 않은 건 좋은 거 같아.

① A가 속한 조직유형에서의 의사소통은 비공식적인 경로로 진행되는 경우가 많을 것이다.

② B가 속한 조직유형은 업무의 책임관계를 명확하게 구분하고 부서간 협력체계를 특히 강조한다.

③ B가 속한 조직유형은 규칙과 절차를 중시하고 명령 전달과 성과 보고에 있어서 문서에 의한 보고절차를 중시할 것이다.

④ C가 속한 조직유형의 구성원들은 기능부에 소속되어 있으면서 동시에 프로젝트의 필요에 따라 사업팀에 배정된다.

⑤ C가 속한 조직유형은 그 구성원들이 두 명 이상의 책임자로부터 명령을 받는 이중책임구조로 되어 있어 지휘체계에 혼선이 발생할 위험이 있다.

09 사회적 지각이론에 대한 다음의 설명 중 가장 적절하지 않은 것은?

① 자존적 편견이란 내면의 자존욕구로 인하여 성공한 결과에 대해서는 자신이 잘해서 성공한 것이고 실패한 결과에 대해서는 상황이 부득이해서 실패하게 된 것으로 판단하는 경향을 의미한다.

② 내적귀인이란 상대방 행동에 대한 원인이 상대방 자체에 있다고 규명하는 것이고, 외적귀인이란 상대방 행동에 대한 원인이 상대방의 통제 밖에 있다고 규명하는 것이다.

③ 애쉬(Asch)의 인상형성이론에 의하면 인상형성 시 중심적인 역할을 수행하는 특질과 주변적인 역할을 하는 특질이 있다.

④ 켈리(Kelly)의 귀인이론에서는 특이성, 합의성, 일관성이 외적귀속과 내적귀속으로 갈라졌을 때 두 가지 귀인 중 판단하기 어려운 경우에는 일관성이 주도적인 역할을 하는 것으로 연구되었다.

⑤ 켈리의 귀인이론에서 합의성이란 다른 사람들과 동일한 행동을 보이는가를 판단하는 개념이다.

10 매슬로우(Maslow)의 욕구단계이론과 알더퍼(Alderfer)의 ERG이론을 비교한 다음의 내용 중 가장 적절하지 않은 것은?

	매슬로우(Maslow)의 욕구단계이론	알더퍼(Alderfer)의 ERG이론
①	생리욕구, 안전욕구, 소속욕구, 존경욕구, 자아실현욕구	존재욕구, 관계욕구, 성장욕구
②	만족→진행 모형	만족→진행, 좌절→퇴행 모형
③	동시에 1개의 욕구가 동기부여 역할을 함.	동시에 여러 개의 욕구가 동기부여 역할을 할 수 있음.
④	저차욕구가 우선 작용	저차욕구 혹은 고차욕구가 우선 적용될 수 있음.
⑤	자아실현의 욕구를 제외하고는 욕구 충족 시 사라짐.	욕구가 미충족되면 다시 등장하여 동기부여의 역할이 가능함.

11 집단의사결정기법에 대한 다음 설명 중 브레인스토밍에 대한 설명으로 옳은 것은?

① 반대집단 혹은 문제를 제기하는 집단이 대규모 집단이 아닌 2 ~ 3명 정도가 선발되어 반론자의 역할을 하는 방법이다.

② 전문가들에게 익명성으로 서면을 통하여 의견을 수집하기 때문에 전문가들이 모두 동등한 조건에서 자신의 의견을 개진할 수 있다.

③ 다른 구성원들의 아이디어 제시를 방해하거나 저하할 수 있는 평가를 하지 않으며 자유롭게 아이디어를 제시하고, 아이디어의 질보다 양을 중요시 여긴다.

④ 대안에 대해 찬성하는 그룹과 반대하는 그룹을 구분하여 대안에 대한 논쟁을 한 후 의사결정을 한다.

⑤ 서면으로 제출된 모든 대안의 장단점을 파악한 후 투표를 통해 구성원들이 가장 선호하는 대안을 선택하는 방법으로 리더가 의사결정과정에 대해서 명확한 지식을 가지고 있어야 한다.

12 다음은 어느 기업의 전략회의 내용이다. 이에 관하여 마일스(Miles)와 스노우(Snow)가 구분한 전략의 유형에 적용하여 이해한 것으로 가장 적절하지 않은 것은?

> A : 최근 반도체 생산 경쟁에 뛰어든 ○○기업은 소프트웨어 개발업체로 시작해서 실적부진 개선을 위해 모바일 게임 사업, 신약개발, LED 디스플레이 등 일관성 없는 주요사업 변경과 실패를 반복했습니다.
>
> B : ○○기업이면 예전에 신약 개발로 정부지원까지 받은 기업으로 유명했는데요. 사업 진출 내역들을 보니까 모두 당시 촉망받는 아이템으로 잘 알려진 사업들이었네요.
>
> C : ○○기업도 같은 사업으로 일찍이 성공해 대기업으로 성장한 다른 기업들의 벤치마킹을 시도한 것으로 보입니다. ○○기업의 거듭된 실패에는 사업 선정의 문제 이전에 다른 이유가 있지 않았을까요?
>
> A : 찾아봤는데 저 기업이 신사업에는 계속 도전을 하는데 특허를 출원했다는 기록이 없네요.
>
> B : 인형뽑기방도 같은 맥락으로 볼 수 있지 않을까요? 인형뽑기방도 사업의 유행에 편승해 급속도로 불어났다가 유행이 끝나자 많은 가게들이 폐업하고, 남은 가게들은 현재 낮은 유지비용에 의존해 확장 없이 유지만 되고 있는 추세입니다.
>
> C : 인형뽑기방은 사업의 한계가 명확했죠. 규모를 양적으로 확장하는 것 이외에는 발전 가능성이 없다는 점이 문제로 지적되고 있습니다.
>
> A : 결론적으로 ○○기업은 저희 기업이 이미 진출한 반도체 생산 시장에 큰 위협으로 작용할 가능성이 낮다고 볼 수 있겠습니다.
>
> B : 이런 사례를 통해 저희 기업이 추구해야 할 전략은 어떤 방향일까요? 저희 기업은 반도체 장비 생산에 있어서 최고라고는 할 수 없지만 국내에서 손꼽히는 시장점유율을 차지하고 있는 기업입니다.
>
> C : 물론 기업의 성장도 중요하지만, 그만큼 안정이 더 중요하다고 볼 수 있겠습니다.

① ○○기업은 대체로 전략 없이 시장의 흐름 변화에 그대로 따라가는 자세를 취하고 있다.

② ○○기업이 선택한 사업으로 성공한 대기업들은 성과지향적이고 장기적인 결과를 중시했을 것이다.

③ ○○기업이 선택한 사업으로 성공한 대기업들은 외부인재의 영입 중심의 인사관리를 지향했을 것이다.

④ 현재 남아있는 인형뽑기방의 경영전략은 반응형에 가깝다고 볼 수 있다.

⑤ 전략회의 결과 A ~ C가 속한 기업은 제조의 효율성 상승을 통한 가격경쟁전략을 추진할 것이다.

13 마케팅 분석방법에 대한 다음 설명 중 (가) ~ (다)에 들어갈 내용으로 가장 적절한 것은?

> 교차분석에서 기대빈도교차표를 작성하고, 각 셀의 카이제곱(χ^2) 검정통계량을 구한 후 이들을 모두 합산한 전체 카이제곱 검정통계량을 구한다. 이렇게 계산된 카이제곱 검정통계량은 두 변수의 범주 수에서 1을 뺀 후 곱한 값을 자유도로 하는 카이제곱 분포를 한다. 이렇게 구한 검정통계량이 통계적으로 유의하다면 두 변수가 서로 　(가)　 는 결론을 얻게 된다. 이는 두 변수 간에 연관성이 　(나)　 는 의미이다. 두 변수가 독립적이면 행과 열의 총합 데이터로 계산된 기댓값과 실제값은 큰 차이가 　(다)　.

	(가)	(나)	(다)
①	독립적이지 못하다	있다	없어야 한다
②	독립적이지 못하다	없다	있어야 한다
③	독립적이다	있다	있어야 한다
④	독립적이다	있다	없어야 한다
⑤	독립적이다	없다	있어야 한다

14 피쉬바인(Fishbein)의 다속성 태도모형과 확장이론에 대한 설명으로 가장 적절하지 않은 것은?

① 다속성 태도모형은 소비자들의 실제 구매의사결정과정 전체를 모형화한 것은 아니다.

② 다속성 태도모형은 속성에 대한 평가한 각 속성이 소비자들의 욕구 충족에 얼마나 기여하는가를 나타내는 것으로 제품 각 속성에 대한 평가는 전체 태도 형성에 있어서 속성의 중요도(가중치)의 역할을 하게 된다.

③ 다속성 태도모형을 이용하면 소비자가 왜 A를 구매하고 B를 구매하지 않는지 파악할 수 있으며, 이를 기초로 여러 가지 마케팅 전략을 수립할 수 있다.

④ 확장이론은 행동의도에 영향을 미치는 개인적 요인으로 '대상과 관련된 행동에 대한 태도'가 아니라 '대상에 대한 태도'로 인식한다.

⑤ 확장이론에 따르면 개인의 태도는 행동으로부터 개인이 얻을 수 있는 결과에 대한 신념과 결과에 대한 평가에 의하여 결정된다.

15 다음 중 제품수명주기에서 성숙기의 특성에 해당하는 것은?

① 혁신층의 고객이 사용함을 유도하기 위한 강력한 판촉을 시행한다.

② 고객당 비용이 낮으며 이익은 최대치이지만 점차 감소하고 상표차이와 효익을 강조한 광고전략을 추구한다.

③ 시장 점유율의 극대화를 목표로 하여 수요 확대에 힘입어 판촉을 감소시킨다.

④ 매출은 급속성장하며 제품과 서비스의 확대 및 제품 품질보증 전략을 추구한다.

⑤ 경쟁자는 감소하며 이익이 적은 경로를 폐쇄하는 선택적 유통경로 전략을 펼친다.

16 시장세분화에 대한 설명으로 가장 적절하지 않은 것은?

① 시장세분화의 기준으로 소비자의 성별, 연령대 등과 같은 인구통계 외에도 소비자의 가치관이나 라이프스타일 등의 심리적 변수를 사용할 수 있다.

② 기존 시장에 진입하는 도전자에게는 세분화된 시장을 통합하여 여러 시장을 동시에 공략하는 방법이 유효할 수 있다.

③ 시장세분화를 통한 수익의 상승보다 비용의 상승이 더 크다면 세분화된 시장을 통합하여 비용을 절감하는 방향으로 전략을 마련할 수 있다.

④ 빅데이터 등을 활용한 고객의 데이터 분석을 바탕으로 소비자 개인 단위로의 수요를 분석하는 것을 초세분화(Micro-segmentation)이라고 한다.

⑤ 접근가능성이 높은 시장세분화를 위해서는 같은 시장에 속한 고객과의 높은 동질성과 다른 시장에 속한 고객과의 높은 이질성을 갖추어야 한다.

17 제품의 생산을 위한 설비배치의 방법에 대한 내용으로 적절하지 않은 것은?

① 제품별 배치는 생산과정이 단순한 제품을 대량으로 생산하기 위한 직선적인 생산흐름을 가진다.

② 공정별 배치는 유사한 기능을 하는 생산설비를 한 곳에 위치시키고 작업물이 설비가 위치한 곳으로 이동하게 하는 방식이다.

③ 항공기, 선박 등 크고 복잡한 제품을 생산하기 위해서는 주로 설비의 위치를 고정시키고 제품을 움직여 작업하는 고정위치배치와 생산과정의 관리를 위한 PERT/CPM을 적용한다.

④ 모듈셀 배치는 모듈화된 부품을 조립하는 소수의 작업자로 구성된 공간 안에서 제품의 전체 공정을 진행하는 방식으로 제품별 배치의 변형된 형태의 설비배치이다.

⑤ 석유화학, 철강 등과 같이 제품을 생산하기 위한 특수설비가 필요한 제품은 주로 완전한 자동생산이 가능하도록 하는 설비배치를 구성한다.

18 다음에서 설명하는 이론과 이를 활용한 마케팅에 관한 설명으로 적절하지 않은 것은?

> 행동주의는 인간의 선천성을 배격하고 철저히 관찰 가능한 행동의 변화에 주목한다. 행동 주의는 환경변화, 학습 등의 방법을 통한 조건 형성을 통해 인간의 의식과 무의식을 통제할 수 있다고 보았다. 이러한 이론은 부정적인 자극을 통해 인간에게 공포심을 학습시켜 부정적 행동을 억제하고, 반대로 긍정적인 자극을 통해 긍정적 행동을 유도하거나 공포심을 제거할 수 있는 '행동치료'의 개발로 이어진다.

① 행동 강화를 위해 조건에 따른 결과를 학습시키기 위해서는 반드시 그 조건행동과 결과 사이에의 논리적 개연성을 요구한다.

② 아름다운 모델과 제품을 함께 배치하는 광고는 소비자들에게 제품에 대한 긍정적인 인식을 주입시키는 고전적 조건화와 관련이 있다.

③ 조작적 조건화는 부정적 행동을 제거하기 위하여 이익을 회수하거나 불이익을 제공하는 방법을 사용한다.

④ 제품 구매에 경품을 제공하는 것은 소비자가 제품을 구매했을 때의 긍정적인 경험을 제공하여 지속적인 구매를 유도하는 것을 그 목적으로 한다.

⑤ 자극적인 사진을 포함한 금연 공익광고 이미지를 담배에 부착하도록 하는 것은 담배를 구매하는 행동에 혐오 자극을 가하여 금연을 유도함을 목적으로 한다.

19 윌리엄슨(Williamson)의 거래비용이론에서 시장실패를 일으키는 요인에 대한 설명이 가장 적절하지 않은 것은?

① 인간은 완전한 합리성을 갖고 최적해를 도출하는 의사결정을 하는 존재이나, 거래를 할 때에 최선의 거래상대방을 찾기 위한 선별활동이 기회주의적 행동을 유발하여 거래비용의 증가를 초래하게 된다.

② 거래상대방이 기회주의적 행동을 했을 경우에 거래의 빈도가 많다면 총거래비용이 크게 증가하게 된다.

③ 독점이나 과점시장처럼 소수의 거래자만이 존재한다면 이들은 자신의 입지를 이용하여 기회주의적 성향을 보일 것이고 그로 인해 거래비용이 증가하게 된다.

④ 거래 일방이 특유자산을 가지고 있고 거래 상대방이 거래관계에 폐쇄되어 있다면 거래 상대방이 보복의 위협 없이 기회주의적 행동을 할 수 있고 이로 인하여 거래비용이 증가된다.

⑤ 거래와 관련한 중요한 사항이 거래 일방에만 알려져 있고 그 정보의 입수에 상당한 비용이 소요된다면, 거래 상대방의 기회주의적 행동을 유발할 수 있고 이러한 기회주의적 행동은 거래비용을 상승시키게 된다.

20 다음은 면허 취득 후 첫 차를 구매하기 위해 Y 씨가 작성한 자동차 구매의사결정 시 대안 및 관련 평가이다. 제시한 표를 보고, 다속성 태도모형, 사전 편집식, 순차적 제거식, 결합식에 따라 Y 씨가 선택할 브랜드로 올바른 것을 고르면? (단, 대안의 평가에서 최저수준(cutoff)은 3점이다)

속성	가중치	우선순위	브랜드 비교		
			(가)	(나)	(다)
엔진기능	0.30	1	9	9	7
연비	0.25	2	8	3	6
차량 디자인	0.20	3	4	8	7
승차감	0.15	4	5	4	5
소음	0.10	5	2	9	6

	다속성 태도모형	사전 편집식	순차적 제거식	결합식
①	(가)	(나)	(나)	(가)
②	(가)	(다)	(나)	(다)
③	(나)	(가)	(다)	(다)
④	(나)	(다)	(다)	(가)
⑤	(다)	(가)	(나)	(나)

21 어떤 조립라인이 다음과 같이 순서의 변경이 가능한 5개의 작업요소로 구성되어 있을 경우, 1시간 동안 제품 30개를 생산하기 위해 최소로 요구되는 작업장의 수는?

작업요소	가	나	다	라	마
생산시간(초)	65	70	60	80	85

① 1개   ② 3개   ③ 6개
④ 9개   ⑤ 12개

경영과 기업

기업활동의 조직

인사관리

생산관리

마케팅관리

실전모의고사

22 다음 〈보기〉에서 단속생산방식과 연속생산방식에 해당하는 내용으로 올바르게 묶인 것은?

보기

ㄱ 다품종 소량생산에 유리하다.
ㄴ 작업의 표준화, 단순화, 전문화를 원칙으로 한다.
ㄷ 생산설비 일부의 고장이 발생하면 모든 공정이 정지된다.
ㄹ 단위당 생산원가가 높다.
ㅁ 시장조사로 수요를 예측하고 이를 바탕으로 제품을 생산한다.
ㅂ 제품의 제작공정 중 일부를 위해 설계된 고가의 전용설비들을 연속적으로 배치한다.

	단속생산방식	연속생산방식		단속생산방식	연속생산방식
①	ㄱ, ㄴ, ㅂ	ㄷ, ㄹ, ㅁ	②	ㄱ, ㄴ, ㅁ	ㄷ, ㄹ, ㅂ
③	ㄱ, ㄹ	ㄴ, ㄷ, ㅁ, ㅂ	④	ㄴ, ㄹ, ㅁ	ㄱ, ㄷ, ㅂ
⑤	ㄹ, ㅂ	ㄱ, ㄴ, ㄷ, ㅁ			

23 슈와트(Shewhart)의 관리도에 대한 설명으로 가장 올바르지 않은 것은?

① 산출물의 편차유형이 우연변동에 따르는 확률분포를 따르지 않는 경우 생산 공정이 안정상태에 있다고 한다.

② 원자재 불량, 공구 마모, 조정이 잘 안 되어 있는 장비, 작업자의 부주의, 작업자의 피로 등의 원인에 의하여 발생하는 변동을 이상변동이라고 한다.

③ 표적된 점이 관리한계선 내에 있지만 표적된 점들이 한 곳이 집중적으로 배치되어 있다거나 상승하거나 하락하는 등의 어떤 패턴을 보이고 있으면 공정이 불안정 상태에 있다고 추정하여 공정을 조사한다.

④ 일반적으로 관리한계선의 폭이 좁으면 1종 오류가 발생할 가능성이 높아지고 관리한계선의 폭이 넓으면 1종 오류가 발생할 가능성이 낮아진다.

⑤ 일반적으로 관리한계선의 폭이 넓으면 2종 오류가 발생할 가능성이 높아지고 관리한계선의 폭이 좁으면 2종 오류가 발생할 가능성이 낮아진다.

24 수요를 예측하기 위하여 과거 수요 자료를 보고 시계열분석기법을 이용한다고 가정했을 때, 다음 중 시계열분석기법별 수요예측에 대한 설명으로 가장 적절하지 않은 것은?

① 이동평균법에서 이동평균기간을 길게 하면 수요의 실제변화에는 늦게 반응하는 결과를 도출하므로 이를 빠르게 반영하려면 이동평균기간을 짧게 하여야 한다.

② 다음과 같이 주어졌을 때, 단순이동평균법에서 이동평균기간이 3개월이라면 6월의 예측 수요는 40이 된다.

월	1월	2월	3월	4월	5월
실제수요	10	20	30	40	50

③ 가중이동평균법은 최근의 자료에 큰 가중치를 부여하면 예측치가 수요변동을 빨리 반영할 수 있다는 장점이 있다.

④ 시계열 분해법에서 승법 모형의 경우 추세가 증가하면 계절적 변동 폭도 증가하고 추세가 감소하면 계절적 변동 폭도 감소하게 된다.

⑤ 지수평활법에서는 평활상수가 작아질수록 최근의 자료가 더 많이 반영되어 수요 변화에 더 민감하게 반응하며 평활상수가 커질수록 평활효과가 더 커지게 된다.

25 경제적 주문량(EOQ)에 대한 설명으로 가장 적절하지 않은 것은?

① EOQ는 총재고비용을 최소화시키는 1회 주문량을 의미한다.

② EOQ 모형에서는 재고비용 중에서 재고부족비용을 고려하지 않기 때문에 EOQ 모형에서의 재고비용은 재고유지비용과 재고주문비용만 고려하면 된다.

③ EOQ 모형에서는 주문량이 한 번에 모두 도착하는 것을 전제로 하지는 않으므로, 조달기간과 주문 기간을 합한 기간의 변동에 대비하여 안전재고가 필요하다.

④ 재고유지비용은 평균재고수량에 따라 변동하는 변동비의 성격을 지니고 있으므로 재고 1개의 비용이 C라고 하면 재고유지비율은 $C = \dfrac{1회\ 주문량(Q)}{2}$ 이다.

⑤ EOQ 모형에서 재주문점은 조달기간동안 사용될 수요량이다. 예를 들어 하루에 200개의 수요가 안정적일 경우 조달기간이 3일이라면 재고가 600개 남았을 때 재주문을 넣으면 된다.

경영과 기업

기업활동의 조직

인사관리

생산관리

마케팅관리

실전모의고사

유형별 출제분석

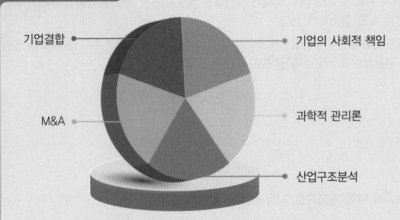

기업결합

M&A

기업의 사회적 책임

과학적 관리론

산업구조분석

합격전략

경영과 기업에서 가장 관심을 가지고 학습해야 할 주제는 경영학의 발전과정이다. 이는 경영학의 줄기에 해당하는 부분이기 때문에 시대적 배경과 더불어 발전과정을 이해하는 것이 중요하다. 이론의 주장 연도를 상세하게 기억할 필요는 없지만 학자와 이론의 관계는 반드시 숙지해야 할 것이다. 그리고 유비쿼터스, 지식경영, 구조조정 등 최신 경영 관련 용어들도 출제되니 관련 개념을 정확히 이해해 둘 필요가 있으며 회사의 분류, 특히 주식회사와 대리인 비용은 학습해야 한다. 또한 기업에 관한 주제에서는 M&A 관련 내용이 출제된 적이 있으므로 적대적 M&A의 공격과 방어에 대한 부분을 숙지해야 한다.

파트 **2** 코레일 경영학

경영과 기업
[경영학원론 I]

❏ **테마 유형 학습**

❏ **빈출 지문에서 뽑은 O/X**

❏ **기출예상문제**

기업의 사회적 책임과 윤리경영

✓ 오늘날 급변하는 환경 속에서 기업이 계속 살아남고 성장해 나가기 위해서는 경제적 측면에서의 효율성이나 경쟁력을 강화해 나가야 함과 동시에 사회로부터 정상적인 기업활동을 인정받는 사회적 정당성(Social Legitimacy)을 획득하기 위해 노력해야 한다. 이러한 시각에서 볼 때 기업의 사회적 책임과 기업윤리 문제는 기업의 지속가능경영을 위한 경영 분야이다.

1 기업의 사회적 책임

차원	구분	정의에 사용된 구절의 예
환경적 차원	자연환경	• 더 깨끗한 환경 • 환경에 대한 책무 • 경영활동에 있어서의 환경적 관심
사회적 차원	경영과 사회 간의 관계	• 더 나은 사회에 대한 기여 • 경영활동에 사회적 관심을 통합 • 지역사회에 대한 그들의 전반적 영향을 고려
경제적 차원	사회 경제적 또는 재무적 측면	• 경제발전에 기여 • 수익성 보존 • 경영활동
이해관계자 차원	이해관계자 또는 이해관계집단	• 이해관계자와의 상호작용 • 조직이 그들의 피고용인, 공급자, 고객, 지역 • 사회와 상호작용하는 방법 • 기업의 이해관계자에 대한 대우
자발성 차원	법에 의해 규정되지 않은 행동	• 윤리적 가치에 기반을 둔 • 법적 의무를 넘어선 • 자발적인

1. 기업의 사회적 책임의 의의

기업의 사회적 책임(CSR ; Corporate Social Responsibility)이란 전통적인 기업의 경제적 역할을 넘어선 보다 폭넓은 일련의 사회적 기업활동을 지칭한다. 즉, 기업의 사회적 책임은 기업활동으로 인해 발생하는 사회·경제적 문제를 해결함으로써 기업의 이해관계자와 사회일반의 요구나 사회적 기대를 충족시켜 주는 기업행동의 규범적 체계이다.

2. 기업의 사회적 책임의 등장

기업의 사회적 책임이 대두하게 된 이유는 기업활동에 대한 사회적 정당성의 위기(Crisis of Social Legitimacy)가 나타났기 때문이다. 현대 산업사회로 발전해 오면서 증대하는 사회적 기대수준에 미치지 못하는 기업의 행동으로 인해 기업과 사회 간의 긴장 및 마찰이 발생하였고, 기업존재의 사회적 정당성을 평가받는 상황까지 초래하였다.

3. 기업의 사회적 책임의 중요성

(1) 기업이 사회적 책임을 수행하는 것은 기업 자체에 대해서도 장기적이고 지속적인 기업경쟁력의 원천이 된다.

(2) 기업은 사회적 책임의 실천을 통해 사회적 형평성을 제고하는 데 기여한다.

(3) 사회적 책임의 수행은 사회경제 전체의 효율성을 향상시켜 경제적으로 이득이 된다.

(4) 기업이 사회적 책임을 실천하게 되면 경제적 이익동기만을 우선시하는 황금만능주의적 사고를 탈피하여 경제적 동기가 사회적 욕구나 동기와 균형을 이룰 수 있는 질적 수준의 향상을 실현할 수 있다.

4. 전략적 사회공헌활동

(1) 기업의 지역사회를 위한 참여 및 공헌활동을 조직적이고 체계적으로 수행하는 것이다.

(2) 기업의 사회공헌활동을 적극적이고 예방적인 차원에서 이루어지도록 하는 것이다.

(3) 다양한 사회참여 활동방식을 채택함으로써 사회공헌의 취지를 극대화시키고자 하는 것이다.

5. 사회공헌활동의 바람직한 방향설정

(1) 기업 소유주 이미지 제고차원 목적의 사회공헌활동에서 조직차원의 기업 이미지 제고 쪽으로 방향을 전환하여야 한다.

(2) 일시적 시혜성 기부에서 종업원이나 고객이 함께하는 참여형 모금형태를 통한 기부로 전환하여야 한다.

(3) 기업의 마케팅전략과 연계된 상생적 사회공헌활동을 전개하여야 한다.

(4) 기업의 장기비전이나 전략목표와 연계된 사회공헌활동을 통하여 조직활성화, 인적 자원개발 등의 경영성과에도 기여할 수 있어야 한다.

2 기업의 사회적 책임 분류

제4단계 자선적 책임
(Philanthropic Responsibility)
지역사회 공헌

제3단계 윤리적 책임
(Ethical Responsibility)
윤리적 기준 준수

제2단계 법적 책임
(Legal Responsibility)
법 · 규범 준수

제1단계 경제적 책임
(Economic Responsibility)
이익 극대화

1. 1단계 – 사회가 요구하는 경제적 책임

(1) 경제적 책임이란 기업이 우리 사회에서 기본적인 경제 단위로 제품을 적정한 가격에 생산하여 제공하고 이윤을 추구하여 기업의 영속성을 유지하고 고용을 확보하는 책임을 말한다.

(2) 기업이 실천해야 할 가장 기본적인 책임으로, 기업 스스로가 생존하기 위해서 본연의 임무인 이윤을 추구하는 것이다.

2. 2단계 – 사회가 의무화하는 법적 책임

(1) 법적 책임이라 기업이 경제적 임무를 수행하기 위하여 제반 법적 요구를 준수하여야 한다는 책임을 말한다.

(2) 기업은 이윤을 추구하되 법의 테두리 안에서 해야 한다. 따라서 기업 활동은 사회에 악영향을 미치지 않고, 환경을 파괴하지 않는 적법한 방법으로 이루어져야 한다.

3. 3단계 – 사회가 기대하는 윤리적 책임

(1) 윤리적 책임이란 법적으로 부여되지 않았지만 사회통념이나 기대에 의하여 형성된 윤리적 기준을 자발적으로 따르는 책임을 말한다.

(2) 기업 경영은 사회의 공통 규범에 따라 운영해야 한다. 따라서 법으로 강제되지는 않지만 도덕적 기대 수준 이하의 행동을 하지 않는다.

기출문제 / 경영과 기업 / 기업활동의 조직 / 인사관리 / 생산관리 / 마케팅관리 / 실전모의고사

☑ 전략적 사회공헌활동이란 기업이 지역사회의 요구와 기업의 목표를 조화시키는 사회봉사활동을 말한다. 이는 기업의 사회공헌활동이 지역사회의 요구와 기업의 목표·사명에 부합되도록 계획하고, 이를 뒷받침할 조직과 제도를 정비하는 것을 의미한다.

4. 4단계 - 사회가 희망하는 자선적(자율적) 책임

(1) 자선적 책임이란 기업의 판단과 선택에 따라 수행되어야 하며, 자발적이고 기업의 욕구에 의해 이행하는 책임을 말한다.

(2) 자선적 책임이란 기업이 순수하게 자발적으로 행하는 사회적 책임을 말한다. 이것은 적극적으로 사회에 공헌하는 것으로 경영 활동과 관련 없는 문화, 기부, 자원 봉사 등을 말한다.

> ☑ 기업의 사회적 책임 또는 사회적 공헌활동 개념이 조직차원에서 법률적·제도적 측면을 강조하는 것이라면, 기업윤리는 개인차원에서 도덕적·규범적 측면에 초점을 둔다.

3 기업윤리와 윤리경영

1. 기업윤리의 의의와 연구방향

일반적으로 윤리라 함은 인간행위의 옳고 그름이나 선악 또는 도덕적인 것과 비도덕적인 것을 구분시켜 주는 가치판단기준의 체계를 일컫는다. 기업윤리(Business Ethics)란 사회생활을 하는 인간이 근본적으로 부딪힐 수밖에 없는 윤리문제를 기업경영이라는 상황에 적용한 것으로 볼 수 있다.

2. 기업윤리의 연구방향

조직 구성원들의 행동이나 태도에 대한 윤리적 판단기준 자체에 초점을 두는 규범적 접근과 조직 구성원들로 하여금 기업경영의 윤리적 의사결정에 현실적인 도움을 주려는 실용적 접근이다.

3. 기업윤리가 부각되고 있는 이유

(1) 국민들 사이에 기업윤리에 대한 기대와 요구가 늘어가고 있기 때문에 기업윤리를 소홀히 다루는 경영자는 위험에 빠질 가능성이 매우 커지고 있다.

(2) 높은 기업윤리의 실천은 종업원을 사생활 침해나 열악한 근로조건들로부터 보호한다.

(3) 경영자의 비윤리적이고 비합법적인 행위가 빈번할수록 사회 전체가 지불해야 하는 비용이 대폭 증가하여 시장경제를 유지하는 데 많은 사회적 비용이 들지만, 윤리적인 행동을 많이 하는 경영자는 사회적으로 보호받는다.

(4) 시민단체의 기업윤리 감시활동이 강화되고 있다.

(5) 국제사회는 기업의 윤리적인 행동을 더욱더 요구하고 있다.

4. 국제기구의 기업윤리경영 추진내용

(1) WTO(World Trade Organization) : 1996년 1월 '정부조달의 투명성 협정' 체결, 한국은 1997년 1월 1일부터 이행했다.

(2) ICC(International Chamber of Commerce) : 1996년 7월 '국제상거래상의 금품강요와 뇌물수수방지에 관한 행동규칙' 발표, OECD 및 WTO의 관련규정과 연계활동을 추진했다.

(3) UN : 1996년 12월 '국제상거래에 있어서 부패와 뇌물에 관한 선언문'을 채택하여 세계 각국 공직자를 위한 행동강령으로 권고하고 있다.

(4) OECD : 1997년 12월 'OECD 뇌물방지협약' 체결, 1999년 2월 '국제상거래뇌물방지법'을 제정 시행, 1998년 4월 '공직윤리관리원칙'을 OECD 권고안으로 채택하여 '공직사회 윤리인프라'의 구축을 추진하고 있다.

(5) TI(Transparency International) : 비정부기구인 국제투명성기구는 국제반부패회의를 주재하여 1995년을 '세계반부패의 해'로 지정하고 매년 국가별 청렴도를 발표하고 있다(2019년 한국의 부패지수는 180개국 중 39위).

5. 기업윤리경영의 구성요소와 윤리적 발전단계

이해 관계자	추구하는 가치이념	기업윤리에서 취급해야 할 문제
경쟁자	공정한 경쟁	불공정경쟁행위(카르텔, 입찰담합, 거래선 제한, 거래선의 차별 취급, 덤핑, 지적재산 침해, 기업비밀 침해, 뇌물 등)
고객	성실, 신의	유행상품, 결합상품, 허위·과대광고, 정보은폐, 가짜상표, 허위·과대 효능·성분표시 등
투자자	공평, 형평	내부자거래, 시장조작, 이전거래, 분식결산, 기업지배행위 등
종업원	인간의 존엄성	고용차별(국적, 인종, 성별, 장애자 등), 성차별, 프라이버시 침해, 작업장의 안전성, 단결권 등
지역사회	기업시민	산업재해(화재, 유해물질 침출), 산업공해(소음, 매연, 전파), 산업폐기물 불법처리, 부당 공장폐쇄 등
정부	엄정한 책무	탈세, 뇌물, 부정 정치자금, 보고의무 위반, 허위보고, 검사방해 등
외국정부 기업	공정한 협조	세금회피, 부정 돈세탁, 뇌물, 덤핑, 정치개입, 문화파괴, 미비한 법규의 악용(유해물질 수출, 공해방지시설 미비) 등
지구환경	공생관계의 모색	환경오염, 자연파괴, 산업폐기물 수출입, 지구환경관련규정위반 등

기출문제

경영과 기업

기업활동의 조직

인사관리

생산관리

마케팅관리

실전모의고사

대표기출유형

기업의 사회적 책임 분류의 각 단계에 대한 설명으로 옳지 않은 것은?

① 경제적 책임 단계에서는 기업이 존재하도록 하는 사회경제 발전에 기여할 것을 요구한다.
② 법적 책임 단계에서는 기업의 이윤 추구에 대한 합법성을 요구한다.
③ 윤리적 책임 단계에서는 사회통념에 따라 형성된 윤리적 기준에 따를 것을 요구한다.
④ 자선적 책임 단계에서 기업은 경영활동과 관계없는 사회공헌활동을 수행한다.
⑤ 자선적 책임 단계는 기업이 자발적으로 사회적 책임을 이행하는 단계이다.

정답 ①

해설 기업의 사회적 책임 단계에서 경제적 책임단계는 가장 낮은 단계의 책임단계로, 기업이 제품과 서비스를 적정한 가격에 제공하면서 기업이 스스로 생존하기 위해 이윤을 추구하는 단계를 의미한다.

기업과 경영환경

✔ 기업은 홀로 존재하는 것이 아닌 다른 수많은 조직이나 사회구성원들이 함께 만들어 내는 복잡한 상호작용 속에서 자신의 목표를 달성하기 위해 다양한 경영활동을 수행하는 조직체이다. 특히 오늘날과 같이 경영환경의 변화가 급속히 일어나는 시기에는 기업이 경영환경과 어떤 관련을 맺으며 어떻게 경영환경의 변화에 대응할 것인가 하는 문제가 기업의 사활을 결정할 정도로 매우 중요하게 다루어진다.

1 경영환경의 의의와 중요성

1. 경영환경의 의의

(1) 경영환경이란 기업활동과 직·간접적으로 관련을 맺고 있는 기업 외부의 상황을 의미하며, 그중에서도 기업활동에 어떤 영향력을 미칠 수 있는 힘(Forces)을 지닌 상황요인이다.

(2) 경영환경은 기업에게 성장의 기회(Opportunity)를 제공하여 줌과 동시에, 기업의 생존문제에까지 영향을 미칠 수 있는 위협(Threat)요인으로도 작용한다.

2. 경영환경의 중요성

(1) 경영계획을 수립하고 조직의 기틀을 형성하고 변화시키는 경영활동의 기초 작업이 경영환경 분석이므로 그 의미는 매우 중요하다.

(2) 기업을 둘러싼 글로벌 경영환경은 급속히 변하고 있으며, 그 추세는 앞으로도 더욱 가속될 전망이다. 이는 개방적 조직이 기업의 생명이며 경쟁우위(Competitive Advantage)를 결정짓는 원천이기 때문이다.

✔ 내부환경은 기업의 독특한 특성이나 기업문화를 말하는 것이고, 외부환경은 기업의 밖에 있으면서 기업의 경영활동에 영향을 주는 요소를 말한다.

2 기업의 내부환경과 외부환경

1. 기업의 내부환경

(1) 기업의 독특한 특성이나 기업문화, 보유자원 및 종업원을 말하며, 내부환경 변화에 대한 적절한 대응과 갈등 조정이 필요하다.

(2) 해당기업에 직접적 영향을 주기 때문에 유연한 대응방식이 요구된다.

2. 기업의 외부환경

조직의 의사결정이나 투입요소의 변화과정에 영향을 미치는 정도에 따라 일반환경과 과업환경으로 구분된다.

(1) 일반환경(General Environment)
　① 일반환경이란 어떤 특정조직에 대해서만 영향을 미치는 환경이 아니라 사회 전체 내에 속해 있는 모든 조직에 공통적인 영향을 미치는 환경을 가리킨다.
　② 경제적 환경, 국가 및 정치적 환경, 기술적 환경, 사회문화적 변화를 말하며, 모든 기업에 간접적인 영향을 미치며, 그 범위가 광범위하다.

(2) 과업환경(Task Environment)
　① 과업환경이란 기업과 매우 밀접한 관련을 가지면서 기업활동에 직접적으로 영향을 미치는 근접환경을 말하는 것으로, 기업의 입장에서 관리 가능한 경영환경을 말한다.
　② 과업환경은 기업경영활동으로 인해 직·간접적인 이득이나 손해를 보는 이해관계자들(Stakeholders)로 분류되는데, 주주, 노동조합, 소비자 협력기업, 금융기관, 정부, 지역사회, 대학, 언론기관 등이 과업환경에 포함된다.
　③ 전략수립 및 목표달성에 관한 의사결정에 직접적인 영향을 미치며, 각 기업의 특성에 따라 고유하게 나타난다.

(3) 일반환경이 거의 모든 기업조직에 광범위하게 영향을 미치는 경영환경이라면, 과업환경은 특정기업의 경영활동과정에 직접적으로 영향을 미치는 경영환경이다.

〈경영환경의 구성체계〉

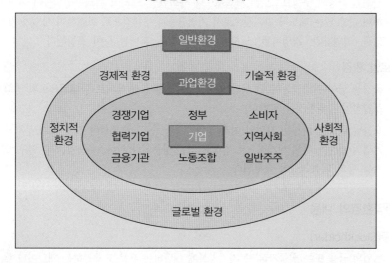

3 일반환경의 내용

1. 경제적 환경

(1) 기업경영활동을 둘러싸고 있는 국민경제적 환경으로서, 재화 및 서비스의 생산과 분배에 관한 지역·국가·국제적 상태 또는 여건을 말한다.

(2) 경제적 환경을 구성하는 다양한 요소들 중에서 기업과 밀접한 관련을 갖는 것은 경제상황, 경기순환, 구조적 변화로 분류할 수 있다.

2. 기술적 환경

(1) 재화 및 서비스 생산과 관련되는 지식의 상태를 반영하는 것으로, 기업경영에 영향을 미치는 국가 또는 산업의 기술수준을 지칭한다.

(2) 오늘날 기업의 일반적 환경 중에서도 가장 동태적인 성격을 지니면서 급속히 변화하고 있으며, 기업의 경영에 있어서도 직·간접적 차원에서 영향을 미치는 환경요인이다.

3. 정치적 환경

(1) 주로 법률과 공공정책이 형성되는 과정에 영향을 미치는 정치집단 및 이해관계자집단을 지칭한다.

(2) 사회의 정치풍토나 권력집중의 정도, 정치조직의 성격, 정치·정당의 구성체계 등이 포함되며, 기업 자신에게 우호적인 환경이 조성될 수 있도록 정치적 환경에 대처하는 것도 오늘날 기업의 필수적인 과제 중 하나가 되고 있다.

기출문제

경영과 기업

기업활동의 조직

인사관리

생산관리

마케팅관리

실전모의고사

4. 사회적 환경

(1) 사회구성원들이 행동하고 생각하며 믿는 것 등과 관련된 일반환경으로, 여기에는 사회의 규범 및 가치관, 선악에 대한 판단근거, 관습 및 관행 등이 포함된다.

(2) 사회적 환경의 구성요소로는 사회제도나 사회현상, 그리고 사회구성원들이 어떤 대상에 대하여 갖고 있는 태도나 가치관으로서 기업활동과 구체적으로 관련하여 사회가 갖고 있는 기업관, 기업가관, 경영자관, 노사관계관, 성과관, 분배관 등이 포함된다.

5. 글로벌 환경

(1) 국경을 넘어 기업활동이 한 국가 또는 한 지역에서 전 세계로 확대됨으로써 영향을 끼치는 포괄적인 경영환경을 말한다.

(2) 오늘날 글로벌 환경은 기업의 여러 경영환경들 중 그 중요성이 가장 크게 부각되고 있으며 기업의 생존을 위해 세계적으로 경쟁력 있는 상품이나 서비스, 경영관리, 연구개발, 마케팅 기능 등의 핵심역량이 요구된다.

4 과업환경의 내용

1. 주주(Stockholder)

(1) 기업의 금융 또는 실물자본 중 자기자본에 해당하는 부분을 제공하는 개인이나 투자집단 또는 투자기관을 지칭한다.

(2) 주주가 기업의 과업환경으로서 인식되기 시작한 것은 대규모 자본을 필요로 하는 거대기업이 출현하고 자본시장이 발달한 이후이다.

2. 노동조합 및 근로자집단

(1) 산업화가 진전되면서 필연적으로 발생한 집단으로서 사용자(경영자)집단과 함께 조직을 구성하는 기업의 주요 과업환경이다.

(2) 노동조합은 오늘날 기업경영활동에 매우 중요한 영향력을 행사하는 과업환경으로 인식되고 있으며, 자본주의 경제발전과 더불어 스스로 그 존재의의를 확보하면서 경제 내의 균형을 유지해 나가는 중요한 사회적 기구로 발전해 왔다.

3. 소비자(Consumer) 및 소비자집단

(1) 제품소비시장을 형성하면서 구매력과 구매의욕을 가지고 기업이 생산한 상품이나 서비스를 반복하여 구매하는 개인 또는 사회의 여러 기관과 같은 소비주체를 지칭한다.

(2) 라이프 스타일(Life Style)의 변화도 소비자환경의 중요성을 부각시킨 원인이 된다. 라이프 스타일이란 사회구성원이 사회 속에서 살아가는 생활유형이라고 말할 수 있는데, 광의로 보면 사회의 모든 가치관과 구체적 생활양태까지 포괄하는 사회 전체의 모습을 말한다.

4. 관계기업

관계기업의 대표적인 예로 경쟁기업과 협력기업이 있다. 동일 시장을 대상으로 시장점유율의 각축을 벌이는 기업이 경쟁기업이라면, 수직적 또는 수평적으로 연계해 원재료·부품의 공급 및 완제품의 수요를 통해 상호 보완하는 기업이 협력기업이다.

☑ 소비자주의(Consumerism)

소비자 및 소비자집단이 기본권리를 지키기 위하여 전개하는 조직적 운동의 바탕이 되는 이념을 말한다. 이것을 바탕으로 소비자들의 조직화된 운동이 점차 강화되어 정부에 압력을 가함에 따라 정부도 소비자들의 권익을 보호하기 위한 많은 소비자보호 관련 입법을 통하여 기업에 제약을 가하기 시작하였다. 이처럼 소비자의 영향력이 증대함에 따라 최근에 들어와 대부분의 기업들은 제품과 서비스의 질 향상을 통한 고객관계경영(CRM ; Customer Relationship Marketing)을 실천하기 위해 노력하고 있다.

5. 지역사회(Community)

(1) 기업의 대표적인 이해관계자로서 기업경영활동의 터전을 제공한다. 기업은 지역사회를 기반으로 경영활동을 하고 있으며, 지역사회도 기업환경이 변화함에 따라 경제적·사회적·문화적 변동을 겪게 된다.

(2) 과업환경으로서 기업을 둘러싼 이익집단 중에서 비교적 조직화되지 못한 산발적 형태로 특정의 문제가 발생할 때에만 기업에 대해 영향력을 행사한다. 그러나 이러한 일시적인 영향력의 행사가 기업의 전략적 의사결정에 커다란 영향을 미칠 뿐만 아니라 환경문제 등과 같은 기업의 사회적 책임문제와 관련하여 그 중요성이 더욱 증가하고 있다.

6. 정부

(1) 국가사회의 지배적 정치조직의 하나로서 입법·사법·행정의 3대 국가권력 중 주로 행정권력을 수행하는 역할을 한다.

(2) 오늘날은 정부역할의 증대로 기업의 과업환경으로서의 정부는 행정부만을 지칭하는 것이 아니라 국가기관과 관련된 모든 활동을 의미한다.

(3) 일반주주·노동조합·소비자집단·지역사회 등 이해관계자집단들의 이해관계를 정책적으로 수렴하여 기업활동에 영향을 주는 매개체로서 역할을 할 뿐만 아니라, 기업에 대한 일반시민의 사회적 기대를 수렴하여 기업활동을 규제하거나 기업이 나아갈 방향을 제시하는 환경요인으로서도 기능한다.

(4) 기업의 입장에서 정부는 일반환경을 포괄하는 영향력을 행사하는 과업환경으로 인식된다.

대표기출유형

기업의 경영활동에 직접적인 영향을 미치는 환경요인은?

① 국민경제규모   ② 법률·제도·규정   ③ 관습·전통

④ 소비자   ⑤ 국제관계

정답 ④

해설 과업환경은 기업의 경영활동에 직접적인 영향을 미치고, 일반환경은 기업의 경영활동에 간접적인 영향을 미친다.

기업문화

☑ 기업문화의 핵심적 특성은 '독특성(Uniqueness)'과 '가꾸어 나갈 수 있다(Cultivation)'는 데 있다. '독특성'이란 특정기업의 조직 구성원들이 공유하는 정신적·행동적·상징적 특성이 다른 기업과는 상이한 모습으로 기업 차원에서 표출되었음을 의미하고, '가꾸어 나갈 수 있다'라는 특성은 기업문화가 기업의 경영성과나 기업경쟁력 등에 미치는 효과와 결부되어 실제경영에서 특히 강조된다.

1 기업문화의 개념

1. 기업문화의 의의

(1) 기업문화란 특정기업에서 최고경영자와 일반구성원들 모두를 포함하는 조직 전체구성원들 사이에 공유된 가치의식, 행동방식, 그리고 상징특성이다.

(2) 기업구성원들의 정신적 방향을 가늠하는 지주로서, 조직을 움직이는 인적 주체에 반영되어 조직 구성원들에게 안정을 부여하면서 동시에 기업경영 시스템의 지속적인 변화를 추구하게 하는 동인으로 작용한다.

2. 기업문화의 역할

(1) 개인과 조직을 연결하는 역할을 한다.

(2) 최고경영자로 하여금 일관된 경영스타일을 지속하도록 하는 매개체 역할을 한다.

(3) 일반구성원들은 물론 중간관리자들의 행위기준을 설정해 주고 구성원들 간의 상호작용을 촉진한다.

(4) 구성원들의 일체감을 바탕으로 협력적 노사관계의 구축에 이바지한다.

(5) 대외적으로 기업의 사회적 이미지와 위상을 제고시킴으로써 대외홍보를 용이하게 하고, 이를 통해 우수한 인재의 모집이나 선발을 수월하게 한다.

3. 기업문화의 구성요소

(1) 가치·이념적 요소

① 가치·이념적 요소는 기업문화의 세 가지 요소 중에서 가장 핵심이 되고 밑바탕이 되는 요소이다.

② 가치(Values)란 조직의 모든 구성원들에게 공통적인 방향감각과 일상행위의 가이드라인을 제공하는 것으로 기업에서는 대체로 사시, 사훈 또는 경영이념이라는 형태로 존재한다.

③ 가치의식에는 최고경영자가 중시하는 경영이념이나 강조정신과 일반 구성원들이 중요시하는 정신적 자세나 사원정신 등이 포함된다.

(2) 행동·관행적 요소 : 행동·관행적 요소란 조직 구성원들 간에 공유되어 일반적으로 받아들여지는 확립된 행동의 표준 또는 규칙을 말하는 행동규범을 말한다.

(3) 상징·언어적 요소

① 상징·언어적 요소는 기업문화가 가장 가시적인 수준에서 표출된 것으로 기업의 내부적 통합과 구성원들 간의 동질성을 파악하는 데 매우 중요하다.

② 상징(Symbol)은 일반적으로 조직이나 구성원들의 가치 또는 신념이 어떤 구체적 대상물들에 의하여 특징적으로 표현되는 상태를 말한다. 상징은 크게 물적상징, 구두상징, 활동상징으로 분류할 수 있다.

③ 구성원들이 사용하는 언어(Language)는 구성원 간에 의사를 전달하는 매체로서 어떤 사물이나 사건에 대한 개념과 의미의 범위를 한정짓는 역할을 한다.

☑ 기업문화의 상징

• 물적상징 : 회사마크·건물·유니폼·마스코트 등의 유형적 형태로서 기업의 가치와 신념을 표현하는 것

• 구두상징 : 조직의 가치·신념 등이 가장 일반적인 이야기의 형태로 나타나는 것으로서 조직 구성원들이 일상적으로 생활하면서 듣고 전달하며 사용하는 영웅담·별명·전설·에피소드·사보·사가 등

• 활동상징 : 의례·의식·기념식·명상의 시간·체육대회·축제 등 기업생활의 기본문화적 가치를 극대화하고 종업원들에게 기억할 만한 경험을 제공하는 것

2 기업문화의 유형

1. 홉스테드(Hofstede)의 국가 간 문화유형

(1) 권력거리(Power Distance)

① 권력거리는 권력의 불평등 관계로 권력에서 소외된 사람이나 집단이 그 불평등함을 받아들이는 정도를 의미한다. 즉 권력의 거리란 사회구성원들이 육체적으로나 지적으로 평등하지 못하다는 사실에 대해 어떤 반응을 보이는가 하는 것으로서, 어떤 사회에서는 권력과 부의 불균등을 더욱 심화시키고 강화하는가 하면(불평등), 또 다른 사회에서는 이러한 불균등을 가능한 한 해소시키려고 한다(평등).

② 권력거리가 큰 문화에서는 상급자와 하급자가 불평등한 관계라는 것을 인정하며 조직 내의 권력도 계급에 따라 결정된다.

③ 권력거리가 작은 문화에서는 상급자와 하급자가 동등한 것으로 간주되며, 하급자는 의사 결정에 기여하거나 비판할 권리를 갖는다.

(2) 불확실성 회피(Uncertainty Avoidance)

① 불확실성의 회피 차원은 한 문화의 구성원들이 불확실한 상황이나 미지의 상황으로 인해 위협을 느끼는 정도를 의미한다. 즉 사회구성원들이 환경의 불확실성에 적응해 나가는 방법이 문화에 따라서 서로 어떻게 다른가 하는 것이다.

② 어떤 사회는 불확실성에 대해 별로 위협을 느끼지 않아 다른 스타일의 행위나 의견을 쉽게 수용하는 반면(유연함), 어떤 사회에서는 불확실성에 대해 불안해하며 회피하려 하므로 규칙이나 절차에 의존하려고 한다(엄격함).

③ 불확실성 회피 정도가 강한 문화에서는 사람들이 분주하고 적극적이며 활동적인 반면, 약한 문화권에서는 조용하며 태평한 것으로 보인다.

④ 불확실성 회피 정도가 약한 문화권의 경우 남과 다른 아이디어를 수용할 가능성이 높으나, 아이디어를 활용하여 대량 생산을 하는 데는 적합하지 않다. 대량 생산은 불확실성의 회피 정도가 높은 문화권에 비교 우위가 있다.

(3) 개인주의와 집단주의(Individualism-Collectivism)

① 개인주의와 집단주의란 사회구성원들이 개인목표와 집단목표 중 어느 것을 더욱 강조하는지에 관한 것이다.

② 개인에게 더욱 많은 자유를 인정하고 개인적 이해가 중시될수록 그 사회는 개인주의적이며, 구성원들 간의 관계가 밀접하고 집단의 이해가 중요시될수록 그 사회는 집단주의적이다.

③ 권력거리가 크면 대체로 개인주의 지수가 낮고, 권력거리 지수가 낮으면 개인주의 지수가 높다.

④ 집단주의적인 문화에서는 화목을 강조하나, 개인주의적인 문화에서는 의견의 충돌도 진실 을 규명하기 위한 과정으로 받아들인다.

(4) 남성성과 여성성(Masculinity-Femininity)

① 사회에서 남성과 여성의 역할분담에 관한 것으로서 사회마다 성에 따른 사회적 역할분담이 다르다는 사실에 기초한다. 어떤 사회에서는 남성과 여성이 여러 가지 역할을 공동으로 수행하고 있고, 또 어떤 사회에서는 남성과 여성의 사회적 역할이 엄격히 구분되어 있다.

② 엄격한 남녀 역할분담이 이루어져 있는 사회를 남성성이 강하다고 하고, 역할분담이 명확하지 않은 사회를 상대적으로 여성성이 강하다고 한다.

☑ 홉스테드는 50개국에 있는 IBM 직원 116,000명을 대상으로 국가 간 문화차를 연구하였다. 각 나라로부터 문화의 요소를 추출하여 가치 차원을 권력거리, 개인주의 대 집단주의, 남성성 대 여성성, 불확실성의 회피의 네 가지로 제시하였다.

기출문제

경영과 기업

기업활동의 조직

인사관리

생산관리

마케팅관리

실전모의고사

③ 남성적인 문화에서는 남녀의 역할이 뚜렷이 구별되며, 경쟁력, 자기주장, 유물론, 야망 등을 중시한다.

④ 여성적인 문화에서는 남녀의 역할이 구별되지 않고 남녀 모두 겸손하고 부드러우며 대인 관계나 삶의 질을 중요하게 생각한다.

⑤ 남성적인 문화권의 경영자는 자기 주장이 강하며 결단력이 있고 적극적인 반면, 여성적인 문화권의 경영자는 직관적이며 합의를 구하는 데 익숙하다.

(5) 평가

① 개인주의 · 집단주의, 그리고 남성성 · 여성성은 경제발전 및 종교의 전통과 밀접하게 관련되는 요인이다. 권력거리, 불확실성 회피의 두 차원과 개인주의–집단주의, 남성성–여성성의 두 차원을 이용한 기업문화의 유형화는 기업이 해외로 진출할 때 유사한 기업문화를 갖는 국가에 진출하는 것이 문화적 차이가 적어서 기업경영에 도움이 될 수도 있다는 시사점을 준다.

② 국가들 간에는 거시환경적 특성이 다르므로 기업문화가 달라야 하는데도 왜 기업문화가 유사한 국가가 존재하는지, 왜 같은 국가 내에서도 기업문화의 차이가 나타나는지를 설명하지 못하고 있다.

2. 딜(T. E. Deal)과 케네디(A. A. Kennedy)의 기업문화 유형

딜과 케네디는 환경이 기업경영에 미치는 위험도와 기업과 종업원에게 성패가 알려지는 피드백의 속도를 양축으로 하여 네 가지 유형을 제시하였다.

		위험도	
		고	저
피드백 속도	빠름	의지가 강한 남성적 문화	열심히 일하고 잘 노는 문화
	늦음	기업의 운명을 거는 문화	과정을 중시하는 문화

(1) 의지가 강한 남성적 문화(Tough-Guy, Macho Culture)

① 위험도가 높고 성과의 피드백을 빨리 요구하는 환경하에서 형성되는 문화이다. 즉, 높은 위험에 직면하여 구성원들의 적극적인 행동을 요구하는 문화이다. 이는 조직 내 구성원들이 상호 경쟁하는 개인주의적인 문화적 특성을 갖는다.

② 이러한 문화의 대표적인 조직으로는 건설업, 경영컨설팅 조직, 경찰이나 외과의사들의 조직을 들 수가 있다.

③ 장점 : 빠른 기간 내에 질서정연하게 업무수행을 하게 하고 조직에서 스타들이 갖는 고뇌를 덜어줄 수 있으며, 과감한 행동이 성공하면 상당한 보상을 받는다.

④ 단점 : 과거의 실패에서 교훈을 얻지 못하고, 단기지향성을 지니므로 활동의 지속적인 가치가 무너지며, 응집력이 약화될 수 있다.

(2) 열심히 일하고 잘 노는 문화(Work Hard, Play Hard Culture)

① 위험도가 낮고 그 대신 성과의 피드백을 빨리 요구하는 환경에서 형성된다. 근면과 노력이 성공의 열쇠가 되는 확률이 높기 때문에 근면형 문화 또는 적극형 문화라고도 한다.

② 이러한 문화유형으로는 자동차판매, 부동산업, 소매상, 대중소비용품의 판매와 같은 판매조직에 적합하다.

③ 장점 : 많은 일을 빠른 기간 내에 처리할 수가 있다.

④ 단점 : 단기지향적이고, 문제의 해결보다는 활동에 더 많은 관심을 가지며 질보다는 양을 우선하기 때문에 생각과 주의력이 집중되지 못한다. 따라서 무분별하게 정력을 낭비할 소지가 있다.

www.gosinet.co.kr gosinet

기출문제

경영과 기업

기업활동의 조직

인사관리

생산관리

마케팅관리

실전모의고사

(3) 기업의 운명을 거는 문화(Bet-Your-Company Culture)
① 위험도는 높고 성과의 피드백은 낮은 환경하에서 형성되며, 고위험형 문화 또는 투기형 문화라고도 한다. 올바른 의사결정이 중요하며 회의가 중요한 의식이 되고 기업 전체에서 신중한 기풍이 조성된다.
② 이러한 문화유형은 유류, 항공, 자본재, 광산업, 시설재와 같은 산업에 속하는 조직에 적합하다.
③ 장점 : 높은 수준의 발명을 할 수 있고 과학적 발전을 할 수 있다.
④ 단점 : 업무처리가 매우 늦고 단기적인 경제적 위기에 약하며, 현금흐름의 문제에 직면할 위험이 있고, 급변하는 환경에 민첩하게 적응하지 못하고 결단이 어렵다.

(4) 과정을 중시하는 문화(Process Culture)
① 위험도도 낮고 성과의 피드백도 느린 환경하에서 생성되는 문화유형이다. 절차형 문화라고도 하는 이 문화는 산출물과 같은 결과보다 그것이 어떻게 이루어지는가 하는 진행 방법과 과정에 초점을 둔다.
② 조직 내 구성원들이 사려 깊고 질서정연하며 보수지향성을 지닌다. 또한 정확하고 완전 무결주의를 지향하기 때문에 관료주의 문화 또는 관료형 문화라고도 한다.
③ 이러한 문화는 은행, 보험회사, 제약업, 정부기관, 공공산업에서 많이 찾아볼 수 있다.
④ 장점 : 작업장에 질서와 시스템을 가져온다.
⑤ 단점 : 지나치게 형식적이고 창의성이 없으며 장시간 근무와 싫증나는 일이 많아진다.

대표기출유형

➕ 비교경영연구에서 홉스테드(Hofstede)의 국가간 문화분류의 차원으로 가장 적절하지 않은 것은?

① 고맥락(High Context)과 저맥락(Low Context)
② 불확실성 회피성향(Uncertainty Avoidance)
③ 개인주의(Individualism)와 집단주의(Collectivism)
④ 권력거리(Power Distance)
⑤ 남성성(Masculinity)과 여성성(Femininity)

정답 ①

해설 고맥락(High Context)과 저맥락(Low Context)은 홀(Hall)의 의사소통에 따른 문화의 분류이다.

과학적 관리론과 포드 시스템

1 테일러의 과학적 관리론(테일러 시스템)

1. 과학적 관리론의 개념

(1) 과학적 관리의 전제
① 과학적 분석에 의하여 유일 최선의 방법을 발견할 수 있다.
② 과학적 방법에 의하여 생산성을 향상시키면 노동자와 사용자를 다 같이 이롭게 하고 나아가 공익을 보호할 수 있다.
③ 조직 내의 인간은 경제적 유인에 의해 동기가 유발되는 타산적 존재다.
④ 조직의 목표는 명확하게 알려져 있고 업무는 반복적이다.

(2) 과학적 관리의 원리
① 업무기준을 과학적으로 설정하여야 한다.
② 근로자들을 과학적 방법으로 선발하고 훈련시켜야 한다.
③ 과학적으로 설계된 업무와 과학적으로 선발되고 훈련된 인력을 적정하게 결합시켜야 한다.
④ 관리자와 근로자는 책임을 적절히 분담하고 업무의 과학적 수행을 보장하기 위해 지속적이고 긴밀하게 서로 협조해야 한다.

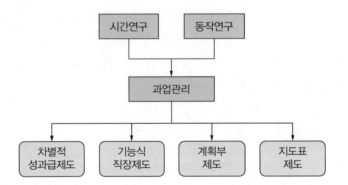

2. 과업관리(Task Management)

(1) 과업(Task)에 대한 연구로부터 출발
테일러는 작업에 대한 과학적인 분석을 통하여 기업에 만연한 체계적인 태업을 방지할 수 있다고 생각하여 이를 없애기 위해 직무에 대한 연구를 시작하였다.

(2) 동작 및 시간연구(Motion and Time Study)
① 작업의 표준화 : 요소작업을 세분화하여 각각의 표준작업시간을 설정하고 불필요한 동작을 제거해 작업의 표준화를 꾀하였다.
② 작업지도표 : 과업에 대한 과학적인 분석을 토대로 업무를 분화하여 업무의 표준적인 작업의 순서와 동작 표준시간 등을 정해 이를 시각화하였다.

📌 과학적 관리론은 19세기 말 이후 미국에서 발전되어 온 산업경영 및 관리의 합리화와 능률화를 위한 지식·기술의 체계를 의미하며, 절약과 능률을 실현할 수 있는 표준적인 업무절차를 만들어 업무의 생산성·능률성을 향상시키려는 관리기술이다. 과학적 관리론은 테일러(Taylor)에 의해 체계화되었기 때문에 테일러 시스템(Taylor System)이라고 한다.

📌 과학적 관리론의 기본원리
1. 하루의 공정한 과업량
2. 표준 조건
3. 성공에 대한 고임금(차등적 성과급제)
4. 실패에 대한 손실
5. 계획과 작업의 분리의 원리
6. 과학적인 작업방법의 원리

---

(3) 과업관리를 성공하기 위한 원칙

① 하루의 공정한 과업량 : 공장 내 모든 사람들에게 지위고하를 막론하고 매일 명확히 규정된 과업을 주어야 한다. 이 과업은 신중히 결정되고 명확하게 하루의 공정한 과업량이 표시되어야 한다.

② 표준조건 : 과업을 완수할 수 있는 표준조건과 도구가 충분히 갖추어져야 한다.

③ 성공에 대한 고임금 : 과업을 완수시키기 위해서는 높은 보상이 확실히 지급되어야 한다.

④ 실패에 대한 손실 : 과업달성에 실패한 경우 임금상의 손실이 분명히 따라야 한다.

3. 성과급제(Piece-Rate System)

(1) 개념 : 작업의 내용과 임금제도를 연계시켜서 기존의 임금체계인 시간급제 대신 성과급제를 도입하였다.

(2) 인센티브제도(Incentive System) : 과업관리를 통하여 연구한 최선의 작업방법으로 누구나 할 수 있는 하루의 공정한 작업량을 산출한 다음, 작업량에 따라 임률을 차등화한다.

(3) 차별성과급제(Differential Piece-Rate System)

① 공정한 작업량에 도달한 작업자에게는 높은 임률을 적용하고 도달하지 못한 작업자에게는 낮은 임률을 적용한다.

② 하루의 공정한 작업량을 넘기느냐의 여부에 따라 임률이 달라지며 하루의 작업량을 넘기는 작업자와 넘기지 못한 작업자 사이에는 엄청난 임금격차가 발생한다.

(4) 높은 임금과 낮은 노무비의 원리 : 테일러 시스템의 기본 이념으로, 작업에 대한 과학적인 분석과 임금제도를 연관시킴으로써 높은 임금과 낮은 노무비를 실현하였다.

2 포드 시스템

1. 개념

(1) 포드(Henry Ford)는 기업이란 사회의 봉사기관이라는 당시로서는 매우 충격적인 선언을 하였고 포드 시스템을 통해 그가 추구하고자 한 이념인 저가격, 고임금의 원리(Fordism)를 실현하였다.

(2) 동시관리와 최저생산비의 원리로서 제품 및 작업공정의 단순화, 부품의 표준화, 작업수단의 전문화를 통한 생산의 표준화와 컨베이어 시스템에 의한 이동조립방식을 도입하였다.

2. 기본 특징

(1) 이동컨베이어 시스템은 컨베이어에 의해 작업자와 전체 생산시스템의 속도를 동시화함으로써 능률 향상을 시도하였다.

(2) 이동컨베이어 시스템을 효율적으로 이용하기 위한 장비의 전문화(Specialization), 작업의 단순화(Simplification), 부품의 표준화(Standardization)를 3S라고 한다.

(3) 포드 시스템은 봉사주의와 저가격·고임금의 원리를 중심으로 하는 경영이념을 가지고 있다.

☑ 포드 시스템은 과학적 관리론을 보완·발전시킨 것으로 컨베이어 시스템을 도입하여 대량생산을 통해 원가를 절감하게 하였다.

기출문제

경영과 기업

기업활동의 조직

인사관리

생산관리

마케팅관리

실전모의고사

3 테일러 시스템과 포드 시스템의 비교

구분	테일러 시스템	포드 시스템
명칭	• 테일러리즘(Taylorism) • 과업관리	• 포디즘(Fordism) • 동시관리
원칙	고임금, 저노무비	저가격, 고임금
기준	• 작업의 과학적 측정과 표준화 • 과학적 1일 작업량 설정 • 달성 시 고임금 • 미달성 시 책임 추궁	• 기업은 사회적 봉사기관 • 경영관리의 독립 강조 • 경영공동체관 강조
내용	• 시간연구와 동작연구 • 기능(직능)별 직장제도 • 차별적 성과급제도 • 작업지도표제도 • 과학적 직업방법의 연구 • 과학적 근로자의 선발 • 기획부 제도 • 관리활동의 분업	• 생산의 표준화(3S+공장의 전문화) 　– 장비의 전문화(Specialization) 　– 작업의 단순화(Simplification) 　– 부품의 표준화(Standardization) • 컨베이어 시스템(이동조립법) • 일급제(일당제도) • 대량생산과 대량소비 가능
특징	개별생산공장의 생산성 향상	연속생산의 능률과 생산성 향상

대표기출유형

➕ 테일러(Taylor)의 과학적 관리법과 포드(Ford)의 이동컨베이어 시스템에 관한 설명으로 가장 적절하지 않은 것은?

① 과학적 관리법은 전사적 품질경영(TQM)에서 시작된 것으로, 개별과업뿐 아니라 전체 생산시스템의 능률 및 품질향상에 기여하였다.
② 과학적 관리법은 고임금 · 저노무비용의 실현을 시도하였다.
③ 과학적 관리법의 주요 내용으로는 작업의 표준화, 작업조건의 표준화, 차별적 성과급제 등이 있다.
④ 이동컨베이어 시스템은 작업자와 전체 생산시스템의 속도를 동시화함으로써 능률 향상을 시도하였다.
⑤ 이동컨베이어 시스템을 위한 장비의 전문화, 작업의 단순화, 부품의 표준화 등이 제시되었다.

정답 ①

해설 과학적 관리법은 1900년대 초 테일러에 의해 탄생된 것이고 전사적 품질경영(TQM)은 1950년대 시작된 전사적 품질관리(TQC)와 품질경영(QM)의 개념이 합쳐서 1980년대에 들어와서 전략적 경영활동으로 발전한 개념이다.

관리일반이론과 관료제론

기출문제

경영과 기업

기업활동의 조직

인사관리

생산관리

마케팅관리

실전모의고사

1 페이율(H. Fayol)의 관리일반이론

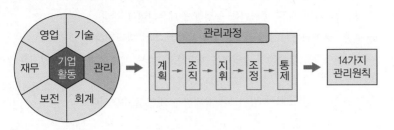

1. 기업의 여섯 가지 활동

기술 활동	생산, 제작, 가공	보전 활동	재산 및 종업원 보호
상업 활동	구매, 판매, 교환	회계 활동	재산목록, 대차대조표, 원가계산, 통계
재무 활동	자본의 조달 및 운영	관리 활동	계획, 조직, 지휘, 조정, 통제

2. 경영관리의 기능

(1) 계획 : 조직의 사명과 목표, 그리고 이들을 달성하기 위하여 많은 계획들을 세우는 과정을 말한다.

(2) 조직 : 조직 내 구성원들에게 그들이 담당할 역할 구조를 의도적으로 설정하는 기능을 말한다.

(3) 지휘 : 조직 내 구성원들이 기업목표달성에 공헌할 수 있도록 구성원들에게 목표를 인식시키고 그들을 지도·감독하는 기능을 말한다.

(4) 조정 : 경영의 공동목표를 달성하기 위해 수행되는 행동상의 통일을 확보하기 위하여 집단의 노력을 질서정연하게 정돈하는 활동 내지 기능을 말한다.

(5) 통제 : 수행되는 일들이 계획에 일치되도록 하기 위하여 조직과 개인의 성과를 측정하고 수정하는 관리기능을 말한다.

3. 경영자가 갖추어야 할 자질

신체적인 것으로는 건강과 기력, 정신적인 것으로는 이해력과 판단력, 도덕적인 것으로는 책임감과 충성심, 교육적인 것으로는 자기직무와 직접 관련이 없는 것까지에 대한 일반지식, 기술적인 것으로는 직무에 직접 관련되는 지식과 경험 등을 들었다.

4. 14가지 일반관리원칙

(1) 분업 : 분업은 능률을 가져올 수 있으며 분업이 이루어질 수 있는 데는 한계가 있다.

(2) 권한과 책임 : 권한은 명령을 하고 복종을 요구할 권리이며 권한에는 책임이 따른다.

(3) 규율 : 규율은 조직을 원만하게 운영하기 위하여 필요한 것이며 사원은 정해진 규율을 따라야 한다.

(4) 명령통일 : 구성원들은 한 사람의 상사로부터 명령을 받아야 한다.

(5) 지휘통일 : 동일한 목표를 위한 활동은 한 사람이 관장하여야 한다.

(6) 조직이익 우선 : 개인이나 집단의 이익이 조직의 목표보다 우선되어서는 안 된다.

(7) 보상 : 보상은 종업원과 고용주 모두에게 공정하여야 한다.

(8) 집권화 : 권한의 위임은 상황에 달려 있다. 사람들의 능력을 최대한으로 활용하는 것이다.

☑ 페이율의 관리일반이론

1. 페이율은 조직 전체의 관리에 관심을 두었으며 기업 활동을 여섯 가지로 구분하였고, 이 활동들은 기업에서 수행하지 않으면 안 될 본질적인 기능이라고 보았다.

2. 기술과 상업, 재무, 보전 및 회계 활동은 물적 자원과 관계된 기능이며 관리 활동은 인적 자원과 관계된 것이다.

3. 기업규모가 커질수록 관리지위가 올라갈수록 물적 자원과 관계된 전문 활동보다 관리 활동의 중요도가 높아진다.

(9) 계층조직 : 조직은 상위층으로부터 하위층에 이르기까지 계층별 연결망을 통하여 연결되어 있어야 한다.

(10) 질서 : 각종 물건과 재료는 순서에 맞도록 질서정연하게 정돈되어 있어야 하고 적절한 사람이 적절한 곳에 배치되어 있어야 한다.

(11) 공정성 : 상급자는 모든 종업원을 공정하게 대우하여야 한다.

(12) 고용보장 : 종업원에게 고용안정을 확산시키는 것이 바람직하다.

(13) 창의력 : 경영자는 부하들의 창의력을 개발하고 부하들에게 자율권과 결정권을 부여하여야 한다.

(14) 단결 : 구성원들의 조화와 팀워크를 유지하는 것이 필수적이다.

2 베버(Max Weber)의 관료제론

1. 관료제의 특징

(1) 관료제 조직은 의사결정 권한을 관리자의 주관적 판단에 맡길 때 발생할 수 있는 조직의 불안정을 최소화하기 위해 업무수행에 관한 규칙과 절차를 공식화한다.

(2) 책임소재를 분명히 하고 의사결정을 공식화하기 위해 의사소통을 문서화한다.

(3) 과업은 가능한 한 분화하여 전문화하고 분화된 직무를 통해 업무의 능률을 극대화시킨다.

(4) 모든 구성원은 훈련, 교육 및 공식적 시험을 통해 기술적 능력을 중심으로 선발하고 이를 근거로 평생의 경력관리가 이루어진다.

(5) 계층에 따른 책임과 권한을 구체적으로 규정하여 권한의 남용이나 임의성을 최소화하고 조직관리를 비개인화(Impersonality)하여 관리자 개인의 능력에 상관없이 조직의 안정성을 유지한다.

(6) 조직계층에 따라 권한과 책임을 구체적으로 명시하여 권한의 남용을 방지한다.

(7) 전문화와 공식화를 지향하는 기계적 조직에 가까운 구조를 띤다.

2. 관료제의 장단점

(1) 장점

① 전문화 : 과업세분화를 통해 전문화를 가능하게 함으로써 능률을 높인다.

② 구조화 : 모든 직위의 권한이 공식적으로 기술되고 권한이 계층화된다.

③ 예측 가능성과 안정성 : 관료제의 기본적 특성인 규칙과 절차의 설정은 조직행위에 대한 예측 가능성과 안정성을 높인다.

④ 합리성 : 객관적 판단과 전반적으로 합의된 기준에 의해 의사결정과 직무수행이 이루어지므로 조직에 합리성을 제공한다.

(2) 단점

① 형식주의 : 형식적인 규칙과 절차에 집착한 나머지 조직 목표의 달성보다는 규칙과 절차가 중시된다. 이와 같은 상황에서는 기술주의와 형식주의, 문서주의가 지배하게 된다.

② 권한의 축적 : 관료들은 전형적으로 자기 자신을 가장 확실한 의사결정자라고 여기고 자기의 능력을 과시하며 권한을 축적하고자 한다.

③ 책임회피와 분산 : 규정 자체의 논리에 의하여 의사결정을 내리는 형식주의(Red Tape)가 팽배하고 책임과 의사결정을 회피하기 위한 책임의 전가가 이루어지며 부서 사이의 협상 등으로 책임의 분산이 발생한다.

✔ 베버의 관료제론
1. 근본적으로 권한구조에 바탕을 두고 있다. 그는 권한 유형을 카리스마적 권한 전통적 권한 그리고 합리적·법적 권한으로 구분하고, 사회의 발전과 성장은 사회 구성원과 사회 내 조직의 합리적·법적 권한에 의해 이루어진다고 말했다.
2. 과업은 가능한 한 분화하여 전문화된 직무를 통해 업무의 능률을 극대화시키고자 한다.
3. 조직계층에 따라 책임과 권한을 구체적으로 규정하여 권한의 남용이나 임의성을 최소화하고 조직관리를 비개인화하여 관리자 개인의 능력에 상관없이 조직의 안정성을 유지한다.

④ 의사결정의 지연 : 책임과 권한, 규칙과 절차가 강조되어 의사결정 과정에 상당한 시간이 소요된다.

⑤ 변화에 대한 저항 : 관료제는 본질적으로 선례답습적이며 현상유지적이므로 보수성을 가지며, 변화를 싫어한다.

장점	단점
• 전문성을 통한 능률향상 • 구조화를 통한 명령통일 • 예측가능성과 안정성 • 합리성 • 민주성, 공정성	• 형식주의, 무관심 • 권한의 축적 • 책임회피와 전가 • 의사결정의 지연 • 변화에 대한 저항, 경직성

(3) 고전이론의 비교와 평가

	과학적 관리법	관리일반이론	관료제론
특징	• 규칙과 절차에 의거한 훈련 • 유일 최선의 방법 • 금전적 동기부여	• 관리직능에 대한 정의 • 분업 • 계층조직 • 권한 • 공정성	• 규칙 • 비개인성 • 분업 • 계층조직 • 권한구조 • 생애적 경력 관리 • 합리성
초점	작업자	경영자	전체 조직
장점	• 생산성 • 효율성	• 명확한 구조 • 관리직능의 전문화	• 일관성 • 효율성
단점	사회적 욕구 간과	• 내부적 요소에 초점 • 관리자의 이성적 행동 강조	• 경직성 • 행동과 의사결정의 지연

대표기출유형

다음 중 앙리 페이욜(H. Fayol)이 제시한 기업의 6대 경영활동에 해당하지 않는 것은?

① 재화와 종업원 보호활동
② 계획, 조정, 통제 등의 관리활동
③ 생산과 가공을 담당하는 기술활동
④ 자본의 조달과 운영을 담당하는 재무활동
⑤ 종업원 채용, 훈련, 보상을 담당하는 인적자원활동

정답 ⑤

해설 페이욜이 제시한 기업의 여섯 가지 활동은 다음과 같다.

기술 활동	생산, 제작, 가공	보전 활동	재산 및 종업원 보호
상업 활동	구매, 판매, 교환	회계 활동	재산목록, 대차대조표, 원가계산, 통계
재무 활동	자본의 조달 및 운영	관리 활동	계획, 조직, 지휘, 조정, 통제

인간관계론과 행동과학

☑ 인간관계론은 1924년부터 1932년 사이에 걸쳐 하버드 대학의 메이요를 중심으로 시행된 호손 실험의 결과에 기인한다.

1 메이요(E. Mayo)의 인간관계론

1. 인간관계론의 의의

(1) 조직에서 비용의 논리나 능률의 논리보다 더욱 중요시되어야 하는 감정의 논리를 제시하였다.

(2) 감정의 논리에 의해서 움직여지는 인간관계중심의 비공식적 조직이 현실적으로 많이 나타나고 있으며, 조직의 생산성 수준을 결정하는 데에도 결정적인 영향을 미친다고 보았다.

☑ 호손 실험의 결과
1. 작업은 육체적 활동일 뿐 아니라 사회적 활동
2. 구성원들은 비공식적 사회관계 형성
3. 비공식적 조직은 행동규범을 형성, 실행
4. 비공식적 조직은 구성원 신분을 규정하고 행동 규제
5. 구성원의 사회적 욕구가 물리적 작업환경보다 생산성 결정에 더 중요

2. 호손 실험(Hawthorne Experiment)

목적	과학적 관리법이 과연 조직성과를 증대시키는지 검증해 보려는 시도
가설	조명상태나 소음, 습도 등과 같은 작업환경을 개선하면 조직성과도 개선될 것이다.
결과	조직성과 개선에 영향을 미치는 요인으로 물리적 조건 외에 더 중요한 요인이 있다.

구분	실험 내용	실험 결과
제1차 실험	조명 실험	물리적 작업조건과 생산성은 관계가 없음.
제2차 실험	계전기 조립 실험	감정적·심리적 요인과 생산성은 관계가 있음.
제3차 실험	면접 실험	인간관계의 중요성 발견
제4차 실험	배전기 관찰 실험	비공식적 조직의 존재, 집단규범의 중요성 발견

☑ 공식적 조직과 비공식적 조직의 비교
1. 공식적 조직
   • 조직의 목표 달성을 위하여 존재
   • 인위적 조직
   • 제도적으로 명문화된 조직
   • 능률의 논리
   • 합리적 논리
   • 전체적 질서
   • 가시적 조직
   • 수직적 관계
2. 비공식적 조직
   • 감정의 충족을 위하여 존재
   • 자연발생적 조직
   • 현실적·동태적 대면조직
   • 감정의 논리
   • 비합리적 논리
   • 부분적 질서
   • 비가시적 조직
   • 수평적 관계

(1) 1차 조명 실험 : 조명의 밝기가 생산성에 미치는 영향을 조사한 조명실험에서는 조명의 밝기를 높인 실험집단 뿐 아니라 조명의 밝기를 변화시키지 않은 통제집단에서도 작업성과가 향상되는 결과를 얻었다.

(2) 2차 계전기 조립 실험 : 계전기 조립작업 실험을 통해 노동시간, 급료, 휴식시간, 급식 등과 같은 작업 조건보다는 작업에 대한 자부심, 자기표현의 기회 등의 변인이 더 크게 작용하고 있다는 결과를 얻었다.

(3) 3차 면접조사 : 면접실험은 종업원들의 불만과 고민을 직접 들어보려는 목적으로 실시되었으며, 이 실험을 통해 종업원의 직무 만족과 불만족에 영향을 주는 요인들을 파악할 수 있었다.

(4) 4차 배전기 관찰 실험 : 배전기 실험에서는 자연발생적으로 만들어진 비공식조직의 작업능률에 영향을 주었음이 밝혀졌고, 이를 통해 작업능률에는 사회적 요인과 심리적 요인이 중요하게 작용함을 알 수 있었다.

3. 인간관계론의 특징

(1) 작업자들의 생산성에는 경제적 요인뿐만 아니라 그들 간의 인간관계, 지휘방식, 사기, 감정과 같은 심리적·사회적 요인이 직접적으로 영향을 준다.

(2) 비공식집단(Informal Group)은 상당한 영향력을 가진다. 비공식집단 내에는 별도의 독특한 규범이 존재하고 이것이 집단구성원들의 공식 집단 내 행동에 영향을 미친다.

www.gosinet.co.kr **g**osi**net**

기출문제

경영과 기업

기업활동의 조직

인사관리

생산관리

마케팅관리

실전모의고사

(3) 개인은 비공식집단에 소속됨으로써 공식적 조직구조로부터 받는 소외감을 극복하게 되고 더 친밀한 행동기준을 발견하게 됨으로써 공식조직이 주지 못하는 심리적·사회적 욕구를 만족시키게 된다.

2 행동과학

1. 행동과학

(1) 개념

① 행동과학(Behavioral Science)이란 인간의 행위 또는 행동에 대한 일반이론의 수립을 목표로 여러 인문사회과학 분야, 예를 들면 심리학·사회학·인류학 등 여러 학문들에서 이룩된 행동연구를 하나의 통일적인 이론체계로 종합하려는 학문이다.

② 행동과학은 경영학에서 사람과 관련한 정교한 지식체계에 대한 절실한 바람과 결합하여 조직에서 인간행위를 대상으로 연구하는 조직행위론(Organizational Behavior)의 이론적 기초를 이루고 있다.

(2) 기본요건

① 인간행위를 연구대상으로 해야 한다.

② 과학적 접근법을 적용해야 한다. 개인의 주관이 개입되지 않은 객관적인 방법으로 수집된 실증적 증거에 의거하여 인간행위에 관한 일반화를 시도하는 데 행동과학의 학문적 목적이 있기 때문이다.

(3) 시사점

① 조직구성원들은 기본적으로 사회적 욕구에 의해서 근무의욕이 유발되며, 다른 사람들과 어울려 지냄으로써 자신의 존재를 확인한다.

② 조직구성원들은 경영자의 금전적 인센티브, 규칙 및 규정보다는 동료들의 사회적 영향력에 더 많이 반응한다.

③ 조직구성원들은 자신들의 욕구를 충족시키는 데 도움이 되는 경영자에 호응한다.

2. 맥그리거(D. McGregor)의 X·Y이론

(1) 개념

맥그리거는 인간의 본질에 대한 상반된 가정을 중심으로 이론을 제기하였다. 조직이론에서 조직구성원에 대하여 부정적인 관점으로 가정한 인간관을 X이론이라고 하고, 인간의 본질에 관한 새롭고 긍정적인 인간관을 Y이론이라고 하였다.

> ☑ 맥그리거는 그의 저서인 『기업의 인간적 측면』에서 인간행동에 대한 근대적 인간관을 Y이론이라 하고 이에 상반된 전통적 인간관을 X이론이라 하였다.

(2) X이론과 Y이론의 비교

X이론	Y이론
• 인간은 태어날 때부터 일하기 싫어함. • 강제·명령·처벌만이 목적달성에 효과적임. • 인간은 야망이 없고 책임지기 싫어함. • 타인에 의한 통제가 필요함. • 인간을 부정적(경제적 동기)으로 봄. • 경영자는 부하를 신뢰하지 않고 명령과 통제를 통해 성과를 달성한다.	• 인간은 본능적으로 휴식하는 것과 같이 일하는 것도 자연스러움. • 자발적 동기유발이 중요함. • 고차원의 욕구를 가짐. • 자기통제가 가능함. • 인간을 긍정적(창조적 인간)으로 봄. • 경영자는 분권화와 권한 위임을 통해 성과를 달성한다.

미성숙-성숙이론
아지리스(Chris Argyris)의 「퍼스낼리티와 조직(Personality and Organization, 1957)」을 통하여 제시된 이론으로, 작업 환경에 의해 개인의 인격적 발달이 어떠한 영향을 받는지를 연구하였다.

3. 아지리스의 미성숙-성숙이론

(1) 행동지향의 변화
① 아지리스는 개인과 조직관계의 기본에 놓여 있는 것은 인격적으로 미성숙한 퍼스낼리티가 성숙상태로 발달하면서 생기는 행동 지향의 변화라고 하였다.
② 조직에 속한 각 개인들은 자신의 성숙 정도에 따라 자신의 욕구를 표현하며 작업과정을 통해 최적의 퍼스낼리티를 획득하여 자아실현을 하려고 하게 된다.

(2) 합리적인 공식조직의 특징
① 과업의 전문화
② 지휘계통에 의한 명령과 통제
③ 관리 폭과 명령의 일원화

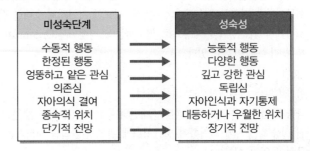

미성숙단계	성숙성
수동적 행동	능동적 행동
한정된 행동	다양한 행동
엉뚱하고 얕은 관심	깊고 강한 관심
의존심	독립심
자아의식 결여	자아인식과 자기통제
종속적 위치	대등하거나 우월한 위치
단기적 전망	장기적 전망

대표기출유형

다음 중 인간관계론에 대한 설명으로 틀린 것은?

① 인간요소를 단순한 노동력으로서만 취급하지는 않았다.
② 감정이 종업원의 행동에 큰 영향을 미친다고 본다.
③ 관리경제학의 폐단을 보완하면서 발전했다.
④ 적정한 하루의 작업량, 즉 과업을 제시하여 강조한다.
⑤ 비공식적 집단의 존재와 그의 중요성을 강조했다.

정답 ④

해설 적정한 작업량과 과업은 과학적 관리론을 말한다.

오답풀이

①, ②, ③, ⑤ 인간관계론은 관리경제학의 폐단을 보완하면서 발전하였으며 인간요소를 단순한 노동력으로서만 취급하지 않고 비공식적 집단의 중요성을 강조하며 감정이 종업원의 행동에 큰 영향을 미친다고 보았다

시스템이론

1 시스템의 개념

1. 시스템의 정의

(1) 시스템이론은 조직을 여러 구성인자가 유기적으로 상호 작용하는 결합체로 본다.

(2) 시스템(System)은 특정 목적을 달성하기 위해서 부분들이 모여 이루어진 전체라는 개념이다.

2. 시스템의 특징

(1) 하나의 시스템은 다수의 하위시스템으로 구성된다. 즉, 시스템은 상호 연관되고 종속된 하위시스템들(Subsystems)의 실체이다.

(2) 시스템은 투입(Input), 처리(Process), 산출(Output), 피드백(Feedback)의 과정을 거친다.

(3) 기업은 개방시스템의 속성을 지니고 있다.

(4) 시스템은 피드백을 통하여 균형을 유지한다.

(5) 시스템이론에서는 시스템 간, 상위시스템과 하위시스템들 간의 상호의존성이 강조되고 있다.

2 시스템의 유형과 구성요소

1. 시스템의 유형

(1) 폐쇄 시스템(Closed System)

① 환경과의 에너지 교환작용이 없는 시스템을 말한다.

② 외부와 완전히 격리되어 있다.

③ 외부 환경에 의해 전혀 영향을 받지 않는 시스템이다.

(2) 개방 시스템(Open System)

① 시스템의 경계 밖에 있는 외부로부터 투입을 받아들이며 처리과정을 거친 산출을 환경으로 내보낸다.

② 기업을 비롯한 대부분의 조직은 개방 시스템이며, 외부 환경과 끊임없이 상호 작용하며 적응한다.

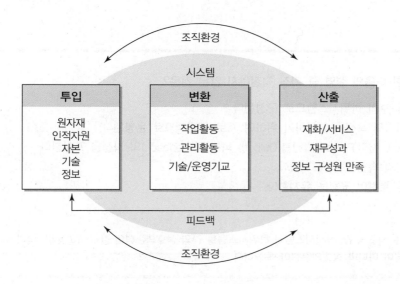

> ☑ 경영학에서 시스템이론(System Theory)이 강조되기 시작한 것은 제2차 세계대전 이후 1950년대부터다. 시스템이론은 독일의 이론생물학자 베르탈란피(Ludwig von Bertalanffy)가 주장했다.

> ☑ 시너지 효과(Synergy Effect)
> 시스템이라는 전체가 부분으로 구성되어 있지만, 전체는 모든 부분의 합보다 크다는 의미를 가지고 있다.

✓ 시스템의 구성요소
1. 투입 : 시스템이 필요로 하는 에너지를 유입하는 과정으로서 사람·원재료·자본·정보 등과 같은 다양한 자원을 말한다.
2. 변환 : 목적달성을 위하여 투입된 요소를 산출로 변환시키는 처리과정이다.
3. 산출 : 변환과정을 거쳐 생산된 것을 말하며 유형의 재화, 무형의 서비스 등을 포함한다.
4. 피드백 : 시스템 변환과정의 결과인 산출에 의해 투입이 영향을 받는 과정이다.
5. 환경 : 기업의 결정에 영향을 미치는 경제적·사회적 요인 등을 말한다.

✓ 엔트로피(Entropy)란 외부로부터 에너지를 공급받지 못하기 때문에 해체되거나 쇠퇴해 가는 열역학 법칙이다.

2. 시스템의 구성요소

시스템은 그 복잡성과 목적이 다르지만 기본적으로 투입, 변환, 산출, 피드백, 환경의 다섯 가지로 구성되어 있다.

3. 개방 시스템의 특성

(1) 에너지의 유입 : 시스템은 생존을 위해 외부 환경으로부터 에너지를 끌어들인다.

(2) 변환 : 모든 시스템은 투입물을 처리하여 새로운 산출물을 만들어 내는 변환과정을 거친다.

(3) 산출 : 시스템 내의 변환과정을 거친 생산물은 산출물의 형태로 외부 환경에 다시 배출된다.

(4) 순환과정 : 조직 밖으로 배출된 산출물이 조직 내 동일한 일련의 순환적 활동들의 에너지 원천으로 투입됨으로써 생기는 과정이다.

(5) 네거티브 엔트로피 : 엔트로피와 반대되는 경향으로, 네거티브 엔트로피가 증대되면 체계 속에서 질서와 법칙성이 유지되며 정보를 보다 많이 필요로 한다는 것을 의미한다.

(6) 네거티브 피드백 : 시스템이 어떤 정해진 기준에서 이탈하게 될 때 그것을 바로잡아 주는 정보다.

(7) 동태적 항상성 : 시스템이 자기규제적 능력으로 안정적인 상태를 유지하려는 경향을 의미한다.

(8) 분화와 통합 : 모든 시스템은 규모가 커질수록, 내용이 복잡할수록 시스템의 구조와 기능이 더욱 세분화된다.

(9) 이인동과성(Equifinality) : 시스템의 최종 목표가 동일하다 할지라도 이러한 목표를 달성하기 위한 수단과 방법은 다양할 수 있다.

대표기출유형

➕ **시스템(System)에 대한 다음의 설명 중 가장 적절하지 않은 것은?**

① 하나의 시스템은 다수의 하위시스템으로 구성된다.

② 하위시스템들은 각각의 목적을 달성하기 위하여 서로 독립적으로 운영된다.

③ 시스템은 투입(Input), 처리(Process), 산출(Output), 피드백(Feedback)의 과정을 포함한다.

④ 기업은 개방시스템의 속성을 지니고 있다.

⑤ 시스템은 피드백을 통하여 균형을 유지한다.

정답 ②

해설 시스템이론에서는 시스템 간, 상위시스템과 하위시스템들 간의 상호의존성이 강조되고 있다. 따라서 시스템은 독립성이 특징이 아니라 상호의존성이 특징이다.

기업형태

1 개인기업과 법인기업

1. 개인기업

가장 간단한 기업의 형태로 단독출자자가 직접적으로 경영하며 무한책임을 진다.

장점	단점
• 이윤 독점이 가능함. • 창업이 쉽고 비용이 적게 듦. • 경영활동이 자유로움. • 의사결정이 신속함. • 시장변화에 빠르게 대응함.	• 무한한 책임성을 가짐. • 자금조달에 한계가 있음. • 1인 경영으로 수공업적 한계가 있음. • 조세에 불이익이 있음.

2. 개인사업자와 법인사업자의 비교

구분	개인사업자	법인사업자
창업절차	• 관할관청에 인·허가 신청(인·허가 대상인 경우에 한함) • 세무서에 사업자등록 신청	• 법원에 설립등기 신청 • 세무서에 사업자등록 신청
자금조달	사업주 1인의 자본과 노동력	주주를 통한 자금조달
사업책임	사업상 발생하는 모든 문제를 사업주가 책임	법인의 주주는 출자한 지분 한도 내에서만 책임
과세	종합소득세(사업소득) 과세	법인세 과세
과세	※ 세율만 고려 시 과세표준 2,160만 원 이하인 경우 개인기업이, 초과인 경우 법인기업이 유리	
장점	• 설립절차가 간단함. • 설립비용이 적음. • 기업 활동이 자유롭고 사업계획 수립 및 변경이 용이 • 인적조직체로서 제조방법/자금운용관련 비밀유지 가능	• 대외공신력과 신용도가 높음(관공서/금융기관 등과 거래 시 유리). • 주식 및 회사채 발행 등을 통한 대규모 자본조달이 가능 • 기업운영의 투명성
단점	• 대표자는 채무자에 대하여 무한책임을 짐. • 대표자가 바뀌는 경우에는 폐업신고를 해야 함(기업의 연속성 단절 우려). • 사업 양도 시 양도소득세 부과(세부담 증가)	• 설립절차가 복잡함. • 설립 시 비용이 높음(자본금 규모에 따른 비용 발생). • 사업운영과 관련한 대표자 권한이 제한적

2 공동기업

1. 합명회사

(1) 합명회사(Partnership)란 소수공동기업으로서 2인 이상의 무한책임사원(출자자)이 공동으로 출자하고, 회사의 채무에 대해 무한연대의 책임을 지면서 직접 회사경영에 참여하는 인적 기업의 대표적인 기업형태이다.

개인기업이란 사업 자체가 개인에게 귀속되는 형태의 기업으로 경영의 모든 책임을 등록된 대표자가 지게 된다. 반면 법인기업은 사업에 대한 독립적인 경제주체에 법인격을 부여한 형태의 기업으로 사업과 관련한 모든 책임은 법인이 지게 된다. 만약 법인기업의 대표이사 1인이 100% 지분을 소유하여 실질내용이 개인기업과 동일하더라도 법인의 재산과 대표이사의 재산은 엄격히 구분된다.

(2) 무한책임사원은 업무집행을 전담할 사원을 정할 수 있으며, 업무집행사원을 정하지 않은 경우에는 각 사원이 회사를 대표하고, 여러 명의 업무집행사원을 정한 경우에는 각 업무집행사원이 회사를 대표한다.

2. 합자회사

(1) 합자회사는 1인 이상의 무한책임사원과 1인 이상의 유한책임사원으로 구성되는 복합적 조직의 회사로서, 사업의 경영은 무한책임사원이 하고, 유한책임사원은 자본을 제공해 사업에서 생기는 이익 분배에 참여한다.

(2) 무한책임사원은 정관에 다른 규정이 없을 때 각자가 회사의 업무를 집행할 권리와 의무가 있으며 유한책임사원은 대표권한이나 업무집행권한은 없지만 회사의 업무와 재산상태를 감시할 권한이 있다.

3. 유한책임회사

(1) 주식회사처럼 출자자들이 유한책임을 지면서도 이사나 감사를 의무적으로 선임하지 않아도 되는 등 회사의 설립, 운영과 구성 등에서 사적인 영역을 폭넓게 인정하는 회사 형태이다.

(2) 1인 이상의 유한책임사원으로 구성되며, 업무집행자가 유한책임회사를 대표한다.

4. 유한회사

(1) 형식적으로는 출자금액 한도만큼 책임을 지는 유한책임사원으로 구성되지만, 내부적으로는 조합과 같이 운영되며 공시나 정보공개 의무가 면제되는 형태의 회사이다.

(2) 유한회사에는 1인 또는 수인의 이사를 두어야 하며, 유한책임사원은 회사가 없어지더라도 자신이 투자한 자금을 회수하지 못하는 것일 뿐 회사채권자에 대한 책임은 지지 않는다.

(3) 조직형태는 주식회사와 유사하지만 주식회사와 달리 이사회가 없고, 사원총회는 회사의 의사를 결정하는 최고기관이며 필요기관이다.

(4) 주식회사와 달리 폐쇄적이고 비공개적인 형태의 조직을 가진다. 감사는 임의기관이다.

5. 주식회사

☑ 유한책임회사
공동기업 또는 회사의 형태를 취하면서도 내부적으로는 사적자치가 폭넓게 인정되는 조합의 성격을 가지고, 외부적으로는 사원의 유한책임이 확보되는 기업 형태에 대한 수요를 충족하기 위해 2012년 「상법」에 도입된 회사 형태로, 사모투자펀드와 같은 펀드나 벤처기업 등에 적합하다.

대표기출유형

➕ 다음 중 형식적으로는 출자금액 한도만큼 책임을 지는 유한책임사원으로 구성되지만, 내부적으로는 조합과 같이 운영되며 공시나 정보공개 의무가 면제되는 형태의 회사는?

① 합명회사　　　　　② 유한회사　　　　　③ 합자회사
④ 주식회사　　　　　⑤ 유한책임회사

정답 ②

해설 유한회사는 출자액의 한도 내에서만 회사의 채무에 대해 변제책임을 지는 2인 이상의 유한책임사원으로 구성된 회사이다. 회사가 없어지더라도 자신이 투자한 자금을 회수하지 못하는 것일 뿐 회사채권자에 대한 책임은 지지 않으며, 조직이 간단하고 공개의무도 없는 것이 특징이다.

주식회사

1 주식회사의 3요소

1. 주식

(1) 주식이란 주식회사에서의 사원의 지위를 말하며, 주식회사의 입장에서는 자본금을 구성하는 요소임과 동시에 주주의 입장에서는 주주의 자격을 얻기 위해 회사에 납부해야 하는 출자금액의 의미를 가진다.

(2) 회사는 주식을 발행할 때 액면주식으로 발행할 수 있으며 정관으로 정한 경우에는 주식의 전부를 무액면주식으로 발행할 수도 있다.

(3) 액면주식의 금액은 균일해야 하며 1주의 금액은 100원 이상으로 정해야 한다.

(4) 출자의 단위를 소액 균등화하여 소액 자금 보유자도 출자가 가능하다.

(5) 주식은 양도가 자유로운 유가증권으로 자유양도가 가능하다.

2. 자본금

(1) 자본금은 주주가 출자하여 회사설립의 기초가 된 자금을 말한다.

구분	자본금
액면주식을 발행한 경우	발행주식의 액면총액(액면금액에 주식수를 곱한 것)
무액면주식을 발행한 경우	주식 발행가액의 2분의 1 이상의 금액으로서 이사회(「상법」 제416조 단서에서 정한 주식발행의 경우에는 주주총회를 말함)에서 자본금으로 계상하기로 한 금액의 총액(이 경우 주식의 발행가액 중 자본금으로 계상하지 않는 금액은 자본준비금으로 계상해야 함)

(2) 회사의 자본금은 액면주식을 무액면주식으로 전환하거나 무액면주식을 액면주식으로 전환해 변경할 수 없다.

(3) 주주의 유한책임

① 주주의 책임은 그가 가진 주식의 인수가액을 한도로 하며, 회사가 채무초과상태에 있다 하더라도 주주는 회사의 채권자에게 변제할 책임이 없다.

② 주주의 유한책임은 자본조달을 용이하게 하여 대자본의 형성이 쉽다.

③ 기업의 법적인 소유자는 주주이며, 주주와 채권자는 기업에 대한 자금의 공급자이다.

(4) 주식회사의 설립 – 발기설립과 모집설립

구분	발기설립	모집설립
기능	소규모 회사설립에 용이	대규모 자본 조달에 유리
주식의 인수	주식의 총수를 발기인이 인수	발기인과 모집주주가 함께 주식 인수
인수 방식	단순한 서면주의	법정기재사항이 있는 주식청약서에 의함.
주식의 납입	발기인이 지정한 은행, 그 밖의 금융기관에 납입	주식청약서에 기재한 은행, 그 밖의 금융기관에 납입

☑ 주식회사란 주식의 발행을 통해 여러 사람으로부터 자본금을 조달받아 설립한 회사를 말하며, 주식을 매입하여 주주가 된 사원은 주식의 인수한도 내에서만 출자의무를 부담하고 회사의 채무에 대해서는 직접 책임을 부담하지 않는다.

납입의 해태	민법의 일반원칙에 따름.	실권절차(「상법」 제307조)가 있음.
창립총회	불필요	필요
기관구성	발기인 의결권의 과반수로 선임	창립총회에 출석한 주식인수인 의결권의 3분의 2 이상이고 인수된 주식 총수의 과반수에 해당하는 다수로 선임
설립경과조사	이사와 감사가 조사하여 발기인에게 보고	이사와 감사가 조사하여 창립총회에 보고
변태설립사항	이사가 법원에 검사인 선임 청구, 검사인은 조사하여 법원에 보고	발기인은 법원에 검사인 선임 청구, 검사인은 조사하여 창립총회에 보고

3. 기관

주식회사의 제도적 기관은 주주총회, 이사회, 감사로 구성된다.

2 주식회사의 장단점

장점	단점
• 소유와 경영의 분리와 법인체 • 주주의 유한책임 • 대규모의 자본조달 가능 • 소유권 이전의 용이성	• 과중한 세금 • 설립의 복잡성과 비용성 • 정부규제와 보고의 요구 • 업무활동에 있어 비밀 결여

대표기출유형

➕ **다음 중 주식회사의 주주와 채권자에 대한 설명으로 틀린 것은?**

① 주주는 의결권을 가지고 있으나, 채권자는 경영에 참여할 수 없다.
② 주주는 기업에 대해 무한책임을 지지만 채권자는 빌려준 자금의 범위 내에서는 책임을 진다.
③ 기업의 법적인 소유자는 주주이며, 주주와 채권자는 기업에 대한 자금의 공급자이다.
④ 회사가 파산했을 경우 채권자는 주주에 우선하여 자기의 몫을 찾아갈 수 있으나 주주는 여러 청구권자들에게 지불된 후 남는 금액만을 갖는 잔여청구권자이다.
⑤ 주주는 회사의 채무에 대해 채권자에게 변제책임을 지지 않는다.

정답 ②

해설 출자자인 주주는 출자금의 한도 내에서 유한책임을 진다.

주식회사의 기관

1 주주총회

1. 주주총회의 의의

주주로 구성되며 상법 및 정관에서 정한 사항에 한해 회사의 의사를 결정하는 필수 기관이다.

2. 주주총회의 권한과 총회의 소집

(1) 주주총회가 가진 의결권은 1주마다 1개로 하며 회사가 가진 자기주식은 의결권이 없다.

(2) 주주총회는 이사와 감사의 선임 및 해임권을 가지며, 정관 변경도 가능하다.

(3) 주주총회는 본법 또는 정관에서 정하는 사항에 한해 결의할 수 있으며 총회의 소집은 상법에 다른 규정이 있는 경우 외에는 이사회가 결정한다.

(4) 정기총회는 매년 1회 일정한 시기에 소집하여야 하며 연 2회 이상의 결산기를 정한 회사는 매기에 총회를 소집하여야 한다.

3. 소집의 통지

주주총회를 소집할 때에는 주주총회일 2주 전에 각 주주에게 서면으로 통지를 발송하거나 각 주주의 동의를 받아 전자문서로 통지를 발송하여야 한다.

4. 소수주주에 의한 총회의 소집청구

발행주식 총수의 100분의 3 이상에 해당하는 주식을 가진 주주는 회의의 목적사항과 소집의 이유를 적은 서면 또는 전자문서를 이사회에 제출하여 임시총회의 소집을 청구할 수 있다.

5. 의결권

(1) 의결권은 1주마다 1개로 하며 회사가 가진 자기주식은 의결권이 없다.

(2) 회사, 모회사 및 자회사 또는 자회사가 다른 회사의 발행주식 총수의 10분의 1을 초과하는 주식을 가지고 있는 경우, 그 다른 회사가 가지고 있는 회사 또는 모회사의 주식은 의결권이 없다.

2 이사와 이사회

1. 이사의 선임

이사는 주주총회에서 선임하며 회사와 이사의 관계는 위임에 관한 규정을 준용한다.

2. 이사의 인원수 및 임기

(1) 이사는 3명 이상이어야 한다. 다만, 자본금 총액이 10억 원 미만인 회사는 1명 또는 2명으로 할 수 있다.

(2) 이사의 임기는 3년을 초과하지 못하며 임기는 정관으로 그 임기 중 최종 결산기에 관한 정기 주주총회의 종결까지 연장할 수 있다.

3. 이사의 해임

이사는 언제든지 주주총회의 결의로 해임될 수 있다. 그러나 이사의 임기를 정한 경우에 정당한 이유 없이 임기만료 전에 해임된다면, 그 이사는 회사에 대하여 손해배상을 청구할 수 있다.

☑ 주식회사의 필수기관
1. 주주총회 : 의사결정기관
2. 이사회와 대표이사 : 의사결정, 업무집행감독, 회사대표, 업무집행
3. 감사 또는 감사위원회 : 이사의 업무 및 회계에 대한 감사기관

☑ 주식회사의 임시기관
(필요한 때에만 존재하는 기관)
1. 주식회사 설립 시 검사인
2. 회사업무·재산상태 조사를 위한 검사인
3. 주식회사의 외부감사에 관한 법률에 따라 일정규모 이상의 주식회사에 대한 회계감사기관으로서의 외부감사인

기출문제
경영과 기업
기업활동의 조직
인사관리
생산관리
마케팅관리
실전모의고사

4. 대표이사

(1) 회사는 이사회의 결의로 회사를 대표할 이사를 선정하여야 한다. 그러나 정관으로 주주총회에서 이를 선정하도록 정할 수 있다.

(2) 다수의 대표이사가 공동으로 회사를 대표하도록 정할 수 있다.

5. 이사회

(1) 이사회는 회사의 업무집행에 관한 의사 결정을 위하여 이사 전원으로 구성되는 주식회사의 상설기관이다.

(2) 이사회는 각 이사가 소집한다. 그러나 이사회의 결의로 소집할 이사를 정한 경우에는 다르다.

(3) 소집권자인 이사가 정당한 이유 없이 이사회 소집을 거절하는 경우에는 다른 이사가 이사회를 소집할 수 있다.

6. 이사와 회사 간 소에 관한 대표

회사가 이사에 대하여 또는 이사가 회사에 대하여 소를 제기하는 경우에 감사는 그 소에 관하여 회사를 대표한다.

3 감사

1. 감사의 선임

(1) 감사는 주주총회에서 선임한다.

(2) 감사는 회사의 회계와 경영의 감사를 업무로 하는 필요 상설기관이다. 그러나 자본금의 총액이 10억 원 미만인 회사는 감사를 선임하지 않을 수 있다.

2. 감사의 해임에 관한 의견진술의 권리

감사는 주주총회에서 감사의 해임에 관하여 의견을 진술할 수 있다.

3. 감사의 임기

감사의 임기는 취임 후 3년 내 최종 결산기에 관한 정기총회의 종결 시까지 한다.

4. 이사의 보고의무

이사가 회사에 현저하게 손해를 미칠 염려가 있는 사실을 발견한다면 이를 즉시 감사에게 보고해야 한다.

5. 감사위원회

(1) 회사는 정관이 정한 바에 따라 감사를 대신해 감사위원회를 설치할 수 있다. 감사위원회를 설치한 경우에는 감사를 둘 수 없다.

(2) 감사위원회는 3명 이상의 이사로 구성하며 사외이사가 위원의 3분의 2 이상이어야 한다.

(3) 감사위원회 위원의 해임에 관한 이사회의 결의는 이사 총수의 3분의 2 이상이어야 한다.

4 주인-대리인 문제

1. 개념

(1) 주인-대리인 문제(Principal-Agent Problem)는 주인과 대리인 사이에서 정보 비대칭 때문에 발생하는 문제로, 대리인이 주인의 목적이 아닌 자신의 목적을 이루기 위하여 행동할 때 발생한다.

☑ 사외이사(社外理事)는 해당 회사의 상무(常務)에 종사하지 아니하는 이사로서 다음의 어느 하나라도 해당하는 경우에는 그 직을 상실한다.

1. 회사의 상무에 종사하는 이사·집행임원 및 피용자 또는 최근 2년 이내에 회사의 상무에 종사한 이사·감사·집행임원 및 피용자

2. 최대주주가 자연인인 경우 본인과 그 배우자 및 직계 존속·비속

3. 최대주주가 법인인 경우 그 법인의 이사·감사·집행임원 및 피용자

4. 이사·감사·집행임원의 배우자 및 직계 존속·비속

5. 회사의 모회사 또는 자회사의 이사·감사·집행임원 및 피용자

6. 회사와 거래관계 등 중요한 이해관계에 있는 법인의 이사·감사·집행임원 및 피용자

7. 회사의 이사·집행임원 및 피용자가 이사·집행임원으로 있는 다른 회사의 이사·감사·집행임원 및 피용자

(2) 대리인 문제는 주주로부터 위임받은 전문경영인이 주주의 이익에 반하는 행동을 의미한다.

(3) 주주는 대리인을 완벽하게 통제할 수 없어 정보의 비대칭성이 발생하고 대리인의 도덕적 해이, 역선택 등이 발생한다.

(4) 정보의 비대칭으로 대리인이 사적 소비를 증가시키거나 비금전적 효익을 추구하게 되는 경영자의 행동을 도덕적 해이라고한다.

2. 대리인 비용

주인과 대리인 간에는 정보의 비대칭이 존재하여 이를 파악하려는 비용이 소요된다.

감시비용	주주가 대리인이 자신의 권익을 보호하기 위한 경영을 하는지 감시하는 비용
확증비용	대리인이 자신이 하는 경영활동과 의사활동이 주주들의 이익을 위한 것임을 증명하는 데 소요되는 비용
잔여손실	감시비용이나 확증비용 외에 경영자가 기업을 위한 최적의 의사결정을 하지 않아 발생하는 손실

3. 대리인 문제를 해결하기 위한 방안

(1) 감시(Monitoring) 정책의 강화 : 사외이사 및 감사위원회 제도 등 감시를 강화하여 대리인 문제를 완화할 수 있다.

(2) 유인계약 : 인센티브제의 도입(스톡옵션을 통한 유인제공) 등의 유인계약을 통해 주주와 경영자의 이해를 일치시킴으로써 대리인 문제를 완화시킬 수 있다.

(3) 주주행동주의(Shareholder Activism) : 주주행동권은 현재 경영진에 만족하지 못하는 주주들이 적극적인 의사표명, 행동을 통해 기업경영에 영향력을 행사하려고 하는 일련의 활동을 말한다.

(4) 자본시장이나 인수합병시장이 감독자의 역할을 수행하도록 한다.

대표기출유형

다음 중 주식회사에 대한 설명으로 가장 적절하지 않은 것은?

① 확정된 사업목적의 범위 내에서 법적 능력을 갖는 법인이다.
② 자본은 주식 형태로 구성원의 출자에 의해서 형성된다.
③ 주식의 자유양도가 가능하다.
④ 주주들의 의사결정기관으로 이사회를 둔다.
⑤ 회사에 출자한 주주의 지위는 출자액을 한도로 하는 유한책임을 진다.

정답 ④

해설 주주총회는 주주들이 모여 회사에 대한 의사를 결정하는 최고 기관이고, 이사회는 회사의 업무집행에 관한 의사결정을 위해 이사로 구성된 기관이다.

공기업

> ☑ 공기업이란 국가 또는 지방자치단체와 같은 공공단체가 공익을 목적으로 출자해 그 경영관리상의 책임을 지고 경영하는 기업을 말한다.

1 공기업의 개념

1. 공기업과 사기업의 차이점

(1) 공기업은 자본이 국가 또는 지방공공단체의 소유다.

(2) 사기업은 영리를 목적으로 하나, 공기업은 공익을 목적으로 한다.

2. 공기업의 존재 이유

(1) 경제정책상의 목적 : 경제정책상 필요한 사업이거나 사기업이 행할 수 없는 경우다(원자력산업, 석탄공사 등).

(2) 사회정책상의 목적 : 국민의 생활안정과 복지증진을 위한 경우다(주택공사, 국민건강보험공단 등).

(3) 재정정책상의 목적 : 정부 또는 지방공공단체의 재정적 수입을 목적으로 형성되는 경우다(전매사업).

(4) 공공정책상의 목적 : 공익사업의 분야에 있어서 일반대중의 공공이익을 증대시킬 공공정책상의 목적으로 성립·경영되는 경우다(체신, 철도, 수도사업 등).

(5) 국가기관이 필요한 제품과 서비스를 직접 생산 : 국민 전체의 이익과 밀접하게 관련되어 있는 산업(국가기반 산업)의 관리를 위한 경우다(조폐공사, 군사 관련 산업 등).

(6) 역사적 유산 : 인도, 이집트 등 제3세계 국가들에도 역사적 유산으로 생겨난 공기업이 많다.

2 공기업의 장단점

1. 공기업의 장점

(1) 실질적으로 정부에 의해 운영되므로 자본조달이 용이하여 대규모 산업에 유리하다.

(2) 구매와 판매에 있어 우대를 받는 경우가 많다.

(3) 적자 발생 시 국가나 지방자치단체로부터 재정지원을 받을 수 있다.

2. 공기업의 단점

(1) 경영권과 인사권에 있어 정부의 개입이 심하여 독자적인 경영관리가 어렵기 때문에 경영관료화가 나타난다.

(2) 각종 명령과 법령에 의하여 경영의 자율성이 제약을 받는다.

(3) 소유권이 명확하지 않아 관료화와 무사안일주의에 빠지기 쉽다.

3 공사합동기업(공사혼합기업)

국가기관의 공적 자본과 개인의 사적 자본이 공동으로 출자하여 설립한 기업이다.

4 공공기관

1. 공공기관의 개념

정부의 투자·출자 또는 정부의 재정지원 등으로 설립·운영되는 기관으로서 공공기관의 운영에 관한 법률에 따라 기획재정부장관이 지정한 기관을 의미한다.

2. 공공기관의 유형 분류

구분		내용
공기업		직원 정원이 50인 이상이고, 자체수입액이 총수입액의 2분의 1 이상인 공공기관 중에서 기획재정부장관이 지정한 기관
	시장형	자산규모가 2조 원 이상이고, 총 수입액 중 자체수입액이 85% 이상인 공기업(한국석유공사, 한국가스공사 등)
	준시장형	시장형 공기업이 아닌 공기업(한국관광공사, 한국방송광고진흥공사 등)
준정부기관		직원 정원이 50인 이상이고, 공기업이 아닌 공공기관 중에서 기획재정부장관이 지정한 기관
	기금관리형	국가재정법에 따라 기금을 관리하거나 기금의 관리를 위탁받은 준정부기관(서울올림픽기념국민체육진흥공단, 한국문화예술위원회 등)
	위탁집행형	기금관리형 준정부기관이 아닌 준정부기관(한국교육학술정보원, 한국과학창의재단 등)
기타공공기관		공기업, 준정부기관이 아닌 공공기관

www.gosinet.co.kr gosinet

기출문제

경영과 기업

기업활동의 조직

인사관리

생산관리

마케팅관리

실전모의고사

대표기출유형

🔑 **다음 중 공기업의 존재이유로 가장 적절하지 않은 것은?**

① 실업자 구제나 의료보험 등의 사회정책상의 이유
② 공공서비스 증대를 위한 공익목적상의 이유
③ 규모의 경제를 꾀하며 창의적 운영을 위한 경영정책상의 이유
④ 국가재정수입의 증대를 위한 재정정책상의 이유
⑤ 국가기반 산업의 관리상의 이유

정답 ③

해설 공기업의 존재이유는 다음과 같다.
1. 민간자본의 부족과 경제발전
2. 시장 실패의 교정
3. 집권정당의 정치적 이념
4. 자연적 독점사업
5. 역사적 유산 : 인도, 이집트 등 제3세계 국가들도 역사적 유산으로 공기업이 많이 생겨났다.

테마 12 경영전략

전략(Strategy)이라는 용어는 원래 대국적인 작전이라는 의미를 가진 군사용어였다. 이러한 용어가 기업경영에 사용된 것은 기업의 환경적인 여건이 전쟁을 수행하는 군대가 직면한 환경과 마찬가지로 동태적이고 경쟁적이기 때문이다. 오늘날 기업에서 사용하고 있는 경영전략은 외부 환경에 적응하기 위한 장기적이고 포괄적인 계획을 의미한다.

경영학의 지도원리
1. 수익성 원칙 : 이윤극대화의 원칙
2. 경제성 원칙 : 최소의 비용(희생)으로 최대의 효과를 달성
3. 생산성 원칙 : 생산요소 대비 생산량의 비율

1 경영전략의 개념과 목적

1. 경영전략(Strategic Management)의 개념

기업경영을 수행해 나감에 있어 변화하는 상황이나 환경에 대처하는 장·단기적인 계획을 수립하여, 계획된 경영성과를 달성하기 위해 경영자원을 유용하게 사용하는 방법을 말한다.

2. 경영전략의 목적

(1) 경영적응능력 촉진 : 변화하는 외부환경에 경영자가 유연하게 대처할 수 있도록 환경적응능력을 촉진한다.

(2) 자원의 효율적인 배분 : 기업의 경영자원을 회사 전체적인 관점에서 효율적으로 배분하도록 한다. 경영자는 기업의 전체적인 성과를 극대화시키기 위해 보유자원을 어떻게 배분할 것인가를 합리적으로 결정해야 한다. 경영전략은 바로 이러한 의사결정에 지침을 제공한다.

(3) 경영활동의 통합 : 기업 내부의 다양한 경영활동들의 통합에 기여한다. 경영전략은 기업의 존재가치와 사명을 명확히 하고 사명달성을 위한 장기적인 전략목표와 목표달성을 위한 활동방향과 행동경로를 제시함으로써 조직 내에서 이루어지는 다양한 의사결정과 행동들을 통합하는 역할을 한다.

2 경영전략의 수준과 추진방법

1. 경영전략의 수준

(1) 기업수준 전략(Corporate Strategy) : 기업이 어떠한 사업을 할 것인지, 기업의 전체 차원에서 각 사업부의 전략이 어떻게 조정되어야 하는지, 사업부 사이에 자원은 어떻게 배분하여야 하는지를 결정하는 것으로 일반적으로 최고경영층에 의하여 수립된다.

(2) 사업부수준 전략(Business Strategy)
① 전략적 사업부(SBU ; Strategic Business Unit) 수준의 전략을 의미하는데, 기업전략을 지지하면서 전략적 사업 단위의 경쟁력 유지와 향상을 위한 것이다.
② 어떤 방면에서 경쟁적 우위를 유지하려고 할 것인지, 환경과 경쟁적 조건의 변화에 대해 어떠한 대응을 할 것인지에 초점을 두고 있으며 자원을 각 사업 단위에 할당하고 기능수준의 전략을 조정하는 것 등에 초점과 목표를 두고 있다.
③ 각 사업부들의 전략은 최고경영자의 승인하에 있으며 각 사업부 단위의 장에 의하여 개발된다.

(3) 기능수준 전략(Functional Strategy) : 기업수준의 전략을 실행하기 위한 것으로, 사업 내 특정한 기능을 담당하는 부서 단위에서 개발된다.

(4) 경영전략수준의 관계 : 각 수준의 전략은 기능수준의 전략이 뒷받침될 때 성공적일 수 있으며 세 가지 수준은 전략경영 과정에서 긴밀하게 조정되어야 한다.

2. 경영전략의 추진과정

(1) 목표의 설정과정 : 경영전략을 통해 기업이 도달하고자 하는 미래의 상태 또는 모습을 규명하고 전략목표를 설정하는 단계다.

(2) 전략의 관리과정

① 전략적 상황분석 : 목표를 달성하는 데 제약이 되는 현재의 내·외부적 상황을 분석하는 단계다.

② 전략대안의 수립 : 주어진 상황하에서 미래의 달성목표와 현재의 차이를 줄이기 위해 필요한 최적의 전략을 수립하는 단계다.

③ 전략의 실행과 수행평가 : 수립된 전략을 효과적으로 수행하는 단계다.

3. 계획의 수준

(1) 전략계획(Strategic Plans)

① 조직의 전략적 목표에 도달하기 위한 계획으로, 주로 이사회나 중간관리층과의 협의를 거쳐 최고경영층이 개발한다.

② 기업의 기본 방향을 설정하는 것이며 그 영향력이 전술이나 운영계획보다 포괄적이며 장기적이다.

(2) 전술계획(Tactical Plans)

① 전략계획을 수행하고 전술적인 목적을 달성하기 위한 수단으로 중기적인 계획에 초점을 둔다.

② 중간관리층이 개발하며 각 부서가 그들의 전술적인 목표를 달성하기 위하여 어떠한 단계들을 거쳐야 하는지를 나타낸다.

(3) 운영계획(Operational Plans)

① 전술계획의 수행과 운영목표의 달성을 위해 고안된 수단으로, 운영계획은 일반적으로 1년 이하의 단기적인 기간을 대상으로 한다.

② 중간관리층과의 협의하에 하위 감독자가 개발하며 운영목표의 달성을 위하여 단기간 동안 무엇을 달성하여야 하는가를 나타낸다.

www.gosinet.co.kr gosi net

기출문제

경영과 기업

기업활동의 조직

인사관리

생산관리

마케팅관리

실전모의고사

대표기출유형

🔖 **경영전략에 대한 기술로 옳지 않은 것은?**

① 경영전략은 기업의 경영자원을 회사 전체적인 관점에서 효율적으로 배분하도록 한다.

② 경영전략은 기업 내부의 다양한 경영활동들을 세분화하는데 기여한다.

③ 경영전략은 변화하는 외부환경에 경영자가 유연하게 대처할 수 있도록 하는 환경적응능력을 촉진한다.

④ 기업경영활동에서 사용되는 자본요소 중에서 인적자본이 차지하는 비중이 점차 커지고 있다.

⑤ 기업수준 전략은 가장 거시적인 경영전략으로 주로 최고경영층에 의해 수립된다.

정답 ②

해설 경영전략은 조직 내에서 이루어지는 다양한 의사결정과 행동들을 통합하는 역할을 하게 된다.

포터의 다이아몬드 모델

> ☑ 경영전략은 중·장기적 시간 개념을 전제로 논의되는 것이므로, 경영전략의 과제는 전략이 어떤 과정을 거쳐 형성되고 실행되는가에 관한 것이고, 또 다른 하나는 기업의 성과를 높일 수 있는 구체적인 전략 방안 또는 내용이 무엇인지에 관한 것이다.

1 경영전략의 추진과정

1. 전략목표의 설정과정

경영전략을 통해 기업이 도달하고자 하는 미래의 상태 또는 모습을 규명하고 전략목표를 설정하는 단계(목표의 설정과정)를 말한다.

2. 전략의 관리과정

목표를 달성하는 데 제약이 되는 현재의 내·외부적 상황을 분석하는 단계(전략적 상황분석), 주어진 상황하에서 미래의 달성목표와 현재의 차이를 줄이기 위해 필요한 최적의 전략을 수립하는 단계(전략대안의 수립), 수립된 전략을 효과적으로 수행하는 단계(전략의 실행과 통제)로 구성된다.

2 전략목표의 설정과정

1. 기업사명의 명확화

기업사명(Mission)이란 기업이 영위하는 사업을 통해 궁극적으로 어떤 가치를 창출해 낼 것인가 하는 기업존립의 근거로, 전략사업영역의 설정과 전략목표설정의 기초가 된다.

(1) 전략사업영역 설정
　① 전략사업영역(Strategy Domain)이란 기업이 참여하고 있는 현재 또는 미래의 사업집합 또는 생존영역을 의미한다. 전략사업영역을 명확히 설정함으로써 기업은 사업의 전개방향을 명확히 하고 전사적 비전과 전략적 의도에 대한 충분한 합의를 이끌어 낼 수 있다.
　② 이를 통해 기업은 기존의 사업들이 메워주지 못한 새로운 사업영역이나 기존사업과 공존할 수 있는 새로운 사업에 진출하는 등 기존사업과의 연계를 통한 최대한의 시너지를 확보할 수 있게 된다.

(2) 전략목표설정의 기초
　① 전략사업영역을 결정하면 그 영역에서 기업이 추구하고자 하는 구체적인 세부목표를 설정해야 한다.
　② 기업사명은 일반적으로 추상적이고 포괄적인 성격을 띠기 때문에 보다 구체적인 전략관리의 지침이 필요한데, 이것이 전략목표이다.

(3) 전략목표가 기능을 다하기 위한 조건
　① 전략목표는 기업사명과 연계되어야 한다.
　② 전략목표는 반드시 조직 내부 구성원들이 수용 가능한 것이어야 한다.
　③ 전략목표는 실행 가능한 것이어야 한다.
　④ 전략목표는 환경변화에 탄력적으로 적응할 수 있도록 설정되어야 한다.
　⑤ 전략목표는 정량화되어야 한다.

2. 전략목표의 결정요인

기업, 산업, 국가의 세 가지 차원 간의 상호관련성하에서 기업경쟁력을 결정하는 요인이 무엇인가에 대한 연구로 가장 대표적인 것이 포터(M. Porter)의 다이아몬드(Diamond) 모델이다.

3 포터의 다이아몬드 모델

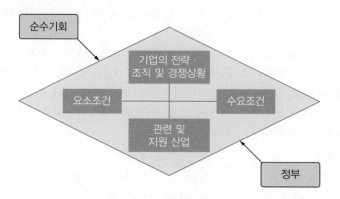

1. 개념

(1) 다이아몬드 모델에서는 내적 요소로 요인조건(요소조건), 수요조건, 관련 및 지원 산업, 기업의 전략구조 및 경쟁상황을 두고 외적 요소로 기회(Chance)와 정부(Government)를 두고 있다.

(2) 마이클 포터가 제시한 4가지 조건은 산업 발전을 보증하거나 국제화의 필수 조건이 되지는 않지만, 정부의 정책 수단들에 대한 유용성을 뒷받침하는 논리를 제공한다.

(3) 국제경영에서 기업의 성공을 지원하는 요소로는 요소부존도 등 상대적 요소비용의 정태적 중요성보다는 혁신과 변화를 통한 동태적 중요성에 있다고 본다.

2. 요소조건

(1) 요소조건이란 해당 산업에서 국제적으로 경쟁하는 데 필요한 생산요소의 상대적 양을 말하는 것으로 크게 인적 자원, 물적 자원, 재무적 자원, 사회간접자본 등 국가에서 기본적으로 가지고 있는 부존요소와 기업·산업·정부 등 개별주체들의 공동노력에 의해 창출되는 창출요소로 구성된다.

(2) 한 국가의 국제경쟁력은 부존요소보다는 창출요소에 더 큰 영향을 받는데, 기업의 경쟁력 강화를 위해 핵심역량을 강화하려는 노력이 여기에 해당한다.

3. 기업의 전략·조직 및 경쟁상황

(1) 경쟁구조는 기업이 생성·조직·운영되는 과정과 그 기업이 속해 있는 산업의 특성에서 비롯되는 경쟁력의 원천으로서, 시장에서 기업들 간의 경쟁적 상태를 의미한다.

(2) 일반적으로 자국시장에서의 치열한 경쟁구조와 라이벌관계 형성은 기업이 국제경쟁에서의 자생력을 키우는 밑바탕이 되기 때문에 기업경쟁력의 중요한 원천이 된다.

(3) 경쟁구조는 크게 기업차원의 변수와 산업차원의 변수로 나눌 수 있는데, 기업차원의 변수는 국내기업의 전략과 조직·기업과 개인의 목표추구 등을 말하고, 산업차원의 변수는 국내경쟁자의 수나 진입장벽 등을 말한다.

4. 관련 및 지원산업

(1) 특정산업의 발전은 혼자 이루어지는 것이 아니라 대개의 경우 관련산업군과 함께 발전하므로 관련 및 지원 산업의 역할이 강조된다.

(2) 관련산업이란 상호 보완적 또는 협조적인 산업을 가리키며, 지원산업이란 기술과 제품의 혁신과 개발 과정에서 밀접한 협력이 필요한 부품산업과 원료산업을 말한다.

기출문제 / 경영과 기업 / 기업활동의 조직 / 인사관리 / 생산관리 / 마케팅관리 / 실전모의고사

5. 수요조건

(1) 수요조건은 시장규모라는 수요의 양적 요인뿐만 아니라 세분시장마다 나타나는 수요자의 욕구 등과 같은 질적 요인까지 포함한다.

(2) 본국시장이 이와 같은 질적 특성을 갖추고 있을 때 본국 수요의 크기와 성장률이 국제경쟁력에 큰 영향을 미친다. 즉 국내시장이 발달하고 고객층의 요구가 질적으로 향상되는 경우, 기업들이 이러한 국내시장에 적응하는 과정에서 그들의 판매, 생산, 기술개발 활동 등 제반 경영활동능력을 점차 향상시키게 되고, 본국시장에서 학습된 능력을 토대로 해외시장에서 국제경쟁력을 갖추게 되는 것이다.

6. 정부의 역할

(1) 정부는 위의 네 가지 요인들을 유기적으로 조화시켜 주는 외생변수와 같은 역할을 한다. 정부의 역할 중에서 기업의 국제경쟁력에 중요한 역할을 미치는 것은 산업정책의 개발이다.

(2) 산업정책(Industrial Policy)은 정부가 자생력이 약한 기업을 보호하고 독점금지법, 조세정책, 통상정책, 금융정책 등을 통해 기업활동을 특정방향으로 유도하기 위해 기업활동을 지원·규제하는 정책을 말한다.

(3) 산업정책은 정부의 일방적 지원을 통해 기업과 산업의 자생력을 감소시킬 수 있다는 점에서 문제점으로 지적될 수도 있지만, 오늘날 대부분의 국가에서 산업정책은 기업의 국제경쟁력을 결정하는 가장 중요한 요인으로 인식되고 있다.

대표기출유형

포터(M. Porter)의 다이아몬드(Diamond) 모델에 대한 설명으로 옳지 않은 것은?

① 기업의 국제경쟁력은 기업이 위치한 국가가 제공하는 독특한 요인에 의해 결정된다고 한다.

② 기업경쟁력은 기업 자신의 내부적 요인에 의해서만 결정되는 것이다.

③ 내적 요소로 요인조건(요소조건), 수요조건, 관련 및 지원 산업, 기업의 전략구조 및 경쟁상황을 제시하고 있다.

④ 외적 요소로 기회(Chance)와 정부(Government)를 두고 있다.

⑤ 국제경영에서 기업의 성공을 지원하는 요소는 혁신과 변화를 통한 동태적 중요성에 있다고 본다.

정답 ②

해설 기업경쟁력은 기업 자신의 내부적 요인에 의해서만 결정되는 것이 아니라 기업 외부의 거시적·국가적 요인과 결합되어 결정된다.

SWOT 분석

1 SWOT 분석의 개념

1. 의의

(1) SWOT 분석은 기업의 내부환경과 외부환경을 분석하여 강점(Strength), 약점(Weakness), 기회(Opportunity), 위협(Threat) 요인을 규정하고 이를 토대로 경영전략을 수립하는 기법으로, 미국의 경영컨설턴트인 알버트 험프리(Albert Humphrey)에 의해 고안되었다.

(2) SWOT 분석의 가장 큰 장점은 기업의 내·외부환경 변화를 동시에 파악할 수 있다는 것이다. 기업의 내부환경을 분석하여 강점과 약점을 찾아내며, 외부환경 분석을 통해서는 기회와 위협을 찾아낸다.

> ☑ SWOT 분석은 기업내부의 강점, 약점과 외부환경의 기회, 위협요인을 분석·평가하고 이들을 서로 연관 지어 전략과 문제해결 방안을 개발하는 방법이다.

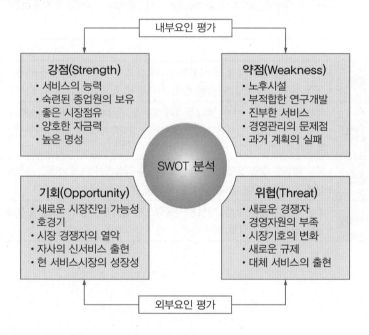

내부요인 평가

강점(Strength)
· 서비스의 능력
· 숙련된 종업원의 보유
· 좋은 시장점유
· 양호한 자금력
· 높은 명성

약점(Weakness)
· 노후시설
· 부적합한 연구개발
· 진부한 서비스
· 경영관리의 문제점
· 과거 계획의 실패

SWOT 분석

기회(Opportunity)
· 새로운 시장진입 가능성
· 호경기
· 시장 경쟁자의 열악
· 자사의 신서비스 출현
· 현 서비스시장의 성장성

위협(Threat)
· 새로운 경쟁자
· 경영자원의 부족
· 시장기호의 변화
· 새로운 규제
· 대체 서비스의 출현

외부요인 평가

2. 내부요인 평가(강점과 약점 ; Strength, Weakness)

(1) 경쟁자와 비교하여 강점과 약점을 분석한다.

(2) 보유하고 있거나 동원 가능하거나 활용 가능한 자원이다.

(3) 강점의 경우 기업 자체의 경쟁우위를 의미하고, 약점의 경우 기업 자체의 한계점을 의미한다.

3. 외부요인 평가(기회와 위협 ; Opportunity, Threat)

(1) 좋은 쪽으로 작용하는 것은 기회, 나쁜 쪽으로 작용하는 것은 위협으로 분류한다.

(2) 동일한 자료라도 자신에게 긍정적으로 전개되면 기회로, 부정적으로 전개되면 위협으로 분류한다.

기출문제

경영과 기업

기업활동의 조직

인사관리

생산관리

마케팅관리

실전모의고사

2 SWOT 전략 수립 방법

내부의 강점과 약점을, 외부의 기회와 위협을 대응하여 기업의 목표를 달성하려는 SWOT 분석의 발전전략의 특성은 다음과 같다.

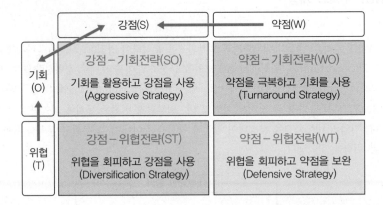

SO 전략	• 외부 기회와 내부 강점 : 외부환경의 기회를 활용하기 위해 강점을 사용하는 전략 선택 • 선택 전략 : 인수합병, 다각화 전략, 확대전략, 집중화 성장 전략, 수직적 통합화 전략
WT 전략	• 외부 위협과 내부 약점 : 외부환경의 위협을 극복하고 약점을 최소화하는 전략 선택 • 선택 전략 : 철수, 방어적 전략, 삭감전략, 합작투자전략, 핵심역량개발, 전략적 제휴, 벤치마킹
ST 전략	• 외부 위협과 내부 강점 : 외부환경의 위협을 극복하기 위해 강점을 사용하는 전략 선택 • 선택 전략 : 다양화 전략, 안정적 성장 전략
WO 전략	• 외부 기회와 내부 약점 : 약점을 극복함으로써 외부환경의 기회를 활용하는 전략 선택 • 선택 전략 : 약점 극복, 턴어라운드 전략

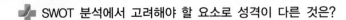

대표기출유형

➕ SWOT 분석에서 고려해야 할 요소로 성격이 다른 것은?

① 노후한 시설　　　　　　　② 정부의 규제 강화
③ 오너 리스크　　　　　　　④ 진부한 서비스
⑤ 부진한 연구개발

정답 ②

해설 노후시설, 오너 리스크, 진부한 서비스, 부진한 연구개발 등은 기업내부의 약점(W)에 해당하고 정부의 규제 강화는 외부의 위협(T)에 해당한다.

포터의 산업구조분석

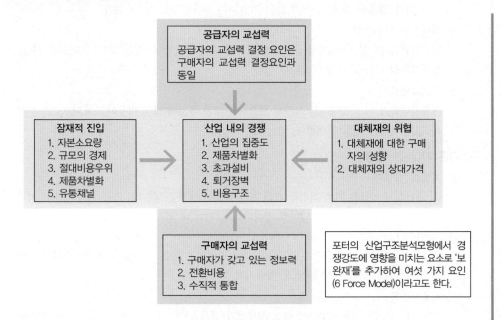

공급자의 교섭력
공급자의 교섭력 결정 요인은 구매자의 교섭력 결정요인과 동일

잠재적 진입
1. 자본소요량
2. 규모의 경제
3. 절대비용우위
4. 제품차별화
5. 유통채널

산업 내의 경쟁
1. 산업의 집중도
2. 제품차별화
3. 초과설비
4. 퇴거장벽
5. 비용구조

대체재의 위협
1. 대체재에 대한 구매자의 성향
2. 대체재의 상대가격

구매자의 교섭력
1. 구매자가 갖고 있는 정보력
2. 전환비용
3. 수직적 통합

> 포터의 산업구조분석모형에서 경쟁강도에 영향을 미치는 요소로 '보완재'를 추가하여 여섯 가지 요인(6 Force Model)이라고도 한다.

1 개요

1. 산업구조분석은 측정기업의 과업환경에서 중요한 요인을 이해하고자 하는 기법이다. 포터의 산업분석구조 틀에 의하면 5가지의 요인 즉, 경쟁 정도, 잠재적 진입자, 구매자, 공급자, 대체재에 의한 산업 내의 경쟁 정도와 수익률이 결정된다.

2. 포터(Porter)의 산업구조분석은 정태적인 모형이라서 경쟁과 산업구조가 동태적으로 변한다는 것을 고려하지 못한다.

3. 포터의 산업구조분석은 경쟁의 범위가 너무 넓다는 지적이 있으나, 전략군분석은 이를 보완한 방법으로 경쟁상대를 좁혀볼 수 있다는 장점이 있다.

4. 5가지 경쟁세력에 관한 내용은 SCP 분석(Structure-Conduct-Perfomance)에 영향을 받은 이론이다.

5. 산업구조분석은 기업 간 경쟁전략에 대한 상호 영향을 고려할 수 있어 유용하게 활용된다.

2 5가지 요인(Forces)

1. 잠재적 진입자의 시장진입 위협

(1) 진입장벽
  ① 잠재적 진입자의 시장진출 위협정도가 낮다면, 즉 진입장벽이 높다면 산업의 수익률은 높아질 것이다.
  ② 해당 산업의 진입장벽이 낮을수록 수익률은 낮아진다.

(2) 자본소요량
  신규기업이 산업에 진입하는 데 많은 투자액이 필요한 경우에는 소수의 기업을 제외하고는 진입이 힘들다.

☑ **잠재적 진입자**
  현재는 산업에 들어와 있지 않지만 진입의 가능성을 가지고 있는 잠재적인 경쟁자이다. 이러한 잠재적 경쟁자의 시장진입을 어렵게 만드는 요인을 산업의 진입장벽이라 한다. 진입장벽은 어떤 산업에서 사업을 시작하고자 할 때 들어가는 비용의 개념이다.

(3) 규모의 경제

자본집약적이거나 연구개발투자가 많이 소요되는 산업에서 효율적으로 조업하기 위해 대규모 투자가 필요한 경우, 능력이 없는 기업들은 시장진입을 할 수 없다.

(4) 절대적인 비용우위

기존 기업들은 신규진입기업들에 비해 원료를 싸게 구입할 수 있는 방법을 알고 있으므로 경험효과의 이득을 더 많이 볼 수 있다.

(5) 제품차별화

제품차별화가 된 시장에서는 자신의 브랜드에 대한 투자에 많은 비용이 소요되므로 자본력이 없는 기업은 진입이 어렵다.

2. 기존 기업 간 경쟁

(1) 기업의 경쟁력

① 산업의 수익률은 기존 기업들 간의 경쟁에 의해 영향을 받는다. 기업 간의 경쟁이 치열할수록 산업의 수익률은 낮아질 것이다. 즉, 산업 내 경쟁업체가 많을수록 수익률은 낮아진다.

② 산업이 집중되어 있을수록, 즉 그 산업에 참여하고 있는 기업의 수가 적을수록 산업의 전반적인 수익률은 상대적으로 높아지게 된다.

(2) 제품차별화

차별화된 산업일수록 수익률이 높고 차별화가 적은 산업, 즉 일상재에 가까운 산업일수록 수익률이 낮다.

3. 구매자의 교섭력

(1) 구매자의 정보력

구매자들이 공급자의 제품, 가격, 비용구조에 대해 보다 자세한 정보를 가질수록 구매자의 교섭력은 강해진다.

(2) 전환비용

구매자들이 공급업체를 바꾸는 데 많은 전환비용이 든다면 구매자의 교섭력은 떨어진다. 즉, 전환비용(Switching Cost)이 높은 산업일수록 그 산업의 매력도는 증가한다.

(3) 수직적 통합

구매자가 후방으로 수직적 통합을 하여 원료를 생산하거나 제품 공급자를 구매하겠다고 위협할 경우 구매자의 교섭력은 강해진다.

(4) 구매자의 교섭력

① 구매자가 자사보다 교섭력이 클수록 구매자는 자신에게 유리한 가격을 주문하게 되고 이에 따라 자사의 수익률은 낮아진다.

② 따라서 구매자의 교섭력이 강할수록 산업의 수익률은 낮아질 것이다.

(5) 구매자들이 구매처를 변경하는데 비용이 많이 들수록 기업의 수익률(수익성)은 높아진다.

4. 공급자의 교섭력

(1) 대체물이 거의 없고 제품의 차별화가 이루어져 있어 기업이 공급자를 바꾸는 데 많은 비용이 들 때 공급자의 교섭력이 강해진다.

(2) 공급업자가 전방통합을 통하여 제조공장을 구매하려고 할 때 공급자의 교섭력이 강해진다.

☑ 산업 내의 기업 간 경쟁 정도가 낮다면 기업은 가격을 올리고 이익을 보다 많이 얻을 수 있을 것이다. 그러나 경쟁이 치열하다면 판매수익으로부터 얻어지는 이윤의 폭이 감소하게 되어 수익성이 낮아지게 될 것이다.

☑ 구매자의 교섭력은 구매자가 발휘하는 힘을 말한다. 구매자가 제품가격의 인하나 보다 나은 품질 혹은 서비스를 요구하게 되면 기업의 입장에서 위협이 된다. 반면에 구매자의 입장이 약화되면 기업은 가격을 쉽게 인상시킬 수 있어 나은 수익을 영위할 수 있다.

(3) 원자재 공급자의 제품이 차별화되어 있거나 제품의 공급이 소수기업에게 집중되어 있어 공급자의 교섭력이 강할 때 산업의 수익률은 낮아질 것이다.

5. 대체재의 위협

(1) 제품이나 서비스에 대해 기꺼이 지불하려는 가격에 따라 소비자가 결정된다면 산업의 수익률은 대체재의 유무에 따라 달라진다.

(2) 대체재가 많을수록 기업들이 자신의 제품이나 서비스에 높은 가격을 받을 수 있는 가능성은 줄어드므로, 산업 내 대체품이 적을수록 수익률은 높아진다.

6. 보완재

(1) 기존 5가지 요인에 보완재를 포함하여 6 Forces라고 하기도 한다.

(2) 보완재는 많을수록 산업의 수익률이 높아지고 보완재는 적을수록 산업의 수익률은 낮아진다.

대표기출유형

➕ 포터의 산업구조분석 모형을 근거로 할 때, 해당 산업에서의 수익률이 가장 높은 경우는?

	진입장벽	공급자의 교섭력	구매자의 교섭력	대체재의 위협
①	낮음	낮음	높음	낮음
②	낮음	높음	높음	높음
③	낮음	낮음	낮음	낮음
④	높음	높음	높음	높음
⑤	높음	낮음	낮음	낮음

정답 ⑤

해설 포터의 산업구조분석에 의하면 경쟁은 낮을수록 좋고, 공급자의 교섭력과 구매자의 교섭력은 낮을수록 좋다. 진입장벽이 높으면 잠재적 진입자는 줄어들어서 경쟁이 낮아지게 되고 대체제가 없으면 경쟁이 낮아지게 된다.

마이클 포터의 가치사슬

✔ 가치사슬

1. 고객에게 가치를 제공함에 있어서 부가가치 창출에 직·간접적으로 관련된 일련의 활동·기능·프로세스의 연계를 의미한다.

2. 전략에 있어서 일반화된 가치사슬은 기업의 전략적 단위활동을 구분하여 강점과 약점을 파악하고 원가발생의 원천, 경쟁기업과의 현존 및 잠재적 차별화 원천(가치창출 원천)을 분석하기 위해 마이클 포터가 개발한 개념이다.

1 가치사슬(Value Chain)의 개념

회사가 행하는 모든 활동들과 그 활동들이 어떻게 서로 반응하는가를 살펴보는 시스템적 방법이다.

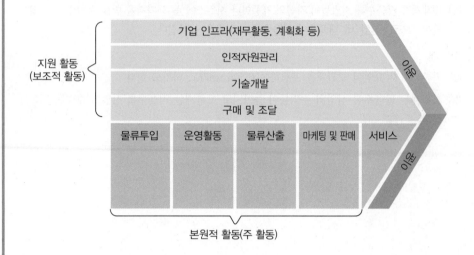

지원 활동
(보조적 활동)
- 기업 인프라(재무활동, 계획화 등)
- 인적자원관리
- 기술개발
- 구매 및 조달

본원적 활동(주 활동)
- 물류투입
- 운영활동
- 물류산출
- 마케팅 및 판매
- 서비스

이윤

2 가치창출 활동

1. 본원적 활동(Primary Activities, 주 활동)

제품·서비스의 물리적 가치창출과 관련된 활동들로서 직접적으로 고객들에게 전달되는 부가가치 창출에 기여하는 활동들을 의미한다.

(1) 물류투입
  ① 핵심 포인트 : 원재료 및 부품의 품질
  ② 제품의 생산에 사용되는 투입물의 획득·저장·보급과 관련된 활동
  ③ 원재료 취급, 창고저장, 재고관리, 운송 스케줄, 공급자로의 반품 등의 활동

(2) 운영활동
  ① 핵심 포인트 : 무결점 제품, 다양성
  ② 투입물의 최종 제품으로의 전환과 관련된 활동들
  ③ 기계가공, 패키징, 조립, 장비 유지, 테스팅, 프린팅, 설비운영 등의 활동

(3) 물류산출
  ① 핵심 포인트 : 신속한 배송, 효율적인 주문 처리
  ② 구매자·고객을 위하여 제품을 수집·저장·물리적으로 배분하는 것과 관련된 활동
  ③ 완성품 창고 저장, 원재료 취급, 배송차량 운영, 주문 처리, 스케줄링 등의 활동

(4) 마케팅 및 판매
  ① 핵심 포인트 : 브랜드 평판 구축
  ② 구매자들이 제품을 구매할 수 있는 수단 제공과 관련된 활동들 및 이를 포함하는 모든 활동
  ③ 광고, 프로모션, 영업력 확보, 유통채널 선택, 유통채널 관계, 가격정책 등의 활동

(5) 서비스

① 핵심 포인트 : 고객 기술지원, 고객 신뢰, 여분 이용성

② 제품의 가치를 향상 또는 유지하기 위한 서비스 제공과 관련된 활동

③ 설치, 수리, 훈련, 부품 공급, 제품 적응 등의 활동

2. 지원 활동(Support Activities, 보조 활동)

본원적 활동이 발생하도록 하는 투입물 및 인프라를 제공하는 것으로, 직접적으로 부가가치를 창출하지는 않지만 이를 창출할 수 있도록 지원하는 활동을 의미한다.

(1) 기업 인프라

① 핵심 포인트 : MIS(경영정보시스템)

② 경영관리, 총무, 기획, 재무, 회계, 법률, 품질관리 등과 관련된 활동

③ 하부구조는 다른 지원 활동들과는 달리 일반적으로 개개의 활동이 아닌 전체사슬(Entire Chain)을 지원한다.

(2) 인적자원관리

① 핵심 포인트 : 최고의 고객서비스 제공을 위한 교육훈련

② 채용, 교육훈련, 경력개발, 배치, 보상, 승진 등과 관련된 활동

(3) 기술개발

① 핵심 포인트 : 차별화된 제품, 신속한 신제품 개발

② 제품 및 비즈니스 프로세스 혁신, 신기술 개발 등의 활동

(4) 구매 및 조달

구매된 투입물의 비용이 아니라 회사의 가치사슬에서 사용된 투입물을 구매하는 기능과 관련된다.

☑ 본원적 활동에 해당하는 것

- 투입요소를 최종제품 형태로 만드는 활동
- 제품을 구매자에게 유통시키기 위한 수집, 저장, 물적 유통과 관련된 활동
- 구매자가 제품을 구입할 수 있도록 유도하는 활동
- 제품 가치를 유지, 증진시키기 위한 활동

☑ 가치사슬의 한계성

1. 하나의 산업은 서로 다른 프로세스에 대한 요구 및 서로 다른 경제적 상호관계와 역동성(Relationships & Dynamics)을 포함하는 많고 다른 부문들을 많이 내포하고 있다.
2. 가치사슬 분석은 참여자들 사이에 정적인 상호관계를 평가하는 데 매우 유용하나 끊임없이 가치사슬 관계를 재정의하는 산업의 역동성을 이해하기에는 어려움이 있다.
3. 각 가치사슬 활동에 대하여 쉽게 활용할 수 있는 데이터 획득이 실무적으로 매우 어렵다.

대표기출유형

🔸 **다음 중 포터(M. Porter)의 가치사슬에 대한 설명으로 옳지 않은 것은?**

① 기업의 가치창출 활동이 이루어지는 과정을 보여준다.

② 인적자원관리, 생산운영관리, 구매조달 기능은 지원 활동에 속한다.

③ 가치창출을 위한 기업의 각 기능들은 계획, 조직, 지휘, 통제의 사이클을 통해 수행된다.

④ 제조한 상품을 공장 내외부에 있는 창고로 이송하여 보관하는 기능은 본원적 활동에 속한다.

⑤ 출시 예정의 신제품을 개발하는 것은 지원 활동에 속한다.

정답 ②

해설 생산운영관리는 본원적 활동에 속한다. 지원 활동은 본원적 활동이 발생하도록 하는 투입물 및 인프라를 제공하는 것으로, 직접적으로 부가가치를 창출하지는 않지만 이를 창출할 수 있도록 지원하는 활동을 의미한다.

기출문제

경영과 기업

기업활동의 조직

인사관리

생산관리

마케팅관리

실전모의고사

사업 포트폴리오 분석-BCG 매트릭스

각 사업부의 매력도 분석과 전략 수립, 자원배분 등을 목적으로 가장 많이 사용되어지는 도구 중에 하나가 사업 포트폴리오 분석(Business Portfolio Analysis)이며, 대표적인 사업 포트폴리오 분석 도구로는 BCG 매트릭스, 맥킨지가 개발한 GE 매트릭스가 있다.

1 BCG 매트릭스의 개념

1. BCG 매트릭스의 의의

(1) 1970년대 초에 보스턴 컨설팅 그룹(BCG ; Boston Consulting Group)에 의해 개발된 기법으로서 성장–점유율 분석이라고도 한다.

(2) 기업은 BCG 매트릭스가 제공하는 두 가지 기준에 의해 자사의 전략적 사업단위(SBU ; Strategic Business Unit) 혹은 제품의 전략적 위치를 분류하고 분류된 위치를 기준으로 미래의 전략방향과 자원배분 방안을 결정하는 분석방법이다.

(3) 분석의 대상이 되는 사업부나 제품을 시장성장률이나 시장점유율에 따라 해당되는 분면에 위치시키는 방법으로, 해당 사업부나 제품의 전략적 위치를 파악한다. 원의 크기를 달리함으로써 해당 사업의 매출규모를 표시할 수도 있고 미래에 목표로 하는 전략적 방향을 설정할 수도 있다.

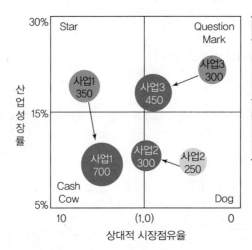

구분		사업1	사업2	사업3
과거	매출액	350	250	300
	상대적 시장점유율	8	0.5	0.3
목표	매출액	700	300	450
	상대적 시장점유율	5	1.0	0.9

2. BCG 매트릭스의 기준

BCG 매트릭스의 두 가지 기준은 상대적 시장점유율과 시장(산업)성장률이며, 기준의 높고 낮음에 따라 매트릭스가 생성된다.

2 해당 사분면별 특징

1. 물음표(Question Mark)

(1) 시장점유율은 낮으나 산업성장률이 높은 사업부로서 문제아 사업부라고도 한다.

(2) 제품수명주기상 도입기에 해당되는 경우가 많으며 통상적으로 수익보다 비용이 더 많으므로 음(–)의 현금흐름이 발생한다.

(3) 사업부가 전략적 가치 또는 수익성이 있다고 판단하면 지속적으로 투자하여야 하지만 그렇지 않다면 수확이나 철수 전략을 고려하여야 한다.

(4) 투자를 선택한다면 브랜드 강화나 가격 및 시장 선점 전략 등을 통해 시장에서의 지배력을 창출하는 데 초점을 두어야 한다.

2. 별(Star)

(1) 높은 시장점유율과 높은 산업성장률에 해당하는 사업부이며 성장하는 시장에서의 경쟁과 사업확장을 위해 많은 자금이 필요한 경우가 많다.

(2) 수익과 비용 측면에서 균형을 이루거나 약한 음(−)의 현금흐름이 발생된다.

(3) 별 사업부의 전략적 목표는 시장점유율 유지나 향상이며 이를 위해서 적극적인 투자와 공격적인 마케팅 전략이 필요하다.

3. 황금젖소(Cash Cow)

(1) 낮은 성장률과 높은 시장점유율의 사업부로서 성숙기 산업에서 유리한 시장지위를 구축한 경우다.

(2) 높은 점유율과 높은 매출로 인해 유입되는 현금이 많으며 저렴한 원가구조를 달성한 경우가 많고 설비투자 요구도 많지 않다.

(3) 고객충성도가 높기 때문에 마케팅 비용이 많지 않으므로 강한 양(+)의 현금흐름을 갖게 된다.

(4) 황금젖소 사업부에서 창출된 현금흐름은 더 많은 자원을 필요로 하는 물음표 사업부나 별 사업부를 지원하는 데 사용될 수 있다.

(5) 황금젖소 사업부의 전략적 목표는 시장점유율을 방어하는 것이다.

4. 개(Dog)

(1) 낮은 성장률과 낮은 시장점유율을 갖는 사업부이며 더 이상의 성장과 수익개선을 기대하기 힘든 경우가 많으므로 신규 투자는 신중하게 하는 것이 좋다.

(2) 개 사업부를 위한 마케팅 전략은 지출을 최소화함으로써 잠재적인 이익을 최대화하려는 수확 전략이나 손실 최소화를 위한 신속한 철수 전략이 적절하다.

(3) 쇠퇴 산업이기는 하지만 일정 수준의 매출이 지속적으로 발생될 가능성이 있다면 경쟁자를 조기에 퇴출시킴으로써 시장지배력을 강화하는 전략을 실행할 수도 있다.

> ✓ 1. 향상(Build) : 점유율 등을 향상시키기 위해 사업단위에 더 많은 투자를 함.
> 2. 유지(Hold) : 현재 수준의 시장점유율을 유지할 만큼의 투자를 함.
> 3. 수확(Harvest) : 장기적 관점과 관계없이 단기적으로 현금흐름을 높이려는 것
> 4. 철수(Divest) : 사업단위를 매각하거나 단계적으로 축소하여 다른 부분에 자원을 사용함.

대표기출유형

💊 BCG(Boston Consulting Group) 사업 포트폴리오 모형에 대한 설명으로 적절하지 않은 것은?

① 원(circle)의 크기는 해당 사업단위의 매출액을 의미한다.

② 원의 위치는 해당 사업단위의 시장매력도(시장성장률)와 경쟁력(상대적 점유율)을 나타낸다.

③ 시장성장률이 낮고 상대적 점유율도 낮은 사업단위는 문제아(Question Mark 또는 Problem Child)로 분류된다.

④ 육성전략(Build Strategy)은 개(Dog)보다 별(Star)에 해당되는 사업단위에 적합하다.

⑤ BCG 사업포트폴리오의 단점을 보완하기 위해 GE/McKinsey 모형이 개발되었다.

정답 ③

해설 문제아(Question Mark 또는 Problem Child)는 시장성장률이 높고 상대적 점유율이 낮은 사업이다. 시장성장률이 낮고 상대적 점유율도 낮은 사업은 개(Dog)이다.

GE 매트릭스와 제품-시장성장 매트릭스

> ☑ BCG 매트릭스는 사업부나 제품의 생존여부를 어떻게 시장성장률과 시장점유율만으로 결정할 수 있는가 하는 비판을 받아 왔으며, 이러한 문제를 보완하기 위해 개발된 기법이 컨설팅 기업인 맥킨지(McKinsey)가 개발한 GE 매트릭스다.

1 GE 매트릭스

1. GE 매트릭스의 개념

(1) GE 매트릭스의 두 가지 축은 시장매력도와 기업의 경쟁적 위치다.

(2) 시장매력도는 시장성장률, 시장규모, 시장진입의 어려움 정도, 경쟁자의 수와 유형, 기술적 요구사항, 이익률 등의 요인이 포함되며 경쟁적 지위는 시장점유율, 사업부의 크기, 차별적 우위의 강도, 연구개발 능력, 생산 능력, 원가통제, 경영자 전문성 등을 포함한다.

(3) GE 매트릭스는 시장매력도와 경쟁적 위치를 기준으로 3×3 매트릭스로 표현되며 분석의 대상이 되는 사업부는 계산된 점수에 따라 높음, 중간, 낮음 등으로 분류된다.

〈GE 매트릭스 분석〉

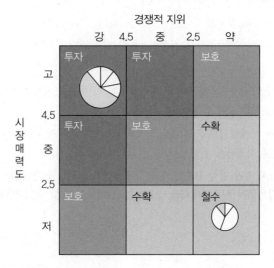

2. GE 매트릭스의 위치별 특성

(1) 투자 전략(Invest Strategy)

　① 시장매력도도 높고 경쟁적 지위도 높은 경우, 즉 GE 매트릭스의 왼쪽 상단 세 개의 셀에 해당하는 사업부가 사용할 수 있는 전략이다.

　② 높은 전략적 지위를 활용하기 위하여 과감하고 충분한 자금 투자와 공격적인 마케팅 전략을 수행한다.

(2) 선택적 투자 전략(Selectivity/Earnings Strategy)

　① 왼쪽 하단에서 오른쪽 상단의 대각선상에 있는 중간 정도의 매력도와 시장 지위를 가진 사업부가 사용하는 전략이다.

　② 경영자들은 가능성이 높은 사업에는 지속적 투자를, 가능성이 낮은 사업부에는 투자를 축소하거나 유지하여 현금흐름을 증가시키는 전략을 사용한다.

(3) 수확 전략(Harvest Strategy)

① 매트릭스의 우측 하단 중간과 우측 중간에 위치해 있는 시장매력도와 경쟁적 지위가 약한 사업부가 사용하는 전략이다.

② 시장 전망이 어둡거나 경쟁력이 약하므로 최소한의 투자만 하고 수익을 극대화하는 것이 좋다.

(4) 철수 전략(Divest Strategy) : 오른쪽 맨 밑의 사업부를 위한 전략 대안은 거의 없다. 음(-)의 현금흐름을 발생시킬 가능성이 높고 개선가능성도 낮은 경우가 많기 때문이다.

2 제품－시장성장 매트릭스(사업성장 전략의 결정)

시장	제품	
	기존제품	신제품
기존시장	시장침투 전략	제품개발 전략
신시장	시장개발 전략	다각화 전략

☑ 앤소프(I. Ansoff)가 제시한 제품－시장성장 매트릭스(Product-market Growth Matrix)에 의하면 기업은 크게 제품과 시장의 두 가지 측면에서 4개의 성장대안을 가질 수 있다.

1. 시장침투(Market Penetration)

기존시장에 기존제품을 더 많이 판매함으로써 성장을 추구하는 전략으로, 이미 익숙한 시장과 제품이라는 점 때문에 가장 일반적으로 사용되는 방법이다.

2. 시장개발(Market Development)

새로운 시장에 기존제품을 판매함으로써 성장을 추구하는 전략으로, 수출 등의 방법으로 새로운 지역 또는 새로운 세분시장에 진출하는 방법이 있다.

3. 제품개발(Product Development)

기존시장에 신제품을 개발·판매하여 성장을 추구하는 전략으로, 제품라인의 확장, 새로운 기능의 부가, 차세대 신제품 개발 등의 방법을 이용할 수 있다.

4. 다각화(Diversification)

새로운 시장에서 신제품을 개발·판매하여 성장하려는 전략으로, 제품과 시장 모두 생소하기 때문에 상대적으로 위험이 높은 전략이다.

대표기출유형

💠 BCG 매트릭스와 GE 매트릭스에 관한 설명으로 알맞지 않은 것은?

① GE 매트릭스는 BCG 매트릭스에 다른 요인을 추가하여 설명하고 있다.

② GE 매트릭스에서 투자 전략은 시장매력도도 높고 경쟁적 지위도 높은 경우다.

③ GE 매트릭스는 고, 중, 저의 삼등분으로 구분되어 총 9개 구역으로 표시된다.

④ GE 매트릭스는 시장성장률에 의해서 사업의 우선순위를 결정하는 방법이다.

⑤ GE 매트릭스에서 수확 전략은 시장매력도와 경쟁적 지위가 약한 경우 사용된다.

정답 ④

해설 GE 매트릭스의 두 가지 축은 시장매력도와 기업의 경쟁적 위치다.

수직 통합전략

☑ 완전통합 전략
기업이 원재료의 투입부터 최종 소비자에게 판매되는 과정에 필요한 투입요소 전체를 모두 생산하거나 산출물을 모두 처리하는 경우다.

☑ 부분통합 전략
기업이 소유한 공급업체와 더불어 독립된 공급업체로부터 투입요소를 사들이고 산출도 마찬가지로 기업이 소유하고 있는 유통업체뿐만 아니라 다른 유통업체를 통해서도 유통시키는 경우다.

1 후방통합과 전방통합

1. 후방통합(Backward Integration)

(1) 후방통합은 원재료 공급업자의 사업을 인수하거나 원재료 공급자가 공급하던 제품이나 서비스를 직접 생산, 공급하는 방식의 전략으로 수직적 통합(Vertical Integration) 전략의 하나이다.

(2) 후방통합은 공급업자의 사업을 인수하거나 공급업자가 공급하던 제품이나 서비스를 직접 생산, 공급하는 방식의 전략이다.

(3) 제품 판매를 위해 유통회사를 인수하는 경우, 자동차 생산회사가 생산에 필요한 강판을 안정적으로 확보하기 위해 철강회사를 인수하는 것, 선박 제조회사가 생산에 필요한 철판을 안정적으로 공급받기 위해 철강회사를 인수하는 것은 후방통합의 예이다.

2. 전방통합(Forward Integration)

(1) 전방통합은 도소매 등 유통 단계로의 진입을 의미한다.

(2) 제조기업이 유통센터나 소매점포와 같은 유통채널을 보다 많이 확보하는 것은 전방통합에 해당한다.

〈원재료에서 소비자까지의 단계〉

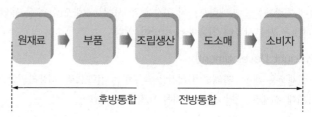

2 수직 통합전략의 장단점

1. 수직 통합전략의 장점

(1) 생산비용 절감 : 원재료나 부품을 생산공정에 유리한 조건으로 투입함으로써 생산의 효율성이 높아질 뿐만 아니라 용이한 생산공정 계획 · 조정으로 생산비용을 절감할 수 있다.

(2) 시장비용과 거래비용 절감 : 외부시장을 통해 원재료를 구입하고 제품을 판매하는 경우 발생하는 시장거래와 같은 거래비용을 절감할 수 있다.

(3) 제품의 품질 향상
① 후방통합을 통해 양질의 원재료를 공급받게 되면 고품질을 유지할 수 있고 그 결과 소비자의 신뢰를 확보할 수 있다.
② 전방통합을 통해 다양한 유통채널을 확보함으로써 고객에게 보다 좋은 서비스를 제공하여 소비자의 신뢰를 확보할 수 있다.

(4) 추가적인 가치 창출 : 외부로부터 독점기술을 보호함으로써 추가적인 가치를 창출할 수 있다.

2. 수직 통합전략의 단점

(1) 잠재적 원가의 상승 : 낮은 가격의 외부 부품업체가 존재함에도 불구하고 기업이 소유하고 있는 공급자로부터 투입을 받아야 하는 경우, 오히려 비용이 증가하기도 한다.

(2) 급속한 기술 변화에 따르는 위험 : 수직통합은 기술 진부화로 인한 위험을 분산시키지 못하는 치명적인 단점을 가진다.

(3) 수요가 예측 불가능한 경우의 위험 : 수직통합은 불안정하고 예측불가능한 수요조건하에서 매우 위험하다.

3 다각화 전략의 유형

1. 수평적 다각화 전략(Horizontal Diversification Strategy)

(1) 기업이 기존 고객들을 깊이 이해하고 있다는 점을 활용하여 기존의 고객에게 다른 욕구를 충족시키는 방법으로 신제품을 추가하는 전략이다.

(2) 기술적으로는 기존 제품과 관계가 없지만 기존 고객에게 호소할 수 있는 제품으로 다각화하는 전략이다.

예 냉장고를 만들던 회사가 신제품인 에어컨을 추가하는 것

2. 복합적 다각화 전략(Conglomerate Diversification Strategy)

기존 제품 및 고객과 전혀 관계없는 이질적인 신제품으로 새로운 고객에게 진출하려는 전략이다.

예 커피를 만들던 회사가 전자제품 분야에 진출하는 것

3. 집중적 다각화 전략(Concentric Diversification Strategy)

기업이 이미 보유하고 있는 생산·기술·제품·마케팅 등의 분야의 노하우를 활용하여 새로운 고객·시장을 겨냥하여 신제품을 추가적으로 내놓음으로써 성장을 추구하는 전략이다.

예 배를 만들던 회사가 중장비 제작 분야에 진출하는 것, 도로건설을 해 오던 회사가 아파트건설 분야에 진출하는 것

대표기출유형

다음 중 후방통합의 사례로 적절한 것은?

① 외식업체가 의류업체를 인수
② 백화점 업체가 대형 할인점 업체를 인수
③ 자동차 생산업체가 자동차 유통업체를 인수
④ 화학제품 제조업체가 화학제품 원료회사를 인수
⑤ 석유정제 기업을 인수한 자원개발기업

정답 ④

해설 통합의 방향에 따라 생산-분배의 연결고리의 전 단계인 원재료나 부품의 공급업자를 통합하는 후방 통합과, 연결고리의 다음 단계인 도·소매업자를 통합하는 전방통합으로 나누어진다. 따라서 ④는 후방통합에 해당하며, ③과 ⑤는 전방통합에 해당한다.

국제경영전략

1 국제경영전략 개관

1. 국제경영전략의 의의

국제경영(International Business)이란 기업들이 해외시장에 진출하여 수행하는 경영활동을 흔히 말하며, 구체적으로는 기업이 국경선을 넘어서거나 두 국가 이상에서 동시에 수행하는 상품, 서비스, 자본, 노하우 등의 국제거래활동을 국제경영이라 한다.

2. 기업경영의 국제화 추진 이유

기업들은 국내시장의 침체나 시장규모의 한계에 부딪혔을 때 새로운 시장기회를 확보하기 위해, 안정적인 생산활동을 수행하기 위해, 저렴한 자원을 안정적으로 확보하기 위해, 선진기술과 지식을 습득하거나 규모의 경제를 실현하기 위해, 기업활동을 여러 국가에 분산시킴으로써 안정적인 이익을 유지하기 위해, 경영자의 경영철학이나 개인적 야망을 실현하기 위해, 혹은 국가의 정책목표에 부응하기 위해서 기업경영의 국제화를 추진한다.

3. 기업경영의 국제화 매력(J. R. Schermerhorn Jr.)

(1) 이윤(Profit) : 글로벌 사업은 국내사업보다 훨씬 더 많은 잠재적인 이윤을 제공한다.

(2) 소비자(Customer) : 글로벌 사업은 제품을 팔 수 있는 새로운 시장을 제공한다.

(3) 공급자(Supplier) : 글로벌 사업을 함으로써 필요한 원재료를 획득할 수 있다.

(4) 자본(Capital) : 글로벌 사업은 재무원천을 획득할 수 있다.

(5) 노동(Labor) : 글로벌 사업은 낮은 가격에 노동력을 공급받을 수 있게 한다.

> ☑ 일국의 기업이 다국적기업화하는 과정을 기업의 국제화과정이라 한다. 일반적인 기업의 국제화과정은 국내지향단계를 벗어나 해외시장을 상대로 수출활동을 하는 해외지향단계, 현지판매조직이나 현지공장을 설립하는 현지지향단계, 기업의 생산·판매활동을 국제적으로 분산시켜 네트워크를 형성하는 세계지향단계의 3단계로 구분할 수 있다.

2 국제경영전략의 유형

〈기업의 국제화과정〉

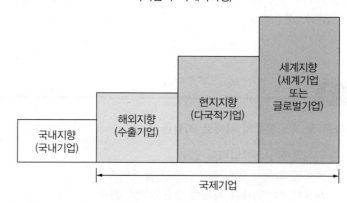

1. 해외지향단계

(1) 국내지향단계에 속한 기업들이 점차 국내시장의 한계를 인식하게 되는 경우, 기업들은 국내의 생산요소를 결합하여 해외시장에 수출함으로써 시장의 범위를 해외로 확대하는 해외지향단계로 접어들게 된다.

(2) 해외지향단계에서 기업들은 보통 저렴한 생산요소를 바탕으로 수출활동을 위주로 한 국제경영활동의 가장 초보적인 형태인 무역활동에 참가하게 된다.

(3) 기업들이 수출을 하는 방식에는 수출업자나 수출대리인을 통해 수출을 하는 간접수출과, 제조기업이나 무역회사가 해외지사나 마케팅 현지법인의 설립을 통해 직접 해외시장에 수출하는 직접수출, 그리고 기업이 해외의 판매자의 주문을 받아 수출하는 계약수출(OEM ; Original Equipment Manufacturing) 등이 있다.

(4) 이 단계에서 활동하는 국제기업은 주로 본국에서 제품을 생산하여 해외시장에 판매하는 수출활동을 중심으로 국제경영활동을 수행하기 때문에 흔히 수출기업이라 한다.

(5) 수출기업은 국내기업에는 존재하지 않는 수출활동 전담 부서와 인력을 배치하게 되고 더 나아가서는 해외판매활동을 담당하는 현지법인을 설립하게 된다.

(6) 수출기업에서는 현지법인이 아직 독자적인 경영활동의 단위로서 기능을 다하지 못하고, 단지 기업 내의 한 부문으로서 역할을 하는 데 그치게 된다는 특징을 가진다.

2. 현지지향단계

(1) 수출활동의 기반이 되는 생산요소의 가격차이가 점차 축소되고 또한 상대국의 수입규제가 강화되어, 기업들은 점차 수출에 따른 비용을 감소시키고 해당 국가의 규제를 회피하기 위해 현지에 공장을 설립함으로써 현지국에서 직접 생산·판매 활동을 전개하게 된다. 이 단계를 현지지향단계라고 한다.

(2) 현지지향단계에서 국제경영활동을 수행하는 기업을 다국적기업(MNC ; Multi-National Corporation)이라 한다. 다국적기업이란 직접투자를 통해서 여러 국가에서 현지 생산 및 판매 활동을 영위하는 국제기업이다.

(3) 다국적기업의 특징
① 다국적기업들이 수행하는 대표적인 국제경영활동으로 해외투자가 있다. 해외투자란 다른 국가의 기업에 자본을 투자하는 활동이다.
② 다국적기업은 그들의 독점적 우위요소인 기술을 다른 국가의 기업에 판매하는 기술이전 활동을 한다. 기술이전의 대상이 되는 기술은 단순한 생산기술만을 의미하는 것이 아니라 경영관리, 판매기능, 상표들을 포함한다.
③ 다국적기업은 다른 국가에서 이루어지는 공사에 참여하는 해외건설활동을 수행한다. 해외건설은 크게 하청단계의 해외건설과 원청단계의 해외건설로 나누어진다.

3. 세계지향단계

(1) 운송수단의 발달과 함께 기업의 생산·판매 활동이 세계적으로 확산되면 기업들은 점차 생산요소의 조달이 원활한 국가에서 생산을 하여 수요가 존재하는 다른 해외국가들에 판매하는 다각적 생산판매 네트워크를 형성하게 된다. 이 단계를 세계지향단계라 한다.

(2) 세계지향단계는 기업이 특정국가의 국적을 버리고 국제화가 완성된 단계라 할 수 있다. 이 단계에 속한 기업들을 흔히 세계기업 혹은 글로벌 기업이라 한다.

(3) 글로벌 기업은 생산·판매·자금조달 등 경영상의 모든 활동을 최적지에서 영위하는 국제기업이다.

3 국제경영전략의 선택

1. 해외진출을 위한 전략적 대안의 선택

(1) 해외시장 진출전략은 기본적으로 기업이 해외진출을 할 때 과연 어떠한 시장에 어떠한 제품을 가지고 어떠한 진입방식을 통하여 진출할 것인가를 결정하는 전략이다.

☑ 해외투자는 크게 다른 국가의 기업이 발행하는 주식이나 채권 등을 구매함으로써 배당금이나 이자수익 획득만을 목적으로 하는 해외간접투자와, 자국 내의 자본·생산기술·경영기술 등과 현지국의 생산요소인 노동·토지 등을 결합하여 현지에서 직접 생산·판매 활동을 할 수 있는 공장이나 법인을 설립하여 이에 대한 소유권을 지니게 되는 해외직접투자가 있다.

☑ 기술이전은 그 대상이 되는 기술의 특성에 따라 기업이 자신이 생산하는 제품과 동일하거나 유사한 제품을 다른 국가의 기업이 생산·판매할 수 있도록 생산기술이나 상표권을 이전시키는 라이선싱계약(Licensing Agreement)과 경영관리능력을 제공하는 경영관리계약(Management Agreement)의 형태로 나타나게 된다.

☑ 일반적으로 글로벌 기업은 국적을 초월한 무국적기업의 성격을 띠게 되고, 각국의 해외자회사들이 독자적인 경영활동의 주체가 되어 본사와 자회사, 자회사와 자회사 간에 수평관계가 형성됨으로써 자회사들 간의 경쟁도 가능하게 한다. 그리고 글로벌 기업은 다국적기업보다 다양한 국적을 가진 경영자들을 활용하는 정도가 높아 본사의 경영자들 중에 국적이 서로 다른 인사들이 포함되며, 경영활동 중에서 해외활동의 비중이 훨씬 높고(다국적기업이 약 20%, 글로벌 기업은 약 50%), 전 세계를 하나의 시장으로 보는 글로벌 중심의 경영활동을 전개한다.

(2) 기업이 해외진출 시 제품/시장/진입수단의 최적믹스를 구성하는 것은 해외시장에 처음 진출하는 기업이 가장 기본적으로 결정해야 하는 문제이다.

(3) 해럴(G. D. Harrel)과 키퍼(R. O. Kiefer)는 국가매력의 결정요인으로 현지시장 규모, 현지시장 성장률, 정부규제, 정치적 안정성 등을, 사업경쟁력의 결정요인으로는 시장점유율, 제품의 현지시장 적합성, 마케팅 지원능력 등을 든다.

〈해외시장 선택방안〉

〈진출방식의 선택방안〉

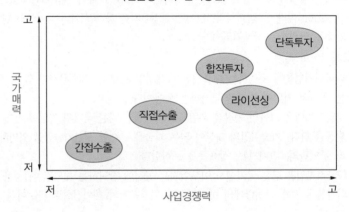

2. EPRG 모델 : 국제경영관리전략의 선택

다양화되고 분산된 국제경영활동을 어떻게 조정·통합할 것인가를 결정하기 위한 활동이 국제경영관리전략이다. 국제경영관리전략은 본사와 현지 자회사들 간의 역할과 책임 및 권한에 따라 본국중심주의(Ethnocentrism)전략, 현지국중심주의(Polycentrism)전략, 지역별중심주의(Regiocentrism)전략, 글로벌중심주의(Geocentrism)전략의 네 가지로 나누어지는데, 이를 EPRG 모델이라고도 한다.

(1) 본국중심주의전략

① 지역적으로 분산된 사업단위들이 독자적인 의사결정권을 행사하지 못하고 본사 중심의 의사결정이 이루어지도록 하는 전략이다.

② 지역적으로 분산된 사업단위들의 경쟁우위가 본사에 의존적인 경우에 나타나는 형태로서 기업의 의사결정과 이익은 본사에 집중된다.

③ 이러한 관리전략하에서는 본국 중심의 생산활동과 국제적으로 표준화된 판매활동이 이루어지도록 한다.

(2) 현지국중심주의전략
① 지역적으로 분산된 사업단위들이 독립적인 의사결정권을 가지고 경영활동을 전개하도록 하는 전략이다.
② 각 사업단위들의 활동영역이 차별화·세분화된 경우에 나타나는 형태로서 사업단위별로 차별화된 판매활동과 생산활동이 이루어지도록 하는 것이다.

(3) 지역별중심주의전략
① 북미, 유럽, 아시아 등 지역별로 지역본사제를 도입하여 각 지역별 특성에 적합한 경영 정책을 수립하도록 하는 전략이다.
② 역내 자회사들 간 상호협상이 이루어지도록 하는 데 목적이 있으며, 지역본사는 본사의 지침하에 제한된 영역에서 자율적 의사결정을 할 수 있다.
③ 후기단계의 다국적기업들이 이 전략을 많이 사용하고 있으며, 현재 한국의 일부 기업들 도 이 전략을 추진하고 있다.

(4) 글로벌중심주의전략
① 각 지역별 사업단위의 독자성을 어느 정도 인정하면서 이러한 활동을 기업 전체적인 관점에서 상호 조정하는 전략이다.
② 중요한 기업활동을 특정지역에 집중하여 이에 대한 본사의 영향력을 강화시키면서 다른 기업활동에 대해서는 각 지역별 사업단위가 자율적 결정권을 가지도록 한다.

대표기출유형

✚ 다음 기업의 글로벌화 과정에서 위험 및 자원투입의 정도가 낮은 순으로 올바르게 나열된 것은?

| ㉠ 간접수출 | ㉡ 직접수출 | ㉢ 라이선싱 |
| ㉣ 단독투자 | ㉤ 합작투자 | ㉥ 현지마케팅 |

① ㉠ → ㉡ → ㉢ → ㉣ → ㉤ → ㉥
② ㉠ → ㉢ → ㉡ → ㉥ → ㉤ → ㉣
③ ㉡ → ㉠ → ㉥ → ㉤ → ㉢ → ㉣
④ ㉢ → ㉠ → ㉡ → ㉣ → ㉤ → ㉥
⑤ ㉣ → ㉤ → ㉠ → ㉢ → ㉡ → ㉥

정답 ②

해설 간접수출은 수출 중간상을 통하기 때문에 수출클레임에 따른 번거로움을 피하고 안심하고 거래할 수 있어 위험도가 가장 낮다. 라이선싱은 기업이 자신의 독점적 자산에 대한 사용권을 해외에 판매하는 것으로, 수출에 일부분 책임을 지기 때문에 간접수출보다는 위험도가 높지만 직접수출에 비해서는 높지 않다. 직접수출은 기업이 직접 해외시장에 뛰어들기 때문에 간접수출이나 라이선싱보다 위험도가 높다. 현지마케팅은 직접수출에서 더 나아가 현지에 판매전담법인을 설립하는 것이다. 직접수출보다 위험도가 높은 해외 투자는 크게 합작투자와 단독투자로 나뉘는데, 합작투자의 경우 기업의 보유 자원을 모두 투입하지 않기 때문에 단독투자보다 위험도가 낮다.

기출문제 / 경영과 기업 / 기업활동의 조직 / 인사관리 / 생산관리 / 마케팅관리 / 실전모의고사

유비쿼터스 전략

1 유비쿼터스 전략의 개념

1. 의의

(1) 산업의 유비쿼터스(Ubiquitous)화가 이루어지면 가정이나 자동차는 물론, 심지어 산꼭대기에서도 정보기술을 활용할 수 있고, 네트워크에 연결되는 컴퓨터 사용자의 수도 늘어나 정보기술산업의 규모와 범위도 그만큼 커지게 된다.

(2) 유비쿼터스 네트워크가 이루어지기 위해서는 광대역통신과 컨버전스 기술의 일반화, 정보기술기기의 저가격화 등 정보기술의 고도화가 전제되어야 한다.

2. 유비쿼터스 사회의 특징

(1) 컴퓨터와 사용자 관계의 변화

유비쿼터스 컴퓨팅 시대에는 사용자와 컴퓨터의 관계가 역전된다. 한 명의 사용자가 수백 개에서 수만 개의 컴퓨터와 통신기기를 사용한다.

(2) 정보통신산업 지도의 변화

유비쿼터스화가 진전되면 더 많은 산업이 등장해 지금의 산업지도를 크게 바꾸어 놓을 것이다. 이는 새로운 가치창조의 기회를 의미한다.

(3) 정보통신 서비스의 발전

유비쿼터스 서비스는 정보를 제공하는 수준의 서비스가 아니라, 상황에 따라 필요한 행위까지도 사물이나 컴퓨터가 지능적으로 수행하고 사용자 욕구에 가장 근접한 신선한 정보 제공에 초점을 두는 서비스가 주류를 이룬다.

(4) 제3공간의 경제시스템

경제활동의 내용물인 재화의 성격이 변화된다는 것이다. 제1공간 경제시대에는 물리공간상에 존재하는 물질재가 중요한 거래대상이었고, 제2공간 경제시대가 되자 가상공간상에 존재하는 정보재가 중요한 재화로 등장했으며, 제3공간 경제시대는 물질재화와 정보재화에 이어 공간재가 등장하는 시기다. 유비쿼터스 공간에 존재하는 각각의 사물에는 정보가 들어간다.

(5) 새로운 형태지의 등장

① 기존의 암묵지(Tacit Knowledge)와 형식지(Explicit Knowledge)에 새로운 형태지(Visible Knowledge)가 등장할 것이라고 예견한다.

② 암묵지는 사람의 머릿속에 존재하는 지식이며, 형식지는 다른 사람들과 공유할 수 있도록 표현된 지식이다. 유비쿼터스 시대에는 형태지를 자유롭게 주고받을 수 있다.

(6) 인터페이스의 중요성

① 전자공간 시대에는 사람과 정보를 연결하는 새로운 매개체로 컴퓨터와 인터넷, 즉 사람과 컴퓨터 간 인터페이스(HCI ; Human Computer Interface)가 등장했다.

② 제3공간 시대에서 컴퓨터는 여러 매개체들 가운데 하나일 뿐이며, 사람과 컴퓨터의 인터페이스는 물론이고 사람과 사물 간의 인터페이스(HTI ; Human Thing Interface)가 중요해진다. 제3공간에서 사물은 더 이상 단순한 사물이 아니라 그 안에 정보를 포함하고 있는 것이다.

2 유비쿼터스 전략의 충족조건

1. 기술적 문제

기술의 표준화, 핵심기기 및 부품의 저가화, 그리고 소프트웨어 기술의 발전이 필요하다. 장기적으로는 인간과 유사한 추론기능을 제공하는 소프트웨어 및 하드웨어의 발전이 필요하다. 이를 통해 커뮤니케이션 단계에서 행위제안 및 대행단계로 발전하게 된다.

2. 경제적 과제

다양한 추진주체가 참여해야 하기 때문에 비즈니스 모델, 킬러 애플리케이션 문제가 보다 심도 있게 검토되어야 한다. 현재는 유비쿼터스 컴퓨팅 도입의 목적이 명확하고 손익도 분명하기 때문에 킬러 애플리케이션의 문제가 크지 않지만 향후에는 경제적 문제가 보급의 장애요소로 등장할 것이다. 따라서 서비스 모델의 도입을 통한 초기 투자비용의 장기적 회수방법 등이 모색되어야 한다.

3. 사회적 과제

(1) 프라이버시 문제는 지속적인 기술보완 문제점들을 극복해 가는 전략이 필요하다. 특히 프라이버시나 정보보안 등에 대한 법체계의 정비 등 사회적인 인프라의 구축이 선행되어야 한다.

(2) 장기적으로 가장 큰 문제는 복잡성의 문제가 될 것이다. 네트워크가 복잡해질수록 정보의 복잡도도 기하급수적으로 높아질 것이기 때문에 이를 효과적으로 제어하고 통제하는 기술개발이 필요하다.

(3) 엄청난 양의 데이터를 목적에 맞게 가공해 주는 기술이 필요하며, 데이터를 분석해서 다양한 의미를 찾아내는 데이터 마이닝 등도 필요하다. 엄청난 데이터는 모두 네트워크를 통해서 필요한 곳으로 전달되어야 하므로 네트워크의 광대역화, IPv6의 도입 촉진도 전제되어야 한다.

대표기출유형

다음이 설명하는 것은?

> 라틴어에서 유래한 말로 물이나 공기처럼 시공을 초월해 "언제 어디에나 존재한다"는 뜻이다. 이는 오늘날 사용자가 네트워크나 컴퓨터를 의식하지 않고 시간과 장소에 관계없이 자유롭게 네트워크에 접속할 수 있는 정보통신환경을 의미한다.

① 유비쿼터스 ② 스테이크 홀더 ③ 컴플라이언스
④ P2P ⑤ 클라우드

정답 ①

해설 라틴어 'Ubiquitas'에서 유래한 유비쿼터스에 대한 설명이다.

> ☑ e-Business란 디지털 기술과 이를 활용한 네트워크 속에서 전개되는 다양한 가치창출활동을 모두 포괄하는 개념이다.

1 e-Business의 개념

1. 의의

(1) e-Business는 개인, 기업, 단체, 기관이 인터넷과 기존 정보기술이 결합된 네트워크 컴퓨팅환경에서 핵심업무 프로세스를 혁신함으로써 경쟁력을 키우고 기존고객 관리 및 신규수요 창출을 극대화하는 새로운 비즈니스 방식이다.

(2) 인터넷을 통해 이루어지는 전자상거래, 온라인 뱅킹, 고객지원, 지식경영에서 원격진료, 행정, 교육 등 공공분야에 이르기까지 네트워크환경에서 이루어지는 모든 업무가 e-Business이다.

2. e-Business가 발전하게 된 배경

(1) 디지털혁명(Digital Revolution)을 통해 정보가 디지털화되면서 정보의 압축 · 재생 · 반복 · 복사 기능이 발전하게 되었으며, 인터넷혁명(Internet Revolution)으로 네트워크를 통한 디지털화된 정보의 효율적인 유통이 가능해졌다.

(2) 인터넷혁명은 e-Business의 주요 분야인 인터넷-비즈니스를 발전시킨 근간이 되었으며, 전자상거래를 혁명적으로 발생시키는 가장 중요한 원인으로 작용하였다.

3. e-Business의 활용

(1) 통신환경, 판매자동화, 인력채용, 직원 교육 및 훈련 시스템 제공 등 경영활동을 개선한다.

(2) 인터넷을 통한 판촉활동, 시제품 사용의 가능, 틈새시장 공략, 인터넷 기반의 광고활동 등 마케팅활동을 촉진한다.

(3) 온라인 뱅킹 서비스, 각종 온라인 상업활동, 금융감독 및 승인 등 금융서비스를 제공한다.

2 e-Business의 유형

1. 거래주체에 따른 분류

(1) e-Business는 거래 당사자가 누구인지를 기준으로 비즈니스 모델을 유형화한 것으로 기업과 소비자 간의 거래인지, 기업과 기업 간의 거래인지, 기업과 정부 간의 거래인지에 따라 B2B, B2C, B2G 등으로 나뉜다.

(2) 최근 인터넷을 통한 거래가 활성화되어 가면서 다양한 당사자들 간의 거래내용을 담은 B2E(Business to Employee), C2C(Customer to Customer), B2B2C 등의 유형들이 추가적으로 등장하고 있다.

2. 거래상품에 따른 분류

(1) 전자상거래의 대상이 되는 상품의 종류에는 제한이 없다. 기존의 상거래를 통해 거래되던 상품과 서비스뿐만 아니라 인터넷의 등장으로 새롭게 탄생한 전자적 속성을 지닌 상품들에 이르기까지 다양한 상품들이 거래되고 있는 것이다.

(2) 디지털 상품은 물리적 형태 없이 디지털로 제작 · 유통 · 소비되는 상품으로서 전자서적이나 MP3, 인터넷상의 각종 정보 등이 그 대상이다.

3. 판매방식에 따른 분류

(1) 인터넷을 통해 상품을 판매하는 판매형, 온라인상에 사이트를 개설하고 기업들을 대행하는

마케팅형, 판매자와 구매자를 중개하고 수수료를 받는 중개형, 검색엔진을 통해 고객이 원하는 정보를 찾아주거나 이메일을 통해 고객이 원하는 정보를 제공하는 정보제공형 등으로 분류할 수 있다.

(2) 게시판과 채팅서비스 그리고 무료이메일 계정의 제공 등을 통해 회원들을 확보하고 이들 회원들 간에 자연스럽게 형성된 공동체를 통해 다양한 경매 및 비즈니스모델을 구축하는 커뮤니티형이 있다.

4. 제공가치에 따른 분류

(1) 가격지향형의 모델로서 차별적인 가격을 제공하는 것이다. 우리가 잘 알고 있는 대부분의 인터넷 쇼핑몰들이 전자상거래를 착수하면서 이러한 방식을 통해 단시간에 매출의 증가를 꾀할 수 있었다.

(2) 편의와 신속한 서비스를 제공하는 것으로 구입이 어렵거나 비교구매가 곤란한 상품의 판매에 적절한 방식이다. 예를 들어 미국의 "Senior Housing Net"와 같은 사이트는 몸이 불편한 고령의 고객들이 주택을 일일이 찾아다니기도 어렵고 관련된 정보를 구하기도 쉽지 않다는 점에 착안하여 고안된 비즈니스 모델이다.

(3) 맞춤상품 제공으로 개개인의 정보를 분석하여 고객의 욕구를 파악하고 이에 최대로 부합하는 제품이나 서비스를 제공하는 것을 지향한다. 인터넷 맞춤보험 등이 그 예이다.

3 e-Business의 성공조건

e-Business를 성공적으로 추진하기 위해서는 전략수립이 선행되어야 한다. 이러한 전략수립을 위해서는 다음과 같은 절차가 필요하다.

1. 자사의 전략적 포지션을 명확히 하여야 한다.
2. 방어형(Defender), 탐색형(Prospector), 분석형(Analyzer) 중 자사에 맞는 전략유형을 택해야 한다.
3. e-Business의 목적에 따른 구체적인 전략을 수립하여야 한다.
4. 전략수행을 위한 실천방안을 모색하여야 한다.
5. 전략을 실행할 매뉴얼을 작성하여야 한다.

대표기출유형

🔖 다음 A에 들어갈 말로 적절한 것은?

(A)는 개인, 기업, 단체, 기관이 인터넷과 기존 정보기술이 결합된 네트워크 컴퓨팅환경에서 핵심업무 프로세스를 혁신함으로써 경쟁력을 키우고 기존고객 관리 및 신규수요창출을 극대화하는 새로운 비즈니스 방식이다.

① 모디듀서
② 모디슈머
③ Key Tenant
④ e-Business
⑤ 오픈마켓

정답 ④

해설 e-Business는 인터넷을 통해 이루어지는 전자상거래, 온라인 뱅킹, 고객지원, 지식경영에서 원격진료, 행정, 교육 등 공공분야에 이르기까지 네트워크환경에서 이루어지는 모든 업무이다.

블루오션과 레드오션

☑ 2004년 프랑스 인시아드(IN SEAD) 경영대학원의 김위찬(W. Chan Kim)과 러네이 모본 교수는 '블루오션 전략(Blue Ocean Strategy)'이라는 논문을 공동 집필했는데, 이것이 2005년 동명의 책으로 출간돼 43개 언어로 350만 부 이상 팔리며 전세계적으로 널리 알려졌다. 이는 수많은 베스트셀러 경영 서적을 출간한 하버드대 출판국의 역대 최고기록으로 남아 있다.

1 블루오션(Blue Ocean)

1. 의미

(1) 블루오션은 '고기가 많이 잡힐 수 있는 넓고 푸른 바다'를 뜻하는데, 풀이하면 '새로이 탄생한 경쟁자가 별로 없는 혹은 무경쟁 시장'을 의미한다.

(2) 해당분야에서 경쟁업체가 전무하기 때문에 처음 블루오션을 개척한 업체는 그 업계에서 독점적인 지위를 획득할 수 있다.

(3) 블루오션 시장을 개척했다 할지라도 자본력을 앞세운 대기업 후발주자들에게 도태될 수 있다는 리스크도 존재한다.

2. 사례

(1) 최초로 신제품을 개발한 회사들이 이에 해당한다.

(2) 레드오션이었던 냉장고 시장에서 김치만을 보관하는 개념의 김치냉장고를 제조한 회사가 대표적이다.

(3) 데이터 기반 메신저인 카카오톡과 최초의 공유경제시대를 개척했다는 평가를 받는 우버(UBER), 에어비앤비(Airbnb) 등이 있다.

3. 전략

(1) 이는 기업이 성공하기 위해서는 경쟁이 없는 독창적인 새로운 시장을 창출하고 발전시켜야 한다는 경영 전략이다.

(2) 많은 경쟁자들이 비슷한 전략과 상품으로 경쟁하는 시장을 레드오션(Red Ocean)으로 규정하고, 경쟁자가 없는 새로운 시장인 블루오션(Blue Ocean)을 창출해야 한다는 것이 이 전략의 요지이다.

2 레드오션(Red Ocean)

1. 의미

(1) 블루오션의 반대말로 쓰이는 레드오션은 이미 잘 알려져 있는 시장, 즉 기존의 모든 산업을 뜻하며, 붉은(Red) 피를 흘려야 하는 경쟁시장을 말한다.

(2) 레드오션 시장은 산업의 경계가 이미 정의되어 있고 게임의 경쟁 법칙이 적용돼, 기업들은 기존 시장 수요의 점유율을 높이고자 경쟁사보다 우위에 서려 한다.

(3) 경쟁사들이 많아질수록, 산업의 수익과 성장에 대한 전망은 어두워지게 된다.

2. 사례

(1) 둘 중 하나가 망해야 끝나는 치킨게임으로 이어지거나 반대로 카르텔이 만들어지는 등의 좋지 않은 결과로 이어질 가능성이 크다.

(2) 질 나쁜 상품만 넘쳐나서 시장 자체가 붕괴되거나, 비윤리적인 경영 등 잘못된 문화가 확산돼 사회적인 문제를 야기할 수도 있다.

(3) 사회적인 문제가 고착화되는 경우 자정능력을 상실, 최종적으로는 시장 자체가 정부의 각종 규제 하에 놓일 수 있다.

3. 전략

(1) 80년대 마이클 포터가 제창했던 경쟁이론에 입각해서 경쟁을 위한 분석이 철저하게 이루어 지고, 또 내부적 역량이 뒷받침될 시에만 이루어질 수 있다.

(2) 레드오션에서 살아남기 위해서는 엄청난 자본과 노력, 안목, 그리고 운이 필요하다.

3 블루오션과 레드오션의 비교

구분	블루오션	레드오션
의미	기존 시장과는 다른, 새로이 개척한 시장	이미 많은 업체들이 포진되어 있는 경쟁이 매우 치열한 시장
키워드	아이디어, 신시장, 차별화와 저비용	벤치마킹, 기존시장, 차별화 혹은 저비용
장점	• 최초로 진출한 업계는 독점적인 지위를 얻을 수 있음. • 레드오션에 비해 막대한 이익을 창출할 수 있음.	시장성은 이미 증명되었기 때문에 마케팅 또는 약간의 아이디어 추가만으로도 시장 점유율을 높일 수 있음.
단점	• 아이디어를 발굴하기가 매우 어려우며, 독창적이지 않다면 블루오션이라 할지라도 성공을 장담할 수 없음. • 시장을 개척했다고 하더라도 자본을 앞세운 대기업의 후발주자에게 밀릴 수 있음.	과도한 경쟁으로 인해 시장에서 도태되거나 (치킨게임), 카르텔 생성으로 인해 도덕적 해이 등의 문제가 발생할 수 있으며, 최악의 경우 시장 전체가 몰락하게 될 수도 있음.

☑ 그린오션(Green Ocean)
지속 가능한 새로운 시장의 개척을 의미한다. 상품 개발에 따른 단발에 그치는 경영이 아니라 친환경, 웰빙 등 지속가능경영을 실현 할 수 있는 새로운 장을 뜻한다.

☑ 블랙오션
친환경적 지속가능경영전략인 그린오션이 골프장 상업에 치중해 환경오염과 사회적 갈등 양산에 기여한다고 판단, 시민단체는 그린오션을 일컬어 블랙오션이라고 한다.

☑ 퍼플오션(Purple Ocean)
경쟁이 치열한 기존시장인 레드오션과 유망시장을 일컫는 블루오션의 장점만을 조합한 새로운 시장으로 레드오션과 블루오션이 상징하는 색깔을 혼합할 때 나타나는 퍼플(자주색)에서 착안한 개념이다. 포화상태로 경쟁이 치열한 기존시장에서 새로운 아이디어나 기술 등을 적용하여 독창적인 시장영역을 개척한다는 뜻으로, 발상의 전환을 통하여 새로운 가치를 지닌 시장을 창출하는 것을 일컫는다.

대표기출유형

🔷 다음 블루오션(Blue Ocean)과 레드오션(Red Ocean)에 관한 설명 중 가장 옳지 않은 것은?

① 블루오션이란 아무도 진출하지 않은 거대한 성장 잠재력을 지닌 시장을 말한다.

② 레드오션이란 이미 형성된 시장에 많은 경쟁자들이 있어 치열한 경쟁상황이 벌어지고 있는 시장을 의미한다.

③ 레드오션의 경우 과도한 경쟁으로 인한 치킨게임이 일어나거나 카르텔이 생성될 수도 있다.

④ 블루오션 전략은 기존 새로운 시장의 개척을 강조하는 것이고, 레드오션 전략은 기존 경쟁에서의 승리를 강조한다.

⑤ 블루오션과 레드오션은 상호 배타적인 개념으로 블루오션에서 활동하는 기업과 레드오션에서 활동하는 기업은 구분이 가능하고, 상호 간의 시장으로 넘나들지 못하는 특징이 있다.

정답 ⑤

해설 특정 산업을 양분하여 이것이 블루오션이거나 레드오션이다로 구분하기는 어렵고, 레드오션의 산업을 어떻게 블루오션으로 진화시켜야 하는가가 현 시장의 과제라고 할 수 있다.

벤치마킹

1 벤치마킹의 개념

어느 특정 분야에서 우수한 상대를 표적 삼아 자기 기업과의 성과 차이를 비교하고 이를 극복하기 위해 그들의 뛰어난 운영 프로세스 등을 배우면서 자기혁신을 추구하는 기법이다.

2 벤치마킹의 특성과 원리

1. 벤치마킹의 특성

(1) 목표 지향적이다.

(2) 외부적 관점이다.

(3) 평가기준에 기초한다.

(4) 정보 집약적이다.

(5) 객관적이다.

(6) 행동을 수반한다.

2. 벤치마킹의 원리

(1) 상호성 : 벤치마킹은 상호 관련성을 기반으로 수행되므로 모든 참가자들은 파트너와 정보를 상호 교환함으로써 서로 이익을 얻는다.

(2) 유사성 : 벤치마킹을 수행하기 위해서는 파트너 기업의 프로세스가 비교 가능한 것이거나 유사성이 존재한다는 전제가 있어야 한다. 그러나 조직의 문화와 구조, 경영 방식 등을 충분히 이해하고 자사의 환경에 맞게 잘 전달될 수 있다면 어떤 기업의 어떠한 프로세스도 벤치마킹의 대상이 될 수 있다.

(3) 측정성 : 프로세스의 측정은 자사와 파트너사의 프로세스 성과를 비교하기 위해서 반드시 수행되어져야 한다. 이를 위해서는 먼저 성과 측정의 단위를 결정하여야 할 뿐만 아니라 계량화될 수 있는 측정단위가 필요하다.

(4) 타당성 : 자사나 경쟁사의 프로세스 측정과 검사결과는 타당한 실적자료나 연구자료에 의한 근거를 가지고 있어야 한다. 이는 벤치마킹 업무수행의 신뢰성을 확보하기 위하여 필수적이다.

3. 벤치마킹의 성공 요인

(1) 경영자의 적극적인 참여

(2) 적절한 교육 및 훈련 프로그램의 확보

(3) 조사 및 정보수집 기능의 확보

(4) 충분한 사전 준비 및 배움의 자세

3 벤치마킹의 종류

종류	정의	특징	
기능적 벤치마킹	최신의 제품, 서비스, 프로세스를 가지고 있다고 인식되는 조직을 선정하여 분석하는 활동	• 어떠한 유형의 기업에서건 최상의 업무수행이 무엇인가를 가려내는 데 목적이 있음. • 벤치마킹의 대상은 대개 특정 벤치마킹 분야에서 탁월함을 인정받은 기업이 됨.	
내부 벤치마킹	서로 다른 위치, 부서, 사업부, 지역 내에서 유사한 활동을 하는 업무를 분석하여 개선을 추구하는 활동	장점	• 데이터 수집이 용이함. • 조직에 내재된 문제점을 명확히 함. • 외부 벤치마킹 실행 시에 효과적인 결과를 보장함.
		단점	• 제한적임. • 내부적인 편견이 개입 가능함.
외부 벤치마킹 (경쟁적 벤치마킹)	자신의 기업과 직접적인 경쟁 관계에 있는 기업의 제품이나 서비스, 작업 프로세스를 분석하는 활동	장점	• 적과의 동침이 가능함(기본적인 대화 통로 확보). • 비교할 수 있는 실적·기준이 명확함. • 업무실적 연관정보 파악이 가능함.
		단점	• 데이터 수집이 어려움. • 정보공유로 법적·윤리 문제 발생 가능함. • 상반되는 태도로 왜곡된 정보가 생길 수 있음.

리스트럭처링
한 기업이 여러 사업을 보유하고 있을 때 미래 변화를 예측하여 어떤 사업을 핵심사업으로 하고 어떤 사업을 축소·철수하고 어떤 사업을 새로이 진입하고 통합할지 결정함으로써 사업구조를 개혁하는 것이다.

대표기출유형

🔹 **다음 중 벤치마킹에 대한 설명으로 알맞은 것은?**

① 다른 회사와 같이 동업을 하는 것을 말한다.
② 자신의 경영비법을 다른 기업에게 비공개하는 것을 말한다.
③ 동종 기업 간의 심한 경쟁을 일으켜서 요즘에는 많이 사용되지 않는다.
④ 우수한 성과를 내고 있는 회사의 독특한 비법을 배우면서 자기혁신을 추구하는 것이다.
⑤ 미래 변화를 예측하여 사업구조를 개혁하는 것이다.

정답 ④

해설 벤치마킹이란 기업의 성과를 향상시키기 위해 '최상의 혹은 가장 모범적인 기업조직'을 연구하는 것을 말한다. 우수한 기업과 자사의 성과 차이를 확인하고 그 차이를 극복하기 위해서 최상의 기업이나 조직의 뛰어난 운영 프로세스를 배우면서 혁신을 추구한다.

아웃소싱

1 아웃소싱의 형태

1. 비용절감형 아웃소싱

비용절감만을 위해 중요하지 않은 기능을 아웃소싱하는 형태로 현재 우리나라 기업들이 주로 이용하는 아웃소싱 방식이다.

2. 분사형 아웃소싱

기업 내의 기능을 분사화하는 것으로 이익추구(Profit-Center)형과 스핀오프(Spin-Off)형이 있다.

(1) 이익추구형 : 사내에서는 크게 주요하지 않으나 나름대로 전문성을 확보하고 있는 기능을 분사화해서 외부경쟁에 노출시켜 스스로 수익을 창출할 수 있게 하는 방법으로 분사화된 기업이 모기업에 서비스를 공급하면서 외부 기업과도 거래하도록 한다. 이 같은 분사를 통한 아웃소싱은 업무의 전문화와 함께 인력구조조정의 한 수단으로 활용할 수 있다.

(2) 스핀오프형 : 자사가 보유한 일정 기술, 공정제품, 역량 등을 분사화하여 비즈니스화함으로써 조직을 슬림화하는 방법이다. 정보통신계의 경우 사업부 조직 자체를 분리해 별도 법인으로 독립시키거나 협력기업에 이관하는 등 스핀오프형 아웃소싱이 늘고 있다.

3. 네트워크형(가상기업형 아웃소싱)

핵심역량이나 핵심제품 이외의 모든 기능을 아웃소싱하고 이들 공급업체와 수평적 네트워크를 형성하여 시너지 효과를 제고시키는 형태로서 복수의 주체가 각각 서로의 경영자원을 공유하고 상호보완적으로 활용하는 아웃소싱이다.

4. 핵심역량 자체의 아웃소싱

핵심역량 자체를 외부화하여 경쟁에 노출시킴으로써 핵심사업의 경쟁력을 더욱 높이려는 아웃소싱이다.

2 아웃소싱의 장단점

1. 아웃소싱의 장점

(1) 핵심역량에 내부자원을 집중시킴으로써 생산성을 높이고, 단순하고 반복적이며 정형화된 업무는 외부에 맡김으로써 불필요한 자원 낭비를 막을 수 있다.

(2) 외부의 전문능력을 활용함으로써 내부인력으로 불가능한 업무를 수행할 수 있으며 업무에 정확성과 신속성을 높일 수 있다.

(3) 불필요한 부문을 외부화함으로써 기업의 성장과 경쟁력을 높이고 핵심역량을 강화할 수 있다.

(4) 상품검사, 환경평가, 시장조사, 재고관리, 업무의 표준화, 인사평가 등 업무에 외부의 중립적인 기관을 활용함으로써 평가의 객관성을 확보할 수 있고 벤처기업의 성장을 독려할 수 있다.

☑ 아웃소싱의 목적
1. 주력업무에 대한 경영자원 집중과 핵심역량을 강화
2. 경영환경 변화에 대한 리스크를 분산
3. 조직의 슬림화, 유연화
4. 시너지 효과에 의한 새로운 부가가치를 창출
5. 비용절감
6. 비용의 외부화로 경기변동에 대응
7. 혁신의 가속화
8. 서비스업무의 전문성 확보
9. 정보네트워크 확대
10. 복지후생의 충실화와 효율성 극대화

2. 아웃소싱의 단점

(1) 특정 분야를 아웃소싱할 경우 조직 축소와 인력 감축이 뒤따르고 고용에 대한 불안감이 심화된다.

(2) 지속적으로 특정 기능, 프로세스, 제품 등을 아웃소싱했을 때, 기업은 해당 기능이나 제품을 다시 사내에서 공급할 능력을 잃는다.

(3) 중요한 기능이나 프로세스를 아웃소싱한 경우, 공급업체가 적극적으로 협력하지 않는다면 전략상 유연성을 잃어버릴 위험이 있다.

(4) 아웃소싱한 기능을 다시 자체조달해 역류하는 인소싱(Insourcing) 현상이 나타난다.

(5) 아웃소싱으로 인한 품질불량과 납기지연의 문제가 발생할 수 있고 아웃소싱에 의존함으로써 핵심기술을 상실할 수 있다.

(6) 아웃소싱이 기업문화 및 직업문화를 와해시켜 업무에 대한 의욕이나 열정을 감소시킬 수 있다.

(7) 서비스의 질이 떨어지는 업체와의 장기계약에 발이 묶이는 경우가 있다.

(8) 아웃소싱에 너무 의존함으로써 공급업체에 대한 통제를 상실할 수 있다.

(9) 사내 기밀 및 노하우가 공급업체로 누설될 염려가 있다.

(10) 아웃소싱의 효과가 기대에 미치지 못할 수도 있다.

대표기출유형

다음이 설명하는 현대 경영에서 혁신을 위해 주로 활용되는 기법으로 옳은 것은?

> 기업 활동 중 특정 영역을 외부 기업에 대행시킴으로써 경영집중도를 높이기 위해 활용한다. 이는 자체적으로 수행할 능력이 없는 영역뿐만 아니라 능력이 있더라도 외부기업이 수행하는 것이 더 효율적인 경우에 이루어진다.

① 크레비즈   ② 아웃소싱   ③ 벤치마킹
④ 리스펙처링   ⑤ 리엔지니어링

정답 ②

해설 아웃소싱이란 기업의 다양한 활동 중 전략적이고 핵심적인 사업에 모든 자원을 집중시키고, 나머지 업무의 일부를 제3자에게 위탁해 처리하는 것을 말한다.

기출문제

경영과 기업

기업활동의 조직

인사관리

생산관리

마케팅관리

실전모의고사

지식경영

1 지식경영의 개념

> 지식경영은 기업의 내·외부로부터 지식을 체계적으로 축적하고 활용하는 경영기법을 말한다. 예측할 수 없을 정도로 급격하게 변하는 경영환경 속에서 기업의 생존과 경쟁력을 갖추게 하는 경영으로, 정보 기술에 의한 데이터 및 정보의 가공능력과 인간의 창조적이고 혁신적인 능력을 통합해 가치창조의 극대화를 추구하는 기업의 조직적인 프로세스다.

1. 지식경영의 목적

노하우(Know–How) 등 눈에 보이지 않는 지적재산을 관리·공유하는 경영기법으로, 기업 내 사원 개개인과 각 사업부문 간에 흩어져 있는 각종 지적재산을 회사 전체가 공유함으로써 기업 경쟁력을 강화하는 것이 목적이다.

2. 지식경영의 특징

구조조정으로 인원을 감축하는 과정에서 사원 개개인이 보유한 지적재산도 같이 손실되는 단점을 보완하기 위해서 도입되었으며, 이는 기업의 사내 지적재산을 공유·활용함으로써 새로운 비즈니스 모델의 창출과 합리적 의사결정을 지원하는 시스템 구축으로 발전하고 있다.

3. 지식경영의 요소

통합적인 지식경영 프레임워크를 구축하기 위해 필수적으로 고려해야 할 요소는 사람, 전략, 기술, 프로세스이며 이 네 가지를 통합하는 접근방법을 통해 성공적인 지식경영을 실현할 수 있다.

(1) 사람 : 지식경영의 성공을 위한 가장 큰 역할은 기업 지식의 대부분을 가지고 있는 조직구성원에 있으며 지식경영성공의 가장 핵심적인 열쇠를 쥐고 있다.

(2) 전략 : 실질적으로 지식경영을 실천하는 지침이 된다. 즉 현재 기업이 가장 필요로 하고 가치 있게 생각하고 있는 것을 실현하기 위한 기업전체 및 주요 부문활동을 총체적으로 적응시키기 위한 결정 규범이라 할 수 있다.

(3) 기술 : 넓은 의미에서 반드시 지식경영을 위한 필수 조건이라 할 수는 없지만 지식경영이 포함하고 있는 지식관리 영역에서는 가장 핵심적인 위치를 차지하고 있다.

(4) 프로세스 : 지식경영을 실천하기 위해서는 기업의 각 업무 프로세스가 지식경영 프로세스에 적합하게 설계되어야 한다. 지식경영 전 과정을 유지하고 발전시킬 수 있는 정책과 업무절차를 도입해야 한다.

2 SECI 모델

1. SECI 모델의 개념

> 암묵지(暗默知, Tacit Knowledge)
> 학습과 체험을 통해 개인에게 습득돼 있지만 겉으로 드러나지 않은 상태의 지식을 말한다.

(1) 암묵지와 형식지 간에 동태적 상호작용을 통해 형성되고 확장되며 지식이 형성되는 과정을 지식전환이라고 지칭한다.

(2) 지식전환은 사회화→표출화→연결화→내면화 과정을 통해 이뤄진다(SECI 이론).

> 형식지(形式知, Explicit Knowledge)
> 암묵지가 문서나 매뉴얼처럼 외부로 표출돼 여러 사람이 공유할 수 있는 지식을 말한다.

(3) 지식창조의 메커니즘은 1회에 그치는 것이 아니라 나선형의 형태로 지속·반복되면서 지식을 축적하며, 지식 창조와 축적의 과정에서 중요한 것은 전 과정이 원활하게 촉발될 수 있는 실천을 통한 학습과 지식이 형성될 수 있는 장(場)을 구축하는 것이다.

2. 지식전환(SECI)의 과정

> 사회화의 개념
> 암묵지를 고차원의 암묵지로 전환하는 것으로 조직 간 초보적인 경험과 인식을 공유하여 모델이나 기술 등의 한 차원 높은 암묵지를 창조하는 것을 말한다. 따라서 사회화의 핵심은 경험학습이다.

(1) 사회화(Socialization, 공동화) : 암묵지 → 암묵지

① 회사 밖을 걸어다니는 동안 암묵지를 획득 : 공급자와 고객 간의 공동체험(직접경험)을 통해 자신의 몸으로 지식과 정보를 획득하는 과정이다.

② 회사 안을 돌아보는 동안 암묵지를 획득 : 판매와 제조의 현장, 사내 각 부문에 파견되어 공동체험을 통해 지식과 정보를 획득하는 과정이다.

③ 암묵지의 축적 : 획득한 지식과 정보를 자신의 생각에 관련시켜 두는 과정이다.

④ 암묵지의 전수·이전 : 언어화되지 않은 자신의 아이디어와 이미지를 사내외 사람에게 직접 이전하는 과정이다.

(2) 표출화(Externalization, 외면화, 외부화) : 암묵지 → 형식지

① 자신의 암묵지 표출 : 언어화되지 않은 자신의 아이디어와 이미지를 연역적, 귀납적 분석 혹은 발상법적 추론(메타포와 아날로지)과 대화를 통해서 언어, 개념, 도형, 형태화하는 과정이다.

② 암묵지로부터 형식지로 전환 및 번역 : 고객 또는 전문가 등의 암묵지를 촉발시켜 이해하기 쉬운 형태로 번역하는 과정이다.

(3) 연결화(Combination) : 형식지 → 형식지

① 새로운 형식지의 획득과 통합 : 형식지화된 지식 혹은 공표된 데이터 등을 사내외로부터 수집·결합시키는 과정이다.

② 형식지의 전달 및 보급 : 프레젠테이션과 회의 등의 형식지를 형식지 그 자체로 전달 및 보급하는 과정이다.

③ 형식지의 편집 : 형식지를 문서 등 이용가능한 특정 형식으로 편집 및 가공하는 과정이다.

(4) 내면화(Internalization) : 형식지 → 암묵지

① 행동 및 실천을 통한 형식지의 체화 : 전략, 전술, 혁신, 개선에 관한 개념과 기법을 구체적으로 실현하기 위해서 직무교육 등을 통해 개인에게 체득시키는 과정이다.

② 시뮬레이션과 실험에 의한 형식지의 체화 : 가상의 상태에서 새로운 개념과 기법을 실험적으로 의사체험 및 학습하는 과정이다.

www.gosinet.co.kr gosinet

기출문제

경영과 기업

기업활동의 조직

인사관리

생산관리

마케팅관리

실전모의고사

✓ **표출화의 개념**
암묵지를 형식지로 전환하는 것으로 암묵지가 구체적인 개념으로 전환되고 언어로 표현되어 공식화되는 것을 말한다. 새로운 개념이 형성되는 단계이기 때문에 지식창조과정의 가장 중요한 핵심 요소이다.

✓ **연결화의 개념**
분산된 형식지의 단편들을 수집·분류·통합하여 새로운 형식지를 창조하는 과정으로 개념 또는 지식을 체계화하여 지식체계로 전환시켜 새로운 지식을 창조한다. 이 단계에서는 문서화, 회의, 컴퓨터 통신망 등을 활용하여 형식지를 분류·추가·결합하는 방법으로 기존의 정보를 재구성한다.

✓ **내면화의 개념**
형식지를 다시 암묵지로 전환하는 과정으로, 공동화·표출화·연결화를 통해 검증받은 모델이나 기술적 노하우가 개인의 암묵지로 체화되어 가치 있는 무형 자산이 되는 것을 말한다.

대표기출유형

➕ **지식경영에 대한 다음 설명 중 가장 옳지 않은 것은?**

① 지식경영은 기업의 내·외부로부터 지식을 체계적으로 축적하고 활용하는 경영기법을 말한다.

② 지식은 더 많은 사람이 공유하면 할수록 그 가치가 더욱 증대되는 수확체증의 법칙을 따른다.

③ 지식은 형식지(Explicit Knowledge)와 암묵지(Tacit Knowledge)로 구분된다.

④ 암묵지는 학습과 체험을 통해 습득되지만 외부로 드러나지 않는 지식이다.

⑤ 형식지와 암묵지는 독립적인 지식창출 과정을 거쳐 각각 저장되고 활용된다.

정답 ⑤

해설 형식지와 암묵지는 독립적인 지식창출 과정을 거쳐 생기는 것이 아니라 서로 상호작용을 하면서 생겨난다. 암묵지식을 형식지식으로 만들고 만들어진 형식지식을 통해서 암묵지식이 도출된다. 암묵지식과 형식지식은 서로 밀접하게 연결되어 지식이 확장, 공유, 전파된다.

기업결합

기업결합의 형태

1. 합일적 결합 : 회사의 합병 및 영업의 전부 양도
2. 기업 집중화
   - 자본적 결합 : 주식의 상호 보유, 의결권 신탁, 지주 지배
   - 기술적 결합 : 콤비나트
   - 인적 결합 : 임원 파견 및 동종 관계
3. 제휴적 결합 : 기술제휴, 판매제휴, 카르텔

기업집중의 제한

기업집중의 심화를 제한하기 위하여 한국의 경우 「독점규제 및 공정거래에 관한 법률」을 제정하여 공정하고 자유로운 경쟁을 촉진하고 불공정 거래행위를 규제하고 있다.

신디케이트(Syndicate)

동일한 시장 내 여러 기업이 출자해서 공동판매회사를 설립한 것으로, 가장 고도화된 카르텔의 형태다. 공동판매소를 통해 판매가 이루어지며 가맹기업의 모든 판매가 이 기관을 통해 이루어진다(기업의 직접 판매는 금지).

콩글로메리트(Conglomerate, 복합기업)

타 업종 기업을 매수·합병하여 경영을 다각화하는 기업형태를 말하며, 수평(동종업)이나 수직(원료에서 최종제품 판매까지)의 합병이 독점 및 과점 금지법에 의해서 규제되고 있기 때문에 기술혁신을 위해서 기업의 성장전략으로 추진되는 경향을 가진다.

1 카르텔(기업연합, Kartell, Cartel)

1. 카르텔의 의의

동종 또는 유사 기업이 경쟁의 제한 또는 완화를 목적으로 시장 등에 관한 협정을 체결함으로써 이루어지는 기업연합이지만 기업 상호 간 어떤 자본적 지배도 있지 않다.

2. 카르텔의 특징

(1) 동종기업 간 경쟁을 제한하기 위해 상호 협정을 체결하는 형태로서 참가기업들이 법률적·경제적으로 독립된 상태를 유지한다는 점에서 트러스트·콘체른과 구별된다.

(2) 이 형태의 기업결합은 기업 상호 간에 아무런 자본적 지배를 하지 않으므로 기업 간의 독립성이 유지되며 기업 간 구속력은 낮다.

(3) 카르텔은 기업 간에 수평적으로 결합되는 것으로, 기업 간의 수평적 담합은 가격유지, 시장분할, 진입장벽의 설정 등 여러 불공정행위를 유발할 수 있다.

(4) 공정거래법은 카르텔을 부당한 공동행위로 금지하고 있다.

(5) 카르텔은 국가 간 행해지기도 하며 OPEC(석유수출국기구)에 의한 석유나 커피, 설탕 등의 국제상품협정이 국가 간에 형성되는 카르텔(국제카르텔)의 대표적인 예다.

3. 카르텔이 발생 또는 유지되기 위한 조건

(1) 참가기업이 비교적 소수다.

(2) 참가기업 간의 시장점유율 등에 차이가 적다.

(3) 생산 또는 취급상품이 경쟁관계에 있다.

(4) 다른 사업자의 시장진입이 상대적으로 어렵다.

4. 카르텔의 종류

생산카르텔	생산과정에서 경쟁을 제한하는 협정으로 가맹기업 간 과잉생산과 관련한 문제를 해결하기 위해 체결
구매카르텔	원료나 반제품의 구매에 따른 경쟁을 제한하여 구매를 용이하게 하기 위해 체결
판매카르텔	• 유사 산업에 종사하는 기업 간 판매경쟁을 피하기 위해 체결 • 가격카르텔, 지역카르텔, 공동판매 카르텔 등

2 트러스트(기업합동, Trust)

1. 트러스트의 의의

트러스트는 기업합동이라고 불리며 융합활동에 참가하고 있는 기업들이 경제적 독립성을 상실하고 새로운 기업으로 활동하는 기업경영방법이다.

2. 트러스트의 특징

(1) 각 참가 기업들이 법률적, 경제적 독립성을 완전히 버리고 새로운 기업으로 통합하며 경쟁의 배제를 꾀하는 기업결합 형태이다.

(2) 트러스트는 다수의 기업이 하나의 기업으로 합병되는 형태로 카르텔보다 강력한 고도의 자본 결합체이다.

3. 결합의 방식

(1) 여러 주주의 주식을 특정 수탁자에 위탁함으로써 경영을 수탁자에게 일임한다.

(2) 지배 가능한 주식지분의 확보를 통하여 지배권을 행사한다.

(3) 기존의 여러 기업을 해산시킨 다음 기존 자산을 새로 설립된 기업에 계승한다.

(4) 트러스트는 기업 간에 자본적으로 결합되는 것으로, 기업을 흡수·병합한다.

3 콘체른(기업제휴, Konzern, Concern)

1. 콘체른의 의의

자본결합을 중심으로 한 다각적인 기업결합으로, 모회사를 중심으로 한 산업자본형 콘체른과 재벌과 같은 금융자본형 콘체른이 있다.

2. 형성 방식

(1) 리프만(R. Liefmann)은 콘체른이 형성되는 방식으로 자본참가, 경영자 파견 및 자본 교환, 다수 기업이 계약에 의해 이익협동관계를 형성하는 이익공동체, 위임경영과 경영임대차, 총네 가지를 들었다.

(2) 자본참가의 방식을 보면 주식을 취득하는 경우도 있으나 지배회사를 정점으로 피라미드형 지배를 가능하게 하는 지주회사 방식이 많다.

(3) 콘체른의 형성방법으로 가장 일반적인 것은 주식소유에 의한 것이다.

• 카르텔(Cartel)

A, B, C, D
각각 독립기업

• 트러스트(Trust)

A, B, C, D
각각 비독립기업

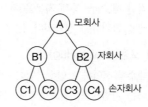

• 콘체른(Konzern)

B1, B2, C1, C2, C3, C4
형식상 독립기업

✔ **조인트벤처(Joint Venture, 합작투자)**
2개국 이상의 기업·개인·정부기관이 특정기업 운영에 공동으로 참여하는 국제경영방식으로 전체 참여자가 공동으로 소유권을 가진다. 주로 현지 정부의 제한으로 인해 단독 투자방식을 이용할 수 없거나 현지 파트너에서 자원 및 원료를 독점 공급해야만 하는 경우에 많이 활용되며 무역장벽 극복, 경쟁완화, 기술 및 특허 활용 측면으로 전략적 이점을 가진다.

✔ **콤비나트(Kombinat)**
기술적 연관성이 있는 여러 생산부문이 근접 입지하여 형성하는 지역적 결합체를 의미한다. 예를 들어 자동차 생산에 필요한 부품공장이 콤비나트를 이루고 있을 경우 생산 및 물류이동에 소모되는 시간과 비용을 최소화할 수 있고, 이를 통해서 경쟁력을 가질 수 있다.

대표기출유형

➕ **다음 중 카르텔에 대한 설명으로 옳지 않은 것은?**

① 카르텔은 국가 간에 행해지기도 한다.

② 참가기업들은 법률적·경제적으로 독립된 상태를 유지한다.

③ 기업 간의 제휴적 결합의 성격을 띤다.

④ 카르텔은 결속력이나 통제력이 약한 편에 속한다.

⑤ 동일한 제품을 생산하는 기업이 카르텔을 형성하면 아무런 효과가 없다.

정답 ⑤

해설 카르텔은 동종기업 간의 경쟁제한과 시장독점을 목적으로 상호협정을 체결하여 출혈적인 경쟁을 배제한다.

M&A 기법 및 방어수단

M&A란 경제용어로 일반적으로 영업시너지나 재무시너지 등의 창출로 기업가치를 증대시키기 위해 수행되는 합병(Merge)과 인수(Acquisition) 등을 의미한다. 기업 인수는 인수기업 대상의 자산 또는 주식의 취득을 통해 경영권을 취득하는 행위이고 기업합병은 두 개 이상의 기업이 결합하여 법률적·실질적인 하나의 기업으로 재편되는 것을 의미한다.

그린메일은 투기성 자본으로 경영권이 취약한 기업의 지분을 매집한 뒤 해당 기업의 경영진을 교체하겠다고 위협하거나, 대주주에게 M&A 포기 대가로 높은 가격에 지분을 되사줄 것 등을 요구하는 행위다. 대주주에게 초록색인 미 달러화를 요구하는 편지를 보낸다는 의미에서 그린메일이라는 이름이 붙여졌다.

1 M&A 기법

1. 공개매수(TOB ; Take Over Bid)

인수기업이 인수하고자 하는 대상기업의 불특정 다수 주주를 상대로 시장 외에서 특정가격에 주식을 팔도록 권유하는 것으로, 적대적 M&A의 속성상 가장 흔히 쓰는 방법이다.

2. 시장매집(Market Sweep)

장내시장인 주식시장을 통해 비공개적으로 목표주식을 원하는 지분율까지 지속적으로 매수해 나가는 전략이다.

3. 위임장 대결(Proxy Fight)

목표기업의 주요주주 및 일반주주에 대한 설득 및 권유를 통해 의결권행사의 위임을 받아 주주총회 결의에 강력한 영향력을 행사하는 전략이다.

4. 그린메일(Green Mail)

특정기업의 일정지분을 장내에서 사들인 뒤 경영권을 쥔 대주주를 협박하거나 장외에서 비싼 값에 되파는 수법으로, 이런 사람을 그린 메일러(Green Mailer)라고 한다. 그린 메일러는 기업경영권 확보가 아닌 재무적 이득이 주목적이나 경우에 따라서는 경영권을 탈취할 수도 있다.

5. 지분감추기(Parking)

우호적인 제3자를 통해 지분을 확보한 뒤 주주총회에서 우세한 의결권을 기습적으로 행사하여 경영권을 탈취하는 전략이다.

6. 곰의 포옹(Bear's Hug)

공개매수를 선언하고 인수기업이 피인수기업(인수대상기업) 경영자에게 방어행위를 중지하도록 권유하는 기법으로, 최고경영자 간에 이루어진다.

7. 장애물 없애기

신규 시장 진출 시 경쟁력을 갖춘 기업을 매수하여 없앤 뒤 시장에 진입하는 방법이다.

8. 턴 어라운드(Turn Around)

내재가치는 충분하지만 경영자의 경영능력이 부족해 주가가 떨어진 기업을 인수해 경영을 호전시킨 다음 고가에 되파는 방법이다.

9. 차입매수(LBO ; Leveraged Buy Out)

금융기관 등으로부터 돈을 빌려 인수대금의 대부분을 조달하는 방법으로, 대상기업의 경영자가 회사자산을 담보로 제공하는 등 주로 우호적 M&A(특히 MBO)에서 많이 쓰이나 적대적 M&A의 경우에도 사용된다.

10. 토요일 밤의 기습작전(Saturday Night Special)

토요일 저녁 시간대에 방송매체를 통해서 공개매수를 선언하여 방어할 틈을 주지 않는 방법으로, 미국에서 사용된다.

2 적대적 M&A 방어수단

1. 황금주(Golden Share)

소수 지분으로 회사의 주요 의사결정에 거부권을 행사할 수 있는 권리가 부여된 특별주식이다.

2. 백기사(White Knight)

적대적 인수기업의 공개매수가 진행되는 동안 대상기업의 경영진이 방어를 위해 동원 가능한 방법을 사용했음에도 불구하고 효과가 없을 때, 공개매수 가격을 올릴 목적으로 대상기업과 우호적인 관계를 유지하고 있는 제3자에게 대상기업을 인수해 줄 것을 요청하는 방법이다.

3. 왕관의 보석(Jewel of Crown)

기업의 주요 자산을 왕관의 보석(매력사업부문)이라 하며 인수기업이 대상 기업의 매력사업부문을 확보할 목적으로 적대적 M&A를 시도할 때, 대상기업이 자신의 주력사업부문을 제3자에게 처분하여 기업의 매력을 떨어뜨리고 매수의도를 저지하는 방법이다.

4. 독약처방(Poison Pill)

적대적 M&A 공격을 받는 기업이 기존 주주들에게 시가보다 싼 값에 주식을 살 수 있는 권리(신주인수권)를 부여해 적대적 M&A 시도자의 지분 확보를 어렵게 만드는 방법이다.

5. 팩맨(Pac Man)

어떤 기업이 적대적 매수를 시도할 때 매수 대상 기업이 매수 기업을 인수하겠다는 역매수 계획을 공표하고 매수 기업 주식의 공개매수 등을 시도하는 것으로, 극단적인 반격전략 중 하나다.

6. 황금낙하산(Golden Parachute)

기업의 인수·합병(M&A)과 관련하여 미국 월가(街)에서 만들어진 말로, 최고경영자가 적대적 M&A에 대비해 자신이 받을 권리를 고용계약에 기재하여 기존 경영진의 신분을 보장할 수 있는 장치를 사전에 마련하는 방법이다.

7. 차등의결권제도(Dual Class Shares)

기업의 지배주주에게 보통주의 몇 배에 달하는 의결권을 주는 것으로, 적대적 M&A 방어수단으로 사용되고 있다.

 대표기출유형

🔹 **다음 중 적대적 M&A의 방어전략으로 가장 적절하지 않은 것은?**

① 역공개매수　　　　② 차입매수　　　　③ 독소조항
④ 의결정족수 특약　　⑤ 자사주 매입

정답 ②

해설 ▶ 차입매수(LBO ; Leveraged Buy Out)란 기업을 매수하려는 주체가 인수에 필요한 자금이 충분하지 않은 경우 금융기관 등으로부터 인수대상 기업의 자산을 담보로 인수자금을 차입하여 기업을 매수하는 방식으로, 공격전략에 해당한다.

경영통제

☑ 통제는 경영의 관리기능인 계획, 조직, 지휘 등 일련의 과정에서 설정한 경영계획과 경영성과가 일치되도록 하는 관리행위다.

1 경영통제의 본질

1. 통제의 본질

(1) 통제기능
① 감시기능 : 목표수준을 달성할 수 있도록 조직의 현재 활동을 감시하는 기능이다.
② 비교기능 : 실제성과와 성과표준 간에 일치정도를 활동시점과 활동시점을 떠나서 비교하는 기능(자료의 수집, 평가, 정보전파, 보고기능 포함)이다.
③ 편차의 수정 : 현재의 성과에 영향을 미치는 편차의 수정과 관련된 즉각적 수정행동과 미래의 성과에 영향을 미치는 기본적인 수정행동기능이다.
④ 피드백기능 : 미래의 의사결정을 위한 환류기능이다.

(2) 계획과 통제의 관계
① 계획은 목표달성 경로와 성과평가의 기준이며 통제는 계획의 진척정도를 평가하여 이행상의 문제점을 진단한다.
② 경영계획과 통제 간에는 일관성과 체계성이 있어야 한다.

☑ 통제의 필요성
1. 경영환경의 변화 : 경영내부 및 외부환경의 변화에 적절히 대응하여 경영목표를 실현시키고 경영활동의 효율성을 높이는 데 기여한다.
2. 기업규모의 확대 : 기업규모의 확대에 따라 부문 간 업무마찰, 구성원의 갈등에 대한 체계적 파악과 적절한 시정조치를 통한 성과 향상에 기여한다.
3. 실수에 대한 예방 : 통제조직의 형성을 통하여 조직원의 실수나 오류가 업무시행 이전에 발견되어 시정할 수 있다.
4. 권한위양의 증대 : 기업규모의 확대에 따른 권한위양이 경영효율의 제고로 이어지도록 적절한 통제가 필요하다.

2. 통제의 영역

(1) 업무통제 : 조직목표의 달성을 위한 인적·물적 그리고 정보자원의 활용에 기초한 업무수행과정 및 그 실적을 통제하는 것이다.

(2) 물적자원통제 : 물적자원의 계획과 실행에 대한 통제로 제품의 품질과 물적 유통에 대한 통제 등이 있다.

(3) 인적자원통제(Human Resources Control) : 조직구성원이 해당 분야에 대하여 적절한 지식과 업무수행능력을 가지고 맡은 바 업무를 적절히 수행하였는지 평가한다.

(4) 정보자원통제(Information Resources Control) : 사전에 설정된 정보체계의 기능과 그 목표를 충분히 수행하고 있는가를 점검한다.

(5) 재무자원통제(Financial Resources Control) : 기업활동에 필요한 운전자본과 시설자본을 경영계획에 의해 결정하고 경영활동의 진행에 따라 이러한 소요자본을 적절한 시기에 조달할 수 있는가의 여부를 평가한다.

2 경영통제의 유형

1. 통제의 유형

(1) 관리적 재량권에 따른 분류
① 사이버네틱스 통제
• 조직활동 중에 발생하는 편차를 자동적으로 수정할 수 있는 내재적 장치(자기활동, 자기규제시스템)에 의한 통제다.
• 자동화 공장(표준화 통제), 과업과 과업수행 절차가 명확하게 정형화되어 있는 경우에 유용하다.
② 비사이버네틱스 통제
• 표준화되어 있지 않은 통제시스템으로 경영자의 자유재량권에 의한 통제다.
• 과업이 비일상적이고 비정형화되어 있거나 독창적인 경우에 적합한 통제시스템이다.

(2) 통제시기에 따른 분류

① 사전통제

- 경영활동이 시작되기 전에 실행되는 통제로 경영목표의 적합성, 투입자원의 준비에 대한 사전 검토를 한다.
- 관리적 차원 : 투입방법의 선택, 예상되는 문제점 해결을 위한 정책, 전략의 개발에 대해서 통제한다.
- 전략적 차원 : 장기적 조직목표 달성에 영향을 미치는 환경요인의 변화 여부를 점검하여 계획을 사전에 조정하는 통제기능이다.

② 동시통제

- 업무나 작업의 진행 과정상의 통제로 업무단위 또는 기간단위에 따라 수시로 통제한다.
- 관리적 차원 : 작업이 적합하게 수행되는지 혹은 계획대로 진행되는지를 통제한다.
- 전략적 차원 : 경영환경 변화에 입각하여 진행과정을 감독하고 필요한 조정을 실시하는 통제기능이다.

③ 사후통제

- 모든 업무활동이 종료된 뒤에 행해지는 통제로 일정 기간이 만료된 후 경영성과를 측정·분석하고 편차에 대한 인과관계를 규명하여 각 조직단위의 책임과 권한관계를 명백히 하여 미래의 계획수립에 필요한 근거자료를 제공한다.
- 관리적 차원 : 관리 조직단위의 효율성 평가정보를 제공해 조직구성원의 평가기준과 보상기준으로 활용한다.
- 전략적 차원 : 경영성과의 인과관계를 분석함으로써 최고경영자에게 경영계획의 조정과 경영환경의 변화에 대응하는 전략수립에 필요한 정보를 제공한다.

④ 내부통제 : 경영활동을 일정한 시스템을 통해 주로 계수적인 방식으로 통제 내지 관리하는 종합적 관리방식이다.

2. 효과적인 통제시스템

(1) 계획과 집행과정에 종업원의 직접 참여와 목표 또는 성과의 기준설정 등에 종업원과의 합의가 필요하다.

(2) 계수적 편차에 지나치게 치중하지 않고 상황요인도 함께 고려한다.

대표기출유형

➕ **경영통제에 대한 설명으로 옳지 않은 것은?**

① 경영통제는 조직의 목표를 달성하기 위한 경영활동을 감시하는 기능을 수행한다.

② 경영통제는 경영행동의 계획과 결과와의 편차를 도출하고 이를 수정하는 기능을 수행한다.

③ 경영활동을 시작하기 전 단계는 경영계획의 영역으로 경영통제의 범위에 포함되지 않는다.

④ 경영통제에는 자원의 투입과 산출의 계획과 그 과정의 효율성을 측정하고 이를 통제하는 자원통제까지를 포함한다.

⑤ 경영통제를 통해 산출된 경영평가자료는 사후에 조직구성원의 평가와 보상의 기준으로 활용된다.

정답 ③

해설 경영통제는 경영활동이 시작되기 전(사전통제)부터 경영활동이 진행되는 중(동시통제)과 진행 후(사후통제)까지 경영활동의 전 시기에 걸쳐 이루어진다.

빈출 지문에서 뽑은 O/X

01 현대 사회에서는 기업의 사회적 책임이 점차 증대되고 있다. 기업의 사회적 책임 영역 중에서 가장 기본적인 수준의 책임은 경제적 책임이다. (O / ×)

02 기업의 목적 중 가장 중요한 것은 이익이지만, 피터 드러커가 기업의 목적을 위하여 가장 중요시한 것은 마케팅활동과 사회적 책임이었다. (O / ×)

03 아지리스는 인간의 본질과 행동에 관한 경영자의 기본 가정을 X이론과 Y이론의 두 유형으로 개념화하였으며, X이론은 전통적이고 전제적인 경영자의 인간관을, Y이론은 진취적이고 협동적인 인간관을 말한다. (O / ×)

04 시스템이론에서는 상위시스템과 하위시스템들 간의 독립성이 강조한다. (O / ×)

05 테일러의 과학적 관리론은 성과급제를 도입하여 노동자의 표준 작업량을 정해 주었고 임금은 생산량에 비례했다. (O / ×)

06 테일러의 과학적 관리론은 분업의 원리를 적용하여 업무의 세분화를 이루었으며, 기업의 인간적 측면을 무시하는 경향이 있었다. (O / ×)

07 포드의 이동컨베이어 시스템은 컨베이어에 의해 작업자와 전체 생산시스템의 속도를 동시화함으로써 능률 향상을 시도하였다. (O / ×)

08 테일러는 현대적 경영관리의 전형으로, 이동컨베이어 시스템을 효율적으로 이용하기 위해 장비의 전문화, 작업의 단순화, 부품의 표준화 등을 주장하였다. (O / ×)

09 테일러의 과학적 관리법의 내용은 지도표 제도, 작업의 표준화, 차별성과급 제도, 개별작업의 효율성 향상 도모를 들 수 있다. (O / ×)

10 행동과학이론은 인간관계를 중시하며 비공식 조직의 존재와 그 기능을 밝혔다. (O / ×)

11 포드 시스템은 생산원가를 절감하기 위한 방식으로 소량생산방식을 도입했다. (O / ×)

12 페이욜이 주장하는 기업의 본질적 기능 중 관리적 활동에 속하는 것은 조정, 통제, 명령, 계획 등의 기능이다. (O / ×)

13 인간의 욕구는 학습을 통해 형성되며, 이 욕구는 내면에 잠재되어 있다가 주위환경에 적합하게 될 때 표출되는 것으로 주장한 사람은 머레이(Murray)이다. (O / ×)

14 매슬로우(Maslow)의 욕구이론에 따르면 생리욕구–친교욕구–안전욕구–성장욕구–자아실현욕구의 순서로 욕구가 충족된다. (O / ×)

15 호손 실험(Hawthorne Experiment)의 순서는 면접실험, 조명실험, 배전기 전선작업실 관찰, 계전기 조립실험의 순이다. (O / ×)

16 맥그리거(D. McGregor)의 X · Y이론은 인간에 대한 기본 가정에 따라 동기부여방식이 달라진다는 것으로 그 중 Y이론에 해당하는 동기부여방식은 직무수행에 대한 분명한 지시이다. (O / ×)

17 호손 실험은 과학적 관리론의 관점에 변화를 주었으며 종업원의 관심과 감정의 중요성 등을 인식하게 하였다. (O / ×)

18 허즈버그(Herzberg)의 2요인이론(Two Factor Theory)에서 승진, 작업환경의 개선, 권한의 확대, 안전욕구의 충족은 위생요인에 속하고 도전적 과제의 부여, 인정, 급여, 감독, 회사의 정책은 동기요인에 해당된다. (O / ×)

정답과 해설

01	○	02	○	03	×	04	×	05	○	06	○	07	○	08	×	09	○	10	×	11	×	12	○	13	○
14	×	15	×	16	×	17	○	18	×																

01 기업의 사회적 책임 중에서 가장 기본적인 수준의 책임은 경제적 책임이다. 기업의 사회적 책임은 경제적 책임, 법적 책임, 윤리적 책임, 자선적 책임의 순이다.

02 피터 드러커는 기업의 목적은 고객의 창조이며 사회에 봉사하는 것이라고 하여 고객창조목적론을 주장하여 고객창조의 목적을 달성하기 위한 방법으로 마케팅활동과 기업의 사회적 책임을 강조하였다.

03 아지리스(Chris Argyris)는 「퍼스낼리티와 조직」을 통하여 미성숙-성숙이론을 제시하고 있다. 맥그리거는 「기업의 인간적 측면」에서 인간행동에 대한 근대적 인간관을 Y이론이라 하고 이에 상반된 전통적 인간관을 X이론이라 하였다.

04 시스템이론은 조직을 여러 구성인자가 유기적으로 상호작용하는 결합체로 보았다.

05 테일러는 모든 생산작업에 시간연구를 적용해서 표준시간을 설정하였으며 임금은 생산량에 비례하였다.

06 과학적 관리론에서 경영자는 계획의 직능을 담당하고 노무자가 담당하는 작업을 원조한다. 계획은 시간연구나 동작연구 또는 기타 과학적으로 얻어진 정확한 자료에 따라서 설정하였다.

07 이동컨베이어 시스템은 컨베이어에 의해 작업자와 전체 생산시스템의 속도를 동시화함으로써 능률향상을 시도하여 포드 시스템을 동시관리시스템이라고 한다.

08 포드는 이동컨베이어 시스템을 효율적으로 이용하기 위해 장비의 전문화(Specialization), 작업의 단순화(Simplification), 부품의 표준화(Standardization)를 제시되었는데 이를 3S라고 한다.

09 테일러의 과학적 관리법은 과학적 작업방법의 연구, 과학적 근로자의 선발, 차별성과법 제도, 기획부 제도, 작업지도표 제도, 관리활동의 분업, 기능식 직장 제도, 작업의 표준화, 불필요한 작업활동의 제거 등을 들 수 있다.

10 인간관계를 중시하며 비공식 조직의 존재와 그 기능을 밝힌 것은 인간관계론이다. 행동과학이론은 인간관계론의 방법론이 미비하여 인간의 행동을 체계적으로 연구하게 된 학문이다.

11 포드 시스템은 봉사주의와 저가격, 고임금 원리의 경영이념으로 대량생산을 지향하였다.

12 기업의 본질적 기능에는 기술적 활동, 상업적 활동, 재무적 활동, 보전적 활동, 회계적 활동, 관리적 활동이 있다. 이 중 관리적 활동에 속하는 것은 계획, 조직, 지휘, 조정, 통제 등이다.

13 머레이(Murray)의 명시적 욕구이론에 따르면 욕구는 태어날 때 주어지는 것이 아니라 성장하며 배우면서 학습하는 것이라고 주장한다.

14 매슬로우는 인간의 욕구에 대해 생리욕구-안전욕구-친교욕구-존경욕구-자아실현욕구의 순서로 욕구가 충족된다고 보았다.

15 호손 실험의 순서는 조명실험, 계전기 조립실험, 면접실험, 배전기 전선작업실 관찰 순이다.

16 맥그리거(D. McGregor)의 X · Y이론에서 X이론은 명령통제에 관한 전통적 견해로 인간은 선천적으로 일을 싫어하므로 기업 내의 목표달성을 위해서는 통제. 명령. 상벌이 필요하며 Y이론은 인간의 행동에 관한 여러 사회과학의 성과를 토대로 한 것으로 종업원들은 자발적으로 일할 마음을 가지게 된다고 보았다.

17 호손 실험은 인간적인 측면을 경시하고 비인간적 관점에서 종업원을 생각하던 과학적 관리론의 관점을 변화시켰다.

18 허즈버그(Herzberg)의 2요인이론에서 위생요인에는 임금, 안정된 직업, 작업조건, 지위, 경영방침, 관리, 대인관계 등이 있고, 동기요인에는 성취감, 인정, 책임감, 성장, 발전, 보람있는 직무내용, 존경 등이 있다.

19 기업성과를 높이기 위해 정보통신기술을 적극적으로 활용하여 업무과정을 근본적으로 재설계하는 경영 기법은 비즈니스 리엔지니어링이다. (○ / ×)

20 리엔지니어링(Reengineering)은 품질·비용·서비스 등 기업의 업무와 체질, 조직 및 경영방식을 근본 적으로 재구성하여 경영의 효율과 경쟁력을 높이려는 경영혁신방법이다. (○ / ×)

21 벤치마킹(Benchmarking)은 특정 분야에서 뛰어난 기업의 기술·제품·경영방식 등을 비교·분석하여 자사에 응용함으로써 자기혁신을 추구하는 경영기법이다. (○ / ×)

22 벤치마킹은 서비스 제공자가 업무의 기획과 설계부터 운영까지 모두 책임지는 것을 말한다. (○ / ×)

23 합명회사는 대표적인 인적회사로 2인 이상의 유한책임사원이 공동 출자한다. (○ / ×)

24 합자회사는 무한책임사원과 유한책임사원으로 구성되며, 무한책임을 지는 출자자가 경영을 한다. (○ / ×)

25 주식회사는 현대 기업의 대표적인 형태로 주식을 소유한 주주에게 유한책임을 부여한다. (○ / ×)

26 유한회사는 사원의 책임은 그 출자금액을 한도로 하며 출자좌수에 따라 지분을 가진다. (○ / ×)

27 공기업은 창의적 운영에 유리한 기업의 형태이다. (○ / ×)

28 포터의 경영전략에 따르면 산업의 수익률은 보완재의 유무에 의해 영향을 받으며, 보완재가 많을수록 산업의 수익률은 낮아진다. (○ / ×)

29 후방 통합(Backward Integration)은 공급업자의 사업을 인수하거나 공급업자가 공급하던 제품이나 서비스를 직접 생산, 공급하는 방식의 전략으로 수평적 통합(Horizontal Integration) 전략의 하나이다. (○ / ×)

30 SWOT 분석에서 위협을 극복하기 위해 강점을 사용할 수 있는 전략은 ST 전략이다. (○ / ×)

31 포터의 가치사슬 분석에 의하면 기업활동은 주 활동과 보조 활동으로 구분되는데, 기술개발은 보조 활동에 해당한다. (○ / ×)

32 포터의 산업구조분석 모형에 의하면 구매자의 교섭력이 강하고, 공급자의 교섭력이 약하며, 대체재가 적을수록 수익성이 높아진다. (○ / ×)

33 보스턴 컨설팅 그룹(BCG)의 사업포트폴리오 매트릭스에서는 시장의 성장률과 절대적 시장점유율을 기준으로 사업을 평가한다. (○ / ×)

34 GE/McKinsey 매트릭스는 각종 요인들을 포괄적으로 고려할 수 있으나 경영자의 주관적 관점이 개입될 가능성이 낮다. (○ / ×)

35 수직적 통합전략(Vertical Integration)은 부품생산에서 유통까지 경로를 통합함으로써 제품의 안정적 판로를 확보할 수 있다. (○ / ×)

36 블루오션과 레드오션은 상호 배타적인 개념으로 블루오션에서 활동하는 기업과 레드오션에서 활동하는 기업은 구분이 가능하고, 상호 간의 시장으로 넘나들지 못하는 특징이 있다. (○ / ×)

37 황금 낙하산은 적대적 M&A에 대비하여 최고경영자가 자신이 받을 권리를 고용계약에 기재하는 것이다. (○ / ×)

38 곰의 포옹은 일시에 피인수기업의 상당한 지분을 매입 후에 매수 기업의 경영자에게 기업매수의 의사를 전달하는 방법이다. (○ / ×)

| 19 | O | 20 | O | 21 | O | 22 | × | 23 | × | 24 | O | 25 | O | 26 | O | 27 | × | 28 | × | 29 | × | 30 | O | 31 | O |
| 32 | × | 33 | × | 34 | × | 35 | O | 36 | × | 37 | O | 38 | × | | | | | | | | | | | | |

19 비즈니스 리엔지니어링(BR; Business Reengineering)이란 업무 프로세스 중심의 개혁으로 비약적인 업적 향상을 실현하는 기법이며 원점에서 재검토하여 프로세스를 중심으로 업무를 재편성하는 것으로, 업적을 비약적으로 향상시키고 기능별 조직의 한계를 넘어 고객의 요구를 충족시킨다는 관점에서 업무 프로세스를 근본적으로 재편하는 톱다운식 접근방법이다.

20 리엔지니어링은 인원삭감, 권한이양, 노동자의 재교육, 조직의 재편 등을 함축하는 말로서, 비용·품질·서비스와 같은 핵심적인 경영요소를 획기적으로 향상시킬 수 있도록 경영과정과 지원시스템을 근본적으로 재설계하는 기법이다.

21 벤치마킹은 업계의 선두 기업을 표본 삼아 선두 기업의 경영방식 등을 비교 분석하여 그 차이를 줄이거나 없애려고 하는 경영개선전략이다.

22 아웃소싱은 서비스 제공자가 업무의 기획과 설계에서부터 운영까지 모두 책임지는 것을 말한다. 아웃소싱은 문자적으로는 외부(Out)의 경영자원(Source)을 활용하는 것을 뜻하며 외주, 하청, 도급, 분사, 업무대행, 컨설팅, 인재파견 등이 포함된다.

23 합명회사는 회사의 채무에 대해서 무한의 책임을 지는 2인 이상의 무한책임사원으로 조직되며 대표적인 인적회사다.

24 합자회사는 무한책임사원과 유한책임사원이 구성하는 이원적 조직의 회사로, 유한책임사원은 업무 집행에 관여하지 않는다.

25 주주는 주식의 인수한도 내에서만 출자의무를 부담하고 회사의 채무에 대해서는 직접책임을 부담하지 않는다.

26 유한회사는 출자금액만큼 책임을 지는 유한책임사원으로 구성된다.

27 공기업은 국가 또는 지방공공단체의 자본에 의해서 생산, 유통 또는 서비스를 공급할 목적으로 운영되는 기업으로 창의적 운영에 유리하지 않다.

28 포터의 산업구조분석 모형에 의하면 제품이나 서비스에 대해 기꺼이 지불하려는 가격에 따라 소비자가 결정된다면 산업의 수익률은 대체재의 유무에 따라 달라지는데, 산업의 수익률은 대체재가 적을수록 높아진다.

29 후방 통합(Backward Integration)은 원재료 공급업자의 사업을 인수하거나 원재료 공급자가 공급하던 제품이나 서비스를 직접 생산, 공급하는방식의 전략으로 수직적 통합(Vertical Integration) 전략의 하나이다.

30 SWOT 분석은 기업내부의 강점, 약점과 외부환경의 기회, 위협요인을 분석·평가하고 이들을 서로 연관 지어 전략과 문제해결 방안을 개발하는 방법이다.

31 포터의 가치사슬 분석에 의하면 기업활동은 주 활동과 보조 활동으로 구분되는데, 기술개발활동, 디자인활동, 인적자원활동, 구매활동, 하부구조활동 등은 보조 활동에 해당한다.

32 포터의 산업구조분석 모형에 의하면 구매자의 교섭력이 약하고, 공급자의 교섭력이 약하며, 대체재가 적을수록 수익성이 높아진다.

33 보스턴 컨설팅 그룹(BCG)의 사업포트폴리오 매트릭스에서는 시장의 성장률과 상대적 시장점유율을 기준으로 사업을 평가한다.

34 GE/McKinsey 매트릭스는 각종 요인들을 포괄적으로 고려할 수 있으나 경영자의 주관적 관점이 개입될 가능성이 높다.

35 수직적 통합전략(Vertical Integration)은 부품생산에서부터 유통까지 수직적 가치사슬 중에서 2개 이상의 가치사슬을 동시에 운영하는 것이다.

36 특정 사업을 양분하여 이것이 블루오션이나 레드오션이 다로 구분하기는 어렵고 레드오션의 산업을 어떻게 블루오션으로 진화시켜야 하는가가 현시장의 과제라고 할 수 있다.

37 황금 낙하산은 피인수기업의 경영진에게 과도한 보상을 지급하게 하여 인수기업의 재무 부담을 높여 M&A를 방어하게 하는 방법이다.

38 적대적 M&A인 새벽의 기습에 대한 설명이다.

01 현대 사회에서 기업의 사회적 책임 영역 중에서 가장 기본적인 수준의 책임은?

① 법적 책임　　　　　　② 윤리적 책임　　　　　　③ 자발적 책임

④ 도덕적 책임　　　　　　⑤ 경제적 책임

02 다음 중 기업의 사회적 책임(CSR)에 대한 설명으로 적절하지 않은 것은 모두 몇 개인가?

> ㄱ. 사회적으로 선한 행동을 추구한다.
> ㄴ. 외부 이해관계자의 요구에 의해 행동한다.
> ㄷ. 외부보고를 위한 아젠다(Agenda)를 설정한다.
> ㄹ. 기업의 이익극대화를 위한 투자로 인식한다.
> ㅁ. 기업의 사회적 책임에는 생산적 책임도 포함된다.

① 1개　　　　　　② 2개　　　　　　③ 3개

④ 4개　　　　　　⑤ 5개

03 다음 중 기업의 사회적 책임을 옹호하는 주장으로 적절한 것은?

① 기업이 벌어들인 이익은 소비자에게서 기인한 것이므로 모두 사회에 환원해야 한다.

② 기업은 사회의 일원으로서 이익을 추구해야 하므로 사회가 건강하게 유지되도록 기여해야 한다.

③ 사회적 문제를 해결하는 데에는 많은 비용이 들고, 이러한 비용을 부담할 수 있는 능력은 기업에게 있다.

④ 기업이 사회적 책임 활동에 관심을 기울이면 그만큼 사회적인 영향력이 증대됨에 따라 수익이 극대화될 것이다.

⑤ 기업 역시 사회의 일원이므로 이윤을 추구하는 범주 이상의 사회와의 관계를 고려해야 한다.

04 기업의 사회적 책임이 요구되는 이유로 적절하지 않은 것은?

① 시장의 불완전성 ② 외부불경제

③ 상호작용 ④ 무한경쟁시대의 도래

⑤ 기업의 영향력 증대

05 다음 중 고전적 경영학에 관한 설명으로 적절하지 않은 것은?

① 인간은 경제적이며 합리적 동기에 의해 행동한다.

② 테일러의 과학적 관리법은 시간연구와 동작연구를 통해 적정 작업의 표준과업을 과학적으로 제시하였다.

③ 포드는 제품의 표준화, 규격화, 전문화를 통해 봉사주의와 저가격 · 저임금을 달성하려 하였다.

④ 페이욜은 기업 전체조직의 효율적 운영을 위한 다섯 가지 요소와 관리의 일반원칙을 제시하였다.

⑤ 고전적 경영학은 능률의 원칙에 의해 생산성을 강조하고 있으나 인간관계 문제와 비공식조직과 같은 사회적 요인은 고려하지 않았다.

06 다음 경영학 이론 중 20세기 초 고전적 접근법에 해당하지 않는 것은?

① 포드 시스템 ② 테일러의 과학적 관리법

③ 베버의 관료제 ④ 피들러의 상황적합이론

⑤ 페이욜의 관리과정론

07 다음 중 미국경영학의 발전 과정에 대한 설명으로 알맞지 않은 것은?

① 시스템이론 : 조직을 여러 구성인자가 유기적으로 상호작용하는 결합체로 보았다.

② 구조조정이론 : 리엔지니어링, 벤치마킹, 아웃소싱 등의 기법이 있다.

③ 과학적 관리법 : 과업관리의 목표는 높은 임금, 낮은 노무비의 원리로 집약된다.

④ 포드 시스템 : 봉사주의와 고가격 · 고임금의 원리를 중심으로 하는 경영이념을 가진다.

⑤ 인간관계론 : 노동자의 사회 · 심리적 요인과 생산력 간의 연관을 규명했다.

08 다음 중 테일러 시스템에 대한 설명으로 옳은 것은?

① 차별적 성과급제로 고임금, 저노무비를 추구하였다.
② 기업은 고품질의 제품을 낮은 가격에 제공해야 한다고 보았다.
③ 저가격, 고임금의 원칙을 주장하였고 이를 위하여 컨베이어 시스템 방식을 도입하였다.
④ 현대적 경영관리의 전형으로 전체 작업조직의 능률향상 및 대량생산, 원가절감을 위한 관리방식을 제창하였다.
⑤ 기업을 사회적 봉사기관으로 보았다.

09 테일러(Taylor)의 과학적 관리법(Scientific Management)에 관한 설명으로 적절하지 않은 것은 모두 몇 개인가?

> ㄱ. 분업의 원리를 적용하여 업무를 세분화하고 작업절차를 표준화하였다.
> ㄴ. 시간과 동작 연구를 통하여 표준 작업량을 설정하였다.
> ㄷ. 종업원 개인이 달성한 성과에 따라 임금을 차별하였다.
> ㄹ. 조직의 관리과정을 계획, 조직, 지휘, 조정, 통제의 단계로 구분하였다.
> ㅁ. 작업능률과 생산성을 향상시키는 최선의 방법이 존재할 수 있다고 주장하였다.
> ㅂ. 표준품을 제조하기 위해 부분품의 규격화, 제품 및 작업의 단순화, 제조공정의 전문화의 개념을 정립하였다.
> ㅅ. 작업을 계획하고 통제하는 기능과 작업을 수행하는 기능을 통합하였다.

① 1개 ② 2개 ③ 3개
④ 4개 ⑤ 5개

10 다음 중 테일러 시스템에 대한 설명으로 알맞은 것은?

① 포디즘이라는 경영 철학을 주장하였다.
② 시간연구와 동작연구를 하여 표준 작업량을 정하였다.
③ 기업이 이윤을 추구하기보다는 봉사를 해야 한다고 주장하였다.
④ 관리활동을 계획, 조직, 지휘, 조정, 통제인 5개로 정의하였다.
⑤ 기업 내 업무 수행에 관한 규칙과 절차의 문서화를 추구하였다.

11 다음 중 포드 시스템에 대한 내용으로 가장 적절하지 않은 것은?

① 생산원가를 절감하기 위한 방식으로 소량생산방식을 도입했다.

② 작업자는 고정된 자리에서 작업을 하고 작업대상물이 작업자에게로 이동하게 하여 생산의 효율성을 극대화하였다.

③ 작업자의 활동이 자동적으로 통제되고 모든 작업은 컨베이어의 계열에 매개되어 하나의 움직임으로 동시화되었다.

④ 저가격-고임금의 원리를 컨베이어 벨트에 의한 이동조립 맵으로 실현시켰다.

⑤ 동시관리를 기본원리로 하여 자동차 생산과정에 적용하기 위한 수단으로 추진한 관리기법이다.

12 포드 시스템에 관한 설명으로 옳지 않은 것은?

① 일급제   ② 생산의 표준화
③ 이동조립방식   ④ 작업지도표 도입
⑤ 사회적 봉사기관으로서의 기업

13 다음 중 포디즘의 특징에 대한 설명으로 알맞지 않은 것은?

① 인간관계론을 보완·발전시킨 것이다.

② 과다한 설비투자로 인하여 사업초기에는 고정비가 많이 발생하며 라인 밸런싱 문제도 발생한다.

③ 노동자들은 노동조합의 결성으로 자신의 권익 보호에 힘썼다.

④ 원가 절감이 포디즘을 실현하기 위한 최고의 대안이라 생각하여 구체적 방법으로 생산의 표준화와 이동조립법을 채택하였다.

⑤ 표준화, 전문화, 단순화의 '3S 운동'을 전개했다.

14 다음 중 테일러 시스템과 포드 시스템의 특징으로 옳지 않은 것은?

	테일러 시스템	포드 시스템
①	작업지도표제	컨베이어 시스템
②	고임금, 저가격	고임금, 저노무비
③	차별적 성과급제	봉사 동기
④	과업 관리	동시 관리
⑤	동작 연구	생산의 표준화

15 다음 중 테일러(Taylor)의 과학적 관리법과 메이요(Mayo)의 인간관계론을 비교한 설명으로 적절하지 않은 것은?

	과학적 관리법	인간관계론
①	저임금의 중요성	종업원의 중요성
②	공식적 조직	비공식적 조직
③	생산성·효율성 중시	관계성 중시
④	경제인 가설	사회인 가설
⑤	표준작업량	호손효과

16 다음 중 페이욜(Fayol)의 관리론에 대한 설명으로 적절하지 않은 것은?

① 테일러가 생산현장의 작업관리에 관심을 기울인 반면, 페이욜은 기업조직 전체 관리에 관심을 가졌다.

② 페이욜은 관리활동을 수행함에 있어 일반적인 관리원칙으로 14가지를 제시하고 있다.

③ 페이욜은 계획, 조직, 명령의 관리 3요소를 주장하였다.

④ 페이욜은 기업에는 기술적, 상업적, 재무적, 안전, 회계적, 관리적 활동 등 6가지 경영활동이 있다고 주장하였다.

⑤ 페이욜의 이론은 20세기 초에 영향력이 매우 컸다.

17 다음 중 페이욜의 관리과정론에 대한 설명으로 알맞지 않은 것은?

① 페이욜은 최초로 관리행동을 체계화하였다.

② 작업현장의 능률보다 조직 전체의 관리를 중시했다.

③ 관리일반원칙으로 분업의 원칙, 규율유지의 원칙, 보수 적합화의 원칙 등을 도출하였다.

④ 6가지 활동군을 기술적 활동, 상업적 활동, 재무적 활동, 보전적 활동, 회계적 활동, 관리적 활동으로 구분하였다.

⑤ 관리과정의 순서는 계획-조직-조정-지휘-통제다.

18 다음 중 페이욜의 관리의 5요소에 대한 설명으로 알맞지 않은 것은?

① 계획은 미래를 연구하여 활동계획을 입안하는 것이다.

② 명령은 각 개인으로 하여금 자신의 직능을 수행하도록 지시하는 것이다.

③ 조정은 정해진 기준이나 명령에 따라서 업무가 수행되도록 감시하는 것이다.

④ 조직은 경영의 물적 조직 및 사회적 조직으로서 사회체계를 구성하는 것이다.

⑤ 통제는 목표와 활동을 비교하여 조직이 계획대로 가능하도록 확보하는 것이다.

19 다음 중 베버의 관료제론에 대한 설명으로 옳지 않은 것은?

① 막스 베버는 〈사회 및 경제조직이론〉에서 소개한 이상적 조직을 관료제라 부르고, 관료제의 근간을 권한 구성에서 찾았다.

② 관료제는 업무수행에 관한 규칙과 절차를 철저하게 공식화한다.

③ 관료제 조직은 모든 구성원들을 교육 및 시험 등 기술적 능력을 통하여 선발하고 승진시킴으로써 모든 종업원이 평생에 걸쳐 경력관리를 하도록 한다.

④ 관료제 조직은 제한된 합리성을 강조한다.

⑤ 관료제 조직은 책임소재를 분명히 하고 의사결정을 공식화하기 위하여 의사소통을 문서화한다.

20 다음 중 인간관계론과 관련이 없는 것은?

① 조직이 없는 인간   ② 민주적 리더십   ③ 인간이 없는 조직

④ 사회적 인간   ⑤ 동태적인 조직유형

21 다음 중 호손 실험에 대한 설명으로 올바르지 않은 것은?

① 호손 실험의 마지막 단계였던 배전기 실험에서는 자연발생적으로 만들어진 비공식조직의 작업능률에 영향을 주었음이 밝혀졌고, 이를 통해 작업능률에는 사회적 요인과 심리적 요인이 중요하게 작용함을 알 수 있었다.

② 계전기 조립작업 실험을 통해 노동시간과 임금, 인센티브 변동이 작업능률에 큰 영향을 미친다는 결과를 얻었다.

③ 면접실험은 종업원들의 불만과 고민을 직접 들어보려는 목적으로 실시되었으며, 이 실험을 통해 종업원의 직무 만족과 불만족에 영향을 주는 요인들을 파악할 수 있었다.

④ 조명의 밝기가 생산성에 미치는 영향을 조사한 조명실험에서는 조명의 밝기를 높인 실험집단뿐 아니라 조명의 밝기를 변화시키지 않은 통제집단에서도 작업성과가 향상되는 결과를 얻었다.

⑤ 작업자의 경제적 욕구 충족을 넘어 인간의 사회적 욕구까지도 충족시켜야 한다는 인간관계론에 영향을 미쳤다.

22 다음 중 메이요의 호손 실험에 대한 설명으로 옳지 않은 것은?

① 인간관계의 중요성에 대해서 보여 주었다.

② 과학적 관리론의 관점을 변화시켜 주었다.

③ 공식 조직의 중요함에 대해서 인식시켜 주었다.

④ 감정적 · 심리적 요인과 생산성은 관계가 있음을 보여 주었다.

⑤ 집단 규범의 중요성을 보여 주었다.

23 다음 중 메이요가 진행한 호손 실험의 결과로 옳은 것은?

① 집단규범의 중요성

② 리더십 이론의 중요성

③ 인간의 동기부여 시 경제적 요인의 중요성

④ 물리적 작업조건과 생산성 간의 중요성

⑤ 수직적 관계의 중요성

24 다음의 이론을 주장한 학자는 누구인가?

> • 작업자들의 태도와 행위를 두 가지 다른 관점에서 제시함.
> • 작업자들의 행위에 대한 부정적 가정을 X이론, 낙관적이고 긍정적인 관점을 Y이론이라고 함.
> • X이론을 따르는 경영자는 명령과 통제 중심으로, Y이론을 따르는 경영자는 분권화와 권한 위임을 통해 성과를 달성한다고 주장함.

① 페이욜(H. Fayol)　　　　　　　② 매슬로우(A. Maslow)
③ 허즈버그(F. Herzberg)　　　　　④ 맥그리거(D. McGregor)
⑤ 메이요(G. E. Mayo)

25 다음 중 맥그리거의 X · Y이론에 대한 설명으로 적절하지 않은 것은?

① X이론은 인간은 선천적으로 일하기 싫어함을 가정한다.
② Y이론은 간이 조직의 목표를 달성하기 위해 자율적으로 자기 규제가 가능하다고 본다.
③ X이론은 직무를 통해 욕구가 충족될 수 있게 한다.
④ Y이론은 개인의 목표와 조직의 목표 간 조화를 이끌어내고자 한다.
⑤ X이론은 강제와 통제로써 인간이 일에 노력을 기울이게 할 수 있다고 본다.

26 다음 중 맥그리거의 Y이론에 대한 가정으로 올바르지 않은 것은?

① 대부분의 사람들은 통합된 목표를 향해 자연스럽게 노력한다.
② 대부분의 사람들은 일을 좋아하고 일은 노는 것이나 쉬는 것처럼 자연스러운 활동이다.
③ 사람들은 비교적 높은 수준의 상상력, 창조력, 문제해결력을 발휘할 수 있다.
④ 사람들은 자신이 가진 지적 잠재능력의 극히 일부만을 활용하고 있다.
⑤ 일반적인 직원은 책임을 지기보다는 안정성을 원하고 야심이 크지 않다.

기출문제　경영과 기업　기업활동의 조직　인사관리　생산관리　마케팅관리　실전모의고사

27 다음 중 맥그리거의 Y이론에 근거한 조직관리기법은?

① 목표에 의한 관리   ② 비용에 의한 관리

③ 수익에 의한 관리   ④ 내부통제에 의한 관리

⑤ 처벌에 의한 관리

28 다음 중 맥그리거의 X이론에 해당하는 특징은?

① 자기통제 가능   ② 고차원의 욕구

③ 인간의 부정적 인식   ④ 일에 대한 욕구

⑤ 창조적 인간

29 다음 중 아지리스의 미성숙－성숙의 연결선 이론에서 성숙단계의 특징으로 알맞지 않은 것은?

① 능동적으로 움직인다.

② 독립성을 가지고 있다.

③ 일에 대한 깊은 관심을 가지고 있다.

④ 자아의식이 있으며 자기통제도 가능하다.

⑤ 단기적 관점을 가지고 있다.

30 다음 시스템이론에 대한 내용 중 옳지 않은 것은?

① 시스템에는 투입, 처리, 산출, 피드백의 과정이 모두 포함되어 있다.

② 기업은 폐쇄시스템의 속성을 갖기 때문에 외부와의 상호작용이 중요하지 않다.

③ 조직의 여러 구성인자들이 유기적으로 상호작용하여 시너지를 창출할 수 있다.

④ 하나의 시스템은 다수의 하위시스템으로 구성된다.

⑤ 하위시스템 중 가장 중요한 것은 목표·가치 하위시스템이다.

31 다음 중 개인기업에 대한 설명으로 알맞은 것은?

① 경영활동에 있어 자유로운 면이 있다.
② 설립 시 많은 시간과 돈이 요구된다.
③ 대규모 자본이 필요할 때 유리하다.
④ 소유와 경영의 분리가 보편화되어 있다.
⑤ 경영에 대한 책임범위가 제한적이다.

32 다음 중 법인기업의 장점으로 알맞은 것은?

① 의사결정이 신속하다.
② 창업이 쉽고 비용이 적게 든다.
③ 이윤을 독점하는 것이 가능하다.
④ 전문화된 기업 경영이 가능하다.
⑤ 사업 운영에 있어 넓은 재량권을 발휘할 수 있다.

33 다음 중 소규모 공동기업회사가 아닌 것은?

① 합명회사　　　　　② 합자회사　　　　　③ 익명조합
④ 유한회사　　　　　⑤ 주식회사

34 다음 중 기업유형에 관한 설명으로 옳은 것은?

① 합명회사는 2인 이상의 유한책임사원으로 구성한다.
② 합자회사는 유한책임사원이 기업의 경영을 전담하고 무한책임사원은 감사와 통제기능을 담당한다.
③ 유한회사는 무한책임사원으로 구성되며 주식회사보다 설립과 조직절차가 간편하다.
④ 주식회사의 제도적 기관은 주주총회, 이사회, 감사로 구성된다.
⑤ 주식회사는 모든 주주가 회사의 채무에 대한 무한책임을 진다.

35 다음 중 합명회사의 소유구조로 옳은 것은?

① 2인 이상의 무한책임사원만으로 구성

② 2인 이상의 유한책임사원만으로 구성

③ 2인 이상의 유한책임사원과 무한책임사원으로 구성

④ 1인 이상의 유한책임사원과 1인 이상의 조합원으로 구성

⑤ 1인 이상의 무한책임사원만으로 구성

36 다음 중 합명회사의 특징이 아닌 것은?

① 자금 조달이 용이하다.

② 주로 친척과 친지 간에 이용되는 인적 회사다.

③ 소유와 경영이 분리되어 있지 않다.

④ 각 사원이 회사의 채무에 대해 무한연대책임을 진다.

⑤ 별도의 지정이 없다면 모든 사원들이 회사를 각자 대표한다.

37 다음 중 무한책임사원만으로 구성된 회사는?

① 벤처기업　　　　② 주식회사　　　　③ 협동조합

④ 합자회사　　　　⑤ 합명회사

38 다음 중 합자회사에 대한 설명으로 알맞지 않은 것은?

① 유한책임사원으로만 구성되어 있다.

② 합명회사에 자본적 결합성이 가미된 회사다.

③ 유한책임사원은 업무집행에 관여하지 않는다.

④ 유한책임사원은 회사의 업무와 재산상태를 감시할 수 있다.

⑤ 자본의 양도에는 원칙적으로 무한책임사원 전원의 동의가 필요하다.

39 우리나라 상법상의 회사 중 하나인 유한회사에 대한 설명으로 옳은 것은?

① 사원총회는 최고의 의사결정기관이다.

② 감사는 필수적 상설기관이다.

③ 무한책임사원이 경영을 담당한다.

④ 3인 이상의 이사가 필요하다.

⑤ 기관의 구성이 주식회사보다 개방적이다.

40 다음 중 주식회사에 대한 설명으로 알맞지 않은 모두 몇 개인가?

> ㄱ. 주식회사의 출자자는 모두 무한책임을 진다.
>
> ㄴ. 출자의 단위를 소액 균등화하여 소액 자금 보유자도 출자가 가능하다.
>
> ㄷ. 일반적으로 소유와 경영이 분리되어 있다.
>
> ㄹ. 주주총회와 이사회 등의 기관을 보유하고 있다.
>
> ㅁ. 증권을 통한 자본조달이 가능하다.
>
> ㅂ. 발행한 주식은 자유롭게 매매할 수 있다.

① 1개   ② 2개   ③ 3개

④ 4개   ⑤ 5개

41 다음 중 주식회사의 주주와 채권자에 관한 설명으로 옳지 않은 것은?

① 기업의 법적인 소유자는 주주이며, 주주와 채권자는 기업에 대한자금의 공급자이다.

② 주주는 기업에 대해 무한책임을 지지만 채권자는 빌려 준 자금의 범위 내에서만 책임을 진다.

③ 채권자는 경영에 참여할 수 없다.

④ 회사의 정산 시 각 주주가 가진 수에 따라 주주에게 배분한다.

⑤ 주주는 신사업 등 모험적인 사업운영에 대해서 적극적인 태도를 보인다.

42 다음 중 상법상 주식회사의 주식과 주권에 관한 설명으로 옳지 않은 것은?

① 주주의 책임은 그가 가진 주식의 인수가액을 한도로 한다.

② 액면주식 1주의 금액은 100원 이상으로 하여야 한다.

③ 가설인의 명의로 주식을 인수하거나 타인의 승낙없이 그 명의로 주식을 인수한 자는 주식인수인 으로서의 책임이 있다.

④ 회사가 다른 회사의 발행주식총수의 100분의 1을 초과하여 취득한 때에는 그 다른 회사에 대하여 지체없이 이를 통지하여야 한다.

⑤ 수인이 공동으로 주식을 인수한 자는 연대하여 납입할 책임이 있다.

43 다음 중 주식회사의 단점으로 알맞은 것은?

① 환경변화에 대한 대응이 느릴 수 있다.

② 기업상의 손실위험을 단독으로 부담해야 한다.

③ 한 개인의 출자 능력과 신용도에 한계가 있다.

④ 기업의 규모가 커지면 개인 능력의 한계로 관리능률이 저하된다.

⑤ 업무활동의 강한 기밀성이 보장되어 시장의 투명성을 저해한다.

44 다음 중 상법상 주식회사의 기관이 아닌 것은?

① 감사　　　　　　　　② 이사회　　　　　　　　③ 대표이사

④ 사원총회　　　　　　⑤ 주주총회

45 다음 중 대리인이 부담하는 것으로, 이들의 행위가 주인의 이익에 해가 되지 않고 있음을 증명하는 데 드는 비용은?

① 감시비용　　　　　　② 잔여손실　　　　　　③ 확증비용

④ 스톡옵션　　　　　　⑤ 구매비용

46 기업의 소유자와 경영자 사이에서 발생하는 대리인 비용(Agency Problem)과 관련이 없는 것은 모두 몇 개인가?

> ㄱ. 감시비용(Monitoring Cost)
> ㄴ. 지배원리(Dominance Principle)
> ㄷ. 스톡옵션(Stock Option)
> ㄹ. 정보의 비대칭성(Information Asymmetry)
> ㅁ. 기업지배권(Corporate Governance)

① 1개　　　　　　　② 2개　　　　　　　③ 3개
④ 4개　　　　　　　⑤ 5개

47 다음 중 대리인 문제에 관한 설명으로 적절하지 않은 것은 모두 몇 개인가?

> ㉠ 대리인 문제는 주주로부터 위임받은 전문경영인이 주주의 이익에 반하는 행동을 의미한다.
> ㉡ 주주는 대리인을 완벽하게 통제할 수 없어 정보의 비대칭성이 발생하고 대리인의 도덕적 해이, 역선택 등이 발생한다.
> ㉢ 감시비용은 주인의 이해에 상반되는 행동을 하고 있지 않음을 증명하는 과정에서 발생하는 비용이다.
> ㉣ 감시비용과 확증비용의 감소는 잔여손실의 감소로 나타난다.

① 4개　　　　　　　② 3개　　　　　　　③ 2개
④ 1개　　　　　　　⑤ 모두 적절하다.

48 다음 중 소유와 경영이 분리되어 발생하는 대리인비용으로 적절한 것을 모두 고르면?

> Ⓐ 확증비용　　　　　Ⓑ 잔여 손실　　　　　Ⓒ 거래비용

① Ⓐ　　　　　　　② Ⓐ, Ⓑ　　　　　　③ Ⓐ, Ⓒ
④ Ⓑ, Ⓒ　　　　　⑤ Ⓐ, Ⓑ, Ⓒ

49 다음 중 주인-대리인 문제를 줄일 수 있는 수단으로 적절한 것을 모두 고르면?

> ⓐ 주가와 연동된 경영진의 보상체계
> ⓑ 회계부정에 대한 처벌 강화
> ⓒ 주주 행동주의

① ⓐ   ② ⓐ, ⓑ   ③ ⓐ, ⓒ
④ ⓑ, ⓒ   ⑤ ⓐ, ⓑ, ⓒ

50 다음 중 공기업에서 담배나 인삼 등의 사업을 하는 이유로 알맞은 것은?

① 공익 실현   ② 사회복지 향상
③ 역사적 유산의 보존   ④ 경제정책상의 목적
⑤ 재정수입의 증대

51 다음 중 공기업의 단점으로 알맞은 것은?

① 자본조달에 한계가 있다.
② 세율이 높아서 불리하다.
③ 기업의 설립과 폐쇄가 용이하다.
④ 관료와 무사안일주의에 빠지기 쉽다.
⑤ 정부로부터의 재정지원을 기대할 수 없다.

52 다음 중 공기업의 독립채산제에 대한 설명으로 알맞지 않은 것은?

① 공기업 경영의 능률화를 위해 필요하다.
② 정부로부터 분리되어 독립적인 경영활동을 할 수 있다.
③ 정부로부터 예산의 구속과 인사·경영의 간섭만 받는다.
④ 수익성의 원칙, 수지적합의 원칙, 경영자주성의 원칙, 기업회계제도의 원칙이 있다.
⑤ 공기업 재정의 건전화를 기대할 수 있다.

기출문제

경영과 기업

기업활동의 조직

인사관리

생산관리

마케팅관리

실전모의고사

53 다음 중 공기업이 공익실현을 위한 목적으로 운영하는 경우로 알맞은 것은?

① 석탄공사, 포항제철 등을 운영한다.

② 담배, 인삼 등 전매사업을 운영한다.

③ 의료보험, 국민연금 등을 운영한다.

④ 철도, 전기사업, 수자원공사 등을 설립하고 운영한다.

⑤ 조폐, 국방 관련 산업을 운영한다.

54 다음 중 현대의 경영전략으로 적절하지 않은 것은?

① 기업가치를 평가하는 과정에서 질을 더 중요시한다.

② 의사결정과정에서 신속한 의사결정이 중요시되고 있다.

③ 조직의 규모를 최대한 확대시켜 시장통제력을 장악한다.

④ 기업경영활동에서 사용되는 자본요소 중에서 인적자본이 차지하는 비중이 점차 커지고 있다.

⑤ 하드웨어 중심 조직보다는 사고의 유연성과 창의성을 극대화할 수 있는 소프트웨어 중심 조직으로 전환한다.

55 경영전략에 대한 다음 설명 중 가장 적절하지 않은 것은?

① 조직의 모든 행동은 궁극적으로 전략에 의해서 이루어지기 때문에 다른 모든 계획의 기본준거들을 제공한다.

② GE 매트릭스에서 원의 크기는 회사의 시장점유율을 나타낸다.

③ BCG 매트릭스에서 시장점유율이 낮고, 시장성장률도 낮은 사업부를 개(Dog)이라고 한다.

④ 균형성과표(BSC)는 재무적 측정치와 비재무적 측정치 간의 균형을 이루어야 한다.

⑤ 포터(Porter)의 산업구조분석은 정태적인 모형이라서 경쟁과 산업구조가 동태적으로 변한다는 것을 고려하지 못한다.

56 다음 중 경영전략에 대한 설명으로 옳지 않은 것은?

① 경영전략은 외부 환경에 대응하기 위해 마련하는 장기적이고 포괄적인 경영계획이다.

② 포터의 산업구조분석에 의하면 구매자들이 구매처를 변경하는 데 비용이 많이 들수록 기업의 수익률은 높아진다.

③ 포터의 가치사슬모형에 의하면 자동차와 건물을 구입하는 활동은 지원활동에 포함된다.

④ 보스턴 컨설팅 그룹(BCG)의 사업포트폴리오 매트릭스에서 상대적 시장점유율이 1보다 크다는 것은 그 시장에서 시장 점유율이 1위라는 것을 의미한다.

⑤ 전략적 제휴는 합병에 의한 진입비용이 예상보다 작을 때나 단독진입 시 위험과 비용부담이 작은 경우에 주로 채택하는 전략이다.

57 다음 중 마이클 포터가 제시한 국가 경쟁우위 다이아몬드 모델에 대한 설명으로 옳지 않은 것은?

① 다이아몬드 모델을 통해 요소 조건, 수요 조건, 관련 및 지원 산업을 결정하는 네 가지 내적 요소와 함께 그 외적 요소로 정부와 환경을 제시하였다.

② 국제경영에서 기업의 성공을 지원하는 요소로는 요소부존도 등 상대적 요소비용의 정태적 중요성보다는 혁신과 변화를 통한 동태적 중요성에 있다고 본다.

③ 마이클 포터가 제시한 4가지 조건은 산업 발전을 보증하거나 국제화의 필수 조건이 되지는 않는다.

④ 다이아몬드 모델은 정부의 정책 수단들에 대한 유용성을 뒷받침하는 논리를 제공한다.

⑤ 다이아몬드 모델에서 정부는 내적 요소를 조화시켜주는 외생변수의 역할을 한다.

58 ○○공사에서 SWOT 분석에 대해 이야기를 나누고 있다. 다음 대화 중 가장 옳지 않은 것은?

> 신 대리 : SWOT 분석이란 외부환경의 관점에서 현재 기업이 가지고 있는 자원과 역량을 분석하는 계량적 방법입니다.
>
> 지 차장 : 이해를 돕기 위해 SWOT 분석의 예를 몇 가지 제시해 볼까요?
>
> 박 대리 : SWOT 분석 결과 현재 S-O 위치에 속해 있는 경우 비슷한 시장의 관련 기업들을 인수하여 사업을 확장할 수 있습니다.
>
> 안 대리 : S-O위치에 속해 있는 경우 해외시장 진출 전략을 수립하는 방안 또한 가능합니다.
>
> 조 과장 : 현재 W-O 위치에 속해 있는 경우 다른 기업을 벤치마킹하여 부족한 역량을 학습할 수 있습니다.
>
> 최 대리 : S-T 상황에서는 안정화 전략을 취해야 합니다.

① 신 대리   ② 박 대리   ③ 안 대리
④ 조 과장   ⑤ 최 대리

59 다음 중 SWOT 분석에 대한 설명으로 가장 적절하지 않은 것은?

① 위협을 극복하기 위해 강점을 사용할 수 있는 전략은 ST 전략이다.
② 강점의 경우 기업 자체의 경쟁우위를 의미한다.
③ WT 전략의 경우 기회활용을 위해 약점을 보완해야 하는 상황이다.
④ 약점의 경우 기업 자체의 한계점을 의미한다.
⑤ 위협의 경우 기업 외부의 부정적 요소를 의미한다.

60 SWOT 분석에서 WT 전략으로 옳지 않은 것은?

① 철수   ② 회사 축소   ③ 다각화 전략
④ 구조 조정   ⑤ 삭감 전략

61 다음 중 SWOT 분석에 따른 전략 설정으로 옳지 않은 것은?

① ST 전략 : 다양화 전략　　　　　② SO 전략 : 인수합병

③ WT 전략 : 합작투자전략　　　　④ WO 전략 : 내부 개발

⑤ ST 전략 : 안정적 성장 전략

62 다음 중 SWOT 분석에서 B 상황에 대한 설명으로 알맞지 않은 것은?

외부요인＼내부요인	강점(S)	약점(W)
기회(O)	A	B
위협(T)	C	D

① 턴어라운드 전략을 세운다.

② 회사를 축소하거나 구조조정을 한다.

③ 약점을 극복하고 기회를 잡기 위한 전략을 세워야 한다.

④ 내부환경을 분석함으로써 기업의 약점을 파악할 수 있고 외부환경을 분석함으로써 기회와 위험을 알 수 있다.

⑤ 우위에 있던 타사 제품의 불매운동을 계기로 대체재인 자사 상품의 품질개선을 예로 들 수 있다.

63 다음 중 기업에게 가장 유리한 상황은?

① WO 상황　　　　② ST 상황　　　　③ SO 상황

④ WT 상황　　　　⑤ SW 상황

64 포터(Porter)의 산업구조 분석기법의 5가지 요소로 가장 적절하지 않은 것은?

① 기업지배구조의 변동성　　　② 잠재적 진입자의 위협

③ 대체재의 위협　　　　　　　④ 구매자의 교섭력

⑤ 현재 산업 내의 경쟁

65 다음 중 마이클 포터(M. Porter)의 5가지 경쟁세력에 관한 설명으로 옳은 것은 몇 개인가?

> ㉠ 5가지 경쟁세력은 잠재적 경쟁자, 대체재, 구매자의 교섭력, 공급자의 교섭력, 보완재로 구성된다.
> ㉡ 산업구조와 경쟁은 역동적으로 변화한다는 것을 고려하였다.
> ㉢ 기업들 간 구체적인 경쟁전략을 다루고 있다.
> ㉣ SCP분석(Structure—Conduct—Performance)에 영향을 받은 이론이다.

① 0개   ② 1개   ③ 2개
④ 3개   ⑤ 4개

66 다음 중 산업구조 분석에 대한 설명으로 적절한 것을 모두 고르면?

> Ⓐ 기존 기업 간의 경쟁관계, 신규진입자의 위협, 대체재의 위협, 공급자 교섭력, 구매자 교섭력 등 5가지 요인을 분석한다.
> Ⓑ 현재의 산업구조를 판단할 뿐만 아니라 동적인 경쟁상황을 분석할 수 있는 모델이다.
> Ⓒ 산업구조분석은 기업 간 경쟁전략에 대한 상호 영향을 고려할 수 있어 유용하게 활용된다.

① Ⓐ   ② Ⓒ   ③ Ⓐ, Ⓑ
④ Ⓐ, Ⓒ   ⑤ Ⓐ, Ⓑ, Ⓒ

67 다음 중 마이클 포터(Michael Porter)의 산업구조분석기법에 대한 내용으로 가장 옳지 않은 것은?

① 차별화된 산업일수록 수익률이 낮고, 차별화가 덜 된 산업일수록 수익률은 높아진다.
② 산업구조분석은 측정기업의 과업환경에서 중요한 요인을 이해하고자 하는 기법이다.
③ 포터의 산업분석구조틀에 의하면 5가지의 요인 즉, 경쟁 정도, 잠재적 진입자, 구매자, 공급자, 대체재에 의한 산업 내의 경쟁 정도와 수익률이 결정한다.
④ 전환비용(Switching Cost)이 높은 산업일수록 그 산업의 매력도는 증가한다.
⑤ 공급업자가 전방통합을 시도할 경우 공급자의 교섭력이 강해진다.

68 다음 중 마이클 포터의 다섯 가지 요인 모델의 수평적 요소와 수직적 요소의 분류로 알맞은 것은?

	수직적 요소	수평적 요소
①	공급자 교섭력	기존 사업자
②	대체재	공급자 교섭력
③	기존 사업자	잠재적 진입자
④	구매자 교섭력	공급자 교섭력
⑤	잠재적 진입자	대체재

69 다음 중 마이클 포터의 산업구조 모형에서 다섯 가지 요인에 대한 설명으로 알맞지 않은 것은?

① 대체재의 침투 가능성이 높으면 산업의 수익률은 높아진다.
② 구매자의 교섭력이 클수록 산업의 수익률은 낮아진다.
③ 공급자의 힘이 클수록 제품가격과 품질에 영향을 준다.
④ 산업의 경쟁정도가 낮을수록 전반적인 수익률은 상대적으로 높아진다.
⑤ 구매자의 전환비용이 클수록 구매자의 교섭력이 작아져 산업의 수익률은 높아진다.

70 다음 중 포터의 산업구조분석에서 공급자의 교섭력이 높아질 때는?

① 대체재가 존재할 경우 ② 제품의 차별화가 거의 없는 경우
③ 다수의 공급자가 존재할 경우 ④ 기업이 후방통합을 할 때
⑤ 전방통합능력이 있을 때

71 마이클 포터의 5가지 요인 중 다각화 전략과 가장 관련이 깊은 것은?

① 대체재의 위험 ② 구매자의 교섭력
③ 판매자의 교섭력 ④ 잠재적 경쟁업자의 진입 가능성
⑤ 규모의 경제

72 A 기업은 전혀 다른 산업에 속하는 이종기업인 B 기업을 합병하였다. 이는 다음 중 어디에 속하는 상황인가?

① 수직적 합병　　　　② 수평적 합병　　　　③ 다각적 합병
④ 적대적 합병　　　　⑤ 부분적 합병

73 다음 중 도로건설을 해 오던 회사가 아파트건설 분야에 진입하는 것과 관련된 전략은?

① 수직적 다각화 전략　　　　　　② 수평적 다각화 전략
③ 집중적 다각화 전략　　　　　　④ 후방적 통합화 전략
⑤ 복합적 다각화 전략

74 포터(Porter)의 가치사슬 모형(Value Chain Model) 중 본원적 활동(Primary Activities)으로 가장 적절하지 않은 것은?

① 기계, 설비, 사무장비, 건물 등의 자산과 원재료, 소모품 등의 요소를 구입하는 활동
② 투입요소를 최종제품 형태로 만드는 활동
③ 제품을 구매자에게 유통시키기 위한 수집, 저장, 물적 유통과 관련된 활동
④ 구매자가 제품을 구입할 수 있도록 유도하는 활동
⑤ 제품 가치를 유지, 증진시키기 위한 활동

75 다음 중 가치사슬을 주장한 경영학자는?

① 마이클 포터　　　　② 피터 드러커　　　　③ 톰 피터스
④ 게리 헤멀　　　　　⑤ 마빈 바우어

76 다음 중 포터의 가치사슬에 대한 설명으로 알맞지 않은 것은?

① 경영관리는 지원 활동에 포함된다.

② 기업의 가치 활동은 본원적 활동과 지원 활동으로 나뉜다.

③ 경쟁우위는 보조 활동과 주요 활동을 통하여 발생한다.

④ 이윤은 제품이나 서비스의 생산, 판매 등에 소요된 비용과 소비자가 지불한 대가의 차이를 말한다.

⑤ 기술개발, 디자인은 본원적 활동에 포함된다.

77 다음 중 포터의 가치사슬의 본원적 활동에 속하는 것은?

① 기술개발　　　　　② 판매 및 마케팅활동　　　　③ 인적자원관리

④ 경영정보시스템　　⑤ 회계

78 다음 중 포터의 가치사슬모형의 보조 활동(지원 활동)에 해당하는 것은?

① A/S 등 고객에 대한 서비스 활동

② 투입요소를 최종제품의 형태로 만드는 생산 활동

③ 제품을 구입할 수 있도록 유도하는 활동

④ 생산한 물품을 저장하고 배송하는 활동

⑤ 기계, 설비, 사무장비, 건물 등의 자산을 구입하는 활동

79 다음 중 가장 적절하지 않은 설명은?

① 교차 라이센싱(Cross-licensing)은 기업들이 필요한 기술을 서로 주고받는 제휴 형태로서, 합작투자(Joint Venture)에 비해 자원 및 위험의 공유정도가 낮다.

② 포터(Porter)의 가치사슬 분석에 의하면 기업활동은 주활동과 보조활동으로 구분되는데, 기술개발은 보조활동에 해당한다.

③ 자동차 생산회사가 생산에 필요한 강판을 안정적으로 확보하기 위해 철강회사를 인수하는 것은 후방통합(Backward Integration)의 예이다.

④ 경영전략을 기업전략, 사업전략, 기능전략으로 구분할 때, 포터가 제시한 본원적 전략 중의 하나인 차별화(Differentiation)는 기업전략에 해당한다.

⑤ BCG 매트릭스에서 상대적 시장점유율은 높지만 시장성장률이 낮은 사업군을 황금젖소(Cash Cow)라고 한다.

80 다음 중 BCG 매트릭스에 대한 설명으로 틀린 것은?

① 별(Star) : 사업 성장률과 시장 점유율이 높아 계속적으로 투자를 해야 하기 때문에 지금 현재는 이윤을 많이 내지 않는 업종으로 장기적으로 보면 이윤을 적게 내어 퇴조할 업종이다.

② 황금젖소(Cash Cow) : 기업 자금 확보의 주원천으로 배당금이나 새로운 투자자금의 주된 공급원 역할을 하는 사업단위다.

③ 물음표(Question Mark) : 제품수명주기상 주로 도입기에 해당되며 통상적으로 수익보다 비용이 더 많아 음(-)의 현금흐름이 발생한다.

④ 개(Dog) : 업종이 수명을 다하여 시장 성장률과 점유율 확대가 기대되지 않는 업종으로, 이러한 업종이라면 무리한 투자를 하기 보다는 손을 떼는 것이 적합하다.

⑤ 개(Dog) : 발전가능성이 없으나 사업유지비도 낮아 현상유지에 특별한 손해가 없는 사업도 여기에 분류되며, 다른 판단기준에 따라 현상유지를 하는 방안이 채택될 수도 있다.

81 다음 중 BCG 매트릭스의 최적 현금흐름의 방향으로 적절한 것은?

① 황금젖소 → 별 　　② 개 → 물음표
③ 물음표 → 황금젖소 　　④ 황금젖소 → 개
⑤ 물음표 → 개

82 다음 중 BCG 매트릭스에서 수익주종사업에 대한 설명으로 알맞은 것은?

① 사업성장률이 낮고 시장점유율도 낮은 경우다.

② 사업성장률이 낮고 시장점유율은 높은 경우다.

③ 사업성장률이 높고 시장점유율은 낮은 경우다.

④ 사업성장률이 높고 시장점유율도 높은 경우다.

⑤ 사업성장률과 시장점유율 모두 불분명한 경우다.

83 다음 중 BCG 매트릭스에 대한 설명으로 알맞지 않은 것은?

① BCG 매트릭스는 해당 제품의 시장 성장률과 상대적 시장 점유율을 토대로 작성하게 된다.

② BCG 매트릭스에서 별에 해당하는 제품은 지속적인 투자전략을 구사할 것을 의미한다.

③ 기업이 취급하고 있는 사업을 전략적 사업단위로 파악하여 성장·포기 등의 전략결정에 유용하다.

④ BCG 매트릭스에서 황금젖소에 해당하는 제품은 양(+)의 현금흐름을 가지고 있다.

⑤ BCG 매트릭스에서 물음표에 해당하는 제품은 미래성장성이 불확실한 제품을 의미하며, 이로 인해 우선적으로 관망 혹은 포기하는 전략을 선택하는 것이 최적이다.

84 다음 중 BCG 매트릭스에 대한 설명으로 알맞지 않은 것은?

① 별 사업부를 수익주종사업이라고도 한다.

② 개발사업부에 속하는 제품들은 도입기에 속한다.

③ 개 사업부는 제품수명주기상에서는 쇠퇴기에 속한다.

④ 황금젖소 사업부에 속하는 제품들은 성숙기에 속한다.

⑤ 물음표 사업부는 야생고양이(Wild Cat) 혹은 문제아(Problem Child) 사업부라고도 한다.

85 다음 그림에 대한 설명으로 가장 옳지 않은 것은?

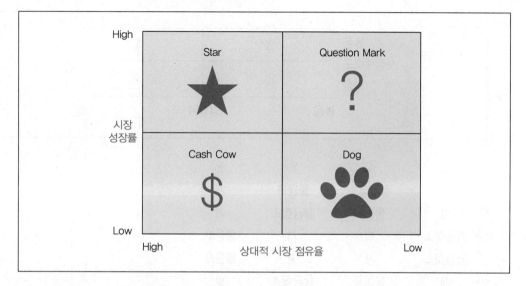

① 보스턴 컨설팅 그룹에 의해 개발된 효율적 자원 배분의 도구로 성장-점유 매트릭스라고도 한다.

② Star 사업부는 높은 시장성장률과 높은 상대적 시장 점유율을 가진 전략사업 단위들이다.

③ Cash Cow 사업부는 저성장시장에 있으므로 신규 설비투자 등을 지출하지 않고 높은 시장점유율로 많은 수익을 창출하는 부문으로 일반적으로 유지정책을 사용한다.

④ Dog 사업부는 현금을 가장 많이 필요로 하는 사업부이다.

⑤ 기업의 전략을 너무 단순하게 파악하였고 자금의 외부조달 가능성을 고려하지 않았다는 비판을 받는다.

86 다음 중 BCG 매트릭스에 대한 설명으로 가장 적절하지 않은 것은?

① 시장성장률과 상대적 시장점유율로 구성되어 시장상황을 쉽게 이해할 수 있는 장점이 있지만 지나친 단순화로 사업을 평가하는데 한계가 있다는 단점이 있다.

② 물음표(Question Mark)의 경우 경쟁업체와 대항하기 위해 새로운 많은 자금의 투입이 요구된다.

③ 황금젖소(Cash Cow)의 경우 높은 시장점유율을 통해서 규모의 경제를 실현할 수 있다.

④ 별(Star)의 경우 상대 시장점유율과 시장성장률이 높기 때문에 투자를 줄여나간다.

⑤ 개(Dog)에 해당되는 사업은 계속 유지할 것인지 축소 내지 철수를 할 것인지 결정해야 한다.

87 다음 중 아래 BCG 매트릭스의 ㉠ ~ ㉣에 들어갈 전략유형으로 옳게 짝지어진 것은?

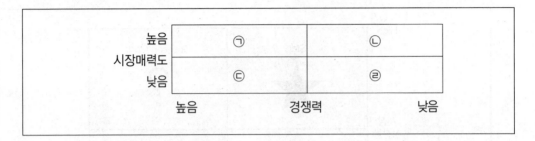

	㉠	㉡	㉢	㉣
①	별	황금젖소	물음표	개
②	별	물음표	황금젖소	개
③	황금젖소	별	개	물음표
④	황금젖소	개	별	물음표
⑤	개	물음표	황금젖소	별

88 다음 그림은 BCG 매트릭스를 도식화한 것이다. 빈칸에 들어갈 용어로 가장 적절한 것은?

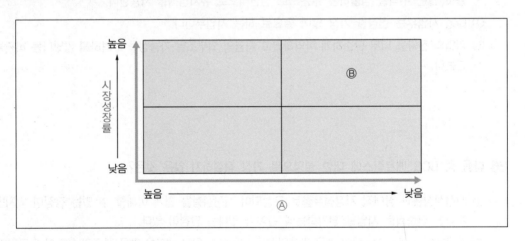

① Ⓐ : 상대적 시장점유율, Ⓑ : 별
② Ⓐ : 상대적 시장점유율, Ⓑ : 물음표
③ Ⓐ : 산업의 매력정도, Ⓑ : 물음표
④ Ⓐ : 산업의 매력정도, Ⓑ : 별
⑤ Ⓐ : 산업의 매력정도, Ⓑ : 개

89 다음 중 BCG 매트릭스 분석에 대한 설명으로 틀린 것을 모두 고른 것은?

> ㉠ 기업의 한정된 자원을 둘 이상의 제품 또는 사업부에 최적배분하기 위한 경영자의 전략적 의사결정에 이용될 수 있는 기법이다.
> ㉡ Star는 성장률은 낮지만 주도적인 위치를 장악하고 있는 분야로 현금의 유입이 크다.
> ㉢ 시장을 어떻게 정의하느냐에 따라서 위치가 달라질 수 있으며 시장점유율과 수익성이 반드시 일치하는 것이 아니다.
> ㉣ 원의 크기는 사업단위의 이익률이다.

① ㉠, ㉡   ② ㉠, ㉢   ③ ㉡, ㉢
④ ㉡, ㉣   ⑤ ㉢, ㉣

90 ○○공사 기획팀은 BCG 매트릭스를 활용하여 전략사업단위를 평가하기 위한 회의를 열었다. 다음 대화 내용 중 가장 옳지 않은 것은?

> 박일번 팀장 : 오늘 회의는 BCG 매트릭스의 특징을 기반으로 사업 전략을 제시하도록 합시다.
> 배대로 대리 : 시장성장률과 사업의 강점을 축으로 구성된 매트릭스를 말씀하시는 거죠?
> 보태도 과장 : Question Mark 사업부는 많은 현금을 필요로 하므로 경쟁력이 없을 것으로 판단되는 사업 단위는 회수나 철수 등의 정책을 취해야 합니다.
> 손바른 차장 : 시장점유율이 매우 큰 Star 사업부는 유지전략이 사용될 수 있지만, 시장점유율이 크지 않으면 육성전략이 사용될 수도 있습니다.
> 이미도 차장 : Cash Cow 사업부는 저성장시장에 있으므로 신규설비투자를 멈추고 유지정책을 사용해야 합니다.
> 현재연 대리 : Dog 사업부는 시장전망이 좋지 않으니 회수나 철수정책을 사용해야 합니다.

① 배대로 대리   ② 보태도 과장   ③ 손바른 차장
④ 이미도 차장   ⑤ 현재연 대리

기출문제

경영과 기업

기업활동의 조직

인사관리

생산관리

마케팅관리

실전모의고사

91 사업포트폴리오 분석 방법인 GE/McKinsey 매트릭스에 관한 설명 중 가장 적절하지 않은 것은?

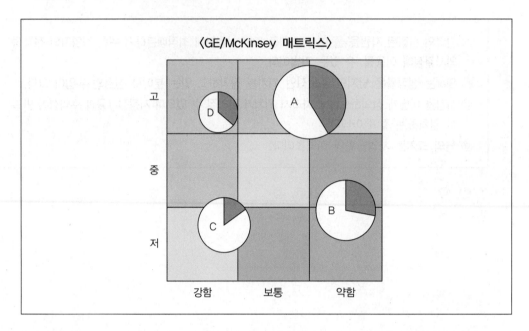

① GE/McKinsey 매트릭스는 산업 매력도와 사업단위 경쟁력이라는 두 가지 차원으로 전략사업단위를 평가한다.

② 산업매력도는 시장규모, 시장성장률, 시장의 수익성 등을 종합적으로 고려하여 평가한다.

③ GE/McKinsey 매트릭스 상에서 원의 크기는 해당 산업의 규모이며 음영부문(부채꼴부분)은 회사의 경쟁우위 강도이다.

④ GE/McKinsey 매트릭스는 BCG 매트릭스와 달리 투자수익률을 중요시 한다.

⑤ GE/McKinsey 매트릭스는 각종 요인들을 포괄적으로 고려할 수 있으나 경영자의 주관적 관점이 개입될 가능성이 낮다.

92 다음 GE 매트릭스의 기본 체계에서 현상유지전략이 적용되는 위치로 가장 적절한 것은?

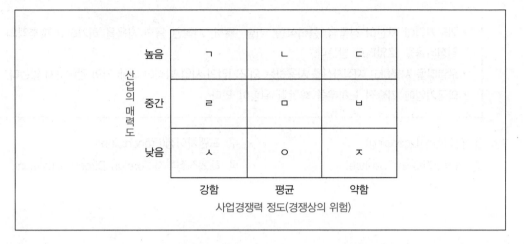

① ㄱ, ㄴ, ㄹ   ② ㄷ, ㅁ, ㅅ   ③ ㄹ, ㅁ, ㅂ
④ ㅁ, ㅅ, ㅈ   ⑤ ㅂ, ㅇ, ㅈ

93 다음 중 사업 포트폴리오 분석 방법인 BCG 매트릭스와 GE/McKinsey 매트릭스에 관한 설명으로 옳지 않은 것을 모두 고르면?

> ㉠ GE/McKinsey 매트릭스에서는 투자수익률보다 자금흐름을 더 중요시한다.
> ㉡ BCG 매트릭스에서는 필요시 자금을 외부에서 조달할 수 있다고 가정한다.
> ㉢ BCG 매트릭스에서 자금흐름은 Cash Cow에서 가장 많이 발생한다.
> ㉣ BCG 매트릭스에서 원의 크기는 해당 사업부의 매출액을 의미한다.

① ㉠, ㉡   ② ㉠, ㉢   ③ ㉡, ㉢
④ ㉡, ㉣   ⑤ ㉢, ㉣

기출문제

경영과 기업

기업활동의 조직

인사관리

생산관리

마케팅관리

실전모의고사

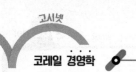

94 다음에서 설명하고 있는 글로벌 비즈니스 형태는?

> • 외국기업에 자신이 상품명, 등록상품, 기술, 특허, 저작권 등의 사용을 허가하고 매출액의
>   일정비율을 로열티로 받는다.
> • 로열티를 지불하고 지적자산을 사용하는 외국기업의 사업 방식에 대해 거의 관여하지 않는다.
> • 외국기업에 기술적 노하우를 빼앗길 위험이 있다.

① 라이선싱(Licensing)　　　　　　　② 프랜차이징(Franchising)
③ 합작투자(Joint Venture)　　　　　　④ 해외직접투자(Foreign Direct Investment)
⑤ 간접수출(Indirect Exporting)

95 다음 중 기업들이 국제적 합작투자를 하는 목적으로 옳지 않은 것은?

① 기존 사업의 강화
② 글로벌 자금흐름의 원활화
③ 해외상품의 국내시장 도입
④ 기존 상품의 해외시장 진출
⑤ 현지 정부의 규제

96 다음 중 블루오션(Blue Ocean)의 특징으로 옳은 것을 모두 고른 것은?

> ㉠ 경쟁자가 없는 새로운 시장창출
> ㉡ 차별화와 원가 우위를 통한 가치혁신
> ㉢ 경쟁에서의 승리가 우선
> ㉣ 기존 수요의 증대

① ㉠, ㉡　　　　　　　② ㉠, ㉢　　　　　　　③ ㉡, ㉢
④ ㉡, ㉣　　　　　　　⑤ ㉢, ㉣

97 다음 중 레드오션 전략의 특징으로 가장 적절하지 않은 것은?

① 기존의 수요시장을 공략한다.

② 가치창출과 비용절감을 동시에 추구한다.

③ 치열한 경쟁을 야기한다.

④ 경쟁사들이 많아질수록 수익과 성장에 대한 전망은 어두워진다.

⑤ 시장연구를 통해 블루오션으로 진화시킬 수 있는 가능성이 존재한다.

98 다음 중 구조조정에 대한 설명으로 가장 적절하지 않은 것은?

① 시스템이나 조직을 새로운 방향으로 조정하는 행위를 의미한다.

② 사업 구조조정이란 기업의 자산 구성비율을 바꾸는 등의 조정을 의미한다.

③ 리엔지니어링은 기존의 업무방식을 근본적으로 다시 고려해 혁신적으로 비즈니스 시스템 전체를 재구성하는 방법을 의미한다.

④ 벤치마킹은 우수한 성과를 내는 기업들의 사례를 학습해 창조적으로 모방하는 방법을 의미한다.

⑤ 다운사이징은 비대한 관리층과 비효율적인 조직을 분권화, 슬림화하여 효율적인 의사소통으로 신속한 의사결정을 위해 사용된다.

99 다음 중 벤치마킹에 대한 설명으로 옳은 것은?

① 과다한 직무등급을 줄이는 경영기법으로 직무등급의 수를 줄이고 개인의 역량에 따라 역할범위와 중요도를 확대하여 급여의 폭을 넓힌다.

② 품질·비용·서비스 등 기업의 업무와 체질, 조직 및 경영방식을 근본적으로 재구성하여 경영의 효율과 경쟁력을 높이려는 경영혁신기법이다.

③ 기업의 소량화, 감량화 전략을 나타내는 경영기법이다.

④ 우수한 성과를 내고 있는 다른 회사를 모델 삼아 배우면서 끊임없이 자기 혁신을 추구하는 것을 말한다.

⑤ 핵심사업을 선정하여 선택적 확장 혹은 사업 축소로 내부구조를 재구성하는 경영혁신기법이다.

100 다음 중 아웃소싱(Outsourcing)에 대한 설명으로 가장 옳지 않은 것은?

① 기업의 외부에 자사 기능 중의 일부를 위탁하는 것을 의미한다.

② 과거에는 비용절감이나 부품의 하청생산을 목적으로 하는 대행적 방법을 주로 사용하였다.

③ 기업의 핵심업무를 외부에 아웃소싱할 경우 기업의 경쟁력이 상실될 수도 있다.

④ 아웃소싱을 통해 중요성이 낮은 업무나 비부가가치 창출활동을 외부에 이전시킬 수 있다.

⑤ 전략적 아웃소싱이란 조직 내에서 불필요한 낭비조직을 제거하여 조직을 슬림하면서 효율성 있게 만들려고 하는 경영기법이다.

101 다음의 현대 경영에서 혁신을 위해 주로 활용되는 기법에 대한 설명이다. ㉠, ㉡과 관계가 가장 깊은 것을 옳게 연결한 것은?

> ㉠ 지금까지의 업무수행방식을 단순히 개선 또는 보완하는 자원이 아닌 업무의 흐름을 근본적으로 재구성한다. 이러한 업무 재설계는 기본적으로 고객만족이라는 대명제 하에서 이루어진다.
>
> ㉡ 기업 활동 중 특정 영역을 외부 기업에 대행시킴으로써 경영집중도를 높이기 위해 활용한다. 이는 자체적으로 수행할 능력이 없는 영역만 아니라 능력이 있더라도 외부기업이 수행하는 것이 더 효율적인 경우에 이루어진다.

	㉠	㉡		㉠	㉡
①	리스트럭처링	아웃소싱	②	리엔지니어링	아웃소싱
③	크레비즈	아웃소싱	④	리스트럭처링	벤치마킹
⑤	크레비즈	벤치마킹			

102 다음 중 기업의 핵심 역량 프로세스만을 남기고 나머지 업무를 외부에 맡기는 방법은?

① 아웃소싱　　　　② 다운사이징　　　　③ 벤치마킹

④ 리스트럭처링　　⑤ 트러스트

103 다음 중 동종업계에서 가장 성과가 좋은 기업을 선정하여 비교함으로써 성과 차이의 이유와 문제점을 발견하고 개선해 나가는 경영관리의 기법은?

① 벤치마킹　　　　　　② 구조조정　　　　　　③ 아웃소싱
④ 리엔지니어링　　　　⑤ M&A

104 다음 중 기업결합 형태에 관한 설명으로 알맞지 않은 것은?

① 콩글로메리트 : 동종기업 간의 매수합병
② 카르텔 : 동종기업이 독립성을 유지하면서 상호경쟁을 배제
③ 콘체른 : 금융상 결합으로 경제적 독립성 상실
④ 조인트벤처 : 둘 이상의 기업들이 공동계산으로 자본을 출자하여 제3의 기업을 설립하는 것
⑤ 콤비나트 : 지역적으로 인접한 동종의 사업체들이 지역 내 대규모 공단을 형성

105 다음 중 기능적 관련이 없는 이종기업 간의 매수합병을 의미하는 용어는?

① 카르텔　　　　　　　② 콘체른　　　　　　　③ 기업집단
④ 콤비나트　　　　　　⑤ 콩글로메리트

106 각 참가 기업들이 법률적, 경제적 독립성을 완전히 버리고 새로운 기업으로 통합하며 경쟁의 배제를 꾀하는 기업결합형태는 무엇인가?

① 카르텔(Cartel)　　　② 콘체른(Concern)　　③ 트러스트(Trust)
④ 콤비나트(Combinat)　⑤ 신디케이트(Syndicate)

107 다음 〈보기〉는 무엇에 관한 설명인가?

> 보기
>
> 시장에서 경쟁을 배제하고 독점하기 위해 개별기업들이 경제적·법률적으로 독립성을 완전히 상실하고 수평·수직적으로 결합한 기업집중형태다.

① 트러스트　　　　　② 카르텔　　　　　③ 콘체른
④ 신디케이트　　　　⑤ 스타트업

108 다음에서 설명하는 기업결합 형태로 옳은 것은?

> • 동종 또는 유사 기업이 상호 간 경쟁의 제한 또는 완화를 목적으로 시장통제에 관한 협정을 맺음으로써 이루어지는 기업연합
> • 이 형태의 기업결합은 기업 상호간에 아무런 자본적 지배를 하지 않으므로 기업간의 독립성이 유지되며 기업 간 구속력이 낮다.

① 트러스트(Trust)　　　　② 콘체른(Konzern)　　　　③ 콤비나트(Kombinat)
④ 카르텔(Cartel)　　　　⑤ 지주회사(Holding Company)

109 다음 중 트러스트에 관한 설명으로 알맞지 않은 것은?

① 카르텔보다 강한 기업집중의 형태다.
② 시장 독점에 의한 초과 이윤 획득이 목적이다.
③ 결합력이 강하며 기업합동이라 불리기도 한다.
④ 법률적·경제적으로 각 기업의 독립성은 유지된다.
⑤ 시장독점의 폐해로 미국에서 독점금지법이 제정되는 계기가 되었다.

110 다음 중 지주회사제도와 가장 관련이 있는 기업결합은?

① 콘체른   ② 카르텔   ③ 트러스트

④ 콤비나트   ⑤ 아웃소싱

111 다음 중 공동판매 카르텔에 대한 설명으로 알맞지 않은 것은?

① 신디케이트라고 불리기도 한다.

② 기업의 직접 판매는 금지된다.

③ 가맹기업들의 공동판매소를 설치하여 운영한다.

④ 가장 구속력이 강력한 형태의 카르텔이다.

⑤ 동종업자 간 경쟁촉진을 목적으로 한다.

112 다음 중 콘체른에 대한 설명으로 알맞은 것은?

① 수평적으로만 결합된다.

② 경제적 · 법률적으로 독립성이 있다.

③ 시장통제와 부당경쟁 배제가 목적이다.

④ 중앙기관이 단일의 의사에 의해 지배된다.

⑤ 주로 관계회사를 정점으로 하는 피라미드 형태의 구조를 가진다.

113 2개국 이상의 기업, 개인, 정부기관이 특정기업 운영에 공동으로 참여하는 국제경영방식으로 전체 참여자가 공동으로 소유권을 가지는 것은?

① 카르텔   ② 조인트벤처   ③ 트러스트

④ 콩글로메리트   ⑤ 국제연합

114 다음 중 다각적 결합공장이란 뜻으로 기업집중을 피하면서 상호 대등한 관계에서 자원, 자본
등을 효율적으로 이용하기 위하여 결합된 것은?

① 콤비나트   ② 지주회사   ③ 콘체른

④ 콩글로메리트   ⑤ 트러스트

115 다음 중 기업집중의 목적으로 알맞지 않은 것은?

① 시장통제   ② 조세상의 특혜

③ 출자관계에 의한 지배력 강화   ④ 상호경쟁 제한 및 배제

⑤ 생산공정의 합리화

116 다음 중 기업 간 인수합병의 목적이 아닌 것은?

① 빠른 시장 진입   ② 투자수요 확대   ③ 범위의 경제 활용

④ 성숙 시장 진입   ⑤ 사업경쟁 배제

117 다음 중 M&A에 관한 설명으로 가장 옳지 않은 것은?

① 공개매수 제의 시 피인수기업 주주들의 무임승차 현상은 기업매수를 어렵게 한다.

② M&A 시장의 활성화는 주주와 경영자 간 대립 문제를 완화시키는 역할을 한다.

③ 횡령을 목적으로 부실기업을 인수하는 '기업사냥'의 수단이 되기도 한다.

④ 적대적 M&A의 경우 주가가 상승할 가능성이 있어 피인수기업 주주가 반드시 손해를 보는 것은
아니다.

⑤ 우리사주 조합의 지분율을 낮추는 것은 M&A 방어를 위한 수단이 된다.

118 다음 중 기업의 인수·분할·합병에 대하여 옳지 않은 설명은?

① 기술 개발을 목적으로 하는 기업 인수도 존재한다.

② 합병은 독립적인 두 기업이 하나의 기업으로 합해지는 것이다.

③ 인수란 하나의 기업이 그 재산의 일부 또는 전부를 신설되는 두 개 이상의 기업에 출자하는 것이다.

④ 기업분할이란 하나의 기업이 실질적·법적으로 독립된 두 개 이상의 기업으로 나누어지는 조직 재편 방식의 하나이다.

⑤ 합병은 복수의 기업이 법률적·실질적으로 결합하여 하나의 기업으로 되는 반면, 인수는 법인의 형태는 그대로 유지하고 경영권만을 획득하는 것이다.

119 다음 중 인수·합병 전략의 장점으로 알맞지 않은 것은?

① 생산량 증대로 인해서 생산원가의 절감이 가능하다.

② 시설이나 생산 등에 기업 규모의 경제성을 높일 수 있다.

③ 시장점유율이 줄어들어 한 가지 사업에 매진할 수 있다.

④ 유능한 경영자를 찾을 수 있어 관리능력을 향상시킬 수 있다.

⑤ 인수회사의 기술과 노하우를 습득하여 활용할 수 있다.

120 다음 〈보기〉는 무엇에 관한 설명인가?

보기

핵심사업부를 매각하여 회사를 빈껍데기로 만들어서 매수의도를 저지하려는 적대적 M&A 방어수단이다.

① 백기사 　　　　② 왕관의 보석 　　　　③ 독약처방

④ 새벽의 기습 　　　⑤ 프록시 파이트

121 적대적 M&A 위협에 대한 방어 전략으로 적절한 것은 모두 몇 개인가?

---

a. 독약 조항(Poison Pill)
b. 이사진의 임기분산
c. 황금 낙하산(Golden Parachute)
d. 초다수결조항
e. 백기사(White Knight)

---

① 1개   ② 2개   ③ 3개
④ 4개   ⑤ 5개

122 다음 중 적대적 M&A의 방어방법에 대한 설명이 옳게 짝지어진 것은?

㉠ 포이즌 필 제도   ㉡ 차등의결권제도   ㉢ 왕관의 보석

Ⓐ 보통주가 1주당 1개의 의결권을 가지고 있음에 비하여 보통주보다 많은 의결권을 부여한 주식을 발행할 수 있게 하는 제도
Ⓑ 적대적 M&A나 경영권 침해 시도 등 특정사건이 발생하였을 때 기존 주주들에게 회사 신주을 시가보다 훨씬 싼 가격으로 매입할 수 있는 권리를 부여하여 적대적 M&A 시도자로 하여금 지분확보를 어렵게 하여 경영권을 방어할 수 있도록 하는 제도
Ⓒ 인수기업이 피인수기업의 특정자산이나 특정사업부를 획득하고 싶어서 매수하는 경우에 해당 자산이나 해당 사업부를 양도하거나 분사하여 적대적 M&A를 방어하는 방법

---

① ㉠-Ⓐ   ㉡-Ⓑ   ㉢-Ⓒ
② ㉠-Ⓐ   ㉡-Ⓒ   ㉢-Ⓑ
③ ㉠-Ⓑ   ㉡-Ⓐ   ㉢-Ⓒ
④ ㉠-Ⓑ   ㉡-Ⓒ   ㉢-Ⓐ
⑤ ㉠-Ⓒ   ㉡-Ⓐ   ㉢-Ⓑ

123 다음 중 적대적 M&A의 방어수단으로 알맞지 않은 것은?

① 정관수정　　　　　② 곰의 포옹　　　　　③ 황금주
④ 팩맨　　　　　　　⑤ 차등의결권제도

124 다음 중 적대적 M&A의 공격전략으로 알맞은 것은?

① 팩맨　　　　　　　② 왕관의 보석　　　　③ 독약처방
④ 황금낙하산　　　　⑤ 새벽의 기습

125 다음 중 경영권이 약한 대주주에게 보유한 주식을 시가보다 높은 가격에 팔아 프리미엄을 챙기는 투자자를 의미하는 것은?

① 팩맨　　　　　　　② 그린 메일러　　　　③ 엔젤 투자자
④ 셸 코퍼레이션　　　⑤ 백기사

126 다음 〈보기〉는 무엇에 대한 설명인가?

보기
우호적인 제3자가 협상을 통해 기업을 인수하게 하여 현 경영진의 지위를 유지하는 적대적 M&A 방어전략이다.

① 정관수정　　　　　② 독약처방　　　　　③ 백기사
④ 왕관의 보석　　　　⑤ 턴어라운드

127 다음 중 합병회사가 행하는 공격전략으로 알맞은 것은?

① 팩맨　　　　　　　② 독약처방　　　　　③ 황금주
④ 차등의결권제도　　⑤ 공개매수

고시넷 코레일 경영학 [직무수행능력평가]

유 형별 출제분석

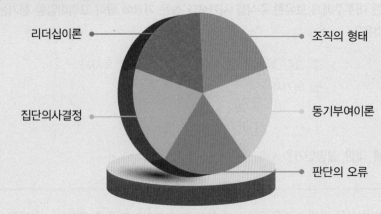

- 리더십이론
- 조직의 형태
- 집단의사결정
- 동기부여이론
- 판단의 오류

합 격전략

기업활동의 조직에서는 학자의 이름과 그가 주장한 이론을 연결하여 출제되는 경우가 있으므로 이론을 주장한 학자와 이론의 관계를 잘 알아둘 필요가 있다. 또한 집단과 개인의 변수들이 생산성, 결근, 이직, 직무만족과 행동에 어떤 영향을 미치는지 이해하면서 학습하는 것이 효과적이다. 동기부여 이론은 내용이론과 과정이론으로 분류되는데 이론과 학자를 숙지해 두어야 한다. 그리고 집단의사결정과 관련된 집단의사 모형, 의사결정 방법, 의사결정의 문제점 등을 이해해야 한다. 리더십 이론은 주로 리더십 상황이론, 거래적 리더십과 변혁적 리더십, 최근에 등장한 리더십 이론을 숙지해야 한다. 권력과 갈등, 조직구조의 특징도 확실히 학습해야 하며 민츠버그의 조직유형, 조직수명주기의 구분도 기억해 두어야 한다.

파트 **3** 코레일 경영학

기업활동의 조직
[경영학원론 II]

❑ 테마 유형 학습

❑ 빈출 지문에서 뽑은 O/X

❑ 기출예상문제

조직론 기초

1 조직의 개념

1. 조직문화

모든 조직구성원들의 규범이 되는 가치와 신념으로 조직 내의 고유한 문화이기 때문에 조직에 대한 몰입을 높이지만 외부환경변화에 대한 적응성, 탄력성 등은 감소된다.

2. 조직개발

전체 구성원들이 조직의 공동목표를 달성할 수 있도록 내부적인 능력을 효율적으로 높여 주는 혁신으로서 행동과학의 지식 등을 활용하는 것을 말하며 개인과 조직의 목표를 분리하는 것이 아니라 통합하는 방법으로 조직의 유효성과 효율성을 극대화시켜 결과적으로 생산성의 증대를 가져온다.

2 조직구조의 설계

상황변수	• 조직규모가 커지면 기계적 조직이 적합 • 조직기술이 복잡하거나 외부환경이 불안정하면 유기적 조직이 적합
매개변수	• 작업의 예측·이해가능성이 높으면 기계적 조직이 적합 • 작업의 다양성이 높거나 반응속도가 빠르면 유기적 조직이 적합
기본변수	• 과업의 설계 : 과업의 분업화, 작업 절차의 공식화, 작업기술의 표준화 • 조직활동의 통합 : 연락·역할, 전임 통합자, 매트릭스조직 • 권한배분 : 수직적 분권화(계층성 권한 이양)와 수평적 분권화(스태프가 의사결정 권한)

3 조직의 성격과 구조

공식적 성격	공식적 조직은 과업수행을 위하여 관리자들에게 부과된 직무와 권한 그리고 의무체계이며 과업성취를 위하여 인위적으로 만들어짐.
비공식적 성격	전형적인 예로 조직 내에 개인적인 취향을 보장하는 각종 취미활동 그룹들이 있음.
유기적 조직	• 통제가 비교적 자유로운 경우와 동태적 환경에 적합하며 관리의 폭이 넓음. • 공식화율은 낮고 분권화의 정도는 높으며 갈등해결도 자유로운 토론방식에 의함.
기계적 조직	• 철저한 통제가 필요한 경우와 안정적 환경에 적합하며 관리의 폭이 좁음. • 명령과 지시에 의하며 갈등해결도 토론이 아닌 상급자의 의사결정에 따름.

☑ 집권화는 의사결정 권한이 조직계층 상층부에 집중되는 것을 의미하고 분권화는 의사결정이 조직계층 하부에 위임되는 것을 의미한다.

4 집권화와 분권화

1. 집권화와 분권화의 구분

(1) 조직의 집권화와 분권화는 권한 위임 정도에 따라서 구분된다.

(2) 집권화된 조직 : 최고 의사결정권한이 부여된 사람에게 대부분의 권한이 집중되어 있어 집권화된 조직에서의 관리조직은 확고한 명령·지휘체계 확립이 무엇보다 중요시된다.

(3) 분권화된 조직 : 환경변화에 신속하게 대응할 수 있게 하고, 권한을 위임받은 자는 해당 업무에 전문적 지식을 갖고 있기 때문에 좀 더 과학적 의사결정과 관리를 수행할 수 있다. 또한 권한의 위임은 동기를 유발하여 기업성과를 높여 줄 수 있다.

2. 집권화

(1) 집권화의 형성요인

① 작은 조직규모, 역사가 짧은 조직
② 조직의 위기 발생
③ 개인 리더십에 크게 의존하는 조직
④ 하위 구성원의 역량 부족
⑤ 높은 의사결정의 중요도
⑥ 상급자에 집중된 정보
⑦ 외부 환경 변화 예 정부의 집권적 통제

(2) 집권화의 장단점

장점	단점
• 통일성 촉진 • 전문화 제고 • 신속한 업무 처리 • 행정기능의 중복과 통합 회피 • 분열 억제	• 조직의 관료주의화 성향 및 권위주의 성격 초래 • 조직의 형식주의화로 인한 창의적이고 적극적인 노력 억제 • 획일주의로 인한 탄력성 저해

3. 분권화

(1) 분권화의 형성요인

① 최고관리자가 장기계획 및 정책문제에 더 많은 시간과 노력 투입
② 업무를 신속하게 처리해야 할 필요성
③ 조직 내 관리자 육성 및 동기부여의 필요성
④ 조직의 규모 증가에 따른 복잡성 증가
⑤ 지역의 특수성을 고려할 필요성
⑥ 분권화를 이끌 수 있는 유능한 관리자가 다수 존재

(2) 분권화의 장단점

장점	단점
• 대규모 조직, 최고관리층의 업무 감소 • 의사결정기간 단축 • 참여의식과 자발적 협조 유도 • 조직 내 의사전달의 개선 • 실정에 맞는 업무처리 가능	• 중앙의 지휘 및 감독 약화 • 업무 중복 초래 • 조직구성원의 힘이 분산되어 협동심 약화 • 조정이 어려움. • 전문직 양성 한계

대표기출유형

다음 중 집권화와 분권화에 대한 설명으로 알맞지 않은 것은?

① 조직이 선택한 기술에 따라서 분권화가 달라진다.
② 이익에 의해 각 부서를 통제할 경우에 분권화가 촉진된다.
③ 조직의 규모가 커질수록 집권화가 촉진된다.
④ 업무수행 장소가 지역적으로 떨어져 있는 경우에 분권화가 촉진된다.
⑤ 조직 내 상급자에게 정보가 집중될 경우 집권화가 촉진된다.

정답 ③

해설 조직의 규모가 커질수록 분권화가 촉진된다.

www.gosinet.co.kr gosinet

기출문제

경영과 기업

기업활동의 조직

인사관리

생산관리

마케팅관리

실전모의고사

조직의 형태

> 조직구조란 조직의 모든 활동을 경영자와 종업원, 경영자와 경영자, 종업원과 종업원 간의 관계성 차원에서 분할하고 집단화하고 조정하는 방법이다.

1 라인조직(직계조직, Line Organization)

경영자 또는 관리자의 권한과 명령이 상부에서 하부로 직선적으로 전달되는 조직형태로, 가장 단순하고 편성하기 쉬운 조직형태이다.

장점	단점
• 관리자의 통제와 통솔력이 강함. • 중앙의 의사결정이 신속하고 정확하게 전달됨. • 종업원 각자가 임기응변의 조치를 취하기 쉬움. • 하급자들의 훈련 및 직무평가가 효과적임.	• 관리자의 업무가 지나치게 많음. • 다른 부문과 유기적 연결이 어려움. • 중간경영자의 의욕과 창의성 발휘가 어려움. • 관리자의 개인적 성향에 의하여 독단적인 처리가 생길 우려가 있음.

2 기능(직능)식 조직(Functional Organization)

라인조직의 결점을 보완하여 제안된 형태로 명령과 복종관계에서 진보된 조직이다. 기능식 조직은 관리자의 업무를 전문화하고 부문마다 다른 관리자를 두어 작업자를 전문적으로 지휘·감독한다. 기능식 조직은 환경의 불확실성이 낮고 안정적인 경우에 적합하다.

강점	약점
• 자원의 효율적 이용(규모의 경제 실현) • 구성원의 심층적 과업기술 개발에 도움 • 구성원의 경력경로명을 명확하게 함. • 지시계통을 통일할 수 있음. • 직능 내에서 조정활동이 용이함.	• 의사결정이 느림. • 조직의 혁신성이 부족하게 됨. • 성과에 대한 책임성이 명확하지 않음. • 관리훈련이 제한되어 있음. • 직능별 조정이 어려움.

> 인사관리자는 라인-스태프 조직구조의 스태프의 지위에서 라인에 대한 서비스를 수행하는 한편, 최고경영자의 관리자 지명에 대한 반대의 책임을 진다. 또한 조직 내 각 부문 간의 갈등을 조정하는 역할을 수행한다.

3 라인-스태프 조직(Line and Staff Organization)

기능의 원리와 지휘, 명령, 통일의 원칙을 조화시킬 목적으로 라인과 스태프의 역할을 분리한 것이다.

1. 서비스 스태프(Service Staff)

주로 작업적 성격의 서비스 기능을 담당한다.

예 연구소, 자재부, 설계부 등

2. 관리 스태프(Administration Staff)

계획 스태프, 통제 스태프, 조정 스태프로 나누어지는데 단순한 조언의 권한뿐만 아니라 기능적 통제의 권한이 부여되는 경우가 많다.

예 생산관리부, 기획실 등

3. 자문 스태프(Advisory Staff)

라인 장의 자문에 응하며 타 부문의 의뢰에 대하여 조언과 의견을 제시한다.

예 조사부, 노무관계부, 시장조사부 등

4 사업부 조직

1. 제품별, 지역별, 고객별 각 사업부의 본부장에게 생산, 구매, 판매 등 모든 부문에 걸쳐 대폭적인

권한이 부여되며, 독립채산적인 관리단위로 분권화하여 이것을 통괄하는 본부를 형성하는 분권적인 관리형태다.

2. 이익중심점을 기준으로 구성된 신축성 있는 조직으로 자기통제의 팀워크가 특히 중요한 조직이다.

강점	약점
• 불안정한 환경에서 신속한 변화에 적합 • 제품에 대한 책임과 담당자가 명확해 고객만족을 높일 수 있음. • 사업부 내 관리자와 종업원의 밀접한 상호작용으로 효율이 향상 • 제품의 제조와 판매에 대한 전문화와 분업이 촉진 • 제품 수가 많은 대규모 기업에 유리 • 분권화된 의사결정	• 자원이 비효율적으로 이용됨. • 제품라인 간 조정 약화 • 전문화 곤란 • 제품라인 간 통합과 표준화 곤란 • 사업부 간의 중복으로 예산낭비, 사업부 간 이기주의의 초래 등 문제점이 발생 • 제품라인 간 통합과 표준화가 용이하지 않음.

5 매트릭스 조직(행렬조직)

1. 다양한 전문적 기술을 가진 사람들의 집단에 의해 해결될 수 있는 프로젝트를 중심으로 조직화된 것으로, 프로젝트 조직과 기능적 조직을 절충한 조직형태이다.

2. 매트릭스 구조(Matrix Structure)는 담당자가 기능부서에 소속되고 동시에 제품 또는 시장별로 배치되어(프로젝트 부서에도 소속되어) 다른 조직구조에 비하여 개인의 역할갈등이 증가한다.

3. 매트릭스 조직은 자원이 풍부하지 않은 소규모 조직에서 구성원들을 효율적으로 사용하기 위하여 사용하는 경향이 있다.

강점	약점
• 다양한 환경에 적응 용이 • 복잡한 의사결정에 효과적 • 기능과 제품 간 통합기술개발이 가능 • 관리자가 프로젝트에 사람을 임명하는 데 유연성이 있음.	• 이중보고 체제로 인해 역할갈등 현상이 나타남. • 빈번한 회의와 조정과정으로 의사결정의 지연 초래 • 조직의 일체감 및 충성심의 저하

☑ 매트릭스 조직은 기능(직능)식 조직과 프로젝트 조직의 장점을 동시에 살리려는 조직으로 제품혁신과 기술적 전문성 확보가 목표다.

☑ 매트릭스 조직의 특징
 1. 고도의 전문 요원들로 충원되기 때문에 수평화가 매우 커진다.
 2. 수직적 분화의 정도는 매우 낮다.
 3. 규칙과 규정이 거의 없다.
 4. 의사결정은 분권화된 팀에 의존한다.

대표기출유형

🔷 **다음의 특징을 갖는 조직구조는 무엇인가?**

> 특정 과제 해결을 위해 일시적으로 구성되는 조직구조로 목표가 달성되면 해체된다. 기동성이 높고, 탄력성이 좋다. 관리자의 지휘 능력에 크게 의존하며, 팀의 조직구성원과 소속 부문 간의 관계조정에 어려움이 따른다.

① 라인조직　　　　　② 기능식 조직　　　　　③ 프로젝트 조직
④ 사업부제 조직　　　⑤ 매트릭스 조직

정답 ③

해설 프로젝트 조직은 특정한 사업 목표를 달성하기 위해 임시적으로 조직 내의 인적 · 물적 자원을 결합하는 조직형태로 목표가 달성되면 해체된다.

민츠버그의 조직유형

민츠버그(Henri Mintzberg)는 모든 조직은 전략경영층, 중간관리층, 핵심운영층, 기술전문가부문, 지원 스태프로 구성된다고 하였으며, 조직구조의 유형은 단순조직, 기계적 관료제 조직, 전문적 관료제 조직, 사업부제 조직, 애드호크라시 조직으로 총 다섯 가지가 있다고 했다.

1 민츠버그의 조직유형 개념

1. 조직의 구성요인

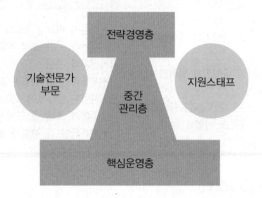

(1) 전략경영층(Strategic Apex) : 조직 최고위의 의사결정을 담당하고 전체적인 방향성을 제시한다.

(2) 중간관리층(Middle Line) : 각 기능들이 원활히 동작할 수 있도록 관리하는 중간관리자의 역할을 한다.

(3) 기술전문가 부문(Techno-Structure) : 조직 자체의 구조를 설계하고 ERP나 PLM과 같은 운영 프로세스를 구축하는 역할을 한다.

(4) 지원 스태프(Support Staff) : 운영 프로세스 이외의 업무, 인사·법무·총무 등을 담당한다.

(5) 핵심운영층(Operating Core) : 조직의 생산서비스를 실제로 담당하는 실무진이다(구매, 제조, 판매 등).

2. 구성요인의 지향성

(1) 전략경영층의 중앙집권화 : 전략경영층의 직접 감독에 의한 조정으로 단순구조의 조직에서 강하게 작용한다.

(2) 중간관리층의 전문화 : 산출물의 표준화에 의한 조정을 통해 발휘되는 힘으로 사업부제 조직에 강하게 작용한다.

(3) 기술전문가부문의 표준화 : 과업과정의 표준화에 의한 조정을 통해 발휘되며 기계적 관료제 구조에서 강하게 작용한다.

(4) 지원 스태프의 조직 간 교류 지향 : 상호 적응에 의한 조정을 통해 발휘되며 혁신 구조, 애드호크라시에서 강하게 작용한다.

(5) 핵심운영층의 분업화·전문화 지향 : 작업 기술의 표준화에 의한 조정을 통해 발휘되며 전문적 관료제 구조에서 강하게 작용한다.

2 전형적인 조직의 유형과 특징

민츠버그(Mintzberg)는 단순조직(Simple Structure), 기계적 관료제 조직(Machine Bureaucracy), 전문적 관료제 조직(Professional Bureaucracy), 사업부제 조직(Divisional Structure), 애드호크라시 조직(Adhocracy)을 전형적인 조직의 유형으로 보았다.

1. 단순조직(Simple Structure, 전략경영층 중심)

(1) 조직의 중간 계층이 없거나 적은 형태로, 조직이 정형화되지 않은 초기에 주로 나타나며, 최고경영층이 독자적으로 조직을 운영한다.

(2) 최고위의 의사결정에 따라 움직임이 빠르다는 장점이 있지만, 그 결정이 잘못되었을 경우에 대한 위험성에 노출되어 있고 그 결정이 실행되는 과정의 효율화 정도가 부족하다는 단점이 있다.

(3) 강력한 리더십이 필요한 경우에 적합하며, 벤처기업에 적용이 가능하다.

2. 기계적 관료제 조직(Machine Bureaucracy, 기술전문가 중심)

(1) 반복업무가 많을 경우 나타나는 유형이다. 중간계층이 굉장히 비대한 형태로, 조직 자체의 운영 프로세스를 고도화시킨 경우이다.

(2) 조직의 모든 업무가 표준화되어 운영되며, 특정 문제를 해결하기 위한 조직이라기보다는 정해진 업무의 효율성 제고에 최적화된 형태다.

(3) 많은 규칙과 규제가 필요하며 공식화 정도가 매우 높다.

3. 전문적 관료제 조직(Professional Bureaucracy, 핵심운영층 중심)

(1) 표준화하기가 힘든 고도의 기술지식을 보유한 전문가가 스스로의 업무에 대한 통제·재량을 행사하는 구조이다.

(2) 개인의 전문성에 의존하는 조직에서 나타나며, 민주적으로 폭넓은 재량이 주어지나 조정이 문제될 수 있고 혁신이 어려울 수 있다.

(3) 환경이 복잡하고 표준화된 기술과 지식이 요구되는 경우에 적합하다.

4. 사업부제 조직(Divisional Structure, 중간관리층 중심)

(1) 기업집단에서 나타나는 형태로, 고객·지역별로 분할되어 자율적인 구매·생산·판매를 수행하는 사업부로 구성된 분권적 조직이다.

(2) 각 하위조직별로 표준화가 독자적으로 진행되며, 조직 간의 표준화가 쉽지 않기 때문에 상부조직의 기술관료 조직은 작다.

(3) 중간 관리층의 역할이나 중요성이 매우 크다.

5. 혁신조직-애드호크라시 조직(Adhocracy, 지원스태프 중심)

(1) 단순조직이 초기 조직에 나타나는 유형이라면, 애드호크라시는 이 중에서도 보다 빠르고 혁신적인 기능에 집중된 조직이나 기존 조직에서 임시적으로 형성된 조직에서 나타난다.

(2) 중간계층이 기술관료와 지원스태프의 역할을 겸하고 있으며, 무언가를 최종적으로 실행하는 조직이라기보다는 그 실행을 위한 문제해결에 최대한 초점을 맞춘 조직유형이다.

(3) 기술의 변화속도가 빠른 동태적인 환경에 적합하다.

구분	단순조직	기계적 관료제 조직	전문적 관료제 조직	사업부제 조직	애드호크라시 조직
중요조정 메커니즘	직접감도	과업의 표준화	지식 및 기술의 표준화	산출물의 표준화	상호 조정
조직의 핵심부문	전략층	기술전문가 부문	핵심운영층	중간관리층	지원스태프

www.gosinet.co.kr gosinet

기출문제

경영과 기업

기업활동의 조직

인사관리

생산관리

마케팅관리

실전모의고사

과업의 분업화	낮은 분업화	높은 수평적·수직적 분업화	높은 수평적 분업화	부분적·수평적·수직적 분업화 (사업부와 본사 간)	높은 수평적 분업화
훈련과 교육	거의 없음.	거의 없음.	많이 필요함.	어느 정도 필요함(사업부 관리자에게 필요).	많이 필요함.
행동의 공식화	낮은 공식화	높은 공식화	낮은 공식화	높은 공식화 (사업부 내)	낮은 공식화
관료적/유기적	유기적	관료적	관료적	관료적	유기적
단위그룹핑	주로 기능성	주로 기능성	기능 및 시장	시장	기능 및 시장

3 조직구조의 유형별 장·단점

구분	장점	단점
단순조직	• 조직목표와 책임의 명확성 • 높은 융통성과 적은 유지비용	권력의 집중으로 권력남용 가능성
기계적 관료제 조직	• 중복 방지로 규모의 경제 실현 • 구성원들의 전문성 제고 • 높은 공식성으로 예측가능성 증진	• 기능 간 조정 곤란 • 구성원들의 훈련된 무능 야기 • 높은 공식성으로 경직성 야기
전문적 관료제 조직	전문성을 확보하면서 조직의 능률성 제고	전문성에 의한 수평적 분화로 훈련된 무능과 갈등 야기
사업부제 조직	자체완결적 구조로 기능 간 조정, 성과 관리, 고객만족도 증진 등에 유리	활동과 자원의 중복으로 인한 비효율성, 사업부서 간 조정 곤란 등
애드호크라시 조직	• 환경변화에 대한 신속한 대응 • 인적자원의 효율적 활용 • 비일상적 기술에 적합	• 조직의 잠정성·불안정성 • 긴장과 갈등으로 조정 곤란 • 권한과 책임한계 모호

대표기출유형

➕ 다음에서 설명하고 있는 민츠버그(H. Mintzberg)의 조직구조는?

> 최고위의 의사결정에 따른 움직임이 빠른 장점이 있지만, 그 결정이 잘못되었을 경우에 대한 위험성에 노출되어 있고 그 결정이 실행되는 과정의 효율화 정도가 부족하다.

① 사업부제 조직　　② 애드호크라시 조직　　③ 기계적 관료제 조직
④ 단순조직　　⑤ 전문적 관료제 조직

정답 ④

해설 단순조직은 조직의 중간 계층이 없거나 적은 형태로, 조직이 정형화되지 않은 초기에 주로 나타나며, 최고경영층이 독자적으로 조직을 운영한다.

조직수명주기

1 조직수명주기의 개념

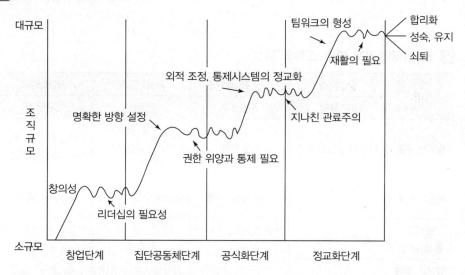

기출문제

경영과 기업

기업활동의 조직

☑ 조직수명주기(Life Cycle)는 조직이 어떻게 성장하고 변화하는지를 알게 해 주는 유용한 개념이다. 조직수명주기의 단계별로 조직구조, 리더십, 관리스타일은 일정한 패턴을 가지고 변화한다. 수명주기현상은 경영자들로 하여금 조직이 다음 단계로 성장함에 따라 나타나는 문제점을 이해하고 해결할 수 있도록 도와준다.

1. 창업단계(Entrepreneurial Stage)

(1) 조직의 설립자인 경영주는 모든 노력을 창의적인 단일제품 또는 서비스의 생산과 마케팅의 기술적 활동에 기울이며 생존을 도모한다.

(2) 조직의 지속적인 성장을 위해 관리활동의 결여로부터 오는 위기를 극복하는 데 적절한 관리 기법을 도입하거나 소개할 수 있는 강력한 지도자가 필요하다.

☑ 창업단계란 조직이 창업되어 창의력을 바탕으로 성장하는 단계를 말한다.

2. 집단공동체단계(Collectivity Stage)

(1) 권한체계, 직무할당 그리고 초기 과업의 분화에 따른 부서정비, 공식적인 절차 등과 같은 조직구조의 체계화가 서서히 이루어지며 구성원들은 조직의 성공과 사명을 달성하는 데 몰입하게 된다.

(2) 다소 공식적인 시스템이 나타나기 시작하지만 커뮤니케이션과 통제가 비공식적이다.

(3) 최고경영자는 조직의 모든 부분을 직접 조정하고 관할하려 하고 하위관리자는 자신의 기능 분야에 대한 자신감을 획득하여 보다 많은 재량권을 요구하나, 강력한 리더십을 통해 성공을 거둔 최고경영자가 권한을 포기하지 않음으로써 위기가 발생한다.

(4) 조직은 최고경영자의 직접적인 조정과 감독 없이 스스로를 조정하고 통제할 메커니즘을 찾으려 한다. 따라서 이 시점에서의 위기를 극복하기 위해서는 의사결정 권한의 위임과 그러한 위임에 따른 통제 메커니즘을 확보해 주는 구조설계전략이 필요하다.

☑ 집단공동체단계란 창업주 혹은 외부 영입 리더가 강력한 리더십을 발휘하여 조직의 목표 및 관리방향을 적극적으로 제시하고 설정함으로써 성장하는 시기를 말한다.

인사관리

생산관리

마케팅관리

실전모의고사

3. 공식화단계(Formalization Stage)

(1) 최고경영자는 권한을 하부로 위임하지만 동시에 보다 밀도 있는 통제를 바탕으로 안정과 내부효율성을 추구하기 위하여 공식적 규칙과 절차 그리고 관리회계와 같은 내부통제시스템을 들여온다.

(2) 경영자가 내부효율성 통제를 위해 공식적인 제도, 규정, 절차 등의 내부통제시스템을 도입하여 성장하는 시기다.

☑ 공식화단계는 최고경영자가 전략과 회사 전반에 관련된 계획에만 관심을 가지며 기업의 일상적인 운영사항은 중간관리자에게 위임하는 시기를 말한다.

✓ 정교화단계는 관료주의로 경직된 조직을 팀제, 모험사업부(New Venture Division), 전략적 사업단위(Strategic Business Unit) 그리고 매트릭스 조직과 같은 소규모 혹은 정교한 구조의 조직으로 개편함으로써 성장하는 단계다.

4. 정교화단계(Elaboration Stage)

팀 육성에 의한 방법으로 활력을 회복한 조직이라도 성숙기에 도달하고 난 후에는 일시적인 쇠퇴기에 진입하게 된다. 조직은 적시에 환경 적응을 하지 못하므로 다시 성장하기 위해서 혁신을 통한 새로운 활력이 필요하게 된다. 이 시기의 조직은 혁신과 내부합리화를 통한 조직의 재활이 필요하다.

2 조직수명주기에 따른 조직의 특성

구분	창업단계	집단공동체단계	공식화단계	정교화단계
	비관료적	준관료적	관료적	초관료적
특징적 구조	비공식적, 1인체제	전반적으로 비공식적, 부분적 절차	공식적 절차, 명확한 과업문화, 전문가 영입	관료제 내의 팀 운영, 문화의 중요성
제품/서비스	단일의 제품 및 서비스	관련 주요 제품	제품라인 및 서비스	복수의 라인
보상과 통제시스템	개인적, 온정적	개인적, 성공에 대한 공헌	비인적, 공식화된 시스템	제품과 부서에 따라 포괄적
혁신의 주체	창업주	종업원과 창업주	독립적인 혁신집단	제도화된 R&D
목표	생존	성장	명성, 안정, 시장확대	독특성, 완전한 조직
최고경영자 관리스타일	개인주의적, 기업가적	카리스마적, 방향제시	통제를 바탕으로 한 위임	참여적, 팀 접근적

대표기출유형

🔖 다음 중 조직수명주기에 관한 설명으로 옳지 않은 것은?

① 창업단계에서 경영자는 내부효율성 통제를 위해 기업의 일상적인 운영사항을 중간관리자에게 위임하는 경우가 있다.

② 집단공동체단계는 다수의 공식적인 시스템이 나타나기 시작하지만 커뮤니케이션과 통제가 비공식적이다.

③ 공식화 단계에서 경영자는 내부효율성 통제를 위해 공식적인 제도, 규정, 절차 등의 내부 통제시스템을 도입한다.

④ 정교화단계에서 조직은 초관료적인 조직이다.

⑤ 조직수명주기(Organization Life Cycle)의 발달순서는 창업단계 – 집단공동체단계 – 공식화단계 – 정교화단계 – 쇠퇴이다.

정답 ①

해설 창업단계에서는 관리활동의 결여로부터 오는 위기를 극복하는 데 적절한 관리기법을 도입하거나 소개할 수 있는 강력한 지도자가 필요하다.

학습조직

1 학습조직(Learning Organization)의 개념

1. 학습조직의 의의

조직구성원들이 진정으로 원하는 성과를 달성하도록 지속적으로 역량을 확대시키고 새롭고 포용력 있는 사고능력을 함양하며 학습방법을 서로 공유하면서 지속적으로 배우는 조직이다.

2. 학습조직의 유형

학습조직의 유형은 조직 내 지식 시장 메커니즘을 통한 지식 이전 및 공유를 강조하는 입장과 구성원 간의 강한 신뢰, 애정, 배려 등이 특징인 공동체적 문화를 통한 지식 창출을 강조하는 입장이 있다.

2 학습조직의 특징

1. 지식의 창출, 공유 및 활용에 뛰어난 조직

학습조직은 조직 내부의 상황과 외부환경을 선험적 혹은 경험적으로 지각하고 당면한 문제를 해결하기 위하여 지식을 창출하여 관련된 사람들과 집단이 공유하며 효과적으로 활용하는 데 뛰어난 조직이다.

2. 창조적 변화능력의 촉진 조직

학습조직은 조직 내에 창조적인 변화능력을 확대하고 심화하는 학습을 유발하고 촉진하며 효율적으로 문제해결을 이끌어 나가는 조직이다.

3. 탈관료제 지향의 조직

(1) 관료제 조직에서는 공식적인 법규정과 문서에 근거한 업무수행을 강조하지만 학습조직은 조직의 효율성을 높일 수 있는 비공식적이고 현실적이며 신축성 있는 원칙도 중요시한다.

(2) 관료제 조직에서는 계층제적 권위에 의한 집권적 의사결정과 하향적인 지시, 명령에 의하여 조직을 관리하는 것이 특징이지만 학습조직은 분권과 참여와 구성원의 자율성을 토대로 하는 상향적 업무수행을 강조한다.

(3) 관료제 조직에서는 형식적, 수단적 합리성과 인간의 감정을 고려하지 않는 업무처리를 지향하지만 학습조직은 실질적 합리성과 인간주의적 조직 관리 전략을 강조한다.

(4) 관료제 조직은 조직을 하나의 기계나 도구로 여기지만 학습조직에서는 조직을 하나의 살아 있는 유연한 유기체로 본다.

4. 현실을 이해하고 현실의 변화방법을 탐구하는 조직

조직은 하나의 현실로서 존재한다. 학습활동을 통하여 조직 구성원이 조직의 현실을 바르게 지각하고 이해하며 현실의 변화방법을 설계하고 선택하며 실행하는 중심체가 학습조직이다.

5. 학습자의 주체성·자발성·참여성이 존중되는 조직

학습조직은 소수의 최고관리자의 독단적·강제적·하향적 결정에 수동적으로 복종하여 학습하는 것이 아니라 학습자 스스로가 주체가 되어 자발적으로 참여함으로써 학습의 목표를 달성한다.

☑ 학습조직은 모든 구성원들이 끊임없이 학습하고 학습과정을 의식적으로 관리하는 조직으로, 새로운 지식과 이해를 통하여 행동을 수정하고 변신을 추구하는 조직이다.

☑ 학습조직의 설계원리
1. 지속적인 학습기회의 창출
2. 탐구심과 대화의 증진
3. 협력과 팀 학습의 조장
4. 학습을 촉진하고 공유할 수 있는 체제의 구축
5. 공통적 비전을 가질 수 있도록 사람들에게 권한을 부여
6. 조직과 환경의 연결

기출문제 / 경영과 기업 / 기업활동의 조직 / 인사관리 / 생산관리 / 마케팅관리 / 실전모의고사

☑ 지식을 보유하고 있는 주체에 따른 분류
1. 개인적 지식은 개인에게 체화되어 있거나 개인적으로 보유하고 있는 지식을 말한다.
2. 조직적 지식은 개인의 출입과는 관계없이 조직 내에 축적되어 남겨지는 지식을 말한다. 기술, 특허, 경영기법, 노하우, DB뿐만 아니라 전략, 사업영역, 문화 등도 포함된다.

☑ 지식의 형태에 따른 분류
1. 암묵지는 장인의 비장의 기술처럼 말로는 표현할 수 없지만 알고 있는 지식을 말하며, 노하우와 조직문화 등이 포함된다.
2. 형식지는 말이나 글로 표현할 수 있는 지식을 말하며 업무 매뉴얼, 설계도, DB 등과 같이 정형화된 것이 포함된다.

6. 연속적인 학습이 이루어지는 조직

학습조직에서의 학습은 어떤 일시적인 목표를 정해 놓고 그것에 도달하면 종료되는 것이 아니라 지속적·연속적으로 이루어지는 것이다.

7. 조직, 조직구성원, 고객을 만족시키는 조직

학습조직은 조직이 지향할 새로운 가치를 창조하고 그것을 실행할 능력을 발전시키며 구체적인 조직활동의 성과를 통하여 조직과 조직구성원 및 조직의 고객만족을 지향하는 조직이다.

3 전통조직과 학습조직의 구분

구분	전통조직	학습조직
공유 비전	효과성, 효율성	탁월성, 조직적 변화
리더십 유형	통제자	촉진자
팀	작업집단	시너지 팀
전략	안내 지도(Road Map)	학습 지도(Learning Map)
구조	계층적 구조	역동적 네트워크
스태프	알고 있는 집단	학습 집단
기술	적응 학습	생성 학습
측정기계	재정 보고	균형잡힌 득점표

대표기출유형

➕ 학습조직에 대한 설명으로 옳지 않은 것은?

① 구성원들의 끊임없는 학습과 발달이라는 학습의 지속성을 강조한다.
② 구성원들의 학습과정을 직접 관리하고 지시하는 강력한 리더십을 발휘할 것을 요구한다.
③ 조직을 끊임없이 변화하고 발전하는 하나의 유기체로 인식한다.
④ 조직 내의 지식을 공유하고 이를 전수하면서 지속적으로 지식을 축적한다.
⑤ 실질적 합리성을 바탕으로 하는 탈관료제적 조직구조를 지향한다.

정답 ②

해설 학습조직은 강력한 리더가 주체가 되어 학습을 관리하고 지시하는 것이 아닌, 모든 구성원들이 주체성을 가지고 자발적으로 학습하고 발전해가는 학습자의 주체성과 자발성을 강조한다.

강화이론

1 강화의 유형

강화이론에서 긍정적 강화(Positive Reinforcement)와 부정적 강화(Negative Reinforcement)는 바람직한 행동의 빈도를 증가시킨다. 소거와 벌은 행위의 빈도를 감소시키는 데 그 목적이 있다. 스키너는 긍정적인 강화와 소거가 개인의 성장을 고무하는 반면, 부정적인 강화와 벌은 개인의 미성숙을 초래하여 결국에는 전체조직의 비효율성을 가져오게 된다고 주장했다.

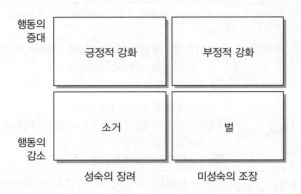

1. 적극적(긍정적) 강화(Positive Reinforcement)

바람직한 행위의 빈도를 증가시키기 위한 방법으로 유쾌한 보상을 제공하는 것이다. 이는 인간의 행동에 변화를 주기 위한 전략으로 다루어지는 강화이론의 한 방법으로, 조직구성원들의 반응에 따라 제공되는 자극의 형태다.

2. 소극적(부정적) 강화(Negative Reinforcement, Avoidance)

(1) 도피학습(Escape Learning) : 개인의 바람직한 행위가 증가하면 혐오자극을 감소시키거나 제거하는 반응을 획득하도록 하여 그 행위를 증가시키는 것이다.

(2) 회피학습(Avoidance Learning) : 바람직한 행위를 하여 불쾌함 또는 위험한 자극을 피하는 방법을 배우는 것이다.

3. 소거(Extinction)

어떤 행위를 감소시키기 위하여 과거에 그런 행위와 관련되어 있던 긍정적인 강화를 철회하는 것으로, 바라지 않는 행위가 일어났을 때 정직을 시키거나 교육의 기회를 박탈하거나 새로운 장비의 사용을 금지하는 것 등을 말한다.

4. 벌(제재, Punishment)

행위를 감소시키거나 금지하도록 하기 위하여 부정적인 결과를 제공하는 것으로, 원지 않는 행동에 대하여 불편한 결과를 제공함으로써 그 행동의 발생 확률을 낮추는 방법이다.

2 강화방법

1. 강화계획

반응이 일어날 때마다 강화를 제공할 것인지 어떤 특정한 시간의 경과나 행동 빈도 이후의 반응에 대해서만 강화를 제공할 것인지를 계획하는 것이다.

2. 강화계획의 종류

(1) 연속적 강화(Continuous Reinforcement) : 바람직한 행위가 있을 때마다 보상을 주는 방법으로, 최초에 행위가 학습되는 과정에서는 대단히 유효한 방법이지만 시간이 지날수록 그 효율성이 떨어진다.

(2) 부분적 강화(단속적 강화, Intermittent Reinforcement) : 바람직한 행위가 일어날 때마다 보상하는 것이 아니라 간헐적으로 행위에 대한 보상이 이루어지는 것으로, 초기의 학습과정에 있어서는 반복을 위하여 다소 자주 보상받을 수도 있으며 시간이 흐름에 따라 보상의 빈도가 감소되기도 한다.

간격법 (시간을 사용하는 방법)	고정간격법	• 정해진 시간마다 강화가 이루어지는 방법으로 강화효과가 가장 낮다. • 행위가 얼마나 많이 일어났는가에 관계없이 정해진 일정한 간격으로 강화요인을 적용하는 방법 예 주급이나 월급 등과 같이 정규적인 급여제도
	변동간격법	• 강화시기가 무작위로 변동한다. • 강화요인의 간격을 일정하게 두지 않고 변동하게 하여 강화요인을 적용하는 방법이다. 예 불규칙적인 보상이나 승진, 승급 등
비율법 (횟수를 사용하는 방법)	고정비율법	행위가 일어나는 일정 횟수마다 강화가 이루어진다. 예 생산의 일정량에 비례하여 지급하는 성과급제도 등
	변동비율법	• 강화가 이루어지는 데 필요한 행위의 횟수가 무작위로 변동한다. • 강화요인의 적용을 행위의 일정한 비율에 따르는 것이 아니라 변동적인 비율에 따르는 것이다.

3. 효과적인 강화방법

일반적으로 연속강화법보다는 부분강화법이, 부분강화법 가운데에서는 간격법보다는 비율법이, 비율법 가운데에서는 고정법보다는 변동법이 보다 효과적이다. 즉 부분강화법의 효과성은 고정간격법, 변동간격법, 고정비율법, 변동비율법의 순서로 높다.

대표기출유형

🔷 **강화이론(Reinforcement Theory)에 대한 설명 중 적절하지 않은 것은?**

① 적극적 강화는 보상을 이용한다.
② 도피학습, 회피학습은 소극적 강화에 해당한다.
③ 기존에 주어졌던 혜택이나 이익을 제거하는 것은 소거에 해당한다.
④ 간격법과 비율법 중 더 효과적인 방법은 간격법이다.
⑤ 긍정적인 행위가 있을 때마다 보상을 주는 것을 연속적 강화라고 한다.

정답 ④

해설 비율법이 성과와 강화요인 간의 직접적인 연관성을 가지기 때문에 간격법보다 비율법의 학습효과가 더 높다.

동기부여 내용이론

1 동기부여이론의 분류

동기부여이론은 연구의 관점에 따라 크게 내용이론과 과정이론으로 분류된다. 동기부여는 개인의 특성만으로 발생하는 것이 아니라 각자 처한 상황과 상황 간 상호작용의 결과다.

내용이론	과정이론
사람들은 무엇에 의하여 동기부여되는가?	사람들은 어떤 과정을 거쳐서 동기부여되는가?
• 매슬로우의 욕구단계이론 • 알더퍼의 ERG이론 • 허즈버그의 2요인(동기-위생)이론 • 맥클리랜드의 성취동기이론	• 브룸의 기대이론 • 아담스의 공정성이론 • 포터와 롤러의 기대이론 • 로크의 목표설정이론

2 내용이론

동기부여 내용이론은 개인의 행동을 작동시키고 에너지를 일정한 방향으로 조정하고 유지시키는 내적 요인에 초점을 두는 촉구와 동기 자체에 관한 이론으로서, 인간과 환경(외부)의 상호작용을 밝히려 하지 않고 동기유발의 실체를 밝히려고 한다. 즉 인간이 어떤 자극을 선택하고 변경하도록 행동을 일으키고 활성화시키는 인간내부적 실체가 무엇인가를 밝히고자 하는 동기부여이론이다.

1. 매슬로우(A. H. Maslow)의 욕구단계이론

(1) 인간의 욕구를 생리적 욕구, 안전 욕구, 사회적 욕구, 존경 욕구, 자아실현 욕구의 5단계로 구분하였다.

(2) 하위욕구가 충족되면 하위욕구의 충족을 위한 요인은 더 이상 동기부여요인이 될 수 없다는 점에서 만족-진행 모형이다.

2. 알더퍼(C. Alderfer)의 ERG이론

(1) 세 가지 욕구

① 존재 욕구(E ; Existence Needs) : 기본적인 욕구로 배고픔, 목마름, 거처 등의 생리적 물질적인 욕구, 조직에서 임금이나 쾌적한 생리적 작업 조건 및 안전의 욕구다.

② 관계 욕구(R ; Relatedness Needs) : 의미있는 사회적 · 개인적 인간관계 형성에 의해서 충족될 수 있는 조직 내 대인관계에서의 욕구와 소속, 인정, 존경의 욕구 등이다.

③ 성장 욕구(G ; Growth Needs) : 창조적 개인의 성장과 관련한 욕구, 새로운 능력의 개발 성취 욕구, 인격적 가치 실현의 욕구, 개인의 생산적이고 창의적인 공헌에 의해서 충족될 수 있는 욕구다.

(2) ERG이론의 특징

① 매슬로우의 다섯 가지 욕구단계를 세 단계로 단순화하여 분류하였지만 욕구를 계층화하고 그 단계에 따라 욕구가 유발된다는 측면에서는 유사하다.

동기부여란 목표달성을 위한 지속적인 노력의 발동을 뜻한다. 조직에서 사람이 무엇 때문에 또는 어떤 조건하에서 자발적으로 열심히 일을 하며 자신이 하는 일로부터 재미를 느끼고 보람을 얻을 수 있는가를 연구하는 것으로 개인행위관리의 핵심주제가 된다.

기출문제

경영과 기업

기업활동의 조직

인사관리

생산관리

마케팅관리

실전모의고사

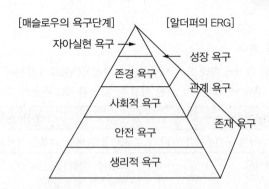

〈매슬로우와 알더퍼의 이론〉

[매슬로우의 욕구단계]   [알더퍼의 ERG]

자아실현 욕구 → 성장 욕구

존경 욕구 관계 욕구

사회적 욕구

안전 욕구 존재 욕구

생리적 욕구

② 매슬로우는 인간의 행동이 한 단계의 욕구충족만을 추구한다고 하였으나, 알더퍼는 두 가지 이상의 욕구가 동시에 작용할 수도 있으며 각 욕구도 환경이나 문화 등에 따라서 다양하다고 주장하였다.

③ 매슬로우는 저차원의 욕구가 만족되면 고차원의 욕구로 올라가는 이른바 만족-진행 과정만을 주장하였으나, 알더퍼는 만족-진행과 아울러 고차원적인 욕구에서 저차원적인 욕구로 내려가는 이른바 좌절-퇴행과정을 가미했다.

3. 허즈버그(F. Herzberg)의 2요인이론

> ☑ 동기요인은 그 영향력이 동기부여의 정도에 국한되어 있고 위생요인은 불만족의 정도에 그 영향력이 한정되어 있는 것이다. 동기요인을 제거하거나 감소시킨다고 하여도 불만족이 유발되지 않는다는 것이다.

동기요인(만족요인, Motivators)	위생요인(불만족요인, Hygiene Factor)
• 동기부여의 정도에 영향을 미치는 요인이다. • 성취감, 달성에 관한 안정감, 책임감 등 직무에 대한 만족을 결정짓는 요인을 말한다.	• 불만족의 정도에 영향을 미치는 요인이다. • 봉급, 작업조건, 대인관계, 안정과 지위 등 직무의 외재적 요인을 말한다.

4. 맥클리랜드(D. C. McClelland)의 성취동기이론

맥클리랜드는 매슬로우의 욕구단계에서 자아실현 욕구, 존경 욕구, 사회적 욕구를 연구하였으며 권력 욕구, 친교 욕구, 성취 욕구를 주장하였다.

대표기출유형

➕ **동기부여와 관련된 이론 중에서 내용이론이 아닌 것은?**

① 공정성이론   ② 2요인이론   ③ ERG이론
④ 성취동기이론   ⑤ 욕구단계이론

정답 ①

해설 공정성이론은 동기부여가 되는 과정을 설명한 과정이론이다.

내용이론	과정이론
사람들은 무엇에 의하여 동기부여되는가?	사람들은 어떤 과정을 거쳐서 동기부여되는가?
• 매슬로우의 욕구단계이론 • 알더퍼의 ERG이론 • 허즈버그의 2요인(동기-위생)이론 • 맥클리랜드의 성취동기이론	• 브룸의 기대이론 • 아담스의 공정성이론 • 포터와 롤러의 기대이론 • 로크의 목표설정이론

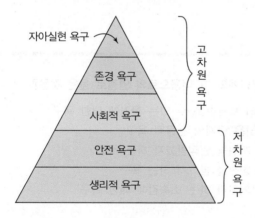

1 인간의 욕구단계

욕구계층	의의	해당 욕구의 일반적 범주	욕구충족과 관련된 조직요소
생리적 욕구 (Physiological Needs)	인간의 욕구 중에서 최하위에 있는 가장 기초적인 욕구로서 생존을 위해 반드시 충족시켜야 하는 욕구	갈증, 식욕, 성욕, 잠	식당, 쾌적한 작업환경 등
안전 욕구 (Safety Needs)	위험과 사고로부터 자신을 방어, 보호하고자 하는 욕구	안전, 방어	안전한 작업환경, 신분보장 등
사회적 욕구 (Social needs)	소속과 사랑의 욕구라고도 하며 다수의 집단 속에서 동료들과 서로 교류하는 관계를 유지하고 싶어 하는 욕구	애정, 소속감	결속력이 강한 근무집단, 형제애 어린 감독, 직업의식으로 뭉친 동료집단 등
존경 욕구 (Esteem Needs)	남들로부터 존경과 칭찬을 받고 싶고, 자기 자신에 대한 가치와 위신을 스스로 확인하고 자부심을 갖고 싶은 욕구	자기존중, 위신	사회적 인정, 직급, 타인이 인정해 주는 직무 등
자아실현 욕구 (Self-Actualization Needs)	자신의 능력을 최대한 발휘하고 이를 통해 성취감을 맛보고자 하는 자기완성욕구	성취	도전적인 직무, 창의력을 발휘할 수 있는 기회, 자신이 정한 목표달성 등

〈매슬로우의 욕구단계〉

2 욕구단계이론의 내용

1. 주요 명제

(1) 인간은 무엇인가 부족한 존재다. 따라서 인간은 항상 무엇인가를 필요로 하며 이를 원하게 된다. 또한 어떤 욕구가 충족되면 새로운 욕구가 발생하여 이를 추구하게 된다.

(2) 일단 충족된 욕구는 더 이상 인간의 동기를 유발하는 요인으로 작용하지 않는다. 즉 충족되지 못한 욕구만이 인간행동의 동기로 작용한다.

매슬로우는 인간의 동기적 욕구를 계층의 형식으로 배열할 수 있다고 하여 욕구단계(Hierarchy of Needs)이론을 전개하였다. 인간의 욕구를 5단계로 나누고 인간의 동기는 다섯 가지 욕구의 단계에 따라 순차적으로 발로되며, 인간의 욕구는 하위욕구로부터 상위욕구로 성장·발달한다는 우성의 원리를 주장했다. 또한 하위의 욕구가 어느 정도 충족되면 다음 단계의 상위의 욕구로 발달할 수 있다고 했다.

(3) 인간의 욕구는 계층적인 단계로 구성되어 있으며, 낮은 차원의 욕구에서 보다 높은 차원의 욕구로 욕구수준이 상승한다.

2. 공헌 및 한계

(1) 매슬로우의 이론은 조직의 동기를 설명하는 데 있어 가장 중요한 영향을 미친 이론 중 하나로 평가받고 있다.

(2) 복합적인 인간의 욕구를 체계적으로 분석하였다는 점에서는 높이 평가받고 있으나 지나친 획일성으로 개인의 차이 내지 상황의 특징을 경시하고 있다는 비판을 받고 있다.

(3) 실증적 연구에 의한 뒷받침이 미비하고 욕구 측정수단의 적절성 여부에 대한 의문이 제기되고 있으며 이론구성의 측면에 있어서도 형이상학적이고 검증될 수 없다는 이론상의 약점이 있다.

(4) 자아실현의 욕구는 개념적인 정의가 불명확해서 과학적인 검증이 불가능할 뿐 아니라 모든 인간이 지니고 있는 보편적 욕구라고 보기 어렵다.

(5) 낮은 계층의 욕구가 충족되면 그 욕구는 동기요인으로 작용하지 않는다는 명제를 부정하는 주장이나 연구결과도 다수 존재하며 다섯 단계로 분류된 욕구체계가 지나치게 세분화되었다는 비판도 있다.

대표기출유형

➕ **매슬로우의 욕구단계이론에서의 욕구단계와 그 내용으로의 연결로 옳은 것은?**

① 생리적 욕구 : 외부의 위험으로부터 보호받을 수 있는 환경에 대한 욕구
② 안전 욕구 : 생존에 직결된 가장 낮은 단계의 동물적 욕구
③ 사회적 욕구 : 사회로부터 자신의 지위를 인정받고자 하는 욕구
④ 존경 욕구 : 타인으로부터 존경과 칭찬을 받고자 하는 욕구
⑤ 자아실현 욕구 : 사회의 구성원이 되고자 하는 소속감에 대한 욕구

정답 ④

해설 매슬로우의 욕구단계이론 중 존경욕구는 타인과 사회로부터 자신의 지위를 인정받는 자기 위신에 대한 욕구를 의미한다.

오답풀이

① 외부의 위험으로부터 보호받는 환경에 대한 욕구는 안전 욕구에 해당한다.
② 생존에 관한 가장 낮은 단계의 욕구는 생리적 욕구에 해당한다.
③ 사회로부터 자신의 지위를 인정받고자 하는 욕구는 존경 욕구에 해당한다.
⑤ 사회의 구성원이 되고자 하는 소속의 욕구는 사회적 욕구에 해당한다.

동기부여 과정이론

기출문제

경영과 기업

기업활동의 조직

인사관리

생산관리

마케팅관리

실전모의고사

☑ 동기부여의 과정이론은 동기가 유발되는 과정을 분석하는 이론이며, 인간과 외부환경의 상호작용을 밝히려 하는 동기 발생과정에 관한 이론으로서 외부환경적 요소가 인간의 자극선택과정(동기)에 어떻게 영향을 주는가를 밝히고자 하는 이론이다.

1 브룸의 기대이론

1. 기대이론의 기본가정

(1) 개인의 행동은 의식적인 선택의 결과다.

(2) 동기란 여러 자발적인 행위들 가운데서 개인의 선택을 지배하는 과정이다.

(3) 인간은 각자 자신의 욕구, 동기, 과거의 경험에 의한 기대를 가지고 조직에 들어오며 인간은 조직에 대하여 각자 다른 것을 원한다.

2. 동기의 구성요소

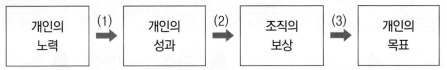

(1) 노력−성과의 관계 : 기대감(Expectancy)　　(2) 성과−보상의 관계 : 수단성(Instrumentality)

(3) 보상−개인의 목표 관계 : 유의성(Valence)

(1) 노력−성과의 관계 : 기대감(Expectancy)

① 기대감이란 노력을 했을 경우 노력이 성과로 이루어질 수 있는 가능성에 대한 주관적인 확률에 대한 믿음을 의미하며, 기대는 0부터 1까지의 값을 가진다.

② 기대는 노력과 성과 간의 관계로 기대를 높이기 위해서는 종업원의 교육훈련, 동기부여 등이 요구된다.

(2) 성과−보상의 관계 : 수단성(Instrumentality)

① 수단성은 개인이 특정한 성과를 달성했을 때 최종적인 보상을 받을 수 있는 가능성에 대한 주관적 믿음이다. 수단성의 값은 −1에서 +1의 값을 가진다.

② 수단성과 유의성은 관계가 없으므로, 수단성이 높아진다고 유의성이 증가하는 것은 아니다.

(3) 보상−개인의 목표 관계 : 유의성(Valence)

① 유의성은 보상에 대한 선호도를 의미하는 것으로 개인의 선호도에 따라 달라진다. 예를 들면 어떤 개인은 새로운 부서로 이동하는 것보다는 급료 인상을 선호할 수도 있다.

② 개인의 유의성은 선호될 때 양의 값을 가지며, 선호되지 않거나 회피될 때 음의 값을 가진다. 그리고 개인이 어떤 결과를 가지든지 어느 것에 대해서도 무관심하게 될 때, 0의 값을 가진다.

3. 동기부여의 강도

(1) 모티베이션의 강도는 $M=$유의성$(V)\times$수단성$(I)\times$기대감(E)으로 구할 수 있다.

(2) 기대이론에서 각 요소는 서로 독립적으로 동기부여 상태를 설명하는 것이 아니라 서로 상호작용을 통해 동기부여 수준이 결정된다. 따라서 셋 중 하나라도 0이 되면 동기부여의 강도는 0이 된다.

2 아담스의 공정성이론

1. 인지부조화이론에 기초하고 있으며 개인들이 자신의 투입 대비 산출의 비율을 타인과 비교해서

현격한 차이가 날 때 불공정을 느끼고, 이때 공정성을 추구하는 과정에서 동기부여가 작용하게 된다는 이론이다.

2. 공정성이론은 절차적 공정성과 상호작용적 공정성을 고려하지 않고 분배적 공정성의 측면에서 연구한 이론이다.

3. 공정성이론에 따르면 개인이 불공정성에 대한 지각에서 오는 긴장을 감소시키는 방법(개인이 느끼는 불공정성을 공정성으로 바꾸기 위한 노력)으로는 자신의 투입(input)의 변경, 산출(output)의 변경, 투입과 산출의 인지적 왜곡, 비교대상의 변경, 비교대상에 영향력 행사 등이 있으며 만약 그러한 노력에도 불구하고 불공정성이 해결되지 못하면 개인은 조직이탈이라는 극단적 방법을 사용하기도 한다.

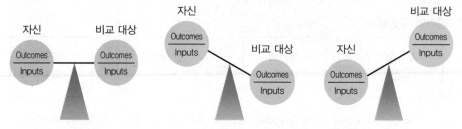

A. 공정성 인식   B. 불공정성 인식 : 과소 보상   C. 불공정성 인식 : 과다 보상

3 로크의 목표설정이론

1. 테일러의 과학적 관리법에 근거하여, 종업원에게 실현가능한 적절한 목표를 부여함으로써 성과를 향상시킨다.

2. 로크의 목표설정이론에 의하면 구체적인 목표, 당사자가 목표설정 과정에 참여하여 수용한 목표, 도전적인 목표가 동기부여에 효과적인 목표이다.

4 포터와 롤러의 기대이론

브룸의 이론을 기초로 하고 있으며 외재적 보상인 임금, 승진 등에 비해 성취감이나 책임감 같은 내재적 보상이 성과에 더 많은 영향을 준다고 하였다.

대표기출유형

브룸의 기대이론에 대한 설명으로 적절하지 않은 것은?

① 유의성이란 어떤 결과에 대해 개인이 가지는 가치나 중요성을 의미하는 것으로 승진, 표창 등을 예로 들 수 있다.

② 선택은 개인이 결정하는 특정한 행동양식으로 개인은 행동대안과 기대되는 결과 및 그 중요성을 비교 평가하여 자신의 행동을 선택하게 된다.

③ 좋은 성과를 만들어 낼 수 있는 동기는 1차 수준의 결과에 대한 유의성과 기대감의 합의 함수다.

④ 성과와 보상 간에 연결을 분명히 해야 동기부여의 정도가 높아지게 된다.

⑤ 수단성은 1차 수준의 결과와 2차 수준의 결과와의 관련성이다.

정답 ③

해설 브룸(Vroom)의 기대이론에 따르면 행동에 대한 동기부여는 1차 수준의 결과에 대한 유의성과 기대와의 곱의 함수다.

지 각

1 지각(知覺)의 개념

1. 지각의 진행과정

사람들이 대상을 인식(지각)할 때 그 대상이 감각기관으로 들어오면 크게 선택 → 조직화 → 해석 과정 세 가지 단계로 인식이 전개되는데 이는 거의 동시에 일어난다. 지각의 모든 과정은 아무도 모르며 단지 그 결과로 빚어지는 반응행동을 보고 나서야 비로소 그가 어떻게 지각했는지를 알 수 있다.

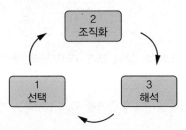

단계	주요 내용
선택단계 → 관찰	• 자신이 관심 있는 것은 지각하고 관심 없는 것은 지각하지 않는 것 • 주변의 선택사항 중 중요한 한두 개에만 주의를 기울이는 것 • 선택적 지각은 의사소통 과정에서 부분적 정보만을 받아들여 지각오류를 유발시킬 수도 있음.
조직화단계 → 조합	• 선택이 된 자극이 하나의 이미지를 형성하는 과정 • 선택되었다고 있는 그대로 관찰자의 머리에 비치는 것은 아님. • 인간은 선택된 단서를 통해 짜 맞추기를 다시 하는 버릇이 있음. • 조직화의 형태로는 접근성이나 유사성을 근거로 자극들을 하나로 묶는 집단화, 불완전한 정보에 직면했을 때 이러한 불완전한 부분을 채워 전체로 지각하려는 폐쇄화, 정보가 너무 많을 경우 그중에서 핵심적이고 중요한 것만 골라 정보를 줄이는 단순화, 개인이 하나의 대상을 지각할 때 선택된 전경과 그 주부의 대상인 배경을 구분하여 인식하는 전경-배경의 원리가 있음.
해석단계 → 이성적 인식	• 일련의 과정을 통해 조직화된 자극들에 대한 판단의 결과를 의미 예 진열대에 놓인 통조림 고기를 고양이 밥으로 지각했다면 비싸다고 여기지만 사람의 음식으로 지각했다면 싸다고 해석하게 됨. • 똑같은 회계정보를 놓고도 경영진, 감사, 주주, 노조에서 해석하는 것이 서로 다를 수 있는데, 이는 사람마다 해석이 서로 다를 수 있기 때문임.

2. 지각에 영향을 미치는 요인

(1) 동일한 대상이라도 상황에 따라 크게 다르게 보일 수 있다. 어떠한 상황에서 어떻게 판단하는지가 매우 중요하다.

(2) 상황에 따라 선택의 정도가 변할 뿐만 아니라 조직화 방식과 해석방법도 매우 달라질 수 있기 때문에 결국 어느 상황에서 지각되는지가 매우 중요하다.

(3) 타인에 대한 평가에 영향을 미치는 요인
  ① 평가자의 특성 : 평가자의 욕구와 동기, 과거의 경험, 자신을 지각하는 개념으로서 자아 개념, 퍼스낼리티 등
  ② 피평가자의 특성 : 신체적 특성, 언어적 의사소통, 비언어적 의사소통(표정, 시선 등), 사회적 특성 등
  ③ 평가 상황의 특성 : 만나는 장소, 만나는 시간, 동석자 등

2 지각선택화

지각선택화는 우리를 둘러싸고 있는 환경이 주는 여러 가지 자극 가운데 일부만 받아들여서 반응을 하게 하는 지각과정이다.

1. 외부적 요인

지각 선택에 영향을 주는 요소로는 강도, 크기, 대비, 반복, 움직임, 친밀함과 색다름 등이 있다.

2. 내부적 요인

이것은 인간의 복잡한 심리적 구조에 근거를 두고 발생하는 지각 선택을 의미한다.
  (1) 학습과 경험
    ① 사람들은 자신이 보고, 듣고, 냄새 맡게 되리라고 예측하는 대로 사물을 지각하게 된다는 것이다.
    ② 과거의 지각이 현재의 상황과 아무런 관련이 없음에도 불구하고 현재에 지각하는 대상을 과거의 학습이나 경험을 이용하여 지각한다.
  (2) 행위자-관찰자 효과(Actor-observer Effect)
    ① 행위자-관찰자 효과의 원인은 시각적 위치(관점)의 차이에서 기인한다. 즉, 우리는 다른 사람의 행위는 볼 수 있지만(Observer) 우리 자신의 행위(Actor)는 보지 못하기 때문이다.
    ② 행위자-관찰자 효과를 극복하기 위해 조직행동에서는 역할극(Roleplaying), 행동모델법 (Behavior Modeling) 등을 통해서 행위자와 관찰자의 위치를 바꾸어 행동함으로써 관점의 변화에 따른 행동 수정방법을 지시한다.
  (3) 동기와 욕구 : 동기와 욕구 또한 지각 선택에 영향을 준다. 예를 들어 음식에 대한 욕구가 충족되지 못한 문화에서는 음식 냄새, 음식에 대한 언급, 전시나 광고가 사람들의 지각 선택에 미치는 영향이 클 것이다.
  (4) 성격 : 동일한 자극도 개인의 성격에 따라 전혀 다르게 받아들일 수 있다.

3 지각조직화

지각 선택은 개인의 주의를 끌게 하는 내적, 외적 요인에 초점을 둔 원리임에 비해, 지각조직화는 자극(데이터)을 받아들인 후에 지각과정에서 일어나는 현상에 초점을 둔다.

1. 집단지각

집단지각은 형태심리학(Gestalt Psychology)의 주장을 이론적 근거로 하고 있다. 이것은 인간의 지각과정은 하나의 현상, 즉 전체를 통해 이루어진다는 관점으로, 종류나 숫자와 같은 여러 가지 유사하거나 연속되는 것 등의 자극이 있을 때 이러한 여러 가지 자극을 하나의 집단적 형태로 받아들인다는 것이다.

✔ 행동모델의 사례 : 고객불만 (내부고객, 외부고객)

1. 고객의 불만에 대해서 적대감, 방어적 태도를 피하고 공손하게 인사한다.
2. 불평과 불만에 대해서 마음을 열고 경청한다.
3. 불평내용에 대해서 완전히 이해했다는 것을 보여 주기 위해 경청한 내용을 반복해 준다.
4. 불평하는 사람의 견해를 인정하고 이해한다.
5. 자신의 입장이나 회사의 정책에 대해 방어적 자세를 취하지 않고 설명한다.
6. 그 자리에서 해결하지 못한 경우, 결과보고를 위한 구체적인 시간, 장소를 정한다.

2. 지각불변성

지각불변성이란 변화하는 환경에서 객체에 대한 크기, 색상, 명암, 질감 등에 대해 고정적, 안정적으로 갖고 있는 지각을 의미한다.

3. 지각방어

지각방어란 개인적으로 혹은 문화적으로 수용할 수 없거나 위협적인 자극에 대해 방어하는 기제 (Mechanism)를 의미한다. 따라서 노사관계, 상사와 부하의 관계 등에서 문제 발생 시, 타협과 해결책을 이끌어 내기 위한 각자의 역할을 이해하는 데 도움이 된다.

4 사회적 지각

1. 귀인(Attribution)

귀인은 타인의 행동에 대한 관찰을 통해 그 원인을 찾고 이를 바탕으로 그 사람을 평가하는 것을 의미한다. 따라서 귀인과정을 통해 행동을 이해하거나 그 행동에 영향을 주는 요인을 이끌어 낼 수 있다.

(1) 기본귀인오류(Fundamental Attribution Error)

① 기본귀인오류는 가장 기본적인 귀인효과 혹은 귀인오류라고 불리는 것으로, 타인의 행동에 대해 귀인하는 경우, 그 사람의 기질적 특성이나 성격을 통해 설명하고 이해하려는 경향을 보인다는 것이다.

② 타인의 행동에 대해 추론하는 경우에는 '그렇게 행동할 수밖에 없는 상황'이라고 생각하기보다는 '원래 그런 사람'이라고 생각하게 되는데, 이는 지각 선택의 내부적 요인인 관찰자-행위자 효과와 관련되어 있다.

(2) 공변이론

켈리(H. Kelly)는 기본귀인오류의 개념을 확장하여 더욱 포괄적인 귀인모델을 제시하였는데, 켈리의 공변모델(Covariance Model)에 의하면 사람들은 특정 행위를 여러 번 관찰한 후, 그 행동과 함께 변화하는 요인들을 고려하여 외적귀인을 할지, 내적귀인을 할지를 판단한다는 것이다.

① 일관성(Consistency) : 행위자가 시간의 변화와 무관하게 특정 상황에서 항상 동일한 행동을 하는 경향을 뜻한다. 일반적으로 일관성이 높은 정보는 내적귀인을, 일관성이 낮은 정보는 외적귀인을 한다.

② 합일성(Consensus) : 특정 행동이 많은 사람들에게 동일하게 나타나는 것을 의미한다. 일관성이 시간과 관련된 개념이라면, 합일성은 사람에 관련된 것이라고 할 수 있다. 합일성이 높으면 외적귀인을, 합일성이 낮으면 내적귀인을 한다.

③ 특이성(Distinctiveness) : 특정 행위가 기존의 행위와 다른 정도를 의미한다. 특이성이 높으면 외적귀인을, 특이성이 낮으면 내적귀인을 한다.

2. 고정관념(Stereotype)

고정관념이란 타인을 그가 속한 계층이나 범주에 넣고 지각하는 경향을 의미한다.

☑ 조직행동에서 사회적 지각은 타인을 어떻게 지각하느냐 하는 측면에서 특히 중요한 의미를 갖는다.

• 기질적 귀인(내적귀인) : 어떤 행동이 스스로 통제할 수 있는 상황 속에서 일어난 것으로, 이는 내부적 요인인 성격, 동기, 능력 등에서 타인의 행동의 원인을 이해한다.

• 상황적 귀인(외적귀인) : 스스로 통제할 수 없는 외부적 조건 때문에 어쩔 수 없이 어떤 행동을 하게 된 것으로, 이는 외부적 요인인 도구, 장비, 사회적 영향, 상황 등에서 타인의 행동의 원인을 찾는다.

3. 후광효과(Halo Effect)

(1) 후광효과는 한 개인이 갖고 있는 특질에 근거하여 그 사람을 지각하는 것을 의미한다. 즉, 한 가지 혹은 몇 가지 특질을 통해 그 사람 전체를 지각함으로써 발생하는 지각오류의 일종이다.

(2) 후광효과는 업적평가 시에 흔히 발생한다. 특히 종합평가나 정성평가에서 어떤 일반적 특질에 해당하는 지적 능력, 외모, 호감도, 친절한 행동 등에 근거하여 그 사람의 전체를 판단하거나 평가점수를 부여함으로써 오류가 발생한다.

(3) 후광효과를 일으키는 상황 요인
① 지각되는 특질이 행동양식으로 잘 표출되지 않을 때(예 호감이 간다, 아는 것이 많다 등)
② 평가자, 즉 지각하는 사람이 대상의 그러한 특질을 자주 접하지 못할 때
③ 특질이 윤리적, 도덕적 측면과 관련되어 있을 때(예 교통법규를 잘 지킨다, 이성관계가 복잡하다 등)

(4) 역후광효과(Reverse Halo Effect), 뿔효과(Horn Effect) : 하나의 좋지 못한 특질이나 태도가 전체 태도 혹은 평가를 망치게 되는 경우

4. 자성적 예언(Self-fulfilling Prophecy, Labeling Theory, Rosenthal Effect)

특정인에 대한 기대가 그 사람의 행동 결과로 나타나는 현상을 자성적 예언, 혹은 피그말리온 효과(Pygmalion Effect)라고 한다.

대표기출유형

➕ 다음 지각과정에 대한 설명 중 옳지 않은 것은?

① 지각과정은 선택, 조직화, 해석화의 단계로 구성된다.
② 선택적 지각은 의사소통 과정에서 부분적 정보만을 받아들여 지각오류를 유발시킬 수도 있다.
③ 과거의 지각이 현재의 상황과 아무런 관련이 없음에도 불구하고 현재에 지각하는 대상을 과거의 학습이나 경험을 이용하여 지각한다.
④ 내적귀인은 어떤 행동이 스스로 통제할 수 없는 상황 속에서 일어난 것으로, 이는 내부적 요인인 도구, 장비, 사회적 영향, 상황 등에서 타인의 행동의 원인을 찾는다.
⑤ 후광효과는 한 개인이 갖고 있는 한 가지 혹은 몇 가지 특질에 근거하여 그 사람을 지각하는 것을 의미한다.

정답 ④

해설 내적귀인은 어떤 행동이 스스로 통제할 수 있는 상황 속에서 일어난 것으로, 이는 내부적 요인인 성격, 동기, 능력 등에서 타인의 행동의 원인을 이해한다.

1 지각과정에서의 오류

1. 관찰에서의 오류

(1) 주관성 개입 : 회사에서 사원의 업적을 평가할 때 객관적 정보(결근율, 판매량, 야근시간, 비법, 근무일수 등)도 많지만 그 외에도 많은 무형의 정보(동료와 협동성, 고객 친절도, 애사심 등)가 고려된다. 무형정보는 평가자 자신의 기억에 의존할 수밖에 없고 때로는 자신의 기억을 더욱 확신하며 몇 개에 불과한 객관적 정보마저 무시하기도 한다.

(2) 행위자와 관찰자 편견 : 한 순간만을 관찰한 우리가 그의 외부정보(하루에도 수많은 질문들)를 관찰하지 않고 내부 탓(나의 생각을 외부의 탓으로 돌림)만 한 것이다.

2. 귀속단계에서의 오류

(1) 첫 정보에 과대의존 : 인간은 귀속행동 시에 다른 정보들이 추가되어도 재고하지 않고 첫인상에 지나치게 얽매인다. 그러나 첫인상은 상당히 틀릴 수가 있다.

(2) 구체정보의 과대사용 : 우리가 어떤 것을 평가할 때 통계나 기록 같은 추상적 형태로 제공되는 정보는 무시하고 단지 실제 자기가 보고 겪은 구체적 정보만을 중요하게 여기는 경향이 있다.

(3) 통제의 환상 : 인간에게는 이 세상을 자기 마음대로 통제하고 싶은 욕구가 있기 때문에 모든 행동의 원인은 자신이 통제할 수 있다는 착각(통제환상)에 빠지기 쉽다.

3. 해석단계에서의 오류

(1) 자기 충족적 예언 : 사람은 타인의 행동을 예측하고 그렇게 되리라고 믿는 경향이 있으며 그 예측을 기초로 상대를 대하기도 한다.

(2) 후광(현혹)효과 : 어떤 대상으로부터 얻은 일부의 정보가 다른 부분의 여러 정보들을 해석할 때 미치는 영향을 말한다. 조직 내에서 상사는 부하의 실제 행동 중 조그만 부분 또는 자기 눈에 띈 부분만을 관찰하게 된다.

4. 문화차이에 의한 지각오류

(1) 선택지각의 문제 : 우리는 문화 속에서 경험하고 학습한 대로 몇 가지 정보만을 선택하여 이해하는 경향이 있다.

(2) 고정관념과 문화적인 차이 : 유용한 고정관념은 새로 만난 사람을 빨리 잘 이해할 수 있도록 돕지만, 다른 한편으로는 그것을 수정하거나 포기하려 하지 않는다. 오히려 나의 고정관념을 수정하는 대신 대상을 고정관념에 맞게 억지로 맞추려고 한다.

(3) 해석상의 차이 : 외부의 정보를 받아들이고 조직화할 때뿐만 아니라 그것을 해석하고 이해할 때도 문화는 강하게 영향을 미친다.

5. 조직행동과 지각오류

(1) 선발면접과 업적평가 : 상급자들이 부하직원을 평가할 때 사용하는 인사고과 요소들은 대부분 인성, 충성도, 능력, 사기 등 주로 피평가자의 내부성향을 평가하는 것들이 많고 이 결과들은 복잡미묘한 그의 행동을 판단하는 오류를 많이 범하고 있다.

(2) 의사소통과 의사결정 : 집단의 의사결정은 정보를 주고받으면서 그것을 토대로 최종 의사결정에 이르게 되는데 상급자가 두려워서 그 앞에서 정보를 누락시킬 수도 있으며, 경쟁부서에 대한 선입견 등으로 항상 정보를 왜곡하기도 한다.

☑ 어떤 사람의 행동을 관찰하고 나서 얻은 정보는 여전히 관찰자가 가지고 있기 때문에 오류의 원인도 계속 남아 있을 수 있다. 그 가운데 어떤 정보를 너무 과대평가하거나 어떤 정보를 무시하거나 하면 오류가 될 수 있다.

☑ 관련 데이터를 통해 정보를 분석하고 교환하는 과정에 오류가 없이 올바른 자료를 얻었다고 하더라도 판단과 해석이 잘못되면 엉뚱한 결과(반응)가 나올 수 있다.

☑ 국적이 다른 사람끼리 서로를 지각할 때 오류가 더 많은 이유는 서로의 문화와 가치관, 경험과 습관 등이 다르기 때문이다.

2 지각에서의 오류

1. 후광효과와 뿔효과

후광(현혹)효과는 어떤 대상에 대한 호의적 인상이 대상에 대한 평가에 긍정적으로 작용하는 지각오류를 의미하며, 뿔효과는 반대로 대상에 대한 비호의적 인상으로 인해 부정적으로 평가하는 지각오류다.

2. 상동적 태도

대상이 속한 집단에 대한 지각을 바탕으로 대상을 판단하는 것으로 흔히 일반화 오류와도 비슷한 개념이다. 후광효과와 뿔효과는 개인에 대한 지각을 바탕으로 하지만 상동적 태도는 소속집단을 바탕으로 판단하는 점에서 차이가 있다.

3. 지각적 방어

개인에게 위협을 주는 자극이나 상황을 피하는 것으로 심리학적 용어로 방어기제와 같은 지각오류다.

4. 투영효과

평가대상에 지각자의 감정을 귀속시키는 것을 의미하며, 다른 사람들도 자신과 같은 태도나 감정일 것이라고 단정하여 주관적 상황을 객관적 상황으로 잘못 인식하게 된다.

5. 자성적 예언

개인의 기대나 믿음의 결과로 행위나 성과를 결정하게 되는 지각오류를 뜻하며, 이는 대상의 행동에 대해 미리 기대를 가지고 그로 인한 결과를 무비판적으로 지각할 수 있는 지각오류로 피그말리온 효과라고도 한다.

6. 대비오류(대조효과)

지각대상을 평가할 때 다른 대상과 비교를 통해 평가하는 것이다. 지각자는 자신이 더 좋아하는 지각대상을 호의적으로 평가하는 지각오류를 범할 수도 있으며, 유사효과라고도 한다.

7. 상관편견

지각자가 다수의 지각대상 간에 논리적인 상관관계가 적음에도 이를 연관시켜 지각하는 오류를 뜻하며, 논리적 오류라고도 한다. 상관편견은 대상에 대한 정보가 부족할 때 발생하기 쉽다.

☑ **자존적 편견**
평가자가 자신의 자존심을 위해 실패요인을 외부에서, 성공요인을 내부에서 찾으려는 경향을 뜻하며 귀인오류에 해당하는 지각오류다.

☑ **순위효과**
1. 대상을 평가할 때 인식한 지각의 순서에 따라 평가결과가 달라지는 지각오류를 뜻하며 가장 먼저 인식한 지각대상의 첫인상이 평가에 크게 작용하는 최초효과, 가장 마지막 순서의 지각인 최근 인상이 평가에 크게 작용하는 최근효과로 구분할 수 있다.
2. 지각자가 스스로 오류를 범하고 있다는 사실을 인지하지 못하는 경우가 많으며 오디션 프로그램의 순위, 아르바이트, 직원채용 면접 등에서 발생할 수 있다.

☑ **근접오류**
시간·공간적으로 지각자와 멀리 있는 지각대상보다 가까이 있는 대상을 긍정적으로 평가하는 지각오류를 뜻한다.

대표기출유형

🔹 **다음에서 설명하고 있는 오류는?**

> • 타인을 평가하는 데 있어 편견과 경향에 치우치는 것
> • 한 분야에 있어서 호의적 혹은 비호의적인 인상이 전혀 다른 분야에서의 평가에도 영향을 주는 것

① 현혹효과　　　　② 상동적 태도　　　　③ 유사효과
④ 지각적 방어　　　⑤ 상관편견

정답 ① ①

해설 현혹효과(Halo Effect)에 관한 설명이다.

테마 12 성 격

1 성격의 정의

1. 성격심리학자와 이론적 관점에 따른 다양한 성격의 정의

성격심리학자	성격의 정의
올포트(Allport)	성격은 개인의 특유한 행동과 사고를 결정하는 심리신체적 체계인 개인 내의 역동적 조직이다.
미셸(Mischel)	성격은 보통 개인이 접하는 생활상황에 대해 적응의 특성을 기술하는 사고와 감정을 포함하는 구별된 행동패턴을 의미한다.
매디(Maddi)	성격은 사람들의 심리적 행동(사고, 감정, 행위)에 있어 공통성과 차이를 결정하는 일련의 안정된 경향성과 특성이다.
릭맨(Ryckman)	성격은 개인이 소유한 일련의 역동적이고 조직화된 특성으로서 이런 특성은 다양한 상황에서 개인의 의지, 동기, 행동에 독특하게 영향을 미친다.
카버(Carver)와 샤이어(scheier)	성격은 인간의 행동, 사고, 감정의 특유한 패턴을 창조하는 심리신체적 체계인 인간내부의 역동적 조직이다.
버거(Burger)	성격은 일관된 행동패턴 및 개인내부에서 일어나는 심리내적과정이다.

> 성격이란 개인의 독특한 환경 적응 방식으로서 개인의 심신 시스템 내부에 존재하는 동태적인 체계이며, 한 개인이 타인에 대해 반응하고 타인과의 관계에서 상호작용하는 모든 방식의 총체를 말한다.

2. 어둠의 3요소

(1) 마키아벨리즘(Machiavellianism)
   ① 마키아벨리즘은 자신의 목표를 달성하기 위해 다른 사람을 이용하거나 조작하려는 경향과 관련된 특성을 말한다.
   ② 마키아벨리즘은 냉혹하고 자신의 목적을 위해 다른 사람을 조종하고 인간관계도 전략적-계산적으로 맺는 사람들이 지닌 특성이다.

(2) 나르시시즘(Narcissism)
   ① 나르시시즘은 흔히 자기중심성으로 번역되며, 말 그대로 우주의 중심이 '자기'인 사람들의 특징이다.
   ② 이들은 자신을 실제보다 과장하고 그러한 이미지를 유지하기 위해서라면 무슨 짓이든 저지르며 그것이 위협받을 땐 심지어 공격적인 행동까지 보인다. 과장된 자기 이미지와 그것이 진실이 아니라는 데서 오는 자기 불안감 사이의 충돌, 그것이 나르시시즘이다.

(3) 사이코패스(Psychopath)
   ① 사이코패스는 무자비하고 냉혹하며 즉각적인 보상을 위해 아무렇지 않게 거짓말을 하거나 자기통제력과 정서가 결여되어 있는 사람들을 가리키는 용어이다.
   ② 마키아벨리주의와는 달리 충동성이 높아 단기적인 이익을 위해 장기적인 이익을 포기하는 모습을 보이기도 한다.

기출문제

경영과 기업

기업활동의 조직

인사관리

생산관리

마케팅관리

실전모의고사

2 성격이론

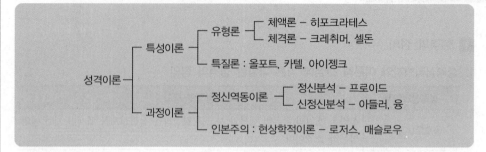

1. 특성이론

(1) 유형이론(Typology)

① 히포크라테스의 체액론 : 최초의 유형론으로 사람의 체액을 혈액, 점액, 흑담즙, 담즙으로 구분하고, 그중 어느 체액이 신체 내에서 우세한가에 따라 성격이 결정된다고 주장하였다.

② 크레취머의 체격론 : 체형에 따라 사람을 쇠약형, 비만형, 투사형, 이상발육형의 네 범주로 나누고 각 체형에 따라 성격이 결정된다고 보았다.

③ 셀돈 : 크레취머의 연구를 더욱 발전시켜 개인은 내배엽형, 중배엽형, 외배엽형의 세 가지 차원에서 개인의 점수를 평정하여 유형화시킬 수 있다고 주장하였다.

(2) 특질이론(Trait Theory)

① 특질이론은 어느 두 사람도 완전히 동일한 성격을 가질 수 없다는 가정에 기초하며, 특질이론가들은 한 개인이 타인과 지속적으로 어떻게 서로 다른지가 성격의 본질이라고 주장하였다.

② 올포트 : 특질은 개인에게 여러 가지 다른 자극이나 상황에 대해 유사한 방식으로 반응하도록 조작하는 실체로서 개인의 사고, 정서 및 행동을 결정하는 중요한 역할을 한다고 주장하였다.

③ 아이젱크 : 소수의 성격차원만이 존재하며, 개인은 이러한 차원들에서 정도의 차이에 의해 독특한 특질을 소유하게 된다고 주장하였다.

2. 정신역동이론

(1) 프로이드의 정신분석이론 : 주로 초기 아동기경험, 무의식적 동기와 갈등, 성적 및 공격적 충동이라는 개념을 가지고 인간의 성격, 동기 및 심리장애를 설명하려고 한다.

(2) 융의 분석심리학

① 융도 성격의 무의식적 결정인을 강조하였다.

② 프로이드와의 차이점 : 무의식을 두 층으로 구분한다.

(3) 아들러의 개인심리학

아들러는 모든 사람은 보상(Compensation)을 통해 열등감을 극복하기 위해 노력한다고 하였으며, 열등감이 지나치면 우월성 추구를 향한 정상적인 과정에서 빗나가기 때문에 성격장애를 일으킬 수 있다고 하였다.

☑ 프로이드의 성격구조

• 원초아(Id) : 정신적 에너지의 저장소로 성격의 원초적(일차적), 본능적 요소이다.

• 자아(Ego) : 현실원리(Reality Principle)에 따라 작동하는 성격의 의사결정 요소로 즉각적인 만족을 추구하려는 이드와 현실을 중재하는 역할을 한다.

• 초자아(Superego) : 자아가 현실을 고려하는 데 비해 초자아는 무엇이 옳고 그른가에 대한 사회적 기준을 통합하는 성격의 요소이다.

3 Big 5 성격 특성(Big Five personality traits)

1. 개념

(1) Big 5 성격 이론은 특성이론 가정에서 시도된 것으로 사람들에게 공통적으로 존재하는 성격의 특성은 5개 요인으로 구성되며, 이들 5개 요인은 개인 간의 차이뿐만 아니라 행동까지도 포괄하여 설명 가능하다는 것이다.

(2) 성격 특성의 분류는 학자마다 차이가 있으나 경험에 대한 개방성(Openness), 성실성(Conscientiousness), 외향성(Extraversion), 친화성(조화성, Agreeableness), 신경증(Neuroticism)으로 구성된 McCrae & Costa의 Big 5 이론이 가장 많이 사용되고 있다.

성격에 대한 이론적인 접근은 인간행동에 대한 가정과 접근 방법에 따라 정신분석학적 이론, 현상학적 이론, 행동주의적 이론, 특성이론으로 구분된다.

2. Big 5 요인과 특성

← 낮은 점수(특성)	요인	높은 점수(특성) →
보수적 성향, 관습 중시, 현실적, 제한된 흥미 영역, 예술에 적은 관심, 고민 없는 삶을 낮게 평가 등	**O 개방성(Openness)** 지적 자극이나 변화, 다양성을 좋아하는 정도	지적 호기심 많음, 광범위한 흥미영역, 독창적, 창의적, 자유롭고 풍부한 상상력, 예술적 표현 선호 등
목적이 없음, 믿을 수 없음, 게으름, 부주의함, 약한 의지 등	**C 성실성(Conscientiousness)** 사회적 규칙, 규범, 원칙 등을 기꺼이 지키려는 정도	믿음직함, 근면, 정리정돈, 철저함, 세심함, 책임감, 계획적, 체계적, 신중, 열심히 일함 등
적은 말수, 냉정함, 과업중심적, 조용함, 활기 없음, 좁은 인간관계 등	**E 외향성(Extraversion)** 타인과의 교제나 상호작용, 또는 관심을 끌고자 하거나 타인을 주도하려는 정도	사교적, 적극적, 말하기 좋아함, 사람 중심, 낙관적, 즐거움 추구, 상냥함 등
냉소적, 무례, 의심 많음, 비협조적인, 무관심, 자기중심적, 많은 질투, 적대적 등	**A 친화성(Agreeableness)** 타인과 편안하고 조화로운 관계를 유지하는 정도	이타심, 애정, 도덕성, 배려, 겸손, 수용성, 휴머니즘, 부드러운 마음 등
침착한, 안정적인, 강건한, 자기충족적인 등	**N 정서불안정성(Neuroticism)** 자신이 얼마나 정서적으로 안정되었고, 세상을 뜻대로 통제할 수 있으며, 또한 세상을 위협적으로 느끼지 않은가에 대한 생각의 정도	걱정된, 초조한, 감정의 변덕, 불안정한, 부적절한 감정 등

4 성격유형(Personality Types)

1. MBTI(Myers-Briggs Type Indicator)

(1) 성격유형 선호지표 : MBTI는 개인마다 태도와 인식, 판단 기능에서 각자 선호하는 방식의 차이를 나타내는 4가지 선호지표로 구성되어 있다.

기출문제
경영과 기업
기업활동의 조직
인사관리
생산관리
마케팅관리
실전모의고사

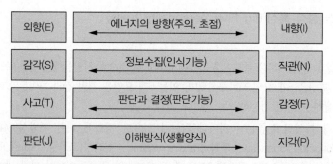

외향(E)	에너지의 방향(주의, 초점)	내향(I)
감각(S)	정보수집(인식기능)	직관(N)
사고(T)	판단과 결정(판단기능)	감정(F)
판단(J)	이해방식(생활양식)	지각(P)

① 에너지의 방향에 따른 외향형(E)과 내향형(I) : 외향형(E)들은 어떤 일을 하기 전에 최소한의 설명과 논리적이며 이론적인 과정을 원한다. 내향형(I)들은 어떤 일을 하기 전에 그들이 생각하고 이해할 수 있는 합리적인 또는 이론적인 과정을 원한다.

② 정보수집차원에서 감각형(S)과 직관형(N) : 감각형(S)은 순차적으로 벌어진 사건에 대해 세부적으로 진술한다. 직관형(N)은 몇 개의 특별한 장면에 대한 전체적인 인상에 대해 이야기한다.

③ 의사결정측면에서 사고형(T)과 감정형(F) : 사고형(T)은 종종 칭찬하는 말을 하기 전에 비판을 먼저 분명하게 하는 경향이 있다. 감정형(F)은 칭찬해주는 표현을 듣기 전에 비판의 말을 먼저 듣는 것을 매우 어려워한다.

④ 외부세계에 대한 태도측면에서 판단형(J)과 인식형(P) : 판단형(J)은 다른 사람들이 누구나 이해할 수 있는 체계나 구조를 이용해서 정리하고자 한다. 인식형(P)은 무작위로 쌓아두거나 모아두고 물건이 놓인 자리에 대해 혼자만 알고 있는 경우가 많다.

(2) 유형 특징 및 직업 : MBTI(Myers-Briggs Type Indicator)에서는 개인이 정보를 수집하는 방식과 판단하는 방식에 근거하여 성격유형을 분석하고 성격유형에 적합한 직업을 제시하고 있다.

① ISTJ(청렴결백한 논리주의자) : 주변을 객관적으로 분석하고 사실에 입각하여 현실적으로 실행 가능한 계획을 세움. 허튼 짓하는 것을 무엇보다도 싫어한다.
예 회계감사관, 회계사, 최고재무책임자, 웹개발자 등

② ISTP(만능 재주꾼) : 냉철한 이성주의적 성향과 왕성한 호기심을 가짐. 만드는 데 타고난 재능을 발휘. 타인을 잘 도우며 경험을 타인과 공유하는 것을 좋아한다.
예 토목기사, 경제학자, 조종사, 데이터분석가 등

③ ESTP(모험을 즐기는 사업가) : 주변의 이목을 끄는 것을 좋아하고, 행동이 먼저 앞서는 이 유형은 엄격한 규율이나 질서를 요구하는 조직 내에서 어려움을 토로한다.
예 경찰관, 연예기획사 에이전트, 스포츠팀 코치 등

④ ESTJ(엄격한 관리자) : 무엇이 옳고 그른지를 따져 사회나 가족을 하나로 단결시키기 위해 사회적으로 받아들여지는 통념이나 전통 등 필요한 질서를 정립하는 데 이바지하는 대표적 유형이다.
예 약사, 변호사, 판사, 프로젝트 매니저, 보험설계사 등

⑤ ISFJ(용감한 수호자) : 타인을 향한 연민이나 동정심이 있으면서도 가족이나 친구를 보호해야 할 때는 가차없는 모습. 조용하고 내성적인 반면 관계술이 뛰어나 인간관계를 잘 만들어 간다.
예 치과의사, 초등학교 교사, 사서, 프렌차이즈 점주, 고객서비스 상담원 등

✔ 정신심리기능
1. 감각적 사고형(ST)은 감각의 구체성, 순서, 현실성, 사실성과 사고의 논리성, 분석적인 평가가 조합되어 있다.
2. 감각적 감정형(SF)은 감각의 구체성, 사실성, 체계성, 실용성과 감정의 인간중심적인 평가과정이 결합되어 있다.
3. 직관적 감정형(NF)은 전체적이고 미래가능성에 대한 견해를 가진 직관과 인간중심적인 평가과정을 지닌 감정이 결합되어 있다.
4. 직관적 사고형(NT)은 전체적이고 미래가능성을 보는 직관과 논리적이고 분석적으로 평가하는 사고가 결합되어 있다.

⑥ ISFP(호기심 많은 예술가) : 실험적인 아름다움이나 행위를 통해 전통적으로 기대되는 행동양식이나 관습에 도전장을 내미는 성격으로, 다채로우면서도 감각적인 삶을 살아간다.

예 패션 디자이너, 물리치료사, 조경사, 창고관리인 등

⑦ ESFP(자유로운 영혼의 연예인) : 이기적이고 참을성도 없으며 약간의 열등감도 가지고 있다. 천방지축에 때때로 통제가 안되기도 하지만 다른 유형의 사람과는 비교할 수 없을 만큼 매력적이다.

예 아동상담가, 배우, 인테리어 디자이너, 환경학자 등

⑧ ESFJ(사교적인 외교관) : 천성적으로 사교적인 성향으로 친구나 지인들의 일거수일투족을 모두 알기 원한다. 이타주의자로 타인에 대한 지원을 아끼지 않지만 예민하고 쉽게 상처받는 성격이다.

예 영업이사, 간호사, 사회복지사, 광고기획자, 여신심사역 등

⑨ INFJ(선의의 옹호자) : 나긋나긋한 목소리 뒤에 강직함이 숨어있고, 옳다고 생각되는 일에는 지칠 줄 모르고 투쟁한다. 창의적인 상상력과 강한 신념, 특유의 섬세함으로 균형 있는 세상을 만들고자 한다.

예 심리상담가, 사회복지사, 조직개발 컨설턴트, 고객관리 매니저 등

⑩ INFP(열정적인 중재자) : 진정한 이상주의자이며, 내성적이며 수줍음이 많은 사람처럼 비춰지기도 하지만 불만 지피면 활활 타오를 수 있는 열정의 불꽃이 숨어 있다.

예 그래픽 디자이너, 심리학자, 작가, 물리치료사, 역량관리 책임자 등

⑪ ENFP(재기발랄한 활동가) : 자유로운 사고의 소유자로서, 일시적인 만족이 아닌 사회적, 정서적으로 깊은 유대관계를 맺음으로써 행복을 느낀다. 매력적이며 독립적인 성격으로 활발하면서도 인정이 많다.

예 저널리스트, 광고홍보 디렉터, 컨설턴트, 이벤트 플래너 등

⑫ ENFJ(정의로운 사회운동가) : 카리스마와 충만한 열정을 지닌 타고난 리더형으로, 살기 좋은 공동체를 만들기 위해 사람들을 동참시키고 이끄는 데 자부심과 행복을 느낀다.

예 광고이사, 홍보전문가, 기업교육 전문가, 판매부장, 인사담당자 등

⑬ INTJ(용의주도한 전략가) : 상상력이 풍부하면서도 결단력이 있으며, 야망이 있지만 대외적으로 표현하지 않으며, 놀랄만큼 호기심이 많지만 불필요한 데 에너지를 낭비하지 않는다.

예 투자은행원, 개인투자전문가, 소프트웨어 개발자, 이코노미스트 등

⑭ INTP(논리적인 사색가) : 가장 논리적인 사람들로 철학자나 사색가, 혹은 몽상에 빠진 천재로 알려져 있지만 역사적으로 수많은 과학적 발전을 이끌어 냈다. 아인슈타인, 파스칼, 뉴튼 등.

예 컴퓨터 프로그래머, 금융 애널리스트, 건축가, 대학교수, 이코노미스트 등

⑮ ENTP(논쟁을 일으키는 변론가) : 이념이나 논쟁에 반향을 일으키는 선의의 비판자로 단순히 재미를 이유로 비판을 일삼기도 한다.

예 경영자, 부동산 개발업자, 광고홍보 디렉터, 마케팅 디렉터, 정치인 등

⑯ ENTJ(대담한 통솔자) : 천성적으로 타고난 리더로서, 넘치는 카리스마와 자신감으로 타인을 이끌고 진두지휘한다. 진취적인 생각과 결정력, 냉철한 판단력으로 목표 달성을 위해 무모하리만치 이성적 사고를 하는 것이 특징이다.

예 기업임원, 변호사, 시장조사 분석가, 경영 컨설턴트, 벤처 투자자 등

기출문제
경영과 기업
기업활동의 조직
인사관리
생산관리
마케팅관리
실전모의고사

☑ 미국의 심장학자 메이어 프리드 먼과 레이 로센만 박사(1974년 'A 형 행동과 심장'이란 책 저술)는 3천 명을 대상으로 조사하여 스트레스와 중요한 관련이 있는 성격 분류법을 고안해 냈다. 여기서 A형 성격인 사람은 B형 성격인 사람에 비해 협심증, 심근경색 등에 걸릴 위험이 두 배나 높은 것으로 밝혀졌다.

2. 프리드먼(Friedman)과 로센만(Rosenman)의 A형(Type A)과 B형(Type B)

(1) A형(Type A)

① A형은 공격적이고, 성취지향적인 사람들이다. 매우 도전적인 목표를 설정하고, 불가능해 보이는 시간 내에 이를 달성하려고 최대한의 노력을 기울인다.

② 주로 기록을 단축하는 스포츠선수들이나 모험을 즐기는 사람들에게서 잘 나타나는 유형이다.

③ 이들은 극한 상황에서 오히려 더 많은 에너지를 분출하며, 남들과 경쟁하여 승리할 때 자신의 가치를 느끼게 된다.

(2) B형(Type B)

① B형은 A형에 비해 비교적 느긋하고, 덜 공격적이면서 자율을 중시한다. 주로 음악이나 미술 등 예술이나 연구직에 종사하는 사람들에게서 자주 나타나는 성격유형이다.

② 이들은 단기적인 목표 달성에 크게 얽매이지 않으며, 결과적으로 성공할 수 있다고 믿으면 과정상 다소 미흡한 점이 있더라도 크게 개의치 않는다.

③ 실패하더라도 다시 하면 잘 될 것이라는 낙천적인 기질을 가진 사람이다.

(3) A형과 B형의 관계

① A형의 성격을 지닌 사람은 B형의 성격을 지닌 사람보다 경쟁적이고 조급한 편이다.

② A형은 B형보다 인내심이 적고 조급한 편이다.

③ A형은 B형보다 업무처리 속도가 빠르고, 인내심이 부족한 편이다.

④ A형은 공격적이고 성취지향적이어서 지는 것을 참지 못하는 성향의 사람을 의미하고, B형은 다소 느긋하고, 치열한 경쟁보다는 자율을 중시하는 성격의 사람을 말한다.

대표기출유형

➕ **성격에 대한 다음 설명 중 틀린 것은?**

① 프로이드는 인간의 행위가 무의식에 의해서 지배된다고 보는 정신역동이론을 주장했다.

② 내재론자는 자기통제와 참여적 리더십이 발달하였다.

③ 자신의 목표를 달성하기 위해 다른 사람을 이용하거나 조작하려는 경향과 관련된 특성을 마키아벨리즘 성향이라고 한다.

④ 사이코패스는 자신을 실제보다 과장하고 그러한 이미지를 유지하기 위해서라면 무슨 짓이든 저지르며 그것이 위협받을 땐 심지어 공격적인 행동까지 보인다.

⑤ 성격은 개인의 행동에 영향을 주지만 다른 여러 요소 중에 한 가지이다.

정답 ④

해설 자신을 실제보다 과장하고 그러한 이미지를 유지하기 위해서라면 무슨 짓이든 저지르며 그것이 위협받을 땐 심지어 공격적인 행동까지 보이는 것은 나르시시즘에 대한 설명이다.

집단

1 집단의 유형과 집단역학

1. 공식적 집단과 비공식적 집단

(1) 공식적 집단 : 업무를 수행하기 위해 조직에 의해 인위적으로 성립된 집단을 말한다.

명령집단	특정 관리자와 그 관리자에게 직접 보고를 하는 부하들로 구성
과업집단	상대적으로 일시적이면서 특정 과업이나 프로젝트를 수행하기 위해 만드는 집단

(2) 비공식적 집단 : 자연발생적으로 형성된 집합체로 공통된 이익이나 사회적 욕구를 충족시키기 위해 만들어진 집단이다. 취미·학연·혈연·경력 등의 인연을 바탕으로 형성되어 있다.

장점	조직 내 구성원 간의 원활한 인간관계와 소속감, 안정감 제공
단점	비공식적 집단의 목표가 공식적 집단의 목표와 일치하지 않을 때 공식적 집단에 부정적인 영향을 미침.

(3) 공식적 집단과 비공식적 집단의 비교

공식적 집단	비공식적 집단
• 합리적 조직 • 인위적으로 형성 • 조직도와 직제상 명문화된 조직 • 효율성과 합리성의 논의가 지배 • 외재적 질서 • 전체적 질서	• 비합리적 조직 • 자연발생적으로 형성 • 동태적인 인간관계에 의한 조직 • 인간의 감정의 논리가 지배 • 내재적 질서 • 부분적 질서

2. 집단역학

조직의 정태성을 탈피하여 동태적으로 상호작용하는 집단의 특성을 설명하고 집단행동의 유효성을 높이기 위해 등장한 개념으로 집단 내에서 구성원들 간의 상호작용을 통해 일어나는 행동 또는 현상, 집단 내 개인 간의 관계 및 다른 집단과의 관계 등에서 나타나는 동태적인 현상을 말하며 집단규범, 집단목표, 집단의 응집력, 집단의사결정 등이 중요한 분야다.

2 집단발전 단계

1. 형성기(Forming)

집단구성원들이 어떤 행동을 해야 하고, 이러한 행동을 하기 위해서는 어떤 기술이나 자원이 필요한가를 결정하는 단계다.

2. 격동기(Storming)

집단구성원들이 갖고 있었던 집단에 대한 기대와 실제 간의 차이로 인해 구성원들이 리더의 능력에 대해 회의를 느끼고 리더와 구성원들 간에 갈등이 발생하기 시작하는 단계다.

3. 규범화(Norming)

집단의 응집력과 집단구성원들의 동료의식이 개발되는 단계다.

> ☑ 집단이란 두 사람 이상이 같은 공동목표 달성을 위하여 서로 의지하며 업무를 수행하는 것을 말하고, 집단역학이란 일정한 사회적 상황에서 집단구성원 간에 존재하는 상호세력을 말한다.

기출문제

경영과 기업

기업활동의 조직

인사관리

생산관리

마케팅관리

실전모의고사

4. 성과 달성기(Performing)

집단구성원들이 수행해야 할 역할에 관해 각자 충분히 이해하게 되면서 업무 수행과 의사전달이 더욱 효과적으로 이루어지는 단계로 구성원들이 복잡하게 상호의존적이 된다.

3 집단의 효과

1. 조직에 미치는 효과

(1) 종업원 개인이 할 수 없는 과업을 가능하게 하고 복잡하고 어려운 과업을 달성하게 한다.

(2) 종업원 행동에 대한 효과적인 통제가 가능하고 조직의 정책에 대한 용이한 변화를 가져온다.

2. 개인에 미치는 효과

(1) 조직 및 환경에 대한 효율적인 학습을 가능하게 하고 자아를 인식하게 한다.

(2) 새로운 기술(기능)을 습득하는 데 지원하고 개인의 사회적 욕구를 충족시킨다.

4 집단의 응집성

1. 응집성의 의의

집단이 서로에게 매력을 느끼고 집단 내 일원으로서 남으려는 정도를 말한다.

2. 응집성의 요인

증대시키는 요인	감소시키는 요인
• 집단목표에 대한 동의 • 집단규모의 크기 축소 • 집단 간의 경쟁 • 집단목표에 대한 동의성이 높을 경우 • 구성원들의 상호작용 빈도가 높을 경우	• 집단목표에 대한 불일치 • 집단규모의 크기 증대 • 소수에 의한 지배 • 집단 내의 경쟁 등

대표기출유형

다음 중 응집성을 증대시키는 요인으로 알맞지 않은 것은?

① 집단목표에 대한 구성원의 동의가 이루어질 때 강화된다.

② 집단 간의 경쟁이 있을 경우 응집성이 강화된다.

③ 집단에 대한 좋은 느낌을 갖고 있을 때 응집성이 강화된다.

④ 집단규모가 클 경우 응집성은 강화된다.

⑤ 구성원들의 상호작용이 많을수록 응집성이 강화된다.

정답 ④

해설 집단규모가 클 경우 응집성은 약화된다.

테마 14 집단의사결정

1 집단의사결정의 특징과 장단점

1. 집단의사결정의 특징

(1) 정확성과 신속함에 있어서 집단의사결정이 개인의사결정보다 시간을 더 소비하지만 오류를 범할 가능성이 적다.

(2) 판단력과 문제해결에 있어서 집단은 개인보다 많은 정보와 경험, 아이디어, 비판적인 평가 능력을 갖고 있으므로 개인보다 앞선다.

(3) 창의성에 있어서도 집단은 개인보다 많은 아이디어와 상상력을 갖게 된다.

(4) 위험부담에 있어 집단은 개인에 비해 위험스러운 일을 회피한다.

2. 집단의사결정의 장단점

(1) 장점

① 보다 많은 정보와 지식을 활용할 수 있다.

② 의사결정의 수용 가능성과 응집력을 증대시킨다.

③ 개인에 의한 독단적인 의사결정보다는 합의와 협력에 의한 의사결정이 구성원의 만족과 지지도가 높다.

(2) 단점

① 많은 시간과 비용을 소비하게 된다. 시간의 소비는 비능률적일 수 있으며, 상황의 변화에 대응할 수 있는 신속한 의사결정을 불가능하게 만든다.

② 집단의 압력으로 소수의 의견을 반영할 수 없게 될 수도 있다.

③ 집단의 구성원들이 책임을 분담하게 되기 때문에 의사결정의 결과에 대한 최종적인 책임의 소재가 불분명하다.

장점	단점
• 많은 정보와 지식 공유 • 아이디어 수집 편리 • 응집력이 높음. • 결정 사항에 대해서 구성원의 만족과 지지도가 높음.	• 소수의 아이디어 무시 가능 • 많은 시간과 비용이 소모 • 의견불일치로 구성원 간의 갈등이 생길 수 있음.

2 집단의사결정의 문제점

1. 집단사고

(1) 의의 : 응집력이 높은 집단에서 생기는 현상으로 구성원들 간의 갈등을 최소화하기 위하여 대안의 분석 및 이의 제기를 억제하고 합의를 쉽게 이루려고 하는 심리적 경향을 말한다. 문제에 대하여 또 다른 생각을 하지 않기 때문에 집단사고에 빠지게 되면 조직구성원들은 새로운 정보나 변화에 민감하게 반응하지 못해 상황적응능력이 떨어지게 된다.

(2) 집단사고의 징후
  ① 도덕적 환상 : 집단구성원들이 집단의 의견을 도덕적이라고 간주한다.
  ② 만장일치의 환상 : 집단의사결정 시 집단구성원 모두가 동의할 수 있다고 간주한다.
  ③ 동조의 압력 : 집단사고에 빠진 구성원들은 집단의사결정에 비판적인 개인에게 집단에 충성심을 보이도록 압력을 가한다.
  ④ 적에 대한 고정관념 : 집단구성원들은 다른 집단과 견해 차이가 생길 경우 타협하지 않고 반대집단에 대해서 부정적인 견해를 가진다.
  ⑤ 정당화 욕구 : 부정적인 피드백으로부터 자신을 보호하려는 욕구가 있다.
(3) 집단사고 예방방법
  ① 리더나 영향력이 큰 구성원의 의사결정에 대한 언급을 회피하고, 다양한 생각과 자유로운 비판을 할 수 있도록 분위기를 조성한다.
  ② 외부전문가를 참여시킨다.
  ③ 반대집단이나 지명반론자를 활용하여 안이한 의사결정이 되는 것을 막는다.

> ✓ 집단양극화란 집단토론 중에 집단구성원 사이에 극단적인 쏠림 현상이 나타나는 것을 말한다.

2. 집단양극화

(1) 집단양극화의 개념 : 집단토의 전에는 개인의 의견이 극단적이지 않았는데 토의 후에는 찬성하던 구성원은 더욱 찬성하고 반대하던 구성원은 더욱 반대하여 양극단적 포지션이 더욱 확대되는 현상이다.
(2) 집단양극화의 원인
  ① 집단으로 모이게 되면 책임이 분산되기 때문이다.
  ② 집단토의에서 다른 구성원이 자신과 같은 견해라는 것을 확인하면 자신의 견해를 과신한다.

대표기출유형

➕ 다음 중 집단의사결정과 개인의사결정에 관한 설명으로 알맞지 않은 것은?

① 다면적이고 보완적인 정보를 요구하는 문제는 집단의사결정이 유리하다.
② 집단의사결정은 집단의 의견을 모두 만족시키는 최선의 해결책을 찾을 수는 없다.
③ 구조화된 과업의 경우는 개인의사결정이, 창의적인 과업의 경우는 집단의사결정이 더 유리하다.
④ 집단의사결정과 개인의사결정의 유효성은 과업의 성격이나 집단의 형태에 따라 다르나 일반적으로 집단의사결정이 정확도가 높다.
⑤ 의견이 양쪽으로 나뉜 집단에서의 토의 결과 오히려 양측의 의견이 더욱 극단적으로 갈라지기도 한다.

정답 ②

해설 집단의사결정 과정에서 만장일치의 환상, 동조의 압력 등이 발생할 수는 있지만, 이것이 집단의 의견을 모두 만족시키는 최선의 해결책을 찾을 수 없다는 것을 의미하지는 않는다.

집단의사결정 기법

1 브레인스토밍(Brainstorming Technique)

1. 브레인스토밍의 의의

여러 명이 한 가지 문제를 놓고 아이디어를 무작위로 개진하여 최선책을 찾아가는 방법으로 어떤 생각이든 자유롭게 표현해야 하고 또 어떤 생각이든 거침없이 받아들여야 한다.

2. 운영상 특징

(1) 표현 권장 : 다른 구성원의 아이디어 제시를 저해할 수 있는 비판을 금지하여 자유로운 대화를 권장하고 제한하지 않는다.

(2) 아이디어의 양

① 아이디어의 질보다는 양을 중요시하며 리더가 하나의 주제를 제시하면 집단구성원이 각자의 의견을 자유롭게 제시한다.

② 아이디어 수가 많을수록 질적으로 우수한 아이디어가 나올 가능성이 많다.

(3) 평가의 금지 및 보류

① 자신의 의견이나 타인의 의견은 다 가치가 있으므로 일체의 평가나 비판을 의도적으로 금지한다.

② 아이디어를 내는 동안에는 어떠한 경우에도 평가를 해서는 안 되며 아이디어가 다 나올 때까지 평가는 보류하여야 한다.

(4) 결합과 개선 : 남들이 내놓은 아이디어를 결합시키거나 개선하여 제3의 아이디어를 내보도록 노력한다.

2 명목집단법(NGT ; Nominal Group Technique)

1. 명목이란 '침묵, 독립적'이라는 의미를 가지고 있으며 개인의 집합으로서의 집단은 상호 간의 의사소통이 이루어지는 집단은 아니라는 의미다. 즉 집단구성원들 간의 실질적인 토론 없이 서면을 통해서 아이디어를 창출하는 기법이다.

2. 모든 구성원에게 동등한 참여 기회를 부여하여 우선순위를 정하기 위한 투표를 통하여 모든 구성원이 집단의사결정에 동등한 영향을 미친다.

3. 각 구성원은 다른 사람의 영향을 받지 않는다.

4. 집단의사결정 방식 중 구성원 간 상호작용을 제한하는 정도는 브레인스토밍보다 명목집단법이 더 강하다.

3 델파이법(Delphi Technique)

1. 델파이법의 의의

특정 문제에 대해서 전문가들이 모여서 토론을 거치는 것이 아니라 다수의 전문가의 독립적인 아이디어를 수집하고, 이 제시된 아이디어를 분석·요약한 뒤 응답자들에게 다시 제공하여 아이디어에 대한 전반적인 합의가 이루어질 때까지 피드백을 반복하여 최종 결정안을 도출하는 시스템적 의사결정방법이다.

☑ 브레인스토밍 기법은 두뇌선풍, 영감법 또는 머리글자를 따라 BS라고도 불리는 아이디어 개발방식이다. 이 기법은 오스본(A. F. Osborn)에 의해서 1938년에 개발되어 1950년대에 미국의 육군, 해군, 공군, 연방정부 그리고 주정부에서 아이디어 개발을 위한 기법으로 널리 사용되어 왔다.

☑ 고든법(Gordon Technique) 고든(W. Gordon)이 브레인스토밍의 결점을 보완하기 위해 만든 아이디어 발상법의 하나로 추상적인 사고법이다. 브레인스토밍과 마찬가지로 4가지 규칙(비판금지, 자유분방, 다다익선, 결합개선)이 적용된다. 브레인스토밍은 구체적인 테마가 제시되지만 고든법은 키워드만 제시된다.

☑ 명목집단법은 1968년 델베끄와 반드밴(A. L. Delbecq and A. H. Van de Ven)에 의해서 의사결정의 사회심리학적 연구를 기초로 개발되었다. 이 기법은 미국 NASA의 프로그램 설계에 대한 산업공학적 문제해결과 사회적 활동에 대한 시민의 참여에 관한 연구에 활용되었다.

☑ 델파이법은 1950년 초에 미국의 Rand 회사의 달키(Norman Dalkey)와 그의 동료에 의해 미국 국방성의 요청에 따라 개발한 기법으로 집단토론을 거치지 않고 전문가들로부터 전문적인 견해를 얻어내는 방법이다.

기출문제

경영과 기업

기업활동의 조직

인사관리

생산관리

마케팅관리

실전모의고사

2. 델파이법의 특징

(1) 익명성 : 운영 도중에 설문 응답자들은 서로 상대방을 알 수 없으며 구성원 간의 상호작용도 일어나지 않으며 최종적으로 아이디어 자체에 대한 평가만을 하는 것이다.

(2) 피드백의 과정 : 집단 상호 간의 작용은 설문지에 의해서 이루어지며 실무진은 응답 내용이 적힌 설문지에서 문제에 필요한 정보만을 분석·정리하여 피드백시켜준다.

(3) 통계적 처리 : 통계적 분석에 의한 평가를 한다.

〈명목집단법과 델파이법의 비교〉

명목집단법	델파이법
• 참여자들은 서로 알게 됨. • 참여자들이 서로 얼굴을 맞대고 문제를 해결함. • 아이디어 목록이 얻어지고 나면 참여자들이 직접적으로 커뮤니케이션 함.	• 참여자들이 서로 모름. • 참여자들이 서로 멀리 떨어져 있고 결코 만나지 못함. • 커뮤니케이션은 서면으로 된 질문지와 피드백으로 함.

4 변증법

> ☑ 변증법은 집단을 두 편으로 나누어 한 편이 먼저 의견을 제시하면 상대편은 그 안과 정반대의 가정을 가지고 대안을 만들어 서로 토론에 들어가는 방법으로, 토론을 통해 살아남은 가정이나 자료를 가지고 의견을 종합하여 결론을 내린다.

1. 변증법의 의의

대립적인 두 개의 토론 팀으로 나누어 토론 진행과정에서 의견을 종합하여 합의를 형성하는 기법이다.

2. 변증법적 토의 5단계

(1) 1단계 : 의사결정에 참여할 집단을 둘로 나눈다.

(2) 2단계 : 한 집단이 문제에 대하여 자신들의 대안을 제시한다.

(3) 3단계 : 타 집단은 본래 대안의 가정을 정반대로 바꾸어 대안을 마련한다.

(4) 4단계 : 양 집단이 서로 토론을 한다.

(5) 5단계 : 이 토론에서 살아남은 가정, 자료로 의견을 종합하여 결정한다.

대표기출유형

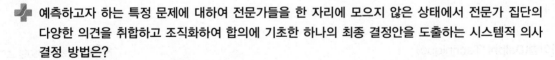

예측하고자 하는 특정 문제에 대하여 전문가들을 한 자리에 모으지 않은 상태에서 전문가 집단의 다양한 의견을 취합하고 조직화하여 합의에 기초한 하나의 최종 결정안을 도출하는 시스템적 의사 결정 방법은?

① 브레인스토밍   ② 고든법   ③ 명목집단법
④ 의사결정나무   ⑤ 델파이법

정답 ⑤

해설 델파이법은 특정 문제에 대해서 전문가들이 모여서 토론을 거치는 것이 아니라 다수의 전문가의 독립적인 아이디어를 수집하고, 이 제시된 아이디어를 분석·요약한 뒤 응답자들에게 다시 제공하여 아이디어에 대한 전반적인 합의가 이루어질 때까지 피드백을 반복하게 하는 방법이다.

집단의사소통

1 의사소통의 종류

1. 하향적 의사소통(Downward Communication)

(1) 하향적 의사소통의 의의 : 수직적 의사소통 가운데 상위계층으로부터 하위계층으로 이루어지는 의사소통으로 스태프 미팅, 정책에 대한 공식성명, 뉴스레터, 정보를 담은 메모, 대면적인 접촉 등의 형태를 취한다.

(2) 하향적 의사소통의 왜곡 이유
  ① 메시지의 잘못된 전달은 발신자의 부주의, 의사소통 기술의 부족 때문이다.
  ② 수신자의 이해에 대한 즉각적인 피드백 가능성이 희박한 매체를 통한 일반적인 의사소통 방법의 남용 때문이다.
  ③ 관리자들에 의한 정보의 조작, 스크리닝, 보류 등 고의적인 정보의 여과에 따른 정보의 상실 때문이다.

2. 상향적 의사소통(Upward Communication)

(1) 상향적 의사소통의 의의 : 하위계층에서 바로 위 혹은 그 이상의 계층으로 수직적 의사소통이 일어나는 것을 말하며, 상향적 의사소통에는 차상급자와의 대면회합, 감독자들과의 연석회의, 메모나 리포트, 제안 제도, 고충처리절차, 종업원의 태도 조사 등이 포함된다.

(2) 상향적 의사소통의 왜곡 이유
  ① 발신자에게 유리한 정보는 상부로 전달되기 쉽지만 불리한 정보는 조직에 중요하더라도 차단당하기 쉽기 때문이다.
  ② 관리자들은 상향적인 의사소통을 위하여 큰 노력을 기울이지 않는다.

3. 수평적 의사소통(Lateral Communication)

수평적 의사소통이란 같은 계층 간에서 협업(協業)을 위한 상호 연락·조정이 이루어지며 각각의 구성원 간 또는 부서 간의 갈등을 조정하는 의사소통을 말한다.

2 조직의사소통의 네트워크

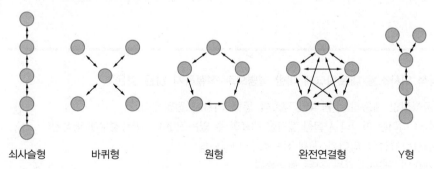

| 쇠사슬형 | 바퀴형 | 원형 | 완전연결형 | Y형 |

1. 쇠사슬형

(1) 의사소통이 상하로만 가능하며, 명령권한관계의 조직에서 찾아볼 수 있다.
(2) 공식적인 계통과 수직적인 경로를 통해 의사 전달이 이루어지는 형태다.

기출문제
경영과 기업
기업활동의 조직
인사관리
생산관리
마케팅관리
실전모의고사

2. (수레)바퀴형(X형)

(1) 하위자들 간 상호작용이 없고 모든 의사소통은 한 사람의 감독자를 통해 이루어진다.

(2) 집단 내에 특정의 리더가 있을 때 발생하기 때문에 문제해결 시 정확한 상황파악과 신속한 문제해결이 가능하다.

3. 원형

(1) 근접한 구성원들 간의 상호작용을 허용하고 있으나 한계가 있다.

(2) 권력의 집중도 없고 집단구성원 간에 뚜렷한 서열이 없는 경우 발생한다.

4. 완전연결형

(1) 의사소통 유형 중 가장 구조화가 되지 않은 유형이다.

(2) 의사소통의 제약이 없으며 모든 구성원들이 평등한 기회를 가진다.

(3) 가장 바람직한 의사소통 유형으로 모든 집단구성원이 서로 적극적인 의사소통을 하며 창의적이고 참신한 아이디어 창출이 가능하다.

5. Y형

(1) 집단을 대표할 수 있는 인물이 있는 경우 나타나는 형태다.

(2) 확고하고 특정한 리더가 있는 것은 아니지만 비교적 집단을 대표할 수 있는 인물이 있으며, 단순한 문제를 해결하는데 정확도는 높다.

3 의사소통의 증대 방법

1. 고충처리제도

조직구성원의 개인적인 애로사항이나 근무 조건 등에 대한 불만을 처리·해결해 주는 절차로, 인사상담·제안제도·소청제도 등과 같이 공무원의 권익을 보호하고 신분 보장을 강화하기 위한 제도다.

2. 민원조사원제도

책임 있는 언론을 실현하기 위한 언론의 자율규제제도로 불만, 불평등 각종 민원을 중립적으로 처리하고 행정을 감시하는 방법이다.

3. 문호개방정책

상위경영자와 특정 문제에 대해서 자유롭게 대화할 기회를 보장하는 것을 말한다.

대표기출유형

다음 중 조직 내 공식적 의사소통 네트워크에 대한 설명으로 적절하지 않은 것은?

① 원형 네트워크는 공식적인 계통과 수평적인 경로를 통해 의사가 전달된다.

② Y형 네트워크는 공식적 리더는 아니나 사실상 집단을 대표할 수 있는 인물이 있는 경우에 형성된다.

③ 수레바퀴형 네트워크는 특정한 리더가 존재하는 경우 나타난다.

④ 쇠사슬형은 주로 계층의 구분이 없는 경우 형성된다.

⑤ 완전연결형 네트워크에서는 집단 구성원들이 서로 적극적인 의사소통을 한다.

정답 ④

해설 쇠사슬(체인)형은 명령 계통에 따른 수직적 의사전달만이 이루어지는 형태의 의사소통 네트워크로, 내부 계층구조가 체계적으로 구성되어 있는 명령권한관계 집단에서 주로 나타난다.

1 권력

1. 권력의 개념

특정 개인이나 집단의 어떤 행동에 영향을 미치는 힘이나 능력을 의미하며 상대방의 의지와 상관없이 나의 의지와 뜻을 상대방에게 관철시킬 수 있다.

2. 권력의 성격

(1) 권력은 사회적 성격을 지닌다.

① 다른 사람이나 집단과의 상호작용을 통하여 이루어지는 사회적 관계를 나타낸다. 따라서 권력은 동태적 성격을 갖는다.

② 개인이나 집단의 권력은 상황과 시간에 따라서 항상 변화한다.

③ 권력 구조는 항상 상황과 시간에 따라서 변화한다.

(2) 권력은 권한이나 영향력과는 다른 특성을 지닌다.

① 권력은 공식적인 역할이나 지위에 관계없이 개인이나 집단의 특징에서 형성되는 것이다.

② 영향력은 다른 사람의 태도·가치관·지각·행동 등을 변화시킬 수 있는 힘으로 동태적 성격을 내포한다.

③ 권력은 영향을 미칠 수 있는 능력이나 잠재력으로서 정태적인 성격을 갖는다.

3. 권력의 종류

프렌치와 레이븐은 권력을 공식적인 것과 개인적인 것으로 구분하였다.

공식적 권력	• 보상적 권력 　－다른 사람이 가치 있다고 생각하는 보상을 제공할 수 있는 권력 　－긍정적인 강화 • 강압적 권력 　－순응하지 않을 경우 불이익을 줄 수 있는 개인의 능력에서 유래 　－부정적인 강화 • 합법적 권력 : 공식적 지위로 인해 발생하는 권력
개인적 권력	• 준거적 권력 : 인간적 특성이나 바람직한 자원에서 유래 • 전문적 권력 : 특정 분야의 전문 지식을 가지고 있음으로 인해 생기는 영향력

2 갈등

1. 갈등의 내용

(1) 개인 또는 집단의 의사결정 과정에서 선택을 둘러싸고 곤란을 겪는 상황을 말한다.

(2) 현대에 와서는 갈등의 순기능 면이 강조되어 어느 정도의 갈등은 조직 내에 필요하다는 면이 부각되고 있다.

2. 갈등의 원인

(1) 상호의존성 : 조직은 하나의 시스템이기 때문에 조직의 목표를 달성하기 위해 구성요소 간의 유기적 상호작용이 필수적인데, 상호작용 과정에서 하위 시스템 간의 상호의존관계는 갈등의 원천이다.

✓ 권한(Authority)의 정의

1. 조직구조에 있어서 역할과 지위에 관련하여 인간행동에 대해서 갖게 되는 공식적인 영향력

2. 조직의 규범에 의하여 합법적으로 인정된 권력

3. 권력은 권한보다 포괄적 개념

✓ 임파워먼트(Empowerment)

1. 조직구성원들이 가질 수 있는 무력감을 제거하여 조직구성원의 자기효능감을 향상시키는 과정을 말한다.

2. 조직구성원에게 자신이 조직을 위해서 많은 중요한 일을 할 수 있는 힘·능력·권력을 갖고 있다는 확신을 심어 주는 과정이다.

✓ 무력감(Powerlessness)
조직원들이 느끼는 권력의 결핍현상을 말한다.

✓ 상호의존성(Interdependence)
둘 이상의 집단이 목표달성 행동에 있어서 상호 간에 협조·정보제공·동조 또는 협력행동을 필요로 하는 정도다.

(2) 목표의 차이 : 조직 내의 집단들은 조직의 공통 목표 달성을 위해 공헌하는 과정에서 집단의 기능에 따라 추구하는 목적이 다르고 목표가 상충되는 경우에 그것이 갈등의 원인이 된다.

(3) 제한된 자원 : 자원이 제한되어 있어서 집단 간의 의존성은 높아지고 경쟁이 심화된다.

(4) 보상구조 : 보상구조가 개별집단의 성과에 따라 이루어진다면 집단 간의 갈등이 발생한다.

(5) 시간인식의 차이 : 시간인식의 차이는 집단이 수행할 활동의 우선순위와 중요성에 영향을 미치므로 갈등의 원인이 된다.

3. 갈등의 순기능과 역기능

(1) 갈등의 순기능

① 창의력 고취 : 갈등해결과정에서 비판과 토론을 통하여 혁신과 변화를 위한 창의력을 고취한다.

② 의사결정의 질적 개선 : 집단의사결정 참여자에게 개방적인 회의 분위기를 조성하여 문제에 대한 비판이나 논쟁을 통하여 의사결정의 질을 개선한다.

③ 응집력의 증가 : 외부 집단과의 갈등으로 도전이나 위협을 받게 되면 집단의 지위와 구성원의 긍지를 보호하기 위해서 집단구성원 간의 응집력이 강화된다.

④ 능력의 새로운 평가 : 개인이나 집단들은 갈등을 겪으면서 자신의 능력에 관해 비교적 객관적인 평가를 할 수 있게 되므로 조직의 목표달성과 성과개선에 도움이 된다.

(2) 갈등의 역기능

① 목표달성 노력의 약화 : 갈등당사자들이 자기의 목표만을 너무 고집하게 되면 당사자들은 서로 합심, 협력하여 달성해야 할 공동의 목표를 소홀히 하게 된다.

② 심리상태의 변화 : 갈등은 사람의 심리상태에 부정적 영향을 미친다.

③ 제품의 품질저하 : 갈등은 제품의 품질을 떨어뜨리는 중요한 원인이 되기도 한다.

대표기출유형

🔹 프렌치(French)와 레이븐(Raven)이 제시한 권력의 원천 중 공식적 권력에 해당하는 것을 모두 고르면?

| ㉠ 합법적 권력 | ㉡ 준거적 권력 | ㉢ 전문적 권력 |
| ㉣ 보상적 권력 | ㉤ 강압적 권력 | |

① ㉠, ㉡, ㉢   ② ㉠, ㉡, ㉣   ③ ㉠, ㉢, ㉣
④ ㉠, ㉢, ㉤   ⑤ ㉠, ㉣, ㉤

정답 ⑤

해설 권력의 원천은 공식적 권력과 비공식적 권력으로 분류할 수 있다.
• 공식적 권력(직위권력) : 합법적 권력, 보상적 권력, 강압적 권력
• 비공식적 권력(개인적 권력) : 전문적 권력, 준거적 권력

리더십

1 리더십의 개요

1. 리더와 경영자의 특성 비교

리더의 특성	경영자 특성
• 혁신주도	• 책임수행
• 창조	• 모방
• 개발	• 유지
• 인간에 초점	• 시스템과 구조에 초점
• 신뢰에 기초	• 통제 위주
• 장기적	• 단기적
• 무엇을, 왜에 관심	• 언제, 어떻게에 관심
• 수평적 관점	• 수직적 관점
• 현 상태에 도전	• 현 상태 수용
• 독자적 인간	• 전통적인 충복
• 옳은 일을 함(What 중심).	• 일을 옳게 함(How 중심).

2. 리더십이론의 전개 과정

1940 ~ 1950년대(특성이론) → 1950 ~ 1960년대(행동이론) → 1960 ~ 1970년대(상황이론) → 1970년대 이후(변혁적 리더십으로 전개)

리더십이론	시기	이론의 특성
특성이론	1940 ~ 1950년대	성공적인 리더가 공통적으로 가지고 있는 육체적, 심리적, 개인적인 특성을 탐구
행동이론	1950 ~ 1960년대	성공적인 리더의 행동패턴을 분석하고 행동패턴과 성과의 관계를 연구
상황이론	1960 ~ 1970년대	리더십의 성공에 영향을 미치는 환경적인 특성에 초점을 두고 리더십의 성공과 상황과의 관련성을 분석

2 리더십 특성이론(Trait Theory)

1. 특성이론의 내용

(1) 리더들이 리더가 아닌 사람과는 다른 육체적, 심리적 혹은 개인적 특성들을 가지고 있다는 가정에 근거한다.

(2) 특정한 특성이나 자질을 가진 사람은 성공적인 리더가 되고 그렇지 않은 사람은 성공적인 리더가 되지 못한다는 주장으로 특성이론은 리더십의 위인론(偉人論, Great Man Theory of Leadership)이라고도 한다.

(3) 테드(O. Tead)는 성공적인 리더의 특성으로 육체적 및 정신적인 에너지, 목표의식과 지시 능력, 정열, 친근감과 우의, 성품, 기술적인 우월성, 과감성, 지능, 교수 능력, 신념의 10가지를 든다.

☑ 리더십이란 어떤 상황하에서 상호협동하는 사람들이 조직의 목표를 달성하기 위하여 개인이나 집단의 행위에 영향력을 행사하는 것을 말한다.

☑ 경영자의 자질
1. 개념적 자질 : 상황판단능력, 주로 최고경영층에게 요구되는 자질
2. 전문적 자질 : 현장실무능력, 주로 하위경영층에게 요구되는 자질
3. 인간적 자질 : 대인관계능력, 최고경영층과 중간경영층, 하위경영층 모두에게 중요한 자질

(4) 바나드(C. I. Barnard)는 기술적인 측면과 심리적인 측면을 강조하며 기술적인 측면에는 체력, 기능, 기술, 지각력, 지식, 기억, 상상력 등을, 심리적인 측면은 결단력, 지구력, 인내력, 용기 등을 들고 있다.

(5) 스톡딜(R. M. Stogdill)은 육체적 특성, 사회적 배경, 지능, 성격, 과업특성, 사회적인 특성으로 리더의 특성을 나누고 있다.

2. 특성이론의 한계

(1) 성공적인 리더와 그렇지 않은 리더를 구분할 수 있는 명확한 특성을 밝히지는 못하고 있다. 즉, 성공적인 리더의 특성으로 제시되었던 것이 어떤 경우에는 실패한 리더의 특성으로 밝혀지기도 하였다.

(2) 특성이론에서 제시되고 있는 다수의 특성들이 서로 모순되고 갈등을 일으키기도 하여 어떤 특성이 진정한 성공적인 리더의 공통적인 특성인지가 불명확하다.

(3) 과도하게 육체적이고 개인적인 요인에 초점을 두고 있는데, 육체적 특성들은 성공적인 리더십과 직접적인 관련성은 없는 것으로 밝혀졌다.

(4) 인성적인 특성들이 리더십의 성공과 관련이 있을 것으로 여겨지기도 하지만 실제의 연구 결과는 일치된 결과를 보여주지 못하고 있다.

(5) 특성이론에서 제시된 특성들은 과거 상황에서 성공적이었던 리더들의 공통적 특성을 분석한 것으로, 과거의 성공적인 리더의 특성이 미래의 성공을 보장하지 않는다.

3 아이오와 대학의 연구

아이오와 대학(University of Iowa)의 연구자(K. Lewin, R. Lippitt and R. K. White) 등은 의사결정 과정에서 나타나는 리더의 유형을 민주형, 전제형, 자유방임형으로 나누고 각 유형에 따른 집단의 성과와 구성원의 만족에 미치는 영향을 분석하였다.

민주적 리더십 (Democratic Leader)	• 의사결정에 집단이 참여하는 것을 권장하며 집단이 스스로 작업의 방법을 결정하게 하고 전반적인 목표를 인지하게 만들며 코치의 수단으로 피드백을 활용 • 종업원 참여와 자율성 강조, 인간관계지향적, 자율성을 존중하는 리더
전제적 리더십 (Autocratic Leader)	• 명령적이며 의사결정에 부하의 참여를 허용하지 않는 일방적인 의사결정 • 과업지향적, 지시 또는 명령, 집단행위 관련 의사결정을 혼자 결정하고 지시하는 리더
자유방임형 리더십 (Laissez-faire Leader)	• 집단에게 완전한 자유를 주며 필요한 것을 제공하기는 하지만 질문에만 답하며 피드백을 하지 않음. • 서로의 역할 포기, 극단적인 자유행동 허용, 자신의 역할을 포기하는 리더

4 미시간 대학의 연구

1. 개요

오하이오 대학의 연구와 거의 유사한 시기에 미시간 대학(University of Michigan)의 사회연구소에서 리커트(R. Likert)가 중심이 된 리더십 연구가 행하여졌다.

2. 내용

리더의 유형을 극단적으로 양분하여 직무 중심적 리더와 종업원 중심적 리더로 구분하였으며 그중에서 종업원 중심적 리더유형이 가장 이상적이고 합리적인 유형이라고 주장하였다.

☑ 행동이론은 행동과학(Behavioral Science)의 영향을 많이 받았으며, 이 이론은 어떠한 특성을 가진 리더가 성공적인가에 초점을 두기보다는(What the leader is?) 어떠한 행동을 하는 리더가 성공적인가(What the leader does?) 하는 리더의 행동패턴에 초점을 두었다.

(1) 직무 중심적 리더십 : 부하들이 명시된 절차에 따라 그들의 과업이 수행되도록 세밀한 감독을 실시하는 리더로서 리더는 부하들의 행위와 성과에 영향을 미치기 위하여 공식적인 권력과 보상 그리고 강제에 의존한다.

(2) 종업원 중심적 리더십 : 종업원의 개인적인 발전과 성장 그리고 성취에 관심을 두며 이러한 활동으로 집단의 형성과 발전이 유도되는 것이다.

5 오하이오 대학의 연구

1. 개요

오하이오 대학(Ohio State University)의 연구 프로그램을 통해 리더십의 요인으로 구조주도와 배려를 제시했다.

2. 내용

(1) 구조주도

① 리더가 과업의 할당, 절차의 구체화, 작업계획 등의 활동을 통해 그 자신과 부하들의 일을 구조화하는 정도를 의미한다.

② 기본적인 관리과정 활동 즉 계획, 조직, 지휘가 포함되며 과업과 관련된 일에 우선적인 초점이 두어진다.

(2) 배려

① 리더가 부하들과 상호적인 신뢰를 구축하고 부하들을 존중하며 그들에게 정감적인 관심을 보이는 정도를 의미한다.

② 배려 지향적인 리더는 부하들에게 보다 친근하며 상호적인 의사소통을 유지하고 참여적인 의사결정 행동을 보인다.

대표기출유형

🔷 **다음 중 아이오와(Iowa) 대학모형에 대한 설명으로 연결이 바르게 된 것은?**

ⓐ 종업원 참여와 자율성 강조, 인간관계 지향적, 자율성을 존중하는 리더
ⓑ 과업지향적, 지시 또는 명령, 집단행위관련 의사결정을 혼자 결정하고 지시하는 리더
ⓒ 서로의 역할 포기, 극단적인 자유행동 허용, 자신의 역할을 포기하는 리더

	ⓐ	ⓑ	ⓒ
①	전제적 리더십	민주적 리더십	자유방임적 리더십
②	민주적 리더십	전제적 리더십	자유방임적 리더십
③	자유방임적 리더십	전제적 리더십	민주적 리더십
④	민주적 리더십	자유방임적 리더십	전제적 리더십
⑤	자유방임적 리더십	민주적 리더십	전제적 리더십

정답 ②

해설 ⓐ 민주적 리더십은 종업원의 의사결정에의 참여를 유도하고 자율성을 존중하는 리더이다.
ⓑ 전제적 리더십은 집단행위 관련 의사결정을 거의 혼자서 결정하고 일방적으로 지시하는 리더이다.
ⓒ 자유방임적 리더십은 리더의 자기 역할을 완전히 포기한 유형의 리더이다.

리더십 행동이론

1 Blake & Mouton의 관리격자(Managerial Grid)이론

1. 관리격자이론의 개요

과업과 인간에 초점을 둔 리더의 행위를 강조한 대표적인 모형으로 블레이크와 머튼(R. R. Blake and J. S. Mouton)에 의하여 개발되었으며, 리더가 인간에 대한 관심과 생산에 대한 관심을 어느 정도 가지고 있느냐에 따라 리더를 유형화한 모형이다.

2. 관리격자이론의 내용

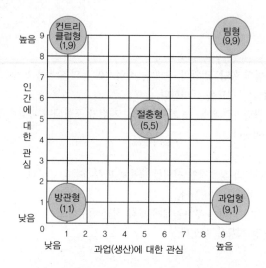

(1) 1,1형(Impoverished Management, 무관심형, 방관형)
① 과업이나 사람에 대해 거의 관심을 갖지 않고 되어 가는 대로 내버려 두는 리더다.
② 과업달성 및 인간관계유지에 모두 관심을 보이지 않는 유형이다.
③ 리더는 조직구성원으로서 자리를 유지하기 위해 필요한 최소한의 노력을 한다.

(2) 1,9형(Country Club Management, 친목형, 컨트리클럽형)
① 사람에 대해서 관심이 있지만 과업에 대해서는 거의 관심이 없는 온정적인 리더다.
② 생산에 대한 관심은 낮으나 인간관계에 대해서는 지대한 관심을 보이는 유형이다.
③ 리더는 부하와의 만족스러운 관계를 위하여 부하의 욕구에 관심을 갖고, 편안하고 우호적인 분위기로 이끈다.

(3) 5,5형(Organizational Man Management, 절충형, 중도형)
① 과업과 사람에 대한 관심에 균형을 유지하려고 노력하는 중도적인 리더다.
② 생산과 인간관계의 유지에 모두 적당한 정도의 관심을 보이는 유형이다.

(4) 9,1형(Authority Obedience Management, 과업형, 권위형)
① 과업만을 추구하는 리더다.
② 인간관계유지에는 낮은 관심을 보이지만 생산에 대해서는 지대한 관심을 보이는 유형이다.
③ 리더는 일의 효율성을 높이기 위해 인간적 요소를 최소화하도록 작업 조건을 정비한다.

(5) 9,9형(Team Management, 단합형, 팀형)

① 과업과 사람을 통합하여 높은 성과를 가져오는 이상적인 리더다.

② 생산과 인간관계의 유지에 모두 지대한 관심을 보이는 유형이다.

③ 리더는 상호 신뢰적이고 존경적인 관계와 구성원의 몰입을 통하여 과업을 달성한다.

2 PM(Performance and Maintenance)이론

1. PM이론의 의의

일본의 학자 미쓰미가 오하이오 대학의 연구 개념을 기초로 개발한 리더십 프로그램이다.

2. PM이론의 유형과 유효성

(1) 구조주도와 배려 대신 성과지향(Performance Orientation ; P)과 유지지향(Maintenance Orientation ; M)이라는 용어를 사용하여 4개의 리더십 유형으로 분류하였다.

(2) PM이론에서는 P형을 M형보다 높게 평가하여 리더의 성과는 PM>pM=Pm>pm으로 PM 형이 가장 우수하다.

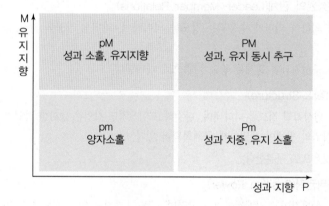

☑ 리더십 개발 훈련
하급자들의 지각에 의해 리더의 행동을 측정하여 과업과 인간에 대한 관심표현이 어느 정도인지를 진단함으로써 리더가 어떤 행동을 보완해야 할지 알 수 있게 한다.

☑ PM이론의 연구결과
• 성과지향은 효과적인 리더십에 필수적이지만 같은 강도의 유지지향(관계) 성향이 동반되지 않으면 리더의 성과지향적 행위를 집단구성원들이 압력 또는 통제로 해석하는 경향이 강하다.
• 성과지향과 유지지향을 동시에 추진하면 추종자들은 리더의 성과지향적 행동을 자신들의 계획을 수립해 주고, 무엇인가를 도와주기 위한 행동으로 평가하는 경향이 높다.

대표기출유형

블레이크와 머튼이 제시한 관리격자이론에서의 리더 유형과 그 내용으로 옳지 않은 것은?

① 1,1형은 리더가 과업과 사람 모두에게 관심을 가지지 않는 방임형 리더이다.

② 9,1형은 업무의 효율성을 위해 인간적 요소를 최소화하는 리더이다.

③ 1,9형은 과업에는 관심이 없으나 인간관계에 관심을 가지고 집단을 편안한 분위기로 이끄는 리더이다.

④ 5,5형은 과업과 사람에 대한 균형을 유지하는 가장 이상적인 형태의 리더이다.

⑤ 9,9형은 과업과 인간관계 모두에게 큰 관심을 가지는 리더이다.

정답 ④

해설 블레이크와 머튼의 관리격자이론에서는 과업과 인간관계 모두에게 큰 관심을 가지는 9,9형을 가장 이상적인 리더로 보았다.

피들러의 리더십 상황이론

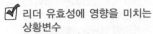

☑ 리더 유효성에 영향을 미치는 상황변수

어떤 상황에서도 절대적으로 유효한 리더십이 있는 것이 아니라 상황변수가 어떠한 리더십이 가장 바람직한가를 결정하는 중요한 요인이 된다는 것이다.

1 상황이론의 개념

리더십에 대한 최초의 상황이론은 피들러와 그의 동료들에 의하여 연구되었다. 피들러의 상황이론은 성공적인 리더십은 리더 스타일과 상황이 적합성을 이루는가에 달려 있다고 주장하고 있다. 각 리더십 스타일은 올바른 상황에서 사용된다면, 즉 상황이 적절하다면 성공적일 수 있다는 것이다. 이 모형에 따르면 관리자는 그 자신의 리더십 스타일을 이해하여야 하며 특정한 상황을 진단하고, 이후 자신의 리더십 스타일에 맞게 상황의 변화를 이루든지 혹은 그러한 상황에 적절한 다른 사람에게 리더의 역할을 이전하든지 하여 리더 스타일과 상황과의 적합성을 유지하여야 한다는 것이다.

2 상황변수

피들러는 어떤 리더십 스타일이 보다 효과적인가를 결정하는 데 영향을 미치는 요인으로 작업 환경을 들었으며, 이러한 작업 환경의 세 가지 차원을 연구의 대상으로 삼았다.

1. 리더와 구성원의 관계(Leader—Member Relations)
(1) 집단에 의하여 리더가 수용되는 정도를 의미하며, 리더십 성공의 가장 중요한 결정요인이다.
(2) 리더와 구성원과의 관계는 좋고 나쁨으로 나타낸다.

2. 과업구조(Task Structure)
(1) 직무가 일상적인 정도를 나타내며, 단순하고 일상적인 작업은 명확한 작업기준을 가지고 있으며 작업의 방법이 세밀하게 구체화되어 있다.
(2) 높고 낮음으로 구분한다.

3. 리더의 지위권력(Position Power)
(1) 리더가 합법적이고 강제적이며 보상적인 권력을 가지고 있는 정도를 의미한다.
(2) 지위권력이 강하다는 것은 부하들에게 영향을 미치는 능력이 있다는 것으로 단순화될 수 있고, 지위권력이 약한 리더는 자신의 직무를 수행하는 것이 어렵다.

3 리더십 스타일

리더의 리더십 스타일을 분류하기 위해서 가장 좋아하지 않는 동료(LPC ; Least Preferred Co-worker)라는 설문을 개발하여 LPC 점수가 높으면 종업원 지향적, LPC 점수가 낮으면 과업지향적으로 측정하였다.

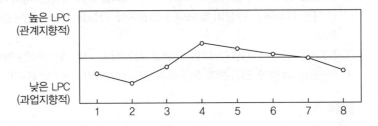

상황	1	2	3	4	5	6	7	8
리더-부하관계	좋음	좋음	좋음	좋음	나쁨	나쁨	나쁨	나쁨
과업구조	구조적	구조적	비구조적	비구조적	구조적	구조적	비구조적	비구조적
리더의 지위권력	강	약	강	약	강	약	강	약
리더의 입장	유리				중간		불리	
상황 확실성	확실				중간		불확실	

1. 과업지향적 리더

LPC 점수가 낮은 리더, 즉 상황이 아주 유리하거나(1, 2, 3 상황) 아주 불리한 경우(7, 8 상황)에는 과업지향적 리더가 성공적이 된다.

2. 관계지향적 리더

LPC 점수가 높은 리더, 즉 상황이 그리 불리하지도 그리 유리하지도 않은 중간 정도의 상황(4, 5, 6 상황)에서는 관계지향적 리더가 성공적이 된다.

4 상황이론의 한계점

1. 상황변인이 복잡하고 측정하기가 어렵다.
2. 구성원의 특성에 대해서는 관심을 두지 않는다.
3. LPC 척도가 리더십 스타일을 대변할 수 있는지 의문이다.

대표기출유형

리더십 이론에 관한 설명으로 가장 적절하지 않은 것은?

① 허시(Hersey)와 블랜차드(Blanchard)의 리더십 상황이론에 의하면 부하의 능력이 높고 의지가 낮을 때에는 참여형 리더십 스타일이 적합하다.

② 피들러(Fiedler)의 리더십 상황이론에 의하면 상황이 리더에게 매우 호의적인 경우에는 관계지향적 리더십 스타일이 적합하다.

③ 변혁적 리더십(Transformational Leadership)에서는 부하들에 대한 지적 자극과 부하 개인에 대한 관심과 배려를 강조하고 있다.

④ 블레이크(Blake)와 머튼(Mouton)의 관리격자모형(Managerial Grid)에서는 일에 대한 관심과 사람에 대한 관심의 두 가지 차원에서 리더의 유형을 분류하였다.

⑤ 하우스(House)는 경로-목표 이론(Path Goal Theory)에서 부하의 특성과 환경적 요인에 따라 리더십 스타일이 달라져야 한다고 주장하였다.

정답 ②

해설 피들러(Fiedler)의 리더십 상황이론에 의하면 상황이 리더에게 매우 호의적이거나 매우 비호의적인 경우에는 과업지향적 리더십 스타일이 적합하고, 상황이 리더에게 호의적이지도 않고 비호의적이지도 않은 상황에서는 관계중심적 리더십 스타일이 적합하다.

리더십 상황이론

허쉬와 블랜차드는 리더행동유형을 과업지향적 행동과 인간관계지향적 행동의 두 차원을 축으로 한 지시형, 설득형, 참여형 및 위임형 등 4가지로 분류하고 각 유형의 효과성이 부하들의 성숙도에 따라 어떻게 달라지는가를 연구하였다.

리더십 상황이론	내용
경로-목표이론 (R. House)	효과적인 리더는 부하들이 그들의 목표달성 경로에 있는 장애를 제거하고 경로를 분명히 해 줌.
리더-참여모형 (Vroom, Yetton)	의사결정상황에 따라 독재적, 상담적, 집단중심적 리더가 적합
수명주기이론 (Hersey, Blanchard)	부하의 성숙도(능력, 동기)에 따라 지시적 리더, 설득적 리더, 참여적 리더, 위양적 리더가 적합
상황적 리더십이론 (SLT)	리더는 부하들의 준비정도에 맞게 리더십 스타일 선택

1 허쉬와 블랜차드(P. Hersey and K. H. Blanchard)의 상황이론

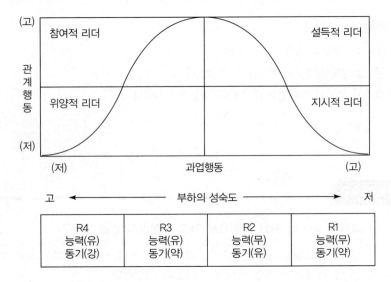

1. 리더십 스타일

(1) 지시형(Telling) : 준비성이 가장 낮은 상황, 즉 부하들이 주어진 과업에 대한 책임을 질 능력도 없고 지려고 하는 의지도 없는 경우에 사용되는 유형으로 리더가 역할을 정의한다.

(2) 설득형(판매형, Selling) : 준비성이 낮거나 중간 정도인 상황, 즉 부하들이 책임을 질 능력은 없으나 하려고 하거나 할 수 있다고 느끼고 있는 경우에 사용되는 유형으로 리더가 지시적 행동과 지원적 행동을 동시에 한다.

(3) 참여형(Participating) : 준비성의 정도가 중간 정도인 상황, 즉 부하들이 책임을 질 능력은 있으나 일을 자발적으로 하려고 하지 않거나 할 가능성이 적을 때 사용되는 유형으로 리더는 상호적인 의사소통과 협동을 강조하는 것이 보다 효과적일 수 있다.

(4) 위임형(Delegating) : 준비성의 정도가 높은 상황, 즉 부하들의 능력이 탁월하고 적절한 책임을 지려고 하는 데 대한 신뢰가 가는 경우에 사용되는 유형으로 지원과 지시가 거의 필요가 없는 모범적인 스타일이다.

2. 평가

(1) 리더는 부하 개개인의 준비성 정도를 평가한 후, 수준에 적절한 리더십 스타일을 선택하여 야 한다.

(2) 리더의 특성을 측정하는 도구의 타당성과 상황요인을 부하의 측면에서만 살펴봄으로써 리더십 효과성에 더 큰 영향을 미칠 수도 있는 다른 상황적 요소들은 충분히 고려하고 있지 못하다.

2 하우스(R. J. House)의 경로-목표이론

1. 이론의 근거

이 이론은 동기부여에 관한 기대이론에 그 이론적인 근거를 두고 있다. 여기서 기대이론이란 노력-성과의 기대(노력이 정해진 성과를 가져올 수 있는 가능성), 성과-결과의 기대(성공적인 성과 도달이 특정한 결과나 보상을 가져오게 될 가능성) 그리고 유인가(결과나 보상에 대한 기대 가치)다. 경로-목표이론은 이러한 기대이론을 리더가 작업 목표 달성을 용이하게 하거나 수월하게 하는 방법을 결정하는 지침으로 활용하고 있다.

2. 리더십 스타일

(1) 지시적(Directive) 리더 : 부하들이 무엇을 하여야 하는가를 알려 주며 작업의 방법에 대한 지침을 제공하고 작업 스케줄을 만들며 작업의 평가기준을 확립한다. 과업지향적 리더와 유사하다.

(2) 지원적(Supportive) 리더 : 부하들의 지위와 욕구 그리고 복지에 관심을 가지며 관계지향적 리더나 배려행동과 유사하다.

(3) 참여적(Participative) 리더 : 부하들에게 조언을 하고 제안을 장려하며 의사결정을 할 때 부하들의 의견을 고려한다.

(4) 성취지향적(Achievement-Oriented) 리더 : 도전적인 목표를 설정하고 부하들이 최선을 다하도록 기대하며, 부하들에 대한 깊은 신뢰를 가지고 있다.

3. 상황요인

리더는 부하들의 특성과 환경적인 요인들을 고려하여 리더행동 패턴을 결정하여야 한다.

(1) 부하들의 특성 : 통제위치, 경험, 지각 능력

(2) 환경적인 특성 : 과업구조, 공식권한 시스템, 작업집단의 특성

> 경로-목표이론(Path-Goal Theory)은 부하들이 자신의 작업 목표를 인지하고 그러한 목표와 개인의 목표에 도달하는 방법을 인식하는 데 리더가 어떻게 영향을 미치는지를 설명하는 이론이다.

대표기출유형

다음은 리더십에 관한 내용이다. 이 중 가장 옳지 않은 것은?

① PM이론에서 P 행동과 M 행동은 서로 독립적이라고 본다.

② 블레이크와 머튼은 완전형(9,9)의 리더가 가장 이상적인 리더라고 주장하였다.

③ 하우스와 에반스의 경로-목표이론에 따르면 결단형성 초기에는 성취지향적 리더가 효과적이지만 집단이 안정화되면 지시적 리더가 효과적이다.

④ 허쉬와 블랜차드는 배려와 구조주도의 모형에 기초하여 리더십 이론을 전개하였다.

⑤ 피들러의 모형은 리더에게 유리한 상황과 불리한 상황을 총 8개의 범주로 분류하였다.

정답 ③

해설 경로-목표이론에 따르면 결단형성 초기에는 지시적 리더가 효과적이지만 집단이 안정화되면 지원적·참여적 리더가 효과적이라고 하였다.

www.gosinet.co.kr gosinet

기출문제

경영과 기업

기업활동의 조직

인사관리

생산관리

마케팅관리

실전모의고사

거래적 리더십과 변혁적 리더십

☑ **거래적 리더십**
교환관계에 기초를 둔 것으로 리더는 부하가 바라는 것을 제공해줌으로써 부하의 행동을 유도하고, 리더와 부하의 상호욕구가 교환관계를 통해 만족되는 한 지속되는 관계를 말한다.

1 거래적 리더십

1. 거래적 리더십의 특징

리더가 상황에 따른 보상에 기초하여 부하들에게 영향력을 행사하는 과정에서 리더가 행동, 보상, 인센티브를 사용해 부하들로부터 바람직한 행동을 하도록 만들고 이 과정은 리더와 부하 간의 교환이나 거래관계에 기초한다.

2. 거래적 리더십의 구성요소

(1) 상황적 보상(Contingent Reward) : 성과기준에 부합되는 경우 이에 대한 보상을 강조하며 적극적인 거래적 성격을 지닌 보상을 약속한다.

(2) 예외에 의한 관리(Management by Exception) : 성과기준에 부합되지 않는 경우에만 수정조치를 취하는 소극적인 성격을 지닌 보상을 인정한다.

(3) 자유방임적 리더십
① '손은 떼고 일이 돌아가는 대로 두고 본다'는 의미로 책임을 포기하고 의사결정을 지연시키며 부하들에게 피드백을 제공하지 않고 부하들의 욕구를 만족시키거나 그들을 지원하는 데에도 별다른 노력을 기울이지 않는 리더다.
② 소극적 예외에 의한 관리와 합쳐 비리더십(Non-leadership) 또는 소극적 리더십(Passive Leadership)이라고 부르기도 하며, 효과성과 만족도 측면에서 부정적인 결과를 산출한다.

2 변혁적 리더십

☑ **변혁적 리더십**
부하의 현재 욕구수준을 중심으로 한 교환관계에 의한 것이 아니라 부하의 욕구수준을 높여 더 높은 수준의 욕구에 호소함으로써 리더는 부하들로 하여금 자신의 이익을 초월하여 조직의 이익을 위해 공헌하도록 동기 부여하는 리더십이다.

1. 변혁적 리더십의 특징

(1) 특정한 이상적인 목표의 가치와 중요성에 대한 부하들의 의식수준을 끌어올린다.

(2) 부하들이 자신들의 조직과 그들이 속한 집단을 위해서 자신들의 이익을 초월하도록 만든다.

(3) 부하들의 욕구를 매슬로우의 욕구계층을 따라 올라가도록 하여 상위수준의 욕구에 호소하고 부하들이 보다 높은 수준의 욕구에 관심을 갖도록 만든다.

2. 변혁적 리더십의 구성요소

(1) 카리스마 또는 이념적 영향력(Idealized Influence)
① 변혁적 리더십의 가장 핵심적이고 필수적인 구성요소다.
② 카리스마 : 다른 사람들로 하여금 리더가 제시한 비전을 따르도록 만드는 특별한 능력을 가진 사람을 가리키며, 부하들이 리더에 대해 어떻게 인식하고 행동하는지 정의되기도 한다.
③ 이념적 영향력 : 카리스마는 영향력의 관점에서 이념적 영향력이라고도 하고 부하들이 리더에 대해 자부심과 존경심을 갖고 리더와 동일시하며 부하들에게 신뢰할만하고 활동적인 역할모델의 표상이 되는 것이다.

(2) 영감적 동기부여(Inspirational Motivation) : 부하에게 비전을 제시하고 열성을 불러일으키며 격려를 통해 에너지를 북돋우고 업무에 매진하도록 만드는 행동이다.

(3) 개별화된 배려(Individualized Consideration) : 부하 개개인이 가지고 있는 욕구 및 능력의 차이를 인정하고 개인이 가지고 있는 욕구 수준을 보다 높은 수준으로 끌어올리며 부하들로 하여금 높은 성과를 올릴 수 있도록 잠재력을 개발해 주는 행동이다.

(4) 지적 자극(Intellectual Stimulation) : 부하들이 업무수행의 옛 방식에 대해 의문을 제기하고 새로운 방식을 사용하도록 도와주며 부하의 가치관, 신념, 기대뿐만 아니라 리더나 조직의 가치관, 신념, 기대에 대해서도 끊임없이 의문을 제기하도록 지원해 주는 행동이다.

구분	거래적 리더십	변혁적 리더십
목표	교환관계	변혁 또는 변화
성격	소극적	적극적
초점	하급관리자	최고관리층
관심대상	단기적인 효율성과 타산	장기적인 효과와 가치의 창조
동기부여전략	외재적 동기부여	내재적 동기부여
행동의 기준	부하들이 규칙과 관례를 따르기를 선호	변화에 대한 새로운 도전을 하도록 부하를 격려
이념	능률 지향	적응 지향
조직 구조	기계구조, 기계적 관료제에 적합	경제적응형 구조, 단순 구조나 임시 조직에 적합
리더십 요인	• 업적에 따른 보상 • 예외관리	• 이상적 영향력 : 부하들에게 강력한 역할 모델이 되는 리더 • 영감적 동기부여 : 부하들의 의욕을 끊임없이 고무시키는 리더 • 지적 자극 • 개별화된 배려
적절한 상황	• 업무성과를 점진적으로 개선하려고 할 때 • 목적을 대체시키려 할 때 • 특정 행위에 대하여 저항을 감소시키려 할 때	• 조직합병을 주도하려 할 때 • 조직을 위해 신규부서를 만들려 할 때 • 조직 문화를 새로 창출하고자 할 때

대표기출유형

➕ **다음 중 변혁적 리더십에 관한 설명으로 옳지 않은 것은?**

① 부하들이 규칙과 관습을 따르도록 촉구한다.
② 부하들 스스로 문제를 해결하도록 격려한다.
③ 부하들의 자아실현을 추구하도록 동기를 부여한다.
④ 주어진 목적의 중요성과 의미에 대한 부하들의 인식을 제고한다.
⑤ 변혁적 리더는 부하와 상호독립적 관계이다.

정답 ①

해설 변혁적 리더십은 규칙과 관습을 따르도록 촉구하는 것보다는 스스로 문제를 해결하도록 격려한다.

빈출 지문에서 뽑은 O/X

01 사업부 조직은 분화의 원리에 의하여 제품별, 지역별, 고객별로 사업부를 편성하고 각 사업부별로 자율적인 운영을 하며 대규모 조직에 적합한 형태다. (O / ×)

02 직능식 조직은 기능식 조직이라고도 하며, 수평적 분화로 생긴 예외에 의한 관리를 추구하기 때문에 명령일원화의 원칙이 적용되지 않으므로 대기업에 적절하다. (O / ×)

03 매트릭스 조직은 주로 중소기업에서 사용되며 의사결정의 신속성, 책임과 권한의 명백성 등이 장점이고 명령일원화의 원칙을 충실히 따르는 조직이다. (O / ×)

04 트릭스 조직은 두 사람 이상의 상사가 지휘하는 조직이다. (O / ×)

05 강화이론(Reinforcement Theory)에서 벌과 부정적 강화는 바람직하지 못한 행동의 빈도를 감소시키지만 소거와 긍정적 강화는 바람직한 행동의 빈도를 증가시킨다. (O / ×)

06 기존에 주어졌던 혜택이나 이익을 제거하는 것은 소거에 해당한다. (O / ×)

07 수평적 조직은 고객의 요구에 빠르게 대응할 수 있고 협력을 증진시킬 수 있다. (O / ×)

08 간격법과 비율법 중 더 효과적인 방법은 간격법이다. (O / ×)

09 소극적 강화란 바람직한 행위를 했을 때 불편한 자극을 제거하는 것을 말하며, 소극적 강화의 일반적인 유형으로는 휴가와 보너스 지급이 있다. (O / ×)

10 민츠버그(Mintzberg)에 따르면 애드호크라시(Adhocracy)는 기계적 관료제(Machine Bureaucracy)보다 공식화와 집권화의 정도가 높다. (O / ×)

11 허즈버그가 주장한 2요인이론에 의하면 위생요인을 개선하면 종업원의 만족도가 그만큼 높아진다. (O / ×)

12 공정성이론에 의하면 만족도를 결정하는 요인은 높은 임금 수준이다. (O / ×)

13 기대이론에 의하면 종업원이 선호하는 보상 수단을 제공할 때 수단성이 높아진다. (O / ×)

14 동기부여이론은 크게 과정이론과 내용이론으로 구분된다. (O / ×)

15 매슬로우의 욕구단계이론은 인간의 욕구를 저차원에서 고차원의 순서대로 나타내며, 최초로 인간의 욕구를 체계적으로 인식하였다. (O / ×)

16 매슬로우의 욕구단계이론에서 최하위에 존재하는 욕구는 인간의 삶 자체를 유지하기 위하여 필요한 의식주의 기초적인 욕구다. (O / ×)

17 브룸의 기대이론은 동기부여의 과정이론 중 하나로 개인차를 인정하지 않는다. (O / ×)

정답과 해설

01	○	02	×	03	×	04	○	05	×	06	○	07	○	08	×	09	×	10	×	11	×	12	×	13	×
14	○	15	○	16	○	17	×																		

01 사업부 조직은 분화의 원칙에 의하여 편성되고 운영하는 형태로서 시장의 변화에 탄력적으로 대응할 수 있다는 장점이 있다.

02 직능식 조직은 명령일원화의 원칙이 적용되지 않아 대기업에는 부적절한 조직이다.

03 라인조직에 대한 내용으로 명령체제가 상부에서 하부로 이동하는 명령일원화의 원칙을 적용하므로 의사결정의 신속함, 통솔의 용이성 등의 장점이 있다.

04 트릭스 조직의 구성원은 종적으로 기능별 조직의 자기 부서와 횡적으로 프로젝트 조직에 동시에 소속되어 근무하는 형태로 두 명의 관리자로부터 지휘를 받기 때문에 누가 의사결정에 대하여 권한과 책임이 있는지를 결정하는 데 혼란을 겪게 된다.

05 강화이론(Reinforcement Theory)에서 벌과 소거는 바람직하지 못한 행동의 빈도를 감소시키지만 부정적 강화와 긍정적 강화는 바람직한 행동의 빈도를 증가시킨다.

06 소거란 바람직하지 않은 행동에 대하여 기존에 주어졌던 혜택이나 이익을 제거하는 것이다.

07 수평적 조직은 핵심프로세스를 중심으로 조직화하는 것으로, 고객의 요구에 빠르게 대응할 수 있고 협력을 증진시킬 수 있다.

08 비율법이 성과와 강화요인 간의 직접적인 연관성을 가진다는 점에서 간격법보다 학습효과가 더 높다.

09 소극적 강화는 불편한 자극을 제거해 행위를 강화시키는 것이다. 일반적으로 바람직한 행위에 대한 보상으로

벌이나 불편함 등을 중지하여 불편한 자극을 제거한다.

10 민츠버그(Mintzberg)에 따르면 애드호크라시(Adhocracy)는 환경이 복잡하고 동태적인 조직으로 유기적 조직의 성향을 가진다. 기계적 관료제(Machine Bureaucracy)는 대규모 조직에서 고도의 표준화가 이루어진 형태로, 애드호크라시가 기계적 관료제보다 공식화와 집권화의 정도가 낮다.

11 허즈버그의 요인에는 위생요인과 동기요인이 있으며 일의 성취감, 책임감, 승진 등 동기요인에 의하여 종업원의 만족도가 그만큼 높아진다.

12 공정성이론에서는 무조건 임금이 높다고 그 자체가 만족도를 결정하는 것은 아니다.

13 종업원이 선호하는 보상 수단을 제공할 때 개인이 결과에 대해 갖는 가치나 중요도인 유의성이 높아진다.

14 동기부여이론은 크게 과정이론과 내용이론으로 구분되는데 과정이론에는 기대이론, 공정성이론, 목표설정이론, 상호작용이론, 인지평가이론이 있고, 내용이론에는 욕구단계이론, ERG이론, 성취·친교·권력욕구이론, 2요인이론이 있다.

15 매슬로우의 욕구는 최초로 인간의 욕구를 체계적으로 인식하고 있으며 욕구는 하위욕구가 충족되어야 다음 단계로 넘어간다고 하였다.

16 매슬로우의 욕구단계이론에서 최하위 욕구는 생리적 욕구로 인간의 삶 자체를 유지하기 위하여 필요한 의식주의 기초적인 욕구다.

17 브룸의 기대이론은 동기부여의 과정이론으로 개인차를 인정하고 강조하고 있다.

18 브룸의 기대이론은 동기부여의 정도는 기대, 수단성, 유의성에 의해 결정된다고 하며 회사에서 경영자는   (○ / ×)
직원들에게 노력하면 성과가 있다는 믿음을 주어야 한다고 주장한다.

19 로크의 목표설정이론은 인간의 두 가지 인지인 가치와 의도에 의한다고 보며 목표설정이론을 실제   (○ / ×)
조직경영에 적용하는 기법은 목표에 의한 관리제도(MBO)다.

20 MBO에서의 목표설정과정을 보면 조직의 전반적인 예비목표가 하부에서 작성되어 상위로 전달되어   (○ / ×)
이루어진다.

21 합리적인 의사결정모형은 완전정보와 일관적인 선호체계를 가정한다.   (○ / ×)

22 개인적 의사결정은 집단적 의사결정에 비하여 정확성은 낮지만 창의성은 효과적이다.   (○ / ×)

23 제한된 합리성 모형에서는 결과의 최적화가 아니라 만족화를 추구한다.   (○ / ×)

24 집단의사결정과정에서 발생하는 집단양극화현상의 주요 원인은 동조압력 때문이다.   (○ / ×)

25 브레인스토밍은 자유로운 분위기에서 서로 아이디어를 제시하며 참가자는 다른 사람의 의견을 무시하
거나 비판하지 않는다.   (○ / ×)

26 브레인스토밍은 많은 아이디어보다는 좋은 아이디어를 중시한다.   (○ / ×)

27 델파이법은 마지막에 모든 전문가들이 모여 정리하고 직접 만나서 결정한다.   (○ / ×)

28 고든법은 아이디어의 질보다 양을 중요시한다.   (○ / ×)

29 델파이법은 결과를 분석하거나 요약하는 데 처리속도가 빠르다.   (○ / ×)

30 명목집단법은 각 구성원이 다른 사람의 영향을 받기 때문에 한 번에 한 문제밖에 해결하지 못한다.   (○ / ×)

31 의사소통 경로에서 완전연결형은 권한집중이 매우 낮은 편에 속하며 주로 명령체계에 적용된다.   (○ / ×)

32 의사소통 경로에서 쇠사슬형은 의사결정의 수용도가 낮다.   (○ / ×)

33 집단의사결정 중 수레바퀴형은 주로 공식적인 작업에 많이 사용된다.   (○ / ×)

34 하우스의 경로-목표이론에서 성취지향적 리더십은 도전적인 작업목표의 설정과 의욕적인 목표달성행
동을 강조하며 부하들의 능력을 믿고 그들로부터 의욕적인 성취동기행동을 기대한다.   (○ / ×)

35 경로-목표이론에서 성취지향적 리더십은 종업원들과 정보를 공유하며 자문과 제안을 유도한다.   (○ / ×)

36 경로-목표이론에서 지시적 리더십은 조직 등 공식적 활동을 강조한다.   (○ / ×)

37 서번트 리더십은 타인을 위한 봉사에 초점을 둔다.   (○ / ×)

38 카리스마 리더십은 하급자들을 셀프 리더로 키우는 리더십을 말한다.   (○ / ×)

39 변혁적 리더십은 거래적 리더십에 상반되는 개념으로서 감정에 의존하는 리더십이다.   (○ / ×)

정답과 해설

18	O	19	O	20	X	21	O	22	X	23	O	24	O	25	O	26	X	27	X	28	O	29	X	30	X
31	X	32	O	33	O	34	O	35	X	36	O	37	O	38	X	39	X								

18 브룸의 기대이론에서 동기부여의 정도는 특정 행위가 자신에게 성과를 가져다줄 주관적인 가능성(기대), 성과가 보상을 가져다주리라는 주관적 확률(수단성) 그리고 행위가 가져다주는 결과의 매력도(유의성)에 의해 결정된다고 하였다.

19 로크의 목표설정이론은 개인의 인지(가치, 의도)에 근거를 두고 있으며, 이 이론을 바탕으로 목표에 의한 관리법(MBO)을 실제 조직경영에 적용한다.

20 MBO에서의 목표설정과정을 보면 조직의 전반적인 예비목표가 최고위층에서 작성되고 아래로 전달되어 이루어진다.

21 합리적인 의사결정모형의 가정에는 문제의 명확성, 선택대안에 대한 완전한 지식, 명확한 우선순위, 선호의 불변성, 시간 및 비용 제한이 없음, 최대의 결과 추구가 있다.

22 개인적 의사결정은 집단적 의사결정에 비하여 정확성도 낮고 창의성도 낮다.

23 제한된 합리성 모형에 따르면 의사결정자는 투입해야 하는 시간과 노력을 줄이기 위해 최적의 결과는 아니지만 만족스러운 대안을 선택하게 된다.

24 집단의사결정의 단점으로는 의사결정을 위한 시간 소모, 집단 내 동조압력, 일부 구성원에 의한 지배, 책임에 대한 모호성 등이 있다.

25 참가자는 다른 사람의 의견을 무시하거나 비판하지 않는다.

26 브레인스토밍은 질보다 양을 중요시하는 방법이다.

27 델파이법은 직접 만나서 결정하지 않는다.

28 고든법은 아이디어의 질보다 양을 중시하는 방법으로 집단에서는 리더 한 사람만 주제를 알고 있다.

29 델파이법은 우편을 이용하여 전문가들의 의견을 수집하기 때문에 결과를 요약하거나 분석하는 데 많은 시간이 소요된다.

30 명목집단법은 구성원 상호 간에 대화나 토론이 없어서 각 구성원은 다른 사람의 영향을 받지 않는다.

31 완전연결형은 권한집중이 매우 낮은 편에 속하며 주로 비공식적인 곳에 많이 적용된다.

32 쇠사슬형은 의사결정의 수용도와 구성원의 만족도가 낮은 편이다.

33 수레바퀴형은 일상적이고 단순한 업무를 효율적으로 수행하는 데 가장 이상적이라고 알려진 의사소통 형태로 주로 공식적인 작업에 많이 사용된다.

34 성취지향적 리더십은 도전적 목표설정, 성과 강조, 종업원의 성과발휘에 높은 기대를 갖고 있는 리더십의 유형이다.

35 참여적 리더십에 관한 설명이다.

36 지시적 리더십은 계획, 통제 등 공식적 활동을 강조한다.

37 서번트 리더십은 타인을 위한 봉사에 초점을 두며 종업원과 고객의 대화를 우선으로 그들의 욕구를 만족시키기 위해 헌신하는 리더십이다.

38 하급자들을 셀프리더로 키우는 리더십은 슈퍼리더십이다. 카리스마 리더십은 리더가 실제로 갖고 있는 능력보다 하급자들이 더 크게 느끼는 것으로 카리스마적 권위에 기초를 두고 있다.

39 변혁적 리더십은 거래적 리더십을 비판하는 개념으로 감정에 의존하는 리더십은 아니다.

01 조직에서 개인의 태도와 행동에 관한 설명으로 적절한 것은?

① 조직몰입에서 지속적 몰입은 조직구성원으로서 가져야 할 의무감에 기반한 몰입이다.

② 정적 강화에서 강화가 중단될 때, 변동비율법에 따라 강화된 행동이 고정비율법에 따라 강화된 행동보다 빨리 사라진다.

③ 감정지능이 높을수록 조직몰입은 증가하고 감정노동과 감정소진은 줄어든다.

④ 직무만족이 높을수록 이직의도는 낮아지고 직무 관련 스트레스는 줄어든다.

⑤ 조직시민행동(Organizational Citizenship Behavior)은 신사적 행동, 예의바른 행동, 이타적 행동, 전문가적 행동의 네 가지 요소로 구성된다.

02 조직구조에 관한 설명으로 적절하지 않은 것은?

① 공식화는 조직 내 규정과 규칙, 절차와 제도, 직무 내용 등이 문서화되어 있는 정도를 통해 알 수 있다.

② 번즈(Burns)와 스토커(Stalker)에 따르면 기계적 조직(Mechanistic Structure)은 유기적 조직(Organic Structure)에 비하여 집권화와 전문화의 정도가 높다.

③ 수평적 조직(Horizontal Structure)은 고객의 요구에 빠르게 대응할 수 있고 협력을 증진시킬 수 있다.

④ 민츠버그(Mintzberg)에 따르면 애드호크라시(Adhocracy)는 기계적 관료제(Machine Bureaucracy)보다 공식화와 집권화의 정도가 높다.

⑤ 네트워크 조직(Network Structure)은 공장과 제조시설에 대한 대규모 투자가 없어도 사업이 가능하다.

03 다음 중 조직구조에 관한 설명으로 적절하지 않은 것을 모두 고르면?

> a. 기능별 구조(Functional Structure)에서는 기능부서 간 협력과 의사소통이 원활해지는 장점이 있다.
> b. 글로벌기업 한국지사의 영업담당 팀장이 한국지사장과 본사 영업담당 임원에게 동시에 보고하는 체계는 네트워크 조직(Network Organization)의 특징을 보여준다.
> c. 단순 구조(Simple Structure)에서는 수평적 분화와 수직적 분화는 낮으나, 공식화 정도는 높다.

① a   ② c   ③ a, c
④ b, c   ⑤ a, b, c

04 다음에서 설명하는 조직 용어로 적절한 것은?

> 기업의 성공적인 경영 활동을 위해 필요한 일과 부서, 직위나 권한 관계 등을 안정적으로 짜놓은 뼈대를 의미한다.

① 조직문화   ② 조직구조   ③ 조직설계
④ 조직형태   ⑤ 조직개발

05 다음 중 조직구조와 관련된 기술로 적절하지 않은 것은?

① 기능별 조직(Functional Organization)은 환경이 비교적 안정적일 때 조직관리의 효율을 높일 수 있다.
② 기능별 조직은 각 기능별로 규모의 경제를 얻을 수 있다는 장점이 있다.
③ 제품 조직(Product Organization)은 사업부 내의 기능 간 조정이 용이하다.
④ 제품 조직은 시장 특성에 따라 대응함으로써 소비자의 만족을 증대시킬 수 있다.
⑤ 매트릭스 조직(Matrix Organization)은 많은 종류의 제품을 생산하는 대규모 조직에서 효율적으로 기능한다.

06 민츠버그(Mintzberg)의 다섯 가지 조직구조 중 전문적 관료제(Professional Bureaucracy)의 특성으로 적절한 것은?

① 환경이 복잡하고 표준화된 기술과 지식이 요구되는 경우에 적합하다.

② 많은 규칙과 규제가 필요하여 공식화 정도가 매우 높다.

③ 강력한 리더십이 필요한 경우에 적합하며, 벤처기업에 적용이 가능하다.

④ 기술의 변화속도가 빠른 동태적인 환경에 적합하다.

⑤ 중간관리층의 역할이나 중요성이 매우 크다.

07 다음 중 그레이프 바인이 의미하는 것은?

① 수직적 커뮤니케이션 경로

② 상향적 커뮤니케이션 경로

③ 하향식 커뮤니케이션 경로

④ 공식적 커뮤니케이션 경로

⑤ 비공식적 커뮤니케이션 경로

08 집단에 관한 설명 중 적절하지 않은 것은?

① 집단은 공식 집단과 비공식 집단으로 나눌 수 있다.

② 집단의 응집성이 높아도 조직성과는 높아지지 않을 수 있다

③ 터크만(Tuckman)에 따르면 집단은 형성기-격동기-성과달성기-규범화-해체기의 단계를 거친다.

④ 집단의 크기가 작을수록 의사결정의 속도는 빨라지는 경향이 있다.

⑤ 이질적인 집단이 동질적인 집단에 비해 창의성이 높은 경향이 있다.

09 집단에서 함께 일을 하다보면 무임승차 또는 편승하려는 사람이 생기게 마련이다. 개인이 혼자 일할 때보다 집단으로 일하면 노력을 덜 하려는 현상을 줄이기 위한 방안으로 적절하지 않은 것은?

① 과업을 전문화시켜 책임소재를 분명하게 한다.
② 개인별 성과를 측정하여 비교할 수 있게 한다.
③ 팀의 규모를 늘려서 각자의 업무 행동을 쉽게 관찰할 수 있게 한다.
④ 본래부터 일하려는 동기 수준이 높은 사람을 고용한다.
⑤ 직무충실화를 통해 직무에서 흥미와 동기가 유발되도록 한다.

10 공식적 집단과 비공식적 집단의 특징으로 적절하지 않은 것은?

① 공식적 집단은 능률의 원리에 의한다.
② 비공식적 집단은 자연발생적 집단이다.
③ 비공식적 집단은 동태적인 조직구조를 가진다.
④ 공식적 집단은 감정의 충족을 위하여 존재한다.
⑤ 공식적 집단은 제도적으로 명문화된 조직이다.

11 약한 문화를 가진 조직의 특성에 해당하는 것은?

① 응집력이 강하다.
② 의례의식, 상징, 이야기를 자주 사용한다.
③ 다양한 하위문화의 존재를 허용한다.
④ 조직가치의 중요성에 대한 광범위한 합의가 이루어져 있다.
⑤ 조직의 가치와 전략에 대한 구성원의 몰입을 증가시킨다.

12 다음 중 조직문화에 대한 설명으로 알맞지 않은 것은?

① 조직에 대해 몰입을 유도한다.

② 조직의 행위를 유도하고 형성시킨다.

③ 조직구성원에게 정체성을 확립시켜 준다.

④ 외부환경의 변화에 쉽게 적응할 수 있도록 도와준다.

⑤ 조직구성원의 가치와 신념을 의미한다.

13 다음 중 비공식 조직에 적용하는 논리로 알맞지 않은 것은?

① 감정의 논리　　　　　② 수평적 관계　　　　　③ 효과성의 논리

④ 자연발생적 조직　　　⑤ 부분적 질서

14 다음 중 유기적 조직과 기계적 조직의 특성으로 알맞지 않은 것은?

① 유기적 조직은 조직의 공식화율이 높은 편이다.

② 유기적 조직은 동태적 환경에 적합한 조직이다.

③ 기계적 조직은 권한이 조직의 최고층에 집중되어 있다.

④ 기계적 조직은 구성원 개개인이 담당하는 관리의 범위가 좁다.

⑤ 기계적 조직은 안정적 환경에 알맞고 운영의 공식화 및 공식적 조정을 특징으로 한다.

15 다음 중 공식 조직의 논리에 해당하는 것은?

① 감정의 논리　　　　　② 수평적 관계　　　　　③ 합리적 원리

④ 자연발생적 조직　　　⑤ 현실적 대면 조직

16 조직에 관한 설명으로 적절하지 않은 것은?

① 기능식 조직은 환경의 불확실성이 낮고 안정적인 경우에 적합하다.

② 사업부제 조직은 각 사업영역이나 제품에 대한 책임이 명확해지는 장점이 있다.

③ 유기적 조직은 기계적 조직에 비해 공식화 정도가 낮다.

④ 매트릭스 조직에서는 명령일원화의 원칙이 적용된다.

⑤ 우드워드(Woodward)는 생산기술의 복잡성에 따라 단위소량 생산기술, 대량생산기술, 연속공정 생산기술로 구분한다.

17 다음 중 조직개발기법이 아닌 것은?

① 감수성훈련법   ② 델파이법   ③ 과정자문법

④ 팀 구축법   ⑤ 관리도훈련법

18 다음 중 T-group 훈련에 대한 설명으로 알맞지 않은 것은?

① 개인적·사회적 통찰력을 높이는 것이 주된 목적이다.

② 직장 내 교육훈련을 뜻하는 것으로 일을 하면서 직속상사에게 실무상의 교육을 받는다.

③ 감수성 훈련이라고도 하며 사회적 고립 조건하에서 집단생활을 하여 참가자를 훈련시킨다.

④ 브레드포드에 의하여 개발된 것으로 인간관계의 능력과 조직의 유효성을 향상시키기 위한 조직 개발기법이다.

⑤ 서로 자유롭게 감정을 표현하면서 서로가 어떤 영향을 주고받았는지를 이해하는 훈련이다.

19 다음 조직개발기법 중 관리격자훈련에 대한 설명으로 알맞은 것은?

① 아담스와 포터에 의해서 주장되었다.

② (1,1)형 리더로의 개발을 지향한다.

③ 외부의 상담자를 통하여 문제를 해결한다.

④ 감수성훈련 상호작용을 통한 사회성 훈련 기법의 일종으로 상호 간의 영향력과 인지력을 평가하고 개발한다.

⑤ 인간관계에 대한 관심과 직무에 대한 관심을 모두 갖는 리더로 훈련시킨다.

기출문제

경영과 기업

기업활동의 조직

인사관리

생산관리

마케팅관리

실전모의고사

20 다음 중 집권화된 조직구조에 대한 설명으로 알맞지 않은 것은?

① 최고경영자의 많은 노력이 필요하다.

② 조직구성원의 자발적이고 창의적인 참여를 유발한다.

③ 조직의 활동을 조직의 목표와 일관되게 통제할 수 있다.

④ 경영환경 변화에 대응하는 의사결정 속도가 느리다.

⑤ 하위 구성원의 역량이 부족한 경우에 형성되는 조직구조이다.

21 다음 중 해빙, 변화, 재동결의 단계를 거쳐 이루어지는 레빈(Lewin)의 조직개발기법은?

① 감수성훈련　　　　② 그리드훈련　　　　③ 팀 구축법

④ 대면화합　　　　　⑤ 태스크 포스

22 다음 중 직능식 조직에 대한 설명으로 알맞은 것은?

① 성과에 대한 책임성이 명확하다.

② 경영자의 창의성 발휘가 어렵다.

③ 전문화된 직능식 직장(職長)의 양성이 용이하다.

④ 명령일원화의 원칙이 잘 지켜지기 때문에 대기업에 적절하다.

⑤ 관리비용의 절감이 가능하다.

23 다음 중 직계참모 조직에 대한 설명으로 알맞은 것은?

① 조직형태는 라인조직과 스태프조직을 결합한 형태.

② 특정 임무의 수행을 위하여 임시로 형성된 조직이다.

③ 경영조직의 보강적 구조의 한 변형으로 회의조직이라고 불리는 위원회 조직이다.

④ 소수의 전문 요원으로 구성되어 수직적 분화가 최소화된 형태의 구조를 가진다.

⑤ 제품별, 지역별, 고객별 각 사업부의 본부장에게 생산, 구매, 판매 등 모든 부문에 걸쳐 대폭적인 권한이 부여되는 분권적 관리 형태다.

24 다음 중 사업부제 조직에 대한 설명으로 알맞지 않은 것은?

① 각 사업부는 각각 자체 내의 집행력과 추진력이 없다.

② 방대한 조직과 예산운영에서 오는 비효율성을 제거할 수 있다.

③ 각 사업부는 독립채산제와 이익중심점으로 운영된다.

④ 사업부 간의 과당경쟁으로 기업 전체의 이익이 희생될 수 있다.

⑤ 사업부마다 특정 제품과 지역에 특화된 조직구조를 구성할 수 있다.

25 다음 중 사업부제 조직이 이론적으로 가장 잘 어울리는 기업은?

① 직계식 또는 직선식 조직이며 관리자의 통제에 유리한 기업

② 외부환경의 변화, 기술의 변화, 소비자 선호의 변화가 거의 없는 기업

③ 관리자의 업무가 지나치게 많으며 각 부문 간의 유기적 조정이 곤란한 기업

④ 고도의 전문기술을 요구하는 신성장사업 분야로의 진출을 추진 중인 기업

⑤ 외부 환경의 변화, 기술의 변화, 소비자 선호의 변화가 심하여 제품의 수명주기가 짧은 제품을 취급하는 기업

26 다음 중 매트릭스 조직에 대한 설명으로 올바르지 않은 것은?

① 대규모 조직이나 많은 제품을 생산하는 업체에 적합하다.

② 구성원들에게 조직의 소속감을 기대하기 힘들다.

③ 권력의 균형을 유지하는 데 많은 노력이 든다.

④ 프로젝트 조직과 기능적 조직을 절충한 조직 형태다.

⑤ 빈번한 회의와 조정과정으로 소모되는 시간이 많다.

27 다음 중 매트릭스 조직에 대한 특징으로 적절한 것은?

① 구성원들의 이중 지위체계 때문에 구성원의 역할이 모호해지고 구성원들에게 스트레스가 발생할 수 있다는 단점이 있다.

② 분업과 위계구조를 강조하여 구성원의 행동이 공식적 규정과 절차에 의존하는 조직이다.

③ 다양한 의견을 조정하고 의사결정의 결과에 대한 책임을 분산시킬 필요가 있을 때 흔히 사용되는 조직이다.

④ 조직 최상부의 관리자에게 지나치게 많은 업무가 집중될 수 있다.

⑤ 전략·계획·통제 등 핵심기능 위주로 합리화하고 부수적 생산기능은 아웃소싱을 활용하는 분권화된 공동조직이다.

28 다음 중 매트릭스 조직에 대한 설명으로 알맞은 것은?

① 이익중심점으로 구성된 신축성 있는 조직으로 자기통제의 팀워크가 특히 중요한 조직이다.

② 일종의 애드호크라시 조직이자 기능식 조직에 프로젝트 조직을 결합한 조직으로, 급변하는 시장 변화에 신속히 대응 가능한 조직이다.

③ 특정 프로젝트를 해결하기 위해 구성된 조직으로 프로젝트의 완료와 함께 해체되는 조직이다.

④ 다양한 의견을 조정하고 의사결정의 결과에 대한 책임을 분산시킬 필요가 있을 때 흔히 사용되는 조직이다.

⑤ 주로 지역을 기준으로 하는 본부 단위로 구성되는 조직이다.

29 다음 중 경영조직에 관한 설명으로 알맞지 않은 것은?

① 유기적 조직에서는 공식화 정도가 낮다.

② 기계적 조직은 정보가 한 곳에 집중되지 않고 상하 자유롭게 이동한다.

③ 매트릭스 조직에서는 역할갈등 현상이 나타날 수 있다.

④ 라인 조직에서는 관리자의 명령이 수직 하방으로 전달된다.

⑤ 사업부제 조직에서는 기능부서별 규모의 경제를 상실할 가능성이 높다.

30 다음 중 특정한 목적을 일정한 시일과 비용으로 완성하기 위해 생긴 조직은?

① 라인-스태프 조직　　　② 사업부제 조직　　　③ 프로젝트 조직
④ 매트릭스 조직　　　　　⑤ 참모식 조직

31 학습 및 동기부여이론에 관한 설명으로 적절한 것은?

① 알더퍼의 ERG이론, 브룸의 기대이론, 허즈버그의 2요인이론은 동기부여의 과정이론에 해당된다.

② 강화이론에서 긍정적 강화와 부정적 강화는 바람직한 행동의 빈도를 증가시킨다.

③ 브룸의 기대이론에 따르면 유의성은 행위자의 성장욕구가 높을수록 크고 존재욕구가 높을수록 작으며 수단성에 영향을 미친다.

④ 매슬로우의 욕구단계이론에 따르면 성장욕구의 충족이 좌절되었을 때 관계욕구를 충족시키려는 좌절-퇴행의 과정이 발생한다.

⑤ 아담스의 공정성이론에 의하면 절차적 공정성, 분배적 공정성, 상호작용적 공정성 순서로 동기부여가 일어난다.

32 강화이론(Reinforcement Theory)에 대한 설명 중 옳지 않은 것은?

① 불편한 자극을 지속적으로 주어 행동을 강화시키는 것을 소극적 강화라고 한다.

② 회피학습은 어떤 자극에 적절히 반응하지 않으면 혐오자극이 온다는 것을 알려 줌으로써 원하는 행동을 하도록 학습시키는 과정이다.

③ 연속강화법은 효과적이나 적응이 쉽지 않다.

④ 부분강화법에서 비율법과 간격법 중 효과적인 방법은 비율법이다.

⑤ 어떤 행위를 감소시키기 위해 긍정적 강화를 제거하는 것을 소거라고 한다.

기출문제　경영과 기업　기업활동의 조직　인사관리　생산관리　마케팅관리　실전모의고사

33 다음 중 강화이론에 대한 설명으로 알맞지 않은 것은?

① 긍정적 강화와 부정적 강화는 모두 행위의 빈도를 높이는 데 목적이 있다.

② 소극적 강화는 도피학습과 회피학습으로 나눌 수 있다.

③ 바람직하지 못한 행위에 보상을 제거하는 것을 벌이라고 한다.

④ 적극적 강화는 승진이나 칭찬 등의 보상을 제공해서 그 행동의 빈도를 증가시킬 수 있다.

⑤ 연속강화법은 시간이 지날수록 점점 효율이 떨어진다.

34 다음 중 적극적 강화를 하기 위한 행동으로 알맞은 것은?

① 회사 차원에서 징계를 내린다.

② 봉급 인상을 해 주거나 칭찬을 해 준다.

③ 원래 주기로 했던 보너스를 주지 않는다.

④ 평상시에 불편해 하던 것을 중지시켜 준다.

⑤ 예정되어 있던 승진 대상에서 제외시킨다.

35 다음 중 조직의 행위변화에 대한 설명으로 알맞지 않은 것은?

① 적극적 강화와 소거를 합성하는 전략이 가장 효과적이다.

② 보너스를 철회하는 것은 소거에 해당한다.

③ 소극적 강화는 불편한 자극을 제거해 행위를 강화시키는 것이다.

④ 벌은 과거에 부여하던 보상을 철회하여 바람직하지 못한 행위를 약화시키는 것이다.

⑤ 적극적 강화는 바람직한 행위로 부여한 긍정적 자극이 바람직한 행위의 반복을 가져온다는 개념이다.

36 다음 중 강화이론에 대한 설명으로 알맞지 않은 것은 몇 개인가?

> ㉠ 3개월마다 지급되는 정기보너스제도는 고정간격법이다.
>
> ㉡ 부분강화법은 행위에 대한 보상을 간헐적으로 지급하는 방법이다.
>
> ㉢ 일반적으로 간격법보다는 비율법이 더 효과적인 부분강화법이다.
>
> ㉣ 연속강화법은 최초에는 효과적인 방법이나, 시간이 지날수록 그 효율성은 떨어진다.
>
> ㉤ 승진제도에 가장 적합한 부분강화법은 고정비율법이다.
>
> ㉥ 적극적 강화는 보상을 이용한다.
>
> ㉦ 부분강화법 중 간격법이 비율법보다 더 효과적이다.

① 1개   ② 2개   ③ 3개
④ 4개   ⑤ 5개

37 다음 중 가장 강력한 효과가 나타나는 강화의 일정 계획은?

① 고정간격법   ② 고정비율법   ③ 변동간격법
④ 변동비율법   ⑤ 연속적 강화법

38 동기부여이론 중 내용이론에 속하는 것은?

① 맥클리랜드의 성취동기이론   ② 브룸의 기대이론
③ 아담스의 공정성이론   ④ 로크의 목표설정이론
⑤ 포터와 롤러의 기대이론

39 다음 동기부여이론 중 성질이 다른 하나는?

① 아담스의 공정성이론　　　　　　　② 맥클리랜드의 성취동기이론
③ 허즈버그의 2요인이론　　　　　　　④ 알더퍼의 ERG이론
⑤ 매슬로우의 욕구단계이론

40 다음 중 동기부여이론의 과정이론에 속하는 것은?

① 매슬로우는 인간의 내면적인 욕구를 5가지로 구분하였다.
② 알더퍼는 인간의 욕구를 존재 욕구, 관계 욕구, 성장 욕구의 3가지로 구분하였다.
③ 맥클리랜드는 연구 초기에 성취동기를 중요시하였다.
④ 허즈버그는 동기부여의 요인을 만족요인과 불만족요인의 두 가지로 구분하였다.
⑤ 브룸은 개인의 동기부여는 수단성, 유의성, 기대 등에 의해 결정된다고 주장하였다.

41 동기부여이론에 관한 설명으로 적절한 것은?

① 목표설정이론에 따르면 구체적인 목표보다 일반적인 목표를 제시하는 것이 구성원들의 동기부여에 더 효과적이다.
② 공정성이론에 따르면 분배공정성, 절차공정성, 상호작용공정성의 순서로 동기부여가 이루어지는데, 하위 차원의 공정성이 달성된 이후에 상위차원의 공정성이 동기부여에 영향을 미친다.
③ 교육훈련이나 직무재배치는 기대이론에서 말하는 1차 결과(노력−성과 관계)에 대한 기대감을 높여주는 방법이다.
④ 앨더퍼(Alderfer)의 ERG이론에 따르면 한 욕구의 충족을 위해 계속 시도함에도 불구하고 좌절되는 경우 개인은 이를 포기하는 대신 이보다 상위욕구를 달성하기 위해 노력한다.
⑤ 핵크만(Hackman)과 올드햄(Oldham)의 직무특성모형에 의하면, 다양한 기능을 사용하는 직무보다 자신이 잘하는 한 가지 기능만 사용하는 직무를 부여하는 경우에 동기부여 수준이 더 높다.

42 동기부여이론에 관한 설명으로 적절한 것은?

① 브룸(Vroom)의 기대이론(Expectancy Theory)에 의하면 수단성을 높이기 위해서 종업원이 선호하는 보상 수단을 조사할 필요가 있다.

② 허즈버그(Herzberg)의 2요인이론(Two Factor Theory)에 의하면 임금을 높여주거나 작업환경을 개선하는 것으로는 종업원의 만족도를 높일 수 없다.

③ 브룸의 기대이론에서 기대는 노력했을 때 성과가 나타날 수 있는 객관적 확률이다.

④ 브룸의 기대이론에 의하면 연공급을 도입하는 경우 기대가 높아진다.

⑤ 아담스(Adams)의 공정성이론(Equity Theory)에 의하면 과다보상을 받았다고 느끼는 경우 만족도가 높기 때문에 행동의 변화가 나타나지 않는다.

43 다음 중 동기부여이론에 대한 설명으로 알맞은 것은?

① 허즈버그의 2요인이론에서 구성원의 만족도를 높이기 위해서는 동기요인을 사용해야 한다고 주장하였다.

② 매슬로우의 욕구이론은 좌절-퇴행의 요소가 포함된다.

③ 맥클리랜드는 인간의 욕구는 학습된 것이며 개인마다 같다고 주장하였다.

④ 포터와 롤러는 외재적 보상이 내재적 보상보다 성과에 더 깊은 관계가 있다고 주장하였다.

⑤ 알더퍼는 인간은 한 번에 한 단계의 욕구충족만을 충족한다고 보았다.

44 다음 중 동기부여이론에 대한 설명으로 알맞지 않은 것은?

① MBO 기법은 로크의 목표설정이론을 바탕으로 하고 있다.

② 맥클리랜드의 성취동기이론은 성취 욕구, 권력 욕구, 친교 욕구 세 가지를 주장하였다.

③ 알더퍼의 ERG이론은 매슬로우의 다섯 가지 욕구단계를 세 단계로 단순화하여 분류하였다.

④ 아담스의 공정성이론에 따르면 개인이 불공정성에 대한 지각에서 오는 긴장을 감소시키는 방법으로 자신의 투입의 변경, 산출의 변경, 투입과 산출의 인지적 왜곡, 비교대상의 변경 등이 있다.

⑤ 봉급, 작업조건, 감독·상사와의 관계는 허즈버그(Herzberg)의 2요인이론에서 동기요인에 해당하는 것이다.

기출문제

경영과 기업

기업활동의 조직

인사관리

생산관리

마케팅관리

실전모의고사

45 다음 중 동기부여이론에 대한 설명으로 적절한 것은?

① 알더퍼의 ERG이론에 의하면 높은 차원의 욕구인 관계욕구가 충족되지 않을 때에는 낮은 차원의 성장욕구에 대한 집착이 증가한다.

② 공정성이론에서는 보상의 상대적 수준보다는 절대적 수준을 강조한다.

③ 허즈버그의 2요인 이론에 의하면 동료와의 관계가 좋다고 느낄수록 만족도가 높아진다.

④ 기대이론에 의하면 기대, 수단성, 유의성 중 하나라도 0의 값을 가지면 전체 동기부여 수준은 0이 된다.

⑤ 기대이론에 의하면 개인의 성과와 임금의 상관관계가 높을 때 기대 값이 높아질 수 있다.

46 동기부여이론에 관한 설명 중 적절하지 않은 것은?

① 허즈버그의 2요인이론에 의하면 회사의 정책, 작업조건, 급여 등의 요건이 충족되어도 만족도가 증가하지는 않는다.

② 기대이론에 의하면 개인이 특정한 성과를 달성했을 때 최종적인 보상을 받을 수 있는 가능성에 대한 주관적 믿음을 기대감이라고 하며, 이는 0부터 1까지의 값을 가진다.

③ 공정성이론에 의하면 과다보상을 받았다고 인식할 경우에도 비교대상이 되는 사람을 변경하거나 다른 사람의 투입과 산출을 다르게 해석하려고 노력할 수 있다.

④ 핵크만(Hackman)과 올드햄(Oldham)의 직무특성이론에 의하면 직무의 자율성이 0의 값을 가지면 잠재적 동기지수(MPS ; Motivating Potential Score)는 0의 값을 가진다.

⑤ 목표설정이론에 의하면 목표의 특성과 종류뿐만 아니라 상황적 요인에 따라서도 성과가 달라질 수 있다.

47 동기부여이론에 관한 설명으로 적절한 것은?

① 허즈버그의 2요인이론에서 승진, 작업환경의 개선, 권한의 확대, 안전욕구의 충족은 위생요인에 속하고 도전적 과제의 부여, 인정, 급여, 감독, 회사의 정책은 동기요인에 해당된다.

② 강화이론에서 벌과 부정적 강화는 바람직하지 못한 행동의 빈도를 감소시키지만 소거와 긍정적 강화는 바람직한 행동의 빈도를 증가시킨다.

③ 브룸의 기대이론에 따르면 행위자의 자기효능감이 클수록 과업성취에 대한 기대가 커지고 보상의 유의성과 수단성도 커지게 된다.

④ 매슬로우의 욕구단계이론에 따르면 생리욕구 – 친교욕구 – 안전욕구 – 성장욕구 – 자아실현욕구의 순서로 욕구가 충족된다.

⑤ 아담스의 공정성이론에 의하면 개인이 지각하는 투입에는 개인이 직장에서 투여한 시간, 노력, 경험 등이 포함될 수 있고, 개인이 지각하는 산출에는 직장에서 받은 급여와 유무형의 혜택들이 포함될 수 있다.

48 동기부여이론에 관한 설명으로 적절한 것은?

① 기대이론에서 수단성은 행위자의 노력이 1차적 성과를 달성할 수 있는 가능성에 대한 객관적인 판단이다.

② 아담스의 공정성이론은 투입 대비 산출의 상호작용적 공정성, 절차적 공정성, 효율적 조직성과배분에 대한 분배적 공정성을 모두 고려하고 있다.

③ 허즈버그의 2요인이론에서 동기요인은 임금, 작업환경, 근로조건, 칭찬, 인정을 포함하고 근로자의 불만족을 제거하는 역할을 한다.

④ MBO는 목표설정이론을 조직에 적용한 예로서 목표의 구체성과 난이도, 피드백은 동기부여에 영향을 미친다.

⑤ 동기부여 이론을 내용이론과 과정이론으로 분류할 때 직무특성이론, ERG이론, 내재적 동기이론은 과정이론에 속한다.

49 다음 중 동기부여이론에 대한 설명으로 알맞지 않은 것은?

① 브룸의 기대이론은 개인차를 인정하고 강조한다.

② 로크의 목표설정이론은 아담스의 공정성이론에 기초한다.

③ 포터와 롤러의 기대이론은 브룸의 이론을 기초로 하고 있다.

④ 아담스의 공정성이론은 다른 사람과의 비교과정이 동기부여가 됨을 주장한다.

⑤ 맥클리랜드의 성취동기이론은 매슬로우의 욕구단계설을 그 근간으로 하고 있다.

50 다음 중 매슬로우의 욕구 5단계에 대한 설명으로 옳지 않은 것은?

① 욕구 5단계는 낮은 곳에서 높은 곳으로의 순서가 정해져 있다.

② 인간은 다른 사람들에게 존경을 받고자 하는 욕구가 있다.

③ 욕구 단계의 최하위에는 생리적 욕구가 있다.

④ 인간은 다른 사람과 교제하고 교류하려는 욕구가 전혀 없다.

⑤ 인간은 다른 사람으로부터 자신의 가치를 확인하고자 하는 욕구가 있다.

51 동기부여이론 중 매슬로우의 욕구단계이론에 관한 설명으로 적절한 것을 모두 고르면?

> a. 하나의 욕구가 충족되면 그 다음 상위 단계의 욕구를 충족시키려 한다.
> b. 상위욕구의 충족이 좌절되면 그 하위 단계의 욕구를 충족시키려 한다.
> c. 생리적 욕구 – 안전 욕구 – 존경 욕구 – 사회적 욕구 – 자아실현 욕구의 순서로 단계가 나누어진다.
> d. 사회적 욕구는 위생요인으로, 생리적 욕구와 안전욕구는 동기요인으로 분류하였다.
> e. 알더퍼는 매슬로우의 5가지 욕구 중 존경 욕구, 관계 욕구, 성장 욕구 3가지만을 고려하여 ERG 이론을 만들었다.

① a   ② a, c   ③ a, e
④ b, c   ⑤ d, e

52 다음 중 매슬로우의 욕구단계이론에서 가장 높은 단계의 욕구는?

① 생존과 생리현상에 관한 욕구

② 신체적인 위험에서 벗어나고자 하는 욕구

③ 집단 내의 다른 사람들에게 인정받기를 원하는 욕구

④ 자기만의 독특한 세계를 창조하고 싶어 하는 욕구

⑤ 어딘가에 소속되어 있기를 바라는 욕구

53 다음 중 매슬로우의 욕구단계이론에 관한 설명으로 옳지 않은 것은?

① 인간의 욕구는 계층을 형성하고 있다고 주장한다.

② 모든 욕구가 궁극적으로 완전히 충족된다고 주장한다.

③ 두 가지 이상의 욕구가 동시에 작용할 수 없다고 주장한다.

④ 상위욕구가 동기유발이 되려면 하위욕구가 반드시 충족되어야 한다.

⑤ 이미 충족된 욕구는 더 이상 동기유발 요인이 되지 못한다고 주장한다.

54 다음 동기부여이론 중 매슬로우의 욕구단계이론이 가진 한계점의 대안으로 인간의 욕구를 3가지로 분류한 이론은?

① 브룸의 기대이론　　　② 알더퍼의 ERG이론　　　③ 아담스의 공정성이론

④ 허즈버그의 2요인이론　　　⑤ 맥클리랜드의 성취동기이론

55 알더퍼의 ERG이론에 관한 설명 중 알맞지 않은 것은?

① 두 가지 이상의 욕구가 동시에 작용할 수 있다고 하였다.

② 인간의 욕구를 의식 수준에서 다루어야 한다고 주장하였다.

③ 인간의 욕구를 존재, 관계, 성장의 세 가지 범주로 구분하였다.

④ 인간의 욕구는 반드시 상위 단계로만 진행된다고 주장하였다.

⑤ 인간의 욕구에는 환경이나 문화에 따라 다양한 종류가 있다고 보았다.

56 다음 중 동기부여이론의 욕구단계이론과 ERG이론에 관한 설명으로 알맞지 않은 것은?

① 욕구단계이론과 ERG이론은 욕구를 계층화하고 그 단계에 따라 욕구가 유발된다는 점에서 유사하다.

② 욕구단계이론의 존경 욕구는 ERG이론의 성장 욕구에 해당한다.

③ 욕구단계이론의 자아실현 욕구는 ERG이론의 성장 욕구에 해당한다.

④ ERG이론은 욕구단계이론에는 없는 욕구단계의 퇴행 개념을 포함하고 있다.

⑤ 욕구단계이론과 ERG이론 모두 하위 욕구가 충족되어야만 상위 욕구가 발생한다.

57 다음 중 욕구단계이론과 ERG 이론을 적절하게 비교한 것을 모두 고르면?

구분	욕구단계이론	ERG이론
㉠	5단계로 욕구를 계층화	3단계로 욕구를 계층화
㉡	동시에 여러 개의 욕구가 동기부여 역할	1개의 욕구가 동기부여 역할
㉢	욕구가 미충족되면 다시 등장하여 동기부여의 역할이 가능	자아실현의 욕구를 제외한 모든 욕구는 충족 시 사라짐.
㉣	만족 → 진행 모형	만족 → 진행, 좌절 → 퇴행 모형

① ㉠, ㉡   ② ㉠, ㉣   ③ ㉡, ㉢

④ ㉡, ㉣   ⑤ ㉢, ㉣

58 다음 〈보기〉에서 브룸의 기대이론에 대한 설명으로 알맞은 것을 모두 고르면?

> **보기**
>
> a. 개인차를 인정하지 않았다.
> b. 개인의 동기부여는 유의성, 수단성, 기대성 등에 의해 결정된다.
> c. 동기부여의 내용이론 중 하나이다.
> d. 테일러의 과학적 관리법에 근거하여 발전하였다.
> e. 개인의 목표와 욕망이 어떻게 행동으로 연결되는가를 나타내 준다.

① a, b   ② b, c   ③ b, e

④ c, d   ⑤ d, e

59 동기부여의 기대이론과 관련된 설명으로 적절하지 않은 것은?

① 기대감(Expectancy), 유의성(Valence), 수단성(Instrumentality) 중 하나라도 0의 값을 가지면 동기부여 수준은 0이 된다.

② 전체 동기부여 수준은 음(−)의 값을 가질 수 있다.

③ 기대감이란 노력을 했을 때 특정 수준의 성과를 낼 수 있는가에 대한 객관적 확률로서, 0에서 1까지의 값을 가진다.

④ 카페테리아식 복리후생 제도는 유의성을 높이는 방법이 될 수 있다.

⑤ 성과급의 도입은 수단성을 높이는 방법이 될 수 있다.

60 브룸(H. Vroom)의 기대이론에서 동기부여를 유발하는 요인에 대한 설명으로 옳지 않은 것은?

① 기업은 교육과 훈련을 통해 구성원의 능력을 향상시킴으로써 구성원의 기대성을 높일 수 있다.

② 개인이 특정한 성과를 달성했을 때 그에 따른 보상을 받을 수 있는 가능성에 대한 주관적 믿음의 정도를 수단성이라 한다.

③ 조직에 대한 신뢰도가 높을수록 수단성은 높아진다.

④ 기대이론은 인간은 합리적인 존재임을 가정하고 있으나 비합리적인 경우도 있음을 인정한다.

⑤ 기대성은 직무에 많은 노력은 기울이면 그만큼 높은 성과가 주어질 것이라는 가능성을 의미한다.

61 종업원의 동기부여 중 브룸의 기대이론에 근거한 설명으로 알맞은 것은?

① 높은 유의성과 높은 수단성 등을 통해 동기부여가 된다.

② 보상은 성과보다는 연공서열에 따라 책정되어야 한다.

③ 종업원이 요구하는 보상의 정도와 종류는 모두 같다.

④ 개인의 행동은 우연한 하나의 발상에서 시작한다.

⑤ 기대성은 노력의 정도와 보상의 크기 간의 관련도에 대한 주관적 판단이다.

62 다음 중 인지부조화이론을 기초로 하며, 자신의 공헌과 보상의 크기를 다른 사람과 비교함으로써 동기부여가 된다는 이론으로 적절한 것은?

① 브룸의 기대이론　　　　　　　　② 알더퍼의 ERG이론

③ 아담스의 공정성이론　　　　　　④ 맥클리랜드의 성취동기이론

⑤ 허즈버그의 2요인이론

63 다음 중 아담스의 공정성이론에 관한 설명으로 알맞지 않은 것은?

① 자신의 투입물과 산출물의 비율을 타인의 것과 비교한다.

② 타 종업원과의 사회적인 비교과정에서 동기부여가 된다.

③ 불공정이 지각되면 공정성을 회복하기 위해 긴장이 유발된다.

④ 동기부여는 불공정을 해소하기 위한 과정에서 발생한다.

⑤ 투입과 산출은 객관적인 수치이며 일정한 기준을 제시할 수 있다.

64 다음 사례에서 A의 행동을 설명하는 동기부여이론은?

> 팀원 A는 작년도 목표 대비 업무실적율 100%를 달성하였다. 이에 반해 같은 팀 동료 B는 동일 목표 대비 업무실적이 10% 부족하였지만 A와 동일한 인센티브를 받았다. 이 사실을 알게 된 A는 팀장에게 추가 인센티브를 요구하였으나 받아들여지지 않자 결국 이직하였다.

① 기대이론   ② 공정성이론   ③ 욕구단계이론

④ 목표설정이론   ⑤ 인지적평가이론

65 다음 중 로크(Locke)의 목표설정이론에 대한 내용으로 알맞지 않은 것은?

① 종업원에게 실현가능한 목표를 준다.

② 목표 달성에 대한 적절한 보상은 성과 향상을 위한 필요조건이다.

③ 아담스의 공정성이론에 기초하고 있다.

④ 목표실행자의 목표설정과정 참여는 목표에 대한 이해도를 향상시켜 성과를 높일 수 있게 해 준다.

⑤ 의식적으로 설정한 목표는 동기를 유발시키고 이를 달성하기 위한 노력을 산출한다.

66 다음 중 집단사고의 발생가능성이 큰 경우로 적절한 것은?

① 의사결정에 주어진 시간이 충분할 때

② 집단의사결정형태가 완전연결형일 때

③ 집단의사결정형태가 위원회 형태일 때

④ 집단 내에서 갈등이 생길 때

⑤ 집단응집성이 강할 때

67 다음 중 의사결정에 관한 설명으로 알맞지 않은 것은?

① 합리적인 의사결정모형은 의사결정자가 완전한 합리성에 기초하여 최적의 의사결정을 한다고 보는 규범적 의사결정모형이다.

② 의사결정이 이루어지는 과정은 문제의 인식, 대체안의 개발, 대체안의 선택, 선택의 실행, 결과의 평가로 이루어진다.

③ 집단의사결정에서는 많은 정보를 공유하는 만큼 많은 시간과 비용이 소요된다.

④ 집단의사결정을 할 땐 소수의 의견도 항상 존중하고 반드시 반영하게 된다.

⑤ 안이한 의사결정을 방지하기 위해 의도적으로 반대집단을 구성하기도 한다.

68 의사결정이론에 관한 다음 설명 중 적절한 것은?

① 사이먼(Simon)은 의사결정자들이 능력, 시간, 정보의 한계로 최적의 대안보다는 만족스러운 수준에서 의사결정을 한다는 경제적 합리성(합리적 경제인) 모델을 제시하였다.

② 집단사고는 집단의사결정이 개인의사결정에 비해 긍정적 효과가 더 크다는 것을 의미한다.

③ 집단 내 응집력이 강하고 리더가 민주적인 경우에 집단사고가 발생할 가능성이 더 커진다.

④ 브레인스토밍 기법은 창의적인 대안을 도출하기 위하여 개인이 자유롭게 의견을 제시하고 다른 사람의 의견에 대해서도 자유롭게 비판할 수 있게 한다.

⑤ 브룸(Vroom)과 예튼(Yetton)은 의사결정 과정에서 문제의 구조화 정도, 결정사항에 대한 부하들의 수용 가능성, 리더가 가진 정보의 양에 따라 부하의 참여정도가 달라져야 한다고 주장하였다.

69 다음 중 집단의사결정기법에 관한 설명으로 알맞지 않은 것은?

① 델파이법은 전문가들이 직접 만나서 서로 토의를 한 후 의사결정을 하는 방법이다.

② 참여적 기법은 위원회 등을 조직해 조직구성원을 의사결정에 참여시키는 방법이다.

③ 스토리보드법은 일종의 구조화된 브레인스토밍으로 복잡한 문제를 해결하는 데 적합하다.

④ 변증법적 토의는 의사결정안의 장점과 단점에 대해서 충분히 토론한 후 최종결정을 내리는 의사결정기법이다.

⑤ 고든법은 넓은 폭의 아이디어를 위해 문제의 키워드만을 제시하는 방법으로 브레인스토밍의 변형이다.

70 다음 중 개인의사결정이 집단의사결정보다 더 효과적인 경우는?

① 창의적인 과업인 경우 더 효과적이다.

② 비구조화된 과업인 경우 더 효과적이다.

③ 정확한 의사결정이 요구되는 과업인 경우 더 효과적이다.

④ 신속한 의사결정이 요구되는 과업인 경우 더 효과적이다.

⑤ 의사결정의 위험부담이 큰 과업인 경우 더 효과적이다.

71 다음 중 집단응집성과 관련된 설명으로 알맞지 않은 것은?

① 집단응집성이 강할 경우에는 언제나 생산성 향상으로 이어진다.

② 집단 내 경쟁을 하게 되면 집단응집성은 약화된다.

③ 집단응집성이 강한 집단은 구성원의 만족도가 높은 편이다.

④ 다른 집단 간에 경쟁이 있으면 집단응집성이 강화된다.

⑤ 집단의 크기가 커지면 집단응집성이 약화된다.

72 다음 중 의사결정과 관련된 설명으로 적절하지 않은 것은?

① 브레인스토밍 방법을 적용할 때에는 자유롭게 의견을 개진할 수 있는 분위기를 조성하는 것이 중요하다.

② 명목집단법을 적용할 때에는 구성원 간의 토론과 토론 사회자의 역할이 중요하다.

③ 사이먼(Simon)의 제한된 합리성 모형(이론)에 의하면 의사결정을 할 때, 최적의 대안보다는 만족스러운 대안을 선택하게 된다.

④ 지명반론자법을 적용할 경우, 집단사고 현상을 방지할 수 있다.

⑤ 집단구성원의 응집력이 강할수록 집단사고 현상이 발생할 가능성이 커진다.

73 다음에서 설명하는 집단의사결정기법은?

> 일정한 주제에 관하여 회의형식을 채택하고 10명 내외의 구성원들의 자유발언을 통한 아이디어 제시를 요구하여 창의적인 발상을 찾아내려는 방법이다. 이 기법은 개인의 창조적 사고를 저해하는 구성원 상호 간의 동조현상을 극복하고 소수 의견이 무시되지 않으면서 또한 소수 구성원에 의한 지배도 불가능해진다. 그리고 다른 구성원의 아이디어를 알게 됨으로써 학습의 기회와 새로운 시각을 자극받을 수 있다.

① 팀빌딩 기법   ② 델파이 기법   ③ 명목집단 기법
④ 브레인스토밍 기법   ⑤ 변증법

74 다음 중 브레인스토밍에 대한 설명으로 옳지 않은 것은?

① 자유롭게 자신의 의견을 제시한다.
② 빠른 의견의 결정이 요구될 시 사용한다.
③ 참가자는 다른 사람의 의견을 무시하거나 비판하지 않는다.
④ 아이디어의 질보다 양을 중시한다.
⑤ 다른 사람이 제시한 아이디어를 결합하거나 개선한 형태의 아이디어를 제시한다.

75 다음 중 명목집단법에 관한 설명으로 옳지 않은 것은?

① 브레인스토밍을 수정, 확장한 집단의사결정기법이다.
② 한 번에 하나의 문제만 처리한다.
③ 상호 간에 대화나 토론이 활발하다.
④ 타인에게 영향을 받지 않고 독립적으로 의견을 낼 수 있다.
⑤ 최종적인 해결안은 비밀투표로 결정한다.

76 다음 중 델파이법에 대한 설명으로 옳지 않은 것은?

① 전문가들이 서로 만나서 토론한다.

② 의사결정과정에 많은 시간이 소요된다.

③ 전문가들을 이용하여 우편으로 의사결정을 한다.

④ 미국의 랜드연구소에서 개발한 집단의사결정기법으로 창의성의 개발방법으로도 이용 가능하다.

⑤ 전반적인 아이디어의 합의가 이루어질 때까지 피드백을 반복하는 과정을 거친다.

77 다음 중 창의성 개발기법에 대한 설명으로 알맞지 않은 것은?

① 창의성 개발기법에는 자유연상법, 분석적 기법, 강제적 관계기법 등이 있다.

② 브레인스토밍과 고든법은 둘 다 질을 중시하는 기법이다.

③ 강제적 기법은 정상적으로 관계가 없는 둘 이상의 물건이나 아이디어를 강제로 연관을 짓게 하는 방법이다.

④ 집단 내에서 창의적인 의사결정을 증진시키는 방법으로 델파이법과 명목집단법도 포함시킬 수 있다.

⑤ 자유연상법에서는 아이디어를 내는 과정에서의 내용에 대한 비평은 일절 금지된다.

78 다음 중 창의성 측정방법에 대한 설명으로 적절한 것은?

① 고든법은 리더 혼자만 주제를 알고 장시간 동안 토론한다.

② 명목집단법은 구성원 간에 대화나 토론이 이루어지지 않는다.

③ 브레인스토밍은 각자의 의견을 자유롭게 제시하면서 토론한다.

④ 델파이법은 서로 분리된 곳에 위치한 관계 전문가들을 대상으로 한다.

⑤ 원격연상 검사법은 서로 유사한 요소들을 제시한 후 평가대상자에게 새로운 조합을 유도하거나 공통점을 찾게 한다.

79 다음 중 의사결정과 관련된 설명으로 알맞지 않은 것은?

① 집단사고 현상을 방지하기 위해서 지명반론자법을 적용한다.

② 명목집단법을 적용하여 의사결정을 할 때에는 타인의 영향력이 절대적이다.

③ 집단구성원의 응집력이 강하면 집단사고 현상이 발생할 가능성이 커진다.

④ 브레인스토밍 방법을 적용할 때에는 타인의 아이디어를 비판하지 말아야 한다.

⑤ 의사결정을 위한 집단토의가 역으로 양극화의 확대로 이어질 수도 있다.

80 다음 〈보기〉에서 설명하고 있는 집단의사결정기법으로 알맞은 것은?

> **보기**
>
> • 자기의 생각과 해결안을 가능한 한 많이 기록하며 참가자들은 돌아가면서 자신의 해결안을 집단을 대상으로 설명하고, 사회자는 칠판에 그 내용을 정리한다.
> • 발표가 끝나면 제시된 의견들의 우선순위를 묻는 비밀투표를 실시하여 최종적으로 해결안을 선택한다.

① 델파이법　　　　　② 명목집단법　　　　　③ 팀빌딩법

④ 브레인스토밍　　　⑤ 변증법

81 다음에서 설명하는 의사소통 유형으로 적절한 것은?

> 공식적인 계통과 수직적인 경로를 통해서 의사전달이 이루어지는 형태로 명령과 권한의 체계가 명확한 공식적인 조직에서 사용되는 커뮤니케이션 네트워크이다.

① 사슬형　　　　　② Y형　　　　　③ 바퀴형

④ 원형　　　　　　⑤ 완전연결형

82 다음 중 상향적 의사소통의 문제점을 개선하기 위한 방법으로 알맞지 않은 것은?

① 민원조사원　　　　　② 상담원정책　　　　　③ 그레이프 바인법
④ 문호개방정책　　　　⑤ 고충처리시스템

83 의사소통 유형 중 각각의 구성원 간 또는 부서 간의 갈등을 조정하는 역할은?

① 수직적 의사소통　　　② 수평적 의사소통　　　③ 상향적 의사소통
④ 하향적 의사소통　　　⑤ 다각적 의사소통

84 다음 중 의사소통 유형에 대한 설명으로 알맞지 않은 것은?

① 바퀴형은 구성원의 만족도가 낮다.
② Y형은 구성원의 만족도가 중간이다.
③ 완전연결형은 권한 집중이 매우 낮다.
④ 원형은 태스크포스나 위원회에 많이 사용된다.
⑤ 쇠사슬형은 구성원의 만족도가 높다.

85 다음 중 완전연결형에 대한 설명으로 알맞은 것은?

① 집단 내 비공식적인 리더가 존재한다.
② 권한집중과 의사결정속도가 중간이다.
③ 의사결정의 수용도가 중간이다.
④ 리더 없이 구성원 스스로가 대화를 주도하므로 의사결정의 수용도가 매우 높다.
⑤ 수용도는 낮은 편이며 의사결정속도는 빠르다.

86 다음 중 공식적인 작업을 수행하는 데 가장 이상적이라고 알려진 의사소통 유형은?

① 쇠사슬형   ② Y형   ③ 바퀴형

④ 원형   ⑤ 완전연결형

87 프렌치(French)와 레이븐(Raven)이 제시한 권력의 원천 중 개인적 권력에 해당하는 것은?

① 연성 권력(Soft Power)   ② 강압적 권력(Coercive Power)

③ 합법적 권력(Legitimate Power)   ④ 준거적 권력(Referent Power)

⑤ 보상적 권력(Reward Power)

88 프렌치(French)와 레이븐(Raven)이 제시한 권력의 원천과 관련되지 않은 것을 모두 고르면?

a. 정보 권력	b. 강압적 권력
c. 합법적 권력	d. 전문적 권력
e. 생태학적 권력	

① a, b   ② a, e   ③ b, c

④ c, d   ⑤ d, e

89 다음 집단 간의 갈등해결전략 중에서 장기적 전략으로 알맞지 않은 것은?

① 문제해결   ② 갈등의 회피   ③ 상위목표의 도입

④ 조직구조의 개편   ⑤ 협상

90 다음 중 집단 간 갈등의 원인으로 알맞지 않은 것은?

① 집단응집성이 증가한다.
② 부서 간에 영역이 모호하다.
③ 의견 간 불일치가 발생한다.
④ 한정된 자원을 많은 조직원이 사용해야 한다.
⑤ 집단 간 의사소통이 감소한다.

91 다음 중 리더십 행동이론에 속하지 않는 것은?

① 아이오와 대학모형 : 민주적 리더의 유형이 가장 호의적이라고 하였다.
② 관리격자이론 : 대표적 리더십 이론을 인간과 생산에 대한 관심에 따라 5가지로 분류하였다.
③ 수명주기이론 : 부하의 성숙도에 따라 지시적, 설득적, 참여적, 위양적 리더로 분류하였다.
④ 미시간 대학모형 : 리더의 유형을 극단적으로 양분하여 직무 중심적 리더와 종업원 중심적 리더로 구분하였다.
⑤ PM이론 : 리더십을 성과지향과 유지지향을 기준으로 4개 유형으로 분류하였다.

92 다음 중 리더십이론에 대한 설명으로 옳지 않은 것은?

① 리커트는 면접법을 통해 리더행동유형을 직무 중심적 리더와 종업원 중심적 리더로 구분하였다.
② 아이오와 리더십 연구에서는 리더의 유형을 민주형, 전제형, 자유방임형으로 분류하였다.
③ 하우스의 경로-목표이론은 브룸의 기대이론에 이론적인 근거를 두고 있다.
④ 피들러는 리더십 스타일을 분류하기 위해 가장 좋아하지 않는 동료에 대한 설문을 실시하였다.
⑤ 관리격자이론에서 (1,1)형은 단합형으로 생산과 인간관계를 모두 중시한다.

93 다음 중 리더십이론에 대한 설명으로 적절하지 않은 것은?

① 리커트는 리더행동유형 중 종업원 중심적 리더가 가장 이상적인 유형이라고 주장하였다.
② 피들러의 상황적응적 이론에서 LPC 점수가 낮을수록 과업지향적이다.
③ 관리격자이론에서는 단합형 리더가 가장 이상적이다.
④ PM이론에서는 유지지향보다 성과지향을 더 높이 평가하였다.
⑤ 하우스의 경로-목표이론은 행동이론에 속한다.

94 리더십이론에 관한 설명으로 적절한 것은?

① 변혁적 리더십은 영감을 주는 동기부여, 지적인 자극, 상황에 따른 보상, 예외에 의한 관리, 이상적인 영향력의 행사로 구성된다.

② 피들러(Fiedler)는 과업의 구조가 잘 짜여져 있고, 리더와 부하의 관계가 긴밀하고, 부하에 대한 리더의 지위권력이 큰 상황에서 관계지향적 리더가 과업지향적 리더보다 성과가 높다고 주장하였다.

③ 스톡딜(Stogdill)은 부하의 직무능력과 감성지능이 높을수록 리더의 구조주도행위가 부하의 절차적 공정성과 상호작용적 공정성에 대한 지각을 높인다고 주장하였다.

④ 허쉬(Hersey)와 블랜차드(Blanchard)는 부하의 성숙도가 가장 낮을 때는 지시형 리더십이 효과적이고 부하의 성숙도가 가장 높을 때는 위임형 리더십이 효과적이라고 주장하였다.

⑤ 서번트 리더십은 리더와 부하의 역할교환, 명확한 비전의 제시, 경청, 적절한 보상과 벌, 자율과 공식화를 통하여 집단의 성장보다는 집단의 효율성과 생산성을 높이는 데 초점을 두고 있다.

95 블레이크와 머튼의 리더십 관리격자모델에서 인간에 대한 관심은 높고 과업에 대한 관심은 낮은 리더십 스타일은?

① 팀형   ② 절충형   ③ 컨트리클럽형
④ 과업형   ⑤ 방관형

96 다음 중 피들러의 상황이론에 대한 설명으로 알맞은 것은?

① 동기부여이론에서 브룸의 기대이론을 근거로 연구하였다.

② 성과에 따른 보상, 인센티브로 바람직한 행동을 유도하는 리더십 유형을 제시하였다.

③ 리더의 유형을 수단적 리더십, 후원적 리더십, 참여적 리더십, 성취지향적 리더십으로 구분하였다.

④ 주요 상황변수로 리더-구성원 관계, 과업구조, 리더의 직위권한을 제시하고 리더십의 유형을 과업지향적과 관계(종업원)지향적으로 구분한 리더십이론이다.

⑤ (9,9)형인 단합형 리더가 가장 이상적이라고 주장하였다.

97 다음 중 리더십이론에 대한 설명으로 알맞지 않은 것은?

① 하우스의 경로-목표이론에 의하면 내재적 통제 위치를 갖고 있는 부하에게는 참여적 리더십이 적합하다.

② 허쉬와 블랜차드에 의하면 부하의 의지와 능력이 모두 높은 경우에는 위임형 리더십 스타일이 적절하다.

③ 피들러는 리더십 스타일의 효율성은 작업 환경에 따라 달라진다고 보았다.

④ 허쉬와 블랜차드의 리더십 상황이론에서는 상사의 리더십 스타일을 관계행위와 과업행위로 구분하고 하급자의 성숙도는 능력과 의지로 측정하고 있다.

⑤ 블레이크와 머튼은 절충형 리더십이 가장 이상적이라고 하였다.

98 다음 중 리더십이론에 관한 설명으로 적절하지 않은 것은?

① 서번트 리더십은 개별적 배려, 지적 자극, 영감에 의한 동기부여, 비전 제시와 내재적 보상을 통해서 부하를 이끄는 리더십이다.

② 리더와 부하와의 관계, 과업의 구조, 리더의 직위권력은 피들러(Fiedler)가 상황적 리더십이론에서 고려한 3가지 주요 상황요인이다.

③ 오하이오주립대학교의 리더십 행동연구에서는 리더십을 구조주도와 배려의 두 가지 차원으로 나누었다.

④ 블레이크와 머튼은 일에 대한 관심과 사람에 대한 관심을 두 축으로 하여 관리격자형 리더십 모형을 제시하였다.

⑤ 거래적 리더십은 부하의 노력과 성과에 따라 보상을 한다.

99 변혁적 리더십에 관한 설명 중 적절하지 않은 것은?

① 번즈(Burns)와 배스(Bass)는 변혁적 리더십을 제시하면서 기존의 리더십을 거래적 리더십이라고 하였다.

② 변혁적 리더십은 예외에 의한 관리를 포함하기도 한다.

③ 변혁적 리더십은 추종자들이 개인적인 성장을 할 수 있도록 그들의 욕구를 파악하는 등 부하 개개인들에 대한 배려를 포함하기도 한다.

④ 변혁적 리더십은 부하들에 대한 지적 자극을 포함하기도 한다.

⑤ 변혁적 리더십은 카리스마를 포함하기도 한다.

100 다음 중 변혁적 리더십에 대한 설명으로 적절하지 않은 것은?

① 리더는 성공이나 성취에 대한 비전을 심어 주고 낙관적인 전망을 제시한다.

② 리더는 부하가 상위 수준의 욕구를 지향하도록 만들어야 한다.

③ 리더는 구성원들이 과거의 문제해결방식에서 벗어나 보다 혁신적이고 창의적으로 변화할 수 있도록 자극한다.

④ 리더와 하위직 간에 각자의 책임과 기대하는 바를 명확하게 제시한다.

⑤ 리더는 구성원 개개인의 니즈에 관심을 가지며 그들을 믿고 신뢰한다.

101 다음 중 변혁적 리더십에 관한 설명으로 적절하지 않은 것은?

① 지도자가 부하들에게 기대되는 비전을 제시하고 그 비전 달성을 위해 함께 힘쓸 것을 호소하여 부하들의 가치관과 태도의 변화를 통해 성과를 이끌어 내려는 지도력에 관한 이론이다.

② 번스는 변혁적 리더십을 리더와 부하가 상호 간 더 높은 도덕적 및 동기적 수준을 갖도록 만드는 과정이라고 본다.

③ 리더가 부하들에게 장기적 비전을 제시하고 그 비전을 향해 매진하도록 부하들로 하여금 자신의 정서·가치관·행동규범 등을 바꾸어 목표달성을 위한 성취의지와 자신감을 고취시키는 과정이다.

④ 거래적 리더십이론은 변혁적 리더십이론을 비판하면서 등장한 이론이다.

⑤ 리더는 부하가 조직의 가치관과 신념에 의문을 제기하도록 도와줘야 한다고 본다.

102 구성원 스스로가 자기 자신을 리드할 수 있는 역량과 기술을 갖도록 하는 지도나 통제보다 스스로 자율성 강화에 초점을 두는 리더십은?

① 카리스마 리더십   ② 셀프 리더십   ③ 거래적 리더십

④ 참여적 리더십   ⑤ 변혁적 리더십

103 다음 〈보기〉에서 설명하고 있는 리더십은?

> **보기**
>
> • 부하직원을 스스로의 판단 후에 행동할 수 있는 셀프 리더로 키우는 리더십이다.
> • 부하직원이 능력과 역량을 최대한 발휘할 수 있도록 한다.

① 슈퍼 리더십   ② 변혁적 리더십   ③ 카리스마 리더십

④ 수단적 리더십   ⑤ 서번트 리더십

유형별 출제분석

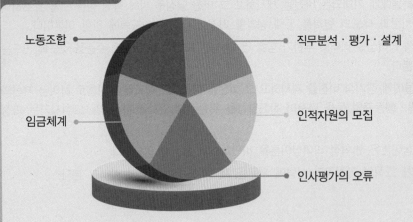

노동조합

직무분석 · 평가 · 설계

임금체계

인적자원의 모집

인사평가의 오류

합격전략

인사관리는 조직행동의 응용분야에 해당한다고 할 수 있으므로 조직행위론을 확실하게 이해하고 있는 것이 좋다. 이 단원에서 가장 많이 출제되는 유형은 직무와 관련된 것으로 직무분석, 직무평가, 직무설계다. 직무분석에서는 기법과 의의를, 직무평가에서는 직무급 임금과의 관련성과 방법을, 직무설계에서는 직무를 통해 동기부여가 되도록 하는 직무설계 방법들을 반드시 기억해 둬야 한다. 이 외에 선발도구의 타당성, 인사이동, 인사평가 제도와 여러 가지 임금제도, 특히 임금수준 등은 반드시 학습해 두어야 한다.

파트 **4** 코레일 경영학

인사관리

❏ **빈출 지문에서 뽑은 O/X**

❏ **기출예상문제**

직무분석

직무분석의 절차

1. 준비단계
   - 직무분석 목적의 결정 : 직무분석을 할 때 얻어진 자료를 어떤 목적에 활용할 것인가를 결정하고 그것에 적절한 분석방법을 동원해야 한다.
   - 분석자의 선정 : 직무분석은 직무의 실체를 파악하는 것이기 때문에 직무분석에 필요한 전문적 지식과 기능 및 관찰력과 판단력 등을 구비한 분석자가 선정되어야 한다.
2. 실시단계 : 직무분석의 핵심 단계로 분석표를 작성하고 이것을 토대로 정보를 수집하고 수집된 정보를 분석하는 과정이다.
3. 정리단계 : 인사관리의 자료로서 사용하기 위하여 일목요연하게 종합·정리하는 단계이며, 직무분석의 최종 마무리 단계로서 직무기술서와 직무명세서가 작성된다.

1 직무분석의 개념

1. 직무분석의 의의

(1) 직무분석(Job Analysis)은 직무의 내용, 맥락, 인적 요건 등에 관한 정보를 수집하고 분석하는 체계적인 방법을 말한다.

(2) 직무의 상대적 가치를 결정하는 직무평가를 위한 자료에 이용되고 근로자의 채용조건과 교육훈련에 필요하며 인사고과와 정원제의 확립, 의사결정, 안전위생관리 등에 유용한 기본자료를 제공한다.

2. 직무분석의 목적

(1) 조직의 합리화를 위한 기초 : 업무의 내용과 흐름을 파악하여 불필요한 내용과 절차를 개선하고 파악된 업무단위의 내용을 표준화한 뒤 사무처리의 방법을 표준화하여 사무처리의 방법을 합리화한다.

(2) 채용, 배치, 이동 등의 기준 : 종업원의 채용, 배치, 이동의 경우에 각 직무의 특성에 알맞은 자질을 갖춘 종업원을 선택하는 데 필요한 자료와 정보를 제공한다.

(3) 종업원의 훈련 및 개발의 기준 : 종업원을 위한 과학적인 교육훈련의 기초와 기준이 되는 자료를 제공한다.

(4) 직무평가자료의 획득 : 직무를 수행하는 데 필요한 지식, 능력, 숙련, 책임 등 직무의 내용과 특성을 파악하여 비교·평가할 수 있는 정보를 제공한다.

(5) 책임 및 권한의 명확화 자료 : 기업의 운영을 계획적, 능률적으로 수행하기 위해 개별 종업원의 직무와 직무 수행에 필요한 권한과 책임을 명확하게 하는 데 요구되는 자료를 제공한다.

(6) 인사고과의 기초 작업이 된다.

2 직무분석의 방법

면접법	• 직무분석자가 직무담당자와의 면접을 통하여 직무를 분석하는 방법 • 장점 : 직무에 관한 정확한 지식을 확보할 수 있음. • 단점 : 많은 직무를 분석할 경우 기간과 노력이 소요되어 광범위한 실시가 불가능
질문지법	• 질문지를 통하여 직무담당자가 기록하도록 해 정보를 얻는 방법 • 장점 : 신속하게 직무에 관한 사실을 수집 가능, 광범위한 자료 수집과 정리가 용이 • 단점 : 질문지의 설계 및 작성이 어렵고 완전한 사실을 얻을 수 없음.
관찰법	• 직무분석자가 특정 직무가 수행되고 있는 것을 직접 관찰하고 내용을 기록하는 방법으로 생산직이나 기능직에 적절한 방법 • 장점 : 다른 사람에게 영향을 미치지 않고 분석대상자가 질문에 적당히 응답하는 폐해를 방지 • 단점 : 정신·지적 활동은 관찰이 불가능하고 관찰자의 주관이 개입될 수 있음.
체험법 (경험법)	• 직무분석자가 직접 체험에 의해서 직무에 관한 정보를 얻는 방법 • 장점 : 사실을 실제로 체득함으로써 생생한 정보를 얻을 수 있음. • 단점 : 모든 직무활동을 직무분석자 자신이 직접 체험한다는 것은 실제로 불가능

중요사건기록법	직무과정에서 직무수행자가 보였던 특별히 효과적인 행동 또는 비효과적인 행동을 기록해 두었다가 분석하는 방법
임상적 방법	객관적이고 정확한 자료를 구할 수 있으나 시간과 경비가 많이 소요되고 절차가 복잡해 이용하기 어려움.
혼합병용법	2개 이상의 방법을 병용하는 방법으로 작업직과 사무직을 구분하여 작업직은 관찰법과 질문법을, 사무직은 질문법과 면접법을 병행하는 경우이며 실제로 가장 효과적인 방법으로 사용

3 직무기술서와 직무명세서

```
            직무분석
   관련 직무사실에 대한 모든 정보 획득

   직무기술서                  직무명세서
다음과 같은 사항을 포함하여 기술 :   직무수행에 필요한 인적 자격 :
직무명칭, 배치, 직무요지, 실무, 기계,   교육, 경험, 훈련, 판단, 자발성,
도구, 설비, 원료와 사용형태, 감독,    신체적 노력, 기능, 책임, 전달기능,
근로조건, 위험 등              정서적 특징, 감각적 요건 등
```

☑ 직무기술서와 직무명세서는 직무를 수행하거나 감독하게 될 사람이 그 직무가 지니고 있는 성격, 내용, 수행방법 등을 파악할 수 있도록 간략하고 일목요연하게 정리한 것이다.

☑ 직무기술서
직무분석의 결과로 얻어진 직무의 성격, 내용, 수행방법 등을 간략하게 정리하여 기록한 문서이다.

☑ 직무명세서
직무분석 결과를 바탕으로 직무수행에 필요한 종업원의 행동, 지능, 능력, 지식 등을 일정한 양식에 맞춰 기록한 문서로, 직무수행에 필요한 인적 특성을 결정하는 것이 목적이다.

대표기출유형

➕ **직무와 관련한 다음의 설명 중 적절하지 않은 것은?**

① 직무평가(Job Evaluation)는 직무급 도입에 도움이 되며, 직무들의 상대적 가치를 평가하는 활동이다.
② 직무충실화(Job Enrichment)는 작업자가 수행하는 직무의 의사결정 권한과 책임을 증가시키는 것을 포함한다.
③ 직무분석(Job Analysis)은 직무를 구성하는 과업을 구체화하고 직무 수행에 요구되는 사항에 대한 정보를 수집 정리하는 활동이다.
④ 직무확대(Job Enlargement)는 과업의 다양성을 증진시키기 위해 직무의 범위를 수직적으로 확대하는 것이다.
⑤ 핵크만(Hackman)과 올드햄(Oldham)의 직무특성이론에서 5대 핵심직무특성에는 과업정체성(Task Identity)과 과업중요성(Task Significance)이 포함된다.

정답 ④

해설 직무확대(Job Enlargement)는 과업의 단조로움을 극복하기 위하여 직무의 범위를 수평적으로 확대하는 것이다. 수직적으로 직무의 범위를 확대하는 것은 직무충실화이다.

직무평가

1 직무평가의 개념

1. 직무평가의 의의

(1) 서로 다른 가치를 가진 직무에 대해 서로 다른 임금을 지급하기 위해서 조직 내의 여러 직무의 상대적인 가치를 결정하는 과정이다.

(2) 각 직무의 중요성, 곤란도, 위험도 등을 평가하여 타 직무와 비교한 직무의 상대적 가치를 정하는 체계적 방법이다.

(3) 직무기술서와 직무명세서를 활용하며, 직무평가의 결과는 직무급 산정의 기초자료가 된다.

2. 직무평가의 목적

(1) 각 직무의 질과 양을 평가하여 직무의 상대적 유용성 결정을 위한 자료 제공

(2) 공정·타당한 임금격차로 인해 종업원의 근로의욕 증진 및 노사 간의 관계원활 도모

(3) 직계제도 내지 직제의 확립과 직무급 내지 직계급의 입안 등의 기초자료

(4) 동일 노동시간의 타 기업과 비교할 수 있는 임금구조설정에 대한 자료 제공

(5) 합리적인 임금지급의 기초가 되며 노동조합과의 교섭의 기초자료

> ☑ **직무평가의 요소**
> 직무의 상대적 가치를 결정하는 기준이 되는 것이며 산업 특성 또는 산업구조의 정도에 따라 다를 수 있고 기업 내에서도 직종에 따라 달라질 수 있다.
> 1. 책임 요소 : 대인적, 대물적 책임
> 2. 숙련 요소 : 지능적, 육체적 숙련
> 3. 노력 요소 : 정신적, 육체적 노력
> 4. 작업 조건 : 위험도, 불쾌도 등

2 직무평가의 방법

비교기준＼비교대상	직무 전반	구체적 직무요소
직무 대 직무	서열법 (Ranking Method)	요소비교법 (Factor Comparison Method)
직무 대 기준	분류법 (Classification Method)	점수법 (Point Method)

1. 서열법

(1) 서열법의 개념

① 평가자가 포괄적인 지식을 이용하여 직무의 중요성이나 장점에 따라서 서열을 매기는 평가 방법으로 가장 오래되고 가장 간단한 방법이다.

② 평가자가 종업원의 직무수행에 있어 요구되는 지식, 숙련도, 책임 등을 고려하여 상대적으로 가장 단순한 직무를 최하위에 배정하고 가장 중요하고 가치가 있는 직무는 최상위에 배정함으로써 순위를 결정하는 방법이다.

(2) 서열법의 장단점

장점	단점
• 간단명료 • 편하게 등급을 매길 수 있음.	• 평가기준 모호 • 결과에 대한 수용성 낮음.

> ☑ 서열법은 분류법과 같이 비계수적인 평가방법 중 하나다.

2. 분류법

(1) 분류법의 개념

① 등급 분류는 직무의 수, 복잡도 등에 따라 달라진다.

② 강제적으로 배정하는 특성이 있으므로 정부기관에서 보편적으로 사용한다.

> ☑ 분류법은 서열법에서 발전된 방식으로 어떠한 기준에 따라 사전에 만들어 놓은 여러 등급으로 각 직무를 적절히 판정하는 평가방법이다.

(2) 분류법의 장단점

장점	단점
• 간단명료 • 이해하기 쉬움.	• 분류된 등급기준의 신뢰도 낮음. • 직무 수가 많으면 등급 분류가 곤란

3. 요소비교법

(1) 요소비교법의 개념

① 직무의 상대적 가치를 임금액으로 평가한다(임금액의 평가점수화).

② 기준직무의 정확성이 결여되거나 해당 내용에 변화가 생길 경우, 평가결과에 영향을 미치게 되므로 전체 특정 척도도 함께 변해야 한다.

(2) 요소비교법의 장단점

장점	단점
직무의 객관적 평가가 가능	• 기준직무 선정이 곤란 • 등급기준 설정이 곤란

4. 점수법

(1) 평가요소를 등급화하며 평가요소는 숙련요소, 노력요소, 책임요소, 작업조건 요소 등이다.

(2) 점수법의 장단점

장점	단점
• 직무 간 서열과 수준을 파악할 수 있음. • 점수의 높은 신뢰성	• 평가척도의 구분이 어려움. • 절차가 복잡하여 시간과 비용이 많이 소요

☑ 요소비교법은 가장 중심이 되는 몇 개의 기준 직무를 선정하고 각 직무의 평가요소를 기준 직무의 평가요소와 결부시켜 비교함으로써 모든 직무의 상대적 가치를 결정하는 방법이다.

☑ 점수법은 직무를 구성요소로 분해하여 각 요소별로 중요도에 따라 점수를 부여한 후 계산하여 직무별 가치를 평가하는 방법으로, 직무평가 방법 중 가장 많이 사용된다.

대표기출유형

직무평가(Job Evaluation)와 관련된 서술 중 적절한 것은?

① 직무평가를 통해 직무의 절대적 가치를 산출한다.

② 직무평가는 현재의 직무 수행방식의 장점과 단점을 평가하는 과정이다.

③ 서열법은 직무의 수가 많고 직무의 내용이 복잡한 경우에 적절한 평가방법이다.

④ 분류법은 핵심이 되는 몇 개의 기준 직무를 선정하고, 평가하고자 하는 직무의 평가요소를 기준 직무와 비교하는 방법이다.

⑤ 직무기술서와 직무명세서를 활용하며, 직무평가의 결과는 직무급 산정의 기초자료가 된다.

정답 ⑤

해설 직무평가는 직무분석 후에 하는 것으로 직무분석의 결과인 직무기술서와 직무명세서를 활용하며, 직무평가의 결과는 직무급 산정의 기초자료가 된다.

오답풀이

① 직무평가를 통하여 직무의 상대적 가치를 산출한다.

② 직무평가는 현재의 직무수행방식의 장점과 단점을 평가하는 과정이 아니라 직무 간의 상대적 난이도를 평가하는 과정이다.

③ 서열법은 직무의 수가 많고 직무의 내용이 복잡한 경우에 사용하기 어려운 방법이다.

④ 요소비교법은 핵심이 되는 몇 개의 기준 직무를 선정하고, 평가하고자 하는 직무의 평가요소를 기준직무의 평가요소와 비교하는 방법이다. 분류법은 등급을 산정한 후 직무를 등급별로 평가하는 방법이다.

직무설계

☑ 직무설계는 조직측면에서의 요청과 작업을 수행하는 인간의 요청을 상호 조화시킬 수 있도록 직무의 내용이나 작업방법을 결정하는 과정이다. 경영자가 조직구조에 대하여 내리는 첫 번째 의사결정은 조직 전체의 과업과 책임을 나누어 개인이나 집단의 직무를 정하는 것이다.

1 직무설계의 개념

1. 직무설계의 의의

직무설계(Job Design)는 업무가 수행되는 방식과 주어진 직무에서 요구되는 과업들을 정의하는 과정이다.

2. 직무설계의 목표

직무설계는 작업의 생산성 향상, 종업원의 동기 향상, 원가절감과 시간절약, 이직과 훈련비용의 감소, 신기술에 대한 신속한 대응, 인간공학과 산업공학에의 공헌 등을 위하여 필요하다.

2 직무설계의 방법

1. 직무확대

☑ 직무확대란 작업자가 여러 가지 다양한 과업을 수행할 수 있도록 직무를 수평적으로 확대하는 것을 말한다.

(1) 직무확대의 개념
　① 직무확대를 통한 직무설계에서는 직무수행에 요구되는 기술과 과업의 수를 증가시킴으로써 작업의 단조로움과 지루함을 극복하여 높은 수준의 직무 만족을 이끌어 낸다.
　② 직무에 기술다양성을 추가하는 수평적 직무확대를 의미하며 계획, 통제, 의사결정과 같은 관리상의 능력을 추가로 요구하지는 않는다.
(2) 직무확대의 목적 : 과도한 단순화와 전문화의 역효과를 막고 작업자에게 작업 전체를 수행할 수 있는 기회를 줌으로써 작업자가 흥미와 만족감을 느낄 수 있도록 한다.

2. 직무순환

☑ 직무순환이란 작업자로 하여금 일정 기간마다 다른 종류의 직무를 수행하게 함으로써 다양성을 추가하는 것이다.

(1) 직무순환의 의의
　① 직무순환이 가능하려면 작업자가 수행하는 직무끼리 상호 교환이 가능해야 하고 작업 흐름에 있어서 커다란 작업 중단 없이 직무 간의 원활한 교대가 전제되어야 한다.
　② 직무순환을 실시하면 기업의 모든 활동에 대한 종업원의 이해가 증진되고 활동 간 조정이 보다 원활해진다.
(2) 직무순환의 장단점
　① 장점
　　• 종업원들에게 광범위한 경험과 지식을 접할 수 있는 기회를 제공해 준다.
　　• 직무로부터 느끼게 되는 지루함과 단조로움을 감소시켜 준다.
　　• 조직 내의 다른 활동들에 대한 이해의 폭을 넓혀 상위 직무로의 승진에 필요한 직무통합 능력을 개발할 수 있게 된다.
　② 단점
　　• 종업원을 새로운 직무에 배치해야 하므로 능률과 경제성을 기대할 수 없다. 따라서 비용이 증가하는 반면 생산성이 감소된다.
　　• 경험이 없는 종업원이 과업을 수행하게 되므로 의사결정상의 오류가 발생할 위험이 있다.
　　• 비자발적으로 강요된 직무순환은 종업원의 직무만족을 감소시키며 결근율을 증가시킨다.

3. 직무충실화

(1) 직무충실화의 의의

① 허즈버그의 2요인이론에 기초한 방법으로, 수직적 직무확대라고도 한다.

② 다양한 작업내용을 포함하며 높은 수준의 지식과 기술을 요하고 종업원들이 직무를 수행함에 있어서 자주성과 책임을 보다 많이 가질 수 있도록 직무를 재정의하고 재구성하는 것을 말한다.

(2) 직무충실화의 목적

① 직무를 보다 의미 있게 인식하게 하고 재량권 확대를 통한 직무수행자의 창의력을 개발한다.

② 제품공정의 작은 부분으로부터 수행의 범위를 넓혀 직무의 완성도를 증대시킨다.

③ 작업자의 피로도, 단조로움, 싫증 등을 감소시킨다.

④ 새로운 과업의 추가수행으로 인한 작업자의 능력신장을 기대한다.

4. 직무특성이론(JCM ; Job Characteristics Model)

(1) 직무특성이론의 의의 : 핵크만과 올드햄(Richard Hackman and Greg Oldham)이 제시했으며 핵심적 직무특성, 중요 심리상태, 결과(성과)의 세 가지 기본적인 요소로 구성되어 있다.

(2) 핵심 직무차원

기술다양성	해당 직무에 다양한 기술과 개인적 재능을 요구하는 정도
과업정체성	해당 직무가 전체 작업에서 차지하고 있는 정도
과업중요성	직무가 다른 사람의 직무나 활용에 영향을 미치는 정도
자율성	직무를 수행하는 작업자에 대한 독립성과 재량의 정도
피드백	직무활동의 결과에 대한 정보를 얻을 수 있는 정도

5. 유연시간근무제

종업원 자신이 근무시간을 스스로 선택할 수 있도록 허용하는 직무일정계획 시스템으로, 근무시간의 유연함으로 인해 근무 중 생산성이 증가할 수 있다.

대표기출유형

➕ **다음 중 직무설계에 관한 설명으로 적절하지 않은 것은?**

① 조직 내 업무를 수행하기 위해 필요한 과업들을 서로 연결시키는 과정이다.

② 직무확대는 주기적으로 근로자의 직무를 서로 바꾸도록 하는 것이다.

③ 직무공유는 둘 또는 그 이상의 사람들이 주당 시간의 직무를 나누어 담당하는 것이다.

④ 유연시간 근무제는 직원들에게 출퇴근 시간을 선택할 수 있는 재량권을 부여하는 근무제이다.

⑤ 직무충실화는 허즈버그의 2요인이론을 그 이론의 기초로 한다.

정답 ②

해설 직무확대는 수평적 직무확대와 수직적 직무확대로 구분된다. 주기적으로 근로자의 직무를 서로 바꾸도록 하는 것은 직무순환이다.

www.gosinet.co.kr gosinet

기출문제

경영과 기업

기업활동의 조직

인사관리

생산관리

마케팅관리

실전모의고사

인적자원의 모집

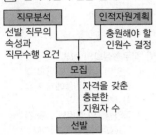

☑ 인적자원의 선발 단계

직무분석	인적자원계획
선발 직무의 속성과 직무수행 요건	충원해야 할 인원수 결정

모집
자격을 갖춘 충분한 지원자 수

선발

1 모집의 의의

모집 활동은 선발의 대상이 될 수 있는 자격을 갖춘 지원자를 발굴하고 유인하는 인적자원 관리 과정이다. 기업이 필요로 하는 인적자원이 내부의 공급원에 의해서 공급되는 것을 내부모집, 외부의 공급원에 의해서 공급되는 것을 외부모집이라고 한다.

2 모집에 영향을 미치는 요인

1. 기업의 이미지

기업의 복지정책, 사회적 공헌활동, 높은 시장점유율, 존경받는 최고경영자의 존재, 인기 있는 스포츠 팀의 존재 등이 있다.

2. 직무의 매력도

과거와는 달리 요즘 신입사원들은 실제로 맡게 될 직무의 매력도가 모집에 응하는 중요한 요소가 되고 있다.

3. 기업의 정책

직급파괴를 통한 수평조직, 능력위주의 성과급 실시 등 능력주의와 파격적 보상, 경력개발, 파격적 발탁승진 등이 있다.

3 내부모집과 외부모집

1. 내부모집

공석이 생겼을 때 기존의 내부직원이 승진, 부서이동, 직무이동을 통해 공석을 채울 수 있도록 제도화되어 있는 경우를 말하며, 대표적인 방법으로는 사내공모제도(Job Posting)가 있다.

2. 외부모집

공석이 생기면 기업 외부의 노동시장을 통해 적임자를 모집하여 공석을 채우는 방법을 말하며 매체광고, 고용 에이전시, 교육기관, 전문협회 및 학회를 통해 모집을 하는 경우가 많다.

3. 장단점 비교

구분	내부모집	외부모집
장점	• 승진기회 확대와 동기부여 • 모집에 드는 비용 저렴 • 모집에 소요되는 시간 단축 • 내부인력의 조직 및 직무지식 활용 가능 • 외부인력 채용의 리스크 제거 • 기존 인건비 수준 유지 가능 • 하급직 신규채용 수요 발생	• 인재선택의 폭이 넓어짐. • 외부로부터 인력이 유입되어 조직 분위기 쇄신 가능 • 인력수요에 대한 양적 충족 가능 • 인력유입으로 새로운 지식, 경험 축적 가능 • 능력과 자격을 갖춘 자를 채용함으로써 교육훈련비 감소

| 단점 | • 인재 선택의 폭이 좁아짐.
• 조직의 폐쇄성 강화
• 부족한 업무능력 보충을 위한 교육훈련비 증가
• 능력주의와 배치되는 패거리문화 형성
• 인력수요를 양적으로 충족시키지 못함(내부승진으로 일정수의 인력 부족). | • 모집에 많은 비용 소요
• 모집에 장시간 소요
• 내부인력의 승진기회 축소
• 외부인력 채용으로 실망한 종업원들의 이직 가능성 증가
• 조직분위기에 부정적 영향
• 외부인력 채용으로 리스크 발생
• 경력자 채용으로 인건비 증가 |

4 사원추천 모집제도

1. 사원추천 모집제도의 의의

종업원 공모제도라고도 하며 직장 내 공석이 생겼을 때 현직 종업원이 적임자를 추천하도록 하여 신규직원을 채용하는 제도이다.

2. 사원추천 모집제도의 장단점

장점	단점
• 모집비용 절감을 통한 경제적 이익 • 직원들의 자질유지 가능 • 선발에 걸리는 시간 단축 • 이직률이 낮고 기업문화에 적응도가 높음. • 기존 직원들의 동기부여와 사기 측면에서 긍정적	• 학맥, 인맥에 근거한 파벌 조성 • 채용에 있어 공정성 확보가 어려움. • 취업기회의 원천적 봉쇄 • 피추천 후보자가 채용면접에서 탈락하는 경우 추천자의 반발 및 사기 저하

대표기출유형

내부모집과 외부모집에 대한 내용 중 잘못된 것은?

① 내부모집 시 채용비용의 절감 효과가 있다.
② 내부모집 시 직원들에게 신선한 충격을 줄 수 있다.
③ 내부모집 시 하급직 채용의 수요가 발생한다.
④ 외부모집 시 부적격자 채용의 위험을 갖고 있다.
⑤ 외부모집 시 인력개발의 비용을 절감할 수 있다.

정답 ②

해설 외부모집의 경우에 조직 내부의 분위기에 신선한 충격을 줄 수 있다.

인적자원의 선발

선발은 응모한 사람 가운데서 충원 요청에 따라 유자격자, 즉 직무요건 또는 직무명세서에 합치하는 사람을 채용하는 것이다. 이러한 선발 활동은 합리적인 절차에 따라 운용되어야 하며 선발의 기준에 신뢰성과 타당성이 있어야 한다. 모든 직종이나 직무에 대하여 동일한 기준과 방법을 적용하기보다는 직종이나 직무에 따라 서로 다른 선발기준과 방법을 동원하여야 한다.

1 선발 도구의 요건

기업에서 실시하는 선발이 합리적으로 운용되기 위해서는 선발방법의 신뢰성과 타당성이 유지되어야 한다.

1. 신뢰성

(1) 신뢰성은 어떤 시험을 동일한 환경에서 동일한 사람이 몇 번 다시 보았을 때, 그 결과가 서로 일치하는 정도를 말한다. 동일한 피평가자를 반복하여 평가하여도 비슷한 결과가 나타나는지를 의미한다.

(2) 신뢰성을 평가하기 위한 방법

① 시험-재시험방법 : 같은 사람에게 같은 내용의 측정을 시기를 달리하여 두 번 실행하고 두 번의 측정결과를 비교하여 신뢰성을 평가하는 방법이다.

② 대체형식방법 : 한 종류의 항목을 측정한 다음에 유사한 항목으로 다른 형태의 측정을 하여 두 측정 간의 상관관계를 살펴보는 것이다. 이때 두 항목은 난이도, 평균, 분산, 내용의 범위 등이 동등해야 하기 때문에 동일내용방법이라고도 불린다.

③ 양분법 : 측정 내용이나 문항을 반으로 나누어 측정한 후 양자의 결과를 비교하여 선발도구의 신뢰성을 평가하는 방법이다.

④ 내적일관성 : 동일한 측정을 위해 항목 간의 평균적인 관계에 근거한 신뢰도 측정방법으로, 동일한 개념을 측정하기 위해 여러 개의 항목을 이용하는 경우 신뢰도를 저해하는 항목을 찾아내어 측정도구에서 제외시킴으로써 신뢰도를 높이는 크론바흐 알파 계수(Cronbach's Alpha)를 이용한다.

⑤ 평가자 간 신뢰성 : 측정절차 중 그 대상이 사람일 때 우리는 그 일관성이나 신뢰성에 의심을 갖게 된다. 두 사람의 평가의 일관성을 어떻게 측정할 것인가?라는 의문에 대한 답이 평가자 간 신뢰성이다.

2. 타당성

(1) 의의 : 타당성이란 정확성과 유사한 개념으로 측정하려는 대상을 얼마나 올바르게 측정하고 있는가와 관련된 개념으로, 평가도구가 얼마나 평가목적을 잘 충족시키는가와 관련이 있다.

(2) 타당성을 평가하기 위한 방법

① 기준관련타당성 : 예측치와 하나 또는 그 이상의 기준치를 비교함으로써 결정된다.

현재타당성	현직 종업원에 대하여 시험을 실시해서 그 시험성적과 그 종업원의 직무성과를 비교하여 타당성을 검사하는 것이다.
예측타당성	선발시험 합격자들의 시험성적과 입사 후 그들의 직무성과 간의 상관관계에 의해 평가된다.

② 내용타당성(Content Validity) : 선발도구에 측정하고자 하는 내용이 포함되어 있는 정도를 말한다.

③ 구성타당성 : 추상적인 변인인 구성 개념의 측정과 관련된 것으로, 측정하려고 하는 구성 개념의 조작적 정의가 적절한가의 여부를 나타낸 것이다.

2 면접

1. 면접의 참가자 수에 따른 분류

집단 면접	• 일대다수로 진행하는 면접방식으로, 집단별로 문제에 대해 자유토론하고 면접자는 이를 관찰해 개인의 적격 여부 판정 • 다수의 응모자를 비교·평가 가능하며 시간을 절약할 수 있음.
패널 면접 (Panel Interview)	• 위원회 면접이라고도 하며, 다수의 면접자가 한 명의 피면접자를 평가하는 방식 • 지원자의 심리적 부담으로 돌출적 행동의 가능성이 있음.

2. 면접의 일반적인 분류

정형적 면접	• 직무명세서를 기초로 미리 정해 놓은 질문의 목록의 내용을 질문하는 방법 • 비정형적 면접은 질문의 목록 이외의 다양한 질문을 하는 방법
스트레스 면접	피면접자를 무시하는 태도로 평가하는 것으로 그 상황하에서 피면접자의 태도를 관찰하는 방법
집단토론 면접	면접관들이 다수의 지원자들에게 특정 주제를 주어 지원자들끼리 일정 시간 동안 토론을 진행하고 면접관들은 토론 과정에서 지원자들의 토론을 벌이는 태도를 평가하는 방법
블라인드 면접	학력, 연령 등이 무시되고 능력이나 성과가 강조되면서 능력을 중심으로 선발하기 위한 방식
프레젠테이션 면접	지원자가 여러 개의 주제 중에서 하나를 골라 일정 시간 후 해당 주제에 대한 지원자의 견해를 서론, 본론, 결론으로 나누어 면접관에게 발표하는 면접
다차원 면접	지원자와 면접관이 회사 밖에서 하루 종일 함께 보내어 합숙생활이나 미션, 다양한 상황들을 지원자에게 주어 어울리는 과정을 평가하는 면접

✔ 면접은 참여하는 사람들이 서로 수용하고 동의하는 어떤 특정한 의도적인 목적을 가진 대화다.

✔ 면접의 한계점
1. 현혹효과 : 면접자가 지원자의 어떤 특성에 과도하게 영향을 받을 경우, 모든 평가요소에 영향을 미치는 오류
2. 첫인상 : 최초의 대면에 의한 인상이 다른 요인에까지 영향을 미치는 오류
3. 일관성의 결여 : 면접자의 일관성이 결여된 질문에 의해 나타나는 오류
4. 편견 : 특정 학교·지역·종교 등에 대해 면접자가 가지고 있는 감정에 의한 오류
5. 부적절한 질문 : 직무와 관련 없는 질문을 함으로써 발생하게 되는 오류
6. 비구두적 커뮤니케이션 : 언어 외의 행동, 미소, 인상 등에 의한 평가 오류

대표기출유형

🔹 **다음 중 인적자원의 선발 시에 행해지는 면접에 대한 설명으로 알맞지 않은 것은?**

① 면접은 종업원의 능력과 동기를 평가하는 과정이다.
② 정형적 면접은 미리 정해 놓은 내용 그대로 질문하는 방법이다.
③ 비정형적 면접은 다양한 질문을 하는 방법이다.
④ 집단 면접은 다수의 면접자가 한 명의 피면접자를 평가하는 방법이다.
⑤ 패널 면접은 위원회 면접이라고도 한다.

정답 ④

해설 집단 면접은 특정문제에 관한 집단별 자유토론을 하게 하여 토론 과정에서 피면접자를 평가하는 방법이다.

목표관리

1 목표관리제도(MBO ; Management By Objectives)의 개념

목표관리제도란 목표 중심의 참여적 관리기법이다. 즉 조직 상하구성원의 광범위한 참여·합의하에 조직목표·각 부서목표·개인목표를 설정하고 그에 따라 사업이나 생산활동을 수행한 후 활동결과를 평가·환류시키는 관리체제로서 조직의 민주성·효과성의 제고에 이바지하는 총체적인 관리기법을 말한다.

2 목표관리의 절차

(1) 조직목표 설정단계 : 조직목표는 조직구성원의 참여를 통해 설정되며, 목표는 최대한 측정 가능해야 하고 보통 수개월의 단기적인 목표를 말한다.

(2) 개인목표 또는 부하목표 설정단계 : 목표는 상관과 부하의 쌍방적인 참여를 통해 설정된다. 목표에 따라 구체적인 행동계획이 입안된다.

(3) 정해진 목표와 계획에 따른 업무수행 및 환류단계 : 구성원들은 실행계획에 따라 직무를 수행하면서 목표달성의 진행상황을 수시로 평가하며 업무가 종료된 다음에는 다시 최종평가와 환류가 이루어진다.

3 목표관리의 특징

(1) 목표관리의 초점은 목표의 성취이며 이는 업적의 평가를 전제로 하는 결과지향적 관리기법으로서 행정의 효과성 내지 생산성을 높인다.

(2) 목표설정 과정에 상하 간에 협의하며 특히 부하의 참여가 강조되는 분권적·상향적 의사결정방식이다.

(3) 구성원의 자율성·내면적인 동기부여 및 자아실현을 전제로 하는 Y이론적인 탈전통적 관리모형이다.

(4) MBO는 특히 환류가 중시된다. 즉 목표를 고정 불변의 것으로 보지 않고 집행과정에서 목표와 성과를 비교하며 목표를 수정할 수 있다.

4 MBO의 성공요건

(1) 최고관리층의 지원과 솔선수범이 요구된다. 최고관리층이 MBO의 목적과 취지를 이해하고 지원해야 한다.

(2) 다른 관리기능과 상호통합적인 운영이 필요하다. MBO는 조직의 총체적인 관리기법이므로 다른 조직관리기능들과 연결될 때만 효용이 크기 때문이다.

(3) MBO가 성공적으로 운영되려면 상하계층 간의 원활한 의사전달 및 환류장치의 마련이 필요하다. 또한 정확한 평가를 위해서 측정기술·조사연구활동이 촉진되어야 한다.

(4) MBO는 구성원의 태도·행태의 개선을 지향하는 조직발전(OD)의 노력이 선행적 혹은 동시적으로 추진되어야만 효과가 있다.

(5) 조직내외 여건의 안정성이 필수적이다. 환경의 급격한 변동 상황에서는 명백하고 구체적인 목표설정이 어렵기 때문이다.

5 장점

(1) 조직구성원들이 프로그램의 결정사항이나 기관의 방향선택에 참여할 수 있다. 개인별 혹은 팀별 목표들을 제시하는 과정을 통해서 참여가 가능하게 된다.

(2) 목적과 목표설정에 구성원들의 참여를 장려함으로써 구성원들의 자발적인 동기를 증진시키고, 기관에 대한 개인별 기여를 확인할 수 있게 한다.

(3) 개인별 목표들이 취합되어 각 팀별로 목표들이 설정되고 이것들을 공동으로 추구해 나가는 과정을 강조한다.

(4) 체계적인 평가를 가능하게 한다. 구체화된 목표들이 제시됨으로써 구성원들이나 팀별로 제시되었던 목표들이 성취되고 있는지의 여부를 확인 가능하게 한다.

(5) 장·단기 목표들을 설정하는 것을 장려함으로써 주어진 서비스 요청에 그때 그때 수동적으로 반응하는 식의 기획을 막을 수 있다. 목표는 비교적 장기적으로 설정하며 목표들은 궁극적으로 조직의 임무(Mission)와의 결부를 가능하게 한다.

6 MBO의 한계

(1) 목표의 무형성 때문에 계량적인 목표설정 및 성과 측정이 곤란하다.

(2) 단기목표·양적목표에 집착하게 되면, 장기적·질적 목표가 경시된다.

(3) 권위주의적이거나 비민주적이고 저급한 조직문화적 풍토에서는 적용이 어렵다.

(4) 변화하는 외부환경의 변화에 대응하기 어렵다.

(5) 시간과 노력이 과중하게 소요되는 등의 비효율이 발생할 수 있다.

대표기출유형

다음 중 각자가 자신의 업무와 관련한 목표를 설정하고 그 과정과 결과를 정기적으로 상사와 검토하는 방식으로 평가와 의욕의 향상을 모두 촉진시키는 인사관리기법은?

① 다면평가제도 ② 테일러 시스템
③ 균형성과표(BSC) ④ 목표관리제도(MBO)
⑤ 직무순환

정답 ④

해설 목표관리제도(MBO)는 조직전체의 목표와 개인의 목표를 관련시켜 목표달성이 인간으로서의 흥미나 욕구를 만족시키도록 목표달성에 대한 각자의 자주(自主)와 창의(創意)를 기대하는 관리방법이다.

오답풀이

① 다면평가제도는 한 구성원을 둘러싸고 있는 여러 사람들이 여러 측면을 두루 평가하는 것이다.

② 테일러 시스템은 생산능률을 향상시키기 위해 작업 과정에서 시간연구와 동작연구를 통해 과업의 표준량을 정하고, 그 작업량에 따라 임금을 지급함으로써 태업을 방지하며 생산성을 향상시키는 관리방식이다.

③ 균형성과표(BSC)는 조직의 비전과 경영목표를 각 사업 부문과 개인의 성과측정지표로 전환해 전략적 실행을 최적화하는 경영관리 기법이다.

⑤ 직무순환은 일정 기간마다 작업자의 직무를 변환하여 직무 수행에 다양성을 확보하는 직무설계방법이다.

인사고과와 평가방법

인사고과란 조직구성원들의 현재 또는 미래의 능력과 업적을 평가함으로써 각종 인사시책에 필요한 정보를 획득하고 활용하는 것이다. 전통적인 인사고과는 과거지향적이고 상벌목적 위주였으나 현재는 미래지향적이고 개발 목적 위주의 인사고과가 이루어지고 있다.

내·외적 환경변화에 따른 인사관리의 변화요인
1. 물리적 요소 : 지역의 자연적 특성, 작업장의 환경
2. 기술적 요소 : 과학기술의 발전, 작업장의 배치
3. 사회적 요소 : 사회구성원의 자유와 권리, 고령화 등의 사회적 현상
4. 정치적 요소 : 정부기관의 규제, 조직 내 경영자의 제재규정
5. 경제적 요소 : 조직의 재무상태

1 인사고과의 개념

1. 인사고과의 의미

조직구성원들의 현재 또는 미래의 능력과 업적을 평가함으로써 각종 인사시책에 필요한 정보를 획득하고 활용하는 것이다.

(1) 인사고과는 직무요건의 분석에 기초하고 있어야 한다.

(2) 인사고과를 실시하기 전 종업원들은 성과기준을 명확히 이해하고 있어야 한다.

(3) 모든 평가가 관찰가능하고 객관적 증거를 지니도록 성과차원은 행위에 근거하여 설정되어야 한다.

(4) 특성고과척도를 사용할 경우에는 관찰 가능한 행위로 정의하지 않는 한 충성심, 정직성 등 추상적 명칭은 피하여야 한다.

2. 인사고과의 목적

(1) 적정배치 : 종업원의 적성, 능력 등을 가능한 한 정확히 평가하여 적재적소 배치를 실시함에 따라 종업원의 효과적 활용을 꾀한다.

(2) 능력개발 : 종업원의 보유능력 및 잠재능력을 평가하여 기업의 요청 및 종업원 각자의 성장기회를 충족시킨다.

(3) 공정처우(성과측정 및 보상) : 종업원의 능력 및 업적을 평가하여 급여, 상여, 승격·승진 등에 반영함으로써 종업원의 적정한 처우를 실시하여 의욕의 향상이나 업무성적의 증진에 도움을 준다.

(4) 인력계획 및 인사기능의 타당성 측정 : 기업의 장·단기 인력개발 수립에 요청되는 양적·질적 자료를 제공한다.

(5) 조직개발 및 근로의욕증진 : 인사평가를 통해 직무담당자의 직무수행상 결함을 발견하고 개선할 계기를 찾는다.

2 인사고과의 구성요건

타당성이란 인사고과의 기준이나 절차가 얻고자 하는 목표를 제대로 달성할 수 있는지와 관련된다. 평가항목의 타당성은 평가항목의 구성 타당성과 평가자의 평가능력, 평가척도와 구성에 따라서 많은 영향을 받는다.

1. 타당성

(1) 저해요인 : 고과내용인 잠재능력, 성과, 적성 등을 모두 측정한 점수를 가지고 승진의사결정, 인센티브 결정 등 다목적으로 활용하는 경우 타당성이 훼손된다. 즉, 타당성 저해는 고과내용과 고과목적이 부적합할 때 발생한다.

(2) 극복방안 : 평가항목의 타당성을 높이기 위해서는 직무수행 내용과 과정을 반영하는 평가항목을 개발하여야 한다. 이를 위해 직무분석을 실시하여 직무수행상 필요한 자격요건을 추출한 뒤 평가항목으로 활용하여야 한다.

2. 신뢰성

(1) 저해요인 : 평가척도의 신뢰성 문제와 평가자의 오류 문제다.

(2) 극복방안

① 평가척도의 신뢰성을 제고하기 위해서는 평가항목을 일관성 있게 평가할 수 있도록 변별력을 높여야 한다.

② 평가자의 오류를 해소하기 위해서 평가담당자는 평가자별로 평가성향을 분석하여 잘못된 점을 지적해 주고 평가자 훈련에 반영하여 개선할 수 있는 지침을 제시해 주도록 한다.

3. 수용성

(1) 저해요인 : 고과목적에 대한 피고과자들의 신뢰감 상실과 제도에 대한 정보부족 등이 있다.

(2) 극복방안 : 인사고과제도 개발 시 종업원 대표를 참여시키고 고과자 교육실시를 강화하며 고과목적과 필요성에 대한 종업원 교육을 실시한다.

4. 실용성

인사고과는 종업원 간 성과 차이가 의미 있게 나타나야 하며 고과자가 쉽게 이해할 수 있고 고과에 소요되는 시간도 적절하며 비용보다는 편익을 가져다주어야 한다.

3 전통적 인사고과 방법

1. 서열법(Ranking)

서열법은 피평가자의 최고부터 최저순위까지 상대서열을 결정하는 방법으로, 구체적 성과차원이 아닌 전반적인 평가를 통하여 피평가자의 순서만을 결정하는 상대평가 방법이다.

(1) 서열법의 분류

① 단순서열법 : 평가자가 피평가자의 능력이나 업적을 총체적으로 비교하여 피평가자의 순서를 단순하게 결정하는 방법으로, 피평가자의 수가 적을 때에는 직관적으로 순서를 정할 수가 있지만 많을 경우에는 서열을 매기는 것이 쉽지 않다.

② 교대서열법 : 능력이나 성과가 가장 우수한 사람과 가장 못한 사람을 정하고, 나머지 중에서 그 다음으로 우수한 사람과 못한 사람을 정하는 방식으로 순차적으로 서열을 매겨 모든 피평가자의 서열을 정하는 방법이다.

③ 쌍대비교법 : 교대서열법보다 조금 더 정교하게 피평가자를 2명씩 짝지어 서로 비교한 결과를 토대로 전체 서열을 판정하는 방법이다.

(2) 서열법의 장단점

① 장점 : 일반적으로 평가가 용이하며 관대화 경향이나 중심화 경향과 같은 개인 간의 항상오차를 제거할 수 있다.

② 단점

• 피평가자의 강약점이나 절대적인 성과 수준을 파악할 수 없다.

• 평가대상자가 20 ~ 30명을 넘을 때에는 평정이 어려워지며 인원수가 너무 적을 때에는 순위를 매기더라도 별로 의미가 없다.

• 같은 직무의 범위에서만 적용할 수 있으며 부서 간의 상호 비교는 불가능하다.

• 평가가 구체적인 기준에 의하지 않고 있으므로 평가결과에 대하여 설득력이 부족하다.

☑ 신뢰성은 고과내용이 얼마나 정확하게 측정되어졌는지에 관한 것이다.

☑ 수용성은 인사고과제도나 평가 방법에 대해 피고과자들이 적법성과 필요성을 인식하며, 고과결과가 활용되는 고과목적에 동의하는 정도를 말한다.

☑ 실용성이란 고과제도를 도입하는 것이 의미가 있는가라는 비용−편익에 관한 것이다.

☑ 인사평가의 실시를 통하여 획득된 인적 자원의 정보자료는 기업 내 종업원의 적정배치 및 이동, 승격, 승진, 이·퇴직 등 고용관리의 합리적 수행을 위한 기초자료 및 주요 기준으로 유효하게 활용된다.

☑ 서열법은 가장 간단한 평가제도로서 피평가자의 능력이나 업적의 정도를 평가자가 서로 비교하여 서열을 매기는 방법이다.

✓ 평정척도법은 전형적인 인사고과 방법 중 하나로 종업원의 자질을 직무수행상 달성 정도에 따라 사전에 마련된 척도를 근거로 고과자가 체크할 수 있도록 하는 방법이다.

✓ 강제할당법은 일정한 평가 단위에 속한 피평가자들의 평가 성적이나 등급을 사전에 정해진 비율에 따라 강제로 할당하는 방법이다. 예를 들면 수(10%), 우(20%), 미(40%), 양(20%), 가(10%)로 피평가자를 강제 할당하는 방법이다.

✓ 중요사건서술법은 기업목표 달성의 성패에 미치는 영향이 큰 중요한 사실을 중점적으로 기록, 검토하여 피평가자의 직무태도와 업무수행능력을 개선하도록 유도하는 평가방법이다.

✓ 행위기준고과법
1. 목표달성의 유효한 행위를 구분해 주고 개발목표를 강조한다.
2. 직무수행의 과정과 성과를 담당할 능력이 있는 고과자가 필요하다.
3. 관찰 가능한 행위를 확인할 수 있으며 구체적인 직무에 관해 적용이 가능하다.

2. 평정척도법(Rating Scales)

(1) 서열법보다는 개선된 방법이지만 조건과 환경의 변화에 따라 다른 결과물이 나올 수 있기 때문에 사전에 준비된 척도로 인사고과를 평가하는 것은 불합리하다는 문제점이 있다.

(2) 평정척도법은 다수의 성과차원을 평가하는 방법으로 평정요소의 선정과 각 평정요소별 가중치의 결정, 평정척도의 결정 등이 필요하다.

3. 대조표법(Check-list)

(1) 대조표법은 직무상의 행동을 구체적으로 표현하여 피평가자를 평가하는 방법으로 해당항목에 피평가자가 해당하는 경우에 체크하는 방법이다.

(2) 적당한 행동표준을 정해 놓고 피평가자를 평가하는 방법으로 신뢰성과 타당성이 높고 부서 간 상호비교가 가능하다.

4. 강제할당법

(1) 피평가자들의 능력이나 업적이 강제 할당한 비율과 일치하지 않을 수도 있고 피평가자의 인원이 서로 다를 경우 할당 비율을 공정하게 지킬 수도 없다.

(2) 할당 비율을 반올림할 경우 평가단위 간의 할당이 불균등할 가능성이 높으므로, 소규모 평가단위를 대상으로는 적용이 어렵다.

(3) 강제할당법은 평가자의 호의로 인해 정당한 평가가 방해받지 않기 위해 개발해 낸 방법이다.

4 현대적 인사고과 방법

1. 중요사건기록법(Critical-incident Method)

중요사건기록법은 조직의 성과 달성에서 특별히 효과적이거나 비효과적인 피평가자의 행위가 발생한 경우 이를 기록하여 평가하는 방법이다.

(1) 장점
① 피평가자에게 피드백이 가능해 개발목적에 유용하며 피평가자의 직무태도와 업무수행능력을 개선하도록 유도하는 방법이다.
② 성과와 관련된 행동을 판단하고 어떠한 행동이 능력개발이나 승진 등에 중요하게 인정되는 행동인가를 명확히 해 준다.

(2) 단점
① 평가대상인 구성원의 중요행동을 기술하는 데 많은 시간이 소요되며 평가결과의 계량화가 곤란하기 때문에 비교와 서열화가 어렵다.
② 동료에 의한 기법보다는 감독자에 의한 기법으로 사용되고 이때 감독자는 평가보다는 보고인 역할을 한다.

2. 행위기준평정법(BARS ; Behaviorally Anchored Rating Scales)

(1) 행위기준평정법은 개인의 단계별 행동기준을 제시하고 실제 달성 정도를 파악하여 평가하는 절대평가방법이다.

(2) 평가방법의 개발이 복잡하고 많은 비용이 들기 때문에 소규모기업에는 맞지 않다.

(3) 평가기준으로 활용하는 행위 사례가 평가해야 할 내용을 모두 포함하기 어렵고 척도를 개발하는 과정에 주관적인 오류가 개입될 여지가 많다.

(4) 평가 시점에서 평가자가 판단하기보다는 일정 기간 피평가자의 근무행위를 지속적으로 관찰한 결과를 통해 평가하는 것이 바람직하지만 현실적으로 어렵기 때문에 평정상의 오류가 발생한다.

3. 목표관리법

(1) 목표관리법에서 목표는 실현가능한 것이어야 하며 목표관리에 의한 인사고과는 목표의 설정, 목표 달성 활동, 목표 달성에 대한 평가 등 크게 3단계로 이루어진다.

(2) 목표관리는 상사와 부하가 협조하여 목표를 설정하고 그러한 목표의 진척상황을 정기적으로 검토하여 진행시켜 나간 다음 목표의 달성 여부를 근거로 평가하는 제도를 의미한다.

4. 인적평정센터법

중간관리층을 최고경영층으로 승진시키기 위한 목적이며 다른 고과방법에 비해 가장 많은 비용과 시간이 소비된다.

대표기출유형

➕ **다음 중 인사평가방법에 관한 설명으로 적절하지 않은 것은?**

① 서열법은 피평가자를 최고부터 최저순위까지 상대서열로 결정하는 방법이다.

② 평정척도법은 다수의 성과차원을 평가하는 방법으로 평정요소의 선정과 각 평정요소별 가중치의 결정, 평정척도의 결정 등이 필요하다.

③ 대조표법은 직무상의 행동을 구체적으로 표현하여 피평가자를 평가하는 방법으로 해당 항목에 피평가자가 해당하는 경우에 체크하는 방법이다.

④ 주요사건기록법은 조직의 성과 달성에서 특별히 효과적이거나 비효과적인 피평가자의 행위가 발생한 경우 이를 기록하여 평가하는 방법이다.

⑤ 행위기준평정법(BARS)은 개인의 성과목표와 행동기준을 제시하고 실제 달성정도를 파악하여 구성원 간의 상대적 서열로 평가하는 방법이다.

정답 ⑤

해설 행위기준평정법은 개인의 단계별 행동기준을 제시하고 실제 달성정도를 파악하여 평가하는 방법이지만 상대적 서열은 나타나지 않는다. 행위기준평정법은 절대평가방법이다.

인사평가상의 오류

1 오류의 유형

1. 현혹(후광)효과(Halo Effect)

(1) 현혹효과는 고과자가 고과대상자의 어느 한 면을 기준으로 다른 것까지 함께 평가해 버리는 경향을 말한다.

(2) 한 분야의 피평가자에 대한 호의적 또는 비호의적인 인상이 다른 분야에서 그 피평가자에 대한 평가에 영향을 미치는 것이다. 이는 피평가자의 어느 특성에 대해 '대단히 우수하다'는 인상을 받게 되면 다른 특성들도 '대단히 우수하다'고 평가해 버리는 경향을 말한다.

2. 상동적 태도(Stereotyping)

(1) 상동적 태도란 피평가자 개인의 특성보다는 그 사람이 속한 사회적 집단을 근거로 평가하는 오류를 의미한다. 이에 반해 현혹효과는 피평가자 개인이 가진 하나의 특성에 근거한 것이다.

(2) 상동적 태도는 피평가자 개인의 특성보다는 출신학교나 출신지역과 같이 그 사람이 속한 집단을 근거로 사람을 평가하는 오류를 말한다.

3. 관대화 경향(Leniency Errors)

(1) 집단에 대한 오류로 전체적으로 후하게 점수를 주는 것을 말하며, 자기고과는 동료고과에 비해 관대화 경향이 크게 나타난다.

(2) 관대화 경향이 발생하는 원인에는 상사-부하 간 부정적인 경과를 회피하기 위한 것과 평가자의 인상관리를 위한 것, 평가자의 개인적인 요인(심리상태 및 특성), 평가자와 피평가자 간의 관계요인, 피평가자에 대한 책임정도 등에 따라 영향을 받는다.

> ☑ 관대화 경향은 피평가자의 실제 업적이나 능력보다 높게 평가하는 것으로 정의되며, 이와 반대로 실제보다 낮게 평가하는 것을 엄격화 경향이라고 한다.

4. 중심화 경향(Central Tendency Errors)

(1) 모든 피평가자를 평가할 때 중간점수로 평가하는 오류를 의미한다.

(2) 평가자가 잘 알지 못하는 평가차원을 평가하는 경우, 중간점수를 부여함으로써 평가행위를 안전하게 하려는 의도에 의해 발생한다.

5. 논리적 오류(Logical Errors)

평가자가 평소에 가진 논리적인 사고에 얽매여 임의적으로 평가해 버리는 경우다. 이는 각 평가요소 간 논리적인 상관관계가 있는 경우 비교적 높게 평가된 평가요소가 있으면 다른 요소도 높게 평가하는 경향을 말한다.

6. 근접 오류(Proximity Errors)

인사평가표상에서 근접하고 있는 평가요소의 평가결과 혹은 특정 평가 시간 내에서의 평가요소 간의 평가결과가 유사하게 되는 경향이다. 시간적으로 근접해 있으면 앞의 결과에 영향을 받기 쉽다는 것이다.

7. 연공 오류(Seniority Errors)

피평가자의 학력이나 근속연수, 연령 등 연공에 좌우되어 발생하는 오류다. 예를 들어 학력이 대졸자와 중졸자가 있을 때, 전자를 더 높게 평가해 버리는 경향을 말한다. 연공 오류는 특히 우리나라의 근무평정에 있어서 많이 발생하는 오류다.

8. 시간적 오류(Recency Errors)

평가자가 피평가자를 평가함에 있어서 쉽게 기억할 수 있는 최근의 실적이나 능력중심으로 평가하려는 데서 생기는 오류다.

9. 유사효과(Similar-to-me Effect)

자신과 생각이나 행동방식이 유사한 사람을 호의적으로 평가하는 오류를 말한다.

10. 이미지 평가 오류

부하에 대한 선입관이나 이미지로 평가해 버리는 경향을 말한다. 예를 들면 'A 씨는 원래 업무에 대한 지식이 풍부하기 때문에 이번에도 높은 실적을 올렸을 것이다'라고 평가해 버리는 오류다.

11. 극단화 오류

평가가 평가 단계의 최상위 혹은 최하위에 집중해 버리는 오류다.

12. 대비 오류

직무 기준과 직무 능력 요건이 말하는 절대기준이 아닌 자신에 기준을 두어 자신과 부하를 비교하는 경우다.

2 인사평가의 오류별 대처 방안

구분		내용	대처방안
신뢰성	평가자 신뢰성	평가자의 주관적 오류 : 관대화, 중심화 경향	강제할당법, 강제선택법 일부 적용, 오류가 적은 평가도구 개발, 고과자 훈련, 평가오류 제어 시스템 적용 등
	평가표 신뢰성	평가방법(척도법)의 평정오류	
타당성		개인자질 중심의 평가항목	직무분석 결과 활용, 기대직무행위, 핵심역량항목 개발
		평가항목의 점수와 비중	다중 회귀분석 등을 통한 비중 산출
절차의 공정성		승진중심, 입학방식 평가운영	보상결정 활용, 졸업방식 평가 운영
		오류가 많은 점수 조정 방법	조정 방법 개선
		2차, 3차 평가자 문제	1차 평가자 중심, 조정권 활용
		인사고과의 비공개	평가 결과의 공개, 이의제기 절차 확립
		평가자 훈련 부족	피평가자 면담 기술 확립

대표기출유형

🔷 평가자가 피평가자를 평가함에 있어서 피평가자가 속한 사회적 집단에 대한 지각을 기초로 평가하려는 경향은?

① 상동적 태도　　　　② 논리적 오류　　　　③ 대비 오류
④ 현혹효과　　　　　⑤ 중심화 경향

정답 ①

해설 상동적 태도는 평가자의 고정관념에 의해 피평가자를 평가하는 것을 말한다. 즉, 타인에 대한 평가가 그가 속한 사회적 집단에 대한 지각을 기초로 하여 이루어지는 것을 말한다. 여성, 흑인, 학력 등 개인의 노출된 정보가 평가자의 객관성을 방해하여 합리적이지 못한 평가를 하게 만드는 것이다.

교육훈련과 평가

교육훈련이란 기업이 추구하는 목적을 효과적으로 달성하기 위하여 종업원의 지식과 기능을 변화시켜 그들이 맡은 바 직무를 효과적으로 수행할 수 있도록 돕는 조직적 활동을 말한다.

1 교육훈련의 종류

1. 직무현장훈련(On the Job Training; OJT)

(1) OJT의 내용

① 부여받은 직무를 수행하면서 직속상사와 선배사원이 담당하는 교육훈련이다.

② 훈련과 생산이 직결되어 있어 경제적이고 강의장 이동이 필요하지 않지만 작업수행에 지장을 받을 수 있다.

(2) OJT의 장단점

장점	단점
• 업무수행 과정을 통해 학습하기 때문에 훈련의 전이효과가 커짐. • 훈련이 추상적이지 않고 실용적이어서 훈련받은 내용을 바로 활용할 수 있음. • 훈련을 받으면서도 직무를 수행할 수 있는 것 • 고도의 기술·전문성을 요하는 직책의 훈련에 적합 • 종업원의 습득 정도나 능력에 맞춰 실행 • 상사와 동료 간의 이해와 협조 정신을 높일 수 있음.	• 넓은 이해력을 증진시키는 데 부적합함. • 훈련을 담당하는 상관이 무능하면 실효를 거두기 어려움. • 일과 훈련의 병행에 따른 심적 부담 • 훈련 내용이 통일되지 못할 수 있음. • 잘못된 관행의 전수가 생길 수 있음.

2. 직장 외 교육훈련(Off-JT)

(1) Off-JT의 내용 : 실무 또는 작업을 떠나서 교육훈련을 담당하는 전문가 또는 전문스태프가 집단적으로 교육훈련을 실시하는 것이다.

(2) Off-JT의 장단점

장점	단점
• 전문가가 지도 • 다수종업원의 통일적 교육 가능 • 훈련에 전념할 수 있음.	• 작업시간의 감소 • 경제적 부담이 큼. • 훈련결과를 현장에 바로 쓸 수 없음. • 교육이 추상적이고 이론적이어서 현장과 괴리될 수 있음.

정보제시기법
1. 강의법
2. 통신교육
3. 시청각교육
4. 컴퓨터학습법

2 교육훈련의 방법

1. 회의식 방법

주제에 관한 각자의 견해, 지식, 경험 등을 발표하고 문제점들에 대해 토론하는 것이다.

2. 사례연구

실제 사례를 선정하여 훈련 참가자들에게 소개하고 토론하도록 함으로써 문제해결능력을 배양시키는 방법이다.

3. 역할연기(체험학습방법)

주제에 대하여 피훈련자로 하여금 실제로 경험하게 하는 훈련 방법이다.

4. 비즈니스 게임

모의 경영상태를 설정하고 게임을 통하여 경영상의 의사결정에 대한 훈련을 하는 방법이다.

5. 감수성훈련

대인관계 속에서 정신적인 갈등이나 대립의 해결과정을 통해 자기통찰, 감수성의 개발이 촉진되고 상황에 적합한 태도·행동을 취할 수 있도록 본인의 능력을 개발함을 목적으로 한다.

3 교육훈련 평가대상 및 방법

1. 평가단계의 내용

단계	분류	내용	평가방법
1	반응 : 교육훈련	자체의 평가훈련 프로그램의 내용과 프로세스	질문지, 면접, 간담회
2	학습 : 교육훈련	학습내용의 이해와 습득	테스트, 과제, 실습, 강사 및 상사의 의견서, 면접
3	행동 : 행동평가	태도 및 행동의 변화	실습보고서, 과제보고서, 실습개선보고서
4	결과수준 : 실적평가	실적의 향상	생산 및 실적자료 개선보고서, 간담회

2. 교육훈련평가의 4단계

(1) 반응 : 참가자가 그의 교육훈련을 어떻게 생각하는가?

(2) 학습 : 어떠한 원칙, 사실, 기술을 배웠는가?

(3) 행동 : 교육훈련을 통하여 직무수행상 어떠한 행동의 변화를 가져왔는가?

(4) 결과수준 : 교육훈련을 통하여 비용절감, 품질개선, 생산증대 등 어떠한 결과를 가져왔는가?

4 커크패트릭(Kirkpatrick)의 4단계 평가모형

〈교육훈련 평가의 접근방법에 따른 분류〉

단계	내용
과정지향적 평가모형	CIPP(Context − Input − Process − Product)
	CIRO(Context − Input − Reaction − Output)
결과지향적 평가모형	커크패트릭의 4단계 평가모형 (Reaction − Learning − Behavior − Result)
	필립스의 5단계 평가모형 (Reaction & Planned Action − Learning − Job Application − Busibess Impact − ROI)

1. 내용

1단계는 교육훈련에 대한 학습자들의 감정적인 반응(Reaction)을, 2단계는 교육훈련을 통해 습득한 지식 및 기술의 학습정도(Learning)를, 3단계는 학습한 것을 실제 업무에 적용하는 행동(Behavior)을, 4단계는 학습한 것의 전이로 나타나는 결과(Result)를 측정한다.

2. 커크패트릭의 4단계 모형 비교

구분	1단계(반응)	2단계(학습)	3단계(행동)	4단계(결과)
평가목적	반응평가 프로그램 개선	목표 달성도 효과성 판단	현업 적용도 학습전이도	경영성과 기여도 교육투자가치 확보
평가시기	교육 (중) 후	교육 전/중/직후	교육종료 3 ~ 6개월 후	교육종료 6 ~ 12개월 후
평가대상	학습자 강사 연수진행자 교육프로그램	학습자의 지식, 기능, 태도습득 정도	적용된 지식, 기능, 태도	경영성과 중에서 교육이 기여한 부분
평가방법	설문지 면접 관찰	설문지 필기시험 사례연구 역할연기	설문지 관찰 인터뷰	ROI 설문지 인터뷰

3. 장점과 단점

(1) 쉽게 이해할 수 있고, 각 단계가 논리적일 뿐 아니라 실제 적용방식도 간단하며 그 결과가 실용적이다.

(2) 단계를 너무 단순화하여 실제 적용 시에는 평가자의 취향에 따라 변용이 있을 수 있다.

(3) ROI(Return On Investment, 투자회수율), 즉 교육 투자에 대한 효과를 비용으로 환산하는 구체적인 방법을 제시하지 못했다.

대표기출유형

💠 교육훈련평가에 관한 커크패트릭(Kirkpatrick)의 4단계 모형의 내용으로 적절하지 않은 것은?

① 교육훈련 프로그램에 대한 만족도와 유용성에 대한 개인의 반응평가

② 교육훈련을 통해 새로운 지식과 기술을 습득하였는가에 대한 학습평가

③ 교육훈련을 통해 직무수행에서 행동의 변화를 보이거나 교육훈련내용을 실무에 활용하는가에 대한 행동평가

④ 교육훈련으로 인해 부서와 조직의 성과가 향상되었는가에 대한 결과평가

⑤ 교육훈련으로 인해 인지능력과 감성능력이 향상되었는가에 대한 기초능력평가

정답 ⑤

해설 Donald L. Kirkpatrick 박사의 4단계 평가모형은 교육훈련의 성과를 반응(Reaction), 학습(Learning), 행동(Behavior), 결과(Result)의 4단계로 제시하였다.

임금수준

1 임금수준의 의의

1. 기업에서 지급되는 임금총액을 종업원 수로 나누면 1인당 평균노무비가 계산되는데 이것을 임금수준이라 한다.

2. 임금수준은 근로자의 생계비와 기업의 지불능력 사이에서 사회일반이나 경쟁기업의 임금수준을 고려하여 결정한다.

☑ 임금수준은 종업원 1인에게 지급되는 임금의 평균 높이를 말하며 임금베이스라고도 한다.

2 임금수준 결정요인

1. 임금수준 결정요인의 프레임워크

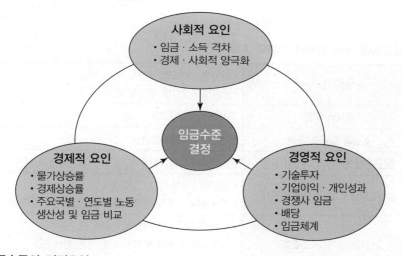

2. 임금수준의 결정요인

(1) 경제적 요인 : 경제성장률, 물가상승률, 노동생산성 등을 기초자료로 활용한다.

(2) 사회적 요인

① 기업 내부의 미시적 차원에서는 임금 격차와 불평등, 나아가 사회·경제적 수준, 즉 거시적 수준에서는 소득 및 경제 불평등과 양극화와 관련되어 있다.

② 임금 격차 및 소득·경제 불평등이 사회적 효용성과 경제적 효용성 측면에서 정도에 따라 긍정적인 역할 혹은 부정적인 역할을 수행할 수 있다.

(3) 경영적 요인

① 기업의 지속가능성의 관점에서 중요하게 간주되는 변수들이 포함된다(예 미래발전을 위한 기술투자, 경쟁력 확보를 위한 원가 절감, 근로자들의 동기부여, 기업 가치와 투자유치를 향상시키는 데 기여하는 배당 등).

② 최근 중요성이 강조되고 있는 요인으로는 재무적 요인이라 할 수 있는 배당이 있다. 이익 중 배당으로 지출되는 부분이 커질수록 유보이익이 줄어들고 이는 외부 자본의 유입과 이자 비용 증가를 초래하고 이자 비용의 증가는 비용으로서 임금의 지출을 압박하는 요인이 된다.

③ 배당과 임금 간의 관계는 역비례 관계에 있다고 볼 수 있으며 배당은 투자유치에 긍정적인 영향을 끼치기 때문에 기업의 존속과 고용 유지 및 증대가 가능하다.

☑ 임금인상률의 높고 낮음의 범위를 평가할 때 '명목가치 기준 노동생산성과 임금인상률' 혹은 물가 상승률을 반영한 '실질가치 기준 노동생산성과 임금인상률'을 주로 사용한다. 그리고 경제성장률을 나타내는 'GDP 증가율 대비 임금 인상률' 역시 자주 사용하는 지표다.

(4) 생계비 수준 : 종업원의 생계를 유지하고 생활을 보장할 수 있는 수준이 되어야 하는데 측정 방법과 내용에 따라 실태생계비와 이론생계비로 나눌 수 있다.

① 실태생계비 : 가계조사에 의하여 실제로 생계비에 발생한 지출액으로, 실태생계비는 이론생계비보다 낮게 나타나기 때문에 기업 측에서는 이것을 기준으로 노조와 교섭하는 것이 일반적이다.

② 이론생계비 : 근로자가 생활을 유지하는 데 필요한 소비내용을 이론적으로 결정하고 그것에 각 품목의 적정가격을 곱하여 얻은 금액으로, 이론생계비는 실태생계비보다 높게 나타나며 노조 측에서 기업측과 임금교섭을 할 때 사용한다.

(5) 사회일반의 임금수준

① 사회의 일반적인 기준의 임금수준은 기업의 임금수준 결정에 영향을 미친다.

② 같은 지역, 같은 업종, 동일규모의 업체와 임금수준에 있어 균형을 맞추어야 하며 낮은 임금수준을 유지한다면 종업원 획득이 어렵고 생산성 향상을 기대하기 어렵지만 동시에 기업의 지불능력도 고려되어야 한다.

3. 임금결정에 관한 경제학 이론과 지표

한계생산성 이론	• 산업별·연도별 생산성 대비 임금수준 • 국가별·산업별 생산성 대비 임금수준
생계비 이론	최저생계비(4인 가구 기준)
실업과 임금의 관계	실업률, 경제활동참가율
임금-인플레이션의 나선형 운동	물가지수 및 물가상승률
경제성장률과 임금 사이의 관계	• 연도별 1인당 GDP 상승률 • 주요국의 제조업 단위노동비용 관련 지표 증가율
단체교섭 및 노조효과	• 노사단체의 임금인상 제시율과 요구율 • 노동조합의 존재여부와 그에 따른 임금수준 • 노동조합조직률

대표기출유형

➕ 임금수준과 그 결정요인에 대한 설명으로 옳지 않은 것은?

① 동일한 업종의 다른 기업의 임금산정은 임금수준의 결정에 영향을 준다.

② 정부의 최저생계비 인상 결정은 임금수준에 영향을 준다.

③ 임금수준의 결정에 있어서 기업의 임금지불능력은 고려하지 않는다.

④ 임금수준을 결정하는 경영적 요인에는 사업의 장기적 전망이 포함되어 있다.

⑤ 임금수준은 내부의 적정성과 외부의 경쟁성을 모두 갖추어야 한다.

정답 ③

해설 기업의 임금수준을 결정함에 있어서는 사회일반의 임금수준을 기준으로 판단하되, 임금을 지급하는 기업의 지불능력이 동시에 고려되어야 한다.

임금체계

1 임금체계의 개념

1. 임금체계의 의의

임금체계란 임금이 결정 또는 조정되는 기준과 방식, 즉 임금결정체계를 말하며 흔히 호봉급, 직무급, 숙련급 등으로 부르는 것들이다. 넓게 보면 임금을 구성하는 항목들이 어떻게 전체 임금을 구성하고 있는지에 대한 임금구성체계도 임금체계에 포함될 수 있다. 따라서 임금체계라고 하면 임금결정체계와 임금구성체계를 합하여 부르는 것이 일반적이다.

2. 임금체계의 결정기준

임금체계 중에서 임금관리에 가장 큰 영향을 미치는 것이 기본급이므로 임금체계 결정기준은 기본급을 어떠한 기준으로 결정하는가이다.

필요기준	개별적인 임금결정이 연령, 학력, 근속 등과 같은 속인적 기준에 의해 임금이 결정되는 것
직무기준	직무가 지니고 있는 중요도, 책임도, 곤란도, 복잡도 등에 의하여 직무가치가 평가되고 이에 따라 임금을 결정하는 것
능력기준	직무를 수행하는 데 필요한 직무수행능력으로 직무수행능력의 크고 작음에 따라 임금이 결정되는 것
성과기준	같은 직무를 수행하더라도 개인별 생산능률에 따라 임금을 지급하는 것

2 연공급과 직능급

1. 연공급(호봉제)

(1) 연공급(Seniority-based Pay)의 의미

① 근속이나 나이 등의 연공적 기준으로 승급하고 고정적인 상여를 지급하는 임금체계를 의미한다.

② 우리나라의 지배적인 임금체계이고 과거 일본 역시 연공급이 주된 임금체계였으나 미국, 유럽 등 서구에서는 찾아보기 어렵고 공공부문의 일부 직종 등 매우 제한적으로만 존재한다.

③ 연공급은 유연한 조직변화가 필요한 조직에서는 불합리한 임금제도로서 다른 제도와의 병행이 필요하다.

④ 임금인상이 주로 연공성(경력, 근속년수 등)에 따라 이루어지는 체계를 총칭하는 것으로 근속년수별 자동 호봉승급을 지칭하는 호봉급과는 구별될 수 있다. 우리나라의 연공급은 거의 호봉급 체계를 가지고 있으므로 편의상 같은 의미로 사용하기로 한다.

☑ 임금이란 금전적 형태의 보상으로 사용자가 근로의 대가로 근로자에게 임금, 봉급, 그 밖의 어떠한 명칭으로든지 지급하는 일체의 금품을 말한다.

☑ 승급이란 일정한 재직 기간의 경과 혹은 달리 정해진 규정에 의해 현재의 호봉보다 높은 호봉으로 올라가는 것을 말한다. 정기승급은 일정한 기간이 경과하면 정기적으로 이루어지는 것이며, 특별 승급은 업무실적이 탁월하여 인사상 특전으로 이루어진다.

☑ 베이스업(Base-up)
주로 노사협상을 통해 연공급으로 설정한 기본급의 지급기준 자체가 상승하는 것이다. 이는 해당 호봉에 해당하는 대상자 전원이 같은 효과를 받는다는 점에서 개인의 기본급이 규정에 따라 호봉의 상승으로 급여가 증가하는 승급과는 구분된다.

(2) 연공급의 장단점

장점	단점
• 생활보장으로 기업에 대한 귀속의식의 확대 • 연공존중의 유교문화적 풍토에서 질서확립과 사기 유지 • 폐쇄적 노동시장하에서 인력관리 용이 • 실시가 용이 • 성과평가가 어려운 직무에의 적용이 용이 • 임금인상이 근로자의 생계비 상승 속도와 친화적 • 단순명료하며 안정성이 매우 높음.	• 동일노동에 대한 동일임금실시가 곤란함. • 전문기술 인력의 확보가 곤란함. • 능력 있는 젊은 종업원의 사기저하 • 장기근속 근로자의 고임금화 현상으로 인건비 부담 가중 • 소극적인 근무태도

2. 직능급(Skill-based Pay)

(1) 직능급의 의미

① 직능급이란 일을 수행하기 위해서 필요한 특정 지식이나 기술 혹은 역량을 평가하여 보상을 결정하는 임금체계를 말한다.

② 종업원이 직무를 통하여 발휘하고 또 발휘할 것으로 기대되는 직무수행능력을 기준으로 결정하는 것이다(동일능력 동일임금).

(2) 직능급의 장단점

장점	단점
• 능력주의 임금관리 실현 • 유능한 인재를 계속 보유할 수 있음. • 종업원의 성장욕구 충족기회 제공 • 승진정체 완화 • 개인 간 경쟁 유발	• 직급이 높은 근로자의 고임금화 현상을 유발하여 임금 부담이 증가됨. • 능력평가가 형식적으로 이루어질 경우 연공급과 다를 바 없음. • 적용할 수 있는 직종이 제한적임(직능이 신장될 수 있는 직종에만 적용 가능). • 직무가 표준화되어 있어야 적용 가능 • 직능평가에 어려움이 있음.

3 직무급

1. 직무급(Job-based Pay)의 의미

(1) 개별 직무의 상대적 가치에 따라 직무 등급을 도출하고 직무 등급에 기반하여 기본급을 결정하는 임금체계를 말한다. 모든 직무의 내용과 중요도, 난이도 및 근무환경 조건 등을 측정하는 직무분석을 통해 직무평가로 상대적 가치를 평가하여 임금을 결정한다.

(2) 직무급을 적용할 때는 차별적 임금격차에 대한 공정성을 확보하는 것이 중요하다.

(3) 직무 단위로 임금을 결정하므로 같은 직무를 수행할 경우 어느 근로자가 수행하더라도 같은 임금을 지급하며 기본적으로 정기 승급제도가 없고 같은 일을 하고 있는 동안은 임금상승이 없다.

☑ 직능급은 성장이 정체되고 승진 정체가 발생하기 시작한 기업 또는 개인의 능력 향상과 생산성 향상이 필요한 기업, 개별 관리로 집단주의 문화를 변경할 필요가 있는 기업에서 도입하는 것이 바람직하다.

☑ 직무급은 시장임금가치를 반영하기 때문에 생산성을 초과하는 고비용이 발생할 가능성이 적으므로 고령화 정도가 심하거나 연공성으로 인한 인건비 부담이 많은 기업이 도입하기에 적합하다.

2. 직무급의 분류

(1) 단일직무급 : 직무나 직무등급의 임금 수준을 정하고 고정액을 지급하는 형태다.

(2) 범위직무급 : 유사한 가치를 지닌 직무를 그룹화하여 등급화하고 임금 구간을 정해 평가결과에 따라 차등 지급하는 형태로 일반적으로 가장 많이 쓰인다.

3. 직무급의 장단점

장점	단점
• 능력주의 인사풍토 조성 • 인건비의 효율성 증대 • 개인별 임금격차 불만의 해소 • 동일노동에 대한 동일임금 실현 • 장기근속으로 고임금화되는 현상을 억제 • 직무성과 향상 • 단순명료하며 안정성이 매우 높음.	• 평가를 공정하게 실시하기 어려움. • 학력, 연공주의 풍토에서 오는 저항 • 임금수준이 낮을 때 적용이 어려움. • 노동의 자유이동이 수용되지 않는 사회에서의 적용이 제한적임. • 산업구조나 기술의 변화로 직무의 내용과 가치가 변할 경우 대응이 어려움. • 직무 이동 시마다 임금이 달라지기 때문에 다기능 인력 양성 곤란

4 성과급

1. 성과급의 의미

(1) 성과급(Performance-based Pay)은 종업원이 달성한 업무성과를 기초로 임금수준을 결정하는 방식이다. 그러나 순수하게 성과만을 기준으로 임금을 결정하는 경우는 현실적으로 별로 없기 때문에 성과급을 하나의 독자적인 임금결정체계로 보기는 어렵다.

(2) 성과급은 임금의 결정 측면보다는 조정 측면에서 활용되는 경우, 즉 임금조정(인상)을 성과에 따라 하는 경우가 일반적이다. 연공급, 직무급, 직능급, 역할급 등 다양한 임금체계하에서 임금조정 수단으로 성과급이 주로 또는 보완적으로 적용될 수 있는 것이다.

2. 성과급의 장단점

장점	단점
• 원가절감 • 동기유발 • 관리감독의 필요성 감소 • 생산활동 촉진, 장비의 효율적 활용 • 임금산정의 정확성	• 정신노동의 경우 성과측정이 어려움. • 경쟁 과열의 위험성 • 성과측정 비용의 발생 • 노사 간 평가 마찰 • 개인의 불안정한 경제생활

3. 연봉제

(1) 사용자와 근로자가 계약에 의해 1년 단위로 봉급을 결정하는 제도로, 직무 중심으로 성과의 정도에 따라서 임금 수준을 결정하는 것이다.

(2) 연봉제는 성과급으로 조직 구성원의 능력과 성과에 따라서 차등 지불하는 탄력적인 임금체계이며 능력 위주의 인적 자원 확보에 용이하다.

(3) 연봉제에서는 임금을 결정하기 위해 종업원의 직무, 직능, 업적, 연공 등의 다양한 기준을 복합적으로 도입할 수 있다.

☑ 1. 과업 : 최소단위로서 근로자에게 배분되는 업무를 지칭하며 상호 밀접하게 연관되어 있는 과업을 묶은 것이다.
2. 직위 : 한 사람이 수행하는 모든 업무의 집합으로 근로자가 10명이면 직위도 10개다.
3. 직무 : 일의 내용과 수준이 비슷한 직위를 묶은 것이다.

☑ 역할급
1. 역할급은 주로 일본에서 연공급 및 직능급의 대안으로 등장한 임금체계로서 직무와 성과를 강화한 것이다. 일본식 직무급으로 이해되고 있다.
2. 기본적으로 기업의 부가가치는 근로자의 역할과 성과에 의해 창출되는 것으로 보면서 우선적으로 역할등급을 정하고 역할등급별 임금구간을 설정한 후 역할에 대한 이행 정도, 즉 성과에 따라 임금이 최종 결정되는 체계다.

〈기존의 임금제도와 연봉제 비교〉

기존 임금제도(연공서열제)		연봉제
사람 중심의 임금제도	➡	일 중심의 임금제도
연공에 의한 임금	➡	성과(공헌도)에 따른 임금
일의 양(노동시간) 기준 임금	➡	일의 질(성과) 기준 임금

장점	단점
• 성과주의 • 능력주의의 강화 • 경영자 의식의 배양 • 우수한 인재 확보 및 유지 가능 • 임금체계와 관리의 간소화 • 상하 간의 의사소통 원활화 • 평가의 공정성 제고	• 수입의 불안정으로 인한 불안감 증대 • 소속감, 충성심의 저하 • 결과 중시로 단기 업적 위주의 행동 증가 • 평가에 대한 신뢰성 문제 및 평가과정상 시간 소요 • 과도한 경쟁유발로 인한 조직 시너지 효과 감소

유형	임금 결정·조정 요인
연공급	근속년수
직무급	직무가치(직무 특성, 난이도, 책임정도 등)
직능급	직무능력 수준(숙련도, 경력, 훈련, 자격, 역량 등)
역할급	역할가치(역할의 크기, 성과 등)
성과급	성과(개인성과, 집단성과)

대표기출유형

➕ **조직구성원에 대한 조직의 임금체계와 관한 다음 설명 중 적절하지 않은 것은?**

① 직능급은 종업원이 맡은 직무의 중요성과 난이도에 근거하여 임금을 결정하는 방식이다.

② 직무급을 적용할 때는 차별적 임금격차에 대한 공정성을 확보하는 것이 중요하다.

③ 성과급은 종업원이 달성한 업무성과를 기초로 임금수준을 결정하는 방식이다.

④ 연공급은 유연한 조직변화가 필요한 조직에서는 불합리한 임금제도로 다른 제도와의 병행이 필요하다.

⑤ 연봉제에서는 임금을 결정하기 위해 종업원의 직무, 직능, 업적, 연공 등의 다양한 기준을 복합적으로 도입할 수 있다.

정답 ①

해설 직능급이란 종업원이 일을 수행하기 위해 갖춘 특정 지식이나 기술 혹은 역량을 평가하여 보상을 결정하는 임금체계를 말한다.

> **개별성과급제도**(Individual Incentive Plan)란 개인별로 성과급을 적용하는 것으로 근로자들 개개인의 임금이 각자의 노동성과나 작업능률에 따라 지급되는 것을 말한다.

1 개별성과급의 분류

1. 단순성과급(Straight Piecework Plan)

(1) 개념

성과급제도 중에서 가장 오래되고 가장 많이 사용되어 온 제도로 제품 또는 작업의 단위당 고정된 단일의 임금을 정하고 여기에 실제 작업성과(생산량 or 판매량)를 곱하여 임금을 계산하는 방식이다. 따라서 작업성과의 증대에 비례하여 임금이 증가한다.

(2) 장점

① 간단하고 이해하기 쉬워 종업원의 수용도가 다른 성과급제도보다 높으며, 노동능률 증진에 주는 자극이 강하다.

② 직접노동비용이 각 산출물 단위에 대하여 동일하고 상대적으로 쉽게 결정되어 조직은 높은 정확성을 갖고 노무비를 예측할 수 있다.

(3) 단점

① 생산단위당 임률이나 표준산출량의 합리적인 설정이 어렵고 이로 인해 노사 간 갈등이 야기될 수 있다.

② 최저임금이 설정되지 않은 경우 초보자나 미숙련공, 노령자는 상당히 낮은 임금을 받을 수 있으며, 수입이 일정치 않아 생활의 안정을 기하기가 어렵다.

2. 복률성과급(Multiple Piece Rate Plan)

(1) 개념

복률성과급은 근로자의 작업능률을 보다 효율적으로 자극하기 위하여 작업성과의 고저(高低), 다과(多寡)에 따라 적용되는 임금률을 달리 산정하는 제도이다.

(2) 테일러식 차별성과급(Taylor Differential Piece Rate Plan)

① 테일러가 고안한 제도로 근로자의 하루 표준작업량을 설정하고, 근로자가 표준 과업량을 달성했을 경우 정상적인 임금수준보다 높은 임금률을 적용하고, 달성하지 못할 경우 정상적인 임금수준보다 낮은 임금률을 적용해서 임금을 지급하는 방식이다.

② 차별성과급의 경우 임금선은 변동적인 기울기를 가지는 것이 단순성과급과 구별되는 특징이고, 단순성과급보다 인센티브 효과가 크다.

(3) 메리크식 복률성과급(Merrick Multi Piece Rate Plan)

테일러의 제자인 메리크가 테일러식 차별성과급의 결함을 보완하여 임금률을 표준생산량의 83% 이하, 83~100%, 100% 이상의 3단계로 나누어 상이한 임금률을 적용하는 방식이다.

(4) 리틀(Lytle)식 성과급

메리크식에서 고능력자에게 더 큰 자극을 주도록 표준작업을 110% 이상 달성한 자에게 높은 임금을 제공하는 내용을 추가한 방식이다.

3. 표준시간급(Standard Hour Plan)

작업 또는 제품의 1단위를 완성하는 데 필요한 표준시간을 설정하고 표준시간 내 작업을 완성하면 표준시간에 단위시간당 임금률을 곱하여 임금을 지급하는 방식이다.

4. 할증성과급(Premium Plan)

(1) 개념

① 할증성과급은 종업원이 표준시간 내 표준과업량을 달성하지 못하더라도 일정한 임금을 보장해 주고, 표준작업 시간 내에 과업을 달성한 노동성과가 높은 종업원에게는 기본 시간급에 일정한 비율의 할증임금을 추가로 지급하는 제도이다.

② 작업능률의 증대로 절약된 시간에 대한 임금의 일부를 종업원에게 배분한다는 점에서 절약임금배분제도라고도 한다.

(2) 할시식 할증급(Halsey Premium Plan)

할시(Halsey)가 고안한 방식으로 표준작업시간을 과거의 경험으로 설정한 다음, 절약임금의 1/2 혹은 1/3을 해당 종업원에게 추가로 지급하는 방식이다.

(3) 비도우식 할증급(Bedaux Premium Plan)

비도우(Bedaux)에 의해 고안된 방식으로 과업달성을 기점으로 임금이 일정하게 증가하는 방식이다. 즉, 표준작업량 이하의 생산량에 대하여는 보너스 없이 시간임률이 일정하고, 표준작업량 이상의 근로자는 절약시간에 대해 75%의 보상을 더해 주는 방식으로 할시식을 변형한 방식이다.

(4) 로완식 할증급(Rowan Premium Plan)

로완(Rowan)에 의해 고안된 방식으로 표준작업시간을 조금이라도 단축한 근로자에게는 할시식보다 높은 할증급을 주도록 하고, 일정 한도 이상으로 작업능률이 증대되면 할증률의 증가를 체감하도록 고안한 제도이다.

(5) 맨체스터 플랜(Manchester Plan)

미숙련노동자에게 예정된 성과를 올리지 못해도 최저생활을 보장하기 위하여 작업성과의 일정 한도까지는 보장된 임금을 제공하는 일급보장제도이다.

(6) 간트식 할증급(Gantt Premium Plan)

간트(Gantt)가 고안한 방식으로 작업을 표준시간 내에 완수하지 못한 때에는 시간급만을 지급하여 과업 미달성자의 최저임금을 보장해 주고 표준작업시간 내에 과업을 완수하는 경우 시간급의 일정률(20%)을 인센티브로 가산하여 지급하는 방식이다.

2 집단성과급제도

1. 집단성과급제도(Group Incentive Plan)의 개념

집단에 대해서 성과급 임금을 적용하는 것으로 집단의 성과와 관련하여 기업에 이익의 증가나 비용의 감소가 있을 경우 근로자에게 정상임금 이상의 부가적 급여를 제공하는 제도이다. 집단성과급제도는 경영참가의 한 유형으로도 이해된다.

2. 업적배분

업적배분의 기준에는 물적 노동생산성과 원가절감이 있으며, 원가절감을 성과배분의 기준으로 두는 것으로서 대표적으로 프렌치 시스템(The French System)이 있다. 프렌치 시스템은 작업집단 전체의 능률향상을 목표로 하여 근로자들의 노력에 대해 자극을 부여하는 방식이다. 즉, 스캔론 플랜(The Scanlon Plan)과 럭커 플랜(The Rucker Plan)은 임금절감에 관심이 있지만, 프렌치 시스템은 모든 비용절감에 관심이 있다.

> 집단성과급제도란 일정한 조직단위를 기준으로 성과를 측정하고 그에 준하는 임금을 지불하는 것으로 업무의 성격상 구성원 개인의 업적을 평가하기가 힘들거나 구성원들의 협조와 공공의 노력이 중시되는 경우 적용될 수 있다.

3. 수익배분

수익배분의 기준으로는 주로 매출액과 부가가치가 활용되고 있다. 이중 매출액을 기준으로 하는 집단성과급 제도의 모델로는 스캔론 플랜이 있으며, 부가가치를 기준으로 하는 모델로는 럭커 플랜이 있다.

(1) 스캔론 플랜

① 종업원의 참여의식을 높이기 위하여 종업원의 경영참여와 개선된 생산의 판매가치를 기초로 한 성과배분제이다.

② 스캔론 플랜은 크게 매출액을 중시하는 제도로 영업 실적 향상에 의해 생긴 경제적 이익을 종업원에게 분배해서 종업원이 보다 의욕을 가지고 열심히 일하도록 하는 제도이다.

(2) 럭커 플랜

① 럭커 플랜은 부가가치의 증대를 목표로 하여 이를 노사협력체제에 의하여 달성하고, 이에 따라 증가된 생산성 향상분을 그 기업의 안정적인 부가가치 분배율로 노사 간에 배분하는 성과배분제이다.

② 럭커 플랜은 부가가치에 대한 임금총액의 비율(=분배율)을 미리 정해 놓고, 매출액 증가든 인건비가 절약되든 부가가치가 생성되면 그 정도에 따라 임금 총액을 계산하는 방식이다.

4. 이익배분

이익배분이란 일정기간 동안 발생한 기업 이익을 사전에 정해진 분배공식에 따라 종업원에게 나누어주는 제도이다. 이익배분의 방식은 기업의 순이익을 기준으로 하는 경우와 배분가능이익을 기준으로 하는 경우로 구분된다.

☑ 스캔론 플랜과 럭커 플랜

구분	스캔론 플랜	럭커 플랜
배경이론	조직 개발이론	노동경제 이론
기본 철학	참여형 경영	효율적 경영
종업원 참여제도의 구조	생산위원회/ 조정위원회	조정위원회
종업원 제안제도	있음.	있음.
집단 보너스	노동비용/ 생산액	노동비용/ 부가가치
보너스 지급주기	월별 혹은 분기별	월별 혹은 분기별

대표기출유형

➕ **다음 중 스캔론 플랜의 특징에 해당하는 것을 모두 고르면?**

㉠ 부가가치	㉡ 판매가치
㉢ 집단제안제도	㉣ 보너스 플랜
㉤ 인사상담제도	

① ㉠, ㉡, ㉢ 　　② ㉠, ㉡, ㉣ 　　③ ㉡, ㉢, ㉣
④ ㉡, ㉣, ㉤ 　　⑤ ㉢, ㉣, ㉤

정답 ③

해설 스캔론 플랜(Scanlon Plan)은 1940년대 초 미국 철강노동조합의 지역 간부였으며 그 후 MIT대학의 교직을 역임한 스캔론(Joseph N. Scanlon)에 의해 고안된 제도로서, 이 제도의 주요 내용은 기업 내 각 부서별 위원회(생산위원회와 심사위원회)를 활용하여 종업원의 창의적 아이디어를 제안토록 하는 집단제안제도의 운영과 생산성 향상에 참여한 종업원에게 그 판매가치를 기준으로 합당한 성과를 배분하는 정책에 중점을 두고 있다.

한편 럭커 플랜(Rucker Plan)은 미국의 경영고문이었던 럭커(A. W. Rucker)에 의하여 고안된 생산부가가치 중심의 성과배분방식으로, 부가가치액의 증가에 비례하여 임금이 증가하게 되면 전체 경제에 인플레이션 없이 임금상승이 가능하다는 결론을 주장하였다.

복리후생제도

복리후생이란 종업원과 그 가족들의 경제적 안정과 생활의 질을 향상시키기 위해 임금이나 수당 그리고 상여금 이외에 제공되는 간접적인 제급부, 시설 및 제도 등을 의미한다. 이는 복지후생, 후생복리, 부가급여, 간접급여, 종업원복지, 비금전적 급여 등 여러 가지 명칭으로 불리고 있다.

저임금, 장시간 근로, 빈곤, 질병, 실업 등 열악한 근무환경 속에서 일한 과거 노동자들에 대한 로버트 오언(R. Owen)의 온정주의에 의한 경영은 기업복지의 초보적인 형태이며 오늘날은 사회보장의 일환으로 입법에 의한 법정제도의 성격을 가진다.

1 복리후생의 개념

1. 복리후생의 의미

(1) 복리후생은 근로자의 노동에 대한 간접적 보상으로서, 임금을 구성하고 있는 기본급과 수당, 성과급을 제외한 간접적인 모든 보상을 말한다.

(2) 종업원의 경제적인 안정과 그들의 생활의 질을 향상시키기 위한 간접적인 보상이다.

2. 복리후생 개념의 역사

초기의 복리후생은 은혜적인 차원의 수혜로 여겨졌으나 최근에는 노사관계의 안정과 양호한 인간관계의 형성, 노동력 유지에 필수적인 것으로 여겨져 전체 보상에서 차지하는 비율도 점차 증대하여 노동의 조건과 밀접한 연관을 가지는 생활보조적인 기능을 하고 있다.

3. 복리후생과 임금의 비교

구별요소	임금	복리후생
보상형태	직접적 보상, 금전적 보상	간접적 보상, 비금전적 보상
보상체계	개별적 보상(차등지급)	집단적 보상(공동이용)
보상요구	필연적 요구	필요에 의한 요구
보상효과	• 기업 : 경제적 이윤 창출 • 종업원 : 소득, 효과	• 기업 : 사회적 이윤 창출(책임) • 종업원 : 심리적 만족감, 사회공동체의식 제고

2 복리후생의 체계

법정복리비	• 의료보험료 • 퇴직금제도 • 건강검진	• 산재보험료 • 임금채권보장기금 • 최저임금제	• 국민연금 • 장애인고용촉진기금 • 유급휴가(연월차)	• 고용보험료 • 기타 법정복리비
법정외복리비	• 주거비용 • 보험료지원 • 사내근로복지기금 • 종업원지주제도	• 의료보건비용 • 경조비지원 • 보육비지원 • 기타 법정외복리비	• 식사비용 • 저축지원 • 근로자휴양비용	• 문화, 체육 • 학비보조비용
	# 경제적 지원복리(공제, 금융, 융자, 육아 등), 보건위생 지원복리(진료, 휴양, 상담 등), 생활안정 지원복리(주택, 급식, 구매, 생활지도), 여가 지원복리(여행, 휴가 등), 문화·체육 지원복리(체육, 문화교양, 오락 등), 자기계발·교육 지원복리(교육, 취미, 자원봉사 등), 기타 사회보장제도(집단보험, 사회보험 등)			
현물급여	• 통근 정기승차권	• 회수권	• 자사제품 제공	
모집비	• 신규채용비			
교육훈련비	• 사내교육	• 사외교육	• 산업체 부설학교	
기타노동비용	• 작업복	• 사보 발간		

1. 법정복리후생은 국가가 사회복지의 일환으로 기업의 종업원들을 보호하기 위해 법률 제정을 통해 기업으로 하여금 강제적으로 도입하도록 한 제도를 말한다.

2. 우리나라에서 국민건강보험료, 국민연금은 근로자가 50%를 부담하고 사업주가 50%를 부담한다. 고용보험보험료는 근로자가 일부 부담하고 사업주가 일부 부담(부담율은 회사의 상황에 따라 달라짐)하지만 산업재해보상보험 보험료는 사업주가 전액 부담한다.

3 선택적 복리후생제도

1. 선택적 복리후생제도의 개요

(1) 1963년 미국 캘리포니아대학 심리학자인 스탠리 낼리(Stanley M. Nealey)가 GE사를 대상으로 한 연구에서 처음 제시하였다(종업원 간 임금 복리후생의 선호도 차이 발생).

(2) 일반적으로 종업원 개인이 자신이 수혜받기를 원하는 복리후생의 내용이나 수혜정도를 선택할 수 있는 제도이다.

(3) 카페테리아(Cafeteria)식 복리후생제도는 여러 복리후생 프로그램 중 종업원 자신이 선호하는 것을 선택할 수 있도록 하는 제도이다.

2. 선택적 복리후생제도의 도입배경

(1) 공공복지제도의 한계 : 사회보장 미흡

(2) 다양한 욕구충족 미흡 및 복지혜택 불균형 : 특정 연령층이나 직급에 편중되는 경향

(3) 복리욕구의 선진화 : 의료서비스(안과, 치과서비스 등), 생명·상해보험

(4) 노령화와 새로운 복지수요 : 노후소득 보장(개인연금, 기업연금 등)

(5) 여성경제활동 참여 증대 : 아동보육비용의 지원, 육아휴가 등

(6) 성과와의 연계 필요성 : 임금과 복리후생 간의 경계 모호

(7) 본래 목적이 변질되거나 본연의 역할을 하지 못한 제도 수정 : 생활안정

(8) 생산적 복지의 실현 : 사회보험(국민기초 생활보장 : 건강보험, 실업보험, 산재보험 등)

(9) 생애위험에 기초한 보충적 복지 필요 : 재해(생명보험, 장기상해보험), 질병(추가 의료보험, 치과, 안과), 퇴직이후 생활(기업연금)

(10) 비용분담 필요 : 복리비용의 증대

3. 선택적 복리후생제도의 종류

모듈형	기업이 몇 개의 복리후생항목을 프로그램화하면 그중에서 하나를 선택
선택적 지출 계좌형	종업원 개인이 주어진 복리후생 예산범위 내에서 자유롭게 선택
선택항목 추가형	필수적인 복리후생 외에 추가 항목의 선택을 주는 것

대표기출유형

✚ 다음 중 복리후생관리에 대한 설명으로 알맞지 않은 것은?

① 종업원들의 생활수준을 향상시킨다.

② 법정 복리후생과 법정외 복리후생으로 나뉜다.

③ 복리후생관리 원칙은 합리성, 협력성, 적정성이다.

④ 건강보험, 실업급여, 연금보험 등은 경제적 복리후생에 포함된다.

⑤ 종업원들에게 자사 제품을 무상 제공하거나 할인쿠폰을 지급하는 것은 현물급여에 해당한다.

정답▶ ④

해설▶ 건강보험, 실업급여, 연금보험 등은 법에 의해서 사회보장을 보호하는 것으로 법정 복리후생에 포함되고, 경제적 복리후생은 법정 외 복리후생에 포함되며 교육비지원이나 예금이나 융자 등의 금융제도를 뜻한다.

✓ 법정휴가
근로자에게 제공하는 휴가 중 법률을 통해 보장할 것을 규정한 휴가로, 연차 유급휴가(근로기준법 제60조), 생리휴가(동 제73조), 출산 전·후 휴가 및 유산·사산휴가(동 제74조), 배우자 출산휴가(남녀고용평등법 제18조의2), 가족돌봄휴가(동 제22조의2 제2항) 등이 여기에 해당한다.

경력관리

1 경력관리의 개념

1. 경력개발의 의의

(1) 경력개발은 조직이 그 구성원 개개인의 경력을 조직 내에서 개발하도록 격려하며, 그 과정에서 조직의 목표달성에 필요한 능력개발을 하기 위해서 나타난 제도이다.

(2) 경력개발의 목적은 기본적으로 개인의 경력욕구를 충족시키는 것이고, 경력기회를 제공하는 조직측에서는 적시에 조직의 적소에서 개인능력을 활용함으로써 조직의 효율성을 높이는 것이다.

(3) 경력개발이란 개인의 경력목표를 설정하고 이를 달성하기 위한 경력계획을 수립하여 조직의 욕구와 개인의 욕구가 합쳐질 수 있도록 각 개인의 경력을 개발하는 활동이다.

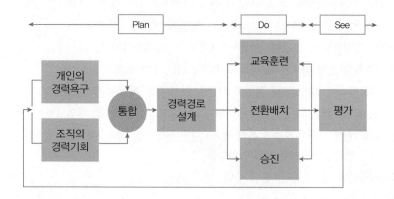

2. 경력관리체계

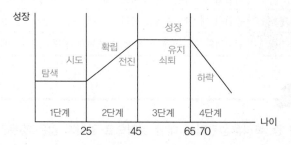

(1) 1단계(탐색단계)

25세 이하의 1단계는 자아개념을 수립하고 미래에 자신이 무엇을 해야 할 것인가의 경력지향을 결정한다. 이 단계의 마지막 부문은 시도기로서 조직에 새로 들어온 지 1 ~ 2년 정도의 시기이며 자신에게 적합한 분야를 탐색하고 이에 따른 시초직무를 찾아내어 시초직무를 발전시켜 평생의 업으로 삼을 것을 계획하는 시기이다.

(2) 2단계(확립 및 전진단계)

25 ~ 45세에 이르는 2단계는 일단 특정의 직무영역에 정착하는 시기로서 각 개인은 자신의 분야에서 유능함에 이를 필요가 있다. 경쟁심이 작용하며 경쟁상황하에서의 갈등 및 실패에 대한 감정적 처리가 대단히 중요하다.

(3) 3단계(유지단계)

45 ~ 65세의 3단계는 생산의 시기이다. 레빈슨이 지적한 중년의 위기 혹은 중간경력위기 다가오며 개인이 이를 얼마나 잘 극복하느냐에 따라 다시 성장할 수도 또는 쇠퇴할 수도 있다. 이 시기에는 더욱 조직과 자신을 동일시하게 되고 미래의 계획을 다시 한 번 수립하려 한다.

(4) 4단계(하락단계)

65세 이상의 4단계는 조직에서의 은퇴를 준비하는 시기로서 자신의 조직생활을 통합해 보려는 시기이다. 퇴직 후의 계획을 세우고 조직 내에서 자신의 역할에 소극적이게 된다.

2 경력 닻(Career Anchors)

1. 개념

(1) 경력 닻이란 개인의 경력개발에 영향을 주는 몇 가지 동기 또는 가치를 의미한다.

(2) 미국의 심리학자 Schein은 개인이 추구하는 경력욕구를 '경력의 닻(Career Anchors)'이라는 표현을 빌려 제시하고 있다. 여기서 닻이란 배가 항구에 정박할 때 내리는 것으로서 배를 고정시키는 닻이 있듯이 개인을 배에, 경력목표를 항구에 비유한 것이다. 이처럼 인간의 직업을 통한 인생유전에도 경력과 관계된 선택에서 개인이 가치를 두어 유지하는 것을 '경력 닻'이라고 한다.

(3) 경력 닻은 개인이 지닌 재능, 기술 또는 역량, 개인의 동기나 욕구, 삶의 목표, 가치관을 포괄하는 자아개념이라 정의한다. Schein은 자신의 흥미, 재능, 주변의 기대에 의해 자신의 경력 지향성이 생기고 자신에 대해 알아 나갈수록 자신이 무엇을 해야 되는지 인식하여 점차 본인이 선호하는 한 곳에 정착하게 된다고 하였다.

2. 경력 닻의 유형

(1) 관리지향(Managerial Competence)

① 능력 있는 일반관리자가 되기를 원하는 유형이다.

② 불완전한 정보와 불확실성하에서 문제를 인지하고 분석하고 해결하는 분석능력이 매우 중요하게 요구되고, 조직목표의 달성을 위해 전 조직 수준에서 타인에게 영향을 주고 감독하고 지휘하는 대인적 능력이 중시되며, 고도의 책임감을 가지고 좌절하지 않고 분발하는 능력이 필요하다.

③ 통합적인 작업 및 조직에 공헌도가 큰 업무를 선호하며 승진을 최고의 가치로 인식하고, 상사에게 인정받기를 원한다.

(2) 기술-기능지향(Technical-functional Competence)

① 특정 종류의 작업에 강한 재능과 동기유인을 가지고 있으며, 직무의 내용에 관심이 많다.

② 도전할 만한 업무를 원하며 최대한의 자율성을 원한다. 또한 전문화된 영역에 몰입하고 특정 분야의 전문가로서의 승진체계를 원한다.

③ 전문가들인 동료나 상사에게서 인정받는 것에 큰 가치를 두며, 교육 참여, 전문가 모임 참석, 도서나 설비 구입을 위한 예산 제공 등 전문기술증진 기회가 제공되는 것도 자신의 가치가 인정받는 것으로 인식한다.

(3) 안전지향(Security)

① 자신의 직업안정, 고용안정 등에 강한 욕구를 가지고 있다.

② 안정적이고 예측이 가능한 직무를 선호하며, 보수의 인상, 작업조건의 향상이나 복리

후생 등의 외재적 요인에 대한 관심이 많고, 연공급적인 급여체계를 선호한다. 그리고 조직에 대한 충성심으로 인정받기를 원한다.

(4) 사업가적 창의성 지향(Entrepreneurial Creativity)
① 신규조직, 신제품, 신규서비스 등을 창출하는 창의성을 중시한다.
② 부의 축적을 사업 성공 척도로 보고 창조욕구가 강하며, 끊임없이 새로운 도전을 한다.

(5) 자율지향(Autonomy/Independence)
① 조직은 개인을 규제하고 비이성적이며 강압적인 것이라고 생각하므로 자유로운 직업을 갖기를 원한다.
② 계약직, 용역, 파트타임 등의 형태를 선호하고, 상여금 등 성과에 의한 보상을 선호한다.

(6) 봉사지향(Sense of Service)
① 봉사를 지향하는 유형은 자신이 가진 특정의 가치를 기준으로 직무의 가치를 평가한다.
② 보수 자체를 중요시하지 않으며, 공헌을 인정하는 승진제도를 원한다.

(7) 도전지향(Pure Challenge)
① 항상 어렵고 도전적인 문제에 대한 해결기회를 많이 제공하는 직무를 좋아하며 일상의 업무를 전투라고 생각하고 승리를 최대의 목표로 삼는다.
② 이들에게 도전적인 직무를 많이 제공하면 조직에 대한 충성심은 강해진다.

(8) 생활지향(Life Style)
① 생활지향 유형에 있어서 경력은 덜 중요하며, 얼핏 경력 닻이 없는 것처럼 보이지만 실제로 경력은 자신의 전체적인 생활스타일과 잘 혼합되어야 한다고 주장하는 유형이다.
② 개인사, 가족생활, 경력을 제대로 통합할 수 있는 방법을 찾는 것을 더 중요시한다.

대표기출유형

경력 닻(Career Anchor)의 유형과 그 가치인식에 대한 설명으로 옳지 않은 것은?

① 관리지향 유형은 자기공헌과 승진으로 고위관리자의 지위에 오르는 것을 목표로 한다.
② 자율지향 유형은 조직의 구조에서 벗어나서 활동하는 프리랜서를 지향한다.
③ 기술-기능지향 유형은 전문가로서의 자신을 인정받기를 희망한다.
④ 봉사지향 유형은 조직목표의 달성 과정에서의 자기희생을 강조한다.
⑤ 사업가적 창의성 유형은 창조와 혁신, 그리고 그에 따른 부의 축적을 중시한다.

정답 ④

해설 경력 닻 모델에서 봉사지향 유형은 자신의 업무가 가지는 사회적 가치를 중시하고, 그에 따른 공헌을 인정받기를 원하는 유형이다.

노사관계관리

1 노사관계의 정의

노사관계란 임금을 지급받는 노동자와 사용자가 형성하는 관계로 오늘날 노사관계는 개별 근로자가 아니라 노동조합이라는 집단과 경영자층과의 관계이다.

2 노사관계의 기본구조

노사관계의 기본구조는 근로자(조합), 사용자, 정부가 상호영향을 주고받는 노·사·정 3자의 관계로 형성된다.

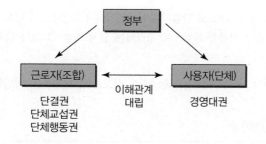

1. 사용자조직

기업체의 소유주, 조직에서 중간관리층이나 최고경영층에 종사하는 자, 사용자 조직의 이익을 도모하기 위한 각종 협회, 경제단체 등을 말한다.

2. 근로자조직(노동조합)

한국노총, 민주노총 산하에 수십 개의 산업별 노동조합 연맹과 단위노조가 있다.

3. 정부

노동문제와 관련이 있는 정부기관(노동 관련 각종 위원회)을 의미한다.

3 노사관계의 성격

노사관계는 대립적 관계와 협력적 관계의 양면성을 가지고 있으면서 수평적 관계와 수직적 관계가 복잡하게 얽혀 있는 속성을 지니고 있다.

1. 협조관계와 대립관계

(1) 생산과정에서 협조관계 : 생산과정에서 경영성과, 즉 파이를 키우는 일에 노사는 다같이 기업의 동반자로서 생산성 향상을 위하여 상호협력할 수밖에 없는 필연성을 지니고 있다.

(2) 성과분배에서 대립관계 : 분배과정에서 이루어 놓은 경영성과를 노사 간에 나누는 일로 '기여도에 따른 합리적 보상'의 적정성을 놓고 대립하게 된다.

2. 종속관계와 대등관계

(1) 종업원은 근로자로서 종속관계 : 경영활동 속의 근로자 신분은 경영자와 종속관계로서 생산의 목적을 달성하기 위하여 근로자는 종업원으로서 경영자의 지휘·명령에 따라야 한다.

(2) 노동조합을 통한 대등관계 : 교섭 주체로서 노동조합신분은 사용자와 대등관계로 고용조건의 결정·운영 및 경영참여 등에서 대등한 관계가 법적으로 보장된다.

3. 경제적 관계와 사회적 관계

(1) 경제적 관계 : 노사가 경제적 목적을 달성하려는 점에서는 같다.

(2) 사회적 관계 : 구성원 간 친목과 협조를 통해 공동유대감을 형성한다.

4 노동조합

1. 노동조합은 노동자가 자주적으로 단결하여 근로조건이나 작업조건 등에서 노동자의 경제적·사회적 지위의 향상을 도모함을 목적으로 조직하는 단체 또는 그 연합 단체다.

2. 노동조합의 기능

(1) 영국의 사회학자 시드니 웨브는 노동조합은 상호보험, 단체교섭, 입법활동의 기능을 한다고 보았다.

(2) 노동조합의 집행기능

단체교섭기능	• 단체교섭, 경영참가 등 • 노동조합의 가장 근본적인 기능
정치적 기능	• 압력단체로 정부정책 및 법률개정 등에 영향력 행사 • 노동시간, 사회보장 등을 구가 및 사회단체에 요구
경제적 기능	조합원의 생활안정이 큰 목적으로 노동능력의 일시적인 또는 영구적인 상실에 대비하여 기금을 조성하고 그 기금으로 서로 돕는 상부상조 기능

3. 노동조합의 가입 방법

오픈 숍	• 노동조합에 가입된 조합원이나 가입하지 않은 비조합원 모두 채용 가능 • 노동조합의 가입여부는 노동자의 의사에 따라 결정
클로즈드 숍	• 조합원이 되어야만 고용 가능 • 사용자는 반드시 노동조합의 조합원 중에서 종업원을 채용해야 함.
유니온 숍	• 조합원, 비조합원 모두 채용 가능 • 일정 시간이 지나면 노동조합에 가입해야 함.
에이전시 숍	조합원, 비조합원 모두 노동조합에 조합비 납부를 요구
프레퍼렌셜 숍	우선 숍 제도라고도 하며 채용에 있어서 조합원에게 우선순위를 주는 제도
메인티넌스 숍	일단 단체협약이 체결되면 기존 조합원은 물론 단체협약이 체결된 이후에 가입한 조합원도 협약이 유효한 기간 동안은 조합원 자격을 유지해야 되는 제도

4. 노동조합의 형태

직업별 노동조합	동일 직종에 종사하는 노동자가 결성한 조합 형태
산업별 노동조합	• 숙련, 미숙련을 불문하고 동종 산업의 모든 산업의 모든 노동자들을 하나로 조직하는 형태 • 노동 시장의 공급 통제를 목적
기업별 노동조합	• 직능, 직종, 숙련도 등에 관계없이 기업에 고용된 근로자를 대상으로 조직하는 형태 • 우리나라의 대표적인 노동조합 형태

5. 체크오프 시스템(Check-off System)

(1) 우리나라의 대다수 노동조합에서 조합비 징수는 급여 계산 시 종업원의 월급에서 조합비를 공제하는 체크오프 시스템을 채택하고 있다.

(2) 체크오프 시스템은 조합원의 행정상 편의와 함께 노동조합이 안정적으로 운영 재원을 확보할 수 있다는 장점이 있다.

기출문제

경영과 기업

기업활동의 조직

인사관리

생산관리

마케팅관리

실전모의고사

대표기출유형

➕ 노동조합의 가입법 중 비노조원도 근로자로 채용할 수 있으나, 일정 기간이 경과된 후 반드시 노동조합에 가입하여야 하는 제도로 가장 적절한 것은?

① 오픈 숍(Open Shop) 　　　　② 클로즈드 숍(Closed Shop)

③ 유니온 숍(Union Shop) 　　　④ 체크오프 시스템(Check-off System)

⑤ 에이전시 숍(Agency Shop)

정답 ③

해설 유니온 숍(Union Shop)은 비조합원도 가입할 수 있으나 일정 기간 후 반드시 노동조합에 가입하여야 하는 노동조합의 가입법이다.

단체교섭과 노동쟁의

1 단체교섭

1. 단체교섭의 의미

노동조합이 그의 조직을 토대로 사용자 단체와 노동자의 임금이나 노동시간 등 기타 노동조건에 관한 협약의 체결을 위해 양측 대표자를 통해 집단적인 타협을 하고 체결된 협약을 이행하고 관리하는 절차이다.

2. 단체협약

노동조합과 사용자 또는 사용자 단체가 임금·근로시간 및 기타 사항에 대하여 단체교섭 과정을 거쳐 합의한 사항을 서면으로 작성하여 체결한 협정이다.

2 노동쟁의의 유형

☑ 노동쟁의는 노동조합과 사용자 또는 사용자단체 간에 임금·근로시간·복지·해고 기타 대우 등 근로조건의 결정에 관한 주장의 불일치로 인하여 발생한 분쟁상태이다.

노동조합의 쟁의행위	사용자 측의 쟁의행위
시위, 파업, 태업, 근로자 측의 보이콧, 직장점거, 작업방해 등	직장폐쇄, 사용자 측의 보이콧

1. 노동조합의 쟁의행위

파업	근로자들이 단결하여 근로조건의 유지·개선이라는 목적을 달성하기 위하여 사용자에 대해서 집단적으로 노무의 제공을 거부할 것을 내용으로 하는 쟁의행위
태업	• 표면적으로는 작업을 하면서 집단적으로 작업능률을 저하시켜 사용자에게 손해를 주는 쟁의행위 • 외관상으로는 작업을 하지만 실제로는 작업을 하지 않거나 고의적으로 완만한 작업 또는 조잡한 작업을 하는 것
사보타주	태업의 적극적인 형태로서 단순한 태업에 그치지 않고 의식적으로 생산설비 등을 손상시키는 위법행위
준법투쟁	• 안전규정 등을 필요 이상으로 준수하거나 평소와는 다른 양태의 권리행사를 하여 기업운영의 능률을 떨어뜨리는 행위 • 국민은 법을 준수해야 하므로 준법 자체를 목적으로 하는 것은 정당하나 임금인상 등을 목적으로 법 규정의 형식적 준수를 주장하며 평소와 다른 노무제공을 하는 것은 준법투쟁에 해당
계약파업	경영진과 노조가 새로운 계약조건에 동의하지 않을 때 발생하는 파업상태
불매운동	• 소비자층이 특정 목적을 관철하기 위해 특정 상품의 구매를 거부하는 운동 • 노동조합의 불매운동은 불매동맹이라고도 하며 조합원이나 일반 시민에게 직접 쟁의의 상대가 되어 있는 사용주나 그와 거래관계에 있는 제3자의 상품구매를 거부하도록 호소하는 행위

2. 사용자의 쟁의 대항행위

(1) 직장폐쇄

① 직장폐쇄는 노사 간에 분쟁이 있을 때에만 가능하며 사용자가 휴업수당 등을 지급하지 않기 위해 직장폐쇄를 하는 경우는 쟁의행위로 인정되지 않는다.

② 직장폐쇄를 결정한 기업주는 즉시 관할 시ㆍ도와 노동위원회에 신고해야 하고 휴ㆍ폐업의 경우에는 관할 세무서에 신고하도록 되어 있다.

(2) 조업계속 : 근로계약관계에 있으면서 노동조합에 가입하지 않은 비조합원 근로자나 쟁의행위에 참가하지 않은 조합원 근로자 중에서 근로희망자를 활용하여 조업을 계속하는 것은 어느 규정에서도 금지하고 있지 않다.

(3) 외부근로자에 의한 대체근로 금지 : 사용자는 쟁의행위 기간에 중단된 업무를 당해 사업 내부의 근로희망 근로자로 대체하여 사용할 수 있으나 외부 근로자 또는 신규도급 및 하도급은 금지되어 있다.

3. 노동쟁의 조정제도

(1) 조정 : 노동관계 당사자가 쟁의행위를 자주적으로 해결하도록 도와주고 주장의 차이를 좁힐 수 있도록 제안ㆍ추천ㆍ권고하는 조정절차로서 양 당사자에게 수락을 권고하는 방식을 취한다.

(2) 중재 : 조정과 달리 당사자를 구속하는 법률적 효력을 갖는다. 관계 당사자의 쌍방 또는 일방이 단체협약에 신청했을 때 그 절차가 개시되는 임의중재를 원칙으로 하고 있으나, 공익사업의 긴급조정의 경우에는 중앙노동위원회에 의한 강제중재를 결정할 수 있다.

강제성을 띠는 것	강제성이 없는 것
• 긴급조정 : 쟁의행위가 국가나 국민에게 위험을 줄 수 있으면 노동부장관이 긴급조정을 할 수 있음. • 중재 : 당사자는 중재결과를 따라야 하며 중재 결정이 위법일 경우 중앙노동위원회에 재심을 청구 또는 행정소송 제기 가능	• 조정 : 노동위원회의 조정위원회에서 담당하며 조정안 수락을 권고하는 것 • 알선 : 분쟁당사자를 설득하여 관련 당사자 간의 토론에 의해 쟁의 조정을 하는 것

☑ 직장폐쇄는 사용자가 자신의 주장을 관철시키기 위하여 근로자를 직장으로부터 집단적으로 차단하고 근로자가 제공하는 노무를 총괄적으로 거부하는 쟁의행위다.

☑ 노동쟁의의 조정은 신청일로부터 일반사업은 10일, 공익사업은 15일 이내에 종료하여야 한다.

대표기출유형

✚ 다음 중 사용자의 쟁의행위로 알맞은 것은?

① 사용자 측의 직장폐쇄   ② 노동자 측의 직장폐쇄   ③ 파업
④ 태업   ⑤ 불매운동

정답 ①

해설 직장폐쇄는 사용자 측의 쟁의행위이며 「노동조합 및 노동관계조정법」은 사용자의 쟁의 수단으로서 이를 인정하고 있다.

빈출 지문에서 뽑은 O/X

01 분류법은 평가요소로 구분하여 각 요소별로 그 중요도에 따른 점수를 준다. (O / ×)

02 경험법은 직무분석자가 직접 직무를 수행함으로써 실증자료를 얻는 방법으로 가장 우수한 방법이나 현실적으로 사용하기 힘들다. (O / ×)

03 질문지법은 직무의 모든 측면을 파악할 수 있는 질문서를 작성하여 직무수행자로 하여금 기입하도록 하여 직무를 분석하는 방법이다. (O / ×)

04 관찰법은 직무분석자가 직무수행자 또는 작업자 집단이 실제로 직무를 수행하는 것을 관찰하여 특정한 과업을 수행하는 목적과 방법 등을 기록하는 방법이다. (O / ×)

05 관찰법은 관찰자의 주관이 개입될 수 있고, 오랜 시간 동안 관찰이 쉽지 않다는 단점이 있다. (O / ×)

06 질문지법은 시간과 노력이 절약되나 해석상의 차이로 인한 오류가 나타날 수 있다. (O / ×)

07 중요사건법은 비교적 정밀하고 직무행동과 평가 간의 관계파악이 용이하다. (O / ×)

08 임상적 방법은 비교적 정밀하고 객관적인 자료도출이 가능하나 절차가 복잡하다. (O / ×)

09 체험법은 분석자가 직접 체득함으로써 생생한 직무자료를 얻을 수 있다. (O / ×)

10 직무명세서는 직무의 인적 요건에 중심을 두고 있다. (O / ×)

11 직무기술서는 직무명세서의 내용을 기초로 하여 정리하였다. (O / ×)

12 직무명세서는 직무의 형태와 책임 상황 등을 명시한 문서로 직무에 관한 개괄적 자료를 제공하며, 직무내용과 직무요건을 동일한 비중으로 한다. (O / ×)

13 직무평가는 직무의 상대적 가치를 정하는 체계적인 방법이다. (O / ×)

14 직무평가에서는 직무의 곤란도, 위험도, 수익성을 평가하지 않는다. (O / ×)

15 직무설계는 직무기술서를 작성하는 데 도움을 준다. (O / ×)

16 직무충실화는 동기요인보다는 위생요인에 더 중점을 둔다. (O / ×)

17 구성원의 작업활동을 다양화하기 위해서 직무순환은 하지 않는다. (O / ×)

18 직무확대란 직무의 다양성을 높이기 위해서 직무를 수평적으로 확대시키는 것이다. (O / ×)

19 허즈버그(Herzberg)의 2요인이론을 근거로 한 직무설계방법은 직무특성이론이다. (O / ×)

20 효과적인 인사고과의 요건은 사람별로 세분화된 객관적이고 공정한 평가요소를 지녀야 한다. (O / ×)

21 서열법이란 사전에 정해 놓은 비율에 따라 피고과자를 강제로 할당하여 고과하는 방법이다. (O / ×)

정답과 해설

01	X	02	O	03	O	04	O	05	O	06	O	07	X	08	O	09	O	10	O	11	X	12	X	13	O
14	X	15	X	16	X	17	X	18	O	19	X	20	X	21	X										

01 점수법에 대한 설명이다. 분류법은 어떠한 기준으로 사전에 만들어 놓은 등급에 맞추어 판단하는 평가방법이다.

02 경험법은 직무분석자가 직접 직무를 수행함으로써 실증자료를 얻는 방법으로 가장 우수한 방법이지만 현실적으로 사용하기 힘들다는 한계를 가진다.

03 질문지법이란 질문서를 작성하여 직무수행자로 하여금 기입하도록 하여 직무를 분석하는 방법이다.

04 관찰법이란 직무를 수행하는 사람들을 현장에서 직접 관찰함으로써 직무 활동과 내용을 파악하는 것이다.

05 관찰법은 관찰 과정에서 관찰자의 주관이 개입되기 쉽고, 시간과 경비가 많이 소요된다는 단점이 있다.

06 질문지법은 다른 방법보다 신속하게 자료 수집을 할 수 있으나, 질문표 기입에 사용된 용어의 다의성 때문에 그 해석이 곤란하다는 단점을 가진다.

07 중요사건법은 직무행동 중에서 보다 중요하거나 가치 있는 면에 대한 정보를 수집하여 직무의 내용과 성질을 분석하는 것을 말한다.

08 임상적 방법은 객관적이고 정확한 자료를 구할 수 있으나 시간과 경비가 많이 소요되고 절차가 복잡하여 이용하기에 용이하지 않다는 단점이 있다.

09 체험법은 직무분석자가 직무활동을 직접 체험하고 자기의 체험을 바탕으로 직무에 관한 사실을 파악하는 방법이다.

10 직무명세서는 직무의 인적 요건에 중심을 두고 있다.

11 직무기술서는 직무분석의 결과를 정리하여 기록한 문서이며, 직무명세서는 직무기술서의 내용에 기초하여 직무수행에 필요한 요건 중에서 인적 요건에 큰 비중을 두어서 기록한 것이다.

12 직무기술서에 대한 내용으로, 직무에 관한 사실이나 정보를 모든 사람이 이해하기 쉽도록 간략하게 정리한 것이며 직무 내용과 직무요건이 동일한 비중으로 구성되어 있다.

13 직무평가는 직무의 중요성, 곤란도, 위험도 등을 평가해 타 직무와 비교한 직무의 상대적 가치를 정하는 방법이다.

14 직무평가에서 직업의 곤란도, 위험도 등은 평가하지만 수익성은 평가하지 않는다.

15 직무기술서와 직무명세서가 마련되면 이러한 정보를 활용하여 직무를 설계하거나 재설계한다.

16 위생요인으로는 조직의 정책과 행정, 감독, 보수, 대인관계, 작업조건 등이 있으며 동기요인으로는 직무상의 성취, 직무성취에 대한 인정, 직무내용, 책임, 승진, 개인적 성장 또는 발전 등이 있다. 직무충실화는 직무성과가 직무수행에 따른 경제적 보상보다는 개개인의 심리적인 만족에 달려 있다는 전제하에 직무수행 내용과 환경을 재설계하려는 방법으로 위생요인보다는 동기요인에 더 중점을 둔다.

17 직무순환이란 조직 구성원에게 돌아가면서 여러 가지 직무를 수행하게 하는 것을 말하며 조직 구성원의 직무활동을 다양화함으로써 지루함이나 싫증을 감소시켜 준다.

18 직무확대란 한 직무에서 수행되는 과업의 수를 증가시키는 것을 말하며 이를 통해서 작업의 단조로움과 지루함을 극복하여 높은 수준의 직무만족으로 이끌어 갈 것을 기대한다.

19 직무충실화는 허즈버그의 2요인이론에 기초한 방법으로 수직적 직무확대로 이루어져 있다.

20 사람별로 세분되는 것이 아니라 모든 피고과자에게 공통적인 것이어야 한다. 즉 직무특성에 따라 업적, 능력, 태도 등의 고과요소가 다른 가중치를 가지고서 평가되어야 할 것이다.

21 강제할당법에 대한 설명이다. 서열법은 피고과자의 능력과 업적에 대해 순위를 매기는 방법이다.

22 시간적 오류는 평가자가 피평가자를 평가함에 있어 쉽게 기억할 수 있는 최근 업적이나 능력을 중심으로 평가하려는 데서 나타나는 오류다. (O / ×)

23 평가자가 관련성이 없는 평가항목들 간에 높은 상관성을 인지하고 동일하게 평가하는 것은 선택적 지각이다. (O / ×)

24 최근효과는 가까운 대상과 비교하여 평가하는 것이고 대조효과는 가장 최근에 얻어진 정보에 비중을 더 많이 주어 평가하는 것이다. (O / ×)

25 후광효과는 자신의 감정이나 특성을 타인에게 전가시켜 평가하는 것이다. (O / ×)

26 상동적 태도는 개인을 평가할 때 실제 평가보다 더 후하게 평가하는 것이다. (O / ×)

27 OJT는 작업 현장에서 직장 상사 또는 직장 선배가 부하직원에게 실무 또는 기능을 교육하는 것으로 훈련받은 내용을 바로 활용할 수 있지만 잘못된 관행이 전수될 수 있다. (O / ×)

28 OJT를 활용할 시 부하직원의 실무 능력이 크게 향상되나 작업 시간이 감소되고 경제적 부담이 크다. (O / ×)

29 직장 내 교육은 업무시간 중에 실제 업무를 수행하면서 직속상사로부터 직무훈련을 받는 것으로 직무를 수행하면서 동시에 교육을 수행할 수 있다. (O / ×)

30 기업의 임금수준을 결정할 때 최우선적으로 고려해야 할 요소는 근로자의 평균 근무연수다. (O / ×)

31 성과급은 종업원의 임금을 성과나 능력에 따라 다르게 지급한다. (O / ×)

32 직무급은 담당자의 직무에 대한 태도와 직무적성, 직무성과에 따라 결정한다. (O / ×)

33 내재적 보상이 클수록 임금의 내부공정성이 높아지고, 외재적 보상이 클수록 임금의 외부공정성이 높아진다. (O / ×)

34 직능급은 종업원이 보유하고 있는 직무수행능력을 고려하여 임금을 결정하는 방식이다. (O / ×)

35 보상관리 전략은 기업 성장주기(Life Cycle)와 관련이 있는데, 초기와 성장기에는 복리후생을 중시하고 안정기와 쇠퇴기에는 성과급을 강조하는 것이 일반적이다. (O / ×)

36 연공급의 문제점을 극복하기 위한 방안으로 제시된 직능급에서는 직무의 중요도, 난이도, 위험도 등이 반영된 직무의 상대가치를 기준으로 보상수준이 결정된다. (O / ×)

37 럭커 플랜(Rucker Plan)은 매출액을 기준으로 성과배분액을 계산하며 종업원 제안제도를 채택하고 있다. (O / ×)

38 비노조원도 채용할 수 있으나, 일정기간이 경과된 후 반드시 노동조합에 가입하여야 하는 제도는 유니온 숍(Union Shop)이다. (O / ×)

39 메인티넌스 숍(Maintenance Shop)은 조합원이 아닌 종업원에게도 노동조합비를 징수하는 제도이다. (O / ×)

기출문제

경영과 기업

기업활동의 조직

인사관리

생산관리

마케팅관리

실전모의고사

정답과 해설

22	○	23	×	24	×	25	×	26	×	27	○	28	×	29	○	30	×	31	○	32	×	33	×	34	○
35	×	36	×	37	×	38	○	39	×																

[22] 시간적 오류는 근무성적평정을 할 때 평가기간 전체의 실적이 아니라 최초 또는 최근의 실적이나 능력을 중심으로 평가함으로써 발생하는 오류를 말한다.

[23] 평가자가 관련성이 없는 평가항목들 간에 높은 상관성을 인지하여 동일하게 평가하는 것은 상관편견이다. 선택적 지각은 외부 정보를 객관적으로 받아들이지 않고 자신의 기존 인지 체계와 일치하거나 자신에게 유리한 것을 선택하여 지각하는 것이다.

[24] 최근효과는 가장 최근에 얻어진 정보에 비중을 더 많이 주어 평가하는 것이고 대조효과는 가까운 대상과 비교하여 평가하는 것이다.

[25] 후광효과는 어떤 대상을 평가할 때 그 대상의 어느 한 측면의 특질이 다른 특질들에까지도 영향을 미치는 것이고 주관의 객관화는 자신의 감정이나 특성을 타인에게 전가시켜 평가하는 것이다.

[26] 상동적 태도는 고정관념에 의해 타인이 속한 집단을 평가하는 것이다.

[27] OJT(On the Job Training)는 직장 내 교육훈련으로 작업현장에서 직접 실무자에게 배우는 실무중심의 교육으로 바로 수행할 수 있지만 잘못된 관행이 전수될 수 있다.

[28] OJT는 신입 직원 또는 피훈련자가 실제 직위에서 직무를 정상적으로 수행하면서 상관으로부터 지도와 훈련을 받는 것으로 교육비용이 적게 든다는 장점이 있다.

[29] 직장 내 교육은 일상업무 활동 중 상황에 따라 일하는 방식이나 업무 지식 등을 교육하고 단계적으로 능력계발을 행하여 인재를 육성하는 방법이다.

[30] 임금수준이란 사용자에 의해 종업원들에게 지급되는 평균임금률(임금액의 크기)을 말하며, 임금수준은 한계생산성, 생계비, 실업과 임금의 관계, 경제성장률 등을 고려하여야 한다.

[31] 성과급은 동일직무라도 종업원들의 임금을 성과나 능력에 따라 지급을 하며 개인이 달성한 업적을 기준으로 하여 임금액이 결정되는 급여 체계를 말한다.

[32] 직무급은 직무의 난이도에 따라 보상이 결정되는 제도로 담당자의 직무에 대한 태도와 직무적성, 직무성과와 임금은 관계가 없다. 즉 동일직무에 동일임금이다.

[33] 임금의 내부공정성이란 기업 내 종업원들 간의 비교를 통한 공정성을 의미하고, 임금의 외부공정성이란 경쟁기업 혹은 사회전체의 임금과의 비교를 통한 공정성을 의미한다. 내부공정성을 높이기위해서는 임금체계와 임금형태를 공정하게 만들어야 하고, 외부공정성을 높이기 위해서는 임금수준을 공정하게 만들어야 한다.

[34] 직능급은 종업원이 보유하고 있는 직무수행능력에 따라 임금을 책정하는 방식으로 직무급과 연공급적 성격이 함께 고려되는 특징이 있다.

[35] 보상관리전략은 기업 성장주기와 관련이 있는데, 초기와 성장기에는 성과에 따른 보상을 강조하지만 어느 정도 안정된 후에는 확립된 임금체계에 따라 임금을 지급하고 오히려 복리후생을 강조하는 것이 일반적이다.

[36] 직무의 중요도, 난이도, 위험도 등이 반영된 직무의 상대가치를 기준으로 보상수준이 결정되는 임금제도는 직무급이다. 직능급에서는 직무수행능력에 따라 임금차이가 발생한다.

[37] 럭커 플랜은 부가가치분배율을 기준으로 성과배분을 계산하며, 매출액을 기준으로 성과배분액을 계산하는 것은 스캔론 플랜이다.

[38] 유니온 숍은 비조합원도 가입할 수 있으나 일정기간 후 반드시 노동조합에 가입하여야 하는 제도이다.

[39] 메인티넌스 숍은 조합원이 되면 일정기간 동안은 조합원의 신분을 유지토록 하는 제도를 말한다. 조합원이 아닌 종업원에게도 노동조합비를 징수하는 제도는 에이전시 숍이다.

04 기출예상문제

정답과 해설 65 쪽

01 다음 중 인력계획 활동에 대한 설명으로 적절하지 않은 것은?

① 인사부문에 대한 계획 활동은 인력확보계획, 인력개발계획, 인력보상계획, 인력유지계획, 인력방출계획을 포함한다.

② 실무부서단위로 부서의 목적달성에 필요한 인력수요를 예측하고 상부에서 종합하는 상향적 접근방법은 인력수요를 과소예측하기 쉽다.

③ 직무분석은 모집, 선발과정에서 자격조건을 명시하고 필요 인력수요를 파악하는 데 필요하다.

④ 기존인력의 기술목록에는 기술과 경험, 능력정보, 교육훈련, 인적사항 등이 포함된다.

⑤ 인력개발에 관한 계획 활동에는 종업원의 현재 및 잠재능력의 측정과 종업원의 개발욕구분석, 경력욕구분석을 포함한다.

02 다음 중 직무분석에서 파악할 내용으로 알맞지 않은 것은?

① 직무평가   ② 직무내용   ③ 작업방법
④ 작업장소   ⑤ 근로조건

03 다음 중 직무분석의 목적으로 알맞지 않은 것은?

① 직무분석의 자료는 인적 자원계획 수립을 위한 기초 자료로 활용된다.

② 직무분석을 통해 얻어진 정보는 특정 직무에 대한 보상평가기준으로 사용할 수 없다.

③ 직무분석을 통해 얻어진 정보는 직무 요건 및 직무 간 관계를 명확히 해 줌으로써 직무의 중복을 최소화시킨다.

④ 직무분석 자료는 인적 자원의 수요 및 공급을 예측하고 교육훈련계획, 전직계획, 승진계획 등 여러 가지 계획에 사용된다.

⑤ 직무분석을 통해 파악한 업무의 처리방법을 표준화하고 이를 합리화하는 데 이용된다.

04 다음 중 직무분석에 대한 설명으로 알맞지 않은 것은 모두 몇 개인가?

> ㉠ 직무기술서와 직무명세서의 기초가 된다.
>
> ㉡ 직무분석의 방법으로는 상동적 태도, 현혹효과가 있다.
>
> ㉢ 직무에 관련된 정보를 체계적으로 수집, 분석, 정리하는 과정이다.
>
> ㉣ 직무를 수행할 사람들이 갖추어야 할 요건을 체계적으로 수집하고 정리하는 과정이다.
>
> ㉤ 직무분석 자료를 통해 획득한 인적 자료는 인사고과의 기준으로 활용할 수 있다.
>
> ㉥ 직부분석의 결과를 요약한 것으로서 직무수행상 요구되는 인적 요건 중심으로 작성한 것을 직무기술서라 한다.
>
> ㉦ 직무분석을 통하여 직무기술서와 직무명세서가 도출된다.

① 1개   ② 2개   ③ 3개

④ 4개   ⑤ 5개

05 다음 중 직무분석의 절차로 알맞은 것은?

① 배경정보의 수집 - 대표직위 선정 - 직무정보 획득 - 직무기술서 작성 - 직무명세서 작성

② 배경정보의 수집 - 직무정보 획득 - 직무기술서 작성 - 대표직위 선정 - 직무명세서 작성

③ 배경정보의 수집 - 직무명세서 작성 - 직무정보 획득 - 직무기술서 작성 - 대표직위 선정

④ 배경정보의 수집 - 직무기술서 작성 - 직무정보 획득 - 대표직위 선정 - 직무명세서 작성

⑤ 배경정보의 수집 - 대표직위 선정 - 직무기술서 작성 - 직무명세서 작성 - 직무정보 획득

06 직무분석과 직무설계에 대한 다음의 설명 중 적절하지 않은 것은?

① 직무순환, 직무확대, 직무충실화는 개인수준에서의 직무재설계방법이다.

② 작업자의 직무범위가 넓어짐에 따라 인력배치의 폭도 넓어질 수 있다.

③ 한 작업자가 수행하는 과업의 수를 늘리고 의사결정과 관련된 권한과 직무의 책임을 증가시키는 것을 수평적 직무확대라고 한다.

④ 직무분석에서 정리된 자료는 직무기술서와 직무명세서를 작성하는 데 사용되고 직무평가의 기본 자료로도 사용된다.

⑤ 직무분석에서 관찰법은 직무분석자가 작업자의 직무수행을 관찰하고 직무내용, 직무수행방법, 작업조건 등 필요한 자료를 기재하는 방법으로 특히 육체적 활동과 같이 관찰 가능한 직무에 적절히 사용될 수 있다.

07 다음 중 직무관리에 관한 설명으로 적절하지 않은 것은?

① 직무분석은 분석대상 직무선정 → 직무관련 자료수집 → 직무기술서와 직무명세서 작성의 순서로 진행된다.

② 직무명세서에는 직무수행에 필요한 지식, 기술, 역량, 자격요건이 포함된다.

③ 직무평가는 직무분석 결과를 바탕으로 현재 직무의 문제점과 개선방안을 도출해 내는 것을 주목적으로 한다.

④ 직무재설계 방법인 직무확대는 수평적 측면에서 작업의 수를 증가시키는 것을 의미한다.

⑤ 직무평가방법인 서열법은 직무의 상대적 중요도를 평가하는 방법으로 직무의 수가 적은 소규모 조직에 적합하다.

08 훈련된 직무분석자가 직무수행자를 직접 관찰하는 것으로, 생산직이나 기능직과 같은 단순 · 반복적인 직무분석에 적합한 것은?

① 샘플링법　　　　　② 면접법　　　　　③ 질문지법
④ 중요사건기록법　　⑤ 관찰법

09 다음 중 면접법에 대한 설명으로 옳지 않은 것은?

① 다른 사람이 직무를 수행하는 것을 직접 관찰하기 어려울 경우 사용한다.

② 직무분석 담당자가 특정한 직무를 직접 수행해 보는 것이 불가능할 경우 사용한다.

③ 각 직무에 종사하고 있는 사람들을 면담하여 정보를 수집하는 방법이다.

④ 직무분석 담당자가 분석대상 직무를 직접 수행해 봄으로써 직무의 내용과 직무가 요구하는 특성 등을 분석하는 방법이다.

⑤ 응답률은 높으나 시간과 비용이 많이 소요되는 방법이다.

10 다음 중 직무분석에 대한 설명으로 적절하지 않은 것은?

① 직무명세서는 직무의 인적 요건에 중심을 두고 있다.

② 직무분석의 방법으로는 요소비교법, 관찰법, 면접법 등이 있다.

③ 직무는 작업의 종류와 수준이 유사한 직위들의 집단을 말한다.

④ 직무분석이란 직무에 관련된 정보를 체계적으로 수집 · 분석 · 정리하는 과정이다.

⑤ 직무분석을 통해 수집한 자료를 바탕으로 직무평가가 이루어진다.

11 다음 〈보기〉에서 설명하고 있는 직무정보 수집방법은?

- 다수 작업자 관찰 필요
- 내면 관찰 불가
- 관찰자의 주관이 개입
- 장시간 관찰 불가

① 면접법　　　　　　② 관찰법　　　　　　③ 질문지법
④ 경험법　　　　　　⑤ 중요사건기록법

12 다음 중 직무기술서에 대한 설명으로 알맞은 것은?

① 고용, 훈련, 승진, 전직에 기초자료를 제공한다.
② 직무의 능률화를 목적으로 작성되며 직무내용과 직무요건 중 직무내용에 더 많은 비중을 둔다.
③ 직무의 능률화를 목적으로 작성되며 직무내용과 직무요건 중 직무요건에 더 많은 비중을 둔다.
④ 경험, 숙련도, 신체적·정서적 특징 등 주로 직무수행에 필요한 인적 사항을 기술한다.
⑤ 직무의 성격이나 특성, 요구되는 자질, 작업조건 등을 정리하여 기술한다.

13 다음 중 직무기술서에 포함되는 내용으로 알맞지 않은 것은?

① 직무내용을 일정한 양식에 적어 둔다.
② 직무개요를 일정한 양식에 적어 둔다.
③ 직무요건을 일정한 양식에 적어 둔다.
④ 직무수행에 필요한 인적 특성을 자세히 적어 둔다.
⑤ 직무절차를 일정한 양식에 적어 둔다.

14 다음 중 직무기술서에 대한 설명으로 알맞은 것은 모두 몇 개인가?

> ㉠ 직무요건만을 분리하여 구체적으로 기록한 문서다.
>
> ㉡ 직무분석의 결과를 정리할 때 인적 특성을 중심으로 기록되는 문서로, 인적 요건에 초점을 맞추고 있다.
>
> ㉢ 직무를 만족스럽게 수행하는 데 필요한 종업원의 행동, 기능, 능력, 지식 등을 일정한 형식에 맞게 기술한 문서다.
>
> ㉣ 직무의 성격, 내용, 이행 방법 등과 직무의 능률적인 수행을 위하여 직무에서 기대되는 결과 등을 간략하게 정리해 놓은 문서다.
>
> ㉤ 직무 자체의 정보보다는 해당 직무를 수행하는 종업원의 인적사항을 수집함을 목적으로 한다.
>
> ㉥ 고용이나 훈련, 승진 등에 기초자료가 된다.
>
> ㉦ 직무요건인 인적 요건에 큰 비중을 두고 있다.
>
> ㉧ 작업자들의 적성이나 기능 또는 지식과 능력 등이 일정한 양식으로 기록되어 있다.

① 1개   ② 2개   ③ 3개

④ 4개   ⑤ 5개

15 다음 중 직무명세서와 직무기술서에 대한 설명으로 알맞은 것은?

① 직무명세서는 인적 요건에 큰 비중을 두고 있다.

② 직무기술서는 직무수행자나 자격요건을 구체적으로 기술해 놓은 문서다.

③ 직무명세서는 직무내용과 직무요건이 동일한 비중으로 작성되어 있다.

④ 직무기술서의 내용에 포함되는 것으로는 종업원의 행동, 지식, 능력 등이 있다.

⑤ 직무명세서의 내용에 포함되는 것으로는 직무환경, 직무절차, 고용조건 등이 있다.

16 다음 중 직무명세서를 작성할 때 포함되어야 할 것은?

① 직무가 수행되는 장소

② 직무를 수행하는 작업조건

③ 목적 달성을 위한 종업원의 일일 과업

④ 직무를 효과적으로 수행하는 데 필요한 도구

⑤ 종업원의 행동이나 기능 또는 능력, 지식

17 다음 중 직무평가에 관한 설명으로 적절한 것은?

① 직무평가의 목적은 조직에 필요한 직무인지 여부를 평가하고 개선점을 찾아내는 것이다.

② 직무급 도입을 위한 핵심적인 과정이다.

③ 직무수행에 필요한 인적 요건에 관한 정보를 구체적으로 기록한 것이 직무기술서이다.

④ 서열법은 직무를 세부 요소로 구분하여 직무들의 상대적 가치를 판단한다.

⑤ 사전에 등급이나 기준을 만들고 그에 맞게 직무를 판정하는 방법을 요소비교법이라고 한다.

18 다음 중 직무평가에 대한 설명으로 옳지 않은 것은?

① 직무의 절대적 가치를 정하는 체계적인 방법이다.

② 직무평가 요소의 선정은 회사마다 차이가 있을 수 있으나 일반적으로 기능, 노력, 책임, 작업 조건으로 선정한다.

③ 서열법은 직무를 종합적 가치에 따라 평가해서 서열을 정하는 방법으로, 간단하고 신속하게 평가할 수 있으나 직무의 수가 많거나 유사직무가 많은 경우에는 사용하기 곤란하다.

④ 분류법은 등급법이라고도 하며 평가요소를 등급화하여 구분하는 방법으로, 실시과정이 간단하고 용이하지만 평가척도의 구분이 어렵다는 단점이 있다.

⑤ 점수법은 각 평가요소별로 수치화된 가중치를 설정하고 이를 바탕으로 점수를 평가하는 방법이다.

19 다음 중 직무평가에 대한 설명으로 알맞지 않은 것은?

① 직무평가를 통하여 직무의 상대적 가치를 산출한다.

② 직무평가의 방법으로는 분류법, 서열법, 질문지법 등이 있다.

③ 분류법은 사전에 정해둔 등급기준대로 직무를 강제로 배정한다.

④ 서열법은 피평가자들이 결과를 수용하지 못할 가능성이 높다.

⑤ 요소비교법은 주로 임금액을 평가기준으로 설정한다.

20 다음 중 직무평가 방법으로 적절한 것은?

① 요소비교법(Factor Comparison Method)

② 강제할당법(Forced Distribution Method)

③ 중요사건기술법(Critical Incident Method)

④ 행동기준평가법(Behaviorally Anchored Rating Scale)

⑤ 체크리스트법(Checklist Method)

21 다음 중 직무분석과 직무평가에 대한 설명으로 옳지 않은 것은?

① 직무평가 방법에는 서열법, 분류법, 점수법 등이 있으며, 강제할당법, 중요사건서술법, 행동기준 평가법은 인사고과 방법이다.

② 직무 수행요건 분석은 책임, 숙련도, 능력과 기능, 작업 조건 등을 분석하는 것이다.

③ 직무평가는 조직 내 사무처리의 방법을 합리화하는 기능을 수행한다.

④ 직무평가는 종업원의 훈련·개발의 기준점이 된다.

⑤ 직무명세서란 직무수행요건 중 인적요건에 비중을 두어 작성한 문서이다.

22 다음 〈보기〉가 설명하고 있는 것은?

> 보기
>
> 기준직무를 미리 정해 놓고 각 직무의 평가요소와 기준직무의 평가요소를 비교, 분석하는 직무평가방법이다.

① 서열법   ② 분류법   ③ 점수법

④ 질문지법   ⑤ 요소비교법

23 다음 중 직무평가 방법에서 요소비교법의 단점에 해당하는 것은?

① 등급의 일정기준이 없다.
② 내용이 복잡하여 시간이 많이 소요된다.
③ 평가요소별 가중치 결정에 어려움이 있다.
④ 직무의 수가 많을 경우 적용이 어렵다.
⑤ 직무평가에 평가자의 주관이 반영되기 쉽다.

24 다음 중 직무평가의 비량적 방법들로만 묶인 것은?

① 점수법, 분류법
② 점수법, 요소비교법
③ 서열법, 요소비교법
④ 분류법, 요소비교법
⑤ 서열법, 분류법

25 다음 중 직무평가에서 비량적 방법에 대한 설명으로 알맞은 것은?

① 점수법과 요소비교법이 있다.
② 양적으로 계측하는 분석적 판단이다.
③ 중소기업의 직무평가에 많이 사용된다.
④ 직무를 조건으로 분석하거나 기초적 요소로 분석한다.
⑤ 양적 방법에 비해 직무평가에 많은 시간과 비용을 필요로 한다.

26 다음 중 분류법에 대한 설명으로 알맞은 것은?

① 각각의 직무를 상호교차하여 그 순위를 결정한다.
② 평가요소별로 점수를 배정하고 평가하는 방법이다.
③ 각 직무의 평가요소를 기준직무의 평가요소와 비교한다.
④ 사전에 직무등급을 결정해 놓고 각 직무를 적절히 판정하여 해당 등급에 맞추어 넣는 직무평가 방법이다.
⑤ 많은 종류의 직무를 평가할 때 주로 활용되는 방법이다.

27 다음 중 직무평가의 방법에 해당하지 않는 것은?

① 서열법   ② 관찰법   ③ 점수법

④ 요소비교법   ⑤ 분류법

28 다음 중 서열법에 대한 설명으로 알맞지 않은 것은?

① 양적 방법에 속한다.

② 각 요소에 순위를 매겨야 한다.

③ 중소기업의 직무평가에 많이 활용된다.

④ 신속, 간편하게 평가할 수 있는 것이 장점이다.

⑤ 평가기준이 모호하여 피평가자가 결과를 수용하기 힘들다는 단점이 있다.

29 다음 중 요소비교법에 대한 설명으로 알맞은 것은?

① 표준화된 질문지를 통하여 직무담당자가 해당 항목을 평가하는 방법이다.

② 직무행동 중에서 보다 중요한 혹은 가치 있는 면에 대한 정보를 수집하는 방법이다.

③ 직무분석자가 직무수행자를 직접·집중적으로 관찰함으로써 정보를 수집하는 방법으로, 생산직이나 기능직에 어울린다.

④ 직무의 중요도를 결정하는 데에 있어 평가자의 지식과 주관에 크게 의존하는 방법이다.

⑤ 기준직무를 미리 정하고 기준직무의 평가요소와 각 직무의 평가요소를 비교하여 직무의 순위를 결정하는 방법이다.

30 다음 중 직무관리에 관한 설명으로 적절한 것은 모두 몇 개인가?

> ㉠ 요소비교법을 사용하여 직무평가를 할 때, 직무의 평가요소와 기준직무를 선정하는 것이 필요하다.
>
> ㉡ 핵크만(Hackman)과 올드햄(Oldham)이 주장한 직무특성이론에서 핵심직무특성에는 기능다양성(Skill Variety), 과업정체성(Task Identity), 과업중요성(Task Significance), 직무독립성(Task Independence), 피드백(Feedback)이 포함된다.
>
> ㉢ 직무충실화란 과업의 다양성을 증진시키기 위해 직무의 수를 증가시키는 것을 의미한다.
>
> ㉣ 서열법을 사용하여 직무평가를 할 때에는 등급분류 기준을 설정해야 한다.
>
> ㉤ 핵크만과 올드햄의 직무특성이론에서 중요 심리상태에는 작업에 대한 만족감, 작업 결과에 대한 책임감, 직무수행 결과에 대한 지식이 포함된다.
>
> ㉥ 핵크만과 올드햄의 직무특성이론에 의하면, 과업중요성이 높은 직무를 수행할수록 직무에 대한 책임감을 많이 느끼게 된다.
>
> ㉦ 직무충실화는 재량권과 책임은 변화시키지 않고, 수행하는 작업의 종류만 증가시키는 직무재설계 방법이다.
>
> ㉧ 서열법은 직무의 수가 많을 때, 시간과 비용을 절약하기 위해 도입하는 직무평가방법이다.

① 1개 ② 2개 ③ 3개
④ 4개 ⑤ 5개

31 핵크만과 올드햄의 직무특성이론에 대한 설명으로 적절하지 않은 것은?

① 직무설계를 할 때 작업자의 성장욕구를 고려해야 한다.
② 직무성과를 내는 데 있어서 작업자의 심리상태가 중요한 요소라는 점을 강조하고 있다.
③ 과업중요성이란 조직 내·외부에 있는 다른 사람의 작업이나 생활에 미치는 영향의 정도를 의미한다.
④ 과업정체성이란 직무수행 방법과 직무수행에 필요한 능력이 명확하게 정의된 정도를 의미한다.
⑤ 직무충실화 개념을 응용하고 있다.

32 핵크만과 올드햄이 주장한 직무특성이론에 관한 설명으로 적절하지 않은 것은?

① 과업정체성이란 업무수행 방법이나 절차가 명확하고 체계적으로 정리되어 있는 정도를 의미한다.

② 결과변수에는 작업의 질, 만족도, 이직율, 결근율이 포함된다.

③ 성장욕구가 강한 사람에게는 과업중요성과 과업정체성이 높은 직무가 적합하다.

④ 성장욕구가 강한 사람은 자율성이 많은 직무를 수행할수록 직무에 대한 책임감을 더 많이 경험하게 된다.

⑤ 중요 심리상태에는 작업의 의미에 대한 경험과 직무수행 결과에 대한 지식이 포함된다.

33 다음 중 핵크만과 올드햄의 직무특성이론에서 핵심 직무특성과 직무수행자의 심리적 상태에 관한 설명으로 알맞은 것은?

① 기술다양성은 업무수행에 요구되는 기술이 얼마나 여러 가지인가를 뜻하며, 다양성이 낮을수록 수행자는 책임감을 느끼게 된다.

② 과업정체성이 높은 직무에서 수행자는 수행결과에 대해서 의미감을 가진다.

③ 과업중요성은 수행업무가 조직 내·외에서 타인의 삶과 일에 얼마나 큰 영향을 미치는가에 관한 것으로, 과업중요성이 낮은 직무에서 수행자는 업무에 대한 지식을 배운다.

④ 피드백은 업무자체가 주는 수행성과에 대한 정보의 유무를 뜻하며, 수행자가 인지하는 상황에 혼란을 일으킨다.

⑤ 자율성은 작업의 계획단계에 있어 작업자에게 주어진 재량권으로, 자율성이 낮은 직무에서 수행자는 그에 대한 책임감을 느끼게 된다.

34 다음 중 직무설계(Job Design)에 대한 설명으로 옳지 않은 것은?

① 직무특성이론을 발전시킨 것이 직무충실화이론이다.

② 직무확대는 수평적 직무확대이고, 직무충실화는 수직적 직무확대이다.

③ 직무확대는 작업자의 직무를 다양하게 해서 권태감이나 단조로움을 줄이는 데 목적이 있다.

④ 직무순환이란 종업원을 현재의 직무와는 다른 성격의 직무로 이동시키는 것이다.

⑤ 직무순환은 다양한 직무경험을 통해 직무에 대한 넓은 관점을 가지게 함을 목적으로 한다.

35 다음에서 설명하고 있는 직무설계 방법은?

> • 개인이 수행하는 직무의 수를 늘려 수평적으로 확대한다.
> • 수행하는 과업의 수와 전체 직무의 타당성을 증가시킨다.
> • 단일한 업무만을 수행했을 때의 지루함과 단조로움을 해소한다.

① 직무순환(Job Rotation)   ② 직무확대(Job Enlargement)
③ 직무유연화(Job Flexbility)   ④ 직무충실화(Job Enrichment)
⑤ 직무특성이론(JCM)

36 다음 중 직무설계 방법에 대한 설명으로 적절하지 않은 것은?

① 주기적으로 근로자의 직무를 서로 바꾸도록 하는 직무순환 방식이 사용될 수 있다.
② 압축근무제는 근로자의 근무선택을 제한할 우려가 있다.
③ 유연시간 근무제를 통해 출퇴근 시간대에 대한 재량권을 구성원에게 줄 수 있다.
④ 2명의 개인이 과업과 책임, 주당 근무시간을 나누어 갖는 것은 직무 공유 방법이다.
⑤ 재택근무를 통해 대규모의 노동력 풀을 활용할 수 있다.

37 다음 중 직무설계에 대한 설명으로 옳은 것은 모두 몇 개인가?

> ㉠ 개인목표와 만족은 전혀 고려하지 않는다.
> ㉡ 직무확대란 직무의 다양성을 증대시키기 위해 직무를 수직적으로 확대시키는 방안을 말한다.
> ㉢ 유연시간근무제는 근무시간의 유연함이 종업원의 나태함으로 이어져 근무 중 생산성이 떨어질 수 있다.
> ㉣ 직무순환이 가능하려면 작업자가 수행하는 직무끼리 상호 교환이 가능해야 하고, 작업 흐름에 있어서 커다란 작업 중단 없이 직무 간 원활한 교대가 전제되어야 한다.
> ㉤ 직무확대는 종업원의 특성에 맞지 않는 업무환경 변화로 인해 근로의욕 감퇴라는 역효과가 발생할 수 있다는 단점을 가진다.
> ㉥ 직무충실화는 개인차를 인정하며 직무가 동기요인보다는 위생요인을 충족시키도록 재구성되어야 한다는 이론이다.

① 1개   ② 2개   ③ 3개
④ 4개   ⑤ 5개

기출문제   경영과 기업   기업활동의 조직   인적자원관리   생산관리   마케팅관리   실전모의고사

38 다음 〈보기〉 중 직무충실화에 대한 설명으로 알맞은 것을 모두 고르면?

> **보기**
>
> a. 허즈버그의 2요인이론에 기초한 수직적 직무확대다.
> b. 과업의 수를 증가시킴으로써 단조로움과 지루함을 줄일 수 있다.
> c. 높은 수준의 지식과 기술이 필요하다.
> d. 직무설계의 전통적 접근방법이다.

① a, b   ② a, c   ③ a, d
④ b, c   ⑤ b, d

39 다음 중 직무충실화에 대한 설명으로 옳지 않은 것은?

① 직무의 기술수준이 높고 과업종류가 다양할수록 높은 성과를 얻을 수 있다.
② 직원의 자율성과 책임, 의사결정 권한을 증대시킨다.
③ 매슬로우의 욕구단계이론을 이론적 기반으로 한다.
④ 직무를 보다 다양하고 흥미롭게 하여 직무만족도를 높이는 것으로, 수행해야 할 업무와 기술의 수를 증대시킨다.
⑤ 일괄적인 직무충실화는 근로자의 부담으로 작용될 수 있다.

40 기업에서 필요한 인력의 풀(Pool)을 구성하는 방식에는 크게 내부모집과 외부모집이 있다. 다음 중 내부모집과 외부모집의 특성에 관한 설명으로 적절하지 않은 것은?

① 내부모집은 내부인끼리의 경쟁이라서 선발에 탈락되어도 불만이 적으며 과당경쟁도 거의 없다.
② 내부모집의 경우 이미 지원자들에 대해 많은 정보를 가지고 있어서 정확한 평가와 결정을 내릴 수 있다.
③ 내부모집은 내부인들 개인이 경력개발을 위해 계획을 세우고 실천하도록 함으로써 사내직원 전체의 능력향상을 도모할 수 있다.
④ 외부모집은 외부인이 자기직무에 잘 적응하기까지의 비용과 시간이 많이 든다.
⑤ 외부모집을 통해 기업은 조직 내부의 분위기에 신선한 충격을 줄 수 있다.

41 선발과 모집과 관련한 다음의 설명 중 적절하지 않은 것은?

① 사내공모제는 승진기회를 제공함으로써 기존의 구성원에게 동기부여를 제공한다.

② 외부모집으로 조직에 새로운 관점과 시각을 가진 인력을 선발할 수 있다.

③ 내부 인력원천은 외부 인력원천에 비해 비교적 정확한 능력평가가 가능하다.

④ 내부모집 방식에서는 모집범위가 제한되고 승진을 위한 과다경쟁이 생길 수 있다.

⑤ 여러 상황에서도 똑같은 측정결과를 나타내는 일관성을 선발 도구의 타당도라고 한다.

42 다음 중 인력선발에 관한 설명으로 옳지 않은 것은?

① 같은 환경에서 동일한 측정결과를 나타내는 일관성을 선발 도구의 일관성이라고 한다.

② 사원추천 모집제도는 외부인력의 취업 기회를 원천적으로 봉쇄한다는 문제점을 가진다.

③ 기준타당성은 성과를 예측하는 기준치가 실제로 성과를 얼마나 잘 예측했는가를 의미한다.

④ 현직 종업원을 상대로 한 시험성적과 그 종업원의 직무성과를 비교하여 평가되는 것은 선발도구의 동시타당성이다.

⑤ 지원자가 여러 주제 중 하나를 선정하여 그 견해를 발표하는 방식의 면접을 프레젠테이션 면접이라고 한다.

43 다음 중 내부모집의 장점으로 적절하지 않은 것은 모두 몇 개 인가?

> ㉠ 채용비용의 절감 효과가 있다.
> ㉡ 내부 지원자들의 정확한 평가가 가능하다.
> ㉢ 외부모집보다 신속하게 진행될 수 있다.
> ㉣ 채용의 리스크 발생 위험이 적다.
> ㉤ 내부인들의 사기를 떨어뜨린다.
> ㉥ 새로운 아이디어나 방법을 얻을 수 있다.
> ㉦ 종업원들의 동기유발 효과를 기대할 수 있다.
> ㉧ 잘못 전달된 직무정보로 인한 이직의 가능성이 적다.

① 1개   ② 2개   ③ 3개
④ 4개   ⑤ 5개

44 모집·선발과 관련한 다음의 설명 중 적절하지 않은 것을 모두 고르면?

> a. 사내공모제는 조직내부의 구성원에게 희망 직무를 지원할 수 있는 기회를 제공하므로, 기존 조직구성원들의 만족도를 높일 수 있다.
>
> b. 선발도구의 기준관련타당도는 선발도구들이 실제로 직무성과를 얼마나 잘 예측하는지를 말해 주는 것으로 예측타당도와 미래타당도가 있다.
>
> c. 기업은 인력을 충원하기 위해 크게 내부모집과 외부모집을 고려할 수 있는데, 내부모집은 조직내부에 새로운 충격을 주기 위해 선택되기도 한다.
>
> d. 선발도구의 내용타당도는 선발시험이나 면접의 내용이 해당 직무를 수행하는데 요구되는 요건들과 얼마나 일관성이 있는지를 나타낸다.
>
> e. 선발도구의 구성타당도는 해당 선발도구가 측정도구로서의 적격성을 갖고 있는지를 나타낸다.

① a, d   ② c, e   ③ b, c
④ b, d   ⑤ d, c

45 다음 중 외부모집의 효과에 대한 내용으로 옳지 않은 것은?

① 모집범위가 넓어서 유능한 인재 영입이 가능하다.
② 내부 인력의 사기가 저하될 수 있다.
③ 교육훈련비 등 인재개발비용이 증가한다.
④ 조직에 활력을 줄 수 있다.
⑤ 인력 수요에 대한 양적 충족을 달성한다.

46 다음 중 외부에서 인력을 모집할 때의 장점으로 알맞은 것은?

① 채용비용 절약의 효과가 있다.
② 조직 구성원들에게 동기유발을 준다.
③ 조직의 변화를 촉진하며 많은 선택의 가능성을 준다.
④ 조직 구성원들의 기능과 능력 등을 자세히 분석할 수 있는 계기를 준다.
⑤ 하급직의 신규채용 수요가 발생한다.

47 다음 중 선발과 모집에 관련된 설명으로 알맞지 않은 것은?

① 외부모집을 통하여 조직에 새로운 관점과 시각을 가진 인력을 선발할 수 있다.

② 외부인력원천에 비해서 내부인력원천은 비교적 정확한 평가가 가능하다.

③ 외부모집 방식에서는 모집단위가 제한되고 승진을 위한 과다경쟁이 생길 수 있다.

④ 내부모집을 통하여 사원들에게 동기부여를 제공한다.

⑤ 내부모집 방식에서는 조직의 폐쇄성이 강화되고 패거리문화가 형성될 위험이 있다.

48 종업원 모집 및 선발에 관한 설명 중 적절하지 않은 것은?

① 선발도구의 타당성이란 선발대상자의 특징을 측정한 결과가 일관성 있게 나타나는 것을 말한다.

② 사내공모제는 지원자가 직무에 대한 잘못된 정보로 인해 회사를 이직할 가능성이 낮은 모집 방법이다.

③ 평가센터법은 비용상의 문제로 하위직보다 주로 상위 관리직 채용에 활용된다.

④ 지원자의 특정 항목에 대한 평가가 다른 항목의 평가 또는 지원자에 대한 전반적 평가에 영향을 주는 것을 후광효과라고 한다.

⑤ 다수의 면접자가 한 명의 피면접자를 평가하는 방식을 패널면접이라고 한다.

49 다음 중 인사고과에 대한 설명으로 알맞지 않은 것은?

① 직무평가와 인사고과는 상대적인 개념이다.

② 직무평가는 인사고과를 위한 선행조건이다.

③ 직무평가와 인사고과는 직무 자체의 가치만 평가한다.

④ 인사고과의 기준은 객관성을 높이기 위하여 특정 목적에 적합하도록 조정되는 경향이 있다.

⑤ 인사고과에 있어 추상적 명칭의 사용은 최대한 피해야 한다.

50 인사고과법에 관한 설명 중 옳지 않은 것은?

① 행위기준고과법(BARS)은 평정척도고과법에 비하여 개발에 비용과 시간이 절약된다.

② 행위기준고과법은 구체적 행위에 근거하여 평가하는 방법으로 평정척도법과 중요사건서술법을 절충한 고과방식이다.

③ 다면평가는 고과자들의 주관과 편견을 감소시키는 효과가 있다.

④ 행위기준고과법은 평가할 사람들이 평가척도를 개발한다.

⑤ 행위기준고과법은 개발될 척도를 피평가자들에게 공개한다.

51 인사고과 방법 중 상대적 평가방법에 해당하는 것은?

① 다면평가법　　　　　② 행위기준고과법　　　　　③ 쌍대비교법
④ 목표에 의한 관리법　　　⑤ 평가센터법

52 다음 중 목표에 의한 관리(MBO)에 관한 설명으로 옳지 않은 것은?

① 목표가 측정 가능한 형태로 나타난다.

② 목표와 성과에 대한 피드백이 이루어진다.

③ 효과적인 계획을 촉진함으로써 보다 나은 관리를 돕는다.

④ 신축성 있는 목표변경을 허용하기 때문에 외부 환경변화에 적응이 용이하다.

⑤ 조직의 성과와 조직의 목표를 통합하기 위하여 참여에 의한 방법을 강조한다.

53 다음 중 목표관리(MBO)에 관한 설명으로 적절한 것을 모두 고르면?

> ㉠ 목표관리는 명확한 목표설정을 통해 평가를 구체적으로 할 수 있다.
> ㉡ 과정중심의 성과주의 인사를 실현할 수 있다.
> ㉢ 목표의 변화는 외부환경에 탄력적이다.
> ㉣ 평가를 위한 단기적인 목표만을 중시하는 경향이 있어 장기적인 목표를 간과할 수 있다.

① ㉠, ㉡ ② ㉠, ㉢ ③ ㉠, ㉣
④ ㉡, ㉢ ⑤ ㉡, ㉣

54 다음 중 목표관리(MBO)에 관한 설명으로 적절하지 않은 것은?

① 목표의 질적, 양적 측면이 모두 고려된 경영방식이다.
② 보통 단기적인 관점의 목표관리 전략이다.
③ 불확실한 외부환경에 대해서 명확한 목표설정이 가능하다.
④ 맥그리거의 Y이론에 기반을 두었으며 목표설정을 통한 개인의 평가와 피드백을 효율적으로 관리할 수 있다.
⑤ 목표의 변화에 대해서 탄력적인 기법이다.

55 다음 중 현대적 인사고과의 특징으로 알맞은 것은?

① 평가자 중심의 인사고과
② 주관적이고 추상적인 인사고과
③ 상벌 목적의 인사고과
④ 직무중심적인 임금과 승진 관리를 위한 인사고과
⑤ 미래지향적이고 개발목적 위주의 인사고과

56 인사평가에 관한 설명으로 적절한 것은?

① 행위기준고과법(BARS ; Behaviorally Anchored Rating Scales)에서는 개인의 성과목표와 행동 기준을 설정하고, 목표 대비 달성 정도를 평가한다.

② 후광효과(Halo Effect)는 피평가자 개인의 특성보다는 출신학교나 출신지역에 근거해 평가할 때 나타나는 오류이다.

③ 서열법은 피평가자의 강약점이나 절대적인 성과 수준을 파악할 수 없다는 단점이 있다.

④ 행위기준고과법은 체크리스트법과 중요사건법을 결합한 것으로, 피평가자의 구체적 행동에 근거하여 평가하는 방법이다.

⑤ 평가의 타당성이란 동일한 피평가자를 반복하여 평가하여도 비슷한 결과가 나타나는지를 의미한다.

57 인사고과에 대한 다음의 설명 중 옳지 않은 것은?

① 인사고과법이 평가대상 특성의 보유 정도를 정확하게 평가할 수 있으면 평가의 신뢰성이 높다고 할 수 있다.

② 대조표법(체크리스트법)은 평가결과의 신뢰성과 타당성이 높다는 이점이 있다.

③ 자유서술법은 객관성이 결여되어 있다는 결점이 있다.

④ 행위기준고과법은 평정척도고과법의 결점을 보완할 수 있다.

⑤ 현장토의법은 고과대상자의 참여가 없어 불신감이 야기된다.

58 다음 중 평정척도법에 관한 내용으로 적절하지 않은 것은?

① 고과자로 하여금 종업원의 자질을 직무수행상 달성한 정도에 따라 사전에 마련된 척도를 근거로 하여 체크할 수 있도록 하는 방법이다.

② 행위자 지향적 접근방법을 취한다.

③ 고과오류 발생 개연성이 높다.

④ 작성하기가 비교적 복잡하다.

⑤ 수량화가 용이하여 다른 자료들과의 비교가 가능하다.

59 다음 〈보기〉가 설명하고 있는 인사고과 방법은?

> 보기
>
> 사전에 평가의 범위와 수를 결정해 놓고 피고과자를 일정한 비율에 따라 할당하는 인사고과 방법이다.

① 서열법   ② 대조리스트   ③ 자기신고법

④ 강제할당법   ⑤ 평정척도법

60 다음 중 중간관리층을 더 높은 직급으로 성장시키기 위한 방법은?

① 자유서술법   ② 행위기준고과법   ③ 인적평정센터법

④ 중요사건서술법   ⑤ 대조리스트

61 다음 중 행위기준고과법에 대한 설명으로 알맞지 않은 것은?

① 관찰 가능한 행위를 기준으로 평가한다.

② 개발된 척도를 피평가자들에게 공개한다.

③ 종업원에게 원활한 의사소통의 기회를 제공한다.

④ 피평가자들을 참여시키지 않는다는 점에서 비판받기도 한다.

⑤ 평가방법이 복잡해 소규모 기업체에 적용하기에는 적합하지 않다.

62 다음 중 인사고과와 관련된 설명으로 알맞지 않은 것은?

① 중요사건서술법은 평과결과의 계량화가 어려워서 다른 자료와의 비교가 곤란하다.

② 행위기준고과법은 평정척도법과 중요사건서술법을 보완하여 결합한 방법이다.

③ 인적평정센터법은 주로 중간관리층의 성공잠재력을 평가하는 데 적합한 방법이다.

④ 평정척도법은 조건과 환경의 변화에 따라 평가자의 주관에 따른 관대화 경향이 나타나 평정결과가 현저하게 달라질 수 있다는 결점이 있다.

⑤ 현대적 인사고과는 업적과 평가자 중심의 인사고과다.

63 다음 중 행위기준고과법의 특징으로 알맞지 않은 것은?

① 전통적 인사고과의 방법이다.

② 구체적인 행동을 척도수준에 맞춤으로써 고과오류를 줄여 준다.

③ 구체적인 행동이 수집됨으로써 교육훈련과 인수인계를 토대를 마련한다.

④ 직능별, 직급별 특성에 맞추어 설계되므로 바람직한 행위에 대한 정보를 개인에게 제시해 준다.

⑤ 척도를 개발하는 과정에서 주관적 오류가 발생할 수 있다.

64 다음 〈보기〉가 설명하고 있는 인사고과 방법은?

> 보기
>
> 피평가자의 업적과 능력을 평가요소별 연속척도 및 비연속척도에 의해 평가하는 것으로 분석적 고과를 하기 때문에 신뢰도가 높다.

① 대조리스트   ② 서열법   ③ 목표관리법

④ 강제할당법   ⑤ 평정척도법

65 다음 〈보기〉가 설명하고 있는 인사고과 방법은?

> 보기
>
> 피평가자의 행위를 관찰하면서 중요한 사건을 평가자가 기록하였다가 이 기록을 근거로 평가하는 인사고과 방법이다.

① 서열법   ② 자기신고법   ③ 인적자원회계

④ 중요사건서술법   ⑤ 표준인물비교법

66 다음 중 자유서술법에 대한 설명으로 알맞은 것은?

① 인사고과의 오류에 대한 설명이다.

② 자기평가를 자유롭게 기술하는 방법이다.

③ 평가내용의 차이가 클수록 객관적이라는 증거다.

④ 직무수행의 업적과 능력에 따라 순서대로 서열을 매긴다.

⑤ 구조화가 되어 있지 않아 평가에 많은 시간과 비용을 요구하지 않는다.

67 다음 중 행위기준고과법에 대한 설명으로 알맞지 않은 것은?

① 관찰 가능한 행위를 기준으로 한다.

② 많은 시간과 비용이 소요되며 주로 소규모 기업에 적용된다.

③ 평정척도고과법과 중요사건서술법을 결합한 것이다.

④ 관찰 가능한 행위를 확인할 수 있으며 구체적인 직무에 적용이 가능하다.

⑤ 직무성과에 초점을 맞추기 때문에 타당성이 높다.

68 다음 인사고과 방법 중에서 가장 오래되었고 널리 사용되는 방법은?

① 종업원의 구체적인 행위를 기록·관찰하였다가 그 기록을 근거로 평가하는 방법

② 전체를 몇 가지 등급으로 나누고 각 등급의 종업원을 정규분포에 가깝도록 할당하는 방법

③ 해당 종업원이 상사와 협의하여 작업목표량을 결정하고 이에 대한 성과를 부하와 상사가 같이 측정하고 평가하는 방법

④ 고과자로 하여금 종업원의 자질을 직무수행상 달성 정도에 따라 사전에 마련된 척도를 근거로 하여 체크할 수 있도록 하는 방법

⑤ 경영자나 전문가들로 구성된 평가자들이 전문시설 내 합숙훈련과정을 관찰하여 평가하는 방법

69 다음 중 현대적 인사고과 방법으로 알맞지 않은 것은?

① 서술법　　　　　　② 목표관리법　　　　　③ 성과기준고과법
④ 자기고과법　　　　⑤ 인적평정센터법

70 다음 중 가장 우수한 사람과 가장 우수하지 못한 사람을 선정한 후 남은 사람 중에서 다시 가장
우수한 사람과 가장 우수하지 못한 사람을 선정하여 순위를 매기는 인사고과 방법은?

① 대조법　　　　　　② 쌍대비교법　　　　　③ 교대서열법
④ 표준인물비교법　　⑤ 단순서열법

71 다음 중 중심화 경향의 오류를 개선하기 위한 인사고과 방법으로 알맞은 것은?

① 자유서술법　　　　② 서베이법　　　　　　③ 자기고과법
④ 등급할당법　　　　⑤ 강제할당법

72 다음 중 인사고과 방법에 관한 설명으로 알맞지 않은 것은?

① 평정척도법은 가장 오래되고 널리 사용되는 기법이다.
② 강제할당법은 자기평가를 자유롭게 기술하는 것이다.
③ 자기신고법은 피고과자의 능력과 희망을 토대로 평가가 이루어진다.
④ 행위기준고과법은 평정척도법과 중요사건서술법을 결합한 방법이다.
⑤ 중요사건서술법의 서술 대상이 되는 행동에는 업무성과에 부정적 영향을 미친 행동을 포함한다.

73 다음 중 현혹효과의 오류를 줄이는 방법으로 알맞지 않은 것은?

① 편견 극복에 관한 고과자 훈련을 실시한다.

② 여러 사람의 평가를 종합하여 평가한다.

③ 한 사람이 연속해서 평가를 한다.

④ 구체적으로 적어 놓은 평가요소에 맞추어 평가를 한다.

⑤ 서류에서 평가자에게 선입견을 제공할 가능성이 있는 요소의 기입을 금지한다.

74 서로 논리적인 상관관계가 있는 경우, 비교적 높게 평가받는 요소가 있다면 그것과 관련된 다른 요소도 높게 평가받는 오류는?

① 유사효과   ② 논리적 오류   ③ 선택적 지각

④ 통제의 환상   ⑤ 자기충족적 예언

75 다음 중 인사평가 시 발생할 수 있는 오류에 대한 설명으로 옳지 않은 것은?

① 평가의 위험을 회피하기 위해 중간점수로만 평가하는 것은 중심화 경향(Central Tendency)이다.

② 피평가자가 속한 사회적 집단 또는 계층을 기초로 피평가자를 평가하는 것은 상동적 태도(Stereotyping)다.

③ 쉽게 기억할 수 있는 최근의 업적이나 업무수행능력을 중심으로 평가하는 것은 시간적 오류(Recency Error)다.

④ 피평가자의 실제 능력이나 실적보다 높게 평가하는 것은 관대화 경향(Leniency Tendency)이다.

⑤ 평가자가 관련성이 없는 평가항목들 간에 높은 상관성을 인지하고 동일하게 평가하는 것은 선택적 지각(Selective Perception)이다.

76 다음 중 인사고과의 과정에서 발생하는 오류에 대한 설명으로 옳지 않은 것은?

① 현혹효과는 특정 개인의 한 부분에서 형성된 인상으로 다른 여러 개의 특성을 전반적으로 후하게 평가하는 오류이다.
② 상동적 태도는 타인이 속한 사회적 집단을 근거로 평가를 내리는 오류를 말한다.
③ 근접 오류는 평가의 결과가 모두 중간점수로 평가하려는 경향이다.
④ 관대화 경향은 피평가자의 실제 업적이나 능력보다 높게 평가하는 경향을 말한다.
⑤ 극단화 오류는 평가가 평가 단계의 최상위 혹은 최하위에 집중해 버리는 경향을 말한다.

77 다음 중 타인평가 과정에서의 오류에 대한 설명으로 알맞지 않은 것은?

① 근접 오류는 자신과 유사한 사람에게 후한 점수를 주는 것을 말한다.
② 선택적 지각은 부분적인 정보만으로 전체에 대한 판단을 내리는 오류다.
③ 방어적 지각은 고정관념에 어긋나는 정보를 회피하거나 왜곡시키려는 오류다.
④ 주관의 객관화는 타인의 평가에 자신의 감정이나 경향을 투사시키려는 오류다.
⑤ 하급자는 상급자와의 의사소통 과정에서 의도적으로 정보를 누락시켜 전달하기도 한다.

78 다음 중 관대화 경향에 대한 설명으로 알맞은 것은?

① 사람에 대한 경직적 편견을 말한다.
② 개인의 전반적 인상을 구체적 특성으로 평가하는 것을 말한다.
③ 평가할 때 가급적이면 후하게 평가하는 것을 말한다.
④ 편견과 경향에 치우쳐져 타인을 평가하는 것을 말한다.
⑤ 평가에 대한 위험을 회피하기 위해 중간점에 몰리는 평가를 하는 것을 말한다.

79 다음 중 인사고과를 할 때 평가자 자신의 감정이나 경향을 피평가자의 능력을 평가하는 데 귀속시키거나 전가하는 오류는?

① 현혹효과　　　　　② 논리적 오류　　　　　③ 관대화 경향
④ 주관의 객관화　　　⑤ 근접 오류

80 다음 중 인사고과 과정의 오류에 관한 설명으로 알맞은 것은?

① 대비 효과는 자신이 보고 싶지 않은 것을 외면해 버리는 오류다.

② 지각적 방어는 피평가자의 특성을 평가자 자신의 특성과 비교하는 오류다.

③ 시간적 오류는 인접 시간대에 내린 다수의 평가들의 내용이 유사하게 도출되는 오류다.

④ 중심화 경향은 한 부분에서 형성된 인상이 전혀 다른 분야의 평가에도 영향을 주는 오류다.

⑤ 상동적 태도는 타인이 속한 사회적 집단에 대한 지각을 기초로 평가를 내리는 오류다.

81 인사평가 및 선발에 관한 설명으로 적절한 것은?

① 중심화 경향은 평가자가 피평가자의 중심적인 행동특질을 가지고 피평가자의 나머지 특질을 평가하는 경향이다.

② 인사평가의 실용성 및 수용성을 파악하기 위해서는 관대화경향, 중심화경향, 후광효과, 최근효과, 대비효과를 지표로 측정하여야 한다.

③ 시험-재시험 방법(Test-retest Method), 내적 일관성(Internal Consistency) 측정방법, 양분법(Split Half Method)은 선발도구의 신뢰도 측정에 사용되는 방법이다.

④ 신입사원의 입사 시험성적과 입사 후 일정기간이 지난 후의 직무태도를 비교하여 상관관계를 조사하는 방법은 선발도구의 동시타당도(Concurrent Validity)를 조사하는 방법이다.

⑤ 인사평가의 신뢰성은 특정의 평가도구가 얼마나 평가목적을 잘 충족시키느냐에 관한 것이다.

82 다음 중 자신의 성공은 능력이나 노력과 같은 내재적 요인으로 귀인하고 실패에 대해서는 다른 이유나 운이 나쁜 탓이라고 귀인하는 경향은?

① 귀인의 특이성 ② 귀인의 일관성
③ 귀인의 기본적 오류 ④ 귀인의 이기적 편향
⑤ 귀인의 시간적 오류

83 다음 중 평가가 평가 단계의 최상위 혹은 최하위에 집중되는 오류는?

① 극단화 오류 ② 대비 오류 ③ 이미지 평가 오류
④ 연공 오류 ⑤ 논리적 오류

84 다음 중 어떤 대상이나 사람에 대한 일반적인 견해가 그 대상이나 사람의 구체적인 특성을 평가하는 데 영향을 미치는 현상은?

① 후광효과　　　　　　② 중심화 경향　　　　　　③ 시간적 오류
④ 관대화 경향　　　　　⑤ 무책임 평가

85 다음 중 구성원에게 실시하는 교육훈련 방법에 대한 설명으로 적절하지 않은 것은?

① 직무현장훈련(OJT)은 직무에 종사하면서 감독자 지도하에 훈련을 받을 수 있는 현장실무중심 훈련이다.
② 모든 교육훈련은 훈련 현장과 직무 현장 간, 직무내용 간 유사성을 유지해야 한다.
③ 집단구축기법을 통해 아이디어와 경험을 공유할 수 있다.
④ 인터넷이나 인트라넷을 통해 학습하는 e-러닝을 실시할 수 있다.
⑤ 비즈니스 게임을 통해 주어진 사례나 문제의 실제 인물을 연기함으로써 당면한 문제를 체험해 볼 수 있다.

86 다음 중 OJT에 대한 설명으로 알맞지 않은 것은?

① 종업원의 습득 정도에 따라 실행할 수 있다.
② 특별한 훈련계획을 갖고 있지 않다.
③ 상관이 무능하면 실효를 거두기 어렵다.
④ 외부에서 전문가를 초빙하여 배운다.
⑤ 훈련과 직무수행이 병행되는 중 기존 인원의 작업수행에 지장을 받을 수 있다.

87 다음 중 OJT에 대한 설명으로 적절하지 않은 것은?

① 업무와 관련된 실질적인 훈련으로 훈련과 직무가 바로 연결된다.
② 직장의 직속상사가 직무수행 관련 교육을 수행한다.
③ 직무에 대한 악습이 전수되는 수단으로 전락할 수 있다.
④ 경제적이고 강의장 이동이 필요하지 않지만 작업수행에 지장을 받을 수 있다.
⑤ 연수원이나 교육원 등과 같은 곳에서 받는 집합교육을 말하며 많은 종업원에게 훈련을 시킬 수 있다.

88 다음 중 직장 내 교육훈련(OJT)에 관한 설명으로 알맞지 않은 것은?

① 훈련실시가 쉽게 이루어진다.

② 훈련비용이 저렴하다.

③ 훈련결과를 현장에 바로 활용할 수는 없다.

④ 일과 훈련의 병행으로 심적 부담이 생길 수 있다.

⑤ 고도의 기술과 노하우를 요하는 업무의 훈련에 용이하다.

89 다음 중 직장 외 교육훈련에 대한 설명으로 알맞은 것은?

① 고도의 전문성을 요하는 직책의 훈련에 적합하다.

② 훈련과 생산이 직결되어 있어 경제적이다.

③ 연수원이나 교육원 등과 같은 곳에서 받는 집합교육이다.

④ 상사와 동료 간의 이해와 협조 정신을 높일 수 있다.

⑤ 다수 종업원을 상대로 하는 동시훈련에는 부적합하다.

90 다음 직장 외 교육훈련의 내용 중 가장 이질적인 것은?

① 노동교육(Labor Training) 　② TWI(Training Within Industry)

③ 도제훈련(Apprentice Training) 　④ 직업학교훈련(Public Vocational School)

⑤ 실습장훈련(Vestibule Training)

91 다음 중 Off-JT에 대한 설명으로 알맞은 것은?

① 전문가나 전문 스태프를 초빙하여 경영의 각 계층을 대상으로 이루어지는 교육훈련방식이다.

② 통일된 내용의 훈련이 불가능하다.

③ 원재료의 낭비를 초래하는 경향이 있다.

④ 많은 종업원의 동시 교육이 불가능하다.

⑤ 작업 수행과 교육을 동시에 진행해야 하는 실무자의 부담이 과중될 수 있다.

92 다음 중 임금관리와 관련된 설명으로 알맞지 않은 것은?

① 직능급을 도입할 경우 전문인력확보에 어려움이 있다.

② 직무급은 직무평가에 따른 직무가치를 기준으로 임금을 결정한다.

③ 성과급은 주로 임금조정단계에서 보조적으로 이용된다.

④ 연공급은 동일노동 동일임금의 원칙 구현에 적합하지 않다.

⑤ 베이스업(Base-up)은 동일 조건에 있는 근로자의 기본급을 일괄적으로 인상하는 것을 의미한다.

93 다음 중 기준 외 임금산정에 고려되는 것은?

① 근속연수   ② 직무의 중요성   ③ 직무의 난이도

④ 초과근무시간   ⑤ 국민연금

94 임금관리에 관한 설명으로 적절하지 않은 것은?

① 임금관리의 외적공정성을 확보하기 위해서는 동일한 직무에 대한 경쟁사의 임금수준을 조사할 필요가 있다.

② 작업능률에 따라 여러 단계의 시간임률을 적용하는 형태를 복률시간급제라고 한다.

③ 직능급 도입을 위해서는 종업원의 능력에 대한 정확한 평가가 필요하다.

④ 직무급을 도입하기 위해서는 직무의 상대적 가치를 평가하고 개인의 능력과 적성에 맞는 적재적소의 배치가 필요하다.

⑤ 성과배분제도인 럭커 플랜(Rucker plan)은 매출액을 성과배분의 기준으로 하고 있다.

95 다음 중 임금관리의 공정성에 대한 설명으로 옳은 것은?

① 분배 공정성은 직무들을 평가하여 직무의 상대적 가치에 따른 분배를 통해 임금을 결정하는 것이다.

② 임금체계의 설계에 조직구성원들의 의견이 반영되는 정도가 높을수록 내적 공정성이 높다고 평가할 수 있다.

③ 성과배분기준으로 럭커 플랜(Rucker Plan)에서는 매출액을, 스캔론 플랜(Scanlon Plan)에서는 부가가치를 사용한다.

④ 스캔론 플랜은 증가된 생산분 향상성을 그 기업의 안정적인 부가가치 분배율로 노사 간에 배분하는 성과배분제이다.

⑤ 외적 공정성은 조직구성원 자신이 본인과 다른 직무, 직무량, 학력, 연령 등을 가진 회사 내의 다른 사람과 비교하여 느끼는 공정성을 의미한다.

96 보상에서 임금에 관한 설명으로 적절하지 않은 것은?

① 생계비 수준, 기업의 지불능력, 사회일반적인 임금수준은 기업의 임금수준 결정에 영향을 미친다.

② 공정한 보상을 위해서는 내적 공정성과 외적 공정성을 고려해야 한다.

③ 직무급은 담당자의 직무에 대한 태도와 직무적성, 직무성과에 따라 결정된다.

④ 직능급은 기업조직이 구체적으로 필요로 하는 직무수행능력에 따라 차등적으로 지불된다.

⑤ 성과급은 생산성을 제고하지만 근로자의 수입을 불안정하게 할 요소가 있다.

97 보상관리에 관한 설명으로 적절한 것은?

① 회사 재직 중에 종업원의 직무가 변하지 않을 경우, 직무급을 도입하면 종업원의 장기근속을 유도할 수 있다.

② 임금수준이란 개인이 받는 임금의 크기를 의미하며, 임금수준을 결정할 때에는 기업의 지불능력을 고려해야 한다.

③ 직능급을 도입할 경우, 우수 인재를 계속 보유하고 능력개발을 유도하는 장점이 있다.

④ 직무급은 직무담당자의 능력, 태도, 성과에 의해 결정된다.

⑤ 럭커 플랜(Rucker Plan)은 매출액을 기준으로 성과배분액을 계산하며 종업원 제안제도를 채택하고 있다.

98 보상관리에 관한 설명으로 적절하지 않은 것은?

① 직능급을 도입할 경우 종업원들의 자기개발 노력을 유도할 수 있다.

② 스캔론 플랜(Scanlon plan)에서는 성과배분의 기준으로 부가가치를 사용하며, 럭커 플랜 (Rucker plan)에서는 매출액을 기준으로 성과배분을 한다.

③ 임금관리의 공정성을 확보하기 위하여 경쟁사의 임금수준을 조사할 필요가 있다.

④ 직무급은 '동일노동 동일임금'의 원칙에 입각하고 있으며, 기업 간 노동의 이동이 자유로운 경우에 적합하다.

⑤ 성과급, 직무급을 도입할 경우 임금관리의 내적 공정성이 높아질 수 있다.

99 다음 중 임금수준을 결정하는 요인으로 알맞지 않은 것은?

① 기업의 지급능력　　　② 이종타사의 임금수준　　　③ 노동생산성

④ 종업원의 생계유지비　　⑤ 물가상승률

100 다음 중 기준임금체계의 분류로 알맞지 않은 것은?

① 직무급　　　　② 연공급　　　　③ 직능급

④ 상여금　　　　⑤ 자격급

101 다음 중 특히 공정성의 원칙이 지켜져야 하는 것은?

① 임금관리　　　② 임금은행　　　③ 임금체계

④ 임금형태　　　⑤ 임금체납

102 임금관리와 관련된 설명으로 적절하지 않은 것은?

① 스캔론 플랜(Scanlon Plan)은 성과표준을 초과달성한 부분에 대해 부가가치를 기준으로 상여배분을 실시하는 방법이다.

② 임금수준은 생계비와 기업의 지불능력 사이에서 사회일반이나 경쟁기업의 임금수준을 고려하여 결정한다.

③ 근속년수에 따라 숙련도가 향상되는 경우에는 연공급이 적합하다.

④ 직능급을 도입할 경우 종업원의 자기개발을 유도할 수 있다.

⑤ 성과급은 작업자의 노력과 생산량과의 관계가 명확할 경우에 적합하다.

103 다음 중 성과급에 대한 설명으로 바르지 않은 것은?

① 조직구성원이 달성한 성과에 따라 보상을 차등적으로 제공하는 보수 제도를 말한다.

② 개인이나 집단이 수행한 작업성과나 능률을 평가해 그 결과에 따라 지급하는 보수 제도로 업적급, 능률급이라 부르기도 한다.

③ 성과급은 작업의 안정성을 높이는 데 주된 목적이 있다.

④ 성과급은 개개인의 작업량이나 성과에 관계없이 업무에 종사한 시간을 단위로 하여 정액으로 지급하는 고정급과 대비된다.

⑤ 독자적인 임금체계제도로 이용되기보다는 주로 임금조정제도로 활용된다.

104 다음 중 성과급제의 종류가 아닌 것은?

① 할증급   ② 단순성과급   ③ 복률성과급
④ 단순시간급   ⑤ 표준시간급

105 다음 중 임금체계에 대한 설명으로 알맞지 않은 것은?

① 자격급은 근로의욕 향상을 가져오는 장점이 있다.

② 자격급은 연공급과 직무급을 절충한 임금체계다.

③ 연공급은 개인이 달성한 업적을 기준으로 임금을 결정한다.

④ 직무급은 직무분석과 직무평가를 기초로 하여 직무의 상대적 가치에 따라 개별 임금을 결정한다.

⑤ 직능급은 직무수행에 필요한 특정 지식이나 역량 등을 평가하여 책정한다.

106 다음 중 시간급제보다 성과급제를 적용하는 것이 더 알맞은 경우는?

① 제품의 품질이 중요한 경우

② 작업자가 생산량을 통제할 수 없는 경우

③ 정신적 노동을 주로 하여 노동능률(생산단위)의 파악이 힘든 경우

④ 기계적 대량생산작업이 주축이 되는 사업의 경우

⑤ 생산량을 쉽게 측정할 수 있는 단순 반복적인 작업이나 대규모 기업의 경우

107 다음 중 연봉제에 대한 설명으로 알맞지 않은 것은?

① 종업원 간 경쟁을 제고한다.

② 근무기간이 길어질수록 연봉수준이 높아진다.

③ 종업원이 회사를 위해 더욱 노력하도록 하는 인센티브 제도다.

④ 종업원의 능력에 따라 보상수준을 결정하는 능력급의 일종이다.

⑤ 주로 임금협상을 통해 1년 단위의 봉급 지급총액을 결정한다.

108 보상관리에 관한 설명 중 적절한 것은?

① 보상관리전략은 기업 성장주기와 관련이 있는데, 초기와 성장기에는 복리후생을 중시하고 안정기와 쇠퇴기에는 성과급을 강조하는 것이 일반적이다.

② '동일노동 동일임금'의 원칙을 실시하기 위해서는 연공급보다 직무급이 더 적합하다.

③ 임금조사를 통해 경쟁사 및 유사한 조직체의 임금자료를 조사하는 것은 보상관리의 내적 공정성을 확보하기 위해서이다.

④ 연공급의 문제점을 극복하기 위한 방안으로 제시된 직능급에서는 직무의 중요도, 난이도, 위험도 등이 반영된 직무의 상대가치를 기준으로 보상수준이 결정된다.

⑤ 스캔론 플랜과 럭커 플랜은 개인의 업무성과를 기초로 임금수준을 정하는 개인성과급 제도이다.

109 임금 및 보상에 관한 설명으로 적절하지 않은 것은?

① 직무급은 단순명료하여 안정성이 매우 높다는 장점을 가진다.

② 해당 기업의 종업원이 받는 임금수준을 타 기업 종업원의 임금수준과 비교하는 것은 임금의 외부 공정성과 관련이 있다.

③ 해당 기업 내 종업원 간의 임금수준의 격차는 임금의 내부 공정성과 관련이 있다.

④ 직능급은 직무가 표준화되어 있어야만 적용이 가능하다는 한계를 지닌다.

⑤ 기업의 임금체계와 임금의 내부 공정성은 해당 기업의 지불능력, 생계비 수준, 노동시장에서의 임금수준에 의해 결정된다.

110 다음 〈보기〉에서 설명하는 복리후생제도는?

> 보기

- 선택적 복리후생 프로그램이다.
- 선택항목 추가형, 모듈형, 선택적 지출계좌형의 세 유형이 있다.
- 종업원의 욕구를 반영할 수 있으므로 동기부여에 효과적이다.

① 스톡옵션   ② 프렌치 시스템   ③ 성과급제

④ 럭커 플랜   ⑤ 카페테리아 복리후생

111 다음 중 임금과 복리후생제도에 대한 설명으로 옳지 않은 것은?

① 연봉제는 계약에 의해 1년 단위로 임금액을 결정하는 제도로, 직무 중심으로 성과 정도에 따라서 임금 수준을 결정하는 것이다.

② 직무급은 종업원이 달성한 성과의 크기를 기준으로 임금액을 결정한다.

③ 역할급은 역할등급별 임금구간을 설정한 후 역할에 대한 이행 정도에 따라 임금이 결정되는 제도를 말한다.

④ 복리후생이란 종업원의 경제적인 안정과 그들의 생활의 질을 향상시키기 위한 간접적인 보상을 말한다.

⑤ 국민연금은 법률상 기업이 의무적으로 부담해야 하는 법정복리비에 해당한다.

112 복리후생에 관한 설명으로 적절하지 않은 것은?

① 복리후생은 근로자의 노동에 대한 간접적 보상으로서, 임금은 이에 포함되지 않는다.

② 허즈버그(Herzberg)의 2요인이론에 따르면 경제적 복리후생은 동기요인에 해당하며 직원 동기부여에 긍정적 영향을 미친다.

③ 우리나라에서 산전 · 후 휴가 및 연차유급휴가는 법정 복리후생에 해당한다.

④ 우리나라에서 고용보험 보험료는 근로자가 일부 부담하지만, 산업재해보상보험 보험료는 회사가 전액 부담한다.

⑤ 카페테리아(Cafeteria)식 복리후생제도는 여러 복리후생 프로그램 중 종업원 자신이 선호하는 것을 선택할 수 있도록 하는 제도를 말한다.

113 다음 중 노동조합의 기능으로 알맞지 않은 것은?

① 경제적 기능　　② 공제적 기능　　③ 정치적 기능
④ 경영적 기능　　⑤ 사회적 기능

114 다음 〈보기〉 중에서 노조의 지배력이 약한 순서대로 나열한 것은?

보기

a. 클로즈드 숍(Closed Shop)   b. 오픈 숍(Open Shop)   c. 유니온 숍(Union Shop)

① a-b-c   ② b-c-a   ③ c-b-a
④ a-c-b   ⑤ b-a-c

115 다음 중 노동조합의 가입 방법에 대한 설명으로 바르지 않은 것은?

① 유니온 숍(Union Shop)은 채용 후 일정 기간이 지나면 노동조합에 가입해야만 한다.
② 오픈 숍(Open Shop)은 노동조합 가입에 상관없이 채용할 수 있다.
③ 에이전시 숍(Agency Shop)은 모든 종업원에게 회비를 징수한다.
④ 클로즈드 숍(Closed Shop)은 비조합원도 고용될 수 있다.
⑤ 프레퍼렌셜 숍(Preferential Shop)은 조합원을 우선적으로 채용한다.

116 다음 〈보기〉에서 설명하는 노동조합의 형태로 알맞은 것은?

보기

조합원이 되면 협약이 유효한 기간 동안은 조합원 자격을 유지해야 하는 제도로, 가입 후 일정 기간 내에 탈퇴가 가능하나 일단 협약이 체결되면 탈퇴가 불가능하다.

① 메인티넌스 숍(Maintenance Shop)
② 에이전시 숍(Agency Shop)
③ 클로즈드 숍(Closed Shop)
④ 프레퍼렌셜 숍(Preferential Shop)
⑤ 유니온 숍(Union Shop)

117 노동조합의 형태 중 체크오프 시스템에 대한 설명으로 알맞은 것은?

① 노동조합의 조합원만을 고용할 수 있는 제도다.

② 회사의 급여 계산 시 조합비를 일괄적으로 공제하는 제도다.

③ 채용에 있어서 조합원에게 우선순위를 두는 제도다.

④ 노동조합의 가입 여부에 상관없이 모든 사람들에게 조합비를 공제하는 제도다.

⑤ 채용된 비조합원에게 일정 기간 내에 노동조합에 가입할 것을 요구하는 제도다.

118 다음 〈보기〉 중 강제성을 띠고 있는 노동쟁의 조정방법을 모두 고른 것은?

보기	
a. 알선	b. 중재
c. 조정	d. 긴급조정

① a, b   ② a, c   ③ b, c

④ b, d   ⑤ c, d

119 다음 설명 중 알맞지 않은 것은?

① 태업은 노조에 속한 근로자 전원이 결근을 하여 작업을 하지 않는 것이다.

② 계약파업은 경영진과 노조가 새로운 계약조건에 동의할 수 없을 때 발생하는 파업이다.

③ 단체교섭은 노조대표자들이 모든 종업원들에게 적용될 고용조건을 사용자 측과 협상하는 과정이다.

④ 단체협약은 노동조합과 사용자 간 임금 및 근로조건에 관한 사항 등에 관하여 문서로 체결된 협정을 말한다.

⑤ 파업이 진행되는 중에도 쟁의행위에 참여하지 않는 근로희망자는 조업을 계속할 수 있다.

120 다음 중 노동자들이 자신들의 요구를 실현시키기 위해 집단적으로 업무나 생산활동을 중단시키는 쟁의행위는?

① 파업   ② 사보타주   ③ 불매운동

④ 일시해고   ⑤ 태업

121 다음 중 노동조합에 대한 설명으로 적절하지 않은 것은?

① 노동조합은 근로조건을 개선하고 유지하려는 목적으로 운영된다.

② 노동조합에는 경제적 기능과 공제적 기능, 정치적 기능이 있다.

③ 노동쟁의는 조정과 중재의 절차를 거친다.

④ 노동조합은 단체교섭을 통해 임금이나 근로시간 등에 관한 협약을 체결할 수 있다.

⑤ 채용에 있어 조합인에게 우선순위를 주는 제도는 에이전시 숍(agency shop)이다.

122 다음은 단체교섭과 관한 그림이다. 다음 중 교섭방식에 관한 이해를 잘못 하고 있는 사람은?

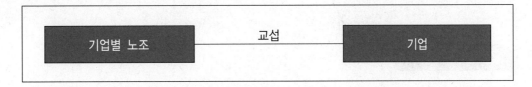

① A : 이러한 교섭방식은 각 기업의 경영실적과 기타 근로 조건의 특수성을 잘 반영할 수 있습니다.

② B : 유사산업 내의 기업 간의 임금 및 근로조건에 상당한 격차가 발생할 수 있습니다.

③ C : 이러한 교섭방식은 조합이기주의를 막을 수 있는 방식이기도 합니다.

④ D : 이러한 교섭방식은 교섭수준과 관련하여 기업 또는 사업장 수준에서 이루어지는 교섭이기 때문에 가장 분권화된 교섭형태라 할 것입니다.

⑤ E : 이러한 교섭방식은 노동조합 사용자의 어용단체가 될 위험이 있다는 문제점이 있습니다.

유형별 출제분석

- 품질관리기법
- 자재소요계획(MRP)
- 생산설비배치
- 설비배치
- 경제적 주문량

합격전략

생산관리는 제품별 배치와 공정별 배치를 중심으로 설비배치를 이해하고 있어야 한다. 생산능력의 분류에 관한 개념도 확실히 해 두어야 한다. 또 적시생산방식(JIT)과 린 생산방식, MRP부분에 대한 학습이 필요하며, 공급사슬관리에 대한 학습도 필요하다. 전사적 품질경영(TQM), 통계적 품질관리(SQC), 서비스 품질도 중요한 개념이다. 품질비용과 품질보증, 서비스 품질에 대한 정확한 이해가 필요하다.

파트 **5** · · · 코레일 경영학

생산관리

❑ 테마 유형 학습

❑ 빈출 지문에서 뽑은 O/X

❑ 기출예상문제

생산시스템

> ☑ 시스템이란 특정한 목적달성을 위하여 각기 독특한 기능을 수행하면서 상호의존적인 관계를 갖는 모든 요소들이 그 기능에 따라 결합된 단위체이다. 시스템은 시스템의 목표, 구성요소, 외부환경, 변환 등으로 이루어진다.

1 생산시스템의 개념

1. 시스템의 구성요소

(1) 시스템의 목표(Objective) : 시스템이 존재해야 하는 실제적 근거들이다. 기업이나 조직은 그 목표를 분명하게 정의하고 또 시대와 환경에 따라 새롭게 하지 못하면 존재가치를 잃어 소멸하게 된다.

(2) 구성요소(Element)

① 시스템이 갖고 있는 내부요소들을 말하며, 내적 자원(Resource)을 뜻하기도 한다. 기업이 갖고 있는 내적 자원은 인적, 물적 자원 외에 정보, 기술, 신용, 명성, 사기, 숙련도, 경쟁력 등이 있으며 그 위에 여러 가지 유·무형의 자원을 쌓아 가면서 기업문화를 형성한다.

② 구성요소는 그 자체로서 하나의 시스템이며, 전체 시스템의 하위시스템이 된다. 원래의 시스템도 자신보다 더 큰 상위시스템(Suprasystem)의 한 부분이며, 이는 다수의 하위시스템(Subsystem)으로 구성된다.

(3) 외부환경(Environment)

① 시스템에 입력자원을 제공하고 또 산출을 받아들이는 외부공간이다. 시스템은 환경과 상호작용을 하면서 적응해야 한다. 시스템의 환경은 시스템의 성과에 영향을 주지만 통제 불가능한 특성을 갖는다.

② 외부환경에는 정치적, 법적, 사회·문화적, 경제적, 기술적 및 경쟁적 환경들이 이에 해당되며 특히 그 시스템의 행위 및 성과에 직접적으로 영향을 주는 환경을 과업환경(Task Environment)이라 한다. 환경의 변화는 시스템의 생존과 성장에 대한 새로운 기회와 위협으로 작용한다.

(4) 변환(Transformation) : 시스템의 기능이나 활동은 투입-변환-산출의 과정을 거치며 수행된다.

2. 시스템의 분류

(1) 개방시스템(Open System) : 외부로부터의 각종 투입을 시스템 내에서 산출로 만들고, 이를 외부로 방출하는 시스템이다.

(2) 폐쇄시스템(Closed System) : 자체 내에서 투입-변환-산출의 과정을 반복하는 시스템이다.

> ☑ 생산시스템(Production System)이란 외부환경으로부터 자원을 입력하여 가치를 부가시키는 변환과정을 거쳐 재화와 용역을 외부환경에 제공하는 시스템이다. 생산시스템의 구성요소는 입력자원, 변환체계로서의 생산 공정, 산출로서의 제품과 서비스, 피드백으로서의 정보이다.

2 생산시스템의 기능적 특징

생산시스템은 입력(Input) → 내부변환체계(Transformation) → 산출(Output)의 과정을 거치며, 변환체계는 구조(Structure)+관리(Management)를 의미한다.

1. 생산시스템의 입력자원(Input)

인적자원인 경영자와 종업원, 자본인 장비, 시설, 토지와, 운영자원인 재료, 에너지, 정보 등이 있어야 한다.

2. 변환체계로서 생산공정(Transformation Process)

원료라는 자원이 가공과정을 거치면서 가치가 부가되는 공정의 체계이다. 이 체계는 한번 선정되면 장기간에 걸쳐 시스템의 성격을 결정짓는 하드웨어로서의 구조와 이를 운영하는 소프트웨어로서의 관리로 구성된다.

3. 산출(Output)

고객이 필요로 하는 재화나 용역을 제공하는 것이다. 그러나 고객이 필요로 하는 가치는 획일적인 것이 아니며 다양하기 때문에 다양한 가치를 제공하여 부가가치의 크기를 크게 하는 사람이 곧 유능한 경영자가 된다.

〈생산시스템의 구조〉

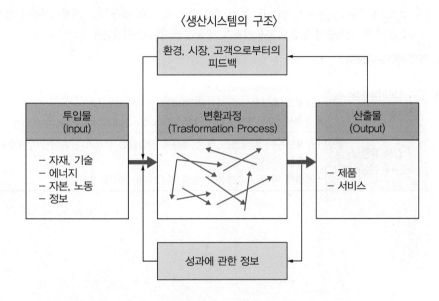

3 경쟁우선순위(Competitive Priorities)

경쟁우선순위란 기업이 경쟁사와의 경쟁 환경에 대응하기 위한 도구로 어떤 분야를 우선적으로 활용할 것인가를 정의한 것이다. 생산운영 관점에서의 경쟁우선순위는 원가, 품질, 시간, 유연성 순으로 높다.

1. 원가(Cost)

(1) 원가란 생산 요소가 투입되어 제품이나 서비스로 완성되어 가는 변환과정에 투입되는 가치이다.

(2) 저원가 생산(원가를 기초로 경쟁)

① 재료비, 노무비, 제조 간접비, 불량으로 인한 손실비용 등 제품 및 서비스의 생산에 소요되는 단위당 비용(원가)를 낮춰야 한다.

② 일정 수준 이상의 제품을 생산하거나 서비스를 산출하여 규모의 경제(Economics of Scale)를 확보하는 것이 필요하다.

2. 품질(Quality)

(1) 일관성(일관된 품질, Consistency)

① 제품이나 서비스를 고객이 사전 기대한 것과 동일하게 제공한다.

② 제품이나 서비스의 설계 규격과 일치하는 정도를 통해 평가한다.

(2) 최고 성능(Performance) : 우수한 성능을 가지고 허용 오차를 엄격하게 적용할 수 있도록 설계해야 한다.

3. 시간(Time)

(1) 리드타임(Lead Time) : 고객으로부터 주문을 받고 나서 제품을 인도하거나 서비스를 제공할 때까지 걸리는 시간을 의미하며, 재고 혹은 여유생산능력을 통해 리드타임을 확보해야 한다.

(2) 적시 인도(On-time Delivery) : 소비자가 원하는 시간에 제품이나 서비스를 제공하는 것이다.

(3) 개발속도(Development Speed) : 특정 제품이나 서비스에 대한 최초 기획에서부터 설계과정을 거쳐 완제품이 생산되거나 서비스 제공이 시작되는 시간이다.

4. 유연성(Flexibility)

질적 유연성 (Design Flexibility)	• 고객화(Customization) • 고객의 특정한 요구사항을 처리할 수 있는 정도 • 맞춤복, 유연생산시스템(FMS ; Flexible Manufacturing Systems)
양적 유연성 (Volume Flexibility)	• 수요변동이 발생했을 때 신속하게 산출량을 늘리거나 줄여서 수요변동에 대응할 수 있는 능력 • 계절에 따라 수요변동이 심한 업종에게 중요한 우선순위

대표기출유형

🔹 **생산시스템의 경쟁우선순위에 대한 설명 중 적절하지 않은 것은?**

① 품질 경쟁력은 상대적으로 높은 수준의 제품품질을 확보할 수 있는 능력뿐만 아니라 적합한 품질 수준을 유지하는 능력도 포함된다.

② 원가 경쟁력은 상대적으로 낮은 가격의 투입자원을 확보하거나 생산성을 향상시킴으로써 얻어지는 가격경쟁력이다.

③ 신뢰성 경쟁력은 기업에 대한 고객의 신뢰를 얻어낼 수 있도록 효과적으로 애프터서비스를 제공할 수 있는 능력이다.

④ 유연성 경쟁력은 다양한 종류의 제품을 공급할 수 있는 능력뿐만 아니라 주문물량의 대소에 관계없이 대응할 수 있는 능력이다.

⑤ 시간 경쟁력은 빠른 제품개발능력 뿐만 아니라 빠른 인도 및 적시인도능력도 포괄하는 개념이다.

정답 ③

해설 생산시스템의 경쟁우선순위로는 품질, 원가, 시간, 유연성이 있다. 고객의 신뢰를 얻을 수 있도록 애프터서비스를 제공하는 것은 생산시스템의 경쟁우선순위에 포함되지 않는다.

기출문제

경영과 기업

기업활동의 조직

인사관리

생산관리

마케팅관리

실전모의고사

① 프로세스 선택(Process Selection)

1. 프로세스 선택의 의의

(1) 프로세스 선택은 생산방식의 구성에 관한 결정으로, 생산용량과 배치, 장비 그리고 작업시스템 설계에 크게 영향을 미친다.

(2) 제품이나 서비스를 개발할 때 당연히 수행되어야 하며, 제품기술이나 장비기술의 변화와 경쟁압력 때문에 정기적으로 수행되기도 한다.

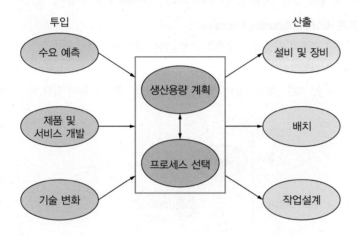

> ☑ 기업에서 제품 및 서비스의 선택(설계)과 생산용량계획, (생산)프로세스 선택, 설비배치(Facility Layout)는 장기적으로 영향을 미치므로 가장 기본적인 의사결정사항이다.

2. 프로세스 선택 시 고려사항

(1) 다양성(Variety) : 생산시스템은 얼마나 다양한 제품이나 서비스를 처리할 것인가?

(2) 유연성(Flexibility) : 어느 정도의 장비유연성이 요구되는가?

(3) 산출량(Volume) : 산출량은 얼마나 될 것인가?

② 프로세스 유형(Process Types)

1. 잡숍(Job Shop) : 주문생산공정(Make to Order)

(1) 대상 제품이나 서비스가 매우 다양하고 개별 제품이나 서비스의 양이 적을 때 사용한다.

(2) 처리과정은 단속적(Intermittent)이고, 처리대상은 여러 가지 소규모 일감들로 각기 처리요구사항이 다르다.

(3) 범용(General-purpose) 장비와 숙련공들에 의한 높은 유연성이 특징이다.

(4) 인쇄소, 기계공작소(철공소), 동물병원, 네일숍 등이 있다.

2. 배치 프로세스(Batch Process) : 묶음생산공정

(1) 처리대상의 다양성과 각 대상별 산출량이 아주 크지도 않고 적지도 않은 중간정도일 때 사용한다.

(2) 장비들은 잡숍만큼 유연할 필요는 없지만 처리과정은 단속적(Intermittent)이다.

(3) 잡숍에 비하여 처리대상의 다양성이 상대적으로 낮으므로 인력의 숙련도 요구는 상대적으로 낮다.

(4) 베이커리, 멀티플렉스 영화관, 항공사, 페인트, 화장품, 아이스크림, 맥주, 잡지, 서적, 중장비, 전자부품, 특수화학제품 등이 있다.

3. 반복 프로세스(Repetitive Process) : 조립생산공정(Assembly Line)

(1) 산출량이 많은 표준제품이나 서비스생산에 적합하다.

(2) 산출이 표준화되어 있으므로 장비의 유연성 요구는 매우 제한적이고 인력의 숙련도도 일반적으로 낮다.

(3) 생산이 고전경로를 따라 순차적으로 이루어지며 제품이 완성될 때까지 한 작업장에서 다른 작업장으로 통제된 생산속도에 맞추어 이동하는 것이 특징이다.

(4) 자동차, TV, 연필, 컴퓨터, 전자제품조립, 자동세차장 등이 있다.

4. 연속 프로세스(Continuous Process)

(1) 표준화된 연속적 산출물을 대량으로 생산하는 경우에 적합하다.

(2) 산출물의 다양성이 거의 없기 때문에 장비의 유연성이 그다지 요구되지 않는다.

(3) 철강, 제당, 제분, 화학, 정유, 제지, 음료, 전력, 인터넷 등이 있다.

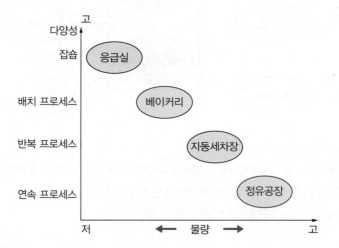

3 프로세스 유형의 특징과 비교

1. 프로세스 유형의 특징

구분	잡숍	배치	반복/조립	연속
산출물 특징	(주문형)개별화 제품이나 서비스	반(半)표준화 제품이나 서비스	표준화 제품이나 서비스	고 표준화 제품이나 서비스
장점	매우 다양한 일감을 처리할 수 있음.	유연성	• 저 원가 • 대량 수요 충족 • 고 효율	• 매우 높은 효율 • 고도로 높은 수요 충족
단점	• 저속 • 제품당 고 원가 • 계획과 스케줄링이 복잡	• 제품당 중간 정도 원가 • 스케줄링이 중간 정도 복잡	• 저 유연성 • 높은 고장 비용	• 매우 높은 경직도 • 다양성 결여 • 높은 변경 비용 • 매우 높은 고장 비용

2. 프로세스 유형의 비교

구분	잡숍	배치	반복	연속
원가 추정	어려움	어느 정도 쉬움	쉬움	쉬움
단위 원가	높음	중간 정도	낮음	낮음
사용 장비	범용	범용	전용	전용
고정비	낮음	중간 정도	높음	매우 높음
변동비	높음	중간 정도	낮음	매우 낮음
노동력 숙련도	높음	중간 정도	낮음	낮음-높음
마케팅	능력을 강조/판매	능력과 중간 정도 표준화 제품과 서비스를 강조/판매	표준화 제품과 서비스를 강조/판매	표준화 제품과 서비스를 강조/판매
스케줄링	복잡	중간 정도 복잡	일상적/쉬움	일상적/쉬움
공정재고	높음	높음	낮음	낮음

기출문제

경영과 기업

기업활동의 조직

인사관리

생산관리

마케팅관리

실전모의고사

대표기출유형

다음 중 프로세스 선택과 설비배치에 관한 설명으로 적절하지 않은 것은?

① 프로세스 선택은 제품과 서비스를 생산하는 작업장, 설비, 장비를 어떻게 구성할지에 대한 결정으로, 다양성, 유연성, 산출량을 고려하여 선택한다.

② 연속 프로세스는 표준화된 산출물을 대량으로 생산하는 경우에 해당한다.

③ 주문화된 개별 제품 또는 서비스를 처리하는 프로세스는 처리과정이 연속적이며 장비와 작업자가 일정한 장소에 함께 배치되는 유형으로 영화관, 항공사, 중식당 등이 해당된다.

④ 경영자는 제품과 서비스의 수요가 증가하거나 감소하는 상황을 파악하여 언제든 프로세스의 유형의 변경에 대한 판단을 내릴 수 있어야 한다.

⑤ 프로세스 유형 중 일정기간 동안만 수행되는 프로젝트는 비반복적인 활동으로 복잡성과 장비의 유연성 정도가 매우 광범위하다.

정답 ③

해설 주문화된 개별 제품 또는 서비스를 처리하는 프로세스는 처리과정이 단속적이며 장비와 작업자가 일정한 장소에 함께 배치되는 유형이다.

제품의 설계(Product Design)

1 제품설계의 절차

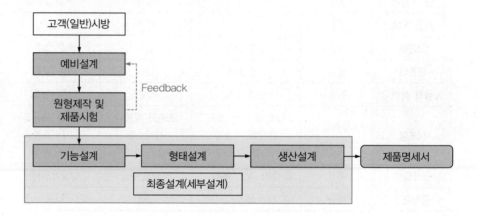

1. 기능설계(Functional Design)

(1) 기술시방을 제품시방(제품명세서)으로 바꾸는 첫 번째 과정으로 제품의 작용, 즉 기능 내지 성능의 구체화 과정이다.

(2) 제품이 어떠한 성능을 지니며 이 성능들이 어떻게 작동될 것인가를 규정하는 과정이다.

(3) 이 단계에서는 신뢰성(Reliability)과 유지보수성(Maintainability)이 우선적으로 고려된다. 신뢰성은 생산된 제품이 명시된 수명기간 동안에 의도된 기능을 수행할 확률이다. 유지보수성은 제품의 수리 및 보수가 얼마나 저렴하고 용이하게 될 수 있는지를 의미하며, 서비스용이성(Serviceability)이라고도 한다.

2. 형태설계(Form Design)

(1) 스타일 설계(제품의 모양, 색채, 선 등을 결합한 제품 외관 설계)로 기능과 형태의 유기적 결합이자 경제성, 판매촉진이 가능한 형태의 설계이다.

(2) 제품의 물리적 외양, 즉 기능의 배열, 모양, 색깔, 크기 및 스타일을 결정한다. 제품의 형태는 제품이 갖고자 하는 기능의 내용에 따라서 달라질 수 있으므로 기능설계와 밀접한 연관이 있다.

(3) 보다 나은 형태설계는 소비자의 제품이용성(Usability)을 높이고, 제품의 고유이미지를 형성함으로써 경쟁 제품 간의 차별성을 높이는 기회를 제공하기 때문에 산업디자이너들이 일정 역할을 하기도 한다.

3. 생산설계(Production Design)

(1) 기능설계, 형태설계에 의해 주어진 범위 내에서 가장 경제성이 높은 생산방식을 결정하고, 제품의 재료, 구조, 형상 등의 설계, 생산설비 및 방법을 결정함에 경제적 측면을 고려한다.

(2) 제품을 생산하는 데 있어서의 용이성과 그로 인한 비용의 절감을 주안점으로 한다. 보기에 좋은 형태라도 생산능력에 대한 고려가 없다면 생산하기에 지나치게 까다로워서 품질유지가 힘들고 생산비용이 높아질 수 있으므로 생산설계는 형태설계와 밀접한 관련이 있다.

(3) 생산설계를 위해서 일반적으로 사용되는 접근방법에는 단순화, 표준화 및 모듈화 설계가 있다.

4. 제품명세서(Product Specification)

제품설계의 결과로 제시되는 기술적 시방서(청사진, 제작설계도에 해당)이다.

2 제품설계 기법

1. 동시설계(Concurrent design)

(1) 개별 부서에 의해서 의사결정이 이루어지는 순차적 설계과정을 설계팀에 의해 의사결정이 동시에 이루어지는 설계과정으로 변화시키는 것이다.

(2) 제품설계와 공정설계를 마케팅, 엔지니어링, 생산 부서 간의 공통 활동으로 통합하고자 하는 개념이다.

2. 동시공학(CE ; Concurrent Engineering)

(1) 제품의 설계, 기술, 생산, 마케팅, 서비스 등의 전 과정을 거쳐 서로 다른 부서로부터 다기능 팀(Multi-functional Team)을 구성하는 것이다.

(2) 팀워크를 중시하며 함께 협력하는 제품개발방식이다.

(3) 전반적인 제품개발과정을 단축시키고, 비용절감 및 품질향상을 목적으로 한다.

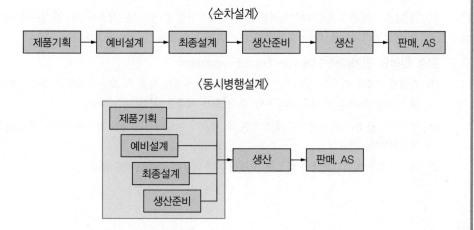

〈순차설계〉

제품기획 → 예비설계 → 최종설계 → 생산준비 → 생산 → 판매, AS

〈동시병행설계〉

제품기획 / 예비설계 / 최종설계 / 생산준비 → 생산 → 판매, AS

3. 모듈러 생산(Modular Production)

(1) 모듈(Module)이란 모델 · 패턴이 되는 기본적인 단위를 의미한다.

(2) 모듈러 생산은 표준화된 부품의 조합에 의하여 조립품의 다양화를 경제적으로 도모하는 생산방식이다.

(3) 고객에게 다양한 제품을 공급하고, 생산에서는 규모의 경제를 이룰 수 있는 장점이 있다.

4. 가치공학(Value Engineering)

(1) 불필요하게 원가를 유발하는 요소를 제거하고자 하는 체계적인 방법으로, 제품의 기능적 요구조건을 충족시키는 범위 내에서 비용효율성이 높은 재료나 부품을 사용하거나 생산 · 조립 과정을 단순화하여 생산원가를 절감하고자 하는 것이다.

(2) 제품의 기능(Function) : 제품 · 서비스가 작용을 하게 하고, 소비자가 사도록 하는 특성 즉, 물품이 지니고 있는 역할이다.

(3) 제품의 가치(Value) : 어떤 제품 · 서비스에 대하여 소비자가 주관적으로 부여하는 유용성을 금전적 액수로 평가한 값이다.

(4) 제품의 비용(Cost) : 어떤 제품·서비스가 유용성 있는 가치를 구현할 수 있도록 투입하는 자원을 금액으로 나타낸 값이다.

$$가치 = \frac{기능}{비용}$$

5. 품질기능전개(QFD ; Quality Function Deployment)

(1) 고객의 요구를 특정한 제품이나 서비스의 특성으로 전환하는 기법이다.

(2) 의사소통 노력을 원활히 하는 기법으로 고객의 요구가 기술적 특성과 연결되어 기업의 각 부서에 전달될수 있도록 한다.

6. 제조 용이성 설계(DFM ; Design For Manufacturability)

(1) 제품의 생산이 용이하고 경제적으로 이루어질 수 있도록 하는 제품설계를 설명하기 위한 새로운 개념이다.

(2) 제품설계가 제품생산과정에 미치는 영향을 미리 고려하여 제조에 용이한 제품 및 설계특성을 확인하고, 제작 및 조립에 용이한 부품을 설계하는 데 초점을 맞추며, 제품설계와 공정설계를 통합한다.

(3) DFM의 실현은 다양한 아이디어를 통하여 이루어질 수 있는데, 제조부문의 관심사가 설계과정에 고려되도록 하는 설계방법을 개발하고 이용하는 것이 중요하다.

7. 환경 친화형 설계(DFE ; Design For Environment)

(1) 재생된 부품을 이용하도록 제품을 설계하거나 소비자가 사용 후 회사가 제품을 수거하여 사용 가능한 부품을 손쉽게 재활용할 수 있도록 제품을 설계하는 것이다.

(2) 불필요한 포장은 최소화하고 제조 소비 및 폐기가 이루어지는 동안 자재와 에너지의 소비를 최소화한다.

(3) 환경문제가 설계단계에서 빠르게 고려될수록 비용의 관점에서도 좋다.

대표기출유형

동시공학에 관한 다음 설명 중에서 적절하지 않은 것은?

① 제품개발 과정에 시간, 품질, 가격, 유연성 등의 경쟁요소를 주입하고자 한다.

② 동시공학을 실행하기 위해 QFD(Quality Function Deployment), DFM(Design for Manufacturability), 모듈러 생산, 실험설계 등이 활용된다.

③ 동시공학을 활용한 제품개발은 일반적으로 전문화의 원리에 충실한 기능별 조직 형태를 갖는다.

④ CAD/CAE뿐 아니라 협업을 지원하는 정보시스템을 적극적으로 활용한다.

⑤ 매우 경쟁적인 시장상황에 적합한 제품개발방법이다.

정답 ③

해설 동시공학은 제품개발을 위하여 제품의 설계, 기술, 생산, 마케팅, 서비스 등의 전 과정을 거쳐 서로 다른 부서로부터 다기능 팀을 구성하는 것이다. 따라서 동시공학은 하나의 팀을 이루어 팀 내에서 의사결정을 진행하는 방식으로 기능별 조직 형태보다는 팀을 더 많이 사용한다.

서비스공정 설계

1 서비스의 개념

1. 서비스의 특징

(1) 무형성 : 눈으로 볼 수도 없고 만질 수도 없으며 감각을 통해 느끼지 못한다.

(2) 비분리성 : 생산과 소비가 동시에 이루어진다.

2. 제조시스템과 서비스시스템의 차이

제조	서비스
유형이다.	무형이다.
구매 시 소유권이 이전된다.	일반적으로 소유권은 이전되지 않는다.
되팔 수 있다.	되팔 수 없다.
구매 전에 보여 줄 수 있다.	구매 전에는 존재하지 않는다.
재고로 저장될 수 있다.	재고로 저장될 수 없다.
생산은 소비에 앞서 이루어진다.	생산과 소비가 동시에 일어난다.
수송될 수 있다.	수송될 수 없다(다만 서비스의 생산자는 이동할 수 있다).
판매자가 생산한다.	구매자가 생산의 일부를 수행할 수 있다.

2 서비스의 분석틀

1. 서비스 삼각형

고객, 종업원, 서비스전략, 지원시스템 간의 상호작용을 보여 주는 서비스의 분석틀이다.

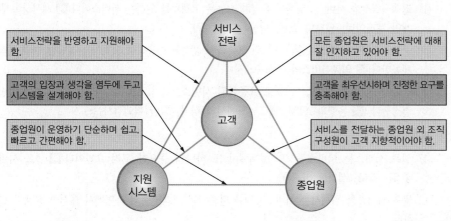

2. 서비스 사이클

고객이 처음 서비스 시스템과 접촉한 뒤 계속해서 서비스시스템과 접촉하는 점끼리 이어지는 사이클을 말하며, 서비스 사이클의 각 접촉 점에서 고객이 좋은 서비스 경험을 가질 수 있도록 고객접점관리를 한다.

3 서비스행렬

1. 서비스행렬

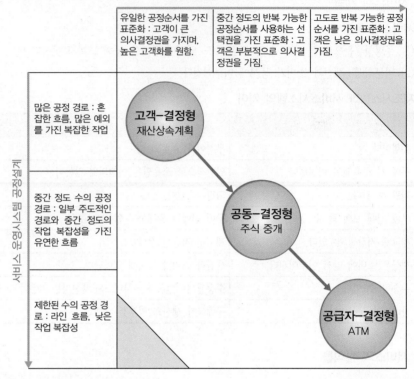

서비스-제품 꾸러미에서 고객의 요구와 필요

2. 3가지 유형의 서비스

(1) 고객-결정형 서비스 : 고객이 유일하고 높은 고객화를 원하는 서비스이다(예 재산상속계획, 개인 트레이너, 인터넷 쇼핑, 박물관 관람 등).

(2) 공동-결정형 서비스 : 중간 정도의 표준화된 공정을 이용하여 고객에게 적당한 수의 선택을 제공한다(예 의료서비스와 주식중개서비스).

(3) 공급자-결정형 서비스 : 고도로 표준화된 서비스, 서비스 공급자가 서비스의 수행 방법을 결정한다.(예 은행의 ATM, 맥도널드에서의 식사, 일반 혈액검사 등)

3. 셀프 서비스

(1) 셀프 서비스는 서비스공정의 설계에서 또 하나의 중요한 고려 요인이다(예 셀프 서비스 주유, ATM, 샐러드 바 등).

(2) 셀프 서비스를 위해서는 서비스공정을 단순성과 고객만족의 측면에서 세심한 설계가 필요하다.

4 고객접촉

1. 고객접촉도

고객접촉도란 서비스창출에 소요되는 총시간 대비 고객이 시스템 내에 머무는 시간의 비율을 의미한다.

$$고객접촉도(\%) = \frac{고객이 \ 시스템 \ 내에 \ 머무는 \ 시간}{서비스 \ 생산에 \ 소용되는 \ 총 \ 시간} \times 100$$

2. 낮은 접촉시스템과 높은 접촉시스템의 특징

낮은 접촉시스템	높은 접촉시스템
• 대면접촉이 요구되지 않을 때 사용(예 통신판매, 선적업무, 은행의 수표 처리, 인터넷 쇼핑, 인터넷 뱅킹 등) • 기술적 능력을 갖춘 종업원, 효율적인 처리 과정 및 서비스와 공정의 표준화 요구 • 평균수요에 근거하여 운영될 수 있으며, 수요를 평준화할 수 있음.	• 변화하고 불확실하고, 다양한 고객의 요구에 반응하는 데 사용 • 대인관계능력이 좋은 종업원, 즉 인간적이고, 유연하고 고객 지향적인 종업원 요구 • 수요가 일어나는 즉시 반응해야 하며, 피크 수요도 수용할 수 있어야 함.

3. 서비스 매트릭스(고객접촉도와 노동집약도)

구분		고객과의 접촉정도와 주문화	
		낮음(L)	높음(H)
노동집약의 정도	낮음(L)	서비스 공장, 항공사, 화물운반트럭, 호텔, 리조트	서비스 숍, 병원, 자동차 수리소, 기타 수리소
	높음(H)	대량 서비스, 소매상, 도매상, 학교	전문서비스, 변호사, 의사, 회계사

4. 서비스 디커플링(Service Decoupling)

(1) 고객접촉이 많은 부분과 적은 부분으로 구분하여 독자적으로 고접촉/저접촉 운영을 나눠서 하는 분리방식을 말한다.

(2) 프론트 오피스(Front Office) : 고객접촉이 많은 부분으로 고객과의 집중적인 상호작용이 요구되는 접촉서비스가 이루어진다.

(3) 백 오피스(Back Office) : 고객접촉이 적은 부분으로 전통적인 공장과 같은 낮은 서비스가 이루어진다.

대표기출유형

🔹 **제품과 서비스의 전형적인 차이점으로 적절하지 않은 것은?**

	구분	제품	서비스
①	고객접촉도	높음	낮음
②	투입물의 균질성	높음	낮음
③	생산성 측정	쉬움	어려움
④	재고	많음	적음
⑤	소유권의 이전	가능	불가능

정답 ①

해설 제품은 접촉도가 제한적이고, 서비스는 고객의 접촉도가 높다.

테마 05 생산관리와 품질관리 개요

1 생산관리(Production Management)

1. 생산관리의 정의

생산관리란 기업의 목표를 효과적으로 달성하기 위하여 기업의 제품이나 서비스를 가공하는 생산 시스템을 계획·운영·통제하는 일련의 관리 활동으로, 효율성을 극대화하기 위한 경영 활동을 말한다. 따라서 생산관리란 생산기능에 관한 의사결정, 즉 생산 의사결정에 관한 연구라고 할 수 있다.

2. 생산관리의 대상과 명칭

(1) 생산관리의 대상 : 모든 제조업과 서비스업

〈제조업과 서비스업의 차이〉

구분	제조업	순수서비스업
외형(산출물)	유형	유형과 무형
재고성	보관이 가능	보관이 불가능
고객과의 접촉횟수	낮다	높다
고객수요에 대한 반응	덜 신속	신속
시장범위	국제적	지역적
설비 규모	대규모	소규모
집약형태	자본집약적	노동집약적
생산성의 척도	쉽다	어렵다
산출물의 동질성	높다	낮다

(2) 생산관리 : 제품이나 서비스의 생산을 효과적, 효율적으로 관리하는 것을 말한다.

(3) 운영관리(Operations Management) : 제품생산 및 서비스업까지의 전반적 관리를 말한다.

3. 국제 표준화 기구(ISO 9000 시리즈)

생산시스템의 품질을 보증함으로써 종합적인 시스템경영의 중요성을 부각한다.

- ISO 9000 : 품질경영 및 품질보증과 관련된 제반 개념정의
- ISO 9001 : 제품의 설계, 개발, 생산, 설치 및 서비스의 모든 과정을 책임지는 공급자에게 적용되는 품질규격
- ISO 9002 : 공급자가 제품의 생산과 설치만을 책임지는 경우
- ISO 9003 : 제품의 최종검사와 시험에 한정되어 적용되는 품질표준
- ISO 9004 : 공급자가 회사 내에 신뢰할 만한 품질시스템을 개발하고 실행하는 데 도움이 되는 지침
- ISO 14000 시리즈 : 기업의 환경오염과 훼손을 통제하기 위한 국제표준

4. 4대 생산 의사결정

(1) 생산공정(Process) : 제품이나 서비스를 생산하는 데 사용되는 공정, 설비, 노동인력이다.

(2) 생산능력(Capacity) : 생산설비의 크기, 공급자 또는 아웃소싱에 의해 결정된다.

(3) 재고(Inventory) : 원재료에서 완제품에 이르기까지의 적정재고에 대한 의사결정이다.

(4) 품질(Quality) : 제품 설계 및 생산을 통해 고객에게 공급하는 전 과정의 품질이다.

5. 생산관리의 목표

(1) 품질(Quality) : 제품과 서비스의 질을 말하는 것으로, 손실(Loss)과 불량률을 최소화하는 것이다. 또한 연구개발부문에서 설계한 품질수준을 만족시키는 것이다.

(2) 원가(Cost)

① 생산활동에 투입되는 비용을 말하며, 최소의 제조 경비로 양질의 제품을 생산하는 원가 절감(Cost down) 노력과 제조 공정을 단축시키는 것이다.

② 생산원가 절감 → 가격경쟁력을 확보 → 제품 및 서비스의 경제적 공급 가능

(3) 납기(Delivery)

① 제품 또는 서비스의 공급 기간이며, 고객이 원하는 제품과 서비스를 신속하고 정확한 납기일을 지켜 공급할 수 있는 능력을 말한다.

② 정확한 시기에 공급(영업 부문에 필요한 시기에 제품 공급)하고, 생산 및 재고 관리를 효율적으로 운영하여 물류의 합리화를 추구한다. 주문생산시스템에서 특히 중요하다.

(4) 유연성(Flexibility) : 제품 및 서비스 설계의 변경이나 수요의 변동에 신속하고 쉽게 적응할 수 있는 능력으로, 필요에 따라 즉각적으로 품목이나 수량을 바꿀 수 있도록 해야 한다.

6. 생산관리와 SCM

(1) 과거의 생산관리는 공장을 중심으로 생산 부문에만 국한된 정보와 소통에 관심을 두었다.

(2) SCM(Supply Chain Management, 공급 사슬 관리) : 고객의 서비스 요구사항을 충족시키면서도 전체 시스템 비용을 최소화하기 위해 제품이 적시에 필요한 만큼, 필요로 하는 곳으로 생산 및 유통 시키기 위해 원재료 공급자부터 제조업체, 유통업자, 창고, 최종 고객까지 전체 공급사슬을 효율적이며 효과적으로 통합, 관리하는 방식을 의미한다.

2 생산성(Productivity)

1. 생산성의 개념

생산활동의 성과를 나타내는 지표로서 투입에 대한 산출의 비율로 정의한다.

$$생산성 = \frac{산출량}{투입량}$$

(1) 한국생산성본부 : 생산을 위해서 투입된 재화와 용역에 대한 생산효과 또는 산출액의 비율로서 생산활동에 투입된 모든 경제적 자원의 효율성을 의미하는데, 이러한 의미는 협의의 생산성 정의라 할 수 있다.

www.gosinet.co.kr gosi net

기출문제

경영과 기업

기업활동의 조직

인사관리

생산관리

마케팅관리

실전모의고사

(2) 피터 드러커(P. Drucker) : '경영의 실제'라는 책에서 생산성을 '최소의 노력으로 최대의 성과를 가져오는 모든 생산요소의 균형'이라고 정의하고 있다. 이때의 생산성은 단위당 노동의 생산력에 영향을 미치는 일체의 요인들이 총합적으로 집약된 지표라고 정의할 수 있다.

2. 생산성의 분류

(1) 요소별 생산성과 총생산성

구분	수준	활용
요소생산성(협의)	개별기업	• 개별 생산요소의 능률 파악 가능 • 노동성과에 따른 보수의 책정에 이용
총생산성(광의)	거시적 국민경제	• 국민소득수준의 시기 간, 국가 간, 산업 간 격차의 원인 파악 • 각국 산업 간 비교 우위의 결정요인 파악

(2) 물적생산성(Quantity Productivity)과 가치생산성(Value Productivity)

구분	단위	목적
물적생산성	물량(톤, m^2)	일국의 기술발전, 생산력의 국제비교 시 노동생산성과 임금기준, 인구증가와 생산력 발전과의 관계를 구할 때
가치생산성	화폐(원, $)	경제가치면에서 생산성을 알기 위해 물량 단위가 상이한 2종 이상의 물품을 합하여 생산성을 구할 때

3 품질관리

1. 품질의 정의

(1) 제품탁월성의 관점 : 제품탁월성의 관점에서 보면 품질은 말 그대로 뛰어난 것을 의미한다. 이 관점에 의해서는 품질이 정확하게 정의될 수 없다. 어느 제품의 탁월성은 소비자의 오랜 경험을 통하여 축적되므로 일시적으로 단순하게 평가될 수 없기 때문이다.

(2) 제품자체를 기준으로 한 관점
① 제품자체를 기준으로 한 품질은 정확히 측정될 수 있으며, 제품자체를 구성하고 있는 성분이나 구성요소의 양에 의해 결정된다.
② 취향이나 심미안적인 측면을 평가할 수 없으므로 예술작품과 같은 품질의 평가에는 적합하지 않다.

(3) 사용자의 관점 : 사용자의 관점에서 품질을 평가하면 소비자 개인의 욕구를 잘 충족시켜 주는 제품과 서비스가 가장 좋은 제품과 서비스로 인정된다. 이러한 관점에서의 품질은 매우 주관적이며, 소비자 개인의 사용자 합성(Fitness For Use)에 중점을 둔다.

(4) 제품 제조과정의 관점 : 제품 제조과정을 기준으로 한 품질평가는 생산자에게 초점을 맞추어 주로 기술적인 면과 제조방법 면에 중점을 둔다.

(5) 제품의 가치를 기준으로 한 관점 : 제품의 가치를 기준으로 한 품질평가는 원가와 가격에 의해 평가한다. 그러므로 이러한 관점에서 인정받는 품질의 제품이란 가격이나 원가에 맞는 성능이나 설계에 따른 제품을 의미한다.

2. 품질의 분류

(1) 목표품질 : 소비자의 기대품질로서 당연히 있어야 할 품질을 의미한다. 따라서 그 제품에 대한 소비자의 요구라고 할 수 있다.

(2) 설계품질 : 목표품질 중 자사의 기술수준과 공정능력상 실현이 가능하다고 생각되어 제품의 설계에 반영된 품질특성이다.

(3) 제조품질(적합품질) : 적합품질 또는 합치품질이라고도 하며 실제로 제조된 품질특성 즉, 실현되는 품질이다.

(4) 시장품질(사용품질) : 제조품질과 설계품질이 합치된 합격품이 출하되어 소비자의 사용상태에 있는 동안 만족을 주는 품질이다. 이러한 품질을 사용품질이라고도 한다.

3. 품질향상 프로그램(ZD, QC 서클)

(1) 무결점 운동(ZD ; Zero Defect) : 종업원 각자가 작업상의 결함을 0(Zero)으로 할 것을 목표로 노력하는 운동을 말한다. 제품의 품질을 높이고 서비스를 향상시킴으로써 제품에 대한 신뢰성을 높이는 것을 목적으로 한다.

(2) QC 서클

① 동일한 직장 내에서 품질관리활동을 자주적으로 행하는 소그룹을 의미하며, 이 소그룹은 전사적인 품질관리활동의 일환으로써 자기계발, 상호계발을 행하고 QC 수법을 활용하여 전원참가의 형태로 직장의 관리, 개선을 계속적으로 행하는 것으로 정의된다.

② 특징

• QC 서클은 품질관리 스태프뿐만 아니라 직장의 일반작업원까지도 품질관리를 위한 개선활동에 참가하는 지향성이 강하다.

• 전사적인 품질관리의 일환으로서 추진되는 것이다.

• 자주적으로 활동하는 것이다.

대표기출유형

➕ 1명의 근로자가 1시간에 생산하는 재화나 서비스의 가치인 생산성을 결정하는 요소로 적절하지 않은 것은?

① 재화와 서비스의 생산에 투입되는 장비와 건물

② 근로자들의 지식과 기술

③ 자연에 의해 제공되는 자원

④ 관세나 기타 무역장벽의 도입

⑤ 시장경쟁의 정도

정답 ③

해설 생산성을 결정하는 요소는 다양할 수 있으며, 일반적으로 측정가능한 요소를 통해 설명되고 있다. 즉 자본투입 측면에서 실물자본스톡, 연구개발투자, ICT(정보통신기술)자본 투자, FDI(해외직접투자) 등이 있으며, 노동투입 측면에서는 노동의 양적 투입 및 질적 향상(또는 인적자본의 향상)이 제시되고 있고, 시장구조적 측면에서는 시장경쟁의 정도, 시장개방 측면에서 수출입에 의한 학습효과 및 기술이전 등이 있다.

설비배치

설비배치란 공장 또는 서비스 시설 내에서 부서의 위치와 설비의 배열을 결정하는 것이다.

배치선택 시 고려요소
1. 제품의 유형
2. 생산공정의 유형
3. 생산량

1 공정별 배치

설비와 장비를 동일한 기능을 갖는 것끼리 묶어 집단으로 배치하는 것이다.

1. 공정별 배치의 특징

(1) 유사한 기계설비나 기능을 한 곳에 모아 배치한다.

(2) 각 주문작업은 가공요건에 따라 필요한 작업장이나 부서를 찾아 이동하므로 작업흐름이 서로 다르고 혼잡하다.

(3) 단속생산이나 개별주문생산과 같이 다양한 제품이 소량으로 생산되고 각 제품의 작업흐름이 서로 다른 경우에 적합하다.

2. 공정별 배치의 장단점

(1) 장점
  ① 인적자원과 설비의 높은 이용률 때문에 기계고장으로 인한 생산중단이 적고 쉽게 극복할 수 있다.
  ② 고도의 기술과 경험을 적용하는 데서 오는 긍지를 가진다.
  ③ 일정하지 않은 작업속도에서 비롯되는 작업흐름의 상대적인 독립성은 직무만족과 동기를 부여해 준다.
  ④ 범용설비로 비교적 저렴하고 정비가 용이하다.

(2) 단점
  ① 각 주문마다 특별한 작업준비 및 공정처리 요건의 필요성으로 인하여 단위당 높은 생산원가가 든다.
  ② 로트(Lot) 생산 시 대량의 재공품 재고가 발생할 수 있다.
  ③ 다양한 제품 형태, 크기 등에 따른 추가공간과 물량 이동에 필요한 통로, 융통성 있는 운반장비가 필요하다.
  ④ 생산일정계획 및 통제가 복잡하다.
  ⑤ 공정처리시간이 비교적 길고 설비이용률이 낮다.

2 제품별 배치

각 제품별로 제품이 만들어지는 생산라인(작업순서)에 따라 기계설비나 작업장을 배치하는 것이다.

1. 제품별 배치의 특징

(1) 작업흐름은 직선적이거나 미리 정해진 패턴을 따라가며 각 작업장은 고도로 전문화된 하나의 작업만을 수행한다.

(2) 하나 또는 소수의 표준화된 제품을 대량으로 반복 생산하는 라인공정에 적합하다(예 자동차 조립라인, 전자제품 생산라인, 카페테리아 라인 등).

2. 제품별 배치의 장단점

(1) 장점

① 기계화·자동화로 자재취급시간과 비용이 절감된다.

② 원활하고 신속한 이동으로 공정 중 재고량이 감소한다.

③ 재공품 저장공간의 소요 및 고정된 이동통로 공간활용이 증대된다.

④ 생산일정계획 및 통제의 단순화가 도모된다.

(2) 단점

① 제품 및 공정특성의 변경이 곤란하고 융통성이 결여된다.

② 전용장비의 이용으로 고액의 설비투자가 필요하다.

③ 생산라인상의 한 기계가 고장나면 전체공정의 유휴로 고가의 지연과 높은 정비비용이 든다.

④ 단순화되고 반복적인 과업과 빠른 생산속도로 종업원의 사기가 저하될 수 있고 높은 결근율과 이직률이 발생할 수 있다.

3. 제품별 배치의 유형

(1) 위치고정형 배치(Fixed-position Layout)

① 제품의 크기, 무게 및 기타 특성 때문에 제품 이동이 곤란한 경우에 생기는 배치 형태다.

② 제품은 한 장소에 고정되어 있고 자재·공구·장비 및 작업자가 제품이 있는 장소로 이동해서 작업을 수행한다.

장점	• 고정 작업에 따른 물류이동이 없어 훼손 및 불량이 발생하지 않는다. • 설비 활용에 따른 유연성이 높다 • 다양한 제품을 신축성 있게 제조 가능하다. • 복잡하고 대형 제품생산에 유리하다.
단점	• 동일 작업자가 많은 작업을 수행해야 하므로 전문기술의 숙련공이 필요하다. • 고임금 작업자가 많다. • 자재 및 설비 이동에 따른 시간, 노력 등 비용이 많이 든다. • 특수설비 사용에 따른 (대기)이용률이 낮다.

(2) 혼합형 배치

① 설비배치의 세 가지 기본 유형이 혼합된 형태다.

② 공장 전체로는 제작→중간조립→최종조립의 순으로 제품별 배치를 취하더라도 제작공정은 공정별 배치를, 조립공정은 제품별 배치를 각각 취할 수 있다.

(3) 셀룰러 배치

① 제조셀을 이용한 제조를 셀룰러 제조라 하고, 제조셀에 의한 설비배치를 셀룰러 배치라고 한다.

② 기계 간에 부품의 이동거리와 대기 시간이 짧기 때문에 생산소요시간이 단축되고 재공품 재고가 감소한다.

☑ 제조셀
다수의 유사 부품이나 부품군의 생산에 필요한 서로 다른 기계들을 가공진행 순서에 따라 모아 놓은 것을 말한다.

③ 다양한 부품을 중·소량으로 생산하는 기업에 제품별 배치의 혜택을 제공한다.

공정 특징	제품별 배치	기능별 배치	위치고정형 배치
제품 특징	• 표준제품 • 일정률 생산 • 소품종 다량생산	• 다품종소량 또는 다량 • 불규칙한 생산	• 소량의 개별특정제품
작업흐름 유형	• 직선적 전진형 • 표준작업의 동일순서	• 제품에 따라 다름 • 작업순서도 다름	• 작업흐름이 거의 없음 • 작업자, 설비가 현장에 가서 작업
작업 숙련도	• 단순반복 작업 • 단순화된 작업내용	• 숙련공에 의한 비전문 화 작업	• 숙련도가 높음
관리지수	• 감독 불필요 • 재료, 인원통제가 생산 량과 직결	• 일정계획, 재고관리, 운 반관리 등 지원필요	• 일정계획의 고도화 • 작업별 조정 필요
재고 현황	• 원재료, 재공품, 재고 회전이 빠름 • 재고비 부담 적음	• 다품종다량의 원자재 재고 발생 • 재공품 재고 발생	• 생산기간이 길어 재고 발생이 큼
면적 가동력	• 공간활용이 효과적 • 단위면적당 생산량이 높음	• 설비단위당 생산량 낮음 • 재공품 재고 면적이용 으로 공간활용이 비효 율적	• 실내생산 시 이용률이 낮음
자본소요와 설비특징	• 설비투자가 큼 • 공정전문화로 변동 대처 어려움	• 설비, 공정의 다목적 특성으로 변동에 쉽게 적용	• 다목적설비, 공정으로 이동성 작업에 필요

4. 라인밸런싱(LOB ; Line Of Balancing)

(1) 개념

① 과업이란 더 이상 나눌 수 없는 작업의 기본단위이다.

② 주기시간(Cycle Time)이란 일련의 작업장을 통과하는 일정한 시간 간격 중 최대시간이다.

③ 병목공정(Bottleneck Operation, 애로공정)이란 상대적으로 작업시간이 많이 소요되는 공정(작업장)이다.

(2) 라인밸런싱 효율

① 일반적으로 능률은 투입에 대한 산출로 나타내는데, 생산라인의 밸런스 능률 즉, 라인밸런스효율(Eb)을 측정하는 계산식은 다음과 같다.

$$Eb(\%) = \frac{\sum ti}{m \times t_{max}} \times 100(\%)$$

※ 단, Eb : 라인밸런스 효율, $\sum ti$: 라인(작업)의 순 과업시간 합계, t_{max} : 애로공정에서의 생산소요
시간(또는 라인의 사이클 타임), m : 작업장(또는 작업자) 수

☑ 라인밸런싱이란 제품별 배치의 핵
심문제로 각 공정의 능력을 전체
적으로 균형되게 하는 것 즉 각 공
정의 소요시간이 균형되도록 작업
장이나 작업순서를 배열하는 것
이다.

② 라인밸런스 효율(Eb)은 흐름라인의 종류에 따라 약간의 차이는 있을 수 있으나 대체로 75%를 기준으로 그 이하일 때는 비경제적이라고 평가하며, 적어도 80% 이상을 유지할 수 있어야 바람직하다고 할 수 있다.

(3) 밸런스 지체(라인손실률, Balance Delay, d) : 생산라인의 비능률을 나타내는 불균형률로 라인밸런스 효율(Eb)의 역수나 생산라인의 유휴율로 구할 수 있다.

> 밸런스 지체(d)=1- Eb
>
> $$= \frac{m \times t_{max} - \sum ti}{m \times t_{max}} \times 100(\%)$$
>
> ※ 단, $[m \times t_{max} - \sum ti]$는 라인의 유휴시간(Idle Time)을 의미한다.

(4) 라인밸런싱 절차
① 작업을 독립적으로 행할 수 있는 최소단위의 요소작업을 정한다.
② 각 요소작업에 대한 작업표준시간을 정한다.
③ 각 요소작업을 수행하는 선행관계와 원하는 생산율을 정한다.
④ 선행관계에 의거해 선행도표를 그린다.
⑤ 주기시간을 정한다.
⑥ 이론적으로 가능한 최소 작업장 수를 정한다.

  * 최소 작업장 수(n) $= \dfrac{\text{한 단위 생산 총 작업시간}(\sum ti)}{\text{주기시간}(c)}$

⑦ 최소작업장 수만큼 작업장을 확보한다.
⑧ 유휴시간과 작업장 이용률 그리고 밸런스지체를 구한다.

  * 유휴시간(Idle Time) $= nc - \sum ti$
  * 작업장 이용률(Efficiency) $= \sum ti / nc \times 100\%$
  * 밸런스지체 $= 100\% - $ 작업장 이용률

기출문제

경영과 기업

기업활동의 조직

인사관리

생산관리

마케팅관리

실전모의고사

대표기출유형

➕ 다음 중 라인밸런싱에 관한 설명으로 적절하지 않은 것은?

① 라인밸런싱은 제품별 배치의 설계를 위해 사용한다.
② 라인밸런싱의 목적은 작업장별 작업시간의 균형을 이루어 유휴시간을 최소화하는 것이다.
③ 생산라인의 주기시간은 병목(Bottleneck) 작업장의 작업시간보다 작다.
④ 생산라인의 총 유휴시간이 감소하면 라인효율은 증가한다.
⑤ 생산라인의 총 유휴시간이 감소하면 밸런스지체는 감소한다.

정답 ③
해설 생산라인의 주기시간은 병목 작업장의 작업시간과 같거나 더 크다.

생산능력

> ☑ 생산능력이란 작업자, 기계, 작업장, 공정, 공장 또는 조직이 단위시간당 산출물을 생산할 수 있는 능력을 말한다.

1 생산능력(Production Capacity)의 개념

1. 생산능력의 정의

(1) 생산능력은 정상적인 조건에서 주어진 기간 동안 어떤 프로세스의 최대 산출량을 의미한다.

(2) 일반적으로 생산능력은 프로세스를 기준으로 하며, 전체 공장의 생산능력은 생산능력이 가장 작은 프로세스에 의해 결정된다.

2. 생산능력의 의미

(1) 공급과잉 : 생산능력 > 실제수요
설비투자비를 회수하기 어려워지며, 과도한 생산은 업체 간 출혈경쟁(치킨게임)을 유발한다.

(2) 공급부족 : 생산능력 < 실제수요
공급이 부족하여 판매기회를 놓칠 수 있으며, 장기화되면 후발업체로 고착화될 수 있다.

2 생산능력의 분류

1. 생산능력의 종류

(1) 설계생산능력(Design Capacity, 설계능력)
① 현재의 제품설계, 제품혼합, 생산정책, 인력, 시설 및 장비를 가지고 공정에서 일정 기간 동안에 가능한 최대 생산량이다.
② 제품 설계 시에 고안된 최적의 생산능력으로 이상적인 조건하에서 일정 기간 동안 달성할 수 있는 최대 생산량이다.

(2) 유효생산능력(Effective Capacity, 유효능력) : 주어진 여건(제품혼합, 기계보전, 점심시간, 휴식시간, 일정계획의 어려움, 품질요소 등)하에서 일정 기간 동안에 가능한 최대 생산량을 의미한다. 즉 정상적으로 작업할 경우 달성할 수 있는 최대 생산량이다.

(3) 실제생산능력(Actual Capacity, 실제능력) : 일정 기간 동안 실제로 달성한 생산량이고 생산시스템의 고장, 재료 부족 등이 고려되어 실제로 달성한 생산량으로 유효생산능력을 초과할 수 없다. 보통 장비고장, 결근, 원자재부족, 품질문제 등 기타 생산운영관리자가 통제할 수 없는 요인들 때문에 유효생산능력보다 더 낮아진다.

2. 생산능력의 관계

(1) 생산능력은 '설계생산능력 > 유효생산능력 > 실제산출량'의 관계가 성립한다.

(2) 실제산출량 = 설계생산능력 − 총손실
= 설계생산능력 − (피할 수 없는 손실 + 피할 수 있는 손실)
= (설계생산능력 − 피할 수 없는 손실) − 피할 수 있는 손실
= 유효생산능력 − 피할 수 있는 손실

3. 유효능력결정요소

(1) 시설(Facilities) 요인
• 시설의 규모와 확장을 위한 대비를 포함한 시설의 설계
• 시설 내의 난방, 조명, 환기와 같은 환경요인

- 입지요인(Location Factors)　　• 작업장의 배치(Layout)
(2) 제품과 서비스 요인(Product and Service Factors)
  - 제품과 서비스 설계 : 제품들이 균일할수록 원자재와 처리방법의 표준화 기회가 높아져서 생산능력이 커질 가능성이 높다.
  - 제품이나 서비스 믹스
(3) 프로세스 요인(Process Factors)
  - (생산)프로세스의 양적 능력
  - 산출의 품질 : 품질이 기준에 미치지 못하면 검사와 재작업이 증가하여 산출이 느려진다 (단위시간당 산출감소).
(4) 인적 요인(Human Factors) : 직무내용, 직무설계, 훈련과 경험, 동기유발, 보상, 학습률, 결근 및 퇴직률
(5) 정책 요인(Policy Factors) : 연장근무와 3교대 근무 등 생산능력 대안의 허용 여부와 같은 경영정책
(6) 운영요인(Operational Factors) : 일정계획, 자재관리, 품질보증, 보전정책, 장비고장
(7) 공급사슬요인(Supply Chain Factors) : 생산능력이 변화될 경우 공급사슬요인도 반드시 생산능력 계획에 반영해야 한다.
(8) 외부요인(External Factors) : 제품표준, 안전규제, 노동조합, 공해관리기준

3 생산능력측정 지표

1. 가동률(Utilization)

(1) 가동률(이용률) $= \dfrac{\text{실제산출량(실제생산능력)}}{\text{설계능력(이론적 생산능력)}} \times 100\%$

(2) 높은 가동률은 구축된 설비·인력·자원이 효율적으로 활용됨을 의미한다.

2. 효율성(Efficiency)

(1) 효율성 $= \dfrac{\text{실제생산능력(실제산출량)}}{\text{유효생산능력}} \times 100\%$

(2) 실제 생산현장에서는 가동률 대신 효율성을 더 중시하며, 유효생산능력은 목표산출량이라고 할 수 있다.

(3) 유효생산능력 = 설계능력(이론적 생산능력) - 피할 수 없는 생산능력 손실

✓ 생산능력측정 기준
1. 제조업은 상품표준화 정도가 높으므로 '산출물' 기준으로 측정하며, 현재의 설비를 이용하여 만들어 낼 수 있는 산출물양을 생산능력으로 인식한다.
2. 서비스업은 제공되는 서비스가 이질적이므로(표준화 정도가 낮으므로) '투입물' 기준으로 측정한다.

✓ 설계능력은 하루 50대, 유효능력은 하루 40대, 실제능력은 하루 30대인 경우, 효율과 이용율은?
⇒ 이용률 $= \dfrac{30}{50} = 0.6(60\%)$
　효율 $= \dfrac{30}{40} = 0.75(75)\%$

✓ 피할 수 없는 손실과 피할 수 있는 손실
- 피할 수 없는 손실 : 설비의 보수유지, 신상품연구개발, 수요변동대응, 생산계획변경으로 인해 발생하는 손실
- 피할 수 있는 손실 : 고장이나 작업자 실수 등으로 인한 생산능력 손실

대표기출유형

🔹 다음 생산능력을 작은 순서대로 나열한 것은?

① 실제생산량 - 설계능력 - 유효능력
② 실제생산량 - 유효능력 - 설계능력
③ 유효능력 - 설계능력 - 실제생산량
④ 설계능력 - 실제생산량 - 유효능력
⑤ 설계능력 - 유효능력 - 실제생산량

정답 ▶ ②

해설 ▶ 실제생산량(일정 기간 실제로 달성한 생산량) - 유효능력(주어진 여건에서 일정 기간 달성할 수 있는 최대 생산량) - 설계능력(이상적인 조건에서 일정 기간 달성할 수 있는 최대 생산량)의 순서이다.

총괄생산계획

생산계획이란 예측된 수요를 충족시키기 위하여 생산활동을 어떻게 운영해 나갈 것인가를 장·단기적으로 계획하는 것이다.

기간에 따른 생산계획
- 장기 생산계획 : 장기적인(보통 1년 이상) 수요변동에 대응하기 위한 생산계획을 수립하는 것으로 것으로 주로 추세변동에 대응하기 위한 생산계획이다.
- 중기 생산계획 : 중기적인(보통 2개월~1년 사이) 수요변동에 대응하기 위한 생산계획을 수립하는 것으로 주로 계절변동에 대응하기 위한 생산계획이다.
- 단기 생산계획 : 단기적인(보통 2개월 이내) 수요변동에 대응하기 위한 생산계획을 수립하는 것으로 주로 불규칙변동에 대응하기 위한 생산계획이다. 일정계획을 의미한다.

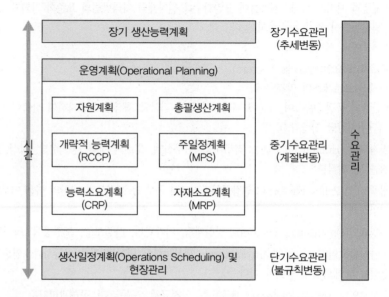

1 총괄생산계획(Aggregate Production Planning)의 개념

1. 의의

총괄생산계획이란 중기적인 수요변동에 맞추어 생산능력을 제공할 수 있는 방법을 명시한 것이다.

2. 특징

(1) 총괄생산계획은 기업 경영을 위해 필요한 자원의 준비, 생산시기, 생산할 제품 등에 대한 의사결정이다.

(2) 총괄생산계획은 보통 한 회계 년도를 단위로 수립되므로 중기계획에 해당한다. 따라서 장기 생산능력계획과 단기생산계획(=일정계획)을 연결시켜 주는 다리 역할을 한다.

(3) 총괄생산계획은 수요예측 자료를 기반으로 세워진다.

3. 총괄계획의 목적

(1) 비용최소화 : 고용 및 해고비용, 잔업 및 작업단축 비용, 재고유지비용, 하청비용, 재고부족 비용

(2) 고객서비스 최대화 : 납품시간의 단축과 적시 납품

(3) 재고최소화

(4) 생산율 변동의 최소화

(5) 고용수준 변동의 최소화

(6) 공장과 장비의 이용률 최대화

2 총괄생산계획의 구분과 기법

1. 총괄생산계획의 구분

장기 계획	• 기간 : 1년 이상의 계획 기간 • 내용 : 재무계획, 사업계획, 전략계획, 설비와 자본투자계획 등
중기 계획	• 기간 : 6 ~ 8개월의 기간으로 하며, 분기별이나 월별로 계획 작성 • 내용 : 월별 재고 수준, 총괄생산계획, 대일정계획 등
단기 계획	1일 내, 수주간의 기간으로 하나 대체로 주별로 작성

2. 총괄생산계획의 비용요소

정규시간 비용	일정기간 정상적 생산 활동을 통해 발생하는 정규시간보수뿐만 아니라 퇴직연금, 건강보험, 유급휴가에 대한 급여 등도 포함
생산율 변동비용	채용과 해고비용, 초과근무비용 등이 포함
재고비용	저장 · 창고운영비, 재고에 잠겨있는 자본 비용, 보험, 세금 등
재고부족비용	수요에 대응할 재고가 없을 경우 발생, 판매 기회 상실에 따른 기회비용, 고객들에게 주는 부정적인 이미지 등

3. 총괄생산계획의 기법

시행착오적 방법	도표법, 총비용이 최소가 되는 생산계획을 모색하는 것으로 비교적 단순하고 이해가 쉬움.
수리적 모형	최적해를 보장해 주지 못하는 도표법의 단점을 극복하기 위해 만들어진 것으로 선형계획법, 목표계획법, 수송모형 등이 있음.
휴리스틱 기법	• 경영계수이론 : 경영자들이 과거에 내린 경험이나 결정들을 이용한 다중회귀분석 • 탐색결정기법(SDR) : 계획기간 중 비용함수의 형태에 관계없이 최소의 비용을 가져오는 기법

3 총괄생산계획의 수립과정

1. 총괄생산계획 기간 및 기간단위 설정과 총괄제품 그룹형성

(1) 총괄생산계획 기간 : 주로 1년(주로 예산주기와 일치함)

(2) 총괄생산 기간단위 : 주로 월별

(3) 총괄제품 그룹형성 : 공통의 공정처리, 공통의 인력 및 자재소요를 갖는 제품끼리 그룹형성

2. 총괄제품 그룹별, 기간별 수요예측 및 생산능력소요량으로의 환산

(1) 기간별 수요예측 : 가능한 월별 계절지수를 이용하여 수요예측치를 구한다.

(2) 생산능력소요량으로의 환산 : 제품 그룹별에 따라 기간별 수요예측치에 각 작업소요 시간을 곱하여 구한다.

3. 생산능력소요량의 평활화

(1) 기간별 생산능력소요량의 차이가 작을 경우 : 기업의 가용능력을 수요(=생산능력소요량)에 맞추기가 쉽다.

(2) 기간별 생산능력소요량의 차이가 클 경우 : 기업의 가용능력을 수요(=생산능력소요량)에 맞추기가 어렵다.

(3) 방안 : 수요의 시기 및 수준을 조정해야 한다.

(4) 수요 조절 방안 : 가격할인정책, 판매촉진강화, 반(反)계절상품 개발, 납기조정, 생산능력의 일부를 고객에 맡기는 방법 등이 있다.

4. 기업의 가용능력과 생산능력소요량의 비교 및 조절

(1) 일반적으로 수요를 조정하더라도 생산능력소요량과 기업의 가용능력 간의 차이는 어느 정도 발생한다.

(2) 기업의 가용능력을 조절할 수 있는 방법
　① 고용 및 해고를 통한 인력 조절
　　• 장점 : 기업의 가용능력 조절에 효과적
　　• 단점 : 고용불안 야기, 종업원 사기 저하, 노조와의 마찰
　　• 일시적 대안 : 시간제 종업원(Part-Time Employee), 일시 고용자 활용
　② 초과근무, 단축근무 또는 일시휴직을 통한 생산율 조정
　③ 재고 보유 : 재고유지비용 발생
　④ 재고 부족
　　• 장점 : 기업이미지 향상
　　• 단점 : 고객이탈 초래(장기적인 관점, 경쟁이 치열한 경우)
　⑤ 하청(Subcontract) : 납기 통제 어려움, 하청 제품의 품질관리 어려움, 하청에 의한 생산제품의 품질 불량 시 모기업의 이미지 실축 우려
　⑥ 후납(Back Orders, Backlog) 또는 대기주문 명단 활용 : 고객이 요구하는 시기에 납품을 할 수 없을 경우 납기일 이후에 납품하는 것으로, 이것은 고객이 그때까지 기다려 준다는 전제조건하에서만 가능함. 경쟁이 치열할 경우 고객이탈 초래
　⑦ 가용능력 공유 방안 : 타기업의 유휴 가용능력을 빌려 사용
　⑧ 기업의 가용능력 조절방안 이용의 제약사항 : 필요한 인력의 유형, 가용한 인력시장 및 노동조합과의 협약, 제품 및 공정의 유형, 기업의 경쟁전략 및 경쟁상황, 기업의 지역사회 내에서의 위치 및 영향

5. 총괄생산계획 수립전략 선정

(1) 추적전략(Chase Strategy)
　① 각 총괄생산계획 기간마다 그 기간 중의 수요(=생산능력소요량)에 정규작업시간을 맞추어 산출률을 조정(=추적)해 나가는 전략이다.
　② 생산능력 조절변수 : 정규시간, 초과근무 그리고 하청 등으로 수요에 맞춰 나가며, 재고는 없다.
　③ 산출률과 고용수준을 조정하여 수요량을 맞추는 전략이다.
　④ 예상재고와 단축근무는 사용하지 않는다.
　⑤ 재고 및 주문적체가 적지만 많은 고용 및 해고비용이 발생된다.
　⑥ 미 숙련작업에 적용된다.

(2) 평준화전략(Level Strategy)
　① 총괄생산계획 기간 중의 수요에 맞추어 생산하기보다는 일별 생산율을 총괄생산계획 기간 전체에 대해 일정하게 유지해 나가는 전략이다.

② 생산능력 조절변수 : 정규시간만 일하고 초과근무나 조업단축이 없다. 대신에 재고와 하청을 이용하여 수요를 맞춰 나간다.

③ 고용수준이나 생산율을 일정하게 유지하면서 주로 재고를 통해 수요변화에 대응하는 전략으로 정규작업시간, 재고, 하청을 함께 활용한다.

④ 장점 : 안정적인 고용수준과 생산수준을 유지할 수 있다.

⑤ 단점 : 과잉재고나 품절 등으로 인해 전반적인 비용이 증가할 수 있다.

(3) 혼합전략(Mixed Strategy)

① 추적전략과 평준화 전략을 혼합한 것이다.

② 생산능력 조절변수 : 정규시간, 재고, 초과근무, 하청을 이용하여 수요를 맞춰 나간다.

6. 총괄생산계획 작성

(1) 목적 : 수립된 총괄생산계획 수립전략(추적전략, 평준전략, 혼합전략) 각각에 대해 비용개념을 추가하여 최소의 비용으로 총괄생산계획을 수립할 수 있는 전략을 선정한다.

(2) 사용기법 : 최적화 기법, 휴리스틱(Heuristics) 기법, 시행착오법(Trial-and-error Method)

① 최적화 기법 : 최적해(Optimal Solution)를 구한다.

• HMMS 모형(Holt, Modlgliani, Muth, Simon Model) : 정규임금, 초과근무비용, 고용 및 해고비용, 재고비용, 후납비용, 작업준비비용 등을 포함한 하나의 이차 비용함수를 이용한다.

• 선형계획법(Linear Programming)

• 수송계획법(Transportation Programming)

② 휴리스틱(Heuristics) 기법 : 만족해(Feasible Solution)를 구한다.

• 경영계수 모형(Management Coefficient Model) : 작업자 수 및 생산율에 관한 과거의 결정들을 이용한 다중회귀분석으로 결정규칙을 찾는다.

• 탐색결정규칙(Search Decision Rules) : 비용함수의 형태에 관계없이 계획기간 중 최소의 비용을 가져오는 작업자수 및 생산율을 체계적으로 탐색해 나가는 기법이다.

• 지식기반 전문가 시스템(Knowledge-based Expert System) : 특정 영역의 문제를 해결하기 위해 전문가들의 축적된 지식을 이용하는 기법으로, 컴퓨터 프로그램이다.

③ 시행착오법(Trial-and-error Method) : 과거의 경험, 판단, 간단한 자료, 직관 등에 의해 여러 가지 계획안을 만들고 평가를 반복하여 가장 적합한 안을 선정한다.

대표기출유형

🔹 **다음 중 총괄생산계획에 관한 설명으로 옳은 것은?**

① 생산능력을 기준으로 총괄생산계획을 수립한다.

② 대일정계획에 의해 총괄생산계획이 유도된다.

③ 개별설비의 능력을 기반으로 계획을 수립한다.

④ 수요변동이 실제로 상당히 큰 폭으로 나타날 때, 생산용량과 수요를 변경하여 균형을 달성한다.

⑤ 총괄생산계획을 수립하는 가장 주된 이유는 투입과 산출이 시간적으로 상응하기 때문이다.

정답 ④

해설 수요변동이 실제로 상당히 큰 폭으로 나타날 때 계획 수립자는 생산용량, 수요 혹은 양자를 변경함으로써 균형달성을 시도한다. 즉 전체 계획기간에 걸쳐 수요와 생산용량이 대략적으로 같게 하는 것이다.

기출문제

경영과 기업

기업활동의 조직

인사관리

생산관리

마케팅관리

실전모의고사

수요예측

```
정성적 예측법(Qualitative Method)
    • 델파이법(Delphi Technique)
    • 시장조사법(Market Surveys)
    • 집단의견법(Executive Opinions)
    • 자료유추법(Historical Analogy)
    • 판매원이용(Saleforce Compositive Method)

정량적 예측법(Quantitative Method)
    시계열분석
        • 이동평균법(Moving Average Method)
        • 지수평활법(Exponential Smoothing Method)
        • 최소자승법(Least Square Method)
    인과형예측법
        • 회귀모델(Regression Model)
        • 계량경제모델
```

☑ 수요예측(Demand Forecasting)

• 기업의 제품과 서비스에 대한 수요의 양과 시기를 예측하는 것이다.
• 수요예측이 이루어지면 수요를 충족시키기 위해 필요한 자원에 대한 예측이 이루어지는데 이는 구매되는 부품과 원자재뿐만 아니라 기업의 설비, 기계, 노동력에 대한 양과 시기를 예측하는 것이다.
• 기업의 장기계획 수립을 위한 전제가 되며 단기적인 운영관리에 지대한 영향을 주는 활동이다.

1 정성적 예측법(Qualitative Method)

1. 델파이법(Delphi Technique)

(1) 개념

① 그리스의 델파이 신전에서 신탁을 받는 것과 같이 전문가들을 대상으로 하여 우편을 통한 질문과 응답에 대한 통계 및 피드백의 과정을 의견의 일치를 볼 때까지 반복적으로 사용하는 방법이다. 미국 RAND Corporation에서 기술예측을 목적으로 개발하였다.

② 전문가들은 전문가 집단의 다른 사람들이 누구인지를 모르며 이를 통해 자유로운 의견을 피력한다.

(2) 장점과 단점 : 기술적 예측이라고 불리는 만큼 예측에 잘 맞지만, 시간이 오래 걸리고 설문지 작성이 어렵다.

(3) 용도

① 데이터가 전혀 없거나 먼 미래의 장기적 변화를 예측할 때 효과적이다.

② 생산능력/설비계획을 위한 장기판매예측을 할 수 있다.

③ 기술혁신의 시점을 알기 위한 기술예측을 할 수 있다.

④ 문제해결방법으로 활용된다.

2. 집단의견법(중역진의견법, Executive Opinions)

(1) 집단의견법 내지는 중역진의견법이란 조직의 중역들이 모여 집단적 토의에 의해 예측하는 방법이다.

(2) 장점

① 중역진의 풍부한 지식과 경험을 활용할 수 있다.

② 여러 사람의 의견교환으로 극단적인 오류를 피할 수 있다.

③ 신속, 저렴하게 예측할 수 있다.

(3) 단점

① 영향력 있는 인물에 의해 토의가 지배될 수 있다.

② 예측이 타협이나 절충의 산물로 얻어진다.

③ 공동 예측으로 인한 책임감 결여 가능성이 있다.

3. 자료유추법(사적유추법, Historical Analogy)

자료유추법은 기존 데이터가 없는 신제품의 미래를 예측하는데 활용된다. 신제품과 유사한 기존 제품의 과거자료를 참고로 신제품의 미래를 유추할 수 있다.

4. 판매원 이용법(Salesforce Compositive Method)

(1) 판매원 이용법이란 고객의 의도를 가장 잘 알고 있는 판매원을 활용한 수요예측방법이다. 일선판매원이나 영업사원에 의한 자신의 담당구역이나 제품의 수요를 예측하여 개인별 예측의 결과를 종합하여 전체수요를 예측한다.

(2) 단점
① 유능한 판매원이 반드시 유능한 예측자는 아니다.
② 판매원의 예측은 최근의 동향에 의해 크게 지배되는 경향이 있다(최근의 매출이 저조하였다면 비관적인 예측을 하게 된다).
③ 판매원은 의식적으로 과소예측을 하는 경향이 있다(특히 예측치를 판매책임량으로 정하는 경우 특히 심하게 나타난다).

5. 시장조사(Market Surveys) / 소비자조사(Consumer Surveys)

(1) 개념 : 시장의 상황에 대한 자료를 수집하기 위해서 소비자 패널을 사용하거나 설문지, 서베이(Survey) 등을 사용하는 것으로, 기업의 총매출액, 제품군의 매출액, 개별제품의 매출액을 예측할 수 있다.

(2) 장점 : 단기적인 예측에 아주 좋은 결과를 보이고 있으며 시장의 호황과 불황의 분기점을 비교적 잘 예측할 수 있다.

(3) 단점 : 예측비용과 시간이 다른 기법들에 비하여 비교적 많이 소요된다.

2 시계열분석(Time Series Analysis)에 의한 수요예측

1. 시계열분석

(1) 의의 : 시계열 데이터로부터 추세나 경향(일정한 패턴 : 규칙성/시계열적 변동)을 파악하여 장래 수요를 예측한다.

(2) 시계열적 변동의 종류
① 추세변동(T ; Trend Movement) : 장기변동의 전반적인 추세(경향), 추세선의 추정을 위해 최소자승법 사용
② 순환변동(C ; Cyclical Fluctuation) : 일정한 주기 없이 장기적(1년 이상의 간격)으로 나타나는 유사한 진동
③ 계절변동(S ; Seasonal Variation) : 1년 주기로 계절에 따라 되풀이되는 변동
④ 불규칙/우연변동(I ; Irregular Movement / Random Variation) : 예측 불가능한 임의 변동으로 돌발적, 불명 원인에 의해 출현

2. 이동평균법(Moving Average Method)

과거 일정 기간 동안의 실적의 평균을 계산하여 다음 기간의 값을 예측하는 방법으로, 특별한 추세변동, 계절변동, 순환변동 등의 요인이 없을 때 적용이 가능하다.

(1) 단순 이동평균법(Simple Moving Average Method) : 과거 모든 기간의 실제치가 구하고자 하는 예측치에 영향을 주는 정도가 모두 동일할 경우에 사용 가능하다.

기출문제

경영과 기업

기업활동의 조직

인사관리

생산관리

마케팅관리

실전모의고사

$$F_t = \frac{\Sigma A_{t-i}}{n}$$

(F_t : 기간 t의 수요 예측량, A_{t-i} : 기간 $(t-i)$의 실제 수요량, n : 고려하는 기간 수)

(2) 가중 이동평균법(Weighted Moving Average Method) : 가장 가까운 과거의 일정 기간 동안에 대해 시기별로 가중치를 달리 적용하여 그 평균을 다음 기간의 예측치로 사용하는 방법이다.

$$F_t = \frac{W_1 A_{t-1} + W_2 A_{t-2} + \cdots + W_n A_{t-n}}{W_1 + W_2 + \cdots + W_n}$$

(F_t : 기간 t의 수요 예측량, A_{t-i} : 기간 $(t-i)$의 실제 수요량,
W_i : 가중치(단, $W_1 > W_2 > \cdots > W_n$))

3. 지수평활법(Exponential Smoothing Method)

(1) 가중이동평균법의 일종으로, 단기예측에 적합한 방법이다.

(2) 가장 최근의 실적치에 가장 큰 가중치를 부여하고 오래된 데이터의 가중치는 지수함수적으로 적게 적용하는 것이다.

(3) 지수평활법은 최소의 자료로 단기예측활동에 유용하게 활용할 수 있는 예측기법으로, 시계열 자료가 추세, 순환 변동, 계절적 변동이 크게 작용하지 않고 비교적 안정되어 있는 경우에 적합하다.

(4) 단기예측은 특성상 이러한 시계열 요인들이 중요하게 작용을 하지 않으며 이러한 의미에서 지수평활법은 가장 최소의 자료를 가지고 폭넓게 활용될 수 있는 예측기법 중의 하나이다.

$$F_t = F_{t-1} + \alpha(A_{t-1} - F_{t-1}) = \alpha A_{t-1} + (1-a)F_{t-1}$$

(단, α : 평활계수($0 \leq \alpha \leq 1$))

(5) 평활계수의 조정

① 제품수요가 불안정한 경우(신제품의 생산판매, 고객취향의 변동심화품목)
α : 0.7 ~ 0.8 ⇒ 예측의 감응도를 높인다.

② 제품수요가 안정된 경우
α : 0.01 ~ 0.5 ⇒ 예측의 안정도를 높인다.

4. 최소제곱법(Least-squares Method)

실제치와 예측치 간의 편차 제곱의 총합이 최소가 되는 추세선을 찾고 이를 통해 미래 수요를 예측하는 방법이다. 이는 장래의 수요변동을 추세변동만으로 예측하려는 방법이다.

3 수요예측기법의 평가

1. 수요예측의 정확성 판정

예측오차(E)는 실제수요(A_t)와 예측수요(F_t)와의 차이로, 오차가 크면 클수록 그때 채용된 예측기법의 유효성이 떨어짐을 의미한다.

〈예측오차의 측정〉

평균오차(ME)	평균자승오차(MSE)	평균절대편차(MAD)
$ME = \dfrac{\Sigma(A_t - F_t)}{n}$	$MSE = \dfrac{\Sigma(A_t - F_t)^2}{n}$	$MAD = \dfrac{\Sigma \mid A_t - F_t \mid}{n}$
A_t=기간 t의 실제수요, F_t=기간 t의 수요예측치, n=기간수		
• ME가 0에 가까울수록 편의가 작다. • ME가 0에 가깝다고 해도 절대편차는 클 수 있다는 한계가 있음.	• 양의 오차는 음의 오차와 상쇄되지 않으며 오차가 양이든 음이든 클수록 가중치가 커지는 결과를 나타낸다.	• 가장 많이 쓰이는 방법 • 정규분포를 가정할 때 3.75 MAD를 벗어나면 비정상적인 것으로 간주할 수 있다.

2. 추적지표(TS ; Tracking Signal)를 이용한 예측과정 관리

(1) 추적지표란 예측치의 평균이 일정한 진로를 유지하고 있는지를 나타내는 척도로, 예측의 정확도가 의심스러울 경우에 사용한다.

(2) 추적지표는 누적예측오차를 MAD(평균절대편차)로 나눈 것이다.

$$TS = \frac{RSFE}{MAD} = \frac{\Sigma(A_t - F_t)}{MAD}$$

(A_t : 기간 t의 실제수요, F_t : 기간 t의 수요예측치)

(3) 추적지표는 예측치가 실제보다 계속해서 낮으면 양(+)의 값을 나타내고, 반대로 예측치가 실제치보다 계속해서 높으면 음(−)의 값을 나타낸다.

대표기출유형

➕ **다음 중 수요예측에 관한 설명으로 적절하지 않은 것은?**

① 단순지수평활법(Simple Exponential Smoothing)에서 평활상수 값이 클수록 최근의 자료를 더 많이 반영한다.

② 델파이법은 예측에 불확실성이 크거나 과거의 자료가 없는 경우에 유용하며, 신제품 개발을 위한 예측에 사용된다.

③ 평균오차(Mean Error)가 0이 아닐 때에도 평균절대편차(Mean Absolute Deviation)는 0이 될 수 있다.

④ 예측오차의 측정방법 중 평균절대비율오차(Mean Absolute Percent Error)는 수요의 크기에 대한 상대적 예측오차를 측정하는 방법이다.

⑤ 단순이동평균(Simple Moving Average)은 과거의 데이터에 합이 1이 되는 동일한 가중치를 부여하고, 가중이동평균(Weighted Moving Average)은 합이 1이 되는 임의의 가중치를 부여한다.

정답 ③

해설 평균절대편차(Mean Absolute Deviation)가 0이 되려면 모든 값이 정확해야 하며, 이때 평균오차는 반드시 0이 되어야 한다.

재고관리

1 재고관리 개념

1. 재고(Stock)

(1) 개념 : 미래의 생산 또는 판매 수요를 충족시키기 위하여 보유하고 있는 자원이다. 기업이 보유하는 재고의 형태는 원재료, 부품, 재공품, 반제품, 저장품, 제품, 상품, 소모성자재 등이 있다.

(2) 재고의 유형

① 비축재고(Anticipation Stock) : 계절적인 수요 급등, 가격급등, 파업으로 인한 생산중단 등이 예상될 때, 향후 발생할 수요를 대비하여 미리 생산하여 보관하는 재고이다.

② 안전재고(Safety Stock) : 조달기간의 불확실, 생산의 불확실 또는 수요량이 불확실한 경우 등 예상외의 소비나 재고부족 상황에 대비하여 보유하는 재고로서 품절 및 미납주문을 예방하고 납기준수와 고객서비스 향상을 위해 필요하다. 재고유지비의 부담이 크므로, 재고의 적정수준을 유지할 필요가 있다.

③ 순환재고(Cycle Stock) : 비용 절감을 위하여 경제적 주문량(생산량) 또는 로트 사이즈(Lot Size)로 구매(생산)하게 되어 당장 필요한 수량을 초과하는 잔량에 의해 발생하는 재고로서 다음 구매시점까지 계속 보유하게 된다.

④ 수송재고 또는 파이프라인 재고(Pipeline Stock) : 대금을 지급하여 물품에 대한 소유권을 가지고 있으며, 수송 중에 있는 재고를 말한다.

2. 재고관리

(1) 재고관리의 개념

① 재고관리는 생산부문과 판매부문으로부터의 수요에 신속하고 경제적으로 대응하여 안정된 판매활동과 원활한 생산활동을 지원하고 최적의 재고수준을 유지하도록 관리하는 절차이다.

② 필요한 품목을, 필요한 수량만큼, 필요한 시기에 최소의 비용으로 공급할 수 있도록 재고를 관리하는 것이 재고관리의 목적이라 할 수 있다.

(2) 재고관리 관련비용

> 재고관련 총비용 = 주문비용(생산준비비용) + 재고유지비용 + 재고부족비용

① 주문비용(생산준비비용) : 품목을 발주할 때 발생되는 비용으로 주문서류작성과 승인, 운송, 검사, 입고활동 등에 소요되는 인력, 설비, 시간 등에서 발생하는 비용이다. 이 비용은 수량에 관계없이 발주(또는 생산준비)마다 일정하게 발생하는 고정비이므로 1회 주문량(생산량), 즉 로트사이즈(Lot Size)를 크게 할수록 재고 1단위당 비용이 줄어드는 특성을 갖고 있다.

② 재고유지비용 : 품목 구입(생산)금액에 대한 자본의 기회비용, 창고시설이용(유지)비용, 보험료, 취급·보관 비용, 도난·감소·파손에 따른 손실비용 등이 있다.

③ 재고부족비용 : 재고부족으로 인하여 발생되는 납기지연, 판매기회 상실, 거래처 신용하락, 잠재적 고객상실 등에 관련되는 비용이다.

3. 재고관리의 효과측정 지표

(1) 재고회전율(Inventory Turnover Ratio) : 재고회전율이란 판매된 제품의 연간 비용(매출액)과 평균 재고투자액의 비율이다.

$$재고회전율(\%) = \frac{연\ 매출(수량)}{평균재고(수량)} \times 100$$

(2) 재고공급일수(Days of Supply)

① 재고공급일수란 현재 보관중인 재고를 이용할 경우의 기대 판매 가능일 수이다.

② 일반적으로 재고회전율이 높을수록 재고를 효과적으로 관리한 것으로 볼 수 있으나, 바람직한 회전 수는 산업과 기업의 이윤에 따라 다르다.

$$재고공급일\ 수 = \frac{평균재고(수량)}{연\ 매출(수량)} \times 영업일\ 수$$

2 재고관리의 필요성

1. 재고보유의 목적

(1) 안전재고 : 미래의 불확실성에 대처하기 위하여 필요하다.

(2) 주기재고 : 경제적 생산 및 구매를 위하여 필요하다.

(3) 예상재고 : 예상되는 수요나 공급의 변화에 대처하기 위하여 필요하다.

(4) 운송재고 : 운송을 위하여 필요하다.

(5) 비축재고 : 투기적인 기능을 위하여 필요하다.

2. 과다 재고보유의 피해

(1) 재고 보관비용이 과다하게 소요된다.

(2) 재고에 자금이 묶여 유동성 부족을 초래할 위험이 있다.

(3) 데드 스톡(Dead Stock)이 발생하기 쉽다.

(4) 상품에 따라 부패·변질 가능성이 존재한다.

(5) 상품에 따라 신속한 환경 변화에 대응하지 못해 구형화나 유행에 뒤떨어질 가능성이 높다.

3. 과소 재고보유의 피해

(1) 상품의 품절로 인해 구매자의 수요에 대응하지 못해 손해가 발생한다.

(2) 고객에게 상품의 구색과 구성에 궁색감을 줄 수 있다.

(3) 소량으로 빈번하게 매입해야 하므로 매입비용이 증가한다.

(4) 소량 매입으로 인해 매입처로부터 덜 중요한 고객이라는 취급을 당한다.

4. 재고의 최적주문량

(1) 재고유지비, 주문비, 재고부족비 등을 함께 고려하여 결정되며 비용항목을 합한 총 재고비용이 최소가 되는 점이 최적주문량이다.

(2) 경제적 주문량 공식으로 구할 수 있으며 이는 연간수요량, 주문비, 평균재고 유지비 및 재고품의 단위당 가치(가격)를 이용해 계산한다.

(3) 재고유지비에는 이자비용, 창고비용, 취급비용, 보험, 세금 및 제품의 진부화 등이 있다.

(4) 물류활동은 일반적으로 재고, 수송, 주문처리, 포장 및 하역 등으로 나누어지며 물류관리자는 각 물류활동과 관련된 일상적인 의사결정을 내린다.

☑️ 회계기간 중에 매입한 재고자산의 취득가격 합계가 그 기간의 상품매입액이고, 재고자산 가운데 회계기간 중에 판매된 부분이 매출원가를 구성하며 회계기간의 말일(기말 혹은 결산일)에 남아 있는 재고자산이 기말상품재고액이다.

3 주문시점 재고관리

1. 주문 재고 수준(Order Level)

(1) 주문점(Order Point)이란 다음 주문량이 도달하기 이전에 재고수량이 가용수량을 유지하지 못하거나 또는 품절이 발생하는 수준에 도달한 때를 의미한다.

(2) 주문 재고 수준은 주문과 주문 사이에 기대되는 수요를 충족시키는 수준에서 재고를 보유하는 것을 말한다. 주문량을 경제적 주문량(EOQ ; Economic Order Quantity)에 의해 산출된 근거를 기준으로 결정해야만 한다.

(3) EOQ는 제품을 주문하는 데 소요되는 비용과 제품을 보유하는 데 소요되는 비용을 고려하여 최저의 총재고비용을 산출하게 된다.

2. 리드타임 재고 수준(Lead−Time Level)

(1) 보충되어야 할 재고의 필요성에 대한 인식시점과 주문 후 상품이 점포에 도착하는 시점 사이의 시간을 말한다.

(2) 리드타임은 구매에서 리드타임은 발주한 후 납품 시까지 소요되는 시간을 의미한다. 가장 이상적인 재고는 납품 시 과잉 재고와 결품(缺品)이 발생하지 않도록 안전재고를 실현할 수 있는 시간 내에 발주되어야 하는 것이 원칙이다.

3. 주문충족 리드타임(Order Fulfillment Lead Times)

(1) 상품이 주문생산(Make-to-order)될 때 사용되는 개념으로 고객주문을 충족시키기 위해 소요되는 평균 주문 리드타임이다.

(2) 주문생산전략을 채택하고 있는 기업이 고객주문에 얼마나 신속하게 대응할 수 있는가를 측정한다.

3 ABC 재고관리

1. ABC 재고관리의 개념

☑ ABC 분석기법을 사용하고자 할 때에는 통상적으로 재고를 가치 기준으로 몇 개의 범주(등급)로 구분하여야 한다. 재고가 어떠한 등급(ABC)으로 분류되느냐에 따라 주문방법뿐만 아니라 재주문시점, 주문절차 등도 달라지므로 품절이 되어서는 안 되는 상품과 간헐적인 품절을 허용해도 관계없는 상품을 판단할 수 있게 한다.

(1) ABC 분석기법은 파레토(Pareto)의 80 : 20 법칙과 관련이 있으며 매출액 70%의 상위 품목을 A 라인, 추가적인 20%의 차상위 품목을 B 라인, 나머지 품목을 C 라인으로 구분한다.

(2) 주란(Juran)이 불량품 개선에 유용하다는 것을 밝혀냈고 디키(Dickie)가 재고관리에 적용하면서 널리 보급되기 시작하여 소매업체들이 기여도가 높은 상품 관리에 집중해야 한다는 관점하에 활용된다.

(3) 상품별 적정 재고수준을 파악하기 위하여 상품에 대한 등위를 매기는 방법으로 ABC 분석의 첫 단계는 한 가지 또는 몇 가지 기준을 사용하여 단품의 순위를 정하는 것이며 이때 가장 중요한 성과 측정기준의 하나로 공헌이익을 들 수 있다. 다음 단계는 상품을 구분하여 취급하기 위한 분류기준, 즉 수익 또는 판매량 차원의 수준을 결정하는 것이다.

(4) ABC 관리 방법은 재고관리나 자재관리뿐만 아니라 원가관리, 품질관리에도 이용할 수 있다. 특정 성과측정 기준으로 상품에 대한 등급을 설정하기 위한 보조수단으로 사용하기에 가장 적합한 방법이다.

(5) 상품의 수가 많아 모든 품목을 동일하게 관리하기 어려울 때 이용하는 방법으로 매출액(매출총이익액, 판매수량을 사용하는 경우도 있음) 순으로 A, B, C 3개의 그룹을 나눠서 중점 관리한다.

2. ABC 재고관리의 내용

(1) A 그룹
   ① 일반적으로 총재고품목의 15 ~ 20%에 해당하는 수량으로 60 ~ 70%의 가치를 지닌 품목이다.
   ② 재고량을 자주 실사하여 많은 주의를 기울이고 높은 고객 서비스 수준을 유지하기 위하여 주의를 기울인다.

(2) B 그룹
   ① 전체 재고량의 20% 정도, 금액 비중은 20% 정도로 보통 수준의 재고관리를 실시한다.
   ② A 품목과 C 품목의 중간에 해당하는 품목으로 두 극단적 품목의 중간 정도의 통제를 받는다.

(3) C 그룹
   ① 수량은 전체 재고량의 70%나 되지만, 가치는 10% 정도에 불과한 품목이다.
   ② 느슨한 통제를 받는다.

(4) D 그룹 : 매출이 전혀 발생되지 않은 상품군인 D 그룹이 추가될 수 있다.

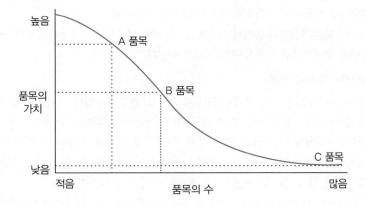

☑ Two - Bin 시스템
가장 오래된 재고관리기법 중에 하나로 가격이 저렴하고 사용빈도가 높으며, 조달기간이 짧은 자재에 대해 주로 적용하는 간편한 방식이다. 이 시스템은 ABC 분석의 C급 품목의 효과적인 관리방법 중 하나로 인식되고 있으며, Double Bin 시스템이라고도 불린다.

대표기출유형

➕ **재고관리에 관한 다음 서술들 중 적절하지 않은 것은?**

   ① 안전재고의 수준을 높일수록 조달기간 중의 품절율은 낮아진다.
   ② 수요발생이 일정할 경우 제조설비의 셋업(set-up) 횟수를 줄이면 평균재고의 규모는 상대적으로 작아지게 된다.
   ③ 가능한 한 작은 규모의 재고를 보유하면서도 안정적인 대응을 할 수 있는 생산시스템을 갖추는 것이 오늘날의 생산관리에서는 필수적이다.
   ④ 순차적으로 연결된 작업단위들 사이에 존재하는 재공품 재고는 두 작업 간의 생산흐름이 불균형을 이루고 있다는 의미로 볼 수 있다.
   ⑤ 바코드 시스템을 활용할 경우 재고실사에 필요한 많은 시간과 경비를 절약할 수 있다.

정답 ②

해설 수요발생이 일정한 경우 제조설비의 셋업(set-up) 횟수를 줄이면 1회 생산량이 증가하게 되고 평균재고의 규모는 상대적으로 늘어난다.

재고모형

〈재고모형의 분류〉

확정적 모형	고정주문량 모형 (=정량발주모형)	경제적 주문량 모형(EOQ) 경제적 생산량 모형(EPQ)
	고정주문기간 모형(=정기발주모형)	
확률적 모형	고정주문량 모형(=정량발주모형)	
	고정주문기간 모형(=정기발주모형)	

① 고정주문량 모형(정량발주모형)

1. 고정주문량 모형의 의의

(1) 현재의 재고수준이 특정한 재주문점(ROP ; Reorder Point)에 도달할 경우에 미리 정해진 주문량을 주문하는 모형으로 발주점법이라고도 부른다.

(2) 이 시스템은 주문량이 중심이 되므로 Q 시스템이라고 부르며 계속적인 실사를 통하여 재고수준을 체크하므로 연속실사방식이라고 부른다.

2. 고정주문량 모형의 적용

(1) 대형슈퍼나 백화점의 계산대는 재고통제시스템과 연결되어 있다. 판매되는 품목의 코드번호가 입력되면 컴퓨터는 자동적으로 재고수준을 계산하여 관리자는 그 제품의 재고수준이 재주문점에 도달하였는지 여부를 알 수 있다. 이것은 POS(Point of Sale)시스템의 한 부분이다.

(2) 고가의 A 품목을 통제하는 데 이용하며 정확한 재고기록이 필요한 품목에 적합하므로 비교적 고가인 품목 등 재고자산관리가 용이한 품목에 많이 사용된다.

(3) 3Q-시스템(연속검사시스템) : 시간에 따라 재고를 보충하는 것으로 시간과 수량의 두 차원을 검토하는 것이다. 어떤 품목이 재고에서 인출될 때마다 재고량을 검토하여 재주문할 시기를 판단하는 것이다.

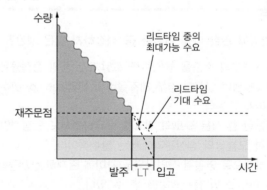

② 고정주문기간 모형(정기발주모형)

1. 고정주문기간 모형의 의의

(1) 일정 시점이 되면 정기적으로 적당한 양을 주문하는 방식이다. 주문시기 중심이므로 P 시스템이라고도 하며, 정기적으로 재고수준을 조사하므로 정기실사방식이라고도 부른다.

(2) 정기주문의 안전재고수준은 고정주문량의 경우보다 더 높다. 정기주문은 주문시기가 고정되어 있어 주문량으로 조정해야 하기 때문에 전 기간을 대비할 안전재고가 필요하다.

2. 고정주문기간 모형의 적용

(1) 조달기간이 짧거나 주기적으로 조달을 받는 품목에 유리하고 여러 품목을 동일한 업자로부터 구입하는 경우에 유용하다.

(2) 재고수준을 자동적으로 유지하지 못할 때나 정기적으로 주문할 시 공급자가 상당한 할인을 해 줄 때 및 물품을 FOB 조건으로 구입하여 자가트럭을 이용할 수 있을 때에 용이하다.

3. 고정주문기간 모형의 단점

조달기간뿐만 아니라 다음 주문주기 동안의 재고부족을 방지하기 위하여 더 많은 안전재고를 유지해야 하므로 재고 유지비용이 높다.

4. P-모형(정기검사시스템)

어떤 품목의 재고 수준이 정기적으로 검사되고 새 발주 시기는 각 검사 마지막에 이루어진다.

3 **고정주문량 모형과 고정주문기간 모형의 비교**

구분	고정주문량 모형	고정주문기간 모형
재고모형	정량주문모형(=정량발주모형)	정기주문모형(=정기발주모형)
특징	Q(Quantity) 시스템	P(Period) 시스템
주문시기	비정기적 ⇒ 재고수준이 재주문점에 도달할 때	정기적 ⇒ 미리 정한 주문시점에 이르렀을 때
주문량	정량(경제적 주문량)	비정량(목표재고수준- 주문시점의 재고수준)
재고조사	계속 실사	정기 실사
적용품목	가격과 중요도가 높은 품목	가격과 중요도가 낮은 품목
안전재고	작다.	크다.

대표기출유형

➡️ **다음 중 재고모형에 관한 설명으로 옳지 않은 것은?**

① 정기주문모형(Periodic Review System)은 재주문점(Reorder Point)의 개념과 병행되어 사용된다.

② 단일기간(Single Period) 재고모형은 재고부족에 따른 기회비용과 초과재고에 따른 재고잉여비용의 합을 최소화한다.

③ 경제적 주문량(Economic Order Quantity) 모형은 주문비용과 재고유지비용의 합을 최소화한다.

④ 조달기간(Replenishment Leadtime) 동안의 수요에 변동성이 없다면 재주문점은 조달기간 동안의 일일 평균수요의 합과 동일하다.

⑤ 다른 모든 조건이 동일하다면 조달기간이 길수록 안전재고의 양도 많아진다.

정답 ①

해설 재주문점의 개념과 병행되어 사용되는 것은 정기주문량과 조건부 재고보충모형이다. 정기주문모형은 일정 기간마다 재고를 주문하는 방식으로 재주문점이 아니라 목표재고의 개념이 사용된다.

기출문제 / 경영과 기업 / 기업활동의 조직 / 인사관리 / 생산관리 / 마케팅관리 / 실전모의고사

경제적 주문량과 경제적 생산량

☑ 경제적 주문량(EOQ)을 이용한 재고관리의 문제점은 전체 주문 사이클에 걸쳐서 볼 때 매일 실제 필요한 양보다 더 많은 재고를 유지해야 한다는 것이다.

1 EOQ(경제적 주문량, Economic Order Quantity)

1. 경제적 주문량의 개념

(1) 단위 기간당 발생하는 총재고비용을 최소화시키는 1회 주문량을 의미한다(총재고비용에는 재고유지비와 재고주문비가 포함된다).

(2) 경제적 주문량 공식은 간단한 수식으로 제조업체나 대형 도매상에 의해 널리 사용되지만 소매업자들이 주문의사결정을 내리는 데는 큰 도움이 되지 못한다.

(3) 경제적 주문량 공식의 주요 구성요소인 주문비와 재고유지비는 항상 인도기간이나 수요가 일정하다는 가정하에서 성립한다.

(4) 최적주문량은 재고유지비, 주문비, 재고부족비 등을 함께 고려하여 결정되며 도표상 각 비용항목을 합한 총 재고비용이 최소가 되는 점이다.

(5) 최적주문량은 경제적 주문량 공식을 사용하여 구할 수 있다. 경제적 주문량은 연간 수요량, 주문비, 평균재고 유지비 및 재고품의 단위당 가치(가격)를 통해 구한다.

(6) 최적주문량에 영향을 미치는 요소 중 재고유지비 항목에는 이자비용, 창고비용, 취급비용, 보험, 세금 및 제품의 진부화 등이 있다.

2. 경제적 주문량 모형의 가정

(1) 해당 품목에 대한 단위 기간 중의 수요는 정확하게 예측할 수 있다.

(2) 주문품의 도착시간이 고정되어야 한다.

(3) 주문품을 끊이지 않고 계속 공급받을 수 있어야 한다.

(4) 재고의 사용량은 일정하다.

(5) 단위당 재고유지비용과 1회 주문비는 주문량에 관계없이 일정하다.

(6) 수량할인은 없다.

(7) 재고부족현상이나 추후에 납품되는 일은 발생하지 않는다.

3. 경제적 주문량 공식

(1) 연간 주문비용

$$연간 \ 주문비용 = \frac{D}{Q} \times S$$

(D=연간 수요량, Q=1회 주문량, 연관 주문횟수=$\frac{D}{Q}$, S=주문비용)

(2) 연간 총비용

$$TC = 연간 \ 재고유지비용 + 연간주문비용 = \frac{Q}{2} \times H + \frac{D}{Q} \times S$$

(TC=총비용, D=수요량(일반적으로 연간 단위량으로 표시),
Q=주문량, S=주문비용, H=연간 재고유지비용/단위)

(3) 연간 총재고유지비용

$$연간 \ 총재고유지비용 = \frac{Q}{2} \times H \quad (H=연간 \ 단위당 \ 재고유지비용)$$

(4) 경제적 주문량(Q_0)

$$\frac{Q}{2} \times H = \frac{D}{Q} \times S \rightarrow Q^2 = \frac{2DS}{H}$$

$$\therefore Q_0 = \sqrt{\frac{2DS}{H}} \qquad \text{두 주문 사이의 주문간격} = \frac{Q_0}{D} = \sqrt{\frac{2S}{DH}}$$

〈재고비용과 주문량의 관계〉

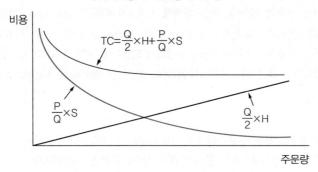

기출문제 / 경영과 기업 / 기업활동의 조직 / 인사관리 / 생산관리 / 마케팅관리 / 실전모의고사

☑ EPQ의 개념
일정량의 생산이 진행되는 동안 생산되는 제품을 재고에 추가함과 동시에 소비가 생겨 재고가 감소할 때 최적 1회 생산량을 결정하는 모형이다.

☑ EPQ의 가정
1. 생산이 시작되고 뒤이어 수요가 이루어지며 수요량은 생산량보다 작다.
2. 생산은 일정 기간 동안 점진적으로 쌓이고 어느 정도 재고수준에 이르면 생산을 중단한다.
3. 생산이 중단되면 쌓였던 재고량은 일정량씩 없어지면서 바닥이 난다.
4. 재고가 모두 없어지면 즉시 생산 작업이 되풀이된다.
5. 재고유지비는 생산량의 크기에 정비례하여 발생한다.
6. 생산단가는 생산량의 크기와 관계없이 일정하다.

2 EPQ(경제적 생산량, Economic Production Quantity) 공식

1. 연간 총가동준비비$\left(\dfrac{C_O D}{Q}\right) = \dfrac{\text{연간 수요량}(D)}{1\text{회 생산량}(Q)} \times 1\text{회당 가동준비비용}(C_O D)$

2. 연간 재고유지비$\left(\dfrac{C_h Q}{2} = \dfrac{P-D}{P}\right) = \text{평균재고량}\left(\dfrac{Q}{2}\right) \times \text{단위당 재고유지비}\left(C_h\left(\dfrac{P-D}{P}\right)\right)$

3. 연간 총비용$(ATC) = \dfrac{C_O}{Q} + \dfrac{C_h Q}{2}\left(\dfrac{P-D}{P}\right)$

4. 경제적 생산량$(Q^*) = \sqrt{\dfrac{C_O D}{C_h}} \times \sqrt{\dfrac{P}{P-D}}$

대표기출유형

🔹 다음 중 경제적 주문량(EOQ) 재고관리모형에 관한 설명으로 가장 적절하지 않은 것은?

① 1회 최적주문량은 연간 재고유지비용과 연간 주문비용이 같아지는 지점에서 발생한다.
② 1회 주문량이 커지면 연간 재고유지비용은 커지고 연간 주문비용은 작아진다.
③ 다른 조건이 일정할 때 연간 수요량이 4배 커지면 1회 최적주문량은 2배 커진다.
④ 다른 조건이 일정할 때 단위당 재고유지비용이 4배 커지면 1회 최적주문량은 2배 작아진다.
⑤ 1회 주문량이 커지면 연속된 주문 간 간격시간은 짧아진다.

정답 ⑤

해설 1회 주문량이 커지면 주문된 재고를 소진하는 데 걸리는 시간, 즉 다음 ROP 도달 시간이 길어지게 되므로 연속된 주문 간 간격시간은 길어진다.

자재소요계획 및 제조자원계획

자재소요계획은 경제적 주문량과 주문점 산정을 기초로 하는 전통적인 재고통제기법의 여러 약점을 보완하기 위하여 미국 IBM사의 올리키(J. Orlicky)에 의하여 개발된 자재관리 및 재고통제기법이다.

1 자재소요계획(MRP ; Material Requirements Planning)

1. MRP의 의의

(1) MRP의 가장 단순한 형태는 자재의 소요량을 구하고 그에 따른 발주계획을 수립하는 것이다. 그런데 생산능력소요계획이 MRP와 통합되어 MRP의 타당성을 검토하고 그 결과를 피드백하는 경우가 있는데, 이를 폐쇄형 자재소요계획(Closed-Loop MRP)이라고 한다.

(2) MRP의 범위를 더욱 확장하여 자금, 인력, 시설을 포함하는 모든 제조자원을 통합적으로 계획하고 통제하는 관리시스템이 등장하게 되었는데, 이를 MRP의 확장된 시스템이라는 의미로 MRP Ⅱ 혹은 제조자원계획(Manufacturing Resource Planning)이라 한다.

2. MRP의 내용

(1) MRP는 수요를 입력요소로 하여 발주시점과 발주량을 결정하는 기법으로 전자제품이나 자동차와 같은 수많은 부품들의 결합체로 이루어진 조립품의 경우처럼 독립수요에 따라 종속적으로 수요가 발생하는 부품들의 재고관리에 유용한 시스템이다.

(2) MRP를 활용함으로써 작업장에 안정적이고 정확하게 작업을 부과할 수 있고 경제적 주문량과 주문점 산정을 기초로 하는 전통적인 재고통제기법의 약점을 보완할 수 있다.

(3) 기업에서는 어떠한 제품이 기간별로 얼마만큼이나 팔릴 것인지를 예측한 자료를 활용하여 생산계획을 수립한다. 생산계획 단계에서는 제품 단위의 계획을 수립하기도 하지만 시장분석을 통해 예측에 따라 제품을 생산하고 시장에 판매하는 전통적 생산방식의 기업에서는 대개 제품군 단위로 생산계획을 수립하는 것이 일반적이다. 생산계획 활동에서는 생산 용량(기계 용량, 인력)의 조정까지를 계획 범위에 포함시키는 것이 일반적이다.

(4) 생산계획에 기준하여 제품의 주별 생산계획량을 수립하는 활동이 기준계획수립(Master Production Scheduling)이며 기준계획을 수립하기 위해서는 제품별 수요예측치와 현 재고량에 대한 데이터가 필요하다. 기준계획은 일반적으로 최종 제품을 대상으로 수립되지만 필요에 따라 중간 제품을 계획의 대상에 포함시키기도 한다.

(5) MPS(Master Production Schedule)는 최종 제품에 대한 생산계획(재고계획)이기 때문에 제품을 구성하는 부품 단위의 생산계획(또는 재고계획 수립)이 필요하고 제품을 구성하는 제품(부품)의 종류 및 그 수량에 대한 정보를 가지고 있는 BOM(Bill of Material) 데이터, 제품(부품)별 주문 방법 및 주문량에 대한 정보를 가지고 있는 품목관리 데이터(Item Master Data), 각 부품 및 제품별 재고에 대한 정보를 가지고 있는 재고 데이터(Inventory Record)를 이용하여 각 부품별 소요량을 시점별로 계산할 수 있으며 이 결과는 MRP 레코드에 저장된다.

2 제조자원계획(MRP Ⅱ ; Manufacturing Resource Planning)

1. MRP Ⅱ의 등장 배경

(1) 자재소요계획은 두 가지 면을 강조한다. 우선, 자재소요계획은 주생산계획에서 필요로 하는 자재소요량에 초점을 맞추며 로트 규모와 안전재고에 대하여 알려 준다.

(2) MRP는 노동력이나 시설에 대한 정보를 제공하지 못한다. MRP와 생산능력을 서로 조화시키기 위하여 능력소요계획을 세우지만 이것은 사실 MRP 외부의 프로그램이다. 따라서

능력소요계획으로 생산능력을 재수립하는 경우에는 주생산계획도 다시 수립되어야 하는 경우도 있다.

(3) MRP는 주생산계획 및 능력소요계획과 통합되어야 하는데 이 경우의 MRP 컴퓨터 프로그램은 폐쇄루프의 특성을 가진다. 따라서 폐쇄적인 MRP를 확장하여 생산시스템에 다른 기능을 포함시킬 필요성이 대두되었다.

(4) MRP를 확장하여 사업계획과 각 부문별 계획을 연결시키도록 하는 계획을 MRP Ⅱ라고 부른다. MRP Ⅱ에서는 생산, 마케팅, 재무, 엔지니어링 등과 같은 기업자산을 함께 전반적으로 계획하고 통제하며 나아가서는 스스로의 시스템을 시뮬레이션한다.

2. JIT와 MRP

(1) JIT는 일본에서 개발되었으며 목표는 모든 사업 운영에서 낭비의 발생을 제거하는 것이다. 재고는 낭비로 간주되기 때문에 이 시스템은 재고 감소 이상의 의미를 가지는 도구다. JIT는 컴퓨터화 될 수도 있고 되지 않을 수도 있다.

(2) JIT의 원칙은 전사적 품질경영(TQM ; Total Quality Management)과 예방유지시스템을 잘 설치한 후에 기본 MRP에 부가될 수 있다. TQM은 JIT 없이 존재할 수 있지만 TQM 없이 JIT는 존재할 수 없다.

(3) JIT 또는 MRP가 효과적으로 작동하기 위해서는 좋은 부품이 매회 만들어져야 하며 필요할 때에는 생산시설이 언제나 이용될 수 있어야 한다.

(4) MRP는 종속수요의 품목을 주문 처리하기 위한 정보시스템으로 공장 현장에서의 개별적인 주문, 소요자재, 후방 스케줄링과 무한능력계획에 사용하기 위하여 미국에서 개발되었다. 이 계획절차는 고객주문으로부터 시작하여 완성품의 완료시간과 수량을 나타내는 주생산에 사용된다.

(5) MRP와 JIT를 각각 효과적으로 운영하는 경우에도 제조기업은 커다란 이익을 얻는다. 그러나 두 시스템은 상호배타적이 아니며 통합적인 사용이 가능하다. 서로 다른 환경에서 개발되었지만 제조계획과 통제의 관점에서 특성을 가지고 있기 때문이다. 대체로 기업들은 운영을 통제하기 위한 기본 시스템으로 MRP를 사용한다.

기출문제 / 경영과 기업 / 기업활동의 조직 / 인사관리 / 생산관리 / 마케팅관리 / 실전모의고사

대표기출유형

➕ 다음 자재소요계획(MRP)에 대한 설명 중 옳지 않은 것은?

① 생산계획에 근거하여 기준계획을 수립하며, 이를 위해서는 제품별 수요예측치와 현재의 재고량에 대한 데이터가 필요하다.
② 완제품 생산에 필요한 종속수요의 소요량을 역산하여 재고를 통제한다.
③ 주일정계획(MPS), 자재명세서(BOM), 재고현황(Inventory Record)을 입력요소로 한다.
④ 재생형 시스템은 입력자료 상에 변화가 발생하는 즉시 이를 반영하여 계획을 조정하는 방식이다.
⑤ MRP를 운영하기 위해서는 컴퓨터와 전산시스템을 활용한다.

정답 ④

해설 순변화 시스템은 입력자료상에 변화 발생 즉시 그 정보를 입수하여 영향을 받는 품목에 대한 자재계획을 수정하는 시스템이고, 재생형 시스템은 주기적으로 업데이트하는 프로그램이다.

적시생산방식

> 적시생산방식이란 필요한 것을 필요한 때 필요한 만큼 만드는 생산방식으로, 제품생산에 요구되는 부품 등 자재를 필요한 시기에 필요한 수량만큼 조달하여 낭비적 요소를 근본적으로 제거하려는 생산시스템이다.

1 적시생산방식(JIT ; Just In Time)의 개념

1. JIT의 의의

(1) 재고를 쌓아 두지 않고서도 필요한 때 적기에 제품을 공급하는 생산방식이다.

(2) 다품종 소량 생산 체제의 구축 요구에 부응한다.

(3) 적은 비용으로 품질을 유지하여 적시에 제품을 인도하기 위한 생산방식이다.

2. JIT의 특징

(1) 마지막으로 완성해 출고되는 제품의 양에 따라 필요한 모든 재료들이 결정되므로 생산통제는 당기기 방식(Pull System)이다.

(2) 생산이 소시장 수요를 따른다. 즉 계획을 일 단위로 세워 생산하는 것이다.

(3) 생산공정이 신축성을 요구한다. 신축성은 생산제품을 바꿀 때 필요한 설비, 공구의 교체 등에 소요되는 시간을 짧게 하는 것을 말한다.

(4) 현재 필요한 것만 만들고 더 이상은 생산하지 않으므로 큰 로트(lot) 규모가 필요 없으며 생산이 시장수요만을 따라가기 때문에 고속의 자동화는 필요하지 않다.

(5) 작은 로트 규모를 생산하기 위하여 매일 소량씩 원료 혹은 부품이 필요하므로 공급자와의 밀접한 관계가 요구된다.

2 적시생산방식의 기본원리

1. JIT의 기본요소

(1) 소규모 생산과 제조준비시간 단축 : JIT시스템은 자재의 재고를 최소화하는 데에 목표를 두고 있다. 재고의 최소화는 재고로 인하여 숨겨진 생산성의 문제점을 해결하기 위한 것으로 문제점에는 기계의 고장, 폐기물, 과다한 재공품, 검사의 지연 등이 포함된다.

(2) 생산의 평준화 : JIT시스템을 성공적으로 운영하기 위해서는 안정된 대생산일정계획(MPS)과 생산의 평준화가 이루어져야 한다. 생산의 평준화는 첫째, 생산계획 및 일정계획에 의하여 달성되고 둘째, 제조공정을 재설계하여 로트 크기와 제조준비시간을 단축함으로써 달성된다.

(3) 작업자의 다기능화 : JIT시스템을 적용하기 위해서는 작업자들이 다수의 기능을 보유해야 한다. 다수의 기능이란 몇 개의 상이한 기계를 운전하는 능력뿐만 아니라 이들 기계의 정비능력 및 작업준비를 위한 능력 등을 포함한다.

(4) 품질경영 : JIT시스템의 능력은 기업의 높은 품질수준을 유지하는 것이다. 즉 JIT시스템은 품질면에서 설계품질, 규격과 설계의 적합성, 신뢰성과 내구성, 기술적 탁월성을 제공해 준다.

(5) 간판시스템의 운용 : JIT시스템에서는 생산지사와 자재의 이동을 가시적으로 통제하기 위한 방법으로 간판시스템을 사용한다. 간판시스템은 후속의 제조공정이 선행제조공정으로부터 부품 등 자재를 끌어가는 인출시스템이다.

(6) 기계설비의 셀화배치와 집중화공장 : 소규모 공장을 선호하는 이유는 첫째, 대규모 공장은 관리하기 어렵고 둘째, 소규모 공장을 대규모 공장보다 더욱 경제적으로 운영할 수 있기 때문이다.

(7) 공급자 관계 : JIT시스템에서 작업자가 변해야 하는 것처럼 부품이나 자재의 공급업체도 변해야 한다. JIT시스템에서는 공급자를 생산시스템 내 하나의 작업공정으로 간주한다.

2. JIT의 효과

(1) 재고의 감소 : 모든 구성품들이 완제품으로 조립되고 판매되기 위해 적시에 적량이 운반되고 생산되기 때문에 재고량이 줄어든다.
  ① 창고비용의 감소
  ② 재고관리를 위한 서류업무의 감소
  ③ 재고관리 인원의 감소
  ④ 진부화, 도난, 세금의 감소
  ⑤ 재고로 인한 이자비용의 감소

(2) 품질의 향상 : 로트의 규모가 작으므로 한 공정에서 생산된 부품의 불량여부가 다음 공정에서 바로 발견되어 문제의 원인을 조기에 발견하고 즉시 해결책을 강구할 수 있다.
  ① 인원의 절감
  ② 재작업의 감소
  ③ 자재낭비의 감소

(3) 생산성 향상 : 재고의 감소는 물론 제조기업의 모든 자원의 낭비를 제거하므로 생산성의 향상을 가지고 온다. 적시 생산은 보조 재료와 에너지를 제외하고는 거의 모든 생산시스템의 생산성에 영향을 주고 있다.

(4) 동기부여 : 작업자 각자가 책임감을 가지게 하며 상호협조적인 분위기를 조성한다. 한 작업자의 잘못으로 부품에 결함이 생기면 전체 공정이 지연 또는 중단될 위험에 직면하게 되므로 각 작업자들은 공통의 해결책을 모색하여 할당된 작업량을 수행하기 위해 거의 모든 생산시스템에 공동의 노력을 기울이게 된다.

대표기출유형

다음 중 JIT시스템에 대한 내용으로 가장 옳지 않은 것은?

① JIT시스템은 생산활동에서 낭비적인 요인을 제거하는 것이 궁극적인 목표다.
② JIT시스템을 운영하기 위해서는 신뢰할 수 있는 공급자의 확보가 필수적이다.
③ JIT시스템은 안정적인 생산을 위해 생산준비시간을 충분히 확보하여 불량을 예방하는 것을 중요하게 여긴다.
④ JIT시스템을 효과적으로 운영하기 위해서는 생산의 평준화가 이루어져야 한다.
⑤ JIT시스템은 팀 단위로 구성된 숙련공들이 책임감을 가지고 생산 활동에 임할 것을 주문한다.

정답 ③

해설 안정적 생산을 위한 설비 구성에 긴 준비시간을 요구하는 것은 포드 시스템(Ford System)이다.

린 생산방식

☑ 린 생산방식은 세계적 수준에 이른 1반복 공정으로서 시간을 중요시하는 새로운 반복공정 생산시스템이다. 제2차 세계대전 후 일본의 도요타자동차의 도요타와 오노가 린 생산의 개념을 가장 먼저 개척하였다. 그러나 린이란 말은 MIT의 연구진이 붙인 이름이다.

☑ 린 생산방식의 필요성
1. 관리 시스템 개선
   • 경영위기의 극복 : 전사최적화 지향, 합리적인 구조 조정
   • 통합물류체계 구축
   • 유연성 향상
2. 생산환경 개선
   • 고유의 생산체계 구축 : 제로 시간 단축, 생산성 제고, 물류 합리화
   • 공장 배치 최적화
3. 소비자 요구품질 다양화
   • 제품의 수명주기 단축
   • 제품 차별화 · 개성화
   • 고품질, 저비용, 빠른 배송 요구

1 린 생산방식(Lean Production)의 개념

1. 린 생산방식의 의의

(1) 린 생산방식은 대량생산과 단속 공정의 단점을 극복하고 양쪽의 장점을 규합한 생산 시스템으로 단속 공정의 높은 비용과 대량생산의 비탄력성을 제거하고자 한다.

(2) 린(Lean)이 사전적으로 '여윈', '마른'이라는 뜻을 지니고 있듯이 린 생산은 아주 간결하고 최소한도의 필요한 자원만을 이용해 생산하는 시스템이다. 따라서 린 생산은 과거의 대량생산에 비해 훨씬 적은 노동력, 공간, 공구, 엔지니어링, 재고를 필요로 한다.

2. 재공재고 감축

(1) 조직 과정의 모든 부문에서 재고를 최소화함으로써 조직의 효율성 극대화를 지향한다.

(2) 소인화와 인당 생산성 향상 : 노동력을 신중히 채용하고 채용된 노동력에는 밀도 높은 사회화와 교육훈련을 통한 조직 내 통합을 기한다.

(3) 눈으로 보는 관리 : 현재 진행되고 있는 일의 상태가 정상인지 비정상인지에 대한 판단을 현장 종업원 모두가 신속히 할 수 있도록 하여 신속한 대책으로 연결시킨다.

2 린 생산방식의 특성

1. 조직

린 생산방식은 기계와 결합하여 여러 수준의 기능도를 가진 다양하고 숙련된 종업원이 팀을 이루어서 생산을 하는 방식이다. 팀은 현장에 있는 작업자들로 구성되며 팀 리더는 직장이 아닌 작업자 중에서 선발된다. 팀에게는 청소, 간단한 기계수리, 품질검사 그리고 의사결정권한이 부여된다.

2. 제품설계

제품설계 초기에 관련 있는 모든 사람들을 참여시키므로 제품개발시간이 상당히 짧다.

3. 작업자

작업자들은 훈련을 잘 받은 숙련공들로 과거 대량생산시스템에서 볼 수 있었던 미숙련공들은 전부 숙련공으로 대체된다.

4. 기계작동준비

기계작동준비를 전문가가 아닌 작업자가 직접 하므로 기계작동준비가 빠르다.

5. 자동화

기계설비가 상당히 고도로 자동화되어 있으며 자동화된 기계설비는 과거의 자동화와는 달리 다양한 품목들을 생산할 수 있다.

6. 배치

(1) 작업공간이 작으므로 종업원 간의 의사소통이 원활하다.

(2) 통로가 대체적으로 좁고 재공품 재고를 보관하는 공간이 없다.

7. 구매

(1) 제품설계의 초기단계에서부터 공급업자를 참여시켜 공급업자와 많은 정보를 교환한다.

(2) 장기계약을 맺고 원원(Win-Win)의 관계를 목표로 한다.

(3) 비용과 가격을 서로 합의하여 결정한다.

3 린 생산방식의 성과와 한계

1. 린 생산방식의 성과

(1) 부가가치를 창출하지 않는 자재취급, 재고, 검사, 재작업과 같은 업무들을 전부 제거함으로써 비용을 절감시킨다.

(2) 지속적으로 직무 설계를 개선하고 작업자들의 참여를 권장하며 계속적인 훈련과 교육을 실시해 노동력의 질을 향상시킨다.

(3) 종업원들의 권한과 책임을 강화시키고 자율권을 강화시킴으로써 종업원들의 사기를 상승시킨다.

(4) 품질이 향상되어 불량품이 감소한다.

(5) 다양한 유형의 제품을 고객에게 제공하고 고객의 다양한 욕구를 신속하게 만족시킨다.

2. 린 생산방식의 한계

(1) 현장작업자들의 참여가 중시되고 있지만 생산과정의 문제해결과 불량률 축소라는 좁은 영역에 제한되고 있다.

(2) 노동의 인간화와 조직의 민주화는 거의 고려되지 않고 있다. 생산성과 효율성의 논리가 지배함에 따라 인간화와 민주화는 부차적인 것이 되고 있다.

(3) 초합리화에 의한 효율성 달성만을 강조하여 조직 구성원들의 희생을 강요하게 된다.

대표기출유형

➕ 린 생산방식(Lean Production)에 관한 설명 중 옳지 않은 것은?

① JIT를 미국식 환경에 맞추어서 재정립한 것으로 JIT의 주요 구성요소가 린 생산방식에서도 그대로 적용된다.

② 린(Lean)은 낭비 없는 생산(Wasteless Production)을 의미하며 생산과정에서 발생하는 어떤 유형의 낭비도 철저히 제거하자는 것이 린 생산의 핵심이다.

③ 과잉재고의 보유는 작업장의 품질문제를 숨기는 것으로 인식되고 있다.

④ 기계 및 설비가 고장 나기 이전에 예방보전을 하는 것은 자원의 낭비라고 판단하여 기계가 고장난 이후 수리를 실시하는 고장수리를 강조한다.

⑤ 작업자의 적극적 업무 참여가 강조되나 이는 어디까지나 생산성과 효율성을 위한 생산과정에서의 참여에 불과하며 노동의 인간화와는 거리가 멀다.

정답 ④

해설 기계가 고장난 이후 수리를 실시하는 고장수리를 강조하는 것은 전통적 방식이다. 린 생산방식은 예방적 유지보수를 강조한다.

기출문제

경영과 기업

기업활동의 조직

인사관리

생산관리

마케팅관리

실전모의고사

공급사슬관리

> 공급사슬관리는 공급자부터 최종 소비자에게 상품이 도달되는 모든 과정으로 제품, 정보, 재정의 흐름을 통합하고 관리하는 것을 말한다.

> SCM의 목적
> 1. 운영과 재고통제력의 효율적인 관리
> 2. 신상품 출시와 제조 사이클의 최소화
> 3. 사업 가치의 높은 부가가치 창출
> 4. 불확실한 낭비 요소 제거
> 5. 고객 만족의 극대화
> 6. 기업 간 프로세스의 유기적 통합
> 7. 공급사슬의 전체의 이익 창출
> 8. 비용관리를 통한 이익의 최대화
> 9. 높은 부가가치 창출

1 공급사슬관리(SCM ; Supply Chain Management)의 개념

1. SCM의 의의

(1) 제조, 물류, 유통업체 등 유통 공급망에 참여하는 전 기업들이 협력을 바탕으로 양질의 상품 및 서비스를 소비자에게 전달하고 소비자는 극대의 만족과 효용을 얻는 것을 목적으로 한다.

(2) 효율적인 SCM은 필요할 때 언제든지 제품을 쓸 수 있다는 전제하에 재고를 줄이는 것이다.

(3) 소비자의 수요를 효과적으로 충족시켜 주기 위하여 신제품 출시, 판촉, 머천다이징 그리고 상표 보충 등의 부문에서 원재료 공급업체, 제조업체, 도소매업체 등이 서로 협력하는 것이다.

(4) SCM은 제품, 정보, 재정의 세 가지 주요 흐름으로 나눌 수 있는데 제품 흐름은 공급자로부터 고객으로의 상품 이동은 물론 어떤 고객의 물품 반환이나 사후 서비스 등이 모두 포함된다. 정보 흐름은 주문의 전달과 배송 상황의 갱신 등이 수반된다. 재정 흐름은 신용 조건, 지불 계획, 위탁 판매 그리고 소유권 합의 등으로 이루어진다.

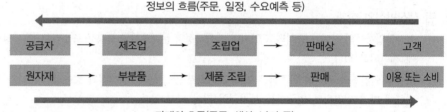

정보의 흐름(주문, 일정, 수요예측 등)

| 공급자 | → | 제조업 | → | 조립업 | → | 판매상 | → | 고객 |
| 원자재 | → | 부분품 | → | 제품 조립 | → | 판매 | → | 이용 또는 소비 |

자재의 흐름(공급, 생산, 납기 등)

2. SCM의 종류

(1) SCP(Supply Chain Planning) : 수요예측, 글로벌 생산 계획, 수·배송 계획, 분배 할당 등 공급망의 일상적 운영에 대해 최적화된 계획을 수립한다.

(2) SCE(Supply Chain Execution) : 창고, 수·배송 관리 등 현장물류의 효율화와 바코드(Bar-code) 등 정보도구의 인터페이스에 기초해 현장 물류 관리를 한다.

3. 공급사슬관리와 전통적 방식의 차이점

(1) 공급사슬관리는 시간적으로 장기지향적인 데 반해 전통적 방식은 단기지향성이 강하다.

(2) 공급사슬관리는 프로세스 자체에 대한 통제를 요구하고 전통적 방식은 현 거래의 요구에 국한되는 경향이 있다.

(3) 공급사슬관리는 장기적 위험을 공유하는 경향이 강한 반면 전통적 방식은 장기적 위험공유의 필요성이 존재하지 않는다.

2 SCM의 효과와 특징

1. SCM의 효과

(1) EDI를 통한 유통업체의 운영비용 절감 및 생산 계획의 합리화 증가

(2) 수주 처리기간의 단축과 공급업체에 자재를 품목별로 분리하여 주문 가능

(3) 재고의 감소와 생산성 향상, 조달의 불확실성 감소

(4) 제조업체의 생산계획이 가시화되어 공급업체의 자재재고 축소 가능

(5) 자동 수·발주 및 검품, 업무 절차의 간소화

(6) 정보의 적시 제공과 공유

(7) 수익성의 증가, 고객 만족도 증가

(8) 업무 처리시간의 최소화

(9) 납기 만족에 의한 생산의 효율화

(10) 유통정보기술을 통한 재고관리의 효율화

2. SCM의 특징

(1) 구매, 생산, 배송, 판매 등을 단편적인 책임으로 보는 것이 아니라 하나의 단일체로서 인식하므로 '기획－생산－유통'의 모든 단계를 포괄한다.

(2) 공급자, 유통업자, 제3자 서비스 공급자 및 고객 간의 협력과 통합을 포괄한다.

(3) SCM은 물류의 흐름을 고객에게 전달되는 가치의 개념에 기초하여 접근하고 주문 사이클의 소요시간을 단축한다.

(4) 단순한 인터페이스 개념이 아닌 통합의 개념으로 정보시스템에 대한 새로운 접근을 한다.

(5) SCM 구축을 위한 통신기술로는 구내 정보 통신망(LAN ; Local Area Network)이 가장 적합하다.

〈전통적 방식과 공급사슬관리의 비교〉

구분	전통적 방식	공급사슬관리
재고관리	개별적, 독립적	전체 동시 관리
비용분석	개별 비용절감	전체 비용 최소화
시간적 요인	단기	장기
정보공유	정보공유 제한	계획, 검사과정에 필요한 정보도 공유
결속력	거래에 기반을 둠.	지속적인 관계
경영방침	비슷할 필요 없음.	핵심적 관계에 있어서 비슷해야 함.
위험과 보상의 공유	개별회사 각자 책임	장기에 걸쳐 공유됨.
정보체계	독립적	회사들 사이 공유
공급자의 범위	위험 분산을 위해 커야 함.	기업 간 조정을 위해 작아야 함.

3 채찍효과

1. 채찍효과의 의의

(1) 채찍효과의 개념

① 하류의 고객 주문 정보가 상류방향으로 전달되면서 정보가 왜곡되고 확대되는 현상을 말한다.

② 기업의 생산 프로세스가 수요자와 공급자의 반응 행태에 따라 영향을 받기 때문에 생기는 낭비 요인이다.

☑ 균형성과표(BSC ; Balanced Score Card)

1. 조직의 비전과 경영목표를 각 사업 부문과 개인의 성과측정지표로 전환해 전략적 실행을 최적화하는 경영관리기법으로 하버드 비즈니스 스쿨의 카플란(Kaplan) 교수와 경영 컨설턴트인 노튼(Norton)이 공동으로 개발하여 1992년에 최초로 제시했다.

2. 기존의 재무성과 중심의 측정도구의 한계를 극복하기 위해 개발되었다. 재무, 고객, 내부프로세스, 학습·성장 등 네 분야에 대해 측정지표를 선정해 평가한 뒤 가중치를 적용해 산출한다.

3. 비재무적 성과까지 고려하고 성과를 만들어 낸 동인(動因)을 찾아내 관리하는 것이 특징이며 이런 점에서 재무적 성과에 치우친 EVA(경제적 부가가치), ROI(투자수익률) 등의 한계를 극복할 수 있다.

공급사슬 상류(Upstream)로 갈수록 주문 · 재고의 변동 심화

✓ 채찍효과란 소를 몰 때 긴 채찍을 사용하면 손잡이 부분에서 작은 힘이 가해져도 끝부분에서는 큰 힘이 생기는 데에서 붙여진 것으로, 고객의 수요량 변동이 상부단계(소매상 → 도매상 → 제조업체)로 유통채널을 거슬러 올라갈수록 증폭되는 현상을 말한다. 예를 들어 소비자가 가게의 특정 상품이나 브랜드를 10개 주문하면 그 주문이 소매상, 도매상을 거쳐 생산자에게 도달했을 땐 주문량이 50개 또는 100개 정도로 증대되는 것을 말한다.

(2) 채찍효과의 현상

공급망상에 내재되어 있는 채찍효과는 소비자의 실제수요에 대한 약간의 변화나 계절적인 변화가 소매상-도매상-제조업체-원재료 공급자의 공급량을 대폭적으로 확대시키게 되는 현상이다. 그 결과 공급망의 조정이 잘되지 않고 공급망 수익성이 저하되는 결과를 가져온다.

① 수요왜곡 : 공급망에 있어서 소매상-도매상-제조업체의 주문현상이 실제 소비자가 구매하는 실제수요보다 더 큰 규모의 변화를 유도하게 된다.

② 변화확산 : 주문량의 변화가 공급망을 따라가면서 증대된다.

2. 채찍효과의 원인

(1) 전통적인 수요예측의 문제

시장에서 재고 관리는 소비자들의 실제 수요에 근거를 하지 않으며 과거 방식대로 자사에 들어온 예전 주문량을 근거로 수요예측이 이루어진다.

(2) 긴 리드타임

리드타임(제품의 제조 시간)이 길면 그 리드타임 안에 어떤 변동요인이 작용될지 모르므로, 리드타임이 길어질수록 변동요인에 대비하기 위해서 안전재고를 더 많이 두게 된다.

(3) 일괄주문

평소에는 수요가 없다가 일정 시점에 수요가 집중되는 일괄주문현상도 원인이 된다.

(4) 가격변동

가격이 낮을 때 재고를 더 많이 확보하려는 성향이 있다.

(5) 과잉주문

제품을 사려고 하는 수요가 공급에 비해 많아져서 제품 품절이 발생하게 되는 경우 과잉주문이 발생한다. 이미 한번 품절을 경험하게 되면 소매업체에서는 원래의 수요보다 과장된 주문을 할 수 있다.

3. 채찍효과의 해결 방안

(1) 수요정보의 집중화(SCM, 전산화)

① 수요정보의 공유와 집중화를 통해 공급사슬상의 불확실성을 감소시킨다.

② 공급사슬의 모든 단계들이 실제 고객수요에 대한 정보를 공유한다.

③ 각 단계가 동일한 수요데이터를 이용하더라도 서로 다른 예측기법을 사용하거나 서로 다른 구매관행이나 기법을 가지고 있다면 채찍효과가 발생할 수 있다.

(2) 가격의 변동성 감소

① EDLP(Every Day Low Pricing, 경쟁사와 비교해 최저가를 유지하는 전략) 방식과 같은 수요관리 전략을 통해서 고객의 수요 변동을 막을 수 있다.

② 공급사슬의 상류에 위치하는 도매업체나 제조업체에 대한 수요의 변동을 감소시키는 데 기여한다.

(3) 전략적 파트너십
① 제조업체와 소매업체의 매점 간의 전략적 파트너십을 통해서 재고 조절을 더 완벽하게 할 수 있다.
② 수요정보의 중앙집중화도 공급사슬의 상류 단계에서 관찰되는 변동을 획기적으로 감소시킬 수 있다.
③ 소매업체는 고객수요정보를 공급사슬의 나머지 단계에게 제공하고 상류업체는 소매업체에게 인센티브를 제공하는 전략적 파트너십의 형성을 통해 상호 편익을 얻을 수 있다.

(4) 리드타임의 단축
① 리드타임에는 제품의 생산과 인도에 소요되는 주문리드타임과 주문처리에 소요되는 정보리드타임이 포함된다.
② 주문리드타임은 크로스도킹(Cross Docking)의 도입을 통해, 정보리드타임은 적절한 정보시스템의 도입을 통해 효과적으로 감소시킬 수 있다.

4. 채찍효과와 한국경제

(1) 환율 상승＝주가 하락
달러/원 환율이 상승할 때 주가 하락이 나타난다.

(2) 환율 상승＝기업실적 악화
달러/원 환율이 상승할 때 기업실적이 악화된다.

(3) 수출 부진＝실적악화
수출 비중이 높은 한국의 현실을 감안할 때, 수출이 부진할 때 기업실적이 좋아질 수 없다.

(4) 한국기업 악화＝외국인 매도
기업실적이 나빠질 때 외국인이 한국주식을 매도한다.

(5) 외국인 주식 매도＝환율 상승
외국인이 주식을 매도하면 환율이 급등하며, '환율 상승＝주가 하락'의 매커니즘이 완성된다.

대표기출유형

🔹 **공급사슬관리에 관한 설명 중 적절하지 않은 것은?**

① 공급사슬 성과측정치 중 하나인 재고회전율은 연간매출원가를 평균 총 재고가치로 나눈 것이다.
② 공급사슬의 효과적인 설계와 운영을 위해 제품의 수요와 공급에 관한 여러 특성들을 고려하는 것이 바람직하다.
③ 다른 모든 조건이 동일하다면, 수요의 불확실성이 높고 제품의 수명주기가 짧은 제품일수록 적기 공급보다 신속한 공급이 더 중요하게 강조되어야 한다.
④ 공급사슬에 속한 기업들 간의 기본적 관계는 공급자와 구매자간의 관계로서, 공급사슬은 공급자와 구매자 간의 관계가 연달아 이어지는 관계의 사슬이라고도 볼 수 있다.
⑤ 정보와 물류의 리드타임이 길수록 공급사슬 내의 채찍효과(Bullwhip Effect)로 인한 현상은 감소한다.

정답 ⑤

해설 정보와 물류의 리드타임이 길수록 공급사슬 내의 채찍효과(Bullwhip Effect)로 인한 현상이 증가하게 된다.

품질관리와 제조물책임

1 품질(Quality)

1. 품질의 정의

품질이란 용도에 대한 적합성, 제품이 그 사용목적을 수행하기 위하여 갖추고 있어야 할 특성을 의미한다.

2. 품질의 종류

(1) 시장품질(Quality of Market) : 소비자가 요구하는 품질을 말하며 사용품질(Quality of Use)이라고도 한다.

(2) 설계품질(Quality of Design) : 목표로 하는 품질, 시장품질, 생산능력, 경쟁회사의 제품의 품질, 가격 등을 종합적으로 고려하여 제조 가능하다고 정한 품질을 의미한다.

(3) 제조품질(Quality of Conformance) : 생산현장에서 생산된 제품의 품질이 어느 정도 설계 시방에 적합하게 제조되었는지를 제조품질 또는 적합품질이라고 한다.

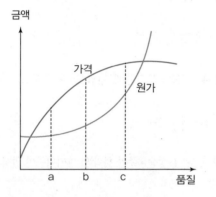
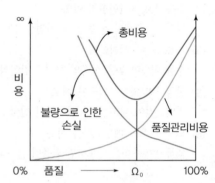

3. 품질비용(Quality Cost)

(1) 예방비용(P-cost ; Prevention Cost)
① 품질시스템의 설계, 도입 및 유지활동에 관련되어 발생하는 비용이다.
② 실패를 사전에 예방하기 위해 소요되는 경비이다.

(2) 평가비용(A-cost ; Appraisal Cost)
① 품질표준 및 성능상의 요구조건에 대한 적합성을 보장하기 위해 제품, 부품, 구입자재에 대해 실시되는 측정, 평가 및 감사행위에 수반하여 발생하는 비용이다.
② 결함을 제거하기 위해 검사하는 데 소요되는 경비이다.

(3) 실패비용(F-cost ; Failure Cost)
① 내부 실패비용(IF-cost ; Internal Failure) : 품질상의 요구조건에 맞지 않기 때문에 제조공정에서 손실을 가져오는 불량제품, 부품 및 자재에 수반하여 발생하는 비용, 제품 출하 전 품질(업무품질, 제품품질) 결함으로 인해 발생하는 비용이다.
② 외부 실패비용(EF-cost ; External Failure) : 불량제품을 소비자에게 출하했기 때문에 발생하는 비용, 품질 결함으로 인해 제품 출하 후 발생하는 비용이다.

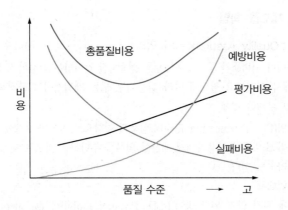

4. 관리(Control)

(1) 목표나 표준을 설정하고 활동해 가면서 목표에서 벗어날 시 시정조치를 취하는 것이다.

(2) PDCA 사이클 : Plan – Do – Check – Action

2 품질관리(QC ; Quality Control)

1. 품질관리의 개념

(1) 품질관리의 정의
  ① 소비자의 요구에 적합한 품질의 제품과 서비스를 경제적으로 생산할 수 있도록 조직 내의 여러 부문이 품질을 유지·개선하는 관리적 활동의 체계를 의미한다.
  ② 근대적인 품질관리는 통계적인 수단을 채택하고 있으며 이를 특히 통계적 품질관리(Statistical Quality Control)라고 부른다.

(2) 품질관리의 목표 : 소비자의 욕구품질을 가장 경제적으로 생산, 제공하는 것이다.

(3) 품질관리의 기능
  ① 품질의 설계
  ② 공정의 관리
  ③ 품질의 보증(QA ; Quality Assurance)
  ④ 품질의 조사, 개선

2. 통계적 품질관리(SQC ; Statistical Quality Control)

유용하고 시장성 있는 제품을 가장 경제적으로 생산할 수 있도록 생산의 모든 단계에 통계적 원리와 기법을 응용하는 것이다.

3. 전사적 품질관리(TQC ; Total Quality Control)

소비자가 만족할 수 있는 품질의 제품을 가장 경제적으로 생산 내지 서비스할 수 있도록 사내 각 부분의 품질개발, 품질유지, 품질개선 노력을 종합하는 효과적인 시스템이다.

4. 전사적 품질경영(TQM ; Total Quality Management)

(1) ISO, 품질을 중심으로 하는 모든 구성원의 참여와 고객만족을 통한 장기적 성공지향을 기본으로 하며 조직의 모든 구성원과 사회에 이익을 제공하는 조직의 경영적 접근을 의미한다.

(2) QM(품질경영)과 TQC(종합적 품질관리) 바탕에 기업문화의 혁신을 통한 구성원의 의식과 태도 등을 둔다.

한국공업규격(KS)
수요자의 요구에 맞는 품질의 제품을 경제적으로 만들어 내기 위한 한국 산업 전 분야의 표준규격 체계이다.

3 품질보증과 제조물 책임

1. 품질보증(QA ; Quality Assurance)의 의의

(1) ISO, 제품이나 서비스가 품질요구사항을 충족시킬 것이라는 적절한 확신을 주기 위하여 품질시스템에서 실시되고 필요에 따라 실증되는 모든 계획적이고 조직적인 활동이다.

(2) 제품책임의 문제와 대책

① 제품책임(PL ; Product Liability) : 상품의 결함으로 야기된 손해에 대해서 생산자 내지 판매자가 소비자나 사용자에게 배상할 의무를 부담하는 것으로 제조자책임 또는 제조물 책임이라고도 한다.

② 제품책임대책
- 소송에 지지 않기 위한 방어(PLD ; Product Liability Defence)
- 결함제품을 만들지 않기 위한 예방(PLP ; Product Liability Prevention)

2. 품질보증 활동의 단계

제품기획 단계	제품개발 계획 및 정의를 하기 위하여 고객의 요구 및 기대를 결정하는 단계(경영자 지원)
↓	
제품 설계 및 개발 단계	설계의 형상 및 특성이 거의 최종 형태로 개발되는 단계, 공정에서 발생 가능한 잠재적 문제를 평가하고 파악, 합리적 표준 설정의 방법 고려
↓	
공정 설계 및 개발 단계	제조시스템의 개발과 이와 관련된 관리계획 수립

3. 제조물 책임(PL ; Product Liability) 제도

제조물의 결함에 의하여 소비자에게 발생한 손해에 대해 제조업자 등이 지게 되는 배상 책임을 말한다.

(1) 제조물 책임의 의의

① 제조물 : 제조 또는 가공된 동산을 말하며 부동산이나 가공되지 않은 농수산물은 제외된다.

② 결함 : 제조, 설계, 표시상의 결함을 말하며 제조물 책임의 원인으로 통상 갖추어야 할 안전성이 결여된 것을 의미한다.

③ 손해 : 소비자, 이용자 또는 제3자의 생명, 신체 또는 재산상의 손해로서 정신적 손해를 포함한다.

④ 배상 : 민사상 손해배상책임으로서 제조자가 소비자에게 직접 손해를 배상한다.

⑤ 제조업자 : 제조, 부품, 가공, 유통, 수입업자 또는 자신을 제조업자(제조, 부품, 가공, 유통, 수입하는 자)로 표시한 자, 즉 표시 제조업자 및 오인 표시 제조업자를 말한다. 그러나 판매업자는 제조업자로 보지 않는다.

(2) 결함에 대한 책임의 변천 : 매수인 책임 원칙 → 매도인 책임 원칙 → 제조자 책임 원칙

(3) 품질보증 단계별 PL대책

기획·설계 단계	판매 및 서비스 단계
• 사용자의 안전을 충분히 고려한 설계 추진 • 사용환경 요소의 검토 • 사용 설명서 및 경고 표시의 개발 • 안전에 대한 종합 확인	• 생산자와 고객의 대화 역할 　－고객의견 수집 및 피드백 　－판매직원에 대한 안전 및 제품 교육 • 카탈로그, 취급설명서의 적절성 검토

(4) 결함의 구분

설계상 결함 (Design Defects)	구조상의 결함이라고도 하며 설계에 따라 제품이 제조되고 소비자가 적절히 사용하였다 하더라도 잘못된 설계 때문에 신체상·재산상의 손해가 발생될 수 있는 결함
제조상 결함 (Manufacturing Defects)	• 제조물의 제조·관리과정에서 본래의 설계와 다르게 제품이 제조됨으로써 발생하는 결함 • 제품의 품질검사 단계에서 발견되어야 하는데, 검사단계에서 제대로 발견되지 않은 경우 문제가 됨.
경고상의 결함 (Warning Defects)	• 제품 자체에 위험을 내포하고 있지는 않지만 그 사용방법에 대한 적절한 지시내용을 결여하고 있기 때문에 피해가 발생한 경우에 제품에 결함이 있는 것으로 처리하는 결함 • 취급설명서 및 경고라벨의 결함과 광고, 선전, 영업사원 설명 등의 결함

(5) 면책사유

① 제조업자가 당해제조물을 공급하지 아니한 사실

② 과학·기술 수준으로 결여의 존재를 발견할 수 없다는 사실(동종업계 기술 수준)

③ 제조물을 공급할 당시의 법령이 정하는 기준을 준수했음에도 불구하고 발생한 사실

④ 제조물 제조업자의 설계 및 제작에 관한 지시로 결함이 발생하였다는 사실

(6) 소멸시효

① 제조업자는 자신이 공급한 제조물에 대하여 10년간 제조물 책임을 부담한다.

② 소비자(피해자 또는 그 법정대리인)는 손해배상책임을 지는 지를 파악한 날로부터 3년 내에 배상을 요구하지 않으면 배상책임은 소멸한다.

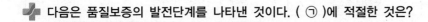

대표기출유형

다음은 품질보증의 발전단계를 나타낸 것이다. (㉠)에 적절한 것은?

검사 중심 → (㉠) 중심 → 설계 중심 → 사회적 책임

① 제품관리　　　　　　② 공정관리　　　　　　③ 구매관리

④ 시장관리　　　　　　⑤ 예방관리

정답 ②

해설 검사중심 → 공정관리 중심 → 설계 중심 → 사회적 책임

기출문제 / 경영과 기업 / 기업활동의 조직 / 인사관리 / 생산관리 / 마케팅관리 / 실전모의고사

품질비용과 품질보증

> 조직 내의 각종 집단의 품질유지와 품질개선을 위한 노력을 통합·조정하는 일련의 계속적인 순환활동으로서 고객에게 만족을 줄 수 있는 품질의 제품을 가장 경제적으로 생산할 수 있도록 하는 것이 품질관리의 목적이다.

1 품질비용

1. 품질비용의 개념
제품 생산의 직접비용 이외에 불량 감소를 위한 품질관리와 활동비용을 기간 원가로 계산하여 관리하는 것을 말한다.

2. 품질비용의 종류
(1) 통제비용 : 불량을 제거하고 품질의 적합도를 높이기 위하여 발생하는 비용이다.

예방비용	재화나 서비스에 불량품질이 포함되는 것을 방지하기 위해 발생되는 비용 예 품질개선 프로그램, 훈련, 설계비용 등
평가비용	재화나 서비스의 불량품을 제거하기 위한 검사비용 예 조사자, 검사장비, 검증 등

(2) 실패비용 : 생산된 제품의 품질이 설계규격에 미달하거나 소비자의 만족감을 충족시키지 못했을 때 발생하는 비용이다.

내부 실패비용	소비자에게 인도되기 이전에 발생하는 비용으로 폐기물 등에서 발생하는 비용 예 재작업비용, 문제해결, 작업 중단 등
외부 실패비용	소비자에게 인도되는 시점 이후에 발생하는 비용으로 제품 출하 후에 발생하는 비용 예 제품반송, 재작업비용, 벌금, 이미지 훼손 등

2 품질보증

1. 품질보증의 의의
품질요구사항이 충족될 것이라는 신뢰를 제공하는 데 중점을 둔 품질경영(QM=QP+QC+QA+QI)의 일부로서 품질관리의 논리적 확장, 사전 예방(계획), 고객만족의 기본정신을 기본으로 한다.

2. 품질보증활동

검사에 의한 품질보증활동	⇨	• 전수 검사를 하여도 검사 미스 등으로 불량품 출하 • 전수 검사를 할 수 없는 것은 샘플링 검사
공정 관리에 의한 품질보증활동	⇨	• 품질은 제조공정에서 완전무결하게 만들어야 함. • 통계적 공정 관리 활동 • 자주 검사 활동
설계·개발 단계를 중요시하는 QA 활동	⇨	• 고객 Needs 파악 및 반영 • 품질 기능 전개, 설계 FMEA • 설계 심사
제조물 책임에 중점을 둔 QA 활동	⇨	• 결함 제품을 만들지 않기 위한 예방 활동 • 결함 발생 시 소송에 지지 않기 위한 방어 활동

3. 품질보증의 효과

고객 측면	• 소비자의 안전 확보 • 고객의 경제적 부담 감소 • 고객의 불만과 피해 감소 • 첫 구매 욕구에서 부담감을 줄여 줌. • 제품에 대한 바른 지식과 정보 제공 • 고객이 안심하고 제품 구매, 사용
생산자 측면	• 품질 부적합으로 인한 손실 감소 • 제품, 서비스 불만에 대한 품질개선 • 품질개선과 조직혁신, 경쟁력 증대 • 만족한 고객들의 반복 구매, 신뢰도로 인한 경영목표 달성

4. 품질보증의 기능

(1) 품질방침의 설정과 전개

(2) 품질보증을 위한 방침과 보증기준 설정

(3) 품질보증 시스템의 구축과 운영

(4) 품질보증업무의 명확화

(5) 품질평가

(6) 설계품질 확보

(7) 생산 및 생산 후 단계에서의 품질보증

(8) 품질조사와 클레임 처리

(9) 품질정보의 수집과 해석, 활용

(10) 제조기간 중 품질보증활동의 총괄

☑ **품질관리**

1. On-Line QC(라인 품질관리)
: 공정 및 제품 관리(통계적 품질관리, 통제적 공정관리, 종합적 생산보전관리, 공정 모니터링 관리, 검사 및 측정)

2. Off-Line QC(라인 외 품질 관리) : 공정 및 제품 설계(시스템·파라미터·허용차 설계), 실험계획법(DOE) 및 설계기법의 활용

기출문제

경영과 기업

기업활동의 조직

인사관리

생산관리

마케팅관리

실전모의고사

대표기출유형

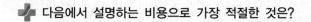

💠 **다음에서 설명하는 비용으로 가장 적절한 것은?**

> 전 생산과정을 통해 불량품을 가려내기 위한 활동과 관련되는 비용으로서 품질 표준과의 일치 정도를 평가하기 위해 자재나 제품, 서비스를 측정하고 평가하는 것과 관련된 비용을 의미한다.

① 품질비용　　　　　② 예방비용　　　　　③ 평가비용

④ 외부 실패비용　　　⑤ 내부 실패비용

정답 ③

해설 품질비용(Cost Of Quality ; COQ)은 제품과 서비스를 만드는데 사용된 모든 비용으로, 여기에는 예방비용, 내부 실패비용, 외부 실패비용, 고객의 요구를 초과하여 충족시켜 주기 위한 비용, 그리고 상실한 기회의 비용 등이 포함된다. 제품이 고객에게 인도되기 전에 불량을 제거하기 위한 평가 또는 검사에 소요되는 비용을 평가비용이라 한다.

전사적 품질경영

> 전사적 품질경영은 전략적 관점에서 기업 전체를 대상으로 기존 조직문화와 경영관행을 재구축함으로서 경영 전반과정의 품질향상을 통해 기업의 장기적인 경쟁우위를 확보하고자 하는 경영혁신기법이다.

> 통계적 품질관리(SQC ; Statistical Quality Control)
> 생산부서 단위에서 각종 통계적 기법을 활용하여 제품의 균일성을 확보하고자 하는 기법

> 전사적 품질관리(TQC ; Total Quality Control)
> 사업부 단위에서 통계적 기법을 중심으로 카이젠을 통해 상품기획·개발부터 서비스까지 모든 부문에서 고객이 만족하는 품질과 서비스를 제공하고자 하는 기법

1 전사적 품질경영(TQM ; Total Quality Management)의 개념

1. 전사적 품질경영의 의의

(1) 장기적인 전략적 품질관리를 하기 위한 관리원칙이다.

(2) 조직구성원의 광범위한 참여하에 조직의 과정·절차를 지속적으로 개선한다.

(3) 총체적 품질관리를 뜻하는 말로 고객만족을 서비스 질의 제1차적 목표로 삼는다.

2. 전사적 품질경영의 목적

(1) 과정·절차를 개선하도록 하고 직원에게 권한을 부여한다.

(2) 관리자에게 서비스의 질을 고객기준으로 평가하는 사고방식을 갖게 한다.

(3) 거시적 안목을 갖고 장기적 전략을 세우며 현상에 결코 만족하지 않도록 하는 심리적 압박을 가한다.

3. 전사적 품질경영의 특징

TQM은 환경적 격동성, 경쟁의 격화, 조직의 인간화, 탈관료화에 대한 요청, 소비자 존중의 요청 등 오늘날 우리가 경험하는 일련의 상황적 조건·추세에 부응 또는 대응한다.

2 TQM의 구성요소

1. 고객중심

모든 작업의 가치는 고객에 의해 결정된다. 고객이 품질을 평가하는 주체라는 사용자 중심의 인식이 퍼짐에 따라 품질의 현대적 정의는 고객기대의 충족 내지는 초과만족에 모아지고 있다.

2. 지속적 개선

고객의 요구 및 기대와 공정산출물의 차이를 개선하려는 노력이자 경영철학으로 기계, 자재, 생산방법 등에 있어서의 끊임없는 개선을 촉구한다.

3. 전원 참여

조직의 모든 계층 및 부문의 참여는 TQM을 성공적으로 실행하는 데 필요한 중요한 요소다. 모든 조직구성원이 적극적으로 참여함으로써 노력이 통합되며 문제해결과 품질개선에 기여하게 된다.

3 TQM을 통한 품질향상

1. 벤치마킹

특정 분야에서 우수한 상대를 표적 삼아 자기기업과의 성과 차이를 분석하고 이를 극복하기 위해 그들의 뛰어난 운영이나 프로세스를 배우고 이를 향상시켜 성공비결을 찾아내는 부단히 자기혁신을 추구하는 기법이다.

2. 공정설계

품질문제의 해결을 위해 새로운 기계장비의 도입 여부를 결정하고 동시공학이 설계자와 생산관리자가 초기단계에 생산요구와 공정능력을 동시화할 수 있다.

3. QFD(Quality Function Deployment)

(1) 고객의 요구를 제품과 서비스의 개발 및 생산의 각 단계에 적합한 기술적 요건으로 전환하는 수단이다.

(2) 품질기능전개 단계 : 고객의 요구 → 기술적 특성(제품계획) → 부품의 특성(부품설계) → 주요공정의 특성(공정계획) → 생산계획 및 통제방법(생산계획)

4. 구매 고려사항(공급자 품질관리)

결점이 없는 부품을 구매하기 위하여 공급자와 함께 작업하고 구매부서, 엔지니어링, 품질관리 및 다른 부서 간에 의사소통이 원활해야 한다.

5. 품질향상 도구

품질향상 분야를 찾아내기 위하여 자료를 조직화하고 표현하는 도구를 말한다.

(1) 체크리스트(Checklist) : 제품 및 서비스의 품질과 관련된 특정 속성이 발생하는 빈도를 기록한다. 예 질량, 지름

(2) 도수분포표(Histogram) : 연속 척도로 측정된 자료를 요약한 것이다.

(3) 파레토 차트(Pareto Chart) : 소수의 핵심적인 요인을 찾아내는 방법으로 활용한다.

☑ 간트 차트(Gantt Chart)
업무의 일정과 순서를 막대그래프 형식으로 그리는 일정관리도구로, 품질향상도구의 측면에서는 시간에 따른 작업의 진행을 확인하여 이를 통해 작업의 지체요인을 찾아내는 데에 이용할 수 있다.

4 전사적 품질경영(TQM)과 전사적 품질관리(TQC) 비교

TQM	TQC
• 소비자 위주(고객 중심)	• 투자 수익률 극대화(공급자 위주)
• 시스템 중심, 경영전략차원	• 단위중심, 생산현장 중심
• 목표 : 장·단기 균형	• 단기실적 강조
• 고객 요구가 최우선	• 고객 요구가 최상의 순위는 아님.
• 총체적 품질 향상을 통해 경영목표달성	• 불량 감소 목표
• 프로세스 지향적(과정 지향)	• 제품 지향적(결과 지향)

대표기출유형

➕ 품질관리에 대한 다음 설명 중 가장 적절하지 않은 것은?

① 통계적 프로세스 관리에서는 품질 측정치들이 안정적인 확률분포를 보이는 경우 그 프로세스는 통제 상태에 있는 것으로 본다.

② 체크리스트는 품질과 관련된 어떤 제품 또는 서비스의 특성에 대한 발생빈도를 기록하기 위한 양식을 말한다.

③ 전사적 품질경영(TQM)은 단위 중심으로 불량 감소를 목표로 한다.

④ 관리도는 속성관리도와 변량관리도의 2가지로 크게 구분하여 볼 수 있다.

⑤ 파레토 도표는 문제를 유발하는 여러 요인들 중에서 가장 중요한 요인을 추출하기 위한 기법을 말한다.

정답 ③

해설 전사적 품질경영은 시스템 중심으로 총체적 품질 향상을 통해 경영목표달성을 목표로 한다. 반면 전사적 품질관리(TQC)는 불량 감소를 목표로 한다.

www.gosinet.co.kr gosinet

기초문제

경영과 기업

기업활동의 조직

인사관리

생산관리

마케팅관리

실전모의고사

테마 19_전사적 품질경영 **389**

통계적 품질관리

 통계적 품질관리

고객이 요구하는 모든 품질을 확보·유지하기 위하여 기업이 품질목표를 세우고 합리적, 경제적으로 달성할 수 있도록 생산의 모든 단계에 통계학적 원리와 기법을 원용한 품질관리방식이다.

1 표본검사법(표본추출검사법)

원자재, 재공품, 완성품에 대한 검사기능을 통하여 공정상태를 판단하는 정보를 수집하는 기법이다. 생산자에게는 검사비용의 절약기능을, 소비자에게는 불량품으로부터 보호기능을 수행한다.

1. 계수형 표본검사

(1) 1회 표본검사 : 크기 N의 로트로부터 표본크기 n의 표본을 1회 추출하여 검사한 후 그 결과로 로트의 합격·불합격 여부를 결정한다.

> n=표본의 크기(n≤N)
> c=합격판정개수(Acceptance Number)
> x=표본에서 발견되는 불량품의 수
>
> x≤c 면 합격
> x>c 면 불합격

(2) 2회 표본검사법 및 다회 표본검사법

2. 계량형 표본검사

측정치가 연속적인 값을 갖는 경우에 행하는 방법으로 표본에 포함되는 모든 품목들의 품질특성치를 측정한 다음 이들의 평균치를 계산한다.

3. 검사특성곡선(Operating Characteristic Curve)

(1) 표본검사에서 로트의 품질에 따른 로트의 합격확률을 나타내는 곡선이다.

(2) 로트의 품질은 주로 불량률을 사용하여 나타내는데 일반적으로 샘플 크기 n과 합격판정 개수 c가 주어져 있을 때 여러 가지 상이한 불량률의 로트를 합격으로 판정할 확률을 나타내는 그래프다.

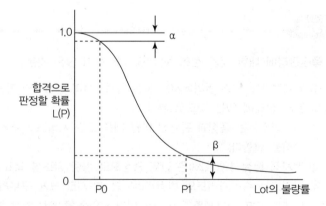

 표본검사와 OC 곡선

1. 표본의 크기와 판정기준에 따라 이해가 상반된다.
2. 로트에서 표본을 많이 뽑을수록 불량품이 섞여있을 가능성이 커지므로 로트가 합격될 기회는 적어진다(공급자 손해).
3. 표본을 적게 뽑으면 불량품이 섞여있을 가능성이 낮으므로 로트가 합격될 기회가 많아진다(소비자 손해).

2 관리도

1. 관리도의 개념

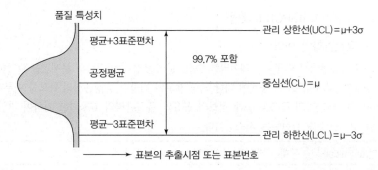

✔ 관리도란 생산공정으로부터 정기적으로 표본을 추출하여 얻은 자료치를 점으로 찍어가면서 이 점들의 위치 또는 움직임의 양상에 따라 공정의 이상유무를 판단하는 통계적 관리기법이다.

2. 품질의 변동 원인

(1) 우연원인 : 생산조건의 관리상태가 양호함에도 불구하고 발생하는 변동으로 불가피한 원인이다.

(2) 이상원인 : 작업자의 실수, 부주의, 불량 자재의 사용 등으로 발생하는 변동으로 제거 가능한 원인이다.

3. 품질의 변동

(1) 군내변동(White Noise) : 각 군 내에서 발생하는 변동으로 우연원인이며 통제가 불가능한 변동이다.

(2) 군간변동(Black Noise) : 군 사이에서 특성 값의 중심 값 변동으로 이상원인에 의한 변동이다.

(3) 합리적인 군(Rational Subgroup) : 데이터 종류와 관계없이 가능한 짧은 기간 동안에 이루어진 표본군이다.

4. 관리도의 종류

계량치 관리도	계수치 관리도
• 평균치와 범위 관리도 • 평균치와 표준편차 관리도 • 메디안과 범위 관리도 • 개개의 측정치와 이동범위 관리도 • 최대치와 최소치 관리도	• 부적합품수 관리도 • 부적합품률 관리도 • 부적합수 관리도 • 단위당 부적합수 관리도

대표기출유형

➕ 다음 중 관리도에 대한 설명으로 알맞지 않은 것은?

① 평균치 관리도와 범위관리도는 계량치 관리도다.

② 계량치 관리도는 이항분포 또는 포아송분포를 가정한다.

③ 결점률 관리도, 불량률 관리도 등은 계수치 관리도다.

④ 중심 값을 현저히 벗어나는 변동이 관측되면 이상원인의 개입을 유추할 수 있다.

⑤ P 관리도는 제품의 품질 측정과 공정이 조정되어야 할 때를 가르쳐준다.

정답 ②

해설 계량치 관리도는 정규분포를 가정하며 이항분포 또는 포아송분포를 가정하는 것은 계수치 관리도이다.

www.gosinet.co.kr gosinet

기출문제

경영과 기업

기업활동의 조직

인사관리

생산관리

마케팅관리

실전모의고사

통계적 공정관리

> ☑️ **통계적 공정관리**
> TQC의 일환으로 공정에서 요구되는 품질이나 생산 목표를 달성하기 위하여 PDCA 사이클을 돌려가면서 통계적인 방법으로 공정을 효율적으로 운영해 나가는 관리방법이다.

1 통계적 공정관리(SPC)의 개념

1. 통계적 공정관리의 의의

생산라인의 공정에서 발생하는 데이터를 수집, 분석을 통해 공정상의 문제점을 파악하여 비능률적인 요소를 제거함으로써 품질에 대한 의식 제고와 더불어 공정품질의 확보를 이루며 Client-Server 시스템환경의 구축을 통해 정보의 공유와 품질관리의 효율화를 기하여 기업의 경쟁력 강화와 고객만족을 실현하는 시스템이다.

S(Statistical)	통계적 자료와 분석기법의 도움을 받아서
P(Process)	공정의 품질변동을 주는 원인과 공정의 능력상태를 파악하여
C(Control)	주어진 품질목표가 달성될 수 있도록 PDCA 사이클을 돌려가며 끊임없는 품질개선이 이루어지도록 관리해 가는 활동

2. 통계적 공정관리의 구성도

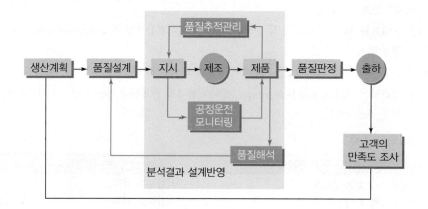

2 통계적 공정관리(SPC)의 목적

1. 통계적 공정관리의 목적

(1) 생산현장의 표준화된 데이터 관리 분석
  ① 기술 혁신으로 인한 제품의 복잡한 증가
  ② 원가 상승 및 비가격 경쟁적인 제품의 등장
(2) 기술 부문의 효율적인 데이터 관리 및 분석 도구 제공
  ① 다품종 소량 생산
  ② 라인 외 품질관리의 중요성 부각

2. 통계적 공정관리의 필요성

QM-4Rules	전통적 개념	현재 개념
1. 품질의 정의	양호성, 고객만족	요구조건에 적합
2. 품질경영의 시스템	사후평가, 검사에 의한 품질보증	사전예방
3. 품질의 달성기준	불량률 다소 허용	무결점
4. 품질의 측정	불량률, 문의건수 등으로 추정	품질 비용으로 추정

3 통계적 공정관리(SPC)의 기능

1. 체계적인 공정품질관리

(1) 계측 데이터의 자동수집 : 공정에서 데이터를 자동으로 수집, 관계 데이터베이스에 관리

(2) 계측 데이터의 실시간 분석 · 경보 : 실시간에 데이터를 분석, 경보를 발생, 해당 제품을 피드백시켜 시정조치를 수행할 수 있는 시스템 구축

(3) 데이터의 가공, 데이터베이스 저장 및 관리

(4) 저장 데이터의 분석
① 관리도 : 생산 제품의 다양한 품질정보를 분석
② 분포도 : 통계함수를 사용, 데이터의 분포상황을 체크하고 품질규격을 검정 측정
③ CPK-TREND : 생산된 제품들의 경향분석

(5) 최적해의 도출 : 분석 기법을 이용하여 즉시 최적해 산출이 가능

(6) 전사적 품질 인프라 구축

2. 경영정보시스템 지원

(1) Excel, Lotus로 데이터 접근 가능

(2) 품질의 장단기 변화정보 비교

(3) 개인, 기계, 자재, 시간별 품질정보제공

☑ SPC의 활용
1. 생산 라인의 품질자동화
2. 품질정보 인프라 구축
3. 품질 및 품질인식 향상
4. 제조업 전 분야 활용 가능

☑ 다양한 통계분석처리
1. 평균 및 산포의 측도, 확률 분포
2. QC 7가지 도구, 신QC 7가지 도구
3. 공정능력조사
4. 통계적 추정 및 가설검정
5. 상관분석, 회귀분석, 반응 표면분석
6. 실험계획법, 분산분석
7. 신뢰성 기법
8. 관리도에 의한 관리기법 제공
9. 관리도의 자동(Real Time) 작성 및 관리이탈 판정
10. 관리한계선의 적절한(자동 /수동) 산출
11. 공정능력 지수(Cp/Cpk) 분석처리 : 자동산출, 추이관리
12. 불량발생확률 자동 산출, 측정시스템 안정도 평가
13. 정규분포여부 감정, 유사 특성 간의 추이 비교
14. 사용자 편리성 : 한눈에 보여지는 그래프 처리, 다양한 Report Form 인쇄 가능, 보기 쉬운 화면구성 등

기출문제 / 경영과 기업 / 기업활동의 조직 / 인사관리 / 생산관리 / 마케팅관리 / 실전모의고사

대표기출유형

🔹 **다음 중에서 통계적 공정관리(SPC)의 목적이 아닌 것은?**

① 기술 혁신으로 인한 제품의 복잡한 증가
② 원가 상승 및 비가격 경쟁적인 제품의 등장
③ 소품종 대량 생산
④ 라인 외 품질관리의 중요성 부각
⑤ 생산현장의 표준화된 데이터 관리 분석

정답 ③

해설 통계적 공정관리(SPC ; Statistical Process Control)는 소품종 대량 생산이 아닌 다품종 소량 생산을 목적으로 한다.

서비스 품질

> ☑ 서비스 품질은 '제공된 서비스의 수준이 고객의 기대 수준과 얼마나 잘 일치되는지'에 대한 측정치로 정의될 수 있다. 즉, 서비스 품질은 사용자의 인식에 의해 결정되는 것이다.

1 서비스 품질의 개념

1. 서비스 품질의 의의

서비스 품질이라고 하면 친절, 환한 웃음, 편안함과 같은 직감적인 것들을 연상하기 쉽지만 서비스 품질은 고객만족과 경영성과를 기준으로 한 종합적인 평가가 되어야 한다. 즉, 서비스 품질에 대한 평가는 고객만족수준의 잣대가 되며 이것은 기업 경영의 측면에서 고객과의 경영성과와 서비스기업의 경영성과 모두에 큰 영향을 미친다.

> 서비스 품질　＝　실감서비스　－　기대서비스
> (Service Quality)　(Perceived service)　(Expected service)

2. 서비스 품질의 측정

(1) 측정이 어려운 이유
　① 주관적인 개념이 강하다.
　② 서비스는 전달 이전에 테스트를 하기가 힘들다.
　③ 고객으로부터 서비스 품질평가 데이터를 수집하기가 쉽지 않다.
　④ 서비스자원이 고객과 함께 이동하므로 고객이 자원의 변화를 관찰해야 서비스평가를 할 수 있다.
　⑤ 고객은 서비스생산 프로세스의 일부이며 변화가능성이 있는 요인이다.

(2) 서비스 품질 측정 이유
　① 개선, 향상, 재설계의 출발점이 측정이다.
　② 경쟁우위 확보와 관련한 서비스 품질의 중요성이 증대되고 있다.

2 SERVQUAL 모형

> ☑ 파라슈라만, 자이타믈, 베리 (Parasuraman, Zeithaml, Berry, 1988, 1991)는 올리버(Oliver, 1980)의 기대불일치 모형과 '서비스 품질은 기대한 서비스와 경험한 서비스에 의해 이루어진다'라고 하는 그렌루스(Gronroos, 1984)의 연구를 기초로 하여 서브퀄(SERVQUAL)이라는 서비스 품질 모형을 마련하였고 이 모형은 PZB에 의해서 1985 ~ 1988년 사이에 미국마케팅협회에서 발표된 후 1990년 초반에 확립되었다.

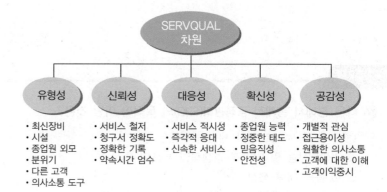

1. SERVQUAL 모형의 평가

제시된 5가지 차원에 대하여 22개의 항목으로 이루어진 다차원적 평가척도로 구성된다.

〈SERVQUAL 모형의 5가지 차원〉

영역	의미
신뢰성	약속한 서비스를 믿게 하며 정확하게 제공하는 능력
확신성	서비스 제공자들의 지식, 정중, 믿음, 신뢰 제공 능력
유형성	시설, 장비, 사람, 커뮤니케이션 도구 등의 외형
공감성	고객에게 개인적인 배려를 제공하는 능력
대응성	기꺼이 고객을 돕고 즉각 서비스를 제공하는 능력

2. SERVQUAL 모형의 유용성

(1) 고객의 서비스 품질에 대한 기대와 지각 간의 격차를 항목과 서비스차원별로 분석할 수 있다.

(2) 반복 시행하여 고객의 기대와 지각을 시계열적으로 비교할 수 있다.

(3) 경쟁기업에 대해 실시하여 자사와 경쟁사 간의 서비스 품질을 비교할 수 있다.

(4) 개인의 SERVQUAL 점수를 토대로 고객들의 서비스 품질 지각수준에 따라 고객 세분화를 위한 자료로 활용할 수 있다.

(5) SERVQUAL 설문의 내용을 수정하면 기업 내부의 부서 간 업무 협조도와 같은 기업 내부 서비스 품질의 측정이 가능하다.

☑ SERVPERF 모형
크로닌(Cronin)과 테일러(Taylor)에 의해 개발된 서비스 품질 측정도구로, SERVQUAL 모형에서 서비스에 대한 소비자의 기대 요소를 제외하고 서비스의 성과 수준만을 기준으로 하여 서비스 품질을 측정한다.

기출문제

경영과 기업

기업활동의 조직

인사관리

생산관리

마케팅관리

실전모의고사

대표기출유형

🔷 서비스 품질평가 모델 중 SERVQUAL 모형에 대한 설명으로 알맞지 않은 것은?

① 서비스 품질의 핵심적인 요소로 서비스 품질 평가에 많이 이용된다.

② SERVQUAL은 똑같은 서비스를 제공받더라도 고객의 주관에 따라 달라질 수 있다.

③ 동종의 경쟁사에도 같은 모형을 적용·평가하여 자사와의 비교분석수단으로 응용할 수 있다.

④ 서비스 기업의 접근용이성, 원활한 의사소통, 고객에 대한 충분한 이해 등은 공감성 차원으로 분류한다.

⑤ SERVQUAL의 설문지는 체계적으로 구조화되어 있기 때문에 업종의 구분 없이 그대로 적용할 수 있다.

정답 ⑤

해설 SERVQUAL 설문지는 업종을 구분하여 적용하여야 한다.

1 6시그마(6σ ; Six Sigma)의 개념

1. 6시그마의 정의

☑ 시그마(σ)
프로세스의 산포를 나타내는 척도이며 통계적인 용어로 표준편차를 의미한다(즉, 데이터들이 중심으로부터 전형적으로 떨어진 거리).

☑ 6시그마(6σ)
규격 상한(USL ; Upper Specification Limit)과 규격 하한(LSL ; Lower Specification Limit)이 있는 경우 단기적으로 분포의 중심과 규격한계 사이의 거리가 표준편차의 6배나 될 정도로 불량률이 아주 낮은 상태이다.

(1) 6시그마는 표준편차의 다른 표시로 프로세스를 계산하고 측정하는 기준이다.

(2) 6시그마는 프로세스 능력에 대한 정량적인 표현 방법으로 100만 기회당 3.4개의 결함 기회 수를 허용하는 공정의 능력을 의미하며 모든 종류의 프로세스에서 결함을 제거하고 목표로부터의 이탈을 최소화하여 조직의 이익창출과 함께 고객만족을 최대화하고자 하는 경영혁신 전략이다.

(3) 6시그마의 핵심은 변동의 범위, 표준편차 및 분산을 줄이는 것으로 업무 및 공정 프로세스가 어떠한 문제를 가지고 있는지 밝혀내고 올바른 개선 방향을 제시한다.

〈시그마의 수준 비교〉

시그마	백만 단위당 결점 수	양품률(%)	시그마	백만 단위당 결점 수	양품률(%)
1σ	500,000	50	4σ	6,210	99.3
2σ	308,537	69	5σ	233	99.98
3σ	66,807	93.3	6σ	3.4	99.999966

2. 3시그마와 6시그마의 비교

(1) 6시그마 기법은 과거 슈하르트가 주장했던 3σ개념을 6σ개념으로 확장한 것에 불과하지만 내포된 의미는 더 파격적이고 혁신적이다.

(2) 3시그마는 평균으로부터 규격한계 내에 3배의 표준편차가 포함되도록 데이터들이 분포되어 있는 경우를 말하며 6시그마는 규격한계 내에 표준편차의 6배가 분포되는 경우를 의미한다.

3. 6시그마의 의의

☑ 6시그마는 모토로라(Motorola)에 근무하던 마이클 해리(Michael J. Harry)에 의해 1987년 창안됐다. 당시 정부용 전자기기 사업부에 근무하던 마이클 해리는 어떻게 하면 품질을 획기적으로 향상시킬 수 있을 것인가를 고민하던 중 통계지식을 활용하자는 착안을 하게 됐다. 이 통계적 기법과 1970년대 말부터 밥 갈빈(Bob Galvin) 회장 주도로 진행돼 온 품질개선 운동이 결합해 탄생한 것이 6시그마 운동이다.

(1) 6시그마는 통계적으로 6시그마 레벨(6σ)을 만들겠다는 것으로 6시그마 레벨에서는 제품 1백만 개당 3.4개(3.4PPM) 이내의 불량만을 허용한다.

(2) 6시그마는 통계적 품질관리를 기반으로 품질혁신과 고객만족을 달성하기 위하여 전사적으로 실행하는 경영혁신기법이며 제조과정뿐만 아니라 제품개발, 판매, 서비스, 사무업무 등 거의 모든 분야에서 활용이 가능하다.

4. 6시그마의 정의(해리에 의한 정의)

(1) 통계적 측정치 : 6시그마는 객관적인 통계수치로 나타나기 때문에 제품이나 업종, 업무 및 생산 프로세스가 다르더라도 비교할 수 있으며, 고객만족의 달성 정도와 방향 위치, 제품과 서비스, 공정의 적합성을 측정하는 척도이다.

(2) 기업전략 : 6시그마는 경쟁우위를 갖게 해준다. 시그마 수준을 높이는 만큼 제품의 품질이 높아지고 원가는 떨어지며 고객만족경영을 달성할 수 있다.

(3) 철학 : 6시그마는 기업 내의 사고방식을 바꾼다. 무조건 열심히 일하는 것보다는 스마트하게 일하게 하며, 제품을 생산하는 모든 작업에서의 실수를 줄인다.

2 품질관리와 비교

1. 품질개선활동의 발전단계

구분	품질관리 (QC)	전사적 품질관리 (TQC)	전사적 품질경영 (TQM)	6시그마 (Six Sigma)
발전 시기	1930 ~ 50년대	1960 ~ 70년대	1980년대	1990년대
주요 내용	제조공정 중심	소집단 활동 종합적 문제 해결	품질인증 및 품질경영	프로세스 혁신 품질 향상
적용 분야	제조 부문	제조 부문, 자재 설비	제조 부문, 자재 설비, 개발, A/S, 영업, 마케팅 구매	제조 부문, 자재 설비, 개발, A/S, 영업, 마케팅 구매, 기타, 행정, 의료서비스

2. 기존의 품질개선활동과 6시그마의 비교

구분	품질 개선 활동	6시그마
방침 결정	하의상달(Bottom-Up)	상의하달(Top-Down)
목표 설정	추상적, 정성적 목표	구체적, 정량적 목표
문제 의식	겉으로 보이는 문제	잠재적 문제
성공 요인	감각과 경험	감각과 경험 및 객관적 데이터 분석
개혁 대상	문제가 발생한 곳	모든 프로세스
적용 범위	부분의 최적화	전체 최적화
활동 기간	제약 없음	제약 있음
담당자	자발적 참여 중시	전임 요원 및 의무적 수행
교육	자발적 참여 중시	체계적이고 의무적
기본 수법	PDCA의 4단계	DMAIC의 5단계
적용 수법	QC 7가지 도구 및 통계적 기법	광범위한 기법 및 통계적 분석 방법
평가 방법	노력 중시	가시화된 이익으로 평가

3 6시그마의 추진단계 : DMAIC

1. 단계별 정의

단계	D Define 정의 단계 (문제 정의)	M Measure 측정 단계 (현상 파악)	A Analyze 분석 단계 (원인 검증)	I Improve 개선 단계 (원인 개선)	C Control 관리 단계 (효과 유지)
주요 내용	문제 및 VOC 파악, 프로젝트 정의	현수준 확인, 잠재원인 발굴	잠재원인 검증 및 치명원인 선정	치명원인별 개선 및 효과 파악	개선결과의 문서화 및 유지관리
주요 Step	Step 1 문제 파악 Step 2 추진계획 수립 Step 3 과제 승인	Step 4 성과기준 설정 Step 5 현수준 확인 Step 6 잠재원인 발굴	Step 7 데이터 수집 Step 8 데이터 분석 Step 9 치명원인 선정	Step 10 개선안 수립 Step 11 최적화 및 검증 Step 12 개선효과 파악	Step 13 문서화/표준화 Step 14 관리계획 수립 Step 15 유지관리 수행

2. 추진 내용

6시그마의 대표적인 방법론은 DMAIC(Define-Measure-Analyze-Improve-Control)이다.

구분	추진 단계	추진 내용
1단계	정의 (Define)	6시그마 프로젝트의 선정, 프로젝트의 정의, 프로젝트 승인의 단계로 고객의 니즈(Needs)를 바탕으로 핵심품질특성(CTQ ; Critical To Quality)을 파악한다. 핵심품질특성이란 고객이 상품이나 서비스의 가치를 인식하는 데 영향을 미치는 가장 중요한 특성을 의미한다.
2단계	측정 (Measure)	성과지표를 결정하고, 현 수준을 파악하고, 잠재원인변수를 발굴한다. 품질의 현재수준을 파악하는 단계이다.
3단계	분석 (Analyze)	분석계획 수립, 데이터 분석, 핵심원인변수(Vital Few X)를 선정한다. 측정 단계에서 수집된 잠재원인변수 중 성과지표에 영향력을 미치는 핵심원인변수를 찾는 것이 이 단계의 목표이다.
4단계	개선 (Improve)	개선안을 도출하고 최적 개선안을 선정하고 개선안을 검증한다. 이 단계에서는 여러 가지 방법을 사용하여 핵심원인변수의 특성을 분석하여 최적운영 조건을 도출한 후 개선안을 검증하여 실현 가능한지를 판단한다.
5단계	관리 (Control)	개선 결과를 지속적으로 유지하기 위하여 관리계획을 수립하고 실행하여 문서화한다. 관리계획을 실행하는 단계에서 관리도(Control Chart)나 SPC(Statistical Process Control)등의 통계기법을 사용할 수 있다.

4 추진조직과 역할

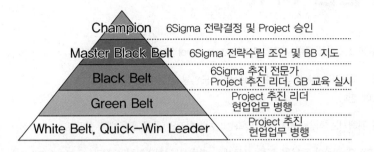

구성체계	역할
챔피언(Champion) -최고경영자 · 사업부책임자	• 비전과 목표 설정 • 추진방법 확정 • 이념과 신념을 조직 내 확산
마스터 블랙벨트(Master Black Belt) -전문추진 지도자	• 품질기법 전수 및 지도교육 • BB 프로젝트의 자문과 감독 • 각종 애로사항 해결
블랙벨트(Black Belt) -전문추진 책임자	• 개선팀 지도와 개선 프로젝트 추진 • 분석기법 활용 및 문제해결활동 • GB와 WB의 양성 교육 담당
그린벨트(Green Belt)	• 기법활용의 문제해결 전문가 • 현업 및 개선 프로젝트 병행 • WB 교육 및 팀워크 형성
화이트벨트(White Belt) -팀원	• 6시그마 프로젝트팀에 속한 전 사원 • 프로젝트 해결활동의 실천자

기출문제

경영과 기업

기업활동의 조직

인사관리

생산관리

마케팅관리

실전모의고사

대표기출유형

❖ 다음 중 6시그마(Six Sigma) 개선모형의 순서로 가장 적절한 것은?

ⓐ 측정	ⓑ 분석	ⓒ 개선
ⓓ 관리	ⓔ 정의	

① ⓐ-ⓑ-ⓒ-ⓓ-ⓔ
② ⓐ-ⓔ-ⓑ-ⓒ-ⓓ
③ ⓓ-ⓐ-ⓔ-ⓑ-ⓒ
④ ⓔ-ⓑ-ⓒ-ⓐ-ⓓ
⑤ ⓔ-ⓐ-ⓑ-ⓒ-ⓓ

정답 ⑤

해설 품질경영 기법인 6시그마 개선모형 중 DMAIC 방법론에서는 정의-측정-분석-개선-관리의 5단계 체제로 구성한다.

빈출 지문에서 뽑은 O/X

01 원가절감을 위해서는 설비가동률의 최소화를 통한 규모의 경제(Economies of Scale)를 달성해야 한다. (O / X)

02 제품개발시간의 단축을 위해서는 지도카(Jidoka) 및 안돈(Andon)의 도입을 통한 제품개발 프로세스 개선과 고객중심설계를 적용해야 한다. (O / X)

03 제품믹스의 유연성을 강화하기 위해서는 작업준비시간의 단축 및 차별화지연 등을 활용해야 한다. (O / X)

04 품질향상을 위해서는 6시그마(Six Sigma)의 적용을 통한 프로세스 변동성을 최대화해야 한다. (O / X)

05 흐름시간(Flow/Throughput Time)의 단축을 위해서는 프로세스 개선을 통한 재공품 재고 및 주기시간 을 최대화해야 한다. (O / X)

06 유효생산능력(Effective Capacity)은 설계생산능력(Design Capacity)을 초과할 수 없다. (O / X)

07 실제산출률(실제생산능력)은 유효생산능력을 초과할 수 없다. (O / X)

08 생산능력이용률(Utilization)은 생산능력효율(Efficiency)을 초과할 수 없다. (O / X)

09 설계생산능력이 고정된 상태에서 실제산출률이 증가하면 생산능력이용률은 향상된다. (O / X)

10 효과적인 생산관리활동(제품 및 공정설계, 품질관리 등)을 통해 실제산출률은 증가하지만 유효생산능력 은 변하지 않는다. (O / X)

11 EOQ는 연간 발주비와 연간 재고유지비의 합을 최대로 하는 주문량의 크기를 결정하는 것이다. (O / X)

12 외부 실패비용은 생산과정 중에 발견된 결함이 있는 제품을 폐기하거나 재작업으로 드는 비용이다. (O / X)

13 고객에게 인도된 이후의 품질결함에 따른 비용은 고객의 불만에 따른 이탈과 기업신뢰도 하락과 같은 미래 손실까지 포함하는 것으로 볼 수 없다. (O / X)

14 수요예측오차의 척도 중 평균절대오차(Mean Absolute Deviation)는 예측치가 실제치를 완벽하게 나타 내지 않더라도 그 값이 0이 될 수 있다. (O / X)

15 시계열 수요 자료를 분해하여 분석하는 목적은 자료에 내재되어 있는 임의변동(Random Variation)의 패턴을 분석하여 예측치에 반영하는 것이다. (O / X)

16 생산제품 변경을 위해 추가적인 준비비용(Setup Cost)이 발생하지 않는다면 1회 생산량을 줄이는 것이 재고량도 적어지고 재고유지비용의 절감도 가능하다. (O / X)

17 이동평균법(Moving Average Method)에는 과거 예측이 초래한 오차의 일정 부분을 미래 예측치에 반영할 수 있는 학습효과가 내재되어있다. (O / X)

18 지수평활법(Exponential Smoothing Method)을 사용하면 예측치의 산정에 반영될 과거 기간의 수(n)를 조절함으로써 예측의 정확성을 높일 수 있다. (O / X)

19 고정기간 모형은 고정주문량 모형에 비하여 평균적으로 더 많은 안전 재고를 보유한다. (O / X)

20 조건부 보충 시스템(Optional Replenishment System)은 재고수준을 정기적으로 확인했을 때 재고량이 사전에 정한 최저재고수준보다 작으면 주문을 하여 최대(목표)재고수준이 되도록 하는 시스템이다. (O / X)

정답과 해설

01	X	02	X	03	O	04	X	05	X	06	O	07	O	08	O	09	O	10	X	11	X	12	X	13	X
14	X	15	X	16	O	17	X	18	X	19	O	20	X														

01 원가절감을 위해서는 설비가동률을 최대화하여 규모의 경제(Economies of Scale)를 달성하는 것이 유리하다.

02 제품개발시간의 단축을 위해서는 동시설계 · 동시공학을 활용하는 것이 더 유리하다. 지도카(Jidoka) 및 안돈(Andon)의 도입은 품질관리와 관련된 것이다.

03 제품믹스의 유연성 강화란 제품의 다양성 측면에서 특정 제품의 작업준비시간을 단축할 경우 유연성이 강화될 수 있다는 것이고 차별화지연은 기업의 유연성을 확보하고 대량고객화를 이루기 위한 전제조건이다.

04 품질향상을 위해서는 6시그마(Six Sigma)의 적용을 통해 프로세스 변동성을 최소화하여야 한다. 프로세스 변동성의 최대화한다면 변동성이 늘어나 품질이 나빠지고 품질의 일관성이 저해될 수 있다.

05 흐름시간(Flow/Throughput Time)의 단축을 위해서는 프로세스 개선을 통한 재공품 재고 및 주기시간을 최소화해야 한다. 흐름시간의 단축은 프로세스 개선을 통한 재공품 재고를 줄일 수 있고 동일한 흐름시간 내에서 주기시간이 늘어나면 특정 공정에서의 시간이 길어져 재공품의 재고는 감소한다.

06 설계생산능력은 일정한 기간에 생산할 수 있는 최대의 생산율을 말하고 유효생산능력은 정상적인 작업조건이 주어졌을 때 달성 가능한 가장 높은 생산율이다.

07 실제산출률(실제생산능력)은 실제로 달성할 수 있는 생산율을 의미하므로 유효생산능력을 초과할 수 없다.

08 생산능력이용률(Utilization)은 생산능력효율(Efficiency)을 초과할 수 없다.

09 설계생산능력이 고정된 상태에서 실제산출률이 증가하면 생산능력이용률은 향상된다.

10 효과적인 생산관리 활동(제품 및 공정설계, 품질관리 등)을 통해 유효생산능력은 증가하지만 실제산출률이 증가한다고할 수 없다.

11 EOQ는 연간 발주비와 연간 재고유지비의 합을 최소로 하는 주문량의 크기를 정하는 것이다.

12 생산과정 중에서 발견된 결함이 있는 제품을 폐기하거나 재작업하는 데 드는 비용을 내부 실패비용이라고 한다.

13 고객에게 인도된 이후의 품질결함에 따른 비용은 고객의 불만에 따른 이탈과 기업신뢰도 하락과 같은 미래손실까지 모두 포함한다.

14 평균절대오차가 0이라는 것은 정확하게 예측했음을 의미한다.

15 시계열 자료를 분석하는 것은 추세, 계절적 변동, 순환 등의 요인을 분석하여 예측치에 반영하기 위한 것이다. 임의변동(Random Variation)은 변동 자체를 인정하고 예측치에 반영하지 않는다.

16 생산제품 변경을 위해 추가적인 준비비용(Setup Cost)이 발생하지 않는다면 1회 생산량을 줄이는 것이 재고량도 적어지고 재고유지비용의 절감도 가능하다.

17 과거 예측이 초래한 오차의 일정 부분을 미래 예측치에 반영할 수 있는 학습효과가 내재되어있는 방법은 지수평활법이다.

18 지수평활법은 과거 기간의 수(n)가 아닌 평활상수를 조절함으로써 예측의 정확성을 높이는 방법이다.

19 고정기간 모형은 리드타임과 주문기간을 합한 기간의 안전재고를 보유하여야 하지만 고정주문량 모형은 리드타임에 대비한 안전재고만 보유하면 되므로 고정기간 모형이 보유해야하는 안전재고의 양이 더 많다.

20 조건부 보충 시스템은 재고수준을 정기적으로 확인했을 때 재고량이 사전에 정한 최고재고수준(ROP)보다 적으면 주문을 하되 '최대(목표)재고수준－현재재고수준'만큼 주문한다.

21 경제적 주문량(EOQ) 모형에서 연간 수요량이 2배가 될 때 1회 경제적 주문량은 2배가 된다. (O / ×)

22 공급, 수요 및 조달기간의 불확실성에 대비하기 위한 재고를 안전재고라고 한다. (O / ×)

23 정기재고검토시스템(Periodic Review System)은 연속재고검토시스템(Continuous Review System)에 비해 재고확인을 위한 비용을 줄일 수 있고, 값싼 품목에 대해 적용하기 좋다. (O / ×)

24 적시생산시스템(Just In Time)은 비용절감, 재고감소 및 품질향상을 통한 이익의 증대를 목적으로 한다. (O / ×)

25 통계적 품질관리를 위한 관리도(Control Chart)를 작성하기 위해서는 생산되는 모든 제품의 전수조사가 필요하다. (O / ×)

26 공정능력비율(Process Capability Ratio)은 프로세스의 평균이 규격상한선과 규격하한선 사이에 있는가를 판별하는 데 사용된다. (O / ×)

27 제품이 다양하고 배치크기(Batch Size)가 작을수록 잡숍공정(Job Shop Process)보다는 라인공정이 선호된다. (O / ×)

28 그룹테크놀로지(GT)를 이용하여 설계된 셀룰러배치는 공정별 배치에 비해 가동준비시간과 재공품 재고가 감소되는 등의 장점이 있다. (O / ×)

29 토요타생산시스템(TPS)에서는 재작업, 대기, 재고 등을 낭비의 유형으로 간주한다. (O / ×)

30 ZD(Zero Defect) 프로그램에서는 불량이 발생되지 않도록 통계적 품질관리의 적용이 강조된다. (O / ×)

31 적시생산 시스템(JIT)은 사전에 수립된 자재소요계획에 따라 실제 생산이 이루어지도록 지시하는 일종의 풀(Pull) 시스템이다. (O / ×)

32 주문생산공정(Make To Order Process)은 원하는 서비스수준을 최소 비용으로 충족시키는 것이, 재고 생산공정(Make To Stock Process)은 생산시간을 최소화하는 것이 주요 목적이다. (O / ×)

33 제품별 배치에서는 제품이 정해진 경로를 따라 이동하지만, 프로젝트 배치와 공정별 배치에서는 다양한 이동경로를 갖는다. (O / ×)

34 하우 리(Hau Lee)에 의하면 수요의 불확실성 정도 뿐 아니라 공급의 불확실성 정도에 따라서도 공급사슬 전략에 차이가 발생하게 된다. (O / ×)

35 공급사슬 참여자 간에 원활한 정보공유가 이루어지지 않는 경우, 공급사슬에서 고객과의 거리가 멀어질수록 주문의 변동폭이 증가하는 채찍효과(Bullwhip Effect)가 발생할 수 있다. (O / ×)

36 서비스는 제품에 비해 수요와 공급을 일치시키기가 용이하다. (O / ×)

37 공정능력비율은 공정이 설계규격에 적합한 제품을 생산하는 능력이 어느 정도인지를 측정하는 도구이다. (O / ×)

38 밸런스 효율(Balance Efficiency)과 밸런스 지체(Balance Delay)를 합하면 항상 100%가 된다. (O / ×)

39 전문서비스(Professional Service)는 고객화의 정도와 노동집약도가 모두 높은 서비스 조직으로 병원, 자동차 수리소 등이 포함된다. (O / ×)

정답과 해설

| 21 | X | 22 | O | 23 | O | 24 | O | 25 | X | 26 | X | 27 | X | 28 | O | 29 | O | 30 | O | 31 | X | 32 | X | 33 | X |
| 34 | O | 35 | O | 36 | X | 37 | O | 38 | O | 39 | X |

21 경제적 주문량(EOQ) 모형에 따르면 연간 수요량이 2배가 될 때 1회 경제적 주문량은 $\sqrt{2}$배가 된다.

22 공급, 수요 및 조달기간의 불확실성에 대비하기 위한 재고를 안전재고라고 한다.

23 정기재고검토시스템(Periodic Review System)은 정기적으로 재고실사를 하는 반면 연속재고검토시스템(Continuous System)은 계속 재고심사를 하여야 한다. 따라서 연속재고검토시스템이 재고관리에 비용이 많이 들어간다. 정기검토시스템은 재고관리를 위한 비용이 적게 발생하며 값싼 품목에 대해 적용하기 좋다.

24 적시생산시스템(Just In Time)은 낭비의 제거를 통해 비용절감, 재고감소 및 품질향상을 통한 이익의 증대를 목적으로한다.

25 통계적 품질관리를 위한 관리도(Control Chart)를 작성하기 위해서는 생산되는 모든 제품의 전수조사가 아니라 샘플링 테스트가 필요하다.

26 공정능력비율(Process Capability Ratio)은 공정의 변동폭이 규격공차의 비율 내에 있는가를 확인하는 비율이다. 공정의 평균은 대부분 규격상한과 규격하한 사이에 존재한다.

27 제품이 다양하고 배치크기(Batch Size)가 작을수록 잡숍공정(Job Shop Process)이 선호된다. 라인공정은 소품종 대량생산의 경우 선호된다

28 그룹테크놀로지(GT)를 이용하여 설계된 셀룰러배치는 가공이 유사한 제공품이 셀 내에서 흐름방식으로 이동하며 생산하여, 공정별 배치에 비해 가동준비시간이 줄어들고, 재공품 재고가 감소되며, 대기시간과 이동시간이 줄어드는 등의 장점이 있다.

29 토요타생산시스템은 낭비의 제거를 목표로 하고 있는데 과잉생산의 낭비, 과잉재고의 낭비, 대기시간의 낭비, 운반의 낭비, 가공의 낭비, 동작의 낭비, 불량(재작업)의 낭비 등을 낭비의 유형으로 간주한다.

30 ZD(Zero Defect) 프로그램은 전 종업원을 대상으로 품질의 인적변동요인을 강조하는 전사적 품질관리(TQC)

프로그램의 일종이다.

31 적시생산시스템은 자재소요계획에 따라 실제 생산이 이루어지는 것이 아니며 실제수요에 따라 생산이 이루어진다.

32 주문생산공정(Make To Order Process)은 납기관리(생산시간 최소화)가 중요하고, 재고생산공정(Make To Stock Process)은 효율성(목표한 재고를 최소의 비용으로 충족시키는 것)이 중요하다.

33 프로젝트 배치는 위치고정형 배치로 제품이 이동하지 않고 각종 설비와 장비들이 정해진 위치로 와서 작업을 진행하게 된다.

34 하우 리(Hau Lee)는 수요의 불확실성과 공급의 불확실성에 따라서 공급사슬 설계전략을 효율적 공급사슬, 반응적 공급사슬, 위험회피 공급사슬, 민첩 공급사슬 전략으로 구분하였다.

35 채찍효과(Bullwhip Effect)의 큰 원인 중의 하나가 공급사슬 참여자 간에 정보공유의 부족이다.

36 제품은 물적유통기능(시간효용, 장소효용 창출 등)으로 수요와 공급을 일치시키기가 용이하지만 서비스는 물적유통기능이 없으므로 수요와 공급을 일치시키기 위하여 예약판매, 가격조정 등 별도의 마케팅 노력이 요구된다.

37 '공정능력비율=규격상한-규격하한/공정변동'으로 측정한다. 공정능력비율은 공정이 설계규격(규격상한과 규격하한 사이에 있는)에 적합한 제품을 생산하는 능력이 어느 정도인지를 측정하는 도구이다.

38 '밸런스 지체=1-밸런스 효율'이므로 밸런스 효율(Balance Efficiency)과 밸런스 지체(Balance Delay)를 합하면 항상 100%가 된다.

39 전문서비스(Professional Service)는 고객화의 정도와 노동집약도가 모두 높은 서비스 조직으로 의사, 변호사, 회계사 등이 있다. 병원, 자동차 수리소 등은 고객화의 정도는 높지만 노동집약의 정도는 낮은 서비스에 해당한다.

정답과 해설 **88** 쪽

01 생산은 투입물에 변환을 가하여 가치가 부가된 산출물을 만드는 과정이다. 생산 및 생산시스템에 관한 다음의 설명 중 옳은 것을 모두 고르면?

> a. 생산시스템은 산출물로서 유형의 상품뿐만 아니라 무형의 서비스도 생산한다.
> b. 투입물의 가치 대비 산출물의 가치가 높을수록 생산성이 높으며 이는 상품 경쟁력의 원천이 된다.
> c. 비행기는 비행기제조회사에게는 산출물이지만 여객항공회사에게는 투입물이 된다.
> d. 운송창고업과 같이 투입물에 물리적 변환을 가하지 않는 업종은 생산시스템이라고 볼 수 없다.
> e. 산출물로부터의 피드백이 내부에서 순환적으로 작용하여 투입물과 변환과정을 통제하기 때문에 생산시스템은 폐쇄시스템으로 볼 수 있다.

① a   ② a, b   ③ a, b, c
④ a, b, c, d   ⑤ a, b, c, d, e

02 다음 중 생산운영관리의 목표를 달성하기 위한 방안에 대한 설명으로 적절한 것은?

① 원가절감 : 설비 가동률의 최소화를 통한 규모의 경제 달성
② 제품개발 시간의 단축 : 지도카(Jidoka) 및 안돈(Andon)의 도입을 통한 제품개발 프로세스 개선 및 고객중심설계 적용
③ 제품믹스(Mix)의 유연성 강화 : 작업준비시간의 단축 및 차별화지연 등의 활용
④ 품질향상 : 6시그마(Six Sigma)의 적용을 통한 프로세스 변동성의 최대화
⑤ 흐름시간(Flow/Throughput Time)의 단축 : 프로세스 개선을 통한 재공품 재고 및 주기시간의 최대화

03 다음 중 제품개발에 대한 설명으로 적절한 것을 모두 고르면?

> a. 제품개발을 위한 아이디어의 원천은 크게 고객욕구와 기술발전으로 분류된다.
> b. 동시공학(Concurrent Engineering) 접근법은 제품의 공학적 설계과정에서 협력업체를 포함하는 관련 엔지니어들이 동시에 팀으로 진행하여 설계기간을 단축하는 것이다.
> c. 모듈러 디자인(Modular Design)을 적용하는 경우 제품 생산의 용이성은 증가하나 제품의 다양성은 매우 제한되는 단점이 있다.
> d. 제품개발 시 순차적 접근법(Sequential Approach)을 적용하는 경우 제품개발 소요기간이 길어지므로 시장경쟁이 심한 첨단기술 제품의 개발에는 적절하지 않다.

① a, b   ② a, d   ③ b, c
④ a, c, d   ⑤ a, b, c, d

04 다음 중 제품의 설계와 개발과정에서 고려되는 제조용이성 설계(Design For Manufacturability) 개념에 대한 설명으로 적절한 것은?

① 소비자가 사용하던 제품을 폐기처분하는 과정에서 재활용이 가능한 부품들의 수거과정을 원활히 하고자 하는 개념이다.

② 제품개발의 초기과정에서부터 모든 관련부서가 참여하여 제품개발에 소요되는 시간을 줄이고자 하는 개념이다.

③ 소비자가 원하는 제품개념(Voice of Customers)을 설계와 생산을 담당하는 부서원들에게 보다 효과적으로 전달하고자 하는 개념이다.

④ 제품개발과정에서 제품설계와 공정설계를 동시에 고려하여 제품설계에 필요한 시간과 비용을 줄이고자 하는 개념이다.

⑤ 단순화, 표준화, 모듈화 등의 원칙을 통해 제품을 설계함으로써 보다 저렴하고 쉽게 생산하자는 개념이다.

05 다음 중 제품설계에 관한 설명으로 적절하지 않은 것은?

① 모듈러 설계는 대량생산과 제품의 고객화를 실현하는 대량 고객화를 가능하게 한다.

② 로버스트(Robust) 설계는 생산환경의 변화에 따라 제품의 설계를 변경하는 방식이다.

③ 가치공학과 가치분석은 제품의 가치에 공헌하지 않는 불필요한 기능을 제거하고자 한다.

④ 품질기능전개(Quality Function Deployment)는 고객의 요구를 제품이나 서비스 개발과 생산의 각 단계에서 기술적 명세로 바꾸는 방법이다.

⑤ 동시공학은 설계내역이 프로세스 및 공급사슬의 생산능력과 불일치하는 경우를 방지하기 위해 다양한 관련 전문가들이 한 곳에 모여 설계하는 것이다.

06 다음의 설계기법과 이에 대한 설명을 가장 적절하게 연결한 것은?

(ㄱ) VE(Value Engineering)

(ㄴ) DFA(Design For Assembly)

(ㄷ) QFD(Quality Function Deployment)

(ㄹ) Robust Design

a. 부품수 감축, 조립 방법 및 순서에 초점을 맞추는 설계

b. 품질에 나쁜 영향을 미치는 노이즈(Noise)로부터 영향 정도를 최소화하는 설계

c. 제품의 원가 대비 기능의 비율을 개선하려는 노력

d. 고객의 다양한 요구사항과 제품의 기능적 요소들을 상호 연결

	(ㄱ)	(ㄴ)	(ㄷ)	(ㄹ)			(ㄱ)	(ㄴ)	(ㄷ)	(ㄹ)
①	a	b	c	d		②	a	c	d	b
③	b	a	c	d		④	b	c	d	a
⑤	c	a	d	b						

07 고객과의 접촉정도와 고객화, 노동 집약 형태에 의해 분류되는 서비스 매트릭스에 대한 다음의 설명 중 옳은 것을 모두 고르면?

> a. 서비스공장(Service Factory)은 고객과의 접촉정도와 노동집약도의 정도가 모두 낮은 서비스 조직으로 항공사, 호텔 등이 포함된다.
> b. 서비스샵(Service Shop)은 고객화 정도가 높고 노동집약도는 낮은 서비스 조직으로 서비스 공급의 스케줄링(Scheduling), 비수기와 성수기의 수요관리 등에 의사결정의 중점을 두어야 한다.
> c. 전문서비스(Professional Service)는 고객화의 정도와 노동집약도가 모두 높은 서비스 조직으로 병원, 자동차 수리소 등이 포함된다.
> d. 노동집약도가 높은 서비스 조직에서는 인력자원에 대한 교육, 훈련과 종업원 복지 등에 의사결정의 중점을 두어야 한다.
> e. 고객과의 접촉 및 고객화 정도가 높은 서비스 조직에서는 마케팅, 서비스표준화, 서비스 시설 등에 의사결정의 중점을 두어야 한다.

① a, b, d   ② a, b, e   ③ a, c, d
④ b, c, e   ⑤ c, d, e

08 프로세스 선택과 설비배치에 대한 다음의 설명 중 적절하지 않은 것은?

① 정유공정이나 제철공정과 같이 고도로 표준화된 제품을 생산하기 위해서는 연속생산프로세스와 제품별배치가 바람직하다.
② 중장비나 선박용 부속품과 같은 제품의 생산을 위해서는 배치생산프로세스와 공정별배치가 바람직하다.
③ 시장에서의 반응이 아직 확인되지 않은 신제품의 경우에는 배치프로세스와 제품별배치가 바람직하다.
④ 제품의 수명주기에서 성숙기에 속하는 자동차의 생산을 위해서는 조립생산프로세스와 제품별배치가 바람직하다.
⑤ 표준화의 정도가 매우 낮고 주문별로 개별작업이 필요한 경우에는 주문생산프로세스와 공정별배치가 바람직하다.

09 다음 중 생산·서비스 공정 및 설비배치에 관한 설명으로 적절한 것은?

① 배치공정(Batch Process)은 조립라인공정(Assembly Line Process)에 비해 일정계획 수립 및 재고통제가 용이하고 효율성이 높다.

② 주문생산공정(Make-to-order Process)은 원하는 서비스수준을 최소 비용으로 충족시키는 것이 주요 목적이며, 재고생산공정(Make-to-stock Process)은 생산시간을 최소화하는 것이 주요 목적이다.

③ 고객접촉의 정도가 높을수록 서비스공정의 불확실성이 낮아지고 비효율성이 감소하게 된다.

④ 공정별배치를 셀룰러배치로 변경함으로써 생산준비시간을 단축시키는 것이 가능하다.

⑤ 제품별배치에서는 제품이 정해진 경로를 따라 이동하지만 프로젝트배치와 공정별배치에서는 다양한 이동경로를 갖는다.

10 생산공정 및 설비배치에 관한 다음 설명 중 적절하지 않은 것은?

① 주문생산공정에서는 납기관리에 비해 수요예측이 더 중요한 반면 계획생산공정에서는 수요예측에 비해 납기관리가 더 중요하다.

② 직렬로 연결된 두 개의 공정 사이에 버퍼(Buffer)를 두는 것은 작업장애(Blocking) 혹은 작업공전(Starving)을 방지하는 데 도움이 된다.

③ 라인공정은 단속공정에 비해 효율성이 비교적 높다는 장점이 있으나 유연성이 비교적 낮다는 단점이 있다.

④ 제품별배치를 이용하는 경우는 공정별배치를 이용하는 경우에 비해 노동 및 설비의 이용률이 높다는 장점이 있다.

⑤ 그룹테크놀러지배치(Group Technology Layout)를 이용하는 경우, 다양한 제품을 소규모 로트로 생산하는 기업도 제품별배치의 경제적 이점을 얻을 수 있다.

11 다음 중 생산 및 서비스 설비배치에 관한 설명으로 적절하지 않은 것은?

① 다품종 소량생산을 위해 설비나 작업장들이 L자, S자, U자의 형태를 갖는 제품별배치를 채택하는 것이 적절하다.

② 공정별배치는 범용기계의 사용이 가능하여 제품별배치에 비해 기계설비에 대한 투자가 적다.

③ 공정별배치는 제품별배치에 비해 자재와 가공품들의 이동이 복잡하고 생산계획 및 통제가 복잡하다.

④ 프로젝트배치는 생산제품의 부피가 크거나 무게가 무거워 이동이 어려울 경우 적절하다.

⑤ 그룹테크놀로지배치는 유사한 특성 및 생산흐름을 갖는 부품들을 몇 개의 부품군으로 분류한 다음, 각 부품군에 필요한 생산설비들을 모아 제조셀로 구성하는 것이다.

12 생산시설의 설비배치와 관련된 다음 서술 중 적절한 것은?

① 공정별배치는 제품이나 고객이 일정한 흐름을 따라 움직이며 생산설비와 자원이 해당 제품이나 서비스의 완성경로에 따라 배치되는 것이다.

② 제품별배치는 선박의 건조나 대형 항공기의 제작과 같이 제품이 매우 크거나 움직일 수 없는 경우에 작업자들이 해당 제품으로 도구와 장비를 가지고 와서 작업하는 것이다.

③ GT(Group Technology)는 한 사람의 작업자가 라인 흐름의 효과를 얻을 수 있도록 한 작업장에서 여러 대의 기계를 동시에 다룰 수 있게 만드는 방법이다.

④ 표준화된 한 가지 제품을 대량생산하기 위해 필요한 설비를 배치하는 경우에는 작업장의 크기 및 작업장 간 인접요인의 계량화가 가장 중요하다.

⑤ 라인밸런싱은 연속적인 흐름을 갖는 공정에서 최소의 작업장 수로 원하는 생산속도를 달성하기 위해 작업을 작업장에 할당하는 것이다.

13 생산 및 서비스 설비배치와 관련한 다음의 설명 중 적절하지 않은 것은?

① 놀이공원은 공정별배치가 적절하다.

② 생산제품의 부피가 크거나 무게가 무거워 이동이 어려울 경우 프로젝트배치가 적절하다.

③ 제조업의 생산제품에서 표준화보다 고객화 정도가 높을수록 공정별배치가 적절하다.

④ 다품종 소량생산의 경우 제품별배치를 채택하면 생산능력이 부족하여 과부하가 초래되므로 적절하지 못하다.

⑤ 공정별배치가 제품별배치보다 생산의 효율성이 낮은 경향이 있다.

14 K사의 조립라인은 5개의 과업으로 구성된다. 현재는 3개의 작업장에 다음 그림과 같이 과업들을 할당하여 생산을 하고 있다. 이에 대한 설명으로 적절하지 않은 것은? (단, 과업은 Ⓐ, Ⓑ, Ⓒ, Ⓓ, Ⓔ의 순으로 순차적으로 수행되며, 과업 밑에 표시된 수치는 각 과업의 수행시간이다)

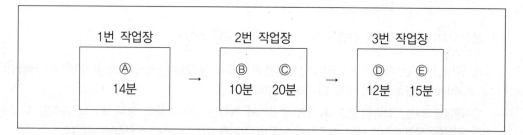

① 현재의 라인밸런싱을 유지한다면 병목(Bottleneck)은 2번 작업장이며, 전체 생산라인의 주기시간은 30분이다.

② 현재의 라인밸런싱을 유지한다면 8시간 동안 총 16개의 제품을 생산할 수 있으며, 라인효율은 약 78.9%이다.

③ 라인밸런싱을 수정하여 과업 Ⓑ를 1번 작업장으로 옮길 경우, 전체 생산라인의 주기시간은 24분으로 줄어든다.

④ 현재의 라인밸런싱을 유지한다면 총 유휴시간(Idle Time)은 19분이다.

⑤ 현재의 과업구성을 변경하지 않고 주기시간을 20분으로 줄이기 위해서는 5개의 작업장이 필요하다.

15 다음 중 라인밸런싱에 관한 설명으로 적절하지 않은 것은?

① 밸런스 효율과 밸런스 지체를 합하면 항상 100%가 된다.

② 최다 후속작업 우선규칙이나 최대 위치가중치(Positional Weight) 우선규칙 등의 작업할당 규칙은 휴리스틱(Heuristic)이므로 최적해를 보장하지 않는다.

③ 주기시간은 병목 작업장의 작업시간과 동일하다.

④ 주기시간을 줄이기 위해서는 작업장 수를 줄일 필요가 있다.

⑤ 작업장 수를 고정하면 주기시간을 줄일수록 밸런스 효율이 향상된다.

16 다음 그림은 병렬로 배치된 공정 A와 B에서 각각 생산된 부품을 공정 C에서 조립한 후 공정 D에서 마무리 작업을 실시하는 생산시스템을 나타낸 것이다. 버퍼(Buffer)는 존재하지 않으며, 각 공정의 ( ) 안에 표시된 숫자는 공정의 작업시간(단위 : 분)이다. 생산시스템은 최소주기시간에 맞추어 운영되고 있으며, 생산시스템 가동 전 모든 공정에는 작업가능한 재공품이 존재한다. 이 생산시스템에 관한 설명으로 적절한 것은?

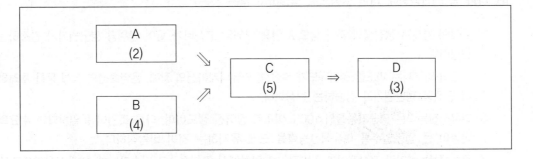

① A는 병목공정이다.

② B에 작업자 1명을 더 투입하여 작업시간을 단축시키면, B의 이용률은 증가한다.

③ C에서는 작업공전과 작업장애가 동시에 발생한다.

④ 흐름시간은 10분이다.

⑤ 시간당 12개의 제품 생산이 가능하다.

17 다음 중 공정의 성능을 측정하기 위한 지표들에 관한 설명으로 적절하지 않은 것은?

① 모든 병목공정의 주기시간을 단축시킴으로써 일반적으로 전체 공정의 주기시간을 단축시킬 수 있다.

② 배치 크기(Batch Size)에 관계없이 일정한 가동준비시간과 단위 제품당 동일한 공정시간을 갖는 공정에서 배치크기가 증가하면 일반적으로 공정의 생산능력이 증가한다.

③ 생산성 향상을 위해서는 투입 대비 산출의 비율을 높여야 한다.

④ 처리시간이 동일한 두 공정에서 일반적으로 주기시간이 짧은 공정의 재공품 개수가 적다.

⑤ 공정의 품질 수준은 불량률, Cp, Cpk 등의 공정능력지수(PCIs ; Process Capability Indices) 또는 시그마수준 등으로 측정 가능하다.

18 다음 중 생산능력에 대한 설명으로 적절하지 않은 것은?

① 규모의 경제는 생산량의 증가 등으로 인해 단위당 고정비가 줄어 단위당 평균원가가 감소하는 현상이다.

② 규모의 비경제는 과도한 설비규모가 복잡성, 커뮤니케이션의 장애, 운영초점의 상실 등을 초래하여 단위당 평균원가가 상승하는 현상이다.

③ 여유생산능력은 평균가동률이 100% 이하로 떨어진 정도이며, 다른 조건이 동일하다면 수요의 변동이 큰 업종일수록 여유생산능력을 크게 유지하는 것이 바람직하다.

④ 유효생산능력이란 정상적이고 일반적인 제약하에서 경제적으로 지속가능한 최대 산출량으로서, 실제산출량이 일정하다면 생산능력의 효율성은 유효생산능력이 클수록 커진다.

⑤ 다른 조건이 동일하다면 자본집약도가 높은 기업일수록 여유생산능력을 적게 유지하는 것이 바람직하다.

19 고객접촉도에 대한 설명으로 옳지 않은 것은?

① 고객접촉도는 서비스창출에 소요되는 시간 대비 고객이 서비스에 머무는 시간의 비율이다.

② 서비스 디커플링(Service Decoupling)은 조직을 고객과의 접촉이 많은 프론트 오피스와 접촉이 적은 백 오피스로 나누어 관리한다.

③ 고객접촉도가 낮은 사업은 상대적으로 기술의 효율성과 공정의 표준화가 요구된다.

④ 고객접촉도가 높은 사업은 업무가 유연하고 고객지향적임을 요구한다.

⑤ 고객접촉도가 높은 사업은 고객의 평균 수요를 예측하여 수요를 평준화한다.

20 다음 중 수요예측 및 생산계획에 관한 설명으로 적절한 것은?

① 시계열분석기법에서는 과거 수요를 바탕으로 평균, 추세, 계절성 등과 같은 수요의 패턴을 분석하여 미래 수요를 예측한다.

② 지수평활법은 최근의 수요일수록 적은 가중치가 부여되는 일종의 가중이동평균법이다.

③ 예측치의 편의가 커질수록 예측오차의 누적값은 0에 가까워지며 예측오차의 평균절대편차(MAD)는 증가한다.

④ 총괄생산계획(APP)을 통해 제품군 등을 기준으로 월별 혹은 분기별 생산량과 재고수준을 결정한 후, 주일정계획(MPS)을 통해 월별 혹은 분기별 인력운영 및 하청 계획을 수립한다.

⑤ 자재소요계획은 전사적자원관리(ERP)가 생산부문으로 진화·발전된 것으로, 원자재 및 부품 등의 필요량과 필요시기를 산출한다.

21 다음 중 수요예측에 관한 설명으로 적절한 것은?

① 정량적 수요예측 기법에는 시장조사법, 유추법, 시계열분석법, 인과분석법 등이 있다.

② 가중이동평균법의 일종인 단순지수평활법에서는 다음 시점의 수요예측치로 이번 시점의 수요예측치와 실제 수요의 가중평균을 사용한다.

③ 평균절대편차(MAD)는 예측오차의 절대적인 크기뿐 아니라 예측치의 편향 정도를 측정하기 위해서도 사용된다.

④ 수요는 평균수준, 추세, 계절적 변동, 주기적 변동, 우연 변동 등으로 구성되며, 이 중 우연 변동에 대한 예측 정확도가 수요예측의 정확도를 결정한다.

⑤ 일반적으로 단기예측보다는 장기예측의 정확도가 더 높다.

22 다음 수요예측방법에 대한 설명들 중 적절한 것을 모두 고르면?

> a. 전문가 그룹에 대해 설문조사를 하는 델파이법은 대표적인 정량적 예측기법이다.
> b. 지수평활법은 중요한 원인변수들에 대해 가중치를 다르게 부여하는 정성적 예측기법이다.
> c. 초점예측은 과거 정보로부터 논리적 규칙을 도출하여 이를 과거자료에 대한 시뮬레이션을 통해 검증하는 방식으로 진행된다.
> d. 시계열 분석이란 특정시점에서 수요에 영향을 주는 변수들을 구별해 내는 것이다.
> e. 인과관계에 근거한 예측을 수행하기 위한 대표적인 도구는 다중회귀분석이다.

① a, b　　　　　　② b, c　　　　　　③ c, d
④ c, e　　　　　　⑤ c, d, e

23 다음 중 생산계획에 관한 설명으로 적절한 것은?

① 일반적으로 생산계획은 총괄생산계획, 자재소요계획(MRP), 기준생산계획(MPS), 작업일정계획(Job Scheduling)의 순으로 수립한다.

② 총괄생산계획에서 수요추종전략(Chase Strategy)은 재고와 부재고(Backorder)의 조합을 활용하여 수요와 공급을 일치시키려는 전략이다.

③ 자재소요계획(MRP)의 작성을 위해서는 능력계획(Capacity Planning), 자재명세서(BOM), 재고기록철의 입력자료가 필요하다.

④ 기준생산계획(MPS)은 제품군에 대해 총괄적으로 작성된 총괄생산계획을 품목별로 분해하여 작성한다.

⑤ 작업일정계획은 설비배치의 최적화를 통해 생산비용을 최소화하고 납기를 준수하기 위한 계획이다.

24 다음 중 생산계획에 대한 설명으로 적절한 것을 모두 고르면?

> a. 총괄계획은 설비, 인력, 투입 부품 등을 공통으로 사용하는 제품모델들로 구성된 제품군에 대한 생산계획으로, 이 단계에서 제품모델별 생산계획은 도출하지 않는다.
> b. 최적 총괄계획을 도출하는 과정은 수요추종전략, 생산수준 평준화전략, 작업시간 조정전략을 각각 적용하고 여기서 얻어진 총괄계획 중 가장 우수한 것을 선택하는 것이다.
> c. 주생산계획(Master Production Schedule)은 총괄계획보다 계획기간이 길지 않다.
> d. 자재소요계획을 도출하기 위해서는 자재명세서, 재고 기록철, 총괄계획이 필요하다.

① a, b ② a, c ③ b, c
④ b, d ⑤ c, d

25 다음 중 기업의 생산계획수립과정에 관한 설명으로 적절하지 않은 것은?

① 총괄생산계획의 수립을 위해서 제품군 내의 품목들에 대한 공통의 측정단위가 필요하다.
② 총괄생산계획에서 수요변동에 따른 고용 인력의 조정이 어려운 경우에는 추종전략을 사용하여 목표 생산량을 만족시킬 수 있다.
③ 제품군 내 품목별 대생산일정계획은 총괄생산계획의 분해를 통해 얻어진다.
④ 대생산일정계획의 수립은 품목별로 생산시기와 수량을 결정하는 작업으로, 자재소요계획 수립을 위한 정보가 된다.
⑤ 총괄생산계획에서 재고, 초과작업, 하청 등을 이용하여 계획기간 동안의 수요변동에 대처하고자 하는 전략을 평준화전략이라고 한다.

26 총괄생산계획에 관한 설명 중 적절한 것을 모두 고르면?

> a. 총괄생산계획은 주생산계획 이후에 수립한다.
> b. 수요추종전략은 설비의 확장 및 축소를 통해 공급량을 조절하는 전략이다.
> c. 혼합전략은 수요추종전략이나 평준화전략에 비해 총비용이 증가하는 단점이 있다.
> d. 평준화전략은 수요추종전략에 비해 재고수준의 변동폭이 크다.
> e. 총괄생산계획을 위해 도표법, 선형계획법, 휴리스틱이 사용된다.

① a, b ② a, e ③ b, c
④ c, d ⑤ d, e

27 다음 중 수요예측과 재고관리에 관한 설명으로 적절하지 않은 것은?

① 재주문점(Reorder Point)의 설정을 위해서 주문간격 동안에 예측되는 수요의 평균과 표준편차가 사용된다.

② 단일기간재고모형에는 단일기간 동안에 예측되는 수요의 분포가 사용된다.

③ 생산계획과 재고통제 기법인 MRP에 필요한 수요자료에는 완제품의 수요예측으로부터 산정되는 종속수요의 개념이 사용된다.

④ 안전재고의 설정을 위해서 안전재고가 필요한 기간 동안에 예측되는 수요의 표준편차가 사용된다.

⑤ 고정주문간격(Fixed Order Interval) 재고관리시스템에서 주문간격이 길수록 목표재고의 양이 증가한다.

28 다음 중 재고 및 재고관리에 관한 설명으로 적절한 것은?

① 가능한 한 완제품의 재고수준을 낮게 유지할수록 고객의 수요에 신속하게 대응하게 되어 고객서비스 능력이 높아진다.

② 예상재고를 감소시키기 위해서는 공급업체의 납품소요시간 혹은 공급량의 불규칙성을 감소시키는 것이 중요하다.

③ 재고회전율이 높다는 것은 기업이 평균적으로 높은 수준의 재고를 보유하고 있어 금융자산의 활용도가 낮다는 것을 의미한다.

④ 수요의 분포, 리드타임의 분포, 재고비용 등 재고시스템을 설계하기 위한 모든 환경이 동일하다면 일반적으로 고정기간모형(Fixed-time Period Model)이 고정주문량모형(Fixed-order Quantity Model)에 비해 필요한 안전재고의 양이 증가한다.

⑤ ABC재고관리에서 A 품목은 가능한 한 철저한 통제를 위해 1회 주문당 주문량은 늘리고 주문횟수는 줄이는 것이 일반적이다.

29 다음 중 재고관리에 대한 설명으로 적절하지 않은 것을 모두 고르면?

> a. ABC분석에서 경영자가 집중 관리해야 하는 그룹은 품목의 수가 많고 품목별 금전적 가치도 높은 A 그룹이다.
> b. 주문비용이나 셋업비용이 상대적으로 클 경우에는 보다 적은 양의 재고를 유지할 수 있도록 1회 생산로트의 크기를 줄여야 한다.
> c. 부품공급의 리드타임에 대한 불확실성이 높을수록 안전재고의 수준을 높여 줄 필요가 있다.
> d. 재고유지비용은 이자, 보관비용, 취급비용, 세금, 보험료, 상품훼손 등의 비용을 포함한다.
> e. 도소매상과 같은 유통업체가 보유하는 품목들의 대부분을 독립수요를 갖는 재고라고 볼 수 있다.

① a, b   ② b, c   ③ b, d
④ c, d   ⑤ d, e

30 다음 중 재고관리에 관한 설명으로 적절한 것은?

① 주문량은 주기재고에 직접적인 영향을 미치며, 판매촉진 활동 등으로 인해 예상되는 수요증가는 안전재고에 직접적인 영향을 미친다.
② 경제적 주문량(EOQ) 모델에 기초하였을 때, 연간 재고유지비용은 연간 주문비용보다 작게 된다.
③ EOQ 모델의 기본 가정하에서는 정량발주모형보다 정기발주모형의 평균 재고수준이 높게 된다.
④ 단일기간 재고모형은 정기간행물, 부패성 품목 등 수명주기가 짧은 제품의 주문량 결정뿐 아니라 호텔 객실 등의 초과예약수준 결정에도 활용될 수 있다.
⑤ ABC재고분류에서 세심한 관리가 필요한 A 항목에 포함된 품목은 높은 재고수준을 감수하고서라도 발주간격을 늘리는 것이 바람직하다.

31 ABC재고관리와 관련한 설명 중 적절하지 않은 것은?

① 취급상품의 종류가 다품종인 경우에 적용한다.
② A 품목, B 품목, C 품목 중 총가치 대비 비중이 가장 큰 품목군이 A 품목이다.
③ A, B, C 품목 중 C 품목의 주문주기가 가장 짧다.
④ C 품목군은 정기주문 시스템인 P-시스템 주문모형에 적합하다.
⑤ ABC재고관리의 목적과 개념을 고려하여 3개 이상의 품목으로 분류하는 것도 가능하다.

32 다음 중 재고관리에 관한 설명으로 적절하지 않은 것은?

① 확률적 고정주문량모형에서는 재고수준이 재주문점에 도달할 때 새로운 주문을 하게 된다.

② 확률적 고정주문량모형에서 주문주기는 일정하지 않다.

③ 투빈시스템(Two-bin System)은 주기별 주문량이 일정한 고정주문량모델이다.

④ 조달기간 동안의 평균수요가 커지면 안전재고량은 증가한다.

⑤ 서비스수준을 높이면 품질확률은 감소하고 안전재고량은 증가한다.

33 재고관리시스템에 관한 설명 중 적절한 것은?

① 정량발주시스템(Q 시스템)은 주문시점마다 재고수준을 점검하고, 정기발주시스템(P 시스템)은 재고에 변동이 발생할 때마다 재고수준을 점검한다.

② 정량발주시스템은 재고수준이 재주문점 이하로 떨어지는 경우 사전에 결정한 주문량과 현 재고수준과의 차이만큼을 주문하고, 정기발주시스템은 일정 시점마다 사전에 결정한 주문량만큼을 주문한다.

③ 정량발주시스템에서는 품절이 발생하지 않으며, 정기발주시스템에서는 주문시점부터 주문량이 도착할 때까지의 기간에만 품절이 발생한다.

④ 수요의 변동성이 커질수록 특정 서비스수준의 달성을 위해 정량발주시스템에서는 재주문점이 증가하고 정기발주시스템에서는 주문량이 증가하는 것이 일반적이다.

⑤ 정량발주시스템에서 EOQ모형을 사용하는 경우, 주문량은 1회 주문비용 및 단위당 연간 재고유지비용에 정비례한다.

34 다음 중 단일기간 재고모형에 대한 설명으로 적절하지 않은 것은?

① 단위당 품절비용, 단위당 재고비용, 1회 주문비용 등을 고려하여 주문량을 결정한다.

② 조달기간이 길고 수명주기가 짧은 상품에 대한 주문량 결정과 호텔의 초과예약 객실 수 결정에도 적용된다.

③ 단위당 품절비용이 증가하면 적정 주문량도 증가할 가능성이 높다.

④ 수요가 확정적인 경우 수요량만큼 주문한다.

⑤ 수요의 확률분포를 0에서 100 사이의 연속형 균일분포(Uniform Distribution)로 가정하는 경우, 단위당 품절비용 대 단위당 재고비용의 비율이 1 : 1에서 3 : 1로 증가하면 적정 주문량은 50% 증가한다.

35 MRP시스템에 대한 다음 서술 중 적절한 것은?

① MRP의 기본 입력자료 세 가지는 자재명세서(BOM), 기준생산계획(MPS) 그리고 수요예측이다.

② 자재명세서(BOM)는 특정 품목의 모든 부품들과 이들의 공정상의 선후관계 및 소요량을 그림이나 체계화된 목록으로 나타낸 것이다.

③ MRP 전개과정은 기준생산계획(MPS)의 완제품 생산량에 대한 생산 일정계획을 정하는 절차이다.

④ 생산능력소요계획(CRP)은 MRP시스템의 운영과는 관계없는 별도의 계획이다.

⑤ 서비스 업체는 자재, 인력, 설비 등의 특성이 제조업체와 상이한 관계로 MRP의 원리를 적용할 수 없다.

36 MRP와 JIT시스템에 대한 다음 설명 중 적절하지 않은 것은?

① MRP는 자재명세서(BOM) 외에도 원자재 및 부품의 재고현황, 조달에 필요한 소요기간 등에 대한 정확한 정보를 필요로 한다.

② JIT는 원자재, 부품은 물론 재공품과 완제품 재고를 최소로 유지하면서 적시에 수요를 충족시킬 수 있도록 설계된 시스템이다.

③ JIT시스템을 안정적으로 운영하기 위해서는 신뢰할 수 있는 공급자의 확보가 필수적이다.

④ MRP에서 주된 계획대상으로 삼고 있는 독립수요는 제품설계사양에 의해 일정한 규칙을 가지고 발생한다.

⑤ 시스템 운영원리의 특성에 따라 MRP는 푸시(push) 시스템, JIT는 풀(pull) 시스템이라 불리기도 한다.

37 적시생산(JIT)시스템에 관한 설명 중 적절하지 않은 것은?

① JIT시스템은 반복적 조립생산공정에 유효하며 비교적 적은 품종의 제품을 생산할 경우에 보다 효과적으로 운영될 수 있다.

② JIT시스템은 생산활동에서 낭비적인 요인들을 제거하는 것이 궁극적 목적이다.

③ 간판(Kanban)시스템은 JIT시스템을 지원하는 일종의 정보시스템으로서 상위 작업장으로부터의 작업흐름을 통제하는 목적으로 사용된다.

④ JIT시스템의 성공적 도입을 위해서는 제조준비 시간의 충분한 증가가 먼저 이루어져야 한다.

⑤ JIT시스템을 효과적으로 운영하기 위해서는 생산의 평준화가 이루어져야 한다.

38 다음 중 적시생산(JIT)시스템에 관한 설명으로 적절한 것은?

① 사전에 수립된 자재소요계획에 따라 실제 생산이 이루어지도록 지시하는 일종의 풀(Pull) 시스템이다.

② 각 제품의 수요율과 생산율을 최대한 일치시키고자 필요한 만큼씩만 생산하게 되므로 로트 크기 감소를 위한 생산준비시간의 단축이 중요한 요소가 된다.

③ 간판(Kanban)시스템을 통해 공급자에게 소규모의 빈번한 조달을 요구해야 하므로 다수의 공급자를 유지하고 공급자와 단기계약을 체결하는 것이 중요하다.

④ 무결함 생산을 추구하므로 불량품이 재고에 의해 보충되도록 적정 수준의 안전재고를 유지하는 것이 중요하다.

⑤ 생산시스템의 효율을 극대화하기 위해 생산준비 이후 동일 제품을 최대한 많이 생산하고 다음 제품으로 생산 전환을 하는 혼류생산(Mixed-model Production) 및 생산평준화(Production Leveling)를 실시한다.

39 다음 중 적시생산(JIT)시스템에 관한 설명으로 적절한 것은?

① 생산리드타임 단축, 생산준비시간 단축, 생산평준화 등을 추구한다.

② 로트의 크기를 최대화하여 단위 제품당 생산시간과 생산비용을 최소화한다.

③ 선후행 작업장 사이에 발생하는 재고의 양은 간판(Kanban)의 수에 반비례하므로 간판의 수를 최대화하고 재고를 줄이기 위한 방안을 지속적으로 강구한다.

④ 품질향상을 위해 품질비용 중 예방비용(Prevention Cost)의 최소화를 목표로 한다.

⑤ 수요의 변동이 생산시스템에 미치는 영향을 최소화하기 위해 자재소요계획(MRP)을 기반으로 생산 및 통제를 실시한다.

40 린 생산시스템(Lean Production System)에서는 작은 로트 크기를 추구한다. 작은 로트 크기가 공정에 미치는 영향에 관한 다음 설명 중 적절한 것을 모두 고르면?

> (가) 로트 크기를 줄이면 생산준비 비용이 감소하게 되어 생산준비 횟수를 줄일 수 있다.
> (나) 로트 크기를 줄이면 소규모의 주문을 자주 발주하게 되어 생산계획을 공급업체와 공유하더라도 채찍효과(Bullwhip Effect)가 증가된다.
> (다) 로트 크기를 줄이면 주기재고가 감소하여 재고유지비용이 낮아지고 재고 보관을 위한 공간이 줄어들게 된다.
> (라) 로트 크기를 줄이면 공정에서 발생한 품질문제를 조사하거나 처리하는 시간이 감소하게 된다.

① (가), (나)　　　　② (가), (다)　　　　③ (나), (다)
④ (나), (라)　　　　⑤ (다), (라)

41 다음 중 토요타생산시스템(TPS)에 관한 설명으로 적절한 것은?

① TPS 집을 구성하는 2가지 기둥은 JIT와 풀 시스템이다.
② 생산평준화(Heijunka)를 위해 지도카(Jidoka), 자재소요계획(MRP) 등을 활용한다.
③ 전통적인 제조방식에 비해 다기능 작업자보다는 하나의 작업에 전문적인 능력을 갖춘 작업자의 육성을 강조한다.
④ 재작업, 대기, 재고 등을 낭비의 유형으로 간주한다.
⑤ 이용률 최대화 및 재공품의 안정적 흐름을 위해, 공정에 품질 등의 문제가 발생하더라도 공정을 계속적으로 운영할 것을 강조한다.

42 다음 중 공급사슬관리(SCM)에 관한 설명으로 적절하지 않은 것은?

① 공급사슬 참여자 간에 원활한 정보공유가 이루어지지 않는 경우, 공급사슬에서 고객과의 거리가 멀어질수록 주문의 변동 폭이 증가하는 채찍효과가 발생할 수 있다.

② 공급사슬관리를 통해 공급계획에 관한 정보가 공유되어 자재재고의 감소 효과를 기대할 수 있다.

③ 재고일수는 확보하고 있는 물량으로 공급이 가능한 기간을 의미하며, 재고일수가 짧을수록 재고 회전율은 높게 된다.

④ 대량고객화(Mass Customization)의 구현을 위해 제품의 모듈화 설계(Modular Design), 차별화 지연(Process Postponement) 등이 활용될 수 있다.

⑤ 공급자재고관리(Vendor Managed Inventory)를 활용하면, 구매자의 재고유지 비용은 빈번한 발주와 리드타임 증가로 인해 상승하고 공급자의 수요예측 정확도는 낮아진다.

43 공급사슬망에서 발생하는 채찍효과를 감소시키기 위한 방안으로 적절하지 않은 것은?

① 공급사슬망 중개업자의 단계수를 늘리고 제품을 다양화함으로써 공급사슬망의 유연성을 증대시킨다.

② 계획 수립과 예측, 재고보충에 있어 공급사슬망 구성원 간의 정보공유를 강화한다.

③ 유통업자 및 소매상의 재고를 공급자가 직접 모니터링하고 필요시에 재고를 자동적으로 보충하는 공급자 재고관리를 도입한다.

④ 생산 및 운송에 소요되는 공급사슬망 리드타임을 줄인다.

⑤ 전자문서교환(EDI), 무선주파수인식(RFID)과 같은 정보기술을 활용하여 공급사슬망 가시성을 높인다.

44 다음 중 공급사슬망관리에 관한 설명으로 적절하지 않은 것은?

① 리스크풀링(Risk Pooling) 효과는 여러 지역의 수요를 하나로 통합했을 때 수요 변동성이 감소하는 것이다.

② 공급사슬은 상호작용이 큰 시스템으로서 어느 한 부분의 의사결정이 나머지 다른 부분에 영향을 미칠 수 있다.

③ 공급사슬운영참조(SCOR) 모델에서는 공급사슬 운영을 계획, 조달, 생산, 배송, 판매 다섯 개의 프로세스 범주로 나눈다.

④ 주문에서 납품까지 리드타임이 길어질수록 채찍효과는 커지게 된다.

⑤ 공급자와 구매자 간에 품질, 경영, 기술 및 생산에 대한 공동 노력과 지원을 하는 경우, 협력적 관계에 있다고 한다.

45 다음 중 공급사슬관리에 관한 설명으로 적절하지 않은 것은?

① 공급의 불확실성은 낮으나 수요의 불확실성이 높은 기업군에서는 주문생산이 가능한 형태의 공급사슬을 설계하여 사용하는 것이 효과적이다.

② 공급의 불확실성은 높으나 수요의 불확실성이 낮은 기업군에서는 안전재고를 확보하고 타사와의 재고 공유 등을 통해 공급의 불확실성에 대한 위험을 회피하고자 하는 공급사슬을 설계하여 사용하는 것이 효과적이다.

③ 정보기술 등을 활용하여 공급사슬 참여자 간에 수요 및 생산계획에 관한 정보를 공유함으로써 채찍효과를 감소시킬 수 있다.

④ 공급사슬을 구성하는 각 조직들은 서로 상반된 목표를 갖고 있는 것이 일반적이므로 개별 조직들의 최적화를 이룬 후에 전체 공급사슬의 최적화를 달성하는 것이 바람직하다.

⑤ 아웃소싱(Outsourcing)이 일반적인 구매 혹은 컨설팅 계약과 다른 점 중 하나는 부분적 활동이 이전될 뿐만 아니라 인적자원, 시설, 설비 및 기술 등을 포함한 자원과 일부 의사결정의 책임도 이전된다는 것이다.

46 공급사슬의 구성전략과 관련된 설명 중 옳지 않은 것을 모두 고르면?

> a. 공급사슬의 많은 부분을 아웃소싱하는 것은 기업이 자신의 핵심역량에만 보다 집중할 수 있도록 하는 전략으로 볼 수 있다.
> b. 대량 고객화 전략은 표준화된 단일품목에 대한 고객수요를 최대한 확대하는 방향으로 공급 네트워크를 구성하는 것이다.
> c. 가치밀도(무게당 제품의 가치)는 제품의 저장위치와 수송방식을 결정하는 유일한 기준이다.
> d. 위험회피형 공급사슬이란 주요한 원자재나 핵심부품의 공급이 단절되지 않도록 공급선을 다변화하거나 안전재고를 높이는 등의 방식으로 구성되는 것을 말한다.
> e. 효율적인 공급사슬의 설계를 위해서는 제품개발의 초기단계부터 물류를 고려한 설계(Design for Logistics) 개념을 적용할 필요가 있다.

① a, c   ② b, c   ③ c, d
④ b, e   ⑤ d, e

47 공급사슬에서 채찍효과(Bullwhip Effect)를 가장 적절하게 설명한 것은?

① 고객으로부터 소매점, 도매점, 제조업체, 부품업체의 순으로 사슬의 상류로 가면서 최종 소비자의 수요 변동에 따른 수요 변동폭이 증폭되어 가는 현상을 말한다.
② 부품업체, 제조업체, 유통업체의 순으로 하류방향으로 가면서 부품업체의 생산량 변동에 대한 정보에서 생산량 변동폭이 증폭되어 나타나는 현상을 말한다.
③ 부품업체, 제조업체, 유통업체의 순으로 하류방향으로 가면서 상류에서 협력의 경제적 효과가 증폭되어 나타나는 현상을 말한다.
④ 생산정보를 공유하는 경우 부품업체, 제조업체, 유통업체의 순으로 하류방향으로 가면서 생산정보시스템의 도입에 대한 한계비용 효과가 증폭되어 나타나는 현상을 말한다.
⑤ 소매점, 도매점, 제조업체, 부품업체의 순으로 사슬의 상류로 가면서 재고수준에 대한 정보공유 효과가 증폭되어 가는 현상을 말한다.

48 품질에 관한 다음의 내용 중 옳지 않은 것은?

① 품질비용은 예방비용(Prevention Cost), 평가비용(Appraisal Cost), 그리고 실패비용(Failure Cost) 등으로 개념화시킬 수 있다.

② 품질통제의 도구인 관리도(Control Chart)는 관리상한선과 관리하한선을 결정하여 사용한다.

③ 말콤 볼드리지 상(Malcolm Baldrige National Quality Award)은 국제표준기구에 의해 제정된 제3자 기관에 의한 품질시스템 인증제도이다.

④ 관리도는 생산공정에서 발생하는 변동요인 중 우연요인과 이상요인을 구분하기 위해 사용된다.

⑤ 원인결과도표(Cause and Effect Diagram, Fishbone Diagram)는 품질관리문제의 원인을 찾아내기 위한 도구이다.

49 다음 중 품질비용에 관한 설명으로 알맞지 않은 것은?

① 통제비용은 불량품을 제거하는 것과 관련된 비용이다.

② 실패비용은 품질 수준이 높을수록 감소한다.

③ 통제비용은 품질 수준이 높을수록 증가한다.

④ 소비자에게 인도되는 시점 이후의 실패비용을 내부 실패비용이라 한다.

⑤ 불량품 발생 예방을 위한 종업원 훈련에 드는 비용은 예방비용에 해당한다.

50 다음 중 품질비용과 관련된 설명으로 적절하지 않은 것은?

① 제품 생산에 필요한 직접비는 품질비용에 해당하지 않는다.

② 실패비용은 품질이 일정 수준에 미달함으로써 발생하는 비용이다.

③ 통제비용은 예방비용과 평가비용으로 나뉜다.

④ 실패비용은 내부 실패비용과 외부 실패비용으로 나뉜다.

⑤ 제품의 적합도(Fitness)가 높으면 통제비용은 줄어들고 실패비용은 늘어나게 된다.

51 품질경영의 도구들에 관한 다음 설명 중 가장 적절하지 않은 것은?

① $\overline{X}$ 관리도는 품질특성치의 평균과 제품의 규격을 비교하여 공정에 특별한 이상요인이 발생했는지를 판단하는 데 사용된다.

② 6시그마(Six Sigma)는 인적자원, 조직문화와 관련된 요소를 포함하고 있다.

③ SERVQUAL에서는 서비스를 제공받기 이전의 기대된 서비스 수준과 서비스를 제공받은 이후의 지각된 서비스 수준과의 차이를 통해 품질을 측정하는 방법이 활용된다.

④ 품질과 관련된 문제를 발견한 이후 어떤 문제부터 해결해야 할지를 결정하는 데 파레토도(Pareto Diagram)를 이용할 수 있다.

⑤ 원인결과도(Fishbone Diagram)는 6시그마의 DMAIC 방법론 중 분석 단계에서 문제의 원인을 규명하는 데 사용될 수 있다.

52 품질경영에 관한 설명으로 가장 적절하지 않은 것은?

① 원인결과도표(Cause-and-effect Diagram)는 품질 문제의 원인을 찾아낼 때 사용된다.

② 파레토(Pareto) 분석은 주요 불량 항목을 파악할 때 사용된다.

③ 산점도(Scatter Diagram)는 두 변수 간 관계가 있는지를 확인할 때 사용된다.

④ 적합성품질(Conformance Quality)은 설계사항에 부합하고, 균일한 제품을 생산하는 능력에 대한 품질을 의미한다.

⑤ 지속적 개선을 위한 도구로 데밍(Deming)은 PDAC(Plan-Do-Act-Check) 사이클을 제시하였다.

53 품질경영과 품질향상을 위해 사용되는 도구들에 관한 설명으로 가장 적절한 것은?

① 공정에서 얻은 데이터로부터 계산된 타점통계량이 모두 $\overline{X}$ 관리도의 관리한계선 내에 타점된 경우, 공정의 산포가 통계적으로 관리상태에 있다고 판단할 수 있다.

② TQM에서는 정보시스템을 이용한 공정혁신을 품질향상의 원동력으로 간주한다.

③ 통계적공정관리(SPC)의 기법들은 일반적으로 공정에서 발생하는 우연변동을 개선할 수 없는 대상으로 인식하지만, TQM과 6시그마에서는 우연변동을 감소시킬 수 있는 대상으로 인식한다.

④ 원인결과도표는 일반적으로 품질 문제를 유발하는 가장 중요한 요인을 추출해 내기 위해 사용된다.

⑤ 원자재의 검사비용은 불량의 발생을 사전에 방지하기 위한 것으로 품질비용 중 예방비용에 속한다.

54 품질경영과 통계적 프로세스 관리(SPC)에 관한 다음 설명 중 옳은 것을 모두 고르면?

a. 통계적 프로세스 관리는 프로세스에서 현재 생산되는 산출물의 품질을 측정하고 품질을 저하시킬 정도로 프로세스가 변화되었는지를 찾아내기 위해 사용한다.

b. 통계적 프로세스 관리에서 프로세스가 통계적 통제 상태에 있다면 산출물에는 변동의 원인을 구체적으로 추적 가능하고 제거될 수 있는 특별원인만 존재하는 것으로 판단한다.

c. 품질기능전개(Quality Function Deployment)는 고객의 요구를 제품의 특성 또는 기능으로 변환시키는 기법이다.

d. 특성요인도(Fishbone Diagram)는 품질과 관련된 어떤 제품 또는 서비스의 특성에 대한 발생빈도를 기록하기 위한 기법이다.

e. 파레토도(Pareto Diagram)는 해결해야 할 품질문제를 발견하고 어떤 문제부터 해결할 것인가를 결정하기 위해 가로축을 따라 요인들의 발생빈도를 내림차순으로 표시한 막대그래프를 말한다.

① a, c, d   ② b, c, d   ③ a, b, e
④ b, d, e   ⑤ a, c, e

55 품질경영에 대한 다음 설명 중에서 적절하지 않은 것을 모두 고르면?

a. C-관리도는 프로세스 내의 계량적 규격의 변동성을 감지하기 위해 사용된다.

b. 지속적 개선을 위한 목표를 세울 때 벤치마킹을 적절히 이용하는 것도 좋은 방법이다.

c. ISO 9000 시리즈는 품질 프로그램에 대한 일련의 표준으로 여기에는 유해물질의 생성, 처리, 처분에 관한 자료를 지속적으로 추적하는 것도 포함된다.

d. 통계적 프로세스 관리에 있어 품질 측정치들이 안정적인 확률분포를 보이는 경우 그 프로세스는 통제 상태에 있는 것으로 본다.

e. 전사적 품질경영(TQM)은 고객 지향, 종업원 참여, 지속적 개선을 중점적으로 강조하는 개념이다.

① a, b   ② a, c   ③ b, c
④ c, e   ⑤ d, e

56 품질경영과 관련된 다음 설명 중 적절하지 않은 것을 모두 고르면?

> a. 품질에 관하여 발생하는 비용은 크게 예방 및 검사 등 사전조치에 관련된 비용과 불량이 발생한 이후의 사후조치에 관련된 비용으로 분류할 수 있다.
>
> b. SERVQUAL은 기업이 제공하는 서비스가 기업의 입장에서 볼 때 얼마나 자체품질기준에 부합되는가를 측정하는 도구이다.
>
> c. 현대의 품질경영은 기업조직 전체가 소비자가 요구하는 제품과 서비스의 기준을 모두 능가할 수 있도록 경영하는 것이라고 할 수 있다.
>
> d. 싱고(Shingo) 시스템은 통계적 품질관리(SQC)기법을 일본식 용어로 표현한 것이다.
>
> e. 발췌검사(Acceptance Sampling)에서는 크기가 다른 로트들에 대해서 동일한 검사특성곡선(OC curve)을 갖도록 표본의 크기와 합격판정개수를 정해야 한다.

① a, c   ② b, d   ③ b, e

④ c, e   ⑤ d, e

57 품질경영과 관련하여 가장 적절하게 설명된 것을 모두 고르면?

> a. 제조물책임(PL)은 제조물의 결함에 대한 제조업자의 손해배상책임이다.
>
> b. 품질의 집(House of Quality) 구축과정은 기대품질과 지각품질 차이를 측정하고 차이분석을 하는 작업이다.
>
> c. 포카요케(Poka-yoke)는 종업원에 대한 지속적인 훈련을 통하여 품질오류를 예방하는 프로그램이다.
>
> d. SERVQUAL은 서비스 기업에서 품질관리 목적으로 개발되었으며, 서비스 품질의 여러 가지 결정요인에 대해서 각각의 통계적 관리도와 종합관리도를 구축하는 품질 통제 기법이다.
>
> e. 품질비용은 예방비용, 검사비용, 내부 실패비용, 외부 실패비용으로 구성된다.

① a, b   ② b, c   ③ c, d

④ d, e   ⑤ a, e

58 품질경영에 관한 설명으로 가장 적절하지 않은 것은?

① CTQ(Critical To Quality)는 고객입장에서 판단할 때 중요한 품질특성을 의미하며, 집중적인 품질 개선 대상이다.

② 전체 품질비용을 예방, 평가, 실패비용으로 구분할 때 일반적으로 예방비용의 비중이 가장 크다.

③ DMAIC은 6시그마 프로젝트를 수행하는 절차이며, 정의-측정-분석-개선-통제의 순으로 진행된다.

④ 품질특성의 표준편차가 작아지면 공정능력은 향상되고 불량률은 감소한다.

⑤ TQM(Total Quality Management)은 결과보다는 프로세스 지향적이고 고객만족, 전원참여, 프로세스의 지속적인 개선을 강조한다.

59 TQM(Total Quality Management)에 관한 다음 설명 옳은 것을 모두 고르면?

> a. TQM은 품질경영전략이라기보다 파레토도표, 원인결과도표 등 다양한 자료분석 도구들의 묶음으로 구성된 품질관리기법의 하나로 정의된다.
> b. TQM은 내부고객 및 외부고객의 만족을 강조한다.
> c. TQM은 프로세스의 지속적인 개선을 중요시한다.
> d. TQM은 결과지향적인 경영방식으로 완성품의 검사를 강조한다.
> e. TQM은 품질관리부서의 최고책임자의 강력한 리더십에 의해 추진되는 단기적 품질혁신 프로그램이다.

① a, d, e 　　② b, d, e 　　③ a, d
④ b, c 　　⑤ a, c

60 다음 중 TQM에 대한 설명으로 틀린 것은?

① TQM은 고객만족을 서비스 질의 제1차적 목표로 삼고 있다.

② 공급자 위주의 품질관리로서 결과지향적이다.

③ 현재에 만족하지 않게 하는 심리적 압박감을 가하는 것을 목적으로 한다.

④ 장기적인 전략적 품질관리를 하기 위한 관리 원칙이다.

⑤ 모든 조직구성원이 적극적으로 참여하여 문제해결과 품질개선에 기여한다.

61 다음 중 TQM과 6시그마에 대한 설명으로 알맞지 않은 것은?

① TQM은 종합적 품질 경영을 뜻한다.

② 통계적 기법과 품질개선운동이 결합하여 탄생한 것이 6시그마 운동이다.

③ TQM은 고객중심, 공정개선, 전원참가의 세 가지 원칙하에 진행되는 특징이 있다.

④ TQM은 품질 향상을 통한 장기적 경쟁우위 확보를 그 목적으로 한다.

⑤ 6시그마는 주관적인 통계수치를 얻을 수 있으므로 서로 업종이 다르더라도 비교할 수 있다.

62 다음 중 통계적 품질관리에 관한 설명으로 알맞지 않은 것은?

① P-관리도는 품질을 측정하는 기능만 제공한다.

② 관리도는 표본조사의 결과를 표시한 도표이다.

③ R-관리도는 프로세스의 변동성이 사전에 설정한 관리 상한선과 관리 하한선 사이에 있는가를 판별하기 위해 사용된다.

④ 프로세스 능력비율은 공정이 규격을 얼마큼 충족시킬 수 있는지 알아보는 데 사용한다.

⑤ 생산관리에 이상이 없는 상태에서도 통제가 불가능한 변동은 발생할 수 있다고 본다.

63 다음 중 전수 검사(Total Inspection)와 샘플링 검사(Sampling Inspection)에 관한 설명으로 옳지 않은 것은?

① 샘플링 검사는 전수 검사에 비해 개당 검사시간을 많이 확보할 수 있다.

② 생산자에게 품질향상 자극을 주고 싶을 때는 전수 검사를 실시한다.

③ 샘플링 검사는 나쁜 품질의 로트(Lot)를 합격시킬 위험을 배제할 수 없다.

④ 불량품이 출하되었을 때 막대한 손실을 초래할 경우에는 전수 검사를 실시한다.

⑤ 제품을 파괴하여 검사해야 할 경우 샘플링 검사가 많이 이용된다.

64 다음 중 고객의 서비스 품질 평가에 관한 내용으로 옳지 않은 것은?

① 서비스 품질 투자는 재무적으로 측정될 수 없다.

② 고객은 특별한 사건이나 순간을 중심으로 서비스 품질을 평가한다.

③ 고객은 기대한 품질과 인지된 품질을 비교하여 서비스 품질을 평가한다.

④ 고객의 서비스 품질 평가는 유형성, 신뢰성, 응답성, 확신성, 공감성 등 다섯 가지 차원을 중심으로 측정할 수 있다.

⑤ 서비스 품질은 제공한 서비스의 수준과 고객의 기대 수준과의 비교이다.

65 서비스 품질에 관한 서술 중 올바르지 않은 것은?

① SERVQUAL 모형에서 종업원의 능력, 공손함, 믿음직함은 확신성(assurance) 차원과 관련이 있다.

② 경쟁기업과의 서비스 품질 비교에 SERVQUAL를 활용할 수 있다.

③ SERVQUAL 모형은 에어로빅 학원의 서비스 품질 측정에 적용할 수 있다.

④ 서비스의 특징인 유형성(tangibility)은 서비스 품질 측정을 어렵게 할 수 있다.

⑤ 서비스 품질은 제공자와 제공 상황에 따라 다를 수 있다.

66 서비스 품질의 측정도구인 SERVQUAL에 대한 설명으로 적절하지 않은 것은?

① Parasuraman, Zeithaml, Berry(PZB)의 연구에 의해 개발되었다.

② 고객이 서비스 품질을 판단하는 차원에는 신뢰성(Reliability), 반응성(Responsiveness), 확신성(Assurance), 공감성(Empathy), 유형성(Tangibles) 등이 있다.

③ 서비스 품질의 갭 모형(Quality Gap Model)을 근거로 고객만족을 조사하기 위한 효과적인 도구이다.

④ 다양한 서비스 분야 중 호텔, 레스토랑, 여행업에 한정적으로 사용된다.

⑤ 기대한 서비스와 인지된 서비스의 차이를 측정한다.

67 다음 중 기존의 프로세스를 처음부터 다시 생각하고 최신의 기술과 지식을 바탕으로 프로세스를 재설계하는 방법은?

① BPR   ② TQM   ③ ABC
④ ERP   ⑤ SPC

68 다음 중 ERP에 대한 설명으로 알맞지 않은 것은?

① MRP가 보다 정교하게 발전된 개념이다.
② 기업으로 하여금 글로벌 환경에 쉽게 대응할 수 있게 한다.
③ ERP를 전개하기 전에 BPR을 먼저 전개한 후 변화관리를 수행해야 한다.
④ 기업의 인사, 세무, 물류 등 전 기능분야의 효과적인 관리를 위한 통합정보시스템이다.
⑤ 기업의 운영시스템을 하나로 통합하여 효율적인 경영활동을 지원하고자 한다.

69 미국에서 유래한 경영혁신기법으로 프로세스별로 기업의 업무를 고객만족의 관점에서 재설계하는 방법은?

① TQM(Total Quality Management)
② JIT(Just In Time)
③ BM(Benchmarking)
④ ERP(Enterprise Resource Planning)
⑤ BPR(Business Process Reengineering)

70 다음 중 생산에 관련된 설명으로 알맞지 않은 것은?

① 모듈러 생산은 가장 최대 종류의 부품으로 최소 종류의 제품을 생산하는 방식이다.

② 생산활동에 있어서 4M이란 사람, 설비, 재료, 자금을 의미한다.

③ 집중화 생산은 각 공정이나 설비에 특수한 고객집단을 위하여 한정된 생산과업만을 부여하는 것이다.

④ 총괄생산계획은 판매예측이나 판매계획을 가지고 생산 방법, 장소, 일정 등에 가장 경제적이고 효율적인 가정을 세우는 것을 말한다.

⑤ 유연생산시스템은 개별생산의 유연성과 대량생산의 생산성을 동시에 달성하고자 하는 방법이다.

71 다음 〈보기〉에서 설명하는 작업측정기법은?

> 보기

　조립작업이나 기계작업과 같은 반복적이고 연속적인 현장작업에 알맞은 작업측정기법 중에 하나다.

① MTM법   ② 견적법   ③ WS법
④ 시간연구법   ⑤ 학습곡선

72 다음 중 SCM용 솔루션에 대한 설명으로 알맞지 않은 것은?

① 기업 내의 ERP시스템과 연동되면 제품의 생산계획 및 판매에도 영향을 미친다.

② 기업 간의 정보교류를 위해서 개발된 것으로 기업 간 정보시스템의 특성을 가진다.

③ 인터넷상에서 구현되는 경우가 많기 때문에 누구나 시스템의 정보들을 이용할 수 있는 개방형 시스템이다.

④ 조직 내·외부의 정보화가 동시에 추진되며 총괄적 의사결정을 지원하기 위해서 계획관리 중심으로 운영된다.

⑤ 생산과정뿐만 아니라 유통공급에 관한 전 과정에서의 정보를 공유한다.

73 다음 중 경제적 주문량(EOQ) 모형에 대한 설명으로 알맞지 않은 것은?

① 다른 조건이 일정할 때 주문비용이 감소하면 EOQ는 감소한다.

② 다른 조건이 일정할 때 연간수요가 증가하면 EOQ는 증가한다.

③ 다른 조건이 일정할 때 연간 단위당 재고유지비용이 증가하면 EOQ는 감소한다.

④ EOQ는 연간 발주비와 연간 재고유지비의 합을 최대로 하는 주문량의 크기를 결정하는 것이다.

⑤ 주문품은 계속 공급받을 수 있고, 재고가 부족하지 않은 상황을 전제로 한다.

74 상품 성과 분석방법 중 하나인 ABC분석에 대한 설명으로 알맞지 않은 것은?

① 가장 중요한 성과 측정치는 공헌이익이다.

② 재고 결정을 위해 상품에 등위를 매기는 방법이다.

③ 단품 수준에서는 적용이 가능하나 상품 부문에서는 적용이 불가능하다.

④ ABC관리방법은 재고관리나 자재관리뿐만 아니라 원가관리, 품질관리에도 이용할 수 있다.

⑤ 상품의 수가 많아 모든 재고품목을 관리하기 어려운 경우에 이용된다.

75 다음 중 안전재고에 관한 설명으로 알맞지 않은 것은?

① 조달기간이 짧을수록 필요한 안전재고의 수준은 높아진다.

② 안전재고가 0이여도 조달기간 중 품절률이 항상 100%는 아니다.

③ 수요의 표준편차가 클수록 안전재고를 많이 보유해야 한다.

④ 서비스 수준을 높이기 위해서는 안전재고의 수준을 높여야 한다.

⑤ JIT에서 안전재고는 낭비로 분류된다.

76 다음 중 적정 재고량을 결정하기 위한 고려사항으로 알맞지 않은 것은?

① 수요변동   ② 상품회전율   ③ 재고비용

④ 제품수익성   ⑤ 상품의 유통기한

77 상품의 구색을 재고회전율 위주로 구성하였을 때, 높은 회전율의 장점으로 알맞지 않은 것은?

① 빠른 회전율은 판매원의 사기증진에 도움이 된다.

② 회전율이 높으면 진부화의 위험에서 벗어날 수 있다.

③ 신선한 상품은 오래되고 낡은 상품에 비해 잘 팔리기 때문에 높은 재고회전율은 매출량을 증대시킨다.

④ 빠른 회전율은 시장 환경의 변화에 빠르게 대응할 수 있게 한다.

⑤ 회전율이 높은 상품의 경우 빈번한 주문처리비용을 줄이기 위해 카테고리의 수와 단품의 수를 줄여 소량으로 자주 구매한다.

78 다음 중 연속생산공정의 특징에 해당하지 않는 것은?

① 표준화 정도가 높다.

② 재고관리, 품질관리가 쉽다.

③ 다른 생산공정보다 원가가 낮고 균일한 제품을 신속하게 납품할 수 있다.

④ 과업의 형태가 비반복적이다.

⑤ 설비배치는 주로 제품별 배치로 구성한다.

79 다음 〈보기〉에서 설명하는 것은?

> 보기
>
> 　적시관리 혹은 무재고시스템으로 적시에 적량의 부품이 생산에 공급되도록 함으로써 비용요인인 재고를 최소화하거나 아예 없애도록 한다.

① ABC 재고분류시스템　　② JIT시스템　　③ EOQ모델
④ MRP기법　　⑤ POS시스템

80 다음 중 집단관리기법(GT)에 대한 설명으로 알맞지 않은 것은?

① 생산준비시간이 길어지지만 생산작업의 관리는 수월하다.
② 다품종 소량생산시스템의 단점을 보완하기 위한 방식으로 대량생산에서와 같은 작업과정과 생산비의 혜택이 가능하여 원가가 절감된다.
③ 다양한 수요를 충족시키면서 경제성을 달성하려는 것이다.
④ 가공의 유사성에 따라 부품을 집단화함으로써 생산효율을 향상시키려는 방식이다.
⑤ 제품 유형의 큰 틀에서 필요한 부품을 부분적으로 추가하거나 빼는 방식으로 품종의 다양성을 확보한다.

81 유연성을 제고시키는 공장자동화와 가장 거리가 먼 개념은?

① CIM　　② JIT　　③ FMS
④ CAD　　⑤ CAM

82 다음 중 최적주문량에 대한 설명으로 알맞지 않은 것은?

① 최적주문량에 영향을 미치는 요소인 재고유지비 항목에는 이자비용, 창고비용, 취급비용, 보험, 세금 및 제품의 진부화 등이 있다.

② 경제적 주문량 공식은 적용 품목의 단위기간 내 수요를 정확히 예측할 수 있음을 전제로 한다.

③ 최적주문량은 경제적 주문량 공식을 사용하여 구할 수 있다. 경제적 주문량은 연간수요량, 주문비, 평균재고 유지비 및 재고품의 단위당 가치(가격)를 통해 구한다.

④ 최적주문량은 재고유지비, 주문비, 재고부족비 등을 함께 고려하여 결정되며 도표상 각 비용항목을 합한 총재고비용이 최소가 되는 점이 바로 최적주문량이다.

⑤ 경제적 주문량은 단순한 공식을 통해 간단하게 계산이 가능하므로 제조업자나 대형도매상뿐만 아니라 소규모 도·소매업자들도 유용하게 활용한다.

83 다음 중 공급사슬관리의 성과측정에 활용되는 균형성과표에 대한 설명으로 알맞지 않은 것은?

① 측정지표를 선정해 평가한 뒤 각 지표별로 가중치를 적용해 산출한다.

② 노튼과 사이먼에 의해 제안된 평가도구다.

③ 주요 성과지표로는 재무, 고객, 내부 프로세스, 성장과 학습 등이 있다.

④ 기존의 재무성과 중심의 측정도구의 한계를 극복하기 위해 개발되었다.

⑤ 성과측정에 있어 고객, 내부 프로세스 등의 비재무적 성과까지가 반영된다는 특징이 있다.

84 다음 중 공급사슬에 대한 설명으로 알맞지 않은 것은?

① 공급사슬은 고객 만족의 극대화를 그 목적으로 한다.

② 공급사슬은 원자재 공급업체, 제조업체, 유통업체, 고객 등을 연결한다.

③ 공급사슬상에서 재화 및 자금은 일방향인 반면 정보는 양방향으로 흐른다.

④ 공급사슬은 원자재 획득, 원자재를 반자재 및 완성재로 변환하고 유통시키는 역할을 수행하는 네트워크다.

⑤ 공급사슬의 하류는 원재료 공급업체와 그 공급업체들로 구성된다.

85 다음 중 정보기술로 인한 공급사슬관리의 개선에 대한 설명으로 알맞지 않은 것은?

① 안전재고량 감소
② 채찍효과의 감소
③ 정보의 가시성 감소
④ 수요와 공급의 불확실성 감소
⑤ 유통정보의 흐름 통합화

86 다음 중 품질경영에 대한 설명으로 알맞지 않은 것은?

① 지속적 개선을 위한 목표를 세울 때 벤치마킹을 이용하는 것도 좋은 방법이다.
② ISO 14000 시리즈에는 유해물질의 생성, 처리, 처분에 관한 자료를 지속적으로 추적하는 것도 포함된다.
③ 통계적 프로세스 관리에 있어 품질 측정치들이 안정적인 확률분포를 보이는 경우 그 프로세스는 통제 상태에 있는 것으로 본다.
④ 종합적 품질관리(TQC)는 고객지향, 종업원 참여, 지속적 개선을 중점적으로 강조하는 개념이다.
⑤ 제조물 책임(PL)은 제조물 결함으로 발생한 소비자 피해에 대해 제조업자가 배상책임을 지는 것을 의미한다.

87 품질불량비용과 관련된 설명으로 알맞은 것은?

① 외부 실패비용은 생산과정 중에 발견된 결함이 있는 제품을 폐기하거나 재작업하는 데 따른 비용이다.
② 외부 실패비용은 완제품의 출하 또는 인도 직전의 최종적인 검사에서 발견되는 품질결함과 관련된 비용이다.
③ 내부 실패비용에는 생산과정에서 발생한 불량품이 만일 정상 제품이었다면 발생할 수 있었을 기회비용까지는 고려되지 않는다.
④ 고객에게 인도된 이후의 품질결함에 따른 비용은 고객의 불만에 따른 이탈과 기업신뢰도 하락과 같은 미래손실까지 포함하는 것으로 볼 수 없다.
⑤ 품질향상을 위해 원자재나 부품의 공급업자와 협력하는 데 필요한 비용은 예방비용의 범주에 속한다.

88 관리도를 활용한 통계적 품질관리에 관한 설명으로 가장 적절하지 않은 것은?

① 관리도는 이상변동의 발생으로 인해 공정이 안정상태를 벗어났는지를 판단하는 도구이다.

② 일반적으로 관리상한선과 관리하한선이 중심선으로부터 $\pm 3\sigma$ 만큼 떨어진 관리도를 많이 사용한다.

③ 관리한계의 폭을 넓히면 타점이 관리한계 바깥쪽으로 벗어날 가능성이 줄어들고 제2종 오류(소비자 위험)가 커진다.

④ 품질개선활동을 통해 품질특성의 산포가 줄어들게 되면 타점들이 지속적으로 하락하는 추세를 보이게 된다.

⑤ 안정된 공정 데이터는 좌우 대칭의 정규분포를 형성한다.

89 대표적인 품질경영 중의 하나인 6시그마(Six Sigma)에 관한 설명 중 옳은 것을 모두 고르면?

> a. 6시그마는 비영리 서비스조직에는 적용이 불가능하다.
> b. 6시그마 전문가 중에서 가장 높은 직책은 블랙벨트(Black Belt)이다.
> c. 6시그마의 대표적인 방법론은 DMAIC(Define−Measure−Analyze−Improve−Control)이다.
> d. 6시그마는 린 시스템(Lean System)과 상호보완적으로 사용되면 큰 효과를 발휘할 수 있다.

① a, b   ② c, d   ③ b, c

④ a, d   ⑤ b, d

90 DMAIC 방법론의 M(Measure) 단계에서 수행되는 활동으로 가장 적절한 것은?

① 품질의 현재 수준을 파악한다.

② 핵심인자(Vital Few)를 찾아낸다.

③ 통계적 방법을 활용하여 핵심인자의 최적 운영 조건을 도출한다.

④ 관리도를 이용하여 개선 결과를 측정하고 관리하는 방안을 마련한다.

⑤ 고객의 니즈(Needs)를 바탕으로 핵심품질특성(CTQ ; Critical To Quality)을 파악한다.

유형별 출제분석

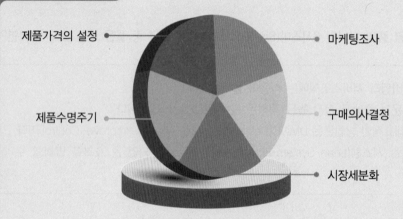

- 제품가격의 설정
- 제품수명주기
- 마케팅조사
- 구매의사결정
- 시장세분화

합격전략

마케팅관리에서 자주 출제되는 분야는 제품과 서비스 분야로 제품의 분류와 서비스의 특징을 정확히 공부해야 한다. 또한 제품 및 서비스와 관련하여 산업재와 소비재의 특성, 제품수명주기(PLC)를 학습해 두어야 한다. 그 다음으로 중요한 부분은 소비자 행동영역으로 관여도, 구매의사결정, 소비자의 구매 후 행동, 소비자의 태도에 대한 분야에서 출제되고 있다. 그리고 브랜드의 종류, 브랜드 개발 등 브랜드에 관한 이론을 공부해야 하며 BCG 매트릭스와 GE 매트릭스에 대해서 충분한 이해가 필요하다. 유통과 관련된 부분에서는 유통의 특징, 유통경로 설계, 경로갈등과 계열화 등의 분야에서 촉진과 관련된 부분에서는 광고와 관련된 주제가 주로 출제되었다.

파트 **6** · · · 코레일 경영학

마케팅관리

❏ 테마 유형 학습

❏ 빈출 지문에서 뽑은 O/X

❏ 기출예상문제

마케팅의 본질

> ☑ 마케팅 관리란 장기적인 기업성장을 위한 마케팅 관리자의 의사결정과정에 초점을 두면서 통제 불가능한 마케팅 환경(소비자의 욕구변화 등)에 대응하며 통제 가능한 변수를 조작하는 것을 의미한다.

1 마케팅의 개념

1. 마케팅의 정의

(1) 필립 코틀러(Philip Kotler)의 정의 : 거래에 참여한 쌍방의 만족을 극대화하려는 생산자와 구매자 사이의 교환을 강조하면서 마케팅을 '교환과정을 통해 욕구와 필요를 충족시키려는 인간활동'이라고 정의하였다.

(2) 미국마케팅학회(AMA ; American Marketing Association)의 정의 : 마케팅이란 고객, 거래처, 파트너 그리고 사회 전체에 가치 있는 제공물을 창조하고 이를 커뮤니케이션 및 전달, 교환하는 활동과 일련의 제도 및 과정이다.

(3) 맥커시(J. McCarthy)의 정의 : 고객을 만족시키기 위해 제품, 가격, 유통경로, 촉진과 같은 통제 가능한 변수들을 잘 조절하여 기업으로서 통제 불가능한 요소인 마케팅 환경에 창조적으로 적응하는 것이다.

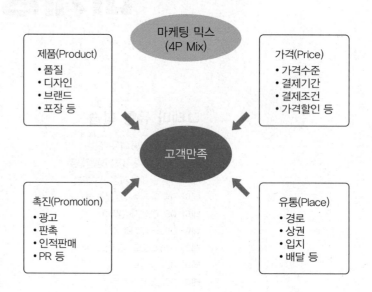

2. 마케팅의 핵심개념

(1) 필요와 욕구 : 마케팅 활동의 출발에는 소비자의 다양한 필요와 욕구가 존재하고 있다.

(2) 수요 : 특정 제품이나 서비스에 대한 욕구가 구매력 및 구매의지를 동반하고 있을 때다.

(3) 가치 : 소비자가 구매한 제품으로 인해 얻는 편익과 제품을 획득하는 데 소요된 비용의 비율이다. 편익과 비용은 소비자의 주관적·객관적 요인을 모두 포함한 개념이다.

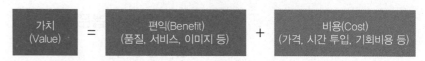

(4) 제품 : 인간의 필요나 욕구를 충족시키기 위한 교환의 구체적 대상물이다.

(5) 마케터와 고객(시장) : 마케팅은 교환의 조건으로 둘 이상의 교환 주체가 필요하다. 교환의 한쪽에는 마케터가 있고, 그 반대쪽에는 고객 또는 시장이 있다.

2 마케팅연구의 접근방법

상품별 접근방법 (Commodity Approach)	모든 제품과 서비스를 범주화(농산물, 광산물, 의약품 등)하고 구체적인 범주에 대해 효과적인 제품계획 및 유통시스템을 연구한다.
기능적 접근방법 (Functional Approach)	구매, 판매, 수송, 보관, 금융, 촉진 등 기본적인 마케팅기능들이 여러 가지 제품시장과 마케팅기관에서 어떻게 수행되는지를 연구한다.
기관적 접근방법 (Institutional Approach)	마케팅 시스템 내의 독립적인 기관(소매상 또는 도매상 등)의 성격, 발전과정, 기능을 집중적으로 연구한다.
관리적 접근방법 (Managerial Approach)	마케팅관리자의 의사결정과정에 초점을 두면서 마케팅분석, 계획, 조직, 수행, 통제의 활동을 연구한다.
시스템적 접근방법 (Systems Approach)	마케팅을 전체기업의 기능적 구성요소로 파악한다.
사회적 접근방법 (Social Approach)	거시적 관점에서 마케팅을 파악하여 여러 가지 마케팅활동과 기관에 의한 사회적 기여와 비용(시장효율성, 광고의 진실성, 마케팅의 생태학적 영향 등)을 연구한다.

3 마케팅개념의 발전

1. 생산지향개념

(1) 19세기 후반 제품에 대한 수요가 공급을 초과하던 시대에 나타난 마케팅사고 단계다. 이 시대에는 기업의 관심은 판매보다 생산에 집중되었고 고객에 대한 관심은 부차적이었다.

(2) 테일러(Taylor)와 포드(Ford) 등의 과학적 관리법을 통한 대량생산도 이러한 시대적 요구의 결과라 할 수 있다. 이 단계에서 고객의 욕구는 중요하게 취급되지 못하고 기업이 시장주도권을 가진 판매자시장(Seller's Market)이 된다.

2. 제품(품질)지향개념

(1) 제품공급의 증가로 재고가 남아도는 상황에서 경영자들은 다른 제조업자보다 더 좋은 품질의 제품을 시장에 출시하면 소비자가 자사의 제품을 당연히 구매할 것이라는 생각을 하게 되었다.

(2) 제품지향적 관리자들은 구매자들이 제품(품질)만 좋으면 충분히 만족할 것이라고 기대하였다. 여기서 좋은 품질이 소비자 입장이라기보다는 제조업자 입장에서의 좋은 품질이라는 데에 문제가 있었다.

3. 판매지향개념

(1) 생산능력과 유통능력의 지속적인 발전으로 소비자들의 선택권이 확대되어 다양한 제품을 선택할 수 있게 되었고 시장의 주도권이 생산자에서 소비자에게 넘어오는 구매자시장(Buyer's Market)으로 바뀌게 되었다.

(2) 기업들은 재고부담의 원인을 비효율적인 판매방식 때문이라 인식하면서 판매에 대해 큰 관심을 가지게 되었으며 더 많은 설득과 이를 위한 효율적인 촉진도구를 이용하여 소비자를 설득하려는 마케팅 단계가 나타났다.

(3) 이 단계에서는 소비자를 맥그리거(McGregor)의 X이론에 근거하여 판단능력이 떨어지는 수동적인 존재로 가정하고 있으며 기업은 판매할 수 있는 제품을 만드는 것(Market In)이 아니라 이미 만들어진 제품을 판매하는 것(Product Out)으로 여겼다.

✔ 마케팅관리의 목표
1. 소비 극대화 : 상대방의 욕구와 필요를 충분히 고려하지 않은 채 일방적으로 수용(소비)을 극대화
2. 장기적 이윤의 극대화 : 고객만족의 결과로서 얻어지는 장기적 이윤의 극대화
3. 생활수준의 향상을 통한 장기적 이윤의 극대화

✔ 판매지향개념은 대량생산된 제품을 판매하는 과정에서 나타난 비정상적인 공격적 판매와 비도덕적인 판매방법들로 인해 판매를 부정적으로 평가하게 된 시기다. 이러한 마케팅을 고압적 마케팅(High Pressure Marketing)이라고도 한다.

4. 마케팅지향개념

(1) 소비자의 구매 선택권이 강화되면서 기업은 고객의 필요와 욕구에 대해 깊은 관심을 가지게 되었으며 진정한 소비자의 욕구를 충족시키는 마케팅지향개념, 즉 저압적 마케팅(Low Pressure Marketing)이 등장하게 되었다.

(2) 판매와 마케팅의 가장 기본적인 차이는 판매가 기업 욕구를 중심으로 내부 지향적인 반면, 마케팅은 고객 및 시장 욕구를 중심으로 외부 지향적이라는 것이다.

판매	마케팅
제품 강조(판매자 욕구 강조)	고객 욕구 강조
제품생산 후 판매방법 강구	고객 욕구의 확인 후 고객 욕구를 만족시킬 제품과 유통방법 결정
판매량 증대에 따른 이익	고객만족을 통한 이익
단기적 계획 및 성과(시장점유율)	장기적 판매 및 성과(이익률)

5. 사회적 마케팅 개념

(1) 시간적 관점의 확대 : 마케터는 즉각적인 만족뿐만 아니라 장기적인 소비자의 편익을 고려한 바람직한 제품을 마케팅해야 한다.

(2) 사회적 마케팅은 팔릴 것을 만들어 파는 단계를 넘어서 만들어도 좋을 제품을 생산하여 판매함으로써 궁극적으로는 고객의 장기적 복지와 사회 전반적 공헌을 통해 기업이익을 달성하려는 마케팅이다.

〈사회지향적 관점에서의 제품 분류〉

즉각적 만족

		낮음	높음
장기적 소비자 편익	높음	유익한 제품(Salutary Product) (좌석벨트, 에어백)	바람직한 제품(Desirable Product) (맛있고 영양있는 아침식사 대용)
	낮음	불충분한 제품(Deficient Product) (쓰거나 효과가 부족한 약)	기분 좋은 제품(Pleasing Product) (담배)

> **사회적 마케팅 개념**
> 기업은 사회 전체의 복지향상, 예를 들면 환경오염, 자원부족, 인구문제, 기아 및 빈곤 등의 문제를 고려하여 마케팅을 해야 한다는 것으로 만족대상의 확대를 담고 있다.

대표기출유형

➕ 다음 중 마케팅 개념의 발달 과정 순서로 올바른 것은?

ⓐ 생산지향개념	ⓑ 판매지향개념	ⓒ 제품지향개념
ⓓ 사회지향적 개념	ⓔ 마케팅지향개념	

① ⓐ – ⓒ – ⓑ – ⓔ – ⓓ 　　　　　② ⓐ – ⓑ – ⓒ – ⓔ – ⓓ
③ ⓐ – ⓒ – ⓑ – ⓓ – ⓔ 　　　　　④ ⓐ – ⓑ – ⓒ – ⓔ – ⓓ
⑤ ⓐ – ⓑ – ⓒ – ⓓ – ⓔ

정답 ①

해설 마케팅 개념은 '생산지향 → 제품(품질)지향 → 판매지향 → 마케팅지향 → 사회지향적 마케팅'의 순서로 발전하였다.

다양한 마케팅 개념

1 PPL 마케팅(Product Placement Marketing)

1. 대가를 받고 특정 기업, 제품을 영화나 드라마에 노출시키는 마케팅 전략이다.
2. 드라마 속 주인공이 입고 나오는 의상과 가방, 타고 다니는 차, 사용하는 핸드폰 등이 모두 PPL에 해당한다.

2 노이즈 마케팅(Noise Marketing)

1. 의도적으로 구설수를 일으켜 소비자의 이목을 집중시키는 마케팅 전략이다.
2. 노이즈 마케팅의 예로 중저가 화장품 브랜드 ○○기업은 고가의 수입화장품과 제품으로 경쟁하겠다며 법정 다툼을 벌여 손해를 입었지만 대외적으로는 ○○기업의 에센스가 출시 3개월 만에 40만 개가 넘게 팔리는 높은 매출을 기록하였다.

3 니치 마케팅(Niche Marketing)

1. '틈새시장'이라는 뜻으로, 시장의 빈틈을 공략하는 새로운 상품을 잇따라 시장에 내놓음으로써 다른 특별한 제품 없이도 시장점유율을 유지해 가는 판매전략이다.
2. 대량생산, 대량유통, 대량판매와는 대립되는 마케팅 개념이다.
3. 니치 마케팅의 예로 2005년 창립한 제주항공은 타 항공사 대비 70 ~ 80% 수준의 저렴한 가격 정책을 선보이며 서울 ~ 제주 노선에 이어 부산, 청주 등의 국내선 운항 편수를 지속적으로 늘렸고 2012년 대한민국 LCC 최초 누적 탑승객 1천만 명을 돌파하였다.

4 코즈 마케팅(Cause Marketing)

1. 코즈는 대의, 즉 사람으로서 마땅히 해야 할 도리를 뜻하는 것으로 기업이 사회 구성원으로서 마땅히 해야 할 책임을 다함으로써 이를 마케팅에 활용하는 전략이다.
2. 코즈 마케팅의 예로 고객이 신발 한 켤레를 구매할 때마다 신발이 필요한 아이들에게도 한 켤레씩 전달하는 'One for One' 기부 활동을 펼치고 있는 탐스는 고객들로부터 많은 사랑을 받았고 약 1천만 켤레의 신발을 아이들에게 전달하였다.

5 바이럴 마케팅(Viral Marketing)

1. 소비자들이 자발적으로 이메일, 페이스북, 블로그, 트위터 등에 상품에 대한 긍정적인 입소문을 내게 하는 마케팅 기법으로 최근 SNS가 보편화되면서 확산속도가 빨라졌다.
2. 바이럴 마케팅의 예로 프린트 제조기업 HP는 브라질에서 매해 열리는 페스티벌 콘서트를 활용해 바이럴 마케팅에 성공했다.

6 디마케팅(Demarketing)

1. 기업들이 자사의 상품 판매를 의도적으로 줄이려는 마케팅 활동이다.
2. 수익에 도움이 안 되는 고객을 밀어내는 마케팅으로 돈 안 되는 고객을 의도적으로 줄여 판촉 비용 부담을 덜고 특정 고객들의 충성도(기업 수익에 대한 기여도)를 강화시키는 '선택과 집중' 판매 방식이다.

맥커시는 마케팅 관리자의 프레임워크를 '고객을 만족시키기 위해 제품(Product), 가격(Price), 유통경로(Place), 촉진(Promotion)과 같은 통제 가능한 변수들을 잘 조절하여 기업으로서 통제 불가능한 요소인 마케팅 환경(경제적, 정치적, 기술적 환경 등)에 창조적으로 적응하는 것'이라 설명한다.

기출문제
경영과 기업
기업활동의 조직
인사관리
생산관리
마케팅관리
실전모의고사

3. 소비자들의 건강 및 환경 보호 등 기업의 사회적 책임을 강조함으로써 오히려 기업의 이미지를 긍정적으로 바꾸는 효과를 기대할 수 있다. 또한 해당 제품이 시장에서 독과점이라는 비난을 받을 위험이 있을 때에 마케팅 전략으로 사용될 수 있다.

7 데이터베이스 마케팅(DB 마케팅, Database Marketing)

1. 정보 기술을 이용하여 고객에 대한 다양한 정보를 데이터베이스(DB)로 구축하고 이를 바탕으로 고객 개개인과의 장기적인 관계 수립을 위한 마케팅전략을 수립, 집행하는 활동이다.

2. 고객 정보를 과학적으로 분석, 고객 중심 및 수익성 중심의 효율적인 마케팅활동을 수행하고 고객에 대한 방대한 자료를 바탕으로 경영 전반에 걸쳐 신속, 정확하게 의사를 결정함으로써 기업의 경쟁력을 높이는 데 목적이 있다.

3. 카탈로그를 이용한 통신판매업체들에 의해 도입되어 이후 개별 고객의 중요성에 대한 인식 증대와 정보 기술의 발달에 따라 소매, 금융, 제조, 통신업 등으로 급속히 확산되었다.

8 내부 마케팅(Internal Marketing)

기업 내부의 종업원들을 최초 고객으로 보고 종업원이 고객지향적 사고를 실행할 수 있게 하여 외부 고객을 만족시키도록 동기를 부여하는 활동이다. 내부 마케팅의 실행 시 중요한 점은 종업원들이 마케팅 지향적 요원으로서 행동하게끔 동기를 부여하는 것인데 이는 종업원들과의 커뮤니케이션, 보상제도, 교육 등의 수단을 통해 이루어진다.

대표기출유형

수요자의 소비성향을 둔화시키거나 소비를 원천적으로 봉쇄하는 것으로 최근 은행권에서 주로 수익에 도움이 안 되는 고객을 밀어내는 방식으로 활용하는 마케팅 전략은?

① 다각화　　　　　　② 차별화　　　　　　③ 디마케팅
④ 리포지셔닝　　　　⑤ 바이럴 마케팅

정답 ③

해설 ① 다각화 : 한 기업이 다수의 분야에 걸쳐서 사업을 전개하려는 전략
② 차별화 : 기업이 제공하는 제품이나 서비스를 다른 제품이나 서비스와 구분되게 함으로써 경쟁적 우위를 달성하는 전략
④ 리포지셔닝 : 소비자의 욕구나 경쟁 환경의 변화에 따라 새로운 콘셉트로 기존 제품의 인식을 새롭게 조정하는 활동
⑤ 바이럴 마케팅 : 소비자들의 입소문을 통해 소비자가 자발적으로 마케팅 효과를 발생시키는 활동

관계마케팅과 CRM

1 관계마케팅(Relationship Marketing)

1. 관계마케팅의 중요성

기업이 새로운 고객을 획득하는 데 드는 비용이 기존 고객을 유지하는 데 드는 비용보다 다섯 배나 높다는 연구결과가 정도의 차이는 있지만 설득력 있는 사실로 받아들여지고 있다. 과거의 마케팅 이론은 새로운 고객을 확보하는 기법에 집중하고 있었으나 현재는 고객관계를 강조하는 쪽으로 마케팅의 흐름이 변하였으며, 특히 고객충성도를 통한 고객유지가 기업의 마케팅 성과에 있어 중요한 부분으로 작용하고 있다.

2. 관계마케팅의 개념요소

(1) 마케팅은 소비자, 종업원, 공급업자, 정부나 금융기관과 같은 영향력을 가진 이해관계자와 영향을 주고받는다는 인식을 바탕으로 한다.

(2) 고객과의 상호관계는 일시적인 거래가 아닌 지속적인 관계로 초점이 변하고 있다.

(3) 관계마케팅을 실천하기 위해서는 다량소비자인 핵심고객이 중요하다.

(4) 단기적 이윤극대화를 위한 일회성 교환의 추구보다는 장기적 관계형성을 통한 장기적 이윤의 확보가 관계마케팅 성과 추구의 중요한 목표다.

(5) 마케팅활동을 일방적 교환모델이 아니라 관련된 사람과의 상대적인 관계로 보므로 마케팅 활동과 관련된 주요 이해집단과의 관계 형성·유지가 중요한 마케팅 수단이 된다.

3. 거래마케팅과 관계마케팅의 비교

구분	거래마케팅	관계마케팅
마케팅 목표	교환이 마케팅 목표	교환은 마케팅 활동의 결과
마케팅 수단	마케팅믹스 전략 중심	고객과의 파트너십 관리
소비자	신규 소비자의 창출	기존 소비자의 관리
초점	판매	고객유지
성과지표	시장점유율	고객점유율
경쟁자 인식	경쟁관계	경쟁자와 협력관계
소비자 인식	불특정다수	특정 목표고객
시간적 개념	단기	장기

2 CRM(고객관계관리, Customer Relationship Management)

1. CRM의 개념

기업이 보유하고 있는 고객과 잠재고객에 대한 데이터를 분석하고 이를 유용한 마케팅 정보로 가공하여 고객행동을 분석·예측하기 위한 효과적인 마케팅 프로그램과 전략을 개발하는 일련의 과정이다.

베리(L. Berry)는 관계마케팅을 '소비자와의 관계를 형성·유지하고 강화하는 마케팅 활동'이라고 정의하였다. 즉 관계마케팅은 기업에 이익이 되는 고객과의 결속을 바탕으로 관계를 유지하여 장기적이고 안정적인 기업이익을 창출하는 마케팅 활동이다.

기업환경 변화의 위협 속에서 경쟁력을 유지하며 고객만족을 이루고 매출을 증대시키기 위해서는 충성도가 높은 고객관계를 지속적으로 구축해 나가야 한다.

기출문제 / 경영과 기업 / 기업활동의 조직 / 인사관리 / 생산관리 / 마케팅관리 / 실전모의고사

2. CRM의 전개과정

다양한 원천으로부터 수집된 정보를 통합·분석하며 고객과의 긴밀한 관계를 구축하기 위해 분석결과를 활용하는 과정이 필요한데, 이는 정교한 소프트웨어와 분석적 도구와 결과의 평가 및 피드백 과정이 필요하다.

(1) CRM 목표수립 : CRM 구축의 목적과 그에 따른 기업가치 증대 내용을 구체적으로 파악하고 고객이 어떤 방법으로 상품·서비스를 구입하는가를 통합적으로 이해한다.

(2) 고객분석과 마케팅 프로그램 개발 : 목표고객을 선정하여 구축된 고객 통합 데이터베이스를 대상으로 고객의 특성을 분석하고 마케팅 프로그램을 개발한다.

(3) 마케팅 프로그램의 실행 : 최고의 잠재적 수익성과 영향력을 지닌 고객군을 상대로 마케팅 프로그램을 적용하여 실질적인 마케팅 성과를 창출한다.

(4) 평가 및 피드백 : 마케팅 프로그램 및 전략의 수행결과 나타난 고객의 직·간접적 반응을 기록하고 분석하여 고객행동에 대한 정확한 이해와 프로그램의 효율성을 측정한다.

3. CRM의 효과

(1) 가치 있는 고객을 파악하고 이들과 긍정적인 관계를 유지하여 장기적으로 고객과 1:1 관계를 구축하면서 고객의 평생가치를 극대화하여 기업의 수익성을 높일 수 있다.

(2) 고객의 충성도 강화는 고객의 거래 건수, 거래단가, 거래기간 등을 증대시키며 매출 대비 마케팅 비용의 감축효과를 가져오기 때문에 기업가치가 증대될 수 있다.

대표기출유형

➕ 다음 중 고객관계관리(CRM)와 거리가 먼 것은?

① CRM는 시장 점유율보다 고객 점유율이 중요하다.
② Cross Selling, Upselling 등 대상품과 연계 판매가 가능하다.
③ 고객 획득보다는 고객 유치에 중점을 둔다.
④ 모든 소비자를 대상으로 대량 유통 및 대량 촉진 정책을 중요 전략으로 한다.
⑤ 고객 확보 비용을 줄이고 지속 가능한 가치를 창출하기 위한 방안이다.

정답 ④

해설 CRM은 고객에 대한 매우 구체적인 정보를 바탕으로 개개인에게 적합하고 차별적인 제품 및 서비스를 제공하는 것이다. 이를 통해 고객과의 개인적인 관계를 지속적으로 유지하고 단골고객과 1:1 커뮤니케이션을 가능하게 해 주는 것이다.

1 마케팅 환경의 유형

1. 미시환경(Micro Environment)

기업이 속한 산업 내에 존재하는 마케팅 환경 주체들을 의미한다.

(1) 기업의 내부환경 : 주주와 노동자

(2) 기업의 외부환경

    ① 공급업자

    ② 마케팅 중간업자 : 중간상, 물적 유통 전문기업, 마케팅 서비스 대행사, 금융 중간업자

    ③ 고객 : 소비자시장, 사업시장, 재판매업자 시장, 정부시장, 국제시장

    ④ 경쟁자 : 욕구별 경쟁, 품종 경쟁, 제품형태별 경쟁, 상표별 경쟁

    ⑤ 공중 : 금융, 매체, 정부, 시민운동, 지역, 일반, 내부 공중

> ☑ 마케팅 환경이란 기업의 마케팅관리 기능 외부에 존재하면서 표적소비자의 성공적인 교환과 거래관리를 개발하고 유지시키기 위한 마케팅 관리 능력에 영향을 주는 요인들을 말한다.

2. 거시환경(Macro Environment)

인구통계적 환경	연령구조와 가정의 변화, 인구의 지역적 이동, 교육 증대, 사무직 인구 증가, 인종·종족 다양성 증가
경제적 환경	소득의 변화, 소비자의 지출패턴의 변화, 경제순환주기
자연환경	원료 부족 고갈, 에너지비용 상승, 환경오염과 관련시설, 환경에 대한 정부 개입
기술적 환경	기술변화 가속화, R&D 예산의 증대, 제품의 기능적 개선, 규제의 증가
정치·법률적 환경	기업규제 법률, 윤리와 사회책임 증대
사회·문화적 환경	사회 제도나 기타 사회적 영향력이 가치, 지각, 선호, 행동 등에 영향을 미치는 환경
경쟁 환경	독점 경쟁, 과점 경쟁, 독점적·독과점 경쟁, 완전 경쟁

3. 시장환경

(1) 시장의 매력도 파악

(2) 환경 요인 중 시장(구매자의 집합)과 밀접하게 연관되는 요인들

2 분석기법

1. 거시환경 분석기법

(1) 추세분석방법

    ① 과거와 현재의 환경추세를 그대로 연장시켜 미래의 환경을 예측하는 방법을 말한다.

    ② 환경변화에 유효하게 사용 가능하다.

    ③ 과거와 현재의 변화추세가 불확실하고 변수가 복잡한 경우 유효성이 제한된다.

(2) 분해분석방법 : 특정 환경부문을 분석, 예측하는 데 있어서 그 환경부문을 여러 부문으로 분해하여 부문별 예측을 하고 이를 종합하여 미래환경을 예측하는 방법이다.

(3) 시나리오방법 : 미래환경에 대한 2 ~ 4개의 예측을 간단히 서술하고 이를 중심으로 관리자나 전략전문가들의 토의와 분석을 거쳐서 미래환경에 대한 기본전제와 전개방향을 정리하는 기법이다.

(4) 델파이방법 : 미래환경에 대한 시나리오를 설문형태로 작성하여 전문가들에게 의견을 수집하고 이를 종합한 뒤 다시 피드백하여 전문가들에게 수정할 기회를 준다. 끝으로 수정된 의견을 종합하여 미래환경에 대한 최종적인 예측을 작성하는 기법이다.

(5) 쟁점관리 : 특정한 쟁점의 분석과 이에 적절한 대응전략을 마련하기 위한 조직을 개발하고 인원을 충원하는 행위를 의미한다.

2. 3C 분석

기업은 이윤 극대화를 위해 시장환경을 분석하는데, 3C 분석은 일반적으로 기업 성장을 위해 분석하는 방법 중 하나로 자사(Company), 고객(Customer), 경쟁사(Competitor)를 분석하는 것을 의미한다.

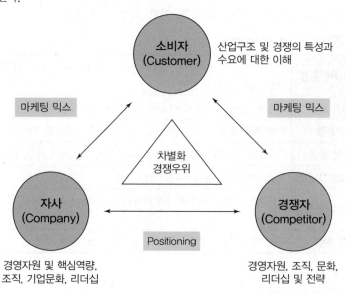

대표기출유형

🔹 다음 중 기업이 마케팅 환경을 연구하는 이유로 알맞은 것은?

① 신규 고객을 만들기 위해서다.
② 효과적인 시장세분화와 신제품 개발을 위해서다.
③ 마케팅 조직과 판매원들의 시장에 대한 예측력을 강화하기 위해서다.
④ 마케팅 의사결정에 영향을 주는 기회요인과 위험요인을 파악하기 위해서다.
⑤ 기존 고객의 지속적 유치를 통한 안정적 수익 창출을 위해서다.

정답 ④

해설 복잡하고 변동적인 환경의 동향에 적절히 대응하지 못하면 기업의 목표달성이 어려워지므로 관련 변수에 대한 분석과 평가를 통하여 능동적으로 적응하면서 지속적인 경쟁우위를 구축하기 위한 활동을 계획하고 결정해야 하기 때문이다.

경쟁자 분석

1 경쟁자 파악

기업 관점	소비자 조사를 통하여 잠재적인 경쟁자를 발견하기 어려운 경우에 유용하다. 제품/시장 매트릭스를 이용하는 방법, 기술적 대체가능성을 판단하는 방법, 표준산업분류(Standard Industrial Classification)를 이용하는 방법 등이 있다.
고객 관점	• 고객지각에 기초한 방법으로, 고객이 어떤 두 상품이 비슷하다고 생각할수록 그들 간의 대체가능성은 높아진다. 지각도(Perceptual Map), 상품제거(Product Deletion), 사용상황별 대체(Substiution In-use) 등이 있다. • 고객행동에 기초한 방법으로, 상표전환 매트릭스, 수요의 교차탄력성 등이 있다.

> ☑ 경쟁사 혹은 경쟁자에 대한 분석은 누가 경쟁자인가를 파악하는 것으로부터 시작한다. 오늘의 경쟁자뿐 아니라 내일 생길 수도 있는 새로운 경쟁자까지 생각해야 한다. 결국 고객이 필요로 하는 것을 만족시킬 수 있는 회사라면 모두 경쟁사라고 할 수 있다.

2 기업 관점

1. 제품/시장 확장 매트릭스를 이용하는 방법

앤소프(Ansoff)의 제품/시장 확장 매트릭스를 이용하면 마케터의 판단을 체계적으로 끌어내면서 경쟁자를 파악할 수 있다.

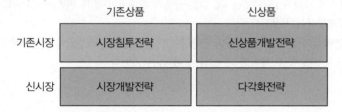

	기존상품	신상품
기존시장	시장침투전략	신상품개발전략
신시장	시장개발전략	다각화전략

2. 기술적 대체가능성을 판단하는 방법

부품이나 원료와 같은 산업재나 하이테크 상품에 유용한 방법이다. 엔지니어, 마케터 또는 다른 전문가에게 기존 상품을 대체할 수 있는 다른 상품이나 기술을 생각해 내도록 한다.

3. 표준산업분류를 이용한 방법

정부가 만든 표준산업분류(SIC ; Standard Industrial Classification)를 이용하는 방법이다. 표준산업분류에서 유사한 코드를 갖는 기업을 경쟁자로 인식한다.

3 고객 관점

1. 고객지각에 기초한 방법

(1) 지각도(Perceptual Map) : 고객의 마음속에서 여러 상품들이 차지하고 있는 위치를 2차원이나 3차원 공간에 나타낸 그림을 의미한다. 지각도에서 가까이에 위치한 상품들은 유사성이 높음을, 멀리 위치한 상품들은 유사성이 낮음을 나타낸다.

(2) 상품제거(Product Deletion)
① 상품제거는 다음과 같이 두 단계로 이루어진다.
  • 첫째, 고객에게 여러 상품들을 제시한 다음 그중에서 무엇을 살 것인지를 질문한다.
  • 둘째, 고객이 사겠다고 응답한 상품들을 제거한 다음, 나머지 상품들 중에서 무엇을 살 것인지를 묻는다.

② 둘째 단계에서 응답된 상품은 첫째 단계에서 응답된 상품과 높은 대체가능성을 갖고 있고, 치열한 경쟁관계에 있는 것으로 볼 수 있다.

(3) 사용상황별 대체(Substitution In-use)

① 사용상황별 대체는 대체 가능성을 평가하는 데 있어서 사용상황을 고려한다는 특징을 가지고 있다.

② 고객에게 제품의 사용상황을 물은 후, 각 사용상황별로 적합한 제품들에 대해 묻는다. 마지막으로 각 사용상황별 제품들에 점수를 매기도록 한다.

③ 이 방법은 본원적 편익 수준은 물론 옛날 수준의 경쟁자들까지 파악할 수 있다는 장점이 있다.

2. 고객행동에 기초한 방법

> ☑ 고객행동에 기초한 방법은 고객이 실제로 대체 사용하는 패턴을 관찰하여 이를 기초로 주요경쟁자들이 누구인지 파악하는 것이다.

(1) 상표전환 매트릭스(Brand Switching Matrix) : 구매자들이 한 상표에서 다른 상표로 전환하는 비율을 계산해 놓은 표를 말한다. 상표전환 매트릭스상에서 높은 점수는 상표의 높은 대체관계를 설명하지만 구입자가 같아도 사용자가 달라서 상표전환이 일어나는 것처럼 보이는 경우와 사용자는 같아도 사용상황이 달라서 상표전환이 일어나는 것처럼 보이는 경우도 있다.

(2) 수요의 교차탄력성(Cross-elasticity of Demand)

① 한 상품의 가격이 1% 변했을 때, 다른 상품의 판매량이 몇 % 변했는지를 나타내는 것으로 경제학에서 사용된다.

② 교차탄력성이 높다면, 한 상품의 판매량이 다른 상품의 가격변화에 민감하게 반응한다는 뜻이므로, 두 상품 사이의 대체가능성이 높은 것이다.

대표기출유형

🔱 경쟁자 분석에 관한 설명으로 옳은 것을 〈보기〉에서 모두 고르면?

보기

a. 제품/시장 매트릭스(Product/Market Matrix)를 이용한 경쟁자 파악 방법은 잠재적인 경쟁자들을 파악해 준다는 장점과 관리자의 주관적인 판단에 의존한다는 단점을 갖고 있다.

b. 상표전환 매트릭스(Brand Switching Matrix)를 이용한 경쟁자 파악 방법은 두 브랜드를 1 : 1로 비교하기 때문에 두 브랜드 간의 경쟁관계 발생 유무와 경쟁관계 발생 원인을 설명해준다.

c. 사용상황별 대체(Substitution In-Use)를 이용한 경쟁자 파악 방법은 경쟁의 범위를 폭넓게 파악하는 데 도움이 된다.

① a　　　　　　　　　② b　　　　　　　　　③ c
④ a, c　　　　　　　　⑤ b, c

정답 ④

해설 b. 상표전환 매트릭스(Brand Switching Matrix)란 구매자들이 한 상표에서 다른 상표로 전환하는 비율을 계산해 놓은 표로서 이전구매와 현재구매의도를 분석하여 경쟁의 정도를 파악하는 고객 행동에 기초한 경쟁자 파악 방법이다.

테마 06 마케팅조사

1 마케팅조사의 개념

1. 마케팅조사의 고려 사항

(1) 마케팅조사 자체가 의사결정의 성공을 보장하는 것이 아니라 성공확률을 높여 주는 과정이다.

(2) 의사결정의 성공확률을 높이기 위해서는 정보의 성격에 정확성, 최근성, 적절성이 확보되어야 한다.

2. 마케팅 전략 수립과정에서 마케팅조사의 역할

(1) 기업의 목표 및 사업 포트폴리오의 분석에서 활용되는 기업 전략의 수립과 관련한 정보를 제공한다.

(2) 제품 또는 브랜드에 대한 마케팅 전략 수립과 관련된 조사로서 흔히 시장세분화 – 표적시장 선정 – 포지셔닝 전략 수립과 관련된 조사다.

(3) 마케팅믹스의 개발 및 관리를 위한 조사다.

(4) 기업의 성과 분석을 위한 조사다.

마케팅조사란 마케터에게 마케팅 활동에 필요한 정보를 정확하고 체계적으로 제공함으로써 의사결정의 성공확률을 높여 주는 과정이다.

2 마케팅조사의 절차

조사문제 인식 → 조사 설계 → 자료 수집 → 자료 분석 및 해석 → 조사결과 보고

1. 조사문제의 인식

마케팅조사는 문제를 정확히 정의하는 것이다. 현재 기업이 처한 문제가 무엇인지를 명확히 밝혀내기 위해서 마케팅 의사결정 문제와 마케팅조사 문제를 명확하게 설정해야 한다.

2. 조사 설계

설계 단계는 가설을 설정하고 가설검증을 위해 어떻게 조사를 할 것인가를 결정하는 단계이며 효과적인 마케팅조사를 실시하기 위해서 매우 중요한 단계라고 할 수 있다.

3. 자료 수집

조사의 유형이 결정되면 절차에 따라서 객관적이고 정확한 자료를 수집해야 한다. 즉 어떤 유형의 자료를 어떻게 수집할 것인지를 결정해야 한다.

4. 자료 분석 및 해석

자료를 수집한 후 조사결과를 도출하고 해석해야 한다. 자료를 도표화하며 도수분포를 작성하고 주요 변수를 기준으로 평균과 편차의 측정치를 계산한다.

5. 조사결과 보고

조사의 개요와 절차 및 발견사항들을 포함해야 하며 보고서 사용자들의 욕구와 기대에 맞춰서 공식적인 보고서를 작성해야 한다.

기출문제
경영과 기업
기업활동의 조직
인사관리
생산관리
마케팅관리
실전모의고사

3 마케팅조사의 유형

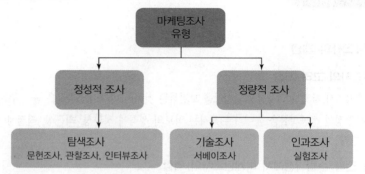

1. 탐색조사(Exploratory Study)

(1) 마케팅 프로젝트를 진행할 만큼 조사 문제를 충분히 이해하지 못한 상황에서 현재 기업이 처한 문제점을 명확히 파악하기 위해 수행하는 조사를 의미한다.

(2) 특정 조사 설계를 확정하기 전에 시행하는 예비적인 성격을 띠고 있는 만큼 탄력성 있게 실시하여야 하며 필요에 따라 절차를 수정할 수 있다.

2. 기술조사(Descriptive Study)

(1) 경쟁상황이나 소비자의 변화와 같은 전반적 시장상황을 분석하기 위해 수행되는 조사로, 가장 널리 이용되고 있다.

(2) 탐색조사와는 달리 설문지와 같은 표준화된 측정도구를 이용하고 실험적 조작 없이 비교적 객관적으로 자료를 수집 · 분석한다.

(3) 횡단조사와 종단조사로 분류된다.

3. 인과조사(Casual Study)

(1) 2개 이상의 변수들 간에 인과관계를 밝히는 것을 목적으로 시행되는 조사다.

(2) 서베이, 관찰 등을 통해서도 인과관계를 어느 정도 알 수 있지만 인과관계를 밝히는 데 가장 적합한 조사방법은 실험이다.

(3) 인과조사를 위한 원인변수(독립변수)와 결과변수(종속변수)는 이론적으로 동반 발생해야 하며 순차적으로 발생되어야 하고 대체 가능한 설명(외생변수)이 없어야 한다는 조건을 충족시켜야 한다.

☑ 횡단조사
모집단에서 추출된 표본으로 단 1회의 조사를 통하여 마케팅 정보를 수집하는 방법으로, 어떤 한 시점에서의 다양한 소비자들의 구매행태를 측정하여 시장의 전반적 상황을 파악하는 조사이다.

☑ 종단조사
동일한 표본을 대상으로 일정한 시간 간격을 두고 반복적인 조사를 통하여 관심 마케팅변수의 변화추세를 보는 트렌드 조사로, 시간의 변화에 따른 마케팅변수에 대한 소비자의 반응을 측정할 수 있다. 종단조사에는 패널 조사가 있다.

대표기출유형

➕ 마케팅조사방법 중 탐색조사에 속하는 것은?

① 패널조사　　　　② 시계열조사　　　　③ 횡단조사
④ 전문가 의견조사　　⑤ 동년배조사

정답 ▶ ④

해설 ▶ 전문가 의견조사는 탐색조사에 속하는 것으로 문헌조사, 사례조사, 표적집단 면접법, 개인면접법이 있다.

오답풀이
①, ②, ③, ⑤는 마케팅조사방법 중 기술조사에 속한다.

테마 07 자료의 유형과 수집

마케팅조사에서 수집되는 자료는 2차 자료(Secondary Data)와 1차 자료(Primary Data)로 구분된다. 2차 자료는 지금 행하고 있는 조사가 아닌 다른 조사를 목적으로 이미 수집해 놓은 자료이고, 1차 자료는 현재의 문제를 해결하기 위한 조사를 목적으로 수집하는 자료다. 2차 자료는 1차 자료에 비하여 저렴하고 신속하게 수집할 수 있다는 장점이 있지만 관련성, 정확성, 신뢰성 측면에서 문제의 소지가 있다.

1 자료의 유형

2차 자료를 이용하여 탐색적 연구 수행 후 연구문제를 정의(가설 설정)한 후 1차 자료 수집을 통한 가설검정이 일반적이다.

1. 1차 자료

(1) 1차 자료의 의의 : 조사연구의 목적을 달성하기 위해 직접 수집하는 자료를 말한다. 1차 자료의 수집에는 많은 비용, 인력, 시간이 소요되므로 1차 자료를 수집하기 전에 연구목적에 적합한 2차 자료가 존재하는지의 여부와 사용가능한지의 여부를 확인하고 연구목적에 부합되는 2차 자료가 없을 경우에 한하여 1차 자료를 수집하는 것이 바람직하다.

(2) 1차 자료의 장단점

장점	• 조사 목적에 적합한 정확도, 타당도, 신뢰도 등의 평가 가능 • 수집된 자료를 의사결정에 필요한 시기에 적절히 이용 가능
단점	많은 비용, 인력, 시간이 소요

2. 2차 자료

(1) 2차 자료의 의의 : 다른 조사자에 의해 수집되어 공개된 자료를 말한다. 수행 중인 조사에 도움을 줄 수 있는 기존의 자료로 조사자가 현재의 조사 목적을 위하여 직접 수집하거나 작성한 1차 자료를 제외한 모든 자료를 말한다. 다른 연구자가 학술연구를 위하여 수집한 자료, 기업체, 정부기관, 신문기사 그리고 각종 조사기관의 간행물에 이르기까지 다양하다.

(2) 2차 자료의 특징

① 기성자료(Ready-made Data) : 기존 자료를 구입하면 1차 자료의 수집에 투입되는 비용, 시간, 노력을 절약할 수 있다.

② 자료의 수집 및 분류과정을 통제할 수 없는 유형의 자료다.

③ 자료수집 과정에서 시간적, 공간적 제약을 받지 않는다.

(3) 2차 자료의 유형

내부 자료	기업 내부에 보유하고 있는 자료로서 일상 업무와 관련하여 발생하는 각종 기록과 보고 자료와 이전에 실시된 마케팅조사 자료, 그 외 마케팅 첩보나 POS와 데이터베이스 시스템에 저장되어 있는 자료
외부 자료	기업 외부에 있는 개인이나 조직이 보유하고 있는 자료로서 크게 공공기관에서 발행한 각종 센서스 및 통계자료, 개인이나 각종 조직에서 발행한 연구보고서 및 정기간행물, 전문조사기관에서 상업적 판매를 하는 자료로 대별된다.

(4) 2차 자료의 장단점

장점	• 1차 자료에 비해 수집이 쉽고, 수집비용이 저렴하다. • 계속적인 수집이 가능하다(공공기관에서 정기적으로 발간하는 시계열자료의 수집).
단점	자료수집 목적, 측정단위, 조작적 정의 등이 현재 행하는 조사와 일치하지 않는 경우가 많다.

기초문제 / 경영과 기업 / 기업활동의 조직 / 인사관리 / 생산관리 / **마케팅관리** / 실전모의고사

3. 1차 자료와 2차 자료의 비교

구분	수집목적	수집과정	수집비용	수집시간
1차 자료	현 조사문제 해결	많은 노력과 복잡	높음.	많은 시간 소요
2차 자료	여타조사 문제해결	빠르고 쉬움.	낮음.	짧은 시간 소요

2 척도

1. 명목 척도(Nominal Scale)

단순히 구분할 목적으로 연구대상에 임의의 숫자를 부여하는 것으로 측정대상을 구분하기 위한 숫자다.

2. 서열 척도(Ordinal Scale)

연구대상의 특성에 대한 상대적 정도를 나타내는 수치로 순서의 의미를 가지고 있으나, 수치 간 차이는 의미가 없다. 명목 척도의 구분에서 순서가 포함된 의미의 척도라 할 수 있다.

3. 등간 척도(Interval Scale)

서열 척도에 포함된 정보 외에 측정대상들 간의 속성의 차이비교를 가능하게 한다. 즉 구분된 수치들 간의 간격이 동일하다는 의미로서 이는 사칙연산 중 가감 연산만이 가능하다.

4. 비율 척도(Ratio Scale)

등간 척도가 갖는 특성뿐만 아니라 등간 척도가 갖지 못하는 절대 영점이 존재하는 척도로, 사칙 연산이 가능한 고급 척도다.

척도 유형	순서	절댓값	척도 특성	적합한 분석방법	예
명목 척도	×	×	기초적 분류, 범주간의 상호배타성	최빈값, 빈도, 교차분석, 비모수통계	주민등록번호, 성별, 거주지역, 인종
서열 척도	○	×	등급에 따라 대소를 순위에 의하여 나열	중앙값, 비모수통계, 서열상관관계	거리번호, 학교석차, 사회계층, 브랜드선호도
등간 척도	○	×	동일간격	평균, 편차, 상관계수, 모수통계	온도, 주가지수, 물가지수, 관여도
비율 척도	○	○	절대적 영(零)의 존재, 비율적 비교가능	기하평균, 모수통계	소득, 교육년수, 투표율, 신장, 매출액

3 표본 조사(Sample Survey)

전체 모집단 중 부분집단을 과학적인 추출방법에 따라 추출하여 그 추출된 일부분을 대상으로 조사하여 얻어진 정보를 토대로 전체 모집단에 대한 특성을 추정하는 것을 말한다.

☑ 개념적 정의와 조작적 정의
조사자는 측정하고자 하는 변수에 대한 명확한 개념적 정의(사전적 정의)를 확인하여, 이를 바탕으로 구체적으로 측정이 가능한 조작적 정의를 함으로써 변수에 대한 측정을 시도한다.

☑ 조작적 정의란 어떤 개념에 대해 응답자가 구체적인 수치를 부여할 수 있도록 내린 정의를 말한다.

☑ 측정은 측정대상의 추상적인 구성 개념 혹은 변수의 값을 정해진 규칙에 따라 수치나 기호로 할당하는 과정으로, 수치나 기호를 어떤 연속적 체계에 위치시켜야 하는데 이 연속적 체계가 바로 척도다. 즉, 측정하는 도구가 바로 척도라 할 수 있다.

표본 추출 방법	비확률 표본추출 방법	표본프레임이 없어 모집단 내의 대상들이 선택될 확률을 사전에 모르는 상태에서 표본이 선정되는 방법 • 편의표본추출법 : 임의로 선정한 지역과 시간대에 조사자가 원하는 사람들을 표본으로 선택하는 방법 • 할당표본추출법 : 정해진 분류기준에 의해 전체 표본을 여러 집단으로 구분하고 각 집단별로 필요한 대상을 추출하는 방법 • 판단표본추출법 : 조사 문제를 잘 알고 있기나 모집단의 의견을 반영할 수 있을 것으로 판단되는 특정 집단을 표본으로 선정하는 방법
	확률 표본추출 방법	조사대상의 명단이 수록된 표본프레임이 있기에 특정 조사대상이 뽑힐 확률에 대한 사전계산이 가능하며, 이에 따라 표본추출과정에서 발생하는 오류의 정도에 대한 추정이 가능한 방법 • 단순무작위 표본추출법 : 표본프레임 내의 각 표본들에 대해 일련번호를 부여하고 이를 이용해 일정 수의 표본을 무작위로 추출하는 방법 • 층화표본추출법 : 모집단을 어떤 기준에 따라 서로 상이한 소집단으로 나누고 이들 각 소집단들로부터 표본을 무작위로 추출하는 방법 • 군집표본추출법 : 모집단들을 소집단 또는 군집들로 나누고 일정 수의 소집단을 무작위로 표본 추출한 다음, 추출된 소집단 내의 구성원들을 모두 조사하는 방법

☑ 표적시장 내의 모든 소비자를 대상으로 하는 설문조사는 사실상 불가능하기에 조사대상의 일부를 표본으로 추출하여 조사함으로써 비용과 시간을 줄일 수 있다.
1. 표본단위(Sample Unit) : 조사대상자에 대한 결정으로서 표본추출의 대상이 되는 표적 모집단을 결정하는 것
2. 표본의 크기(Sample Size) : 조사결과의 신뢰도와 비용을 고려하여 결정하며, 표본의 크기가 클수록 보통 신뢰도가 높을 것으로 기대되지만 비용이 많이 든다.

4 수집방법

1. 서베이(Survey Method)
(1) 대인면접법 : 가장 융통성 있는 방법으로, 면접자는 많은 질문을 할 수 있으며 가장 비용이 많이 소요되는 방법이다.
(2) 우편질문법 : 개인적인 면접을 허락하지 않거나 접촉하기에 멀리 떨어져 있는 피면접자를 조사하는 데 가장 좋은 방법으로, 면접자에 의해 왜곡되거나 편견이 주어지지 않는 방법이다.
(3) 전화면접법 : 신속하게 정보를 입수하는 가장 좋은 방법으로, 면접자는 피면접자가 이해하지 못하는 질문을 명확히 설명할 수가 있다.
(4) 온라인 조사법 : 비용이 저렴하고 빠른 응답이 가능하다는 큰 이점이 있으나, 적절한 표본추출이 어렵고 신뢰성이 떨어지는 단점이 있다.
(5) 서베이법은 대상자에게 질문하여 자료를 얻는, 즉 설문지를 통해 정보를 수집하는 방법으로, 광범위한 정보를 수집할 수 있고 많은 정보를 짧은 시간에 저렴하게 수집할 수 있는 장점이 있다.

2. 관찰(Observation Method)
(1) 정확한 자료를 수집할 수 있으며 조사대상자가 응답을 거부하는 경우나 회피하는 경우에도 필요한 정보를 획득할 수 있으나, 조사대상자의 내면적인 것을 파악할 수 없기 때문에 다른 자료 수집방법과 함께 사용하기도 한다.
(2) 관찰법은 소비자의 행동이나 기타 조사대상을 직접 혹은 기계를 이용하여 관찰함으로써 자료를 수집하는 방법이다.

3. 인터뷰(Interview)
(1) 심층면접법(In-depth Interview) : 한 명의 응답자와 한명의 진행자가 1:1 면접을 통하여 자료를 수집하는 방법으로 집중적인 면담이 가능하다.

기출문제

경영과 기업

기업활동의 조직

인사관리

생산관리

마케팅관리

실전모의고사

(2) 표적집단면접법(FGI ; Focus-Group Interview) : 보통 8명 내외의 면접대상자들을 한자리에 모이도록 한 다음 어떤 주제를 제시하여 그 주제와 관련된 토론을 하도록 함으로써 자료를 수집하는 방법이다.

(3) 인터뷰는 정보를 갖고 있는 응답자와 조사 문제에 정통한 능력을 가진 진행자가 면담을 진행하면서 정보를 수집하는 방법이다.

4. 실험법(Experimental Method)

인과관계를 밝히는 것이 주목적인 조사로서 자연적 혹은 인위적 환경에서 실험자가 어떤 변수를 변화시키고, 그 변화가 다른 변수에 어떤 영향을 미치는지를 측정하는 것이다.

대표기출유형

🔸 다음 중 마케팅 조사에 관한 설명으로 옳지 않은 것은?

① 1차 자료는 다른 목적을 위해 이미 수집되어 있는 자료이며, 2차 자료는 조사자가 당면한 문제를 해결하기 위하여 직접 수집한 자료를 의미한다.

② 조사과업을 수행하는 경우 2차 자료를 먼저 수집한 후 1차 자료를 수집한다.

③ 편의표본추출과 할당표본추출은 비확률표본추출방법이다.

④ 타당성은 측정하고자 하는 개념이나 속성을 얼마나 정확하게 측정할 수 있는가를 나타내는 것이다.

⑤ 표본추출과정은 모집단의 확정 → 표본프레임의 결정 → 표본추출방법의 결정 → 표본 크기의 결정 → 표본추출 단계로 이루어진다.

정답 ①

해설 1차 자료는 연구자가 현재 수행 중인 연구목적에 맞게 직접 수집한 자료를 말하고, 2차 자료는 다른 수집자나 문헌 등의 자료를 활용하여 가공한 자료를 말한다.

관여도

1 관여도(Involvement)의 개념

특정 상황에 있어 자극을 받아 유발됨에 따라 지각되는 개인적인 중요성이나 관심도의 수준을 말한다. 소비자행동에서 관여도가 중요한 이유는 관여도에 따라 소비자행동이 크게 달라질 수 있기 때문이다.

고관여(High Involvement)	개인적인 중요도나 관심도가 높은 경우
저관여(Low Involvement)	개인적인 중요도나 관심도가 낮은 경우

2 관여도의 결정요인

1. 상황적 요인

(1) 물리적 환경 : 소비자행동에 영향을 미치는 모든 형태의 비인적 상황변수로 점포위치, 인테리어, 향기, 음악, 상품진열 등을 의미한다.

(2) 사회적 환경 : 소비자행동에 영향을 미치는 인적 상황 변수로 타인과의 상호작용, 역할 혼잡도 등을 의미한다.

(3) 시간 : 시간과 관련된 상황 변수로 자신에게 주어진 시간, 소요시간, 시점 등을 의미한다.

(4) 과업 정의 : 과업을 소비자가 어떻게 정의하느냐에 기초하는데, 예를 들어 제품의 구입 목적이 소비자의 사용인 경우와 선물용인 경우에 그 제품에 대한 관여도는 달라진다.

(5) 선행 상태 : 소비자 행동 발생 전 또는 발생 중 소비자의 생리적·인지적·감정적 상태에 따라 달라진다.

2. 제품 요인

(1) 심리적 위험 : 선택한 제품이 자신의 자아 이미지에 부정적인 영향을 미칠 것에 대한 염려를 의미한다.

(2) 신체적 위험 : 선택한 제품이 자신의 신체에 해를 입힐 것에 대한 염려를 의미한다.

(3) 성능 위험 : 선택한 제품이 제 성능을 발휘하지 못할 것에 대한 염려를 의미한다.

(4) 사회적 위험 : 준거집단 등의 타인으로부터 해당 선택에 대하여 부정적인 평가를 받을 것에 대한 염려를 의미한다.

(5) 재무적 위험 : 가처분 소득에 비하여 제품 가격이 너무 높을 때 가지게 되는 염려를 의미한다.

(6) 시간적 손실 위험 : 제품 구매가 잘못된 경우 이를 해결하기 위해 필요한 시간손실에 대한 염려를 의미한다.

3 관여도의 측정

1. 로랑과 카프페레의 측정방법(관여도 측정에 필요한 네 가지 차원)

(1) 부정적 결과의 중요성 : 제품의 중요성과 잘못된 제품선택에 의한 부정적 결과가 얼마나 중요한가에 대한 개인의 지각을 평가하는 것이다.

일반적으로 소비자는 자신에게 중요한 욕구나 가치를 충족시켜 주는 제품 또는 즐거움이나 쾌락적 가치를 주는 제품에 관여도가 높다. 그리고 제품과 관련하여 지각된 위험을 가질 때에도 관여도가 높아지는데, 지각된 위험이란 해당 제품을 구매하고 사용함으로 인해 초래될 결과에 대하여 소비자가 갖는 불안감을 의미한다.

(2) 잘못 선택할 가능성 : 잘못된 선택을 할 확률에 대한 개인의 지각을 측정하는 것이다.

(3) 쾌락적 가치 : 제품의 구매와 사용이 개인에게 즐거움을 줄 수 있는 능력의 정도를 측정하는 것이다.

(4) 상징적 가치 : 제품의 구매와 사용에 대하여 소비자가 부여하는 상징성의 표출 정도를 측정하는 것이다.

2. 자이코스키의 측정방법(PII ; Personal-Involvement Inventory)

제품의 중요성 차원에서만 측정한 관여도 측정방법이다.

4 관여도와 소비자 행동 유형

1. 복잡한 의사결정 유형(고관여+구매 의사결정 과정을 거침)

소비자가 행동 전에 생각한다는 가정의 행동 유형으로, 적극적으로 정보를 탐색하며 평가 기준을 이용해 상표를 평가하고 인지적 학습을 하는 특징을 보인다.

2. 상표충성도 유형(고관여+습관적 구매 과정을 거침)

과거 경험에 비추어 가장 만족스러웠던 특정 상표를 구매하는 유형으로, 정보 탐색이나 상표 평가를 하기보다는 만족에 의해 재구매를 반복하는 행동을 보이는 것이 특징이다.

3. 관성 유형(저관여+습관적 구매 과정을 거침)

저관여의 대표적인 유형으로 습관에 의한 구매가 일어난다. 쉽게 상표 전환이 일어나며 중요도나 관심도가 떨어지는 제품을 구매할 때 보이는 구매 행동이다.

4. 제한적 의사결정 유형(저관여+구매 의사결정 과정을 거침)

저관여 상황에서 최소한의 의사결정을 하는 유형으로, 신제품이 출시되었을 경우 적극적인 정보 탐색이나 상표 평가보다는 단순히 새로운 것을 구매하는 특징을 가진다.

대표기출유형

🔹 소비자 관여도에 대한 설명으로 알맞지 않은 것은?

① 관여도는 크기에 따라서 고관여도와 저관여도로 나뉠 수 있다.
② 관여도에 영향을 줄 수 있는 변수로는 재무적 위험, 심리적 위험, 사회적 위험 등이 있다.
③ 습관적 구매는 저관여 수준하에서 몰입 없이 한 브랜드를 반복적으로 구매하는 것을 말한다.
④ 점포 위치, 인테리어 등의 물리적 환경은 소비자 관여도에 영향을 미친다.
⑤ 소비자의 제품에 대한 관여도의 크기는 항상 절대적인 것으로 같은 종류의 제품에 대해서는 항상 똑같다.

정답 ⑤

해설 소비자의 제품에 대한 관여도의 크기는 상대적인 개념으로서 개인마다 다르고 제품마다 다르며 상황에 따라서도 달라진다.

소비자행동

1 소비자행동의 개념

1. 소비자행동분석의 기본 모델

소비자행동은 여러 요인에 의해 영향을 받아 발생하므로 이를 분석하기란 매우 어렵다. 소비자 행동분석 기본 모델 중 S-R이론은 소비자를 인체(O)로 보고 이에 영향을 미치는 자극(S)과 그 결과로 나타내는 반응(R)으로 구성되어 있다.

(1) 자극(Stimulus) : 소비자의 감각기관을 통해 인체 내부로 들어올 수 있는 투입변수(input variables)들로, 상품, 가격, 유통, 촉진 등 기업의 마케팅 활동뿐 아니라, 경제적, 기술적, 정치적, 문화적 환경요인 등이 포함된다.

(2) 반응(Response) : 자극에 대해서 소비자가 나타낸 행동을 의미하며, 투입(input)에 대한 산출(output)로 소비자의 상품 및 상표선택, 구매량 및 시기 등이 있다.

> ☑ 소비자행동이란 인간이 소비를 함에 있어 보이는 행동에 관한 연구이므로 사람을 다룬다. 마케팅 분야의 하나인 소비자행동은 다양한 학문에 영향을 받아 형성된 학문으로, 심리학, 사회심리학, 문화인류학, 경제학, 사회학 등의 영향을 받아 형성되었다. 기업 측면에서는 시장을 구성하고 있는 소비자들의 행동을 이해하지 않고서는 효과적인 마케팅활동을 전개할 수 없으며, 소비자들의 행동은 상당한 기간을 거쳐 형성되며 소비자행동에 영향을 미치는 요인 또한 복잡하다.

자극(S)		인체(O)		반응(R)
마케팅자극	**기타자극**	**블랙박스**		**구매자의 반응**
제품 가격 유통 촉진	경제적 기술적 정치적 문화적	심리적 특성 (동기, 지각, 학습, 태도, 개성)	구매자의 의사결정 과정	상표의 선택 제품의 구매 점포의 선택 구매량 구매시기

2. 소비자행동의 영향변수

소비자행동에서 내적 변수는 자기 자신 안에서 발생하는 것이며, 외적 변수는 자기 밖에서 발생하는 것이다. 이는 외적인 자극이 개인에게 영향을 미치고 개인 안에 들어와 여러 가지 변화를 거쳐 최종 구매에까지 이르게 되는 것을 의미한다.

〈소비행동에 영향을 미치는 주요요인〉

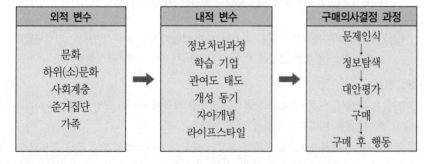

2 소비자행동의 변수

1. 외적 변수

(1) 문화(Culture)

① 문화는 사람의 욕구와 행동을 결정하는 가장 거시적이고 기본적인 요인이다. 문화는 한 나라의 거의 모든 것이라 할 수 있으며, 그만큼 광범위하다. 문화권에 속한 사람들의 가치 · 인지 · 선호 · 행위 등을 형성하는 지배적 원리이기도 하다.

② 문화는 사람들이 여러 세대를 거치는 동안 남겨 놓은 사회적 유산이며, 한 사회 특유의 라이프 스타일이다.

(2) 하위문화(Subculture)

① 하위문화란 한 문화권의 일부를 이루면서도 인종적 배경, 종교, 연령 등에 따라 다른 집단과 구별될 만큼 특이하게 나타나는 생활양식(독특한 규범, 신념 및 행동)을 말한다.

② 비교적 비슷하게 사고하고 행동하며 접촉이 타 집단에 비하여 빈번한 집단으로 지리적 위치, 종교, 인종, 연령 등에 따라 분류된다.

(3) 사회계층(Social Class) : 사회계층은 구성원들이 비슷한 가치관이나 관심 그리고 행동을 보이는 비교적 동질적인 집단으로, 한 사회 내에서 거의 동일한 지위에 있는 사람들로 구성된 집단이다.

(4) 준거집단(Reference Group)

① 집단이란 행동이 상호의존적이고, 공통된 규범, 가치, 신념을 지니고 있는 둘 이상의 사람들이며, 준거집단은 개인의 태도나 행동에 직접 또는 간접적으로 영향을 미치는 집단을 말한다.

② 회원집단(Membership Group)은 개인에게 직접적인 영향력을 갖는 집단으로 개인은 이 집단에 회원으로 가입하여 활동한다. 이는 회원 간 접촉빈도에 따라 1차 · 2차 집단으로 분류된다. 1차 집단(Primary Group)은 가족 · 친구 · 직장동료와 같이 지속적이며 주로 대면 접촉이 이루어지는 집단으로 비공식적인 관계를 맺으며, 2차 집단(Secondary Group)은 종교집단 · 동호회 · 노동조합과 같이 1차 집단보다는 더 공식적인 관계이며 회원 간 접촉이 빈번하지 않은 집단이다.

③ 비회원집단은 열망집단과 회피집단으로 나눌 수 있으며, 열망집단(Aspiration Group)은 현재 회원으로 가입되어 있지는 않으나 소속되기를 희망하는 집단이고, 회피집단(Dissociative Group)은 그 집단의 가치관이나 행동이 맞지 않아 소속을 꺼리는 집단을 말한다.

(5) 가족(Family)

① 가족은 준거집단의 하나이나 그 중요성과 특성 때문에 보통 별도로 설명하고 있으며, 가족의 경우는 상품의 구매의사결정자, 구매자, 사용자가 모두 다르거나 일부만을 담당할 수 있다.

② 가족은 소비자행동에 영향을 미치는 가장 영향력 있는 1차 집단으로, 일상생활의 구매행동에 가장 직접적인 영향을 미치는 사람들은 바로 가족 구성원들이다.

2. 내적 변수

소비자들은 위에서 언급한 요소들과 기업의 마케팅 자극에 의하여 영향을 받으며 이러한 자극에 노출된 소비자들은 내면적인 변화를 갖게 된다.

(1) 정보처리 : 정보처리과정에 의해서 형성된 태도는 구매의사결정에 즉시 활용되기도 하고, 기억 속에 일단 저장되었다가 다음 의사결정에 활용되기도 한다. 즉 소비자가 자신에게 최대의 효용을 줄 수 있는 상품을 선택하기까지 거치게 되는 복잡한 과정을 말한다.

☑ 소비자들은 외적 변수 등의 자극에 노출된다. 소비자가 자극에 노출되어 주의를 기울이고 그 내용을 이해하여 어떤 상품에 대한 태도를 형성하기까지의 과정을 정보처리과정(Information Processing)이라 한다.

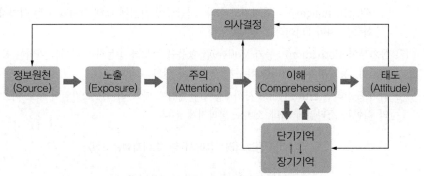

〈정보처리과정〉

① 노출 : 정보처리과정은 소비자가 기업의 광고 등 정보원의 자극에 노출(Exposure)되면 서부터 시작된다. 소비자는 자신에게 필요한 메시지에만 선택적으로 노출되고 자신과 관계없는 메시지는 회피하게 되는데 이를 선택적 노출(Selective Exposure)이라 한다.

② 주의 : 자발적 주의(Voluntary Attention)는 소비자가 자신과 관련이 있을 때 주의를 기울이는 것을 말하며, 비자발적 주의(Involuntary Attention)는 자발적 주의와 다르게 소비자와 관련이 없는 메시지임에도 불구하고 메시지가 독특하다는 이유로 주의를 기울이는 경우를 말한다.

③ 이해 : 지각은 매우 주관적이므로 사람마다 다르게 나타나며, 이러한 지각의 과정을 이해(Comprehension)라 하는데, 이는 유입된 정보의 내용을 조직화하고 그 정보의 의미를 해석하는 것을 말한다.

(2) 기억

① 감각기억, 단기기억, 장기기억으로 나누어진다.

② 단기기억은 실제적으로 정보처리가 이루어지는 장소이며, 여기서 처리된 정보는 장기기억으로 이전되어 영구적으로 저장된다. 장기기억에 저장된 정보는 후에 단기기억으로 인출되어, 의사결정에 사용되거나 혹은 단기기억에 유입된 새로운 정보를 처리하는 데 사용된다.

③ 스키마(Schema)란 어떤 대상에 대한 지식단위들로 구성되는 네트워크, 즉 한 개념과 관련된 서술적 지식들 간의 연상적 네트워크를 말한다.

(3) 학습(Learning) : 학습은 경험을 통해서 일어나는 행동의 변화를 말하며, 대부분의 인간행동은 학습되어진다. 정보처리과정과 같은 경우의 학습을 인지적 학습이라 한다.

(4) 관여도(Involvement)

① 관여도는 주어진 상황에서 특정 대상에 대한 개인의 중요성 지각 정도 혹은 관심도(Interest) 또는 관련성 지각 정도로 표현되며, 소비자가 어떤 대상(상품)에 대하여 가지는 관심의 정도를 말한다.

② 자신에게 중요하거나 지각된 위험이 높거나 상황적으로 관심이 많이 가는 상품은 고관여 상품이라 하며, 상대적으로 관심이 덜 가는 상품은 저관여 상품이라 한다.

(5) 태도(Attitude) : 태도란 어떤 대상에 대하여 호의적 또는 비호의적으로 평가하고, 느끼고, 행동하는 지속적 경향이다.

(6) 개성과 자아개념

① 개성(Personality)은 환경에 대해 비교적 일관성 있게 그리고 지속적인 반응을 낳게 하는 독특한 심리적 특성이다.

② 소비자행동분석에서는 개성과 관련된 개념으로 자아개념(Self-concept) 또는 자아이미지(Self-image)를 사용하기도 한다. 사람들이 자신에 대해 가지고 있는 이미지, 즉 자화상을 자아개념이라고 할 수 있다.

(7) 동기부여(Motivation) : 동기(Motive)란 행동을 하도록 충동하며 압력을 가하는 욕구라 정의되며, 동기부여는 이러한 욕구가 생기도록 만드는 것이다.

(8) 라이프 스타일(Life Style) : 사회계층이나 직업에 따라 라이프 스타일이 서로 다르고 각각의 라이프 스타일에 따라 소비도 달라지게 된다.

〈소비자정보처리관점에서 본 소비자행동모형〉

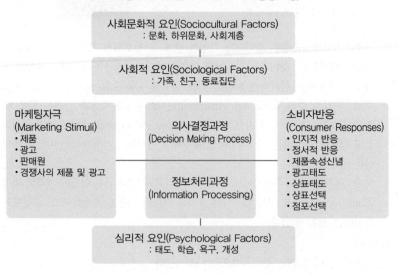

다음 중 소비자행동에 관한 설명으로 적절하지 않은 것은?

① 소비자들은 일반적으로 문제인식, 정보탐색, 대안평가, 구매결정, 구매 후 행동 순으로 구매과정을 거치게 된다.

② 관여도가 높은 수준의 상황에서는 적극적으로 정보를 수집·탐색하는 과정을 거치게 되는 포괄적 문제해결로 평가 → 행동 → 신념의 정보처리과정에 따라 행동한다.

③ 관여도는 특징 소비자의 상황 또는 관심의 중요도 및 관련성의 지각 정도를 의미한다.

④ 소비자의 기억 속에 저장되어 있는 정보 중 의사결정을 하는 데 도움이 되는 정보를 끄집어내는 과정을 내적탐색이라 한다.

⑤ 인지부조화는 구매 후 소비자가 만족스럽지 못한 이유를 찾아내고 설명하려는 과정이다.

정답 ②

해설 관여도가 높은 수준의 상황에서는 적극적으로 정보를 수집·탐색하는 과정을 거치게 되는 포괄적 문제해결로 신념 → 평가 → 행동의 정보처리과정에 따라 행동한다. 포괄적 문제해결(Extended Problem Solving)은 상당한 시간과 노력을 투입하여 정보를 탐색하고 신중한 의사결정을 하는 것이다.

1 문제인식

구매와 관련된 소비자의 문제인식은 소비자의 실제적 상태와 이상적 상태의 차이가 충분히 클 때 발생한다. 문제인식은 욕구의 결핍이나 미충족 상태를 말하며 소비자의 욕구는 배고픔 등의 생리적 욕구뿐만 아니라 사회적 성공이나 개인의 성취와 같은 사회·심리적 욕구를 포함한다.

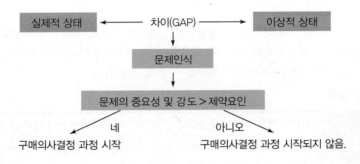

☑ 소비자가 제품을 구매할 때, 문제를 인식한 소비자들은 자신의 욕구를 충족시킬 수 있는 여러 대안들을 탐색하고 탐색된 여러 대안들 중에서 가장 큰 만족을 실현시켜 줄 수 있는 대안을 평가·선택한 다음 구매를 하게 된다. 소비자의 개인 특성이나 과거의 소비경험 또는 구매시점의 상황 등에 따라서 단계를 뛰어넘거나 순서가 뒤바뀌는 경우도 있다.

2 정보탐색

소비자의 경험과 기억에 의존하는 내적 정보탐색은 빠르고 자신의 가치관이 반영되어 있다는 장점이 있지만 정보의 양과 질이 제한적이라는 단점이 있다. 만약 내적 정보탐색에 의하여 의사결정에 필요한 충분한 정보를 획득할 수 있으면 대안평가와 구매결정이 신속하게 진행된다. 그러나 충분한 정보가 기억 속에 존재하지 않거나 즉각적으로 회상할 수 없다면 외적 정보탐색이 필요하게 된다.

☑ 소비자가 어떤 문제를 인식하고 그 문제의 크기와 중요성이 금전적 및 비금전적 비용과 사회적 규범 등의 제약요인을 극복할 만큼 충분히 크다면 구매를 목적으로 정보탐색을 하게 된다.

내적 정보탐색	• 문제 해결을 위해 먼저 자신의 과거 경험으로부터의 정보를 회상함. • 내적 탐색의 결과가 만족스러우면 더 이상 정보탐색은 하지 않고 대안을 평가하는 단계로 나아갈 수 있음.
외적 정보탐색	• 외부로부터 여러 가지 정보를 수집함. • 허위 또는 과장된 정보나 부정확한 정보가 있을 수 있으므로 사실 여부에 대하여 확인해 보아야 함.

3 대안평가

정보탐색을 통해 여러 대체안이 수집되면 소비자는 수집된 대체안 중 자신의 욕구를 최적으로 만족시킬 수 있는 대체안을 선택한다. 소비자가 여러 대안을 평가하는 데 사용하는 평가기준은 개인적 특성이나 대상 제품, 상황에 따라서 달라지며 고관여 제품일수록 평가기준의 수가 증가한다. 평가기준은 상황에 따라서도 달라지는데, 같은 제품군이라도 소비자 본인이 사용하려는 상황과 선물을 위한 상황에서의 평가기준이나 기준의 수는 달라질 가능성이 높다.

☑ 대안평가는 평가기준과 평가방식의 결정으로부터 시작된다. 평가기준이란 대안들을 비교하고 평가하는 데 사용되는 속성을 말하고, 평가방식이란 소비자가 선택된 평가기준을 통합하고 처리하는 방법을 말한다.

4 구매결정

1. 대안평가 단계에서 소비자는 구체적 상표를 구매할 것을 결정하게 된다. 구매과정에서 소비자들은 특정상표에 대한 구매뿐 아니라 그 상표를 구매할 구체적인 점포를 선택하여야 한다.

2. 구매과정에서 마케터는 소비자의 구매행동에 영향을 미칠 수 있는 여러 상황들을 고려하여야 한다.

5 구매 후 행동

1. 인지부조화(Cognitive Dissonance)

(1) 소비자가 제품 구매 이후 만족 또는 불만족을 느끼기에 앞서 자신의 선택이 과연 옳은 것이었는가에 대한 불안감을 갖는 경우를 구매 후 부조화(Post-purchase Dissonance)라고 한다.

(2) 소비자가 구매한 제품이 고관여 제품이면서, 가격이 비싸고, 자주 구매하는 제품이 아니고, 동종의 다른 제품과의 차이가 크지 않을수록 인지부조화가 더 크게 발생하며, 그만큼 소비자는 인지부조화를 감소시키는 행동을 더 크게 보인다.

2. 만족도 평가

만족	같은 구매를 다시 하게 된다면 정보탐색이나 대안평가 없이 바로 선택할 수 있다.
불만족	환불, 교환, 수리를 요구하거나 다음 구매에서 다른 상품을 사기 위해 정보탐색 단계부터 다시 의사결정 과정을 거치게 된다.

3. 구매 후 부조화 해소 방법

(1) 선택한 대안의 장점을 강화하고 단점을 약화시킨다.

(2) 선택하지 않은 대안의 장점을 약화하고 단점을 강화시킨다.

(3) 자신의 선택안을 지지하는 정보를 탐색하고 일치하지 않는 정보를 회피한다.

(4) 의사결정 자체를 중요하지 않은 것으로 여긴다.

대표기출유형

소비자의 인지부조화(Cognitive Dissonance)는 소비자 구매행동과정 중에서 어느 단계와 가장 밀접한 관련이 있는가?

① 문제인식 단계   ② 대안평가 단계   ③ 구매실행 단계
④ 정보탐색 단계   ⑤ 구매 후 평가 단계

정답 ⑤

해설 소비자의 인지부조화는 소비자가 구매 후에 그 결정을 다시 생각하면서 스스로가 그의 방침이나 상표의 선택이 올바른 것이었는지를 다시 점검하게 하며 소비자의 미래 구매전략을 다시 조정하게 하는 피드백의 역할을 한다.

소비자의 정보처리과정

1 노출과 감각

1. 노출의 유형

(1) 의도적 노출(Intentional Exposure)

① 목표지향적 노출이라고도 하며 소비자가 외적탐색을 통해 문제를 해결하기 위해 자신을 의도적으로 마케팅 정보에 노출시키는 것으로, 의사결정에 높게 관여되었을 때 발생한다.

② 의사결정과 무관하게 제품관여도가 높아 평상시에 관련제품 정보를 탐색하는 경우다.

(2) 우연적 노출(Accidental Exposure)

① 소비자가 의도하지 않은 상태에서 정보에 노출되는 경우다.

② 지하철이나 TV에서 광고를 보고 구매욕구가 생기는 경우다.

③ 우연적 노출에 의해 처리된 정보는 장기기억에 저장되었다가 차후의 의사결정에 영향을 미칠 수 있다.

(3) 선택적 노출(Selective Exposure)

① 자신이 원하지 않는 정보에의 노출은 스스로 회피하고 원하는 정보에만 의식적으로 노출되려는 성향이다.

② TV시청 중에 광고가 나오면 리모컨을 이용하여 다른 채널로 돌리는 경우다.

2. 감각의 유형

(1) 절대적 식역(Absolute Threshold)

① 감각기관이 자극을 감지할 수 있기 위한 최소한의 자극에너지 강도다.

② 자극강도가 절대적 식역에 도달해야만 소비자는 감지할 수 있다. 즉, 자극에 노출되었다고 할 수 있다.

(2) 차이 식역(Differential Threshold)

① 초기자극의 변화를 감지하는 것과 관련된 개념으로, 두 개의 자극이 지각적으로 구분될 수 있는 최소한의 차이를 말한다.

② 베버(Weber)의 법칙에 의하면 차이식역에 도달하기 위해 필요한 자극의 최소 변화치는 초기자극의 강도에 비례한다.

(3) 식역하 지각(Subliminal Perception) : 자극의 정도가 미약하여 절대적 식역 수준에 미치지 못하는 경우에도 소비자가 그 자극을 무의식 중 감지하는 것을 말한다.

2 주의

1. 고관여상태의 주의

(1) 강화된 주의(Heightened Attention) : 지속적 관여, 상황적 관여 시 정보에 우연적 노출이 되어 주의 수준이 높아진다.

(2) 자발적 주의(Voluntary Attention) : 정보탐색에 대한 필요성을 강하게 느끼면 적극적이고 능동적으로 정보를 찾아 주의 수준이 높아진다.

☑ 소비자의 정보처리과정이란 소비자가 자극물(제품, 점포, 광고)의 정보에 노출되고 주의를 기울이고 이해하는 과정을 말한다. 정보처리결과의 산출물인 자극물에 대한 지식(인지, 속성신념)과 평가(태도)는 의사결정에 바로 영향을 미치거나 기억에 저장되어 차후 관련 의사결정에 영향을 미친다.

☑ 노출이란 소비자가 마케팅자극에 물리적으로 접근하여 감각기관이 활성화될 준비가 된 상태를 말한다.

☑ 주의란 특정 자극에 정보처리 능력을 집중시키는 것을 말한다.

2. 저관여상태의 주의

(1) 동일한 정보에 반복적으로 노출되면 일부 정보가 장기 기억 속의 관련 인지적 구조에 저장되어 후에 회상될 수 있다.

(2) 특별히 잘 만들어진 광고를 보면 그 자체를 즐기기 위해 자연스럽게 주의 수준이 높아질 수 있다.

3 이해

1. 지각적 조직화

(1) 조직화란 소비자가 정보처리 대상의 여러 요소들을 통합하는 메커니즘을 말한다.

(2) 조직화의 원리
  ① 단순화 : 자극의 요소들을 통합하여 가급적 단순한 형태로 이해하는 경향
  ② 완결 : 자극이 불완전할 때 불완전한 부분을 채워 완전한 전체로서 지각하는 경향
  ③ 집단화 : 근접성, 유사성, 연속성

2. 지각적 해석

(1) 지각적 범주화
  ① 자극에 노출되면 그 자극을 기억 속에 가지고 있던 기존 스키마와 관련지음으로써 자신의 방식으로 이해하는 것이다.
  ② 스키마(Schema) : 한 대상에 대한 지식 단위들로서 구성되는 네트워크를 말한다.

(2) 지각적 추론 : 한 대상을 평가할 때 직접적으로 평가하지 않고 다른 것으로부터 추리하는 것을 말한다.

> ☑ 이해란 유입된 정보의 내용을 조직화하고 그 정보의 의미를 해석하는 것을 말하며 지각적 조직화와 지각적 해석의 단계로 구성된다.

> ☑ 지각적 조직화와 해석은 동시에 일어날 만큼 순간적으로 이루어지며, 유입정보와 장기기억 속에 저장되어 있던 관련 정보(지식)가 인출되어 작용한다.

대표기출유형

⊕ 소비자 정보처리과정에 관한 설명으로 적절하지 않은 것은?

① 스팸성 광고물의 내용을 열어보지 않고 삭제해 버리는 것은 선택적 노출(Selective Exposure)의 예라 할 수 있다.

② 정보 내용들이 차례로 제시된 경우 처음에 제시된 부분에 많은 비중을 두어 지각하는 것을 초기효과(Primacy Effect)라 한다.

③ 절대적 식역(Absolute Threshold)은 두 개의 자극이 지각적으로 구분될 수 있는 최소한의 차이를 말하며, JND(Just Noticeable Difference)라고도 한다.

④ 평소에 20도 소주를 마시던 소비자가 19도로 낮아진 소주는 구분 못하지만 18도로 낮아진 소주를 구분하는 것은 차이 식역(Differential Threshold)으로 설명될 수 있다.

⑤ 엘리베이터 거울에 붙어 있는 광고는 소비자가 의도치 않게 정보에 노출되는 우연적 노출(Accidental Exposure)에 해당한다.

정답 ③

해설 절대적 식역(Absolute Threshold)은 감각기관이 감지할 수 있는 최소한의 강도를 의미하며, 두 개의 자극이 지각적으로 구분될 수 있는 최소한의 차이는 차이 식역(Differential Threshold)이라고 한다. JND(Just Noticeable Difference)는 최소한의 구분 가능 차이로 차이 식역에 해당한다.

1 시장세분화(Marketing Segmentation)의 개념

1. 시장세분화의 의미

한 기업이 시장을 일정한 기준에 따라서 몇 개의 동질적인 소비자 집단으로 나누는 것을 말한다. 즉, 마케팅 목표와 기업의 성격에 맞도록 전체시장을 몇 개의 작은 동질적 시장으로 나누는 것을 시장세분화라고 하며 이렇게 나누어진 각각의 시장을 세분시장(Market Segment)이라 한다.

2. 시장세분화의 이점

(1) 소비자들의 욕구 충족 : 세분시장별로 고객 욕구와 제공되고 있는 제품을 대응시켜 욕구에 맞는 제품을 개발하게 되면 해당 시장을 주도할 수 있고 소비자들의 욕구를 더 정확히 충족시킬 수 있다.

(2) 경쟁 우위를 확보 : 전체시장을 대상으로 한 대량 마케팅보다는 세분시장에 맞는 마케팅 프로그램이 더 효과적이기 때문에 경쟁 우위를 확보할 수 있다.

(3) 변화하는 시장수요에 능동적 대처 : 전체시장보다는 세분시장을 대상으로 할 때 시장의 변화와 요구를 잘 파악할 수 있으며 신속하고 능동적으로 시장 변화에 대응할 수 있다.

2 세분시장의 전제 조건

1. 측정가능성

각각의 세분시장은 크기와 구매력을 측정할 수 있어야 한다.

2. 접근가능성

세분시장은 자사의 선별적인 마케팅 수단(중간상, 광고매체, 회사의 판매원 등)의 접근이 용이하여야 한다.

3. 실질성(충분성)

각각의 세분시장은 이익을 낼 수 있을 만큼 충분히 커야 한다. 적정규모 이상이 되어야 수익을 낼 수 있기 때문에 작은 세분시장에 대한 차별적 마케팅활동은 비효율적이다.

4. 이질성

세분시장 간에 소비자 욕구는 이질적이어야 한다. 모든 소비자들의 욕구가 동질적이라면 시장을 나눌 필요가 없다.

5. 실행가능성

세분시장별로 소비자 욕구를 충족시킬 수 있는 별도의 마케팅 전략이 실행가능해야 한다.

3 소비자시장의 세분화

1. 지리적 세분화

생활 지역이나 기후와 같은 자연환경을 기준으로 세분화하는 것이다. 세분화 작업이 용이하고 적은 비용으로 세분시장에 접근할 수 있다는 장점이 있다.

2. 인구통계적 세분화

나이, 성별, 가족, 수명주기, 소득, 직업 등의 인구통계적 변수를 기준으로 세분화하는 것이다. 수요와 연관되어 있고 상대적으로 측정하기 쉽다는 장점이 있다.

> ☑ 시장세분화란 전체 시장을 구성하는 잠재고객들을 다양한 욕구에 따라 동질적인 하위시장들로 분류하는 과정을 말하며 이러한 하위시장들을 전체 시장과 구분하기 위하여 세분시장이라고 부른다.

기출문제

경영과 기업

기업활동의 조직

인사관리

생산관리

마케팅관리

실전모의고사

3. 심리분석적 세분화

(1) 의의

① 구매의사결정과 관련된 소비자의 생각, 느낌, 행동과 같은 소비자 심리변수는 중요한 세분화 변수가 된다. 대표적인 심리분석적 세분변수로 라이프스타일을 들 수 있다.

② 심리분석적 변수는 독립적으로 사용되기보다는 지리적 세분변수나 인구통계적 세분변수를 보완해 주는 보조지표로 이용되는 경우가 많다.

(2) 장점 : 심리분석적 세분화는 고객에 관한 풍부한 정보를 제공해 준다.

(3) 단점

① 변수의 정확한 측정이 힘들다.

② 소비자의 심리는 구매시점 전후의 상황이나 매장의 물리적 환경 등에 의해 수시로 변화한다.

③ 심리적으로 구분된 세분시장을 판별하고 접근하기 어려울 때가 많다.

4. 행위적(행동적) 세분화

행위적 세분변수는 특정제품에 대한 소비자의 구매행위를 기준으로 시장을 설명하려는 것으로, 소비자들이 제품으로부터 추구하는 효익, 사용량, 구매상황, 상표충성도 등이 있다.

(1) 추구 효익 : 소비자가 특정 제품을 통해 획득하려는 효익과 관련하여 시장을 세분화하는 것이다.

(2) 사용량 : 사용량을 기준으로 소비자를 비사용자, 소량 사용자, 보통 사용자, 다량 사용자 등으로 구분할 수 있다.

(3) 구매 또는 사용상황 : 소비자가 제품구매를 생각하는 시기, 구매하는 시기 혹은 사용하는 시기를 기준으로 시장을 세분화할 수도 있다.

(4) 브랜드충성도 : 상표충성도라고도 하며 소비자가 어떤 특정상표를 일관성 있게 구매하는 정도를 말한다.

4 표적시장의 선정

기업이 만족시키고자 하는 공통된 욕구와 특징을 공유하는 구매자의 집합을 의미한다. 표적시장은 세분화를 통해 도출된 여러 개의 세분시장들 중에서 가장 자사에 적합한 시장이어야 한다.

대표기출유형

💠 **시장세분화에 대한 설명 중 옳지 않은 것은?**

① 효과적인 시장세분화를 위해서는 세분시장의 규모가 측정 가능하여야 한다.

② 시장세분화를 통해 소비자들의 다양한 욕구를 보다 정확하게 파악할 수 있다.

③ 시장의 규모가 불명확한 신성장사업에는 시장세분화 전략이 적합하지 않다.

④ 동일한 세분시장 내에 있는 소비자들은 이질성이 극대화되며 세분시장 간에는 동질성이 존재한다.

⑤ 시장을 욕구가 비슷하거나 동일한 일부를 묶어서 세분화한 것으로 소비자들의 다양한 욕구를 충족시키기에 적합하다.

정답 ④

해설 시장세분화 시 동일한 세분시장 내에 있는 소비자들은 동질성이 극대화되도록 해야 하며 세분시장 간 소비자들은 이질성이 극대화되어야 한다.

포지셔닝

1 포지셔닝(Positioning)의 개념

1. 포지셔닝의 의미

자사의 제품이 경쟁사와 차별화되어 소비자의 마음속에 경쟁적 위치를 차지할 수 있도록 인지시키는 전략을 말한다. 여기서 포지션(Position)은 소비자들의 인식 속에 자사나 제품이 경쟁자 혹은 경쟁 제품과 차별화되어 형성하고 있는 상대적 위치다.

2. 포지셔닝 맵(Positioning Map)

(1) 관찰 불가능한 포지션을 이해하기 위한 마케팅 도구로, 고객의 머릿속에 형성된 기업이나 제품에 대한 포지션을 2차원이나 3차원 그래프로 표시한 것이며 인지도(지각도, Perceptual Map)라고도 한다.

(2) 자사제품이 소비자에 어떻게 인식되고 있는지, 경쟁 제품은 무엇이고 몇 개나 있는지, 경쟁 제품과 자사제품이 관계가 있는지를 알 수 있다.

(3) 가장 중요한 것은 지표(기준 1, 기준 2)의 적절성으로, 지표는 마케터의 인식이 아닌 고객의 인식을 기준으로 선정되어야 한다.

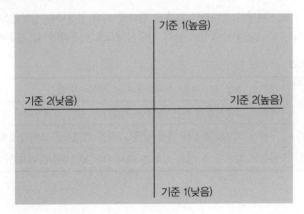

2 포지셔닝 전략 유형

1. 제품 속성에 의한 포지셔닝

(1) 자사제품이 경쟁기업의 제품과 다르게 가지고 있는 기능적, 감각적 편익이나 속성 같은 차별점을 소비자에게 인식시키는 방법이다.

(2) 가장 흔히 사용되는 방법으로 기존 자사제품의 약점에 대한 개선을 인식시키거나 강점을 다시 부각시키기도 하고 경쟁제품에는 없는 속성이나 약점을 부각시켜 포지셔닝한다.

2. 경쟁제품에 의한 포지셔닝

(1) 자사제품과 경쟁제품을 직·간접적으로 비교해서 자사제품의 우위를 소비자들에게 인식시키는 방법이다.

(2) 경쟁제품에 의한 포지셔닝은 시장선도 기업과 도전 기업 모두에게 적합한 전략으로 알려져 있다.

> 시장세분화와 표적시장의 선정이 끝나면 세분시장의 고객들에게 자사의 제품과 서비스 혹은 기업자체를 경쟁자와 차별적으로 인식시킬 수 있는 방안, 즉 포지셔닝 전략을 세워야 한다.

(3) 시장선도 기업의 이미지를 자사의 포지션과 연관시킴으로써 그 효과를 증대시킬 수 있어 선도 기업을 추격하는 도전 기업들도 이 전략을 많이 사용한다.

3. 제품군에 의한 포지셔닝

소비자들이 특정 제품군에 대해 긍정적으로 평가하고 있는 경우에는 자사제품을 그 제품군과 동일하게 포지셔닝하고 소비자들이 특정 제품군을 부정적으로 평가할 경우 그 제품군과 다르게 포지셔닝하는 방법이다.

4. 제품 사용자에 의한 포지셔닝

자사제품이 특정 사용자 계층에 적합하다고 소비자에게 인식시키는 방법이다. 즉, 제품을 사용하는 사용자 특성을 차별적으로 인식시키는 방법이다.

5. 리포지셔닝(Repositioning)

(1) 리포지셔닝의 개념
  ① 소비자들의 욕구나 경쟁포지션이 변화함에 따라 기존 제품의 포지션을 새롭게 전환시키는 활동이다.
  ② 소비자들이 가지고 있던 인식이 깊이 뿌리박혀 있기 때문에 다소 어렵지만 기존의 제품으로 시장을 확대할 수 있다는 장점이 있다.

(2) 리포지셔닝이 필요한 경우
  ① 현재의 포지셔닝이 소비자의 트렌드 변화에 의해 경쟁력을 상실했을 경우에 필요하다.
  ② 해당시장의 규모나 수익성이 낮아 신규시장으로 이동해야 할 경우에 필요하다.

6. 기타 포지셔닝

이미지	제품의 추상적인 면을 소비자에게 강조하는 방법
혜택	제품이 경쟁제품과 다른 혜택을 지녔다는 점을 소비자에게 인식시키는 방법
품질·가격	제품이 최고의 품질에 가장 낮은 가격을 가졌음을 소비자에게 인식시키는 방법
사용 상황	제품이 사용될 수 있는 상황을 제시하여 소비자에게 인식시키는 방법

대표기출유형

다음 중 포지셔닝 전략을 수립하는 절차로 적절한 것은?

Ⓐ 경쟁자 확인	Ⓑ 소비자 분석	Ⓒ 경쟁제품 포지션 분석
Ⓓ 자사제품 포지션 개발	Ⓔ 포지셔닝의 확인 및 리포지셔닝	

① Ⓐ - Ⓑ - Ⓒ - Ⓓ - Ⓔ   ② Ⓐ - Ⓒ - Ⓑ - Ⓓ - Ⓔ
③ Ⓑ - Ⓒ - Ⓐ - Ⓓ - Ⓔ   ④ Ⓑ - Ⓐ - Ⓒ - Ⓓ - Ⓔ
⑤ Ⓑ - Ⓓ - Ⓐ - Ⓒ - Ⓔ

정답 ④

해설 포지셔닝(positioning)이란 표적고객의 마음속(mind-set)에 마케터가 원하는 위치를 차지하는 과정이라 할 수 있으며, 포지셔닝 전략을 수립하는 절차는 소비자 분석 → 경쟁자 확인 → 경쟁제품 포지션 분석 → 자사제품 포지션 개발 → 포지셔닝의 확인 및 리포지셔닝이다.

제품

1 제품의 수준

핵심제품	• 핵심 편익이나 서비스를 가리키는 것 • 구매자가 진정으로 구매하는 것은 무엇인가에 대한 응답
유형(실체)제품	• 일반적으로 사람들이 상품이라고 하며, 구체적으로 드러난 물리적인 속성 차원의 상품 • 특성, 상표, 디자인, 포장, 브랜드네임(Brand Name), 품질, 특징, 스타일링이 포함
확장제품	• 유형제품의 효용 가치를 증가시키는 부가 서비스 차원의 상품 • 유형제품에 보증, 반품, 배달, 설치, A/S, 사용법 교육, 신용, 상담 등의 서비스를 추가하여 상품의 효용 가치를 증대시키는 것

〈제품 구성의 3단계〉

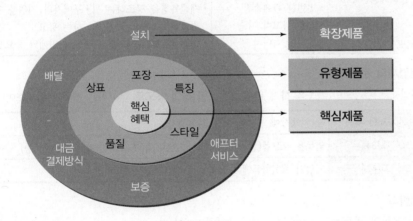

제품믹스(Product Mix)
제품믹스는 기업이 보유하여 운영하는 제품계열의 집합체이다. 여기서 제품계열이란 같은 기능을 가지거나 같은 고객 집단을 대상으로 하는 제품의 집합체를 의미한다.

2 제품의 분류

1. 소비재의 분류

(1) 편의품(Convenience Goods)

① 소비자가 자주 구입하며 물건을 고르는 데 특별한 노력을 기울이지 않고 최소한의 대안 비교와 구매노력으로 구매하는 제품이다(일상생활 필수품).

② 편의품은 생필품, 충동제품, 긴급제품으로 나누어지며 긴급제품은 소비자 욕구가 긴급하기 때문에 즉시 구입하는 제품이다. 비 오는 날의 우산, 앰뷸런스, 눈 오는 날의 자동차 스노우 타이어 등이 그 예다.

(2) 선매품(Shopping Goods)

① 많은 점포에서 다양한 제품을 보고 가격, 품질, 스타일, 색상 등을 비교한 후에 구입하게 되는 제품이다(패션의류, 가구, 중고차, 호텔과 항공 서비스).

② 편의품보다 가격이 비싸며 드물게 불규칙적으로 구입하는 제품이다.

③ 소비자들은 여러 판매점의 상품을 비교한 후에 상품을 구입한다.

기출문제 / 경영과 기업 / 기업활동의 조직 / 인사관리 / 생산관리 / 마케팅관리 / 실전모의고사

(3) 전문품(Specialty Goods)

① 유일한 특성을 지니고 있기 때문에 관여도가 매우 높고 소비자가 자신이 찾는 품목에 대해 잘 알고 있으며 구매하기 위해 많은 노력을 기울인다(고급 승용차, 최고급 시계 등).

② 전문품 소비자는 무엇을 원하는가를 잘 알고 있으며 이를 얻기 위하여 시간과 돈을 투자한다.

〈소비재의 분류와 마케팅전략〉

구분	편의품	선매품	전문품
구매빈도	높음.	낮음.	매우 낮음.
구매 관여수준	낮은 관여수준	비교적 높은 관여수준	매우 높은 관여수준
문제해결방식	습관적 구매	복잡한 의사결정에 의한 구매	상표애호도에 의한 구매
마케팅전략	• 저가격 • 광범위한 유통 • 낮은 제품차별성 • 빈번한 판매촉진 • 높은 광고비 지출 • 빈번한 이미지 광고	• 고가격 • 선택적 유통 • 제품차별성 강조 • 제품특징을 강조하는 광고 • 인적 판매의 중요성	• 매우 높은 가격 • 독점적(전속적) 유통 • 높은 상표 독특성 • 구매자의 지위를 강조하는 광고 • 인적 판매의 중요성

2. 산업재의 분류

산업재는 추가적인 가공을 하기 위해 혹은 사업상의 용도로 구매하는 제품과 서비스이다.

원자재와 부품	제품 제작에 필요한 모든 자연생산물
소모품	업무용 소모품(종이, 연필 등), 수선·유지 소모품(페인트, 나사 등)
자본재	기업의 생산활동에 도움을 주는 설비와 부속장비 등

3. 서비스

(1) 무형의 제공물로서 소유권 이전이 발생하지 않는다.

(2) 무형성, 비분리성, 이질성, 소멸성의 특징이 있다.

대표기출유형

🔖 일반 소비재 시장과 비교하여 산업재 시장의 특징에 대한 설명 중 틀린 것은?

① 산업재 구매자수요는 최종소비자 수요로부터 나온다.

② 산업재 시장의 수요는 더 탄력적이다.

③ 산업재 시장은 그 수는 적으나 구매자의 규모는 더 크다.

④ 산업재 시장의 수요는 변화가 심하고, 더 빨리 변동한다.

⑤ 산업재 시장의 고객은 지역적으로 더 집중되어 있다.

정답 ②

해설 산업재(B2B) 시장은 소비재(B2C) 시장에 비해 대체재의 수가 적어 그 수요가 비탄력적이다.

신제품의 개발

1 신제품(New Product)의 개념

기업 입장에서의 신제품의 참신성

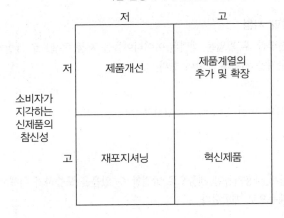

	저	고
저	제품개선	제품계열의 추가 및 확장
고	재포지셔닝	혁신제품

소비자가 지각하는 신제품의 참신성

1. 혁신제품
시장에 최초로 나타난 혁신적 신제품으로 기업과 소비자 모두에게 참신성이 높은 제품을 말한다.

2. 대체품(제품개선)
모양, 기능, 편익 등이 기존의 제품과 유사하거나 상당히 다를 수 있는 제품으로 기업과 소비자가 모두 참신성이 낮다고 생각하는 신제품이다.

3. 모방제품(제품계열의 추가 및 확장)
시장에는 널리 알려진 상품이 이미 존재하지만 자사의 입장에서는 타사의 제품을 모방한 새로운 제품이다.

4. 재포지셔닝
기존 상품을 새로운 사용자나 용도에 이용되도록 하는 제품으로 기업에게는 참신성이 낮지만 소비자에게는 참신성이 높은 신제품이다.

2 신제품 개발과정

아이디어 생성 → 아이디어 평가 → 제품 콘셉트 개발·시험 → 사업성 분석 → 시제품 개발 → 시장 테스트 → 상품화

1. 아이디어 생성
(1) 신상품 아이디어의 원천
   ① 외부적 원천 : 고객에 대한 조사를 통해 아이디어를 개발, 경쟁기업의 상품을 분석하는 과정에서 아이디어를 발견
   ② 내부적 원천 : 영업사원이나 판매원들을 통해 아이디어를 수집

☑ 신제품이라는 용어는 다양한 의미로 사용되고 있지만 소비자와 기업 관점에서의 새로움의 정도에 따라 기존 제품과 다른 새로운 제품을 말한다. 좁게는 기술 혁신의 결과 지금까지 시장에 존재하지 않았던 혁신 제품을 말하며 넓게는 기능을 개선한 제품, 경쟁사 제품을 모방하여 새로 생산한 제품, 다른 회사로부터 제품 품목이나 제품 계열을 인수하여 새로 생산한 제품과 같이 기업으로서 처음으로 생산하는 제품을 모두 포함한다.

☑ 신상품 개발의 실패원인
1. 소비자 욕구·기호의 파악과 충족의 실패로 기존 상품과 차별화된 독특한 편익을 소비자에게 제공하지 못하는 경우
2. 잘못된 마케팅으로 부적합한 표적시장과 포지셔닝의 선택
3. 불충분한 마케팅커뮤니케이션·유통 지원으로 광고, 판촉, 유통의 부족한 지원
4. 사내 조직과 관련된 요인들로 부서 간의 의사소통 부족과 이견 조정 실패

☑ 아이디어 창출기법
1. 대표성을 띤 소비자 표본을 선정하여 표적집단면접을 실시
2. 소비자들이 어떻게 상품을 사용하고 그 사용과정에서 어떤 문제점을 경험하는지 분석·관찰

(2) 창조적 집단의 활용 및 개방형 혁신의 도입 : 소수의 인원으로 구성된 창의적 집단을 활용하거나 외부인 활용

2. 아이디어 평가

아이디어의 수를 줄이기 위한 목적으로 좋은 아이디어를 선별하고 수익성 없는 아이디어를 제거하는 것이다.

3. 제품 콘셉트 개발과 시험

제품 아이디어를 선별한 후 기업은 채택된 아이디어들을 제품 콘셉트로 개발하고 표적시장에 해당 제품이 적합한지를 시험해 보아야 한다.

4. 사업성 분석

신상품의 매출액, 비용, 이익 등에 대한 추정치를 토대로 매력도를 평가하여 신제품이 개발되었을 때 수익성이 있는지를 확인하여야 한다.

5. 시제품 개발

제품 아이디어가 실제 사용가능한 제품으로 발전할 수 있음을 보증하기 위해서 제품 콘셉트를 물리적인 형태의 제품으로 개발한다.

6. 시장테스트

시장테스트의 목표는 다양한 가격 수준에서의 판매결과를 예측하는 것이고, 실제 시장 환경에서 제품이 수익성 있게 팔릴 수 있는지에 관한 최종 의사결정을 하는 것이다.

7. 상품화(상업화)-출시

시험마케팅이 성공적이라는 결론이 나면 신상품 출시시기와 출시지역을 선정하는 것이다.

> ☑ 시장테스트란 기업에서 새로운 제품을 출시하기에 앞서 제품 패키지와 마케팅 기획을 테스트하는 것을 말한다.

대표기출유형

✚ 신제품 개발과정에 관한 다음 내용 중 올바른 것을 모두 고르면?

> a. 아이디어 창출단계에서는 많은 수의 아이디어 창출에 중점을 둔다.
> b. 사업성 분석은 제품 콘셉트 테스트 다음에 이루어진다.
> c. 제품 콘셉트 개발단계에서 시제품(Prototype)을 만든다.
> d. 시장테스트(Market Test)는 제품 출시(시판) 후에 소규모로 실시된다.

① a, b   ② a, d   ③ b, c
④ b, d   ⑤ c, d

정답 ①

해설 c. 제품 콘셉트 개발단계에서는 시제품을 만드는 것이 아니라 상품 아이디어를 소비자가 사용하는 단어로 전환한다.
d. 시장테스트를 거쳐 제품을 대규모로 출시한다.

신제품 수용과 확산

1 신제품의 수용과 확산과정

1. 신제품 수용과 확산의 개념

(1) 수용과정은 개인 또는 조직이 신제품을 알게 된 시점에서 최종적으로 그것을 받아들이는 시점에 이르기까지 행하게 되는 심리적인 결정 과정을 말한다.

(2) 확산과정은 신제품이 시간이 지남에 따라 사회에 퍼져 나가는 과정을 말한다.

 신제품의 수용과 확산과정에 대한 이해는 신제품을 시장에 성공적으로 정착시키는 데 있어서 매우 중요하다.

2. 신제품의 수용과정

인지 (Awareness)	신제품에 대하여 알게 되지만 정보는 아직 부족한 단계(잠재고객화)
⇩	
관심 (Interest)	신제품이 자신에게 유용한 것인지 확인하기 위해 정보를 찾는 단계
⇩	
평가 (Evaluation)	신제품을 다른 대체안과 비교하여 장단점을 판단하는 단계
⇩	
시험적 사용 (Trial)	샘플을 사용하는 등 제한된 상황하에서 신제품을 수용하는 단계
⇩	
수용 (Adoption)	신제품을 전면적으로 받아들이는 것으로 제품을 사용할지 결정하는 단계
⇩	
확인 (Confirmation)	제품을 수용하고 난 후 즉각적으로 자신의 결정이 옳았는지에 대한 확신을 구하는 단계

2 수용자의 유형

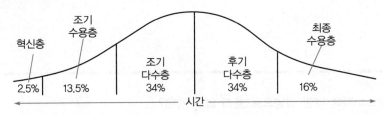

1. 혁신층(Innovators)

(1) 비교적 젊고 사회적 지위가 높으며 부유한 계층의 소비자들이 많다.

(2) 지역적으로는 한 지역 내에서의 제한적 관계보다 지역 외의 다양한 집단과 폭넓은 관계를 유지하고 있는 소비자다.

(3) 정보의 획득에 민감하므로 판매원과 같은 인적 정보에 의지하기보다는 광고와 같은 비인적 정보원을 선호하는 경향이 있다.

2. 조기수용층(Early Adopters)

(1) 지역 내에서 사회적으로 긴밀한 관계를 유지하고 있는 계층으로서 사회에서 존경받고 있다.

(2) 의견선도자의 역할을 하고 있으며 판매원에 의존하는 바가 크다.

3. 조기다수층(Early Majority)

(1) 매우 신중한 소비자로 사회적 또는 경제적으로 평균을 약간 상회하는 수준을 유지하고 있으며, 의견선도자는 아니지만 지역사회의 적극적인 성원으로 활약한다.

(2) 조기수용층의 소비 형태를 모방함으로써 평균보다 앞서 신제품을 구매한다.

4. 후기다수층(Late Majority)

(1) 신제품에 대하여 항상 소극적인 자세를 취하는 의심이 많은 소비자로, 신제품에 대하여 회의적인 시각을 가지고 있어서 많은 사람들이 제품을 사용하고 난 뒤 구입한다.

(2) 제품을 구입할 때 경제적인 동기가 가장 큰 영향을 미치며 주위 동료들의 분위기에 마지못해 구매하는 경우가 많다.

(3) 광고나 판매원보다 구전이 효과적이며 가격인하, 쿠폰 등과 같은 판매촉진이 바람직하다.

5. 최종수용층(Laggards)

(1) 신제품을 제일 마지막으로 수용하는 계층으로, 신제품에 대하여 매우 회의적이며 보수적인 구매성향을 보인다.

(2) 최종수용층에 속하는 소비자들이 신제품을 수용하고 나면 이 제품은 이미 신제품으로서의 의미가 없으며 혁신층은 또 다시 새로운 개념의 제품을 수용하려고 한다.

(3) 전형적으로 나이가 많고 사회적, 경제적으로 하위계층에 속하는 사람이 많다.

6. 비수용자(Non-adopters)

신제품을 결코 수용하지 않는 비수용자도 상당수 있다.

대표기출유형

➕ 다음 중 혁신층(Innovators) 소비자에 대한 설명으로 옳지 않은 것은?

① 비교적 젊고, 사회적 지위가 높다.

② 비교적 소득이 높은 소비자층으로 구성된 경우가 많다.

③ 지역적으로는 지역 외의 다양한 집단과 폭넓은 관계를 유지하고 있는 소비자다.

④ 인적 정보보다는 광고와 같은 비인적 정보원을 선호하는 경향이 있다.

⑤ 광고나 판매원보다 구전이 효과적이며 가격인하, 쿠폰 등과 같은 판매촉진이 바람직하다.

정답 ⑤

해설 후기다수층(Late Majority)에 관한 설명으로, 신제품에 대하여 항상 소극적인 자세를 취하는 의심이 많은 소비자로 주위 동료들의 분위기에 마지못해 구매하는 경우가 많다.

제품수명주기

1 제품수명주기(PLC ; Product Life Cycle)의 개념

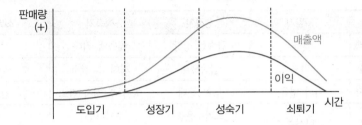

1. 제품수명주기의 의의

하나의 제품이 시장에 도입되어 폐기되기까지의 과정으로, 수명의 길고 짧음은 제품의 성격에 따라 다르지만 대체로 도입기–성장기–성숙기–쇠퇴기의 단계로 진행된다.

2. 제품수명주기의 특징

(1) 신제품 개발이나 기존 제품의 개량 등에 관한 적절한 시기와 방향을 제시해 준다.

(2) 기술혁신의 진전에 따라 더 좋은 제품이 나오기 때문에 제품 수명주기가 짧아진다.

(3) 기업은 성장을 위해서 언제나 성장기에 있을 만한 제품을 라인에 끼워 두고 신제품 개발이나 경영의 다각화를 시도하여야 한다.

2 제품수명주기별 특징

1. 도입기

(1) 제품 도입의 초기에는 상품개발을 위한 투자비와 홍보비용이 많이 소요되므로 매출액이 매우 적으며 매출액 증가속도가 느리다.

(2) 판매량이 적으며 원가가 높아 이익이 거의 발생하지 않고 오히려 손실을 보는 경우가 많다.

(3) 도입기의 고객은 대부분 혁신층이며 경쟁자는 소수다.

(4) 마케팅 전략의 목표는 시장의 주도권을 확보하는 것이므로 4P 전략 중 촉진 전략과 가격 전략이 중요하다.

2. 성장기

(1) 수요량이 급증하고 이익이 많아지는 단계로 품질개선을 통해 새로운 시장을 탐색하는 등 시장에서의 우위를 유지하기 위한 마케팅 전략이 필요하다.

(2) 매출액과 이익이 급격하게 상승하고 경쟁자 수도 점차 증가하기 때문에 제품차별화정책이 필요하므로 제품 확대, 서비스 보증 제공 등을 해야 한다.

3. 성숙기

(1) 경쟁이 심화되고 수요는 포화상태에 이르기 때문에 매출량은 가장 많지만 경쟁이 가장 치열하여 매출액이 서서히 감소하는 단계다.

(2) 신제품의 개발전략이 요구되고 기존고객의 유지가 중요하며 수요를 유지하기 위해서 리마케팅이 필요하다.

4. 쇠퇴기

(1) 판매와 이익이 급속하게 감소하는 단계로 제품의 생산축소와 폐기를 고려해야 한다.

(2) 새로운 대체품의 등장과 소비자의 욕구와 기호의 변화로 인해서 시장수요가 감소하는 단계다.

〈제품수명주기별 특징과 마케팅 전략〉

구분		도입기	성장기	성숙기	쇠퇴기
특징	매출액	낮음.	급속한 성장	매출액 최대	감소
	이익	적자	급속증대	최대 후 감소	감소
	경쟁자	거의 없음.	점차 증대	최대 후 점차 감소	감소
	고객	혁신층	조기수용층 조기다수층	조기다수층 후기다수층	최종수용층
마케팅전략	마케팅 목표	제품인지와 사용증대, 시장개발	시장점유율 극대화	이익 최대화와 시장점유율 방어	비용절감과 수확 또는 철수
	제품	기본제품 제공 및 제품 결함 파악	제품계열 연장, 품질 보증 및 서비스의 확대	제품의 개량 및 모델의 다양화	취약제품의 폐기
	가격	고가격 또는 원가가산 가격	시장침투가격	경쟁사 대응 가격	가격인하
	유통	선택적 유통	개방적 유통	개방적 유통	선택적 유통
	광고	정보전달적 광고	설득적 광고	차별적 광고	최소한의 광고
	판매 촉진	사용 유도형 판촉활동	수요확대에 따른 판촉활동의 감소	상표전환·방어를 위한 판촉활동 강화	최저 수준의 판촉활동

대표기출유형

➡ 제품수명주기(PLC)상 다음의 내용과 관계가 깊은 단계는?

> • 매출이 급성장하는 단계이다.
> • 제품과 서비스를 확대한다.
> • 시장점유율 극대화를 목표로 한다.
> • 고객층은 조기수용층과 조기다수층이다.

① 도입기　　　　　　② 성장기　　　　　　③ 포화기
④ 성숙기　　　　　　⑤ 쇠퇴기

정답 ②

해설 성장기 단계의 특징은 다음과 같다.
1. 매출액이 급성장한다.
2. 경쟁자 수가 점차 증가한다.
3. 가격은 시장침투가격으로 결정한다.

브랜드

1 브랜드(Brand)의 개념

1. 브랜드의 정의

제품이나 서비스를 소비자에게 식별시키고 경쟁자들과 차별화하기 위해 사용되는 독특한 이름과 로고, 디자인 등 상징물의 결합체. 브랜드는 유사제품을 판매하는 경쟁사들로부터 소비자와 생산자를 보호하고, 기업 간의 기술격차가 없어지면서 브랜드만이 경쟁사들과 차별화할 수 있는 도구가 된다.

2. 브랜드 구성요소 선택의 평가기준

(1) 기억용이성 : 구매·소비상황에서 쉽게 눈에 띄거나 회상될 수 있는 브랜드명, 심벌, 로고

(2) 유의미성 : 브랜드요소의 제품군, 브랜드 속성, 편익 전달 가능성

(3) 전이성 : 브랜드요소의 지리적 범위 확대 가능성과 다른 제품으로의 확장 가능성

(4) 적응가능성 : 시장환경 변화에 대한 적응 가능성

(5) 보호가능성 : 법적 보호 가능성

3. 일반 상품과 브랜드 제품

(1) 일반 상품이란 속명(Generic Name)으로 불리는 일반 기능 표시의 상품과 브랜드 네임이 있더라도 브랜드 이미지가 형성되지 못한 상품을 일컫는다. 일반 상품은 경쟁 상품과 차별화가 거의 불가능하지만 브랜드 제품은 브랜드로 차별화가 쉬워진다.

(2) 브랜드 제품은 경쟁 브랜드와 차별성이 있고 그 브랜드만이 갖고 있는 특별한 이미지가 형성되어 있는 제품으로 마케팅 기능과 효과뿐만 아니라 가격과 이익도 큰 차이가 있다.

일반 상품명	브랜드명
맥주	하이트
자동차	GENESIS

4. 브랜드의 역할

소비자	기업
• 제품 출처 확인 • 제품 생산자에 대한 책임 부여 • 제품 선택의 위험이 감소 • 탐색비용이 절감 • 제품 생산자와의 약속, 보증, 계약 • 상징적 도구 • 품질표시	• 제품 취급이나 관리를 간편하게 하는 확인 수단 • 제품 고유의 특징을 법적으로 보호하는 수단 • 소비자를 만족시키는 품질 수준 표지 • 제품에 독특한 연상을 부여하는 수단 • 경쟁우위의 원천 • 재무적 이익의 원천

☑ 미국마케팅협회(AMA)는 브랜드를 '판매업자가 자신의 제품이나 서비스를 식별시키고 경쟁업자의 제품이나 서비스와 차별화할 목적으로 사용하는 이름, 용어, 기호, 상징, 디자인 혹은 이들 모두의 결합체'라고 정의한다.

☑ 브랜드와 상표

1. 브랜드와 상표의 가장 큰 차이는 사용 용도다. 브랜드가 마케팅 용어라면 상표는 법률 용어라고 할 수 있다.

2. 브랜드는 판매자가 자신의 상품을 다른 상품과 구별하기 위하여 붙인 이름, 문자, 기호, 도형 또는 이들의 결합을 가리키지만 상표(Trade-mark)는 브랜드 사용에 대한 독점 배타권이 부여되고 민·형사상 보호를 받을 수 있게 특허청에 등록된 것이다.

2 브랜드 계층구조에 의한 분류

한 기업이 판매하는 여러 제품들에 적용되는 브랜드명 유형들 간의 서열을 보여 주는 것이다.

1. 기업 브랜드

기업명이 브랜드 역할을 하는 것으로 기업의 모든 활동, 기업의 비전, 기업의 책임, 기업의 정체성을 기업의 이름으로 커뮤니케이션하는 브랜드다.

2. 패밀리 브랜드

기업 브랜드의 하위 브랜드로 제품카테고리를 대표하여 여러 가지 상품에 부착되는 브랜드다.

3. 개별 브랜드

(1) 한 가지 상품에 부착되는 브랜드로 모든 제품마다 각각의 고유브랜드를 붙이는 경우를 말한다.

(2) 장점 : 소비자들에게 브랜드마다 각각의 신선한 이미지와 소비자 효익을 직접 전달한다.

(3) 단점 : 제품 개발 때마다 개별 브랜드를 개발하고 마케팅을 하는 등 많은 비용이 발생한다.

4. 브랜드 수식어

구형 모델과 구분하기 위하여 붙이는 숫자나 수식어를 말한다.

대표기출유형

🔹 **다음 중 브랜드에 대한 설명으로 적절하지 않은 것은?**

① 소비자가 상품을 게쉬탈트(Gestalt), 즉 전체적으로 떠오르는 이미지로 인식하는 데 도움을 준다.

② 자산(Equity)으로서 가치를 가질 수 있다.

③ 소비자의 충성도(Loyalty)를 높이는 중요한 요소다.

④ 소비자가 구매의 대상이 되는 상품들을 평가하는 사고비용(Thinking Cost)을 증가시킨다.

⑤ 기업의 입장에서 브랜드는 제품의 고유 특징을 법적으로 보호하는 기능을 수행한다.

정답 ④

해설 소비자의 마음속에 브랜드 이미지가 자리 잡게 되면 소비자가 구매의 대상이 되는 상품들을 평가하는 사고비용(Thinking Cost)이 줄어든다.

1 제조업자 브랜드(NB ; National Brand)

1. 제조업자가 브랜드를 개발·소유·관리하여 브랜드 가치를 키우는 브랜드다.
2. 재무상태가 좋고 관리 상태가 우수한 우량기업들이 주로 사용한다.
3. 전국을 대상으로 대량생산과 대중매체를 이용한 대량광고를 하므로 상품의 지명도와 신뢰도가 매우 높은 편이다.
4. 제조업체가 유통 및 촉진, 가격 결정에 많은 관여를 할 가능성이 크다.

2 유통업자 브랜드(PB ; Private Brand, PL ; Private Label)

1. 유통업자가 자체적으로 기획한 브랜드로서 도·소매점이 스스로 위험을 가지면서 기획한 제품에 부착하는 브랜드다.
2. PB 상품의 이점
   (1) 중간 마진폭이 제거되고 점포의 이미지로 판매하는 경향이 크므로 별도의 촉진비용이 들지 않는다. 따라서 동일한 품질의 제조업자 브랜드 부착제품에 비해 높은 이익을 확보할 수 있고 소비자는 보다 저렴한 가격으로 제품을 구입할 수 있다.
   (2) 점포 내에서 PB 상품을 가장 좋은 위치에 진열할 수 있어 이익이 많은 PB 상품을 더욱 많이 판매할 수 있다.
   (3) NB와 유사한 품질의 상품을 보다 낮은 가격으로 팔 수 있기 때문에 점포의 이미지를 상승시킬 수 있다.
3. PB 상품의 한계
   (1) NB에 비해 인지도가 낮기 때문에 제조업자 브랜드의 가격 할인행사가 이루어지면 매출액이 떨어진다.
   (2) PB로 개발할 수 있는 제품은 주로 저관여 제품 중심이다.

3 무 브랜드(Generic Brand)

1. 무 브랜드는 포장에 단순히 제품의 카테고리만을 표시하고 가능한 한 기업명이나 확인 가능한 용어를 표시하지 않는다. 예 화장지, 김
2. 대개 NB와 PB에 비해 매우 낮은 가격으로 판매되어 가격에 민감한 소비자들이 주로 구매한다.
3. 제조업자는 품질의 최저기준을 정하고 안심하고 사용할 수 있는 신뢰도 높은 상품을 NB나 PB보다 저가로 제공한다는 콘셉트로 상품기획을 하여야 한다.

4 PNB(Private National Brand)

1. PNB는 NB와 PB의 중간 형태로 제조업체가 특정 유통업체의 특성에 맞게 생산하고 이를 특정 유통업체에만 독점 판매하는 방식이다.
2. 브랜드에 대한 소유권이 제조업체에게 있다는 점에서는 NB와 유사한 반면 해당 유통업체에서만 구매할 수 있다는 점은 PB와 비슷하다.

☑ 현대적인 의미에서의 브랜드는 어떤 조직이나 개인이 자신의 제품이나 서비스에 정체성을 부여하고 경쟁사들과 차별화시키기 위해 사용하는 다양한 구성 요소들(Identity)을 통해 소비자들에게 믿음을 주는 상징적 의미 체계이며, 소비자와 함께 공유하는 문화이고 소비자와 어떠한 관계를 만들어 주는 것이다.

5 SPA(Specialty store retailer of Private label Apparel) 브랜드

1. SPA 브랜드의 의의

(1) 한 업체가 기획과 생산, 유통을 수직적으로 통합하고 과정 전부를 총괄함으로써 효율성을 높이는 방식으로 운영하는 브랜드 업체를 말한다.

(2) 1 ~ 2주 만에 트렌드(유행)에 맞게 저렴한 가격을 앞세워 빠른 상품회전율을 추구하는 의류라는 의미에서 패스트 패션(Fast Fashion)이라고도 부른다.

2. SPA 브랜드의 특징

제조사가 정책 결정의 주체가 되어 대량생산 방식을 통해 효율성을 추구하여 제조원가를 낮추고, 유통단계를 축소시키므로 저렴한 가격과 빠른 상품회전을 특징으로 한다.

3. SPA 브랜드의 장단점

장점	• 유통 · 판매 비용절감으로 제품을 저렴한 가격에 공급 가능 • 짧은 생산주기로 인하여 최신 트렌드를 즉각 반영 • 다품종 소량생산이므로 구입한 의류가 희소성을 가질 수도 있음.
단점	최신 트렌드에 초점을 맞추므로 한 시즌도 못 입고 버려지는 경우도 생김.

대표기출유형

🔷 **다음에서 설명하는 브랜드의 종류는?**

> 기획 · 디자인, 생산 · 제조, 유통 · 판매의 전 과정을 운영하는 의류 전문 소매업을 의미한다. 이것은 대량생산 방식을 통해 제조원가를 낮추고 대형 직영 매장을 운영해 싼 가격에 상품을 공급한다. 또한 계절별로 신상품을 내놓는 일반 의류업체와 달리 최신 트렌드를 반영한 신상품을 1~2주 단위로 출시한다. 빠른 회전율이 주요 전략이기 때문에 이들을 패스트 패션이라 부르기도 한다.

① PNB   ② SPA 브랜드   ③ 유통업자 브랜드
④ 내셔널 브랜드   ⑤ 공동브랜드

정답 ②

해설 SPA 브랜드는 자사의 기획브랜드 상품을 직접 제조하여 유통까지 하는 브랜드로 대량생산 방식을 통해 효율성을 추구하여 제조원가를 낮추고, 유통 단계를 축소시켜 저렴한 가격에 빠른 상품 회전이 가능하다는 것이 특징이다.

오답풀이

① PNB : 제조업자 브랜드와 유통업자 브랜드의 중간 형태로, 브랜드 소유권을 가진 제조업체가 특정 유통업체에 맞는 특화제품을 생산하고 해당 유통업체에 독점 판매하는 브랜드다.

③ 유통업자 브랜드 : 유통업자가 자체적으로 기획한 브랜드다.

④ 내셔널 브랜드 : 전국적인 시장수용성을 가지는 제조업자 브랜드다.

⑤ 공동브랜드 : 여러 기업들이 공동으로 개발하여 사용하는 단일 브랜드다.

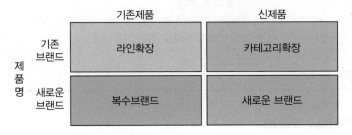

〈4가지 브랜드 개발 전략〉

제품 카테고리

	기존제품	신제품
기존 브랜드	라인확장	카테고리확장
새로운 브랜드	복수브랜드	새로운 브랜드

제품명

기업은 브랜드 개발과 관련하여 제품에 어떤 브랜드를 사용할 것인가에 대해 4가지 대안, 즉 라인확장, 카테고리확장, 복수브랜드, 새로운 브랜드를 고려할 수 있다.

1 라인확장(Line Extension)

1. 기존의 제품 카테고리 내에서 형태, 성분, 포장 크기 등을 변경한 변형제품에 동일한 브랜드를 부여하는 전략을 말한다.

2. 기존 세분시장에 새로운 패키지를 등장시킴으로써 기존 고객들의 사용량을 증가시키기 위한 목적으로 이루어진다.

3. 후발 브랜드의 공격을 방어하기 위한 방법으로도 활용된다.

4. 브랜드의 재활성화를 목적으로 활용되기도 한다. 노후화된 브랜드의 이미지를 개선하기 위해 새로운 제품 라인으로 브랜드를 재활성화시키는 것이다.

〈라인확장의 장점과 위험〉

장점	• 낮은 비용으로 매출 및 수익성 증대 효과 • 브랜드에 대한 태도가 긍정적으로 바뀔 수 있음(긍정적인 반향효과).
위험	• 신상품의 특성을 잘 나타내지 못할 가능성 • 부정적인 반향효과가 발생할 가능성 • 하향확장의 경우 희석효과와 자기잠식의 위험 • 상향확장의 경우 프리미엄 이미지 구축에 실패할 가능성

2 카테고리확장(Category Extension)

1. 서로 다른 제품군 간에 기존의 브랜드명을 동일하게 사용하는 것을 의미한다.

2. 기존 브랜드의 차별적인 스타일, 성분 또는 구성요소를 도입하여 새로운 범주로 확장하는 경우, 기존 브랜드명을 보완제품에 사용하는 경우, 동일 고객 프랜차이즈와 관련된 제품으로 확장하는 경우, 기존 제품의 핵심역량을 이용하여 확장하는 경우 등 다양한 방법이 존재한다.

〈카테고리확장의 장점과 위험〉

장점	• 낮은 비용으로 성공 가능성 높아짐. • 긍정적인 반향효과 기대
위험	• 두 상품 범주 간에 유사성이 낮은 경우 실패할 위험 • 기존 브랜드가 어떤 상품 범주와 밀접하게 연결되어 있는 경우 실패할 위험 • 부정적인 반향효과가 발생할 가능성

3 복수브랜드(Multibrand)

기존의 제품 카테고리에 여러 개의 브랜드를 운영하는 전략으로 마케팅 자원을 분산시키고 자사 제품들끼리 경쟁을 하는 상황이 발생할 수 있다.

장점	• 각 세분시장에 맞는 상표의 개발을 통해 더 많은 고객의 흡수 • 소매점에서 진열공간의 확보 수단 • 상표전환고객으로 하여금 자사제품의 다른 상표를 구매하도록 유도 • 상표관리자 상호 간에 매출액 증대를 위한 경쟁 유발
위험	• 자기시장 잠식현상의 유발 가능성 • 마케팅자원의 분산

4 새로운 브랜드(New Brand)

새로운 제품 카테고리에 새로운 브랜드를 도입하는 전략이다.

대표기출유형

다음 중 브랜드 개발 전략에 대한 설명으로 적절한 것은?

① 카테고리확장은 상품 간 유사성이 낮을 경우에 실패할 위험이 크다.

② 개별브랜드전략은 각 제품에 대하여 한 브랜드가 시장에서 실패할 경우 다른 브랜드에 큰 영향을 준다.

③ 복수브랜드는 각 세분시장에서 맞는 상표 개발을 통해 다양한 고객을 흡수할 수 있다는 장점을 가진다.

④ 라인확장은 노후화된 브랜드를 없애고 새로운 브랜드를 창출하여 이미지는 개선하는 경우에 활용된다.

⑤ 아기 기저귀를 판매하는 A사가 A라는 자사 브랜드로 전국 대도시에 10여 개의 A 어린이집을 운영하는 것은 복수브랜드에 해당한다.

정답 ③

해설 복수브랜드는 기존의 제품 카테고리 내의 세분시장에 특화된 여러 종류의 브랜드를 출시하여 다양한 고객층을 확보하는 것을 목적으로 한다.

브랜드 자산

1 브랜드 자산(Brand Equity)의 구성

브랜드 자산은 '브랜드명이나 브랜드마크와 연결되어 기업 및 기업의 고객을 위한 제품이나 서비스에 부가된 브랜드 자산과 부채의 총합'으로 정의할 수 있다.

1. 브랜드 인지도

소비자가 특정한 제품 카테고리에 속한 특정 브랜드를 인지할 수 있는 정도를 말한다.

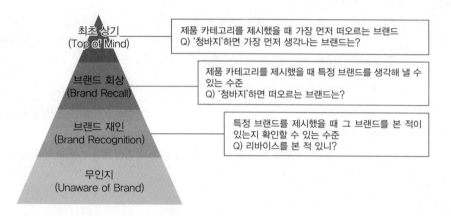

최초 상기
(Top of Mind) — 제품 카테고리를 제시했을 때 가장 먼저 떠오르는 브랜드
Q) '청바지'하면 가장 먼저 생각나는 브랜드는?

브랜드 회상
(Brand Recall) — 제품 카테고리를 제시했을 때 특정 브랜드를 생각해 낼 수 있는 수준
Q) '청바지'하면 떠오르는 브랜드는?

브랜드 재인
(Brand Recognition) — 특정 브랜드를 제시했을 때 그 브랜드를 본 적이 있는지 확인할 수 있는 수준
Q) 리바이스를 본 적 있니?

무인지
(Unaware of Brand)

(1) 브랜드 재인 : 다양한 제품 브랜드들이 제시된 상태에서 소비자가 특정 브랜드를 알고 있는지를 통해 측정

(2) 브랜드 회상 : 특정 카테고리의 다양한 브랜드를 보지 않고도 특정 제품의 브랜드를 인지할 수 있는 단계의 인지도

(3) 최초 상기 : 특정한 제품 카테고리의 다양한 브랜드 중 제일 먼저 독보적으로 떠오르는 특정 브랜드

2. 브랜드 연상 및 이미지

브랜드 연상이란 감정, 이미지, 생각 등 브랜드와 관련하여 떠오르는 모든 것을 말하고 브랜드 이미지란 이러한 연상들이 조직적으로 결합되어 소비자가 브랜드에 대해 가지는 전체적인 인상을 말한다.

3. 브랜드 자산의 원천

(1) 브랜드 자산은 브랜드 인지도와 브랜드 이미지로 구성되어 있다. 브랜드 이미지가 형성되기 위해서는 먼저 브랜드를 인지시켜야 한다.

(2) 높은 브랜드 인지도는 브랜드 자산 형성의 필요조건이지 충분조건은 아니다.

(3) 브랜드 이미지는 유리하고 독특하고 강력해야 한다.

기출문제

경영과 기업

기업활동의 조직

인사관리

생산관리

마케팅관리

실전모의고사

2 브랜드 자산의 효과

1. 고객 측면

강력한 브랜드 자산은 우수한 품질을 보증할 뿐만 아니라 사회적 자기표현의 수단이 됨으로써 고객의 구매를 유도한다.

2. 기업 측면

(1) 브랜드 가치사슬(Brand Value Chain)에 따르면 기업의 마케팅 프로그램은 브랜드에 대한 고객의 우호적인 태도를 형성하고, 이는 기업성과로 연결되어 시장에서의 기업가치를 극대화하는 구조를 형성한다.

(2) 강력한 브랜드 자산은 기업의 마케팅활동에 대한 고객의 수용성을 높이고 브랜드 충성도가 높은 고객의 확보에 기여하며, 가격 프리미엄을 통한 수익증대 및 진입장벽 구축을 통한 점유율 확대로 이어져 기업가치를 증대시킨다.

3. 브랜드 자산이 기업가치에 미치는 영향

(1) 탁월한 재무성과를 기반으로 브랜드 자산이 높은 기업들의 주식수익률은 시장평균을 압도하는 성과를 보인다.

(2) 강력한 브랜드 자산은 기업가치를 높이는 것뿐 아니라, 기업가치의 변동성(위험)을 낮추는 것에도 기여한다.

> ✓ 자산규모가 비슷할 때 재무성과는 브랜드 자산이 높은 기업이 브랜드 자산이 낮은 기업보다 우수하다. 이는 강력한 브랜드 자산이 고객충성도를 높이고 가격 프리미엄 등 높은 수익의 실현에 기여했기 때문이다.

3 브랜드 자산 측정

1. 기업 관점에서의 측정 방법

(1) 마케팅적 접근 : 비교를 통한 측정, 컨조인트 분석에 의한 측정, 초과가치 분석을 통한 측정

(2) 재무적 접근 : 취득원가에 기초한 측정, 매출액 배수를 이용한 측정, 무형자산의 가치추정을 통한 측정

(3) 인터브랜드(Interbrand)사의 측정 방법
  ① 브랜드 강도의 측정 : 브랜드 리더십, 안정성, 시장, 국제성, 추세, 지원, 보호의 7개 항목에 대한 평가를 점수로 계산
  ② 브랜드 이익의 측정 : 제품의 현금유동성을 측정하고 지난 3년간의 이익의 평균치를 구한다.
  ③ 브랜드 강도와 브랜드 이익을 곱하여 브랜드 자산을 측정

2. 소비자 관점에서의 측정 방법

(1) Young & Rubicam사의 측정 방법
  ① 브랜드의 차별성(Differentiation), 적절성(Relevance), 인기도(Esteem), 브랜드 지식(Knowledge)에 관한 설문을 실시
  ② 차별성과 적절성을 브랜드 강도, 인기도와 브랜드 지식을 브랜드 지위로 산출하여 측정

(2) K-BPI (Korea Brand Power Index)
  ① 한국능률협회컨설팅에서 브랜드 충성도(이미지, 구입가능성, 선호도)를 조사
  ② 브랜드 인지도와 브랜드 충성도를 기준으로 점수(K-BPI 지수)로 환산하여 측정

3. 아커의 브랜드 자산 측정 모델

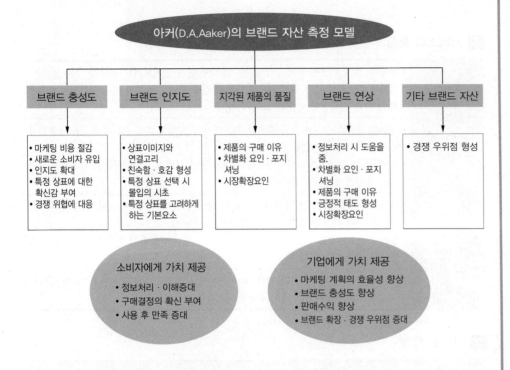

기출문제

경영과 기업

기업활동의 조직

인사관리

생산관리

마케팅관리

실전모의고사

대표기출유형

💊 다음 중 브랜드 자산(Brand Equity)에 대한 설명으로 알맞지 않은 것은?

① 높은 브랜드 인지도는 브랜드 자산의 필요조건이자 충분조건이다.

② 브랜드 자산은 기업가치의 변동성을 낮추는 데에 기여한다.

③ 소비자에게 브랜드 자산은 사회적 자기표현의 수단으로도 기능한다.

④ 브랜드 이미지는 소비자가 브랜드에서 보고 느끼는 감정과 이미지 등이 결합되어 형성된다.

⑤ 독특하거나 강한 브랜드 이미지가 있어야 브랜드 자산이 형성된다.

정답 ①

해설 높은 브랜드 인지도는 브랜드 자산 형성의 필요조건이지 충분조건은 아니다.

서비스

> ☑ 미국마케팅학회(AMA)에 따르면 서비스란 판매목적으로 제공되거나 상품판매와 연계되어 제공되는 모든 활동, 효익 및 만족이라고 한다.

1 서비스의 특징

무형성	• 실체가 없기 때문에 보거나 만질 수 없으며 쉽게 전시되거나 전달할 수도 없음. • 견본이 없으므로 경험 전까지는 그 내용과 질을 판단하는 것이 매우 어려워서 사용자의 능력과 신뢰감이 중요한 요인이 됨.
비분리성 (생산과 소비의 동시성)	• 대부분 생산과 동시에 소비되는 특징을 가지고 있기 때문에 수요와 공급을 맞추기가 어려우며 서비스는 반품할 수 없음. • 유형제품은 일반적으로 대량생산이 가능한 반면 서비스는 대량생산이 어려우며 고객 접촉 요원의 선발 및 훈련이 중요함.
이질성	• 서비스를 제공하는 사람이나 고객, 시간, 장소에 따라 즉 누가, 언제, 어떻게 제공하느냐에 따라 내용과 질에 차이가 발생함. • 개인적 선호경향을 기초로 기대감이 형성되며 개별적인 감성 차이 때문에 서비스의 품질에 대한 평가가 다름.
소멸성	판매되지 않은 서비스는 사라지므로 서비스는 일시적으로 제공되는 편익으로서 생산되고 그 성과를 저장하거나 다시 판매할 수 없음.

2 서비스 유형

구분	사람 중심	제공물 중심
유형성	**신체중심형 서비스 :** 서비스 자체가 주로 서비스를 제공받는 사람의 신체와 직접적인 관련성이 있는 서비스 예 건강관리, 승객 운송, 미용, 식당 등	**설비중심형 서비스 :** 사람의 노력이 어느 정도 필요하지만 서비스를 제공하기 위한 설비가 요구되는 것 예 화물 운송, 수리, 세탁 서비스 등
무형성	**심리중심형 서비스 :** 서비스를 제공받는 사람의 정신 또는 감정적 변화를 유발시킬 수 있는 서비스 예 방송, 공연, 음악회, 교육 등	**정보중심형 서비스 :** 서비스의 정보적 가치를 중요시하며 초기를 제외하고는 서비스 제공자와 서비스 수용자 간의 직접적인 접촉이 필요하지 않은 서비스 예 법률자문, 정보처리, 자산관리 등

3 서비스 마케팅 믹스

서비스를 판매하기 위해서는 전통적인 마케팅믹스 변수인 4P's에 사람, 물적 증거, 전달과정의 3가지 변수를 추가하여 마케팅전략을 수립하는 것이 일반적이다. 이러한 서비스 마케팅믹스 변수는 7P's라고 한다.

4 서비스 품질 결정요소

서비스 품질을 결정하는 다음 5가지 요소는 1988년 PZB(Parasuraman, Zeithaml, Berry)에 의해 개발되었으며 표적집단인터뷰를 통해 고객이 서비스 품질을 평가하는 기준을 제시한다.

1. 유형성

서비스기업의 외부환경, 종업원의 외양 등 다양한 요소로 구성되며 시설과 장비, 종업원과 커뮤니케이션의 2가지 차원으로 설명된다.

2. 신뢰성

서비스 제공자가 약속한 서비스를 시종일관 정확하게 수행하는 능력을 의미한다.

3. 응대성

서비스를 즉각적으로 제공하겠다는 서비스기업의 의지와 준비성을 뜻한다.

4. 확신성

기업의 능력, 소비자에게 베푸는 예절, 운영상의 안전성 등을 뜻한다.

능력	서비스를 수행함에 있어서 드러나는 기업의 지식과 기술을 의미한다.
예절	정중함, 친근함, 소비자의 소유물품에 대한 배려를 의미한다.
안전성	금전적인 위험이 없고 사생활이 보호되는 것에 대한 확신을 의미한다.

5. 공감성

소비자의 니즈(Needs)를 이해하고 개별화된 서비스를 제공하려는 노력을 말한다.

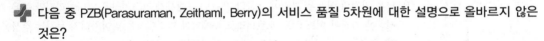

대표기출유형

➕ 다음 중 PZB(Parasuraman, Zeithaml, Berry)의 서비스 품질 5차원에 대한 설명으로 올바르지 않은 것은?

① 응대성은 고객을 돕고 즉각적으로 서비스를 제공하려는 의지이다.
② 신뢰성은 일정한 품질의 서비스를 제공하는 것이다.
③ 확신성은 약속한 서비스를 정확하게 수행하는 능력이다.
④ 유형성은 물리적 시설의 외양, 장비, 인력, 서류 등이다.
⑤ 공감성은 보살핌, 고객에게 주어지는 개별적 관심이다.

정답 ③

해설 약속한 서비스를 정확하게 수행하는 능력은 신뢰성이다.

〈서비스 품질 결정요소〉

유형성	물리적 시설, 장비, 직원들의 외모 등 물적 요소의 외형
신뢰성	약속한 서비스를 정확하게 수행할 수 있는 능력
응대성	기꺼이 고객들을 도와주고 신속한 서비스를 제공
확신성	고객에게 믿음과 확신 제공
공감성	고객을 잘 이해하고 개인화된 관심 제공

가격이란 '제품 한 단위와 교환되는 화폐의 단위 수, 즉 구매자가 기업이 생산·판매하는 제품 또는 서비스를 획득하는 대가로 지불해야 하는 화폐액'을 일컫는다. 가격은 일반적인 제품가격 이외에 여러 가지 형태나 명칭으로도 표현된다.

1 가격결정 시 고려 사항

1. 준거가격(Reference Price)

(1) 구매자가 가격이 비싼지 싼지를 판단하는 데 기준으로 삼는 가격을 말한다.

(2) 구매자의 과거 구매경험이나 현재 갖고 있는 가격정보를 기초로 형성되므로 구매자에 따라 달라진다.

(3) 빈번한 가격 인하는 준거가격을 낮출 위험을 안고 있다.

2. 유보가격(Reservation Price)

(1) 구매자가 어떤 상품에 대하여 지불할 용의가 있는 최고가격을 말한다. 즉, 그 상품의 가격이 유보가격 이하이면 구매를 하지만 유보가격을 넘어서면 너무 비싸다고 생각해서 구매를 유보하게 된다.

(2) 준거가격과 마찬가지로 구매자의 경험이나 정보에 의해서도 형성되지만 무엇보다도 구매자가 해당 상품에 대하여 주관적으로 느끼는 효용과 지불능력에 많은 영향을 받는다.

3. 최저수용가격(Lowest Acceptable Price)

어느 수준 이하로 내려가면 오히려 상품의 품질을 의심하게 되는 가격을 말한다.

4. 로스 어버전(Loss Aversion, 손실회피성)

소비자가 가격인하보다는 가격인상에 더 민감하게 반응하는 현상을 말한다. 즉, 사람들은 손해를 회피하려는 경향이 강하기 때문에 자신에게 손해가 되는 경우와 이득이 되는 경우 중에서 손해가 되는 경우에 더 민감하게 반응한다는 것이다.

5. 베버의 법칙(Weber's Law)과 JND(Just Noticeable Difference)

(1) 낮은 가격의 상품은 가격이 조금만 올라도 구매자가 가격인상을 알아차리지만 높은 가격의 상품은 가격이 어느 정도 오르더라도 구매자가 가격인상을 알아차리지 못하는 현상을 발견할 수 있는데, 이것을 베버의 법칙으로 설명할 수 있다.

> **베버의 법칙**
> $$k = \frac{S_2 - S_1}{S_1}$$
> k = 주관적으로 느낀 가격변화의 크기, S_1 = 원래의 가격, S_2 = 변화된 가격

(2) 원래의 가격이 높으면 높을수록 가격이 크게 올라야만 구매자가 가격인상을 느낄 수 있다.

(3) 기업이 일정한 범위 내에서는 가격을 인상 또는 인하하더라도 구매자가 이를 체감하지 못할 수 있다. JND란 구매자가 가격변화를 느끼게 만드는 최소의 가격변화폭을 의미한다.

6. 가격-품질연상(Price-Quality Association)

(1) 구매자들이 품질을 평가할 수 있는 단서가 없을 때에는 가격에 의존하여 품질을 평가한다.

(2) 구매자들은 가격이 높은 상품일수록 품질도 높을 것이라고 기대하기 때문에 오히려 비싼 것이 더 잘 팔리는 경우를 말한다.

(3) 이러한 경향은 보편적인 것이 아니라 구매하기 전에 품질을 평가하기 어려운 향수나 보석 등과 같은 상품들에서 주로 발견된다.

7. 의사결정자

구매의사결정자가 값을 지불하지 않을 때에는 가격에 대하여 둔감해지는 경향이 있다.

2 가격결정의 영향요인

1. 제품원가

가격의 하한선을 결정하는 핵심적인 요소이기 때문에 반드시 고려되어야 할 요인이다. 기업은 제품의 생산, 유통, 판매 등에 소요되는 비용을 충당하고 적정이익이 보장되는 수준에서 가격을 결정하려 한다.

2. 소비자 수요

가격을 결정하기 위해 기업은 제품의 총수요를 예측해야 하는데 이를 위해 먼저 소비자들이 기대하는 가격이 존재하는가를 살펴보고 상이한 가격대에서 매출변화의 추이를 추정하는 단계로 이루어진다.

3. 경쟁자 반응

신제품의 차별적 우위는 시장에 경쟁자가 진입하게 되면 점점 더 감소한다. 시장진입장벽이 낮거나 기대이익이 크다고 판단될 경우 잠재적인 경쟁자의 위협은 증가한다.

4. 기타 마케팅믹스 요소

기준가격은 마케팅믹스의 다른 요소 즉 유통, 촉진 등에 의해서도 상당한 영향을 받는다.

대표기출유형

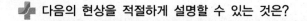

다음의 현상을 적절하게 설명할 수 있는 것은?

> 1,000원의 가격인상이 10,000원인 제품에서는 크게 느껴지는 반면 100,000원짜리 제품에 대해서는 작게 느껴진다.

① 베버의 법칙(Weber's Law)
② JND(Just Noticeable Difference)
③ 유보가격(Reservation Price)
④ 손실회피성(Loss Aversion)
⑤ 가격 – 품질연상(Price – Quality Association)

정답 ①

해설 베버의 법칙(Weber's Law)은 소비자가 가격변화에 대하여 주관적으로 느끼는 크기로, 낮은 가격의 상품은 조금만 올라도 구매자가 가격인상을 느끼지만 높은 가격의 상품은 어느 정도 오르더라도 구매자가 가격인상을 느끼지 못하는 현상이다.

오답풀이

② JND(Just Noticeable Difference) : 가격변화를 느끼게 만드는 최소의 가격변화폭
③ 유보가격 : 구매자가 어떤 상품을 구매 시 지불 가능한 최고금액
④ 손실회피성(Loss Aversion) : 소비자가 가격인하보다 가격인상에 더 민감하게 반응하는 현상
⑤ 가격 – 품질연상효과(Price – Quality Association) : 가격인상이 품질향상이란 인식을 유발시키는 것

기출문제 / 경영과 기업 / 기업활동의 조직 / 인사관리 / 생산관리 / 마케팅관리 / 실전모의고사

가격결정

1 가격결정 방법

1. 원가가산법

간단하고 계산하기 쉬워서 제품가격을 결정할 때 흔히 사용되는 방법으로, 단위당 원가에 단위당 희망이익을 더한 금액으로 가격을 책정하는 것이다.

$$\bullet \text{단위당 원가} = \text{단위당 변동비} + \frac{\text{고정비}}{\text{예상 판매량}} \qquad \bullet \text{판매가격} = \frac{\text{단위당 원가}}{1 - \text{마진율}}$$

2. 손익분기점 분석법

시장수요와 비용 모두를 고려하여 가격을 결정하는 방법으로 손익분기점에 따라 가격을 결정하게 된다.

$$\text{손익분기점} = \frac{\text{총고정비}}{\text{간접비에 대한 단위당 공헌액}} + \frac{\text{총고정비}}{\text{판매가} - \text{단위당 평균변동비}}$$

☑ **한계수입(Marginal Revenue)**
제품을 한 단위 더 판매할 때 추가적으로 발생하는 수입을 의미하고, 평균수입이란 주어진 매출액 수준에서의 단위당 가격을 말하며 총수입을 판매 수량으로 나눈 값이 된다.

3. 한계분석법

이익극대화를 위한 가격결정 시 수요와 원가 모두를 고려하는 방법이다. 한계분석을 사용하기 위해서는 한계수입의 개념을 이해해야 한다.

4. 경쟁기준 가격결정법

(1) 경쟁자대응 가격결정 : 다수의 공급자가 존재하는 시장에서 기업은 일반적으로 통용되는 가격이 얼마인지를 확인하고 중간상의 관습적인 이폭률을 고려한 후 자사의 판매가격을 결정하게 된다.

(2) 상대적 저가 가격결정 : 주요 경쟁자에 비해 가격을 낮게 설정하는 것이다.

(3) 상대적 고가 가격결정 : 시장에서 형성된 가격보다 높은 가격으로 진입하는 것이다.

5. 가치중심적 가격결정법

제품원가보다는 고객이 지각하는 가치에 따라 제품가격을 설정하는 것이다. 즉 소비자의 욕구와 가치에 대한 고객의 지각을 분석하는 것으로 시작하여 소비자가 지각하는 가치에 부합하는 가격을 설정하게 된다.

☑ 가격결정 단계에서 가격의 범위가 결정되면 기업은 이를 근거로 최종적으로 소비자에게 제시하는 가격을 결정하게 된다.

2 최종가격 결정

신제품을 개발해 시장에 진입하려고 할 때 마케터는 스키밍가격전략(초기고가전략)을 사용할 것인지 아니면 시장침투가격전략을 사용할 것인지를 결정해야 한다.

1. 스키밍가격(Skimming Pricing)전략

(1) 의의 : 신제품이 출시된 초기에 고가정책을 취함으로써 높은 가격을 지불할 의사를 가진 소비자로부터 큰 이익을 흡수한 뒤 제품 시장의 성장에 따라 가격을 조정해 가는 방법이다.

(2) 조건

① 고가를 설정한 만큼 품질이 고가에 적합해야 한다.

② 시장에 낮은 가격으로 들어올 수 있는 진입자가 없어야 한다.

(3) 특징

① 신제품에 비교적 높은 가격을 책정하여 시장에 진입하는 것으로, 가격은 대개 표적시장의 기대가격 범위보다 높게 설정된다.

② 관여도가 높고 가격민감도가 낮은 혁신수용자들이 지불할 수 있을 정도로 신제품의 가격을 가능한 높게 책정하는 것이다.

③ 수익성이 높기 때문에 투자비용을 조기에 회수할 목적이나, 소비자에게 품질이 우수하다는 인식을 심어 주기 위한 목적으로 사용될 수 있다.

④ 기업의 생산능력을 초과하지 않을 정도로 수요를 조절할 수 있으며 시장변화에 유연하게 대처할 수 있다.

2. 시장침투가격(Market Penetration Pricing)전략

(1) 신제품 가격을 상대적으로 낮게 책정하여 시장에 진입하는 것으로, 가격은 표적시장의 기대가격 범위보다 낮다.

(2) 시장에 신속히 침투하기 위한 것이 목적이며 단기간에 높은 매출액과 시장점유율을 창출할 수 있다.

(3) 경쟁기업이 시장에 진입하는 것을 억제하는 효과도 있다.

> ☑ 스키밍가격전략이 적합한 경우
> 1. 신제품이 소비자가 열망하는 명백한 특성을 갖추고 있으며 잠재고객의 수가 다수일 경우
> 2. 수요의 탄력성이 매우 낮아 가격인하가 총수익 증대에 별다른 영향을 미치지 못할 경우
> 3. 신제품이 특허와 같은 하나 이상의 진입장벽에 의해 경쟁으로부터 보호받는 경우
> 4. 제품의 생산 및 마케팅 비용에 관해 많이 알려지지 않은 경우

> ☑ 시장침투가격전략이 적합한 경우
> 1. 제품에 대한 대량수요가 존재할 경우
> 2. 수요에 대한 가격탄력성이 높을 경우
> 3. 규모의 경제로 상당한 비용절감을 달성할 수 있을 경우
> 4. 제품에 대한 치열한 경쟁이 이미 존재하거나 예상될 경우

대표기출유형

🔷 다음에서 설명하는 가격전략은?

> • 경제적 가치에 비해 가격을 낮게 설정함.
> • 시장점유율의 확대 혹은 판매량 증대를 목적으로 함.
> • 수요의 가격탄력성이 높은 제품에 적용함.

① 스키밍가격전략   ② 시장침투가격전략   ③ 포획가격전략

④ 관습가격전략   ⑤ 묶음가격전략

정답 ②

해설 시장침투가격전략은 기업이 신제품을 출시할 때 가격을 상대적으로 낮게 책정하여 시장에 진입하는 것이다. 제품에 대한 대량수요가 존재할 경우, 수요에 대한 가격탄력성이 높을 경우, 규모의 경제로 상당한 비용절감을 달성할 수 있을 경우, 제품에 대한 치열한 경쟁이 이미 존재하거나 예상될 경우에 적합하다.

오답풀이

① 스키밍가격전략 : 신제품을 출시할 때 고가로 책정한 후 저가 대체품이 출시되기 전에 가격을 내려 소비층을 확대함으로써 이윤을 극대화하는 전략이다.

③ 포획가격전략 : 주요 제품에 비교적 낮은 고정가격을 책정한 후 부수적 제품으로 수익을 창출하는 전략이다.

④ 관습가격전략 : 사회적, 일반적으로 인정하는 가격을 기업이 받아들이는 전략이다.

⑤ 묶음가격전략 : 여러 개의 제품들을 묶어서 할인된 가격으로 판매하는 전략이다.

기출문제 | 경영과 기업 | 기업활동의 조직 | 인사관리 | 생산관리 | 마케팅관리 | 실전모의고사

가격전략

1 심리 · 원가기준 가격결정법

심리기준 가격결정법	명성가격결정, 촉진가격결정, 단수가격결정, 관습가격결정
원가기준 가격결정법	• 원가기준에 의한 가격결정은 단순히 제품의 원가를 산정하여 적정마진을 감안한 제품 가격을 정하는 것 • 장점은 매우 간단한 방법이라는 점 • 단점은 원가를 정확하게 계산하기 어려운 경우는 부적절하다는 점(목표가격 설정)

2 가격전략의 종류

1. 시장침투가격전략

(1) 대중적인 제품이나 수요의 가격 탄력성이 높은 제품에 많이 이용된다.

(2) 수요의 가격 탄력성이 커서 저가격이 충분히 수요를 자극할 수 있어야 하며 경쟁자는 아직 규모의 경제를 실현할 수 없어 시장진입이 어려운 상태에 있어야 한다.

(3) 신제품 가격을 상대적으로 낮게 책정하여 시장에 진입하는 것으로 표적시장의 기대가격 범위보다 낮다.

(4) 이 전략은 시장에 신속히 침투하기 위한 것이 목적이고 단기간에 높은 매출액과 시장점유율을 창출할 수 있으며 경쟁기업이 시장에 진입하는 것을 억제하는 효과도 있다.

2. 명성가격(긍지가격)전략

(1) 제품가격을 고가로 책정함으로써 소비자들이 제품을 고품질, 높은 신분, 고가치로 인식하도록 하는 전략을 말한다.

(2) 수요와 공급의 법칙, 즉 가격이 낮아지면 수요가 증가하고 가격이 인상되면 수요가 감소하는 것과는 반대의 현상이 나타나는 제품의 경우에 적용 가능하다.

3. 관습가격

(1) 소비자들이 일반적으로 인정하는 수준에서 가격을 결정하는 방법을 말한다.

(2) 관습가격의 지배를 받는 제품들은 가격을 인상하면 수요가 급격히 줄어들고 가격을 낮추어도 수요가 증가하지 않는 특성을 갖고 있다.

4. 포획제품가격(종속제품가격)전략

(1) 제품을 싸게 판 다음 그 제품에 필요한 소모품이나 부품을 비싸게 파는 정책으로, 주제품에 대해서는 저가격을 설정하고 부속품에 대해서는 고가격을 설정하여 기업의 이익을 확보하는 가격정책이라 할 수 있다.

(2) 공기청정기나 면도기, 프린터의 경우 본체에 대한 가격은 낮게 책정하고 정기적으로 교체가 필요한 본체에 부속된 소모품에 대해서는 상대적으로 높은 마진을 부과한다.

5. 프로스펙트 이론

(1) 소비자가 의사결정을 내릴 때에 어떤 대안의 가치와 확률에 주관성이 개입되므로 선택되는 대안이 달라진다는 이론이다.

(2) 취득효용 : 제품가치와 지불가격의 비교에 의해 결정되는 일반적 의미의 효용이다.

(3) 거래효용

① 지불가격을 어떤 준거가격과 비교하여 느끼게 되는 상대적 의미의 효용이다.

② 소비자들은 지불가격이 자신의 준거가격보다 저렴한 경우에는 취득효용 외에 추가적인 거래효용 또는 즐거움을 느끼게 되므로 그 제품의 구매확률이 높아지게 된다.

③ 같은 지불가격이라 할지라도 만일 지불가격이 준거가격보다 비쌀 경우에는 불쾌감을 느끼게 되어 거래효용을 감소시키게 된다.

6. 묶음가격(Price Bundling)전략

(1) 두 개 이상의 상품을 하나로 묶어서 판매하는 방식으로 관련성 있는 상품을 패키지 형태로 판매하는 가격정책이다.

(2) 개별 제품에 대한 구매 욕구가 없는 소비자를 유인하여 제품판매를 향상시킬 수 있지만, 묶음가격이 효과적이기 위해서는 개별 제품을 각각 구매하는 것보다 묶어서 구매하는 것이 더 이익이라는 사실을 인식시켜야 한다.

(3) 묶음가격은 대체관계에 있는 상품들보다 보완관계에 있는 상품들을 묶어서 책정하는 경우가 일반적이다. 예를 들어 패스트푸드점에서 감자튀김과 햄버거, 콜라를 한 가격으로 묶어 판매하는 전략이 있다.

7. 단수가격(Odd Price)전략

(1) 천 단위 또는 만 단위로 정확하게 끝나는 것보다 19,900원, 29,800원 등과 같이 그 수준에서 약간 모자란 금액으로 가격을 설정하는 심리적 가격 전략이다.

(2) 소비자에게 가격이 낮게 설정되었다는 인식을 줌으로써 더 많은 매출을 올릴 수 있다는 것에 이론적 근거가 있다.

(3) 저가격을 강조하는 기업에게 효과적인 전략이 될 수 있으며 TV 홈쇼핑과 같은 소매업체에서 자주 활용되고 있다.

대표기출유형

➕ 다음 중 묶음가격(Price Bundling)에 대한 설명으로 옳지 않은 것은?

① 다른 종류의 상품을 몇 개씩 묶어 하나로 상품화하고 여기에 부여한 가격을 말한다.

② 묶음가격은 개별상품에 대해 소비자가 평가하는 가치가 동질적일 때 더 효과적이다.

③ 소비자가 묶음가격이 개별가격보다 더 이익이라는 것을 인식하도록 하는 것이 중요하다.

④ 묶음가격은 제품뿐만 아니라 서비스에서도 적용된다.

⑤ 기업은 묶음가격을 통하여 매출과 이익을 증대시킬 수 있다.

정답 ②

해설 묶음가격은 소비자가 평가하는 가치가 이질적일 때 더 효과적이다.

유통경로

일반적으로 생산 단계에서 산출된 재화(財貨)가 최종의 소비자에게 전달되기까지의 과정을 유통경로라고 하며, 이러한 과정을 정태적 상태에서 바라보는 것을 유통이라고 한다.

제품이나 서비스는 다양한 경로를 거쳐 최종고객에게 전달되거나 소비되고 있는데 이 경로를 유통경로라 한다. 따라서 유통경로란 어떤 상품을 최종구매자가 쉽게 구입할 수 있도록 만들어 주는 과정이다.

1 유통경로의 개념

1. 유통경로의 의의

(1) 광의의 유통은 화폐·선물·금·은 등의 경제 주체들 사이에서 사회적으로 이전하는 것을 말하며, 협의의 유통이라고 하는 것은 재화(상품)의 유통을 말한다. 더 넓은 의미로는 통상도·소매업(상적 유통)과 운수·창고업(물적 유통)을 지칭한다.

(2) 광의의 유통산업은 위의 2분류법에 덧붙여서 정보처리업 및 광고통신업(정보유통)과 각종 금융업(금융유통)을 포함한다. 유통은 상업이나 마케팅과는 구분되는 내용으로 유통의 본원적인 기능은 상품 및 서비스를 생산자로부터 소비자에게 이동시키는 것이다.

2. 유통경로의 기능

(1) 가장 기본적인 기능은 생산자로부터 소비자까지 상품과 서비스를 인격적으로 이전시켜 적합하게 하는 경제적 활동과 그 과정이다.

(2) 기본적인 기능을 바탕으로 하여 교환촉진기능, 제품구색의 불일치 완화기능, 거래의 표준화기능, 소비자와 메이커 간의 연결기능, 고객에 대한 서비스 기능 등으로 나눌 수 있다.

2 유통의 시대적 사명

1. 다양한 사회적 욕구에 부응

(1) 소비자 만족 증대 : 상품의 안정성 보장 및 소비자 불만처리 제도의 강화가 필요하다.

(2) 도시개발문제에 대응 : 신도시 개발, 도심재개발 시 도시의 활기와 풍요를 창출할 수 있도록 유통업의 역할 확대가 필요하다.

(3) 환경에 대응 : 도시폐기물 처리 문제, 점포주변 교통정체, 소음 등 환경문제를 고려한 유통시스템 구축(환경조화형 상품조달, 포장 간소화, 폐기물 재활용 등)이 필요하다.

(4) 쾌적한 노동환경 실현 : 근로시간, 근로환경의 개선으로 우수인력 확보가 필요하며 파트타이머의 고용활성화 및 여성인력의 효과적 채용을 위한 각종 제도 정비, 전문 인력 양성 및 능력·업적주의 임금체계 도입 등이 필요하다.

2. 경제사회 발전에 기여

(1) 유통시장의 확대로 고용창출 : 종합할인점, 카테고리킬러 등 신업태의 성장 및 기타 다양한 업태의 발전, 대형점의 지방네트워크화 및 다양한 점포개발로 고용 인구를 확대할 필요가 있다.

(2) 물가안정과 소비자의 실질소득증가 예상 : 중산층의 확대에 따른 소비자의 의식구조 합리화와 라이프스타일 변화로 할인업태는 계속 확대될 것이며, 이에 따른 파격적인 가격하락은 소비자의 실질소득 증가와 국민의 생활수준을 향상시키는 효과를 가져오며 물가안정에도 크게 기여할 것이다.

3. 유통구조의 개선 및 효율화

지금까지 유통업체가 영세성과 전근대성을 면하지 못한 상태에서 상품의 가격 결정권을 제조업체가 지배하는 구조였으나 앞으로는 유통업이 가격을 선도하는 구조 내지는 공존공영의 유통구조로 변화할 것이다.

4. 제조업의 경쟁력 강화 촉진

(1) 개방화, 국제화가 진전되면서 대외경쟁력 강화를 위해 업종, 규모에 관계없이 모든 민간기업이 가격인하를 강요받고 있으며, 이러한 환경하에서 한발 앞서 가격을 인하하는 기업은 단기간 내에 새로운 고객을 끌어 모으고 있다.

(2) 기업 간의 가격경쟁은 한층 치열해질 것이며, 개방화에 따른 외국의 고품질·저가격 상품과의 경쟁을 위해 제조업의 비용절감을 통한 경쟁력 확보 노력은 갈수록 확산될 수밖에 없다. 따라서 좋은 품질·저가격의 상품에 대한 수요가 증가할수록 제조업체는 가격경쟁의 우위를 점하기 위한 노력을 집중하게 될 것이다.

5. 사회적 비용의 절감

(1) 할인점은 도심이 아닌 교외지역에서도 충분한 경쟁력을 발휘할 수 있는 업태로서 국가적 차원에서는 도심교통난 완화 및 유휴토지의 효율적 활용이 가능하며, 박스 단위의 대량판매로 제조업체의 물류비 절감효과와 환경보호에도 기여한다.

(2) 소비자 입장에서는 일괄구매로 절약된 쇼핑시간을 다른 생산적인 부문에 투자할 수 있어 부가적 이득을 누릴 수 있다.

☑ 인터넷 유통

1. 최근에는 인터넷을 활용한 새로운 유통시스템이 급성장하고 있다. 이는 제조업자나 도·소매도 인터넷을 통해 소비자와 직접 연결되어 거래를 할 수 있는 시스템이다.

2. 이전처럼 '제조업자→도매→소매' 같은 유통이 아니라 소비자와 직결된 제조업자가 유통을 조직화하기 때문에, 어떻게 개별 소비자와 상호 교류할 수 있는지가 중요해진다. 즉, 개별 소비자의 특성을 파악할 수 있는 유통이 그려진다.

대표기출유형

다음 중 유통경로의 기능에 대한 설명으로 올바른 것은?

① 교환과정의 단순화를 통해 거래의 비효율성을 낮추게 된다.
② 제조기업의 대고객 서비스를 향상시키는 데 걸림돌이 될 수 있다.
③ 제조업자에게 목표 잠재고객들을 직접 관리하게 되는 계기를 마련해 준다.
④ 유통경로는 생산자부터 소비자까지의 전 과정을 중계과정 단계로 구분한다.
⑤ 거래 과정에 다수의 이해관계자가 개입하여 거래의 표준화를 해치게 된다.

정답 ①

해설 유통경로 기능의 가장 기본적인 역할은 생산자로부터 소비자까지 상품과 서비스를 인격적으로 이전시켜 적합하게 하는 경제적 활동과 그 과정이라고 말할 수 있으며, 교환과정의 단순화를 통해 거래의 비효율성을 낮추게 된다.

유통전략

1 성장전략 대안모델

1. 해당 소매업체가 기존 (소매)업태를 활용하여 자신의 표적시장 내에서 신규고객을 창출하거나 기존고객들의 충성도를 높이기 위하여 마케팅을 더욱 강화하는 전략을 시장침투전략이라고 한다.
2. 교차판매전략 실행방안의 하나로 한 가지 종류의 상품을 구매한 고객에게 다른 종류의 상품구매를 유도하여 매출상승을 추구하는 방식을 들 수 있다.
3. 다각화 전략 중 하나인 수직적 통합의 예로서 소매업체가 도매업체 또는 제조업체에 투자하는 경우를 들 수 있다.
4. 동일한 표적시장의 고객에게 지금까지와 다른 소매믹스를 가지고 새로운 소매업태를 제공하는 것을 소매업태 개발전략이라 한다.
5. 대형마트같은 대형유통업체들이 SSM(기업형 슈퍼마켓)이라는 새로운 업태를 창출하여 기존의 사업 이외에 새로운 사업을 통해 다각화를 추진하는 것이 대표적인 예다.

2 본원적 경쟁전략

1. 원가우위 전략은 재화나 서비스를 경쟁기업보다 더 낮은 원가로 소비자에게 제공하는 것이 중요한 목표다.
2. 차별화 전략은 경쟁기업과 차별화된 재화나 서비스를 소비자에게 제공하는 것이 중요한 목표다.
3. 포터(M. Porter)는 원가우위와 차별화를 동시에 추구하는 전략은 중간에 걸치는 전략이므로 잘못된 전략이라고 보았다.

3 푸시(Push) 전략과 풀(Pull) 전략

1. 푸시 전략

(1) 생산자가 유통경로를 통하여 최종소비자에게 제품을 밀어 넣는 것으로 생산자는 유통경로 구성원들을 상대로 인적 판매나 중간상 판촉 등과 같은 촉진활동을 수행한다.
(2) 푸시 마케팅을 하는 제조업체는 유통가격을 결정하는 데 있어 풀 브랜드만큼의 주도권을 가질 수 없다.
(3) 푸시 전략을 쓸 경우 비용이 대체로 변동비 성격을 갖는다. 즉 마케팅비용이 판매물량과 거래하는 소매매장의 수와 비례한다.
(4) 특화된 (전문)소매업체가 이미 소규모의 특수고객집단을 목표로 하고 있는 경우 푸시 전략이 더욱 유리하다.

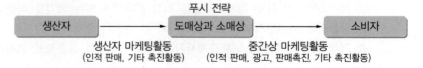

2. 풀 전략

(1) 생산자가 광고 등과 같은 마케팅활동을 최종 소비자들에게 직접적으로 수행하는 것으로 소비자들이 제품을 구매하도록 유도하기 위한 활동이다.

(2) 막대한 광고와 매스마케팅을 위한 고정비용이 유발되므로 대형브랜드에 더욱 적합하다. 푸시 전략은 지속적으로 판매되는 상품을 판매하는 유통업체에 더욱 유리하다.

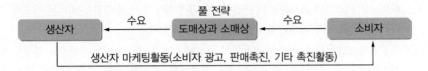

4 BPM(Business Process Management)

1. 업무프로세스를 표준화·간소화하고 비정형화된 업무구성을 시스템화해 임무와 책임을 명확히 하고자 하는 경영방법으로 소매기업의 단순한 정보의 통합을 넘어 프로세스의 통합, 지원, 관리 등을 의미한다.

2. 기능적으로 프로세스를 한눈에 파악할 수 있으므로 관리자는 팀원들이 수행하는 업무와 그 상황을 실시간으로 파악할 수 있고 프로세스 변경이 미치는 혼란을 최소화할 수 있다.

3. 효과적 측면에서 BPM은 계획, 실행, 통제 등 단계별 업무체계의 수평적 통합과 수직적 통합을 동시에 실현하여 실시간 전략수립을 지원하고 업무효율을 높여 준다.

4. 최적화된 업무프로세스와 IT 기반을 통합하여 업무프로세스의 신규생성, 수정작업에 대한 생산성 향상과 함께 비용절감에도 기여할 수 있다.

5. 업무수행 정보를 실시간으로 공유해 업무처리 속도를 향상시킬 수 있으며 리스크를 빠르게 감지, 대응할 수 있게 한다.

기출문제

경영과 기업

기업활동의 조직

인사관리

생산관리

마케팅관리

실전모의고사

www.gosinet.co.kr gosinet

대표기출유형

➕ 풀 전략과 푸시 전략에 대한 설명으로 알맞은 것은?

① 풀 전략은 인적 판매의 방식을 집중적으로 활용한다.
② 풀 전략은 실현성이 없는 전략이다.
③ 풀 전략은 수요가 보증된 인기 브랜드의 신제품 출시에 적합한 전략이다.
④ 푸시 전략은 소비자가 스스로 자사의 물건을 선택하게 한다.
⑤ 푸시 전략은 인적 판매에 해당한다.

정답 ⑤

해설 인적 판매는 푸시 전략에 속하는 것으로 설득력이 강하다.

유통경로 환경

☑ 유통경로를 둘러싸고 있는 내적 · 외적 힘과 영향 있는 단체들의 총합을 유통경로의 환경이라 지칭한다. 거래 쌍방과 이를 둘러싼 외부환경요소에 의하여 하나의 유통경로 시스템이 구성된다.

1 유통경로 환경의 개념

1. 유통경로 환경의 의의

(1) 유통경로 시스템의 외부환경은 근접성, 즉 거래 쌍방에 직접 영향을 미치는 정도에 의하여 1차 과업환경, 2차 과업환경, 거시환경으로 구성된다.

(2) 제조업자, 도매상, 소매상 등 유통경로 구성원들이 직면하고 있는 유통경로 환경은 소비자의 인구통계학, 소비자의 라이프스타일, 경로경쟁, 경제적 상황, 법적인 규제, 기술 등으로 구성되어 있으며 이러한 환경요소들은 급격히 변화하고 있다는 것이 환경요인이다.

2. 유통경로 환경의 유형

(1) 1차 과업환경(Primary Task Environment) : 거래 쌍방의 1차 공급자와 고객으로 구성된다. 일부 경로에 있어서는 규제기관과 경쟁사가 거래 쌍방 간의 교환에 직접 개입하기 때문에 1차 과업환경요소로 분류되기도 한다.

(2) 2차 과업환경(Secondary Task Environment) : 2차 공급자(1차 공급자에게 제품을 공급하는 공급자)와 2차 고객(1차 고객으로부터 제품을 구매하는 고객), 규제기관, 이해집단, 경쟁사 등으로 구성된다.

(3) 거시환경(Macro Environment) : 1차 과업환경과 2차 과업환경에 영향을 미치는 사회, 경제, 정치, 기술, 환경 등을 말한다.

2 유통경로 갈등의 유형

1. 수평적 갈등

유통경로의 동일한 위치나 단계에 있는 경로 구성원 간의 갈등을 말하는 것으로, 백화점과 백화점 간, 도매상과 도매상 간, 제조업자와 제조업자 간의 갈등을 들 수 있다.

2. 수직적 갈등

유통경로의 다른 단계에 있는 경로 구성원들 간의 갈등을 말한다. 예를 들면 화장품의 도매상이 대규모로 소매상에 공급하는 생산자와 경쟁할 수 있다. 최근 대규모 소매상의 급성장으로 제조업자가 도매상을 통하지 않고 소매상에게 직접 공급하는 경향이 뚜렷이 나타나고 있는 예가 대표적이다.

3. 업태 간 갈등

경로상 같은 단계이지만 다른 유형의 경로 구성원들 간의 갈등을 말하는 것으로 최근 백화점과 할인점 간의 갈등이 대표적이다. 제조업자는 종종 그들의 판매를 극대화하기 위하여 다양한 유형의 소매상을 통해 판매할 수 있는데, 예를 들어 삼성전자의 벽걸이 TV를 백화점을 통해서 판매할 수도 있고 할인점을 통해서 판매할 수도 있다. 이러한 경우 흔히 가격경쟁으로 인해 이 두 업태 간의 경쟁이 가속화될 수도 있다.

3 수직적 마케팅 시스템(VMS ; Vertical Marketing System)

〈수직적 마케팅 시스템의 유형〉

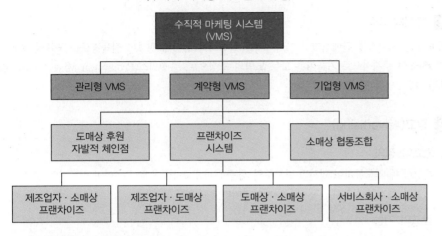

1. 기업형 VMS(Corporate VMS)

(1) 생산과 유통의 연속적인 단계를 하나의 소유권이나 자본참여를 통하여 결합하는 형태다.

(2) 경로구성원 간의 역할과 갈등을 공식적인 규정에 따라 내부적으로 조정할 수 있다.

2. 계약형 VMS(Contractual VMS)

공식적인 계약을 근거로 생산과 유통의 연속적인 단계에 참여하는 경로구성원들을 결합하는 형태다. 대표적인 형태로 도매상후원의 자발적인 연쇄점형태와 소매상협동조합, 프랜차이즈 시스템을 들 수 있다.

3. 관리형 VMS(Administered VMS)

경로구성원들 중에서 가장 규모가 크거나 시장영향력이 큰 구성원인 경로지도자(Channel Captain)이 다른 구성원들에게 비공식적으로 영향을 미쳐 생산이나 유통활동을 조정하는 형태다. 수직적 마케팅시스템 유형 중 경로구성원들의 활동에 대한 통제 정도가 가장 낮다.

대표기출유형

💡 **수직적 마케팅 시스템을 경로 구성원의 통합화된 정도가 낮은 수준에서 높은 수준의 순서로 나열한 것은?**

① 계약형 VMS < 기업형 VMS < 관리형 VMS

② 기업형 VMS < 계약형 VMS < 관리형 VMS

③ 계약형 VMS < 관리형 VMS < 기업형 VMS

④ 관리형 VMS < 계약형 VMS < 기업형 VMS

⑤ 기업형 VMS < 관리형 VMS < 계약형 VMS

정답 ④

해설 수직적 마케팅 시스템에서는 관리형 VMS < 계약형 VMS < 기업형 VMS의 순서로 통합화의 강도가 형성된다.

촉진믹스

☑ 촉진믹스의 구성

1. 광고 : 기업 등의 스폰서가 제품, 서비스 또는 아이디어를 제시하거나 촉진하기 위해 비용을 지불하는 비개인적 형태의 커뮤니케이션
2. 판매촉진 : 제품이나 서비스의 구매를 촉진하기 위한 단기적인 동기 부여수단
3. PR(Public Relation) : 기업이 자사의 이미지를 제고하거나 호의적인 평판을 얻거나 비호의적인 평판을 제거·완화시키려는 커뮤니케이션
4. 인적 판매 : 제품이나 서비스의 판매를 목적으로 하는 기존 또는 잠재 고객에 대한 판매 프레젠테이션이나 대화 등의 개인적 커뮤니케이션

① 촉진의 의의

제품 또는 서비스를 판매하거나 아이디어를 활성화하기 위해 정보나 설득경로를 구축할 목적으로 판매자들이 주체적으로 기울이는 모든 노력의 조정으로, 촉진믹스(Promotion Mix)는 광고, 판매촉진, PR, 인적 판매로 구성된다.

② 광고(Advertising)

1. 광고의 정의

다양한 매체를 통하여 명시된 광고주의 제품에 관해 통상적으로 유료이며 설득적인 정보의 조직적이고 체계화된 비대인적 커뮤니케이션이다.

2. 광고의 기능

(1) 경제적 기능 : 광고에 의하여 생기게 된 유효수요에 따라 소비성향이 높아짐으로써 경제성장에 기여하고 유통효율을 향상시킨다.

(2) 커뮤니케이션 기능 : 기업은 광고를 통한 고객 설득으로 새로운 고객의 획득뿐만 아니라 기존 고객의 유지 및 강화를 하는 데 영향을 줄 수 있다.

(3) 교육적 기능 : 소비자들은 양질의 상품을 보다 값싸게, 쉽게 구매하는 방법을 배우고 판매인이나 광고로부터 속지 않는 방법 또는 보상받는 방법 등을 알 수 있다.

(4) 사회적 기능 : 광고가 생활수준을 개선하는 가장 강력한 힘으로 작용하며, 생활의 평준화를 도모하고 대중문화를 형성시키는 기능을 한다. 하지만 때로는 과장광고, 기만광고 등의 윤리적 문제와 물질만능주의의 확대, 정보공해 등의 반사회적인 기능을 일으키기도 한다.

3. 광고목표 설정

정보전달적 광고	• 신제품을 시장에 소개할 때 주로 사용되는 방법 • 광고목표 : 기본적 수요를 구축
설득적 광고	• 소비자에게 자사의 제품구매를 불러일으키고자 설득하는 방법 • 광고목표 : 선택적 수요를 구축
상기광고	• 소비자를 설득하려 하기보다는 단지 제품을 소비자의 기억 속에서 사라지지 않게 하기 위하여 사용하는 방법(쇠퇴기 단계) • 광고목표 : 소비자 설득

4. 광고매체전략

(1) 매체 목표

① 도달범위 : 일정 기간 동안 특정 광고 메시지에 최소 한 번 이상 노출된 개인이나 가구의 비율

② 빈도 : 일정 기간 동안 광고 메시지가 예상고객 1인당 몇 번 정도 노출되는가를 나타내는 개념

③ 총평점(GRP ; Gross Rating Point) : 도달률×빈도로 많은 사람에게 노출될 뿐만 아니라 노출된 이들에게 얼마나 많은 빈도로 노출되는가를 나타내는 개념

④ 1,000명당 비용(CPM ; Cost Per Mille) : 위의 3가지 개념에 비용의 개념이 더해진 것으로 특정 매체의 메시지가 1,000명의 사람(또는 가구)에 도달하는 비용으로 측정

(2) 광고 일정계획(매체 스케줄링)

① 연속형태(Continuity) : 일정 기간 동안 주어진 광고예산을 균등히 배분하여 끊어지는 기간 없이 연속적으로 광고를 실시하는 전략

② 집중형태(Flighting) : 광고 활동을 일정 기간 동안 집중했다가 일정 기간은 광고 활동을 전혀 하지 않는 일정계획 방법

③ 파동형태(Pulsing) : 캠페인 기간 동안 지속적으로 광고를 하되 광고량에 변화를 주는 방법

(3) 광고매체 유형

ATL(Above The Line)	TV, 라디오, 신문, 잡지를 이용한 광고
BTL(Below The Line)	위성채널, 종합편성, 케이블, 뉴미디어, 기타 등의 광고

3 PR(Public Relations)

1. PR의 의의

기업에 대한 호의적인 이미지를 개발 및 유지하고 기업에 대한 비호의적인 소문, 이야기, 사건 등을 소비자의 기억 속에서 희석시키려는 활동을 말한다.

2. PR의 중요성

(1) 기업이미지 관리가 중요해짐에 따라 비상업적 메시지의 중요성이 강조되고, 이에 영향을 줄 수 있는 언론관계 활동이 필요해졌다.

(2) 기업이 직면할 수 있는 위기사건의 빈도가 증가하였다.

(3) 다양한 이익단체가 등장하고 그 영향력이 증대되었다.

(4) 통합적 마케팅 커뮤니케이션의 필요성이 대두되었다.

(5) 인터넷, 모바일 등의 새로운 기술의 발달로 인하여 기업과 공중들 간의 지속적인 커뮤니케이션의 필요성이 증대되었다.

☑ **홍보**

1. 의의 : 비용을 들이지 않고 기업이나 제품을 매체의 기사나 뉴스로 소비자들에게 알리는 활동을 말한다.

2. 특징
   - 진실성 : 대중매체에 전해지는 뉴스는 대체로 객관적이며 정확성이 높다고 인식한다.
   - 고객의 경계심 완화 : 광고나 판매원을 통해 접근하는 것과 달리 신문이나 방송을 통해 고객에게 다가가는 것이 더욱 친밀하게 느껴진다.
   - 내용통제의 어려움 : 언론 매체에서 내용을 편집하기 때문에 기업이 원하는 방향대로 통제할 수 없다.

대표기출유형

🔶 다음 〈보기〉에서 촉진믹스에 해당하는 것을 모두 고르면?

보기

| a. 제품 | b. 광고 | c. 인적 판매 | d. PR |

① a, b ② b, c ③ b, d

④ a, b, d ⑤ b, c, d

정답 ⑤

해설 촉진관리는 쉽게 말하면 TV 광고와 같이 제품의 판매를 촉진시키는 관리를 하는 것으로, 촉진믹스는 광고, 판매촉진, PR, 인적 판매로 구성된다.

빈출 지문에서 뽑은 O/X

01 잠재고객인 구매자나 소비자의 필요와 욕구를 파악하고, 그들의 기대를 충족시키는 재화와 서비스를 제공하는 과정을 시장조사라고 한다.　(O / ×)

02 마케팅의 관리이념은 '생산개념 – 제품개념 – 판매개념 – 마케팅개념 – 사회지향적 마케팅개념'으로 변천하였다.　(O / ×)

03 주로 수요가 공급보다 더 많은 상황에서 강조되는 마케팅개념은 판매개념 마케팅이다.　(O / ×)

04 니치 마케팅은 특정한 성격을 가진 소규모의 소비자를 대상으로 판매목표를 설정하는 전략이다.　(O / ×)

05 인터넷 마케팅은 인터넷 공간에서 이루어지는 마케팅전략이다.　(O / ×)

06 디마케팅은 고객들의 구매를 의도적으로 줄임으로써 적절한 수요를 창출하는 전략이다.　(O / ×)

07 전사적 마케팅은 기업의 각 부서가 독립되어 있으므로 각자가 속한 부서의 일만 집중하여 업무 실적을 향상시키는 전략을 말한다.　(O / ×)

08 소비자의 포괄적 구매의사결정 과정은 '정보탐색 → 문제인식 → 대안평가 → 구매 → 구매 후 평가'의 순서다.　(O / ×)

09 부정적 수요일 때는 유지 마케팅전략을 사용한다.　(O / ×)

10 초과수요일 때에는 대항적 마케팅전략을 사용한다.　(O / ×)

11 완전수요일 때에는 개발적 마케팅전략을 사용한다.　(O / ×)

12 잠재적 수요일 때에는 재성장 마케팅전략을 사용한다.　(O / ×)

13 등간척도(Interval Scale)는 속성의 절대적 크기를 측정할 수 있기 때문에 사칙연산이 가능하다.　(O / ×)

14 표본조사에서 불포함 오류(Non-inclusion Error)와 무응답 오류(Non-response Error)는 비관찰 오류(Non-survey Error)에 포함된다.　(O / ×)

15 마케팅조사에서 신뢰성(Reliability)은 측정하고자 하는 현상이나 대상을 얼마나 일관성 있게 측정하였는가를 나타내는 것이다.　(O / ×)

16 순수 묶음가격(Pure Bundling)은 여러 가지 제품들을 묶음으로도 판매하고 개별적으로도 판매하는 가격정책이다.　(O / ×)

17 구매자가 요구하는 서비스 수준이 높은 경우에는 통합적 유통경로(Integrated Distribution Channel)를 갖게 될 가능성이 높아진다.　(O / ×)

18 최저수용가격(Lowest Acceptable Price)은 구매자가 품질을 의심하지 않으면서 구매할 수 있는 가장 낮은 가격을 의미한다.　(O / ×)

19 동일한 세분시장 내의 소비자들은 이질성을 극대화하고 세분시장 간에는 동질성을 극대화해야 한다.　(O / ×)

20 시장세분화는 소비자의 특성에 따라 시장을 몇 개씩 세분화하여 표적시장을 명확히 설정한다.　(O / ×)

정답과 해설

| 01 | × | 02 | ○ | 03 | × | 04 | ○ | 05 | ○ | 06 | ○ | 07 | × | 08 | × | 09 | × | 10 | × | 11 | × | 12 | × | 13 | × |
| 14 | ○ | 15 | ○ | 16 | × | 17 | ○ | 18 | ○ | 19 | × | 20 | ○ | | | | | | | | | | | | | | |

01 소비자의 욕구를 파악하고 그들의 요구에 맞는 제품이나 서비스를 제공하는 과정은 마케팅이다.

02 마케팅 관리이념의 발전과정은 생산개념(기업은 생산량의 증가에만 관심) → 제품개념(기업은 생산성보다는 제품 자체의 특성, 품질 등에 관심) → 판매개념(공급이 수요를 초과하였고 기업은 구매유도, 판매조직 형성에 관심) → 마케팅개념(고객욕구에 초점) → 사회지향적 마케팅개념(윤리적, 사회적 측면을 고려)으로 변천하였다.

03 생산개념 마케팅은 수요가 공급을 초과하는 상황에서 많이 시행되며 제품 및 서비스의 생산과 유통을 강조하여 그 효율성을 개선시키는 데 중점을 둔 것으로, 소비자들이 주어진 제품들 중 폭넓게 이용할 수 있고 가격이 싼 제품을 선호한다고 보는 개념이다.

04 니치란 빈틈 또는 틈새로 해석되며 특정한 성격을 가진 소규모의 소비자를 대상으로 판매목표를 설정하는 것으로, 마치 틈새를 비집고 들어가는 것과 같다는 뜻에서 붙여진 이름이다.

05 인터넷 마케팅은 전자상거래라고도 하며, 전통적인 상거래와는 달리 컴퓨터를 이용해 온라인상에서 상품을 사고파는 행위를 일컫는다. 또한 컴퓨터와 네트워크 등 정보통신기술을 기반으로 전자화된 데이터의 형태로 표현되는 상업적인 활동을 지칭하기도 한다.

06 디마케팅은 기업들이 자사의 상품을 많이 판매하기보다는 오히려 고객들의 구매를 의도적으로 줄임으로써 적절한 수요를 창출하고 장기적으로는 수익의 극대화를 꾀하는 마케팅전략을 말한다.

07 기업이 능률적 · 효율적으로 기업 목표를 달성하려면 고객 지향적 경영철학 및 사회지향적 관리 철학만으로 달성할 수 없다. 서로 다른 각 부문 기능 사이에 협조와 조화가 있어야 가능하다. 이러한 유기체적 경영을 전사적 마케팅(Total Marketing)이라고 한다.

08 소비자의 구매의사결정단계는 '문제인식 → 정보탐색 → 대안평가 → 구매결정 → 구매 후 행동'의 단계의 순서를 거치게 된다.

09 부정적 수요는 전환적 마케팅을 사용하여 신념과 태도를 전환시키는 것이 필요하다.

10 생산능력 이상의 수요가 생겼을 때에는 수요를 줄이는 방법인 억제 마케팅을 사용해야 한다.

11 완전수요일 경우 유지적 마케팅을 사용하여 현재 수준을 유지해야 한다.

12 잠재적 수요일 경우 개발적 마케팅으로 소비자에게 잠재된 욕구와 수요를 발견하여 충족시킬 수 있게 해야 한다.

13 등간척도(Interval Scale)는 속성의 상대적 크기를 측정하는 것이다. 등간척도는 가감은 의미가 있지만 승제(곱셈과 나눗셈)는 의미가 없다. 사칙연산이 가능한 척도는 비율척도이다.

14 비표본오류(Non-sampling Error)에는 관찰오류와 비관찰오류로 구분할 수 있다. 관찰오류에는 조사현상의 오류, 자료기록 및 처리의 오류가 있고 비관찰오류에는 불포함 오류, 무응답 오류가 있다.

15 신뢰성(Reliability)은 측정하고자 하는 현상이나 대상을 얼마나 일관성 있게 측정하였는가를 나타내는 것이고 타당성은 측정하고자 하는 것을 얼마나 정확하게 측정하였는가를 나타내는 것이다.

16 순수 묶음가격(Pure Bundling)은 여러 제품들을 묶음으로만 판매하고 개별적으로는 판매하지 않는 가격정책이다.
혼합 묶음가격(Mixed Bundling)은 여러 제품들을 묶음으로도 판매하고 개별적으로도 판매하는 가격정책이다.

17 구매자가 요구하는 서비스 수준이 높은 경우, 중요한 영업비밀이 있는 경우, 품질보증이 중요한 경우, 운반이나 보관절차가 중요한 경우 등에는 통합적 유통 경로(Integrated Distribution Channel)를 갖게 될 가능성이 높아진다.

18 가격이 너무 낮으면 소비자는 품질을 의심하게 되는데 최저수용가격(Lowest Acceptable Price)은 구매자가 품질을 의심하지 않으면서 구매할 수 있는 가장 낮은 가격을 의미한다.

19 시장세분화 시 동일한 세분시장 내에 있는 소비자들은 동질성이 극대화되도록 해야 하며, 세분시장 간에 있는 소비자들은 이질성이 극대화되어야 한다.

20 시장세분화는 다양한 소비자의 욕구를 파악해 이를 기준으로 세분화하여 욕구를 보다 잘 충족시켜야 한다.

21 시장세분화의 적격 조건으로 측정가능성, 접근가능성, 유지가능성, 실행가능성이 있다. (O / ×)

22 세분화된 시장의 차이를 무시하고 한 제품으로 전체시장을 공략하는 것은 집중적 마케팅에 해당한다. (O / ×)

23 목표시장이 여러 개일 때 이들 모두에 마케팅 노력을 기울이는 경우는 차별화 마케팅전략에 해당한다. (O / ×)

24 제품수명주기상 도입기에는 비차별적 마케팅전략을 활용하는 것이 일반적이다. (O / ×)

25 제품개념 중 유형제품에는 디자인, 브랜드, 설치, 포장, 품질 등이 해당된다. (O / ×)

26 제품수명주기상 성숙기에는 경쟁이 차차 증가한다. (O / ×)

27 제품수명주기상 성장기에는 수요가 급속히 늘어나는 현상이 보인다. (O / ×)

28 제품수명주기상 쇠퇴기는 새로운 대체 상품이 나타나는 시기다. (O / ×)

29 제품수명주기상 도입기는 인지도가 낮으며 촉진비가 많이 소요되는 시기다. (O / ×)

30 사적 브랜드(Private Brand)는 유통업자가 자체 상표를 제품에 붙이는 것을 말한다. (O / ×)

31 라인확장(Line Extension)으로 브랜드 희석효과(Dilution Effect)가 발생할 가능성이 더 높은 것은 상향 라인확장이다. (O / ×)

32 제약회사 등에서 각 제품마다 다른 브랜드를 적용하는 전략은 개별브랜드(Individual Brand) 전략이다. (O / ×)

33 기존 제품과 전혀 다른 범주의 다른 영역에 동일한 브랜드를 사용하는 것은 카테고리확장(Category Extension)이다. (O / ×)

34 복수브랜드(Multibrand) 전략은 경쟁자의 시장진입을 방해하는 효과가 있다. (O / ×)

35 SERVQUAL 모형에서 확신성(Assurance)이란 약속한 서비스를 정확하게 수행하는 능력을 말한다. (O / ×)

36 신상품이 처음 나왔을 때 아주 낮은 가격을 매긴 다음, 시간이 흐름에 따라 점차 가격을 올리는 가격정책을 시장침투가격이라 한다. (O / ×)

37 구매자들이 가격인상보다는 가격인하에 더 민감하게 반응하는 경향을 손실회피(Loss Aversion)라 한다. (O / ×)

38 여러 가지 상품을 묶어서 판매하는 가격정책을 종속제품 가격책정(Captive Product Pricing)이라 한다. (O / ×)

39 신제품에 대하여 시장도입 초기 높은 가격을 책정한 후 시간이 지남에 따라 점차적으로 가격을 낮추는 전략을 포획가격전략이라고 한다. (O / ×)

40 고객의 공간편의성 제공요구가 클수록 유통경로의 단계 수는 증가해야 한다. (O / ×)

41 고객의 상품정보 제공에 대한 요구가 클수록 유통경로의 단계 수는 증가해야 한다. (O / ×)

42 고객의 배달기간에 대한 서비스요구가 클수록 유통경로의 단계 수는 증가해야 한다. (O / ×)

정답과 해설

21 ○	22 ×	23 ○	24 ○	25 ×	26 ×	27 ○	28 ○	29 ○	30 ○	31 ×	32 ○	33 ○
34 ○	35 ×	36 ○	37 ×	38 ×	39 ×	40 ○	41 ×	42 ○				

21 효과적인 세분화를 위해서는 측정가능성, 접근가능성, 집행력 등의 요건이 갖추어져야 한다.

22 무차별적 마케팅에 대한 설명이다. 집중적 마케팅이란 전체의 시장을 공략하는 것이 아니라 세분화된 시장의 한 부분의 시장점유율을 높여 이윤을 창출하겠다는 마케팅 방법이다.

23 차별화 마케팅이란 다수의 표적시장을 선정하고 그 시장에 맞는 마케팅 전략을 수립, 개발, 홍보하는 마케팅 방법이다.

24 제품수명주기상 도입기나 성장기에는 비차별적 마케팅 전략을 활용한다.

25 '설치'는 제품개념 중 확장제품에 해당된다.

26 성숙기에는 경쟁제품이 시장에 출현하여 경쟁이 가장 치열한 시기로 매출량은 가장 많지만 매출액이 서서히 감소하는 시기다.

27 성장기에는 수요가 급속히 늘어나 실질적인 이익이 창출되는 시기다.

28 쇠퇴기는 새로운 대체 상품이 시장에 나타남에 따라 판매와 이익이 급속하게 감소하게 되는 시기다.

29 도입기는 인지도가 낮으며 경쟁상대가 없다. 초기에 제품개발을 위한 투자비가 많이 들고 제품을 홍보하기 위한 촉진비가 많이 소요되는 시기다.

30 PL(Private Label)로도 불리고 있는 유통업자 브랜드(PB)는 유통업자가 자체적으로 기획한 브랜드로서 도·소매점이 스스로 위험을 가지면서 기획한 제품에 부착하는 브랜드다.

31 하향 라인확장의 경우 모브랜드의 고급 이미지를 희석시켜서 결국에는 브랜드 자산을 약화시키는 부정적인 반향 효과가 발생할 위험이 크다. 이와 같이 브랜드 확장이 모브랜드에 미치는 부정적인 효과를 희석효과(Dilution Effect)라고 한다.

32 개별브랜드 전략이란 하나의 제품계열에 속해 있는 제품들에 각각의 브랜드를 개별적으로 부여하는 전략을 말한다.

33 카테고리확장(Category Extension)이란 현재의 브랜드명을 기존 제품과 전혀 다른 범주의 신제품으로 확장하는 것이다.

34 복수브랜드는 기존의 제품 카테고리에 여러 개의 브랜드를 운영하여 시장점유율을 확대하는 전략을 말한다.

35 확신성이란 고객에게 믿음과 확신을 제공하는 것이고, 약속한 서비스를 정확하게 수행하는 능력은 신뢰성이다.

36 시장침투가격이란 신제품 가격을 상대적으로 낮게 책정하여 시장에 진입하는 것으로, 표적시장의 기대가격 범위보다 낮다.

37 구매자들의 가격인하보다는 가격인상에 더 민감하게 반응하는 경향이 있으며 이것을 심리학에서는 손실회피라고 한다.

38 여러 가지 상품을 묶어서 판매하는 가격정책을 묶음가격이라고 한다.

39 신제품에 대하여 시장도입 초기 높은 가격을 책정한 후 시간이 지남에 따라 점차적으로 가격을 낮추는 전략을 스키밍 가격전략이라고 한다.

40 고객의 공간편의성 제공요구가 크다는 것은 멀리 있으면 고객이 찾아갈 의사가 없다는 것으로 유통단계를 늘려야 한다.

41 고객의 상품정보 제공에 대한 요구가 크다는 것은 고객이 제품이나 서비스에 대한 상세한 정보를 원하는 것으로 이런 경우는 유통단계를 줄이는 것이 유리하다.

42 고객의 배달기간에 대한 서비스요구가 크다는 것은 고객이 오래 기다릴 수 없다는 의미이므로 유통경로를 확대하여 고객의 집 근처에서 바로 받아가게 해야 한다.

01 다음 중 현대의 마케팅 개념과 가장 거리가 먼 것은?

① 마케팅의 관건은 소비자를 만족시키는 것이다.
② 판매와 촉진이 핵심적인 마케팅 수단이다.
③ 전사적이며 통합적인 마케팅을 지향한다.
④ 고객만족을 통해 이익을 추구한다.
⑤ 사회 전체의 복지 향상을 고려해야 한다.

02 마케팅에 대한 설명 중 옳지 않은 것은?

① 내부마케팅이란 종업원에 대한 마케팅 활동을 의미하며, 외부마케팅이란 고객에 대한 마케팅 활동을 말한다.
② 기업의 마케팅 순서는 외부마케팅을 먼저 하고 내부마케팅을 나중에 해야 한다.
③ 고객생애가치란 고객으로부터 얻게 되는 현금흐름의 총합을 의미하는 것으로 고객이 평생 동안 창출해 줄 수 있는 현금흐름의 합계를 의미한다.
④ 자극적 마케팅이란 잠재적 시장에서 전혀 관심이나 수요가 없는 무수요를 환경의 변화나 제품에 관한 정보를 유도하여 관심을 불러일으키는 마케팅이다.
⑤ 사회적 마케팅이란 사회복지를 통해 고객만족과 기업이익 달성을 목표로 하는 마케팅이다.

03 인터넷 마케팅에 관한 설명 중 옳은 것을 모두 고르면?

a. 인터넷 마케팅의 발달로 실질적인 대량 고객화(Mass Customization)이 가능하게 되었다.
b. 인터넷 제품은 경험적 속성을 가진 정보제품이 주종이므로 수확체증의 법칙(Returns to Scale)이 발생한다.
c. 인터넷쇼핑몰에서는 전환비용이 낮아 가격에 민감하기 때문에 저렴한 가격이 항상 유효한 가격전략이다.
d. 인터넷 유통경로에서는 생산자와 소비자가 직접 거래를 하기 때문에 중간상 배제(Dis-intermediation) 현상은 나타나지만 중간상 재창출(Reintermediation) 현상은 나타나지 않는다.
e. 인터넷광고와 촉진수단 못지 않게 인터넷 구전의 효과가 커지고 있다.

① b, c, d 　　② a, b, e 　　③ c, d, e
④ a, d, e 　　⑤ b, c, e

04 마케팅과 관련된 윤리적 문제에 포함될 수 있는 적절한 항목은 모두 몇 개인가?

> a. 가격경쟁을 제한하는 행위
> b. 오도광고(Misleading Advertising)
> c. 유통경로구성원의 경로 파워 남용
> d. 개인정보 유출
> e. 제품의 계획적인 진부화(Planned Obsolescence)

① 1개 　　② 2개 　　③ 3개
④ 4개 　　⑤ 5개

05 다음 중 마케팅 활동의 궁극적인 목표로 가장 적절하지 않은 것은?

① 소비자의 요구 충족 　　② 경쟁시장에서의 우위 확보
③ 기업의 이윤 극대화 　　④ 장기이윤의 확보
⑤ 사회정의의 실현

06 다음 중 현대적 마케팅에 대한 설명으로 옳은 것은?

① 현대적 마케팅의 특징으로 선형 마케팅을 들 수 있다.
② 생산 활동과 제품을 강조하며 기업이 생산 가능한 제품을 생산하여 시장에 출시하는 체제이다.
③ 소비자 위주의 선행적 마케팅으로 전사적 마케팅이다.
④ 기업이 생산한 제품을 소비자에게 강압적으로 구매시키는 마케팅이다.
⑤ 기업은 판매할 수 있는 제품을 만드는 게 아니라 이미 만들어진 제품을 판매하는 것이다.

07 다음 중 마케팅 개념의 발달 과정 순서로 올바른 것은?

① 생산 콘셉트 → 제품(품질) 콘셉트 → 판매 콘셉트 → 마케팅 콘셉트 → 사회지향적 콘셉트
② 제품(품질) 콘셉트 → 판매 콘셉트 → 생산 콘셉트 → 사회지향적 콘셉트 → 마케팅 콘셉트
③ 제품(품질) 콘셉트 → 생산 콘셉트 → 판매 콘셉트 → 사회지향적 콘셉트 → 마케팅 콘셉트
④ 생산 콘셉트 → 판매 콘셉트 → 제품(품질) 콘셉트 → 사회지향적 콘셉트 → 마케팅 콘셉트
⑤ 생산 콘셉트 → 마케팅 콘셉트 → 판매 콘셉트 → 제품(품질)콘셉트 → 사회지향적 콘셉트

08 다음 중 고객관계관리(CRM)에 대한 설명으로 적절하지 않은 것은?

① 상거래관계를 통한 고객과의 신뢰 형성을 강조한다.
② 단기적인 영업성과 향상보다 중·장기적인 마케팅 성과 향상에 중점을 둔다.
③ 시장 점유율 향상을 목표로 하기보다 고객 점유율 향상을 위해 총력을 기울이고자 한다.
④ 평생고객을 유치하여 기업의 수익안정성을 확보하고 기업수익과 기업가치의 상승을 추구한다.
⑤ 기존 고객에 대한 만족도 향상 및 지속적인 관계 형성에 대한 관리도 중요하지만 성장을 위한 신규고객의 확보에 더욱 중요성을 둔다.

09 다음 중 성공적인 CRM(Customer Relationship Management)을 위한 전략적 행동으로 알맞지 않은 것은?

① 고객 서비스에 충실한 CRM을 시행한다.
② 철저하게 고객의 입장에서 고객의 경험을 관리한다.
③ 고객이 CRM 활동을 직접적으로 느끼지 못하게 시도한다.
④ CRM을 중심으로 고객과 적극적으로 커뮤니케이션한다.
⑤ 고객 개개인의 성향에 맞춰 차별화된 제품을 제공한다.

10 다음 중 고객이 제품을 구매한 후 느낄 수 있는 인지부조화 또는 불안함 등을 방지하기 위한 마케팅 활동은?

① 내부 마케팅　　② 애프터 마케팅　　③ 감성 마케팅
④ 후행적 마케팅　　⑤ 노이즈 마케팅

11 다음 〈보기〉는 무엇에 관한 설명인가?

> **보기**
>
> 점차 전문화되고 있는 산업구조와 기업 간에 경쟁과 협력이 동시에 요구되고 있는 상황하에서 여러 기업들이 마케팅 자원을 공동으로 활용하거나 마케팅 프로그램을 공동으로 수행하고 있다.

① 코즈 마케팅 ② 공생적 마케팅 ③ 니치 마케팅
④ 사회 마케팅 ⑤ 디마케팅

12 다음 중 수요가 공급을 초과하는 상태에서의 마케팅 과업은?

① 대항 마케팅(Counter Marketing) ② 디마케팅(Demarketing)
③ 유지 마케팅(Maintenance Marketing) ④ 자극 마케팅(Stimulational Marketing)
⑤ 전환 마케팅(Conversional Marketing)

13 다음 중 불규칙한 수요상태를 해결하기 위해 도입할 수 있는 마케팅은?

① 역마케팅(Demarketing) ② 동시화 마케팅(Synchro Marketing)
③ 재마케팅(Remarketing) ④ 전환 마케팅(Conversional Marketing)
⑤ 코즈 마케팅(Cause Marketing)

14 다음 중 기존의 마케팅믹스(4P's)에 정책과 여론을 추가하여 마케팅믹스를 활용하는 마케팅은?

① 메가 마케팅 ② 관계 마케팅 ③ 노이즈 마케팅
④ 니치 마케팅 ⑤ 대항 마케팅

15 다음 〈보기〉의 사례들과 가장 밀접한 관련이 있는 것은?

> 보기
>
> • '루이비통'의 파리 본점에서 여행객이 제품을 구입하게 되면 여권번호를 컴퓨터에 입력하고 1년에 한 품목만 구입하도록 제한하는 판매방식
> • 은행의 자동화코너는 객장 바깥에, 입출금 등 단순 업무 창구는 출입문과 가까운 쪽에, 대출과 프라이빗 뱅킹 등 우대고객용 창구는 객장 안쪽에 각각 배치하는 방식
> • 서울시로 진입하는 도시고속도로의 심각한 교통정체를 해소하기 위해 통근자들이 대중교통을 이용하도록 독려하는 웹사이트를 설치·운영
> • 비우량고객에 대한 마케팅 투자를 최소화함으로써 우량고객집단의 고객만족을 증대시킬 수 있는 기회로 활용하는 것, 즉 고객차별화로 우량고객 중심의 사업구조를 유지하고자 하는 마케팅 활동

① 디마케팅
② 럭셔리 마케팅
③ 프로슈머
④ 프레스티지
⑤ 스놉 효과

16 다음 중 자원의 부족문제, 공해문제, 사회복지문제가 대두되면서 자연환경보전이나 생태계 균형 등을 중시하는 마케팅은?

① 그린 마케팅
② 국제 마케팅
③ 심바이오틱 마케팅
④ 사회 마케팅
⑤ 유지 마케팅

17 다음 중 옴니 마케팅에 대한 설명으로 알맞은 것은?

① 규제를 교묘히 피하는 마케팅 기법을 말한다.
② 고객이익, 사회복리, 기업이익이라는 3자를 조화시키려는 마케팅을 뜻한다.
③ 기업이 학자, 전문가, 정부와 협력체제를 맺어서 공동으로 펼치는 마케팅을 뜻한다.
④ 소비자의 아이디어를 수용하여 기업이 신제품을 개발하는 마케팅을 뜻한다.
⑤ 사회적으로 불건전한 수요의 상품을 배제하는 마케팅을 뜻한다.

18 다음 중 미시적 환경에 속하는 마케팅 환경 요소만으로 묶인 것은?

① 공급업자, 고객, 경쟁자, 대중

② 공급업자, 고객, 경쟁자, 공해

③ 고객, 중간상, 정부, 기술적 요소

④ 공급업자, 중간상, 국민소득, 법

⑤ 경쟁자, 정부, 매체, 윤리

19 경쟁자 파악방법, 시장세분화, 표적시장 선택에 관한 설명으로 옳은 것을 모두 고르면?

> a. 상표전환 매트릭스는 고객행동에 기초한 경쟁자 파악방법이다.
>
> b. 시장세분화 기준변수를 크게 고객행동변수와 고객특성변수로 구분하였을 때, 사용상황은 고객특성변수로 분류된다.
>
> c. 차별적 마케팅(세분화 마케팅) 전략은 기업이 세분시장의 차이를 무시하고 하나의 제품으로 전체시장을 공략하는 시장범위 전략이다.

① a

② b

③ a, b

④ a, c

⑤ b, c

20 고객의 지각에 기초한 경쟁자 분석 방법으로 적절한 항목은 모두 몇 개인가?

> a. 상품제거(Product Deletion)
>
> b. 상표전환 매트릭스(Brand Switching Matrix)
>
> c. 지각도(Perceptual Map)
>
> d. 수요의 교차탄력성(Cross-elasticity of Demand)

① 0개

② 1개

③ 2개

④ 3개

⑤ 4개

21 경쟁자 분석 방법 중에서 고객중심적인 방법으로 적절하게 구성된 것은?

a. 지각도	b. 상표전환 매트릭스
c. 표준산업분류	d. 제품─시장 매트릭스

① a, b   ② a, c   ③ a, d
④ b, c   ⑤ b, d

22 경쟁자 분석에서 경쟁자가 누구인지를 알기 위한 방법으로 적절하지 않은 것은?

① 상표전환 매트릭스   ② 지각도   ③ 제품/시장 매트릭스
④ 수요의 교차탄력성   ⑤ 제품수명주기

23 다음 중 생산의 전단계에 속하는 마케팅 활동은?

① 마케팅 조사활동   ② 경로결정   ③ 가격결정
④ 물적 유통활동   ⑤ 광고

24 다음 중 마케팅조사설계(Marketing Research Design)에 대한 설명으로 알맞은 것은?

① 조사설계 없이 조사할 때의 비용을 절감할 수 있는 기본지침
② 구분이 불가능한 조사의 일관적 체계를 수립하기 위한 기본지침
③ 마케팅조사 목적을 달성하기 위한 정보 자료의 수집과 분석을 위한 기본지침
④ 마케팅조사를 위해 현재 기업이 처한 문제를 구체적으로 정의하기 위한 기본지침
⑤ 마케팅조사 계획과정보다 실행과정에서 최적의 대안을 선별하고 실행하기 위한 기본지침

25 마케팅조사에 관한 설명으로 옳은 것을 모두 고르면?

> a. 실험결과의 일반화는 내적 타당성과 관련이 있는 반면에 외생변수의 통제는 외적 타당성과 관련이 있다.
> b. 표본프레임이 모집단과 정확하게 일치하지 못함으로써 발생하는 오류는 표본오류에 포함된다.
> c. 표적집단면접법(FGI)과 투사법(Projective Technique)의 차이점 중 하나는 실시하고자 하는 조사목적을 조사 대상자에게 밝히는가의 여부이다.

① a   ② b   ③ c
④ a, b   ⑤ b, c

26 마케팅조사에 관한 설명으로 옳은 것을 모두 고르면?

> a. 표본의 수가 증가할수록 비표본오류는 작아지고 표본오류는 커진다.
> b. 단일집단 사후실험설계는 순수실험설계 방법에 포함된다.
> c. 할당표본추출(Quota Sampling)은 비확률표본추출방법이다.

① a   ② b   ③ c
④ a, c   ⑤ b, c

27 마케팅조사에 대한 설명 중 적절하지 않은 것은?

① 자료유형 중에서 1차자료는 조사자가 특정 조사목적을 위해 직접 수집한 자료이다.
② 단어연상법은 개방형 질문 유형에 해당한다.
③ 명목척도는 측정대상이 속한 범주나 종류를 구분하기 위한 척도이다.
④ 표본조사는 전수조사보다 비용이 적게 든다는 장점이 있다.
⑤ 편의표본추출법에서는 모집단을 구성하는 모든 측정치들에 동일한 추출기회를 부여한다.

기출문제

경영과 기업

기업활동의 조직

인사관리

생산관리

마케팅관리

실전모의고사

28 마케팅조사에 관한 설명으로 적절하지 않은 것은?

① 타당성은 측정 도구가 측정하고자 하는 개념이나 속성을 얼마나 정확하게 측정할 수 있는가를
나타내는 지표이다.
② 표적집단면접(FGI), 문헌조사, 전문가 의견조사는 기술조사 방법에 포함된다.
③ 척도에 따라 변수가 갖게 되는 정보량의 크기는 서열척도보다 등간척도가 더 크다.
④ 단순무작위표본추출과 군집표본추출은 확률표본추출방법이다.
⑤ 조사현장의 오류와 자료처리의 오류는 관찰오류에 포함된다.

29 마케팅조사에서 표본선정에 관한 설명으로 적절하지 않은 것은?

① 표본추출과정은 모집단의 설정 → 표본프레임의 결정 → 표본추출방법의 결정 → 표본크기의
결정 → 표본추출의 순서로 이루어진다.
② 표본의 크기가 커질수록 조사비용과 조사시간이 증가하며, 표본오류 또한 증가한다.
③ 비표본오류(Non-sampling Error)에는 조사현장의 오류, 자료기록 및 처리의 오류, 불포함 오류,
무응답 오류가 있다.
④ 층화표본추출(Stratified Sampling)은 확률표본추출이며, 모집단을 서로 상이한 소집단들로 나누
고 이들 각 소집단들로부터 표본을 무작위로 추출하는 방법이다.
⑤ 표본프레임이란 모집단에 포함된 조사대상자들의 명단이 수록된 목록을 의미한다.

30 마케팅조사에 관한 설명으로 적절하지 않은 것은?

① 설문조사에서 응답자를 접촉하는 방법에는 대인면접조사, 전화조사, 우편조사, 인터넷조사 등이
있으며, 이 중에서 자료수집비용이 가장 높은 것은 대인면접조사이다.
② 리커트 척도는 양쪽 끝에 상반되는 의미를 가지는 척도에서 선택하도록 하는 질문형태이다.
③ 마케팅 의사결정에 필요한 자료 중 2차 자료란 과거에 다른 목적으로 수집된 자료로서 현재 직
면한 의사결정에도 활용 가능한 자료를 말한다.
④ 판단표본추출과 할당표본추출은 비확률표본추출방법이다.
⑤ 층화표본추출과 군집표본추출은 확률표본추출방법이다.

31 다음 설명에 해당하는 마케팅조사의 표본설계방법을 바르게 연결한 것은?

> Ⓐ 확률표본추출방법으로 모집단을 하위 집단으로 구분하고 각 집단에서 무작위로 표본을 추출하는 방식
>
> Ⓑ 비확률표본추출방법으로 응답자가 범주별로 미리 정해진 수의 사람을 추출하는 방식

① Ⓐ : 군집표본추출, Ⓑ : 할당표본추출
② Ⓐ : 층화표본추출, Ⓑ : 판단표본추출
③ Ⓐ : 군집표본추출, Ⓑ : 층화표본추출
④ Ⓐ : 층화표본추출, Ⓑ : 할당표본추출
⑤ Ⓐ : 할당표본추출, Ⓑ : 군집표본추출

32 다음 중 소비자의 구매 의도를 조사하고자 할 때 설문항목이 많을 경우 적합한 조사 방식은?

① 전화조사법   ② 관찰조사법   ③ 표적집단면접법
④ 우편질문법   ⑤ 개인면접법

33 다음 중 탐색조사에 해당되지 않는 것은?

① 공식적 조사   ② 전문가 의견조사   ③ 문헌조사
④ 목표집단의 면접   ⑤ 사례조사

34 다음 중 비율척도에 대한 설명으로 알맞은 것은?

① 측정대상자 간의 순위를 파악하는 것이다.
② 측정대상에 순위를 부여하면서 그 간격은 일정하다.
③ 측정대상을 확인할 목적으로 숫자를 부여하는 것이다.
④ 양적 비교가 불가능한 특성을 구분하기 위한 것이다.
⑤ 절대 영점이 존재하는 가장 높은 형태의 척도로 등간척도의 특성에 추가적으로 비율계산이 가능하다.

35 다음 중 고관여 제품과 저관여 제품에 대한 광고 전략 특성으로 알맞지 않은 것은?

① 동기가 전혀 부여되지 않은 소비자의 경우 메시지를 전달하는 데 TV가 보다 효과적이다.

② 동기가 부여된 소비자의 경우 메시지를 전달하는 데 인쇄광고가 더욱 효과적이다.

③ 고관여 제품의 광고는 폭넓은 정보 캠페인에 집중하는 것이 중요한 데 반해, 저관여 제품의 경우는 몇 가지 중요한 요점에 집중하는 것이 중요하다.

④ 고관여 제품들의 경우 저관여 제품들에 비해 실질적인 브랜드 차이가 상대적으로 낮은 제품들이므로 차별화의 중요 수단인 광고를 통하여 경쟁사의 제품과 차별성을 갖게 하는 것이 더욱 중요하다.

⑤ 소비자가 인식할 수 있는 위험요소가 많은 제품일수록 소비자의 관여도가 높아진다.

36 다음 중 단일 제품을 전체 시장에 생산, 판매하고자 하는 마케팅 전략은?

① 집중적 마케팅   ② 차별적 마케팅   ③ 비차별적 마케팅
④ 목표 마케팅   ⑤ 강압적 마케팅

37 다음 〈보기〉는 마케팅 전략의 수립과정에서 마케팅 전략개발의 내용에 대한 설명이다. ㉠ ~ ㉢에 들어갈 알맞은 말을 바르게 나열한 것은?

> **보기**
>
> • 마케팅 전략의 수립과정에서 (㉠)은(는) 전체 시장을 기업이 제공하는 마케팅믹스에 대하여 유사한 반응을 할 것으로 추정되는 동질적 고객집단으로 나누는 과정이다.
>
> • (㉡)은(는) 여러 개의 세분시장들 중에서 경쟁제품보다 고객의 욕구를 더 잘 충족시킬 수 있는 세분시장을 선정하는 것이다.
>
> • (㉢)은(는) 소비자의 마음속에 경쟁상표와 비교하여 경쟁우위를 제공하는 위치에 자사상표를 구축하려는 노력을 말한다.

	㉠	㉡	㉢
①	시장세분화	제품의 위치 결정	목표시장 선정
②	제품의 위치 결정	목표시장 선정	시장세분화
③	제품의 위치 결정	시장세분화	목표시장 선정
④	시장세분화	목표시장 선정	제품의 위치 결정
⑤	목표시장 설정	제품의 위치 결정	제품의 위치 결정

38 소비자 행동에 영향을 미치는 요인에 관한 설명으로 적절하지 않은 것은?

① 가치(Value)란 특정 상황이나 대상에 대해 행동이나 판단을 이끄는 지속적 신념이며, 주로 활동(Activity), 관심사(Interest), 의견(Opinion)의 AIO척도를 통해 연구되고 있다.

② 비교 문화분석(Cross-cultural Analysis)은 자문화중심적인 사고에서 벗어나 현지 문화를 이해하고 그 문화가 수용할 수 있는 마케팅전략 개발에 활용되며, 홉스테드(Hofstede)의 모델이 이에 해당된다.

③ 시간의 흐름에 따라 가족구조와 가족구성원의 역할변화를 설명하는 개념인 가족생활주기(Family Life Cycle)는 가정이 형성되어 성장·성숙된 후 소멸되기까지의 과정을 가족구성원의 역할 구조에 변화를 일으키는 사건을 중심으로 분류한다.

④ 구전 커뮤니케이션은 소비자들 사이의 대화과정을 통해서 제품이나 서비스에 대한 정보를 상호교환하는 것이다.

⑤ 준거집단은 개인이 어떻게 생각하고 행동하는가에 대한 기준이나 가치를 제공하며, 준거집단이 소비자 행동에 미치는 영향에는 규범적 영향, 정보제공적 영향, 가치표현적 영향이 있다.

39 소비자 의사결정과정에 관한 다음 설명 중 적절하지 않은 것은?

① 소비자의 고려 대상에 포함된 상품이나 브랜드들을 고려상표군이라 하며, 고려상표군에서 제외된 대안들이 구매될 가능성은 거의 없다.

② 관여도가 높아서 소비자가 상당한 시간과 노력을 들여 신중하게 의사결정하는 경우를 포괄적 문제해결이라 한다.

③ 소비자로 하여금 행동을 취하도록 만들기에 충분할 정도로 강한 욕구를 동기라 한다.

④ 소비자가 여러 가지 자극들을 조직화하고 전체적으로 의미를 부여하는 과정을 지각이라 한다.

⑤ 소비자가 자신이 가장 중요하게 여기는 속성을 기준으로 최상으로 평가되는 상표를 선택하는 의사결정규칙을 보완적 방식이라 한다.

40 다음 소비자행동이론에 관한 설명 중 옳지 않은 것은?

① 소비자지각과 관련하여 이점이 불분명하고 세분시장이 특정되지 않은 경우에는 모호한 자극이 유리하다.

② 소비자는 지각적 방어에 의해 두려운 자극을 회피하는 경향이 강하므로 공포소구는 효과적이지 못하다.

③ 보상모형을 사용하여 대안평가를 할 경우에 총효용점수가 같다고 해서 두 제품의 실제적인 특성이 동일하다고 할 수 없다.

④ 관여도는 제품에 따라 달라지지만 개인이나 상황에 따라서도 달라진다.

⑤ 소비자 학습이론에서 반복과 인접성을 통한 연상을 이용하여 학습시키는 방법은 고전적 조건화이다.

41 소비자행동에 관한 다음 설명 중 옳은 것은?

① 사회계층은 통상적으로 소득이라는 단일요인에 의하여 결정된다.

② 소비자행동 모델에서 소비자의 블랙박스 내부에 존재하는 두 개의 구성요소는 소비자 특성과 소비자 반응이다.

③ 소비자의 개인 행동에 영향을 미칠 수 있는 전형적인 심리적 요인은 준거집단, 가족, 역할, 지위 등이다.

④ 소비자행동 연구에서 마케팅 관리자의 핵심적 질문은 "자사가 구사할 수 있는 다양한 마케팅 노력들에 대하여 소비자들이 어떻게 반응할 것인가"이다.

⑤ 라이프스타일이란 가족이나 다른 중요한 사회기관으로부터 습득한 기본적 가치, 지각, 욕구, 행동의 집합체이다.

42 소비자행동에서 아래의 주장과 관련성이 가장 높은 것은?

> 고관여 소비자를 대상으로 하는 광고의 경우 구체적인 제품정보를 설득력 있게 제시하는 것이 효과적이다. 반면에 저관여 소비자를 표적으로 하는 경우에는 제품정보보다 광고모델에 초점을 두는 것이 더 효과적이다.

① 정교화가능성모델(Elaboration Likelihood Model)
② 수단-목적사슬모델(Means-end chain Model)
③ 사회판단이론(Social Judgement Theory)
④ 계획적 행동이론(Theory of Planned Behavior)
⑤ 저관여 하이어라키모델(Low Involvement Hierarchy Model)

43 소비자 구매의사결정 과정에 관한 설명으로 적절하지 않은 것은?

① 소비자들은 자신의 불평행동으로부터 기대되는 이익과 비용을 고려하여 불평행동의 유형을 선택한다.
② 기대불일치모형은 제품성과에 대한 기대, 지각된 제품성과, 기대와 성과 간의 차이 평가, 만족·불만족으로 구성되어 있다.
③ 비보완적 방식은 특정 속성에서의 약점이 다른 속성에서의 강점에 의해 보완이 되지 않는 방식이다.
④ 상기상표군에 포함되어 있는 상표의 수는 고려상표군에 포함되어 있는 상표의 수보다 많다.
⑤ 문제해결 동기의 크기는 실제 상태와 바람직한 상태 간의 차이와 문제의 중요성에 따라 달라진다.

44 소비자의 구매의사 결정단계는 '문제인식', '정보탐색', '대안평가', '구매', '구매 후 행동'의 다섯 단계로 이루어진다. 다음 중 소비자의 '구매' 의사결정에 가장 효과적인 촉진믹스로 이루어진 것은?

> a. 광고   b. PR
> c. 판매촉진   d. 인적판매

① a, c   ② b, d   ③ c, d
④ a, b   ⑤ a, d

45 소비자의 구매의사결정 과정에서 '구매 후 과정'에 대한 설명으로 적절하지 않은 것은?

① 귀인이론(Attribution Theory)은 구매 후 소비자가 불만족 원인의 추적 과정을 이해하는 데 도움이 되며, 원인이 일시적이고, 기업이 통제 불가능한 것이었고, 기업의 잘못으로 일어났다고 소비자가 생각할수록 더 불만족할 가능성이 높다.

② 불만족한 소비자는 재구매의도의 감소뿐만 아니라 다양한 불평행동을 보이며, 소비자들은 자신의 불평행동으로부터 기대되는 이익과 비용을 고려하여 불평행동유형을 결정한다.

③ 제품처분(Product Disposal)은 소비자들의 처분과 관련된 의사결정이 향후의 제품구매의사결정에 영향을 주기 때문에 중요하며, 나아가 제품처분 관련 행동은 자원 재활용 측면에서도 중요하다.

④ 구매 후 부조화(Post-purchase Dissonance)는 소비자가 구매 이후 느낄 수 있는 심리적 불편함을 말하며, 구매결정을 취소할 수 없을 때 발생할 가능성이 높다.

⑤ 기대불일치모형(Expectancy Disconfirmation Model)에 의하면, 만족과 불만족은 소비자가 제품 사용 후에 내린 평가가 기대 이상이냐 혹은 기대 미만이냐에 따라서 결정된다.

46 소비자 정보처리과정에 관한 설명으로 가장 적절하지 않은 것은?

① 가격–품질 연상은 지각적 추론과 관련이 있다.

② 정보 내용들이 차례로 제시된 경우 처음에 제시된 부분에 많은 비중을 두어 지각하는 것을 초기효과라 한다.

③ 절대적 식역은 두 개의 자극이 지각적으로 구분될 수 있는 최소한의 차이를 말하며, JND라고도 한다.

④ 정보과부하(Information Overload) 가설에 의하면, 소비자가 제한된 시간에 처리할 수 있는 정보의 양은 제한적이기 때문에 처리능력을 초과할 정도로 많은 정보가 주어지면 오히려 최선의 제품을 선택할 가능성이 낮아진다.

⑤ 장기기억으로부터 정보인출을 못하는 이유는 쇠퇴이론과 방해이론에 의해 설명될 수 있다.

47 소비자행동에서 아래의 상황을 가장 적절하게 설명할 수 있는 것은?

> 소비자는 자신이 좋아하는 연예인이 출연한 광고에 노출되면 그 광고 제품에 대한 태도가 호의적으로 변할 수 있다. 그러므로 자사상표에 대한 소비자들의 태도가 부정적일 때 소비자들이 좋아하는 연예인을 광고에 출연시킴으로써 태도변화를 시도할 수 있다.

① 균형이론(Balance Theory)
② 합리적 행동이론(Theory of Reasoned Action)
③ 다속성태도모형(Multi-attribute Attitude Model)
④ 정교화가능성모형(Elaboration Likelihood Model)
⑤ 단순노출효과(Mere Exposure Effect)

48 다음 소비자의 생각을 설명할 수 있는 모형으로 적절한 것은?

> "내가 이 자동차를 사면 다른 사람들이 어떻게 생각할까?"
> "이 옷 자체는 좋지만, 내가 구매해서 입으면 어울리지 않을 것 같다."

① 피쉬바인 확장모형   ② 다속성태도모형   ③ 저관여 하이어라키모형
④ 수단-목적사슬모형   ⑤ 정교화가능성모형

49 다음 중 대상고객 선정을 위한 효과적인 시장세분화의 기준으로 적합하지 않은 것은?

① 세분시장은 크기, 구매력 등에 대해 측정 가능해야 한다.
② 세분시장은 마케팅 활동을 통해 접근 가능해야 한다.
③ 세분시장이 너무 작으면 안 된다.
④ 세분시장 내에 있는 고객들은 서로 이질적이어야 한다.
⑤ 세분시장은 분류에 따라 별도의 마케팅 전략을 실행할 수 있어야 한다.

기출문제 / 경영과 기업 / 기업활동의 조직 / 인사관리 / 생산관리 / 마케팅관리 / 실전모의고사

50 다음 〈보기〉 중 시장세분화의 장점으로만 모두 묶은 것은?

> **보기**
>
> 가. 소비자의 다양한 요구를 충족시키며 매출액의 증대를 꾀할 수 있다.
> 나. 시장세분화를 통하여 마케팅 기회를 탐지할 수 있다.
> 다. 시장세분화를 통하여 규모의 경제가 발생한다.
> 라. 제품 및 마케팅 활동이 목표시장의 요구에 적합하도록 조정할 수 있다.

① 가, 나 　　　　② 다, 라 　　　　③ 가, 다, 라
④ 나, 다, 라 　　　⑤ 가, 나, 라

51 다음 중 시장세분화를 위한 중요한 기준의 하나로 활용되는 라이프스타일을 특징짓는 요소로 알맞은 것을 모두 고르면?

> **보기**
>
> 가. 활동(Activity) 　　　　　나. 흥미(Interest)
> 다. 꿈(Dream) 　　　　　　　라. 의견(Opinion)

① 가, 나, 다 　　　② 가, 나, 라 　　　③ 나, 다
④ 가, 다, 라 　　　⑤ 나, 다, 라

52 다음 중 시장세분화의 목적으로 알맞지 않은 것은?

① 다양한 소비자의 욕구 충족 　　　② 목표시장의 명확화
③ 불필요한 경쟁 방지 　　　　　　 ④ 마케팅 자원의 확보
⑤ 마케팅 자원의 효과적 배분

53 다음 중 시장세분화에 대한 설명으로 알맞지 않은 것은?

① 시장세분화가 이루어지면 표적시장을 설정하기가 어려워진다.

② 마케팅 관점에서 보면 개별세분시장에 알맞은 제품과 마케팅 프로그램을 개발, 실행할 수 있을 경우에만 시장세분화의 의의가 존재한다.

③ 시장세분화의 변수로 구매자의 행동 변수, 지리적 변수, 인구통계학적 변수 등이 있다.

④ 고객의 욕구와 선호 면에서 동질성과 이질성이라는 개념들을 사용하여 고객그룹을 분류한 후 차별화된 구매집단을 발견하고 규명하는 작업이다.

⑤ 세분화한 시장의 규모는 측정이 가능해야 하며, 수익 창출이 가능할 정도여야 한다.

54 다음 중 시장세분화를 할 때 인구통계학적 변수에 속하지 않는 것은?

① 소득　　　　　　② 종교　　　　　　③ 수명주기
④ 직업　　　　　　⑤ 사는 지역

55 다음 중 시장세분화에 대한 설명으로 알맞지 않은 것은?

① 목표소비자에게 제품에 대한 지식을 전달할 수 있어야 한다.

② 혁신적인 신상품이 있다면 무조건 시장세분화를 해야 한다.

③ 자연환경을 기준으로 하는 세분화를 지리적 세분화라고 한다.

④ 효과적으로 시장세분화를 이루기 위해서는 서로 비슷한 고객끼리 세분화하는 것이 좋다.

⑤ 잘못된 시장세분화는 비용을 증가시킬 수 있다.

56 효과적인 시장세분화를 위해 세분시장이 갖추어야 할 다음의 요건 중 적절하지 않은 것은?

① 세분시장의 크기, 구매력, 기타 특성 등을 측정할 수 있어야 한다.

② 세분시장에 속하는 고객들에게 효과적이고 효율적으로 접근할 수 있어야 한다.

③ 세분시장이 너무 작아서는 안된다.

④ 경쟁회사의 세분시장에 대응될 수 있도록 세분시장을 결정해야 한다.

⑤ 같은 세분시장에 속한 고객끼리는 최대한 비슷하여야 하고, 서로 다른 세분시장에 속한 고객끼리는 최대한 상이하여야 한다.

57 시장세분화에 관한 설명 중 옳은 것을 모두 고르면?

> a. 혁신적인 신상품의 경우에는 시장세분화가 시기상조일 수 있다.
> b. 지나친 세분시장 마케팅은 수익성을 악화시킬 수 있다.
> c. 세분화된 시장을 통합하여 여러 세분시장을 동시에 공략할 수 있는 상품을 내놓는 것을 역세분화(Counter-Segmentation) 전략이라 하며, 도전자는 역세분화를 하는 것이 바람직 할 수도 있다.
> d. 효과적인 시장세분화가 되기 위한 조건으로 같은 세분시장에 속한 고객끼리는 최대한 다르게, 서로 다른 세분시장에 속하는 고객끼리는 최대한 비슷하게 세분화되는 것이 좋다.
> e. 시장세분화의 기준변수가 불연속적인 경우에는 세분화를 위해서 군집분석을, 기준변수가 연속적인 경우에는 교차테이블 분석을 이용할 수 있다.

① a, b, c   ② b, c, e   ③ a, b, e
④ b, d, e   ⑤ c, d, e

58 다음 중 잠재시장을 요구집단별로 나누기 위한 세분화 기준과 그에 따른 예를 바르게 연결하지 못한 것은?

① 인구통계적 세분화-교육수준   ② 심리분석적 세분화-가치관
③ 행동적 세분화-구매연도   ④ 인구통계적 세분화-인구밀도
⑤ 행동적 세분화-브랜드충성도

59 ○○전자는 TV시장을 디자인추구시장, 가격추구시장, 기능추구시장으로 세분화했다. 이와 같은 시장세분화는 다음 중 어떤 기준을 적용한 것인가?

① 행동적 세분화-사용상황   ② 행동적 세분화-효용
③ 행동적 세분화-사용량   ④ 인구통계학적 세분화-효용
⑤ 인구통계학적 세분화-생활양식

60 표적시장 선정 및 포지셔닝에 관한 설명 중 옳지 않은 것은?

① 틈새시장 공략 마케팅 기업(Niche Marketers)들은 자사가 틈새시장 소비자들의 욕구를 매우 잘 이해하고 있기 때문에 고객들이 자사제품에 대하여 고가격을 기꺼이 지불할 것이라고 가정한다.

② 현지화 마케팅(Local Marketing)의 단점은 규모의 경제 효과를 감소시켜 제조 및 마케팅 비용을 증가시킨다는 점이다.

③ 소비자들은 독특한 욕구를 가지고 있기 때문에 각각의 소비자는 잠재적으로 별개의 시장이다.

④ 표적마케팅 과정의 주요 첫 단계는 시장세분화이다.

⑤ 오늘날 시장환경의 변화에 발맞추어 대다수의 기업은 매스마케팅 전략으로 이행하고 있다.

61 STP(Segmentation, Targeting, and Positioning)에 관한 설명으로 적절하지 않은 것은?

① 시장세분화를 마케팅 전략에 유용하게 사용하려면 세분시장은 측정가능성, 접근가능성, 규모적정성, 세분시장 내 동질성과 세분시장 간 이질성과 같은 요건을 갖추고 있어야 한다.

② 시장세분화 기준변수를 크게 고객행동변수와 고객특성변수(인구통계적 변수 및 심리분석적 변수)로 구분하였을 때, 추구편익(혜택)은 고객행동변수로 분류된다.

③ 시장의 적정 규모 및 성장가능성, 구조적 매력성, 자사 목표와의 적합성 및 자원은 세분시장 평가에 고려되는 기준이다.

④ 집중적 마케팅 전략은 각 세분시장의 차이를 무시하고 단일 혹은 소수의 제품으로 전체시장에 접근하는 것이다.

⑤ 포지셔닝 전략 수립을 위해서는 자사와 경쟁사 제품들이 시장의 어디에 위치되어 있는지를 파악해야 한다.

62 다음 중 목표시장 선정에 관한 설명으로 알맞지 않은 것은?

① 단일 세분시장 집중화는 여러 개의 세분시장에 집중적으로 진출하는 방법이다.

② 제품특화는 한 가지 또는 특정 상품만을 생산하여 다양한 세분시장에 진출하는 표적시장 선정방법이다.

③ 시장특화란 여러 특정 소비자 집단의 욕구를 충족하기 위해 여러 제품을 생산, 판매하는 전략이다.

④ 선택적 특화는 수익성, 성장성 등의 관점에서 매력성이 높은 여러 개의 세분시장에 진출하여 위험을 분산시키는 다세분시장 진출 전략이다.

⑤ 완전진출은 모든 제품을 모든 세분시장으로 진출시키는 전략이다.

63 다음 〈보기〉에서 목표시장 선정방법에 대한 설명으로 옳은 것을 모두 고르면?

보기

㉠ 세분화된 시장의 차이를 무시하고 한 제품으로 전체시장을 공략하는 것은 집중적 마케팅에 해당한다.

㉡ 목표시장이 여러 개일 때 모든 시장에 마케팅 노력을 기울이는 경우는 차별화 마케팅 전략에 해당한다.

㉢ 제품수명주기상 도입기에는 비차별적 마케팅 전략을 활용하는 것이 일반적이다.

① ㉡　　　　　　② ㉠, ㉡　　　　　　③ ㉠, ㉢
④ ㉡, ㉢　　　　　⑤ ㉠, ㉡, ㉢

64 다음 중 시장위치 선정의 순서로 알맞은 것은?

① 소비자 분석 및 경쟁자 확인 → 자사제품의 포지션 개발 → 포지션의 확인 및 재포지셔닝 → 경쟁제품의 포지션 분석

② 소비자 분석 및 경쟁자 확인 → 자사제품의 포지션 개발 → 경쟁제품의 포지션 분석 → 포지션의 확인 및 재포지셔닝

③ 경쟁제품의 포지션 분석 → 소비자 분석 및 경쟁자 확인 → 포지션의 확인 및 재포지셔닝 → 자사제품의 포지션 개발

④ 경쟁제품의 포지션 분석 → 소비자 분석 및 경쟁자 확인 → 자사제품의 포지션 개발 → 포지션의 확인 및 재포지셔닝

⑤ 소비자 분석 및 경쟁자 확인 → 경쟁제품의 포지션 분석 → 자사제품의 포지션 개발 → 포지션의 확인 및 재포지셔닝

65 경쟁우위 달성을 목적으로 경쟁제품과 차별성이 고객에게 인식되도록 마케팅믹스를 이용하는 전략은?

① 유지 전략　　　　② 성장 전략　　　　③ 유통 전략
④ 포지셔닝 전략　　⑤ 혜택 전략

66 다음 중 제품정책의 측면에서 물류서비스가 속해 있는 제품의 수준차원은?

① 핵심제품   ② 유형제품   ③ 확장제품

④ 기본제품   ⑤ 실체제품

67 다음 〈보기〉는 무엇에 관한 설명인가?

> **보기**
>
> 가장 기초수준에서 인식되는 제품개념으로 제품이 주는 혜택 그 자체를 의미한다.

① 핵심제품   ② 유형제품   ③ 특성제품

④ 실체제품   ⑤ 확장제품

68 다음 중 유형제품에 대한 관리로 볼 수 없는 것은?

① 제품스타일을 개발한다.
② 제품 상표명에 대한 결정을 내린다.
③ 제품의 디자인을 결정한다.
④ 제품품질에 영향을 미칠 수 있는 요소들에 대한 결정을 내린다.
⑤ 표적소비자집단이 제품에 기대하는 혜택과 추가적인 서비스를 파악한다.

69 다음 중 제품에 대한 설명이 바르지 않은 것은?

① 선매품은 예약을 통하여 구매하는 제품을 말한다.
② 편의품은 보통 고객이 수시로 또한 최소의 노력으로 구매하는 소비용품을 말한다.
③ 전문품은 상당한 수의 구매자집단이 특징적으로 애착심을 가지며 특수한 구매노력을 기울이는 소비용품이다.
④ 필수품은 일상생활에 없어서는 안 되며 반드시 필요한 물건이다.
⑤ 산업재는 추가적인 가공을 목적으로 구매하는 제품이다.

70 산업재 수요의 특성으로 적절하지 않은 것은?

① 소비재에 대한 수요로부터 파생된다.

② 가격변화에 크게 영향을 받지 않는다.

③ 두 개 이상의 품목수요가 결합되어 하나의 제품수요로 이어진다.

④ 수요의 안정성이 낮아 수요 변동폭이 크다.

⑤ 구매자 분포의 지역적 편중도가 낮다.

71 산업재는 소비재와 달리 독특한 특징을 가지고 있다. 산업재와 산업재 구매자 행동의 특성으로 옳지 않은 것은?

① 산업재 시장에서 구매결정은 보통 조직의 구매센터(Buying Center)에서 이루어진다.

② 산업재에 대한 구매수요는 최종소비재의 수요에 기인하는 파생수요(Derived Demand)의 특성이 있다.

③ 산업재 구매자와 판매자는 서로 각자가 생산한 제품을 판매하고 구매하는 상호구매가 많다.

④ 대부분의 산업재 구매자는 문제를 총체적으로 해결해 줄 대안을 가진 판매자를 찾기 때문에 시스템적 구매와 판매의 특성이 있다.

⑤ 산업재 구매자는 구매해야 할 제품의 규모가 크고, 기술적으로 복잡한 경우가 많아 광범위한 유통망을 통하여 간접구매를 하는 것이 일반적이다.

72 제품관리에 관한 설명으로 적절하지 않은 것은?

① 제품라인 내에 새로운 품목을 추가할 경우 자기시장잠식 문제가 발생할 수 있다.

② 신제품개발 프로세스에서 마케팅믹스 개발은 컨셉트 개발 및 테스트 후에 실시된다.

③ 브랜드와 관련된 이미지가 호의적이고, 독특하고, 강력할수록 브랜드 자산이 커진다.

④ 제품수명주기는 브랜드 수준에서만 사용하며 제품범주 수준에서는 사용할 수 없다.

⑤ 상향 라인확장(Upward Line Extension)의 경우 신제품의 고급 이미지 구축에 실패할 가능성이 있다.

73 제품관리에 관한 설명으로 적절하지 않은 것은?

① 제품은 핵심제품(Core Product), 실제제품(Actual Product), 확장제품(Augmented Product)과 같은 세 가지 수준의 개념으로 분류될 수 있다.

② 선매품(Shopping Goods)은 브랜드 충성도가 강하며 브랜드 대안 간 비교가 이루어지지 않는 제품이다.

③ 제품라인(Product Line)은 상호 밀접하게 관련되어 있는 제품들의 집합이다.

④ 하향 라인확장(Downward Line Extension)의 경우 확장된 신제품이 기존 브랜드의 이미지를 약화시킬 수 있는 위험이 있다.

⑤ 우리 회사의 브랜드와 다른 회사의 브랜드를 결합해서 사용하는 것은 공동브랜딩(Co-branding)의 일종이다.

74 제품관리에 관한 설명으로 적절하지 않은 것은?

① 혁신소비자, 조기수용자, 조기다수자, 후기다수자, 지각수용자는 소비자들을 신제품 수용 시점에 따라 구분한 것이다.

② 신상품 개발 프로세스는 일반적으로 아이디어 창출 및 심사 → 컨셉트 개발 및 테스트 → 마케팅 믹스 개발 → 사업성 분석 → 시장테스트 → 시제품 생산 → 출시 순서로 이루어진다.

③ 브랜드 계층구조는 브랜드를 기업 브랜드, 패밀리 브랜드, 개별 브랜드, 브랜드 수식어로 구분한 것이다.

④ 전형적인 제품수명주기는 도입기, 성장기, 성숙기, 쇠퇴기 단계를 갖는다.

⑤ 브랜드 확장은 기존 브랜드와 동일한 상품 범주에 출시된 신상품에 기존 브랜드를 사용하는 라인확장과 기존 브랜드와 다른 범주에 속하는 신상품에 기존 브랜드를 사용하는 카테고리확장으로 구분할 수 있다.

75 제품관리 및 서비스관리에 관한 설명으로 적절하지 않은 것은?

① 신제품 브랜드 전략에서 라인확장과 카테고리확장은 신제품에 기존 브랜드를 이용한다는 공통점이 있다.

② 신제품개발 프로세스에서 마케팅믹스 개발은 사업성 분석을 한 후에 실시해야 한다.

③ 제품믹스(Product Mix)의 폭은 제품믹스 안에 들어 있는 제품라인의 개수이다.

④ 예약시스템 도입은 서비스의 소멸성과 관련이 있다.

⑤ 제품 개념의 차원은 핵심제품, 실제제품, 확장제품으로 구분될 수 있다.

76 기업이 신제품을 개발할 때 고려할 수 있는 브랜드 전략에 대한 설명으로 적절하지 않은 것은?

① 기존의 브랜드 자산이 크다고 판단되는 경우 기존의 제품범주에 속하는 신제품에 그 브랜드명을 그대로 사용하는 것을 계열확장 혹은 라인확장이라 한다.

② 기존의 제품범주에 속하는 신제품에 새로운 브랜드를 사용하는 것을 복수브랜드 전략(Multi-brand Strategy)이라 한다.

③ 하향 확장의 경우 기존 브랜드의 고급 이미지를 희석시켜 브랜드 자산을 약화시키는 희석효과(Dilution Effect)를 초래할 수 있다.

④ 기존 브랜드와 다른 제품범주에 속하는 신제품에 기존 브랜드를 사용하는 것을 브랜드확장 혹은 카테고리확장이라 하며, 대부분의 신상품은 이 전략이 적용된다.

⑤ 같은 브랜드의 상품이 서로 다른 유통경로로 판매될 경우 경로 간의 갈등을 일으킬 위험이 있다.

77 다음 중 제품의 성숙기에서의 마케팅 방법으로 알맞지 않은 것은?

① 시장점유율 방어를 목적으로 해야 한다.

② 차별적 광고 기법을 사용해야 한다.

③ 품질관리에 중점을 두어야 한다.

④ 수요를 유지하기 위해서 마케팅을 수정해야 한다.

⑤ 신제품 개발관리를 해야 한다.

78 다음 중 제품수명주기에 대한 설명으로 알맞지 않은 것은?

① 성장기는 시장점유율 확대가 마케팅 목표다.

② 쇠퇴기는 비용통제와 제품철수의 시기로 역세분화를 실시하는 단계다.

③ 쇠퇴기에는 주로 혁신고객층을 대상으로 기업 활동을 전개한다.

④ 성장기에는 시장세분화를 실시한다.

⑤ 도입기에는 제품에 대한 인지도 확립을 목표로 하는 마케팅 전략을 구축한다.

79 다음 중 제품수명주기에서 성숙기의 특성으로 알맞은 것은?

① 매출액이 낮고 이익이 감소한다.

② 매출액이 급신장하므로 소매상에게 가장 매력적인 제품이다.

③ 성숙기에 있는 신상품 도입은 소매상 입장에서는 높은 위험을 감수해야 하지만 고객에게 혁신적인 이미지를 줄 수 있다.

④ 치열한 경쟁으로 인해 이익이나 매출은 급신장하지 않으나 지속적으로 소비자들이 찾는 상품이므로 상품믹스에 포함시켜야 한다.

⑤ 제품을 선택적으로 유통해야 한다.

80 다음 중 제품수명주기 순서로 알맞은 것은?

① 도입기-성숙기-쇠퇴기-성장기

② 도입기-성숙기-성장기-쇠퇴기

③ 도입기-성장기-쇠퇴기-성숙기

④ 도입기-쇠퇴기-성장기-성숙기

⑤ 도입기-성장기-성숙기-쇠퇴기

81 다음 〈보기〉의 설명에 해당하는 제품수명주기 단계는?

보기

• 매출액이 낮으며 경쟁자가 거의 없다.

• 원가가산가격전략을 쓰며 광고에 많은 투자를 한다.

① 포화기

② 성장기

③ 성숙기

④ 쇠퇴기

⑤ 도입기

82 다음 중 제품수명주기 모형에 대한 설명으로 알맞지 않은 것은?

① 성숙기는 신제품의 개발전략이 요구된다.

② 성장기는 시장점유율의 극대를 마케팅 목표로 한다.

③ 도입기의 주요 고객은 고소득층이나 혁신층이다.

④ 쇠퇴기는 상품의 다양화와 광고 그리고 유통경로의 확충에 많은 투자를 한다.

⑤ 쇠퇴기는 필요에 따른 선택적 유통체계를 구성한다.

83 〈보기〉의 내용은 제품수명주기의 어느 단계에서 이루어지는 정책들인가?

보기

• 마케팅목표 : 시장점유율 확대
• 가격정책 : 시장침투가격(저가격)
• 유통정책 : 집중적 유통
• 촉진정책 : 보다 다양한 소비자들에게 인지도 강화

---

① 도입기   ② 성장기   ③ 성숙기

④ 쇠퇴기   ⑤ 포화기

84 다음 중 제품수명주기가 형성되는 이유로 알맞지 않은 것은?

① 기업의 마케팅 전략에 의해서이다.

② 정부가 정책적으로 지원을 많이 해 주기 때문이다.

③ 경쟁기업이 더 나은 제품을 개발하기 때문이다.

④ 자유경쟁시장에서 자연스럽게 발생하는 현상이다.

⑤ 소득이 증가함에 따라 소비자들의 욕구가 다양해지기 때문이다.

85 다음 중 제품수명주기의 단계인 도입기에 대한 설명으로 알맞지 않은 것은?

① 경쟁자가 거의 없다.

② 소비자에게 정보를 전달해 주는 광고가 효과적이다.

③ 제품가격은 원가가산가격이다.

④ 수요량이 급증하고 이익이 많아지는 시기다.

⑤ 주요고객층은 혁신층이다.

86 다음 〈보기〉의 내용과 가장 관계가 깊은 제품수명주기상의 단계는?

> 보기
>
> • 주고객은 조기수용층이다.
> • 시장점유율을 높이고자 한다.
> • 시장침투가격을 설정한다.

① 도입기   ② 성장기   ③ 성숙기

④ 포화기   ⑤ 쇠퇴기

87 다음 중 제품 및 브랜드전략에 대한 설명으로 옳지 않은 것은?

① 상품 간 유사성이 높을 경우에는 카테고리확장이 성공할 가능성이 높다.

② 개별브랜드전략은 각 제품에 대하여 한 상표가 시장에서 실패하더라도 다른 상표에 영향을 주지 않는다.

③ 라인확장된 신상품이 기존 브랜드의 이미지 또는 브랜드 자산을 약화시키는 것을 희석효과라 한다.

④ 개별브랜드전략은 제품 개발 때마다 새로운 마케팅을 해야 함에 따라 비용의 문제가 발생한다.

⑤ 기존 브랜드와 다른 제품 범주에 속하는 신상품에 기존 브랜드를 붙이는 것을 라인확장이라고 한다.

88 기업이 채택할 수 있는 제품 및 브랜드전략 중 소비자의 다양성 추구 욕구 충족, 기업의 잉여생산 설비 활용, 소매상의 진열대 점유확대를 목적으로 상대적으로 낮은 비용과 낮은 위험을 부담하면서 구사하는 전략은?

① 이중브랜드(Duo Brand) ② 라인확장(Line Extension)
③ 새로운 브랜드(New Brand) ④ 브랜드확장(Brand Extension)
⑤ 복수 브랜드(Multibrand)

89 글로벌 브랜드(Global Brand)가 가지는 규모의 경제(Economies of Scale)에 관한 설명 중 옳지 않은 것은?

① 규모의 경제는 개발비용, 생산, 유통, 촉진 등에서 나타난다.
② 기업의 성장전략 추구에 있어서 글로벌 브랜드가 로컬 브랜드(Local Brand)보다 유리하다.
③ 촉진의 측면에서 더 넓은 마케팅 기회를 포착할 수 있다.
④ 글로벌 브랜드는 구매선택과 관련하여 소비자의 지각된 위험을 증가시킨다.
⑤ 일반적으로 글로벌 브랜드를 가진 기업은 특정 제품 범주에 마케팅의 초점을 맞춘다.

90 브랜드 자산의 전략적 활용 방법인 브랜드 확장에 관한 설명으로 적절하지 않은 것은?

① 라인확장은 동일한 상품 범주에 추가된 신상품에 기존 브랜드를 이용하는 것으로, 기존 브랜드가 신상품의 특성을 잘 나타내지 못할 위험이 있다.
② 수직적 라인확장은 라인확장된 신상품이 기존 상품보다 가격이 낮거나 높은 경우를, 수평적 라인확장은 라인확장된 신상품이 기존 상품과 가격대는 비슷하지만 다른 세분시장을 표적으로 삼는 경우를 가리킨다.
③ 카테고리확장은 기존 브랜드와 다른 범주에 속하는 신상품에 기존 브랜드를 사용하는 것이다.
④ 기존 브랜드가 특정 상품 범주와 밀접하게 연결되어 있는 경우 카테고리확장이 실패할 가능성이 있다.
⑤ 두 상품 범주 간에 유사성이 높을수록 카테고리확장이 성공할 가능성이 높으며, 유사성이란 상품과 상품 사이의 유사성을 의미하고 브랜드 이미지와 상품 사이의 유사성은 포함되지 않는다.

91 브랜드 자산(Brand Equity)에 대한 설명 중 옳은 것을 모두 고르면?

> a. 브랜드 자산이 형성되려면 독특하거나 강력한 브랜드 이미지가 있어야 한다.
> b. 높은 브랜드 인지도는 브랜드 자산의 필요조건이자 충분조건이다.
> c. 기존 브랜드와 다른 상품 범주에 속하는 신상품에 기존 브랜드를 사용하는 것을 라인확장 이라고 한다.
> d. 라인확장된 신상품이 기존 브랜드의 이미지 또는 브랜드 자산을 약화시키는 것을 희석 효과라 한다.

① a, b   ② a, c   ③ a, d
④ b, c   ⑤ c, d

92 다음 중 공동브랜드 전략에 대한 설명으로 옳지 않은 것은?

① 여러 기업들이 공동으로 개발하여 사용하는 단일브랜드를 말한다.
② 마케팅비용의 감소와 제품원가 절감을 통해 품질향상에 기여할 수 있다.
③ 협력사 간에 기술과 마케팅, 시장정보 등을 공유할 수 있다.
④ 협력사 간에 일관된 품질을 유지해야 한다는 운영상의 난점이 있다.
⑤ 전략적 제휴를 통해 신제품에 두 개의 브랜드를 공동으로 표기하거나 시장지위가 확고한 중소업체들이 공동으로 개발하여 사용하는 브랜드를 말한다.

93 다음 중 브랜드에 대한 설명으로 알맞지 않은 것은?

① 강력한 상표는 상표인지도와 충성도를 가지게 한다.
② 상표주는 제조업자 상표, 사적 상표, 라이선스 상표, 협동 상표의 4가지가 있다.
③ 복수상표전략이란 새로운 범주의 제품을 출시할 경우 새로운 상표를 창조하는 상표전략이다.
④ 경쟁자들에게 남용되지 않게 하기 위해서 상표를 등록해야 한다.
⑤ 라인확장은 같은 제품군 내에서 변형된 새로운 상품에 기존 브랜드를 붙이는 것이다.

94 다음 중 선도 제조업체 브랜드의 상호 자체에 대한 모방이 아니라, 상호나 상품 특성을 매우 흡사하게 모방하고 제조업체 브랜드가 아니라는 것을 명확히 하는 유통업체의 브랜딩을 의미하는 용어는?

① 모방 브랜딩(Copycat Branding)
② 유사 브랜딩(Parallel Branding)
③ 저가 브랜딩(Bargain Branding)
④ 고품격 프리미엄 브랜딩(Premium Branding)
⑤ 리브랜딩(Rebranding)

95 다음 중 브랜드 자산가치를 측정하는 방법으로 거리가 먼 것은?

① 매출액 배수를 이용한 측정
② 초과가치 분석을 통한 측정
③ 무형자산의 가치추정을 통한 측정
④ 브랜드 플랫폼 분석을 통한 측정
⑤ 취득원가에 기초한 측정

96 다음 중 서비스의 특징으로 적절하지 않은 것은?

① 서비스의 무형성이란 실체를 보거나 만질 수 없음을 의미한다.
② 탐색속성이란 서비스 구매 이전에 원하는 정보를 찾아봄으로 평가되는 속성을 의미한다.
③ 서비스의 품질평가는 제품의 품질평가보다 쉽다.
④ 서비스는 누가, 언제, 어떻게 제공할 것인가에 따라 그 내용과 질이 달라진다.
⑤ 생산과 소비의 동시성은 제공과 동시에 소비가 된다는 의미다.

97 서비스업을 제조업과 비교한 설명 중 적절한 것은?

① 서비스 제공과정에서 고객과의 접촉 정도는 제조업에 비해 상대적으로 적다.
② 서비스 제공과정에서의 생산성 측정은 제조업에 비해 상대적으로 용이하다.
③ 서비스 창출과정은 고객의 소비와 동시에 일어나는 경우가 제조업보다 많다.
④ 서비스업은 제조업보다 품질측정이 객관적으로 이루어질 수 있다.
⑤ 모든 서비스는 제조업에서처럼 재고의 개념을 적용하여 고객수요에 대응할 수 있다.

98 생산시스템은 유형의 제품과 무형의 서비스에 대한 생산으로 구분된다. 제품과 서비스에 관한 설명으로 적절하지 않은 것은?

① 제품은 서비스에 비해 상대적으로 투입물과 산출물의 균질성이 높다.

② 서비스는 제품에 비해 수요와 공급을 일치시키기가 용이하다.

③ 서비스는 제품에 비해 생산프로세스에 대한 특허 취득이 어렵다.

④ 서비스는 제품에 비해 산출물 품질에 대한 측정과 품질보증이 어렵다.

⑤ 서비스는 제품에 비해 생산프로세스에 대한 고객참여도가 높다.

99 서비스마케팅에 관한 설명으로 적절하지 않은 것은?

① 서비스는 제품과 구별되는 여러 가지 고유의 특성을 지니고 있는데, 일반적으로 무형성, 생산과 소비의 비분리성, 동질성, 소멸성의 네 가지 특성으로 요약된다.

② 소비자 욕구의 다양화, 급속한 기술의 발전, 평균 수명의 증가, 삶의 복잡화는 서비스경제 성장에 공헌하고 있다.

③ 고객의 기대에 대한 경영자의 인식과 서비스 설계 간의 차이가 있을 때, 이러한 불일치는 고객의 서비스 기대와 성과 사이의 차이를 유발하는 요인이 된다.

④ 내부마케팅(Internal Marketing)은 서비스 기업이 고객과의 약속을 지킬 수 있도록 종업원을 교육하고, 동기부여하며, 보상하는 일련의 활동을 말한다.

⑤ 그뢴루스(Grönroos)는 2차원 서비스 품질모형을 제안하였으며, 두 개의 차원은 결과품질(Outcome Quality)과 과정품질(Process Quality)이다.

100 서비스업의 운영관리와 관련한 설명 중 적절하지 않은 것은?

① 서비스는 시간소멸적 특성이 있어 서비스업의 경우 수요관리가 더욱 중요하다.

② 대부분의 서비스는 서비스 패키지를 구성하는 유·무형의 속성들을 혼합적으로 포함하고 있다.

③ 서비스 수요의 성수기와 비수기 주기는 일반적으로 제조업보다 짧고 격차도 큰 경향이 있다.

④ 서비스의 이질성을 극복하는 방안으로 종업원에 대한 교육훈련을 고려할 수 있다.

⑤ 표준화 정도가 높고 자본비용이 낮은 대량서비스로 분류되는 도매점의 경우 종업원의 충성도 획득이 중요한 경영과제이다.

기출문제

경영과 기업

기업활동의 조직

인사관리

생산관리

마케팅관리

실전모의고사

101 서비스마케팅 전략 수립에 필요한 내용에 관한 설명 중 올바른 것은?

> a. 시장점유율보다는 고객점유율을 높이기 위하여 고객데이터베이스를 이용하여 기존 고객과의 상호작용을 강화하려는 마케팅활동은 관계마케팅에 해당한다.
> b. 서비스를 제품개념으로 볼 때 서비스는 탐색적 속성, 경험적 속성, 신뢰적 속성 중에서 탐색적 속성이 강한 제품에 속한다.
> c. 서비스 기업이 고객에게 서비스를 판매하기 위하여 종업원을 훈련시키고 동기부여하는 종업원관리활동은 서비스마케팅활동 중 내부마케팅(Internal Marketing) 활동에 속한다.
> d. 서비스품질을 측정하기 위하여 개발된 SERVPERF 모형은 서비스 기대치와 성과치의 차이를 측정하는 방법이다.
> e. 서비스는 유형제품에 비하여 가격차별화가 용이하기 때문에 가격차별화를 통하여 이익을 올릴 수 있는 가능성이 상대적으로 높다.

① a, b, c   ② a, c, d   ③ a, c, e
④ a, d, e   ⑤ b, c, d

102 다음 중 서비스의 특징으로 옳지 않은 것은?

① 서비스는 경험 전까지는 그 내용과 질을 판단하기 어려우므로 사용자의 능력이 아주 중요하다.
② 서비스는 대량생산이 어렵다.
③ 서비스는 유형제품에 비하여 생태적으로 품질관리가 쉽다.
④ 서비스는 생산자와 고객 간의 상호작용이 생산공정에 반영된다.
⑤ 서비스는 생산과 동시에 소비되며, 판매되지 않은 서비스는 사라진다.

103 다음 중 서비스 이질성을 극복하기 위해서 요구되는 마케팅 활동은?

① 지역적 차별성을 극복하기 위하여 서비스 제공시스템을 지역별로 개별화한다.
② 서비스제공을 단계적으로 분석·파악하여 단계별 최적의 물리적 환경을 강조한다.
③ 고객예약시스템을 활용하여 대기시간을 제거함으로써 서비스의 수요와 공급을 동시화한다.
④ 서비스 제공과정을 표준화하고 매스마케팅보다는 고객화를 강조하는 활동을 수행한다.
⑤ 불특정 다수의 사람을 대상으로 판매를 촉진하여야 한다.

104 다음 중 약속된 서비스를 믿을 수 있고 정확하게 수행할 수 있는 서비스 품질 결정요소는?

① 응대성　　　　　② 확신성　　　　　③ 공감성
④ 유형성　　　　　⑤ 신뢰성

105 다음 〈보기〉는 서비스의 특징 중 무엇에 대한 설명인가?

> **보기**
>
> 　서비스를 제공하는 사람이나 고객, 장소, 서비스 시간 등에 따라서 내용과 질에 차이가 발생하는 것으로 서비스의 품질에 대한 평가가 다르다.

① 무형성　　　　　② 이질성　　　　　③ 소멸성
④ 비분리성　　　　⑤ 유형성

106 다음 중 서비스마케팅이 제품마케팅과 다른 점으로 알맞지 않은 것은?

① 서비스를 계획하고 촉진하는 데 있어 컨트롤이 용이하다.
② 제품에 대한 특허권과 달리 서비스는 특허권을 낼 수 없다.
③ 종업원이 서비스 결과에 크게 영향을 준다.
④ 고객이 거래과정에 직접적으로 참여할 뿐만 아니라 상당한 영향을 미친다.
⑤ 서비스는 시간의 경과에 큰 영향을 받는다.

107 다음 중 서비스의 특징과 그 내용의 연결이 올바르지 않은 것은?

① 무형성 – 서비스는 쉽게 전시되거나 전달될 수 없다.
② 이질성 – 서비스를 제공하는 사람에 따라 질에 차이가 있다.
③ 소멸성 – 수요와 공급을 맞추기가 어려우며 반품될 수 없다.
④ 동시성 – 고객이 거래에 참여하고 영향을 미치며 또한 대량생산이 어렵다.
⑤ 비분리성 – 서비스는 생산과 동시에 소비된다.

108 다음 중 서비스마케팅 전략 수립에 필요한 내용으로 알맞지 않은 것은?

① 관계마케팅은 일회성 판매보다 브랜드 충성도와 재구매를 이끌어 내는 데 초점을 둔다.

② 서비스를 제공받는 사람의 정신이나 감정의 변화를 유발하는 서비스를 심리중심적 서비스라고 한다.

③ 서비스를 제품개념으로 볼 때 서비스는 탐색적 속성, 경험적 속성, 신뢰적 속성 중에서 신뢰적 속성이 강한 제품에 속한다.

④ 서비스의 품질 측정이 어려우므로 고객들이 추구하는 것이 무엇인가를 고려하는 작업이 우선되어야 한다.

⑤ 종업원들이 마케팅 지향적 요원으로서 행동하게끔 동기를 부여하는 것은 서비스마케팅 활동 중 내부마케팅 활동에 속한다.

109 다음 중 서비스 구매에 관한 소비자 행동모델이 유형제품 구매에 관한 모델보다 상대적으로 복잡한 이유로 적절한 것은?

① 제품의 종류가 많다.

② 상대적으로 고가의 제품이다.

③ 준거집단의 영향력이 상대적으로 크다.

④ 서비스의 특성인 동시성에 의해서 소비와 구매가 동시에 이루어진다.

⑤ 서비스는 경험하기 전까지는 그 내용을 판단할 수 없다.

110 다음 중 가격구조의 결정에 관한 설명으로 적절한 것은?

① 스키밍가격(Market-skimming Pricing)은 상품라인 가격결정이며, 대량생산으로 인한 원가절감의 효과가 클 때 효과적이다.

② 침투가격(Market-penetration Pricing)은 시간의 흐름에 따른 가격결정이며, 잠재 구매자들이 가격-품질 연상을 강하게 갖고 있을 때 효과적이다.

③ 종속제품가격(Captive Product Pricing)은 고객별 가격결정이며, 상품들이 상호 대체재인 경우에 효과적이다.

④ 묶음가격(Bundling Pricing)은 상품라인 가격결정이며, 상품들이 상호 대체재인 경우에 효과적이다.

⑤ 가격차별(Price Discrimination)은 고객별 가격결정이며, 가격차별이 중요한 이유는 모든 고객들에게 가격을 같게 받는 것보다 다르게 받는 것이 더 높은 이익창출이 가능하기 때문이다.

111 가격전략에 관한 다음 설명 중 올바른 것을 모두 고르면?

> a. 프린터를 싸게 판 다음, 잉크토너 등 관련 소모품을 비싸게 파는 가격정책을 혼합 묶음가격 전략(Mixed Bundling Pricing)이라 한다.
>
> b. 가격차별(Price Discrimination)이란 유보가격이 높은 세분시장에서는 높은 가격을 받고, 가격민감도가 높은 세분시장에서는 낮은 가격을 받는 것을 말한다.
>
> c. 손익분기점(Break-even Point)은 고정비용을 공헌마진(Contribution Margin)으로 나누어 계산한다.
>
> d. 프로스펙트 이론(Prospect Theory)에 따르면 사람들은 손실회피(Loss Aversion) 경향이 강한데, 예를 들면 소비자는 가격 10% 인상보다는 가격 10% 인하에 더 민감하게 반응한다는 것이다.
>
> e. 준거가격(Reference Price)은 구매자가 가격이 비싼지 싼지를 판단하는 기준이 되는 가격으로 구매자에 따라 달라질 수 있다.

① a, b, c   ② a, c, e   ③ b, c, d

④ b, c, e   ⑤ b, d, e

112 제품가격 의사결정에 필요한 내용에 관한 다음 설명 중 옳지 않은 것은?

① 신형모델의 제품을 구입하려는 소비자가 사용하던 구형모델을 반환할 경우, 일정금액을 보상해 주고 신형모델을 판매하는 할인 가격전략을 거래공제(Trade-in Allowance)라 한다.

② (주)가나전자가 신형컴퓨터의 가격을 업계 최고 가격으로 결정했다면 일반적으로 이 기업의 가격목표는 품질선도자 위치 확보에 있다고 할 수 있다.

③ 가격에 대해 비탄력적인 수요함수하에서는 초기고가전략을 사용하고, 탄력적인 수요함수하에서는 침투가격전략을 사용하는 것이 이론적으로 바람직하다.

④ 학습곡선(경험곡선)의 효과로 장기적으로 생산비의 하락을 가져올 수 있는 경우에는 시장침투가격을 사용하는 것이 경쟁을 배제하는 데 있어 이론적으로 바람직하다.

⑤ 원가기준 가격결정 시에 기업에서 극단적으로 허용할 수 있는 최저가격의 기준이 되는 것은 총제조원가이다.

기출문제

경영과 기업

기업활동의 조직

인사관리

생산관리

마케팅관리

실전모의고사

113 다음의 현상을 적절하게 설명할 수 있는 가격관리는?

> 500원의 가격인상이 5,000원짜리 제품에서는 크게 여겨지는 반면에 50,000원짜리 제품에서는 작게 여겨진다.

① 베버의 법칙(Weber's Law)
② 준거가격(Reference Price)
③ 가격-품질 연상(Price-quality Association)
④ 유보가격(Reservation Price)
⑤ JND(Just Noticeable Difference)

114 다음 중 가격관리에 관한 설명으로 적절하지 않은 것은?

① 가격은 다른 마케팅 믹스 요소들에 비해 상대적으로 쉽게 변경 가능하며, 반응이 빠르다는 특성을 지니고 있다.
② 유보가격이 높은 집단에 높은 가격을 책정하는 것은 가격차별 중의 하나이다.
③ 가격변화의 지각은 변화 전 가격수준에 따라 달라질 수 있으며, 이것은 베버의 법칙에 의해 설명될 수 있다.
④ 가격결정방법에서 경쟁기준법은 고객측면을 고려하지 않는다는 단점을 가지고 있다.
⑤ 구매자가 가격이 비싼지 싼지를 판단하는 데 기준으로 삼는 것을 가격-품질 연상 심리라 한다.

115 다음의 사례를 적절하게 설명할 수 있는 가격결정방법은?

> • 프린터를 싸게 판매한 이후에 토너는 비싼 가격에 판매함.
> • 면도기를 싸게 판매한 다음에 면도날은 비싸게 판매함.

① 순수 묶음제품 가격결정(Pure Bundling Pricing)
② 혼합 묶음제품 가격결정(Mixed Bundling Pricing)
③ 스키밍가격결정(Market-skimming Pricing)
④ 시장침투가격결정(Market-penetration Pricing)
⑤ 종속제품가격결정(Captive Product Pricing)

116 다음 중 가격 및 가격결정에 관한 설명으로 적절한 것은?

① JND는 변화 전 가격수준에 따라 가격변화의 지각이 달라진다는 개념이다.

② 공헌마진은 판매가격에서 고정비를 차감한 것이다.

③ 스키밍 가격결정은 잠재 구매자들이 가격과 품질 간의 연상을 강하게 갖고 있는 경우나 대량생산으로 인한 원가절감 효과가 크지 않은 조건에서 유리하다.

④ 단수가격결정은 한 상품계열에 몇 가지의 가격대를 설정하는 것이며, 소비자에게 상품의 가격이 최대한 낮은 수준에서 결정되었다는 인상을 주어 판매량을 증가시키기 위한 것이다.

⑤ 순수 묶음가격은 상품을 개별적뿐만 아니라 묶음으로도 구매할 수 있도록 가격을 책정하는 방법이며, 상품들이 상호 보완적인 경우에 효과적이다.

117 다음의 경우에서 적합하게 사용될 수 있는 가격결정전략은?

> • 잠재 구매자들이 가격–품질 연상을 강하게 갖고 있는 경우
> • 가격을 높게 매겨도 경쟁자들이 들어올 가능성이 낮은 경우

① 사양제품 가격결정   ② 시장침투가격

③ 혼합 묶음제품 가격   ④ 이중요율(Two–part Tariff)

⑤ 스키밍가격

118 YJ 시네마는 특별 이벤트로 심야 시간에 8,000원으로 두 편의 영화를 동시 관람할 수 있는 상품을 판매하고 있었다. 한 손님이 두 편의 영화 중에서 한 편만 보고 싶으니 4,000원에 한 편의 영화티켓을 구입하겠다고 주장했다. 그러나 YJ 시네마 측은 8,000원을 지불하고 한 편만 보는 것은 가능하지만, 영화 한 편의 티켓을 별도로 팔 수 없다고 답변했다. 이 경우 YJ 시네마가 사용하고 있는 가격전략으로 적절한 것은?

① 순수묶음   ② 혼합묶음

③ 이중요율   ④ 스키밍가격

⑤ 손실유도가격

119 가격전략에 관한 다음 설명 중 옳은 것을 모두 고르면?

> a. 여러 가지 상품을 묶어서 판매하는 가격정책을 종속제품 가격전략이라 한다.
> b. 신상품이 처음 나왔을 때 아주 낮은 가격을 매긴 다음, 시간이 흐름에 따라 점차 가격을 올리는 가격정책을 스키밍 가격전략이라 한다.
> c. 구매자들은 가격인하보다는 가격인상에 더 민감하게 반응하는 경향이 있으며 이것을 손실 회피라 부른다.
> d. 가격변화에 대한 지각은 가격수준에 따라 달라진다는 법칙을 베버의 법칙이라 한다.
> e. JND란 가격변화를 느끼게 만드는 최소의 가격변화폭을 의미한다.

① a, b, c   ② a, d, e   ③ b, c, d

④ b, c, e   ⑤ c, d, e

120 게임 관련 하드웨어 및 소프트웨어 분야의 대표적 기업인 N사가 게임기를 저렴한 가격으로 판매한 후, 이에 필요한 게임 소프트웨어를 높은 가격으로 판매하여 이익을 올리는 전략을 추구한다면, 이에 해당하는 가격전략은?

① 최적제품 가격전략(Optimal Product Pricing)

② 제품라인 가격전략(Product Line Pricing)

③ 부산품 가격전략(By-product Pricing)

④ 종속제품 가격전략(Captive Product Pricing)

⑤ 참조 가격전략(Referral Pricing)

121 다음 중 심리기준 가격결정방법이 아닌 것은?

① 명성가격결정   ② 촉진(손실유도)가격결정   ③ 관습가격결정

④ 목표가격결정   ⑤ 단수가격결정

www.gosinet.co.kr gosinet

122 다음 중 가격정책에 관한 내용으로 옳지 않은 것은?

① 유보가격이란 구매자가 어떤 상품에 대해 지불할 용의가 있는 최대가격을 말한다.

② 베버의 법칙(Weber's Law)이란 소비자가 가격변화에 대하여 느끼는 정도가 가격수준에 따라 모두 동일하다는 것을 의미한다.

③ 가격인상 시에는 JND 범위 내에서 인상하고, 가격인하 시에는 JND 범위 밖으로 인하하는 것이 효과적이다.

④ 관습가격이란 일반적인 사회관습상 용인된 가격을 의미한다.

⑤ 최저수용가격은 고객이 가격의 품질을 의심하지 않는 최소가격을 말한다.

123 다음 중 가격관련 정책에 대한 설명으로 알맞지 않은 것은?

① 시간별 차이, 장소별 차이, 이미지에 따른 차이 등은 가치가격정책에 속한다.

② 고품질이나 품위를 나타내는 상품이나 서비스를 제공하고자 하는 마케터들이 행하는 수요에 기초한 가격책정방식으로 품위가격정책을 들 수 있다.

③ 고객의 가격민감도를 이용하여 서비스의 수요를 가격으로 조절하는 방법에는 일치가격정책이 있다.

④ 신제품이 출시 초기에 고가정책을 취하다 시간의 경과에 따라 단계별로 가격을 낮추는 것을 스키밍가격전략이라고 한다.

⑤ 상품 및 서비스를 얻기 위하여 높은 가격을 기꺼이 지불하려는 구매자층이 없을 경우 또는 신상품 및 서비스의 도입 직후 강한 잠재 경쟁자의 위협에 직면하고 있을 경우, 침투가격정책이 적합하다.

124 다음 중 제품의 가격을 고가로 책정함으로써 제품을 고품질, 높은 신분, 고가치로 인식하도록 하는 심리적 가격결정법은?

① 명성가격결정　　② 촉진가격결정　　③ 목표가격결정

④ 단수가격결정　　⑤ 경쟁가격결정

125 다음 중 소비자의 심리를 고려하는 것과 관련이 없는 가격결정방법은?

① 지대가격결정(Zone Pricing)
② 단수가격결정(Odd Pricing)
③ 명성가격결정(Prestige Pricing)
④ 관습가격결정(Customary Pricing)
⑤ 촉진가격결정(Promotion Pricing)

126 다음 중 가격결정의 유형에 대한 설명으로 알맞지 않은 것은?

① 스키밍가격정책은 제품의 도입기에 고가의 가격설정으로 투자액의 조기회수를 가능하게 하려는 가격결정방법이다.
② 단수가격결정은 상품가격을 단수로 끝나게 하여 적은 가격차이로 소비자에게 저렴한 상품이라는 느낌을 주게 하는 심리가격결정법이다.
③ 침투가격결정은 시장성장률 확대를 위하여 저가의 가격을 설정하는 방법으로 수요의 가격탄력성이 높은 제품에 많이 이용된다.
④ 종속제품가격결정은 주요 제품과 함께 사용하는 종속 제품을 동시에 생산하는 경우 기본제품은 낮은 가격으로, 종속제품은 높은 가격으로 설정하는 방법이다.
⑤ 손실유도가격결정은 특정 제품의 가격을 대폭 인상하여 다른 품목의 수익성을 확보하기 위한 일종의 심리가격결정법이다.

127 다음 중 동일한 제품이나 서비스에 대하여 고객별로 상이한 가격을 결정짓는 마케팅 가격전략은?

① 유보가격
② 침투가격
③ 고객별 차별가격
④ 심리가격
⑤ 명성가격

128 다음 중 제품의 동질성이 높아서 차별화가 어려울 경우 시장에 형성되어 있는 가격을 따르는 가격전략은?

① 오픈 가격정책
② 단수가격
③ 모방가격
④ 지각가치가격
⑤ 명성가격

129 다음 중 가격전략에 관한 설명으로 알맞지 않은 것은?

① 가격차별이란 유보가격이 높은 세분시장에서 낮은 가격을 받고, 가격민감도가 높은 세분시장에 서는 높은 가격을 받는 것을 말한다.

② 프린터를 싸게 판 다음, 잉크토너 등 관련 소모품을 비싸게 파는 가격정책을 종속제품가격전략 이라 한다.

③ 준거가격은 구매자가 가격이 비싼지 싼지를 판단하는 기준으로 삼는 가격으로 구매자에 따라 달라질 수 있다.

④ 두 개 이상의 상품을 하나로 묶어 파는 것을 묶음가격전략이라 한다.

⑤ 시장경쟁자를 의식하여 의도적으로 가격을 낮게 책정하거나, 반대로 더 높게 책정할 수도 있다.

130 여성 가방류 가격대를 저가, 중가, 고가 등으로 분류하여 저가 가방류는 10만 원에서 15만 원 사이, 중가 가방류는 18만 원에서 30만 원 사이, 고가 가방류는 35만 원에서 60만 원 사이의 가격을 책정한다. 특정 기업이 중가 가방류를 판매하기로 하고 각 제품의 가격을 18만 원, 21만 원, 25만 원, 30만 원으로 결정했을 때 이러한 가격결정에 해당하는 것은?

① 심리적 가격 ② 시장침투가격 ③ 가격차별화
④ 가격계열화 ⑤ 포획제품가격

131 다음 중 묶음가격에 대한 설명으로 알맞지 않은 것은?

① 규모의 경제 효과나 범위의 경제 효과가 있을 때 사용한다.

② 소비자에게 개별구매보다 묶음구매가 더 경제적인 소비임을 인식시켜야 한다.

③ 보완관계에 있는 상품들보다 대체관계에 있는 상품들을 묶어서 책정하는 경우가 일반적이다.

④ 개별 제품에 대하여 단독으로는 판매되지 않는 순수묶음제와 개별 제품에 대한 단독판매와 묶음 판매 모두 가능한 혼합묶음제로 분류할 수 있다.

⑤ 두 가지 이상의 제품이나 서비스를 패키지로 묶어서 가격을 책정하는 것을 말한다.

132 다음 중 스키밍가격전략과 관련이 없는 것은?

① 한계원가 ② 신제품의 가격 ③ 수요의 가격탄력성
④ 경쟁 제품의 가격 ⑤ 단계별 가격 조정

133 다음 〈보기〉와 같은 상황에 적절한 가격전략은?

보기

- 서비스의 매출량이 가격에 매우 민감할 때, 특히 도입 초기단계
- 대규모 작업으로 인하여 단위당 비용면에서 규모의 경제 달성이 가능할 때
- 신상품 및 서비스의 도입 직후 강한 잠재경쟁자의 위협에 직면하고 있을 때

① 묶음가격   ② 관습가격   ③ 침투가격

④ 세분시장가격   ⑤ 명성가격

134 다음 중 구매자가 판매자로부터 구매자가 있는 지점까지 상품운송에 소요되는 실질운임액을 지불하도록 하는 가격책정방법은?

① 공장도 인수가격   ② 명성가격   ③ 단수가격

④ 기점가격   ⑤ 묶음가격

135 다음 중 신제품의 가격책정방법으로 스키밍가격결정을 채택하기에 부적절한 상황은?

① 제품시장의 가격경쟁이 심할 때

② 법령에 의해 신제품의 독점판매권이 보장될 때

③ 혁신층의 주목을 받고 있는 브랜드의 제품일 때

④ 표적시장의 규모가 작아 규모의 경제 실현이 어렵다고 예상될 때

⑤ 신제품의 확산속도가 매우 느릴 것으로 예상될 때

136 유통에 관한 다음 설명 중 적절하지 않은 것은?

① 상권분석을 위해 사용되는 허프(Huff)모형에서, 점포의 크기는 점포선택에 영향을 미친다.

② 경로구성원 간의 목표 불일치는 경로갈등의 원인이 된다.

③ 소매상은 상품을 최종 구매자에게 직접 판매하는 활동을 수행하는 상인이다.

④ 상인 도매상은 상품을 판매할 때까지 상품의 소유권을 갖지 않는다.

⑤ 부동산 중개인은 브로커(Broker)이다.

137 유통경로에 관한 설명으로 적절하지 않은 것은?

① 유통경로가 존재하는 근본적인 이유는 생산자와 소비자 사이에 시간, 장소, 형태상의 불일치가 있기 때문이다.

② 통합적 유통경로(Integrated Distribution Channel)는 독립적 유통경로(Independent Distribution Channel)에 비해 통제가능성은 높은 반면 많은 투자비가 요구된다.

③ 복수경로 마케팅 시스템(Multichannel Marketing System)은 통합적 유통경로와 독립적 유통경로가 함께 존재하는 유통경로이다.

④ 계약형 수직적 마케팅 시스템(Contractual VMS)은 상호 독립적인 경로구성원들이 계약에 의해서 서로의 활동을 통제하고 조정하는 것을 가리키며, 프랜차이즈 조직, 소매상 협동조합, 도매상이 후원하는 자발적 체인이 이에 해당된다.

⑤ 경로 커버리지와 관련하여 선택적 유통(Selective Distribution)은 특정 지역 내에서 단 한 개의 중간상에게만 상품을 공급하는 것이며, 집약적 유통(Intensive Distribution)은 특정 지역 내에서 가능한 많은 수의 중간상들에게 상품을 공급하는 것이다.

138 유통경로의 설계 및 관리에 관한 설명 중 옳은 것을 모두 고르면?

> a. 하이브리드 마케팅 시스템(Hybrid Marketing System)은 유통경로 기능들 중의 일부는 제조기업이 수행하고, 나머지는 유통기업이 수행하는 유통경로를 말한다.
> b. 중간상이 제조기업에 대해 일체감을 갖고 있거나 갖게 되기를 바라기 때문에 발생하는 권력을 준거적 권력(Referent Power)이라 한다.
> c. 유통경로 갈등의 원인 중 동일한 사실을 놓고도 경로구성원들이 인식을 다르게 하는 경우 발생하는 갈등의 원인을 지각 불일치(Perceptual Differences)라 한다.
> d. 경로 커버리지 전략 중 전속적 유통(Exclusive Distribution)은 중간상의 푸쉬(Push)보다는 소비자의 풀(Pull)에 의해서 팔리는 상품에 적합하다.
> e. 유통은 바톤 패스(Baton Pass)와 유사하다. 즉 제조기업이 유통기업에게 바톤을 넘기듯이 모든 유통기능을 맡기는 것이 적절하다.

① a, b, c ② a, c, e ③ b, c, d

④ b, d, e ⑤ c, d, e

139 다음 중 유통에 관한 내용으로 옳지 않은 것은?

① 중간상인이 있으면 총 거래수가 최소화되며 생산자와 소비자 간 시공간의 제약이 극복된다는 장점이 있다.

② 물적 유통관리는 소유효용을 창출하므로 수요량 증대의 효과를 얻게 된다.

③ POS시스템이란 판매시설에서 자료를 수집, 처리하여 그 결과를 의사결정에 활용하는 시스템을 의미한다.

④ 편의품의 경우 개방적 유통경로를 사용하는 것이 일반적이다.

⑤ 도매상은 유통과정에서 상품을 대량으로 보관하는 기능을 함께 가진다.

140 다음 중 유통정책에 관한 설명으로 옳지 않은 것은?

① 물적유통관리의 목적은 고객 서비스의 목표수준을 만족하는 범위 내에서 물류비용을 최소화하는 데 있다.

② 분업의 원리는 생산부문뿐만 아니라 유통부문에서도 적용될 수 있다.

③ 피기백(Piggyback) 방식은 트럭이나 트레일러 자체를 화물열차에 실어 배송하는 수송방식이다.

④ 채찍효과(Bullwhip Effect)란 수요가 예상보다 적게 발생할 경우 수요를 푸시하기 위하여 제조업자가 유통상을 압박하는 것을 의미한다.

⑤ 푸시 전략에서 생산자의 판매촉진활동은 주로 전문소매업체를 그 대상으로 한다.

141 다음 중 일반적으로 유통경로의 단계수가 증가하는 경우가 아닌 것은?

① 고객이 대형유통업체를 선호하지 않을수록

② 고객의 공간편의성 제공요구가 클수록

③ 고객의 상품정보 제공에 대한 요구가 클수록

④ 고객의 배달기간에 대한 서비스 요구가 클수록

⑤ 고객이 최소판매단위에 대한 유통서비스 요구가 클수록

142 다음 중 유통경로구조의 설계 및 관리에 대한 설명으로 알맞지 않은 것은?

① 관리형 수직적 경로구조의 구성원들은 자율적인 상호이해와 협력에 의존하지만 협력해야 할 계약이나 소유권에 구속을 받지 않는다.

② 경로구성원 간에 정보밀집성이 존재할 때 수직적 통합은 기회주의를 감소시켜 거래비용을 줄일 수 있다.

③ 프랜차이즈 시스템은 계약형 수직적 경로구조로서 주로 정부에 의해 운영된다.

④ 매스미디어를 통한 광고 송출은 풀 전략이다.

⑤ 풀 전략은 대형 브랜드의 신제품 판매에 있어 주효한 전략이다.

143 다음 중 유통경로상 수평적 갈등에 해당하지 않는 것은?

① 편의점과 슈퍼마켓의 갈등
② 백화점과 할인점의 갈등
③ 상인도매상과 전문점의 갈등
④ 전문점과 전문할인점의 갈등
⑤ 온라인 마켓과 오프라인 매장의 갈등

144 다음 중 물적 유통관리에 대한 설명으로 알맞지 않은 것은?

① 운송, 보관, 포장, 재고관리 등의 활동이 포함된다.
② 재화에 있어 생산단계부터 소비단계까지의 이동 및 취급과정을 말한다.
③ 물적 유통관리의 목적은 고객에 대한 욕구충족 및 유통비용의 상승에 있다.
④ 물적 유통활동 중 가장 비중이 높은 것은 마케팅 병참관리라고도 하는 수송이다.
⑤ 물적 유통관리는 시간과 공간의 효용 창출로 비용을 절감한다.

145 다음 중 유통계열화의 유형에 대한 연결이 알맞은 것은?

① 관리적 VMS – 수평적 관계
② 기업적 VMS – 수평적 관계
③ 계약적 VMS – 수평적 관계
④ 공생적 VMS – 수평적 관계
⑤ 전통적 VMS – 수평적 관계

146 다음 중 프랜차이즈 시스템에 관한 설명으로 알맞지 않은 것은?

① 수직적 유통경로 시스템의 한 형태다.

② 프랜차이저는 프랜차이지에게 기업의 운영방식 제공 및 사용의 대가로 가맹금을 받는다.

③ 프랜차이즈 시스템은 전통적 유통경로나 관리형 VMS, 자발적 연쇄점 및 소매상 협동조합보다 유연성이 뛰어나다는 장점을 가지고 있다.

④ 프랜차이즈 시스템의 유형은 제조업자-소매상 프랜차이즈, 제조업자-도매상 프랜차이즈, 도매상-소매상 프랜차이즈 및 서비스회사-소매상 프랜차이즈로 크게 나눌 수 있다.

⑤ 본부의 투자위험을 줄일 수 있을 뿐만 아니라 자본투자를 한 가맹점들이 직접 점포를 소유·운영하기 때문에 적극적으로 영업활동을 하도록 하는 장점이 있다.

147 다음 중 프랜차이즈 시스템의 긍정적 효과로 알맞지 않은 것은?

① 경영지식이 풍부하지 않은 개인들이 독립기업인으로서의 시장진입을 원활하게 도와준다.

② 완전히 통합된 수직적인 체인에 비해 가맹점으로 분산된 대안을 제공해 줌으로써 경제적 집중을 감소시킨다.

③ 자본이 풍부하지 않은 프랜차이즈 본부가 자본에 대한 직접투자 없이 가맹점을 통하여 사업을 확장할 수 있다.

④ 특히 경영경험이 많은 가맹점주에게 그의 경험에서 얻은 능력을 발휘하도록 하는 효율성이 높은 시스템으로 입증되고 있다.

⑤ 개인사업자의 점포소유권을 유지하면서 대형 브랜드가 가진 시장우위의 이점을 누릴 수 있다.

148 다음 중 프랜차이즈에 대한 설명으로 알맞은 것은?

① 공생적 마케팅 시스템이라고도 한다.

② 수직적 마케팅 시스템에 속하며 계약형 VMS의 대표적인 형태다.

③ 동일한 두 개 이상의 기업이 서로 대등한 입장에서 연맹체를 구성하는 형태다.

④ 각 기업이 단독으로 효과적인 마케팅 활동을 수행하는 데 필요한 자본, 노하우, 마케팅 자원 등을 보유하고 있지 않을 때 수평적 통합을 통해 시너지 효과를 얻을 수 있게 한다.

⑤ 유통경로의 구성원 중 규모가 큰 구성원이 다른 구성원에게 비공식적인 영향을 미친다.

149 다음 중 전·후방 통합의 정도나 통제의 정도가 가장 강한 형태에 해당하는 유형은?

① 관리형 VMS   ② 기업형 VMS   ③ 프랜차이즈형 VMS

④ 협동조합형 VMS   ⑤ 계약형 VMS

150 다음 중 촉진믹스에 해당하지 않는 것은?

① 광고   ② 인적 판매   ③ 제품

④ PR   ⑤ 판매촉진

151 다음 중 촉진믹스의 개발 및 관리에 대한 설명으로 알맞지 않은 것은?

① 산업재를 판매하는 기업은 촉진활동을 인적 판매에 의존하는 경향이 강하다.

② 인적 판매는 메시지가 사람 대 사람으로 전달된다.

③ 인터넷과 SNS의 발달로 PR의 중요도가 증가하고 있는 추세이다.

④ 인적 판매는 광고보다 많은 사람들에게 빠른 전달을 가능하게 하지만 설득력이 떨어진다.

⑤ 촉진 메시지의 구조를 결정할 경우 장점만 말하는 것이 더 효과적이다.

152 다음 중 소비재 제조업체의 촉진전략에서 중요성이 가장 높은 촉진방법은?

① 광고   ② PR   ③ 인적 판매

④ 홍보   ⑤ 판매촉진

153 다음 중 인적 판매에 관한 설명으로 알맞지 않은 것은?

① 산업재 시장에서 촉진예상의 가장 높은 비중을 차지한다.

② 인적 판매는 전형적인 푸시 전략이다.

③ 혁신적인 신제품 도입에 효과적인 촉진수단이다.

④ 고객 1인당 비용이 광고보다 훨씬 저렴하여 불특정 다수에게 판매한다.

⑤ 잠재 고객뿐만 아니라 기존 고객을 대상으로도 한다.

기출문제

경영과 기업

기업활동의 조직

인사관리

생산관리

마케팅관리

실전모의고사

154 다음 중 마케팅 로지스틱스 시스템이라 불리며, 적절한 제품을 적당량만큼 제품수요지에 도달시키는 것은?

① 유통 ② 물적 유통 ③ 마케팅 커뮤니케이션
④ 마케팅 시스템 ⑤ 판매촉진

155 다음 중 양판할인점의 장점으로 알맞지 않은 것은?

① 차별할인가격의 구입정책을 사용하고 있다.
② 차별화된 서비스에 의한 고객만족을 이루고 있다.
③ 대량판매에 의한 높은 상품회전율을 보이고 있다.
④ 최소한의 서비스에 의한 경비절감이 이루어지고 있다.
⑤ 다양한 소비자의 욕구를 충족시키기 위한 다양한 상품을 제공한다.

156 다음 중 홍보(PR) 활동과 거리가 먼 것은?

① 퍼블리시티 ② PPL ③ 샘플링
④ 후원 및 협찬 ⑤ 보도 자료

157 다음 중 홍보에 대한 설명으로 알맞은 것은?

① 소비자들에게 할인권 제공, 상품권 제공 등을 한다.
② 구매자들과 직접 만나 자사제품의 구매를 권유한다.
③ 기업이 확인될 수 있는 광고주가 되어 광고대금을 지불하고 그들의 아이디어나 제품 또는 서비스에 대한 메시지를 비개인적 매체를 통해 소비자에게 제시하는 모든 활동을 의미한다.
④ 매체를 통해 내용이 전파되는 과정에서 기업은 강한 정보통제성을 가진다.
⑤ 광고주가 대금을 지불하지 않으면서도 라디오, 텔레비전 또는 신문과 같은 대량 매체를 통하여 제품이나 서비스 또는 기업체에 관하여 상업적으로 의미 있는 정보를 제공하는 것을 말한다.

158 다음 중 제조업체와 소매유통업체 사이의 두 가지 극단적인 관계인 풀(Pull) 전략과 푸시(Push) 전략에 관한 설명으로 알맞은 것은?

① 유통업체의 경제성 측면, 즉 마진율은 푸시 전략이 풀 전략보다 상대적으로 낮다.

② 제조업체가 자사신규제품에 대한 시장 창출을 주로 소매유통업체에게 의존하는 것은 푸시 전략에 가깝다.

③ 소비자가 제품의 브랜드 명성을 보고 판매매장으로 찾아오도록 소비자의 등을 미는 것을 푸시 전략이라고 한다.

④ 잘 알려지지 않은 브랜드의 제품을 손님이 많이 드나드는 매장에 전시함으로써 고객들을 끌어당기는 것을 풀 전략이라고 한다.

⑤ 푸시 전략을 이용하기 위해서는 많은 수의 소비자를 직접 대상으로 하는 마케팅 비용을 제조업체가 직접 부담할 수 있어야 한다.

159 제품촉진 의사결정에 필요한 내용에 관한 설명 중 옳은 것은?

① 제조업자가 최종소비자보다는 인적 판매와 중간상에 대한 촉진에 집중함으로써 유통경로상의 다음 단계 구성원들에게 영향력을 행사하여 매출을 늘리려는 전략을 촉진믹스(Promotion Mix)전략이라 한다.

② 제품수명주기상 도입기에 1차 수요를 창출할 목적으로 제품에 관한 상세한 정보를 제공하는 광고를 상기광고(Reminder Advertising)라 한다.

③ 판매원의 고객관리방법에서 파레토최적 또는 20/80법칙이란 20%의 고객이 구입금액의 80%를 자사제품에서 구입할 수 있도록 관리해야 한다는 것을 의미한다.

④ 광고는 매출액에 영향을 주는 한 요인일 뿐 아니라 장기간에 걸쳐서 그 효과가 나타나기 때문에 특수한 경우를 제외하고는 광고목표설정 시 매출목표보다는 커뮤니케이션목표가 적합한 경우가 많다.

⑤ 쿠폰이나 무료샘플 같은 판매촉진 수단은 주로 단기적인 목적으로 사용되며 비순환적이고 상표 전환자를 유인하는 데는 부적합하다.

기출문제 | 경영과 기업 | 기업활동의 조직 | 인사관리 | 생산관리 | 마케팅관리 | 실전모의고사

160 다음 중 촉진믹스에 관한 설명으로 적절하지 않은 것은?

① 광고의 궁극적인 목표는 잠재고객으로 하여금 상품을 구매하게 만드는 것이나, 시장점유율, 매출액 등 구매와 관련된 지표 자체를 광고의 목표로 삼는 것은 바람직하지 않다.

② 언론 매체에 회사의 상품이 노출된 횟수를 카운트한 다음 이를 금액으로 환산하는 PR 효과 측정 방법을 노출횟수 측정이라고 부르며, 이 방법은 PR 효과를 단순하게 측정한다는 한계점을 갖고 있다.

③ 도매업자가 소매업자를 대상으로 또는 소매업자가 소비자를 대상으로 인센티브를 제공하는 것을 중간상 판매촉진이라고 한다.

④ 과거(현재)에 이루어진 광고의 효과가 누적되어 현재(미래)의 매출에 영향을 미치는 것을 이월효과(Carryover Effect)라고 한다.

⑤ 인적 판매는 상품을 알리고 질문에 답하며 주문을 끌어내기 위해 잠재고객들과 대면접촉하는 활동이다.

161 다음 중 촉진믹스의 인적 판매에 관한 설명으로 올바른 것을 모두 고르면?

> a. 인적 판매는 효과계층모형(Hierachy-of-effects Model)의 여섯 단계(인지-지식-호감-선호-확신-구매) 중 인지와 지식 단계에 가장 큰 영향을 미친다.
> b. 촉진믹스 중에서 인적 판매는 산업재 시장에서 촉진예산의 가장 높은 비중을 차지한다.
> c. 인적 판매는 전형적인 풀 촉진정책이다.
> d. 인적 판매는 혁신적인 신제품 도입에 효과적인 촉진수단이다.
> e. 인적 판매는 고객 1인당 비용은 매우 많이 드나, 목표시장에 효율적으로 자원을 집중할 수 있다.

① a, b, c   ② a, c, e   ③ a, d, e

④ b, c, e   ⑤ b, d, e

162 광고모델의 효과에 대한 다음 설명 중 옳지 않은 것은?

① 광고모델이 신뢰성을 갖고 있다고 생각하면 소비자들은 내면화 과정을 거쳐 메시지를 수용할 수 있다.

② 신뢰성이 낮은 모델이 전달하는 메시지에는 시간이 지난 다음에 그 효과가 나타나는 수면효과가 발생하기도 한다.

③ 광고모델의 매력은 동일시 과정을 거쳐 소비자를 설득시킬 수 있다.

④ 저관여 상품의 경우 유명한 모델이 아닌 소비자와 유사한 일반모델을 사용한 증언형 광고는 효과가 없다.

⑤ 일반적으로 광고모델의 매력은 유사성, 친근감, 호감을 포함하는 개념으로 본다.

163 다음 중 촉진관리에 관한 설명으로 적절한 것은?

① 광고예산 결정방법에서 가용예산 할당법(Affordable Method)은 광고를 비용이 아닌 투자로 간주하고 있으며, 광고비의 과소지출보다는 과다지출을 초래하는 경우가 더 많다.

② GRP(Gross Rating Points)는 청중 1,000명에게 광고를 도달시키는 데 드는 광고비용을 가리키는 용어이다.

③ 진열 공제와 입점 공제는 중간상 판매촉진 수단이다.

④ 샘플은 신제품 사용 유도, 반복구매 촉진, 다른 판촉 방법들에 비해 낮은 비용 등의 장점이 있다.

⑤ 인적 판매에서 내부 판매는 판매사원이 잠재 구매자를 방문하여 판매활동을 하는 것이다.

164 다음 중 촉진관리에 관한 설명으로 적절한 것은?

① 광고예산 결정 방법에서 매출액 비율법의 단점은 광고비를 매출액의 결과가 아니라 원인으로 보는 것이다.

② 구매 공제는 소비자 판매촉진에 포함된다.

③ 광고 공제는 소비자 판매촉진에 포함된다.

④ 홍보는 PR 활동에 포함된다.

⑤ 회상테스트는 소비자에게 다수의 브랜드명을 제시한 후 자신이 본 광고의 브랜드를 표시하게 하는 것이다.

165 다음 중 촉진관리에 관한 설명으로 적절한 것은?

① 효과계층모형(인지 → 지식 → 호감 → 선호 → 확신 → 구매)에서 잠재 구매자의 단계별 반응에 미치는 광고의 영향력은 판촉의 영향력과 차이가 없다.

② 광고모델의 매력도와 신뢰성은 각각 동일시 과정과 내면화 과정을 거쳐 소비자를 설득시킨다.

③ 소비자 판촉 수단에서 준거가격이 낮아질 위험은 가격할인판촉보다 리베이트에서 더 높다.

④ 진열 공제는 소매업자가 신상품을 취급해 주는 대가로 제조업자가 소매업자에게 상품대금 일부를 공제해 주는 것이다.

⑤ 홍보는 기업과 관련이 있는 여러 집단들(투자자, 정부, 국회, 시민단체 등)과 좋은 관계를 구축하고 유지하는 총체적인 활동이기 때문에 PR보다 대상범위가 넓다.

166 판매촉진에 관한 다음의 설명 중 적절하지 않은 것은?

① 소비자에 대한 판매촉진 중 사은품이란 일정한 기간 동안 어떤 상품을 구입한 사람들에게 다른 상품을 무료 또는 낮은 가격으로 제공하는 것을 말한다.

② 소비자에 대한 판매촉진 중 콘테스트란 소비자들에게 상당한 지식이나 기술을 요하는 문제를 낸 다음, 이를 맞춘 사람들에게 상을 주는 것을 말한다.

③ 중간상에 대한 판매촉진 중 광고 공제란 소매기업이 자신의 광고물에 어떤 상품을 중점 광고해 주는 대가로 제조기업이 상품 구매가격의 일정 비율을 공제해 주는 것을 말한다.

④ 중간상에 대한 판매촉진 중 진열 공제란 소매기업이 점포 내에 어떤 상품을 일정 기간 동안 눈에 잘 띄게 진열해 주는 대가로 제조기업이 상품 구매가격의 일정 비율을 공제해 주는 것을 말한다.

⑤ 중간상에 대한 판매촉진 중 고정고객우대 프로그램이란 소매기업이 신상품을 취급해 주는 대가로 제조기업이 소매기업에게 일정 액수의 현금을 지불해 주는 것을 말한다.

167 다음 중 광고에 관한 설명으로 적절한 것은?

① 메시지가 복잡한 경우에는 빈도보다 도달범위를 높이는 것이 바람직하다.

② GRP(Gross Rating Point)는 도달범위에 빈도를 곱한 것이다.

③ 광고는 풀보다는 푸시 촉진활동에 더 가깝다.

④ 광고예산 결정에서 가용 자원법 혹은 가용예산 할당법은 광고목표 달성을 위한 과업 수행에 소요되는 예산을 추정하여 광고예산을 책정하는 방법이며, 광고를 비용이 아니라 투자로 간주하고 있다.

⑤ 광고의 노출빈도가 어느 수준을 넘어서면 광고효과가 떨어지는 현상을 광고의 이월효과라고 한다.

168 광고에 관한 다음 설명 중 적절하지 않은 것은?

① 집중형(Blitz), 지속형(Even), 파동형(Pulsing)은 시간의 흐름에 따라 광고예산을 어떻게 할당할 것인지에 관한 광고 스케줄링과 관련된 개념이다.

② S자의 광고 판매반응함수(Sales Response Function)에서는 광고비를 증가시킬 때 판매가 미미하다가 가속점을 넘어서면 판매가 급격하게 증가하는 현상을 보인다.

③ CPM(Cost Per Mile)은 광고된 상품의 구매고객 1,000명에게 해당 광고를 노출시키는 데 소요되는 매체비용을 의미한다.

④ 광고호의(Advertising Goodwill)는 광고의 누적효과를 나타내기 위한 개념이다.

⑤ 광고 판매반응함수(Sales Response Function)는 광고와 판매반응의 관계를 수학적 함수로 표현한 것이다.

169 다음 중 논리적이라는 장점을 갖고 있지만 실제 현실에 적용하여 사용하기가 쉽지 않은 광고예산 결정방법으로 적절한 것은?

① 매출액 비율법(Percentage-of-sales Method)

② 가용예산 할당법(Affordable Method)

③ 목표 과업법(Objective-and-task Method)

④ 경쟁자 기준법(Competitive-parity Method)

⑤ 전년도 광고예산 기준법

📋 **주요 공기업 경영학 기출문제를 바탕으로 최근 출제 경향과 유사하게 모의고사를 구성하였습니다.**

채용직렬	직무수행능력평가(전공시험) [25문항]
사무영업	(일반, 수송) 경영학 (IT) 컴퓨터일반(*정보보호개론 포함)

코레일 경영학

부록 **실전모의고사**

01 다음 중 구매자의 교섭능력이 높은 경우를 모두 고른 것은?

> ㉠ 구매자가 다수일 경우
> ㉡ 구매하는 제품이 차별화된 경우
> ㉢ 구매자들이 전방 수직 통합을 할 것이라고 위협할 경우
> ㉣ 전환 비용이 없는 경우
> ㉤ 구매자들이 공급자의 제품, 가격, 비용구조에 대해 자세한 정보를 가질 경우

① ㉠, ㉡   ② ㉡, ㉢   ③ ㉢, ㉣
④ ㉢, ㉤   ⑤ ㉣, ㉤

02 다음 중 보상관리에 대한 설명으로 적절하지 않은 것은 모두 몇 개인가?

> ㉠ 집단성과배분(Gain Sharing)은 목표수준 이상의 이익이 발생했을 때 구성원에게 분배하는 제도이며, 이윤배분제도(Profit Sharing)는 이익의 증가나 비용감소 등 경영성과를 구성원에게 분배하는 제도이다.
> ㉡ 임프로쉐어 플랜은 기업의 회계처리방식이 아닌 산업공학기법을 활용해 조직의 효율성을 보다 직접적으로 측정하는 방식이다.
> ㉢ 스캔론 플랜은 노력, 성과, 보상 간의 관계가 명확하고 직접적이며, 보통 성과급이 매달 지불되기 때문에 동기부여 효과가 크다.
> ㉣ 로우완식 성과급은 미래의 노동량 예측을 통해 표준작업시간을 정한 후 표준시간 이하로 작업을 마치면 절약임금의 일부를 분배하되 분배율은 능률이 증진됨에 따라 체증하여 제공하는 방식이다.
> ㉤ 메리크식 성과급은 고, 중, 저의 임금률을 설정해 표준생산량 미만을 생산하는 초보에게도 중간 수준의 임금률을 보장하는 제도이다.
> ㉥ 맨체스터 플랜은 예상 성과를 달성하지 못하더라도 최저 생활을 보장하기 위해 작업성과의 일정 한도까지 보장된 일급을 제공하는 일급보장제도이다.

① 0개   ② 1개   ③ 2개
④ 3개   ⑤ 4개

03 다음 중 의사결정에 미치는 편향에 대한 설명으로 옳지 않은 것은 모두 몇 개인가?

> ㉠ 자기과신 : 편협하게 자기 관점만 고집하기 때문에 잘못된 결정임을 인식하면서도 이를 취소하지 못하고 계속 추진하게 된다.
>
> ㉡ 닻내림 현상과 불충분한 조정 : 의사결정 과정에서 최초에 정한 가치에만 매달리고 생각이 그 가치의 울타리를 벗어나도록 충분한 조정을 하지 못한다.
>
> ㉢ 매몰비용 오류 : 이득에 대해 느끼는 기쁨보다는 그와 똑같은 수준의 손실에 대해 느끼는 고통이 더 강하기에 합리적인 추정에 따라 권장되는 수준 이상으로 위험을 회피한다.
>
> ㉣ 현실중시 편향 : 즉시적 보상의 가치를 매우 높게 평가하고 장기적 이득의 가치는 과소평가한다.
>
> ㉤ 몰입 상승 : 결과를 좌우할 수 있는 자신의 능력이 실제보다 더 크다고 믿는다.

① 1개   ② 2개   ③ 3개

④ 4개   ⑤ 5개

04 다음 중 인사평가 및 선발에 관한 설명으로 적절하지 않은 것은?

① 내부모집은 외부모집에 비하여 모집과 교육훈련의 비용을 절감하는 효과가 있으나, 새로운 아이디어의 도입 및 조직의 변화와 혁신에 유리하지 않다.

② 제2종 오류는 고성과자를 불합격시키는 오류이고, 제1종 오류는 저성과자를 합격시키는 오류이다.

③ 선발도구의 타당성은 기준관련 타당성, 내용타당성, 구성타당성 등을 통하여 측정할 수 있다.

④ 행위기준고과법(BARS ; Behaviorally Anchored Rating Scales)은 종업원의 직무와 관련된 구체적인 행위를 평가의 기준으로 삼아 평가하는 방법으로 절대평가방법이다.

⑤ 360도 피드백 인사평가에서는 상사의 평가와 피평가자의 영향력이 미치는 모든 사람들이 평가에 참여한다.

05 다음 GE/McKinsey 매트릭스에 대한 설명으로 적절하지 않은 것은?

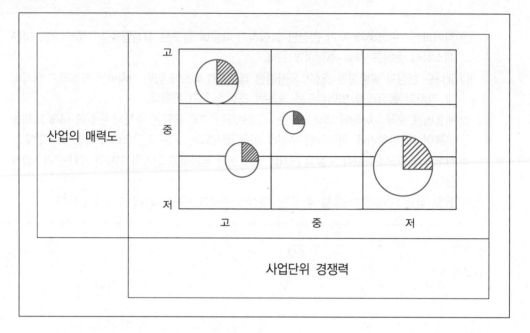

① GE/McKinsey 매트릭스의 산업 매력도는 단순한 시장의 성장률보다 더 넓은 요인을 포함함으로써 BCG 매트릭스보다 정교하게 분석할 수 있다.

② 원은 전략산업단위, 원의 크기는 해당 산업의 전체 규모, 빗금친 부분은 전략사업단위의 성장률을 나타낸다.

③ 사업단위 경쟁력은 시장점유율, 기술적 노하우, 품질 등을 의미한다.

④ 사업단위 경쟁력은 강하면서 산업의 매력도는 낮은 이익창출자 영역은 BCG 매트릭스의 황금젖소(Cash Cow)처럼 승리자 사업과 물음표 사업의 자금 원천이 된다.

⑤ GE/McKinsey 매트릭스는 BCG 매트릭스와 마찬가지로 사업단위를 독립적으로 보고 있으며, 기업의 내적자원만을 고려하였다는 한계점을 지닌다.

06 다음 ㉠ ~ ㉤을 매슬로우(A. Maslow) 욕구단계이론의 저차욕구에서 고차욕구 순으로 나열한
것으로 옳은 것은?

㉠ 봉사하는 삶, 창의적인 개발
㉡ 서로 협조하는 분위기, 동호회 활동
㉢ 부서에서의 승진, 사회에서의 인정
㉣ 실비보험, 마스크 구매, 작업장 안전시설 설치
㉤ 생필품 구입을 위한 아르바이트, 월셋집

① ㉠ → ㉡ → ㉢ → ㉣ → ㉤   ② ㉢ → ㉣ → ㉤ → ㉡ → ㉠
③ ㉣ → ㉤ → ㉡ → ㉢ → ㉠   ④ ㉤ → ㉣ → ㉢ → ㉡ → ㉠
⑤ ㉤ → ㉣ → ㉡ → ㉢ → ㉠

07 다음 중 서비스이론에 대한 설명으로 적절하지 않은 것은?

① 서비스의 특징인 무형성은 서비스품질 측정을 어렵게 할 수 있다.
② SERVQUAL에서 신뢰성(Reliability)은 서비스제공자들의 지식, 정중, 믿음, 신뢰를 전달하는 능
력을 의미한다.
③ SERVQUAL은 서비스 기업에서 품질관리 목적으로 개발한 것으로 고객의 기대와 실제 제공한
서비스 간의 차이를 서비스 품질로 인식하는 기법이다.
④ 그렌루스(Gronroos)는 두 가지의 서비스 차원, 즉 기능적 품질과 기술적 품질에 대해 고객이 갖
는 견해의 산출로 설명한다.
⑤ 서비스 만족 향상을 통해 고객충성도 제고를 기대할 수 있다.

08 다음 중 표본추출방법에 대한 설명으로 옳지 않은 것은?

① 표본추출과정은 모집단의 확정 → 표본프레임의 결정 → 표본추출방법의 결정 → 표본크기의 결정 → 표본추출 단계로 이루어진다.

② 지수평활법은 최근의 자료에 더 높은 가중치를 두고 과거의 자료로 갈수록 지수적으로 더 적은 비중의 가중치를 두어 수요를 예측하는 방법이므로 가중이동평균법(Weighed Moving Average)의 일종이라고 할 수 있다.

③ 군집표본추출법(Cluster Sampling)은 모집단을 어떤 기준에 따라 서로 상이한 소집단들로 나누고, 각 소집단으로부터 표본을 무작위로 추출하는 방법이다.

④ 단순무작위표출(Simple Random Sampling)은 모집단에 포함되어 있는 모든 구성원이 뽑힐 확률을 동일하게 하는 확률표본추출 방법으로, 사전지식이 필요하지 않다.

⑤ 비확률표본추출은 모집단의 요소들이 표본으로 뽑힐 확률을 고려하지 않고 연구자의 주관적 판단에 의해 임의로 표본을 추출하는 방법이다.

09 다음 중 경영자의 역할과 분류에 대한 설명으로 옳지 않은 것은?

① 최고경영자는 자본가와 지배자의 역할을 수행하고, 중간경영자와 일선경영자는 통제자의 역할을 수행한다.

② 경영자의 계층은 기업가, 통제자, 조정자로 구분된다.

③ 최고경영층은 기업의 의사결정에 있어서 핵심적 역할을 수행하고 조직의 전반적 경영을 책임지는 위치에서 조직의 외부환경과 상호작용하는 업무를 한다.

④ 중간경영층은 최고경영층에서 결정한 방침과 계획을 일선경영층에게 전달하고, 지휘하며 중간에서 상하 경영층의 요구사항을 조율해 주는 역할을 한다.

⑤ 경영자를 수평적 차원에서 분류하면 직능경영자와 일반경영자로 분류할 수 있으며, 직능경영자는 특정기능분야에 국한된 업무를 수행하며, 일반경영자는 여러 전문분야가 연계된 복합적 업무를 수행한다.

10 다음 마일즈와 스노우(Miles and Snow)의 전략유형에 대한 설명 중 적절하지 않은 것은 모두 몇 개인가?

> ㉠ 방어형(Defender) 조직은 생산효율성보다는 창의성과 유연성을 강조하고 분권화되어 있다.
> ㉡ 공격형(Prospectors) 조직은 기존제품의 품질향상 혹은 원가절감 등을 통하여 기존의 영역에 안주하려고 한다.
> ㉢ 방어형 조직이 효율성을 강조하는 반면 공격형 조직은 효율적이지 못하더라도 새로운 기회를 탐색하는 데 관심을 둔다.
> ㉣ 방어형 조직은 현재의 사업영역에 대해 직접적인 영향을 미치지 않는 한 산업의 환경변화를 중시하지 않는 대신 제한된 사업영역에서 가능한 한 좋은 사업에 집중하려는 경향이 있다.
> ㉤ 공격형 조직은 고도의 전문지식(첨단기술)뿐만 아니라 수평적 의사소통을 통해 혁신적인 형태로 동태적이고 급변하는 현대 사회에 적합한 전략유형이다.
> ㉥ 사업전략 수립유형을 시장 환경에의 대응방식, 즉 고객의 욕구를 파악하고 충족시키는 방식을 기준으로 공격형, 방어형, 분석형(Analyzer), 반응형(Reactor) 4가지로 설명하였다.
> ㉦ 분석형은 공격형을 관찰하다가 성공가능성이 보이면 신속하게 진입하여 경쟁우위를 확보하려는 유형이다.

① 1개　　　　　　② 2개　　　　　　③ 3개
④ 4개　　　　　　⑤ 5개

11 다음 중 관리도에 관한 설명으로 적절하지 않은 것은?

① 관리도에서 관리한계선의 폭이 좁을수록 생산자 위험(Producer's Risk)이 높아진다.

② $\overline{X}$ 관리도는 품질특성치의 평균을 제품의 규격이 아닌 관리한계선과 비교하여 샘플데이터의 평균값이 관리한계선 내에서 우연변동으로만 구성되어 있으면 공정이 안정상태라고 판단한다.

③ 관리도를 계량형(변량형)과 계수형(속성형)으로 구분할 때, $\overline{X} - R$관리도는 계량형관리도이며 p 관리도(불량률 관리도)는 계수형관리도이다.

④ 속성관리도는 프로세스의 변동성이 사전에 설정한 관리상한선과 관리하한선 사이에 있는가를 판별하기 위해 사용된다.

⑤ 변량관리도는 시간, 부품의 길이나 넓이처럼 척도에 의해 측정될 수 있는 데이터에 사용하는 관리도이다.

12 하우 리(Hau Lee)의 불확실성 프레임워크에 대한 다음 설명 중 옳지 않은 것은?

① 하우 리에 의하면 수요의 불확실성 정도뿐 아니라 공급의 불확실성 정도에 따라서도 공급사슬 전략에 차이가 발생하게 된다.

② 효율적 공급사슬은 가장 높은 비용효율성을 달성하기 위한 전략으로 비부가가치활동을 제거하고 규모의 경제를 추구한다.

③ 위험회피 공급사슬은 공급의 단절로 인한 위험을 회피하는 것을 목표로 하는 전략으로 여러 공급업체를 이용하거나 대체가능한 공급업체를 확보하거나 안전재고 수준을 증가시키는 등의 방법을 사용한다.

④ 대응적 공급사슬은 고객의 욕구에 대응하는 것을 목표로 하는 전략으로 주문생산보다는 재고의 확보와 공급단절에 신경을 쓰는 프로세스를 사용한다.

⑤ 민첩 공급사슬은 고객의 욕구에 유연하게 대응하는 것을 목표로 하지만 재고와 다른 자원들을 공동화함으로써 공급부족이나 단절을 회피한다.

13 다음 중 인적자원의 수요예측에 관한 설명으로 옳지 않은 것은?

① 정량적 수요예측 기법에는 시계분석법, 인과분석법이 있다.

② 가중이동평균법(Weighted Moving Average Method)을 사용하면 과거 자료 중 최근의 실제치를 예측치에 더 많이 반영할 수 있다.

③ 지수평활법에서 평활상수의 값이 크면 평활효과는 감소한다.

④ 어떤 수요예측치와 실측치로부터 계산된 평균오차(Mean Error)가 0이라는 것이 그 예측이 완벽하게 맞았음을 의미하지는 않는다.

⑤ 가법적 계절변동(Additive Seasonal Variation) 분석에서는 수요의 평균가치가 증가함에 따라 계절적 변동폭이 합산되면서 증가하는 것으로 가정한다.

14 다음 중 학습조직의 정의와 설명으로 옳지 않은 것은?

① 폐쇄적 조직으로 환경 변화에 적응이 어렵다.

② 지속적으로 지식을 창출하고 역량을 확대시키고자 한다.

③ 조직의 전반적인 행위를 변화시키는 데 익숙하다.

④ 조직의 비전을 관리하고 구성원들이 이를 공유하도록 한다.

⑤ 연속적이고 끊임없는 학습을 지향한다.

15 다음 중 유통경로에 관한 설명으로 옳지 않은 것은 모두 몇 개인가?

> ㉠ 고객의 최소판매단위(Lot Size)에 대한 유통서비스 요구가 높을수록 유통경로의 단계수가 증가한다.
> ㉡ 유통경로는 생산된 제품을 소비시점까지 보관하여 시간상의 불일치를 해소한다.
> ㉢ 한정 서비스 도매상(Limited-service Wholesaler)은 상품을 소유하지 않는 대신 소수의 상품라인만을 취급한다.
> ㉣ 구매자가 요구하는 서비스 수준이 높은 경우에는 통합적 유통경로(Integrated Distribution Channel)를 갖게 될 가능성이 높아진다.
> ㉤ 통합적 유통경로는 독립적 유통경로(Independent Distribution Channel)에 비해 통제가능성이 높은 반면 많은 투자비가 요구된다.
> ㉥ 내부화이론에 따르면 기업은 거래비용과 관계없이 해외직접투자를 한다.

① 1개   ② 2개   ③ 3개

④ 4개   ⑤ 5개

16 다음 중 생산 프로세스에 관한 설명으로 옳지 않은 것은?

① 잡숍(Job Shop)은 대상 제품이나 서비스가 매우 다양하고 개별 제품이나 서비스의 양이 적을 때 사용하며, 처리과정은 단속적(Intermittent)이고, 처리대상은 각기 처리요구사항이 다르다.

② 연속프로세스는 설탕, 제지, 석유, 전기와 같은 장치산업(Process Industry)에서 이용되며, 표준화 정도가 높고 대량으로 생산하는 경우에 적합하고 장비의 유연성이 크게 요구되지 않는다.

③ 배치숍(Batch Shop)은 처리대상의 다양성으로 인해 표준화 정도가 높고 장비의 유연성과 처리과정의 연속성이 요구된다.

④ 반복프로세스(Repetitive Process)는 조립생산공정으로 산출량이 많은 표준제품이나 서비스생산에 적합하며, 산출이 표준화되어 있으므로 장비의 유연성 요구는 매우 제한적이고 인력의 숙련도는 일반적으로 낮다.

⑤ 자동차 생산에는 반복프로세스, 와인생산에는 배치(Batch)프로세스, 양복점에서는 잡숍프로세스를 이용한다.

17 다음 중 개별성과급제도에 관한 설명으로 옳지 않은 것은?

① 단순성과급(Straight Piecework Plan)이란 제품 또는 작업의 단위당 고정된 단일의 임금을 정하고 여기에 실제 작업성과(생산량 or 판매량)를 곱하여 임금을 계산하는 방식이다.

② 테일러식 차별성과급(Taylor Differential Piece Rate Plan)은 임금선이 변동적인 기울기를 가진다는 점에서 단순성과급과 구별되며 단순성과급보다 인센티브 효과가 크다.

③ 복률성과급(Multiple Piece Rate Plan)은 근로자의 작업능률을 보다 효율적으로 자극하기 위하여 작업성과의 고저(高低), 다과(多寡)에 따라 적용 임금률을 달리 산정하는 제도이다.

④ 로완식 할증급(Rowan Premium Plan)은 표준작업시간을 조금이라도 단축한 근로자에게는 할시식보다 높은 할증급을 주도록 하고, 일정한도 이상으로 작업능률이 증대되면 할증률의 증가를 체감하도록 고안한 제도이다.

⑤ 메리크식 복률성과급(Merrick Multi Piece Rate Plan)은 임금률을 3단계로 나눈 것으로 견습생이 아닌 숙련자를 위한 것이다.

18 다음 균형성과표(BSC)와 거리가 먼 것은?

① 균형성과표는 단기적 성과평가보다는 장기적 성과평가의 중요성을 강조한다.

② 카플란(Kaplan)과 노튼(Norton)의 균형성과표 방식에는 재무적 성과, 고객, 내부프로세스, 학습과 성장의 관점이 포함된다.

③ 기업의 비전과 전략을 4가지 관점의 성과평가시스템과 연계하는 시스템이다.

④ 고객관점은 시장점유율로, 재무적 관점은 경제적 부가가치 등으로 측정할 수 있다.

⑤ 개인의 성과지표와 회사 목표가 어떻게 연동되어 있는지를 한눈에 파악할 수 있다.

19 다음 중 입지선정기법에 관한 설명으로 옳지 않은 것은?

① 브라운&깁슨 모델(Brown and Gibbson Model)은 정성적, 정량적 방법을 고려한 복수공장의 입지분석 모형으로 필수적, 객관적, 주관적 평가기준을 토대로 입지선정 척도를 구한다.

② 요인평정법은 각각의 입후보지에 대한 입지요인을 선정하고, 해당 요인별로 가중치를 부여하여 가중평균에 의하여 입지를 선정한다.

③ 총비용산출법은 고려 중인 입지 후보지 별로 객관적인 항목들을 합산하여 가장 적은 비용을 선정하는 것으로, 추상적 비용, 기회비용, 생산량 변화요인 등을 반영하지 못하는 단점이 있다.

④ 손익분기분석법은 비용항목별 고정비와 변동비로 나누어 손익분석을 통해 입지를 결정하는 방법이다.

⑤ 수송계획법은 여러 목적지를 대상으로 하는 어떤 시설을 추가할 때 수송거리를 최소화하거나 수송비용을 최소화하도록 위치를 결정하는 방법이다.

20 다음 중 행동주의 학습이론의 기본 가정에 대한 설명으로 옳지 않은 것은?

① 조작적 조건화는 한 자극과 이미 특정 반응을 유도해 낸 다른 자극을 결합시켜 반응을 조건화 시키는 과정을 말한다.

② 동물 연구에서 나온 학습 원리를 인간 학습에 적용할 수 있다.

③ 새로운 행동의 형성·유지·제거는 환경과의 상호작용에 의해 결정된다.

④ 정상행동뿐만 아니라 이상행동도 동일한 학습원리로 설명할 수 있다.

⑤ 직접 관찰할 수 있거나 측정 가능한 행동에 초점을 둔다.

21 다음의 기업에서 선택하는 마케팅 전략에 대한 설명으로 적절하지 않은 것은?

A 기업	마케팅 믹스 1	→	세분시장 1
	마케팅 믹스 2	→	세분시장 2
	마케팅 믹스 3	→	세분시장 3

B 기업		↗	세분시장 1
	마케팅 믹스 1	→	세분시장 2
		↘	세분시장 3

C 기업			세분시장 1
	마케팅 믹스 1	→	세분시장 2
			세분시장 3

① A 기업의 마케팅 전략은 성숙기 및 쇠퇴기에 접어들 때 적합하다.

② B 기업의 마케팅 전략은 제품의 관여도가 작은 제품일 때 적합하다.

③ B 기업의 마케팅 전략은 도입기 및 성장기에 해당할 때 적합하다.

④ B 기업의 마케팅 전략은 기업의 자원이 한정·제약되어 있는 경우에 적합하다.

⑤ C 기업의 마케팅 전략은 다양성이 높은 제품의 경우에 적합하다.

22 다음 중 노동자의 경영참가와 관련한 내용 중 적절하지 않은 것은 모두 몇 개인가?

> ㉠ 노동자의 경영참가는 노사 간 갈등 예방으로 사회적 평화를 달성하고 근로자의 책임의식과 혁신에 긍정적으로 작용할 수 있다.
>
> ㉡ 노동자의 경영참가는 결정 과정이 지연되고 과다한 구성 인원으로 인해 의사결정이 비효율 적이라는 지적도 존재한다.
>
> ㉢ 자본참여는 자본의 출자자로서 근로자들을 기업경영에 참여시키는 방식으로, 노동자의 주 식매입을 유도하는 우리사주제도(ESOP)가 해당된다.
>
> ㉣ 근로자의 성과참여는 근로자의 협력 대가로 업적, 수익, 이익 등 경영 성과의 일부를 분배 하는 방식으로 일련의 현장자율 경영팀(Self-managing Work Team)이 해당한다.
>
> ㉤ 의사결정 참여는 근로자(노조)가 기업경영과정의 의사결정에 참여하거나 해당 과정에 영향 력을 행사하는 것으로 품질관리팀(QC), 노사협의회, 노동자이사제도 등이 해당된다.
>
> ㉥ 노동자대표 이사제는 노조의 대표 혹은 종업원대표가 기업의 이사회에 참석하여 공식적으 로 기업의 최고의사결정 과정에 참여하는 제도이다.

① 1개   ② 2개   ③ 3개

④ 4개   ⑤ 5개

23 다음 중 완전경쟁시장과 독점적 경쟁시장에 관한 설명으로 옳지 않은 것을 모두 고르면?

> ㉠ 완전경쟁시장에서는 가격차별이 효과적이다
>
> ㉡ 완전경쟁시장의 기업의 경우 단기에는 초과이윤을 얻을 수 있다.
>
> ㉢ 경쟁이 치열할수록 가격이 한계비용과 멀어진다.
>
> ㉣ 독점적 경쟁기업의 경우 장기에는 정상이윤만 얻는다.
>
> ㉤ 독점적 경쟁시장은 진입과 퇴거가 자유롭다.
>
> ㉥ 독점적 경쟁시장의 개별기업은 차별화된 상품을 공급하며, 우하향하는 수요곡선에 직면 한다.

① ㉠, ㉡   ② ㉠, ㉢   ③ ㉡, ㉢

④ ㉢, ㉣   ⑤ ㉤, ㉥

24 다음 중 집단성과배분제도에 대한 설명으로 옳은 것은?

① 집단성과배분제도는 집단성과급제도로 보너스의 산정단위가 집단이 아닌 개인이다.

② 집단성과배분제도는 스톡옵션이나 종업원지주제와 같이 향후 기업의 경영이 향상됨에 따라 성과가 배분된다.

③ 스캔론 플랜(Scanlon Plan)에서는 성과배분의 기준으로 부가가치를 사용하며, 럭커 플랜(Rucker Plan)에서는 매출액을 기준으로 성과배분을 한다.

④ 임프로쉐어 플랜(Improshare Plan)은 단위 생산에 따라 실제 근로시간과 기준 작업시간을 비교하여 저축된 작업시간을 근로자측과 사용자 간에 동등한 비율로 배분하는 것이다.

⑤ 커스토마이즈드 플랜(Customized Plan)은 매출액에 대한 인건비의 절약이 실현될 경우 그 절약부분을 성과로서 분배하는 제도이다.

25 다음 중 내부화의 요인으로 옳은 것은 모두 몇 개인가?

> ㉠ 발명가가 그의 권리를 보호받을 수 없는 경우
> ㉡ 규모의 경제가 존재하는 경우
> ㉢ 정부의 개입으로 인한 사적인 비용, 수익과 공적인 비용, 수익 간의 차이가 없는 경우
> ㉣ 기업이 보유하고 있는 우위요소가 공공재적 성격을 지닐 경우
> ㉤ 거래비용이 과다하게 발생할 경우

① 1개   ② 2개   ③ 3개
④ 4개   ⑤ 5개

01 다음 중 포드 시스템(포디즘)에 해당하지 않는 것은?

① 저가격-고임금　　　　　② 차별적 성과급제도
③ 동시관리원칙　　　　　　④ 컨베이어 시스템
⑤ 연속생산공정

02 카르텔에 관한 특징으로 옳지 않은 것은?

① 기업 간 제휴를 통한 경쟁 배제를 목적으로 결성한다.
② 기업의 시장 확대에 있어서의 안정성을 확보함을 그 목적으로 한다.
③ 참여한 기업들은 법률적, 경제적 독립성을 상실하게 된다.
④ 독점을 통한 시장통제력 획득을 목적으로 결성한다.
⑤ 동종기업 간의 수평적 결합 형태를 가진다.

03 경영학의 지도원칙 중 수익성에 해당하는 것은?

① 비용대비 성과
② 비용대비 수익
③ 경제상의 합리성
④ 투입한 생산요소 대비 산출량
⑤ 최소의 희생으로 최대의 성과를 달성하는 것

04 공기업에 관한 설명으로 옳지 않은 것은?

① 중앙정부 혹은 지방자치단체가 출자한 기업으로 주로 독립채산제에 의해서 운영된다.
② 공공서비스 증대를 위한 공익사업의 실행을 이유로 존재한다.
③ 창의적 운영에 유리한 기업의 형태이다.
④ 기업의 이윤은 주로 공공정책 시행에 이용된다.
⑤ 공익과 비영리를 경영의 원리로 한다.

05 경영자의 자질 중 최고경영층, 중간경영층, 하위경영층 모두에게 중요한 자질은?

① 인간적 자질　　　　② 개념적 자질　　　　③ 기술적 자질

④ 전문적 자질　　　　⑤ 기능적 자질

06 목표에 의한 관리(MBO)에 관한 설명으로 옳지 않은 것은?

① 성과를 측정할 수 있는 목표를 설정할 것을 요구한다.

② 목표의 성과에 대한 피드백(환류)이 이루어진다.

③ 효과적인 계획 설정을 촉진함으로써 보다 나은 관리를 돕는다.

④ 조직의 성과와 목표를 통합하기 위하여 구성원의 참여에 의한 방법을 강조한다.

⑤ 목표를 달성하는 과정에서 신축성 있는 목표변경을 허용하기 때문에 환경변화에의 적응이 용이하다.

07 기업의 미래상인 비전을 사업구조 차원에서 구체화하려는 기업의 혁신방법은?

① 기업 아이덴티티　　② 리스트럭처링　　　③ M&A

④ 학습조직　　　　　⑤ 벤치마킹

08 다음 중 SWOT 분석에서 고려해야 할 요소로 그 성격이 다른 하나는?

① 많은 고품질 상품군 보유　　　　② 해당 분야에서의 기술우위

③ 자사 상표의 높은 명성　　　　　④ 자사의 풍부한 보유자원

⑤ 해외시장의 성장

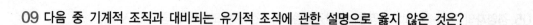
09 다음 중 기계적 조직과 대비되는 유기적 조직에 관한 설명으로 옳지 않은 것은?

① 활발한 의사소통과 상호이해로 조직 전체의 성과를 올리는 데 장점을 가진다.

② 업무간 조정이 비공식적으로 이루어지고 개인적인 융통성의 폭이 크다.

③ 상사와 부하 간 또는 부서 간의 업무가 주로 팀 중심으로 구성된다.

④ 권한의 이양이 많이 이루어지는 편이다.

⑤ 과업이 전문화된다.

10 다음 중 최고경영층에 대한 인사관리자의 역할에 해당하지 않는 것은?

① 인재를 추천하는 역할

② 의견충돌의 해소 및 문제 해결자 역할

③ 라인에 대한 서비스 역할

④ 최고경영자의 정보원천 역할

⑤ 관리자 지명에 있어서 반대자 역할

11 현대적 인사고과시스템 설계의 기본원칙으로 옳지 않은 것은?

① 고객중시의 원칙　　　　　② 평면평가의 원칙

③ 계량화의 원칙　　　　　　④ 종합관리의 원칙

⑤ 계층별 · 목적별 평가의 원칙

12 홀(D. T. Hall)의 경력단계모형에서 '유지단계'라고도 부르는 시기는?

① 생산의 시기   ② 시도의 시기   ③ 확립의 시기
④ 쇠퇴의 시기   ⑤ 탐색의 시기

13 다음 중 직무분석의 방법에 해당하지 않는 것은?

① 요소비교법   ② 중요사건기록법   ③ 관찰법
④ 워크샘플링법   ⑤ 질문지법

14 임금수준의 결정요인 중 하나인 종업원의 생계비 수준에 관한 설명으로 옳지 않은 것은?

① 종업원 개인뿐만 아니라 소속되어 있는 가족의 생계비 수준의 개념을 포함한다.
② 종업원의 연령 등에 따른 라이프사이클을 고려하여 결정하여야 한다.
③ 측정방법에 따라 이론생계비와 실태생계비 측정방법으로 나눌 수 있다.
④ 실태생계비 측정은 그 기준이 합리적이나 생계비의 현실성을 결여한 문제점이 있다.
⑤ 생계비의 산정은 임금수준을 결정함에 있어서 하한선이 된다.

15 다음 중 공정성능의 측정기준에 포함되지 않는 것은?

① 가공시간   ② 작업자의 만족도   ③ 공정이용률
④ 생산성   ⑤ 효율성

기출문제

경영과 기업

기업활동의 조직

인사관리

생산관리

마케팅관리

실전모의고사

16 프로젝트 공정의 일정통제를 위한 기법인 PERT(Program Evaluation and Review Technique)와 CPM(Critical Path Method)의 차이점을 설명한 것으로 옳은 것은?

① PERT와 CPM은 이름만 다를 뿐 같은 내용의 기법이다.

② PERT는 대규모 프로젝트에, CPM은 소규모 프로젝트에 더 효율적이다.

③ PERT는 확률적인 개념을, CPM은 확정적인 개념을 사용한다.

④ PERT는 고비용 프로젝트에, CPM은 저비용 프로젝트에 더 효율적이다.

⑤ PERT는 자원의 부족을 전제하지만, CPM은 자원의 부족을 전제하지 않는다.

17 ㈜스텔라의 자동차를 생산하기 위해서는 A ~ E 다섯 개의 작업장을 순서대로 거쳐야 한다. 각 작업장별 단위생산시간이 다음 표와 같을 때, 이 자동차의 생산주기시간은?

작업장	A	B	C	D	E
단위생산시간(시간)	3	4	6	5	2

① 20시간   ② 6시간   ③ 5시간

④ 4시간   ⑤ 2시간

18 총괄생산계획(Aggregate Production Planning)에 관한 설명으로 옳지 않은 것은?

① 총괄생산계획의 수립은 개별설비의 능력보다는 시스템 전체의 능력에 기초해야 한다.

② 총괄생산계획은 수요예측을 기반으로 수립한다.

③ 총괄생산계획을 수립하는 가장 주된 이유는 투입과 산출이 시간적으로 상응하지 않기 때문이다.

④ 총괄생산계획에 의해 대일정계획을 수립한다.

⑤ 수요변동이 상당히 큰 폭으로 나타날 것이 예측될 경우, 즉시 생산수준이 이에 반응하도록 계획되어야 한다.

19 재고관리기법 중 수요변동이 급격한 품목이나 저가의 재고통계에 주로 이용되는 것은?

① 고정주문기간모형　　　　　　　　　② 고정주문량모형
③ ABC 재고관리　　　　　　　　　　　④ ERP 시스템
⑤ MRP 시스템

20 품질관리(QC)에 관한 설명으로 옳지 않은 것은?

① 품질관리는 제품의 생산과정이나 사용과정에서 일정한 표준이 지켜지도록 함을 목적으로 한다.
② 품질관리는 재화나 용역이 표준에 적합함을 보장하는 기능을 가진다.
③ 전사적 품질경영(TQM)은 통계적 품질관리(SQC)를 포함한다.
④ 표본검사법(발취검사법)과 관리도법은 통계적 품질관리기법에 해당한다.
⑤ 품질수준의 향상에 따라 예방원가는 감소함수이다.

21 패널 조사와 같이 다시점 조사방법을 나타내는 용어는?

① 종단조사　　　　　　　② 횡단조사　　　　　　　③ 표적집단면접(FGI)
④ 사례조사　　　　　　　⑤ 인과조사

22 비누, 샴푸, 로션 등과 같이 물리적 특징이나 용도가 비슷한 제품의 집단을 일컫는 말은?

① 촉진믹스　　　　　　　② 제품믹스　　　　　　　③ 브랜드 믹스
④ 포지셔닝　　　　　　　⑤ 제품계열

23 다음 중 침투가격전략을 적용하는 것이 가장 적절하지 않은 경우는?

① 가격에 매우 민감하게 반응하는 소비자층을 판매대상으로 할 때
② 자사가 이미 규모의 경제를 이루고 있을 때
③ 수요의 탄력성이 매우 낮을 때
④ 시장 내에 이미 타사의 제품들이 다수 진출해 있어 시장점유 경쟁이 예상될 때
⑤ 출시 예정인 제품이 경쟁 대상인 제품들과 비교하여 원가경쟁력이 있을 때

24 다음 중 소비자의 인지부조화 감소행동이 가장 크게 일어나는 경우는?

① 소비자의 인지부조화 감소행동은 관여도나 상품 간 차이와 관계없이 구매 후 항상 같은 정도로 일어난다.
② 저관여에 해당하고 상품 간 차이가 큰 경우
③ 고관여에 해당하고 상품 간 차이가 큰 경우
④ 저관여에 해당하고 상품 간 차이가 작은 경우
⑤ 고관여에 해당하고 상품 간 차이가 작은 경우

25 TV의 광고매체로서의 특징으로 옳지 않은 것은?

① 시각과 청각을 동시에 이용하여 높은 인식력을 가진다.
② 소비자가 광고의 존재 자체를 부정적으로 인식하여 광고를 회피할 가능성이 높다.
③ 정보의 전달 대상이 되는 소비자층의 폭이 넓다.
④ 정보의 노출도 정도 대비 비용이 높은 편이다.
⑤ 광고 노출시간 및 광고 내용 등에 대해 강한 법적 규제를 거쳐야 한다.

KORAIL

연습용_전공시험[경영학]

감독관
확인란

성명표기란

수험번호

※ 검사문항 : 1~25

수험생 유의사항

※ 답안은 반드시 컴퓨터용 사인펜으로 보기와 같이 바르게 표기해야 합니다.
〈보기〉 ① ② ③ ❹ ⑤

※ 성명표기란 위 칸에는 성명을 한글로 쓰고 아래 칸에는 성명을 정확하게 표기하십시오.
※ 수험번호/월일 위 칸에는 숫자로 쓰고 아래 칸에는 숫자와 일치하게 표기하십시오.
※ 월일은 반드시 본인 주민등록번호의 생년을 제외한 월 두 자리, 일 두 자리를 표기하십시오.
(예) 1994년 1월 12일 → 0112

[주민등록 앞자리 생년제외 월일]

문번	답란	문번	답란
1	① ② ③ ④ ⑤	16	① ② ③ ④ ⑤
2	① ② ③ ④ ⑤	17	① ② ③ ④ ⑤
3	① ② ③ ④ ⑤	18	① ② ③ ④ ⑤
4	① ② ③ ④ ⑤	19	① ② ③ ④ ⑤
5	① ② ③ ④ ⑤	20	① ② ③ ④ ⑤
6	① ② ③ ④ ⑤	21	① ② ③ ④ ⑤
7	① ② ③ ④ ⑤	22	① ② ③ ④ ⑤
8	① ② ③ ④ ⑤	23	① ② ③ ④ ⑤
9	① ② ③ ④ ⑤	24	① ② ③ ④ ⑤
10	① ② ③ ④ ⑤	25	① ② ③ ④ ⑤
11	① ② ③ ④ ⑤		
12	① ② ③ ④ ⑤		
13	① ② ③ ④ ⑤		
14	① ② ③ ④ ⑤		
15	① ② ③ ④ ⑤		

※ 검사문항 : 1~25

KORAIL

연습용_전공시험 [경영학]

문번	답란	문번	답란
1	① ② ③ ④ ⑤	16	① ② ③ ④ ⑤
2	① ② ③ ④ ⑤	17	① ② ③ ④ ⑤
3	① ② ③ ④ ⑤	18	① ② ③ ④ ⑤
4	① ② ③ ④ ⑤	19	① ② ③ ④ ⑤
5	① ② ③ ④ ⑤	20	① ② ③ ④ ⑤
6	① ② ③ ④ ⑤	21	① ② ③ ④ ⑤
7	① ② ③ ④ ⑤	22	① ② ③ ④ ⑤
8	① ② ③ ④ ⑤	23	① ② ③ ④ ⑤
9	① ② ③ ④ ⑤	24	① ② ③ ④ ⑤
10	① ② ③ ④ ⑤	25	① ② ③ ④ ⑤
11	① ② ③ ④ ⑤		
12	① ② ③ ④ ⑤		
13	① ② ③ ④ ⑤		
14	① ② ③ ④ ⑤		
15	① ② ③ ④ ⑤		

감독관
확인란

수험번호

⓪ ① ② ③ ④ ⑤ ⑥ ⑦ ⑧ ⑨

성명표기란

[주민등록 앞자리 생년제외] 월일

⓪ ① ② ③ ④ ⑤ ⑥ ⑦ ⑧ ⑨

수험생 유의사항

※ 답안은 반드시 컴퓨터용 사인펜으로 보기와 같이 바르게 표기해야 합니다.
  〈보기〉 ① ② ③ ❹ ⑤
※ 성명표기란 위 칸에는 성명을 한글로 쓰고 아래 칸에는 성명을 정확하게 표기하십시오. (맨 왼쪽 칸부터 성과 이름은 붙여 씁니다)
※ 수험번호/월일 위 칸에는 아라비아 숫자로 쓰고 아래 칸에는 숫자와 일치하게 표기하십시오.
※ 월일은 반드시 본인 주민등록번호의 생년을 제외한 월 두 자리, 일 두 자리를 표기하십시오.
  (예) 1994년 1월 12일 → 0112

KORAIL

연습용_전공시험[경영학]

감독관 확인란

성명표기란

수험번호

수험생 유의사항

※ 검사문항 : 1～25

문번	답란					문번	답란				
1	①	②	③	④	⑤	16	①	②	③	④	⑤
2	①	②	③	④	⑤	17	①	②	③	④	⑤
3	①	②	③	④	⑤	18	①	②	③	④	⑤
4	①	②	③	④	⑤	19	①	②	③	④	⑤
5	①	②	③	④	⑤	20	①	②	③	④	⑤
6	①	②	③	④	⑤	21	①	②	③	④	⑤
7	①	②	③	④	⑤	22	①	②	③	④	⑤
8	①	②	③	④	⑤	23	①	②	③	④	⑤
9	①	②	③	④	⑤	24	①	②	③	④	⑤
10	①	②	③	④	⑤	25	①	②	③	④	⑤
11	①	②	③	④	⑤						
12	①	②	③	④	⑤						
13	①	②	③	④	⑤						
14	①	②	③	④	⑤						
15	①	②	③	④	⑤						

잘라서 활용하세요.

※ 검사문항 : 1~25

KORAIL

연습용_전공시험 [경영학]

성명표기란

수험번호

월일
(주민등록 앞자리 생년월일)

수험생 유의사항

※ 답안은 반드시 컴퓨터용 사인펜으로 보기와 같이 바르게 표기해야 합니다.
  〈보기〉① ② ③ ● ⑤

※ 성명표기란 위 칸에는 성명을 한글로 쓰고 아래 칸에는 성명을 정확하게 표기하십시오. (맨 왼쪽 칸부터 성과 이름은 붙여 씁니다)

※ 수험번호/월일 위 칸에는 아라비아 숫자로 쓰고 아래 칸에는 숫자와 일치하게 표기하십시오.

※ 월일은 반드시 본인 주민등록번호의 생년월일을 제외한 월 두 자리, 일 두 자리를 표기하십시오.
  〈예〉 1994년 1월 12일 → 0112

문번	답란	문번	답란	문번	답란
1	① ② ③ ④ ⑤	16	① ② ③ ④ ⑤		
2	① ② ③ ④ ⑤	17	① ② ③ ④ ⑤		
3	① ② ③ ④ ⑤	18	① ② ③ ④ ⑤		
4	① ② ③ ④ ⑤	19	① ② ③ ④ ⑤		
5	① ② ③ ④ ⑤	20	① ② ③ ④ ⑤		
6	① ② ③ ④ ⑤	21	① ② ③ ④ ⑤		
7	① ② ③ ④ ⑤	22	① ② ③ ④ ⑤		
8	① ② ③ ④ ⑤	23	① ② ③ ④ ⑤		
9	① ② ③ ④ ⑤	24	① ② ③ ④ ⑤		
10	① ② ③ ④ ⑤	25	① ② ③ ④ ⑤		
11	① ② ③ ④ ⑤				
12	① ② ③ ④ ⑤				
13	① ② ③ ④ ⑤				
14	① ② ③ ④ ⑤				
15	① ② ③ ④ ⑤				

고용보건복지_NCS

SOC_NCS

금융_NCS

저마다의 일생에는,

특히 그 일생이 동터 오르는 여명기에는

모든 것을 결정짓는 한 순간이 있다.

그 순간을 다시 찾아내는 것은 어렵다.

그것은 다른 수많은 순간들의 퇴적 속에

깊이 묻혀있다.

– 장 그르니에, 섬 LES ILES

NCS | 직무수행능력평가

2023
개정판
베스트셀러

고시넷
공기업

코레일 한국철도공사
경영학 기본서

동영상강의
www.gosinet.co.kr

빈출 테마 중심의
필수 이론 학습

최신 출제경향
완벽 반영

정답과 해설

gosinet
(주)고시넷

정답과 해설

2022. 04. 16. 기출문제				문제 20쪽
01 ②	02 ③	03 ⑤	04 ③	05 ③
06 ④	07 ⑤	08 ③	09 ④	10 ①
11 ③	12 ①	13 ②	14 ⑤	15 ②
16 ②	17 ⑤	18 ②	19 ①	20 ②
21 ③	22 ④	23 ⑤	24 ②	25 ④

01

| 정답 | ②

| 해설 | 비공식적 조직은 공식 조직 내에 자연스럽게 형성되며, 비공식적 조직의 관습과 규범은 공식 조직에서의 활동에 영향을 준다.

| 오답풀이 |

① 호손 실험 중 작업 현장의 조명을 조정하는 실험을 통해 작업환경의 변화는 생산량에 큰 영향을 미치지 못하며, 종업원의 생산성은 시설의 변화 외의 다른 요인이 작용한다는 결론이 도출되었다.

③ 호손 실험의 면접 프로그램 실험에서 종업원들이 업무를 수행하면서 겪는 고충을 이야기하는 면접 프로그램의 개시만으로 종업원의 심리적 상태가 개선되어 생산력의 상승으로 이어진다는 것을 확인하였다.

④ 인간관계론은 종업원의 생산성은 수학적으로 완전히 계산될 수 있다는 과학적 관리론을 비판하는 논거가 되었다.

⑤ 호손 효과(Hawthorne Effect)란 사람은 자신의 행동이 관찰되고 있다는 것을 인식할 때 행동의 변화가 발생하는 효과로, 이로 인해 호손 실험에서의 생산력의 변화는 변수가 완전히 통제되지 못한 실험이라는 비판을 받는다. 다만 호손 효과에 의해 발생한 종업원의 심적 변화가 생산량의 변화로 이어졌다는 점에서 종업원의 심리 변화가 생산량에 영향을 준다는 결론을 도출하였다고 해석할 수도 있다.

02

| 정답 | ③

| 해설 | • 콘체른(Konzern)은 형식적으로는 독립적인 기업들을 경제적으로 완전히 지배하는 모회사, 지주기업(Holding Company)을 중심으로 하는 기업결합으로, 콘체른에 속하여 모기업에 예속된 자기업들은 경제적인 독립성을 상실한다.

• 트러스트(Trust)는 기업결합에 참가하는 기업들이 법률적 · 경제적 독립성을 버리고 완전히 새로운 기업으로 통합하는 형태로 이루어지는 기업결합을 의미한다.

| 오답풀이 |

• 카르텔(Kartell)은 동종 혹은 유사 기업들이 시장협정을 통해 담합의 형태로 결집하는 기업결합의 형태로, 카르텔을 구성하는 기업들은 각 기업들에 대한 자본적 지배가 없으며, 독립성을 유지한 수평적 결합으로 구성된다.

• 콤비나트(Kombinat)는 지리적 · 기술적으로 인접한 기업들이 생산효율의 증대를 목적으로 결성하는 경제적 결합체로, 기업 간의 협력관계를 통해 결성되는 것이므로 기업의 독립성은 유지된다.

03

| 정답 | ⑤

| 해설 | 카즈의 경영학 능력 이론에서는 경영자를 계층에 따라 최고경영자, 중간경영자, 하위경영자(일선경영자)로 구분하고, 각 계층별로 중시되는 경영자의 능력에 관한 모델을 제시했다. 이에 따르면 경영자는 최고경영자로 갈수록 개념화 능력이, 하위경영자로 갈수록 기술적 능력을 갖출 것을 요구한다고 설명한다.

04

| 정답 | ③

| 해설 | 테일러의 생산관리법에서는 표준화된 과업 수행을 위한 공구와 기구의 표준화를 시행하였으나, 제품에 들어가는 부품의 규격화를 통해 소품목 대량생산을 구

NCS | 직무수행능력평가

고시넷
공기업

직무수행능력

코레일 한국철도공사
경영학 기본서

동영상강의
www.gosinet.co.kr

빈출 테마 중심의
필수 이론 학습

최신 출제경향
완벽 반영

정답과 해설

gosinet
(주)고시넷

현한 것은 테일러의 생산관리법이 아닌 포드 시스템(Ford System)에 대한 내용이다.

05

| 정답 | ③

| 해설 | 허즈버그의 2요인이론(Two Factor Theory)은 종업원이 업무를 수행하는 동기가 부여되는 요인을 동기요인(만족요인)과 위생요인(불만족요인)의 두 가지로 구분하였다. 이 중 동기요인이란 종업원이 요건을 충족했을 때 종업원이 만족감을 느끼고 자신의 업무를 수행하는 동기가 증가하는 요소로, 업무에 따른 책임감, 성취감, 자기발전과 성장 등이 여기에 해당한다. 한편 위생요인은 해당 요건이 충족되지 못했을 때 종업원이 불만을 가지고 업무의 수행동기가 감소하는 요소로, 회사의 정책, 감독, 급여, 작업환경 등이 여기에 해당한다.

06

| 정답 | ④

| 해설 | 하우스의 경로목표이론에서는 모든 상황에 적용하는 리더십이란 존재하지 않으며, 리더는 과업의 특성이나 부하의 특성 등 업무 상황에 따라 지시적 리더십, 후원적 리더십, 참여적 리더십, 그리고 성취지향적 리더십의 네 가지 리더십을 선택해 이를 발휘해야 한다고 보았다.
이 중 부하들이 업무를 수행하는 능력과 의지가 모두 높을 때 리더는 부하에 대한 높은 신뢰를 바탕으로 리더가 도전적인 목표를 제시하고 업무수행에 있어서의 높은 자율성을 부여하는 성취지향적 리더십을 선택해야 한다고 본다.

07

| 정답 | ⑤

| 해설 | 전략적 경영에서 전략적 계획은 조직 전체의 정보를 입수하기가 용이하고 조직 전체의 협조를 구하기가 용이한 최고경영층에 의해 주로 수립된다.

08

| 정답 | ③

| 해설 | 노나카의 지식순환 프로세스에서 외재화(Externalization)는 개인이 가진 지식인 암묵지를 전수하기 위해 문서 등의 형태로 나타낸 지식인 형식지로 변환하는 과정을 의미한다.

| 오답풀이 |

① 사회화(Socialization)는 지식이 무형의 형태로 전수되면서 개인이 가진 암묵지가 다른 사람의 암묵지로 전환되는 과정을 의미한다.

③ 결합(Combination)은 실체화된 지식인 형식지들을 가공, 편집하여 새로운 형태의 형식지로 나타내는 과정을 의미한다.

④ 내재화(Internalization)는 실체화된 지식인 형식지를 읽음을 통해 암묵지로 체화시키는 과정을 의미한다.

09

| 정답 | ④

| 해설 | 마이클 포터의 본원적 경쟁전략에서 집중화 전략은 기업이 가진 제품에서 높은 수익을 기대할 수 있는 특정 시장을 대상으로 원가우위(원가 집중화) 혹은 차별화우위(차별적 집중화)로 접근하는 경영전략을 의미한다.

10

| 정답 | ①

| 해설 | 규모의 경제는 기존 기업의 시장 내 영향력을 강화시키고, 잠재적 진입자들이 시장에 진출하는 데에 더 많은 비용을 요구하게 하는 진입장벽으로의 기능을 한다. 즉 규모의 경제가 실현된 시장은 진입장벽이 높아 잠재적 진입자의 위협이 낮아지고, 규모의 경제를 실현한 기존 기업의 수익성은 높아진다.

| 오답풀이 |

② 구매자의 집단화는 구매자들의 시장 내 영향력을 강화시켜 구매자의 교섭력을 강화시키므로 기업의 수익성을 낮추는 원인이 된다.

③ 제품의 기업 간 차별성이 약할 경우 기업은 구매자를 상품으로 종속시키는 힘이 약해지고, 기업 간 경

쟁에서 이기고 구매자를 유치하기 위해 수익성을 낮추고 구매자에게 유리한 공급구조를 갖출 것을 요구받는다.

④ 경쟁기업이 시장에서 철수하고 다른 시장으로 진출하는 데 높은 비용이 소요될 경우, 기존 기업 간의 경쟁에서 경쟁기업이 시장에서 철수하지 않고 시장에 남고자 하는 저항이 강해진다. 즉 철수비용이 높은 사업은 시장 내 기존 기업 간의 경쟁이 강해지는 요인으로 작용하여 기존 기업의 수익성을 낮추는 원인이 된다.

⑤ 공급자가 제조업에 진출하는 전방통합을 시도할 경우 시장 내 공급자의 영향력이 강해지므로 공급자의 교섭력이 강해진다.

11

| 정답 | ③

| 해설 | 페이욜은 경영의 관리활동은 계획, 조직, 지휘, 조정, 통제의 다섯 가지 요소로 구성된다는 관리활동의 5요소를 제시하였다.

12

| 정답 | ①

| 해설 | 제품의 수명주기에 따른 계획의 설정에 있어서 도입기에는 계획의 변동이 잦고 자원 활용이 불확실하므로 체계적인 기획보다는 제품의 판매방향에 대한 장기적이고 지침적인 계획을 설정하게 된다.

| 오답풀이 |

②, ③ 성장기와 성숙기는 제품의 시장 내 점유율과 수익이 확대되는 단계로, 이 시기에는 도입기에 비해 시장의 예측성이 커지므로 보다 구체적인 계획을 설정하는 것이 적절하다.

④ 성숙기에는 제품의 수요와 생산이 안정된 상태로 성장기와 쇠퇴기에 비해 장기적인 경영계획을 설정하기에 적합하다.

⑤ 시장점유율이 감소하는 쇠퇴기에서는 제품의 생산시설을 정리하고 자원배분을 다시 할당하는 등의 내부

적인 조정이 일어나는 시기로, 제품 생산의 안정성이 다시 떨어지므로 성숙기에 비해서는 단기적이고 지침적인 계획을 설정하는 것이 적절하다.

13

| 정답 | ②

| 해설 | UNCTAD는 개발도상국의 산업화와 국제무역 참여 증진을 지원하기 위해 설립된 UN 산하 정부간 협의체로, 선진국과 후진국의 경제적 격차의 원인과 대책을 검토하고, 이에 관한 특혜관세제도, 상품협정 등의 방안을 제시하고 이행을 권고하는 역할을 수행한다.

| 오답풀이 |

① UNDP(United Nations Development Programme, 유엔개발계획)에 대한 설명이다. UNDP는 개발도상국의 경제 및 사회적 발전을 위한 개발 프로젝트의 시행 및 감독, 그리고 이를 위한 조사를 수행하는 기관으로 개발도상국의 경제적 자립과 함께 사회적 개발, 기후변화 및 재해 회복 등 개발도상국이 가진 다양한 사회문제 지원 프로그램을 추진한다.

③ 세계은행(World Bank)에 대한 설명이다. 세계은행은 1945년 제2차 세계대전의 전재복구와 개발도상국의 경제개발을 지원하기 위해 개발도상 가맹국에 대한 차관 지원의 형식으로 자금을 지원한다.

④ WTO(World Trade Organiazation, 세계무역기구)에 대한 설명이다. WTO는 국가 간 무역관계를 정의하는 국제법 지위의 각종 무역협정을 관리하고, 국가 간 무역 분쟁을 중재하는 역할을 수행하는 국제기구이다.

⑤ IMF(International Monetary Fund, 국제통화기금)에 대한 설명이다.

14

| 정답 | ⑤

| 해설 | 국제기업(International Corporation)은 특정 국가(자국)에 속하여 이를 기반으로 해외 내 분사 및 거점을 두지 않고 해외활동을 담당하는 기업 내 부서를 통해

해외수출활동을 중심으로 국제적 기업활동에 부분적으로 참가하는 기업으로, 특정 국가나 정치적 경계에 종속되지 않고 해외 각국에 독립적인 거점을 설치하여 국제적 기업활동을 전개하는 다국적기업(Multinational Corporation)에 비해 해외활동의 정도가 낮은 기업으로 정의된다.

15

| 정답 | ②

| 해설 | 인사평가 지각과정에서의 오류 중 논리적 오류(상관편견)는 논리적 상관관계가 적은 두 가지 평가요소가 상관성이 높다고 판단함에 따라 발생하는 오류에 해당한다. 예를 들어 평소 생활이 성실한 사람은 업무에 대한 책임감이 높을 것이라고 판단하거나, 창의력이 높은 사람은 상품기획을 잘 할 것이라고 판단하는 것 등이 있다.

| 오답풀이 |

① 주관의 객관화는 평가자가 평가 당시의 감정이나 평가자 본인의 경향을 피평가자에 귀속시켜 '다른 사람도 나랑 같을 것이다'라고 생각하여 발생하는 오류를 의미한다. 예를 들어 평소에 다른 사람을 속이는 일이 많은 사람은 다른 사람 역시 나를 속이고 있을 것이라고 생각하는 경우 등이 있다.

③ 상동적 태도(Stereotyping)는 대상이 속한 집단의 특성을 바탕으로 대상을 판단하는 것으로, 주로 개인의 능력을 학벌이나 성별 등을 기준으로 판단할 때 발생하는 지각과정에서의 오류이다.

④ 관대화 경향은 피평가자의 역량을 전반적으로 높게 평가하는 것으로, 주로 평가자의 나쁜 평가에 피평가자가 받게 되는 손실을 지나치게 의식하거나 평가자 본인의 업무역량의 평판에 영향을 주게 될 경우에 주로 발생한다.

⑤ 극단화 오류는 평가자가 최상위와 최하위의 양극단적인 평가를 내리는 것으로, 주로 평가자가 평가 점수가 중간 점수에 집중되어 평가의 변별력이 사라지는 중심화 경향을 회피해야 한다는 것을 지나치게 의식했을 때 발생한다.

16

| 정답 | ②

| 해설 | 셀프모니터링(Self-monitering)은 자신이 다른 사람에게 어떤 모습으로 보이는지, 즉 자기노출의 정도를 스스로 통제하여 다른 사람에게 본인에게 유리한 쪽으로의 인상을 주는 능력으로, 셀프모니터링의 정도가 높을수록 자신의 감정의 표현을 통제하고 커뮤니케이션 능력이 높아 사교적이며 갈등상황에 능숙하게 대처하는 능력을 가진다. 다만 자기감시는 그에 따른 피로를 동반하며 자신에 대한 비판적인 관점이 지속되는 자기회의로 이어질 가능성이 높다.

반대로 셀프모니터링의 정도가 낮은 사람은 외부의 상황에 따라 자신의 행동을 수정하지 않고 주변 상황을 의식하지 않고 일관된 행동패턴을 보이며, 비사교적이고 거짓말 등 자기표현의 기술에 능숙하지 않은 모습을 보인다. 이 때문에 셀프모니터링의 정도가 낮은 사람은 고집이 강하고 다른 사람에 대해 공격적인 자세를 보이는 경향이 있다.

17

| 정답 | ⑤

| 해설 | 부당노동행위는 사용자가 근로자의 노동조합활동에 관하여 근로자의 근로3권(단결권, 단체교섭권, 단체행동권)을 침해하는 행위를 의미한다. 그 중에서 황견계약(Yellow Dog Contract) 혹은 비열계약은 노동자가 특정 노동조합에 가입하지 않거나 탈퇴할 것을 고용조건으로 하거나, 유니온 숍(Union Shop)이 체결되어있지 않음에도 고용조건에 특정 노동조합에 가입할 것을 고용조건으로 하는 것으로, 사용자가 근로자의 자주적 단결권을 침해하는 부당노동행위에 해당한다. 우리나라에서 황견계약은 「노동조합 및 노동관계조정법」 제81조 제1항 위반에 해당하여 해당 근로계약의 체결만으로 부당노동행위로 인정하며, 해당 근로계약은 당연무효로 한다.

| 오답풀이 |

③ 준법투쟁은 사용자에 대한 근로자의 주장 관철을 목적으로 평소 잘 지켜지지 않는 작업장 내 규정을 필요 이상으로 엄격히 준수하거나, 휴가 등 근로자들에

www.gosinet.co.kr gosinet

기출문제

경영과 기업

기업활동의 조직

인사관리

생산관리

마케팅관리

실전모의고사

게 보장된 권리를 일제히 행사하여 생산능률을 의도적으로 저하시키는 노동쟁의의 한 방법이다.

④ 직장폐쇄(Lockout)는 노동쟁의에 대해 사용자가 작업장을 폐쇄하여 노동조합의 행동을 방해하는 행위로, 사용자는 쟁의행위가 중단되면 노사관계의 대등성을 확보하기 위한 방어적 목적으로 해당 근로자들을 다시 취업시킴을 조건으로 행정관청 및 노동위원회에 직장폐쇄를 신고하여 진행할 수 있는 사용자의 합법적 쟁의행위에 해당한다.

📄 부당노동행위(노동조합 및 노동관계조정법 제81조)

1. 불이익취급 : 근로자가 노동조합에 가입 또는 가입하려고 하였거나 노동조합을 조직하려고 하였거나 기타 노동조합의 업무를 위한 정당한 행위를 한 것을 이유로 그 근로자를 해고하거나 그 근로자에게 불이익을 주는 행위

2. 황견계약(비열계약) : 근로자가 어느 노동조합에 가입하지 아니할 것 또는 탈퇴할 것을 고용조건으로 하거나 특정한 노동조합의 조합원이 될 것을 고용조건으로 하는 행위. 다만 노동조합이 당해 사업장의 종사하는 근로자의 3분의 2 이상을 대표하고 있을 때는 근로자가 그 노동조합의 조합원이 될 것을 고용조건으로 하는 단체협약의 체결(유니온 숍)은 예외로 한다.

3. 단체교섭거부 : 노동조합의 대표자 또는 노동조합으로부터 위임을 받은 자와의 단체협약체결 기타의 단체교섭을 정당한 이유 없이 거부하거나 해태하는 행위

4. 지배개입·경비원조 : 근로자가 노동조합을 조직 또는 운영하는 것을 지배하거나 이에 개입하는 행위와 근로시간 면제한도를 초과하여 급여를 지급하거나 노동조합의 운영비를 지급하는 행위(노동조합의 자주적인 운영 또는 활동을 침해할 위험이 없는 범위 내에서의 운영비 원조는 가능).

5. 근로자가 정당한 단체행위를 참가한 것을 이유로, 혹은 노동위원회에 대해 사용자의 부당노동행위 위반을 신고·증언·증거제출을 이유로 근로자를 해고하거나 그 근로자에게 불이익을 주는 행위

18

| 정답 | ②

| 해설 | 테일러의 차별성과급제도는 과학적 관리론에 입각하여 산정한 표준작업량을 기준으로 이를 달성했는지 여부에 따라 높은 임금과 낮은 임금의 두 단계로 양분된 임률을 결정하는 복률성과급제도이다.

| 오답풀이 |

① 임프로쉐어 플랜(Improshare Plan)에 대한 설명이다. 임프로쉐어 플랜은 시간당 생산량을 기준으로 하는 기본 생산성 비율을 통해 구한 표준노동시간과 실제노동시간을 비교하여 절감된 노동시간을 구하고 이를 노동자와 기업이 50 : 50 비율로 나누어 가지는 개념으로 보너스를 산출하는 방법으로, 기업의 회계처리방식에 의존하지 않고 근로성과를 측정한다는 특징을 가진다.

③ 리틀(Lytle)식 성과급제도에 대한 설명이다. 리틀식 성과급제도는 표준과업량의 100%을 기준으로 임률을 양분하는 테일러식 차별성과급제도에 표준과업량의 83%를 기준으로 한 중간 단계의 임률을 추가한 메리크식 성과급제도에서 표준과업량의 110% 이상을 달성한 고성과자를 위한 고임률 기준까지 추가하여 총 4단계(83% 미만, 83 ~ 100%, 100 ~ 110%, 110% 이상)의 임금단계를 설정하는 성과급제도이다.

④ 스캔론 플랜(Scanlon Plan)에 대한 설명이다. 스캔론 플랜은 성과배분제도에 참여경영의 개념을 도입하여 기준노무비율과 생산가치를 기준으로 설정한 기준노무비와 실제 노무비를 비교하여 절약된 노무비를 회사와 근로자가 배분하는 상여금제도와 노동자의 집단제안제도를 통한 노동자의 경영참가를 그 내용으로 한다.

⑤ 할시(Halsey)식 할증성과급제도에 대한 설명이다. 할시식 할증성과급제도는 표준작업시간과 실제 작업시간을 비교하여 절약된 시간에 따라 $\frac{1}{2}$ 혹은 $\frac{1}{3}$ 비율로 할증된 시간급을 지급하는 제도이다.

19

| 정답 | ①

| 해설 | 직무평가에서 사전에 구성한 등급기준에 따라 직무를 배치하는 직무평가방법은 분류법에 대한 설명이다. 서열법은 직무의 중요도 등의 기준에 따라 직무를 포괄적으로 판단하여 직무의 서열을 매기는 직무평가방법이다.

www.gosinet.co.kr **gosi**net

기출문제

경영과 기업

기업활동의 조직

인사관리

생산관리

마케팅관리

실전모의고사

20

| 정답 | ②

| 해설 | 구매대안 평가에서 사전편집식 모형은 구매자가 가장 중요하다고 생각하는 제품의 속성을 기준으로 구매대상이 되는 제품들을 평가하고, 평가점수가 비슷하다면 그 다음으로 중요하다고 생각하는 제품의 속성을 기준으로 제품을 평가하는 방식을 반복하여 구매대상을 결정하는 방법이다.

| 오답풀이 |

① 결합식 모형은 구매자가 중요하다고 생각하는 제품의 속성들에 관하여 구매자가 수용할 수 있는 최저 기준치(Cutoff)를 설정하고 구매대상이 되는 제품들이 이를 만족하는지 여부를 동시에 판단하여 그 중 최저 기준치에 한 가지라도 미달하는 선택지를 제거하는 방법으로 구매대상을 결정하는 방법이다.

③ 분할식 모형은 구매자가 특히 중요하다고 생각하는 제품의 몇 가지 속성과 그에 관한 최저 기준치를 설정하고, 구매대상이 되는 제품들 중 최저 기준치를 충족하는 지를 여부를 기준으로 구매대상을 선택하는 방법으로 구매대상을 결정하는 방법이다.

④ 다속성태도모형은 구매자가 제품을 선택하는 데 있어서 제품이 가진 속성에 대한 주관적인 가중치를 설정하여 이를 합산한 값을 기준으로 제품을 평가하는 방법으로, 제품을 평가하는 과정에서 제품의 평점이 높은 요소가 평점이 낮은 요소를 보완하는 형태의 평가가 이루어지는 보완적 대안평가 방식이다.

⑤ 순차적 제거 모형은 구매자가 가장 중요하다고 생각하는 제품의 속성과 그 최저 기준치를 설정하고, 구매대상이 되는 제품들 중 이를 충족하지 못하는 선택지들을 제거하고, 그 다음으로 중요하다고 생각하는 제품의 속성과 그 최저 기준치를 설정하고 다시 선택지들을 제거하는 방식을 반복하여 구매대상을 결정하는 방법이다.

21

| 정답 | ③

| 해설 | 군집표본추출법(집락표본추출법)은 모집단을 일정한 기준에 따라 소집단으로 분류하고, 해당 소집단 단위로 임의로 표본 추출하여 선택된 소집단 내 구성원 전체를 조사하는 표본추출법이다.

| 오답풀이 |

① 단순임의표본추출법은 집단 내 모든 구성원 중 일정 수 만큼의 표본을 임의로 추출하여 이들을 조사하는 표본추출법이다.

② 층화표본추출법은 모집단을 일정한 기준에 따라 소집단으로 분류하고, 해당 소집단 전체를 대상으로 각 소집단별로 일정 수만큼의 표본을 무작위로 추출하여 조사하는 표본추출법이다.

④ 사전편집식 선택모형은 구매자가 제품을 선택하는 과정에서 가장 중요하다고 생각하는 제품 속성의 순서대로 제품들을 평가하여 구매대상을 결정하는 구매대안평가의 방법이다.

⑤ 체계적 추출법(계통표집)은 집단 내 모든 구성원들에 일련번호를 매기고 무작위로 선정한 첫 번째 표본을 기준으로 일정한 간격(표집간격)으로 표본을 추출하는 표본추출법이다.

22

| 정답 | ④

| 해설 | 가방 50개를 생산하기 위해 드는 비용은 $100 + 2 \times 50 = 200$(만 원)이므로, 가방 50개를 판매한 월 수익이 50만 원이 되기 위해서는 가방 50개의 비용과 수익을 합친 총 금액이 250만 원이 되어야 한다. 따라서 월 수익이 50만 원이 되기 위해 설정해야 할 가방의 개당 가격은 $\frac{250}{50} = 5$(만 원)이다.

23

| 정답 | ⑤

| 해설 | 비관련다각화 전략은 기업의 기존 활동과 전혀 관련이 없는 새로운 유형의 상품으로 새로운 시장에 진출하여 기업의 성장을 확대하는 사업전략을 의미한다.

| 오답풀이 |

① 시장개발 전략은 새로운 시장에서 기존 상품을 판매하는 기업전략으로, 외국시장으로의 진출 등이 여기에 해당한다.

② 시장침투 전략은 현재 기업이 진출해 있는 시장에서 기존 상품을 확대하는 기업전략으로 가장 일반적인 유형의 성장전략이다.

③ 제품개발 전략은 기존 시장에 신제품을 판매하는 기업전략으로, 라인 확장이나 기존 제품에서 발전된 차세대 제품 출시 등이 여기에 해당한다.

④ 후방통합 전략은 제품을 생산하는 기업이 제품 생산에 필요한 원재료 공급사업을 인수하거나 직접 원재료를 생산하여 제품 생산에 필요한 원재료의 안정적인 공급을 확대하는 경영전략을 의미한다.

24

| 정답 | ②

| 해설 | 간트 차트(Gantt Chart)는 전체 작업계획을 구성하는 각각의 공정의 시작과 끝을 막대그래프로 표시하여 전체 공정의 일정을 확인할 수 있도록 하는 도표에 의한 통제기법으로, 작업의 연결구조를 확인하고 각 공정별 작업계획과 실제 작업량을 비교표시하여 작업의 지체요인을 파악하기에 용이하다는 장점이 있다.

| 오답풀이 |

① LOB(Line of Balance)는 주로 반복 작업이 많은 생산시스템에서의 생산성을 기울기 혹은 막대그래프로 표시하여 작업계획을 관리하는 도표에 의한 통제기법으로, 작성법이 간단하고 공정별 진도율 표시에 유리하나, 예정과 실제와의 비교가 어렵다는 단점이 잇다.

③ 단기간 일정법(Short Interval Scheduling)은 작업의 진행상황을 짧은 시간단위로 기록한 자료를 토대로 작업계획을 관리하는 통제기법으로, 작업환경의 변수가 많은 환경에서 문제점을 빠르게 파악하는 데에 용이하다는 이점이 있다.

25

| 정답 | ④

| 해설 | JIT(Just In Time, 적시생산방식)은 제품 생산에 필요한 자재를 필요한 시기에, 필요한 수량만큼 조달하여 재고를 최소화하고 제품 생산에 있어서의 낭비적 요소를 제거하는 생산 시스템으로, 도요타 자동차로 대표되어 일본에서 제창된 생산관리제도이다. 한편 생산관리에서 폐쇄순환(Close-loop System)이란 재고와 생산능력을 계획하고 재고주문과 생산일정을 조정하는 피드백을 통해 재고와 생산능력을 계획하는 시스템으로 MRP(Matarial Requirement Planning) 생산관리에서의 시스템에 해당한다. JIT는 수요에 따라 그에 필요한 필요 최소한의 자재를 조달하여 생산하는 주문생산 방식을 채택하므로 생산 전에 수요를 예측하고 그에 따라 재고를 주문한다는 개념이 발생하지 않는다.

| 오답풀이 |

① 카이젠(改善)은 제품 생산에 있어서의 낭비를 찾아내고 이를 제거하는 것을 목표로 하는 지속적인 개선을 요구하는 JIT 시스템에서의 품질관리의 개념을 의미한다.

② 품질관리분임조(QC 서클)는 작업자가 제품의 품질과 작업 프로세스를 직접 관리하고 개선해 나가기 위해 조직되는 작업자 소그룹으로, 다기능 작업자들의 상호협조와 생산에서의 책임감을 부여하기 위한 JIT 시스템의 품질관리제도이다.

③ 라인-스톱(Line-Stop) 제도는 생산현장에서 불량이 발생하면 즉시 생산라인 가동을 중단하고 문제점을 해결한 뒤 생산을 재개하는 제도로, 제품 생산에서의 불량 발생을 최소화하여 낭비를 극소화시키기 위한 JIT 시스템의 품질관리제도에 해당한다.

⑤ 포카요케(Poka-yoke)는 제조설비 자체에 불량 발생을 방지하는 설비를 구성하여 제조 과정에서 작업자의 실수로 불량이 발생하도록 하는 행동을 제한하고 정확한 동작을 수행하도록 하여 불량품의 발생을 사전에 예방하는 품질관리제도를 의미한다.

2021. 10. 02. 기출문제								문제 28쪽	
01	②	02	③	03	④	04	④	05	⑤
06	⑤	07	⑤	08	②	09	④	10	④
11	③	12	①	13	①	14	④	15	②
16	⑤	17	③	18	①	19	①	20	③
21	②	22	③	23	①	24	⑤	25	③

01

| 정답 | ②

| 해설 | 경영자의 역할 중 종업원을 채용하고 훈련하며, 종업원의 동기부여를 통해 기업의 목표달성에 기여하는 것은 경영자의 리더(Leader) 역할에 해당한다. 기업가 (Entrepreneur) 역할은 기업의 목표를 달성하기 위한 경영활동을 선택하고 이를 시행하는 역할을 의미한다.

📖 민츠버그의 경영자의 역할

	대표 (Figure Head)	기업의 상징적인 대표자의 역할
대인적 역할	리더 (Leader)	종업원을 채용, 훈련, 동기부여
	연결 (Liaison)	공급자나 시민단체 등 이익집단과의 매개체 역할
정보적 역할	정보탐색자 (Monitor)	경영활동을 위한 정보 수집
	정보보급자 (Disseminator)	외부의 정보를 기업 내부에 전파
	대변인 (Spokesperson)	기업 내부의 정보를 외부로 알림.
의사 결정적 역할	기업가 (Entrepreneur)	기업의 성장과 발전에 기여하기 위한 경영활동을 선택하고 실행
	문제해결자 (Disturbance Handler)	기업 내외의 각종 갈등과 문제, 위기를 해결
	자원배분자 (Resource Allocator)	기업의 물적, 인적 자원 등을 적절하게 배분
	협상가 (Negotiator)	외부기업, 노동조합 등 기업 내외의 조직과 협의를 진행

02

| 정답 | ③

| 해설 | 과학적 관리론에서의 작업지시서는 과학적 연구를 통해 설정된 작업방식을 기술하여 이를 노동자에게 설명하고, 이를 근거로 미리 설정된 작업목표를 달성할 것을 지시하는 역할을 수행한다. 즉 과학적 관리론에서의 작업계획은 과학적 근거로 설계되어 노동자의 행동계획을 완전한 합리성으로 통제하기 위한 목적으로 기능한다.

03

| 정답 | ④

| 해설 | 역공개매수 혹은 팩맨(Pac Man) 전략은 적대적 공개매수를 시도하는 기업에 반대로 공개매수를 해 공격기업의 의결권을 무력화시키는 적대적 M&A의 방어전략으로, 주로 기업연합의 적대적 M&A의 한 부분이 되는 기업 개개인의 규모는 상대적으로 작은 편이라는 점을 이용한다.

| 오답풀이 |

① 포이즌 필(Poison Pill)은 기존 주주들에게 시가 이하로 주식을 제공하여 매수대상기업의 지분 확보를 어렵게 하는 M&A 방어 전략이다.

② 황금 낙하산(Golden Parachute)은 적대적 M&A에 대응하기 위해 사전에 경영자의 신분을 보장하는 내용을 포함한 계약을 체결하여 매수기업의 권한을 약화시키는 M&A 방어 전략이다.

③ 차등의결권제도는 매수대상기업의 지배주주에게 1주당 1의결권을 초과하는 의결권이 부여된 특수한 의결권을 부여하는 M&A 방어 전략이다.

⑤ 차입매수(Leverage Buyout)는 매수기업이 매수대상기업의 자산과 수익을 담보로 금융기관으로부터 자금을 조달받아 이를 매수자금으로 사용하는 M&A 공격 전략이다.

📖 상호지분에 대한 의결권 제한

회사, 모회사 및 자회사 또는 자회사가 다른 회사의 발행주식 총수의 10분의 1을 초과하는 주식을 가지고 있는 경우 그 다른 회사가 가지고 있는 회사 또는 모회사의 주식은 의결권이 없다(상법 제369조 제3항).

04

| 정답 | ④

| 해설 | 제품에 대한 사후처리 보장을 통한 인지부조화의
감소 효과는 실제로 소비자가 사후처리를 받게 되는 상
황이 발생하지 않더라도, 해당 제품을 구매한 행위에 대
한 사후처리를 받을 수 있다는 사실을 인지하는 것만으
로도 소비자가 스스로 제품을 구매한 결과에 대한 합리
성을 부여하게 하여 인지부조화의 감소 효과를 기대할
수 있다.

| 오답풀이 |

② 한정판 판매 전략과 같이 소비자가 제품을 구매하기
위한 행동 자체에 가치가 있었음을 인식하게 하는 마
케팅 전략은 제품을 구매했을 때의 느끼는 소비자의
만족에 그러한 경험이 포함되어 인지부조화의 감소
에 영향을 줄 수 있다.

③ 구매한 제품에 대한 불만족을 이유로 하는 환불에 대
해 소비자에게 배송비를 부담하도록 하는 판매 정책
은 소비자가 반품에 대한 행동에 부담을 느끼게 하여
제품을 구매한 것에 대한 자기합리화를 유도하도록
하는 효과를 기대할 수 있다.

05

| 정답 | ⑤

| 해설 | 시스템 이론에서의 유기적인 시스템은 내부에서
는 조직 내의 구성인자들이 하나의 목표를 위해(목표지
향성) 상호작용하고, 외부에서는 환경의 변화를 받아들
이고 이에 적응하기 위해(환경적응성) 외부와 상호작용
하는 유기체적 구조를 의미한다. 문제에서는 조직 내 부
서 간의 이해관계가 상충하는 경우로, 시스템 이론에 따
르면 이 경우 기업 전체의 목표를 달성하는 것을 기준으
로 상호 협의를 통해 이를 해결할 것을 주문한다.

| 오답풀이 |

① 시스템 이론에서의 유기적인 시스템은 조직이 지향
하는 하나의 목표방향으로 움직이는 시스템이나, 그
과정에서 구성인자들의 조화와 균형을 강조한다는
점에서 어느 한쪽 조직의 의견으로 수렴하는 것은 유
기적인 시스템의 내용에 부합하지 않는다.

② 시스템 이론에서의 유기적인 시스템은 조직에 직접

영향을 주는 외부환경의 변화에 대응하는 상호작용
을 통해 적응하는 조직을 의미한다. 이해관계가 상충
되지 않는 외부의 시스템은 조직에 영향을 주지 않는
관계이므로 이 부분에 대해서는 검토하지 않는다.

③ 시스템 이론에서의 유기적인 시스템은 조직을 시스
템 구성요소들의 독립된 개체가 아닌 상호연관성으
로 연결된 하나의 결합체로 인식한다.

④ 시스템 이론에서의 유기적인 시스템은 이를 구성하
는 내부경쟁을 통한 성장이 아닌 구성인자들 간의 조
화와 균형을 강조한다.

06

| 정답 | ⑤

| 해설 | 모회사를 중심으로 하는 기업결합은 콘체른(Kon-
zern)이라고 한다. 조인트벤처(Joint Venture)는 두 개
이상의 기업이 특정 기업의 운영에 공동으로 참가하는
방식의 기업협력체계로 주로 해외기업의 진입 장벽이
높은 국가로의 진입을 위한 방법으로 이용된다.

07

| 정답 | ⑤

| 해설 | 실험의 내적 타당성은 실험 내용의 인과관계가 얼
마나 명확하게 나타났는가를 의미하며, 외적 타당성은
실험 결과가 다른 집단에 적용했을 때에도 일관된 결과
를 나타낼 수 있는지, 즉 현실과의 유사성을 의미한다.
즉 실험이 의도하는 변수의 인과관계를 명확하게 표시
하기 위해 그 외의 실험 결과에 영향을 주는 외부의 변
수(외생변수)들을 차단하면 내적 타당성이 높아진다. 다
만 현실에서는 실험과 달리 변수들이 통제되지 않으므
로 변수가 완전히 통제된 실험 결과는 현실에 적용했을
때의 결과와 다소 차이가 발생할 수 있으므로 외적 타당
성이 낮아진다.
이와 반대로 실험을 현실과 유사한 조건으로 설계할 경
우, 이는 곧 실험의 결과에 영향을 미치는 외생변수의
통제를 약하게 설정하였다는 것이므로 내적 타당성은
낮아지지만 반대로 실제 상황과의 유사성과 연관성을
가지는 외적 타당성은 높아진다.

기출문제

경영과 기업

기업활동의 조직

인사관리

생산관리

마케팅관리

실전모의고사

08

| 정답 | ②

| 해설 | B가 속한 조직은 기계적 조직에 속한다. 기계적 조직은 업무를 수행하는 부서별로 담당 업무가 명확하게 규정되어 업무에 관한 책임관계가 명확하며, 조직운영체계는 주로 관료제 조직으로 구성되어 엄격한 규칙과 절차, 문서 중심의 공식화된 보고절차 등이 특히 강조된다.

다만 기계적 조직은 각 부서별로 담당 업무의 구분이 명확한 만큼 다른 부서와 협력하여 업무를 처리하는 업무처리의 형태가 잘 나타나지 않으며, 부서 간 협력이 필요한 경우에도 이를 위한 별도의 보고절차를 요구하는 등 그 협력관계의 형성이 어렵고 업무의 처리가 느린 경우가 많다.

| 오답풀이 |

① A가 속한 조직유형은 유기적 조직에 속한다. 유기적 조직은 구성원 개개인이 처리해야 하는 업무의 범위가 넓고 부서 간의 업무가 상호 의존적이다. 이 때문에 조직 내 상하관계의 구분이 크게 존재하지 않아 의사소통관계가 수평적이고, 문서와 보고로 진행되는 공식적인 의사소통보다는 구두로 진행되는 비공식적인 의사소통과 정보공유가 주로 이루어진다.

④, ⑤ C가 속한 조직유형은 기능조직과 사업조직이 합쳐진 복합 조직으로 매트릭스 조직이라고도 한다. 매트릭스 조직의 구성원들은 각 기능별 부서들로 구성된 기능조직에 속해 있으면서, 동시에 프로젝트를 추진하는 사업에 배치되는 이중적인 권한계통에 속하게 된다. 이에 따라 구성원들이 수행하는 업무에는 서로 다른 권한구조를 통한 둘 이상의 관리자가 존재하게 되며, 이 때문에 지휘계통상의 혼란이 발생할 가능성을 가진다.

09

| 정답 | ④

| 해설 | 켈리의 귀인이론에 따르면 평가자는 특정한 행동의 원인을 인식하는 요소인 특이성, 합의성, 일관성을 기준으로 내적귀인 혹은 외적귀인을 결정하며, 만일 각 요소들이 상반된 방향으로 원인의 방향을 판단하는 경우 이 중 이전의 행동들과 비교했을 때의 다른 정도인 특이성(Distinctiveness)이 판단의 주도적인 역할을 수행한다.

| 오답풀이 |

① 귀인오류 중 자존적 편견(Self-serving Bias)은 인간은 자존욕구에 의해 자신에게 이로운 정보만을 흡수하는 성질이 있어 성공의 원인을 내부에서, 실패의 원인을 외부에서 찾고자 하는 경향을 의미한다.

② 내적귀인은 행동의 원인을 성격, 동기, 능력 등 통제 가능한 내부요인에 있다고 인식하는 것이고, 외적귀인은 행동의 원인을 환경, 상황 등 통제가 불가능한 외부요인에 있다고 인식하는 것을 의미한다.

③ 애쉬의 인상형성이론에 따르면 사람이 대상에 대한 인상을 형성하는 과정에서 중점적으로 인식하는 특질과 그렇지 않은 특질로 구분되며, 이를 각각 중심특질과 주변특질이라고 한다.

⑤ 귀인이론에서의 합의성(합일성, Consensus)은 평가 대상이 되는 행동이 다른 사람들에게도 동일하게 일어나는지의 정도로, 합의성이 높다면 외적귀인을, 합의성이 낮다면 내적귀인을 한다.

10

| 정답 | ④

| 해설 | 저차욕구가 충족되면 그 이후로는 저차욕구는 더 이상 동기부여가 될 수 없다는 매슬로우의 욕구단계이론의 비판으로 나온 알더퍼의 ERG이론은 욕구가 고차욕구에서 저차욕구로 내려가는 좌절-퇴행의 하향성을 추가하고, 한번에 여러 단계의 욕구가 작용할 수 있다고 보았다. 다만 ERG이론의 좌절-퇴행 모형은 고차욕구를 충족하던 중 욕구의 단계가 하락할 수 있다는 하향성을 의미하는 것이지 욕구의 단계구조 자체를 부정하는 것을 의미하지 않는다. 알더퍼의 ERG이론은 욕구는 단계별로 충족된다는 매슬로우의 욕구단계이론을 기반으로 이를 발전시킨 모델로 이해한다.

11

| 정답 | ③

| 해설 | 브레인스토밍(Brainstorming)은 아이디어를 무

작위로 제시하면서 그 과정에서 최선책을 찾는 기법으로, 이를 위해서는 아이디어의 질보다 양을 중시하고, 의견 제시를 제한하지 않는 자유로운 환경에서 진행되어야 하며, 아이디어에 대한 비판을 금지하고, 제시된 아이디어를 결합한 새로운 아이디어를 제시할 수 있다는 네 가지 규칙에 따라 진행된다.

| 오답풀이 |

① 아이디어에 대한 무조건적인 반대를 주장하는 역할을 수행하는 반대집단을 구성하여 찬반토론을 활성화시키는 악마의 대변인(Devil's Advocate) 기법에 대한 설명이다.

② 전문가들을 대상으로 하는 익명의 설문조사를 통해 아이디어를 수집하고 피드백을 반복하는 방식으로 합의점을 도출하는 델파이 기법(Delphi Technique)에 대한 설명이다.

④ 찬성과 반대의 두 팀으로 나누어 토론을 진행하고 그 과정에서의 의견을 종합하여 합의를 형성하는 변증법에 대한 설명이다.

⑤ 토론 없이 서면을 통해 아이디어를 수집하고 투표를 통해 우선순위를 결정하는 명목집단법(Nominal Group Technique)에 대한 설명이다.

12

| 정답 | ①

| 해설 | 마일즈와 스노우의 전략유형에서 ○○기업의 전략은 새로운 사업에 도전하는 공격형(Prospector) 내지 공격형 기업의 성공사례를 따라 수익의 기회와 위험회피를 동시에 추구하고자 한 분석형(Analyzer)에 가깝다고 볼 수 있다. 시장의 흐름변화에 그대로 따르는 자세는 사실상 무전략에 해당하는 반응형(Reactor)에 관한 설명이다.

| 오답풀이 |

②, ③ ○○기업이 선택한 사업으로 성공한 대기업들의 전략은 공격형(Prospector)으로, 공격형 전략은 내부인력의 양성보다는 외부에서 인재를 영입하는 방식을 선호하고, 장기적 목표 중심의 성과지향적 목표관리체계를 가진다.

④ 인형뽑기방은 사업의 발전동력을 상실하고 특별한 전략 없이 쇠퇴하고 있는 상태인 반응형에 가깝다고 볼 수 있다.

⑤ A ~ C가 속한 기업은 시장을 선도하는 위치는 아니나 시장 내에서 안정적인 지위에 있는 기업으로, C의 마지막 발언을 통해 사업의 안정성을 중시하는 방어형(Defender)을 선택할 것임을 추론할 수 있다. 제조 측면에서 방어적 전략은 주로 생산의 효율성 개선을 통해 가격경쟁력을 확보하는 방향을 추진한다.

13

| 정답 | ①

| 해설 | 카이제곱 독립성 검정은 두 가지 변수가 서로 독립적이지 않다(종속사건)는 귀무가설을 설정하고 이를 증명하기 위한 검정 방법으로 $\chi^2 = \Sigma \dfrac{(O_i - E_i)^2}{E_i}$ (단, O_i는 관측빈도, E_i는 관측빈도이다)로 구한다. 만일 카이제곱 검정의 결과 검정통계량이 통계적으로 유의하다면 두 변수는 서로 독립적이지 않고 관련성이 있다고 해석한다. 만일 두 변수가 독립적이라면 행과 열의 총합 데이터로 계산된 기댓값과 실제값은 큰 차이를 나타내지 않는다.

📄 카이제곱 독립성 검정

카이제곱 독립성 검정은 두 변수간의 독립성 검정에 사용된다.

1. 귀무가설의 설정
   - 독립성 검정시 귀무가설(당연하고 타당하다고 믿어지는 사실)은 "두 변수는 독립적이다."이다.
   - 대립가설(통계분석을 행하는 사람이 주장하고 싶은 가설)은 "두 변수는 독립적이지 않다."이다.

2. 귀무가설을 검정하는 검정통계량 계산
   - 카이제곱의 검정통계량은 일반적으로 양수의 값을 가진다.
   - 검정통계량이 크면 클수록 유의적이다.

3. 계산된 검정통계량을 통해 귀무가설을 기각하거나 그렇지 않음을 결정
   - 카이제곱 검정통계량이 커서 유의적이다는 의미는 두 변수는 독립적이지 않으며, 귀무가설인 "두 변수는 독립적이다"를 기각할 수 있다는 의미이다.

www.gosinet.co.kr **gosi**net

기출문제

경영과 기업

기업활동의 조직

인사관리

생산관리

마케팅관리

실전모의고사

14

| 정답 | ④

| 해설 | 사회의 구성원인 소비자는 제품에 대한 개인적 욕구의 평가, 즉 '대상에 대한 태도'에 더해 구매했을 때의 자신에게 미치는 영향과 주변의 반응, 즉 '대상에 관련된 행동에 대한 태도'를 함께 의식하게 된다. 이처럼 제품에 대한 개인적 평가에 더해 제품을 구매했을 때 자신에게 미칠 영향(이성적 행동)과 행동에 대한 타인의 찬반의견인 규범적 신념과 소비자가 여기에 순응하는 정도인 순응 동기의 개념을 포함한 구매의사결정과정을 이론화한 것을 피쉬바인 확장모델 혹은 합리적 행동이론(TRA ; Theory of Reasoned Action)이라고 한다.

| 오답풀이 |

①, ② 피쉬바인의 다속성 태도모델은 소비자가 제품을 구매하는 과정에서 소비자가 설정한 평가기준을 설정하고 그에 대한 가중치를 설정하여 제품을 평가하는 과정을 이론화한 것이다. 다만 이는 소비자가 제품의 속성에 따라 제품을 평가하는 과정을 설명하며, 소비자의 실제 구매의사결정과정 전체를 설명하지는 못한다.

③ 다속성 태도모형을 통해 제품의 공급자는 소비자가 제품을 선택하는 과정에서 인식하는 평가기준을 바탕으로 유사한 평가기준을 가진 소비자들을 그룹화하고 이들을 위한 마케팅 전략을 설정할 수 있다.

15

| 정답 | ②

| 해설 | 제품수명주기 중 성숙기에서는 매출성장의 성장이 둔화 혹은 감소하기 시작하는 시기로, 이 시기에는 주로 시장경쟁의 대상이 되는 경쟁사에 대응하여 자사가 가진 제품과 상표의 차별성을 강조하고 시장점유율을 방어하기 위한 마케팅 전략을 주로 사용한다.

| 오답풀이 |

① 혁신층을 대상으로 하는 제품 사용 유도 목적의 판촉활동은 제품수명주기 중 도입기에 해당한다.

③ 제품수명주기 중 성장기에 해당한다. 성장기는 제품이 소비자에게 이미 인식되기 시작하여 매출이 급속도로 상승하는 시기로. 이 시기에는 수요확대와 함께 판촉활동이 상대적으로 감소한다.

④ 매출이 급속도로 성장하며 이에 대응하여 품질보증 서비스가 확대되는 시기는 제품수명주기 중 성장기에 해당한다.

⑤ 수요가 감소하고 이에 따라 매출 감소와 경쟁 둔화, 비용절감을 위한 구조조정은 제품수명주기 중 쇠퇴기에 해당한다.

16

| 정답 | ⑤

| 해설 | 시장세분화의 조건 중 접근가능성이란 선별한 세분시장과 기업이 사용할 수 있는 미디어 등의 매체와의 접근이 용이한지의 여부를 의미한다.

| 오답풀이 |

① 시장세분화의 기준으로 소비자의 연령대, 직업, 소득수준 이외에도 소비자의 가치관이나 라이프스타일 등의 심리통계적 변수도 활용할 수 있다.

②, ③ 시장세분화는 세분화된 시장별로 별도의 마케팅을 적용해야 하므로, 지나친 시장세분화는 비용상승의 원인이 된다. 이러한 경우 역세분화(Countersegmentation)를 통해 세분화된 시장을 통합하는 마케팅 전략을 사용할 수 있으며, 이는 주로 시장에 진입한지 얼마 되지 않아 시장점유율이 낮은 도전자에 적합한 전략이다.

17

| 정답 | ③

| 해설 | 항공기나 선박 등의 제품의 경우에는 생산 중인 제품의 이동이 사실상 불가능하여, 제품의 위치를 고정시키고 설비를 이동시키는 고정위치배치를 사용하며, 제품 생산에 요구하는 생산 절차가 복잡하여 이를 관리하기 위한 일정계획 프로그램으로 PERT/CPM을 적용한다.

18

| 정답 | ①

| 해설 | 행동주의 학습이론에 따르면 행동을 강화하기 위한 조건행동과 결과의 학습에 있어서 조건행동과 결과 사이에 논리적 개연성을 특히 요구하지는 않는다. 조작적 조건화에서 행동과 결과 사이에 우연성이 개입한 경우에도 그 행동과 결과 사이의 연관성을 믿고 그러한 행동이 강화되는 것을 미신행동(Superstitious Behavior)이라고 하며, 이 역시 조작적 조건화로 행동이 강화된 경우에 해당한다. 또한 이미지 광고는 이를 통해 인식시키고자 하는 제품과 광고의 정서적인 메시지의 직접적인 연관성이 없음에도 제품과 정서와의 연관성을 각인시키기 위한 목적으로 사용된다.

| 오답풀이 |

② 고전적 조건화는 자극과 그에 따른 반응 사이에 조건을 개입시키는 학습과정을 통해, 조건의 발생이 무의식적인 반응을 이끌어내도록 하는 것을 의미한다. 아름다운 모델과 제품을 배치하는 광고는 소비자가 제품을 인식하는 과정에서 아름다운 모델을 함께 인식하도록 하여 소비자가 무의식적으로 제품에 대한 긍정적인 인상을 받도록 하기 위한 목적으로 제공되는 것으로, 고전적 조건화를 활용한 마케팅 전략에 해당한다.

④ 제품 구매에 경품을 제공하는 것은 소비자가 제품을 구매했을 때 경품이라는 상을 제공하여 소비자가 제품을 구매하는 행동에 긍정적 경험을 인식시켜 해당 제품을 다시 구매하도록 유도하는 것으로 이는 조작적 조건화 중 정적 강화(Positive Reinforcement)를 활용한 사례이다.

⑤ 담배에 자극적인 사진이 포함된 금연 공익광고 이미지를 부착하는 것은 담배를 구매하는 행동에 불편한 경험을 제공하여 구매를 억제하는 행동을 유도하기 위함을 목적으로 하는 것으로 이는 조작적 조건화 중 벌(Punishment)에 해당한다.

19

| 정답 | ①

| 해설 | 거래비용이론에서는 인간은 최선의 판단을 할 수 있는 존재가 아니며 최선의 판단을 할 수 있는 상황에서도 감정에 따라 최적의 선택을 내리지 못하는 존재임을 긍정한다. 거래비용이론은 거래의 주체가 되는 인간의 제한적 합리성에 의해서도 거래비용이 발생한다고 본다.

| 오답풀이 |

② 거래의 빈도가 많을수록 거래주체가 기회주의적 행동을 시도할 가능성과 횟수가 증가하여 거래비용이 상승하게 된다.

③ 시장 내 거래자가 소수인 독과점시장의 경우 거래자들은 자신들의 입지를 이용해 기회주의적 성향을 보이게 되며, 이는 곧 거래비용의 상승으로 이어진다.

④ 거래를 하기 위한 자산의 보유자가 제한되어 있거나 거래가 종료되면 소멸하는 등의 성격을 가진 자산인 거래특유자산의 경우 거래상대방을 변경하는 과정에서의 손실 우려를 이용한 기회주의적 행동이 발생하게 되며, 이는 거래비용의 상승을 발생시킨다.

⑤ 정보의 불완전성이 기회주의와 결합하면 정보를 가진 사람은 거래 과정에서 왜곡된 정보를 제시하게 되므로 그 과정에서 거래비용이 상승하게 된다.

20

| 정답 | ③

| 해설 | • 다속성 태도모형은 구매의사결정시 소비자가 인식하는 각 속성별 가중치를 기준으로 제품을 평가하고 선택하는 과정이다.

속성	점수		
	(가)	(나)	(다)
엔진기능	2.7	2.7	2.1
연비	2	0.75	1.5
차량 디자인	0.8	1.6	1.4
승차감	0.75	0.6	0.75
소음	0.2	0.9	0.6
합계	6.45	6.55	6.35

따라서 가중치를 반영한 총점이 가장 높은 (나)를 선택한다.

• 사전 편집식은 소비자가 인식하는 평가 기준 중 우선순위가 가장 높은 기준만 판단하여 제품을 선택하는

방식이다. 문제에서는 우선순위가 가장 높은 엔진 기능 항목의 점수가 가장 높은 (가), (나)를 선택하고, 그 다음 순위인 연비 항목의 점수가 높은 (가)를 선택한다.

- 순차적 제거식은 제품을 선택하는 최저기준을 설정하고, 여기에 미달하는 제품을 우선순위를 기준으로 순차적으로 제거하는 방법으로 제품을 선택하는 방식이다. 문제에서는 연비 항목에서 3점을 기록한 (나)와 소음 항목에서 2점을 기록한 (가)를 순서대로 제거하고 남은 제품인 (다)를 선택하게 된다.

- 결합식은 제품을 선택하는 최저기준을 설정하고, 모든 요건들을 한 번에 검토하여 여기에 미달하는 제품을 제거하는 후 남은 제품들 중 하나를 선택하는 방식이다. 문제에서는 소음 항목에서 2점을 기록한 (가)와 연비 항목에서 3점을 기록한 (나)를 제거하고 남은 제품인 (다)를 선택하게 된다.

21

| 정답 | ②

| 해설 | 1시간 동안 30개를 생산하기 위해서 필요한 주기 시간은 $\frac{3600}{30} = 120$(초), 순작업시간은 $65 + 70 + 60 + 80 + 85 = 360$(초)이므로 필요한 최소작업장 수는 $\frac{360}{120} = 3$(개)이다.

22

| 정답 | ③

| 해설 | 생산의 연속성을 기준으로 생산방식의 분류에서 단속생산방식은 생산의 흐름이 끊기는 생산방식이고, 연속생산방식은 생산의 흐름이 끊임없이 진행되는 생산방식이다.

㉠ 단속생산방식은 다양한 수요에 대응한 제작 주문을 중심으로 하는 다품종 소량생산에 유리하다.

㉡ 작업의 표준화, 단순화, 전문화는 제품의 대량생산에 관한 기본원칙으로 이는 연속생산방식에 있어서 주로 적용되는 생산원칙이다.

㉢ 연속생산방식은 전문화된 제조설비를 사용하여 일부에 고장이 발생할 경우 이를 대체하기가 어렵고, 제조의 흐름이 직선적이므로 모든 공정이 정지된다.

㉣ 단속생산방식은 연속생산방식에 비해 상대적으로 단위당 생산원가가 높은 편이다.

㉤, ㉥ 연속생산방식에 사용되는 설비들은 주로 다양한 유형의 제품에 대응할 수 있는 기능보다 정해진 방식으로의 생산을 빠르고 정확하게 처리하는 기능에 초점을 맞춰져 있어, 설비의 범용성보다는 전문성과 특수성이 중시된다. 연속생산방식은 이러한 생산공정에 관한 전문설비들을 연속적으로 배치하여 단품종 제품들을 사전에 예측한 수요량에 따라 빠르고 많이 생산하는 것을 목적으로 한다.

따라서 단속생산방식에 해당하는 것은 ㉠, ㉣이며, 연속생산방식에 해당하는 것은 ㉡, ㉢, ㉤, ㉥이다.

23

| 정답 | ①

| 해설 | 우연변동이란 생산과정에서 예측할 수 있는 범위 내의 품질 변동으로, 산출물이 우연변동이 그리는 확률분포 내에서 분포하는 경우에는 생산공정이 안정화되어 있다고 본다. 반대로 산출물의 품질변동이 우연변동이 그리는 확률분포의 구조를 벗어나는 경우에는 생산공정이 불안정한 상태로 인식한다.

| 오답풀이 |

② 이상변동이란 식별이 가능한 수준의 원자재 불량, 제조장비의 이상, 작업자의 부주의 등 관리를 통해 제거할 수 있는 이상원인으로 인한 품질의 변동을 의미한다.

③ 관리도의 점이 관리한계선 내에는 있으나 범위 내에서 무작위로 분포하는 것이 아닌 특정한 패턴을 그리는 경우에는 생산공정에 이상원인에 따른 이상변동이 작용하고 있는 불안정한 상태에 있다고 해석한다.

④, ⑤ 품질 관리에서의 1종 오류란 정상품을 불량품으로 인식하는 오류이며, 2종 오류는 반대로 불량품을 정상품으로 인식하는 오류이다. 따라서 관리한계선의 폭이 좁으면 정상품질로 인식하는 범위가 좁아져 1종 오류가 발생할 가능성이 높아지고 2종 오류가 발

생할 가능성이 낮아진다. 반대로 관리한계선의 폭이 넓어지면 정상품질로 인식하는 범위가 넓어져 1종 오류가 발생할 가능성이 낮아지고, 2종 오류가 발생할 가능성이 높아진다.

 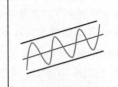

승법 모형 :
수요＝추세×계절변동

가법 모형 :
수요＝추세＋계절변동

24

| 정답 | ⑤

| 해설 | 지수평활법의 평활상수는 0과 1 사이의 값으로 지정되며, 평활상수가 1에 가까워질수록 예측오차가 더 많이 반영되어 수요예측이 수요변화에 더 민감하게 반응하게 되며, 반대로 0에 가까워질수록 수요예측이 수요변화에 둔감하게 반응하여 수요 변동이 평이하게 그려지는 평활효과가 커진다.

| 오답풀이 |

① 이동평균법에서 이동평균기간이 길수록 수요변화의 예측에 과거의 수요변화가 더 많이 반영되므로, 최근의 수요변화를 빠르게 반영하기 위해서는 이동평균기간을 짧게 설정해야 한다.

② 단순이동평균법에서 t월의 예측수요를 M_t, 실제수요를 x_t, 이동평균기간을 N이라고 했을 때 $t+1$월의 예측수요는 $\dfrac{x_t+x_{t-1}+x_{t-2}+\cdots+x_{t-(N-1)}}{N} = \dfrac{1}{N}\sum_{i=0}^{N-1}x_{t-i}$으로 구할 수 있다. 즉 6월의 예측수요는 $\dfrac{30+40+50}{3}=40$이다.

③ 가중이동평균법은 이동평균법에서 특정 지점의 가중치를 부여하여 수요를 예측하는 방법으로, 최근의 자료에 가중치를 더 많이 부여할수록 수요예측에 최근의 수요변동이 더 많이 반영된다.

④ 시계열분해법의 승법 모형은 계절성(진폭)은 추세에 비례하며, 가법 모형에서 계절성은 추세와 관계없이 일정하게 그려진다.

25

| 정답 | ③

| 해설 | EOQ 모형에서는 주문품의 도착시간이 고정되어 있고, 주문품은 계속 공급받을 수 있으며 재고부족현상이나 추후납품은 발생하지 않는다고 가정한다. 즉 EOQ 모형에서는 기간의 변동에 대비한 안전재고의 보유를 요구하지 않는다.

| 오답풀이 |

② EOQ 모형에서는 재고부족현상이나 추후납품이 존재하지 않음을 가정하므로 재고부족비용은 검토하지 않고, 재고비용의 계산에는 재고유지비용과 재고주문비용만을 고려한다.

④ 재고유지비용은 재고수량에 따라 변동하며 EOQ 모형에서의 재고유지비용은 일정하다고 가정하므로, EOQ 모형에서의 재고유지비율은 평균재고수량에 비례하며, 주문량 Q의 $\dfrac{1}{2}$로 계산한다.

⑤ 재주문점은 재고조달기간×일일 사용량＋안전재고로 계산하는데, EOQ 모형에서는 재고부족이 발생하지 않으므로 안전재고는 검토하지 않는다. 즉 만일 일일 사용량이 200개이고 조달기간이 3일이라면 재주문점은 200×3=600(개)이다.

파트2 경영과 기업[경영학원론 I]

기출예상문제				문제 118쪽
01 ⑤	02 ②	03 ⑤	04 ④	05 ③
06 ④	07 ④	08 ①	09 ③	10 ②
11 ①	12 ④	13 ①	14 ②	15 ①
16 ③	17 ⑤	18 ③	19 ④	20 ③
21 ②	22 ③	23 ①	24 ④	25 ③
26 ⑤	27 ①	28 ③	29 ⑤	30 ②
31 ①	32 ④	33 ⑤	34 ④	35 ①
36 ①	37 ③	38 ⑤	39 ①	40 ①
41 ②	42 ④	43 ①	44 ④	45 ③
46 ①	47 ③	48 ②	49 ③	50 ⑤
51 ④	52 ③	53 ④	54 ③	55 ②
56 ⑤	57 ①	58 ①	59 ③	60 ③
61 ④	62 ②	63 ③	64 ①	65 ③
66 ③	67 ①	68 ①	69 ③	70 ⑤
71 ④	72 ③	73 ③	74 ①	75 ①
76 ⑤	77 ②	78 ⑤	79 ④	80 ①
81 ①	82 ②	83 ⑤	84 ①	85 ④
86 ①	87 ②	88 ②	89 ①	90 ①
91 ⑤	92 ②	93 ①	94 ①	95 ③
96 ①	97 ②	98 ②	99 ①	100 ⑤
101 ②	102 ①	103 ①	104 ①	105 ⑤
106 ③	107 ①	108 ④	109 ④	110 ①
111 ⑤	112 ④	113 ②	114 ①	115 ②
116 ②	117 ⑤	118 ③	119 ③	120 ②
121 ⑤	122 ③	123 ②	124 ⑤	125 ②
126 ③	127 ⑤			

01

|정답| ⑤

|해설| 기업의 사회적 책임 중에서 가장 기본적인 수준의 책임은 경제적 책임으로, 기업의 이윤극대화는 기업의 생존과 연관이 있기 때문에 기업이 가져야 할 가장 중요한 요소이다.

02

|정답| ②

|해설| ㄹ. 일반적으로 기업의 사회적 책임(CSR ; Corporate Social Responsibility)이란 개인이나 조직이 자신의 이익뿐 아니라 사회의 안녕과 복지를 보호하고 증진하기 위한 행동을 해야 하는 의무이다.

ㅁ. 기업의 사회적 책임이란 기업활동으로 인해 발생하는 사회·경제적 문제를 해결함으로써 기업의 이해관계자와 사회일반의 요구나 사회적 기대를 충족시켜 주는 기업행동의 규범적 체계이다. 이는 경제적 책임, 법적 책임, 윤리적 책임, 자선적 책임의 4단계로 구분한다.

|오답풀이|

ㄱ. 기업이 사회가 받아들일 수 있는 방식으로 행동할 때 비로소 사회적 책임을 다하는 것이다. 즉 기업의 사회적 책임은 사회적으로 선한 행동을 추구하는 것이다.

ㄴ. 한 기업에 속하는 사회적 환경과의 관계에서 사회에 대해 져야 할 의무가 기업의 사회적 책임이다.

ㄷ. CSR의 활동과정에서 기업은 이해관계자들의 아이디어와 의견을 존중하는 자세를 보여 주어야 하므로, 외부보고를 위한 아젠다를 설정하는 것도 필요한 과정이라고 할 수 있다.

03

| 정답 | ⑤

| 해설 | 기업의 사회적 책임(CSR)은 기업이 경영활동 과정에서 경제적, 법적, 윤리적, 자선적 책임을 진다는 것으로, 사전적 의미는 기업이 이윤추구와 주주가치 극대화라는 경제적 범주를 벗어나서 '사회의 일원'으로서 기업이 이행해야 할 책임을 말한다. 이는 기업이 사회의 일원으로 사회로부터 이윤을 창출하기 때문에 사회와의 관계를 배제할 수 없다는 사실에서 기인한다.

04

| 정답 | ④

| 해설 | 기업의 사회적 책임이 요구되는 이유는 다음과 같다.

1. 상호작용
2. 시장의 불완전성
3. 외부불경제
4. 기업의 영향력 증대

05

| 정답 | ③

| 해설 | 포드(Henry Ford)는 기업이란 사회의 봉사기관이라는 당시로서는 매우 충격적인 선언을 하였고 포드 시스템을 통해 제품의 표준화, 규격화, 전문화를 도입하여 그가 추구하고자 한 이념인 봉사주의와 저가격 · 고임금의 원리(Fordism)를 실현하였다

06

| 정답 | ④

| 해설 | 경영학 이론의 고전적 접근법은 생산의 효율성을 중심으로 하는 20세기 초의 경영원칙으로, 테일러의 과학적 관리법(테일러리즘), 포드 시스템(포디즘), 페이욜의 일반관리원칙(일반관리론, 관리과정론), 베버의 관료제론이 여기에 해당한다. 상황적합이론(리더십 상황이론)은 1960년대 피들러(Fiedler)에 의해 개발된 경영이론이다.

07

| 정답 | ④

| 해설 | 포드 시스템의 경영이념은 봉사주의와 저가격 · 고임금 원리를 중심으로 한다.

08

| 정답 | ①

| 해설 | 테일러는 저노무비를 유지하면서도 노조의 고임금 요구를 만족시킬 수 있는 방법을 연구했고 시간연구와 동작연구를 통해 표준작업량을 정하고 근로자가 행하는 요소별 작업 시간과 동작을 정확히 산출했다. 과학적 방법에 의해 산출된 1일 작업량을 달성하지 못한 사람에게는 손해를 주고 이를 성공적으로 달성한 사람에게는 고임금을 주는 차별을 두었다.

| 오답풀이 |

②, ③, ④, ⑤ 포드 시스템에 대한 설명이다.

📄 테일러 시스템

원칙	고임금-저노무비
명칭	과업관리, 테일러리즘(Taylorism)
특징	개별생산공장의 생산성 향상
내용	시간연구와 동작연구, 직능별 직장제도, 차별적 성과급제도, 작업지도표제도
기준	미달성 시 책임 추궁, 달성 시 고임금, 과학적 1일 작업량 설정, 작업의 과학적 측정과 표준화

09

| 정답 | ③

| 해설 | ㄹ. 조직의 관리과정을 계획, 조직, 지휘, 조정, 통제의 단계로 구분한 것은 페이욜이다.

ㅂ. 이동컨베이어 시스템을 효율적으로 이용하기 위해 장비의 전문화(Specialization), 작업의 단순화(Simplification), 부품의 표준화(Standardization)를 제시한 것은 포드 시스템이다.

ㅅ. 테일러의 과학적 관리론은 관리활동을 과업성격에 따라 기능별로 나누었다.

10

| 정답 | ②

| 해설 | 테일러는 1일 표준 작업량인 과업(Task)를 과학적으로 결정해, 근로자의 작업표준을 결정하는 기준으로 사용하였다. 이를 통해 임률 결정을 합리화하고 능률을 높일 수 있었다.

| 오답풀이 |

①, ③ 포드 시스템에 대한 설명이다.

④ 페이욜의 관리과정론 중 관리활동론에 대한 설명이다.

⑤ 베버의 관료제에 대한 설명이다.

📖 테일러 시스템의 기본이념

1903 ~ 1911년은 자본주의 체제가 위협받던 시대였다. 노동조합이 건설되면서 임금인상을 요구하기 시작하였고 열악한 작업환경에 항의하는 의도적 직무태만이 경영자들을 위협하였다. 이에 대하여 노동 관리에 과학적인 분석을 가하고 제도를 개선하여 대응하려 한 것이 테일러의 과학적 관리법이었다. 테일러 시스템은 계획적 관리로 노동생산성을 높이고 조직적 태업을 방지하며 임금문제해결을 위하여 과학적·객관적인 표준작업량을 설정하여 고임금·저노무비를 이루어 노사 쌍방이 만족하도록 하는 것이었다. 과업제도는 공평한 1일의 작업량을 합리적으로 결정하고 그에 의하여 근로자의 작업표준을 결정한다는 것이다.

11

| 정답 | ①

| 해설 | 포드 시스템은 컨베이어 시스템을 도입하여 대량생산을 통해 원가를 절감하도록 하였다.

📖 포드 시스템

1. 원칙
   저가격, 고임금
2. 특징
   ㉠ 경영관리의 독립강조
   ㉡ 기업은 사회적 봉사기관
3. 내용
   ㉠ 대량생산, 대량소비 가능
   ㉡ 일급제 도입하여 실행
   ㉢ 컨베이어 시스템을 도입하여 '단순작업화'와 '동시관리'를 실행

12

| 정답 | ④

| 해설 | 작업지도표제는 테일러 시스템의 내용이다. 포드 시스템은 동시관리, 컨베이어 시스템, 저가격-고임금, 이동조립방식, 연속생산공정을 내용으로 한다.

13

| 정답 | ①

| 해설 | 포드 시스템의 내용은 과학적 관리론을 보완·발전시킨 것으로 컨베이어 시스템을 도입하여 대량생산을 통해 원가를 절감하였다.

14

| 정답 | ②

| 해설 | 테일러 시스템의 목적은 고임금·저노무비이며 포드 시스템의 목적은 저가격·고임금이다.

📖 테일러 시스템과 포드 시스템의 비교

구분	테일러 시스템	포드 시스템
명칭	• 과업 관리 • 테일러리즘(Taylorism)	• 동시 관리 • 포디즘(Fordism)
원칙	고임금 - 저노무비	저가격 - 고임금
기준	• 달성 시 고임금 • 미달성 시 책임 추궁 • 과학적 1일 과업량 설정 • 작업의 과학적 측정과 표준화	• 경영 공동체관 강조 • 경영관리의 독립 강조 • 기업은 사회적 봉사기관
내용	• 작업지도표제도 • 직능별 직장제도 • 차별적 성과급제도 • 시간연구와 동작연구	• 일급제(일당제도) • 대량생산 - 대량 소비 가능 • 컨베이어 시스템(이동조립법) • 생산의 표준화(3S + 공장의 전문화)
특징	개별생산공장의 생산성 향상	연속 생산의 능률과 생산성 향상

15

| 정답 | ①

| 해설 | 인간관계론이 종업원의 중요성을 강조한 것은 맞지만 과학적 관리법이 저임금의 중요성을 강조한 것

기출문제 / 경영과 기업 / 기업활동의 조직 / 인사관리 / 생산관리 / 마케팅관리 / 실전모의고사

은 아니다. 과학적 관리법은 고임금, 저노무비를 실천하였다.

| 오답풀이 |

② 과학적 관리법은 공식적 조직을, 인간관계론은 비공식적 조직을 강조하였다.

③ 과학적 관리법은 조직의 생산성과 효율성을 인간관계론은 조직의 관계성을 중시하였다.

④ 과학적 관리법은 인간은 경제적인 선택을 한다는 경제인 가설을, 인간관계론은 인간은 사회적 동물이라는 사회인 가설을 채택하였다.

⑤ 과학적 관리법은 성과에 따라 임금의 차별을 둘 수 있게 하는 표준작업량을, 인간관계론은 특별한 주목을 받았거나 관리자가 복지에 신경 쓴다고 느낄 때 작업자가 업무를 더 잘하는 호손효과를 이용하였다.

16

| 정답 | ③

| 해설 | 페이욜은 계획, 조직, 지휘, 조정, 통제의 경영관리직능 5요소를 주장하였다.

📄 **페이욜(Fayol)의 기업의 여섯 가지 활동**

1. 기술 활동 : 생산, 제작, 가공
2. 보전 활동 : 재산 및 종업원 보호
3. 상업 활동 : 구매, 판매, 교환
4. 회계 활동 : 재산목록, 대차대조표, 원가계산, 통계
5. 재무 활동 : 자본의 조달 및 운영
6. 관리 활동 : 계획, 조직, 지휘, 조정, 통제

17

| 정답 | ⑤

| 해설 | 관리과정은 계획 – 조직 – 명령 – 조정 – 통제 순으로 진행한다.

📄 **페이욜의 14가지 일반관리원칙**

1. 분업의 원칙	2. 권한, 책임 명확화의 원칙
3. 규율유지의 원칙	4. 명령통일의 원칙
5. 지휘일원화의 원칙	6. 전체이익 우선의 원칙

7. 보수 적합화의 원칙	8. 집중화의 원칙
9. 계층화의 원칙	10. 질서유지의 원칙
11. 공정의 원칙	12. 고용안정의 원칙
13. 창조성의 원칙	14. 협동 · 단결의 원칙

18

| 정답 | ③

| 해설 | 통제에 대한 설명이며 조정은 각 조직 및 개인의 업무를 조정하는 것이다.

📄 **페이욜의 관리 5요소**

계획	미래를 연구하여 활동계획을 입안하는 것
조직	경영의 물적 조직 및 사회적 조직으로서 사회체계를 구성하는 것
명령	각 개인으로 하여금 자신의 직능을 수행하도록 지시하는 것
조정	각 조직 및 개인의 업무를 조정하는 것
통제	정해진 기준이나 명령에 따라서 업무가 수행되도록 감시하는 것

19

| 정답 | ④

| 해설 | 사이먼의 제한된 합리성 이론은 인간을 과학적 관리법에서처럼 경제인으로 보지도 않고, 인간관계론에서처럼 사회인으로 보지도 않으며 오직 관리인으로 보고 있다.

20

| 정답 | ③

| 해설 | 전통적 과학적 관리론에 해당한다.

📄 **인간관계론(메이요, 뢰스리스버거)**

1. 현실의 인간은 보다 복잡한 전인적 존재임이 인식되면서 욕구의 충족이나 동기부여 문제에 점차 초점을 두게 되었다. 이러한 연구의 발단이 된 것이 메이요(G. E. Mayo)와 뢰스리스버거(F. J. Roethlisberger)에 의한 호손 실험(Hawthorne Experiment)

www.gosinet.co.kr gosinet

기출문제

경영과 기업

기업활동의 조직

인사관리

생산관리

마케팅관리

실전모의고사

으로, 노동자의 작업능률과 그것에 영향을 미치는 여러 조건과의 관계를 규명하기 위한 대규모적인 조사와 실험을 전개했다.

2. 호손 실험 연구결과
  ㉠ 비공식적 조직이 존재한다.
  ㉡ 집단 규범의 중요성이 밝혀졌다.
  ㉢ 인간관계의 중요성을 발견하였다.
  ㉣ 물리적 작업조건과 생산성 간에는 관계가 없다.
  ㉤ 감정적 · 심리적 요인과 생산성 간에는 서로 관련이 있다.

21

| 정답 | ②

| 해설 | 계전기 조립작업 실험을 통해 노동시간, 급료, 휴식시간, 급식 등과 같은 작업 조건보다는 작업에 대한 자부심, 자기 표현의 기회 등의 변인이 더 크게 작용하고 있다는 결과를 얻었다.

22

| 정답 | ③

| 해설 | 호손 실험은 메이요와 뢰스리스버거에 의한 노동자의 작업능률과 그것에 영향을 미치는 여러 조건 간의 관계를 규명하려고 한 대규모적인 조사와 실험이다. 호손 실험 결과 비공식적 조직의 중요성을 알게 되었다.

📄 호손 공장 실험 연구 결과

구분	실험내용	실험 결과
제1단계 실험	조명도 실험	물리적 작업 조건과 생산성 간에는 관계가 없음.
제2단계 실험	계전기 조립 작업 실험	감정적·심리적 요인과 생산성은 관계가 있음.
제3단계 실험	면접 실험	인간관계의 중요성 발견
제4단계 실험	뱅크선 작업 실험	비공식적 조직의 존재, 집단규범의 중요성 발견

23

| 정답 | ①

| 해설 | 인간관계론이 과학적 관리론과 달리 인간을 보다 전인적인 존재로 인식하게 되면서 인간의 심리와 욕구에 관한 연구가 전개되었는데, 이러한 연구의 발단이 된 것이 메이요(G. E. Mayo)의 호손 실험이다. 이 실험의 결과로 인간 관계의 중요성과 비공식 조직의 존재, 집단 규범의 중요성 등을 발견하였다.

24

| 정답 | ④

| 해설 | 맥그리거(McGregor)는 인간의 본질에 대한 상반된 가정을 중심으로 이론을 제기하였다. 조직이론에서 조직구성원에 대하여 부정적인 관점으로 가정한 인간관을 X이론이라고 하였다. X이론은 대부분의 인간들이 일과 책임을 싫어하고 지시받기를 선호한다는 가정을 하고 있다. 반면 인간의 본질에 관한 새로운 긍정적인 관점을 Y이론이라고 하였다. Y이론에서는 인간은 일을 즐기고 업적에 대하여 상당한 자기통제를 행사할 수 있다고 가정하였다.

〈X이론과 Y이론〉

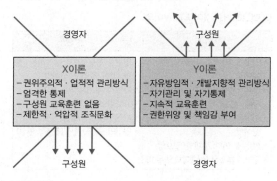

경영자		구성원
X이론		**Y이론**
- 권위주의적 · 업적적 관리방식 - 엄격한 통제 - 구성원 교육훈련 없음 - 제한적 · 억압적 조직문화		- 자유방임적 · 개발지향적 관리방식 - 자기관리 및 자기통제 - 지속적 교육훈련 - 권한위양 및 책임감 부여
구성원		경영자

| 오답풀이 |
① 페이욜(H. Fayol) : 일반관리론
② 매슬로우(A. Maslow) : 욕구 5단계설
③ 허즈버그(F. Herzberg) : 동기요인과 위생요인
⑤ 메이요(G. E. Mayo) : 인간관계론

25

| 정답 | ③

| 해설 | 직무를 통해 욕구가 충족될 수 있게 하는 것은 Y이론이다.

| 오답풀이 |

① X이론에서는 인간이 태어나면서부터 일을 싫어하고 책임지기를 싫어하며, 조직 목적달성에 무관심하다고 가정한다.

② Y이론에서 인간은 목표달성을 위하여 스스로 방향을 정하고 스스로를 통제하며 일한다고 가정한다.

④ Y이론에서의 관리자의 관리전략은 개인의 목표와 조직목표가 조화될 수 있도록 하는 것이다.

⑤ X이론은 보통 인간은 가능하면 일하지 않으려고 하므로, 조직 목적달성을 위한 노력을 기울이게 하기 위해서는 강제하고 통제하고 명령하며 처벌의 위협을 가하지 않으면 안 된다고 가정한다.

26

| 정답 | ⑤

| 해설 | 인간은 기본적으로 야망이 없고 책임지기 싫어한다는 가정은 맥그리거의 X이론에 해당한다.

📄 맥그리거의 X이론과 Y이론

X이론	Y이론
• 인간은 태어날 때부터 일하기 싫어함.	• 인간은 본능적으로 휴식하는 것과 같이 일하고 싶어함.
• 강제·명령·처벌만이 목적 달성에 효과적임.	• 자발적 동기유발이 중요함.
• 인간은 야망이 없고 책임지기 싫어함.	• 고차원의 욕구를 가짐.
• 타인에 의한 통제가 필요함.	• 자기통제가 가능함.
• 인간의 부정적 인식(경제적 동기)	• 인간의 긍정적 인식(창조적 인간)

27

| 정답 | ①

| 해설 | 맥그리거의 Y이론은 인간은 본능적으로 외적 강제나 처벌 등의 위협이 없더라도 조건만 갖추어지면 자아의 욕구, 자기실현의 욕구를 충족시키려고 일을 하게 된다는 이론이다. 그러므로 기업의 목적을 달성시키기 위해서는 저차원적 욕구의 만족부터 고차원적 욕구의 만족까지 보장해 줌으로써 자발적 노력과 노동의욕을 고취시켜야 한다는 현대적 경영이론이다.

28

| 정답 | ③

| 해설 | 맥그리거(McGregor)는 인간의 본성에 대한 두 가지 서로 다른 견해를 제기하였는데, 기본적으로 인간 본성에 대한 부정적인 관점을 X이론이라 하고 긍정적인 관점을 Y이론이라 한다. 맥그리거는 조직에서 관리자가 종업원이라는 개인을 다루는 방식에 대한 관찰을 통해 인간의 본성에 대한 관리자의 관점이 부정적 또는 긍정적인 일련의 가정에 기초하고 있고, 이러한 가정에 따라 종업원에 대한 행동을 형성하게 된다고 결론지었다. 이론과 관련된 내용의 성격은 외재적 통제, 일방적 의사소통, 과거의 잘못 발견 등으로 요약할 수 있다.

29

| 정답 | ⑤

| 해설 | 단기적 관점은 미성숙단계의 특징이며, 성숙단계에서는 장기적 관점을 가지고 있다.

📄 미성숙 – 성숙이론(연결선 이론)

미성숙(유아형)	성숙(성인형)
• 수동성(Passive)	• 능동성(Active)
• 의존성(Dependence)	• 독립성(Independence)
• 제한된 행동 (Limited Behavior)	• 다양한 행동 (Diverse Behavior)
• 얕은 관심도 (Shallow Interest)	• 깊은 관심도 (Deep Interest)
• 단기적 관점 (Short-time Perspective)	• 장기적 관점 (Long-time Perspective)
• 종속적 지위 (Subordinate Position)	• 우월적 지위 (Superordinate Position)
• 자아의식의 결여 (Lack of Self-awareness)	• 자아의식과 자기통제 (Self-awareness & Control)

30

| 정답 | ②

| 해설 | 시스템은 서로 독립적으로 있는 것이 아니라 여러 독립된 구성인자가 유기적으로 연결되어 상호작용을 하여 환경에의 적응성을 높이는 작용을 하므로 하위시스템들은 서로 독립적이지 않고 상호 관련되어 있으며 개방시스템의 속성을 지니고 있다.

31

| 정답 | ①

| 해설 | 개인기업은 가장 오랜 전통을 가지고 있는 사기업이며 단독의 자본가가 출자해서 자기가 직접 경영하므로 창업이 쉽고 비용이 적게 드는 장점이 있다. 다만 무한책임성과 자금 조달의 한계, 1인 경영의 수공업적 한계에 부딪힌다는 단점이 있다.

32

| 정답 | ④

| 해설 | 법인기업은 전문화된 기업 경영이 가능하다는 장점을 지닌다.

📋 **법인기업의 장단점**

장점	단점
• 책임 한계가 명확 • 전문화된 기업 경영이 가능 • 대규모 자본 조달에 유리 • 정관 등에 의해 체계적 기업경영이 가능	• 의사결정이 복잡 • 이해관계자들과 마찰의 소지가 있음. • 창업과 이전이 어려움.

| 오답풀이 |

①, ②, ③, ⑤ 개인기업은 가장 오랜 전통을 지닌 사기업으로 의사결정이 신속하고 창업이 쉽고 비용이 적게 들며, 이윤 독점이 가능하며, 운영에 넓은 재량권을 가진다.

33

| 정답 | ⑤

| 해설 | 주식회사는 다수공동기업이다.

📋 **소유형태별 기업분류**

기업은 사기업, 공기업, 공사합동기업 세 가지로 분류되며 사기업은 그 안에서 개인기업과 공동기업 두 가지 형태로 분류된다.

1. 개인기업 : 단독의 자본가가 출자해서 자기가 직접 경영하며 채권자에 대해서는 무한으로 책임을 진다. 흔히 단독기업이라고도 불린다. 가장 단순한 기업형태로 영리를 목적으로 하는 기업경영 중에서는 적어도 90% 이상이 개인기업 형태를 갖추고 있다.
2. 공동기업
   • 소수공동기업 : 합명회사, 합자회사, 유한회사, 익명조합, 민법상의 조합
   • 다수공동기업 : 주식회사, 협동조합, 상호회사, 공기업, 공사공동기업

34

| 정답 | ④

| 해설 | 주식회사는 주식의 발행으로 설립된 회사로 사원인 주주의 출자로 이뤄지며, 그 제도적 기관은 주주총회, 이사회, 감사로 구성된다.

| 오답풀이 |

① 합명회사는 2인 이상의 무한책임사원(상법 제212조)만으로 구성되는 회사이다.

② 합자회사는 무한책임사원과 유한책임사원으로 구성되는 복합적 조직의 회사로서, 사업의 경영은 무한책임사원이 하고, 유한책임사원은 자본을 제공해 사업에서 생기는 이익 분배에 참여한다.

③ 유한회사는 출자액의 한도 내에서만 회사의 채무에 대해 변제책임을 지는 2인 이상의 유한책임사원으로 구성된 회사이다. 회사가 없어지더라도 자신이 투자한 자금을 회수하지 못하는 것일 뿐 회사채권자에 대한 책임은 지지 않는다.

⑤ 주식회사의 모든 주주는 그 주식의 인수가액을 한도로 하는 출자의무를 부담할 뿐 회사의 채무에 대해 무한책임을 지지 않는다. 주식회사는 자본금과 주식, 주주의 유한책임을 특징으로 갖는다.

35

| 정답 | ①

| 해설 | 합명회사란 소수공동기업으로서 2인 이상의 무한책임사원(출자자)이 공동으로 출자하고, 회사의 채무에 대해 무한연대의 책임을 지면서 직접 회사경영에 참여하는 인적 기업의 대표적인 기업형태이다.

36

| 정답 | ①

| 해설 | 합명회사는 대표적인 인적 회사 중 하나로 자금조달에 한계가 있다는 특징을 가진다.

| 오답풀이 |

②, ③, ④, ⑤ 합명회사에 대한 설명이다. 합명회사는 소유와 경영이 분리되어 있지 않으며 2인 이상의 무한책임사원으로 구성되어 있다.

37

| 정답 | ⑤

| 해설 | 합명회사는 대표적인 인적 회사로 2인 이상의 무한책임사원이 공동 출자한 회사다. 각 사원이 회사의 채무에 대하여 연대무한책임을 지는 것이 특징이다.

38

| 정답 | ①

| 해설 | 합자회사는 무한책임사원과 유한책임사원의 이원적 조직의 기업형태로, 무한책임사원 외에 유한책임사원을 보탬으로써 보다 폭넓게 출자자를 구할 수 있는 소지를 마련해 두고 있다.

| 오답풀이 |

② 합자회사는 합명회사에 자본적 결합성이 가미된 회사이며 합명회사에 비해 자본결합력이 높다.

③, ④ 유한책임사원은 출자한도 내에서 회사채무에 책임을 지며 이익배당에는 참여하고 회사의 업무와 재산상태를 감시하는 권한을 가지나, 업무집행에는 관여하지 않는다.

⑤ 자본의 양도에는 원칙적으로 무한책임사원 전원의 동의가 필요하기 때문에 자본의 교환성이 거의 결핍되어 있어 신용자본으로서의 경제적 요건을 충분히 갖추지 못한다는 한계가 있다.

39

| 정답 | ①

| 해설 | 사원총회는 회사의 의사를 결정하는 최고기관이며 필요기관이다.

| 오답풀이 |

② 감사는 임의기관이다. 유한회사는 정관에 의하여 1인 또는 수인의 감사를 둘 수 있다(상법 제568조 제1항).

③ 사원의 책임은 본법에 다른 규정이 있는 경우외에는 그 출자금액을 한도로 한다(상법 제553조).

④ 유한회사에는 1인 또는 수인의 이사를 두어야 한다(상법 제561조).

⑤ 유한회사는 주식회사에 비해 폐쇄적이다.

40

| 정답 | ①

| 해설 | ㄱ. 주식회사의 출자자는 모두 유한책임만을 진다. 출자자는 자신의 출자액 한도 내에서만 회사의 자본위험에 대한 책임을 진다.

| 오답풀이 |

ㄴ. 주식회사의 자본금은 소액단위로 분할되어 양도가 능한 증권으로 분할된 것을 자본의 증권화제도라고 한다.

ㄷ. 주식회사에서는 주식의 분산과 함께 소유와 경영이 분리되어 가는 것이 특징이다.

ㄹ. 주식회사의 대표기관에는 주주총회, 이사회, 감사 등이 있다.

ㅁ, ㅂ. 주식회사는 회사가 필요로 하는 자본을 매매양
도가 자유로운 유가증권 형태인 주식으로 균일하게
발행하여 일반 대중으로부터 기업자본을 조달하는
기업 형태다.

41

|정답| ②

|해설| 주주의 의무는 출자의무뿐이며, 출자의무는 그가
가진 주식의 인수가액을 한도로 한다. 이 의무는 실제로
는 주식인수인으로서의 의무이며, 주주가 된 후에는 아
무런 의무도 지지 않는다.

42

|정답| ④

|해설| 회사가 다른 회사의 발행주식총수의 10분의 1을
초과하여 취득한 때에는 그 다른 회사에 대하여 지체없
이 이를 통지하여야 한다(「상법」 제342조의3).

|오답풀이|

① 「상법」 제331조

② 「상법」 제329조 제3항

③ 「상법」 제332조 제1항

⑤ 「상법」 제333조 제1항

43

|정답| ①

|해설| 기업환경이 급변하는 상황에서 기업은 적극적이
고 신속하게 적응해야 하지만, 주식회사는 정관과 주주
총회에 의해 최종 의사결정이 제약되기 때문에 자칫 변
화에 느리게 대응하여 기업이익을 해칠 수도 있다.

|오답풀이|

②, ③, ④ 개인기업의 단점에 대한 설명이다.

⑤ 주식회사는 강한 정부규제와 주주들에게 업무 성과
와 회계 정보 등을 주기적으로 제공하는 등 회사 운
영에 있어 높은 투명성을 가진다.

44

|정답| ④

|해설| 사원총회는 사단법인의 기관이다.

📄 **주식회사의 기관**

감사	• 회사의 회계 및 업무집행을 감사 • 주주총회에서 선임하며 임기는 취임 후 3년 내의 최종 결산기에 관한 정기총회의 종결까지로 되어 있음.
이사회	회사의 업무진행에 관한 의사를 결정하기 위해 이사 전원으로 구성
대표이사	대내적으로 회사의 업무집행을 총괄하고 대외적으로 회사를 대표하는 독립된 기관
주주총회	• 주주로 구성되며 회사의 중요사항에 대해 결정하는 최고 의사결정기관 • 매년 1회 소집하는 정기총회와 수시로 소집하는 임시총회로 구성

45

|정답| ③

|해설| 확증비용은 기업경영을 대리하는 자가 주주나 채
권자 등 주체의 이해에 상반되는 행동을 하지 않고 있음
을 증명할 때 소요되는 비용이다.

|오답풀이|

① 대리인의 행위가 주인의 이익에서 이탈하는 것을 감
시하기 위해 주인이 부담하는 비용이다.

② 감시와 확증에도 불구하고 발생하는 주인의 부에 대
한 감소분이다.

④ 기업의 임직원이 미리 정해진 가격으로 회사의 주식
을 살 권리로, 주가에 따라 가치가 결정되므로 대리
인이 주가 상승(=회사가치의 상승)을 목표로 회사에
충성할 수 있도록 하여 대리인 비용을 줄이기 위한
방법으로도 활용된다.

46

|정답| ①

|해설| ㄴ. 지배원리는 포트폴리오이론과 관련된 개념
이다.

www.gosinet.co.kr **gosi**net

기출문제

경영과 기업

기업활동의 조직

인사관리

생산관리

마케팅관리

실전모의고사

| 오답풀이 |

ㄱ, ㄷ, ㄹ 정보의 비대칭성으로 인한 대리인 문제를 해결하기 위하여 주주들은 감시비용을 지출하고, 스톡옵션을 부여한다.

ㅁ. 대주주의 기업지배권이 약해지면 대리인비용이 발생할 가능성이 높아지므로 기업지배권도 대리비용과 관련된 개념이라 할 수 있다.

47

| 정답 | ③

| 해설 | ⓒ 감시비용은 주주가 대리인을 감시하는 비용이다.

ⓓ 잔여손실은 감시비용이나 확증비용 외에 경영자가 기업을 위한 최적의 의사결정을 하지 않아 발생하는 손실이다.

48

| 정답 | ②

| 해설 | 대리인비용은 대리인문제를 적절하게 해결하는 데 소요되는 비용인 확증비용, 감시비용, 잔여손실 등이다.

감시비용	주주가 대리인이 자신의 권익을 보호하기 위한 경영을 하는지 감시하는 비용
확증비용	대리인이 자신이 하는 경영활동과 의사활동이 주주들의 이익을 위한 것임을 증명하는 데 소요되는 비용
잔여손실	감시비용이나 확증비용 외에 경영자가 기업을 위한 최적의 의사결정을 하지 않아 발생하는 손실

49

| 정답 | ③

| 해설 | 주인-대리인 문제(Principal-agent Problem)는 주인(Principal)과 대리인(Agents) 사이에서 정보 비대칭 때문에 발생하는 문제로, 대리인이 주인의 목적이 아닌 자신의 목적을 이루기 위하여 행동할 때 발생하는 문제이다. 대리인 문제를 해결하기 위한 방안으로는 인센티브제의 도입(스톡옵션을 통한 유인제공), 감시(Monitoring) 정책의 강화(사외이사 및 감사위원회 제도), 주주행동주의(Shareholder Activism)를 들 수 있다. 여기서 주주행동권은 현재 경영진에 만족하지 못하는 주주들이 적극적인 의사표명, 행동을 통해 기업경영에 영향력을 행사하려고 하는 일련의 활동을 말한다.

50

| 정답 | ⑤

| 해설 | 공기업은 기업의 소유권을 민간이 아닌 정부가 소유하고 있다는 것이 가장 큰 특징이다. 공기업은 조세 이외에 국가 재정수입의 증대를 목적으로 담배, 인삼 등 전매사업을 한다.

51

| 정답 | ④

| 해설 | 공기업의 장단점은 다음과 같다.

1. 장점
   ㉠ 대규모 자본이 필요한 산업에 유리하다.
   ㉡ 적자 발생 시 국가나 지방자치단체로부터 재정지원을 받을 수 있다.
   ㉢ 시설재 도입, 원자재 배정, 생산제품과 서비스의 판매에 있어서 우대를 받는 경우가 많다.

2. 단점
   ㉠ 공기업은 이윤창출을 목적으로 하는 기업으로, 자율적 경영을 제한당한다.
   ㉡ 공기업은 소유권이 명확하지 않기 때문에 관료화와 무사안일주의에 빠지기 쉽다.
   ㉢ 경영권과 인사권에서 정부의 개입이 심하기 때문에 독자적인 경영관리가 어렵다.

52

| 정답 | ③

| 해설 | 공기업의 독립채산제는 공기업의 경영에 대한 자주적인 재무관리방식으로 공기업의 재정과 경영을 분리

함으로써 정부의 정치적 간섭과 예산의 구속으로부터 독립적인 경영활동을 보장받고자 하는 제도다. 공기업 경영의 능률화, 공기업 재정의 건전화, 관리분권화 효과, 재무적 합리화를 위해 필요하다.

53

| 정답 | ④

| 해설 | 철도, 전기, 수자원의 공기업화는 공기업의 공익 실현을 목적으로 하는 예시이다.

📄 **공기업의 목적**

재원확보	• 담배, 인삼 등 전매사업 • 국가 재정수입의 증대를 목적
공익실현	• 철도, 전기사업, 수자원공사 등 • 기업의 이윤 극대화와 함께 공공의 이익 목적
효과적 경제정책 수행	• 석탄공사, 포항제철 등 • 경제개발을 돕고 특정 산업을 육성하여 국민경제의 성장에 기여 목적
사회정책	• 의료보험, 국민연금 등 • 국민의 기본적인 생활보장을 목적 • 통상적으로 선진국에 가까울수록 사회정책을 실현하기 위해 설립
국가기반 산업	• 조폐공사, 군사 관련 산업 등 • 사기업이 하기에 곤란한 공공성이 강한 산업을 국가가 직접 관리

54

| 정답 | ③

| 해설 | 현대의 경영조직은 조직을 보다 단순한 형태로 조정하거나 규모를 축소함으로써 기업문화의 혁신에 관심을 가진다.

55

| 정답 | ②

| 해설 | GE 매트릭스는 복수의 지표를 조합하여 시장매력도와 사업 내에서의 지위를 확인하고 자원배분방침을 결정하는 포트폴리오 분석기법이다. 여기에서 원의 크기는 해당 산업의 규모를 나타내는 것이고, 회사의 시장점유율은 그 원 안에서의 부채꼴 모양으로 나타낸다.

56

| 정답 | ⑤

| 해설 | 전략적 제휴는 합병에 의한 진입비용이 많이 소요되거나 단독진입 시 위험과 부담이 큰 경우에 주로 채택하는 전략이다.

57

| 정답 | ①

| 해설 | 다이아몬드 모델에서는 그 내적 요소로 요인조건(요소조건), 수요조건, 관련 및 지원 산업, 기업의 전략 구조 및 라이벌을 제시하면서 그 외적 요소로 기회(Chance)와 정부(Government)를 두고 있다.

| 오답풀이 |

② 다이아몬드 모델에서 기업의 성공은 혁신과 변화를 통한 동태적 중요성에 있다고 보고, 이는 강력한 자국기반의 사업에서 비롯된다고 본다.

③ 다이아몬드 모델에 대해서는 대국의 영향을 받은 소국의 경우에 대해서는 그 적용이 어렵고, 시장의 글로벌화에 따라 자국 시장에 대한 의존도가 점점 낮아지고 있다는 비판이 존재한다.

④, ⑤ 다이아몬드 모델은 정부는 네 가지 내적 요소를 조화시키는 외생변수와 경쟁력 향상을 지원하는 역할을 수행할 수 있다고 보고, 경쟁력을 위한 정부의 정책 수단을 적용함에 있어서의 논리적 근거를 제공한다.

58

| 정답 | ①

| 해설 | SWOT 분석이란 기업의 내부환경을 분석해 강점과 약점을 발견하고, 외부환경을 분석해 기회와 위협을 찾아내 이를 토대로 강점은 살리고 약점은 보완, 기회는 활용하고 위협은 억제하는 마케팅 전략을 수립하는 것을 의미한다. 이 때 사용되는 4요소를 강점, 약점, 기회,

기출문제

경영과 기업

기업활동의 조직

인사관리

생산관리

마케팅관리

실전모의고사

위협요인을 규정하고 이를 SWOT이라고 하는데, 이 중 강점과 약점은 경쟁기업과 비교할 때 소비자로부터 강점·약점으로 인식되는 것이 무엇인지, 기회와 위협은 외부환경에서 유리한 기회, 불리한 요인은 무엇인지를 찾아내 기업 마케팅에 활용하는 것을 말한다.

SWOT 분석은 기업내부의 강점, 약점과 외부환경의 기회, 위협요인을 분석·평가하고 이들을 서로 연관 지어 전략과 문제해결 방안을 개발하는 방법이다.

59

| 정답 | ③

| 해설 | WT 전략은 외부환경의 위협을 극복하기 위해 약점을 보완해야 하는 전략이고, 기회활용을 위해 약점을 보완해야 하는 상황은 WO 전략이다.

📄 SWOT 분석

내부요인 / 외부요인	강점 (Strength)	약점 (Weakness)
기회 (Opportunity)	기회활용을 위해 강점을 사용할 수 있는 상황	기회활용을 위해 약점을 보완해야 하는 상황
위협 (Threat)	위협을 극복하기 위해 강점을 사용할 수 있는 상황	위협을 극복하기 위해 약점을 보완해야 하는 상황

60

| 정답 | ③

| 해설 | SWOT 분석은 기업의 내부 환경과 외부 환경을 분석하여 강점(Strength), 약점(Weakness), 기회(Opportunity), 위협(Threat) 요인을 규정하고 이를 토대로 경영 전략을 수립하는 기법이다. 다각화 전략은 SO 전략에 속한다.

| 오답풀이 |

①, ②, ④, ⑤ WT 상황일 경우에는 회사의 축소, 청산, 구조조정, 모범기업 벤치마킹 등 약점을 근본적으로 해결할 수 있는 핵심역량개발이 필요한 시기이며 방어적 전략을 사용한다.

61

| 정답 | ④

| 해설 | 내부 약점, 외부 기회일 경우에는 내부 개발을 하는 것보다는 외부기술을 도입하거나 조인트벤처를 시도하는 것이 적당하다.

📄 SWOT 분석의 상황별 전략

SO 전략	외부 기회와 내부 강점 : 인수합병, 다각화, 성장, 확대 전략
WT 전략	외부 위협과 내부 약점 : 철수, 제거, 방어적 전략, 삭감 전략, 합작투자전략
ST 전략	외부 위협과 내부 강점 : 다양화 전략, 안정적 성장 전략
WO 전략	외부 기회와 내부 약점 : 약점 극복, 턴어라운드 전략

62

| 정답 | ②

| 해설 | B는 WO 상황이다. 회사를 축소하거나 구조조정을 하는 합작투자전략은 WT 상황일 때 사용하는 전략이다.

63

| 정답 | ③

| 해설 | 기업에 가장 유리한 상황은 SO 상황으로 시장의 기회를 활용하기 위해 강점을 사용하는 것이다.

64

| 정답 | ①

| 해설 | 포터는 산업구조분석기법에서 경쟁자, 잠재적 진입자, 대체재, 공급자의 교섭력, 구매자의 교섭력이라는 다섯 가지 요소를 언급하였다.

📄 마이클 포터(M. E. Porter)의 다섯 가지 요인

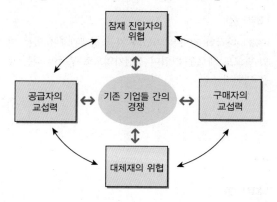

© 마이클 포터의 산업구조 분석은 산업 구조내의 경쟁 기업을 분석하여, 기업이 자사의 수익에 위협이 되는 요인이 무엇인지 분석함으로써 그 위협으로부터 스스로를 방어하거나 그 요인들을 자사에 유리한 상태로 변화시킬 수 있는 경영전략을 수립하려는 목적으로 이용된다.

| 오답풀이 |

Ⓑ 포터의 산업구조분석기법의 가장 큰 문제점은 기본적으로 정태적 모형이며, 이 모형에서는 경쟁과 산업구조가 동태적으로 변화한다는 사실을 충분히 구체적으로 고려하지 못하고 있다고 한다.

65

| 정답 | ③

| 해설 | © 마이클 포터(M. Porter)의 산업구조분석 모형은 기업이 직면하는 다섯 가지 위협요인을 찾아내어 그 위협의 크기를 결정짓는 상황을 설명하는 모형이다.
② 마이클 포터(M. Porter)의 5가지 경쟁세력에 관한 내용은 SCP 분석(Structure-Conduct-Perfomance)에 영향을 받은 이론이다.

| 오답풀이 |

㉠ 5가지 경쟁세력은 기존 산업 내의 경쟁자, 잠재적 진입자, 대체재, 구매자의 교섭력, 공급자의 교섭력으로 구성된다. 그러나 보완재는 포터가 주장하고 있는 5가지 동인에 해당하지 않는다.
㉡ 정태적 분석으로 변화하는 산업과 경쟁의 특성을 반영하지 못한다.

66

| 정답 | ④

| 해설 | Ⓐ 포터 교수에 의하면, 장기적으로 특정 산업의 수익성 및 매력도는 산업의 구조적 특성에 의하여 영향을 받으며, 이는 신규 진입자의 위협, 공급자의 협상력, 구매자의 협상력, 대체재의 위협, 산업내 기존 경쟁자간 경쟁강도 등 5가지의 힘(Five Forces)에 의하여 결정된다고 한다.

67

| 정답 | ①

| 해설 | 차별화된 산업일수록 수익률이 높고 차별화가 적은 산업, 즉 일상재에 가까운 산업일수록 수익률이 낮아지게 된다.

68

| 정답 | ①

| 해설 | 포터는 다섯 가지 요인인 기존 경쟁자들 간의 경쟁 정도, 잠재적 진입자, 대체재, 구매자의 교섭력, 공급자의 교섭력으로 산업의 경쟁 정도를 결정짓는다고 주장하였다. 포터의 다섯 가지 요인은 수평적 요소(대체재, 기존 사업자, 잠재적 진입자), 수직적 요소(공급자 교섭력, 구매자 교섭력)로 분류할 수 있다.

69

| 정답 | ①

| 해설 | 대체재가 많아질수록 산업 내 경쟁도가 상승하여 산업의 수익률이 감소한다.

기출문제 경영과 기업 기업활동의 조직 인사관리 생산관리 마케팅관리 실전모의고사

📄 포터의 산업구조 모형

대체재	대체재의 침투 가능성이 높고 가격이 낮고 성장성이 클수록 산업의 수익률은 낮아짐.
잠재적 진입자의 위험	• 진입하려는 기업의 경우 침투하기 쉬운 곳이 매력적인 시장이지만 기존에 진출해 있는 시장의 경우 신규 기업의 진출이 어려워야 매력적인 시장임. • 진입장벽이 낮아서 새로운 기업의 진입이 쉬우면 그 산업에서 경쟁 때문에 높은 가격을 받을 수 없기 때문에 수익률은 낮아짐.
산업 내 경쟁 정도	산업에 참여하고 있는 기업의 수가 적을수록 그 산업의 수익률은 높아지고, 기업의 수가 많을수록 그 산업의 수익률은 낮아짐.
공급자의 교섭력	공급자가 가격을 인상할 수 있고 공급되는 주문량을 감소시킬 수 있는 시장은 비매력적이며, 공급자의 교섭력이 커질수록 제품가격과 품질에 영향을 줌으로써 소비자들의 지속적인 구매력이 낮아지기 때문에 산업의 수익률은 낮아짐.
구매자의 교섭력	구매자의 교섭력이 커질수록 기업의 제품에 대한 소비자들의 지속적인 구매력은 낮아지고 그만큼 산업의 수익률은 낮아짐.

70

| 정답 | ⑤

| 해설 | 공급업자가 전방통합을 통하여 제조공장을 구매하려고 할 때 공급자의 교섭력이 강해진다.

📄 수직적 통합

내용	• 전방통합과 후방통합으로 구분 • 제품의 전체적인 공급과정에서 기업이 일정 부분을 통제하는 전략
종류	• 전방통합 : 일련의 유통과정에서 바로 뒤쪽의 과정을 통합할 수 있는 능력을 말하는 것으로, 공급자로서 교섭력이 높아지는 것은 다음 단계인 공정단계를 흡수할 수 있는 힘의 우위에 있는 것을 의미 • 후방통합 : 유통기업이 생산기업을 통합하거나 생산기업이 원재료 공급기업을 통합하는 것을 후방통합이라 하며, 이는 기업이 공급자에 대한 영향력을 강화하기 위한 전략으로 사용

71

| 정답 | ④

| 해설 | 다각화 전략은 기업과 지금 경쟁관계에 있는 기업 말고도 새로운 기업이 경쟁기업으로 부각이 되는 것을 말한다.

72

| 정답 | ③

| 해설 | 다각적 합병(Conglomerate)은 생산이나 판매 면에서 상호관련성이 전혀 없거나 업종이 서로 다른 기업 간의 합병을 말한다. 다각적 합병은 경영다각화를 통한 위험 분산, 인적 자원의 효율적 활용 등을 주요 목적으로 한다.

73

| 정답 | ③

| 해설 | 이미 보유한 기술 등 노하우를 기반으로 새로운 고객·시장을 대상으로 신제품을 추가적으로 출시하는 것이므로 집중적 다각화 전략에 해당된다.

📄 다각화 전략

다각화 전략이란 기존의 사업과는 다른 새로운 사업 영역에 진출하여 기업의 성장을 꾀하는 방법이다.

1. 집중적 다각화 전략(Concentric Diversification Strategy) : 이미 보유하고 있는 생산·기술·제품·마케팅 등의 분야에서의 노하우를 활용하여 새로운 고객·시장을 겨냥하여 신제품을 추가적으로 내놓음으로써 성장을 추구하는 전략이다.

2. 수평적 다각화 전략(Horizontal Diversification Strategy) : 기존 고객들을 깊이 이해하고 있다는 점을 활용하여 기존의 고객의 다른 욕구를 충족시키는 방법으로 신제품을 추가하는 전략이다.
   예 냉장고를 만들던 회사가 신제품 에어컨을 추가하는 것

3. 복합적 다각화 전략(Conglomerate Diversification Strategy) : 기존의 제품 및 고객과는 전혀 관계없는 이질적인 신제품으로 새로운 고객에게 진출하려는 전략이다.
   예 커피를 만들던 회사가 전자제품 분야에 진출하는 것

74

| 정답 | ①

| 해설 | 포터에 의하면 기업의가치 활동은 크게 본원적 활동과 보조적 활동으로 구분할 수 있고, 본원적 활동에는 물류투입활동(Inbound Logistics), 운영활동(Operation), 물류산출활동(Outbound Logistics), 마케팅활동(Marketing), 애프터서비스활동(After Service)이 있으며, 보조적 활동에는 기업의 하부구조(Infrastructure), 구매활동(Procurement), 기술개발활동, 인적자원관리활동 등이 있다. 생산에 필요한 원재료 등을 구매하는 활동은 기업의 하부구조로 보조적 활동에 속하는 활동이다.

75

| 정답 | ①

| 해설 | 가치사슬은 기업이 창조하는 가치가 어디에서 이루어지는가를 분석하기 위한 것으로 마이클 포터(Michael E. Porter)에 의하여 제시되었다.

| 오답풀이 |

② 피터 드러커(Peter Drucker)는 오스트리아 출신의 미국인으로 20세기의 대표적인 경영학자였으며 스스로를 "사회생태학자(Social Ecologist)"라고 불렀다.

③ 톰 피터스(Thomas J. Peters)는 「초우량 기업의 조건」, 「미래를 경영하라」 등 세계적인 경영학 베스트셀러를 펴냈으며 명쾌한 화술과 탁월한 경영지식으로 청중을 사로잡는 명강연자다.

④ 게리 해멀(Gary Hamel)은 1983년부터 런던비즈니스스쿨(LBS)에서 전략 및 국제경영 담당 교수로 재직하고 있으며, 런던비즈니스스쿨 부설 경영혁신연구소와 컨설팅기업 스트라테고스(Strategos)의 설립자이기도 하다.

⑤ 마빈 바우어(Marbin Bower)는 1926년 제임스 매킨지(James O. McKinsey)가 설립한 경영 컨설팅 회사 맥킨지 & 컴퍼니(McKinsey & Company)의 변호사로 입사하여 경영 컨설턴트로 활동하며 현대 경영 컨설팅의 개념을 확립한 인물이다.

76

| 정답 | ⑤

| 해설 | 기술개발과 디자인은 지원 활동에 포함된다.

📄 포터의 가치사슬

보조 활동(지원 활동)	주요 활동(본원적 활동)
• 인적자원관리 • 기술개발, 디자인 • 획득활동(구매, 조달) • 하부조직활동(경영정보시스템, 법률, 재무, 기획)	• 구매활동(물류투입활동) • 생산활동 • 물류활동(물류산출활동) • 판매 및 마케팅활동 • 서비스활동

77

| 정답 | ②

| 해설 | 본원적 활동(주 활동)에 속하는 것은 구매활동(물류투입활동), 생산활동, 물류활동, 판매 및 마케팅활동, 서비스활동이다.

78

| 정답 | ⑤

| 해설 | 기계, 설비, 사무장비, 건물 등의 자산을 구입하는 활동은 지원 활동이다.

79

| 정답 | ④

| 해설 | 경영전략을 기업전략, 사업전략, 기능전략으로 구분할 때, 포터가 제시한 본원적 전략 중의 하나인 차별화(Differentiation)는 사업부전략에 해당한다.

| 오답풀이 |

① 라이센싱은 상표 등록된 재산권을 가지고 있는 라이센서(Licensor)가 라이센시(Licensee)에게 대가를 받

고 상표 등록된 재산권을 사용할 수 있도록 상업적 권리를 부여해 주는 것을 의미한다. 교차라이센싱(Cross-licensing)은 서로가 라이센서와 라이센시가 되어서 서로의 상표 등록된 재산권을 사용할 수 있게 하는 것을 의미한다.

② 포터(Porter)의 가치사슬 분석에 의하면 기업활동은 주활동과 보조활동으로 구분되는데, 기술개발활동, 디자인 활동, 인적자원활동, 구매활동 하부구조활동 등은 보조활동에 해당한다.

③ 자동차 생산회사가 생산에 필요한 강판을 안정적으로 확보하기 위해 절강회사를 인수하는 것은 후방통합(Backward Integration)이라 하고 자동차 생산회사가 자동차 유통회사를 통합하는 것은 전방통합이라고 한다

⑤ BCG 매트릭스에서 상대적 시장점유율은 높지만 시장 성장률이 낮은 사분면은 황금젖소(Cash Cow)이다.

80

| 정답 | ①

| 해설 | 별(Star)은 사업 성장률과 시장 점유율이 높아 계속적으로 투자를 해야 하기 때문에 지금 현재는 이윤을 많이 내지 않는 업종이지만 장기적으로 보면 이윤을 많이 창출해 자금줄이 될 가능성이 있는 업종이다.

📑 BCG 매트릭스

사양사업 (Dog)	• 점유율과 성장률이 둘 다 낮음. • 사업을 철수해야 하며 기존의 투자를 계속하다 기회를 잃으면 더 많은 대가를 치를 수 있음.
성장사업 (Star)	점유율과 성장률 둘 다 높음.
수익주종 산업 (Cash Cow)	• 저시장성장률, 고시장점유율로 투자에 비해 수익이 높음. • 기존의 투자에 의해 수익이 계속적으로 실현되므로 자금의 원천사업
개발사업 (Question mark)	• 고시장성장률, 저시장점유율 • 기업의 행동에 따라서는 차후 별(Star)사업이 되거나, 개(Dog)사업이 될 수 있으며 투자하기로 결정한다면 상대적 시장점유율을 높이기 위해 많은 투자 금액이 필요함.

81

| 정답 | ①

| 해설 | 호황이나 불황에 관계없이 실제로 사업을 창출할 수 있는 사업은 황금젖소(Cash Cow)뿐이고 황금젖소는 자금수요가 큰 사업에 현금을 제공하는 역할을 한다. 기업은 황금젖소를 많이 확보하고 여기서 발생한 자금을 사용하여 다음 세대의 황금젖소를 키우는 것이 성공의 관건이 된다. 이를 위해서는 황금젖소에서 나온 자금을 물음표에 투자하여 성장성이 높을 때에 이것을 별로 만들거나 연구개발에 투자하여 직접 별을 만드는 두 가지 방법밖에 없다.

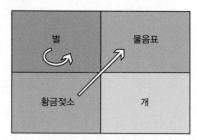

82

| 정답 | ②

| 해설 | 수익주종사업은 사업성장률이 낮고 시장점유율은 높은 사업이며 마케팅 전략으로는 유지 전략이 적합하다.

| 오답풀이 |

① 사양사업에 속하며 마케팅 전략은 철수 전략이 적합하다.

③ 개발사업에 속하며 마케팅 전략은 수확, 철수 전략이 적합하다.

④ 성장사업에 속하며 마케팅 전략은 유지, 향상 전략이 적합하다.

83

| 정답 | ⑤

| 해설 | 물음표(Question Mark) 사업은 사업 초기단계의 영역이며 빠르게 성장하는 시장을 잡기 위해서는 추가

적인 시설투자와 노동력 투입 증대의 필요성 등으로 많은 자금이 요구된다.

84
| 정답 | ①

| 해설 | 별 사업부는 성장사업이라고 하며 황금젖소 사업부를 수익주종사업이라고 한다.

85
| 정답 | ④

| 해설 | 그림은 보스턴 컨설팅 그룹에 의해 개발된 사업 포트폴리오 분석 도구인 BCG 매트릭스이다. BCG 매트릭스는 사업 포트폴리오를 시장성장률과 시장점유율에 따라 Star, Cash Cow, Question Mark, Dog로 이름을 붙인 사분면으로 나누어 각 포지션별에 따른 전략을 설정하는 방식으로 성장-점유율 분석이라고도 한다.
이 중 Dog 사업부는 낮은 성장률과 낮은 시장점유율을 가진 사업부로, 여기에 해당하는 사업은 주로 지출을 최소화하여 이익을 최대화하는 수확 전략이나 손실을 최소화하기 위한 철수 전략이 설정된다. 현금을 많이 필요로 하는 사업부는 높은 시장점유율과 시장성장률을 가지고 시장경쟁을 펼치는 Star 사업부나 높은 시장성장률을 가지나 시장점유율이 낮은 상태인 Question Mark 사업부가 해당한다.

| 오답풀이 |

③ Cash Cow 사업부는 낮은 시장성장율을 가지나 높은 시장점유율을 가진 성숙한 단계의 사업부로, 낮은 투자로 높은 수익을 창출하는 현상유지전략이 주효하다.

⑤ BCG 매트릭스는 기업 외부에서의 자금조달 구조를 고려하지 않고, 다양한 변수가 작용하는 사업의 생존 여부를 시장성장률과 시장점유율만으로 판단한다는 점에서 비판을 받는다. 이러한 문제를 보완하기 위해 다양한 요인이 포함된 시장매력도와 시장 내 경쟁적 지위를 기준으로 판단하는 GE 매트릭스가 개발되었다.

86
| 정답 | ④

| 해설 | 별(Star)의 경우 성장하는 시장 안에서 경쟁기업의 도전을 극복하고 선도기업의 위치를 지키기 위해 지속적인 투자를 해야 한다.

87
| 정답 | ②

| 해설 |

㉠ 별	㉡ 물음표
• 수익 : 높고 안정적 • 현금흐름 : 중립적 • 전략 : 확대 혹은 수확	• 수익 : 낮고 불안정적 • 현금흐름 : 마이너스 • 전략 : 확대 혹은 철수
㉢ 황금젖소	㉣ 개
• 수익 : 높고 안정적 • 현금흐름 : 높고 안정적 • 전략 : 유지	• 수익 : 낮고 불안정적 • 현금흐름 : 중립적 또는 마이너스 • 전략 : 철수

88
| 정답 | ②

| 해설 | 그림에서 Ⓐ는 상대적 시장점유율, Ⓑ는 물음표(Question Mark)가 적합하다. 시장점유율과 상대적 시장점유율이 모두 높은 것은 별(Star), 시장점유율이 낮고 상대적 시장점유율이 높은 것은 황금젖소(Cash Cow), 시장점유율과 상대적 시장점유율이 모두 낮은 것은 개(Dog)다.

89

|정답| ④

|해설| ⓒ 별(Star)은 높은 시장점유율과 높은 산업성
장률에 해당한다. 별은 외견상 화려하지만 성장하
는 시장에서의 경쟁과 사업확장을 위해 많은 자금
이 필요한 경우가 많다. 그러므로 수익과 비용 측면
에서 균형을 이루거나 약한 음(-)의 현금흐름이 발
생된다.
ⓔ 원의 크기는 사업단위의 매출 규모를 의미한다.

90

|정답| ①

|해설| 성장-점유율 분석이라고도 하는 BCG 매트릭스
는 시장점유율과 성장률을 기준으로 사업을 Star, Cash
Cow, Question Mark, Dog의 사분면 내에 표시하여 이
를 기준으로 미래의 전략방향과 자원배분 방안을 결정
하는 분석 방법이다.

91

|정답| ⑤

|해설| GE/McKinsey 매트릭스는 각종 요인들을 포괄적
으로 고려할 수 있으나 경영자의 주관적 관점이 개입될
가능성이 높다.

📄 GE 매트릭스
① 모형의 구조 : 산업매력도 / 사업강점
② 원의 크기 : 해당산업의 규모
③ 원 내의 음영부분 : 회사의 시장점유율
④ 구분 : 청신호지역, 주의신호지역, 적신호지역
⑤ 장단점 : 각종 요인들을 포괄적으로 고려할 수 있으나 경영자의
주관개입 가능성이 높다.

시장매력도	약함	중간	강함
높음	⑥ 선택적 확장 -특화, 차별화, 틈새공략, 입수합병 고려 -장기적 성장을 위해 약한 비즈니스 철회	② 지위 확장 -시장지위 고수를 위한 투자 -강점의 선별적 구축 -비즈니스 강화	① 지위 방어 -확장을 감당할 수 있는 영역에 투자 -강점 고수 혹은 확장 -투자진행
중간	⑨ 확장 또는 수확 -위험이 적은 확장 방식 탐색 -투자 최소화 -합리화, 특화	④ 선택, 이윤 지향 -성장 세그먼트 탐색, 접근, 특화 -높은 이윤을 내는 비즈니스 투자(선택)	③ 선택적 확장 -매력적인 세그먼트에 투자 -수익성을 위한 생산성 제고
낮음	⑦ 투자 철회 -비즈니스 가치가 가장 높은 시기에 매각 -고정비용 요소 제거 -투자 축소	⑧ 이윤 지향 -이윤이 나는 비즈니스만 유지, 나머지 철회 -생산라인 긴축 -투자 최소화	⑤ 핵심 이동 -단기전략, 현금흐름 최소화 -지위 유지 -경쟁자로부터 지위 방어

시장경쟁력

1. 확장 : 성장전략
 ① 매력적인 시장에서 강력한 사업
 ② 매력적인 시장에서 평균적인 사업
 ③ 평균적인 시장에서 강한 사업
2. 선택 : 위치고수전략
 ④ 평균적인 시장에서 평균적인 사업
 ⑤ 약한 시장에서 강한 사업
 ⑥ 매력적인 시장에서 약한 사업
3. 수확 : 수확전략
 ⑦ 매력적이지 못한 시장에서 약한 사업
 ⑧ 매력적이지 못한 시장에서 평균적인 사업
 ⑨ 평균적인 시장에서 약한 사업

92

|정답| ②

|해설| GE 매트릭스는 BCG 매트릭스의 단점을 보완하
여 보다 다양한 변수를 사용한 분석방법이다. GE 매트
릭스에 적용 가능한 전략은 투자 육성전략, 선택적 개선
전략, 수확·퇴출전략이 있다.
투자육성전략은 ㄱ, ㄴ, ㄹ에 해당하는 경쟁력 있는 성
장전략 영역으로, 투자에 의해 지속적으로 성장시켜야
하는 전략이다.
선택적 개선전략은 ㄷ, ㅁ, ㅅ에 해당하는 전반적인 매
력도에서 중간인 유지전략 영역으로, 경쟁력이 있을 것

으로 판단되는 사업단위에 대해서만 선별적인 투자를 하고 가능한 현금흐름을 증가시킬 필요가 있는 전략이다. 수확·퇴출전략은 ㅂ, ㅇ, ㅈ에 해당하는 경쟁력이 약하거나 시장전망이 어두운 철수전략 영역으로, 사업단위에서 철수하거나 최소한의 투자를 통해 현금흐름을 극대화하는 전략이다.

따라서 현상유지전략이 적용되는 위치는 ㄷ, ㅁ, ㅅ이다.

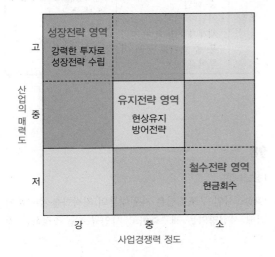

93

| 정답 | ①

| 해설 | ㉠ BCG 매트릭스의 두 가지 기준은 상대적 시장점유율과 시장(산업)성장률이며, 매트릭스 내의 네 개의 사분면은 시장에서의 전략적 가치뿐만 아니라 현금흐름과 전략방향도 차이가 있으나, GE/McKinsey 모형에서의 두 가지 축은 시장매력도와 기업의 경쟁적 위치이며, 투자수익률과 연관되어 평가된다.

㉡ BCG 매트릭스에서는 외부자금조달을 가정하지 않는다.

㉢ BCG 매트릭스에서 자금흐름은 Cash Cow에서 가장 많이 발생하며, 현금흐름이 높고 안정적이다. 따라서 강한 양(+)의 현금흐름을 갖게 된다.

㉣ BCG 매트릭스에서 원의 크기는 해당 사업부의 매출액의 크기를 의미하며, 미래에 목표로 하는 전략적 방향을 설정할 수도 있다.

94

| 정답 | ①

| 해설 | 라이선싱(Licensing)은 경제적 가치가 있는 특허권, 등록상표권, 브랜드 네임, 노하우, 기업비결, 지식, 기술 공정 등과 같은 상업적 자산을 라이센서(Licensor ; 공여기업)가 라이센시(Licensee ; 수혜기업, 개인 또는 정부)에게 계약기간 동안 양도하여 사용할 수 있도록 그 권리를 제공하고 그 대가로 일정한 로열티(Royalty ; 사용료)를 수수하는 형태의 사업방식이다. 라이선싱으로 부여받은 권리는 법적으로 독점성, 배타성이 보장되는 법적 권리로 독점적 이익을 얻을 수 있다.

| 오답풀이 |

② 프랜차이징(Franchising)은 가맹업자로부터 그의 상호 등을 사용할 것을 허락받아 가맹업자가 지정하는 품질기준이나 영업방식에 따라 영업을 하는 자를 말한다.

③ 합작투자(Joint Venture)는 직접투자의 한 형태로서 현지자본과 공동으로 투자하여 기업을 경영하는 것을 말한다.

④ 해외직접투자(Foreign Direct Investment)는 경영참가 및 기술제휴를 목적으로 한 해외투자를 말한다.

⑤ 간접수출(Indirect Exporting)은 전문수출업자나 중개인을 통해 제품을 수출하여 판매하는 방식으로 가장 소극적인 해외진출방법이다.

95

| 정답 | ③

| 해설 | 국제적 합작투자를 하는 목적은 다음과 같다.

1. 현지국 정부의 규제
2. 자원공유를 통한 투자위험 감소
3. 시장진입의 시간 단축
4. 산업표준의 선택
5. 기업의 유연성 확보
6. 시장 확보를 통한 기존 사업의 강화

96

| 정답 | ①

| 해설 |

블루오션 (Blue Ocean)	• 현재 존재하지 않거나 알려져 있지 않아 경쟁자가 없는 유망한 시장 • 시장 수요가 경쟁이 아니라 창조에 의해 얻어짐. • 높은 수익과 빠른 성장을 가능케 하는 엄청난 기회가 존재 • 게임의 법칙이 아직 정해지지 않았기 때문에 경쟁은 무의미
레드오션 (Red Ocean)	• 이미 잘 알려져 있어서 경쟁이 매우 치열하여 붉은(Red) 피를 흘려야 하는 경쟁시장 • 산업의 경계가 이미 정의되어 있고 경쟁자의 수도 많음. • 같은 목표와 같은 고객을 가지고 치열하게 경쟁

	레드오션	블루오션
시장	기존의 시장영역	경쟁이 없는 신규시장 창출
게임의 법칙	치열한 경쟁	경쟁에서의 자유로움
특징	• 기존의 수요시장 공략 • 가치창출이나 비용절감 중 택일 • 기업의 전체적인 활동체계가 차별화나 저비용 중 하나를 통해 이루어짐	• 새로운 수요시장 창출 • 가치창출과 비용절감 동시 추구 • 기업의 전체적인 활동체계가 차별화와 저비용 동시추구

97

| 정답 | ②

| 해설 | 가치창출과 비용절감을 동시에 추구하는 것은 블루오션 전략이고, 레드오션 전략에서는 가치창출이나 비용절감 중에서 하나를 선택하는 것이다. 레드오션은 이미 잘 알려져 있어서 경쟁이 매우 치열한 특정 산업내의 기존 시장을 의미하므로, 레드오션 전략은 기존의 시장에서 어떻게 경쟁자들을 앞지를 수 있는가에 대한 시장경쟁적 전략이라 볼 수 있다.

| 오답풀이 |

① 레드오션은 이미 잘 알려져 있는 시장, 즉 기존의 모든 산업을 말한다.

③ 레드오션은 치열한 경쟁으로 성장이 둔화되고 수익률이 하락하는 시장을 말한다.

④ 레드오션의 회사들은 기존 시장수요의 점유율을 높이기 위해 경쟁사보다 우위에 서려고 하므로, 시장에 경쟁사들이 많아질수록 수익과 성장에 대한 전망은 어두워진다.

98

| 정답 | ②

| 해설 | 사업 구조조정은 자원배분의 최적화를 추구하기 위해 사업영역을 재구축하고 사업규모를 조정하는 것이다.

99

| 정답 | ④

| 해설 | 벤치마킹은 특정 분야에서 뛰어난 업체를 자사의 혁신분야와 비교하고 창조적 모방을 통해 그 차이를 극복하는 경영혁신방법을 말한다.

| 오답풀이 |

① 브로드밴딩에 대한 설명으로 개인의 성과를 중요시하는 조직에 어울리며 낮은 단계에서 뛰어난 성과를 거둔 직원이 높은 단계에서 낮은 성과를 거둔 직원보다 더 많은 급여를 받는다.

② 리엔지니어링에 대한 설명으로 비즈니스 과정의 과감한 재구성을 통해 적은 투자와 노력, 인원으로 생산성, 품질, 서비스 등에 혁신을 가져오는 총체적 재창조과정을 말한다. 정확하게는 비즈니스 프로세스 리엔지니어링(BPR)이다.

③ 다운사이징에 대한 설명으로 기구축소 또는 감원이나 원가절감이 목표이기는 하나 단기적 비용절감이 아니라 장기적인 경영전략을 의미한다.

⑤ 리스트럭처링에 대한 설명으로 기업의 핵심사업을 선정하여 이를 확대하고, 그렇지 않은 사업부는 축소 혹은 철수하는 등 우선순위에 따라 내부구조를 재편성하는 과정을 말한다.

100

| 정답 | ⑤

| 해설 | 조직 내에서 불필요한 낭비조직을 제거하여 조직을 슬림하면서 효율성 있게 만들려고 하는 경영 기법은 다운사이징(Downsizing)이다.

전략적 아웃소싱은 회사의 가치사슬기법을 통한 분석으로 핵심분야는 주력으로 하고, 비핵심분야는 외주화를 통하여 회사가 가진 핵심역량에 좀 더 집중하여 투자할 수 있는 환경을 조성하는 것이다.

101

| 정답 | ②

| 해설 | 리엔지니어링은 인원삭감, 권한이양, 노동자의 재교육, 조직의 재편 등을 함축하는 말로서, 비용·품질·서비스와 같은 핵심적인 경영요소를 획기적으로 향상시킬 수 있도록 경영과정과 지원시스템을 근본적으로 재설계하는 기법이다.

아웃소싱이란 기업의 다양한 활동 중 전략적이고 핵심적인 사업에 모든 자원을 집중시키고, 나머지 업무의 일부를 제3자에게 위탁해 처리하는 것을 말한다.

리스트럭처링이란 한 기업이 여러 사업을 보유하고 있을 때 미래 변화를 예측하여 어떤 사업을 핵심사업으로 하고 어떤 사업을 축소·철수하고 어떤 사업을 새로이 진입하고 중복 사업을 통합함으로써 사업구조를 개혁하는 것이다.

벤치마킹이란 경제주체가 자신의 성과를 제고하기 위해 참고할 만한 가치가 있는 대상이나 사례를 정하고, 그와의 비교 분석을 통해 필요한 전략 또는 교훈을 찾아보려는 행위이다.

102

| 정답 | ①

| 해설 | 아웃소싱이란 기업이 비용을 줄이고 기업의 제한된 자원을 핵심사업에 집중시킴으로써 경쟁력 우위를 유지하는 것으로 그 기본개념은 기능적 차별화와 규모의 경제에 있다.

103

| 정답 | ①

| 해설 | 벤치마킹에 대한 설명이다.

| 오답풀이 |

② 구조조정은 사업의 재구축 또는 경영활동의 재구성을 의미하는 것으로 사업구조의 전환을 통하여 기업의 체질개선을 도모하는 경영혁신 방식이다.

③ 아웃소싱은 조직의 비핵심 업무를 외부 전문기관에 위탁·수행하게 하고 가장 경쟁력 있는 부문에 자원을 집중시키는 경영전략이다.

④ 리엔지니어링은 지금까지의 업무수행 방식을 단순히 개선 또는 보완하는 차원이 아닌 업무의 흐름을 근본적으로 재구성하는 것이다.

⑤ M&A란 기업의 가치 증대를 목적으로 합병(Merge)과 인수(Acquisition)를 수행하는 것이다.

104

| 정답 | ①

| 해설 | 콩글로메리트는 서로 다른 업종에 종사하는 기업이 합병하는 복합기업으로, 기술혁신을 위해서 기업의 성장전략으로 추진되는 경향이 있다.

기출문제

경영과 기업

기업활동의 조직

인사관리

생산관리

마케팅관리

실전모의고사

105

| 정답 | ⑤

| 해설 | 콩글로메리트는 독점금지법을 회피하기 위해 이종기업을 합병·매수하여 다각적 경영을 하는 기업집단을 말한다.

📄 콩글로메리트의 목적

1. 시장에서 강한 경쟁력 확보
2. 급변하는 시장구조와 경기변동에 대비해 경영의 다각화를 통한 위험 분산
3. 현대사회에는 중소기업보다 대규모 기업에 훨씬 유리 → 금융자금의 조달 용이, 주식의 높은 수익률과 주식교환 용이

106

| 정답 | ③

| 해설 | 트러스트(Trust)는 시장독점을 위하여 각 기업체가 법적으로 독립성을 포기하고 자본적으로 결합한 기업합동 형태다.

| 오답풀이 |

① 카르텔(Cartel)은 동종기업 간 경쟁을 제한하기 위해 상호 협정을 체결하는 형태로서 참가기업들이 법률적·경제적으로 독립된 상태를 유지하는 것이다.

② 콘체른(Concern)은 자본결합을 중심으로 한 다각적인 기업결합으로, 법률적으로 독립하고 있는 몇 개의 기업이 출자 등의 자본적 연휴를 기초로 하는 지배·종속 관계에 의해 형성되는 기업결합체이다.

④ 콤비나트(Combinat)는 기술적 연관성이 있는 여러 생산부문이 근접 입지하여 형성하는 지역적 결합체, 즉 생산공정의 전후와 관련 각종 기업이 기술적으로 결합하여 하나의 공업단지를 형성하는 것이다.

⑤ 신디케이트(Syndicate)는 카르텔로 연결된 기업들이 공동으로 설립하여 소속 기업들의 모든 판매를 담당하는 공동판매회사 혹은 이러한 관계의 공동판매 카르텔을 의미한다.

107

| 정답 | ①

| 해설 | 트러스트는 시장지배를 목적으로 시장에서 경쟁을 배제하고 독점하기 위해서 동종기업이나 관계있는 이종기업 간에 인수와 합병을 하는 것으로 기업들이 법률적·경제적으로 독립성을 완전히 상실하는 것을 뜻한다. 트러스트는 시장에서 사적 독점에 의한 중대한 사회문제를 야기할 가능성이 있다.

| 오답풀이 |

② 동종기업 간에 법률적·경제적 독립성을 유지한 채 상호협정을 체결하는 형태로 생산카르텔, 구매카르텔, 판매카르텔이 있다.

③ 금융적 결합을 통하여 내부통제를 강화하는 형태로 법률적으로 독립성이 유지되나 금융상 종속되어 실질적으로는 독립성이 상실된다.

④ 공동판매 카르텔로 가장 강력한 것이며 독과점 금지 규제의 대상이 된다.

108

| 정답 | ④

| 해설 | 카르텔(Cartel)이란 사업자가 다른 사업자와 공동으로 상품 또는 서비스의 가격, 거래조건, 생산량 등을 결정하거나 제한함으로써 경쟁을 제한하는 행위를 의미한다. 공정거래법상 부당한 공동행위에 해당한다. 카르텔(담합)은 시장에서 자율적으로 결정되어야 할 가격이나 거래조건을 사업자들이 인위적으로 조절함으로써 시장경제질서를 왜곡하고 소비자들의 후생을 저해한다.

| 오답풀이 |

① 트러스트(Trust)는 시장지배를 목적으로 동일한 생산단계에 속한 기업들이 하나의 자본에 결합되는 것을 의미한다. 일종의 기업합병이라 할 수 있다.

② 콘체른(Konzern)은 하나의 지배적 기업과 하나 혹은 2개 이상의 피지배기업으로 이루어진 기업 집단이다. 유럽, 특히 독일에서 흔하다.

③ 콤비나트(Kombinat)는 러시아어로 "결합"이라는 뜻이 전용되었으며, 영어로는 콤비네이션이라고 한다. 이는 서로 관련이 있는 몇 개의 기업을 결합하여 하

나의 공업 지대를 이루어 생산 능률을 높이는 합리적인 기업 결합이다.

⑤ 지주회사(Holding Company)는 지배회사 또는 모회사라고도 하며 산하에 있는 종속회사, 즉 자회사의 주식을 전부 또는 일부 지배가 가능한 한도까지 매수함으로써 기업합병에 의하지 않고 지배하는 회사를 말한다.

109

|정답| ④

|해설| 트러스트는 시장독점을 위하여 각 기업체가 법적으로 독립성을 포기해서 자본적으로 결합한 기업합동형태다. 결합의 방식으로는 여러 주주의 주식을 특정의 수탁자에 위탁함으로써 경영을 수탁자에게 일임하는 방식, 지배가능한 주식지분의 확보를 통하여 지배권을 행사하는 방식, 기존의 여러 기업을 해산시킨 다음 기존자산을 새로 설립된 기업에 계승하는 방식, 기업을 흡수·병합하는 방식 등이 있다.

110

|정답| ①

|해설| 지주회사제도와 가장 관련이 있는 기업결합은 콘체른이다. 콘체른은 금융적 결합을 통하여 내부통제를 강화하는 것으로, 법률적으로 독립성이 유지되나 금융상 종속되어 실질적으로는 독립성이 상실된다. 일반적인 거대기업이 여기에 속하며 한국의 재벌이 여기에 해당된다.

📄 **콘체른의 결합형태**

생산 콘체른 (수직적 콘체른)	생산의 합리화 또는 생산비의 절약을 목적으로 제품에 관련된 기업들이 종단적으로 결합하는 형태로 산업형 콘체른이라고도 함.
판매 콘체른 (수평적 콘체른)	판매의 합리화를 목적으로 동종기업이 횡단적으로 결합하는 형태
금융 콘체른 (자본적 콘체른)	금융상의 지배를 목적으로 금융업자가 타기업에 대부를 하거나 주식을 매입하는 형태의 결합으로 지주회사제도와 유사

111

|정답| ⑤

|해설| 공동판매 카르텔의 목적 중 하나는 동종업자 간의 경쟁배제이다. 공동판매 카르텔은 신디케이트라 불리며 가장 고도화된 카르텔 형태로 공동판매소를 두고 판매를 공동으로 하며 가맹기업의 모든 판매가 이 기관을 통해 이루어지며 기업의 직접 판매는 금지된다.

112

|정답| ④

|해설| 콘체른의 특징은 다음과 같다.
1. 자본적 통일체이다.
2. 결합 형태는 수평적·수직적이다.
3. 중앙기관은 단일의사에 의한 통일적 지휘가 가능하다.
4. 금융적 결합을 통하여 내부통제를 강화하는 형태다.
5. 경제적 독립성은 상실되었지만 형식적·법률적 독립성이 유지된다.

113

|정답| ②

|해설| 조인트벤처는 2개국 이상의 기업, 개인, 정부기관이 특정기업 운영에 공동으로 참여하는 국제경영방식으로 전체 참여자가 공동으로 소유권을 가진다. 주로 현지 정부의 제한으로 인해 단독투자방식을 이용할 수 없거나 현지 파트너에서 자원 및 원료를 독점 공급해야만 하는 경우에 많이 활용된다.

114

|정답| ①

|해설| 콤비나트(Kombinat)는 다각적 결합공장으로 동일지역에 있는 여러 기업이 생산기술적 관점에서 유기

적으로 결합된 형태다. 기업 집중을 피하면서 상호 대등한 관계에서 경영상의 목적으로 두 개 이상의 기업이 결합하는 것을 말한다. 장점으로는 원료확보, 연료절약, 중간이익의 배제, 운반 및 운송비 절감, 생산자원의 효율적 이용 등이 있다.

115

| 정답 | ②

| 해설 | 기업 간의 적당한 경쟁은 경제발전에 기여하지만 이러한 경쟁이 과도해지면 오히려 좋지 못한 결과를 초래할 수도 있다. 이를 해결하기 위해 등장한 것이 기업집중 또는 기업결합이다. 기업의 집중과 결합은 둘 이상의 단위기업이 경쟁제한, 경영합리화, 기업지배력 강화를 목적으로 보다 큰 경제단위로 결합하는 형태 및 과정을 말한다. 기업상호 간에 경쟁을 제한하고 배제하여 상호 안정된 성장을 도모하기 위해서 동종기업 간 부당경쟁 배제와 시장독점 목적으로 결합하기도 하며, 생산공정을 합리화하여 더 많은 이윤을 얻기 위해, 금융상의 목적을 위해 나타난다.

116

| 정답 | ②

| 해설 | 인수합병의 목적으로는 다음과 같은 것이 있다.
• 신속한 시장진입 : 신설투자에 비해 시장진입의 속도 단축
• 시장지배력의 강화
• 성숙산업으로의 진입 · 철수 용이
• 유휴설비, 잉여설비 방지
• 사업 구조조정
• 핵심역량 획득
• 규모의 경제 또는 범위의 경제 추구
• 유형 · 무형자산의 인수
• 경쟁자의 인수합병을 통한 사업경쟁 배제

117

| 정답 | ⑤

| 해설 | M&A 방어를 위한 수단으로 우리사주 조합의 지분율을 높이는 것이 있다. 우리사주 조합 지분의 증가는 외부의 공개 매수를 어렵게 하기 때문이다.

| 오답풀이 |

④ 시장의 평가가 적대적 M&A를 강행한 것에 호의적인 분위기라면 피인수기업 주주는 손실이 아니라 이익을 볼 수도 있다.

118

| 정답 | ③

| 해설 | 인수는 한 기업이 다른 기업의 자산 또는 주식의 취득을 통해 경영권을 획득하는 것을 말한다.

📄 기업인수의 종류

인수개발	• 종래의 R&D와 M&A를 합성한 것으로 인수개발 또는 인수 후 개발을 말함. • 법률적으로는 기업인수에 해당하는 것이지만 인수를 통해 기업의 변신을 꾀한다는 종래의 M&A와는 별개로 언급 • 기업의 인수를 통해 기술개발을 하는 신종 M&A 기법

119

| 정답 | ③

| 해설 | 기업의 인수 합병을 통해 다른 기업의 기술적인 노하우를 습득하여 시장점유율을 확대할 수 있다.

📄 인수 · 합병의 장점

1. 시설, 생산, 구매 등에서 기업규모의 경제성을 높일 수 있다.
2. 유능한 경영자를 찾을 수 있어 관리능력을 향상시킬 수 있다.
3. 생산량 증대에 따라 생산원가를 절감할 수 있다.
4. 제품의 다양화를 통해 주기적 · 계절적인 수급의 불안정을 줄일 수 있다.
5. 기술적인 노하우를 습득하여 시장점유율을 확대할 수 있다.

www.gosinet.co.kr **gosi**net

기출문제

경영과 기업

기업활동의 조직

인사관리

생산관리

마케팅관리

실전모의고사

120

| 정답 | ②

| 해설 | 왕관의 보석은 매수대상기업이 가지고 있는 것 중에서 가장 매력적인 사업부문이나 핵심사업부를 매각하여 매수대상이 매력 없는 기업으로 만드는 것을 말한다. 일반적으로 기업인수의 주요목적은 왕관의 보석을 획득하는 데 있으므로 적대적 기업인수 시도를 방어하는 전략 중 하나다.

121

| 정답 | ⑤

| 해설 | 모든 보기가 적대적 M&A의 방어 전략에 해당된다.

a. 독약 조항은 공격자의 공격을 무력화시키기 위하여 신주의 발행 혹은 희석 증권의 발행을 통하여 공격자의 지분율을 희석시키는 것이다.

b. 이사진의 임기분산을 통하여 공격자가 이사회를 동시에 장악할 수 없게 만드는 방법도 적대적 M&A의 방어에 유효하다.

c. 황금 낙하산은 이사가 임기전에 퇴직하게 되면 막대한 퇴직위로금 등을 지급하게 하여 적대적 M&A 후 이사진 교체를 못하게 하여 공격자로부터 법인을 방어하려는 방법이다.

d. 초다수결조항은 법인의 정관에 이사진의 해임시 상법 규정보다 어려운 방법으로 이사진을 해임할 수 있게 하여 적대적 M&A를 방어하는 방법이다(가령 "출석한 주주의 90% 이상이 찬성하고 총의결권의 60% 이상이 동의하여야 이사 해임이 가능하다." 등을 정관에 규정하여 적대적 M&A를 어렵게 하려는 것이다).

e. 백기사는 자신에 우호적인 기업이나 사람에게 회사의 지분을 양도하거나 지분매입을 요청하는 것이다.

122

| 정답 | ③

| 해설 | ㉠ 포이즌 필(Poision Pill) 제도는 적대적 인수합병(M&A) 공격을 받는 기업이 기존 주주들에게 시가보다 싼 값에 주식을 살 수 있는 권리(신주인수권)를 주는 경영권 방어수단이다. 경영권을 노리는 기업이 해당 기업을 쉽게 인수하지 못하도록 하는 '독약'과 같은 효과를 낸다는 의미에서 포이즌 필이란 이름이 붙었다.

㉡ 차등의결권제도(Dual Class Stock)란 최대주주나 경영진이 실제 보유한 지분보다 많은 의결권을 행사할 수 있도록 하는 것을 말한다. 현행 상법상 1주당 1의결권을 원칙으로 하고 있으나, 각 기업의 정관에 따라 의결권을 0.5에서 1,000 의결권에 이르기까지 차등 부여하는 제도이다. 차등의결권주식을 발행할 경우 지배주주나 경영진은 적은 지분율을 가지고도 회사 지배구조에 막강한 영향력을 행사할 수 있다.

㉢ 왕관의 보석(Crown Jewel)이란 M&A 대상이 되는 회사의 가장 가치 있는 자산을 처분함으로써 대상 회사의 가치 및 매력을 감소시켜 M&A를 방지하는 것을 말한다.

123

| 정답 | ②

| 해설 | ①, ③, ④, ⑤는 적대적 M&A의 방어수단이며 ②는 적대적 M&A의 공격전략이다.

📖 곰의 포옹(Bear's Hug)

적대적 인수·합병 과정에서 대상기업의 경영진에게 경영권을 넘겨줄 것을 강요하는 행위를 말한다. 이는 경영권 확보의사를 공식화하는 동시에 추가로 확보한 지분의 규모를 암시함으로써 경영진으로 하여금 스스로 경영권을 포기하게 만드는 것이다. 이러한 행위가 성공하면 인수비용을 상당 부분 절약할 수 있지만, 자칫 경영권 분쟁을 공식화함으로써 경영권 인수를 어렵게 만들 수도 있다. 곰의 포옹의 대표적인 예로 미국의 기업사냥꾼 칼 아이칸이 KT&G의 주식을 공개매수하겠다고 전격 발표한 것을 들 수 있다.

124

| 정답 | ⑤

| 해설 | 적대적 M&A의 공격전략으로는 새벽의 기습, 곰의 포옹, 지분 감추기 등이 있다.

📖 적대적 M&A의 방어수단

1. 백기사 : 피매수기업에게 호의적인 제3자가 기업을 인수하게 하는 것을 말한다.
2. 왕관의 보석 : 핵심사업부를 매각하여 매수의도를 저지하는 방법이다.
3. 독약처방 : 기존 주주들에게 시가보다 싼 가격에 지분을 매수할 수 있도록 권리를 부여해 적대적 M&A 시도자의 지분 확보를 어렵게 만드는 것을 말한다.
4. 황금 낙하산 : 기업의 인수 · 합병(M&A)과 관련하여 미국 월가(街)에서 만들어진 말로 최고경영자가 적대적 M&A에 대비해 자신이 받을 권리를 고용계약에 기재하여 기존 경영진의 신분을 보장할 수 있는 장치를 사전에 마련하는 것을 말한다.

125

| 정답 | ②

| 해설 | 그린 메일러(Green Mailer)는 기업의 일정 지분을 구입한 후 경영권을 가진 대주주를 경영권 탈취로 협박하여 장외에서 지분을 비싼 값에 되팔아 그 차익을 챙기는 기업사냥꾼을 의미한다.

| 오답풀이 |

① 팩맨(Pac Man)은 적대적 M&A를 실행하려는 기업을 역으로 인수할 것을 공표하고 공개매수를 시도하는 M&A 방어전략을 의미한다.
③ 기술력과 성공 잠재력은 있으나 창업을 위한 자금이 부족한 벤처기업에 자금을 지원하여 기업의 성공과 함께 투자수익을 획득하는 투자자를 의미한다.
④ 법인으로 설립, 등록되어 있으나 특별한 자산도 없고 영업활동도 하지 않는 회사로 페이퍼 컴퍼니라고도 한다.
⑤ 기업인수자로서 적대적인 매수의 대상이 된 기업을 인수하거나 공격을 차단해 주는 역할을 수행하는 기업을 말한다.

126

| 정답 | ③

| 해설 | 적대적 M&A에서 매수대상기업이 적절한 방어수단을 구비하고 있지 못할 경우 우호적인 제3의 매수희망기업을 물색하여 매수결정에 필요한 정보 등 각종 편의를 제공해 주고 경영권을 넘기게 되는데, 이때 매수대상기업의 경영자에게 우호적인 제3의 매수자를 백기사라고 부른다. 이러한 백기사는 기업인수자로서 목표기업을 인수하거나 공격을 차단해 주는 역할을 수행하게 된다.

127

| 정답 | ⑤

| 해설 | 주식공개매수는 기업인수 · 합병(M&A)의 한 형태로서 회사의 지배권 획득 또는 유지 · 강화를 목적으로 주식의 매수희망자가 매수기간 · 가격 · 수량 등을 공개적으로 제시하고 증권회사창구에서 청약을 받아 불특정다수의 주주로부터 주식을 장외에서 매수하는 것을 말한다. 이러한 주식의 공개매수는 일반적으로 대상기업의 의사와는 무관하게 이루어지는 적대적 M&A의 일종으로, 공개매수절차가 진행되는 동안에 매수희망기업과 대상기업 또는 대주주 간에 지분확보 및 경영권방어를 둘러싸고 치열한 경쟁양상을 보이기도 한다.

파트3 기업활동의 조직[경영학원론 II]

기출예상문제									문제 216쪽
01	④	02	④	03	⑤	04	②	05	⑤
06	①	07	⑤	08	③	09	③	10	④
11	③	12	④	13	③	14	①	15	③
16	④	17	②	18	②	19	⑤	20	②
21	③	22	③	23	①	24	①	25	⑤
26	①	27	①	28	②	29	②	30	③
31	②	32	①	33	③	34	②	35	④
36	②	37	④	38	①	39	③	40	⑤
41	④	42	②	43	①	44	⑤	45	②
46	④	47	⑤	48	④	49	③	50	②
51	①	52	④	53	②	54	②	55	④
56	⑤	57	④	58	③	59	③	60	④
61	①	62	③	63	⑤	64	②	65	②
66	⑤	67	④	68	④	69	①	70	④
71	①	72	③	73	④	74	②	75	③
76	①	77	②	78	⑤	79	②	80	②
81	①	82	③	83	②	84	②	85	④
86	③	87	④	88	②	89	②	90	①
91	②	92	③	93	⑤	94	④	95	③
96	④	97	⑤	98	①	99	②	100	④
101	④	102	②	103	①				

01

| 정답 | ④

| 해설 | 직무만족(Job Satisfaction)이 높으면 이직의도는 낮아지고, 직무 관련 스트레스는 줄어든다.

| 오답풀이 |

① 조직몰입(Organizational Commitment)에서 지속적 몰입은 경제적 가치에 기반한 몰입이고, 조직구성원으로서 가져야 할 의무감에 기반한 몰입은 규범적 몰입이다.

② 정적 강화(Positive Reinforcement)에서 강화가 중단될 때, 변동비율법에 의해 강화된 행동이 고정비율법에 의해 강화된 행동보다 오래 지속된다.

③ 감정지능은 감정노동과 감정소진 간의 조절변수 역할을 한다. 즉 감정노동을 많이 하게 되면 감정소진이 증가하게 되고 감정소진이 증가하면 조직몰입도가 낮아진다.

⑤ 조직시민행동은 신사적 행동(Sportsmanship), 예의바른 행동(Courtesy), 이타적 행동(Altruism), 공익적 행동(Civicvirtue), 양심적 행동(Conscientiousness)의 다섯 가지 요소로 구성된다.

02

| 정답 | ④

| 해설 | 민츠버그(Mintzberg)에 따르면 애드호크라시(Adhocracy)가 기계적 관료제보다 공식화와 집권화의 정도가 낮다. 애드호크라시는 환경이 복잡하고 동태적인 조직으로 유기적 조직의 성향을 가지고, 기계적 관료제(Machine Bureaucracy)는 대규모 조직에서 고도로 표준화가 이루어진 형태로 관료제와 동일한 조직으로 기계적 조직의 성향을 가진다.

| 오답풀이 |

① 공식화(Formalization)란 직무가 표준화되어 있는 정도를 말한다.

② 기계적 조직(Mechanistic Structure)은 유기적 조직(Organic Structure)보다 집권화, 전문화, 공식화의 정도가 높다.

③ 수평적 조직(Horizontal Structure)은 핵심프로세스를 중심으로 조직화하는 것으로, 고객의 요구에 빠르게 대응할 수 있고 협력을 증진시킬 수 있다.

⑤ 네트워크 조직(Network Structure)은 내부의 여러 기능을 없애고 공급업체들과 계약을 통하여 필요한 자원과 서비스를 조달하는 조직이므로, 공장과 제조시설에 대한 대규모 투자가 없어도 사업이 가능하다.

03

|정답| ⑤

|해설| a. 기능별 구조(Functional Structure)에서는 기능별 규모의 경제를 구축하는 것이 목표이다. 따라서 기능부서는 자기 부서의 이익을 위해 최선을 다하기 때문에 기능부서 간 협력과 의사소통이 원활해지지 못한다. 오히려 사업부제 조직에서 동일 사업부 내의 기능부서 간 협력과 의사소통이 원활해진다.

b. 글로벌기업 한국지사의 영업담당 팀장이 한국지사장과 본사 영업담당 임원에게 동시에 보고하는 체계는 매트릭스 조직의 특징을 보여준다. 네트워크 조직(Network Organization)의 특징은 슬림화, 높은 유연성, 경쟁력이 있는 핵심역량에 집중 등이 있다.

c. 단순 구조(Simple Structure)에서는 의사결정권한이 최고 경영자에게 집권화되어 있고 조직이 단순하기 때문에 수직적 분화와 수평적 분화가 모두 낮고 공식화도 낮다.

04

|정답| ②

|해설| 조직구조(Organization Structure)는 조직이 목표를 달성할 수 있도록 하기 위하여 경영자가 개인이나 집단의 과업을 연계시켜 놓은 상호작용과 조정의 패턴이다.

|오답풀이|

① 조직문화(Organizational Culture)란 모든 조직구성원들의 규범이 되는 가치와 신념으로 조직 내의 고유한 문화이기 때문에 조직에 대한 몰입을 높이지만 외부환경변화에 대한 적응성, 탄력성 등은 감소된다.

③ 조직설계(Organization Design)란 조직목표를 달성하기 위해 가장 적합한 조직구조를 구축하는 것, 여러 구체적인 조직형태들 중에서 필요한 형태를 선택·결정하는 과정과 기존의 조직구조를 변화시키는 활동을 말한다.

④ 조직형태란 기업을 경영하는 주체의 법적 조직형태를 말한다.

⑤ 조직개발이란 전체 구성원들이 조직의 공동목표를 달성할 수 있도록 내부적인 능력을 효율적으로 높여주는 혁신이다.

05

|정답| ⑤

|해설| 매트릭스 조직은 대규모 조직보다는 오히려 자원이 풍부하지않은 소규모 조직에서 구성원들을 효율적으로 사용하기 위하여 사용하는 경향이 있다.

많은 종류의 제품을 생산하는 대규모 조직에서는 제품(군)의 종류별로 사업부를 운영하는 형태의 조직이 효율적이다.

06

|정답| ①

|해설| 전문적 관료제는 환경이 복잡하고 수행하는 과업이 복잡하여 현장전문가들에게 권한을 주고 자율권을 주어야 하지만 집권화시키기 위하여 표준화된 기술과 지식을 통제의 수단으로 삼는 특징이 있다.

|오답풀이|

② 많은 규칙과 규제가 필요하여 공식화 정도가 매우 높은 환경에서는 기술전문가 부문이 강조되는 기계적 관료제가 적합하다.

③ 벤처기업이나 소규모 조직같이 강력한 리더십이 필요한 경우 단순조직이 적합하다.

④ 기술의 변화속도가 빠른 동태적인 환경에는 일반지원부분의 역할이 강조되는 애드호크라시가 적합하다.

⑤ 중간관리층의 역할이나 중요성이 매우 큰 조직은 사업부제 조직이다.

07

|정답| ⑤

|해설| 그레이프 바인(Grape Vine)은 비공식 경로를 통한 의사소통으로, 그 경로가 직선적이지 않고 포도넝쿨과 같이 얽혀 있다는 의미이다.

08

| 정답 | ③

| 해설 | 터크만(Tuckman)에 따르면 집단은 형성기(Forming) - 격동기(Storming) - 규범화(Norming) - 성과달성기(Performing) - 해체기(Adjourning)의 단계로 발전한다.

09

| 정답 | ③

| 해설 | 사회적 태만(Social Loafing)은 공동작업 시 구성원이 투입된 노력을 최소화하면서 보상은 동일하게 받고 싶어하는 무임승차현상을 의미한다. 이는 개인의 공헌도를 측정하기 어렵거나 책임이 분산되어 있거나 조직의 규모가 너무 클 경우 자주 발생한다.

사회적 태만을 줄이려면 집단의 규모를 적정하게 하여 구성원들이 업무와 책임을 명확하게 할당해 주어야 한다. 만약 집단의 규모가 너무 커져버리면 관리공백이 생기고 사회적 태만은 증가하게 된다. 직무충실화를 통한 동기유발 등 개인에게 업무수행의 동기를 높여주게 되면 스스로 일을 하게 되므로 사회적 태만을 막을 수 있다.

10

| 정답 | ④

| 해설 | 공식적 집단은 조직의 목표 달성을 위하여 존재한다.

📄 공식적 집단과 비공식적 집단의 비교

공식적 집단	비공식적 집단
• 조직의 목표 달성을 위하여 존재	• 감정의 충족을 위하여 존재
• 인위적 조직	• 자연발생적 조직
• 제도적으로 명문화된 조직	• 현실적·동태적 대면조직
• 능률의 논리	• 감정의 논리

11

| 정답 | ③

| 해설 | 조직이 자기 조직 내에 뚜렷하게 제시할 만한 무엇이 있는지도 모른채 그저 피상적으로 조직문화를 느끼고 있으며, 문화에 대한 이미지나 신념, 상징 등 조직문화가 중구난방이거나 없는 경우 약한 문화를 가진 조직이다. 이러한 조직의 경우 피동적이고 협조력이 약하며 부분적인 자기부서의 이해관계에 집착하는 단점이 있으나 다양한 하위문화의 존재를 허용하는 장점도 있다.

12

| 정답 | ④

| 해설 | 조직문화는 모든 조직구성원들의 규범이 되는 가치와 신념이며 조직 내의 고유한 문화로서 조직에 대한 몰입을 높이지만 외부환경 변화에 대한 적응성, 탄력성 등은 감소시킨다.

13

| 정답 | ③

| 해설 | 효과성의 논리는 공식 조직에 해당하는 논리이다. 비공식 조직의 논리는 다음과 같다.

1. 감정의 논리
2. 부분적 질서
3. 수평적 관계
4. 비합리적 원리
5. 자연발생적 조직
6. 현실적·동태적 대면 조직

14

| 정답 | ①

| 해설 | 유기적 조직은 조직의 운영이 규칙과 절차보다는 비공식적 조정에 기초하므로 공식화율이 낮은 편이다.

15

| 정답 | ③

| 해설 | 공식 조직의 논리는 합리적 원리, 능률의 원리, 전체적 질서, 수직적 관계 등이 있다.

| 오답풀이 |

①, ②, ④, ⑤는 비공식 조직의 논리다.

16

| 정답 | ④

| 해설 | 매트릭스 조직은 조직구성원이 기능 조직과 프로젝트 조직에 이중으로 소속되어 명령일원화의 원칙이 적용되지 않아 역할갈등이 발생한다.

| 오답풀이 |

① 기능식 조직은 환경의 불확실성이 낮고 안정적인 경우에 적합하며 사업부제 조직은 환경의 불확실성이 높은 경우에 적합하다.

② 사업부제 조직은 사업부장에게 권한과 책임이 위양되므로 사업부별 사업영역이나 제품에 대한 책임이 명확해진다.

③ 유기적 조직은 기계적 조직에 비해 공식화, 집권화, 분화 정도가 모두낮다.

⑤ 우드워드(Woodward)는 생산기술의 복잡성에 따라 단위소량 생산기술, 대량생산기술, 연속공정 생산기술의 3가지로 구분한다. 단위소량 생산기술과 연속공정 생산기술은 유기적 구조로 조직설계를 하고 대량생산기술은 기계적 구조로 조직설계를 한다.

17

| 정답 | ②

| 해설 | 델파이법은 질적예측방법 중 하나이다.

| 오답풀이 |

① 감수성훈련법(T-group 훈련)은 일정 기간 동안 사회와 격리된 집단생활을 하면서 서로 자유롭게 감정을 표현함으로써 지금까지 자신이 타인에게 어떤 영향을 주고받아 왔는지 이해하며 본인의 사회적 위치와 역할을 깨닫게 되는 조직개발기법이다.

② 팀 구축법은 공식적인 일을 하는 집단에서 과업에 초점을 맞춰서 상호 협조하면서 직무를 수행 및 개선할 수 있도록 하는 조직개발기법이다.

③ 과정자문법은 외부 상담자를 통하여 그룹 간 또는 그룹 안의 문제를 해결하고 진단하기 위한 조직개발기법이다.

18

| 정답 | ②

| 해설 | 감수성 훈련이라고도 하는 T-group 훈련은 1945년 미국의 브레드포드(L. Bredford)가 재직자 훈련의 일부로 시도하였으며, 이후 레빈(K. Lewin) 등에 의하여 그 기법이 개발되면서 조직발전의 원형이 되었다. 이질적인 성향의 낯선 소그룹 집단이 일정 기간 동안 사회와 격리된 집단생활을 하면서 특정한 주제를 정하지 않고 서로 자유롭게 감정을 표현함으로써 지금까지 자신이 타인에게 어떤 영향을 주고 또 받아 왔는지 이해하며 본인의 사회적 위치와 역할을 깨닫게 되는 훈련이다. 어떤 문제의 해결방안이나 대인관계의 이해 및 이를 통한 인간관계의 개선 등에 목적을 두고 있다. 따라서 T-group 훈련은 직장 내에서 이루어지는 훈련이 아니다.

19

| 정답 | ⑤

| 해설 | 관리격자훈련은 리더의 업무의 관심과 인간에 대한 관심을 각각 9단계로 구분하여 리더를 다음과 같이 유형화하였다.

• (1,1)형 : 인간에 대한 관심과 업무에 대한 관심이 아주 낮다.

• (1,9)형 : 인간에 대한 관심은 높으나 업적에 대한 관심이 낮다.

• (9,1)형 : 업적에 대한 관심은 높으나 인간에 대한 관심이 낮다.

- (9,9)형 : 인간에 대한 관심도 아주 높고 조직력도 잘 발휘되는 단계이다.
- (5,5)형 : 인간에 대한 관심과 업무에 대한 관심이 적당하다.

관리격자훈련은 이 중 (9,9)형의 리더로의 개발을 통해서 조직의 유효성 및 효율성을 극대화하려는 조직개발 기법이다.

| 오답풀이 |

① 브레이크와 머튼에 의해서 개발되었다.

② (9,9)형 리더로의 개발을 지향한다.

③ 과정자문법에 대한 내용이다.

④ 감수성훈련에 대한 내용이다.

20

| 정답 | ②

| 해설 | 집권화된 조직구조는 조직구성원의 창의적 참여를 유도하기 힘들다.

📋 집권화된 조직구조

1. 특징
   ㉠ 최고 의사결정권한이 부여된 사람에게 대부분의 권한이 집중되어 있다.
   ㉡ 확고한 명령과 지휘체제의 확립을 통해 조직의 활동을 조직의 목표와 일관되게 통제할 수 있다.

2. 단점
   ㉠ 최고경영자의 노력이 많이 필요하다.
   ㉡ 조직구성원의 창의적 참여를 유도하기 힘들다.
   ㉢ 경영환경 변화에 대응하는 의사결정 속도가 느리다.

21

| 정답 | ③

| 해설 | 팀 구축법은 레빈이 주장한 기법으로 조직의 변화는 해빙, 변화, 재동결의 단계를 거친다. 이는 공식적인 집단에서 과업에 초점을 맞춰서 상호 협조하며 유효성을 증대시키는 데 목적이 있다.

22

| 정답 | ③

| 해설 | 직능식 조직은 분업의 원칙에 입각하여 관리자의 일을 전문화한다.

📋 직능식 조직의 특징

라인조직의 결점을 보완하여 제안된 조직형태로 명령과 복종관계에서 진보된 관계라고 볼 수 있다. 이 조직은 관리자가 담당하는 일을 전문화하고 부문마다 다른 관리자들을 두어 작업자를 전문적으로 지휘·감독한다. 라인조직의 관리자에게는 의사결정에 관한 많은 권한이 집중되지만, 직능식 조직의 관리자에게는 각 부분의 의견을 조정하는 역할이 더욱 부각되는 조정적 관계가 형성된다.

23

| 정답 | ①

| 해설 | 직계참모 조직은 라인스태프 조직이라고도 하며 라인조직과 스태프조직을 결합한 형태다.

| 오답풀이 |

② 프로젝트 조직에 대한 설명이다.

④ 매트릭스 조직에 대한 설명이다.

⑤ 사업부제 조직에 대한 설명이다.

24

| 정답 | ①

| 해설 | 각 사업부는 각각 자체 내의 집행력과 추진력을 갖추고 있어야 한다.

📋 사업부제 조직

1. 개념 : 제품별, 지역별, 고객별 각 사업부의 본부장에게 생산, 구매, 판매 등 모든 부문에 걸쳐 대폭적인 권한이 부여되며, 독립채산적인 관리단위로 분권화하여 이것을 통괄하는 본부를 형성하는 분권적인 관리 형태다.

2. 장점 : 최대한 자율성을 보장하고 내부경쟁을 유도하여 자발적 참여에 의한 경영혁신을 이룰 수 있으며 방대한 조직과 예산운영에서 오는 비효율성을 제거할 수 있다.

3. 단점 : 사업부 간의 대립이나 과당경쟁 등으로 그 활동에 대한 평가나 상호 조정이 어려운 단점이 있다.

25

|정답| ⑤

|해설| 사업부제 조직은 사업부 단위의 독립된 구조체 단위로 구성되어 외부 환경의 변화에 빠르게 대처할 수 있고, 독립채산제를 가장 큰 특징으로 하기 때문에 적자에 시달리는 공공부문에 적합하다.

26

|정답| ①

|해설| 매트릭스 조직은 소수의 제품라인을 가지고 있는 중규모 조직에 가장 적합하다.

📄 매트릭스 조직(Matrix Organization)

1. 기능식 조직과 프로젝트 조직의 장점을 동시에 살리려는 형태로 제품혁신과 기술적 전문성 확보가 목표다.
2. 특징
   ㉠ 급변하는 다양한 환경에 적응이 용이하다.
   ㉡ 기능과 제품 간 통합기술 개발이 가능하다.
   ㉢ 인적자원 활용이 가능하며 복잡한 의사결정에 효과적이다.
3. 장점
   ㉠ 이중적인 고객의 요구에 대응할 수 있도록 필요한 조정을 할 수 있다.
   ㉡ 여러 제품라인에 걸쳐 인적자원을 유연하게 공유하거나 활용할 수 있다.
   ㉢ 불안정한 환경에서 복잡한 의사결정과 빈번한 변화에 적절하게 대응할 수 있다.
   ㉣ 기능, 제품기술 개발에 대한 적절한 기회를 제공할 수 있다.
   ㉤ 소수의 제품라인을 가지고 있는 중규모 조직에 가장 적절하다.
4. 단점
   ㉠ 이중 보고체계로 인해 종업원들이 혼란을 느낄 수 있다.
   ㉡ 다양한 인간관계 기술에 대한 교육 훈련이 필요하다.
   ㉢ 빈번한 회의와 갈등 조정 과정으로 인해 많은 시간이 소요된다.
   ㉣ 종업원들이 매트릭스 구조의 특성을 이해하지 못하거나 적응하지 못할 경우 제대로 작동하지 못한다.
   ㉤ 권력의 균형을 유지하는 데 많은 노력이 필요하다.

27

|정답| ①

|해설| 매트릭스 조직은 기능별 조직의 전문성과 사업별 조직의 대응성을 입체적으로 결합한 조직으로 기능부서의 전문성과 제품라인의 혁신성(대응성)을 동시에 충족하는 장점이 있는 반면 명령의 이원화로 구성원의 역할이 모호해지고 갈등을 초래할 수 있다는 단점이 있다.

|오답풀이|

②, ④ 관료제 조직에 대한 설명이다.
③ 위원회에 대한 설명이다.
⑤ 네트워크 조직에 대한 설명이다.

28

|정답| ②

|해설| 매트릭스 조직은 프로젝트 조직과 기능식 조직을 절충한 조직 형태로, 일종의 애드호크라시(특별임시조직)라고 할 수 있다. 매트릭스 조직은 프로젝트를 중심으로 조직화되어 다양한 환경에 적응이 용이하다.

|오답풀이|

① 사업부제 조직의 성격을 수반한 자유형 혼합조직이다.
③ 프로젝트 조직에 대한 설명으로 특정 프로젝트를 해결하기 위해 구성된 조직이며 프로젝트의 완료와 함께 해체되는 조직이다.
④ 위원회 조직에 대한 설명으로 다양한 의견을 조정하고 의사결정의 결과에 대한 책임을 분산시킬 필요가 있을 때 흔히 사용되는 조직이다.
⑤ 사업부 조직에 대한 설명으로 본부 단위의 독립채산적인 조직을 구성하여 본부장에게 전 방면에 걸쳐 넓은 권한을 부여하는 조직이다.

29

|정답| ②

|해설| 기계적 조직에서는 정보의 흐름이 자유롭지 못하고 하향적이다. ②는 유기적 조직에 대한 설명이다.

📄 유기적 조직의 특징

1. 통제가 비교적 자유롭고 외적 적응이 중요시될 때 적합하다.

2. 조직의 운영이 규칙과 절차보다는 비공식적 조정에 기초하므로 공식화율이 낮다.

3. 권한이 능력과 기술을 가진 곳에 분산하므로 분권화가 높다.

4. 작업은 분업화되지 않고 갈등해결도 자유로운 토론방식에 의한다.

30

| 정답 | ③

| 해설 | 프로젝트 조직은 문제가 해결되거나 목표가 달성되면 본래의 부서로 돌아간다.

📋 **프로젝트 조직**

개념	• 조직구조의 유지와 새로운 조직환경에 적응하기 위하여 고안된 것 • 특정한 목적을 일정한 시일과 비용으로 완성하기 위한 방법 • 단일업무(사업) 추진조직이 본부관리조직의 도움을 얻어 업무를 추진, 수행
장점	• 계층과 무관하게 각 개인의 전문성에 따라 전문가 풀(Pool)을 형성하여 기능 간 혹은 사업부문 간 인적·기술적 네트워크를 구성 • 현장의 정보가 분석·판단되어 의사결정을 거쳐 다시 현장으로 피드백 되는 시간을 최소화하면서 광범위한 정보를 소화할 수 있는 탄력성 • 전문가 풀에 있는 분야별 전문가로 구성된 팀조직을 활용함으로써 여러 기능과 관련된 핵심업무를 동시에 수행

31

| 정답 | ②

| 해설 | 강화이론에서 긍정적 강화는 바람직한 행위에 유쾌한 보상을 제공하여 바람직한 행동의 빈도를 증가시키고, 부정적 강화는 바람직한 행위에 혐오자극을 제거하여 바람직한 행위를 증가시킨다.

| 오답풀이 |

① 알더퍼(Alderfer)의 ERG이론, 허즈버그(Herzberg)의 2요인이론은 동기부여의 내용이론에 해당하고, 브룸(Vroom)의 기대이론(Expectancy Theory)은 동기부여의 과정이론에 해당된다.

③ 브룸의 기대이론에 따르면 유의성(Valence)은 보상에 대한 선호도를 의미하는 것으로 개인의 선호도에 따라 달라진다.

④ 성장욕구의 충족이 좌절되었을 때 관계욕구를 충족시키려는 좌절-퇴행의 과정이 발생하는 이론은 알더퍼의 ERG이론이다.

⑤ 아담스(Adams)의 공정성이론(Equity Theory)은 분배적 공정성에 대한 이론이다.

32

| 정답 | ①

| 해설 | 소극적 강화는 바람직한 행위에 대해 불편한 자극을 제거해 바람직한 행위를 강화하는 것이다.

| 오답풀이 |

③ 연속강화법은 목표로 한 행동이 나타날 때마다 강화를 주는 것으로, 처음 학습할 때 효과적이다.

④ 부분강화법은 고정간격법, 변동간격법, 고정비율법, 변동비율법의 순서로 그 효과가 높아지며 일반적으로 간격법보다 비율법이, 고정법보다 변동법이 효과적이다.

33

| 정답 | ③

| 해설 | 바람직하지 못한 행위에 보상을 제거하는 방법은 소거이다.

📋 **강화전략의 유형**

1. 바람직한 행위
   ㉠ 적극적 강화에서는 봉급인상, 칭찬 등의 보상을 해 준다.
   ㉡ 소극적 강화에서는 벌이나 불편함을 중지하여 불편한 자극을 제거한다.

2. 바람직하지 못한 행위
   ㉠ 벌은 해고나 징계 등으로 불편한 자극을 준다.
   ㉡ 소거에서는 봉급인상이나 보너스 등의 철회로 보상을 제거한다.

34

| 정답 | ②

| 해설 | 적극적(긍정적) 강화는 바람직한 행동에 대하여 승진이나 칭찬 등의 보상을 제공함으로써 그 행동의 빈도를 증가시키는 것이다.

| 오답풀이 |

① 부정적 결과를 제공하는 벌에 해당한다.

③, ⑤ 긍정적 강화를 철회하는 소거에 해당한다.

④ 혐오자극을 제거해 주는 소극적 강화에 해당한다.

35

| 정답 | ④

| 해설 | 벌은 원하지 않는 행동에 대하여 불편한 결과를 주거나 긍정적인 결과를 제거함으로써 바람직하지 못한 행동이 야기될 확률을 낮추는 것을 말한다.

과거에 받은 보상을 철회하여 바람직하지 못한 행위를 약화시키는 것은 소거에 대한 내용이다.

36

| 정답 | ②

| 해설 | ⓜ 승진제도에 가장 적합한 부분강화법은 변동간격법이다.

ⓢ 부분강화법의 효과성은 고정간격법, 변동간격법, 고정비율법, 변동비율법의 순서로 높아지며 일반적으로 간격법보다 비율법이, 고정법보다 변동법이 효과적이다.

📋 강화계획

1. 반응이 일어날 때마다 강화를 제공할 것인지 아니면 어떤 특정한 시간의 경과나 행동 빈도 이후의 반응에 대해서만 강화를 제공할 것인지를 계획하는 것이다.

2. 강화계획의 종류

　ⓐ 연속강화계획 : 목표로 한 행동이 나타날 때마다 강화를 주는 계획이다.

　ⓑ 간헐강화계획 : 행동이 발생할 때마다 강화하지 않고 특정 반응 중에서 일부분만 강화가 주어지는 계획이 있으며, 고정비율계획·변동비율계획·고정간격계획·변동간격계획의 네 가지 유형으로 구분된다.

37

| 정답 | ④

| 해설 | 변동비율법이 가장 효과적인 방법이다.

📋 부분적 강화

1. 내용 : 요구되는 행동이 나타날 때마다 연속해서 강화요인을 주는 것이 아니라 부분적으로 또는 불규칙적으로 제공하는 방법이다.

2. 종류

　ⓐ 고정간격법 : 규칙적인 시간 간격을 두고 강화요인을 적용하는 방법이다.

　ⓑ 변동간격법 : 불규칙적인 간격을 두고 강화요인을 적용하는 방법이다.

　ⓒ 고정비율법 : 일정한 빈도나 비율의 성과에 따라 강화요인을 적용시키는 방법이다.

　ⓓ 변동비율법 : 현실적으로 가장 효과적이며 불규칙적인 빈도나 비율의 성과에 따라 강화요인을 적용하는 방법이다.

38

| 정답 | ①

| 해설 | 맥클리랜드의 성취동기이론은 매슬로우의 욕구단계이론 중에서 자아실현의 욕구, 존경의 욕구, 사회적 욕구 세 가지만을 대상으로 하여 연구를 한 것으로 동기부여이론 중 내용이론에 해당한다.

| 오답풀이 |

② 브룸의 기대이론은 자신의 행위가 어떤 성과를 가져오리라는 기대와 그 성과가 보상을 가져다줄 것이라는 수단성에 대한 기대감, 그 행위가 가져다주는 결과의 매력 정도 등에 의해 결정되는 것이다.

③ 아담스의 공정성이론은 인간은 자신의 기여도에 대한 보상수준이 타인의 그것과 비교하여 불공정하다고 생각되면 이를 시정하기 위한 행위를 하게 된다는 것이다.

④ 로크의 목표설정이론은 테일러의 과학적 관리법에 근거하여 종업원에게 적절한 목표를 부여함으로써 성과를 향상시키는 것이다.

⑤ 포터와 롤러의 기대이론(업적-만족이론)은 행위에 대한 성과와 성과에 대한 보상의 구조를 설명한 브룸의 기대이론을 바탕으로, 성과에 따라 제공된 보상에 대한 만족감이라는 개념을 제시하고 외재적 보상보다는 내재적 보상이 더 많은 만족감을 주고 성과에도 더 큰 영향을 준다고 주장한 기대이론의 확장 모델이다.

📑 **동기부여 내용이론**

1. **내용이론** : 동기를 유발하는 요인의 내용을 설명하는 이론을 말한다. 즉, 무엇이 개인의 행동을 활성화하도록 동기부여를 주는지 설명하는 것이다.
2. **동기부여 내용이론** : 매슬로우의 욕구단계이론, 알더퍼의 ERG이론, 맥클리랜드의 성취동기이론, 허즈버그의 2요인이론

39

| 정답 | ①

| 해설 | 아담스의 공정성이론은 동기부여이론 중 과정이론에 속한다. 이 이론은 다른 사람들과 비교하여 자신이 불공정하다고 생각되면 이를 시정하기 위한 행위를 한다는 것으로 인지부조화이론에 기초하고 있다.

| 오답풀이 |

② 맥클리랜드의 성취동기이론은 매슬로우의 다섯 단계의 욕구 중에서 자아실현의 욕구, 사회적 욕구, 존경의 욕구 세 가지만을 대상으로 하여 연구를 한 것이다.

③ 허즈버그의 2요인이론은 동기요인과 위생요인 두 가지로 구분하는데 동기요인은 만족감을 주는 요인이며 위생요인은 불만감이 생겼을 때 이를 예방하는 요인이다.

④ 알더퍼의 ERG이론은 매슬로우의 욕구단계이론을 성장 욕구, 관계 욕구, 존재 욕구 세 가지 범주로 구분하였다.

⑤ 매슬로우의 욕구단계이론은 인간의 욕구를 생리적 욕구, 안전 욕구, 사회적 욕구, 존경 욕구, 자아실현 욕구의 5단계로 구분하였다.

40

| 정답 | ⑤

| 해설 | 동기부여이론 중 과정이론으로는 브룸의 기대이론, 로크의 목표설정이론, 포터와 롤러의 기대이론, 아담스의 공정성이론 등이 있다.

| 오답풀이 |

① 매슬로우는 인간의 욕구를 생리적 욕구, 안전의 욕구, 사회적 욕구, 존경의 욕구, 자아실현의 욕구로 구분하였다.

② 알더퍼는 인간의 욕구를 존재 욕구, 관계 욕구, 성장 욕구의 3가지로 구분하는 ERG이론을 제시했다.

③ 맥클리랜드는 성취 욕구, 친교 욕구, 권력 욕구 세 가지를 제시하였다.

④ 허즈버그는 동기가 부여되는 요인을 동기요인(만족요인)과 위생요인(불만족요인)의 두 가지로 구분하는 2요인이론을 전개하였다.

📑 **동기부여 과정이론**

1. **과정이론** : 인간의 동기부여가 어떠한 과정을 통해 이루어지는가를 설명하는 것이다.
2. **동기부여 과정이론**

브룸의 기대이론	자신의 행위가 어떤 성과를 가져오리라는 기대와 그 성과가 보상을 가져다줄 것이라는 수단성에 대한 기대감, 그 행위가 가져다주는 결과의 매력 정도 등에 의해 결정
아담스의 공정성 이론	인간은 자신의 기여도에 대한 보상수준이 타인의 그것과 비교하여 불공정하다고 생각되면 이를 시정하기 위한 행위를 하게 됨.
포터와 롤러의 기대이론	브룸의 이론을 기초로 하고 있으며 동기부여가 곧바로 성과에 직결되지는 않고, 능력, 특성 등 작업과 관련된 변수가 작용한다고 함.
로크의 목표설정 이론	테일러의 과학적 관리법에 근거하여 종업원에게 적절한 목표를 부여함으로써 성과를 향상시키는 이론

41

| 정답 | ③

| 해설 | 교육훈련을 받거나 자신이 선호하거나 잘할 수 있는 직무로 직무재배치가 되면 보다 높은 성과를 낼 수 있는 기대감이 높아질 수 있다.

| 오답풀이 |

① 로크의 목표설정이론에 따르면 일반적인 목표보다 구체적인 목표를 제시하는 것이 구성원들의 동기부여에 더 효과적이다.

② 공정성이론에서는 동기부여의 순서가 부여되지는 않는다. 다만 절차공정성이 공정할 경우에 분배공정성으로 조직유효성변수에 영향을 미칠수 있음을 강조하고 있다.

④ 알더퍼(Alderfer)가 제시한 ERG이론에 따르면 욕구가 좌절되면 상위욕구가 아니라 하위욕구에 대한 집착이 증가하게 되는데 이를 좌절-퇴행이라고한다.

기출문제 / 경영과 기업 / 기업활동의 조직 / 인사관리 / 생산관리 / 마케팅관리 / 실전모의고사

⑤ 핵크만(Hackman)과 올드햄(Oldham)의 직무특성모형(Job Characteeristics Model)에 의하면, 한 가지 기능만 사용하는 직무보다 다양한 기능을 사용하는 직무기회를 제공하는 경우가 동기부여 수준이 더 높다.

42

| 정답 | ②

| 해설 | 허즈버그(Herzberg)는 2요인이론에서 만족도에 영향을 미치는 요인으로 성취감, 달성에 관한 안정감, 책임감 등 동기요인을 제시하였다. 임금이나 작업환경 등은 불만족에 영향을 미치는 위생요인이다.

| 오답풀이 |

① 브롬(Vroom)의 기대이론(Expectancy Theory)에 의하면 종업원이 선호하는 보상 수단을 조사하는 것은 유의성과 관련된 것이고 수단성은 성과와 보상 사이의 관계에서 발생하는 것이다

③ 브롬의 기대이론에서 기대는 노력했을 때 성과가 나타날 수 있는 주관적 확률이다.

④ 브롬의 기대이론에 의하면 기대는 노력과 성과와의 관계로 기대를 높이기 위해서는 종업원의 교육훈련, 동기부여 등이 요구되지 연공급과는 무관하다.

⑤ 아담스(Adams)의 공정성이론(Equity Theory)에 의하면 과다보상의 경우에도 불공정성을 인식할 수 있고 불공정성을 인식하게 되면 행동의 변화가 나타난다.

43

| 정답 | ①

| 해설 | 허즈버그는 동기요인과 위생요인 두 가지로 구분한다. 동기요인은 만족감을 주는 요인이며, 위생요인은 불만감이 생겼을 때 이를 예방하는 요인이다.

| 오답풀이 |

② 좌절-퇴행의 요소는 알더퍼의 ERG이론에 포함된다.

③ 맥클리랜드는 인간의 욕구는 개인마다 다르다고 주장하였다.

④ 포터와 롤러는 외재적 보상인 임금, 승진 등보다는 성취감이나 책임감 같은 내재적 보상이 성과에 더 영향을 준다고 하였다.

⑤ 알더퍼는 인간은 두 가지 이상의 욕구가 동시에 작용할 수 있다고 보았다.

44

| 정답 | ⑤

| 해설 | 봉급, 작업조건, 감독·상사와의 관계는 허즈버그의 2요인이론 중 위생요인에 대한 내용이다. 동기요인에는 성취감, 도전정신, 성장가능성, 책임감 등이 있다.

45

| 정답 | ④

| 해설 | 브롬의 기대이론에서 동기부여의 강도는 유의성×수단성×기대로 구한다. 따라서 각 구성요소 중 하나라도 0이 되면 동기부여의 수준은 0이 된다.

| 오답풀이 |

① 알더퍼(Alderfer)의 ERG이론에 의하면 성장욕구는 관계욕구보다 높은 차원의 욕구이고 관계욕구보다 낮은 차원의 욕구는 존재욕구이다.

② 공정성이론(Equity Theory)에서는 나와 동료를 비교하여 불공정성을 지각하고 있으므로 보상의 절대적 수준보다는 나의 투입 대비 보상의 수준과 동료의 투입 대비 보상의 상대적 수준이 더 중요하다.

③ 허즈버그의 2요인이론(Two Factor Theory)에서 동료와의 관계는 위생요인에 해당하는 것으로 위생요인이 높아지면 불만족이 줄어들게 된다.

⑤ 기대이론에 의하면 개인의 성과와 보상(임금)의 상관관계는 수단성에 해당하는 것이다. 기대감은 개인의 노력과 노력의 결과로 얻어지는 성과와의 상관관계이다.

46

| 정답 | ②

| 해설 | 기대이론(Expectancy Theory)에 의하면, 개인이 특정한 성과를 달성했을 때 최종적인 보상을 받을 수 있는 가능성에 대한 주관적 믿음은 수단성으로, 수단성은 -1.0부터 +1.0까지의 값을 가질 수 있다. 기대감(expectancy)이란 노력을 했을 경우 노력이 성과로 이러질 수 있는 가능성에 대한 주관적인 믿음을 의미하며, 이는 0부터 1까지의 값을 가진다.

| 오답풀이 |

① 허즈버그(Herzberg)의 2요인이론에 의하면, 회사의 정책, 작업조건, 급여 등의 위생요인이 충족되면 불만족은 줄어들지만 만족도가 증가하지는 않는다.

③ 공정성이론(Equity Theory)에 의하면, 과다 보상을 받았다고 인식할 경우에도 불공정성을 느낄 수 있고, 불공성을 줄이려고 하는 노력을 하게 된다. 투입 또는 산출을 변경하거나 비교대상이 되는 사람을 변경하거나 다른 사람의 투입과 산출을 다르게 해석하려고 노력하는 행위가 나타날 수 있다.

④ 핵크만(Hackman)과 올드햄(Oldham)의 직무특성이론(Job Characteristics Theory)에 의하면, '잠재적 동기지수(MPS ; Motivating Potential Score)=

$$\frac{기능다양성+과업정체성+파업중요성}{3} \times 자율성 \times 피드백$$

'이므로 직무의 자율성 값이 0이면 MPS도 0의 값을 가진다.

⑤ 목표설정이론(Goal Setting Theory)에 의하면 목표의 특성과 종류뿐만이 아니라, 피드백을 잘해주는 상황, 약간의 경쟁이 있는 상황, 합리적 보상이 주어지는 상황적 요인에 따라서도 성과가 달라질 수 있다.

47

| 정답 | ⑤

| 해설 | 아담스(Adams)의 공정성이론(Equity Theory)에 의하면 개인이 지각하는 투입(input)에는 개인이 직장에서 투여한 시간, 노력, 경험, 성과, 기술 등이 포함될 수 있고, 개인이 지각하는 산출(output)에는 직장에서 받은 급여, 지위, 인정, 칭찬 등의 유무형의 혜택들이 포함될 수 있다.

| 오답풀이 |

① 허즈버그(Herzberg)의 2요인이론(Two Factor Theory)에 의하면 급여, 감독, 지위, 작업조건, 작업환경, 경영방침 등은 위생요인에 해당하며, 성취감, 인정, 성장, 책임감, 발전성, 존경과 자아실현 욕구 등은 동기요인에 해당한다.

② 강화이론(Reinforcement Theory)에서 벌과 소거는 바람직하지 못한 행동의 빈도를 감소시키지만 부정적 강화와 긍정적 강화는 바람직한 행동의 빈도를 증가시킨다.

③ 자기효능감이란 특정 과업을 잘 수행할 수 있다는 개인의 믿음을 의미한다. 따라서 자기효능감이 높아지면 과업성취에 대한 기대감이 높아질 수 있지만 유의성이나 수단성을 높이지는 못한다.

④ 매슬로우(Maslow)의 욕구단계이론에 따르면 생리 욕구-안전 욕구-친교 욕구-존경 욕구-자아실현 욕구의 순서로 욕구가 충족된다.

48

| 정답 | ④

| 해설 | 목표에 의한 관리 MBO(Management by Objectives)는 로크의 목표설정이론을 조직에 적용한 예로, 목표의 구체성, 난이도, 목표설정과정에 당사자의 참여, 피드백 등은 동기부여에 영향을 미친다.

| 오답풀이 |

① 기대이론(Expectancy Theory)에서 수단성은 행위자의 노력이 성과를 달성할 수 있을지에 대한 주관적 판단을 의미한다.

② 아담스(Adams)의 공정성이론(Equity Theory)은 투입대비 산출을 비교하는 분배적 공정성에 대한 이론이다.

③ 허즈버그(Herzberg)의 2요인이론에서 동기요인은 성취감, 책임감, 칭찬, 인정 등을 포함하고 있으며 근로자의 만족을 높이는 역할을 한다. 위생요인은 작업환경, 근로조건, 임금, 지위, 경영환경 등을 포함하면 불만족을 제거하는 역할을 한다.

⑤ 동기부여이론을 내용이론(Content Theory)과 과정이론(Process Theory)으로 분류할 때 직무특성이론, ERG이론은 동기부여의 내용이론에 속한다. 내재적 동기이론은 데시의 인지적 평가이론을 말한다.

49

| 정답 | ②

| 해설 | 아담스의 공정성이론은 인지부조화이론에 기초하고 있으며 로크의 목표설정이론은 테일러의 과학적 관리법에 근거하고 있다.

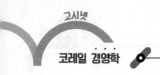
50

|정답| ④

|해설| 매슬로우의 욕구단계이론 중 세 번째 단계는 사회적 욕구로, 인간은 사회적 존재이므로 소속되거나 다른 집단에서 자신을 받아 주기를 바라는 욕구가 있다고 하였다.

📄 매슬로우의 욕구단계이론

생리적 욕구	• 의·식·주의 생리적 욕구로 인간이 삶 자체를 유지하기 위해 필요한 기초적인 욕구 • 의·식·주라는 기초적인 문제가 해결되지 않으면 사람들의 행위는 생리적 욕구수준에 머물러 있게 될 것임.
안전의 욕구	• 생리적 욕구가 어느 정도 충족되면 안전의 욕구가 나타나게 됨. • 신체적인 위험과 기초적인 생리적 욕구의 박탈로부터 자유로워지려는 욕구
사회적 욕구	• 인간은 사회적 존재이므로 소속되거나 다른 집단에서 자신을 받아 주기를 바라는 욕구 • 소속의 욕구 또는 소속감과 애정욕구라고도 함.
존경의 욕구	• 집단 내의 다른 사람으로부터 인정을 받길 원하는 욕구 • 자존심과 관련된 욕구로 이 욕구가 만족되면 자신감, 명예심, 통제력 등이 생김.
자아 실현의 욕구	• 계속적인 자기발전을 위해서 자신의 잠재력을 극대화하여 자기실현을 하려는 욕구 • 자기만의 독특한 세계를 창조하고 싶어 하는 욕구

51

|정답| ①

|해설| a. 매슬로우는 욕구단계이론에서 인간은 저차원의 욕구가 만족되면 고차원의 욕구로 올라가는 만족－진행 과정을 거친다고 주장하였다.

|오답풀이|

b. 좌절－퇴행 과정을 주장한 것은 알더퍼의 ERG이론이다.

c. 매슬로우가 주장하는 욕구단계는 생리적 욕구－안전 욕구－사회적 욕구－존경 욕구－자아실현 욕구의 순서로 단계가 나누어진다.

d. 위생요인과 동기요인의 구분은 허즈버그의 이론이다.

e. 알더퍼의 ERG이론은 매슬로우의 5가지 욕구를 모두 포함하였고, 매슬로우의 5가지 욕구 중 고차욕구인 사회적 욕구, 존경 욕구, 자아실현 욕구만 고려한 것은 맥클리랜드이다.

52

|정답| ④

|해설| 매슬로우의 욕구단계이론에서 가장 높은 단계의 요구는 자아실현 욕구이다. 이는 자신의 능력을 발휘하고 이를 통해 성취감을 맛보고자 하는 자기완성욕구이며 도전직인 직무, 창의력을 발휘할 기회, 자신이 정한 목표 달성 등이 해당한다. 따라서 ④가 가장 높은 단계의 욕구에 해당한다.

|오답풀이|

① 생리적 욕구에 해당한다.

② 안전 욕구에 해당한다.

③ 존경 욕구의 해당한다.

⑤ 사회적 욕구에 해당한다.

53

|정답| ②

|해설| 매슬로우의 욕구단계이론은 인간의 내면적인 욕구를 다섯 가지로 구분하였다. 매슬로우의 가정은 각 단계의 욕구는 동시에 발생하는 것이 아니라 하위 욕구가 어느 정도 충족되어야만 상위 욕구가 나타나는 것으로 모든 욕구가 궁극적으로 완전히 충족되는 것은 아니다.

54

|정답| ②

|해설| 알더퍼의 ERG이론은 매슬로우의 욕구단계이론이 가진 한계점의 대안으로, 인간의 욕구를 존재(Existence) 욕구, 관계(Relatedness) 욕구, 성장(Growth) 욕구의 3가지로 분류하였다. 욕구가 반드시 상위 단계로만 가는 것이 아니라 좌절되었을 경우 하위 단계로 퇴행할 수 있다고 하였으며, 두 가지 이상의 욕구가 동시에 작용할 수도 있고 각 욕구도 환경이나 문화 등에 따라서 다양하다고 주장하였다.

55

| 정답 | ④

| 해설 | 알더퍼의 ERG이론에서 인간은 좌절 시 욕구가 퇴행할 수도 있다고 주장하였다.

📖 알더퍼의 ERG이론

1. 인간의 욕구를 존재(Existence) 욕구, 관계(Relatedness) 욕구, 성장(Growth) 욕구의 3가지로 분류하였다.
2. 인간의 욕구를 의식 수준에서 다룬다.
3. 욕구단계는 미리 정해진 것이 아니라 다른 욕구의 충족 정도에 따라 증감될 수 있다고 하였다.
4. 높은 단계의 욕구가 만족되지 않거나 좌절될 때 그보다 낮은 단계 욕구의 중요성이 커진다.

56

| 정답 | ⑤

| 해설 | ERG이론은 매슬로우의 이론적 문제점을 보완하기 위해 제시되었으며 매슬로우의 5단계를 존재 욕구, 관계 욕구, 성장 욕구의 3단계로 구분하였다. ERG이론은 하위 욕구가 충족되지 않아도 상위 욕구 충족이 가능하다고 하였다.

57

| 정답 | ②

| 해설 | ㉠ 욕구단계이론은 욕구를 5단계로 계층화하였고, ERG이론은 욕구를 3단계로 계층화하였다.

〈매슬로우와 알더퍼의 이론〉

58

| 정답 | ③

| 해설 | b. 브룸의 기대이론은 사람의 동기를 유발하는 데 미치는 요인을 행위의 결과로 얻게 되는 보상에 부여하는 유의성, 행위의 1차적 결과가 2차적 결과로서의 보상을 초래할 가능성인 수단성, 자신의 행동을 통해 1차적 결과물을 가져올 수 있으리라는 자신감인 기대성의 세 가지로 정리하였다.
e. 브룸의 기대이론은 개인의 목표와 욕망이 어떻게 행동으로 연결되는지를 설명해 준다.

| 오답풀이 |

a. 브룸의 기대이론은 개인차를 강조하였다.
c. 기대이론은 동기부여의 과정이론 중 하나이다.
d. 기대이론은 레빈과 톨만의 인지개념 및 고전적 경제이론의 선택행동과 효용개념에 이론적 근거를 두고 있다.

59

| 정답 | ③

| 해설 | 기대감이란 자신의 노력이 투입될 때 성과가 달성될 수 있는지 여부에 대한 주관적인 기대치이며 객관적인 확률값이 아니다.

㉢ 욕구단계이론은 한 단계가 만족하면 다음 단계로 진행하고, ERG이론은 만족하면 진행하고 좌절하면 퇴행한다.

| 오답풀이 |

㉡ 욕구단계이론은 저차원의 욕구가 충족되지 않으면 다음 차원의 욕구가 인간의 행동을 동기부여하지 않으며, ERG이론은 한 가지 이상의 욕구가 동시에 작용할 수 있다고 하였다.

㉢ 욕구단계이론은 자아실현의 욕구를 제외한 욕구는 충족 시 사라지고, ERG이론은 동시에 여러 개의 욕구가 동기부여 역할을 한다고 하였다.

① 브룸의 기대이론은 곱셈 모형은 동기부여(M)=기대성(E)×수단성(I)×유의성(V)이므로 기대성, 유의성, 수단성 중 하나라도 0의 값을 가지면 동기부여 수준은 0이 된다.

② 0≤기대성≤1, −1≤수단성≤1, $-n$ ≤유의성≤$-n$ 이므로 전체 동기부여 수준의 값은 −가 될 수 있다.

④ 카페테리아식 복리후생 제도를 사용하게 되면 종업원이 원하는 것을 선택할 수 있으므로 유의성이 높아질 수 있다.

⑤ 성과급을 도입하면 성과를 달성했을 때 자신이 받게 될 보상을 명확히 알게 되므로 수단성이 높아질 수 있다.

60

| 정답 | ④

| 해설 | 브룸의 기대이론에서는 인간은 행동에 따른 결과와 확률을 예측하고, 이에 따라 행동한다는 합리적인 인간임을 가정하고 있지만, 실제 인간은 다른 요인에 의해 비합리적인 선택을 한다는 점에서 기대이론의 한계가 나타난다.

| 오답풀이 |

①, ⑤ 브룸의 기대이론에서 구성원의 기대성은 노력에 따른 보상심리, 즉 직무를 열심히 수행하면 그만큼 높은 성과가 주어질 것이라는 가능성이나 주관적인 확률에 대한 신뢰를 의미하며, 종업원에 대한 교육과 훈련을 통해 개인의 직무능력을 향상시켜줌으로써 기대성을 높일 수 있다.

②, ③ 기대이론에서의 수단성은 직무를 수행하면 그 결과로 보상을 받을 가능성에 대한 주관적 기대심리로, 보상을 제공하는 조직에 대한 신뢰가 클수록 수단성이 높아진다.

61

| 정답 | ①

| 해설 | 브룸의 기대이론에 따르면 높은 유의성과 높은 수단성이 요구되어야 동기부여가 이루어진다.

② 연공서열에 의한 보상보다는 성과에 따른 보상이 동기부여를 위해 중요하다.

③ 종업원 각각 개인의 차이를 강조하였다.

④ 개인의 행동과 노력의 방향은 기대감, 수단성, 유의성으로부터 정해진다.

⑤ 기대성은 노력에 따라 성과를 낼 수 있을 것이라는 가능성에 관한 것이다. 노력의 정도와 보상의 크기 간의 관련도는 수단성에 해당한다.

62

| 정답 | ③

| 해설 | 제시된 설명은 아담스의 공정성이론으로 자신이 가지는 보상의 크기와 다른 사람이 가지는 보상의 크기를 비교함으로써 동기부여가 된다고 설명하는 과정이론 중 하나다.

📄 아담스의 공정성이론(Equity Theory)

인간은 자신의 기여도에 대한 보상수준이 타인의 것과 비교하여 불공정하다고 생각하면 이를 시정하기 위한 행위를 하게 된다고 주장한다. 예컨대, 자신이 불공정한 대우를 받고 있다고 평가되면 자신에 대한 대가를 증대시켜 줄 것을 요구하거나 아니면 자신의 기여도를 낮추려 할 것이고, 반대로 과도한 대우를 받고 있다고 느끼는 경우에는 보다 많은 기여를 하도록 노력하게 될 것이다. 결국 불공정에 대한 현재의 인식 정도는 동기유발과 관련이 있으며, 불공정성을 줄이기 위한 동기유발의 강도는 개인의 과거 경험과 상대적 기준에 비추어 볼 때 나타나는 불균형의 정도에 따라 직접적으로 변화된다.

63

| 정답 | ⑤

| 해설 | 아담스의 공정성이론에서의 투입과 산출은 객관적인 수치가 아니며 투입과 산출에 대한 기준은 개인차가 있다.

64

| 정답 | ②

| 해설 | 공정성이론은 조직구성원이 자신의 투입에 대한 결과의 비율을 동일한 직무상황에 있는 준거인의 투입 대 결과의 비율과 비교해 자신의 행동을 결정하게 된다는 이론이다.

| 오답풀이 |

① 기대이론은 구성원 개인의 동기부여의 강도를 성과에 대한 기대와 성과의 유의성에 의해 설명하는 이론이다.

③ 욕구단계이론은 인간의 욕구는 위계적으로 조직되어 있으며 하위 단계의 욕구 충족이 상위 단계 욕구의 발현을 위한 조건이 된다는 이론이다.

④ 목표설정이론은 의식적인 목표나 의도가 동기의 기초이며 행동의 지표가 된다는 이론이다.

⑤ 인지적평가이론은 성취감이나 책임감에 의해 동기유발이 되어 있는 것에 외적인 보상(승진, 급여인상, 성과급 등)을 도입하면 오히려 동기유발 정도가 감소한다는 이론이다.

65

| 정답 | ③

| 해설 | 로크의 목표설정이론은 테일러의 과학적 관리법에 근거한다.

📄 **로크의 목표설정이론**
1. **목표의 특성** : 구체적이고 어려울수록 높은 성과를 달성한다.
2. **목표의 종류** : 참여적 목표가 지시된 목표보다 효과적이다.
3. **상황요인** : 피드백, 보상조건, 직무복잡성, 능력, 경쟁상황
4. MBO에 활용 가능하다.

66

| 정답 | ⑤

| 해설 | 집단사고(Group Think)는 응집력이 높은 소규모 의사결정 집단에서 대안의 분석 및 이의 제기를 억제하고 합의를 쉽게 이루려고 하는 심리적 경향으로, 충분한 대화나 토론 없이 쉽게 선택한 대안이 최선이라고 합리화하는 현상을 말한다. 응집력이 강하거나 폐쇄적인 집단인 경우 또는 집단이 해결해야 할 문제가 매우 중대하거나 결정을 내릴 시간이 촉발한 경우에 집단사고가 발생할 가능성이 크다.

67

| 정답 | ④

| 해설 | 집단의사결정 시 소수의 의견을 반영하는 것이 바람직하지만 무시되는 경우도 있다.

📄 **집단의사결정의 특징**
1. 구성원 간에 서로 많은 정보를 공유할 수 있어서 정확성이 높다.
2. 결정사항에 대한 구성원의 만족과 지지는 높은 편이다.
3. 의사결정을 할 때 많은 시간이 소비되고 의견에 대한 다른 입장으로 구성원 간에 대립이 생길 수 있다.
4. 소수의 의견을 무시할 수도 있다.

68

| 정답 | ⑤

| 해설 | 브룸과 예튼의 리더 참여 모형은 의사결정 상황에 따라 리더의 유형을 달리하는 의사결정나무를 제시하였다. 브룸과 예튼은 의사결정 과정에서 문제의 구조화 정도, 결정사항에 대한 부하들의 수용가능성, 리더가 가진 정보의 양에 따라 부하의 참여 정도가 달라져야 한다고 주장했다.

| 오답풀이 |

① 사이몬(Simon)은 의사결정자들이 능력, 시간, 정보의 한계로 최적의 대안보다는 만족스러운 수준에서 의사결정을 하는 제한된 합리성(관리인) 모델을 제시하였다.

② 집단사고는 집단 구성원들 간의 합의에 대한 요구가 지나치게 커서 다른 대안의 탐색을 저해하는 현상으로 집단의사결정의 부정적인 면이자 집단의사결정 시 극복해야 할 중요한 사안이다.

③ 집단사고는 리더가 카리스마가 있고 독재적일 경우 발생할 가능성이 더 커진다. 민주적 리더하에서는 구성원들이 자신의 생각을 이야기 할 수 있기 때문에 집단사고가 줄어들게 된다.

④ 브레인스토밍 기법은 창의성 개발 기법 중 하나로 개인이 자유롭게 의견을 제시할 수 있는 분위기를 만들기 위하여 다른 사람의 의견에 대해서 함부로 비판하거나 무시할 수 없다. 대신 다른 사람의 의견을 수정하거나 추가하는 대안은 환영한다. 브레인스토밍은 질보다 양을 중요하게 여기는 방법이다.

📄 집단응집성

1. 집단 내 일원으로서 남으려는 정도이다.

2. 집단 목표에 대한 동의성이 높고 구성원들의 상호작용 빈도가 높고 집단 간 경쟁이 있으면 응집성이 증대되지만 집단 목표에 대한 불일치, 큰 집단규모, 소수에 의한 지배, 집단 내의 경쟁 등은 응집성을 감소시킬 수 있다.

3. 응집성이 높을 경우 이직률이 감소하고 만족감을 높여 주어 충성심과 참여도를 높여 주나 성과가 꼭 향상되는 것은 아니다.

69

|정답| ①

|해설| 델파이법은 몇 명의 전문가들이 독립적인 의견을 우편으로 수집하고 요약하여 다시 배부한 다음 서로가 합의를 볼 때까지 피드백을 하는 것으로 직접 만나서 결정하지 않는다.

70

|정답| ④

|해설| 집단의사결정은 집단 내에서 조직구성원의 의견을 수렴하여 결정하는 방법이다. 여러 사람이 참여하는 만큼 문제 해결에 필요한 정보가 풍부해지고, 질적으로 높은 수준의 결정을 요하거나 확실성을 필요로 하는 과업의 경우에 더 효과적이다. 다만 집단의사결정은 많은 시간과 비용이 소비되는 만큼, 신속한 의사결정이 요구되는 과업의 경우는 개인의사결정에 비해 효과적이지 않다.

71

|정답| ①

|해설| 집단응집성이 강하면 이직률은 줄어드나 이것이 반드시 생산성 향상으로 이어지는 것은 아니다.

72

|정답| ②

|해설| 구성원 간의 토론이 진행되면 집단사고가 발생할 수 있으므로 명목집단법에서는 의견을 제시할 때 서면으로 제시받는다.

|오답풀이|

① 브레인스토밍 기법을 적용할 때에는 사람들이 자신의 생각을 마음껏 표현할 수 있어야 하므로 자유롭게 의견을 개진할 수 있는 분위기를 조성하는 것이 중요하다. 따라서 다른 사람의 의견을 비판하는 일은 절대 금지된다.

③ 제한된 합리성 모형(이론)에서는 만족스러운 대안을 강조하고, 완전한 합리성 모형에서는 최적의 대안을 강조한다.

④ 지명반론자법이나 변증법적 토의법은 찬성 쪽의 의견과 반대 쪽의 의견을 모두 파악하여 보다 객관적인 시각으로 의사결정을 할 수 있기 때문에 집단사고 현상이 줄어들 수 있다.

⑤ 집단구성원의 응집력이 강할수록 동조의 압력이나 만장일치 환상 같은 것들이 나타나게 되고 이는 집단사고로 이어진다.

73

|정답| ④

|해설| 알렉스 오스본(A. Osborn)이 창안한 브레인스토밍 기법에 대한 설명이다.

| 오답풀이 |

① 팀빌딩 기법은 집단이 과제를 달성하는 방식을 개선하도록 도움을 주고 집단구성원들이 대인기술과 문제해결기술을 강화하도록 도움을 주는 광범위한 계획적 활동이다.

② 델파이 기법은 몇 명의 전문가들이 독립적인 의견을 우편으로 수집하고 요약하여 다시 배부한 다음 서로가 합의를 볼 때까지 피드백을 하는 것으로 직접 만나서 결정하지 않는다.

③ 명목집단 기법은 자기의 생각과 해결안을 가능한 한 많이 기록하며 참가자들은 돌아가면서 자신의 해결안을 집단에게 설명하며, 발표가 끝나면 제시된 의견들의 우선순위를 묻는 비밀투표를 실시하여 최종적으로 해결안을 선택한다.

⑤ 변증법은 두 개의 집단으로 나누어 한 쪽이 대안을 제시하고 다른 쪽이 그 가정을 정반대로 뒤집은 내용의 대안을 제시하여 토론을 개시하여 살아남은 가정이나 자료로 의견을 종합하여 결정한다.

74

| 정답 | ②

| 해설 | 브레인스토밍은 한 가지 문제를 집단적으로 토의하여 각각 자유롭게 의견을 말하는 가운데 독창적인 아이디어가 튀어나오도록 하는 아이디어 창출방법이다. 브레인스토밍을 성공시키기 위해서는 타인의 아이디어를 비판하지 말 것, 자유분방한 아이디어를 환영할 것, 되도록 많은 아이디어를 서로 내놓을 것 등이 요구된다. 브레인스토밍은 수평적 사고방식, 즉 일반적으로 떠올리지 못하는 생각이 필요할 때 사용한다.

75

| 정답 | ③

| 해설 | 명목집단법은 다음과 같은 특징이 있다.
1. 한 번에 한 문제밖에 해결할 수 없다.

2. 집단구성원들 간에 실질적인 토론 없이 서면을 통해서 아이디어를 창출하는 기법이다.
3. 각 구성원은 다른 사람의 영향을 받지 않는다.
4. 의사결정이 신속하게 이루어지며 명목집단을 이끌 리더가 필요하다.

76

| 정답 | ①

| 해설 | 델파이법은 전문가들의 독립적인 의견을 우편으로 수집하는 방법으로 전문가들의 익명성을 보장함으로써 보다 자유로운 의견 수렴이 이루어진다.

📋 델파이법의 특징
1. 우편으로 수집하고 결과를 요약·분석하는 것으로 시간이 많이 소요된다.
2. 특정 문제에 대한 전문가들의 독립적인 의견을 우편으로 수집한다.
3. 수립된 의견을 요약하여 전문가에게 다시 배부한 후 서로의 의견이 합의가 될 때까지 피드백을 한다.

77

| 정답 | ②

| 해설 | 브레인스토밍과 고든법 모두 질보다 양을 중시하는 기법으로, 리더가 하나의 주제나 키워드를 제시하면 집단구성원이 각자의 의견을 자유롭게 제시하며 토론한다.

📋 브레인스토밍의 특징
1. 아이디어 수가 많을수록 질적으로 우수한 아이디어가 나올 가능성이 많다.
2. 어떤 생각이든 자유롭게 표현해야 하고 또 어떤 생각이든 거침없이 받아들여야 한다.
3. 남들이 내놓은 아이디어를 결합시키거나 개선하여 제3의 아이디어를 내 보도록 노력한다.
4. 자신의 의견이나 타인의 의견에 대하여 판단이나 비판을 의도적으로 일절 금지한다.

78

| 정답 | ⑤

| 해설 | 원격연상 검사법은 창의력을 알아보는 가장 간단한 방법으로 서로 거리가 있거나 비슷한 요소들이 있는 것을 제시하여 평가 대상자에게 새로운 조합을 유도하거나 공통점을 찾게 한다.

| 오답풀이 |

①, ②, ③, ④ 창의성 개발방법이다.

📖 창의성 측정방법과 창의성 개발방법

창의성 측정방법	원격연상 검사법, 토란스 검사법
창의성 개발방법	고든법, 브레인스토밍, 델파이법, 명목집단법, 강제적 관계기법 등

79

| 정답 | ②

| 해설 | 명목집단법은 구성원 간에 대화가 없이 서면기록으로 진행된다. 명목집단은 독립적으로 문제를 해결할 수 있고 또한 집단의사 결정 시 생길 수 있는 타인의 영향을 없애기 위해 토론을 하지 않는다. 이 때문에 의사결정 시 시간이 적게 들지만 한 번에 한 문제밖에 해결할 수 없다는 한계를 가진다.

80

| 정답 | ②

| 해설 | 명목집단법에 관한 설명이다.

81

| 정답 | ①

| 해설 | 사슬형은 공식적인 계통과 수직적인 경로를 통해 의사 전달이 이루어지는 형태다.

| 오답풀이 |

② Y형은 집단 내에 특정의 리더가 있지는 않지만 비교적 집단을 대표할 수 있는 인물이 있는 경우에 나타난다.

③ 바퀴형은 중심인물은 통한 의사소통으로, 강력한 리더가 이끄는 팀에서 나타난다.

④ 원형은 위원회 조직이나 태스크포스 조직에서처럼 권력의 집중이나 지위의 고하가 없는 조직에서 나타난다.

⑤ 완전연결형은 모든 집단의 구성원이 적극적으로 의사소통을 하는 자율적 관리팀에서 나타난다.

82

| 정답 | ③

| 해설 | 그레이프 바인법은 비공식적 커뮤니케이션이다. 따라서 의사소통이 활발히 일어나는 편이 아니며 상향적 의사소통에 대한 개선책이라 할 수 없다.

📖 의사소통의 증대방법

고충처리 제도	인사상담·제안제도·소청제도 등과 같이 공무원의 권익을 보호하고 신분 보장을 강화하기 위한 제도
민원조사 원제도	책임 있는 언론을 실현하기 위한 언론의 자율규제제도
문호개방 정책	상위경영자와 자유롭게 대화할 기회를 보장

83

| 정답 | ②

| 해설 | 수평적 의사소통에 대한 내용이다.

📖 의사소통의 종류

하향적 의사소통	상급자로부터 하급자에게 전달되는 지시나 명령 등의 의사소통
상향적 의사소통	하급자의 성과 보고, 의견, 태도 등을 상급자에게 전달하는 의사소통
수평적 의사소통	같은 계층 간에서 협업(協業)을 위한 상호 연락·조정이 이루어지며 각각의 구성원 간 또는 부서 간에 갈등을 조정하는 의사소통

84

| 정답 | ⑤

| 해설 | 쇠사슬형은 명령체계에 적용되는 의사소통 네트워크로 구성원들의 수용도와 만족도는 높은 편이 아니다.

📋 **의사소통 네트워크의 유형**

쇠사슬형	• 명령체계 적용 • 만족도 낮음.	• 수용도 낮음. • 권한집중 높음.
바퀴형	• 공식적 작업 적용 • 만족도 낮음.	• 수용도 중간 • 권한집중 중간
Y형	• 라인/스태프조직 적용 • 만족도 중간	• 수용도 중간 • 권한 집중 중간
원형	• 위원회 적용 • 만족도 높음.	• 수용도 높음. • 권한 집중 낮음.
완전연결형	• 비공식적 적용 • 만족도 높음.	• 수용도 높음. • 권한집중 매우 낮음.

85

| 정답 | ④

| 해설 | 완전연결형은 모든 구성원이 평등한 기회를 가지는 의사소통 네트워크로 구성원들의 수용도와 만족도가 높으며, 권한집중이 매우 낮다.

86

| 정답 | ③

| 해설 | 바퀴형은 의사소통이 한 사람의 감독자에게 집중되고 공식적 작업에 어울리며 단순과업 시 의사소통의 속도가 빠르므로, 공식적인 작업 수행에 가장 이상적이다.

87

| 정답 | ④

| 해설 | 공식적 권력은 보상적 권력, 강압적 권력, 합법적 권력이며 개인적 권력은 전문적 권력, 준거적 권력이다.

88

| 정답 | ②

| 해설 | 프렌치와 레이븐은 권력의 원칙을 공식적 권력과 개인적 권력으로 분류하였다.

구분	종류	특징
공식적 권력	강압적 권력	순응하지 않을 경우 자신에게 발생할 수 있는 부정적인 결과에 대한 두려움을 기반으로 한다.
	보상적 권력	지시에 순응했을 때 자신이 받게 될 보상의 크기를 결정할 수 있는 이가 권력을 가지고 있다는 지각을 기반으로 한다.
	합법적 권력	공식적 직위로부터 발생한 권력으로, 조직의 자원을 통제할 수 있는 권한을 가진다.
개인적 권력	전문적 권력	전문기술, 숙련기술을 가지고 있음으로 생기는 영향력으로, 직무가 전문화될수록 더 세분화하고 다양해진다.
	준거적 권력	매력적인 개인의 특성이나 자원을 가진 사람에게 생기는 것으로, 카리스마적 역동성, 호감, 타인에 대한 감정적 영향을 끼치는 사람은 모두 준거적 권력을 가졌다고 할 수 있다.

따라서 위와 관련 없는 것은 정보 권력, 생태학적 권력이다.

89

| 정답 | ②

| 해설 | 갈등의 회피는 단기적 전략에 알맞다.

📋 **집단 간 갈등의 해결방안**

1. 갈등의 회피 : 단기적인 갈등해소의 전략으로, 상황에 따라서 그 순간의 갈등을 회피하는 것이 갈등의 심화나 감정의 폭발을 식히는 좋은 방법이기도 하다.
2. 조직구조의 개편 : 집단 간에 갈등을 관리할 조정자를 두거나 집단응집력을 방지하기 위하여 집단구성원들의 직무를 순환시키면서 이루어진다.
3. 협상 : 양쪽이 서로 비슷한 힘을 가지고 있을 때 쓰는 방법이다.

기출문제

경영과 기업

기업활동의 조직

인사관리

생산관리

마케팅관리

실전모의고사

90

|정답| ①

|해설| 집단의 응집성이 증가할수록 집단 간 갈등이 생길 확률이 낮다.

📋 갈등의 특징

1. 내용 : 개인 또는 집단이 의사결정 과정에서 선택을 둘러싸고 곤란을 겪는 상황을 말한다. 과거에는 갈등이 집단에나 개인에게 안 좋은 영향을 준다고 하였으나 현대에 와서는 갈등의 순기능 면이 강조되어 어느 정도의 갈등은 조직 내에 필요하다는 입장이 부각되고 있다.

2. 갈등의 원인
   ㉠ 의사소통의 감소
   ㉡ 부서 간 영역의 모호
   ㉢ 한정된 자원과 많은 조직원
   ㉣ 기대나 목표, 의견의 불일치

91

|정답| ③

|해설| 수명주기이론은 리더십이론에서 상황이론에 속한다.

📋 리더십이론

행동이론	상황이론
• PM이론 • 관리격자이론 • 오하이오 대학모형 • 아이오와 대학모형 • 미시간 대학모형	• 수명주기이론 • 수직쌍연결이론 • 리더십규범이론 • 피들러의 상황이론 • 하우스의 경로-목표이론

92

|정답| ⑤

|해설| 관리격자 이론에서 (1,1)형은 무관심형에 속하는 것으로 생산과 인간 모두에 무관심하다.

|오답풀이|

① 리커트는 리더를 행동유형에 따라 직무 중심적 리더와 종업원 중심적 리더로 양분하고 가장 이상적이고 생산적인 리더십은 종업원 중심적 리더십이라고 하였다.

② 아이오와 대학의 연구에서는 리더를 유형별로 전제형, 민주형, 방임형으로 구분하였다.

③ 하우스와 이반의 경로-목표이론은 동기부여이론에서 브룸의 기대이론을 근거로 연구한 것으로 종업원의 특성과 작업환경의 특성을 상황변수로 고려한 리더십이다. 리더십의 유형을 지시적 리더십, 지원적 리더십, 참여적 리더십, 성취지향적 리더십으로 구분하였다.

④ 피들러는 리더십 스타일을 분류하기 위해 가장 좋아하지 않는 동료(LPC ; Least Preferred Co-worker)에 대한 설문을 실시하여 이에 대한 점수를 매기고, 그에 따라 적용되어야 할 리더십 스타일을 제시하였다.

93

|정답| ⑤

|해설| 경로-목표 이론은 상황(적합)이론에 속한다.

📋 리더십이론

1. 상황이론(적합이론)
   ㉠ 피들러의 상황적응적 이론 : 리더십의 유형으로 LPC(Least Preferred Coworker) 점수를 이용하였다.
      • 과업지향적 : LPC 점수가 낮을수록
      • 종업원지향적 : LPC 점수가 높을수록
   ㉡ 경로 - 목표이론 : 종업원의 특성과 작업환경의 특성을 상황변수로 도입하여 수단적 리더십, 후원적 리더십, 참여적 리더십, 성취지향적 리더십으로 구분하였다.
   ㉢ 수직쌍연결이론
      • 내집단 : 리더와 하급자 간에 공동체의식을 갖게 되어 이직률이 감소하고 높은 만족도를 느낀다.
      • 외집단 : 리더가 일방적이고 수직적인 명령을 하게 되어 내집단의 종업원보다 상대적으로 박탈감과 소외감을 느낀다.

2. 행동이론
   ㉠ 아이오와 리더십 연구 : 권위형, 민주형, 방임형
   ㉡ 미시간 대학의 연구 : 리커트 교수는 면접법을 통해 리더의 유형을 직무 중심적 리더와 종업원 중심적 리더로 극단적으로 구분하였다.
      • 직무 중심적 리더 : 과업중시, 공식권한 중시
      • 종업원 중심적 리더 : 조직 구성원과의 관계를 중시, 구성원에게 권한을 위임하는 리더 유형
   ㉢ 관리격자 이론 : 리더십을 무기력형, 친목형, 절충형, 과업형, 단합형으로 나누었다(단합형 리더가 가장 이상적).

94

| 정답 | ④

| 해설 | 허쉬-블랜차드 모델은 리더십 차원을 과업중심과 관계중심 차원으로 나눈 피들러의 상황이론을 발전시킨 것으로 과업과 관계 중심 행동을 각각 고저로 세분화하여 지시형, 설득형, 참여형, 위임형의 4가지 특정한 리더십 유형을 제시한다. 각각의 유형이 적절한 경우는 다음과 같다.

• 능력과 의지가 모두 낮은 미성숙 단계 : 지시형 리더십
• 능력은 낮으나 의지는 강한 단계 : 설득형 리더십
• 능력은 뛰어나나 의지가 약한 단계 : 참여형 리더십
• 능력과 의지가 모두 높은 단계 : 위임형 리더십

| 오답풀이 |

① 변혁적 리더십은 영감을 주는 동기부여, 지적인 자극, 이상적인 영향력의 행사로 구성된다. 상황에 따른 보상, 예외에 의한 관리는 거래적 리더십의 요소이다.

② 피들러(Fiedler)는 과업의 구조가 잘 짜여져 있고, 리더와 부하의 관계가 긴밀하고, 부하에 대한 리더의 지위권력이 큰 상황에서 과업지향적인 리더가 관계지향적 리더보다 성과가 높다고 주장하였다.

③ 스톡딜(Stogdill)은 리더십 특성이론과 구조주도 이론과 관련되어 리더십의 행위이론에 해당하며, 부하의 직무능력과 감성지능에 따라 리더십이 변하는 것이 아니라 리더의 구조주도상황과 고려상황이 높으면 부하의 성과를 높인다고 주장하였다.

⑤ 서번트 리더십은 타인을 위한 봉사에 초점을 두고, 부하와 고객을 우선으로 그들의 욕구를 만족시키기 위해 헌신하는 리더십을 말하며, 경청, 공감, 치유, 스튜어트십, 공동체 형성 등을 구성요소로 한다. 리더와 부하의 역할교환, 명확한 비전의 제시는 변혁적 리더십의 특성이고, 적절한 보상과 벌은 거래적 리더십의 특성이다.

95

| 정답 | ③

| 해설 | 컨트리클럽형에 대한 설명이다.

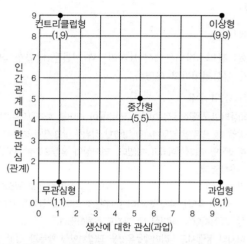

📋 블레이크와 머튼의 관리격자모델(Managerial Grid)
생산에 대한 관심(과업성취)과 인간에 대한 관심(인간관계개선)이라는 두 가지 기준을 토대로 분류한다.

(1,1)형, 무관심형	• 과업달성 및 인간관계 유지에 모두 관심을 보이지 않는 유형 • 리더는 조직구성원으로서 자리를 유지하기 위해 필요한 최소한의 노력만 함.
(1,9)형, 친목형 (컨트리클럽형)	• 생산에 대한 관심은 낮으나 인간관계에 대해서는 지대한 관심을 보이는 유형 • 리더는 부하와의 만족스러운 관계를 위하여 부하의 욕구에 관심을 갖고 편안하고 우호적인 분위기로 이끎.
(5,5)형, 절충형	• 생산과 인간관계의 유지에 모두 적당한 정도의 관심을 보이는 유형 • 리더는 생산과 인간에 대해 적당히 관심을 가짐.
(9,1)형, 과업형	• 인간관계 유지에는 낮은 관심을 보이지만 생산에 대해서는 지대한 관심을 보이는 유형 • 리더는 일의 효율성을 높이기 위해 인간적 요소를 최소화하도록 작업 조건을 정비
(9,9)형, 단합형, 팀형	• 생산과 인간관계의 유지에 모두 지대한 관심을 보이는 유형 • 리더는 상호신뢰적이고 존경적인 관계와 구성원의 몰입을 통하여 과업을 달성

96

| 정답 | ④

| 해설 | 피들러의 상황이론은 LPC를 사용하여 리더의 유형을 과업지향적 리더십과 관계지향적 리더십 두 가지로 나누었다. LPC가 낮을 경우에는 과업지향적 리더십, LPC가 높을 경우에는 관계(종업원)지향적 리더십이다.

97

|정답| ⑤

|해설| 관리격자이론에서 블레이크와 머튼은 단합형 리더가 이상적이라고 하였다.

📄 리더십의 종류

1. 피들러의 상황적응적 이론 : 구성원들이 리더를 호의적으로 생각할 때, 명확한 업무지시와 강력한 직위를 갖고 있을 때 가장 이상적인 리더십이라고 하였다. 리더십의 유형으로는 LPC를 사용하였다.
2. 경로-목표이론 : 기대성, 수단성, 유의성을 정확히 알고 있으며 리더십의 유형을 수단적 리더십, 후원적 리더십, 참여적 리더십, 성취지향적 리더십 네 가지로 분류하였다.
3. 허시와 블랜차드 : 리더행동유형을 과업지향적 행동과 인간관계지향적 행동의 두 차원을 축으로 한 지시형, 설득형, 참여형, 위임형 등 4가지로 분류하고 이 유형이 가진 각각의 효과성이 부하들의 성숙도에 따라 어떻게 달라지는가를 연구하였다.

98

|정답| ①

|해설| 서번트 리더십은 주변 사람들을 섬기며 헌신하는 리더십으로 경청, 공감, 치유, 봉사, 부하들의 성장을 위한 노력, 공동체 형성 등이 특징이다. 개별적 배려, 지적 자극, 영감에 의한 동기부여, 비전 제시 등은 변혁적 리더의 특징이다.

|오답풀이|

② 피들러는 리더와 부하와의 관계, 과업의 구조, 리더의 직위권력을 통하여 리더에게 매우 호의적인 상황부터 매우 비호의적인 상황까지 8가지의 상황으로 구분한다.

③ 오하이오 주립대학교의 리더십 행동연구에서는 리더십을 구조주도와 배려의 두 차원으로 나누어서 '구조주도 고-고려 고, 구조주도 고-고려 저, 구조주도 저-고려 고, 구조주도 저-고려 저'의 4가지로 구분하였다.

④ 블레이크와 머튼은 일에 대한 관심과 사람에 대한 관심을 두 축으로 하여 각각 1단계부터 9단계까지 구분하여 81가지의 리더십을 만들었고 그 중 대표적인 5가지 유형의 리더십을 제시한 관리격자형 리더십 모형을 제시하였다.

⑤ 거래적 리더십은 부하와 리더 사이에 발현되는 리더십을 부하의 노력에 따른 성과와 그 결과 리더가 챙겨 주는 보상 사이의 거래관계로 간주한다.

99

|정답| ②

|해설| 번즈(Burns)와 배스(Bass)는 변혁적 리더십을 제시하면서 기존의 리더십과 차이를 두기 위해 기존의 리더십을 거래적 리더십이라고 하였다. 변혁적 리더십의 특징으로는 부하들 개개인에 대한 개별적 배려, 새로운 것에 대한 지적 자극, 비전을 제시하고 함께 동참할 것을 호소하는 리더의 카리스마를 들고 있다.

이에 비하여 거래적 리더십은 부하와 리더 사이에 거래관계에서 형성된 리더십으로 부하들이 얼마나 역할을 잘 수행해 주었는가에 따라 부하들에게 주는 보상이 달라지게 된다. 거래적 리더십에서는 부하들의 관리라는 개념이 강조되므로 '예외에 의한 관리'는 거래적 리더십의 특징이다.

100

|정답| ④

|해설| 부하에게 각자의 책임과 기대하는 바를 명확하게 하며 각자의 행동에 따라 어떤 대가가 돌아갈 것인지를 제시하여 동기유발을 시키는 것은 거래적 리더십이다.

📄 변혁적 리더십(Transformational Leadership)

1. 의의 : 구성원이 외재적인 보상이 아니라 자아실현 또는 일에서의 의미를 찾아 자발적으로 일하도록 하는 리더십
2. 특징
   ㉠ 카리스마 : 리더는 부하에게 비전을 개발하여 제시하고 효과적인 역할모범을 보이고 이념적 목표를 명확하게 표현하며, 높은 기대감과 확신을 보임으로써 동기를 유발시킨다.
   ㉡ 영감 : 리더가 부하로 하여금 도전적 목표와 임무, 미래에 대한 비전을 열정적으로 받아들이고 계속 추구하도록 격려한다.
   ㉢ 개별적 배려 : 리더는 부하에게 존중과 책임성을 표시하고 부하들의 개인적인 문제에도 관심을 갖는 등 개별적으로 격려하고 충고한다.
   ㉣ 지적 자극 : 리더는 부하로 하여금 형식적 관례와 사고를 다시 생각하게 함으로써 새로운 관념을 촉발시킨다.

101

| 정답 | ④

| 해설 | 변혁적 리더십이론은 종래의 모든 리더십이론을 거래적 리더십이론이라고 비판하면서 등장한 이론이다. 거래적 리더십이론은 지도자가 제시한 조직목표를 구성원들이 성취하면 그것에 따른 보상을 주는 목표 달성과 보상을 서로 교환하는 현상을 리더십으로 보는 입장이다.

102

| 정답 | ②

| 해설 | 셀프 리더십(Self-Leadership)이란 자율적 리더십 또는 자기리더십이라고도 한다. 셀프 리더십은 자신을 사랑하고 자신을 이끌어 가는 방법으로 자기가 자기 자신에게 스스로 영향력을 행사함으로써 자신의 생각과 행동을 변화시키는 과정이다.

📄 리더십의 종류

셀프 리더십	조직구성원 자신이 스스로 관리하여 이끌어 가는 리더십
슈퍼 리더십	하급자들을 셀프 리더로 키우는 리더십
지시적 리더십	계획, 조직, 통제와 같은 공식적 활동을 강조하는 리더십
변혁적 리더십	• 거래적 리더십에 대한 비판에서 유래 • 장기적인 비전을 가지고 집단의 욕구체제를 바꾸려는 리더십
서번트 리더십	• 타인을 위한 봉사에 초점 • 종업원과 고객의 대화를 우선으로 그들의 욕구를 만족시키기 위해 헌신하는 리더십

103

| 정답 | ①

| 해설 | 슈퍼 리더십은 하급자들을 셀프 리더로 키우는 리더십으로, 리더 스스로 훌륭한 리더의 모델이 되어야 한다.

기출예상문제   문제 294쪽

01	②	02	①	03	②	04	②	05	①
06	③	07	③	08	⑤	09	④	10	②
11	②	12	⑤	13	④	14	①	15	①
16	⑤	17	②	18	①	19	②	20	①
21	③	22	⑤	23	②	24	⑤	25	③
26	④	27	③	28	①	29	⑤	30	①
31	④	32	③	33	②	34	①	35	②
36	②	37	①	38	②	39	③	40	①
41	⑤	42	③	43	②	44	③	45	①
46	③	47	③	48	①	49	③	50	④
51	③	52	④	53	③	54	⑤	55	⑤
56	③	57	①	58	④	59	④	60	①
61	④	62	⑤	63	①	64	⑤	65	⑤
66	②	67	③	68	④	69	③	70	③
71	⑤	72	⑤	73	③	74	②	75	⑤
76	③	77	①	78	③	79	④	80	⑤
81	③	82	④	83	①	84	①	85	⑤
86	④	87	③	88	③	89	③	90	④
91	①	92	②	93	④	94	⑤	95	①
96	③	97	③	98	②	99	②	100	④
101	③	102	①	103	③	104	④	105	③
106	⑤	107	②	108	②	109	⑤	110	⑤
111	②	112	⑤	113	④	114	②	115	④
116	①	117	②	118	④	119	①	120	①
121	⑤	122	③						

01

| 정답 | ②

| 해설 | 인력수요예측방법 중 상향식 접근방법은 실무부서단위에서 필요한 인력을 상부에 보고하여 상부에서 종합하는 방법이다. 이 경우 부서에서는 삭감을 예상하여 필요인력보다 더 많이 청구하는 것이 일반적이므로 수요예측이 과대하게 되는 경우가 많다.

02

|정답| ①

|해설| 직무평가는 직무분석의 결과를 근거로 실시한다.

📋 **직무분석**

1. 직무의 내용과 그 기능을 수행하기 위하여 담당자에게 요구하는 경험, 지식, 능력, 책임 등을 명확하게 기술하는 것이다.
   ㉠ 직무의 상대적 가치를 결정하는 직무평가를 위한 자료에 이용
   ㉡ 근로자의 채용조건과 교육훈련에 필요
   ㉢ 인사고과와 정원제의 확립, 의사결정, 안전위생관리 등에 유용한 기본자료를 제공
2. 직무분석의 목적
   ㉠ 직무분석은 조직의 합리화를 위한 기초작업이다.
   ㉡ 직무분석의 결과는 채용, 배치, 이동 등의 기준을 만드는 기초가 된다.
   ㉢ 인사고과의 기초 작업이 된다.
   ㉣ 직무분석의 결과는 종업원의 훈련 및 개발의 기준이 된다.

03

|정답| ②

|해설| 직무분석을 통해 얻어진 정보는 특정 직무에 대해 어느 정도의 보상을 해 주어야 할지를 결정하는 직무평가의 기초 자료로 사용된다.

📋 **개념적 직무분석**

조직 구조의 설계	• 조직 구조는 조직 활동을 명확한 여러 가지 과업들로 구분하고 구분된 여러 가지 과업들을 통제하고 조정하기 위해서 형성 • 직무분석을 통해 얻어진 정보는 직무 요건 및 직무 간에 관계를 명확히 해 줌으로써 조직의 모든 계층별 책임을 명시해 주고 능률을 제고시켜 주며, 직무의 중복을 최소화시키고 최종적으로는 보고 체계를 결정해 줌.
인적 자원계획 수립	• 직무분석 자료는 인적 자원계획 수립의 기초 자료로 활용 • 인적 자원의 수요 및 공급을 예측하고 교육훈련계획, 전직계획, 승진계획 등 여러 가지 계획에 활용
직무 평가 및 보상	• 특정한 직무가 조직에 기여하는 가치의 서열을 결정하거나 임금 조사의 일환으로 다른 조직에 존재하는 유사한 직무와 해당 직무를 비교하여 직무의 내용을 명확히 파악 • 직무분석을 통하여 얻어진 정보는 직무평가의 기초 자료로 사용되며 특정 직무에 대해 어느 정도의 보상을 해 주어야 할지를 결정하는 데 활용

04

|정답| ②

|해설| ㉡ 상동적 태도, 현혹효과는 인사평가상의 오류다.

㉎ 직무기술서는 직무분석을 통하여 얻은 직무에 관한 자료와 정보를 직무의 특성에 중점을 두고 정리·기록한 문서이며, 직무표식, 직무개요, 직무내용, 직무요건을 기술한다.

📋 **직무분석의 방법**

면접법, 관찰법, 질문지법, 작업기록법, 중요사건기록법, 실제 수행법, 샘플링법 등

05

|정답| ①

|해설| 직무분석의 절차는 배경정보의 수집-대표직위 선정-직무정보 획득-직무기술서 작성-직무명세서 작성 순이다.

06

|정답| ③

|해설| 직무확대는 직무 능력을 활용하고 도전의 기회를 증대하여 만족감을 유발하기 위하여 전문화된 직무의 내용 및 범위를 넓히는 것이다. 수평적 직무확대는 직무 전문화된 작업상황에서 한 사람의 작업자가 수행하던 한 가지 혹은 소수의 일의 종류를 늘려서 수행하는 경우이다. 수직적 직무확대는 한 사람의 작업자가 수행해 왔던 일의 종류가 과거보다 늘어나서 의사결정권한 및 책임의 크기까지 증가되는 경우이다.

07

|정답| ③

|해설| 직무평가는 직무분석 결과를 바탕으로 현재 직무 간의 상대적 난이도를 결정하는 과정이다. 따라서 현재 직무의 문제점과 개선방안을 도출해 내는 것을 주목적으로 하지 않는다.

08

| 정답 | ⑤

| 해설 | 관찰법은 훈련된 직무분석자가 직무수행자를 직접·집중적으로 관찰함으로써 정보를 수집하는 것이다. 직무가 다른 직무담당자 혹은 다른 상황, 시간 흐름에 따라 현저하게 바뀌지 않는 것을 전제로 하기 때문에 표준화된 업무에 적절하다. 즉, 정신적인 작업과 집중을 요하는 작업보다는 생산직이나 기능직에 더욱 적절하다.

| 오답풀이 |

① 샘플링법(순간관측법)은 무작위로 선정한 관측 대상의 순간적인 상황을 관측하는 과정을 여러 번 시행해 분석자료를 산출하는 직무분석법으로, 관측에 필요한 비용이 적고 관측자가 장기적으로 관측행위 자체에서 발생하는 변수(호손 효과)를 최소화시킬 수 있다는 장점이 있으나, 관찰의 내용이 세밀하지 않고 자료의 신뢰도가 떨어진다는 단점이 있다.

09

| 정답 | ④

| 해설 | 직무분석 담당자가 분석대상 직무를 직접 수행해 봄으로써 직무의 내용과 직무가 요구하는 특성을 분석하는 방법은 체험법이다.

10

| 정답 | ②

| 해설 | 요소비교법은 직무평가의 방법 중 하나로, 기준 직무와 다른 직무를 비교하는 것이며 그 내용이 복잡하므로 시간이 많이 소요된다는 특징을 가진다.

11

| 정답 | ②

| 해설 | 관찰법은 직무분석자가 특정 직무가 수행되고 있는 것을 직접 관찰하고 내용을 기록하는 방법이다. 관찰법은 정신적인 활동에 대한 관찰이 불가능하고 직무의 순환과정이 긴 경우에는 적용하기 곤란하며 직무수행자의 작업에 방해가 될 수도 있고 직무수행자가 관찰을 인

지할 경우 직무수행의 왜곡현상이 나타날 수 있다는 단점이 있다.

| 오답풀이 |

① 면접법은 직무분석자가 직무담당자와 면접을 통하여 직무를 분석하는 방법이다.

③ 질문지법은 질문지를 통하여 직무담당자가 기록하도록 하여 정보를 얻는 방법이다.

④ 경험법은 직무분석자가 직접 체험에 의해서 직무에 관한 정보를 얻는 방법이다.

⑤ 중요사건기록법은 피분석자가 직무과정에서 보인 특별한 행동을 기록하여 분석하는 방법이다.

12

| 정답 | ⑤

| 해설 | 직무기술서란 어떠한 직무에 대해 직무분석을 통하여 해당직무의 성격이나 직무개요, 요구되는 자질, 직무내용, 직무방법 및 절차, 작업조건 등을 알아낸 후, 분석한 직무에 대한 주요사항 등을 정리하고 기록한 문서이다.

| 오답풀이 |

① 인사평가에 대한 설명이다.

②, ③ 직무기술서는 직무내용과 직무요건에 동일한 비중을 둔다.

④ 직무명세서에 대한 설명이다.

📄 **직무기술서(Job Description)**
1. 직무내용과 직무요건에 동일한 비중을 둔다.
2. 직무분석의 결과를 일정 서식으로 정리하고 기록한 문서다.
3. 직무의 능률화와 인적자원의 모집 및 배치의 정확화를 위해 작성된다.

13

| 정답 | ④

| 해설 | 직무수행에 필요한 인적 특성을 자세히 적어 두는 것은 직무명세서다.

📄 **직무기술서와 직무명세서**
1. 정의 : 직무분석의 결과는 직무기술서와 직무명세서로 나타난다. 직무분석은 직무기술서와 직무명세서의 기초가 된다.

2. 특징

직무 기술서	• 직무분석의 결과에 의거하여 직무수행과 관련된 과업 및 직무행동을 일정한 양식에 기술한 문서 • 내용 : 직무명칭, 직무활동과 절차 및 수행과업, 작업조건, 사회적 환경, 고용조건 및 작업시간, 공식 조직에서의 직무 위치 등
직무 명세서	• 직무분석의 결과에 의거하여 직무수행에 필요한 종업원의 행동, 기능, 능력, 지식 등을 일정한 양식에 기록한 문서 • 직무의 인적 요건에 중심을 두고 있기 때문에 직무기술서의 과업기술에서 인적 요건을 이끌어 내는 것이 보다 유용하다고 할 수 있음. • 물적 환경, 과업과 책임, 고용조건 등에 대하여 기술하는 것이 아니라 직무수행에 필요한 인적 특성을 결정하는 것

14

| 정답 | ①

| 해설 | ㄹ 직무기술서는 직무의 성격, 내용, 이행 방법 등과 직무의 능률적인 수행을 위하여 직무에서 기대되는 결과 등을 간략하게 정리해 놓은 문서로, 과업 중심적인 직무분석에 의해 얻어지고 과업요건에 초점을 맞추고 있다.

| 오답풀이 |

㉠ 직무기술서에는 직무요건뿐만 아니라 직무내용 등의 내용들을 포함한다.

㉡, ㉢, ㉣, ㉥, ㉦ 직무명세서에 대한 설명이다. 직무명세서는 직무분석의 결과를 정리할 때 인적 특성을 중심으로 기록되는 문서로, 인적 요건에 초점을 맞추고 있다.

㉤ 직무기술서는 직무 자체의 가치를 결정하는 직무평가의 자료로 활용된다. 고용이나 훈련, 승진 등에 기초자료로 활용되는 것은 인사평가자료이다.

15

| 정답 | ①

| 해설 | 직무명세서는 직무기술서의 내용을 기초로 한 것으로 인적 요건에 중점을 두고 정리한 문서다.

| 오답풀이 |

②, ④ 직무명세서에 대한 내용으로 직무분석의 결과를 기초로 직무수행에 필요한 종업원의 인적 요건에 관한 정보를 구체적으로 기록해 놓은 문서다.

③ 직무명세서는 직무기술서의 직무분석 결과를 기반으로 직무수행에 필요한 요건 중 인적 요건에 더 큰 비중을 둔다.

⑤ 직무기술서에 포함되는 내용들이다.

16

| 정답 | ⑤

| 해설 | 직무명세서는 인적 특성을 중심으로 기록되는 문서다. 직무기술서의 내용을 토대로 하여 그 직무의 수행에 적절한 인적 특성을 도출할 수도 있다. 직무를 원활하게 수행하기 위해서 필요한 종업원의 행동, 기능, 능력, 지식 등을 일정한 형식에 맞게 기술하고 표기해야 한다.

| 오답풀이 |

①, ②, ③, ④ 직무기술서에 포함되는 내용들이다.

17

| 정답 | ②

| 해설 | 직무평가를 실행해야지만 직무급을 도입할 수 있으므로 직무평가는 직무급 도입을 위한 핵심적인 과정이다.

| 오답풀이 |

① 직무평가의 목적은 직무가 조직에 필요한 것인지의 여부를 평가하고 개선점을 찾아내는 것이 아니라 직무 간의 상대적 난이도를 결정하는 것이다.

③ 직무수행에 필요한 인적 요건에 관한 정보를 구체적으로 기록한 것은 직무명세서이다.

④ 서열법은 직무를 세부요소로 구분하지 않고 전체적으로 평가하여 직무들의 상대적 가치를 판단한다. 직무를 세부요소로 구분하여 평가하는 것은 점수법, 요소비교법이다.

⑤ 사전에 등급이나 기준을 만들고 그에 맞게 직무를 판정하는 방법은 분류법에 해당한다.

18

| 정답 | ①

| 해설 | 직무평가는 직무의 중요성, 곤란도, 위험도 등을 평가한 것을 바탕으로 타 직무와 비교해 상대적 가치를 정하는 방법으로, 그 요소로는 숙련, 노력, 책임, 작업 조건 등이 있다.

19

| 정답 | ②

| 해설 | 직무분석의 방법에는 면접법, 질문지법, 관찰법, 체험법(경험법), 중요사건기록법, 임상적 방법, 혼합병 용법 등이 있다. 서열법, 분류법, 요소비교법, 점수법 등이 직무평가의 방법이다.

20

| 정답 | ①

| 해설 | 직무평가의 방법에는 서열법, 분류법, 점수법, 요소비교법이 있다. 강제할당법, 중요사건서술법, 행동기준평가법, 체크리스트법 등은 인사고과(성과평가)의 방법이다.

21

| 정답 | ③

| 해설 | 서열법은 직원들의 근무성적을 평정함에 있어서 평정 대상자들을 서로 비교해서 서열을 정하는 평정 방법이다. 특정 집단 내의 포괄적 서열을 나타낼 수는 있으나 다른 집단과 비교할 수 있는 객관적 자료는 제시하지 못하며, 집단의 인원수가 많을 경우에는 서열을 매기는 것이 대단히 어려워 비교적 규모가 작은 집단에서만 사용할 수 있다는 한계를 지닌다.

22

| 정답 | ⑤

| 해설 | 기준직무를 미리 정해 놓고 각 직무의 평가요소와 기준직무의 평가요소를 비교, 분석하는 것은 요소비교법에 대한 설명이다.

📄 요소비교법의 특징
1. 점수법의 단점을 보완하기 위해 만들어진 직무평가방법이다.
2. 기능직, 사무직 등 상이한 직무에서도 적용 가능하나, 측정 척도의 구성이 복잡하여 시간과 비용이 많이 소요된다.

23

| 정답 | ②

| 해설 | 요소비교법은 기준 직무에 다른 직무를 비교하는 것으로 내용이 복잡하여 시간이 많이 소요되는 것이 단점이다.

| 오답풀이 |
①, ④, ⑤ 서열법의 단점에 해당한다.
③ 점수법의 단점에 해당한다.

24

| 정답 | ⑤

| 해설 | 직무평가 방법 중 비량적 방법에는 서열법, 분류법이 있고 양적 방법에는 점수법, 요소비교법이 있다.

25

| 정답 | ③

| 해설 | 비량적 방법은 비용이 저렴하고 탄력적이므로 중소기업의 직무를 평가하는 데 많이 사용된다.

| 오답풀이 |
①, ②, ④ 양적 방법에 대한 설명이다.
⑤ 비량적 방법은 양적 방법에 비해 시간과 비용이 적게 소요된다.

기출문제 · 경영과 기업 · 기업활동의 조직 · 인사관리 · 생산관리 · 마케팅관리 · 실전모의고사

26

| 정답 | ④

| 해설 | 분류법은 직무평가의 한 방법으로, 평가하고자 하는 직위의 직무를 미리 작성한 등급으로 하나하나 결정해 나가는 방법이다. 등급 수를 몇 단계로 구분할 것 인가는 직무의 복잡성과 책임, 직무 수행에 필요한 지식과 기술, 감독의 책임, 의사결정의 자율성, 직무의 중요성 등에 따라 결정된다. 적은 비용이 들고 이해하기가 쉽다는 장점이 있지만 복잡하면 적용하기가 힘들고 분류기준을 세우는 것이 쉽지 않다는 한계를 지닌다.

| 오답풀이 |

① 서열법에 대한 내용으로 각각의 직무를 상호교차하여 그 순위를 결정한다.

② 점수법에 대한 내용으로 평가요소별로 점수를 배정하고 평가하는 방법이다.

③ 요소비교법에 대한 내용으로 각 직무의 평가요소를 기준직무의 평가요소와 비교한다.

⑤ 분류법은 분류기준이 복잡하면 적용이 힘들어 많은 종류의 직무를 평가하는 데는 부적합하다.

27

| 정답 | ②

| 해설 | 직무평가의 방법으로는 서열법, 분류법, 점수법 그리고 요소비교법이 있다.

📄 **직무평가의 방법**

서열법	• 각 요소를 기준으로 순위를 정함. • 편하게 순위를 매길 수는 있지만 직무의 수가 많으면 힘듦.
분류법	• 어떤 기준에 따라 사전에 만들어 놓은 여러 등급에 각 직무를 적절히 판정하여 맞추어 넣는 방법 • 복잡하면 적용이 힘들지만 적은 비용으로 할 수 있음.
점수법	• 중요도에 점수를 준 후 평가 • 평가요소별 가중치를 정하는 것이 힘듦.
요소 비교법	• 기준 직무에 다른 직무를 비교 • 내용이 복잡하고 시간이 많이 걸림.

28

| 정답 | ①

| 해설 | 서열법은 비량적 방법에 속하는 직무평가 방법이다.

📄 **양적 방법**

1. 양적 방법에는 점수법과 요소비교법이 있다.
2. 양적으로 계측하고 분석적 판단에 의해서 평가하는 방법이다.

29

| 정답 | ⑤

| 해설 | 요소비교법은 직무의 상대적 가치를 결정하는 직무평가 방법 중 하나로, 직무들 간의 서열을 평가요소별로 매기는 방법이다. 요소비교법은 대표적인 것이라고 생각되는 기준직무를 선정하여 그 직무의 각 중요 요서에 부여한 수치에 평가하려는 직무의 각 요소들을 대비시켜 서로 간 비교를 통해 평가한다.

| 오답풀이 |

① 직무분석 중 질문지법에 대한 설명이다.

② 직무분석 중 중요사건기록법에 대한 설명이다.

③ 직무분석 중 관찰법에 대한 설명이다.

④ 직무평가 중 서열법에 대한 설명이다.

30

| 정답 | ①

| 해설 | ㉠ 요소비교법은 기준직무를 요소별로 평가한 후 특정직무와 기준직무를 요소별로 평가하는 방법으로, 이 방법에는 직무의 평가요소 선정과 기준직무 선정이 모두 필요하다.

| 오답풀이 |

㉡ 핵크만과 올드햄이 주장한 직무특성이론에서 핵심직무특성에는 기능다양성, 과업정체성, 과업중요성, 자율성, 피드백이 포함된다. 직무의 독립성은 해당되지 않는다.

㉢ 과업의 다양성을 증진시키기 위해 직무의 수를 증가시키는 것은 직무확대이다.

㉣ 직무평가를 할 때 등급분류 기준을 설정하는 것은 분류법이다.

ⓜ 핵크만과 올드햄의 직무특성이론에서 중요 심리상태
　에는 작업에 대한 의미감, 작업 결과에 대한 책임감,
　직무수행 결과에 대한 지식이 있다. 작업에 대한 만
　족감은 결과변수에 해당한다.
ⓗ 핵크만과 올드햄의 직무특성이론에 의하면, 과업중
　요성이 높은 직무일수록 직무에 대한 의무감을 많이
　느끼게 된다.
ⓢ 재량권과 책임은 변화시키지 않고, 수행하는 작업의
　종류만 증가시키는 직무재설계 방법은 수평적 직무
　확대이다. 직무충실화는 수직적 직무확대로 재량권
　과 책임의 변화가 따라온다.
ⓞ 서열법은 직무의 수가 많을 때는 사용하기 곤란하다.

31

| 정답 | ④

| 해설 | 과업정체성이란 직무수행 방법과 직무수행에 필
요한 능력이 명확하게 정의된 정도를 의미하는 것이 아
니라 과업의 완결성으로 직무가 전체작업에서 차지하고
있는 범위의 정도를 의미한다.

32

| 정답 | ①

| 해설 | 과업정체성이란 과업의 완결성 정도로 과업이 전
체 작업에서 차지하는 범위를 의미한다.

| 오답풀이 |

② 결과변수에는 높은 직무만족, 높은 동기부여, 낮은
　이직률과 결근율, 높은 업무성 등이 포함된다.
③ 성장욕구가 강한 사람은 동기부여잠재력 지수가 높은
　업무가 적합하다. 과업중요성과 과업정체성이 높으
　면 동기부여 잠재력 지수 값은 높아진다.
④ 성장욕구는 직무특성과 심리상태 사이에 조절변수로
　서의 역할을 한다. 따라서 성장욕구가 강한사람은 자
　율성이 많은 직무를 수행할수록 직무에 대한 책임감
　을 더 많이 경험하게 된다.
⑤ 중요 심리상태에는 작업의 의미에 대한 경험, 결과의
　책임 경험, 직무수행 결과에 대한 지식이 포함된다.

33

| 정답 | ②

| 해설 | 직무특성이론은 다음과 같은 특징이 있다.

1. 직무특성이 수행자의 성장욕구 수준에 부합될 때 긍
　정적인 동기유발 효과를 초래하게 된다는 동기부여이
　론이다.
2. 개인차를 고려하여 직무특성과 심리 상태, 심리 상태
　와 성과 간의 관계를 조절하는 변인으로 작용한다고
　제시하였다.
3. 잠재적 동기지수
　㉠ 기술다양성 : 다양성이 높은 곳에서 직무자는 의
　　미감을 느낀다.
　㉡ 직무정체성 : 정체성이 높은 직무에서 직무자는
　　의미감을 느낀다.
　㉢ 직무중요성 : 중요성이 높은 직무에서 직무자는
　　의미감을 느낀다.
　㉣ 자율성 : 자율성이 높은 직무에서 직무자는 업무
　　에 대한 책임감을 느낀다.
　㉤ 피드백 : 피드백이 높은 직무에서 직무자는 수행
　　결과에 대한 지식을 얻는다.

34

| 정답 | ①

| 해설 | 직무충실화 이론을 발전시킨 것이 직무특성이론
이다.

📋 직무충실화

내용	• 종업원의 직무를 수직적으로 확대함으로써 그 내용을 보다 풍부하게 하는 것 • 자유재량권과 책임의 부과를 통하여 수행자의 창의력을 개발하고 능력 신장을 기대
문제점	• 개개인의 능력이나 적성을 고려하지 않은 일률적인 적용 • 권한의 증대 및 업무량의 증대로 인한 종업원의 부작용 • 직무충실이론만으로 효과가 일어난 것인지에 대한 측정의 어려움 등

35

|정답| ②

|해설| 직무확대는 개인이 분담하는 직무의 범위를 확대하여 단순작업의 되풀이에 의한 권태감을 없애고 보다 흥미를 가질 수 있는 것으로 재편성하려는 방식이다.

|오답풀이|

① 직무순환은 단순하게 배치를 바꾸는 것이 아니라 필요한 시기에 필요한 직무를 계획적으로 체험시키는 인사관리상의 방법이다.

③ 직무유연화는 외부의 환경 변화에 인적자원을 신속하고도 효율적으로 배분 및 재배분하는 것을 가리키는 것이다.

④ 직무충실화는 작업자가 작업의 계획, 실행 및 평가를 통제하는 정도를 키우는 직무의 수직적 확대이다.

⑤ 직무특성이론은 핵심적 직무특성, 중요 심리상태, 결과의 세 가지 기본적인 요소로 구성된 것이다.

36

|정답| ②

|해설| 압축근무제는 동일한 주당 근로시간 내에서 일일 근무시간을 늘려 근로일수를 단축시키는 제도로, 압축근무제를 통해 단축시킬 근무일을 근로자 본인이 직접 선택할 수 있도록 하고 있다.

|오답풀이|

① 직무순환은 근로자를 일정 기간마다 다른 직무로 이동시켜 다양한 업무 환경을 경험하게 하는 것이다.

③ 유연시간 근무제는 주당 근로시간 내에서 근로자가 직접 출퇴근시간을 지정할 수 있는 제도이다.

④ 직무공유제는 근무시간과 업무량을 두 명 단위로 묶어 상호협의로 근무일정과 업무를 조정할 수 있도록 하는 제도이다.

⑤ 업무를 자택에서 볼 수 있게 하는 재택근무제의 도입은 임시직의 고용을 용이하게 하여 더욱 넓은 노동력 풀을 활용할 수 있게 한다.

37

|정답| ①

|해설| ② 직무순환이 가능하기 위해서는 작업자가 수행하는 직무끼리 상호 교환이 가능해야 하고 작업흐름에 있어서 커다란 작업 중단 없이 직무 간의 원활한 교대가 전제되어야 한다.

|오답풀이|

㉠ 직무설계는 조직목표 달성과 동시에 개인의 만족감을 부여하고자 한다.

㉡ 직무확대란 직무의 다양성을 증대시키기 위해 직무를 수평적으로 확대시키는 방안을 말한다. 직무확대를 통한 직무 설계에서는 직무수행에 요구되는 기술과 과업의 수를 증가시킴으로써 작업의 단조로움과 지루함을 극복하여 높은 수준의 직무 만족을 기대한다.

㉢ 유연시간근무제로 인하여 근무 중 생산성이 증가할 수 있다.

㉣ 비자발적 직무순환은 작업자의 적성에 맞지 않는 업무배정으로 인해 작업자가 바뀐 환경에 적응하지 못해 근로의욕이 떨어지고 이직률이 상승할 수 있다는 단점이 있다.

㉤ 직무충실화는 위생요인을 아무리 개선해도 종업원의 욕구는 충족되지 못하기 때문에 장기적인 의욕을 갖도록 하기 위해서는 동기요인을 충족시켜야 한다고 주장한다.

38

|정답| ②

|해설| a. 허즈버그의 2요인이론에 기초한 방법으로, 수직적 직무확대라고도 한다.

c. 다양한 작업내용을 포함하며 높은 수준의 지식과 기술을 요한다.

|오답풀이|

b. 과업의 수를 증가시킴으로써 단조로움과 지루함을 줄일 수 있는 것은 직무확대에 대한 설명이다.

d. 직무충실화는 직무설계의 현대적 접근방법이다.

📄 **직무충실화**

직무 그 자체가 성취감과 안정감 및 책임감, 발전 및 성장에 대한 기회를 제공해서 일상적인 업무에 중요한 의미를 부여하는 것이다. 그 결과 동기부여를 증진시켜서 만족감과 업무성과가 향상된다.

1. 동기요인 : 인간의 욕구 가운데 조직구성원에게 만족을 주고 동기를 유발하는 작용을 하는 요인으로 만족요인이라고도 하며 성취, 인정, 직무, 책임, 승진 등이 있다.
2. 위생요인 : 불만감이 발생할 때 이를 예방하는 요인으로 급여, 복리후생, 상호 관계, 작업 조건 등이 있다.
3. 위생요인을 아무리 개선해도 종업원의 욕구는 충족되지 못하므로 장기적으로 작업에 대한 의욕을 갖도록 하기 위해서는 동기유발에 충실해야 한다는 이론이다.

39

| 정답 | ③

| 해설 | 직무충실화는 허즈버그의 2요인이론에 바탕을 두고 있다.

40

| 정답 | ①

| 해설 | 사람들이 선호하는 보직의 경우, 내부모집 역시 여러 명의 지원자가 발생하는 과다경쟁이 발생할 수 있고 선발 탈락 시에 조직구성원들 간 마찰이 발생할 수 있다.

41

| 정답 | ⑤

| 해설 | 여러 상황에서도 똑같은 측정결과를 나타내는 것을 선발도구의 일관성이라고 한다.

| 오답풀이 |

① 사내공모제는 공석의 자리를 사내에서 모집하므로 기존 구성원들이 해당 자리에 우선적으로 지원할 수 있어서 기존구성원들에게 승진기회가 제공되고 기존구성원들의 동기부여와 만족감이 높아진다.
② 내부모집은 조직문화에 젖어 있기 때문에 참신한 시각이 부족할 수 있지만 외부모집은 새로운 관점과 시각을 가진 인력이 선발될 수 있다.
③ 내부 인력원천은 내부에 인사고과 자료들이 있기 때문에 외부 인력원천에 비해 비교적 정확한 능력평가가 가능하다.

④ 외부모집은 모집범위가 넓지만 내부모집 방식에서는 모집범위가 제한된다. 또한 좋은 보직의 경우에는 동일한 자리를 놓고 치열한 경쟁을 벌여야 하는 경우도 있다.

42

| 정답 | ③

| 해설 | 기준타당성은 시험성적이 실적 기준 등 다른 평가 기준과 얼마나 부합하느냐 하는 경험적 차원에서 판단되는 타당성을 가리킨다. 예를 들어 채용시험의 성적과 채용 후 일정한 기간이 지난 뒤의 근무성적을 비교해 양자의 상관관계가 높으면 채용시험의 타당성이 높은 것으로 판단할 수 있을 것이다.

43

| 정답 | ②

| 해설 | ㉤ 내부모집은 승진 기회를 제공함으로써 내부인들의 사기를 고양하고 자기개발을 유도할 수 있다. 내부인의 사기 감소는 외부모집의 단점에 해당한다.
㉥ 새로운 아이디어나 방법을 얻을 수 있는 것은 외부모집의 장점이다.

| 오답풀이 |

내부모집은 사내모집이라고도 하며 원래 있던 인력을 다시 평가하여 기회를 주는 것으로 지원자에 대한 정확한 평가가 가능하다는 장점을 가지고 있다.

44

| 정답 | ③

| 해설 | b. 선발도구의 기준관련타당도는 선발도구들이 실제로 직무성과를 얼마나잘 예측하는지를 말해 주는 것으로 예측타당도와 동시타당도(현재타당도)가 있다.
c. 조직내부에 새로운 충격을 주기 위해 선택되는 충원제도는 외부충원제도이다.

기출문제 경영과 기업 기업활동의 조직 인사관리 생산관리 마케팅관리 실전모의고사

45

| 정답 | ③

| 해설 | 교육훈련비 등의 인재개발비용이 증가하는 것은 내부모집에서 볼 수 있는 부정적 효과다.

📄 외부모집의 장단점

1. 장점 : 폭 넓은 모집 범위에 따라 높아진 인재 채용 가능성, 경력자 채용으로 인재개발비용 절감, 새로운 정보와 지식의 도입 용이, 조직 분위기 쇄신 가능, 조직 홍보 효과
2. 단점 : 모집에 비용 및 시간 소요 증가, 내부인력의 승진 기회 축소, 내부 직원들의 사기 저하, 외부인력 채용으로 인한 리스크 발생, 경력자 채용으로 인건비 증가

46

| 정답 | ③

| 해설 | 외부모집을 활용할 경우, 조직의 변화를 촉진하여 신선한 충격을 주고 많은 선택의 가능성을 줄 수 있다.

| 오답풀이 |

내부에서 인력자원을 활용할 때의 장점으로는 채용비용 절감의 효과가 있고 조직구성원의 동기를 유발하며, 조직구성원들의 기능과 능력 등을 자세히 분석할 수 있는 계기를 준다는 것 등이 있다.

📄 외부 노동시장의 장점

1. 새로운 정보와 많은 선택의 가능성이 생긴다.
2. 새로운 사람들의 조직 유입으로 인해서 조직 변화를 촉진할 수 있다.
3. 조직이 환경과 상호작용하는 것을 도와줌으로써 조직은 환경의 일부를 조직체계 안으로 끌어들여 불확실성을 줄일 수 있다.

47

| 정답 | ③

| 해설 | 내부모집 방식에서는 모집단위가 제한되고 승진을 위한 과다경쟁이 생길 수 있다.

48

| 정답 | ①

| 해설 | 선발도구의 타당성이란 측정하고자 하는 대상을 올바르게 측정하고 있으며, 측정결과가 측정대상이 갖는 사실상태를 그대로 나타내고 있는지를 의미한다. 선발대상자의 특징을 측정한 결과가 일관성 있게 나타나는 것은 신뢰성의 개념이다.

| 오답풀이 |

② 사내공모제는 지원자를 내부에서 선발하는 제도로 지원자도 직무에 대한 정보를 정확하게 알고 회사도 지원자를 정확하게 알 수 있다. 따라서 사내공모제는 직무에 대한 잘못된 정보로 인해 회사를 이직할 가능성이 낮은 모집 방법이다.

③ 평가센터법은 평가센터에 합숙을 하면서 전문평가기관으로부터 평가를 받는 방법으로 비용상의 문제로 하위직보다 주로 상위 관리직 채용에 활용된다.

④ 후광효과는 특징 항목에 대한 평가가 다른 항목의 평가(혹은 전반적 평가)에 영향을 주는 것을 의미한다.

⑤ 다수의 면접자가 한 명의 피면접자를 평가하는 방식을 패널면접 혹은 위원회 면접이라고 한다. 면접자가 다수의 피면접자를 동시에 평가하는 방식은 집단면접이라고 한다.

49

| 정답 | ③

| 해설 | 직무평가는 직무 자체의 가치를 판단하는 데 비하여 인사고과는 직무상의 인간을 평가한다.

50

| 정답 | ④

| 해설 | 행위기준고과법(BARS)은 설계 및 개발 과정에 직무수행자와 관리자 모두가 참여하기 때문에 성과평가에 대한 직원들의 관심과 참여를 유도할 수 있다.

📄 행위기준고과법(Behaviorally Anchored Rating Scales ; BARS) 개발과정

1. 직무전문가, 상사, 담당자 등이 서로 협의하여 평가할 기준을 추출한다.
2. 각 기준과 관련하여 실제 나타나는 행위사례를 가장 바람직한 수준, 중간 수준 그리고 가장 바람직하지 않는 수준 등으로 구분한다.
3. 각 기준별로 추출한 행위사례들을 보다 세밀하게 가장 낮은 수준에서 가장 높은 수준으로 정리를 하여 척도를 구성한다.
4. 척도로 만들어진 평가항목에 대하여 평가자들이 점검을 하도록 한다. 이때 부적절한 기준과 행위사례를 수정하고 보완한다.

51

| 정답 | ③

| 해설 | 인사고과 방법의 종류는 다음과 같이 분류한다.

1. 상대적 평가방법 : 서열법, 강제할당법, 쌍대비교법
2. 절대적 평가방법 : 그래픽평가척도, 체크리스트법, 중요사건기술법, 행위기준고과법, 행동 관찰척도

52

| 정답 | ④

| 해설 | MBO의 한계는 다음과 같다.

1. 목표의 무형성 때문에 계량적인 목표설정 및 성과 측정이 곤란하다.
2. 단기목표, 양적목표에 집착하게 되면 장기적, 질적 목표가 경시된다.
3. 권위주의적이거나 비민주적이고 저급한 조직문화적 풍토에서는 적용이 어렵다.
4. 변화하는 외부환경의 변화에 대응하기 어렵다.
5. 시간과 노력이 과중하게 소요되는 등의 비효율이 발생할 수 있다.

53

| 정답 | ③

| 해설 | ㉠ 목표관리는 구체적이고 현실적으로 목표를 설정한다.
㉣ 평가를 위한 단기적인 단기목표 · 양적목표에 집착하게 되면, 장기적 · 질적 목표가 경시된다.

| 오답풀이 |

㉡ 목표관리는 종업원에게 업무목표만을 지시하고 그 달성방법은 종업원에게 맡기는 관리방법으로, 목표의 달성 정도를 평가하고 이를 기반으로 차등 보상한다. 따라서 성과중심의 보상시스템이다.
㉢ 목표관리는 변화하는 외부환경의 변화에 대응하기 어렵다.

54

| 정답 | ③

| 해설 | 불확실한 외부환경에 대해서는 명확한 목표설정이 어렵다는 한계점을 가진다.

| 오답풀이 |

① 목표관리의 목표유형에는 양적 목표, 질적 목표, 예산목표가 있다.
② 목표관리 전략은 보통 수개월의 단기적인 목표이다.
④ 구성원의 자율성, 내면적인 동기부여 및 자아실현을 전제로 하는 Y이론적인 모형이고, 구성원들은 실행계획에 따라 직무를 수행하면서 목표달성의 진행상황을 수시로 평가한다.
⑤ 목표의 변화에 대해 탄력적이며 목표를 고정 불변의 것으로 보지 않는다.

55

| 정답 | ⑤

| 해설 | 현대적 인사고과의 특징 중 하나로 경력중심적인 능력개발과 육성, 객관적 성과, 능력 중심 등이 있다.

| 오답풀이 |

①, ②, ③, ④ 전통적 인사고과는 평가자 중심의 인사고과이며 또한 구체적인 기준이 있는 것이 아니라 추상적인 기준으로 평가하기 때문에 주관적이다.

기출문제 · 경영과 기업 · 기업활동의 조직 · 인사관리 · 생산관리 · 마케팅관리 · 실전모의고사

56

| 정답 | ③

| 해설 | 서열법은 상대평가방법이기 때문에 개인 간의 비교를 통하여 상대적 우열은 파악할 수 있지만 절대적인 성과수준은 파악할 수 없으며, 서열법은 정성적 방법으로 그 사람의 전체적인 성과를 통하여 평가하므로 장단점을 구체적으로 파악할 수는 없다.

| 오답풀이 |

① 행위기준고과법(BARS ; Behaviorally Anchored Rating Scales)에서는 구체적인 행동기준을 설정하여 피평가자의 행동을 기준과 비교하여 평가하는 방법이다. 개인의 성과목표를 설정한 후 목표 대비 달성 정도를 평가하는 방법은 목표에 의한 관리(MBO)이다.

② 피평가자 개인의 특성보다는 출신학교나 출신지역에 근거해 평가할 때 나타나는 오류는 상동적 태도 혹은 스테레오타입(Stereotype)이다.

③ 행위기준고과법은 평정척도법과 중요사건법을 결합한 방법이다.

⑤ 동일한 피평가자를 반복하여 평가하여도 비슷한 결과가 나타나는지를 의미하는 것은 신뢰성이다. 타당성은 정확성과 유사한 개념으로 측정하려는 대상을 얼마나 올바르게 측정하고 있는가와 관련된 개념이다.

57

| 정답 | ①

| 해설 | 평가의 신뢰성이란 평가도구가 얼마나 오차 없이 안정적으로 작동하는가에 대한 요건이다. 평가대상 특성의 보유 정도를 정확히 파악하는가의 여부 판단은 평가도구가 평가대상을 얼마나 진실에 가깝게 측정하는가의 요건인 평가의 타당성에 해당한다.

| 오답풀이 |

② 대조법(체크리스트, 대조리스트법)은 사전에 구체적으로 설정되어 공개된 행동표준을 기준으로 이를 이행하였는지 여부를 체크하는 방식으로 진행하는 인사고과법으로, 평가결과의 신뢰성과 타당성이 높다는 이점을 가진다.

③ 자유서술법은 평가자가 피평가자의 직무성과에 대해 특별한 형식 없이 자유롭게 진술하는 방식으로, 평가요소와 그 과정에 제한이 없고 유연하다는 이점을 가지나, 운영이 어렵고 평가자의 주관이 필요 이상으로 반영되어 평가 결과에 객관성이 결여되어 있다는 단점을 가진다.

④ 행위기준고과법(BARS)는 종업원이 실제 행동을 근거로 이를 척도상의 행위와 비교하여 평가하는 것으로, 평가기준에 따라 평가자가 임의로 점수를 부여하는 방식으로 이루어져 평가자의 심리적 오류가 반영될 수 있는 평정척도법의 결점을 보완한다.

⑤ 현장토의법(Field Review)는 인사담당자가 감독자들과의 토의로 평가하는 방법으로, 평가기준이 안정적이고 구체적인 정보를 바탕으로 평가할 수 있으나 평가에 시간과 비용이 많이 소요되고 피고과자의 참여 없이 평가가 진행되어 피고과자가 평가를 불신하는 수용성의 문제가 발생한다.

58

| 정답 | ④

| 해설 | 평정척도법은 가장 오래되고 일반화된 인사고과 방법으로, 작성하기가 비교적 용이하다는 장점을 가진다.

| 오답풀이 |

① 평정척도법은 사전에 마련된 척도를 근거로 하여 종업원을 체크하는 것으로 점수를 주어 척도상의 우열을 표시한다.

③ 평정척도법은 평가요소의 선정과 평가가 비교적 어렵고 고과오류 발생 개연성이 높은 편에 속한다.

📋 평정척도법의 장단점

장점	단점
• 작성하기가 비교적 용이하고 사용하기 편하기 때문에 수량화할 수 있어서 비교가 가능함. • 다양한 범위의 행동 연구에 적용될 수 있고 짧은 시간 내에 실시가 가능함. • 다른 연구의 보조도구로 사용할 수 있음.	• 행동의 수준만을 기록하게 되기 때문에 행동의 원인 및 전후 사정의 설명의 어려움. • 평정자의 개인적 편견이나 오류의 개입 가능성을 배제하기 어려움.

59

|정답| ④

|해설| 강제할당법은 사전에 미리 정해 놓은 비율에 맞추어 피고과자를 강제로 할당하는 것으로 이를 통해 중심화 경향, 관대화 경향, 가혹화 경향의 오류를 제거할 수 있다.

60

|정답| ③

|해설| 인적평정센터법은 중간관리층을 최고경영층으로 승진시키기 위한 목적을 가진 것으로 다른 고과방법에 비해 많은 비용과 시간이 소비된다는 단점이 있다.

61

|정답| ④

|해설| 행위기준고과법은 주관적인 개인특질에 기초를 두고 있는 전통적인 인사고과 시스템의 취약점을 보완하기 위해 개발된 기법이다. 행위기준에 의한 인사고과법이기 때문에 관찰 가능한 행동이 기준이 되어야 하고 피평가자 공개와 종업원과 원활한 의사소통의 기회가 있어야 한다.

62

|정답| ⑤

|해설| 현대적 인사고과는 능력과 피평가자 참여의 고과다.

63

|정답| ①

|해설| 행위기준고과법은 현대적 인사고과 중 하나이다.

📑 **인사고과의 종류**

1. 전통적 인사고과 : 서열법, 강제할당법, 대조표법, 성과기준고과법, 표준인물비교법 등
2. 현대적 인사고과 : 행위기준고과법, 자기고과법, 중요사건서술법, 서술법 등

64

|정답| ⑤

|해설| 인사고과 방법 중 피고과자의 업적과 능력을 평가요소별 연속척도 및 비연속척도에 의해 평가하는 것을 평정척도법이라 한다.

65

|정답| ④

|해설| 중요사건서술법은 기업목표달성의 성패에 영향이 큰 중요사실을 중점적으로 기록하는 서술법이다. 피평가자에게 피드백이 가능하기 때문에 개발목적에 유용하며 피평가자가 직무태도와 업무수행능력을 개선할 수 있도록 유도하는 방법이다.

66

|정답| ②

|해설| 자유서술법은 자기평가를 정해진 형식 없이 자유롭게 작성하는 방법이다.

|오답풀이|

① 자유서술법은 인사고과 방법 중 하나다.
③ 평가내용의 차이가 클수록 주관적이라는 증거다.
④ 직무수행의 업적과 능력에 따라 순서대로 서열을 매기는 것은 서열법이다.
⑤ 자유서술법은 구조화가 되어 있지 않아 평가에 많은 시간과 비용이 요구된다.

67

|정답| ②

|해설| 행위기준고과법은 복잡성과 정교함이 요구되기 때문에 소규모 기업에서는 적용하기가 어렵다.

📑 **행위기준고과법**

1. 장점
   ㉠ 직무성과에 초점을 맞추기 때문에 타당성이 높다.
   ㉡ 피평가자의 구체적인 행동양식을 평가척도로 제시하여 신뢰성이 높다.

2. 단점
　　㉠ 방법의 개발에 있어 시간과 비용이 많이 소요된다.
　　㉡ 복잡성과 정교함으로 인하여 소규모 기업에서는 적용하기가 어려워 실용성이 낮은 편이다.

68

| 정답 | ④

| 해설 | 고과자로 하여금 종업원을 사전에 마련된 척도로 직무수행상 달성 정도에 따라 체크하는 것은 평정척도법에 대한 설명으로, 인사고과 방법 중 가장 오래되고 널리 사용되는 방법이다.

| 오답풀이 |
① 중요사건서술법에 대한 설명이다.
② 강제할당법에 대한 설명이다.
③ 목표관리법에 대한 설명이다.
⑤ 인적평정센터법에 대한 설명이다.

69

| 정답 | ③

| 해설 | 성과기준고과법은 전통적 인사고과 방법이다.

70

| 정답 | ③

| 해설 | 가장 우수한 사람과 가장 우수하지 못한 사람을 뽑고 또 남은 사람 가운데서 가장 우수한 사람과 가장 못한 사람을 뽑는 인사고과 방법은 서열법 중 교대서열법이라 한다. 교대서열법은 평가의 기준이 너무 단순해서 정확하고 공정한 과정 확보에 어려움을 겪는다.

71

| 정답 | ⑤

| 해설 | 강제할당법은 피평가자들의 성적이나 등급을 사전에 정해진 비율에 따라 할당하므로 중심화 경향의 오류를 개선할 수 있다.

72

| 정답 | ②

| 해설 | 강제할당법은 미리 정해 놓은 비율에 맞추어 피고과자를 강제로 할당하는 예를 들면 수(10%), 우(20%), 미(40%), 양(20%), 가(10%)로 피평가자를 강제할당시키는 방법이다. 강제할당법은 평가자의 호의로 인해 정당한 평가가 방해받지 않도록 개발해 낸 방법이다.
자기평가를 자유롭게 기술하는 것은 자유서술법이다.

73

| 정답 | ③

| 해설 | 현혹(후광)효과는 타인이나 사물 등을 평가할 때 그 대상의 특질이 다른 면의 특질에까지 영향을 미치는 것으로 개인의 전반적 인상을 구체적 특성으로 평가하는 오류다. 현혹효과의 오류를 줄이는 방법에는 평가 요소의 구체화와 객관화, 고정관념·편견·선입견 없애기, 평점요소마다 분석평가해서 한꺼번에 전체적인 평점을 하지 않기 등이 있다.

74

| 정답 | ②

| 해설 | 논리적 오류는 상관적 편견 때문에 생기는 것으로 서로 상관관계가 있는 특질에 대해 하나의 특질이 우수하면 서로 상관관계에 있는 다른 특질도 우수하다고 생각하는 오류다.

| 오답풀이 |
③ 선택적 지각은 모든 정보를 객관적으로 받아들이지 않고, 자기에게 좋은 방향의 생각과 유리한 쪽의 정보만 선택하는 오류다.
④ 통제의 환상은 사람들이 그들 자신을 통제할 수 있는 경향이거나 혹은 외부환경을 자신이 원하는 방향으로 이끌어 갈 수 있다고 믿는 심리적 상태의 오류다.
⑤ 자기충족적 예언은 자신이 예측한 행동과 사실대로 될 것이라고 믿고, 자신의 예측을 전제로 상대방을 판단한다는 내용의 오류이다.

75

| 정답 | ⑤

| 해설 | 평가자가 관련성이 없는 평가항목들 간에 높은 상관성을 인지하고 동일하게 평가하는 것은 상관편견이다.

선택적 지각은 외부 정보를 객관적으로 받아들이지 않고 자신의 기존 인지 체계와 일치하거나 자신에게 유리한 것을 선택하여 지각하는 것이다.

76

| 정답 | ③

| 해설 | 근접오류는 인사평가표상에서 근접하고 있는 평가요소의 평가결과 혹은 특정 평가 시간 내에서의 평가요소 간의 평가결과가 유사하게 되는 경향이다.

피평가자들을 모두 중간점수로 평가하려는 경향은 중심화 경향이다.

77

| 정답 | ①

| 해설 | 근접오류는 시·공간으로 지각자와 가까이 있는 대상을 긍정적으로 평가하는 것이다.

자신과 유사한 사람에게 후한 점수를 주는 것은 유사효과에 대한 설명이다.

78

| 정답 | ③

| 해설 | 관대화 경향은 피평가자의 실제 업적이나 능력보다 높게 평가하는 것을 말한다.

| 오답풀이 |

①, ②, ④ 상동적 태도에 대한 설명이다.

⑤ 중심화 경향에 대한 설명이다.

📄 **관대화 경향**

1. 평가자가 피평가자의 실제 능력이나 실적보다도 더 높게 평가하려는 경향을 말한다.

2. 관대화 경향이 나타나는 이유로 평가 결과가 나쁜 경우에 그 원인이 평가자의 통솔력·지도력 부족 등으로 오인됨에 대한 걱정이 있다.

79

| 정답 | ④

| 해설 | 주관의 객관화는 투사의 오류라고도 하며 피평가자를 평가할 때 자신의 감정이나 경향을 귀속·전가시키는 데서 초래하는 지각의 오류를 말한다.

80

| 정답 | ⑤

| 해설 | 상동적 태도는 피평가자 개인의 특성보다 그들이 속한 사회적 집단을 근거로 판단할 때 나타난다.

| 오답풀이 |

① 자신이 보고 싶지 않은 것을 외면해 버리는 오류는 지각적 방어이다.

② 피평가자의 특성을 평가자 자신의 특성과 비교하는 오류는 대비효과이다.

③ 직무평가표상 인접해 있는 내용의 평가 내용이 비슷하게 나오거나 인접한 시간대에 내린 다수의 평가들의 내용이 비슷하게 도출되는 오류는 근접 오류이다.

④ 한 부분에서 형성된 인상이 전혀 다른 분야의 평가에도 영향을 주는 오류는 현혹효과이다.

81

| 정답 | ③

| 해설 | 시험-재시험 방법(Test-retest Method), 대체형식법(Alternative Form Method), 양분법(Split Half Method), 내적 일관성(Internal Consistency) 측정방법은 선발도구의 신뢰도 측정에 사용되는 방법이다. 내적 일관성(Internal Consistency) 신뢰도란 검사나 설문을 구성하는 부분검사나 부분문항들이 서로 측정하고자 하는 내용을 얼마나 일관성 있게 측정하는가와 관련된 개념이다.

| 오답풀이 |

① 중심화경향은 평가자의 평가 결과가 중심 값으로 치우치는 현상을 의미한다.

② 관대화경향, 중심화경향, 후광효과, 최근효과, 대비효과 등은 인사고과의 신뢰성과 관련된 지표에 해당한다. 인사평가의 수용성이란 인사평가제도에 대해 피평가자들이 이를 적법하고 필요한 것이라고 믿고 평가목적과 평가결과에 동의하는 정도를 의미하며, 인사평가의 실용성이란 인사평가 제도를 도입하는 것이 의미가 있으며 현실적으로 비용보다 효과가 더 큰지의 여부와 관련된 개념이다.

④ 신입사원의 입사 시험성적과 입사 후 일정기간이 지난 후의 직무태도를 비교하여 상관관계를 조사하는 방법은 선발도구의 예측타당도(Prediction Validity)를 조사하는 방법이다. 반면 현재 종업원들을 대상으로 그들의 직무성과와 선발도구의 타당도를 비교하여 상관관계를 조사하는 방법은 동시타당도(Concurrent Validity)을 조사하는 방법이다.

⑤ 특정의 평가도구가 얼마나 평가목적을 잘 충족시키느냐에 관한 것은 인사평가의 타당성과 관련된 개념이다. 인사평가의 신뢰성은 어느 평가자가 평가하더라도 혹은 어느 시점에 평가하더라도 평가의 결과가 동일하게 나오는가와 관련된 개념이다.

82

| 정답 | ④

| 해설 | 귀인상의 오류란 우리가 다른 사람의 행동을 판단할 때 그 행동의 원인을 찾아보려고 하는 경향을 말한다. 자신의 성공은 능력이나 노력과 같은 내재적 요인으로 귀인하고 실패에 대해서는 운이나 다른 동료 탓이라고 귀인하는 것은 귀인의 이기적 편향이라고 한다.

83

| 정답 | ①

| 해설 | 평가가 평가 단계의 최상위나 최하위에 집중되는 것을 극단화 오류라 한다.

84

| 정답 | ①

| 해설 | 후광효과는 어떤 대상이나 사람에 대한 일반적인 견해가 그 대상이나 사람의 구체적인 특성을 평가하는 데 영향을 미치는 오류이다.

| 오답풀이 |

② 중심화 경향은 지나치게 부정적이거나 긍정적인 판단을 유보하고 중간 정도로 판단하는 경향이다.

③ 시간적 오류는 평가 시점에서 가까운 시점에 발생한 사건에 대하여 높은 가중치를 두려고 하는 데서 생기는 오류이다.

④ 관대화 경향은 실제 업적이나 능력보다 높게 평가하는 경향이다.

⑤ 무책임 평가는 평가 단계가 다단계로 구성되어 있는 경우 앞의 평가자가 그 뒤의 평가 단계도 있음을 의식하여 제대로 된 평가를 내리지 않게 되는 현상이다.

85

| 정답 | ⑤

| 해설 | 비즈니스 게임(Business Game)은 교육 대상자들에게 특정 경영 상태를 설정한 모의회사를 제시하고 게임을 통해 경영상의 의사결정을 체험하게 하는 방식의 경영교육훈련을 의미한다.

주어진 사례나 문제의 실제 인물을 연기함으로써 문제를 체험하고 이에 대한 해법을 제시하게 하는 교육기법은 역할연기법(Role Playing)에 해당한다.

| 오답풀이 |

② 교육훈련의 방법에는 장소의 제약 없이 온라인에서 교육훈련이 가능한 e-러닝이나 실제 직무장소와 별도의 전문교육기관에서 전문가에 의한 교육훈련을 받는 직장 외 교육훈련(Off-JT Training) 등이 존재하나, 이들 역시 그 교육 내용은 실제 직무 현장과의 유사성을 유지해야 한다.

③ 교육훈련에 있어 집단구축기법(팀 작업)은 구성원들의 아이디어를 공유하고, 집단정체성을 구축하는 것을 교육의 목표로 한다.

86

|정답| ④

|해설| OJT는 직장 내 교육 훈련으로 직장 상사나 선배가 교육하며 피훈련자가 직무를 수행하면서도 훈련 받을 수 있다.

📄 OJT(On the Job Training)

내용	• 직장 내 교육훈련은 부여받은 직무를 수행하면서 직속상사와 선배사원이 담당하는 교육훈련 • 직장 내 교육훈련은 훈련과 생산이 직결되어 있어 경제적이고 강의장 이동이 필요치 않지만 작업수행에 지장을 받을 수 있음.
장점	• 훈련이 추상적이지 않고 실용적임. • 훈련을 받으면서도 직무를 수행할 수 있음. • 고도의 기술·전문성을 요하는 직책의 훈련에 적합함.
단점	• 넓은 이해력을 증진시키는 데 부적합함. • 훈련을 담당하는 상관이 무능하면 실효를 거두기 어려움.

87

|정답| ⑤

|해설| 연수원 등에서 받는 집합교육은 Off-JT에 대한 설명이다. OJT는 직장 내 교육훈련으로 훈련과 생산이 직결되어 있어 경제적이고 강의장 이동이 필요하지 않다.

88

|정답| ③

|해설| ③은 Off-JT에 대한 설명이다.

89

|정답| ③

|해설| 직장 외 교육훈련은 직무현장이 아닌 연수원, 교육원 등에서 이루어진다.

|오답풀이|

①, ②, ④, ⑤ 직장 내 교육훈련(OJT)에 관한 설명이다.

📄 Off - JT

1. 방법 : 직장 외 교육이라고도 하는데 사내 및 사외 전문가를 초빙하여 직무현장이 아닌 교실에서 강의식으로 교육한다.
2. 장단점

장점	단점
• 전문가가 지도하기 때문에 훈련 효과가 높음. • 다수 종업원의 통일적 교육이 가능하며 계획적인 훈련이 가능 • 훈련에 전념할 수 있음.	• 작업시간의 감소 • 경제적 부담이 큼. • 훈련 결과를 현장에 바로 쓸 수 없음.

90

|정답| ②

|해설| TWI(Training Within Industry)는 감독자 교육으로 종업원 교육인 노동교육, 도제훈련, 직업학교훈련, 실습장훈련과 성격이 이질적이다.

91

|정답| ①

|해설| Off-JT는 대개 TWI, MTP, CCS 등 경영계층별로 실시된다.

|오답풀이|

②, ③, ④, ⑤ OJT에 관한 설명이다.

92

|정답| ①

|해설| 직능급을 도입할 경우 유능한 인재를 확보할 수 있으나 능력개발에 너무 치중한 나머지 일상 업무에 소홀할 수 있다는 단점이 있다.

기출문제 · 경영과 기업 · 기업활동의 조직 · 인사관리 · 생산관리 · 마케팅관리 · 실전모의고사

93

| 정답 | ④

| 해설 | 초과근무시간은 기준 외 임금산정 시 고려되는 사항이며 기준 외 임금으로는 상여금, 퇴직금, 특수근무수당 등이 있다.

94

| 정답 | ⑤

| 해설 | 성과배분제도인 럭커 플랜(Rucker Plan)은 부가가치 분배율을 성과배분의 기준으로 하고 있다.

매출액을 성과배분의 기준으로 하는 제도는 스캔론 플랜(Scanlon Plan)이다.

| 오답풀이 |

① 임금수준을 결정할 때는 동일한 직무에 대한 경쟁사의 임금수준, 사회 전체의 임금수준을 비교해야 하는데 이것은 임금의 외적공정성을 확보하기 위한 노력이다.

② 복률시간급제는 작업능률에 따라 시간당 임률을 달리하는 제도이다.

③ 직능급은 종업원의 직무수행 능력에 따라 임금이 달라지므로 종업원의 능력에 대한 정확한 평가가 필요하다.

④ 직무급은 직무의 난이도에 따라 임금이 달라져야 하므로 직무급을 도입하기 위해서는 직무평가를 통한 직무의 상대적 가치를 정확히 파악하고 개인의 능력과 적성에 맞는 적재적소의 배치가 필요하다.

95

| 정답 | ①

| 해설 | 분배 공정성은 직무들을 평가하여 직무의 상대적 가치에 따른 분배를 통해 임금을 결정하는 것이다.

| 오답풀이 |

② 내적 공정성은 조직의 직무, 직능, 근속 및 성과에 따라 보상을 달리함으로써 공정성을 유지·확보하는 것이다.

③ 스캔론 플랜(Scanlon Plan)은 노동비율을 제품생산액으로 나눈 값을 기반으로 하고, 럭커 플랜(Rucker Plan)은 간접비용을 제외한 부가가치를 나누는 것을 제안했다.

④ 럭커 플랜에 대한 설명이다.

⑤ 외적 공정성은 해당 기업의 종업원이 받는 임금수준이 타 기업의 임금에 비하여 공평한가를 평가한다.

96

| 정답 | ③

| 해설 | 직무급은 직무의 난이도에 따라 보상이 결정되는 제도로 담당자의 직무에 대한 태도, 직무적성, 직무성과 임금은 무관하다.

| 오답풀이 |

① 생계비 수준은 임금수준의 하한선을, 기업의 지불능력은 임금수준의 상한선을, 사회일반적인 임금수준은 비교기준으로 기업의 임금수준 결정에 영향을 미친다.

② 임금수준은 생계비 수준이나 사회일반적인 임금수준과 비교하여 공정해야 하고(외적 공정성), 임금체계는 종업원들 간에 임금의 격차를 받아들일 수 있게 (내적 공정성) 결정되어야 한다.

④ 직능급은 기업조직이 구체적으로 필요로 하는 직무수행능력을 종업원이 얼마나 보유하고 있는가에 따라 차등적으로 지불된다.

⑤ 성과급은 생산성을 향상시키지만 근로자의 수입은 변동될 수 있다. 반면 시간급제는 생산성은 떨어질 수 있지만 근로자의 수입은 안정적이다.

97

| 정답 | ③

| 해설 | 직능급을 도입할 경우, 직무수행능력을 많이 보유하고 있는 우수 인재에게 유리한 제도이며, 종업원들은 계속 능력개발을 위해 노력하게 된다.

| 오답풀이 |

① 회사 재직 중에 종업원의 직무가 변하지 않을 경우, 직무급을 도입하면 종업원은 급여인상요인이 없기 때문에 이직할 가능성이 높다.

② 임금수준이란 종업원에게 지급하는 평균임금을 의미한다. 개개인이 받는 임금의 높고 낮음의 결정은 임금체계에서 결정된다.

④ 직무급은 사람에 의하여 임금이 결정되는 것이 아니라 해당 직무에 의하여 임금이 결정되는 것이다. 직무담당자의 보유능력에 의하여 급여가 지급되는 것은 직능급이며, 직무담당자의 성과에 의해 급여가 결정되는 것은 성과급이다.

⑤ 럭커 플랜(Rucker Plan)은 부가가치분배율을 기준으로 성과배분을 계산하며, 스캔론 플랜은 매출액을 기준으로 성과배분액을 계산한다.

98

| 정답 | ②

| 해설 | 스캔론 플랜(Scanlon Plan)에서는 성과배분의 기준으로 생산의 판매가치를 사용하며, 럭커 플랜(Rucker Plan)에서는 부가가치 분배율을 기준으로 성과배분을 한다.

| 오답풀이 |

① 직능급을 도입할 경우 종업원들은 능력개발을 위하여 열심히 노력하게 되며, 학습조직의 분위기도 유도된다.

③ 경쟁사의 임금수준을 파악하는 것은 임금수준의 외적 공정성을 확보하는 작업이다.

④ 직무급은 직무에 급여가 책정되므로 같은 직무를 수행하면 같은 일금을 받게 되므로 '동일노동 동일임금'의 원칙이 적용된다고 한다. 그런데 직무급을 사용하게 되면 동일직무를 수행하는 동안은 임금인상이 발생하기 어렵기 때문에 기업 간 노동의 이동이 자유로운 경우에 적합하다. 만약 기업 간 노동이동이 자유롭지 못한 경우에는 낮은 임금의 노동자들은 불만이 쌓여서 적용하기 어려울 수 있다.

⑤ 성과급, 직무급 등의 임금체계는 임금의 공정성을 높여 주는 제도이다.

99

| 정답 | ②

| 해설 | 임금수준을 결정하는 요인으로는 기업의 지급능력, 생계비 수준, 노동생산성, 같은 업종 경쟁사의 임금수준 등이 있다.

100

| 정답 | ④

| 해설 | 기준임금체계의 분류로는 연공급(연령급, 근속급), 직무급, 직능급, 자격급이 있고 기준 외 임금체계 분류로는 상여금, 수당, 퇴직금이 있다.

101

| 정답 | ③

| 해설 | 조직이 적절한 임금수준을 유지할 때 임금의 외부 공정성을 확보할 수 있으며 조직구성원들이 납득할 만한 임금수준을 책정할 때 임금의 내부 공정성을 확보할 수 있다. 따라서 공정성의 원칙을 지켜야 하는 것은 임금체계다.

102

| 정답 | ①

| 해설 | 스캔론 플랜(Scanlon Plan)은 성과표준을 초과달성한 부분에 대해 생산의 판매가치를 기준으로 배분을 실시하고, 럭커 플랜(Rucker Plan)은 과표준을 초과달성한 부분에 대해 노동의 부가가치를 기준으로 배분을 실시한다.

103

| 정답 | ③

| 해설 | 성과급은 작업의 안정성보다는 생산성을 높이려는 데 주된 목적이 있다.

기출문제 / 경영과 기업 / 기업활동의 조직 / 인사관리 / 생산관리 / 마케팅관리 / 실전모의고사

104

| 정답 | ④

| 해설 | 단순시간급은 일의 효율과 무관한 시간급제이다.

📋 성과급의 종류

1. 단순성과급 : 시간이나 성과의 질을 생각하지 않는 채 성과에 정비례하여 지급하는 방식

2. 차별성과급 : 일정한 표준량을 초과하면 높은 성과급률을 적용하는 방식

3. 할증성과급제 : 표준량까지는 기본시간급을 적용하고 초과하면 성과급률을 적용하는 방식

4. 표준시간급 : 작업에 필요한 표준시간을 설정하고 표준시간 내에 작업을 완성하면 표준시간에 단위시간당 임금률을 곱하여 임금을 지급하는 방식

105

| 정답 | ③

| 해설 | 연공급은 근속연수, 학력 등의 요인들을 기준으로 임금을 결정한다.

📋 연공급

개인의 속인적 요소(학력, 연령, 근속연수 등)에 의해 금액이 결정되는 항목이 높은 비중을 차지하고 있는 급여체계로, 종업원의 근속연수를 기준으로 임금을 차별화하는 제도다.

106

| 정답 | ⑤

| 해설 | 성과급제는 노동의 성과를 측정하여 임금으로 주는 형태이므로 생산량을 쉽게 측정할 수 있는 단순 반복적인 작업이나 대규모 기업에 적용하는 것이 더 알맞다.

| 오답풀이 |

④ 기계적 대량생산작업은 그 생산량이 작업자의 노력보다는 기계의 생산력에 크게 의존하므로 성과급제보다 시간급제를 적용하는 것이 더욱 바람직하다.

107

| 정답 | ②

| 해설 | 연봉제는 사용자와 근로자가 계약에 의해 1년 단위로 봉급을 결정하는 제도이며 직무 성과의 정도에 따라서 임금 수준을 결정한다.

📋 연봉제

1. 연봉전액이 단일 항목으로 구성되어 평가에 따라 1년의 지급총액이 매년 누적식으로 결정되는 시스템을 말한다. 우리나라에서 '연봉제로 전환한다'는 의미는 임금지급의 원칙을 기존의 근속기간 등을 기준으로 삼아 집단적으로 임금을 지급하던 방식(연공서열제)에서 성과에 따라 차별적으로 차등지급하는 방식으로 전환하는 것을 의미한다.

2. 연봉제의 효과

   ㉠ 능력과 실적에 따라 보상수준이 결정되므로 근로자가 의욕적으로 근무할 수 있도록 동기를 부여한다.

   ㉡ 우수인력의 채용이 용이하고 인력관리가 유연화된다.

   ㉢ 자기개발과 조직의 학습문화가 조성된다.

   ㉣ 임금관리가 합리화, 간소화, 유연화된다.

108

| 정답 | ②

| 해설 | 직무급은 직무에 급여를 정한 후 그 직무를 수행하는 모든 사람은 동일한 임금을 받아가므로 '동일노동 동일임금'의 원칙이 지켜진다.

| 오답풀이 |

① 보상관리전략은 기업 성장주기(life cycle)와 관련이 있는데, 초기와 성장기에는 성과에 따른 보상을 강조하지만 어느 정도 안정된 후에는 확립된 임금체계에 따라 임금을 지급하고 오히려 복리후생을 강조하는 것이 일반적이다.

③ 임금조사(wage survey)를 통해 경쟁사 및 유사한 조직체의 임금자료를 조사하는 것은 보상관리의 외적 공정성을 확보하기 위해서이다. 내적 공정성은 조직 내 종업원 간의 임금차이를 의미하는 것으로 임금체계를 통하여 확보되어야한다.

④ 직무의 중요도, 난이도, 위험도 등이 반영된 직무의 상대가치를 기준으로 보상수준이 결정되는 임금제도는 직무급이다. 직능급에서는 직무수행능력에 따라 임금차이가 발생한다.

⑤ 스캔론 플랜과 럭커 플랜은 집단성과급 제도이다.

109

| 정답 | ⑤

| 해설 | 해당 기업의 지불능력, 생계비수준, 노동시장에서의 임금수준은 기업의 임금수준과 임금의 외부 공정성과 관련된 개념이다. 임금의 내부 공정성은 임금체계 즉 임금의 격차 결정방식과 관련된 개념이다.

| 오답풀이 |

① 직무급은 개별 직무의 상대적 가치에 따라 직무 등급을 도출하고 직무 등급에 기반하여 기본급을 결정하는 임금체계로, 단순명료하며 안정성이 매우 높다는 장점을 가진다.

② 기업이 임금수준을 결정할 때 종업원이 받는 임금수준을 타 기업 종업원의 임금수준과 비교하며, 사회전체의 임금수준과 비교하는 것은 임금의 외부 공정성과 관련이 있다. 임금수준은 외적 공정성 혹은 적정성이 요구된다고 한다.

③ 해당 기업 내 종업원 간의 임금수준의 격차를 결정하는 것은 임금체계이다. 임금체계의 결정에는 종업원들 간의 임금의 내부 공정성이 확보되어야 한다. 종업원들이 서로의 임금격차가 공정하다고 인정되어야 좋은 임금제도이다.

④ 직능급은 일을 수행하기 위해서 필요한 특정 지식이나 기술 혹은 역량을 평가하여 보상을 결정하는 임금체계로, 직무가 표준화되어 있을 때만 적용이 가능하다는 단점을 지닌다.

110

| 정답 | ⑤

| 해설 | 카페테리아 복리후생은 기업이 일방적으로 설계하여 운영하는 표준적 복리후생 프로그램이 아니라 종업원이 스스로 원하는 것을 선택하게 하는 것으로 예산의 합리적 배분, 자율적 조직분위기 조성, 동기부여에 효과적이다.

📄 **카페테리아 복리후생(Cafeteria Incentive)**

1. 개념 : 선택적 복리후생제도로 자신에게 맞는 메뉴를 선택하는 유형의 복리후생제도다.

2. 종류

모듈형	기업이 몇 개의 복리후생항목을 프로그램화하면 그중에서 하나를 선택
선택적 지출계좌형	종업원 개인이 주어진 복리후생 예산범위 내에서 자유로이 선택
선택항목 추가형	필수적인 것 외에 추가 항목의 선택을 주는 것

111

| 정답 | ②

| 해설 | 직무급은 직무의 난이도에 따라 보상이 결정되는 제도로, 성과의 크기를 기준으로 임금액을 결정하는 것은 성과급이다.

📄 **직무급의 특징**

1. 직무의 난이도에 따라 임금 수준을 결정한다.
2. 직무평가에 의해서 상대적 가치를 평가한다.
3. 동일노동에 대해서는 동일임금이라는 사고방식에 의한 것이므로 직무가 변하지 않는 한 임금도 변하지 않는 것이 원칙이다.
4. 직무급은 연령, 근속 연수, 학력 등 속인적 요소에 의해 임금을 결정하는 속인급이 아니고 조직구성원이 담당하는 직무를 객관적으로 분석, 평가하여 결정하는 임금이다.

112

| 정답 | ②

| 해설 | 허즈버그(Herzberg)의 2요인이론(two-factor theory)에 따르면 급여, 경제적 복리후생은 모두 위생요인에 해당하며 불만족과 관련이 있다.

| 오답풀이 |

① 임금은 근로자의 노동에 대한 직접적 보상이고 복리후생은 근로자의 노동에 대한 간접적 보상이다.

③ 우리나라의 법정복리후생은 4대보험, 퇴직금, 연월차 및 산전 후 유급휴가 등이 있다 퇴직금제도는 우리나라와 일본 등에만 있는 제도이다.

④ 우리나라에서 국민건강보험료, 국민연금은 근로자가 50%를 부담하고 사업주가 50%를 부담한다. 고용보험 보험료는 근로자가 일부 부담하고 사업주가 일부 부담(부담율은 회사의 상황에 따라 달라짐) 하지만, 산업재해보상보험 보험료는 사업주가 전액 부담한다.

⑤ 카페테리아(Cafeteria)식 복리후생제도(혹은 선택적 복리후생제도)는 여러 복리후생 프로그램 중 종업원 자신이 선호하는 것을 선택할 수 있도록 하는 제도를 말하는데 브룸의 기대이론에서 보상의 유의성을 높이는 수단으로 사용되기도 한다.

113

| 정답 | ④

| 해설 | 노동조합은 단체교섭, 경영참가 등의 경제적 기능, 정부정책 및 법률개정 등에 영향력을 행사하는 정치적(사회적) 기능, 노동능력의 일시적인 또는 영구적인 상실에 대비하여 기금을 조성하고 그 기금으로 서로 돕는 공제적 기능을 한다.

114

| 정답 | ②

| 해설 | 노동조합의 가입형태에서 노조의 지배력 정도는 클로즈드 숍 > 유니온 숍 > 메인티넌스 숍 > 프레퍼렌셜 숍 > 에이전시 숍 > 오픈 숍 순이므로 b - c - a로 나열할 수 있다.

📋 **노동조합의 가입형태**

1. 클로즈드 숍(Closed Shop) : 조합원이 아닌 자를 고용할 수 없으며, 또한 조합에서 탈퇴하는 경우에는 고용관계가 종료된다.
2. 유니온 숍(Union Shop) : 입사 후 일정 시간이 지나면 노조에 가입해야 하는 제도다.
3. 오픈 숍(Open Shop) : 우리나라의 대부분이 이 제도를 사용하고 있으며 노동조합의 가입여부는 노동자의 의사에 달려있다.

115

| 정답 | ④

| 해설 | 클로즈드 숍은 노동조합의 조합원만을 고용할 수 있는 제도로 조합원의 자격이 고용의 전제조건이다.

| 오답풀이 |

① 유니온 숍은 비조합원도 채용 가능하나 채용 후 일정 기간이 지나면 노동조합에 가입해야만 한다.
② 오픈 숍은 노동조합의 가입에 상관없이 채용할 수 있으며 우리나라 대부분이 이 제도를 채택하고 있다.
③ 에이전시 숍은 노동조합의 가입여부와 상관없이 모든 종업원에게 회비를 징수한다.
⑤ 프레퍼렌셜 숍은 비조합원도 채용 가능하나 조합원을 우선적으로 채용해야 한다.

116

| 정답 | ①

| 해설 | 메인티넌스 숍은 '조합원 자격유지 숍'이라고도 하며 노동조합의 가입 및 탈퇴가 자유로우나 일단 단체협약이 체결되면 그 효력이 지속되는 동안은 탈퇴할 수 없는 노동조합 형태다.

| 오답풀이 |

② 에이전시 숍은 비조합원도 조합원과 동일한 조합비를 조합에 납부해야 한다.
③ 클로즈드 숍은 고용의 전제조건이 조합원이 되는 것이다.
④ 프레퍼렌셜 숍은 조합원을 유리하게 대우하는 것으로 비조합원에게는 단체협약상의 혜택을 주지 않는다.
⑤ 유니온 숍은 고용에 있어 조합원 여부의 제한은 없으나, 비조합원은 일정 기간 내에 노동조합에 가입할 것을 요구한다.

117

| 정답 | ②

| 해설 | 체크오프 시스템(Check-off System)은 급여 계산 시 종업원의 월급에서 조합비를 공제하는 제도로, 우리나라의 대다수 노동조합에서 채택하고 있다.

| 오답풀이 |

① 클로즈드 숍(Closed Shop)에 대한 설명으로 조합원의 자격이 고용의 전제조건이다.

③ 프레퍼렌셜 숍(Preferential Shop)에 대한 설명으로 우선 숍 제도라고도 하며 채용에 있어서 조합원에게 우선순위를 준다.

④ 에이전시 숍(Agency Shop)에 대한 설명으로 노동조합의 가입 여부에 상관없이 모든 사람들에게 조합비를 공제하는 제도이다.

⑤ 유니언 숍(Union Shop)에 대한 설명으로 채용에 있어 조합원 여부의 제한은 없으나, 비조합원은 일정 기간 내에 노동조합에 가입할 것을 요구하는 제도이다.

118

| 정답 | ④

| 해설 | 노동쟁의 조정방법 중 강제성을 띠는 것은 긴급조정(d)과 중재(b)이다.

📄 노동쟁의 조정방법

1. 강제성을 띠는 것
   - ㉠ 긴급 조정 : 쟁의행위가 국가나 국민에게 위험을 줄 수 있으면 노동부장관이 긴급조정을 할 수 있음.
   - ㉡ 중재 : 당사자는 중재결과를 꼭 따라야 하며 중재결정이 위법일 경우 중앙노동위원회에 재심을 청구 또는 행정소송 제기 가능

2. 강제성이 없는 것
   - ㉠ 조정 : 노동위원회의 조정위원회에서 담당하며 조정안 수락을 권고하는 것
   - ㉡ 알선 : 분쟁당사자를 설득하여 관련 당사자 간 토론에 의해 쟁의 조정을 하는 것

119

| 정답 | ①

| 해설 | 태업은 표면적으로는 일을 하면서도 작업능률을 저하시켜 사용자에게 손해를 주는 쟁의행위다.

| 오답풀이 |

⑤ 파업이 진행되는 중 비조합원 혹은 조합원 중 쟁의행위에 참여하고 있지 않는 근로희망자를 모아 조업을 계속하게 하는 것은 금지하고 있지 않다. 이를 이용해 사용자가 의도적으로 파업의도를 좌절시킬 목적

으로 임시인력을 고용하고 이를 쟁의대항행위로 사용하기도 하는데, 이러한 목적으로 고용된 임시인력을 파업파괴자(Strikebreaker)라고 한다.

📄 단체행동권의 종류

파업	노동력을 생산수단과의 결합상태에서 분리시키고 사용자의 지휘·명령으로부터 완전히 벗어나는 형태의 노동행위
태업	• 표면적으로는 작업을 하면서 집단적으로 작업능률을 저하시켜 사용자에게 손해를 주는 쟁의행위 • 외관상으로는 작업을 하지만 실제로는 작업을 하지 않거나 고의적으로 완만한 작업 또는 조잡한 작업을 하는 것
사보타주	태업의 적극적인 형태로서 단순한 태업에 그치지 않고 의식적으로 생산설비 등을 손상하는 행위로 위법행위
준법투쟁	• 안전규정 등을 필요 이상으로 준수하거나 평소와는 다른 양태의 권리행사를 하여 기업운영의 능률을 떨어뜨리는 행위 • 국민은 법을 준수해야 하므로 준법 자체를 목적으로 하는 것은 정당하나, 임금인상 등을 목적으로 법 규정의 형식적 준수를 주장하며 평소와 다른 노무제공을 하는 것은 준법투쟁에 해당
계약파업	경영진과 노조가 새로운 계약조건에 동의할 수 없어 발생
불매운동	• 소비자층이 특정 목적을 관철하기 위해 특정 상품의 구매를 거부하는 운동 • 노동조합의 불매운동은 불매동맹이라고도 하며, 조합원이나 일반 시민에게 직접 쟁의의 상대가 되어 있는 사용주나 그와 거래관계에 있는 제3자의 상품구매를 거부하도록 호소하는 행위

120

| 정답 | ①

| 해설 | 파업은 근로자들이 단결하여 근로조건의 유지·개선이라는 목적을 달성하기 위하여 사용자에 대해서 집단적으로 노무의 제공을 거부할 것을 내용으로 하는 쟁의행위다.

| 오답풀이 |

② 사보타주는 단순한 태업에 그치지 않고 생산설비 등을 손상시키는 위법 행위이다.

③ 불매운동은 소비자층이 특정 목적을 관철하기 위해 특정 상품의 구매를 거부하는 운동이다.

⑤ 태업은 표면적으로는 작업을 하면서 집단적으로 작업능률을 저하시켜 사용자에게 손해를 주는 쟁의행위이다.

121

|정답| ⑤

|해설| 에이전시 숍은 노동조합의 운영으로 발생하는 수혜가 비노동조합원에게도 적용된다는 형평성의 문제를 보완하기 위해 노동조합원이 아닌 노동자에게도 조합비를 납부받는 제도이다.
노동조합원에게 우선채용권이 주어지는 제도는 프레퍼렌셜 숍(Preferential Shop)에 해당한다.

|오답풀이|

③ 파업, 보이콧(Boycott) 등의 쟁의행위는 조정절차 이후 중재절차 이전에 발생하나, 일반적으로 노동쟁의는 조정절차 이전의 절차인 노사교섭이 결렬된 이후 그 실력행위의 존재 여부를 불문하고 이미 발생한 것으로 본다.

122

|정답| ③

|해설| 기업별 노조는 개별 기업 단위로 결성되는 노동조합의 형태로, 같은 기업 내 비조합원을 배척하는 조합이기주의의 문제점을 가진다. 산업별 노동조합은 특정한 산업에 종사하는 모든 노동자들이 소속되어 있어 비조합원을 배척하는 문제가 상대적으로 적다.

파트5 생산관리

기출예상문제 문제 404쪽

01	③	02	③	03	②	04	⑤	05	②
06	⑤	07	①	08	③	09	④	10	①
11	①	12	⑤	13	④	14	③	15	④
16	⑤	17	④	18	④	19	⑤	20	①
21	②	22	④	23	④	24	②	25	②
26	⑤	27	①	28	④	29	①	30	④
31	③	32	③	33	④	34	①	35	②
36	④	37	③	38	②	39	①	40	⑤
41	④	42	⑤	43	①	44	③	45	④
46	②	47	①	48	③	49	④	50	⑤
51	①	52	⑤	53	③	54	⑤	55	②
56	②	57	⑤	58	②	59	④	60	②
61	⑤	62	①	63	②	64	①	65	④
66	④	67	④	68	③	69	⑤	70	①
71	④	72	③	73	④	74	⑤	75	①
76	④	77	⑤	78	④	79	②	80	①
81	②	82	⑤	83	②	84	⑤	85	③
86	④	87	⑤	88	④	89	②	90	①

01

|정답| ③

|해설| a. 생산시스템의 산출물은 유형의 재화와 무형의 서비스로 구분된다.

b. 생산성은 투입물의 가치 대비 산출물의 가치로 계산하며, 이는 상품 경쟁력의 원천이다.

c. 비행기제조회사에게 있어 비행기는 생산되어 나오는 산출물이지만, 여객항공회사에게 비행기는 유입되는 자원으로 투입물이다.

|오답풀이|

d. 투입물의 물리적 변화가 없어도 생산시스템이 될 수 있다. 그 예시로 제품을 원상태로 보관했다가 그대로 돌려주는 창고업도 생산시스템에 해당한다.

e. 생산시스템은 외부와 상호작용하는 개방시스템이다.

02

| 정답 | ③

| 해설 | 작업준비시간을 단축하면 로트 사이즈를 줄일 수 있고 타제품 생산으로 변경을 빨리할 수 있다.

| 오답풀이 |

① 원가절감을 위해서는 설비의 가동률을 최대화하여 규모의 경제를 달성하는 것이 유리하다.

② 지도카와 안돈은 제품개발 시간의 단축보다는 품질 향상과 관련된 개념이다. 제품개발 시간의 단축을 위해서는 동시공학(동시설계, 동시개발) 등의 방법을 사용할 수 있다.

④ 품질향상을 위해서는 6시그마의 적용을 통한 프로세스 변동성을 최소화하여야 한다.

⑤ 흐름시간의 단축을 위해서는 프로세스 개선을 통한 재공품 재고 및 주기시간을 최소화해야 한다.

03

| 정답 | ②

| 해설 | a. 제품개발을 위한 아이디어의 원천인 서비스 설계는 고객욕구와 기술발전으로 분류된다.

d. 순차적 접근법은 제품개발의 각 단계를 순차적으로 거쳐 진행해야 하므로 시장에서 경쟁이 치열하지 않은 안정적인 시장환경의 제품들에 적합하다.

| 오답풀이 |

b. 동시공학이란 제품개발과정에서 설계, 기술, 제조, 구매 마케팅, 서비스 등의 담당자뿐만 아니라 납품업자, 소비자들이 하나의 팀을 구성하여 각 부분이 서로 제품개발에 대한 정보를 교환하면서 제품개발과정을 단축시키는 방식이다.

c. 모듈러 디자인을 적용하면 호환 가능한 모듈을 교체하므로 제품의 다양성이 증가하게 된다.

04

| 정답 | ⑤

| 해설 | 제조용이성 설계는 제품의 생산이 용이하고 경제적으로 이루어 질 수 있도록 제품설계를 하는 것으로

단순화, 표준화, 모듈화 등은 제조용이성 설계를 실현하는 좋은 방법이다.

| 오답풀이 |

① 환경친화형 설계에 대한 설명이다.

② 동시공학에 대한 설명이다.

③ 품질기능전개(QFD)에 대한 설명이다.

④ 동시설계에 대한 설명이다.

05

| 정답 | ②

| 해설 | 로버스트(Robust) 설계는 생산환경의 변화에 따라 제품의 설계를 변경하는 방식이 아니라 생산환경의 변화에 영향을 받지 않도록 설계하는 것이다.

| 오답풀이 |

① 모듈러 설계는 호환 가능한 모듈을 통하여 대량생산체제를 유지하면서 제품의 고객화를 실현하는 대량 고객화를 가능하게 한다.

③ 가치공학과 가치분석은 가치를 높이는 것이 목적인데 이는 제품의 가치에 공헌하지 않는 불필요한 가능을 제거함으로써 달성할 수 있다.

④ 품질기능전개(QFD)는 고객의 요구를 제품이나 서비스 개발과 생산의 각 단계에서 생산가능한 기술적 명세로 바꾸는 방법이다.

⑤ 동시공학은 설계내역이 프로세스 및 공급사슬의 생산능력과 불일치를 회의단계에서 발견할 수 있어서 기업의 낭비적 행위를 줄일 수 있다.

06

| 정답 | ⑤

| 해설 | (ㄱ) VE(Value Engineering)는 제품의 원가 대비 기능의 비율을 개선하려는 노력이다.

(ㄴ) DFA(Design For Assembly)는 부품수 감축, 조립 방법 및 순서에 초점을 맞추는 설계이다.

(ㄷ) QFD(Quality Function Deployment)는 고객의 다양한 요구사항과 제품의 기능적 요소들 간의 상호 연결이다.

(ㄹ) 로버스트 설계(Robust Design)는 품질에 나쁜 영향을 미치는 노이즈(Noise)로부터 영향 정도를 최소화할 수 있도록 설계하는 것이다.

07

| 정답 | ①

| 해설 | c. 전문서비스(Professional Service)는 고객화의 정도와 노동집약도가 모두 높은 서비스 조직으로 의사, 변호사, 회계사 등이 있다. 병원, 자동차 수리소 등은 고객화의 정도는 높지만 노동집약의 정도는 낮은 서비스에 해당한다.

e. 고객과의 접촉 및 고객화 정도가 높은 서비스 조직에서는 서비스의 고객화, 종업원의 충성도 등에 의사결정의 중점을 두어야 한다. 서비스표준화는 고객화의 정도가 낮은 서비스에서 중요하다.

08

| 정답 | ③

| 해설 | 시장에서의 반응이 아직 확인되지 않은 신제품의 경우, 대량생산을 하기에는 위험이 너무 크다. 따라서 이런 신제품의 경우는 주문생산프로세스와 공정별배치가 바람직하다.

09

| 정답 | ④

| 해설 | 공정별배치를 셀룰러배치로 변경하게 되면 가공이 유사한 제품들만 셀 내에서 생산하게 되므로 생산준비시간이 줄어들게 된다.

| 오답풀이 |

① 조립라인공정이 배치공정에 비해 일정계획 수립 및 재고통제가 용이하고 효율성이 높다.

② 주문생산공정은 생산시간 최소화가 중요하고, 재고생산공정은 목표한 재고를 최소의 비용으로 충족시키는 것이 중요하다.

③ 고객접촉의 정도가 높을수록 고객과 종업원은 많이 접촉하게 되어 서비스공정의 불확실성이 높아지고 비효율성이 증가하게 된다.

⑤ 프로젝트배치는 위치고정형 배치로 제품이 이동하지 않고 각종 설비와 장비들이 정해진 위치로 와서 작업을 진행하게 된다.

10

| 정답 | ①

| 해설 | 주문생산공정에서는 주문받은 것을 약속된 시간에 납품할 수 있는 납기관리가 중요하고, 계획생산공정에서는 수요를 예측하여 예측한 수량만큼 생산해야 하므로 수요예측이 더 중요하다.

11

| 정답 | ①

| 해설 | 다품종 소량생산을 위한 설비는 공정별배치이고, 제품별배치는 대량생산에 적절한 배치이다.

12

| 정답 | ⑤

| 해설 | 라인밸런싱이란 제품별배치의 핵심문제인 각 공정의 능력을 전체적으로 균형되게 하는 것으로, 각 공정의 소요시간이 균형되도록 작업장이나 작업순서를 배열하는 것이다.

| 오답풀이 |

① 제품이나 고객이 일정한 흐름을 따라 움직이며 생산설비와 자원이 해당 제품이나 서비스의 완성경로에 따라 배치되는 것은 제품별배치이다.

② 선박의 건조나 대형항공기의 제작과 같이 제품이 매우 크거나 움직일 수 없는 경우에 작업자들이 해당 제품으로 도구와 장비를 가지고 와서 작업하는 것은 프로젝트배치이다.

③ GT(Group Technology)는 유사한 제조를 동일한 셀에서 작업하게 하여 학습효과를 높이고 범위의 경제를 높이려는 생산방식이다. 한 사람의 작업자가 라인 흐름의 효과를 얻을 수 있도록 한 작업장에서 여러 대의 기계를 동시에 다룰 수 있게 만드는 방법은 OWMM(One Worker Multiple Machine)셀 방식이다.

④ 표준화된 한 가지 제품을 대량생산하기 위한 제품별배치에서 가장 중요한 것은 라인밸런싱이다. 작업장의 크기 및 작업장 간 인접요인의 계량화가 가장 중요한 설비배치는 공정별배치이다.

13

| 정답 | ④

| 해설 | 다품종 소량생산의 경우 제품별배치를 채택하면 선택된 제품의 생산량에는 문제가 없지만 과잉생산능력이 초래되어 비경제적이다. 제품별배치 형태는 대량생산에 유리하고 공정별배치 형태는 주문 제품의 소량생산에 적합하다.

14

| 정답 | ③

| 해설 | 과업 ⑧를 1번 작업장으로 옮길 경우, 1번 작업장의 작업시간은 24분이고, 2번 작업장의 작업시간은 20분이고, 3번 작업장의 작업시간은 27분이므로, 병목공정은 3번 작업장이며 주기시간은 27분이다.

| 오답풀이 |

① 2번 작업장이 가장 긴 작업시간을 요하는 병목공정이며, 주기시간은 30분이다.

② 주기시간이 30분이므로 8시간 동안 16개의 제품이 생산되고 작업장의 효율성은 $\dfrac{14+30+27}{30(분) \times 3(개)} \fallingdotseq 78.9(\%)$ 이다.

④ 현재 유휴시간은 $(30-14)+(30-30)+(30-27)=16$분+0분+3분=19(분)이다.

⑤ 만약 주기시간을 20분으로 하려면 ⓒ를 단독작업장에서 작업해야 한다. ⓐ, ⓑ, ⓒ, ⓓ, ⓔ는 순차과업이므로 하나의 작업장이 20분을 넘기지 않아야 하므로, 작업장은 5개가 필요하다.

15

| 정답 | ④

| 해설 | 주기시간(Cycle Time)을 줄이기 위해서는 작업장 수를 늘려야하고, 동일한 흐름시간 내에서 작업장의 수를 줄이면 주기시간은 오히려 증가하게 된다.

| 오답풀이 |

① '밸런스 지체=1-밸런스 효율'이므로 밸런스 효율과 밸런스 지체를 합하면 항상 100%가 된다.

② 휴리스틱은 최적해가 아니라 만족해를 추구하는 과정이며, 비용-효익의 경제적 타당성을 높이는 방법이다. 따라서 최대 후속작업 우선규칙이나 최대 위치가중치 우선규칙 등의 작업할당규칙은 휴리스틱이므로 최적해를 보장하지는 않는다.

③ 주기시간은 작업시간이 가장 긴 병목 작업장의 작업시간이 된다.

⑤ 작업장 수를 고정한 경우 주기시간이 줄어들게 되면 밸런스 효율은 증가한다.

밸런스 효율은 $\dfrac{작업시간}{주기시간 \times 작업장\ 수}$ 로 산출한다.

16

| 정답 | ⑤

| 해설 | A, B를 병렬적으로 작업할 경우 병목공정이 C(5분)이므로 $\dfrac{60}{5}=12$(개)의 제품 생산이 가능하다.

| 오답풀이 |

① 병목공정은 작업시간이 가장 긴 C이다.

② B에 작업자 1명을 더 투입하여 작업시간을 단축시켜도 병목공정이 아니기 때문에 B의 이용률은 증가하지 않는다.

③ 작업공전이란 순차적 작업 진행 중 선공정에서 작업이 넘어와야만 작업이 가능한 것이고, 작업장애란 선공정에서 넘어온 작업을 처리하지 못하는 것이다. C 작업은 선행공정에서 4분에 작업이 넘어오지만 C 작업장에서 처리시간은 5분이기 때문에 작업공전은 발생하지 않고 작업장애만 발생한다.

④ 흐름시간은 제품을 생산하기 위하여 사용되는 총 시간으로 4+5+3=12(분)이다.

17

| 정답 | ④

| 해설 | 처리시간이 동일한 두 공정에서 일반적으로 주기시간이 짧으면 작업장이 많고, 즉 공정의 재공품 개수가 많다는 것이다.

| 오답풀이 |

① 주기시간이란 각 작업장에서 한 단위 생산에 허락된 최대 시간을 의미하므로, 모든 병목공정의 주기시간을 단축시킴으로써 일반적으로 전체 공정의 주기시간을 단축시킬 수 있다.

③ 생산성은 투입 대비 산출의 비율로 측정하므로 생산성 향상을 위해서는 투입 대비 산출의 비율을 높여야 한다.

⑤ 공정의 품질 수준은 불량률, Cp, Cpk 등의 공정능력지수(PCIs ; Process Capability Indices) 또는 시그마수준 등으로 측정 가능하다. 불량률이 낮을수록 품질이 좋은 것이며, 공정의 표준편차가 낮을수록 시그마수준이 높아지고, Cp, Cpk 값도 커진다.

18

| 정답 | ④

| 해설 | 유효생산능력이란 정상적인 상태에서 경제적으로 지속할 수 있는 최대산출량으로서, 실제산출량이 일정하다면 생산능력의 효율성은 유효생산능력이 클수록 작아진다.

19

| 정답 | ⑤

| 해설 | 고객접촉도가 낮은 사업은 고객의 수요를 예측하여 그 평균을 산정하여 이를 근거로 운영할 수 있다. 반대로 고객접촉도가 높은 사업의 고객은 그 수요가 불확실하고 다양하여 고객수요를 평균화하기가 어렵다.

20

| 정답 | ①

| 해설 | 시계열분석기법에서는 과거 수요를 바탕으로 미래수요를 예측한다. 과거의 수요자료는 평균 추세, 계절성, 주기 및 우연변동 등의 요소이다.

| 오답풀이 |

② 지수평활법에서 가중치 역할을 하는 평활상수는 수요예측담당자의 주관적인 판단에 의해 결정되는데, 일반적으로 최근의 수요일수록 높은 가중치가 부여된다.

③ 편의란 한쪽으로 치우침을 의미한다. 따라서 예측치의 편의가 커질수록 예측오차의 누적값은 0에서 멀어지며 예측오차의 평균절대오차(MAD)는 증가한다.

④ 총괄생산계획(APP)을 통해 월별 혹은 분기별 인력운영 및 하청 계획을 수립하고, 주일정계획(MPS)을 통해 제품군 등을 기준으로 월별 혹은 분기별 생산량과 재고수준을 결정한다.

⑤ 자재소요계획은 정보기술의 활용과 그 적용영역이 확대되어 감에 따라 자재소요계획, 제조자원계획, 전사적 자원관리의 순으로 발전되어 왔다.

21

| 정답 | ②

| 해설 | 가중이중평균법의 일종인 지수평활법은 가장 최근의 실적치에 가장 큰 가중치를 부여하고 오래된 데이터의 가중치는 지수함수적으로 적게 적용하는 방법이다. 이는 단기예측에 적합하다는 특징을 가진다.

| 오답풀이 |

① 정성적 수요예측 기법에는 시장조사법, 유추법 등이

있고 정량적 수요예측기법에는 시계열분석법, 인과분석법 등이 있다.

③ 평균절대편차(MAD)는 오차의 절대치를 합한 후 이를 기간 수로 나눈 값이므로, 예측오차의 절대적인 크기는 측정 가능하지만 예측치의 편향(bias)의 정도를 측정하기 어렵다.

④ 수요는 평균수준, 추세, 계절적 변동, 주기적 변동, 우연 변동 등으로 구성되며, 이중 우연 변동은 예측이나 통제가 불가능한 변동을 의미한다. 평균수준, 추세, 계절적 변동, 주기적 변동이 고려의 대상이 된다.

⑤ 일반적으로 장기 예측은 변동성이 크기 때문에 예측기간이 길어지면 정확도가 낮아진다. 따라서 장기예측보다는 단기예측의 정확도가 더 높다.

22

| 정답 | ④

| 해설 | c. 초점예측이란 여러 가지 룰을 미리 만들고 매 시점마다 각각의 예측오차를 비교한 후 가장 낮은 예측오차를 산출한 룰로 다음 시점을 예측하는 방법이다.

e. 인과관계 분석 방법 중 대표적인 것이 회귀분석법이며, 회귀분석 시 원인변수의 종류에 따라 단순회귀분석법, 다중회귀법으로 구분할 수 있다.

| 오답풀이 |

a. 델파이법은 정량적 예측기법이 아니라 정성적 예측기법이다.

b. 지수평활법은 정량적 예측기법이다. 중요한 원인변수들에 대해 가중치를 다르게 부여하는 것은 회귀분석이고, 회귀분석은 정량적 예측기법이다.

d. 시계열 분석이란 시간에 따른 수요의 추세를 파악하는 것이고 인과관계기법은 수요에 영향을 주는 변수들을 찾아내는 것이다.

23

| 정답 | ④

| 해설 | MPS는 최종 제품에 대한 생산계획이므로 제품을 구성하는 부품 단위의 생산계획이 필요하다.

| 오답풀이 |

① 일반적으로 생산계획은 총괄생산계획, 기준생산계획(MPS), 자재소요계획(MRP), 작업일정계획(Job Scheduling)의 순으로 수립한다.

② 총괄생산계획에서 수요추종전략(Chase Strategy)은 충원과 해고를 통한 고용수준의 조정으로 수요과 공급을 일치시키려는 것이고, 평준화전략은 재고와 부재고(Backorder)의 조합을 활용하여 수요와 공급을 일치시키려는 전략이다

③ 자재소요계획(MRP)의 작성을 위해서는 기준생산계획(MPS), 자재명세서(BOM), 재고기록철의 입력자료가 필요하다.

⑤ 작업일정계획은 작업장에 생산할 품목과 생산량을 할당하고 시간대별로 자원을 배분하는 것이다.

24

| 정답 | ②

| 해설 | a. 제품모델별 생산계획은 주생산계획(MPS ; Master Production Schedule) 단계에서 도출된다.

c. 주생산계획은 총괄계획을 분해한 계획이므로 총괄계획보다 계획기간이 길지 않다.

| 오답풀이 |

b. 최적 총괄계획을 도출하는 과정은 수요추종전략, 생산수준 평준화전략, 작업시간 조정전략을 각각 적용할 수도 있지만 통상적으로 이들을 혼합하여 여러 가지 대안을 적용한 다음 가장 우수한 것을 선택한다.

d. 자재소요계획을 도출하기 위해서는 자재명세서, 재고기록철, 주생산계획(MPS)이 필요하다.

25

| 정답 | ②

| 해설 | 총괄생산계획에서 수요변동에 따른 고용 인력의 조정이 어려운 경우에는 추종전략이 아닌 평준화전략을 사용하여야 한다. 추종전략은 고용이나 해고를 이용해서 고용수준을 조정하는 전략으로 인력의 조정이 용이한 경우에 사용한다.

기출문제

경영과 기업

기업활동의 조직

인사관리

생산관리

마케팅관리

실전모의고사

26

| 정답 | ⑤

| 해설 | d. 평준화전략은 수요추종전략에 비해 재고수준의 변동폭이 크다.

e. 총괄생산계획을 위해 사용되는 기법으로는 도표법, 선형계획법, 휴리스틱 등이 있다.

| 오답풀이 |

a. 총괄생산계획을 먼저 수립한 후 주생산계획을 수립한다.

b. 수요추종전략은 인력의 고용과 해고를 통하여 공급량을 수요에 맞추려는 전략이다. 설비의 확장 및 축소를 통해 공급량을 조절하는 것은 장기전략에 해당한다.

c. 혼합전략은 여러 가지 사용가능한 변수들을 이용할 수 있는 관계로 수요추종전략이나 평준화전략 등 단일 기준을 사용한 전략에 비하여 총비용이 감소하게 된다.

27

| 정답 | ①

| 해설 | 재주문점의 설정을 위해서는 주문간격 동안에 예측되는 수요의 평균과 표준편차가 아니라, 재고조달기간 동안에 예측되는 수요의 평균과 표준편차가 사용된다.

28

| 정답 | ④

| 해설 | 고정기간모형은 리드타임과 주문기간을 합한 기간의 안전재고를 보유하여야 하지만 고정주문량 모형은 리드타임에 대비한 안전재고만 보유하면 되므로 고정기간모형이 보유해야 하는 안전재고의 양이 더 많다.

| 오답풀이 |

① 완제품의 재고수준을 높게 유지할수록 고객의 수요에 신속하게 대응할 수 있으며 고객서비스 능력이 높다.

② 공급업체의 납품소요시간 혹은 공급량의 불규칙성을 감소시키면 공급의 불확실성이 줄어들어 안전재고를 줄일 수 있다.

③ 재고회전율=$\dfrac{\text{총매출원가(총매출액)}}{\text{평균재고자산}}$ 이므로 재고회전율이 높다는 것은 기업이 재고를 여러 번 판매하여 매출액을 달성했다는 의미로 평균적으로 낮은 수준의 재고를 보유하고 있다는 것이다.

⑤ ABC재고관리에서 A 품목은 가치가 높은 품목으로 1회 주문당 주문량은 줄이고 주문횟수는 늘리는 것이 일반적이다.

29

| 정답 | ①

| 해설 | a. ABC분석에서 A 그룹은 경영자가 집중 관리하는 그룹으로, 품목의 수가 적고 금전적 가치가 크다는 특징을 가진다.

b. 주문비용이나 셋업비용이 상대적으로 클 경우에는 재고주문이나 생산준비횟수를 줄이기 위하여 1회 생산로트의 크기를 늘려야 한다.

30

| 정답 | ④

| 해설 | 단일기간 재고모형에서 고려하는 비용은 재고부족비용과 재고잉여비용이다.

| 오답풀이 |

① 주문량은 주기재고에 직접적인 영향을 미치지만, 판매촉진활동 등으로 인해 예상되는 수요증가는 안전재고가 아니라 예상재고에 직접적인 영향을 미친다.

② 경제적 주문량(EOQ) 모델에 기초하면 연간 재고유지비용은 연간 재고주문비용과 같은 값을 갖는다.

③ EOQ 모델의 기본 가정하에서는 정량발주모형과 정기발주모형은 동일한 값을 갖게 된다.

⑤ ABC재고분류에서 세심한 관리가 필요한 A 항목에 포함된 품목은 발주간격을 줄이고 1회 주문량을 줄이는 것이 바람직하다.

31

| 정답 | ③

| 해설 | C 품목은 가치는 작지만 사용량은 많은 품목으로 중요도가 가장 낮으며 주문주기가 길다.

32

| 정답 | ④

| 해설 | 안전재고는 수요의 불확실성을 감소시키기 위한 재고이다. 조달기간 동안 수요의 편차가 커질수록 불규칙한 수요에 대응하기 위한 안전재고량은 증가한다.

| 오답풀이 |

①, ② 확정적 고정주문량 모형은 수요가 확정적이며 일정한 모형이며, 확률적 고정주문량 모형은 수요의 변동성이 있다고 가정하는 모형이다.

③ 투빈 시스템(Two-bin System)은 한 번 주문할 때 정해진 양만큼 주문하는 고정주문량모델이다.

⑤ 서비스수준＝1－품질확률이므로 서비스수준을 높이면 품질확률은 감소하고 보유해야 할 안전재고량은 증가한다.

33

| 정답 | ④

| 해설 | 수요의 변동성이 커지면 안전재고를 통하여 수요의 변동성을 흡수하여야 하므로 특정 서비스수준의 달성을 위해 정량발주시스템에서는 재주문점이 증가한다. 정기발주시스템에서는 목표재고수준이 증가하면 주문량이 증가하게 되므로 주문이 증가하는 것이 일반적이다.

| 오답풀이 |

① 정기발주시스템(P 시스템)은 주문시점마다 재고수준을 점검하고, 정량발주시스템(Q 시스템)은 언제 ROP에 도달하는지를 수시로 확인해야 하기 때문에 재고에 변동이 발생할 때마다 재고수준을 점검한다.

② 정량발주시스템은 재고수준이 재주문점 이하로 떨어지는 경우 사전에 결정한 주문량만큼을 계속 주문하고, 정기발주시스템은 일정 시점마다 재고실사를 하여 미리 정한 재고수준과 현재 재고수준과의 차이만큼을 주문한다.

③ 정량발주시스템에서도 조달기간의 불확실성이 있기 때문에 품절이 발생할 수 있으며, 정기발주시스템은 주문시점 이전에도 품절이 발생할 가능성이 있다. 확정적 재고모형의 경우는 품절이 발생하지 않을 수 있다.

⑤ 정량발주시스템에서 EOQ모형을 사용하는 경우, 주문량(Q)은 1회 주문비용과 연간수요량에 비례하지만 단위당 연간 재고유지비용에는 반비례한다.

34

| 정답 | ①

| 해설 | 단위당 재고비용, 1회 주문비용 등은 단일기간 모형에서 중요한 변수가 아니다. 단일기간 재고모형은 재고부족비와 재고과잉비의 합이 최소가 되는 주문량을 찾아 주문한다.

| 오답풀이 |

⑤ 서비스 수준＝$\dfrac{Cs}{Cs + Ce}$ 이므로 수요의 확률분포를 0에서 100 사이의 연속형 균일분포(Uniform Distribution)로 가정하는 경우, 단위당 품절비용 대 단위당 재고 비용의 비율이 1 : 1 이라면 적정 서비스수준은 $\dfrac{1}{1+1}=50$(%)이므로 50의 재고를 주문하면 된다. 단위당 품절비용 대 단위당 재고비용의 비율이 1 : 1에서 3 : 1로 증가하면 적정 서비스수준은 $\dfrac{3}{3+1}=75$ (%)이므로 75의 재고를 주문해야 한다. 따라서 재고의 주문량은 50% 증가한다.

35

| 정답 | ②

| 해설 | 자재명세서(BOM ; Bill Of Material)이란 모든 품목에 대해 상위 품목과 부품의 관계와 사용량, 단위 등을 표시한 리스트, 도표 그리고 그림을 말한다. 상위 품목은 하나 이상의 부품으로 제조되는 품목이고 부품은 상위 품목으로 전환되기 위해 적어도 하나 이상의 공정을 거쳐야 하는 품목이다.

| 오답풀이 |

① MRP의 기본입력자료 세 가지는 자재명세서(BOM), 기준생산계획(MPS), 재고현황철(IR)이다.

③ MRP 전개과정은 종속수요품의 필요량과 필요시기를 전개하는 과정이다.

④ 생산능력소요계획(CRP)은 2유형 MRP시스템의 필수 요소이다.

⑤ 서비스 업체도 MRP의 원리를 적용할 수 있다.

36

| 정답 | ④

| 해설 | MRP가 주된 계획대상으로 삼고 있는 것은 독립 수요가 아니라 종속수요이다.

구분	MRP시스템	JIT시스템
시스템형태	Push System	Pull System
생산개시	미래의 수요에 대비	현재 발생한 수요에 대한 반응
목표	계획과 통제	낭비의 제거, 지속적 개선
운영의 토대	MPS, 자재명세서, 재고자료	MPS, 간판
자료요구	자세하고 방대한 자료를 요구	많은 자료를 필요로 하지 않음.
운영	전산화가 전제조건임.	전산화가 불필요함.
효과적 생산체제	각 품목에 대한 수요가 불규칙하고 생산해야 할 품목의 수가 많은 개별 생산체제 하에서 각 부품 또는 반제품 생산의 우선순위를 결정하고 통제하는 데 효과적	표준화된 또는 안정적인 디자인의 제품을 대량을 생산할 때 적합

37

| 정답 | ④

| 해설 | JIT시스템을 성공하려면 제조준비시간을 줄이고 제조준비비용을 감소해 로트의 크기를 감소해야 한다. 제조준비시간이 길어지면 로트의 크기가 커져서 JIT에서 규정하는 낭비가 증가하게 된다.

38

| 정답 | ②

| 해설 | 적시생산시스템에서는 재고를 낭비로 규정하여 불필요한 재고를 보유하지 않으려고 한다. 따라서 적시생산시스템은 로트 크기를 감소하기 위한 생산준비시간과 생산준비비용의 단축이 중요하다.

| 오답풀이 |

① 적시생산시스템은 풀 시스템이지만, 자재소요계획에 따라 실제 생산이 이루어지는 것은 아니다. 적시생산시스템은 실제수요에 따라 생산이 이루어진다.

③ 적시생산시스템은 공급자에게 소규모의 빈번한 조달을 요구해야 한다. 따라서 소수의 공급자를 선정하여 이들과 장기공급계약을 체결하고 이들에게 빈번한 발주를 요구한다.

④ 무결함 생산을 추구하므로 불량품을 인정하지 않는다. 따라서 적시생산시스템에서 적정 수준의 안전재고를 유지하는 것은 적절하지 않다.

⑤ 적시생산시스템은 소규모 로트로 생산한다. 따라서 생산준비 이후 동일한 제품을 최소한으로 생산하고 다음 제품으로 생산 전환하는 혼류생산 및 생산평준화를 실시한다.

39

| 정답 | ①

| 해설 | JIT의 기본요소는 소규모 생산과 제조준비시간 단축, 생산의 평준화, 작업자의 다기능화, 품질경영, 칸반시스템의 운용이다.

| 오답풀이 |

② JIT는 로트(Lot)의 크기를 최소화하여 재고관리비용을 최소화한다.

③ 칸반(Kanban)의 수는 컨테이너의 수와 동일하므로 재고의 양은 칸반의 수에 비례한다.

④ 품질향상을 위해 불량을 인정하지 않고 있으며, 불량이 0(Zero)으로 가게 되면 실패비용이 발생하지 않는다. 불량을 0으로 만들기 위해서 예방비용과 평가비용은 지출하여야 한다.

⑤ JIT는 수요견인방식의 생산으로 생산할 시 칸반을 기반으로 생산 및 통제를 실시한다.

40

| 정답 | ⑤

| 해설 | (다), (라) 린 생산시스템에서 로트 크기를 줄이면 주기개조가 감소함에 따라 재고유지비용이 낮아지고

재고 보관을 위한 공간이 줄어들게 된다. 또한 공정에서 발생한 품질문제를 조사하거나 처리하는 시간이 줄어든다.

| 오답풀이 |

(가) 린 생산시스템에서는 소규모 로트로 생산하는데 로트를 줄이면 생산준비 횟수가 증가하게 되므로 총 생산준비비용은 증가한다.

(나) 로트 크기를 줄이면 채찍효과가 줄어든다. 일괄주문의 경우 채찍효과는 더욱 커지게 되며 소규모의 주문을 자주 하게 되면 채찍효과는 감소한다.

41

| 정답 | ④

| 해설 | 토요타 생산방식은 낭비의 제거를 목표로 하고 있는데 과잉생산의 낭비, 과잉재고의 낭비, 대기시간의 낭비, 운반의 낭비, 가공의 낭비, 동작의 낭비, 불량(재작업)의 낭비 등을 낭비의 유형으로 간주한다.

| 오답풀이 |

① TPS 집을 구성하는 2가지 기둥은 JIT와 지도카(Jidoka, 자동화)이다.

② 자재소요계획(MRP)은 푸시 시스템에 해당하기 때문에 TPS와는 관련이 없다.

③ 전통적인 제조방식에 비해 다기능 작업자의 육성을 강조한다.

⑤ 공정에 품질 등의 문제가 발생하면 작업자들이 스위치를 눌러 전체 생산라인을 정지시킬 수 있도록 권한을 부여하였다.

42

| 정답 | ⑤

| 해설 | 공급자 재고관리 방식은 공급자가 전산망을 통해 구매자들의 재고를 정확히 파악할 수 있으므로 수요예측의 정확도는 높아지고 재고비용은 줄어든다.

| 오답풀이 |

① 채찍효과의 큰 원인 중의 하나는 공급사슬 참여자 간에 정보공유의 부족이다.

③ 재고회전율이 높을수록 재고일수가 짧아지고 재고일수가 짧을수록 재고회전율은 높아진다. 재고일수는 재고가 판매되는 기간을 의미하며 또한 확보하고 있는 물량으로 공급이 가능한 기간을 나타내기도 한다.

43

| 정답 | ①

| 해설 | 공급사슬망 중개업자의 단계수를 늘리면 공급사슬상의 채찍효과가 오히려 증가한다. 채찍효과의 원인으로는 공급사슬 구성원 간의 정보공유의 부족, 가시성의 부족, 부정확한 수요예측, 이월주문, 배치주문, 집중주문 등이 있다.

44

| 정답 | ③

| 해설 | 공급사슬운영참조(SCOR) 모델에서는 공급사슬 운영을 계획, 조달, 생산, 배송, 반품 다섯 개의 프로세스 범주로 나눈다.

45

| 정답 | ④

| 해설 | 공급사슬관리에서는 부분최적화보다는 전체최적화를 우선시 여긴다. 따라서 공동의 목표를 위한 전체최적화를 먼저 추구한 후 각 부분최적화를 추구하는 것이 바람직하다.

| 오답풀이 |

① 공급의 불확실성은 낮으나 수요의 불확실성이 높은 기업군에서는 반응적 공급사슬을 설계한다. 반응적 공급사슬은 대량고객화를 위한 공급사슬로 고객화가 가능하게 주문생산이 가능한 형태의 공급사슬을 설계하여 사용하는 것이 효과적이다.

② 공급의 불확실성은 높으나 수요의 불확실성이 낮은 기업군에서는 위험회피 공급사슬을 설계한다. 위험회피 공급사슬은 공급의 단절위험을 회피하고자 하는 것으로 안전재고를 확보하고 타사와의 재고 공유 등을 통해 공급의 불확실성에 대한 위험을 회피하고자 한다.

기출문제 / 경영과 기업 / 기업활동의 조직 / 인사관리 / 생산관리 / 마케팅관리 / 실전모의고사

③ 채찍효과의 원인 중 큰 부분이 공급사슬 구성원 간의 정보 공유 부재이므로 정보기술 등을 활용하여 공급사슬 참여자 간에 수요 및 생산계획에 관한 정보를 공유하면 채찍효과가 감소된다.

⑤ 공급사슬관리에서는 아웃소싱도 전략적 소싱의 형태로 진행되어야 한다. 아웃소싱을 단지 외부에서 원재료를 구매하는 형태로 간주해서는 안 되며, 아웃소싱을 하게 되면 기업의 인적자원, 시설, 설비 및 기술 등을 포함한 자원과 일부 의사결정의 책임도 회사 밖으로 이전된다.

46

| 정답 | ②

| 해설 | b. 대량 고객화 전략은 표준화된 단일품목에 대한 고객의 수요를 확대하는 것이 아니라, 각기 다른 고객들에게 고객화된 제품과 서비스를 대량으로 생산할 때처럼 낮은 가격에 제공할 수 있는 기업의 능력을 의미한다. 표준화된 단일품목을 많이 파는 것은 대량생산전략이다.

c. 제품의 저장위치와 수송방식을 결정하는 요소로는 공급사슬의 형태, 제품의 특성, 소비자의 특성, 아웃소싱의 정도, 가치밀도 등 여러 가지 요소들을 고려하여야 한다. 가치밀도가 제품의 저장위치와 수송방식에 영향을 미치지만 그것만이 유일한 요소는 아니다.

47

| 정답 | ①

| 해설 | 공급체인 내에서 소비자로부터 생산자(혹은 원재료 공급업자) 방향으로 갈수록 수요의 변동폭이 확대되는 것을 채찍효과(Bullwhip Effect)라고 한다. 이러한 채찍효과는 공급사슬 구성원 간의 의사소통이 부족하거나 리드타임의 길이가 길거나 공급사슬의 단계가 길거나 일괄적 주문이나 배치주문의 크기가 크면 더 크게 발생한다.

48

| 정답 | ③

| 해설 | 국제표준기구에 의해 제정된 제3자 기관에 의한 품질시스템 인증제도는 ISO이다. 말콤 볼드리지 상은 미국 기업의 국제경쟁력을 높이기 위하여 상품이나 서비스의 품질관리 실적이 탁월한 기업에게 수여하는 품질관리상이다.

49

| 정답 | ④

| 해설 | 품질비용은 제품 생산의 직접비용 이외에 불량 감소를 위한 품질관리와 활동비용을 기간 원가로 계산하여 관리하는 것을 말한다. 그중에서 소비자에게 인도되는 시점 이후에 발생하는 실패비용은 외부 실패비용이라 한다.

📖 품질비용(Quality Of Cost)

1. 개념 : 제품 생산의 직접비용 이외에 불량 감소를 위한 품질관리와 활동 비용을 기간 원가로 계산하여 관리하는 것을 말한다.

2. 품질비용의 종류

통제비용	• 예방비용 : 재화나 서비스에 불량품질이 포함되는 것을 방지하기 위해 발생되는 비용 • 평가비용 : 재화나 서비스의 불량품을 제거하기 위한 검사비용
실패비용	• 내부 실패비용 : 소비자에게 인도되기 이전에 발생하는 비용으로 폐기물 등에서 발생하는 비용 • 외부 실패비용 : 소비자에게 인도되는 시점 이후에 발생하는 비용으로 제품 출하 후에 발생하는 비용

50

| 정답 | ⑤

| 해설 | 적합도가 높다는 것은 그만큼 재화나 서비스에 불량품질이 없다는 뜻으로 예방비용과 평가비용은 증가하고 불량품질이 없기 때문에 실패비용은 줄어들게 된다.

51

| 정답 | ①

| 해설 | $\bar{X}$ 관리도에서는 샘플데이터의 평균값을 전체평균값을 기준으로 작성된 관리한계선과 비교하여 샘플

테이터의 평균값이 관리한계선 내에서 우연변동으로만 구성되어 있으면 공정이 안정상태라고 판단한다.

52

| 정답 | ⑤

| 해설 | 데밍은 지속적 개선을 위한 도구로 PDCA(Plan – Do – Check – Act) 사이클을 제시하였다.

53

| 정답 | ③

| 해설 | 통계적 공정관리(SPC ; Statistical Process Control)의 기법들은 일반적으로 공정에서 발생하는 우연변동(Common Variation)을 개선할 수 없는 대상으로 인식하여 넘어간다. 하지만 TQM에서는 지속적 개선을 통하여, 6시그마(Six Sigma)에서는 변동감소를 통하여 우연변동도 감소시킬 수 있는 대상으로 인식한다.

| 오답풀이 |

① 공정에서 얻은 데이터로부터 계산된 타점통계량(Charting Statistic)이 모두 $\overline{X}$ 관리도의 관리한계선(Control Limits) 내에 타점된다하여도 특정한 패턴이 형성된다거나 하면 공정의 산포가 통계적으로 불안정상태에 있을 수 있다.

② TQM(Total Quality Management)에서는 전종업원들의 자발적 참여를 통한 지속적 개선을 품질향상의 원동력으로 간주한다. 정보시스템을 이용한 공정혁신을 통하여 품질향상을 하려는 기법은 BPR, ERP 등이 있다.

④ 일반적으로 품질문제를 유발하는 가장 중요한 요인을 추출해 내기 위해 사용하는 것은 파레토도표이다. 원인결과도표(Cause – and – effect Diagram 또는 Fishbone Diagram)는 특정불량을 발생시키는 원인을 찾기 위해 사용하는 도구이다.

⑤ 원자재의 검사비용은 불량의 발생을 사전에 방지하기 위한 것으로 품질비용 중 평가비용에 해당한다.

54

| 정답 | ⑤

| 해설 | a. 통계적 프로세스 관리는 프로세스에서 현재 생산되는 산출물의 품질을 측정하고 품질을 저하시킬 정도로 프로세스가 변화되었는지를 찾아내기 위해 사용한다. 대표적으로 관리도는 제공품을 측정하여 현재 공정이 안정상태인가 불안정상태인가를 판단할 수 있다.

c. 품질기능전개(Quality Function Deployment)는 고객의 요구를 생산에서 적용할 수 있는 기술적 명세로 전환시키는(제품의 특성 또는 기능으로 변환시키는) 기법이다.

e. 파레토도(Pareto Diagrem)는 해결해야 할 품질문제를 발견하고 어떤 문제부터 해결할 것인가를 결정하기 위해 가로축을 따라 요인들의 발생빈도를 내림차순으로 표시한 막대그래프로, 이를 통하여 가장 중요한 품질문제의 원인을 찾을 수 있다.

| 오답풀이 |

b. 통계적 프로세스 관리에서 프로세스가 통계적 통제상태에 있다면 산출물에는 변동의 원인을 구체적으로 추적할 수 없고 제거할 수 없는 우연변동만 있는 것으로 간주한다.

d. 특성요인도(Fishbone Diagram)는 특정 불량과 관련된 원인을 파악하기 위하여 잠재가능한 모든 원인들을 생선뼈처럼 생긴 표에 표시하면서 불량의 원인을 찾는 과정이다. 품질과 관련된 어떤 제품 또는 서비스의 특성에 대한 발생빈도를 기록하기 위한 기법은 체크 시트이다.

55

| 정답 | ②

| 해설 | a. 연속적 자료에 대한 계량형 관리도에는 x – R 관리도, $\overline{X}$ 관리도, R관리도 등이 있으며, 계수형(불량 품수나 결점수 같은 이산적 자료) 관리도에 C – 관리도, U – 관리도, P관리도, Pn관리도 등이 있다.

c. 환경과 관련된 ISO 14000 시리즈에 대한 설명이다.

56

| 정답 | ②

| 해설 | b. SERVQUAL은 기업이 제공하는 서비스가 소비자의 기대와 얼마나 일치하는가를 측정하는 도구이다.

d. 싱고 시스템이란 도요타의 JIT시스템의 공장경영 컨설턴트였던 시게오 신고(Shigeo Shigeo)의 이름을 딴 것으로 SMED와 포카요케(Poka-yoke)가 주요 내용이다.

57

| 정답 | ⑤

| 해설 | b. 품질의 집(House of Quality)은 품질기능전개의 대표적인 도구이다. 기대품질과 지각품질의 차이로 서비스품질을 측정한 도구는 SERVQUAL 모형이다.

c. 포카요케(Poka-yoke)는 실수방지 프로그램으로 작업자가 일을 할 때 결함으로 이루어지는 오류를 사전에 방지하고 비정상적인 것들에 대해 빠른 시간 안에 피드백을 주어 제 시간 내에 시정할 수 있게 하는 프로그램을 의미한다. 포카요케는 종업원을 훈련하여 실수를 줄이는 프로그램이 아니다.

d. SERVQUAL은 서비스 기업에서 품질관리 목적으로 개발된 것으로 고객의 기대와 실제제공한 서비스와의 차이를 서비스 품질로 인식하는 기법이며 관리도와는 거리가 먼 개념이다.

58

| 정답 | ②

| 해설 | 품질비용의 비중은 업종에 따라 차이가 크다. 생산이 단순한 업종은 품질비용이 낮고, 제품이 복잡하고 높은 신뢰성을 요구하는 정밀제품의 경우 품질비용이 상당히 높다. 일반적으로 전체 품질비용 가운데 50 ~ 80%가 품질불량으로 인한 손실(실패비용)이며, 품질검사 및 시험 등의 평가비용이 15 ~ 40%, 품질관리에서 중요한 예방비용은 5 ~ 10% 정도이다.

59

| 정답 | ④

| 해설 | b, c. TQM은 고객 만족, 지속적 개선, 전종업원의 참여를 특징으로 한다.

| 오답풀이 |

a. TQM은 종합적 품질경영전략이다. TQM의 지속적 개선을 위한 도구로 파레토도표, 원인결과도표 등 다양한 자료분석 도구들이 사용될 수는 있지만 이들의 묶음을 TQM이라고 하지는 않는다.

d. TQM은 결과지향적이라기보다는 과정지향적인 경영 방식으로 완성품의 검사보다는 제품과 생산공정을 지속적으로 개선하는 것을 강조한다.

e. TQM은 최고경영자의 강력한 리더십이 요구되고 있는 동시에 전종업원이 함께 참여하여 진행하는 장기적인 프로그램이다.

60

| 정답 | ②

| 해설 | 공급자 위주의 품질관리는 종합적 품질관리인 TQC에 대한 내용이다. TQC는 결과지향적이며 기업 이익 우선의 공정관리를 한다.

61

| 정답 | ⑤

| 해설 | 6시그마는 객관적인 통계를 가진 수치를 얻을 수 있으므로 서로 업종이 다르더라도 비교가 용이하다.

62

| 정답 | ①

| 해설 | P-관리도는 품질을 측정하는 수단만이 아니라 공정이 조정되어야 할 시기를 알려 준다.

63

| 정답 | ②

| 해설 | 생산자에게 품질향상 자극을 주고 싶을 때는 샘플링 검사를 실시한다.

📄 전수 검사
1. 제품 하나하나를 모두 검사하는 방식을 말한다.
2. 불량품 출하 시 막대한 손실이 초래할 경우에는 전수 검사를 실시해야 한다.

📄 샘플링 검사
1. 일부 제품을 표본 추출하여 검사하는 방식을 말한다.
2. 제품을 파괴하여 검사해야 할 경우 샘플링 검사를 한다.
3. 샘플링 오류가 발생할 수 있다.
4. 검사하는 제품의 수가 적으므로 개당 검사에 드는 비용을 줄이고 개당 검사 시간을 늘릴 수 있다.

64

| 정답 | ①

| 해설 | 서비스란 제품 판매를 위해 제공되거나 판매에 부수적으로 제공되는 행위, 편익, 만족으로 소비자가 요구하는 주관적 효용인 만족이나 편익을 제공하는 것을 말한다. 따라서 서비스 품질 투자는 재무적으로 측정될 수 있다.

65

| 정답 | ④

| 해설 | 제품은 형태가 존재하지만 서비스는 형태가 존재하지 않는 경우가 일반적이다. 즉 재화의 특징은 유형성이고 서비스는 무형성을 특징으로 하고 있다.

66

| 정답 | ④

| 해설 | SERVQUAL 모형은 Parasuraman, Zeithaml, Berry(PZB)의 연구에 의해 개발된 것으로 고객이 기대한 서비스와 인지된 서비스의 차이를 통하여 서비스의 품질을 평가하는 모형이다. 고객이 서비스품질을 판단하는 차원에는 신뢰성, 반응성, 확신성, 공감성, 유형성 등을 사용하고 있다. SERVQUAL 모형은 설문지 형태의 조사로 이는 호텔 등의 업종에 한정적으로 사용되는 것이 아니라 다양한 업종에 사용될 수 있는 모형이다.

67

| 정답 | ①

| 해설 | BPR(Business Process Reengineering)은 프로세스별로 기업의 업무를 고객만족의 관점에서 근본적으로 재설계하는 것을 말한다.

| 오답풀이 |

② TQM(Total Quality Management, 종합적 품질경영)은 장기적인 전략적 품질 관리를 하기 위한 관리원칙으로 조직구성원의 광범위한 참여하에 조직의 과정·절차를 지속적으로 개선한다. 총체적 품질관리를 뜻하는 말로 고객만족을 서비스 품질의 제1차적 목표로 삼는다.

③ ABC(Activity Based Costing)는 '활동기준 원가계산'을 이르는 말이다. 부가가치 생산에 중점을 둔 원가계산법으로, 원가관리의 초점을 원가(Cost)에 두기보다 활동(Activity)에 두고 활동별로 원가를 발생시키는 주된 요인, 곧 원가동인(Cost Driver, Activity Driver)을 확인하고 원가동인을 기준으로 원가를 배부하고 측정하는 원가계산기법이다.

④ ERP(Enterprise Resource Planning)는 전사적 자원관리로 구매, 생산, 물류, 회계 등의 업무 기능 전체의 최적화를 도모하고 경영의 효율화 추구를 위한 관리방안이다. 좁은 의미로는 ERP 개념을 실현하기 위한 '통합형 업무 패키지 소프트웨어' 자체를 말하기도 한다.

⑤ SPC(Statistical Progress Control, 통계적 공정관리)는 통계적 자료를 이용하여 생산공정에서 발생하는 비능률을 제거하여 공정의 효율성을 지향하는 공정관리법을 의미한다.

68

| 정답 | ③

| 해설 | 변화관리를 먼저 수행한 후 BPR, 미래의 업무과정의 순서로 수행한다.

📄 ERP

뜻	• Enterprise Resource Planning의 약자로 흔히 '전사적 자원관리'라고 함. • 자재관리(MRP ; Material Requirement Planning)에서 시작하여 생산자원계획(MRP II)으로의 발전을 거쳐 현재의 정보시스템으로 확정된 개념
특징	• 기업 전체를 경영자원의 효과적 이용이라는 관점에서 구매, 생산관리, 물류, 회계 등 기업 활동 전반에 걸친 업무를 통합하여 경영의 효율화를 기하기 위한 수단 • 업무와 자료의 표준화에 의해서 정보의 일관성을 유지할 수 있고 중복을 피할 수 있음.

69

| 정답 | ⑤

| 해설 | BPR에 대한 설명이다.

📄 BPR(Business Process Reengineering)

1. 정의 : 비용, 품질, 서비스, 업무처리 속도와 같은 핵심적 성과에서 극적인 향상을 이루기 위해 기업업무 프로세스를 기본적으로 다시 생각하고 근본적으로 재설계하는 것이다.
2. 성공적인 리엔지니어링을 위한 조건
   ㉠ 새로운 설계를 종합적으로 시범 실시
   ㉡ 진취적인 리엔지니어링 수행목표를 설정
   ㉢ 수행책임을 맡을 고위 관리자를 추가로 선정
   ㉣ 고객의 요구, 경제지표, 시장동향에 관한 종합적인 재검토 수행

70

| 정답 | ①

| 해설 | 모듈러 생산은 가장 최소 종류의 부품으로 최대 종류의 제품을 생산하는 방식이다.

71

| 정답 | ④

| 해설 | 시간연구법은 정상시간 및 표준시간을 기준으로 하는 작업측정법으로 작은 작업변경에서의 반복적이고 연속적인 현장 작업에 적합하다.

72

| 정답 | ③

| 해설 | 인터넷에서 구현되는 것으로 e-SCM이 따로 있다.

📄 SCM(Supply Chain Management)

공급사슬관리라고 하며 제품, 정보, 재정의 흐름에 관한 내용이다. SCM은 제조, 물류, 유통업체 등 유통공급망에 참여하는 전 기업들이 협력을 바탕으로 양질의 상품 및 서비스를 소비자에게 전달하고 소비자는 극대의 만족과 효용을 얻는 것을 목적으로 한다.

73

| 정답 | ④

| 해설 | EOQ는 연간 발주비와 연간 재고유지비의 합을 최소로 하는 주문량의 크기를 정하는 것이다.

| 오답풀이 |

①, ②, ③ 경제적 주문량 공식은 다음과 같다.

$$EOQ = \sqrt{\frac{2 \times 연간수요 \times 1회 주문비용}{단위당 재고유지비용}}$$

위 공식을 보면 연간수요와 1회 주문비용은 서로 정비례 관계로 같이 증가 또는 감소하는 것을 알 수 있다. 또한 단위당 재고유지비용은 연간수요와 1회 주문비용과 서로 반비례관계다.

74

| 정답 | ③

| 해설 | ABC관리방법은 기업이 관리하고자 하는 상품의 수가 많아 모든 품목을 동일하게 관리하기가 어려울 때, 상품의 공헌이익 등을 기준으로 품목을 그룹화하고 그 그룹에 대해 집중 관리하는 방법으로, 재고관리나 자재관리 뿐만 아니라 원가관리, 품질관리에도 이용할 수 있다.

75

| 정답 | ①

| 해설 | 조달기간이 짧아지면 그만큼 재고의 불확실성이 감소하여 필요한 안전재고의 수준은 낮아진다.

📋 안전재고(Safety Inventory)

1. 일반적으로 수요와 공급의 변동에 따른 불균형을 방지하기 위해 유지하는 계획된 재고 수량으로 재고가 필요한 시기보다 빨리 주문하면 안전재고를 가질 수 있다.
2. 수요의 변동이 심하면 안전재고를 더 많이 보유해야 한다.

76

| 정답 | ④

| 해설 | 상품을 지속적으로 재발주하는 데 있어서 매장과 배송창고에 보관되어 있는 적정 재고량의 결정이 가장 중요한 의사결정사항이며 그 과정에서 수요변동, 상품 회전율, 재고비용 등을 충분히 고려해야 한다.

77

| 정답 | ⑤

| 해설 | 지나치게 빠른 재고 회전율은 바람직하지 않을 수 있다. 회전율을 높이기 위해 카테고리 수와 단품의 수를 줄이면 오히려 매출량이 하락할 수 있어 매입 및 주문처리시간이 증대하여 운영비용이 증대하고, 상품을 소량으로 자주 구입하는 경우 구매 비용이 증대되기 때문이다.

78

| 정답 | ④

| 해설 | 연속생산공정은 과업의 형태가 반복적이다.

📋 연속생산공정의 특징

• 제품별 배치
• 매우 표준화되어 있음.
• 소품종 대량생산
• 짧은 거리와 낮은 운반비
• 고정비는 높고 변동비는 낮음.

• 생산원가는 낮음(효율성은 높음).
• 유연성은 매우 떨어짐.
• 단순작업이 많은 반복적 비숙련공에 적합

79

| 정답 | ②

| 해설 | JIT(Just In Time)시스템은 적시생산시스템이라고도 하며 모든 생산과정에서 필요한 때, 필요한 것만을 필요한 만큼만 생산함으로써 생산시간을 단축하고 재고를 최소화하여 낭비를 없애는 시스템으로 주로 다품종 소량생산에 적합한 생산방식이다. 이로써 불필요한 재고를 줄이고 생산계획과 통제과정 단순화로 생산시스템의 신축성 확대, 품질개선, 원가절감 및 생산성 향상을 기대할 수 있다.

| 오답풀이 |

① ABC 분류시스템은 재고품목을 누적 매출액과 누적 품목수를 기준으로 3개의 그룹으로 나누어 관리하는 방식을 말한다.

③ EOQ(경제적 주문량)란 단위 기간당 발생하는 총 재고유지비용과 총 주문량을 최소화하는 주문량을 의미한다.

④ MRP(자재소요계획)는 제조기업에서 원자재와 부품의 수급계획에 쓰일 수 있는 시스템이다.

⑤ POS(판매시점 정보관리 시스템)는 제품이 판매될 때마다 컴퓨터가 자동으로 상품 단위로 재고수준을 실시간으로 관리하도록 하는 시스템이다.

80

| 정답 | ①

| 해설 | 집단관리기법(GT)은 생산준비시간이 단축되고 생산작업의 관리가 수월하다는 장점을 가진다.

📋 집단관리기법(GT)의 특징

1. 생산준비시간이 단축되고 생산작업의 관리가 수월하다.
2. 다양한 수요를 충족시키면서 경제성을 달성하려는 것이다.
3. 소규모 생산의 경우라도 대량생산에서와 같은 작업과정과 생산비의 혜택이 가능하여 원가가 절감된다.
4. 이 기법의 활용도를 높이기 위해서는 제품을 설계할 때 각 부품의 유사성을 가급적 높게 하는 것이 비결이다.

기출문제 / 경영과 기업 / 기업활동의 조직 / 인사관리 / 생산관리 / 마케팅관리 / 실전모의고사

5. 집단관리기법은 다품종 소량생산의 **효율**을 높이기 위하여 생산 과정에서 부품상태의 유사성에 의해 생산물을 분류하여 최적의 공작기계를 할당하는 생산기술이다.

81

| 정답 | ②

| 해설 | JIT(적시생산방식)는 혼류생산방식으로 변화에 대응하는 유연성을 추구하며 결과적으로 대폭적인 리드타임 단축, 납기 준수, 재고 감소, 생산성 향상, 불량 감소를 가능하는 생산시스템이다.

| 오답풀이 |

① CIM(컴퓨터 통합생산시스템)은 생산-판매-기술의 3분야를 컴퓨터로 통합한 것으로, 주문을 받는 단계에서부터 생산품을 시장으로 내보내는 단계까지의 공정 시스템을 컴퓨터로 종합 처리하여 시간을 단축하고 다품종 소량생산에 대응하는 자동화 생산 시스템이다.

③ FMS(유연생산시스템)은 생산성을 감소시키지 않으면서 여러 종류의 제품을 가공 처리할 수 있는 유연성이 큰 자동화 생산라인을 말한다. 구체적으로는 머시닝 센터, 로봇, 자동 창고, 무인 운송기, 제어용 컴퓨터 등으로 구성되는 자동 조립 가공 라인을 가리킨다.

④, ⑤ CAD / CAM(컴퓨터 지원 설계 / 제조)은 공장자동화를 이루기 위한 기술 중 하나다.

82

| 정답 | ⑤

| 해설 | 경제적 주문량(EOQ ; Economic Order Quantity) 모형은 많은 기본과정과 계산의 복잡성 때문에 소규모 생산에 있어서는 적용이 어렵다.

83

| 정답 | ②

| 해설 | 균형성과표란 조직의 비전과 경영목표를 각 사업 부문과 개인의 성과측정지표로 전환해 전략적 실행을 최적화하는 경영관리기법으로 하버드 비즈니스 스쿨의 로버트 카플란 교수와 경영 컨설턴트인 데이비드 노튼이 공동으로 개발하여 1992년에 최초로 제시했다. 재무, 고객, 내부 프로세스, 학습·성장 등 네 분야에 대해 측정 지표를 선정해 평가한 뒤 각 지표별로 가중치를 적용해 산출한다.

84

| 정답 | ⑤

| 해설 | 공급사슬은 공급자로 갈수록 상류이고 소비자 쪽으로 갈수록 하류라고 한다.

85

| 정답 | ③

| 해설 | 정보기술은 정보화 시스템 구축에 필요한 유형·무형의 모든 기술과 수단을 아우르는 간접적 가치창출에 무게를 두는 기술이다. 공급사슬관리는 공급자로부터 최종 소비자에게 상품이 도달되는 모든 과정을 의미한다. 즉 제품, 정보, 재정의 흐름을 통합하고 관리하는 것을 말하며, 이는 정보의 가시성을 증가시킨다.

86

| 정답 | ④

| 해설 | 고객지향, 종업원 참여, 지속적 개선을 중점적으로 강조하는 개념은 종합적 품질경영(TQM)이다.

87

| 정답 | ⑤

| 해설 | 예방비용은 제품이나 서비스의 불량을 막기 위한 모든 활동에 관한 비용으로 여기에는 품질검사와 품질교육 및 훈련뿐만 아니라 공정분석, 양질의 원자재나 부품을 제공받기 위한 공급업자와의 협력에 따른 비용 등까지 모두 포함된다.

| 오답풀이 |

① 생산과정 중에서 발견된 결함이 있는 제품을 폐기하거나 재작업하는 데 드는 비용을 내부 실패비용이라고 한다.

② 외부 실패비용은 소비자에게 제품이 인도된 이후에 발생하는 비용이다.

③ 내부 실패비용에는 생산과정에서 불량품이 발생한 경우, 만일 불량품이 양품으로 생산됐었을 때의 기회비용까지를 포함한다.

④ 고객에게 인도된 이후의 품질결함에 따른 비용은 고객의 불만에 따른 이탈과 기업신뢰도 하락과 같은 미래손실까지 모두 포함해서 본다.

88

| 정답 | ④

| 해설 | 품질개선활동을 통해 품질특성의 산포가 줄어들게 되면 타점들이 변동이 작아지는 추세를 보이게 된다. 품질특성의 산포가 줄어드는 것과 타점들이 지속적으로 하락하는 추세를 보이는 것과는 무관하다.

| 오답풀이 |

① 관리도는 공정의 이상변동을 찾아 불안정상태의 공정을 안정상태로 가동될 수 있게 하는 것이 목적이다.

② 일반적으로 관리한계선은 슈와트가 제시한 관리상한선과 관리하한선이 중심선으로 $\pm 3\sigma$만큼 떨어진 관리도를 많이 사용한다.

③ 관리한계의 폭을 넓히면 타점이 관리한계 바깥쪽으로 벗어날 가능성이 줄어들게 되므로 1종 오류(생산자 위험)가 줄어들고 제2종 오류(소비자 위험)가 커진다.

⑤ 안정 상태에 있는 공정에서는 그 계량치를 데이터로 하는 히스토그램을 그리면 좌우 대칭의 정규분포를 이룬다.

89

| 정답 | ②

| 해설 | a. 6시그마는 비영리 서비스조직에도 적용이 가능하다.

b. 6시그마 전문가 중에서 가장 높은 직책은 마스터 블랙벨트이다.

90

| 정답 | ①

| 해설 | 6시그마의 방법론인 DMAIC의 M에 해당하는 측정(Measure) 단계에서는 성과지표와 품질의 현재 수준을 파악하고 잠재원인변수를 수집한다.

📑 **DMAIC 방법론의 단계**

1. 정의(Define) 단계는 6시그마 프로젝트의 선정, 프로젝트의 정의, 프로젝트 승인의 단계로, 고객의 니즈(Needs)를 바탕으로 핵심품질특성(CTQ ; Critical To Quality)을 파악한다. 핵심품질특성이란 고객이 상품이나 서비스의 가치를 인식하는데 영향을 미치는 가장 중요한 특성을 의미한다.

2. 측정(Measure) 단계에서는 성과지표를 결정하고, 성과지표의 현 수준을 파악하고, 잠재원인변수들을 발굴한다. 품질의 현재 수준을 파악하는 것이다.

3. 분석(Analysis) 단계는 분석계획 수립, 데이터 분석, 핵심원인변수들을 선정한다. 측정 단계에서 수집된 잠재원인변수 중에 성과지표에 영향력을 미치는 핵심원인변수를 찾는 것이 목표이다.

4. 개선(Improve) 단계는 개선안을 도출하고 최적 개선안을 선정하고 개선안을 검증한다. 이 단계에서는 여러 가지 방법을 사용하여 핵심원인변수들의 특성을 분석하여 최적운영조건을 도출한 후 개선안을 검증하여 실현 가능한지를 판단한다.

5. 관리(Control) 단계는 개선결과를 지속적으로 유지하기 위하여 관리계획을 수립하고 실행하여 문서화한다. 관리계획을 실행하는 단계에서는 관리도나 SPC(Statistical Process Control) 등의 통계기법을 사용할 수 있다.

파트6 마케팅관리

| 기출예상문제 | | | | | | | | 문제 | 510쪽 |

01	②	02	②	03	②	04	⑤	05	⑤
06	③	07	①	08	⑤	09	③	10	②
11	②	12	②	13	②	14	①	15	①
16	①	17	③	18	①	19	①	20	③
21	①	22	⑤	23	①	24	③	25	③
26	③	27	⑤	28	②	29	②	30	②
31	④	32	⑤	33	①	34	⑤	35	④
36	③	37	④	38	②	39	⑤	40	②
41	④	42	①	43	④	44	③	45	①
46	③	47	①	48	①	49	④	50	⑤
51	②	52	④	53	①	54	⑤	55	②
56	④	57	①	58	④	59	②	60	⑤
61	④	62	①	63	④	64	⑤	65	④
66	③	67	①	68	⑤	69	①	70	⑤
71	⑤	72	④	73	②	74	②	75	②
76	④	77	③	78	⑤	79	④	80	⑤
81	⑤	82	④	83	②	84	②	85	④
86	②	87	⑤	88	②	89	④	90	⑤
91	③	92	⑤	93	②	94	②	95	④
96	③	97	③	98	②	99	①	100	⑤
101	③	102	③	103	④	104	⑤	105	②
106	①	107	③	108	③	109	④	110	⑤
111	④	112	⑤	113	①	114	⑤	115	⑤
116	③	117	⑤	118	①	119	⑤	120	④
121	②	122	②	123	①	124	①	125	①
126	⑤	127	③	128	③	129	①	130	④
131	②	132	①	133	③	134	①	135	①
136	④	137	⑤	138	①	139	②	140	④
141	③	142	③	143	③	144	③	145	④
146	③	147	④	148	③	149	②	150	③
151	④	152	①	153	④	154	②	155	②
156	③	157	⑤	158	②	159	④	160	③
161	⑤	162	④	163	③	164	④	165	②
166	⑤	167	②	168	③	169	③		

01

| 정답 | ②

| 해설 | 마케팅은 고객의 욕구를 파악하고 이를 만족시킬 수 있는 제품과 서비스를 생산하는 고객 중심의 개념으로, 판매를 하는 과정에서 벗어나 고객욕구를 충족하는 과정이다.

02

| 정답 | ②

| 해설 | 진정한 고객만족을 이끌어 내기 위해서는 내부마케팅이 외부마케팅보다 앞서 이루어져야 한다.

| 오답풀이 |

① 내부마케팅이란 조직 내의 인적자원을 대상으로 한 마케팅 활동을 의미하고, 외부마케팅은 일반적으로 알고 있는 대중에 대한 마케팅 활동이다.

③ 고객생애가치란 소비자가 평생에 걸쳐 구매할 것으로 예상되는 이익 흐름에 대한 현재가치를 말하며 장기적인 관점에서 판매자가 수익성을 극대화하기 위해 사용하는 개념이다.

03

| 정답 | ②

| 해설 | c. 인터넷 쇼핑몰에서는 전환비용이 낮아 가격에 민감하지만 소비자들이 저렴한 가격만으로 구매의사결정을 하는 것은 아니다.

d. 인터넷을 통하여 생산자와 소비자가 직접 연결되는 중간상 파괴가 발생하기도 하지만 새로운 형태의 중간상이 출현하기도 한다.

📄 인터넷 마케팅의 특징

1. 정보제공의 기능과 시장의 기능을 동시 수행

2. 대량 고객화 가능

3. 수확체증의 법칙 가능

4. 구전 마케팅의 중요성 증대

5. 중간상 파괴와 재창출

6. 낮은 전환비용

7. 신뢰성 요구

04

| 정답 | ⑤

| 해설 | 마케팅에 관련된 윤리적 문제로는 상품의 결함으로 인한 윤리적 문제, 원래 위험한 상품으로 인한 문제, 성분·효능 등에 대한 허위표시, 제품의 계획적 진부화, 가격경쟁을 제한하는 행위, 기만적인 가격표시, 실질적인 가격인상, 허위광고나 오도광고, 파워블로거 등을 통한 기만적인 구전행위, 개인정보 유출 등이 있다.

05

| 정답 | ⑤

| 해설 | 마케팅의 궁극적인 목표는 어떠한 제품을 어떻게 생산해서, 생산된 제품을 어떠한 조직과 방법으로, 얼마만큼의 비용을 들인 판매촉진이라는 수단을 통해 회사의 수익률을 올리는 데 있다. 즉 마케팅개념을 구성하는 4가지 중요한 요소인 고객지향성, 경쟁의 고려, 통합적 마케팅, 수익성과 연관 지어진다.

06

| 정답 | ③

| 해설 | 선행적 마케팅은 현대적 마케팅이라고 하며, 소비자 지향적 활동으로서 소비자 만족을 추구하고 소비자의 욕구를 확인하며 욕구를 충족시켜 줄 수 있는 제품을 생산하여 판매하는 형식이다.

| 오답풀이 |

①, ②, ④, ⑤ 전통적 마케팅에 대한 내용으로 소비자 지향적 활동보다는 판매자 중심의 활동이며 소비자

욕구와는 상관없이 기업이 생산한 제품을 소비자로 하여금 강압적·고압적으로 구매하도록 하는 마케팅이다.

07

| 정답 | ①

| 해설 | 마케팅 관리 이념은 '생산 콘셉트 → 제품(품질) 콘셉트 → 판매 콘셉트 → 마케팅 콘셉트 → 사회지향적 콘셉트'의 순서로 발전하였다.

📋 마케팅 개념의 변천

구분	생산개념	제품(품질)개념	판매개념
상황	• 생산능력 부족 • 구매력 취약	• 양적으로 충족된 상태 • 성능, 디자인, 특징, 내구성 등이 우수한 제품 선호	• 판매노력 부족 • 경쟁제품의 성능, 품질의 동질화
소비자 효익	• 저렴한 가격 • 충분한 제품 공급	고품질, 고성능, 다양한 제품 제공	• 다양한 판매촉진 • 광고, 홍보, 판촉 노력
강조점	• 생산, 유통의 효율을 높여 원가 절감 • 공급량을 늘림.	질적으로 우수한 제품 제공에 중점	• 제품 정보 제공 • 적극적 구매설득
예	Ford T model	GM	팔기 위한 상품

구분	마케팅개념	사회지향적 마케팅개념
상황	• 소비자 욕구 충족을 위한 기업 이익 달성 • 소비자 요구조사의 필요성	• 소비자의 개념에서 생활자의 개념으로 전환 • 소비만족 이상의 쾌적한 사회문화 환경에서 삶의 질 추구
소비자 효익	고객이 원하고 만족할 수 있는 마케팅 믹스 개발	생활의 질적 향상에 공헌할 수 있는 방식으로 소비자의 욕구를 충족
강조점	• 팔 제품이 아니라 팔릴 수 있는 제품 제공 • 고객의 입장과 관점에서 사고하는 관리 활동	사회복지, 고객욕구, 기업이익을 동시에 달성할 수 있는 마케팅 활동 전개
예	오늘날의 경영철학으로 자리 잡음.	웰빙, 그린 마케팅, 환경친화 상품

08

|정답| ⑤

|해설| CRM이란 신규고객 확보, 기존 고객 유지 및 고객 수익성 증대를 위하여 지속적인 커뮤니케이션을 통해 고객 행동을 이해하고 영향을 주려고 하는 광범위한 접근이다. 신규고객의 확보도 중요하지만 성장을 위한 기존 고객과의 지속적인 관계 형성에 더욱 중요성을 둔다.

09

|정답| ③

|해설| CRM은 고객에 대한 매우 구체적인 정보를 바탕으로 개개인에게 적합하고 차별적인 제품 및 서비스를 제공하는 것이다. 이를 통해 고객과의 개인적인 관계를 지속적으로 유지하고 단골고객과 1:1 커뮤니케이션이 가능해진다. 따라서 고객은 CRM 활동을 직접적으로 느낄 수 있게 된다.

10

|정답| ②

|해설| 애프터 마케팅(After Marketing)은 고객이 제대로 된 제품을 구매했음을 확인시켜 주는 것으로 과거 또는 현재의 고객이 구매 이후에도 고객만족을 지속할 수 있도록 활동과 노력을 제공하는 과정이다.

|오답풀이|

① 내부 마케팅은 외부적인 마케팅 전략을 펼치기 이전에 내부적으로 기업구성원과 기업 간에 적절한 마케팅 의사전달체계를 유지하는 기업 활동이다.

③ 감성 마케팅은 제품의 기본적 편익이나 기능보다는 그 제품이 갖고 있는 상징, 메시지, 이미지를 중시하는 마케팅이다.

④ 후행적 마케팅은 생산이 이루어진 후의 마케팅 활동이다(경로, 가격, 판촉).

⑤ 노이즈 마케팅은 구설수를 이용해 제품이 주목받도록 하여 인지도를 올리는 마케팅 활동이다.

11

|정답| ②

|해설| 공생적 마케팅은 새로운 마케팅 기회를 개발하기 위하여 동일한 유통경로단계에 있는 두 개 이상의 개별적인 자원과 프로그램을 결합하는 것으로 수평적 통합이라고도 한다. 이러한 수평적 마케팅 시스템은 각 기업이 단독으로 효과적인 마케팅 활동을 수행하는 데 필요한 자본, 노하우, 마케팅 자원 등을 보유하고 있지 않을 때 시너지 효과를 얻을 수 있으며, 기업들은 자사의 장점과 타사의 장점을 결합하여 시너지 효과를 얻는다.

|오답풀이|

① 코즈 마케팅의 코즈는 대의, 즉 사람으로서 마땅히 해야 할 도리를 뜻하는 것으로, 기업이 사회 구성원으로서 마땅히 해야 할 책임을 다함으로써 이를 마케팅에 활용하는 것이다.

③ 니치 마케팅의 니치는 '틈새시장'이라는 뜻으로, 시장의 빈틈을 공략하는 새로운 상품을 잇따라 시장에 내놓음으로써 다른 특별한 제품 없이도 셰어(Share)를 유지시키는 전략이다.

⑤ 디마케팅은 의도적으로 상품 판매를 줄이거나 수익에 도움이 안 되는 고객을 의도적으로 배제하여 충성 고객층을 확보하는 '선택과 집중' 마케팅 전략이다.

12

|정답| ②

|해설| 디마케팅(Demarketing)은 수요가 공급을 초과할 경우 수요를 일시적 또는 영구적으로 줄이는 마케팅이다.

📄 수요상태에 따른 기업마케팅 과업

1. 전환 마케팅(Conversional Marketing) : 부정적인 수요를 가진 경우에 필요한 마케팅
2. 자극 마케팅(Stimulational Marketing) : 무수요 상황에서 소비자를 자극하여 수요를 창출하는 마케팅
3. 개발 마케팅(Developmental Marketing) : 휴면상태의 소비자들을 현재적 수요로 바꾸는 마케팅
4. 재마케팅(Re - Marketing) : 소비자의 욕구나 관심을 다시 불러일으켜 감퇴하는 수요를 부활시키는 과업이 필요한 마케팅

5. 유지 마케팅(Maintenance Marketing) : 기업이 원하는 수준 및 시기와 일치하는 완전수요 상황을 지속시키는 마케팅

6. 디마케팅(Demarketing) : 초과수요 상황에서 일시적 혹은 영구적으로 수요를 줄이거나 없애려는 마케팅

7. 대항 마케팅(Counter Marketing) : 불건전한 수요를 줄이거나 완전히 없애 버리려는 마케팅, 즉 건전하지 못한 상품(마약, 청소년 성매매 등)의 소비를 제거하는 것

8. 동시화 마케팅(Synchro Marketing) : 변동이 심하거나 계절성을 띠어 시기적으로 불규칙한 수요의 시기를 기업의 공급패턴과 일치시키려는 마케팅

13

|정답| ②

|해설| 동시화 마케팅은 불규칙한 수요상황에서 제품이나 서비스의 공급능력에 맞게 수요의 발생시기를 조정 또는 변경하는 마케팅이다.

|오답풀이|

① 역마케팅은 디마케팅이라고 하며, 제품이나 서비스에 대한 수요가 너무 많은 상황에 대한 대책으로 일시적 또는 영구적으로 수요를 감소시키는 마케팅이다.

③ 재마케팅은 점점 감소해 가는 수요를 다시 증가시키기 위한 마케팅으로 표적시장, 제품·서비스 등을 수정함으로써 마케팅을 수행한다.

④ 전환 마케팅은 부정적인 수요를 가진 경우에 필요한 마케팅이다.

⑤ 코즈 마케팅은 기업의 사회적 책임을 실천하는 '착한 기업' 이미지를 활용하는 마케팅이다.

14

|정답| ①

|해설| 메가 마케팅은 기존의 마케팅믹스인 4P(Product, Price, Place, Promotion)에 2P(Politics, Public Opinion Information)를 추가하여 활용하는 마케팅이다.

15

|정답| ①

|해설| 자사의 상품(혹은 서비스)이나 상품라인의 수요를 생산상, 재정상, 경쟁구도상의 문제 등으로 인해 조절하거나 상품이나 라인 자체를 중단시키고자 하는 마케팅 활동을 디마케팅이라고 한다. 일반적인 경우는 디마케팅이 임시적인 수요의 조절에 사용되지만 특정한 경우에는 단일 상품이나 사업라인을 정리하는 목적으로 영구히 수요를 소멸시키기도 한다.

16

|정답| ①

|해설| 그린 마케팅(Green Marketing)은 기존의 상품판매전략이 단순히 고객의 욕구나 수요충족에만 초점을 맞췄던 것과는 달리 자연환경보전·생태계 균형 등을 중시하는 시장접근전략으로 인간의 삶의 질을 높이려는 기업활동을 포괄적으로 지칭한다. 그린 마케팅은 환경문제에 능동적으로 대응해 기업의 사회적 기여도를 높이고 매출신장의 기회를 마련해 나가고 있기 때문에 환경문제에 대해 창조적 대응을 하고 있다.

17

|정답| ③

|해설| 기업이 전문직 종사자, 연구자, 소비자 운동가 등과 같은 시장 지도자와 협조체제를 이루면서 기업윤리에 입각한 마케팅을 옴니 마케팅이라고 한다.

|오답풀이|

① 앰부시 마케팅에 대한 설명이다.

② 사회 마케팅에 대한 설명이다.

④ 프로슈머 마케팅에 대한 설명이다.

⑤ 대항 마케팅에 대한 설명이다.

18

| 정답 | ①

| 해설 | 미시적 환경에는 공급업자, 마케팅 중간업자, 고객,
경쟁자, 대중, 공중(정부, 매체 등)이 있다.

| 오답풀이 |

②, ③, ④, ⑤ 공해, 기술적 요소, 국민소득, 법, 윤리는
거시적 환경에 속한다.

19

| 정답 | ①

| 해설 | a. 경쟁자 파악방법 중 고객행동에 기초한 방법
은 상표전환 매트릭스와 수요의 교차탄력성을 이용
한 방법이 있다.

| 오답풀이 |

b. 시장세분화 기준변수를 크게 고객행동변수와 고객특
성변수로 구분하였을 때, 사용상황, 사용량, 충성도,
추구하는 편익 등은 고객의 구매행동적 기준에 해당
하는 변수로 고객행동변수에 해당한다. 고객특성변
수에는 인구동태적 기준, 심리형태별 기준에 해당하
는 변수들이다.

c. 차별적 마케팅(세분화 마케팅) 전략은 기업이 세분시
장의 차이를 인정하고 세분시장별로 별도의 마케팅믹
스를 사용하여 공략하려는 전략이다. 세분시장의 차
이를 무시하고 하나의 제품으로 전체시장을 공략하는
시장범위 전략은 비차별화 전략이다.

20

| 정답 | ③

| 해설 | a, c. 경쟁자 분석 방법에는 기업중심적 방법과
고객중심적 방법이 있다. 기업중심적 방법에는 제품
－시장매트릭스, 기술적 대체가능성, 표준산업분류
코드표 등이 있고 고객중심적 방법은 고객의 지각에
기초한 방법과 고객의 행동에 기초한 방법으로 분류
할 수 있다.

이 중 고객의 지각에 기초한 방법은 고객이 어떻게
인지하고 있는지를 파악하는 방법 중 상품제거, 지각도,
사용상황별 대체방법이 있다.

| 오답풀이 |

b, d. 고객의 구매행동의 패턴을 파악하는 방법으로 상
표전환 매트릭스, 수요의 교차탄력성은 고객의 행동
에 기초한 방법에 해당한다.

21

| 정답 | ①

| 해설 | a, b. 경쟁자 분석 방법에는 기업중심적 방법과
고객중심적 방법이 있는데, 이 중 고객중심적 방법에
는 지각도, 상품제거, 사용상황별대체, 상표(브랜드)
전환 매트릭스, 수요의 교차탄력성 등이 있다.

| 오답풀이 |

c, d. 기업중심적 방법에는 제품－시장 매트릭스, 기술적
대체가능성, 표준산업분류 등이 있다.

22

| 정답 | ⑤

| 해설 | 제품수명주기는 한 제품이 시장이 도입되어 폐기
되기까지의 과정을 나타낸 것이므로 경쟁자를 파악하는
방법으로 적절하지 않다.

23

| 정답 | ①

| 해설 | 선행적 마케팅 활동이란 제품생산이 이루어지기
전에 수행하는 것으로 마케팅 조사활동, 제품계획, 마케
팅 계획활동 등이 속한다.

| 오답풀이 |

②, ③, ④, ⑤ 후행적 마케팅 활동에 속하는 것으로 제품이 생산된 후에 수행하는 유통경로, 가격, 광고 등의 촉진활동을 말한다.

24

| 정답 | ③

| 해설 | 기업의 마케팅 활동은 경쟁이 치열할수록 더욱 효과를 발휘하며 마케팅조사는 이러한 마케팅 의사결정을 지원하기 위해 자료를 수집하고 분석하는 활동을 말한다. 마케팅조사로 수집된 자료의 가치는 마케팅의사결정에 얼마나 적절히 활용되는가에 따라 정해진다.

25

| 정답 | ③

| 해설 | c. 표적집단면접법은 조사의 목적을 응답자에게 공개하지만, 투사법(Projective Technique)은 조사의 목적을 응답자가 모르게 간접적으로 조사하는 방법이다.

| 오답풀이 |

a. 실험의 타당성이란 인과조사 분석을 통하여 도출된 실험결과가 실험설계의 목적에 얼마나 정확하게 부합되는가를 나타내는 척도이다. 내적 타당성이란 실험이 실험변수의 효과를 정확하게 측정할 수 있도록 설계되어 외생변수의 통제가 얼마나 잘 이루어질 수 있는가를 나타내는 지표를 의미한다. 외적 타당성이란 실험결과를 실험실 밖의 실제상황에서 어느 정도까지 확대 적용할 수 있는가를 나타내는 지표를 의미한다. 실험결과의 일반화는 외적 타당성과 관련이 있는 반면에 외생변수의 통제는 내적 타당성과 관련이 있다.

b. 표본 프레임이 모집단과 정확하게 일치하지 못함으로써 발생하는 오류는 불포함 오류로 이는 비표본오류에 포함된다.

26

| 정답 | ③

| 해설 | c. 확률표본추출방법에는 단순무작위표본추출, 층화표본추출, 군집표본추출 등이 있고 비확률표본추출에는 편의표본추출, 판단표본추출, 할당표본추출 등이 있다.

| 오답풀이 |

a. 표본의 수가 증가할수록 표본이 모집단을 대변하지 못해서 발생하는 표본오류는 작아지고 자료의 기록과 처리의 오류, 조사현장의 오류 등 비표본오류는 증가한다.

b. 순수실험설계에는 통제집단 사후실험설계, 통제집단 사전사후 실험설계 등이 있고 원시실험설계에는 단일집단 사후실험설계, 단일집단 사전사후 실험설계 등이 있다.

27

| 정답 | ⑤

| 해설 | 편의표본추출법은 조사자의 편의대로 추출하는 비확률표본추출방법으로 모집단을 구성하는 모든 측정치에 동일한 추출기회가 부여되지 않는다. 모집단을 구성하는 모든 측정자들에 동일한 추출기회를 부여하는 것은 확률표본추출방법 중 단순무작위표본추출을 설명하는 것이다.

| 오답풀이 |

① 자료유형 중에서 1차자료(Primary Data)는 조사자가 특정 조사목적을 위해 직접 수집한 자료이므로 목적 적합성이 높다. 반면 2차자료는 기 수집된 자료로 자료수집에 시간과 비용이 절약된다.

② 개방형 질문(Open-ended Question)이란 응답자가 생각하고 있는 답변을 자유롭게 표현하도록 하는 방법으로 단어연상법은 여기에 해당한다.

③ 명목척도(Nominal Scale)는 측정대상이 속한 범주나 종류를 구분하기 위한 척도이고 서열척도는 순서를 나타내기 위한 척도이다. 또한 등간척도는 정도까지 파악할 수 있고 비율척도는 비율값을 계산할 수 있다.

④ 표본조사는 전수조사보다 시간과 비용이 적게 들지만 표본오류가 존재하게 되는 단점도 있다.

28

| 정답 | ②

| 해설 | 기술조사란 마케팅 현상의 특징이나 마케팅 변수 간의 관련성 여부를 파악하기위해 실시하는 조사로 종단조사(시계열조사), 횡단조사(서베이법), 패널조사(종단조사+횡단조사)가 있다.

| 오답풀이 |

① 타당성(Validity)은 측정 도구가 측정하고자 하는 개념이나 속성을 얼마나 정확하게 측정할 수 있는가를 나타내는 지표이며, 신뢰성(Reliability)은 측정하고자 하는 현상이나 대상을 얼마나 일관성 있게 측정하였는가를 나타내는 지표이다.

③ 척도에 따라 변수가 갖게 되는 정보량의 크기는 명목척도(Nomial Scale), 서열척도(Ordinal Scale), 등간척도(Interval Scale), 비율척도(Ration Scale)의 순서로 커진다.

④ 확률표본추출에는 단순무작위표본추출, 층화표본추출, 군집표본추출이 있고 비확률표본추출에는 편의표본추출, 판단표본추출, 할당표본추출이 있다.

⑤ 표본추출과 관련된 오류는 크게 표본오류와 비표본오류로 구분할 수 있으며, 비표본오류에는 관찰오류와 비관찰오류로 구분할 수 있다. 관찰오류에는 조사현장의 오류, 자료기록 및 처리의 오류가 있고 비관찰오류에는 불포함 오류, 무응답 오류가 있다.

29

| 정답 | ②

| 해설 | 표본의 크기가 커질수록 조사비용과 조사기간이 증가하기 때문에 조사현장의 오류, 자료의 기록 및 처리의 오류 등 비표본오류가 증가한다. 표본의 크기가 커지면 표본이 모집단을 대표하지 못하는 표본오류는 감소한다.

| 오답풀이 |

① 표본추출과정은 모집단의 설정 → 표본프레임의 결정 → 표본추출방법의 결정 → 표본크기의 결정 → 표본추출의 순서로 이루어진다.

③ 비표본오류(Non−sampling Error)에는 관찰오류와 비관찰오류로 구분할 수 있다. 관찰오류에는 조사현장의 오류, 자료기록 및 처리의 오류가 있고 비관찰오류에는 불포함 오류, 무응답 오류가 있다.

④ 층화표본추출(Stratified Sampling)은 모집단을 서로 상이한 소집단들로 나누고 이들 각 소집단들로부터 표본을 무작위로 추출하는 방법이다.

⑤ 표본프레임(Sample Frame)이란 모집단에 포함된 조사대상자들의 명단이 수록된 목록을 의미한다. 가장 정확한 표본프레임은 모집단이 전부 수록된 것이다.

30

| 정답 | ②

| 해설 | 양쪽 끝에 상반되는 의미를 가지는 척도에서 선택하도록 하는 질문형태는 의미차별화 척도이다.

리커트 척도는 어떤 진술에 대해서 등급을 만들어 놓고 등급상에 표시하도록 한 척도이다.

31

| 정답 | ④

| 해설 | Ⓐ 층화표본추출법(Stratified Sampling)은 모집단을 어떤 기준에 따라 서로 다은 소집단으로 나누고 이들로부터 표본을 무작위로 추출하는 방법이다.

Ⓑ 할당표본추출법(Quota Sampling)은 정해진 분류기준에 의해 전체 표본을 여러 집단으로 구분하고 각 집단별로 필요한 대상을 추출하는 방법이다.

32

| 정답 | ⑤

| 해설 | 개인면접법은 마케팅 조사에 널리 이용되고 있는 자료수집 방법으로 면접의 성패는 면접자의 자질에 큰 영향을 받는다. 상황에 따른 신축성이 있고 응답자에게

동기를 부여하며 응답자에 대한 교육과 기준이 있고 응답자의 행동 또한 관찰할 수 있다는 장점이 있다. 또한 조사기관의 신용도 또한 높으며 설문조사 항목이 많을 경우에도 유리하게 사용된다.

33

| 정답 | ①

| 해설 | 기업은 세밀한 조사를 실시하기에 앞서서 행하는 예비적 조사로서 조사문제를 정확하게 파악하며 보다 명확하게 규명할 목적으로 탐색조사를 실시한다. 따라서 공식적 조사는 적절하지 않다.

📋 **탐색조사의 종류**

문헌조사	신문, 잡지, 학술 연구지, 정부 보고서 등과 경제학, 경영학 등 이미 조사된 2차 자료를 활용하여 조사
전문가 의견조사	전문가들로부터 정보를 얻으며 주로 문헌조사의 보조적인 방법으로 사용
사례조사	기업이나 사회조직이 현재 직면하고 있는 상황과 유사한 사례를 찾아 분석하는 것
목표 집단의 면접	• 일반적인 조사에서 가장 많이 사용되는 탐색조사 방법 중 하나 • 동질의 소수 응답자 집단을 대상으로 특정한 주제에 대하여 자유롭게 토론하는 동안 필요한 정보를 찾아 나가는 방법
개인 면접법	상황에 따른 신축성이 있고 응답자에게 동기를 부여하며 응답자에 대한 교육과 기준이 있고 응답자의 행동 또한 관찰할 수 있다는 장점

34

| 정답 | ⑤

| 해설 | 비율척도(Ratio Scale)에는 절대 영점이 존재하며 측정값 사이의 비율계산이 가능하다.

| 오답풀이 |

① 서열척도(Ordinal Scale)은 측정 대상의 분류뿐만 아니라 측정대상을 크기에 따라 순서적으로 배열할 수 있는 측정방법으로 측정대상의 상대적 크기(강도)를 말할 수 있다.

② 등간척도(Interval Scale)는 명목척도와 서열척도의 특성을 모두 갖고 있으면서 크기의 정도를 말할 수 있는 측정척도다.

③, ④ 명목척도(Nominal Scale)는 측정대상의 특성만 구분하기 위하여 숫자나 기호를 할당한 것으로 분류가 목적이며 특성 간에 양적인 분석을 할 수 없고 특성 간 대소의 비교도 할 수 없다.

35

| 정답 | ④

| 해설 | 특정 대상에 대한 관여의 정도가 높아지면(고관여) 대체로 구매의사결정 시 긴 과정을 거치고, 관여의 정도가 낮으면(저관여) 그 과정은 비교적 짧아진다. 고관여 제품들의 경우 저관여 제품들에 비해 실질적인 브랜드 차이가 상대적으로 높은 제품들이므로 차별화의 중요 수단인 광고를 통하여 경쟁사의 제품과 차별성을 갖게 하는 것이 더욱 중요하다.

📄 **관여도**

여러 의미를 포함하고 있는 다소 복잡한 개념인데, 대체로 소비자가 어떤 대상을 중요시 여기는 정도나 대상에 대해 관심을 갖는 정도를 말한다.

36

| 정답 | ③

| 해설 | 비차별적 마케팅 전략에 대한 설명이다.

📋 **시장 전략**

비차별적 마케팅	전체 시장을 대상으로 단일의 제품을 생산, 판매하고자 하는 마케팅 전략
차별적 마케팅	• 세분시장에 대해 서로 다른 제품을 제공 • 높은 시장 점유율 확보 • 사업운영비의 증가
집중적 마케팅	한두 개의 세분 시장에서 높은 시장점유율을 추구

기출문제 | 경영과 기업 | 기업활동의 조직 | 인사관리 | 생산관리 | 마케팅관리 | 실전모의고사

37

| 정답 | ④

| 해설 | 마케팅 전략은 제품이 시장에 출시되고 고객들에게 인식되는 과정에서 얼마나 효율적으로 고객으로 하여금 받아들이도록 하느냐에 대한 경영자나 마케팅 담당자들의 의사결정이다. 이러한 마케팅 전략의 수립과정에서 중요한 것은 시장세분화, 목표시장 선정, 제품의 위치 결정이며 ㉠에는 시장세분화, ㉡에는 목표시장 선정, ㉢은 제품의 위치 결정이 들어가야 한다.

📄 마케팅 전략

1. 경영전략의 일환으로 복잡하고 변동적인 마케팅 환경의 동향에 능동적으로 적응하면서 지속적 경쟁 우위를 구축하기 위한 활동을 계획·결정하는 것이다.
2. 우선 고객층을 분석하여 시장 세분화를 한 후 이를 통해 목표시장(고객)을 선정하고 이들의 특징과 성향을 분석하여 제품을 인식시키는 제품 포지셔닝을 한 다음, 마케팅믹스 관련 활동으로 이어진다.

38

| 정답 | ①

| 해설 | 활동(Activity), 관심사(Interest), 의견(Opinion)의 AIO척도를 통해 연구되고 있는 것은 가치가 아니라 라이프스타일(Lifestyle)이다. 라이프스타일이란 사람들이 살아가는 방식과 관련된 것으로 사람들은 각자의 라이프스타일이 있다. AIO 분석이란 사람들이 시간을 어떻게 사용하는가(Activity), 사람들은 자신을 둘러싼 환경에서 무엇에 대한 관심을 두고 살고 있는가(Interest), 사람들은 자신과 세상에 대해서 어떤 의견을 갖고 있는가(Opinion)를 통하여 사람들의 라이프스타일을 분석하는 도구이다.

39

| 정답 | ⑤

| 해설 | 소비자가 자신이 가장 중요시 여기는 속성을 기준으로 최상으로 평가되는 상표를 선택한다는 것은 1순

위의 1등을 선택한다는 의미로, 이러한 의사결정규칙은 사전편집식에 해당한다. 사전편집식은 비보완적 방식(Non-compensatory Rule)이다.

| 오답풀이 |

① 상기상표군과 외적탐색을 통하여 발견된 상표군을 합하여 고려상표군(Consideration Set)이라 한다. 소비자는 내적, 외적 탐색을 통하여 발견된 고려상표군 내에서 의사결정을 하게 된다.
② 관여도(Involvement)가 높아서 소비자가 상당한 시간과 노력을 들여 신중하게 의사결정하는 경우를 포괄적 문제해결이라 한다. 반면 일상적 문제해결이란 직접경험을 통해 최선의 대안을 알고 있어서 바로 의사결정을 하는 방법을 의미하는데 관여도가 낮을 경우에 사용된다.
③ 욕구가 있다 해도 욕구가 충분하지 않으면 행동으로 이어지지 않는다. 소비자로 하여금 행동을 취하도록 만들기에 충분할 정도로 강한 욕구를 동기라 한다.
④ 지각의 과정은 선택-조직화-해석의 과정이다.

40

| 정답 | ②

| 해설 | 두려운 자극이 소비자에게 더 효과적인 경우가 있으므로 광고의 기법 중 소비자의 두려움에 소구하는 광고기법이 활용되기도 한다. 다만 공포의 수준이 너무 높아지면 소비자는 정보를 외면할 수 있으므로 공포소구를 할 경우 적당한 수준의 공포를 제시하여야 한다.

41

| 정답 | ④

| 해설 | ① 사회계층은 소득뿐만 아니라 교육수준, 사회적 지위, 신분 등 각종 다양한 요인들에 의하여 결정된다.
② 블랙박스 내부에 존재하는 두 개의 구성요소는 소비자의 특성(관여도 등)과 구매의사결정과정이며 소비자의 반응은 자극이 블랙박스를 거친 후 나온 결과물이다.

③ 준거집단, 가족, 역할, 지위 등은 소비자의 구매의사 결정에 영향을 미치는 요인 중 사회적 특성에 해당한다.

⑤ 라이프스타일이란 사람이 살아가며 시간과 돈을 소비하는 유형으로 사람의 활동, 관심, 의견(AIO ; Activities, Interests, Opinions)을 반영하고 있다. 가족이나 다른 중요한 사회기관으로부터 습득한 기본적 가치, 지각, 욕구, 행동의 집합체는 문화에 대한 설명이다.

42

| 정답 | ①

| 해설 | 정교화가능성 모형에 대한 설명이다.

| 오답풀이 |

② 수단 – 목적사슬이란 소비자는 제품속성이라는 수단으로부터 편익이라는 목적을 달성하고, 편익은 가치라는 목적을 달성하는 수단이 되는 것이다.

③ 사회판단이론(Social Judgement Theory)으로는 동화효과와 대조효과가 있다. 동화효과란 소비자에게 제시된 설득적 메시지가 소비자의 수용영역 내에 떨어지면 실제보다 더 긍정적으로 해석하게 되고, 대조효과란 소비자에게 제시된 설득적 메시지가 소비자의 거부영역에 떨어지면 실제보다 더 부정적으로 해석하게 된다는 것이다.

④ 계획적 행동이론은 피쉬바인과 아이젠의 이성적 행동이론으로 설명할 수 없는 사람들의 지각된 행동통제와 실제적 행동통제를 설명하는 이론이다.

⑤ 저관여 하이어라키 모형에 의하면 저관여 제품 소비자는 인지가 태도 변화를 일으키기에 충분하지 않으므로 샘플 사용 등을 통하여 행동을 유도하는 것이 태도형성에 유리할 수 있다.

43

| 정답 | ④

| 해설 | 고려상표군(Consideration Set)은 내적탐색을 통하여 상기된 상표군과 외적탐색을 통하여 발견된 상표군이 합하여 구성된다. 따라서 고려상표군에 포함되어 있는 상표의 수는 상기상표군(Evoked set)에 포함되어 있는 상표의 수보다 많다.

| 오답풀이 |

① 소비자의 불평행동의 정도에 영향을 미치는 요인으로는 불만의 정도, 제품의 중요성 정도, 불평행동으로 인한 비용과 이익, 개인적 특성(소비자의 학력 등), 책임에 대한 귀인 등이 있다.

② 기대불일치모형(Expectancy Discconfirmarion Model)은 제품성과에 대한 기대, 지각된 제품성과, 기대와 성과 간의 차이 평가, 만족. 불만족으로 구성되어있다. 제품 사용 후 내린 평가가 제품성과에 대한 기대 이상이면 소비자는 만족(긍정적 불일치)하고 제품 사용 후 내린 평가가 제품성과에 대한 기대 이하면 소비자는 불만족(부정적 불일치)하게 된다.

③ 보완적 방식(Compensatory Rule)은 모든 속성을 평가하여 평가 결과를 종합하므로 높은 속성이 낮은 속성을 보완해줄 수 있다. 하지만 비보완적(Non – compensatory)방식은 특정 속성만 평가하므로 특정 속성에서의 약점이 다른 속성에서의 강점에 의해 보완이 되지 않는 방식이다.

⑤ 실제 상태와 바람직한 상태 간의 차이가 크고 문제의 중요성이 높으면 문제해결을 위한 동기의 크기가 증가한다.

44

| 정답 | ③

| 해설 | c, d. 소비자의 행동단계에서는 판매촉진과 인적판매가 가장 효과적인 촉진믹스로 사용된다.

| 오답풀이 |

a, b. 인지단계에서는 광고와 PR이 가장 효과적인 촉진믹스로 사용된다.

45

| 정답 | ①

| 해설 | 귀인이론(Attribution Theory)은 구매 후 소비자가 불만족원인의 추적 과정을 이해하는 데 도움이 되며,

기출문제 경영과 기업 기업활동의 조직 인사관리 생산관리 마케팅관리 실전모의고사

원인이 지속적이고, 기업이 통제 가능한 것이었고, 기업의 잘못으로 일어났다고 소비자가 생각할수록 더 불만족할 가능성이 높다.

| 오답풀이 |

② 불평의 정도가 심해질수록 불평행동의 유형이 무행동－사적행동－공적행동으로 진화된다. 불평행동의 정도에 영향을 미치는 요인으로는 불만의 정도, 제품의 중요성 정도, 불평행동으로 인한 비용과 이익, 개인적 특성(소비자의 학력 등), 책임에 대한 귀인 등이 있다.

③ 제품처분(Product Disposal)에는 영구적 처분, 일시적 처분, 사용하지 않고 보관함 등이 있으며, 제품처분은 소비자들의 처분과 관련된 의사결정이 향후의 제품구매의사결정에 영향을 주기 때문에 중요하다.

④ 구매 후 부조화(Post－purchase Dissonance)는 구매 결정을 취소할 수 없을 때, 관여도가 높을 경우, 선호하는 대안이 여러 가지일 경우, 선택한 대안이 갖고 있지 않은 장점을 선택하지 않은 대안이 갖고 있을 경우에 발생할 가능성이 높다.

⑤ 기대불일치모형(Expectancy Disconfirmation Model)에 의하면, 제품 사용 후 내린 평가가 기대 이상이면 소비자는 만족(긍정적 불일치)하고 제품 사용 후 내린 평가가 기대 이하면 소비자는 불만족(부정적 불일치)하게 된다.

46

| 정답 | ③

| 해설 | 절대적 식역(Absolute Threshold)은 감각기관이 감지할 수 있는 최소한의 강도를 의미한다. 두 개의 자극이 지각적으로 구분될 수 있는 최소한의 차이는 차이식역(Differential Threshold)이라고 하며 차이식역을 JND(Just Noticeable Difference)라고도 한다.

| 오답풀이 |

① 가격－품질 연상(Price－quality Associaation)은 소비자가 가격이 높은 경우에 품질이 좋을 것이라고 생각하는 것으로 높은 가격을 보고 좋은 품질을 추론하는 것이므로 지각적 추론(Perceptual Inference)과 관련이 있다.

② 정보 내용들이 차례로 제시된 경우 처음에 제시된 부분에 많은 비중을 두어 지각하는 것을 초기 효과

(Primacy Effect)라고 하고, 마지막에 제시된 부분에 많은 비중을 두어 지각하는 것을 나중 효과(Recency Effect)라고 한다.

④ 정보과부하(Information Overload) 가설은 소비자에게 많은 정보를 제공하는 것이 좋다는 기존 입장과 상반된 이론으로 소비자에게 제공되는 정보의 양이 단기기억의 정보처리능력을 초과하면 올바르지 않은 의사결정을 할 수 있으므로 적당한 정보를 제공하는 것이 효과적이라고 주장한다.

⑤ 쇠퇴이론은 기억의 흔적(Trace)이 시간이 지나가면서 서서히 없어져서 정보를 저장한지 오래되면 기억이 잘 나지 않는다는 것이고, 방해이론은 원하는 정보를 인출하려고 하는데 다른 정보가 방해하여 정보가 인출되지 않는다는 것이다.

47

| 정답 | ①

| 해설 | 균형이론(Balance Theory)에 의하면 태도와 관련된 삼각관계의 곱이 플러스(+)이면 균형을 느끼고 마이너스(－)이면 불균형을 느낀다. 사람들은 자신들이 가지고 있는 신념과 태도를 간에 불균형을 느끼면 심리적으로 불편함을 느껴서 균형을 회복하기 위해 기존의 태도를 변화시킬 수 있다.

48

| 정답 | ①

| 해설 | 피쉬바인 확장모형(Fishbein's Extended Model)에 의하면 소비자의 구매의도는 소비자는 제품에 대한 태도가 아니라 제품과 관련된 행동에 대한 태도와 준거인이 자신의 구매를 어떻게 생각할 것이고 준거인의 생각에 어떻게 반응할 것인가 하는 사회적 요소(주관적 규범)가 함께 작용한다. 제시된 소비자는 자동차 구매에 대하여 다른 사람들의 생각을 걱정하는데 이는 주관적 규범에 해당하는 개념이다. 또한 옷 자체는 좋지만 자신

과 어울리지 않을 것이라 생각하는데 이는 대상에 대한 태도가 아니라 대상과 관련된 행동에 대한 태도를 평가하고 있는 것이다.

49

| 정답 | ④

| 해설 | 같은 세분시장 내에 속한 고객끼리는 최대한 비슷해야 하며 서로 다른 세분시장에 속한 고객들끼리는 최대한 달라야 하는데, 이를 유효타당성이라 한다.

| 오답풀이 |

① 측정가능성이란 세분시장의 크기, 구매력, 기타 특성들을 측정할 수 있어야 한다는 것이다.

② 접근가능성이란 세분시장에 속하는 고객들에게 효과적이고 효율적으로 접근할 수 있어야 한다는 것이다.

③ 규모적정성이란 세분시장의 규모가 수익을 내기에 충분하여야 한다는 것이다.

⑤ 실행가능성이란 세분시장별로 소비자의 욕구를 충족할 수 있는 별도의 마케팅 전략을 실행할 수 있어야 한다는 것이다.

50

| 정답 | ⑤

| 해설 | 다. 시장세분화를 통하여 규모의 경제가 발생하지 않고 도리어 비용이 증가하게 된다. 규모의 경제는 시장을 세분화하지 않을 경우에 더 크게 발생한다.

51

| 정답 | ②

| 해설 | 라이프스타일에 의한 시장세분화는 심리분석적 세분화기법 중 가장 대표적인 방법이다. 이 방법은 주로 사람들의 활동(Activity), 흥미(Interest), 의견(Opinion)을 기준으로 몇 개의 집단으로 구분하는데, 각 요소 영문표기의 머리글자를 따서 AIO 분석이라고 한다.

52

| 정답 | ④

| 해설 | 시장세분화란 전체 시장을 구성하는 잠재고객들을 다양한 욕구에 따라 동질적인 하위시장으로 분리하는 과정을 말하며 이러한 하위시장들을 전체 시장과 구분하기 위하여 세분시장이라고 부른다. 시장세분화의 목적은 첫째, 다양한 소비자의 욕구를 충족시키고 둘째, 불필요한 경쟁을 방지하고 목표에 따라 효과적으로 경쟁하고 셋째, 시장세분화의 목표(조사 목적)를 명확하게 설정함에 따라 마케팅 자원을 효과적으로 배분하는 데 있다. 따라서 마케팅 자원의 확보는 시장세분화의 목적으로 볼 수 없다.

53

| 정답 | ①

| 해설 | 표적시장은 세분시장의 수준결정 → 세분화의 기준결정과 시장세분화의 실행 → 세분시장에 대한 평가 → 표적시장 선정의 순으로 시장세분화가 이루어지면 표적시장을 명확히 설정할 수 있다.

54

| 정답 | ⑤

| 해설 | 사는 지역은 지리적 세분화에 속한다. 지리적 세분화 변수에는 사는 지역과 사는 기후, 도시와 시골 등이 있다.

55

| 정답 | ②

| 해설 | 시장세분화는 전체 시장을 기업이 제공하는 마케팅믹스에 대하여 유사한 반응을 할 것으로 추정되는 동질적 고객집단으로 나누는 것을 의미하는데, 혁신적인 신상품은 고객들로 하여금 받아들이게 하고 같은 상품

기출문제

경영과 기업

기업활동의 조직

인사관리

생산관리

마케팅관리

실전모의고사

을 수요하는 고객을 집단으로 세분화할 때까지 시간이 소요된다. 따라서 혁신적인 신상품을 만들었을 때 무조건 시장세분화를 해서는 안 된다.

56

|정답| ④

|해설| 시장세분화에 있어서 경쟁회사와 대응할 수 있게 시장세분화를 시키지는 않는다.

|오답풀이|

① 세분시장의 크기, 구매력, 기타 특성 등을 측정할 수 있어야 한다는 측정가능성을 의미한다.

② 세분시장에 속하는 고객들에게 효과적이고 효율적으로 접근할 수 있어야 한다는 접근가능성을 의미한다.

③ 세분시장이 너무 작아서는 안 된다는 실체성을 의미한다.

⑤ 같은 세분시장에 속한 고객끼리는 최대한 비슷하여야 하고, 서로 다른 세분시장에 속한 고객끼리는 최대한 상이하여야 한다는 유효타당성을 의미한다.

57

|정답| ①

|해설| a. 시장세분화는 어느 정도 규모가 있어야 할 수 있다. 혁신적인 신상품의 경우에는 시장이 충분이 성숙하지 않았다면 시장세분화를 하는 것보다 시장을 키우는데 주력하는 것이 효과적인 전략이다.

b. 세분시장의 요건 중 실체성(충분한 규모를 갖출 것)이 있다. 세분시장이 충분한 규모가 있어야 수익이 발생할 수 있기 때문이다. 지나친 세분시장 마케팅은 수익성을 악화시킬 수 있다.

c. 세분화된 시장을 통합하여 여러 세분시장을 동시에 공략할 수 있는 상품을 내놓는 것을 역세분화전략이라 하며 도전자는 역세분화를 하는 것이 바람직할 수도 있다.

|오답풀이|

d. 효과적인 시장세분화가 되기 위한 조건으로 같은 세

분시장에 속한 고객끼리는 최대한 비슷하고, 서로 다른 세분시장에 속하는 고객끼리는 최대한 상이하게 세분화되는 것이 좋다.

e. 시장세분화의 기준변수가 연속적인 경우에는 세분화를 위해서 군집분석을, 기준변수가 불연속적인 경우에는 교차테이블 분석을 이용할 수 있다.

58

|정답| ④

|해설| 시장세분화란 이질적인 전체시장을 동질적인 세분시장으로 나누는 것을 말하며 그중 인구밀도는 지리적 세분화에 해당한다.

📄 소비자시장의 세분화

1. 지리적 세분화 : 지역, 도시규모, 인구밀도, 기후 등
2. 인구통계적 세분화 : 연령, 성별, 가족형태, 소득, 직업, 교육수준, 가족규모, 종교
3. 심리분석적 세분화 : 사회계층, 라이프스타일, 개성, 태도, 관심 등
4. 행동적(행위적) 세분화 : 구매목적, 추구편익, 사용량, 상표충성도, 상품인지도, 제품으로부터 추구하는 효용 등

59

|정답| ②

|해설| 시장을 제품에 추구되는 효용을 기준으로 세분화하는 것은 행동적 시장세분화에 의한 것이다.

60

|정답| ⑤

|해설| 산업혁명 후 대량생산이 시작되면서 저렴한 가격으로 생산된 제품을 다수에게 판매하려고 대량마케팅(Mass Marketing)을 하였지만 현대 대다수의 기업은 고객의 다양한 욕구를 충족시켜 줄 수 있는 세분시장 마케팅을 한다.

61

| 정답 | ④

| 해설 | 각 세분시장의 차이를 무시하고 단일 혹은 소수의 제품으로 전체시장에 접근하는 것은 비차별적 마케팅이다.

| 오답풀이 |

① 세분시장의 요건으로는 측정가능성, 접근가능성, 규모적정성(실체성), 세분시장 내 동질성과 세분시장 간 이질성(유효타당성), 신뢰성, 개발가능성 등이 있다.

② 시장세분화 기준변수를 크게 고객행동변수와 고객특성변수(인구통계적 변수 및 심리분석적 변수)로 구분하였을 때, 추구편익(혜택)은 고객행동변수로 분류된다. 고객행동변수에는 소비자가 추구하는 편익, 사용상황, 사용량, 상표충성도 등이 있다.

③ 시장매력도를 평가할 때 시장의 적정 규모 및 성장가능성, 구조적 매력성, 자사 목표와 적합성 및 자원 등이 고려되어야 한다. 시장이 아무리 매력적이더라도 자사 목표와 적합성이 없으면 시장에 진출하지 않기 때문에 자사와의 적합성을 고려해야 한다.

⑤ 포지셔닝 전략 수립을 위해서는 자사와 경쟁사 제품들이 시장의 어디에 위치되어 있는지를 파악해야 하며 이를 위해 다차원척도법 등을 통하여 지각도(인지도 맵) 등을 작성한다.

62

| 정답 | ①

| 해설 | 단일 세분시장 집중화는 하나의 세분시장에 집중적으로 진출하는 방법이다.

📋 **시장진출형태**

단일 세분시장 집중화, 제품특화, 시장특화, 선택적 특화, 완전진출

63

| 정답 | ④

| 해설 | ⓒ 차별화 마케팅이란 다수의 표적시장을 선정

하고 그 시장에 맞는 마케팅 전략을 수립, 개발, 홍보하는 마케팅 방법이다.

ⓒ 제품수명주기상 도입기나 성장기에는 비차별적 마케팅 전략을 활용한다.

| 오답풀이 |

㉠ 무차별적 마케팅에 대한 설명이다. 집중적 마케팅이란 전체시장을 공략하는 것이 아니라 세분화된 시장의 한 부분만 시장점유율을 높여 이윤을 창출하고자 하는 마케팅 방법이다.

📋 **마케팅 전략**

차별적 마케팅 전략	• 각 세분시장이 명확하게 이질적일 때 • 제품수명주기에서 성숙기, 쇠퇴기로 접어들 때 • 제품 관여도가 큰 제품의 경우 • 다양성이 높은 제품의 경우 • 총매출액 증가 및 단위비용 증가
비차별적 마케팅 전략	• 소비자의 욕구, 선호 등이 동질적일 때 • 제품수명주기에서 도입기, 성장기에 해당할 때 • 밀가루, 설탕 등과 같은 표준적, 보편적인 생활필수품 • 대량생산, 대량유통, 대량광고
집중적 마케팅 전략	• 기업의 경영자원 부족으로 전체시장을 지배하기 어려울 때 • 제품수명주기에서 도입기, 성장기에 해당할 때 • 다양성이 높은 제품의 경우

64

| 정답 | ⑤

| 해설 | 시장위치 선정의 절차는 소비자 분석 및 경쟁자 확인 → 경쟁제품의 포지션 분석 → 자사제품의 포지션 개발 → 포지션의 확인 및 재포지셔닝 순으로 이루어진다.

65

| 정답 | ④

| 해설 | 소비자들의 인식 속에 자사나 제품이 경쟁자 혹은 경쟁제품과 차별화된 상태로 형성되어 있는 상대적 위치를 포지션이라고 하고, 바람직한 포지션을 구축하기 위한 기업의 노력을 포지셔닝이라고 한다.

66

|정답| ③

|해설| 확장제품에 대한 설명으로 유형제품의 효용 가치를 증가시키는 부가 서비스 차원의 상품을 말한다. 유형상품에 보증, 반품, 배달, 설치, A/S, 사용법 교육, 신용, 상담 등의 서비스를 추가하여 상품의 효용가치를 증대시키는 것으로, 예를 들어 컴퓨터를 실체적 제품이라 한다면 무료배달, 설치, 보장, 교육과 서비스유지 시스템이 포함되는 가장 넓은 의미의 제품개념이다.

67

|정답| ①

|해설| 핵심제품에 대한 설명이다.

📄 제품의 3가지 수준

핵심 제품	핵심 편익이나 서비스를 가리키는 것으로 구매자가 진정으로 구매하는 것은 무엇인가의 응답
유형 (실체) 제품	• 일반적으로 상품이라고 하며 구체적으로 드러난 물리적인 속성 차원의 상품 • 품질과 특성, 상표, 디자인, 포장, 라벨, 브랜드네임, 스타일링이 포함
확장 제품	• 유형제품의 효용 가치를 증가시키는 부가 서비스 차원의 상품 • 유형제품에 보증, 반품, 배달, 설치, A/S, 사용법 교육, 신용, 상담 등의 서비스를 추가하여 상품의 효용 가치를 증대시키는 것

68

|정답| ⑤

|해설| 유형제품은 핵심제품을 실제의 형태로 개발시킨 제품이다. 구체적으로 드러난 물리적인 속성 차원의 상품이라고 말할 수 있으며 품질과 특성, 상표, 디자인, 포장, 라벨, 브랜드네임, 품질, 특징, 스타일링 등이 포함된다. ⑤는 확장제품에 대한 설명이다.

69

|정답| ①

|해설| 선매품은 구매 전에 품질, 가격 등 관련 정보를 충분히 조사한 후 구매하는 제품을 말한다.

70

|정답| ⑤

|해설| 산업재란 판매를 목적으로 하는 제품이나 서비스를 생산하기 위해 필요한 원자재, 부품 설비, 기구 등을 의미한다. 산업재는 소비재에 대한 수요로부터 파생되고 특정수수가 구매대상이기 때문에 수요의 집중도가 높고 지역적 편중도가 높다.

71

|정답| ⑤

|해설| 광범위한 유통망을 사용하는 것은 소비재의 특징이다. 산업재는 인적판매 같은 직접적인 유통망을 선호한다.

72

|정답| ④

|해설| 제품수명주기는 제품범주 수준에서도 사용할 수 있다.

|오답풀이|

① 제품라인 내에 새로운 품목을 추가하면 소비자 입장에서 유사한 제품이 출시되므로 소비자의 선택옵션이 늘어나게 된다. 타회사 제품을 선택할 소비자가 새로 추가된 품목을 구매할 경우에는 자기시장잠식(Cannibalization)이 발생하게 된다.

② 신제품개발 프로세스는 아이디어 창출-아이디어 평가-제품개념 개발과 테스트-마케팅 전략(마케팅믹스 4P 전략) 개발-사업타당성 분석-제품개발-시험마케팅-상업화의 순서로 진행된다.

③ 브랜드 자산은 브랜드 인지도와 브랜드 이미지로 구성되어 있으며 브랜드 이미지가 호의적이고, 독특하고, 강력할수록 브랜드 자산이 커진다.

⑤ 상향 라인확장(Upward Line Extension)의 경우 신제품의 고급(프리미엄) 이미지 구축에 실패할 가능성이 있다.

73

|정답| ②

|해설| 브랜드 충성도가 강하며 브랜드 대안 간 비교가 이루어지지 않는 제품은 전문품(Specialty Goods)이다. 선매품(Shopping Goods)은 제품 간 차이가 존재하여 브랜드 대안 간 충분한 비교를 한 후 선택하는 제품이다.

|오답풀이|

① 코틀러의 제품구분에 의하면 제품은 핵심제품(Core Product), 실제제품(Actual Product), 확장제품(Augmented Product)과 같은 세 가지 수준의 개념으로 분류될 수 있다.

③ 제품라인(Product Line)은 제품계열이라고도 하는데, 제품의 기능이 유사하거나 유사한 경로를 사용하는 등 상호 밀접하게 관련되어 있는 제품들의 집합을 의미한다.

④ 하향 라인확장(Downward Line Extension)은 기존 제품보다 저가의 제품에 기존 브랜드를 사용하는 것으로, 이 경우 확장된 신제품이 기존 브랜드의 이미지를 약화시킬 수 있는 위험과 회사의 매출과 이익이 잠식될 위험이 있다.

⑤ 공동상표(Co-brand)는 특정 회사의 브랜드와 다른 회사의 브랜드가 결합되어 만들어진 상표나 다수의 기업이 하나의 상표를 개발하여 함께 사용하는 상표를 의미한다.

74

|정답| ②

|해설| 신상품 개발 프로세스는 일반적으로 아이디어 창출 및 심사 → 컨셉트 개발 및 테스트 → 마케팅믹스 개발 → 사업성 분석 → 시제품 생산 → 시장테스트 → 출시 순서로 이루어진다.

75

|정답| ②

|해설| 신제품개발 프로세스는 아이디어창출-아이디어 평가-제품개념 개발과 테스트-마케팅 전략의 개발-사업타당성 분석-제품개발-시험마케팅-상업화의 단계이다. '마케팅믹스 전략 개발'은 '사업성 분석' 이전에 실시된다.

|오답풀이|

① 라인확장은 동일한 범주의 신제품에 기존 브랜드를 사용하는 것이고, 카테고리확장은 상이한 범주의 신제품에 기존 브랜드를 사용하는 것이다.

④ 예약시스템은 서비스가 재고로 보관할 수 없기 때문에 동시화 마케팅의 수단으로 사용하는 기법 중 하나이다. 따라서 예약시스템은 서비스의 소멸성 특성과 관련이 있다.

⑤ 코틀러의 제품구분에 의하면 제품은 핵심제품, 실제(유형)제품, 확장(증폭)제품과 같은 세가지 수준의 개념으로 분류될 수 있다.

76

|정답| ④

|해설| 기존 브랜드와 다른 제품범주에 속하는 신제품에 기존 브랜드를 사용하는 것을 브랜드확장(Brand Exten-sion) 혹은 카테고리확장(Category Extension)이라고 한다. 대부분의 신상품은 카테고리확장이 아닌 라인 확장을 통해서 나온다.

77

|정답| ③

|해설| 품질관리에 중점을 두어야 하는 시기는 도입기다.

📄 **제품의 성숙기 특징**

1. 신제품의 개발전략이 요구된다.

2. 경쟁이 가장 치열해지는 시기로 매출액이 서서히 감소하는 시기다.

3. 기존 고객의 유지가 중요하며 수요를 유지하기 위해서 리마케팅이 요구되는 시기다.

기출문제

경영과 기업

기업활동의 조직

인사관리

생산관리

마케팅관리

실전모의고사

78

| 정답 | ③

| 해설 | 혁신고객층을 대상으로 하는 단계는 도입기다. 쇠퇴기의 주고객층은 최종수용층이다.

79

| 정답 | ④

| 해설 | 성숙기의 상품은 소매점에서는 큰 이익을 기대할 수 없으나 재고에 주의하면서 판매를 계속해 나아가며 시장세분화와 물적 유통의 합리화를 이룰 수 있다.

80

| 정답 | ⑤

| 해설 | 제품수명주기는 한 제품이 시장에 도입되어 폐기되기까지의 과정으로, 수명의 길이는 다르지만 대체로 도입기 – 성장기 – 성숙기 – 쇠퇴기 순으로 진행된다.

81

| 정답 | ⑤

| 해설 | 도입기는 투자비와 홍보비용이 많이 소요되어 매출액이 낮으며 판매량이 낮고 원가가 높아 손실을 보는 경우가 많다. 주요 수요층은 혁신고객이며 경쟁자는 거의 없다.

82

| 정답 | ④

| 해설 | 쇠퇴기는 판매와 이익이 급속하게 감소되는 단계로, 새로운 대체품의 등장과 소비자의 욕구, 그리고 기호의 변화로 인해서 시장수요가 감소하는 단계. 기업은 이 제품의 생산축소와 폐기를 고려해야 한다.

83

| 정답 | ②

| 해설 | 성장기 단계의 상품은 수요량과 매출액이 급상승하는 단계로 시장점유율을 확대하기 위해 시장침투가격 전략을 사용한다.

84

| 정답 | ②

| 해설 | 제품수명주기는 제품이 시장에 출시되어 사라지기까지의 과정을 나타낸 것으로 자유경쟁시장에서 저절로 나타난 하나의 모습이며 정부의 지원이나 계획과는 무관하다.

85

| 정답 | ④

| 해설 | 수요량이 급증하고 이익이 많아지는 시기는 제품수명주기 중 성장기이다.

📖 성장기 단계의 특징

1. 매출액이 급성장한다.
2. 경쟁자 수가 점차 증가한다.
3. 가격은 시장침투가격으로 결정한다.

86

| 정답 | ②

| 해설 | 주고객이 조기수용층이고, 시장점유율을 높이기 위해 시장침투가격을 설정하는 단계는 성장기이다.

📖 제품수명주기

구분	도입기	성장기	성숙기	쇠퇴기
매출액	낮음.	급성장	최대 매출	낮음.
주요고객	혁신층	조기수용층	중간 다수층	후발 수용층
경쟁자수	거의 없음.	점차 증가	점차 감소	감소
가격	원가가산가격	시장침투가격	경쟁대응가격	가격인하

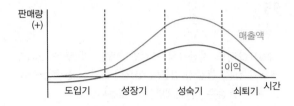

www.gosinet.co.kr

gosinet

기출문제

경영과 기업

기업활동의 조직

인사관리

생산관리

마케팅관리

실전모의고사

87

| 정답 | ⑤

| 해설 | 기존 브랜드와 다른 제품 범주에 속하는 신상품에 기존 브랜드를 붙이는 것은 카테고리확장이다.
라인확장은 제품 범주 내에서 새로운 형태, 컬러, 사이즈, 원료, 향을 가진 신제품에 기존 브랜드명을 함께 사용하는 것이다.

📄 브랜드전략

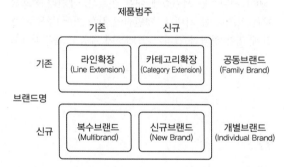

88

| 정답 | ②

| 해설 | 라인확장이란 동일한 제품 범주 내에서 새로운 제품을 추가시키면서 기존 브랜드를 이용하는 전략이다. 동일한 제품 범주 내에서 새로운 제품을 추가하는 것이므로 소비자는 다양한 제품을 선택할 수 있게 되며, 기업은 동일한 라인에서 제품을 생산할 수 있고, 비슷한 공간에 진열할 수 있으며 상대적으로 낮은 비용과 낮은 위험을 부담할 수 있다.

89

| 정답 | ④

| 해설 | 글로벌 브랜드는 소비자들에게 친숙한 이미지를 이미 형성하고 있고 기업에 대한 신뢰성이 있기 때문에 구매 선택 시에 사고비용을 줄이고 지각위험을 줄이는 효과가 있다.

90

| 정답 | ⑤

| 해설 | 카테고리확장은 기존 브랜드와 다른 범주의 신상품에 기존 브랜드를 사용하는 전략을 의미하는 것으로, 기존 브랜드의 상품과 신규 상품 사이에 유사성이 높을수록 카테고리확장이 성공할 가능성이 높다. 유사성이란 상품과 상품 사이의 유사성 뿐만 아니라 브랜드 이미지와 상품 사이의 유사성도 포함한 개념이다.

91

| 정답 | ③

| 해설 | b. 브랜드 자산에는 브랜드 인지도와 브랜드 연상이 동시에 요구된다. 따라서 브랜드 인지도는 브랜드 자산의 필요조건이지만 충분조건은 아니다.
c. 기존 브랜드와 다른 상품 범주에 속하는 신상품에 기존 브랜드를 사용하는 것을 카테고리확장이라고 한다.

92

| 정답 | ⑤

| 해설 | 공동브랜드는 전략적 제휴를 통해 신제품에 두 개의 브랜드를 공동으로 표기하거나 시장지위가 확고하지 못한 중소업체들이 공동으로 개발하여 사용하는 브랜드를 말한다.

📄 공동브랜드

1. 의의 : 여러 기업들이 공동으로 개발하여 사용하는 단일브랜드로, 최근에는 한정된 고객기반을 넓히고 자사제품의 브랜드 가치를 높이기 위한 목적으로 대기업 간 또는 서로 다른 업종 간에도 사용되고 있다.

2. 장단점

장점	단점
• 마케팅비용의 감소 • 제품원가 절감 • 품질향상에 기여 • 협력사 간에 기술과 마케팅, 시장정보 등의 공유 가능	• 각 브랜드들의 단점을 최소화하고 장점을 극대화시키는 마케팅활동의 적용 필요 • 일관된 품질유지전략 필요

93

| 정답 | ③

| 해설 | 복수상표전략이란 본질적으로 동일한 제품에 대하여 두 개 이상의 상이한 상표를 설정하여 별도의 품목으로 차별화하는 전략이다.

새로운 범주의 제품을 출시할 경우 새로운 상표를 창조하는 상표전략은 신상표전략이라고 한다.

📄 브랜드 확장(Brand Extension)

신제품을 시장에 출시할 때 이미 시장에서 강력한 이미지를 구축하고 있는 브랜드명을 이용하여 그 이름을 그대로 또는 소비자들이 유사한 이름이라는 것을 쉽게 인지할 수 있는 범위에서 약간 변형하여 사용하는 브랜드 관리 전략이다.

1. 카테고리확장 : 제품군이 다른 경우 기존 브랜드명 사용
2. 라인확장 : 제품군이 같은 경우 기존 브랜드명 사용

94

| 정답 | ②

| 해설 | 유사 브랜딩(Parallel Branding)이란 상호나 상품 특성을 매우 흡사하게 모방하고 제조업체 브랜드가 아니라는 것을 명확히 하는 유통업체의 브랜딩을 의미한다.

95

| 정답 | ④

| 해설 | 브랜드 자산가치 측정방법에는 마케팅적 접근, 재무적 접근, 통합적 접근이 있으며 브랜드 플랫폼 분석을 통한 측정은 이에 해당되지 않는다.

📄 브랜드 자산가치를 측정하는 방법

1. 마케팅적 접근 : 비교를 통한 측정, 컨조인트 분석에 의한 측정, 초과가치 분석을 통한 측정
2. 재무적 접근 : 취득원가에 기초한 측정, 매출액 배수를 이용한 측정, 무형자산의 가치추정을 통한 측정
3. 통합적 접근 : Interbrand의 측정(브랜드 강도에 브랜드 이익을 곱하여 측정)

96

| 정답 | ③

| 해설 | 서비스는 서비스에 대한 이질성, 개인적 선호경향을 기초로 한 기대감, 개별적인 감성 차이 등으로 품질에 대한 평가가 달라지기 때문에 제품의 품질평가보다 어렵다.

97

| 정답 | ③

| 해설 | 서비스의 특징으로는 무형성, 서비스 질의 이질성, 생산과 소비의 동시성, 서비스 잠재력의 소멸성, 고객과의 관계중요성, 품질평가의 어려움 등이 있다. 서비스는 제품에 비해 고객접촉도가 높으므로 고객의 소비와 동시에 일어나는 경우가 많다. 따라서 이를 생산과 소비의 동시성이라고한다.

| 오답풀이 |

① 서비스 제공과정에서 고객과의 접촉 정도는 제조업에 비해 상대적으로 높다.
② 서비스 제공과정에서의 생산성 측정은 제조업에 비해 상대적으로 어렵다.
④ 제조업이 서비스업보다 품질측정이 객관적으로 이루어질 수 있다.

⑤ 서비스는 재고로 보관할 수 없기 때문에 동시화 마케팅이 중요한 과제로 등장한다.

98

|정답| ②

|해설| 제품은 물적 유통기능(시간효용, 장소효용 창출 등)으로 수요와 공급을 일치시키기가 용이하지만, 서비스는 생산과 동시에 소비되는 특징을 가지고 있기 때문에 수요와 공급을 일치시키기 어렵다. 따라서 예약판매, 가격조정 등 별도의 마케팅 노력이 요구된다.

99

|정답| ①

|해설| 서비스는 제품과 구별되는 여러 가지 고유의 특성을 지니고 있는데, 일반적으로 무형성, 생산과 소비의 비분리성, 이질성, 소멸성의 특징이 있다.

|오답풀이|

⑤ 그렌루스(Grönroos)는 소비자들이 서비스에 대하여 크게 결과와 과정 두가지 측면에서 서비스품질을 평가한다고 하였는데 이를 2차원 서비스 품질모형이라고 한다. 결과품질(Outcome Quality)이란 고객이 서비스 기업에게서 무엇을 받았는가에 해당되는 품질을, 과정품질(Process Quality)이란 고객이 서비스를 어떻게 받았는가에 대한 품질을 의미한다.

100

|정답| ⑤

|해설| 표준화의 정도가 높게 요구되는 도매점의 경우 종업원의 충성도보다는 표준화된 절차가 더 중요한 경영과제가 될 수 있다. 종업원의 충성도 획득은 고객화가 많이 요구되는 서비스에서 중요하다.

|오답풀이|

① 서비스는 시간소멸적 특성이 있어서 재고로 보관하기 어렵다. 따라서 서비스업의 경우 수요관리가 더욱 중요하다.

② 대부분의 서비스는 서비스 패키지를 구성하는 유·무형의 속성들을 혼합적으로 포함하고 있다. 무형의 속성을 가장 많이 보유하고 있는 서비스가 전문서비스(변호사, 의사, 회계사 등)이고, 유형의 성격을 가장 많이 보유하고 있는 서비스가 서비스 공장(호텔, 항공사 등)이다.

③ 제품은 재고로 보관하여 비교적 장기간 판매할 수 있지만 서비스는 그렇지 않다. 서비스 수요의 성수기와 비수기 주기는 일반적으로 제조업보다 짧고 격차도 큰 경향이 있다.

④ 종업원에게 동일한 서비스 지침을 교육훈련시키면 서비스의 이질성이 개선될 수 있다.

101

|정답| ③

|해설| b. 품질속성을 탐색적 속성, 경험적 속성, 신뢰적 속성으로 구분하면, 제품은 탐색 속성이나 경험 속성으로 품질평가를 하는 반면 서비스는 경험 속성이나 신용 속성으로 품질평가를 하게 된다.

d. SERVQUAL 모형이 서비스 기대치와 성과치의 차이를 측정하는 방법이고, SERVPERF 모형은 서비스 성과만을 측정하는 모형이다.

102

|정답| ③

|해설| 서비스는 일시적으로 제공되는 편익이므로 생산하여 그 성과를 저장하고 관리할 수 없으므로 품질관리가 어렵다.

기출문제

경영과 기업

기업활동의 조직

인사관리

생산관리

마케팅관리

실전모의고사

103

|정답| ④

|해설| 서비스의 이질성은 고객 개개인마다 서비스의 질을 달리 평가하는 것이다. 서비스는 어떠한 표준적인 기준이 설정되어 있지도 않고 설정할 수도 없기 때문이다. 이러한 이질성을 극복하기 위해서는 서비스의 표준화와 고객화가 요구된다.

104

|정답| ⑤

|해설| 서비스 품질 결정요소로는 신뢰성, 응대성, 확신성, 공감성, 유형성이 있다. 이 중에서 약속된 서비스를 믿을 수 있고 정확하게 수행할 수 있는 서비스 품질 결정요소는 신뢰성이다.

|오답풀이|

① 응대성은 서비스를 즉각적으로 제공하겠다는 기업의 의지와 준비성을 뜻한다.

② 확신성은 기업의 능력, 소비자에게 베푸는 예절, 운영상의 안전성 등을 뜻한다.

③ 공감성은 소비자의 니즈를 이해하고 개별화된 서비스를 제공하려는 노력을 말한다.

④ 유형성은 서비스기업의 외부환경, 종업원의 외양 등을 의미한다.

105

|정답| ②

|해설| 서비스는 개인적 선호경향을 기초로 기대감이 형성되며 개별적인 감성 차이 때문에 품질에 대한 평가가 다르며, 이를 서비스의 이질성이라 한다. 예를 들어 은행 창구 직원이나 항공기 승무원, 보험사 직원들이 고객을 응대하는 것은 공장에서 상품을 제조할 때와 같이 획일적인 표준화가 쉽지 않다.

|오답풀이|

① 무형성은 서비스의 실체가 없어 쉽게 전시하거나 전달될 수 없음을 뜻한다.

③ 소멸성은 생산된 서비스를 저장하거나 다시 판매할 수 없음을 뜻한다.

④ 비분리성은 서비스의 생산과 동시에 소비되는 특징을 뜻한다.

106

|정답| ①

|해설| 서비스란 제품 판매를 위해 제공되거나 판매에 부수적으로 제공되는 행위, 편익, 만족이며 서비스는 소비자가 요구하는 주관적 효용인 만족이나 편익을 제공하는 것을 말한다. 서비스는 소비자가 동시에 소비하는 것이므로 시간을 지체하거나 상황이 변하면 서비스 자체가 제공하려 했던 효용은 사라지고 만다. 따라서 서비스는 컨트롤이 어렵다는 특징이 있다.

107

|정답| ③

|해설| 수요와 공급을 맞추기가 어려우며 서비스는 반품될 수 없다는 것은 비분리성(동시성)에 대한 설명이다.

108

|정답| ③

|해설| 서비스를 제품개념으로 볼 때 서비스는 탐색적 속성, 경험적 속성, 신뢰적 속성 중에서 경험적 속성이 강한 제품에 속한다.

109

| 정답 | ④

| 해설 | 유형제품 구매보다 서비스 구매가 상대적으로 더 복잡한 이유는 서비스 특성 중 하나인 동시성 때문이다. 동시성은 서비스 구매 시 소비와 구매가 동시에 이루어지는 특징이다.

📄 서비스의 특성

무형성, 동시성, 소멸성, 측정불가능성 등이 있다.

110

| 정답 | ⑤

| 해설 | 가격차별은 집단별로 유보가격이 다르거나 수요의 가격탄력성이 다를 경우 가격을 집단별로 다르게 책정하는 것으로, 고객별 가격결정에 해당한다.

| 오답풀이 |

① 스키밍가격은 처음에는 가격을 고가로 했다가 시간이 지남에 따라 저가로 하기 때문에 시간의 흐름에 따른 가격결정이다. 대량생산으로 인한 원가절감 효과가 클 때 효과적인 것은 침투가격이다.

② 침투가격은 처음에는 가격을 저가로 했다가 시간이 지남에 따라 고가로 하기 때문에 시간의 흐름에 따른 가격결정이다. 잠재 구매자들이 가격-품질 연상을 강하게 갖고 있을 때 효과적인 것은 스키밍가격이다.

③ 종속제품가격은 보완재(혹은 주제품과 종속제품)의 경우, 주제품은 가격을 싸게 책정하고 종속제품은 가격을 비싸게 책정하는 가격결정 방법이기 때문에 상품라인(주제품과 종속제품, 혹은 보완재 등)에 따른 가격결정이다.

④ 묶음가격은 상호 보완재에 주로 사용되므로 상품라인에 따른 가격결정이다. 상품들이 상호 대체재인 경우에는 하나만 구매하며 대체품까지 구매하지 않기 때문에 묶음가격을 사용하지 않는다.

111

| 정답 | ④

| 해설 | b. 가격차별이란 동일한 상품에 대하여 서로 다른 시장에서 각기 다른 가격을 매기는 일이다.

c. 손익분기점은 $\dfrac{\text{총고정비}}{\text{간접비에 대한 단위당 공헌액}} +$

$\dfrac{\text{총고정비}}{\text{판매가} - \text{단위당 평균 변동비}}$ 로 계산한다.

e. 준거가격은 구매자가 가격의 고저를 판단하기 위해 사용하는 기준 가격으로 구매자마자 다르게 생각할 수 있다.

| 오답풀이 |

a. 프린터를 싸게 판 다음, 잉크토너 등 관련 소모품을 비싸게 파는 가격정책을 종속제품가격이라 한다.

d. 소비자들은 손실회피 경향에 의하여 가격 10% 인하보다는 가격 10% 인상에 더 민감하게 반응한다.

112

| 정답 | ⑤

| 해설 | 기업이 극단적으로 허용할 수 있는 최저가격은 변동원가이다.

| 오답풀이 |

① 구형모델을 반환할 경우 일정금액을 보장해 주고 신형모델을 판매하는 할인 가격전략을 거래공제(Trade-in-Allowance) 또는 중고품교환공제라 한다.

113

| 정답 | ①

| 해설 | 베버의 법칙에 의하면 사람의 자극에 대한 인식은 최초자극에 따라 달라진다. 예를 들어 소비자는 500원의 가격인상을 5천 원짜리 제품에서는 10%의 큰 변화로 인식하지만, 5만 원짜리 제품에서는 1%의 작은 변화로 인식한다는 것이다.

114

|정답| ⑤

|해설| 구매자가 가격이 비싼지 싼지를 판단하는 데 기준으로 삼는 것은 준거가격이다. 가격－품질 연상심리는 명성가격에서 나타나는 개념이다.

|오답풀이|

① 가격은 다른 마케팅 믹스 요소들에 비해 상대적으로 쉽게 변경 가능하다. 유통이 가장 변경하기 어려우며 제품도 변경하기 어렵지만 가격은 상대적으로 쉽게 변경 가능하고 반응이 빠르다는 특성을 지니고 있다.

② 유보가격이 다르거나 수요의 가격탄력성이 다른 두 집단에 서로 다른 가격을 책정하는 것은 가격차별화이다. 가격차별화를 적용할 시 유보가격이 높은 집단에 높은 가격을 책정하고 유보가격이 낮은 집단에는 낮은 가격을 책정한다. 또한 가격탄력성이 높은 집단에는 낮은 가격을 책정하고 가격탄력성이 낮은 집단에는 높은 가격을 책정한다

③ 베버의 법칙은 인식은 최초자극에 대비한 변화량에 따라 달라진다는 것이고, 이를 식으로 나타내면 K(인식)$=\dfrac{\triangle I(변화량)}{I(원래\ 자극)}$이다.

베버의 법칙을 가격에 대입하면 가격변화의 지각은 절대적이지 않으며 변화 전 가격수준에 따라 달라질 수 있는 상대적 개념이다.

④ 가격결정방법에서 경쟁기준법은 경쟁사들의 가격이 가격결정의 기준이 되기 때문에 고객 측면을 고려하지 않는다는 단점을 가지고 있다. 고객 측면을 고려하는 가격결정법은 고객중심 가격결정법이다.

115

|정답| ⑤

|해설| 종속제품 가격결정은 주제품은 저렴하게 하여 시장에 많이 판매한 후에 주제품을 사용할 때 반드시 소비해야 하는 종속제품을 비싸게 판매하여 이익을 보는 전략이다.

116

|정답| ③

|해설| 스키밍가격결정은 신제품이 출시된 초기에 고가 정책을 취함으로써 높은 가격을 지불할 의사를 가진 소비자로부터 큰 이익을 흡수한 뒤 제품 시장의 성장에 따라 가격을 조정해 가는 방법이다. 스키밍가격결정은 잠재구매자들이 가격과 품질 간의 연상을 강하게 갖고 있는 경우 또는 대량생산을 할 시, 원가절감의 효과가 크지 않을 시 사용하는 것이 바람직하다.

|오답풀이|

① JND는 겨우 구분할 수 있는 지각 차이를 의미한다. 변화 전 가격수준에 따라 가격변화의 지각이 달라진다는 개념은 베버의 법칙이다.

② 공헌마진은 판매가격에서 변동비를 차감한 것이다.

④ 단수가격결정은 9,900원처럼 가격을 책정한 것으로 한 상품계열에 몇 가지의 가격대를 설정하는 것은 가격단계화이다.

⑤ 상품을 개별적뿐만 아니라 묶음으로도 구매할 수 있도록 가격을 책정하는 방법은 혼합묶음가격이다.

117

|정답| ⑤

|해설| 재구매자들이 가격－품질 연상을 강하게 갖고 있는 경우, 가격을 높게 매겨도 경쟁자들이 들어올 가능성이 낮은 경우는 모두 가격을 높게 형성할 유인이 있는 상황으로 고가전략에 해당하는 스키밍가격전략이 이에 적합한 전략이다.

|오답풀이|

① 사양제품 가격결정은 옵션제품가격전략이라고도 하며, 주제품에 추가하여 제공되는 옵션제품에 부과되는 가격을 의미한다. 보통 옵션가격은 고가격을 채택하는 경우가 많다.

118

|정답| ①

|해설| 순수묶음가격은 묶음상품으로만 판매를 하고 개별상품으로는 판매하지 않는 것을 의미한다.

| 오답풀이 |

② 혼합묶음상품은 묶음상품으로도 판매를 하고 개별상품으로도 판매를 하는 것을 의미한다.

119

| 정답 | ⑤

| 해설 | c. 손실회피란 사람들은 이득보다 손실에 훨씬 민감하다는 이론이다.

d. 베버의 법칙은 낮은 가격의 상품은 가격이 조금 올라도 쉽게 알아차리지만, 높은 가격의 상품은 가격이 조금 올라도 쉽게 알아차리지 못한다는 이론이다.

e. JND는 두 가격 사이의 차이를 식별할 수 있게 만드는 최소 가격 차이를 말한다.

| 오답풀이 |

a. 여러 가지 상품을 묶어서 판매하는 것을 묶음가격이라고 한다.

b. 신상품이 처음 나왔을 때 아주 낮은 가격을 매긴 다음 시간이 흐름에 따라 점차 가격을 올리는 가격정책을 침투가격정책이라 한다.

120

| 정답 | ④

| 해설 | 종속제품 가격전략이란 보완재 등의 판매 시 어떤 제품을 싸게 판 후 그 제품에 필요한 소모품이나 부품을 비싸게 팔아 수익을 남기려고 하는 가격전략이다.

121

| 정답 | ④

| 해설 | 목표가격설정은 원가기준 가격결정법에 속한다. 원가기준에 의한 가격결정은 단순히 제품의 원가를 산정하여 적정마진을 감안해 제품 가격을 정하는 것으로, 장점은 매우 간단한 방법이라는 점이고 단점은 원가를 정확하게 계산하기 어렵다는 점이다.

122

| 정답 | ②

| 해설 | 베버의 법칙이란 소비자가 가격변화에 대하여 주관적으로 느끼는 크기로, 낮은 가격의 상품은 가격이 조금만 올라도 구매자가 가격인상을 알아차리지만 높은 가격의 상품은 가격이 어느 정도 오르더라도 구매자가 가격인상을 알아차리지 못하는 현상이다.

$$k(\text{주관적으로 느낀 가격변화의 크기}) = \frac{S_2 - S_1}{S_1}$$

$(S_1 = 원래의 가격, S_2 = 변화된 가격)$

| 오답풀이 |

① 유보가격은 구매자가 어떤 상품을 구매할 시 지불가능한 최고금액을 말한다.

③ JND는 가격변화를 느끼게 만드는 최소의 가격변화폭을 의미하며 가격인상 시 JND 범위 안에서 인상하고 가격인하 시 JND 범위 밖으로 인하하는 것이 효과적이다.

④ 관습가격은 일반적으로 소비자들이 인정하는 수준에서 가격을 결정하는 방법을 말한다.

⑤ 최저수용가격은 기준선 아래로 내려가면 고객이 제품의 품질을 의심하게 되는 가격의 하한선을 말한다.

123

| 정답 | ①

| 해설 | 시간별 차이, 장소별 차이, 이미지에 따른 차이 등은 차별적 가격결정에 속한다.

📄 가치가격결정법

1. 경제 위기를 겪은 후 우리나라 소비자들의 주류 소비행태가 전반적으로 제품의 가격과 품질을 고려한 '가치'를 의사결정 기준으로 삼는 합리적인 소비행태로 변화했다. 이러한 시장 상황에서 가장 적합한 제품 가격 결정 방법이라고 할 수 있다.

2. 가치가격결정법은 시장에 진입하여 초기에 주로 쓰는 저가정책(Penetration Pricing)과 고가정책(Skimming Pricing)의 중간에 위치한다. 왜냐하면 이 방법은 제품의 품질과 원가를 고려하면서 소비자의 욕구와 욕망을 충분히 만족시키고 기업의 목표 수익을 달성하는 제품 가격을 찾아내려는 절충적 가격 결정 프로세스이기 때문이다.

124

| 정답 | ①

| 해설 | 심리적 가격결정으로는 명성가격결정, 촉진가격결정, 단수가격결정, 관습가격결정이 있으며 그중에서 높은 품격을 호소하는 가격 설정법은 명성가격결정이다.

125

| 정답 | ①

| 해설 | 지대가격(Zone Pricing)은 지역에 대한 배송비를 차등으로 적용하는 방법이다.

126

| 정답 | ⑤

| 해설 | 손실유도가격결정은 특정제품의 가격을 대폭 인하하여 다른 품목의 수익성을 확보하기 위한 일종의 심리가격결정법이다.

127

| 정답 | ③

| 해설 | 기업이 더 많은 이윤을 얻기 위해 시장을 2개 이상으로 분할해서 각 시장에 상이한 가격으로 판매하는 것을 고객별 차별가격이라고 한다.

📄 가격전략 종류

1. 시장침투가격정책 : 대중적인 제품이나 수요의 가격 탄력성이 높은 제품에 많이 이용되고 수요의 가격 탄력성이 커서 저가격이 충분히 수요를 자극할 수 있어야 하며 경쟁자는 아직 규모의 경제를 실현할 수 없어 시장 진입이 어려운 상태에 있어야 한다.
2. 유보가격 : 구매자가 어떤 상품을 구매할 시 지불가능한 최고금액을 말한다.
3. 명성가격 : 정책고가를 책정함으로써 소비자들이 제품을 고품질, 높은 신분, 고가치로 인식하도록 하는 전략을 말한다.
4. 관습가격 : 일반적으로 소비자들이 인정하는 수준에서 가격을 결정하는 방법을 말한다.

128

| 정답 | ③

| 해설 | 모방가격은 시장가격 또는 선도기업의 가격을 따르는 것을 말한다.

📄 가격을 결정하는 방법

모방가격	상품의 차별화가 어려울 경우 시장에 형성되어 있는 가격을 따라 결정
묶음가격	두 개 이상의 상품을 하나로 묶어서 판매하는 방식
프리미엄 가격	기본 제품에다 추가적인 기능이나 옵션을 집어넣어 기본 제품보다 훨씬 높은 가격을 부과
오픈 가격 정책	소매업자가 시장 동향을 살펴 독자적으로 가격을 결정하여 판매하도록 하는 정책
준거가격	구매자가 가격이 비싼지 싼지를 판단하는 데 기준으로 삼는 가격을 말하며, 유보가격과 최저수용가격의 사이에 존재

129

| 정답 | ①

| 해설 | 가격차별이란 유보가격이 높은 세분시장에서 높은 가격을 받고 가격 민감도가 높은 세분시장에서는 낮은 가격을 받는 것을 말한다.

130

| 정답 | ④

| 해설 | 가격계열화란 제품라인가격으로 제품에 여러 가지 요소를 부가해서 가격을 단계적으로 책정하는 전략이다.

131

| 정답 | ③

| 해설 | 묶음가격은 두 가지 이상의 제품이나 서비스를 하나의 패키지로 묶어 특별가격으로 판매하는 정책을 말한다. 예를 들어 패스트푸드점의 감자와 햄버거, 콜라를 한 가격으로 묶어 판매하는 것처럼 이들은 대체관계에 있는 상품들보다 보완관계에 있는 경우가 일반적이다.

132

| 정답 | ①

| 해설 | 스키밍가격전략은 신제품이 출시되었을 때 우선 단기적으로 고가정책을 실시하고 서서히 가격을 내리는 방법을 의미한다. 이런 가격정책은 투자액을 조기에 회수할 목적이거나 수요의 가격 탄력도가 낮은 제품인 경우에 해당하며, 한계원가와는 관련이 없다.

133

| 정답 | ③

| 해설 | 침투가격정책은 저가격을 설정함으로써 별다른 판매저항 없이 신속하게 시장에 침투하여 시장을 확보하고자 하는 정책이다.

134

| 정답 | ①

| 해설 | 공장도 인수는 판매자로부터 구매자가 있는 지점까지 상품운송에 소요되는 실질운임액을 구매자로 하여금 부담하도록 하는 가격결정법이다.

| 오답풀이 |

④ 특정 도시를 기점으로 고객에게 원하는 지점까지 운송비를 부담시키는 가격결정법이다.

135

| 정답 | ①

| 해설 | 제품시장의 가격경쟁이 심한 경우 침투가격전략이 적절하다.

📃 **침투가격(저가격)전략**

개념	어떤 시장을 선점하거나 시장점유율 확보를 일차적 목표로 삼아 저가정책으로 시장에 침투하여 시장을 확보하고자 하는 정책
조건	• 수요의 가격 탄력성이 높은 경우(가격이 낮아지면 수요 급증) • 시장에 조기에 들어가야 하는 상품 • 규모의 경제(생산량이 많을수록 단위당 가격이 감소 → 다량을 개당 낮은 가격에 판매 가능)

📃 **스키밍가격(고가격)전략**

개념	초기에 고가정책을 취함으로써 높은 가격을 지불할 의사를 가진 소비자로부터 큰 이익을 흡수한 뒤 제품시장의 성장에 따라 가격을 조정해 가는 방식
조건	• 고가를 설정한 만큼 품질 또한 고가에 적합해야 한다. • 시장에 낮은 가격으로 들어올 수 있는 진입자가 없어야 한다.

136

| 정답 | ④

| 해설 | 상인 도매상은 상품의 소유권을 갖는 반면, 브로커나 대리점은 상품을 판매할 때까지 상품의 소유권을 갖지 않는다.

| 오답풀이 |

① 상권분석을 위해 사용되는 허프(Huff)모형에서는 점포의 크기와 점포까지 가는 데 걸리는 거리 혹은 시간이 점포선택에 영향을 미친다.

② 경로구성원 간의 경로갈등의 원인으로는 목표불일치, 지각불일치, 영역불일치가 있다.

③ 소매상은 상품을 최종구매자에게 직접 판매하는 활동을 수행하는 상인이며 도매상은 상품을 재판매 또는 사업을 목적으로 구입하는 고객에게 판매하는 상인이다.

⑤ 부동산 중개인, 주식 거래인, M&A 중개인 등은 브로커이다. 브로커(Broker)는 생산업자와 소비자를 연결하는 중개인으로 유통과정의 중간에서 상품의 소유권을 가지지 않는다는 점에서 상인중간상과 차이가 있다.

137

| 정답 | ⑤

| 해설 | 특정 지역 내에서 단 한 개의 중간상에게만 상품을 공급하는 것은 전속적 유통이다.

138

| 정답 | ①

| 해설 | a. 하이브리드 마케팅 시스템은 소비자의 다양한 욕구를 충족시키고 비용을 절감하기 위하여 다른 업종끼리 서로 협력하는 공동 마케팅 체계다.

b. 준거적 권력은 권력의 주체, 즉 제조기업에 대한 일체감을 가지게 되거나 가지기를 바라는 데에 기초를 두고 발생한다.

c. 경로구성원들의 인식 차이로부터 발생하는 갈등의 원인은 지각 불일치이다.

| 오답풀이 |

d. 중간상의 푸쉬보다는 소비자의 풀에 의해서 팔리는 상품에는 경로 커버리지 전략 중 개방적 유통전략이 적합하다.

e. 유통의 모든 기능을 바톤을 넘기듯 유통기업에 넘기고 제조업체가 손을 떼는 것은 바람직하지 않다.

139

| 정답 | ②

| 해설 | 물적 유통관리(물류)는 물건의 흐름에 관한 경제활동으로서 생산단계로부터 소비 또는 이용단계에 이르기까지의 재화의 이용 및 취급을 관리하는 것을 말한다. 생산이 형태효용을 창출하고 소비가 소유효용을 창출한다면 물류는 생산과 소비를 연결시켜 시간효용과 장소효용을 창출한다.

📖 중간상의 필요원칙

1. 총 거래수 최소의 원칙 : 유통경로에서 중간상이 개입함으로써 거래수가 결과적으로 단순화·통합화되어 실질적인 거래 비용이 감소한다.

2. 분업의 원칙 : 유통업에서도 제조업에서와 같이 유통경로상 수행되는 수급조절, 수·배송, 보관, 위험부담 및 정보수집 등을 생산자와 유통기관이 상호분업의 원리로써 참여한다면 보다 사회적 경제성과 능률성이 향상된다.

3. 변동비 우위의 원칙 : 유통분야에서는 제조업과는 다르게 변동비의 비중이 상대적으로 커서 제조분야와 유통분야를 통합하고 판매하여 큰 이익을 기대하기 어려우므로, 무조건 제조분야와 유통분야를 통합하여 대규모화하기보다는 제조업자와 유통기관이 적당히 역할을 분담한다면 비용 면에서 훨씬 유리하다.

4. 집중준비의 원칙 : 중간상보다는 도매상의 존재 가능성을 부각시키는 원칙으로 도매상은 상당량의 브랜드 상품을 대량으로 보관하기 때문에 사회 전체적으로 보관할 수 있는 양을 감소시킬 수 있으며 소매상은 소량의 적정량만을 보관함으로써 원활한 유통 기능을 수행할 수 있다는 원칙이다.

140

| 정답 | ④

| 해설 | 채찍효과는 고객의 수요가 상부단계 방향으로 전달될수록 각 단계별 수요의 변동성이 증가하는 현상이다.

| 오답풀이 |

③ 피기백 방식은 컨테이너를 적재한 트레일러나 트럭, 선박에 실린 화물을 철도 화차에 실어 수송하는 복합 수송의 한 방법이다.

141

| 정답 | ③

| 해설 | 고객의 상품정보 제공에 대한 요구가 크다는 것은 고객이 제품이나 서비스에 대한 상세한 정보를 원하는 것으로 이런 경우는 유통단계를 줄여야 한다.

| 오답풀이 |

① 고객이 대형유통업체를 선호하지 않을수록 접근이 용이해야 하므로 유통단계를 늘려야 한다.

② 고객의 공간편의성 제공요구가 크다는 것은 멀리 있으면 고객이 찾아갈 의사가 없다는 것으로 유통단계를 늘려야 한다.

④ 고객의 배달기간에 대한 서비스요구가 크다는 것은 고객이 오래 기다릴 수 없다는 의미이므로 고객의 집 근처에서 바로 받아 가게 해야 한다.

⑤ 고객이 최소판매단위에 대한 유통서비스 요구가 클수록 작은 포장단위로 물건을 중간상에게 전달해야 하고, 고객이 큰 단위로 구매를 원하면 직거래 등으로 유통단계를 줄여야 한다.

142

| 정답 | ③

| 해설 | 프랜차이즈 시스템은 수직적 유통경로 시스템의 한 형태로 일정한 상품 또는 업종에 대한 권리를 가진 본사가 이러한 권리를 독점적으로 사용할 수 있는 권한을 가맹점에 부여하고, 그 가맹점으로부터 권리사용에 대한 대가를 받는 방식으로 운영되는 영업형태를 말한다. 따라서 정부에 의해서 운영되는 시스템은 아니다.

143

| 정답 | ③

| 해설 | 수평적 갈등이란 유통경로상 동일한 단계에 있는 경로구성원들 간의 갈등을 말하며, 수직적 갈등이란 유통경로상 서로 다른 단계에 있는 경로구성원들 간의 갈등을 말한다. 상인도매상은 도매상이고, 전문점은 소매상이므로 수직적 갈등에 해당한다.

| 오답풀이 |

①, ②, ④, ⑤ 소매상 간의 갈등이다.

144

| 정답 | ③

| 해설 | 물적 유통관리의 목적은 고객에 대한 욕구충족 및 유통비용의 절감에 있다.

📄 **물적 유통관리(PDM ; Physical Distribution Manage - ment)**

1. 물건의 흐름에 관한 경제활동으로서 생산단계부터 소비 또는 이용 단계에 이르기까지 재화의 이용 및 취급 전반을 말한다.
2. 마케팅 병참(Marketing Logistics)이라고도 하며 유통 합리화의 수단으로서 물적 유통을 가장 효율적으로 수행하는 종합적 시스템이다.
3. 시간과 공간 등의 변경을 통한 효용 창출을 목적으로 물류 혁신을 통하여 비용을 절감함으로써 이익 개선을 도모할 수 있다. 운송, 보관, 하역, 주문처리, 재고관리 등의 활동이 포함된다.

145

| 정답 | ④

| 해설 | 공생적 VMS는 수평적 관계다.

📄 **유통경로의 계열화**

1. 수직적 마케팅 시스템(VMS)

회사형 시스템	한 구성원이 다른 구성원을 소유하고 관리하는 형태로 유통시스템을 수직적으로 통합
계약형 시스템	서로 독립성을 유지하면서 상호이익 도모를 위해 계약을 체결하고 계약에 따라 행동을 통일
관리형 시스템	주도적인 기업이 유통경로를 조정하고 관리

2. 수평적 마케팅 시스템(HMS) : 공생적 마케팅이라고도 하며 동일 단계에 있는 서로 무관한 기업들이 대등한 입장에서 자본경영지식, 생산 및 마케팅활동을 공동으로 계획, 통제하려는 계열화다.

146

| 정답 | ③

| 해설 | 프랜차이저가 프랜차이지에게 프랜차이저의 상호, 상표, 노하우 및 기타 기업의 운영방식을 사용하여 제품이나 서비스를 판매할 수 있도록 허가하는 것을 프랜차이즈 시스템이라 말한다. 프랜차이즈 시스템은 전통적 유통경로보다 유연성이 높지만 관리형 VMS, 자발적 연쇄점 및 소매상 협동조합보다 유연성이 뛰어나다고 할 수 없다.

147

| 정답 | ④

| 해설 | 프랜차이즈 시스템은 경영경험이 적은 가맹점주에게 본부회사의 경험에서 얻은 능력을 발휘하도록 하므로 효율성이 높은 시스템이라는 평가를 받는다.

148

| 정답 | ②

| 해설 | 수직적 마케팅 시스템은 마케팅경로상 지도자격인 중앙(본부)에서 계획된 프로그램에 의해 경로구성원

기출문제 / 경영과 기업 / 기업활동의 조직 / 인사관리 / 생산관리 / 마케팅관리 / 실전모의고사

이 전문적으로 관리되고 집중적으로 계획된 유통망을 주도적으로 형성하며, 상이한 단계에서 활동하는 경로 구성원들을 전문적으로 관리, 통제하는 네트워크 형태의 경로조직이다. 수직적 마케팅 시스템 유형은 기업형 VMS, 계약형 VMS 및 관리형 VMS로 나누어지고 계약형 VMS의 대표적인 형태로 도매상후원의 자발적인 연쇄점형태와 소매상협동조합, 프랜차이즈 시스템을 들 수 있다.

| 오답풀이 |

①, ③, ④ 수평적 마케팅에 대한 설명으로 공생적 마케팅 시스템이며 동일한 두 개 이상의 기업이 서로 대등한 입장에서 연맹체를 구성하는 형태다. 기업이 단독으로 효과적인 마케팅 활동을 수행하는 데 필요한 자본, 노하우, 마케팅 자원 등을 보유하고 있지 않을 때 수평적 통합을 통해 시너지 효과를 얻을 수 있다.

⑤ 수직적 마케팅 시스템 중 관리형 VMS에 대한 설명이다.

📄 수직적 마케팅(VMS ; Vertical Marketing System)

1. 최적의 경제성을 달성하고 최대한 시장에 영향을 주기 위해 중앙에서 통제하여 전문적으로 관리하고 수평적으로 조성되며 수직적으로 정리된 설비들로 구성된 경로 시스템을 수직적 마케팅 시스템이라고 정의할 수 있다.

2. 수직적 마케팅 시스템을 형성하게 되면 제조업자의 경우 도매상의 판매 자료를 공유함으로써 효율적인 재고관리나 신뢰의 발전, 소매 수준에서 제품구매에 대한 통제가능, 경로 전반의 조정노력, 개선 등의 이점을 얻을 수 있다.

3. 수직적 마케팅 시스템을 통해 경로 효율과 성과를 높일 수 있도록 경쟁을 줄일 수도 있지만 이렇게 형성된 수직적 마케팅 시스템 간에 경쟁이 일어날 수 있다.

149

| 정답 | ②

| 해설 | 기업형 VMS는 하나의 소유권하에서 생산과 유통의 연속적(수직적)인 단계를 결합시킨 수직적 마케팅 시스템의 형태이다.

150

| 정답 | ③

| 해설 | 촉진믹스는 광고, PR, 판매촉진, 인적 판매로 구성된다.

📄 촉진믹스의 구성

요소	정의
광고	특정 광고주에 의한 아이디어, 상품 또는 서비스의 비개인적 프레젠테이션과 촉진
PR	회사나 제품 이미지를 증진하거나 보호하는 프로그램
판매촉진	제품 및 서비스의 사용 혹은 구매를 촉진하기 위한 단기적인 인센티브
인적 판매	판매와 고객관계를 구축하기 위한 목적으로 수행되는 대면적인 프레젠테이션
구전	제품의 장단점이나 구매 또는 사용 경험에 관한 사람과 사람 간의 구두, 서면 또는 전자적 커뮤니케이션

151

| 정답 | ④

| 해설 | 광고는 인적 판매보다 많은 사람에게 전달이 가능하지만 인적 판매에 비해 설득력은 떨어진다.

📄 촉진관리

개념	• 고객만족을 실현하고 기업의 마케팅목표를 달성하기 위한 주요 활동 • 이러한 기업의 여러 가지 활동의 결합을 의미하며 광고, 판매촉진, 인적 판매, 홍보 등을 그 수단으로 이용함.
특징	• 광고보다 홍보의 신뢰성이 더 높음. • 광고는 비인적 매체를 통하여 메시지를 전달 • 광고는 광고주를 명시하고 유료성을, 홍보는 광고주를 명시하지 않고 무료성을 원칙으로 함. • 판매촉진은 광고, 인적 판매, 홍보 이외의 촉진수단으로서 강력하고 신속한 반응을 기대할 수 있지만 그 효과는 주로 단기적

152

| 정답 | ①

| 해설 | 소비재 제조업체들은 촉진자금의 대부분을 광고비로 지출하며 판매촉진, 인적 판매, 홍보의 순으로 지출한다. 산업용품의 경우에는 인적 판매, 판매촉진, 광고, 홍보의 순으로 자금을 지출한다.

153

| 정답 | ④

| 해설 | 인적 판매는 고객 1인당 비용이 많이 드는 편이며 구매자들과 직접 만나 판매한다.

154

| 정답 | ②

| 해설 | 물적 유통은 생산자로부터 소비자에게 제품·재화를 효과적으로 옮겨 주는 기능 또는 활동으로, 물류비용을 최소화하면서 그 수요가 존재하는 곳에 도달시키는 여러 활동이다.

155

| 정답 | ②

| 해설 | 양판할인점은 대량의 상품을 싸게 파는 창고형 점포로 서비스를 절감할 만큼 제품가격을 할인하여 팔기 때문에 서비스는 고객을 만족시킬 만한 수준이 되지 않는다.

📄 할인점(Discount Store, 양판할인점)

1. 특징
   ㉠ 철저한 셀프 서비스에 기초하는 대량판매방식을 이용하여 시중가격보다 20 ~ 30% 싸게 판매하는 가장 일반적인 유통업체로 '종합할인점'이라고도 한다.
   ㉡ 농수산물에서 공산품에 이르기까지 다양한 상품을 구비하여 회원제창고업 형태와 함께 유통업체를 주도하고 있다.
2. 장점
   ㉠ 대량판매에 의해 상품의 회전율이 높다.
   ㉡ 차별할인 가격으로 상품을 구입할 수 있다.
   ㉢ 다양한 상품을 구비하여 소비자의 욕구를 충족시킬 수 있다.
   ㉣ 서비스 비용의 감소로 경비가 절감된다.
3. 단점 : 최소한의 서비스만 제공하므로 서비스 측면에서는 고객만족이 이루어지기 어렵다.

156

| 정답 | ③

| 해설 | 샘플링(Sampling)은 통계조사과정 중 대상 집단에서 표본을 골라내는 일이다.

| 오답풀이 |
① 퍼블리시티(Publicity)는 광고주가 누구인지 모르게 하는 PR 방법이다.
② PPL(Product Placement)은 특정 상품을 방송 매체 속에 의도적이고 자연스럽게 노출시켜 광고 효과를 노리는 광고 전략이다.
④ 후원은 직접 어떤 행사에 참여하지 않고 간접적인 지원을 통해 홍보하는 것이며, 협찬은 어떤 행사에 직접적인 도움을 줌으로써 홍보하는 것이다.
⑤ 마케팅 주체는 자신의 활동을 알리고 기업의 긍정적 이미지를 확산시키기 위한 보도 자료를 제작하여 신문매체에 이를 제공한다.

157

| 정답 | ⑤

| 해설 | 홍보는 광고주가 대금을 지불하지 않으면서 대량매체를 통하여 제품이나 서비스 또는 기업체에 관한 상업적 정보를 제공하는 것이다.

| 오답풀이 |
① 촉진수단의 유형 중 판매촉진에 속하며 소비자들에게 할인권 제공, 상품권 제공 등을 한다.
② 촉진수단의 유형 중 인적 판매에 속하며 구매자들과 직접 만나 자사제품의 구매를 권유한다.
④ 홍보는 매체를 통해 내용이 전파되면서 가공을 거치게 되고, 그 과정에서 내용이 왜곡되어 기업이 원하지 않는 방향으로의 내용 전달이 발생할 수 있으며, 기업이 이를 통제하기 어렵다는 단점이 있다.

158

| 정답 | ②

| 해설 | 최종소비자에 대한 직·간접적인 광고나 홍보활동을 통해 소비자들이 상품에 대해 관심을 갖게 하거나 구매를 희망하게 함으로써 유통업체가 그 상품을 취급하도록 하는 전략은 풀(Pull) 전략이라고 한다. 푸시(Push) 전략은 제조업자 측에서 소매업자에게 전략적인 측면에서 제품을 공급하는 것이다.

159

| 정답 | ④

| 해설 | 기업이 광고를 통해 성취하고자 하는 광고목표는 매출의 증대, 즉 매출목표와 커뮤니케이션효과의 창출, 즉 커뮤니케이션목표로 분류된다. 광고는 장기간에 걸쳐서 효과가 나타난다는 특징을 가지므로 특수한 경우를 제외하고는 커뮤니케이션목표를 광고목표로 설정하는 것이 적절하다.

| 오답풀이 |

① 인적판매나 중간상 판촉을 통하여 다음 단계 구성원들에게 영향력을 행사하려는 전략을 푸시 전략이라고 한다.

② 도입기에는 제품의 인지에 관한 광고를 해야 하고 상기광고는 쇠퇴기 등에 행하는 광고형태이다.

③ 파레토법칙은 20%의 고객이 80%의 매출을 차지하고 있다는 법칙이다.

⑤ 판매촉진은 단기적인 상표전환자를 유인하는 데 매우 효과적이다.

160

| 정답 | ③

| 해설 | 도매업자가 소매업자를 대상으로 하는 판매촉진은 도매업자 판매촉진이며 소매업자가 소비자를 대상으로하는 판매촉진은 소매업자판매촉진이다. 중간상 판매촉진은 제조업체가 중간상을 대상으로 하는 판매촉진활동을 의미한다.

| 오답풀이 |

① 광고의 궁극적인 목표는 잠재고객으로 하여금 상품을 구매하게 만드는 것이나, 광고에는 이월효과가 발생하기 때문에 시장점유율, 매출액 등의 구매와 관련된 지표 자체를 광고의 목표로 삼는 것은 바람직하지 않다. 따라서 대부분의 기업들은 커뮤니케이션 지표를 광고의 목표로 삼고 있다.

② 언론 매체에 회사의 상품이 노출된 횟수를 카운트 한 다음 이를 금액으로 환산하는 PR 효과 측정방법을 노출횟수 측정이라고 한다. 이 방법은 소비자의 관심도나 집중도 등은 무시한 채 PR 효과를 측정하기 때문에 PR 효과를 너무 단순하게 측정한다는 한계점을 갖고 있다.

④ 과거(현재)에 이루어진 광고의 효과가 누적되어 현재(미래)의 매출에 영향을 미치는 것을 이월효과(Carry-over Effect)라고 하며 광고의 이월효과로 광고호의가 발생한다.

⑤ 인적 판매는 상품을 알리고 질문에 답하며 주문을 끌어내기 위해 잠재고객들과 대면접촉하는 활동이다. 광고는 대면접촉이 없이 진행될 수 있지만 인적 판매는 대면접촉이 이루어진다.

161

| 정답 | ⑤

| 해설 | b. 촉진믹스 중에서 인적 판매는 산업재 시장에서 촉진예산의 높은 비중을 차지하며, 광고는 소비재 시장에서 높은 비중을 차지한다.

d. 아이폰이 처음 나왔을 때나 전기차가 처음 나왔을 때에는 광고보다 인적 판매가 더 효과적으로 작용할 수 있다.

e. 인적 판매는 고객 1인당 비용이 매우 많이 드나, 목표시장에 효율적으로 자원을 집중할 수 있기 때문에 고가의 제품이나 산업재에 적절하다.

| 오답풀이 |

a. 효과계층모형의 여섯 단계(인지 – 지식 – 호감 – 선호 – 확신 – 구매) 중 구매 단계(행동 단계)에 영향을 크게 미치는 촉진수단은 인적 판매와 판매촉진이며, 인지나 지식 단계에서 영향을 크게 미치는 촉진수단은 광고와 PR이다.

c. 인적 판매와 중간상 판매촉진은 전형적인 푸시 촉진정책이고 광고와 소비자 판매촉진은 풀 촉진정책이다.

162

| 정답 | ④

| 해설 | 증언형 광고는 소비자들의 신뢰성을 증가시켜서 광고의 효과를 높게한다.

163

| 정답 | ③

| 해설 | 진열공제는 중간상이 자신의 제품을 눈에 띄는 좋은 곳에 진열해주는 대가로 중간상에게 리베이트를 주는 것을 의미하며, 입점공제는 중간상이 신제품을 취급해 주는 대가로 중간상에게 리베이트를 제공하는 것을 의미하는 것으로 모두 중간상 판매촉진 수단이다.

| 오답풀이 |

① 광고예산 결정방법에서 가용예산 할당법은 재정적으로 기업에게 부담을 주지 않는다는 장점을 가지고 있지만, 촉진이 달성하여야 하는 목적 또는 논리적 근거와는 무관하게 예산이 설정되기 때문에 촉진비용이 너무 많거나 적게 되는 단점이 있다.

② GRP는 동일한 광고물을 동일한 매체에 방영하는 경우에 일정 기간 동안 매체운용을 통하여 얻어진 각각의 시청률을 모두 합친 수치를 말하고, 시청율과 노출빈도의 곱으로 계산한다. 청중 1,000명에게 광고를 도달시키는 데 드는 광고비용을 가리키는 용어는 CPM(Cost Per Mile)이다.

④ 샘플은 신제품 사용 유도, 반복구매 촉진, 다른 판촉 방법들에 비해 높은 비용의 특징을 가지지만, 시험사용에 대한 구매자의 위험부담을 줄여 준다.

⑤ 인적판매에서 외부 판매는 판매사원이 잠재 구매자를 방문하여 판매활동을 하는 것이고, 내부 판매는 소매점 또는 도매점에서 판매사원이 잠재구매자에게 판매활동을 하는 것이다.

164

| 정답 | ④

| 해설 | PR 활동은 회사가 직접적 혹은 간접적으로 관련된 집단들과 좋은 관계를 구축하기 위하여 행하는 광범위한 활동을 의미하는 것으로 언론의 기사나 뉴스 등을 통하여 관계를 맺는 홍보를 포함하는 개념이다.

| 오답풀이 |

① 매출액 비율법은 광고비를 매출액의 결과로 보는데, 실제함수는 매출액이 광고비의 결과이다. 이런 측면에서 매출액비율법은 원인과 결과를 실제와 달리 구성하고 있다는 한계점이 있다.

② 구매 공제는 제조업체가 일시적으로 출고가격을 인하하거나 일정 비율만큼 상품을 더 제공하여 구매단가를 낮추어 주는 것으로 이는 중간상 판매촉진에 포함된다.

③ 광고 공제는 중간상이 자신의 광고물에 제조업체의 상품을 광고해 줌에 따라 상품대금의 일부를 공제해 주는 것으로, 중간상 판매촉진에 포함된다.

⑤ 회상테스트는 소비자에게 떠오르는 브랜드를 표시하게 하는 것이며, 재인테스트는 다수의 브랜드명을 제시한 후 자신이 본 광고의 브랜드를 표시하게 하는 것이다.

165

| 정답 | ②

| 해설 | 광고모델이 매력성(호감성, 유사성, 친숙성)이 높으면 소비자는 자신과 동일화 과정을 거쳐서 메시지를 흡수하고 광고모델이 신뢰성(전문성, 진실성)이 높으면 소비자는 내면화 과정을 거쳐서 메시지를 흡수한다.

| 오답풀이 |

① 효과계층모형(인지→지식→호감→선호→확신→구매)에서 잠재 구매자의 단계별 반응에 미치는 영향력은 광고와 PR은 인지와 지식 단계에서 큰 영향력이 있고 판매촉진과 인적 판매는 구매 단계에서 큰 영향력이 있다.

③ 리베이트는 정상가격으로 판매한 후 대금의 일부를 소비자에게 돌려주는 형태이고 가격할인은 정가에서 가격을 인하하여 판매하는 것이기 때문에 소비자들의 준거가격은 가격할인의 경우에 낮아질 가능성이 높다.

④ 진열 공제는 소매업자가 소비자들의 눈에 잘 띄는 곳에 제품을 진열해 줌에 따라 제조업자가 소매업자에게 상품대금의 일부를 공제해 주는 것이다. 신상품을 취급해 주는 대가로 제조업자가 소매업자에게 상품 대금일부를 공제해 주는 것은 입점 공제이다.

⑤ PR은 기업과 관련이 있는 여러 집단들(투자자, 정부, 국회, 시민단체 등)과 좋은 관계를 구축하고 유지하는 총체적인 활동이기 때문에 회사의 활동이나 제품을 언론의 기사나 뉴스를 통하여 전달하는 홍보보다 대상범위가 넓다.

기출문제

경영과 기업

기업활동의 조직

인사관리

생산관리

마케팅관리

실전모의고사

166

|정답| ⑤

|해설| 소매기업이 신상품을 취급해 주는 대가로 제조기업이 소매기업에게 일정 액수의 현금을 지불해 주는 것은 입점 공제 혹은 신제품 진열 공제이다.

고정고객 우대 프로그램은 소비자 판매 촉진활동으로 고정고객에게 구매한 액수에 비례하여 마일리지 등으로 보상해 주는 것을 의미한다.

167

|정답| ②

|해설| GRP는 총 접촉률로 도달범위와 빈도를 곱한 값으로 산출한다.

|오답풀이|

① 메시지가 복잡한 경우에는 빈도를 높여서 이해도를 높여야 한다.

③ 광고는 풀 전략에 해당한다. 푸시 촉진활동은 인적 판매이다.

④ 광고예산 결정에서 가용 자원법 혹은 가용예산 할당법은 광고비로 가능한 자원을 투입하는 방법이다. 광고목표를 설정하고 광고목표의 달성을 위한 과업 수행에 소요되는 예산을 추정하여 광고예산을 책정하는 방법은 과업기준법이다.

⑤ 광고의 노출빈도가 어느 수준을 넘어서면 광고효과가 떨어지는 현상을 광고의 지침효과(Wear Out Effect)라고 한다. 광고의 이월효과란 광고의 효과가 넘어가서 발현되는 것을 의미한다.

168

|정답| ③

|해설| CPM이란 상품의 구매고객 천 명이 아니라 천 명의 사람들에게 해당 광고를 노출시키는 데 소요되는 광고비를 의미한다.

169

|정답| ③

|해설| 목표 과업법은 목표를 달성하기 위해서 해야 할 과업을 제시하고 그에 따른 광고비용을 측정하여 광고예산을 수립하는 방법으로 매우 논리적이라는 장점을 가진다. 하지만 광고비용을 측정하기 까다롭고 실제로 특정매체에 삽입하는 광고가 목표 달성에 어느 정도 기여하였는가를 정확하게 측정하기 어렵다는 한계점을 가진다.

부록 실전모의고사

업원에게 배분하는 성과참가의 한 방법이다.

ⓒ 스캔론 플랜(Scanlon Plan)은 가장 대표적인 이득배분제도로서 생산성 향상을 노사협조의 결과로 보고 총 매출액에 대한 노무비 절약분을 인센티브 임금, 즉 상여금으로 종업원에게 배분하는 비용절감 인센티브제도이다.

ⓔ 로우완식 성과급은 과거실적을 중심으로 표준시간을 정하고, 표준시간 이하로 작업을 마치면 절약임금의 일부를 분배하되 분배율은 능률이 증진됨에 따라 체증하도록 제공하는 방식이다.

실전모의고사 1회				문제 566쪽	
01 ⑤	02 ④	03 ③	04 ②	05 ②
06 ⑤	07 ②	08 ③	09 ②	10 ②
11 ④	12 ④	13 ⑤	14 ①	15 ②
16 ③	17 ⑤	18 ①	19 ⑤	20 ①
21 ④	22 ①	23 ②	24 ④	25 ③

01

|정답| ⑤

|해설| 구매자의 교섭력은 구매자의 정보력, 전환비용, 수직적 통합에 영향을 받는다. 포터(Porter)의 산업구조 분석 모형에 의하면 구매자의 교섭력이 약하면 수익성이 높아지고, 구매자의 교섭력이 강하면 기업의 수익성은 낮아진다.

ⓔ 전환비용 즉 구매자들이 구매처를 변경하는 데 드는 비용이 없는 경우 구매자의 교섭능력이 높아져서 구매자의 수익이 증가하고 기업(공급자)의 이익은 감소하게 된다.

ⓜ 구매자들이 기업(공급자)의 제품, 가격, 비용구조에 대해 자세한 정보를 가질수록 구매자의 교섭력은 강해진다.

|오답풀이|

ⓒ 구매자가 후방으로 수직적 통합을 하여 원료를 생산하거나 제품 공급자를 구매하겠고 위협할 경우 구매자의 교섭력은 강해진다.

02

|정답| ④

|해설| ㉠ 집단성과배분제도는 종업원들이 경영에 참가하여 원가절감, 생산성향상 등의 활동을 통해 조직성과의 향상을 도모하고 그 이익을 회사의 종업원들에게 분배하는 제도이다. 이익배분제도는 사전에 설정된 수준을 초과하는 이익이 발생하였을 때, 이를 종

03

|정답| ③

|해설| ㉠ 자기과신이란 자신의 예측, 실행, 판단능력을 과신한 결과 잘못된 미래 예측에 빠지는 것으로, 자기과신에 빠진 예측자들은 자신의 정보량을 과대평가해 새로운 정보에 소홀해지거나 남의 말을 잘 듣지 않는다.

ⓒ 매몰비용 오류(Sunk Cost Fallacy)란 일단 어떤 행동을 선택하면 그것이 만족스럽지 못하더라도 그것을 정당화하기 위해 더욱 깊이 개입해 가는 의사결정 과정을 말한다. 즉 과거에 투자한 매몰비용이 미래의 의사결정에 영향을 주는 상황을 말한다.

ⓜ 몰입 상승(Escalating Commitment)이란 어떤 판단이나 의사 결정이 잘못되었거나 실패할 것이 확실함을 알게 된 후에도 이를 취소하지 못하고 계속해서 추진해 나가는 현상을 말한다.

04

|정답| ②

|해설| 통계적 오류의 제1종 오류는 고성과자를 불합격시키는 오류이고, 제2종 오류는 저성과자를 합격시키는 오류이다.

|오답풀이|

① 내부모집은 인력모집에 있어서 내부 전산망의 활용 등을 통해 모집절차를 간소화하고 모집비용을 절감할 수 있는 장점이 있으나, 외부에서 들어오는 아이

디어를 통한 기업의 혁신효과를 기대하기는 어렵다.

③ 선발도구의 타당성을 측정하는 방법으로는 선발결과와 실제 능력과의 연관성인 기준관련타당성, 평가도구가 평가의도를 정확하게 반영하는지에 관한 내용타당성, 평가의도를 얼마나 정확하게 측정하는지에 관한 구성타당성 등이 있다.

④ 행위기준고과법은 종업원의 직무와 관련된 구체적인 행위를 측정 가능한 점수로 환산하여 이를 평가하는 절대평가방법이다.

⑤ 360도 피드백 인사평가는 상사를 포함하여 동료, 후임, 고객, 본인 등 피평가자의 영향력이 미치는 모든 사람들이 평가에 참여하는 인사평가 방법이다.

05

| 정답 | ②

| 해설 | GE/McKinsey 매트릭스상에서 원의 크기는 해당 산업의 규모이며 원 안의 부채꼴 부분은 전략사업의 시장점유율을 의미한다.

06

| 정답 | ⑤

| 해설 | 매슬로우(Maslow)의 욕구이론에 따르면 생리욕구(ⓜ) → 안전욕구(ⓛ) → 소속욕구(ⓒ) → 존경욕구(ⓓ) → 자아실현욕구(ⓐ)의 순서로 욕구가 충족된다.

📄 매슬로우(A. Maslow)의 욕구단계이론

1. 생리적(Physiological, 기본적, 신체적) 욕구는 생존을 위한 의·식·주 욕구와 성욕, 호흡 등의 신체적 욕구, 즉 기본적인 욕구를 의미한다. 조직에서는 작업조건, 기본임금, 식당, 냉난방시설 등과 관련이 있다.

2. 안전(Safety, 안락) 욕구는 신체적, 감정적인 위험으로부터 보호하고 안전해지기를 바라는 욕구이다. 조직에서는 안전 작업조건, 복리후생, 고용안정, 임금인상 등과 관련이 있다.

3. 사회적(Social, 소속, 귀속) 욕구는 어디에든 소속되거나 다른 집단이 자신을 받아들이길 원하는 욕구이다. 우호적 작업집단, 화해와 친목분위기 등과 관련이 있다

4. 존경(Esteem, 명예) 욕구는 집단의 구성원 이상이 되기를 원하는 욕구이다. 조직에서는 직위, 승진기회, 의사결정 참여, 동료와 상사로부터의 인정, 중요업무 부여 등과 관련이 있다.

5. 자아실현(Self-actualization) 욕구는 자신이 이룰 수 있거나 될 수 있는 것을 성취하려는 욕구이다. 조직에서는 도전적인 직무, 창의성 개발, 잠재능력 발휘, 목표달성 등과 관련이 있다.

07

| 정답 | ②

| 해설 | 신뢰성(Reliability)은 약속한 서비스를 정확하게 제공함으로써 믿게 하는 능력을 말하며, 서비스제공자들의 지식, 정중, 믿음, 신뢰를 전달하는 능력은 확신성(Assurance)이다.

| 오답풀이 |

① 제품은 형태가 존재하지만 서비스는 형태가 존재하지 않는 경우가 일반적이다. 재화의 특징이 유형성임에 비하여 서비스는 무형성을 특징으로 하고 있다.

④ 그렌루스(Gronroos)는 서비스품질을 고객이 서비스를 제공받는 과정에서의 품질인 기능적 품질과 고객이 제공받은 서비스 자체의 대한 품질인 기술적 품질에 대해 고객이 갖는 견해의 산출로 설명하고, 여기에는 고객이 서비스 제공자를 어떻게 자각하고 있는가에 관한 이미지가 작용한다고 정의하였다.

08

| 정답 | ③

| 해설 | 군집표본추출법(Cluster Sampling)은 모집단을 동질적인 소집단으로 구분하여 일정 수의 소집단을 무작위로 추출한 뒤 조사하는 방법이다. 모집단을 어떤 기준에 따라 서로 배타적이고 포괄적인 상이한 소집단들로 나누고, 각 소집단으로부터 표본을 무작위로 추출하는 방법은 층화표본추출법(Stratified Sampling)이다.

09

| 정답 | ②

| 해설 | 기업가, 통제자, 조정자로 분류하는 것은 경영자의 역할에 대한 분류이다.

경영자를 경영계층에 따라 분류하면 최고경영층, 중간경영층, 일선경영층이 일반적이다.

10

|정답| ②

|해설| ㉠ 마일즈와 스노우의 전략유형에서 방어형 전략은 생산효율성을 중시하고, 기계적 조직의 형태를 선호한다.

㉡ 공격형은 창의성과 유연성을 중시 여기고, 유기적 조직의 형태를 선호한다.

11

|정답| ④

|해설| 속성관리도(Control Chart Forattributes ; 계수치 관리도)는 표본에 존재하는 불량품의 개수, 하루에 걸려오는 전화 통화 수처럼 셀 수 있는 데이터에 사용하는 관리도이고, 프로세스의 변동성이 사전에 설정한 관리상한선과 관리하한선 사이에 있는가를 판별하기 위해 사용되는 관리도는 R-관리도이다.

12

|정답| ④

|해설| 대응적 공급사슬은 고객의 유동적이고 다양한 욕구에 대응하는 것을 목표로 하는 전략으로 고객의 만족도를 증가시키기 위해 주문생산과 대량 고객화 프로세스를 사용한다.

13

|정답| ⑤

|해설| 가법적 계절변동은 계절에 따라 주기성을 가지는 데이터의 예측에서 계절적 주기성이 일정할 것을 가정한다. 계절적 주기성이 점점 가중되어 증가하는 것을 가정하는 것은 승법적 계절변동(Multiplicative Seasonal Variation) 분석에 대한 설명이다.

📄 수요예측기법의 종류

정성적 예측법(Qualitative Mathod)
- 델파이법(Delphi Technique)
- 시장조사법(Market Surveys)
- 전문가 의견법(Executive Opinions)
- 역사적 유추법(Historical Analogy)
- 판매원 의견예측법 (Salesforce Compositive Method)

정량적 예측법(Quantitative Method)

시계열분석
- 이동평균법(Moving Average Method)
- 지수평활법(Exponential Smoothing Method)
- 최소자승법(Least Square Method)

인과형 예측법
- 회귀모델(Regression Model)
- 계량경제모델

14

|정답| ①

|해설| 학습조직(Learning Organization)은 일상적으로 학습을 계속 진행하면서 스스로 발전하므로 환경변화에 빠르게 적응할 수 있는 조직이다. 학습을 통해서 스스로 진화하는 특성을 가진 집단으로 새로운 지식을 바탕으로 조직의 전체적인 행동을 변화시키는 데 능숙하다.

15

|정답| ②

|해설| ㉢ 상인 도매상은 제품의 소유권을 구매하여 다시 소매상에게 판매한다. 상인도매상의 종류에는 완전 서비스 도매상, 한정 서비스 도매상이 있다. 완전 서비스 도매상은 유통경로에서 수행되어지는 대부분의 도매상 기능을 수행하고 있지만 한정 서비스 도매상은 이들 기능 중 일부만을 수행한다. 하지만 한정 서비스 도매상도 소유권을 갖고 있다.

㉻ 내부화이론에 따르면 기업은 거래비용을 줄이기 위해 해외직접투자를 한다. 외부시장이 비용이 많이 들고 비효율적인 불완전성을 갖고 있는 경우, 기업내부에서 낮은 비용으로 거래를 할 수만 있다면 기업은 외부시장 기능을 대신하여 그 거래를 내부화 한다. 이러한 시장대체론을 해외직접투자에 응용한 것이 내부화이론이다.

기출문제 / 경영과 기업 / 기업활동의 조직 / 인사관리 / 생산관리 / 마케팅관리 / 실전모의고사

16

| 정답 | ③

| 해설 | 배치숍(Batch Shop)은 처리대상의 다양성과 각 대상별 산출량이 아주 크지도 않고 적지도 않은 중간정도일 때 사용하며, 장비들은 잡숍만큼 유연할 필요는 없지만 처리과정은 단속적(Intermittent)이다.

17

| 정답 | ⑤

| 해설 | 메리크식 복률성과급(Merrick Multi Piece Rate Plan)은 테일러의 제자인 메리크가 테일러식 차별성과급의 결함을 보완하기 위해 임금률을 3단계로 나눈 것이다. 즉, 표준생산량을 83% 미만, 83 ~ 100%, 100% 초과로 나누어 상이한 임금률을 적용하는 방식이다. 표준생산량에 미달하는 견습생에게도 성과급을 지급하므로 견습생을 위한 것이다.

18

| 정답 | ①

| 해설 | 균형성과표(Balanced Score Card, BSC)는 과거의 성과에 대한 재무적인 측정지표에 추가하여 미래성과를 창출하는 동안 측정지표인 고객, 공급자, 종업원, 프로세스 및 혁신에 대한 지표를 통하여 미래가치를 창출하도록 관리하는 시스템이다. 균형성과표는 단기적 성과평가와 장기적 성과평가의 균형을 강조한다.

19

| 정답 | ⑤

| 해설 | 수송계획법은 복수의 공급지에서 수요지에 대한 수송비용을 최소화하는 기법으로 기존시설에 대한 각 입후보지로 물품 수송에 대한 비용을 최소화한다. 여러 목적지를 대상으로 하는 어떤 시설을 추가할 때 수송거리를 최소화하거나 수송비용을 최소화하는 위치를 결정하는 방법은 무게 중심법이다.

20

| 정답 | ①

| 해설 | 조작적 조건화(Operant Conditioning)는 행동주의 심리학 이론으로, 어떤 반응에 대해 선택적으로 보상함으로써 그 반응이 일어날 확률을 증가시키거나 감소시키는 방법을 말한다. 여기서 선택적 보상이란 강화와 벌을 의미한다. 한 자극과 이미 특정 반응을 유도해 낸 다른 자극을 결합시켜 반응을 조건화시키는 과정은 고전적 조건화(Classical Conditioning)이다.

21

| 정답 | ④

| 해설 | A 기업은 차별적 마케팅, B 기업은 비차별적 마케팅, C 기업은 집중적 마케팅 전략이다.

따라서 자원이 한정 · 제약되어 있는 경우에는 집중적 마케팅 전략이 적절하다.

📖 시장세분화 전략의 적용

차별적 마케팅 전략	• 각 세분시장이 명확하게 이질적일 때 • 제품수명주기에서 성숙기, 쇠퇴기로 접어들 때 • 제품 관여도가 큰 제품의 경우 • 다양성이 높은 제품의 경우 • 총매출액 증가 및 단위비용 증가
비차별적 마케팅 전략	• 소비자의 욕구, 선호도 등이 동질적일 때 • 제품수명주기에서 도입기, 성장기에 해당할 때 • 밀가루, 설탕 등과 같은 표준적, 보편적인 생활필수품 • 대량생산, 대량유통, 대량광고
집중적 마케팅 전략	• 기업의 경영자원 부족으로 전체시장을 지배하기 어려울 때 • 제품수명주기에서 도입기, 성장기에 해당할 때 • 다양성이 높은 제품의 경우

22

|정답| ①

|해설| ㉣ 성과 참여는 피고용인(노조)의 협력에 대한 대가로 경영 성과(업적, 수익, 이익)의 일부를 분배하는 방식으로 일련의 이익배분제가 포함된다. 현장자율 경영팀은 의사결정 참여로 피고용인(노조)이 기업 경영과정의 의사결정에 참여하거나 해당 과정에 영향력을 행사하는 것이다.

📄 경영참여의 분류 및 구체적 예

구분		예시
물질적 참여	자본 참가	우리사주제(ESOP), 노동주(Actions De Travail) 등
	성과 참가	• 이익공유제(Mutual Gain), 스캔론 플랜(Scanlon Plan) 등 • 다양한 일련의 이익배분제
의사결정 참여		• 품질관리 분임조(Quality Control ; QC) • 노사합동 위원회(Union-management Joint Committee) • 현장자율 경영팀(Self-managing Work Team) • 근로자 이사제도(Employee Representation On Board) • 노사협의회(Labor-management Committee)

23

|정답| ②

|해설| ㉠ 가격차별(Price Discrimination)이란 독점기업이 생산비가 동일하고 동질적인 재화에 대하여 서로 다른 가격을 책정하여 판매하는 정책이다.
㉢ 경쟁이 치열할수록 가격과 한계비용은 일치하게 된다.

24

|정답| ④

|해설| 임프로쉐어 플랜(Improshare Plan)은 단위 생산에 따라 실제 근로시간과 기준 작업시간을 비교하여 저축된 작업시간을 근로자측과 사용자 간에 같은 비율로 배분하는 것으로, 보너스 산정방식이 복잡하여 쉽게 이해하기 어렵다는 특성을 가진다.

|오답풀이|

① 집단성과배분제도는 종업원들이 경영에 참가하여 원가절감, 생산성 향상등의 활동을 통해 조직성과의 향상을 도모하고 그 과실을 회사와 종업원들이 분배하는 집단성과급제도이다. 따라서 보너스의 산정단위가 개인이 아닌 집단이다.

② 집단성과배분제도는 생산성 향상이나 비용절감이 발생한 바로 당시에 보너스 지급이 이루어진다.

③ 스캔론 플랜(Scanlon Plan)에서는 성과배분의 기준으로 생산의 판매가치를 사용하며, 럭커 플랜(Rucker Plan)에서는 부가가치 분배율을 기준으로 성과배분을 한다.

⑤ 스캔론 플랜에 대한 설명이다. 커스토마이즈드 플랜(Customized Plan)에서는 성과측정의 기준으로 노동비용이나 생산비용, 생산성 이외에도 품질향상, 소비자 만족도 등 새로운 지표를 사용하기도 한다.

25

|정답| ③

|해설| 내부화는 시장의 불완전성에 대응하여 거래비용을 없애거나 줄이기 위해 내부시장을 만들어 가는 과정이다. 외부시장이 불완전한 이유로는 발명가가 그의 권리를 보호받을 수 없는 경우(㉠), 규모의 경제가 존재하는 경우(㉡), 정부의 개입으로 인한 사적인 비용, 수익과 공적인 비용, 수익 간의 차이가 있는 경우, 거래비용이 과다하게 드는 경우(㉢), 구매자의 불확실성, 품질관리, 직접투자의 제한 등이 있다.

실전모의고사 2회				문제 578쪽
01 ②	02 ③	03 ③	04 ③	05 ①
06 ⑤	07 ②	08 ⑤	09 ⑤	10 ③
11 ②	12 ①	13 ①	14 ④	15 ②
16 ①	17 ②	18 ⑤	19 ①	20 ⑤
21 ①	22 ⑤	23 ③	24 ⑤	25 ④

01

| 정답 | ②

| 해설 | 포드 시스템은 동시관리와 저가격, 고임금을 원칙으로 생산을 표준화하고 컨베이어 시스템을 이용한 이동조립법을 통해 고효율 연속생산공정과 대량생산공정을 구현한다. 한편 일일과업의 달성 여부에 따라 차별적으로 급여를 제공하는 차별성과급제는 테일러 시스템(테일러리즘)에 대한 설명이다.

02

| 정답 | ③

| 해설 | 기업연합 혹은 카르텔(Kartell)은 시장 독점을 목적으로 동종 기업간의 수평적 결합으로 참가 기업들이 법률적·경제적으로 독립된 상태를 유지한다.

03

| 정답 | ③

| 해설 | 경영학의 지도원칙 중 수익성은 기업이 경영을 통해 이익을 증대시키고, 희생(비용)을 줄이는 이윤극대화의 원칙에 따르는 것을 의미한다.

| 오답풀이 |

①, ②, ⑤ 성과나 수익을 최소의 비용이나 희생으로 달성하는 경제적 합리주의는 경영학의 지도원리 중 경제성에 해당한다.

④ 투입한 생산요소(투하자본)의 양에 따른 산출(이익)의 비율은 경영학의 지도원칙 중 생산성에 해당한다.

04

| 정답 | ③

| 해설 | 중앙정부나 지방자치단체가 공익을 목적으로 출자하여 설립된 기업인 공기업은 각 공기업별로 제정된 법령들에 의해 그 운영이 통제되며, 실질적 운영권을 정부가 행사하여 사기업에 비해 경영의 자율성면에서 제약을 받는다.

| 오답풀이 |

① 공기업은 공익을 목적으로 설립되었으나 운영과 수익 창출에 있어서 어느 정도 독립성을 가지고 공기업 소유의 독립된 회계를 보유한 독립채산제에 의해 운영된다는 점에서 정부기관과 차이를 가진다.

⑤ 공기업은 영리가 아닌 공익, 비영리를 경영원리로 한다는 점에서 사기업과 차이를 가진다.

05

| 정답 | ①

| 해설 | 경영자에게 필요한 경영자의 자질은 개념적 자질, 인간적 자질, 전문적 자질이 있다. 이 중 개념적 자질(상황판단능력)은 최고경영층에게, 전문적 자질(현장실무능력)은 하위경영층에게 더욱 많은 요구비중을 차지하며, 인간적 자질(대인관계능력)은 최고경영층, 중간경영층, 하위경영층 모두에게 중요한 경영자의 자질에 해당한다.

06

| 정답 | ⑤

| 해설 | 목표에 의한 관리(MBO ; Management By Objective)는 피드백(환류)을 중시하여, 목표를 달성하는 과정에서 그 목표가 수정될 수 있음에 긍정한다. 다만 MBO는 목표의 설정에 있어서 그 목표가 구체적일 것임을 요구하므로, 이를 위해서는 목표를 명확하고 구체적으로 설정할 수 있는 안정된 환경을 요구한다. 즉 목표설정 자체를 어렵게 하는 급격한 환경 변화에는 대응하기 어렵다는 한계점을 가진다.

07

| 정답 | ②

| 해설 | 리스트럭처링(Restructuring)은 선택과 집중을 통한 기업 내부 구조의 효율성 제고를 위해 기업의 핵심 사업을 선정하여 이에 대해서는 투자를 확대하고, 그 외의 사업을 축소·통합하는 방식으로의 기업 혁신을 의미한다. 이를 위해서는 기업의 미래상인 비전을 사업구조 차원에서 구체화하고, 이를 달성하기 위한 자원배분 기준을 설정할 필요가 있다.

| 오답풀이 |

① 기업 아이덴티티(CI ; Corporate Identity)는 기업의 특성이나 독자성을 이미지나 메시지로 시각화시킨 것으로, 주로 로고나 컬러 등의 형태로 나타낸다.

③ M&A(Merges & Acquisition)는 기업가치의 증대를 목적으로 하는 기업의 합병인수를 의미한다.

④ 학습조직(Learning Organization)은 모든 구성원들이 끊임없이 학습하고 이를 관리하는 조직으로, 이를 통해 구성원의 역량 확대와 창조력을 추구하는 조직구조이다.

⑤ 벤치마킹(Benchmarking)은 특정 분야에서 성공한 기업을 기준으로 그 운영 프로세스 등을 분석하고 방법을 통한 기업 혁신을 의미한다.

08

| 정답 | ⑤

| 해설 | 해외시장의 성장은 기업의 SWOT 분석에서 외부환경 분석인 기회(Opportunity) 혹은 위협(Threat)에 해당한다. 그 외의 선택지는 모두 기업의 SWOT 분석 중 내부환경 분석, 그 중에서도 강점(Strength)에 해당한다.

09

| 정답 | ⑤

| 해설 | 유기적 조직은 분권화의 정도가 높고 관리의 폭이 넓어 그만큼 과업이 광범위하게 정의된다. 과업의 전문화는 기계적 조직에 관한 설명이다.

10

| 정답 | ③

| 해설 | 인사관리자는 최고경영자의 정보원천이면서 최고경영자에게 회사의 인재를 추천하며, 최고경영자의 부적합한 관리자 지명에 대한 반대의 책임을 진다. 또한 인사관리자는 의견 충돌을 해소하고 문제를 해결하는 역할을 수행한다.

인사관리자는 각 부문별로 인사관리에 대한 조언을 하는 라인에 대한 서비스 역할을 수행한다. 다만 이는 라인-스태프 조직 구조에서 스태프로서의 인사관리자의 역할에 해당하며, 최고경영층에 대한 인사관리자의 역할에는 해당하지 않는다.

11

| 정답 | ②

| 해설 | 현대적 인사평가는 정확성과 공정성을 위해 다면적인 평가가 실행되어야 함을 그 원칙으로 하고 있다. 현대적 인사고과시스템 설계의 기본원칙은 고객중시의 원칙, 계량화의 원칙, 다면평가의 원칙, 경쟁과 협동의 원칙, 과업특성 고려의 원칙, 종합관리의 원칙, 계층별·목적별 평가의 원칙, 수용성의 원칙이 있다.

12

| 정답 | ①

| 해설 | 홀(D. T. Hall)의 경력단계모형은 개인의 경력단계를 연령대에 따라 네 단계, 즉 25세 이하의 탐색단계, 25세에서 45세까지의 확립단계, 45세에서 65세까지의 유지단계, 65세 이후의 쇠퇴단계로 구분하였다. 이 중 3단계인 유지단계(Maintenance Stage)에서는 다음 세대를 위해 무언가를 만들려고 노력하는 '생산의 시기'로 지칭하였다.

📄 홀의 경력단계모형

단계	연령	내용
탐색단계 (Exploration Stage)	25세 이하	• 경력지향을 결정하는 시기 • 시도기(Trial Period)에서의 고민과 방황

확립 및 전진단계 (Establish and Advancement Stage)	25 ~ 45세	특정 직무영역에 정착하는 시기, 동료와 라이벌 간의 경쟁, 갈등과 실패에 대한 감정적 처리가 중요
유지단계 (Maintenance Stage)	45 ~ 65세	• 다음 세대에 의미있는 것을 만드는 '생산의 시기' • 중년의 위기를 어떻게 극복하느냐에 따라 성장과 쇠퇴가 결정됨
하락단계 (Decline Stage)	65세 이상	• 조직에서의 은퇴 준비, 조직생활을 통합해보려는 시기 • 퇴직 후의 계획 수립

13

|정답| ①

|해설| 요소비교법은 핵심이 되는 몇 개의 기준 직무를 설정하고, 직무의 평가요소를 기준 직무의 평가요소와 비교하여 직무의 가치를 측정하는 직무평가법이다.

|오답풀이|

④ 워크샘플링법은 무작위로 선정한 대상의 데이터를 수집하여 이를 바탕으로 작업자나 설비의 가동 상태 등을 통계적으로 분석하는 생산관리기법을 직무분석법 중 관찰법에 적용하여 개량한 것으로, 직무 담당자가 무작위 간격으로 직무를 관찰하여 그 결과를 수집하여 이를 바탕으로 직무를 분석하는 방법이다.

14

|정답| ④

|해설| 실태생계비 측정방법은 가계조사에 따라 실제로 생계비에 발생한 지출액으로 기준으로 산정한 생계비 측정방법이다. 이는 근로자의 생활내용을 이론적으로 결정하여 이를 기준으로 생계비를 산정하는 이론생계비 측정방법에 비해 보다 현실적인 기준에서의 생계비 측정 기준이 되나, 소득에 의해 결정되는 지출 구조 등의 이유로 측정기준의 합리성이 떨어진다는 문제점을 가진다.

|오답풀이|

①, ② 생계비는 개인의 생계비뿐만 아니라 세대의 인원 수를 감안하여 가구인원수별로 산정한다. 즉 생계비의 산정에 있어서 종업원 개인뿐만 아니라 종업원과

함께 생활하는 가족을 감안하여, 종업원의 연령에 따른 라이프사이클을 고려하여 이를 산정하여야 한다.

15

|정답| ②

|해설| 공정성능(Process Performance)이란 중장기적인 관점에서 공정이 안정된 상태에서, 규격에 따른 제품을 생산하고 있는지의 척도로, 작업자의 만족도와는 무관하다.

16

|정답| ③

|해설| PERT는 시간의 불확실성을 고려하여 프로젝트의 소요시간을 낙관치(To), 정상치(Tm), 비관치(Tp)로 추정하는 확률적 개념을 반영한다. 이에 반해 CPM은 경험적 예측을 통해 프로젝트의 소요시간을 확정적으로 추정한다는 점에서 차이가 있다.

17

|정답| ②

|해설| 주기시간(Cycle Time)은 제품 생산을 하는 작업장에서 한 단위의 제품을 생산하는데 필요한 최대한의 단위생산시간을 의미한다. 즉 문제에서 작업장 E의 단위생산시간이 6시간으로 가장 기므로, 문제의 생산주기 시간은 6시간이다.

18

|정답| ⑤

|해설| 기간별로 수요변동이 커 기업의 생산능력을 수요 변동에 맞추기가 어려운 경우 재고수준을 변동시키거나, 가격 할인 등의 수요조절정책을 통해 생산능력을 유지하는 생산평준화전략을 선택할 수도 있다.

| 오답풀이 |

① 총괄생산계획은 수요예측을 통해 시스템 전체의 생산능력을 조정한다.

② 총괄생산계획은 총괄수요를 예측한 자료를 기반으로 그 소요량을 결정하여 이에 따른 생산계획을 수립한다.

④ 주생산일정계획 혹은 대일정계획(MPS ; Master Production Schedule)은 중기계획인 총괄생산계획을 바탕으로 수립하는 단기 일정에서의 생산실행계획이다.

19

| 정답 | ①

| 해설 | 고정주문기간모형(P-System)은 상품을 주문하는 날짜를 미리 정하고 이에 따라 정기적으로 재고조사를 실시하여, 지정한 주문일자에 주문량을 결정하는 방식의 재고관리기법으로, 조달기간이 짧고 수요변동이 불규칙적이며 가격과 중요도가 낮은 품목의 재고관리에 적합하다.

| 오답풀이 |

② 고정주문량모형(Q-System)은 상품을 주문하는 주문량을 미리 정하고 이에 따라 수시로 재고조사를 실시하여, 재고량이 일정 지점에 도달할 경우 상품을 주문하는 방식의 재고관리기법으로, 가격과 중요도가 높은 품목의 재고관리에 적합하다.

③ ABC 재고관리는 재고관리에 파레토의 80 : 20 법칙을 응용하여, 상품의 중요도에 따라 재고를 A, B, C 세 그룹으로 분류하여 각 그룹별로 차등한 재고관리 수준을 적용하여 관리하는 재고관리기법을 의미한다.

④ 전사적 지원관리(ERP ; Enterprise Resource Planning)는 물품의 유통에 관한 모든 정보를 통합적으로 관리하는 경영정보시스템을 의미한다.

⑤ 자재소요계획(MRP ; Material Requirement Planning)은 수요를 기준으로 재고의 주문시점과 주문량을 결정하는 기법으로, 많은 부품을 요구하는 제조업의 부품재고 관리에 유용하다.

20

| 정답 | ⑤

| 해설 | 예방비용은 품질수준의 향상에 따라 증가하는 증가함수의 형태로 그려진다.

| 오답풀이 |

①, ② 품질관리에는 소비자의 요구에 적합하게 설계된 생산표준에 따라 품질의 제품과 서비스를 생산하고, 이를 보증하는 품질의 보증(QA ; Quality Assurance) 기능을 포함하고 있다.

③ 통계적 품질관리(SQC ; Statistical Quality Control)는 유용하고 시장성 있는 제품을 가장 경제적으로 생산하기 위해 생산단계에 통계적 원리와 기법을 응용한 것이다. 한편 전사적 품질경영(TQM ; Total Quality Management)은 통계적 품질관리에 사회적 품질을 더한 개념으로, 소비자가 만족할 수 있는 품질의 제품을 가장 경제적으로 생산하기 위한 품질개발, 품질유지, 품질개선을 종합한 시스템이다.

④ 발취검사법(표본검사법)은 로트(Lot)로부터 표본을 추출하여 로트의 합격과 불합격 여부를 결정하는 방식의 통계적 품질관리기법이며, 관리도법은 생산공정으로부터 정기적으로 표본을 추출하여 얻은 자료치를 점으로 찍어가면서 점의 위치와 움직임으로 공정의 이상유무를 판단하는 통계적 품질관리기법이다.

21

| 정답 | ①

| 해설 | 종단조사는 동일한 표본을 대상으로 일정한 시간 간격을 두고 반복적으로 조사하여 표본의 변화 추세를 파악하는 기술조사로, 대표적으로 장기간에 걸쳐 동일한 대상을 동일한 내용을 반복적으로 조사하는 패널 조사(Panel Survey)나, 특정한 시기나 특정 사건을 경험한 집단구성원의 시간에 따른 변화를 조사하는 코호트 조사(Cohort Study) 등이 있다.

| 오답풀이 |

② 횡단조사는 모집단에서 추출한 다수의 표본을 단 1회의 조사로 정보를 수집하는 기술조사이다.

③ 표적집단면접법(FGI ; Focus Group Interview)은 진행자(Moderator)의 진행으로 소수의 응답자 집단이

특정한 주제에 대한 자유로운 토론을 벌이게 하여 그 과정에서 정보를 수집하는 탐색조사의 일종이다.

④ 사례조사(Case Study)는 특정 조사 대상에 관한 과거의 자료들을 모아 분석하는 방법으로 정보를 수집하는 조사법이다.

⑤ 인과조사(Casual Study)는 2개 이상의 변수들 간의 인과관계를 규명하는 것을 목적으로 진행하는 조사로, 주로 실험을 통해 이루어진다.

22

| 정답 | ⑤

| 해설 | 제품계열(Product Line)은 유사한 기능을 가지거나, 같은 고객집단을 대상으로 하는 등의 동일성을 가진 제품들의 집합체를 의미한다. 나아가 한 기업이 보유하여 운영하는 제품계열들의 집합체를 제품믹스(Product Mix)라고 한다.

| 오답풀이 |

① 촉진믹스(Promotion Mix)는 제품 또는 서비스를 판매하기 위한 광고, PR, 인적 판매 등의 판촉행위를 의미한다.

③ 브랜드 믹스(Brand Mix)는 한 기업이 보유한 브랜드 네임들의 집합을 의미한다.

④ 마케팅에서 포지셔닝(Positioning)은 마케팅 믹스(Marketing Mix)를 통해 소비자에게 기업이나 제품의 이미지를 인식시키는 것을 의미한다.

23

| 정답 | ③

| 해설 | 수요의 탄력성이 낮다는 것은 가격의 변화가 총수익의 증대에 큰 영향을 미치지 못한다는 의미이다. 즉 가격을 낮추더라도 수요가 크게 늘어나지 않고, 반대로 가격을 올리더라도 수요가 크게 감소하지 않는 경우이다. 따라서 이 경우는 침투가격전략을 통해 저가로 시장을 잠식하는 전략은 큰 효과를 기대하기 어려우며, 이와 반대로 제품을 고가에 출시하여 수익을 흡수한 후 가격을 점진적으로 하향조정하는 스키밍가격전략(Skimming Pricing Strategy)을 적용하는 것이 더욱 유효하다.

24

| 정답 | ⑤

| 해설 | 소비자의 인지부조화(Cognitive Dissonance)는 구매 후 부조화라고도 하며, 소비자가 제품을 구매한 후 자신의 구매선택이 적절하였는가에 대한 불안감을 의미한다. 소비자는 이러한 불안감을 감소시키기 위해 구매 후 상품이 가진 장점을 강화하고 단점을 약화하여 판단하거나, 상품에 관한 정보를 다시 찾아보거나 혹은 역으로 정보를 의도적으로 회피하는 등의 행동을 보이게 된다.

만일 소비자가 구매한 제품이 고관여 제품이면서, 가격이 비싸고, 자주 구매하는 제품이 아니면서 소비자에게 다른 선택지로 제시된 다른 상품들과의 차이가 크지 않을수록 소비자는 인지부조화를 감소시키기 위한 행동(Dissonance-reducing Buying Behaviour)을 더 크게 나타낸다.

25

| 정답 | ④

| 해설 | 광고매체로서의 TV는 광고 제작 및 송출에 필요한 비용이 높은 대신, 그만큼 높은 정보전달력을 가지고 있어 광고노출도 대비 비용이 저렴하다는 장점을 가진다.

| 오답풀이 |

① TV는 시각과 청각을 모두 활용하는 광고매체로 소비자에게 주는 인식력이 크다.

② TV의 광고는 프로그램 방영 전후나 프로그램 방영 중에 노출되므로 소비자가 광고를 프로그램 시청을 방해하는 요소로 인식할 가능성이 높아 중간광고 시간에는 채널을 돌려 광고를 시청하지 않는 등의 방법으로 광고를 회피할 가능성이 높다.

③ TV는 폭넓은 시청자층을 가지고 불특정 다수를 대상으로 방영되므로 다양한 소비자층에게 광고를 노출시킬 수 있다는 장점을 가진다. 이는 반대로 특정 집단을 대상으로 진행하는 것이 효율적인 광고에는 비효율적이라는 단점을 공유한다.

⑤ TV 광고는 다양한 연령대의 시청자들에게 노출된다는 이유로 광고 노출의 제한시간, 광고 노출 건수의 제한, 자극적인 광고 금지 등의 엄격한 법적 규제를 통과할 것을 요구한다.

기출문제로 전공시험 완전정복

코레일 경영학

기 출 예 상 모 의 고 사

– 전공 실제시험을 경험하다 –

• 코레일 경영학 기출 유형분석

• 필기시험 합격선

• 기출예상모의고사 16회분

• 기출예상모의고사 정답과 해설

고시넷 공기업

코레일 경영학 기출예상모의고사

284쪽 **정가 18,000원**